孝感年鉴

XIAOGAN YEARBOOK

2002

总第三卷

孝感市人民政府主管
孝感年鉴编纂委员会编纂

《孝感年鉴》(第三卷)编纂委员会

主　任	李广波	市政府副市长
副主任	彭桃安	市政府秘书长、市政府办公室主任
	喻友安	市委副秘书长
	高楚元	市财政局局长
	季旭东	市委党史办公室、市地方志办公室主任
委　员	邱启明	市委宣传部副部长
	魏俊生	市委政法委副书记
	刘　勇	市委经贸工委副书记
	唐长运	市委、市政府农村工作办公室副主任
	左少文	市建设局副局长
	汪望勋	市开发区工委委员、办公室主任
	廖鹏程	市工商局副局长
	阳明军	市财政局副局长
	李晶文	市国税局副局长
	黄知勤	市地税局副局长
	付益珊	市审计局副局长
	汪顺芝	市物价局副局长
	涂顺生	市统计局副局长
	熊　熊	市教育局副局长
	严毛安	市档案局副局长
	闵高潮	市文体局纪检组长
	程林章	市委党史办公室、市地方志办公室副主任
	贺耀松	市委党史办公室、市地方志办公室副主任
	郝章新	孝南区委常委、区政府副区长
	黄修平	汉川市委常委、市政府副市长
	张诗勤	应城市委常委、市政府副市长
	王建强	云梦县委常委、县政府副县长
	张光勇	安陆市委副书记、市政府副市长
	方明才	大悟县委常委、县政府副县长
	刘建军	孝昌县委常委、县政府副县长

《孝感年鉴》(第三卷)

主　　编　彭桃安　喻友安　季旭东

副 主 编　程林章　贺耀松　饶嵩乔

责任编辑　(以姓氏笔划为序)

刘春林　沈茂华　杨　炬　张　钢

汪　勇　英林玉　苗建军　贺耀松

饶嵩乔　胡翔华　程林章　彭艳霞

兼职编纂、特约编辑

(以姓氏笔划为序)

丁日晶	丁运强	万鸿青	毛国防	王太平	王奎章
王志田	王朝晖	王　锐	王丽君	乐浩明	刘碧峰
刘建泽	刘爱华	孙斌昌	任建元	陈文敏	陈宏树
陈华文	陈　红	陈昌锋	陈国平	汪　洋	汪望勋
宋先彦	宋子恒	李上文	李伯华	吴福寿	沈华明
杨其明	杨爱琼	余忠新	张友生	张社初	张　剑
张　晓	张敬文	邹德尚	郑　祯	周宗登	周桂清
胡必发	姚　跃	赵　纯	郭少明	徐海甫	徐泽明
徐洪洲	唐德矛	夏　军	倪虹丹	梁　军	黄　锐
黄丽珍	黄鹏程	黄祥仿	黄景勋	梅飞雪	程幼明
韩传银	傅志敏	董建军	董旺森	谢兰萍	谢丽星
蔡忠海	管　淳	管慧芳	魏三庭	魏　英	冀鲜平

编纂说明

一、《孝感年鉴》第三卷是根据孝办文[2002]4号文件精神，在市委、市政府的领导下，由《孝感年鉴》编委会组织编纂而成的一部大型"市情全书"。本卷年鉴主要记载1999～2001年孝感市国民经济和社会发展的基本情况，反映孝感市在改革开放、实施二次创业、文明卫生城市创建过程中的新进展、新成绩、新经验以及反映发展中出现的新趋势、新课题。

二、本卷年鉴采用分类编排法，设一级目、二级目、三级目。全书共23个一级目，172个二级目，1420个三级目。一级目用一号宋体加网底居中显示，二级目用五号黑体顶格标明，三级目用六号黑体顶格加【】标出，正文使用六号宋体字。

三、为了进一步突出服务经济建设的功能和孝感特色，本卷年鉴强化了针对性的记述。对一些涉及全市的重大工作、重要事件，在"特载"和"孝感总述"中予以突出反映，如文明卫生城市创建工作，战胜百年罕见特大旱灾等内容。对一些相关部门的工作，在条目中予以强化记载。有些易于交叉的内容，则尽可能避免。

四、本卷年鉴稿件均由各部门各单位专人撰写，文字经单位领导审查，并加盖公章，经编纂人员修改审稿，最后由年鉴编委会领导审定。资料和数据来源于各主管部门的档案室，"统计资料"由市统计局提供。有些地区性、部门性的数据，由于统计口径不同等原因，与统计部门公布的数据可能不完全一致，请在查阅和引用时注意。

五、本卷年鉴在组稿和编审过程中，得到了各级领导、特约编辑和各位作者的大力支持，特别是各级领导同志在百忙之中撰写的"领导专文"，内容丰富，资料翔实，指导性强，与所在单位提供的图片、文稿互相映衬，相得益彰。在此，编委会对撰写专文和提供图片、文字的单位谨表谢意。

六、本卷年鉴收录内容一般以1999～2001年底为限，其中，"领导专文"和图片反映的内容上下限适当有所突破。本届领导班子收录2001年内任职名单，有的注明任职时间。少数地区和单位的领导人任职时间有所延伸和少数未注明任职年限的职务名录及任职署名方式，则尊重原稿。本卷年鉴县市区部分的领导人名单收录到局(科)级主要负责人。

七、本年鉴卷首刊载的第三卷年鉴编委会组成人员为2002年11月底在任的有关领导。

八、由于编辑水平所限，本卷年鉴在体例、内容、文字等方面的错误和疏漏在所难免，敬请各界人士批评指正，以使《孝感年鉴》越办越好，渐臻完善。

2002年12月1日

目　　录

特　　载

孝感总述

大　事　记

“抢抓入世机遇　再谱世纪新篇”领导干部专文

政 治

民主党派·工商联

群众团体

军事·政法

综合经济管理

工业经济

农业·水利

国内贸易·对外贸易

财税·金融·保险

交通·信息产业

城乡建设·环境保护

开放开发

教育·科技

文化·体育·出版·广播电视

卫生·社会生活

市辖县(市、区)·乡镇场街道

人 物

统计资料

服务信息

“新世纪、新孝感”图片目录

欢 聚 在

▲2002年10月26日，“中国民间传说——《董永与七仙女》”特种邮票首发式在孝感人民广场隆重举行。孝感市委书记、市人民政府市长曹世佑在首发式上讲话。

▲2001年12月21日，省委书记、省人
一）、市长曹世佑（右一）陪同下视察

▲孝文化艺术节期间，孝感市委副书记付明珠给孝感市第二届“十大孝子”颁奖。

▲全国政协副主席王文元（前排右四），全国政协
高觉（前右三），湖北省委副书记邓道坤（前右
任张忠俭（前右二），孝感市委书记、市长曹世
领导出席“中国民间传说——《董永与七仙女》

▼“中国民间传说——《董永与七仙女》”特种邮票首发式领导与工作人员合影。

孝感

大主任俞正声(左二)在市委书记张昌尔(左
孝感市行政服务中心。

▲2002年12月12日,《董永与七仙女》邮票首发式暨孝文化艺术节总结表彰大会在孝感宾馆隆重举行。市委书记曹世佑(右一)、市委副书记、市政府代市长岳勇(右二)、市委副书记蔡民族(右三)等领导为先进单位颁奖。

委员、中国通信企业协会会长、原邮电部副部长谢
五)、副省长王少阶(前左六)、省人大常委会副主
右(前左五),驻孝某部副政委应世康(前左四)等
持种邮票首发式。

▲隆重、精彩、歌舞明星荟萃的"欢聚在孝感"中央电视台"同一首歌"大型歌会。右上图为倪萍、黄宏、张雅琳在孝感体育场主持中央电视台《欢聚在孝感》大型歌会。

▶《董永与七仙女》邮票首发地——欢腾的孝感人民广场

孝感市高新技

▲规划建设中的孝感高新技术工业园。该园规划面积6平方公里，集产业、研发、流通、孵化、展示、旅游等多种功能于一体。

孝感市高新技术产业开发区

术产业开发区

孝感市高新技术产业开发区，与孝感市城区融为一体，规划建设面积38.5平方公里，其中近期重点开发建设面积15.5平方公里。

孝感高新技术产业开发区内土地一马平川，水、电、路、邮等各项基础设施及生活服务设施一应俱全。在高新区内，已引进项目225个，产业投入50亿元。区内拥有法国雷诺、日本松下、德国西门子等世界500强合资企业、三江航天集团、4404厂、238厂等三线调迁企业和来自欧美日、港澳台合资兴办的企业。

孝感高新技术开发区始终坚持走“服务立区、招商强区、改革活区、科技兴区”之路，大力实施“全员招商、实干兴区”战略，重点建设高新技术工业园、高新技术农业园、高新技术创业服务中心，壮大汽车工业、光机电、新型建材，大力发展光电子信息，绿色生命工程、生物工程等新兴产业。

▲规划面积6.8平方公里，由高效农业区、生态养殖区和高新技术农业园起步区构成的孝感高新技术农业园。

▲孝感高新技术创业服务中心是孝感市实现科技成果转化、培养高新技术企业和企业家的重要基地。图为中心自动化办公室一角。

日 新

▲中共孝南区委书记　聂利军

▲孝南区人民政府区长　陈宽宏

▲江泽民同志曾经视察的早蜜桃基地

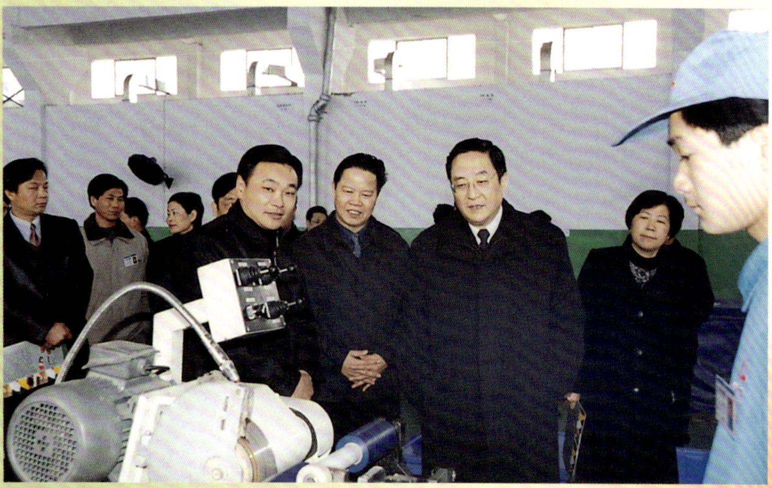

▲中共中央政治局委员、省委书记俞正声(右三)、省委常委、组织部长宋育英(右二)、省委常委、宣传部长张昌尔(右四)视察“孝感市明星私营企业”舒氏集团有限责任公司时与公司经理舒新国(右五)交谈。

▲副省长贾天增(前一)、市委副书记张文启(前三)参观全省中国香稻种植示范基地——徐山村千亩基地

▲引进企业恒安集团孝感公司的“安尔乐”商标1999年被国家工商局评为“中国驰名商标”

▲引进企业维达纸业(湖北)公司投资1.5亿元新建的扩能项目

▲全省十大县级商

月异——孝南区

▲湖北钢赢家具有限公司是出口创汇大户

▲长安锁业股份有限公司鹦鹉牌系列锁具销往亚洲、非洲

▲新华街引进的民营企业——宏大纺织有限责任公司

▲国内贸易部命名的大型农副产品批发市场——南大市场

贸企业孝商集团公司

▲投资亿元新建的全国千所示范学校、全省五十强学校——孝感一中

江汉明珠

汉川市

◀中共汉川市委书记　李巨松

▶汉川市人民政府市长　胡功民

▲汉川市城区鸟瞰

▲汉川市城区人行天桥

▲汉川汉江大桥

汉川市三星级白云大酒店

与时俱进——云梦县

▲中共云梦县委书记
刘义明

▲云梦县人民政府县长
夏贤格

中盐宏博(集团)有限公司

中包富思特集团有限公司

杜邦云梦蛋白有限公司

工业

温室无土栽培

喷灌塑料大棚生长的反季节蔬菜

喷灌塑料大棚生长的反季节蔬菜

农业

开拓创新——应城市

▲中共应城市委书记　何霞江

▲应城市人民政府市长　聂元清

应城中心城区鸟瞰图

▲新建的汉宜大道

应城市地处江汉平原与鄂中丘陵的过渡地带，物产丰饶，素有“膏都盐海”、“鱼米之乡”的美誉。应城历史悠久，因“地处要冲，应置城为守”而得名。革命战争时期，应城是江汉地区最早成立苏维埃民主政权的地区之一，是鄂中抗日支撑点之一，为新中国的建立作出了很大贡献。解放后，特别是近20年来，应城人民抓住改革开放、撤县建市的机遇，紧紧围绕建设经济强市、创建文明城市、推进农村城镇化“三大目标”，艰苦奋斗，团结拼搏，开创了改革开放和现代化建设的新局面，先后获得全国基础教育先进市、全国文化先进市、全国体育先进市、全国科技工作先进市、全国社会治安综合治理先进单位和湖北省文明城市等光荣称号。

▲1999年全省经济综合实力“十强县(市)”奖牌

▲应城会堂

▲全省安居工程示范小区——月圆小区

▲应城广场夜景

▲中共安陆市委书记　栾春海

李白第二故乡

安陆市位于美丽富饶的鄂中腹地，东西宽约60公里，南北长16公里，国土面积1360平方公里，人口62万，辖9镇4乡2个办事处。

安陆交通发达。汉丹铁路、"316"国道、建设中的汉十高速公路纵贯南北，安卫铁路、安花公路横穿东西，并与京广铁路、"107"国道相连接，距武汉市仅110公里，是九省通衢的大武汉的卫星城市，是湖北省武汉、襄樊、十堰汽车走廊的重要连接点。

安陆物华天宝，矿产资源和自然资源十分丰富，有"中华银杏市"的美誉。境内有中原罕见的古银杏群落，有蕴藏丰富的矿产。银杏、黄牛、瘦肉型猪、禽蛋、吉阳大蒜、白花菜、优质泯米、南乡萝卜等土特产质优价廉，饮誉中外。

安陆人杰地灵，是楚文化的重要发祥地，是历史上郧子国、安陆郡、德安府所在地。唐代大诗人李白曾在安陆居住十年，写下了"桃花流水杳然去，别有天地非人间"的赞誉之辞，因此，安陆被称为"李白故里"。

安陆是湖北省改革试点县市之一。市乡工业、民营企业、外资企业一齐上，已形成了以纺织、医药保健品、粮油机械、铝业为支柱的工业群。农业已逐步建立了银杏、黄牛、畜禽三大产业化集团，其银杏产业被湖北省列为"湖北省农业产业化重点产业"。

目前，安陆已形成了大开放、大发展的良好态势，全市人民正在"十六大"精神指引下，加快实现全面小康社会的步伐。

白兆山暨李白塑像

全国最大的压力锅、不粘锅生产基地——湖北爱仕达电器有限公司装配车间及爱仕达系列炊具

千年银杏硕果累累

安陆市

▲安陆市人民政府市长　吴方成

现代化农业园区的温棚草莓基地

安陆市太白大道

夜幕下的太白广场

红土朝晖——

▲中共大悟县委书记　张杰

大悟县位于大别山西端，是全国著名革命老区，民主革命时期，先后有17万人参加革命，6万人为新中国的诞生献出了宝贵生命，涌现出徐海东、刘华清等37名开国将军。

大悟有着丰富的资源，盛产板栗、茶叶、花生、乌桕等农副产品，乌桕产量居全国首位。宣化镇享有“全国板栗第一镇”的美誉。“大悟寿眉”、“金鼓露毫”茶多次获国家和省市金奖。金、银、铜、磷、萤石、大理石、石英石等十几个品种的矿物遍布全县各地。

改革开放以来，大悟这块红色土地上发生了翻天覆地的变化。以大

▲市委书记曹世佑、副书记张文启、副市长李海华等市县领导检查大悟县新城镇地膜花生长势情况。

大悟县城区鸟瞰

大悟县

▲大悟县人民政府县长　冯云乔

悟烟厂、齐天花生集团为龙头的国有企业不断壮大；良好的环境，引来了立马集团等全国十几家金凤凰在此落户；私营企业如强大的洪流滚滚发展；科教文卫、金融商贸日趋繁荣；交通、通信、电力等基础建设硕果累累；调整结构，农村逐步产业化；新型的旅游业正在大力开发。

二十一世纪的大悟人民，发扬老区光荣革命传统，以科教兴县、招商富县、旅游活县、以法治县的战略，抢抓机遇、不断创新，正以崭新的精神面貌，向着小康建设的目标迈出矫健的步伐。

▶特色农业　硕果累累

▲大悟县特色农业显成效——图为千亩优质茶园基地

红土朝晖

与时俱进，开拓创新的县交警大队

▲大悟县交警大队现有干警59人，党员55人，大专文化以上55人，担负着全县境内1277公里的道路交通管理工作。近几年来，争创一流队伍，一流业绩，成效斐然。先后被省、市、县评为："15年以上无违纪交警大队"，"市文明单位"，"人民满意业务窗口单位"，"先进基层党组织"。先后涌现出全国二级英雄模范1人，全国优秀人民警察、省五一劳动奖章1人，荣立二等功4人，三等功15人，省、市优秀警察5人。

大悟县

地方企业一颗璀璨的明珠

◀大悟卷烟厂最早成立于抗战时期的1943年，1987年复建被列为国家"八七"扶贫攻坚项目。1991年被国务院批准为计划内地方烟厂，现有固定资产8400万元，干部职工746人，各类专业技术人员108人。烟厂占地150亩，建筑面积3万平方米，年上交税金2200万元，位居湖北地方烟厂首位。2000年度被省、市评为文明单位，2001、2002年度被中国农业银行湖北省分行评为信用等级AA级。

欣欣向荣的大悟人寿保险业

◀中国人寿保险公司大悟县支公司自1996年分设经营以来，坚持以『振兴民族寿险为己任，以发展、创新为主线，以服务地方经济建设、安定人民生活为职责』，年保费总收入由1996年的150万元跃升到2000年的2660万元。公司在全县设有17个服务机构，拥有员工200余人。各项工作名列孝感市前茅，多次受到中央金融工委、总公司、省、市分公司和地方党委、政府的表彰。

将军故里展新颜

◀享有"花生之乡"美誉的新城镇地处大悟腹地，是一代大将徐海东的故乡。近年来，镇党委、政府立足镇情民意，调整产业结构，走特色兴镇之路。初步形成了以地膜花生为龙头的特色种植业，以奈李为龙头的特色林果业，以宏达养鸡厂为龙头的特色养殖业，以金矿为龙头的特色矿产业的"四特"经济模式。该镇先后被授予"全国农村科普工作先进集体"、"省科普先进乡镇"、"市先进基层党组织"等荣誉称号。

前进中的大悟一中

◀大悟一中是湖北省首批确定的60所重点中学之一，有着60余载办学历史。占地面积350亩，建筑面积10万余平方米。学校现有在校生4438人，教职工302人，特级教师6人，高级教师82人。2002年，高考过省线人数1200人，位居孝感市各重点中学首位。学校先后被市县评为"最佳文明单位"、"安全文明学校"、"先进基层党组织"、"优秀考点"、"省'五四'红旗团委"、"省先进工会组织"、"绿化优秀学校"。

▲孝昌县委书记曾昭荣(右一)、县长戴永红(左一)陪同孝感市领导检查抗旱夺丰收工作

▲孝昌县农业科技示范园区之一——万花园

孝昌县位于湖北省东北部，区位优越，交通便利，县城距武汉市100公里，距武汉天河机场60公里。京广铁路、107国道和京珠高速公路从北到南穿境而过，京珠高速公路在县境内设互通两处。安大公路经县城将107国道、316国道、汉十高速公路连为一体，内陆交通十分发达。孝昌县资源丰富，境内已探明有矿藏18种，矿床矿点50处。农业以优质稻、优质果品、花卉苗木、特种养殖为主导，以万花园、百蔬园、李香园、绿丰园、楚天鹿园为示范园区，优质高效农业已形成了一定特色和规模。工业以建材、机电、食品加工等为主。建县以来，孝昌城市建设发展较快，基础设施建设完备。近年来，以观音湖风景区、双峰山风景区为龙头的旅游开发态势强劲，旅游业快速发展，旅游经济不断壮大。观音湖风景区山青水秀，风光旖旎，是集山、水、林、人文于一体的生态旅游区、度假休闲园。

▲孝昌县阳光大酒店

一湖碧水映翠峰　满目明丽似瑶池

欣欣向荣——

孝昌县观音湖风景区

▶孝感市重点中学——孝昌县第一高级中学

▼孝昌县行政服务中心

▼京珠高速公路孝昌段

▼孝昌县台商独资企业——光邦石膏有限公司

▲湖北省最大的养鹿基地——楚天鹿园。梅花鹿养殖场及鹿产品

▲荣获湖北省优质茶评比特等奖的孝昌凤凰山茶叶基地

▼全国五大优质米之一的孝昌太子米种植基地

孝昌县

孝感市行政服务中心

▲2001年10月18日，孝感市委书记张昌尔在孝感市行政服务中心运行典礼仪式上讲话

◀2001年10月18日，孝感市行政服务中心正式挂牌运行。

孝感市行政服务中心成立于2001年10月18日，是孝感市委、市政府为了适应建立社会主义市场经济体制和中国加入WTO的新形势、新要求，率先在全省建立的第一家便民便商的行政服务机构，主要负责对孝感市直和孝南区直范围内的行政审批、审核、许可和办证、办照、收费事项的组织、协调、管理和监督，为公民、法人和其它组织提供规范、公开、便捷、高效的行政服务。

中心的宗旨是“方便纳税人，服务老百姓”，中心的出发点和落脚点就是便民便商，为其提供“集中”、“透明”、“规范”、“高效”的行政服务，真正做到“进一个门办好，交规定费办成，在承诺日办结”。

宽敞明亮的行政服务中心办事大厅

▶2002年2月7日，省委副书记、省政协主席杨永良(左二)、省委副书记、省纪委书记黄远志(右五)视察孝感市行政服务中心。

孝感市建设局

▲孝感市建设局党组书记、局长　周明祖

孝感市建设局是2001年机构改革时，由原孝感市建设委员会更名而来的，属政府组阁单位。市规划局、市房地产局先后于2001年9月、2002年4月从建设系统剥离出去，属政府直管。建设局主管全市的工程建设、城市建设、村镇建设和建筑业、公用事业、勘察设计咨询业，简称“三建三业”。至2002年，建设局下属有48个单位，其中副县级以上单位6个：园林局、环卫局、公用局、城建监察支队、勘察设计院、市建设局驻北京办事处。全系统共有干部职工近3000人。

建设局机关现有干部职工85人，其中在职的59人，老干部26人。机构改革后机关行政编制43人，事业编制9人，内设11个科室处，即办公室、人事科、计财科、监察科、建管处、城乡建设科、城市管理科、法规科、设计科、老干科及行业工会。

在市委、市政府的正确领导下，通过全系统广大干部职工的共同努力，市建设局先后被评为“市级最佳文明单位”、“省级文明单位”、“全省建设系统精神文明建设先进单位”，2000年、2001年连续被评为“孝感市直机关先进单位”。

孝感市城市建设日新月异，图为市交通路大转盘

新建的孝感人民广场

孝感

孝感因东汉孝子董永行孝感天而得名，是改革开放中发展起来的新兴中等城市。直辖孝南区、汉川市、应城市、安陆市，管辖云梦县、大悟县、孝昌县；国土面积8910平方公里，总人口590万人。

孝感区位优越，交通发达。孝感城区距武汉市区60公里，距武汉天河国际机场仅32公里；107、316国道、京珠高速公路和正在建设中的汉十高速公路在

▲市交通局局长胡金火（前排右一）向省委书记俞正声（前排右二）汇报孝感交通建设情况。

澴水河大桥

南大互通立交桥

交通新跨越

市区交汇而过，全市公路里程4495公里，公路密度每百平方公里50.5 公里，等级公路比重97.7%，居湖北省前列；京广、汉渝两条铁路纵贯全境；汉江等23条江河直通长江；构成了水陆空立体交通网络。孝感市交通正在实施以“四线八路十二桥”为重点的“十五”公路新干线。建设规划即将实现所属7个县(市)城区30分钟上高速公路，东到上海、南下广州、西至西安、北上北京均实现朝发夕至。

▲市委书记曹世佑(前排右三)视察路网建设

路网建设施工现场

京珠高速公路孝感段

孝感港昌交通发展有限公司

孝感港昌交通发展有限公司，是按《中华人民共和国中外合资经营企业法》由香港港陆发展有限公司与孝感市交通经济技术开发公司合资组建的一家合作企业。主要从事107国道孝感翟家湾至武胜关101公里道路管养，经营收费。

公司投资规模。第一期投资是一九九三年十二月孝感翟家湾至孝昌花园40公里砼路面改造，港方投资4100万元人民币，鄂方以路折资5500万元人民币。第二期投资是一九九七年十一月，以第一期投资为基础，对花园至武胜关61公里扩股收购，港方投资9050万元人民币，鄂方以交通基础设施折资9050万元人民币，公司全额注册资本为27864.78万元。一九九五年一月一日正式收翟家湾至花园40公里路段通行费；一九九八年一月一日全程收取（翟家湾至武胜关101公里）通行费。公司人员机构，董事会共十一人组成，其中鄂方6人，港方5人，董事长是企业法人代表，由鄂方担任；总经理对董事会负责，由港方担任。公司下设“三部、两站两室、一会”，即行政部、财务部、工程部、永安收费站、监控室、东余店收费站、监控室、公司工会。共有198人，其中机关20人，收费、监控和后勤保障员工178人。

公司成立以来按照公司章程，建立一整套管理制度，并在实践中加以完善，形成了公司、机关各部、各收费站、各监控室三位一体的人、财、物管理体系。如劳动人事管理、财务收费票证管理、监控、文书档案管理、目标责任、考核奖惩、收费路段管养保畅通措施等，共一百五十多条，印刷成册，发给员工执行，形成了用制度管人管事的格局。

经营效果：经过这几年的经营，取得了良好的经济效益和社会效益，对救灾、扶贫、希望工程、城市建设等作了一定贡献，赢得了社会各界的好评，得到了各级的肯定。连续五年被孝感市人民政府评为“湖北省外商投资百优企业”和“十佳企业”。1998、1999、2001年均被中国外商投资协会评为“全国外商投资双优企业”。

▲港昌公司永安收费站

▲运输繁忙的107国道

孝感市公路运输管理处

▲孝感市公路运输管理处党委书记、处长欧阳华

▲花园式的办公住宅环境

▲稽查人员上路稽查

孝感市公路运输管理处是负责孝感市境内道路旅客运输、道路货物运输、搬运装卸、汽车维修、运输服务等业务的部门，内设6个科室，机关有干部职工103人，管辖7个县(市)区运管所和1个直属所。全系统共有干部职工485人。全市拥有营运车辆11177辆，其中客车2685辆，货车6635辆，出租车1732辆，专用车125辆。在近年来的两个文明建设中，孝感市公路运输管理处先后获得"湖北省精神文明建设文明单位"、"孝感市精神文明建设先进单位"、"孝感市精神文明建设先进系统"、"全省交通系统先进集体"、"湖北省公路运输管理系统两个文明建设先进单位"等荣誉。

办公大楼

孝感市公路管理总段

▲孝感市公路总段总段长
孝感市公路工程建设开发总公司总经理 胡艳和

孝感市公路管理总段下设公路工程建设开发总公司和5个直属单位，现有职工533人，负责全市公路建设、养护、路政管理及公路通行费、过渡费的征收。1997年、2001年，两次被省委、省政府授予“省级文明单位”称号，三次被市委、市政府授予市级“文明系统”称号。

“十五”期间，孝感市公路总段积极着手实施“四线八路十二桥”和397公里的路网建设规划。到“十五”期末，实现316、107两条国道孝感城区外环联通，实现市到县(市)区通二级以上水泥路，实现市域循环线二级联通，实现村村通公路，等级公路比重达99%，全市公路通车里程达5470公里。

地址：孝感市北京路8号　　电话：0712-2823925

▲五星级公路管理站——八・一公路管理站

▲孝感市公路总段领导班子成员

孝感市公路总段长湖收费站

孝感市境内的316国道张河段

孝感市公路工程建设开发总公司

▲澴水河大桥

▲机械化的施工现场

▲南大立交桥

京珠高速公路▶

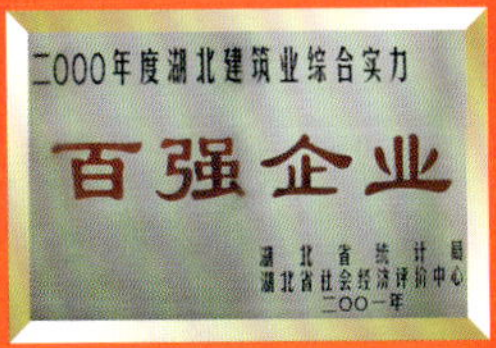

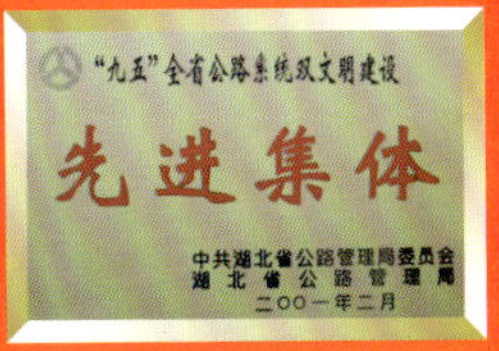

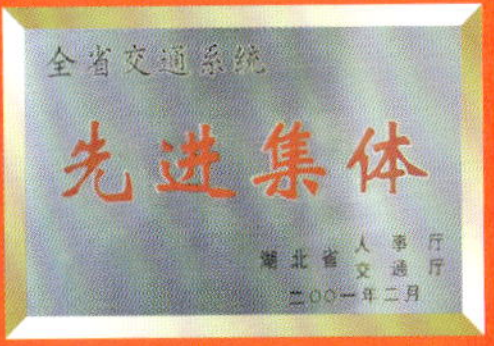

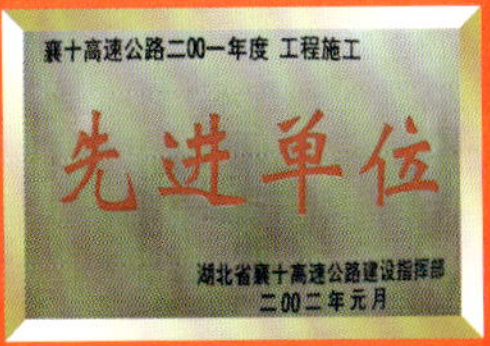

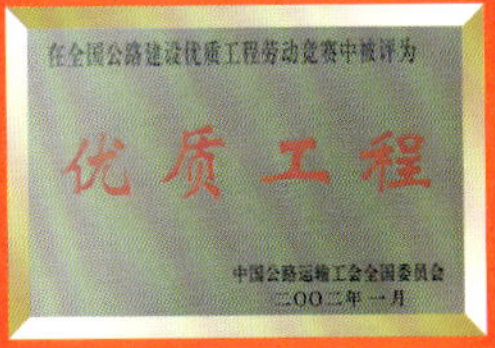

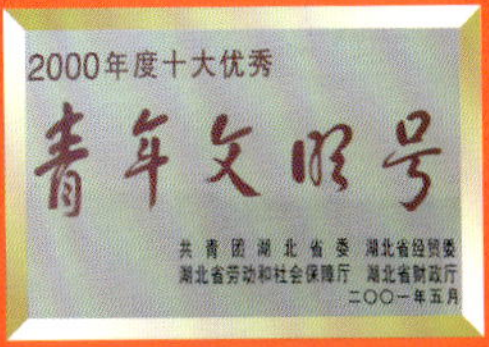

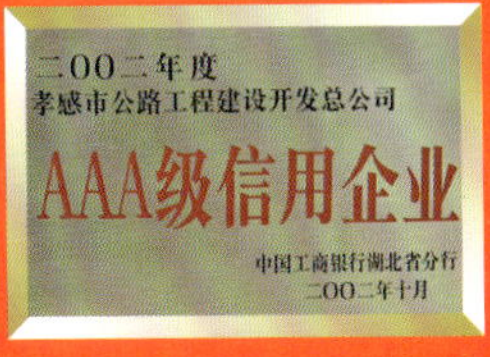

孝感市公路工程建设开发总公司为国家一级施工企业，具有公路工程施工总承包一级、公路路面专项一级、公路路基专项一级资质，主要从事公路、桥梁和其它交通设施的测设施工和机械设备租赁等业务，年产值过亿元。总公司有着丰富的施工经验，承接了大量公路工程施工项目，先后参与了京珠、黄黄、武黄、宜黄、襄十、沪宁、合芜等省内外高速公路工程及本地区国省道一级公路工程施工。近年来，总公司殊荣不断，先后获“宜黄公路工程建设先进单位”、“九五全省公路系统双文明建设先进集体”、“2000年度湖北省十大杰出青年文明号”、“2000年度湖北建筑企业综合实力百强企业”、“全国公路建设优质工程奖”、“2002年度银行信用AAA企业”等一系列荣誉称号，并顺利通过了ISO9001国际质量体系认证。

地址：孝感市槐荫大道73号　　　　电话：0712-2855323

孝感市国土资源局

◀市国土资源局党组书记、局长 雷照金

▲市国土资源局积极支持政府招商引资项目。图为王家窖冲沟招商用地现场。左三为市国土资源局局长雷照金

▲2001年9月28日，市国土资源局举行成立挂牌仪式，市领导蔡民族（右三）、蔡本训（左三）、章厚保（左二）参加仪式。局长雷照金（右二）、副局长杨福凯（右一）主持挂牌仪式。

▲市国土资源局充分利用"6·25"全国土地日，大力开展国土资源法律法规宣传。

▲2001年7月20日，孝感市土地使用制度改革现场会在应城召开。

◀"6·25"全国土地日，市国土资源局在街头设立政策法规咨询台，向过往群众宣传国土资源政策法规。

孝感市财政局

◀省财政厅厅长童道友（中）与市财政局党组一班人

▶1999年提前完成全年财政收入任务时，孝感市受到省政府通报表彰。

◀全市财政形势分析会会场

▲多年来，市财政局一直坚持开展调研活动，图为“五月调研月”调研成果汇报会。

▶局长高楚元、副局长陈新桥深入乡镇进行农村税费改革调研

▶市财政局局长高楚元、副局长陈新桥与双峰山大砦村受助失学儿童在一起

孝感市会计核算中心

▲省、市领导参加市会计核算中心揭牌仪式

▲孝感市市直会计集中核算工作动员大会现场

孝感市会计核算中心经孝机编［2002］10号文件批准成立，于2002年10月22日启动运行。它是融会计核算、监督、服务于一体的会计委派形式，主要负责对市直党政群机关、财政拨款的市属事业单位及经政府授权承担收费或罚没职能的部门和单位的财政性资金进行集中核算。

中心现有干部职工20人，设主任一名、副主任两名。前期设立了四个核算柜组和一个资金柜组。中心宗旨是：“诚信为本、操守为重、遵守准则、不做假账”。中心的理念是“依法理财、规范管理、文明服务、提高效率”。

中心主要职责是：按照《会计法》、《预算法》等法规制度的规定，认真做好所管理单位的会计核算工作，及时记录、计算和报告单位各种资金的增减变动，在依法办理单位收支报账业务的基础上，提供准确的财务信息，协助单位搞好财务管理，不断增强中心依法监督和文明服务的水平。

▲领导与工作人员临柜研讨问题

▲核算柜组工作人员聚精会神办公

宽敞的核算大厅

孝感市
工商行政管理局

▲孝感市工商行政管理局党组书记、局长吴水明

▲孝感市工商行政管理局全体党组成员

▲2001年7月4日，副省长苏晓云、省工商局局长李宗柏在孝感市市长曹世佑的陪同下检查指导市场监管工作

▲2001年3月15日，孝感市工商局举办真假商品对比展

▲工商干部送法到企业

市工商行政管理局办公大楼

孝感市劳动和社会保障局

孝感市劳动和社会保障局踏着改革的节拍，和着奋进的旋律，在市委、市政府的正确领导下，以改革为动力，以维护社会稳定为目标，锐意进取，大胆创新。全市“两个确保”工作继续巩固，就业再就业工作深入推进，社会保障体系建设取得突破性进展，劳动保障领域的各项改革都迈出坚实步伐，精神文明创建工作硕果累累。全市劳动保障系统连续两届被授予市级文明系统称号，市劳动保障局和四个县、市劳动保障局均连续两届被授予省级文明单位称号。

▲市劳动和社会保障局局长　周良斌

▲省劳动和社会保障厅厅长蒋大国（左一）视察孝感市劳动和社会保障工作。

▲市委、市政府领导与全市再就业明星及促进再就业先进单位合影。

▲市人大、政协领导参观市劳动和社会保障局举办的离退休职工书画展。

▲市劳动和社会保障局机构改革和人员竞争上岗演讲答辩会现场。

▲市物价局党组书记、局长　夏秀安

XIAOGANSHIWUJIAJU

▲孝感市物价局领导班子在研究工作

▲市物价局局长夏秀安在农村调研涉农收费情况

孝感市物价局

▲全市物价系统认真宣传贯彻《中华人民共和国价格法》

地址：孝感市仙女路6号
电话：2823116
邮编：432100

孝感市审计局

孝感市审计局依据《中华人民共和国宪法》的规定，成立于1983年。经过近20年的发展，审计领域不断拓宽，审计执法不断加强，审计工作在严肃财经法纪、促进提高经济效益、推进反腐倡廉、服务领导宏观决策等方面的成效日益扩大，孝感市审计局连续两届被湖北省委、省政府授予“最佳文明单位”称号，连续两届被孝感市委、市政府授予“文明系统”称号，连续6年被湖北省审计厅授予“质量综合考核先进单位”称号，审计工作始终处于全省同行业前列。

根据《中华人民共和国审计法》的规定，审计机关依照法律规定独立行使审计监督权，不受其他行政机关、社会团体和个人的干涉。国务院各部门和地方各级人民政府及其各部门的财政收支，国有的金融机构和企业事业组织的财政收支，以及其他按照规定应当接受审计的财政收支、财务收支，都应当接受审计监督。

机构改革后，孝感市审计局核定行政编制34人，工勤编制3人，内设办公室、综合科、人教科、财政审计科、行政事业审计科、农林水审计科、投资审计科、金融外资审计科、经贸审计科、法制科、纪检监察室共11个职能科室。直管的孝感市经济责任审计局，为副县级事业单位，核定编制17人，内设综合科、经济责任审计一科、经济责任审计二科、经济责任审计三科共四个科室。

▲孝感市审计局领导班子。从左至右：金正谋　田卫民　付益珊　钟淮山（局长）　左国香　李作庆（调研员）　梁和平

孝感市审计局办公大楼

孝感市国家税务局

▲市国家税务局党组书记、局长　张保国

孝感市国税局是1994年国地税分设时成立的，现有干部职工2169人，下辖7个县市区局、2个征收分局及稽查、涉外税收管理、退税管理等三个职能局和4个事业单位，主要担负全市近30000家企业及个体工商户的税收征管任务。

该局成立以来，全市国税干部齐心协力、狠抓征管，取得了显著成绩。税收收入结硕果，截止2001年底，累计组织收入46.8亿元；依法治税迈上新台阶，全面贯彻国家各项税收法律政策，执法行为不断规范；科技兴税走上快车道，金税工程如期开通，办公自动化全面应用，更深层次的税收信息化管理正加紧准备；征管改革续写新乐章，自行申报、集中征收不断加强，机构进一步精减，共收缩基层分局37个，精减人员300人；文明创建树立新形象，先后获得省市文明单位、文明系统、最佳文明单位、最佳文明系统称号，行风评议包括7个县市区局在内全部获得第一名；服务经济作出新贡献，认真落实国家各项税收优惠政策，几年来，累计办理出口退税15164万元，核销呆滞税金8000多万元，招商引资1000多万元，有力地支持了地方经济建设。

▲市局领导班子正在部署国税信息化建设工作

▲2001年6月，省委副书记邓道坤、省国税局局长刘楚汉、市委书记张昌尔等省市领导来我局检查工作

▲走上街头，广泛宣传税收法制。

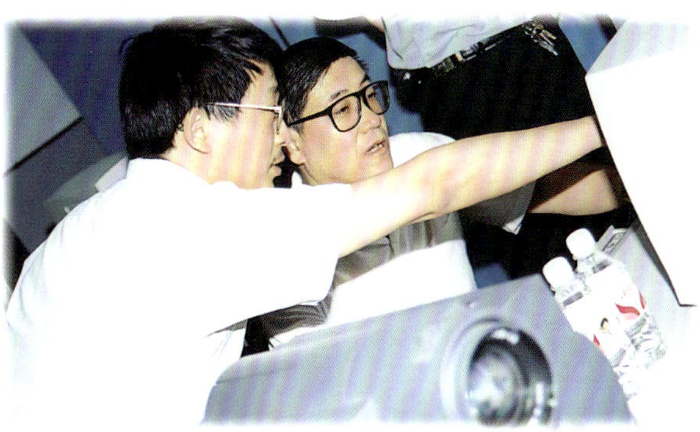

▲副省长苏晓云检查我局金税工程建设情况

▶在市国税局组织的素质创新读书演讲比赛活动中，获奖干部欣喜领奖。

前进中的孝感地税

▲市地税局局长、党组书记　陈其安

沐浴着税制改革的春风，孝感市地方税务局于1994年8月正式组建成立。该局现为正县级单位，内设14个科室，下辖2个直属副县级局、1个直属正科级分局、7个县市(区)局和56个副科级分局，担负着全市32424户纳税户的地方税收征管工作。

八年来，孝感地税事业在市委、市政府和省地税局的领导下蓬勃发展。2000-2001年，全市地税部门累计征收入库地方税费11.1078亿元。实现了地税收入连年“三超”佳绩，并呈现出“两高一增强”的态势，即全市地税收入年均增幅高于GDP增幅、高于全省平均增幅，以及对地方财政的支撑力度逐年增强，在收入总量的增长和收入质量的提高两方面都有很大突破。

该局文明建设硕果累累。全系统保持市级文明系统称号，全市141个应建单位有1个获“全国文明税务所”、4个获省级文明单位称号，命名47个市级文明单位、94个县级文明单位、3个省级青年文明号、20个市级青年文明号，创建率高达94.3%。

在新的历史时期，久经考验的孝感地税人决心在孝感市委、市政府和省地税局的领导下，与全市人民和各条战线一道，以更加饱满的热情，更加出色的工作，积极投身到新一轮经济建设的激流中，为全面建设小康孝感做出新的更大贡献。

▲市政府副市长李广波(左一)、秘书长彭桃安(左二)在市地税局局长陈其安(右一)的陪同下，实地考察市直地税部门政务公开情况。

▲市地税局领导班子成员(从左至右)：万水平、陈燕超、陈其安、黄知勤、徐怀德。

▲环境优美的市直地税办税服务大厅

▲功能齐全的现代化电教室

▼率先在全省地税系统开展“千人税收业务知识大会考。”

孝感市房地产管理局

▲市房地产管理局党组书记、局长　陈家奎

孝感市房地产管理局是2001年11月在原市房地产管理局与市房改办的基础上组建的，是主管全市住宅与房地产业和城镇住房制度改革工作的市政府直属职能部门。局系统现有干部职工166人，其中大专以上学历89人，具有中等专业技术职称的有54人。

局内设办公室、政策法规与房屋拆迁管理科、住宅与房地产业科、房改科、产权产籍管理科、财务管理科、人事教育科等七个科室。

局下设房地产交易所、白蚁防治所、房地产价格评估事务所、房屋安全鉴定所、房地产测绘队、住房资金管理中心、安居工程开发管理中心等七个正科级事业单位，以及安居房地产开发有限责任公司和居安物业有限责任公司二个企业单位。

▲2002年3月，国家妇联书记处书记莫文秀在市委书记张昌尔的陪同下到孝感市安居工程——东苑小区调研。

▲省建设厅及市四大家部分领导参加市房地产管理局挂牌仪式（前排左起：陈家奎、王建华、周学伟、蔡民族、万仁坤、蔡本训、李海华、刘金联、张伟）

▲位于建设东路宽敞明亮的房地产交易中心

新落成的房地产大厦

孝感

▲孝感市农业局党组书记、局长
喻雨林

1

2

3

8

7

市农业局

❶团结、廉洁、实干的市农业局领导班子。图为局长喻雨林（左二），副局长高福初（右二）、马云波（右一），纪检组长肖继林（左一）。

❷孝感市农业局北京路办公楼

❸孝感市农业局园北路临街立面

❹市农科所优质高产水稻新品系试验示范基地

❺市畜牧局领导班子成员在研究工作。图为局长杨宣玖（中），副局长朱云高（左二）、朱圣华（右二），委员陈汉熙（右一）、钱浩（左一）

❻孝感市种子公司领导班子检查优质油菜当家品种“华杂4号”种子质量。图为公司经理刘建平（左二），副经理杨德祯（右二）、郭剑（左一）、王晓煜（右一）

❼孝感市植保站高级农艺师、副站长刘华林正在优质棉基地观测虫情。

❽市农业局与市工商局合资兴建的孝感市城区第一家封闭式集贸市场园林二路集贸市场。

孝感市卫生局

▲孝感市卫生局局长　周新安

▲市卫生局领导陪同市委领导检查文明卫生城市创建工作

▲全市卫生工作会议

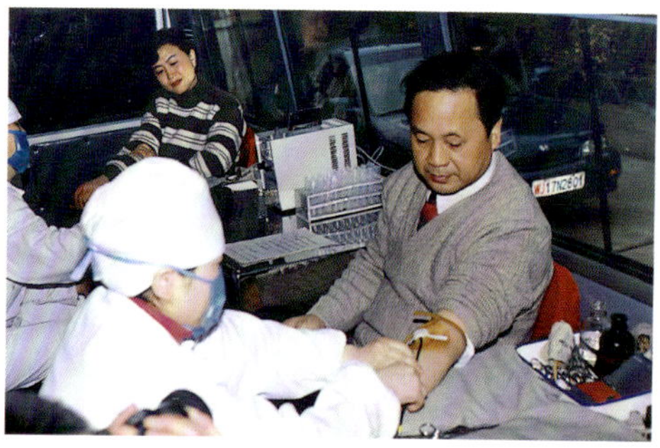

▲市卫生局局长周新安参加无偿献血

▲孝感市卫生局领导巡视卫生技术职称考试考场

▲局机关竞争上岗演讲答辩会

与时俱进的孝感科技

"十五"以来，随着科教兴市战略的全面实施，我市科技、经济和社会事业在技术创新中得到快速发展。目前，全市七个县(市、区)有六个成为全国科技进步先进或合格县(市、区)；全市有生产高新技术产品的企业68家，高新技术产品128个，正在组织实施国家、省级各类科技计划项目150项，已有54项科技成果得到推广应用；全市专利申请量已累计达到160项；全省最大的国家级优质米生产基地建设项目全面启动，高新技术园区建设也呈现出良好发展态势。

孝棉纺织实业集团公司

孝感市亚光医用电子技术研究所

ZT—12系列生物组织自动脱水机

▲ZT—12K(大容量)

· 大容量：2000ml或1500ml
· 中文显示，操作简便(轻触键或触摸屏)
· 1～12缸加热(选配)
· 停电后继续工作，运行中自动纠错
· 外形流畅，不锈钢面板，易清洁

· 环保型，内循环空气净化装置能吸附有害气体
· 全中文液晶显示，操作更为简便
· 停电后可继续工作
· 保护操作人员的身体健康

▲ZT～12P型(全密封环保型)

中日合资孝感松林国际计测有限公司

高新技术企业认定证书
企业名称：孝感松林国际计测器有限公司
统一编号：0242008B0046
有效期二年
湖北省科学技术厅
二〇〇二年八月九日

快速发展的孝感文化体育事业

在市委、市政府及社会各界的关心支持下，近几年来孝感市文化体育事业有了较快的发展，文体基础设施建设面貌一新，一座座大型公益性文体建筑拔地而起，成为城市精神文明建设的亮丽风景。

▲2001 年扩建后投入使用的市图书馆，建筑面积近 4000 平方米，藏书 15 万册。

▲2001 年装修后的市博物馆

▲2002 年竣工使用的市体育艺术学校，总投资 700 多万元，建筑面积 7700 平方米。

▲孝感市新华书店综合大楼

▲1992 年建成的市体育场，容纳 30000 多名观众，曾在此举办全国第二届农民运动会及一系列国家级、省级体育赛事。

▶孝感市体育馆，设座席 3500 个。

国家重点人防城市孝感市
孝感市人民防空办公室

▲2001年9月10日，市人防办主任侯新年在202人防指挥通信工程开工仪式上讲话。

▲2001年8月1日，市人防办召开纪念“八一”建军节座谈会。图为原市人防办主任陈金桥（左二）、调研员宁义德（中）、副主任李明清（右二）、副主任周国华（右一）、副主任刘双新（左一）。

▶2001年12月19日，市委、市人大、市政府、市政协、军分区召开纪念《人民防空法》实施四周年座谈会。

应城市南垸良种场——
发挥种业优势 创建省级强场

党委书记 王志伟 场 长 翁 晔

南垸良种场位于应城市南部湖区，北依汉北河、东南与汉川杨水湖乡接壤、西南与本市义和镇相邻。版图面积17.21 平方公里，耕地面积15324 亩。2001 年，实现工农业生产总值7196 万元，农民人均纯收入2700 元，分别比2000 年增长16.3% 和4.7% 。

2002 年，紧紧围绕富民强场这一目标，以城镇化建设的两个层次（总场街道和中心村）为突破、以发展环境的三个网（交通网、电力网和通信网）为重点、以农业结构布局的四大基地（优质棉生产基地、水稻良种繁育基地、名特优水产品养殖基地和名特优林果基地）为主攻点，实现由湖乡型小场向特色名场、农业型小场向省级产业化经营强场的跨越。

2002 年，全场工农业总产值达到7863 万元，比2001 年增长9.2%；乡镇企业总产值达到7470 万元，比2001 年增长12%；财政收入92.9 万元，比2001 年增长11%；农民人均纯收入达到2800 元，比2001 年增加100 元，增长3.7%；全场固定资产投资达到1070 万元，比2001 年增长6.8%；计划生育率达到100%，人口自然增长率控制在9‰以内。

全年完成5000 亩优质棉生产基地、7000 亩水稻良种繁育基地和1500 亩特优水产品养殖基地等三大基地的沟渠配套和排灌设施的联网。完成二分场、三分场和五分场等三地程控电话的安装。完成河岭村300 亩迁村腾地任务，兴建民营经济开发区；总场机关1200 平方米的行政服务中心大楼的兴建；二分场、三分场、四分场等三地农村电网改造。完成汉北河渡口码头的砂石硬化；南虾公路的砂石硬化；全场全长8 公里循环公路的砂石硬化；总场街道供水和路灯的安装；7000 亩“水稻良种和繁育基地项目”的实施。

▲繁育优质稻种

▲精养鱼池

梅港泵站

南垸街道

孝感市质量技术监督局

▲作风正、纪律严、技术精的执法队伍

▲执法人员正在进行质量检测

孝感市质量技术监督局多年来坚持履行综合管理、行政执法、安全监察职能，有力地促进了地方经济快速健康发展，规范了市场经济秩序，确保了一方平安，有效地维护了广大消费者的合法权益。近几年来，共帮助全市250多家企业建立健全了质量管理和质量保证体系，136项产品通过了国际标准验收，80多家质检机构通过了计量认证，21家企业的产品获得湖北省精品名牌称号；共端掉制假窝点200多个，查处假冒伪劣商品150余万件，货值3000多万元；先后被省政府授予“全省系统打假工作先进单位”，被省质量技术监督局授予“全省系统双文明建设先进单位”，被省人事厅和质量技术监督局授予“全省系统先进单位”，被市委、市政府授予“文明单位”、“最佳文明单位”等荣誉称号。

▲执法人员正在进行商品质量检查

▲执法人员向消费者介绍如何识别假冒伪劣商品

特　　载

实践“三个代表”重要思想
为实现加快发展、富民强市新跨越而努力奋斗

——在中国共产党孝感市第三次代表大会上的报告

（2002年1月21日）

张昌尔

同志们：

现在，我代表中共孝感市第二届委员会向大会作报告。

中国共产党孝感市第三次代表大会，是进入新世纪召开的第一次党的代表大会，是承前启后、继往开来，全面推进孝感改革开放和现代化建设的一次重要会议。

大会的主要任务是：高举邓小平理论伟大旗帜，按照“三个代表”的要求，认真总结我市第二次党代会以来的主要工作，研究确定今后一个时期孝感经济社会发展、党的建设的奋斗目标和任务，选举产生中共孝感市第三届委员会和新一届纪律检查委员会，动员组织全市广大党员干部和人民群众，为实现加快发展、富民强市新跨越而努力奋斗。

一、四年来的工作回顾

市第二次党代会以来的四年，是全市上下应对通货紧缩、亚洲金融危机冲击、农村金融风险压力，紧中求活，难中求进的四年；是广大干部群众战胜频繁的自然灾害，特别是1998年特大洪水和2001年特大干旱，经受抗灾保平安、抗灾求发展严峻考验的四年；是基础建设、结构调整、企业改革、开放引进、优化环境等方面保持良好态势，发展基础不断夯实的四年；是成功组织引导“三大政治斗争”，社会政治保持稳定的四年；是党的建设全面加强，各级党组织的创造力、凝聚力、战斗力不断增强的四年。

积极推进结构调整，国民经济保持持续快速健康发展的良好态势。四年来，国内生产总值年均增长10.6%，财政收入年均增长14.6%，全社会固定资产投资年均增长17.9%，实现了经济发展速度、效益、后劲同步增长。孝感在全省综合经济效益目标考核中位居前列，市本级经济实力不断壮大，汉川、应城先后进入全省十强县市，云梦、应城相继进入全省经济效益十佳县市。全市三次产业结构不断优化。农业按照三年调整规划，适时调减粮食面积，大力发展以林果、蔬菜、水产、畜牧为主体的多种经营，形成了一大批具有一定规模的农业生产基地。全市蔬菜产量、莲藕产量、蔬菜外销量、鸡出笼量以及获绿色农产品认证列全省第一，畜牧业产值居全省第二。安陆被授予全省畜牧业先进县市。加快农业产业化进程，农村产业结构、农业内部结构和农民就业结构不断优化。工业坚持有进有退，集优扶强，使大的更大，小的更活。全市产销过亿元的企业由“八五”末的8家增加到22家。继湖北双环上市之后，福星科技又成功上市。依托大交通、大武汉，发展第三产业，农产品大流通格局基本形成，假日休闲旅游业发展加快，现代服务业蓬勃兴起。

不断深化改革，形成了以民营经济为主体的体制优势。以国有企业改革为中心环节，实施企业改制、资产重组、放小转民“三大战役”，90%的国有集体企业实现转民，基本实现国企改革三年脱困目标。大力实施“调头工程”，积极引导民营经济参与国企改革，初步确立了民营经济的主体地位。财税、金融、计划、物价、投资、医疗、住房、社会保障、粮食棉花流通体制等方面的改革卓有成效，市县机构改革、乡村体制改革、城市工作体制改革、审批制度改革顺利推进，初步建立了适应社会主义市场经济体制的基本框架和运行机制。

大力推进对外开放，形成了以招商引资为重点的开放格局。采取大活动推进，组织开展建市五周年招商引资和2001年经贸洽谈会，积极参加香港、福州、厦门、武汉等地的大型招商活动，实际利用外资不断增长。外经外贸外事工作不断加强，出口结构进一步优化，外经领域进一步拓宽，外事活动日益增多，开放度明显提高。坚持不懈地开展环境创新，整顿和规范市场经济秩序，投资环境明显改善。继法国雷诺之后，德国西门子、日本松下、美国杜邦等跨国公司又落户孝感，福建恒安、广东维达、青岛啤酒、浙江爱仕达等国内知名企业纷纷在孝感追加投资。

加大基础设施建设力度，改善了经济社会发展条件。大力整治以“三河一江”为重点的水利基础设施，开展以京珠高速公路孝感段、长荆铁路应城段为重点的交通建设，实施城乡电网改造、500KV输变电工程、程控通信扩容工程，大大改善了城乡居民的生产生活条件。高标准、高质量编制孝感和县市城区建设总体规划，建成一批城市亮点工程。

积极推进小城镇建设,城镇化建设步伐加快。市政建设力度加大,城市供电、供水和污水、垃圾处理能力明显提高。邮电、通讯、电视快速发展,现代信息网络基本形成。四年来,基础设施投资99.3亿元,是建市以来投资最多的时期。

切实加强精神文明和民主法制建设,社会事业全面发展。社会主义思想道德教育和群众性精神文明创建活动广泛开展,干部群众精神面貌和社会风气发生新的变化,涌现了一大批模范人物和先进集体。孝感被评为省级卫生城市,应城被评为省级文明城市,市供电局获国家级文明单位。一批县市(区)分别进入全国科技工作和全国体育工作先进县市行列。孝感学院组建,结束了孝感没有本科院校的历史。孝感职业技术学院建成,并进入全国高职教育先进行列。全市顺利实现"普九"教育省级达标。孝感高中、各县市区"一中"完成或正在实施改扩建工程。楚剧《中原突围》、广播剧《披肩》获全国"五个一工程"奖,一批文艺作品在全国全省获奖。成功举办省第二届楚剧艺术节和市一运会。计划生育、土地管理、环境保护三项基本国策得到贯彻落实,孝感被评为"全国环境综合整治先进城市"。新闻出版、广播电视、科学技术、社会科学、编史修志、卫生医药等社会事业不断发展。民政、残联、老龄、老干、档案、审计、统计、保密、信访、统战、对台、工商联、民族宗教和外事侨务等工作不断加强。人大、政协工作取得新的进展。工会、共青团、妇联等群团工作不断改善。依法治市深入推进。国防教育、民兵预备役建设、人防和"双拥"工作卓有成效,孝感再次荣获全国、全省双拥模范城称号。坚持不懈地开展严打斗争和专项整治,与"法轮功"等邪教组织进行坚决斗争,社会治安综合治理成效显著,孝感再次荣获全国社会治安综合治理优秀地市称号。

加快小康建设,人民生活明显改善。城镇居民人均可支配收入年均增长6.5%,农民人均纯收入年均增长2.8%。城乡人民生活基本实现小康,居住条件和生活环境大为改善,生活质量进一步提高。孝南、云梦、应城、汉川进入小康县市行列。大悟、孝昌两县和安陆插花贫困乡镇提前完成"八七"扶贫攻坚计划。全力巩固"两个确保",建立"三条保障线",社会保障制度不断完善。

全面推进党的建设,党组织的创造力、凝聚力、战斗力明显增强。深入开展"三讲"教育和"三个代表"重要思想学习教育活动,广大党员干部的思想政治素质不断提高。加强党委自身建设和各级领导班子建设,扎实开展创建"团结、廉洁、实干"好班子活动,团结创业的氛围日益浓厚。农村和国有企业等基层党组织建设不断加强,城市社区、非公有制经济等新型社会经济组织的党建工作在探索中前进。干部人事制度改革不断深化,选人用人机制逐步完善,一批德才兼备的中青年干部进入各级领导岗位。党风廉政建设力度加大,领导干部廉洁自律、查处大案要案、纠正部门和行业不正之风,以及源头治理腐败工作取得阶段性成果。

取得这些来之不易的成绩,是省委、省政府正确领导的结果,是全市各级党组织团结带领全市人民顽强拼搏、艰苦奋斗的结果,也与历届领导班子打下的良好基础密不可分。在此,我谨代表中国共产党孝感市第二届委员会,向全市广大党员、干部和人民群众,向各民主党派、各人民团体、各界爱国人士,向驻孝解放军指战员、武警官兵、公安干警,向所有参与、关心、支持孝感现代化建设的海内外朋友,表示衷心的感谢,并致以崇高的敬意!

回顾四年来的工作,我们感到,孝感虽然建市晚,发展的任务重,但只要我们不断解放思想,与时俱进,始终保持抢前争先、奋发有为的精神状态,按照正确的工作思想,锲而不舍地抓落实,实现孝感又快又好的发展是完全可能的。四年的实践还告诉我们,要加快孝感发展,必须坚持从实际出发,大胆创新,努力寻求上级精神与本地实际结合的切入点和着力点,创造性地开展工作。必须坚持加快发展不动摇,适应先进生产力的发展要求,激活存量,培植增量,构造后发优势,形成经济特色,保持速度、效益、后劲同步增长。必须坚持在抓经济发展的同时,把精神文明建设放到重要位置,积极探索新形势下精神文明建设的有效途径,实现两个文明的协调发展。必须坚持正确处理改革、发展、稳定的关系,确保社会稳定,妥善解决人民群众关注的热点、难点问题,化解各种矛盾和不安定因素,为经济社会发展营造良好的环境。必须坚持埋头苦干抓落实,不断完善抓落实的机制,营造抓落实的氛围,形成抓落实的正确导向。必须坚持人民利益高于一切,相信群众,依靠群众,尊重群众的首创精神,扎扎实实为群众办实事、办好事。必须坚持加强和改善党的领导,始终保持党的先进性和纯洁性,充分发挥各级党组织的核心作用和党员的先锋模范作用。

四年来的成就鼓舞人心,催人奋进。但我们必须清醒地看到存在的问题和不足。突出表现在:全市特别是市本级经济总量不大,经济结构性矛盾突出,运行质量和效益不高,区域经济竞争力不强,工业化、城市化水平较低,城市功能不完善,加快发展的任务依然很重;经济开放度不高,发展环境不优,深化改革、扩大开放任重道远;农民增收缓慢、城乡就业压力增大,低收入者生活困难;财政收支平衡困难,乡村集体负债普遍较重,不稳定因素仍然较多,社会稳定的压力大;党的建设还存在一些薄弱环节和突出问题,思想观念、工作作风、领导方式和工作方法还不完全适应新形势的要求。对此,我们必须高度重视,采取有效措施,认真加以解决。

二、新世纪初面临的形势和任务

孝感同全国一样,已进入全面建设小康社会,加快推进社会主义现代化建设新的发展阶段。特别是我国加入世贸组织,全方位大开放已成为时代潮流。我们必须顺应和把握发展大势,抢抓新机遇,确立新目标,谋求新发展。

新的发展阶段,和平与发展的时代主题不会改变,世界多极化的发展趋势不会改变,但美、日、欧三大经济主体同时陷入低潮,特别是"9·11"事件,使国际政治经济频添变数。国内社会经济成份、组织形式、就业方式、利益关系和分配方式日益多样化,新事物新问题层出不穷。同时,孝感在加快发展的过程中,面临东部大升级、西部大开发、中部大发展的激烈竞争态势;在开放度不高的情况下,面临经济全球化浪潮的强烈冲击;在市场化体制还不健全的条件下,面临按WTO规则和国际惯例办事的巨大压力;在推进工业化进程中,面临着发展信息化的艰巨任务。对此,我们务必居安思危,增强忧患意识。但从总体上看,加快孝感发展的机遇依然大于挑战。国家继续实施扩大内需的政策,将为我们提供更加有利的宏观环境;我国加入世贸组织和实施西部大开发战略,为我们在更大范围、更高层次上吸引和聚集现代生产要素,在国际分工和产业转移中实施结构调整提供了更为广阔的空间;大武汉经济圈的迅速崛起,将有力拉动孝感经济的发展。更为重要的是,孝感"九五"以来形成的思想基础、体制基础、产业基础、设施基础,将为加快孝感发展提供强大的物质力量和精神力量。

面对机遇和挑战,我们一定要审时度势,沉着应对,趋利避害,争取主动,在进一步解放思想,振奋精神,抢抓机遇上有所作为;在深化改革、扩大开放,加快孝感生产力发展上有所作为,努力实现加快发展、富民强市的新跨越。这是社会主义的本质要求,是贯彻落实"三个代表"重要思想的集中体现,是全市人民的共同愿望,也是历史的必然选择。

富民,就是要在经济发展和社会进步的基础上,不断提高全市人民的物质文化生活水平,使人民群众获得实实在在的经济、政治、文化利益,加快从小康到富裕的历史性跨越,实现平原富、山区富、城乡人民共同富。强市,就是依靠改革开放和科技进步,加快工业化、城镇化进程,不断壮大综合经济实力,提高区域经济的整体素质和竞争力,加快由新兴中等城市到现代化中等城市的历史性跨越,实现企业强、产业强、各级财政实力强。在全市改革开放和现代化进程中,必须始终把"富民强市"放在核心位置,作为最大的政治、最硬的道理、最根本的任务,作为我们整个新的发展阶段为之奋斗的主要目标,扎扎实实、锲而不舍地向前推进。

——实现富民强市新跨越,核心是提高生产力水平,加快工业化进程。孝感作为中部地区新兴的中等城市,发展的任务很重,发展的潜力很大。要在比较短的时间内完成发达地区在比较长的时间走过的历程,必须坚定不移地加快生产力发展,牢牢把握先进生产力发展的趋势,大力推动科技进步和创新,引进和运用高新技术改革传统产业,用信息化带动工业化,实现生产力的跃迁和提升,推动孝感经济的跨越式发展。

——实现富民强市新跨越,根本途径是开放引进,吸引和聚集现代生产要素。面对大开放之势,必须坚持开放促改革、促调整、促发展。树立大开放的意识,确立大开放的思路,拿出大开放的气魄,构筑大开放的格局,促进开放型经济的大发展。面向"两个市场"、"两种资源",大力引进和聚集现代生产要素,抓产品、上项目、壮企业,培植增量,扩张总量,提高质量,形成新的经济增长点。

——实现富民强市新跨越,重点是推进环境创新,构造后发优势。当前和今后一个时期,环境是决定孝感经济发展的第一要素,是推进加快发展、富民强市的基本着力点。必须以营造高效优质的服务环境、富有亲和力的人文环境为重点,全方位优化发展环境,把孝感建成全省最具活力、最有吸引力的地区之一。

——实现富民强市新跨越,根本目的是不断提高人民生活水平,促进人的全面发展。要把推进经济、文化发展与改善人民物质文化生活、实现人的全面发展有机结合起来。在不断增加城乡居民收入的基础上,改善生态环境和生产、生活环境,改善公共设施和社会福利设施,提高人民的生活质量;加强精神文明建设,丰富人民群众的精神文化生活,不断提高人民群众的思想道德素质和科学文化素质。

实现富民强市新跨越,是一个长期的历史过程,需要经历若干个具体发展阶段,实现若干个新的跨越。今后五年,是加快孝感发展,实现二次创业奋斗目标的关键五年。全市工作的指导思想是:**高举邓小平理论伟大旗帜,认真实践"三个代表"重要思想,以加快发展为主题,以结构调整为主线,以改革开放和科技进步为动力,以提高人民生活水平为根本出发点,实施开放强市、科教兴市、依托武汉、可持续发展战略,全面加强和改进党的建设,大力推进社会主义精神文明建设和民主法制建设,努力实现加快发展、富民强市的新跨越。具体奋斗目标是:国内生产总值年均增长9%以上,规模以上工业增加值年均增长11%以上,财政收入年均增长10.5%,全社会固定资产投资年均增长10%,城镇居民人均可支配收入年均增长8%,农民人均纯收入年均增长5.3%。到2006年,力争国内生产总值达到450亿元,财政收入突破25亿元。到2010年,建立比较完善的社会主义市场经济体制和运行机制,形成比较优势明显的区域经济特色,把孝感建成比较发达的中等城市。**

三、大力发展社会生产力,推动国民经济快速健康发展

紧紧围绕加快发展这一主题,坚持改革开放,推动科技进步,加快工业化进程,不断提高我市生产力发展水平。

(一)大力推进改革开放,加快开放型经济的新发展

改革开放是解放和发展生产力的强大动力。我国加入世贸组织,对新一轮改革开放提出了新的要求,以开放为主导的大改革、大开放、大调整态势日益强劲。必须进一步加大改革开放力度,以开放促改革、促调整、促发展,有效利用入世的过渡期,加快国民经济市场化、国际化进程,大力发展开放型经济。

围绕加快市场化进程和适应入世的新形势,不断完善社会主义市场经济体制。大力创新公有制实现形式,调整所有制结构。一方面,加快国有经济战略性调整和改组,提高公有制经济的集中度,增强规模经济的比较优势。另一方面,继续放开改革形式,放开公有产权,放开让民营经济进入。民营经济在全市国民经济中的地位日益突出。实现加快发展、富民强市新跨越,必须充分发挥民营经济的作用。放心放手发展民营经济,加强对民营企业的服务,为民营经济创造公平的发展环境。鼓励和扶持一批有发展潜力的民营企业上规模、上档次、上水平,在自愿的基础上,采取资产重组、兼并联合等办法，扩大企业规模，提高市场竞争力。继续大张旗鼓地对民营业主予以表彰，使他们在政治上有地位、社会上有影响、发展上有氛围。在巩固和发展企业改革成果的基础上，按照建立现代企业制度的要求，加快企业公司制改造，完善公司法人治理结构，合理调整股权，健全和完善出资人制度和企业内部分配制度。完善国有资产监管营运体系，确保国有资产在流动中保值增值。继续发展商品市场，大力发展资本、技术、人才等要素市场，进一步深化计划、投融资、财税、外贸、流通体制改革，为加快孝感经济发展全面增创体制优势。

加入世贸组织，标志着我国对外开放进入一个新阶段。要深入研究经济全球化和我国加入世贸组织对我市经济社会发展的影响，抢抓机遇，趋利避害，加快发展开放型经济。开放型经济要求国民经济市场化、国际化，政府管理经济的手段、方式符合国际通行的运行规则，实现“两个市场”、“两种资源”的有效对接，实行全方位对外开放。在开放的主体上，从以政府推动为主转变到以企业为主、政府和社会各方面参与上来；在开放的领域上，从以工业为主转变到一二三产业全面开放上来；在开放的形式上，从一般利用外资转变到利用外资与合资合作、合作研发、购并重组等国际通行做法并举上来。发展开放型经济，最为紧迫的是学习掌握WTO的规则。全市上下要有步骤分层次开展集中培训，尽快普及WTO基础知识，增强适应国际惯例的能力。大力实施开放强市战略，全面开展全员招商、网上招商、中介组织代理招商、委托招商和活动招商，积极推行部门、企业单位和私人业主招商，不断扩大引资数量，提高引资水平。合理引导外资投向，重点引进国内外大公司、知名品牌和先进技术，加大农业利用外资的力度，加快服务业的对外开放。大力发展外经外贸，积极开展外事合作。努力培育一批具有国际竞争能力的重点产品、骨干企业和优势产业，扩大出口数量，优化出口结构；扩大对外工程承包和劳务输出，鼓励发展境外投资，不断拓展发展空间。做好依托武汉发展孝感的文章，积极参与和服务西部大开发，提高我市开放型经济的整体实力。

（二）大力推进环境创新，构筑经济社会发展的新平台

良好的投资环境，是区域经济社会快速发展的重要保证。入世意味着区域经济在国内外市场中的竞争更加激烈。开展环境创新，全面增强对现代生产要素的吸引力，已成为我市极为紧迫的任务。

改善投资环境，要把重心放在整治和优化软环境上。坚持不懈地创新软环境，逐步形成高效优质的服务环境、稳定安全的治安环境、公平竞争的市场环境、规范严明的法制环境和文明守信的人文环境。按照完善社会主义市场经济体制的要求，与WTO规则相衔接，进一步转变政府职能，强化服务意识，减少行政审批，规范政府行为，切实提高办事效率和服务水平。积极探索行政审批制度改革，逐步推行核准制，加快建立健全会计、法律、审计、咨询、评估等中介组织，完善和扩展行政服务中心的功能，逐步形成市县联动的行政服务体系。认真清理现行政策，逐步废止、修订那些阻碍生产力发展的政策规定，制定出台符合孝感实际，并与国际惯例相衔接的具体政策措施。加强市场法制建设，大力整顿和规范市场经济秩序，切实保护投资者的合法权益。增强公民和企业的信誉意识，大力倡导文明的社会风尚，不断增强孝感人文环境的亲和力、吸引力。

量力而行、尽力而为地抓好硬环境建设。抢抓“十五”期间国家继续实施扩大内需政策的机遇，争取多上一些基础设施建设项目。切实抓好一批事关全局和长远发展的大项目、大工程，加快以江河治理和水库除险工程为重点的水利建设，以“四线八路十二桥”为重点的交通建设，以输变电工程和城乡电网改造为重点的电力建设，以宽带通讯网为重点的通讯建设，以造林绿化和环境综合整治为重点的生态环境建设，力争在全市尽快形成防洪抗旱能力大提升的农业基础设施体系、四通八达的立体交通体系、完善稳定的能源保障体系、现代化的信息网络体系和自然环境优美的生态体系。同时，重视和加强城市基础设施建设。

（三）大力推进结构调整，增创产业竞争的新优势

我国加入世贸组织，为经济结构调整提供了巨大的空间。要围绕大交通，依托大武汉，应对大开放，以市场为导向，以优势产业、知名品牌为依托，推动经济结构战略性重组和调整，进一步扩大经济总量，构造经济特色，提高我市经济的整体素质和市场竞争力。

农业、农村和农民的问题始终是关系我市经济和社会发展全局的重大问题。必须把农业和农村经济发展放在经济工作的首位，以增加农民收入为基本目标，大力推进农业和农村经济结构战略性调整，加快农业现代化和农村工业化、城镇化进程。大力调整农业内部结构，继续走“大基地、大品种、大产业”的路子，不断扩大高效经济作物种植面积，积极发展花卉农业、观赏农业、园艺农业，突破性发展蔬菜、水产、畜牧等劳动密集型农业，逐步把畜牧业发展成一个大产业。充分发挥大城郊优势，发展高科技农业、高价值农产品和出口创汇农业，逐步形成高效城郊型农业特色。大力调整农产品结构。因地制宜扩大良种良法，加速农产品品种的更新换代，加快建立食品安全和质量标准体系，积极发展绿色食品、有机食品和无公害食品。大力调整农村产业结构。继续发展乡镇企业和农村二三产业。积极推进农业产业化经营，用改革的办法，靠市场机制运作，重点培育一批农产品加工型龙头企业，形成具有竞争优势的农产品加工产业，促进农产品精深加工，大幅度提高农产品的附加值。大力调整农村就业结构。加强对农民的培训、引导、服务和管理，扩大劳务输出，加速农村劳动力向城镇、向二三产业有序转移，努力拓宽农民增收渠道。

进一步深化农村改革，不断为农业和农村经济发展注入新的活力。按照“多予，少取，放活”的指导思想，全面落实党在农村的各项政策，加大对农业和农村的支持和保护力度，充分调动农民群众的积极性、主动性和创造性，进一步活跃农村经济。适时推进农村税费改革，切实规范和减

轻农民负担，进一步化解乡村债务，帮助乡村基层组织化解矛盾、化解困难，确保基层政权正常运转。稳定和完善农村基本经济制度，积极探索“稳制活田”的土地流转机制，稳步推行“农庄经济”等新型农业经营组织形式。

加快我市经济结构战略性调整最重要、最紧迫的任务，就是要强化现代工业意识，提高工业化水平，抢抓新技术革命机遇，以信息化带动工业化，着力增强工业实力和竞争力，推动结构优化升级。继续盘活存量，集优重组存量资产，逐步形成一批龙头企业和骨干企业，构造工业发展的新优势。千方百计培植增量，扩大总量，用存量吸引增量，用增量激活存量，把增量体现在抓产品、上项目、壮企业上。遵循经济发展规律，以已进入我市的跨国公司和国内知名企业、品牌为龙头，采取收购、兼并、重组的办法，实行开放重组壮大；以骨干企业为依托，加大技术改造力度，争取国债资金投入，实行技改扩能壮大；以一批优势企业为载体，找准合作伙伴，实行攀大靠强壮大，加速培育一批主业突出、核心竞争力强、带动作用显著的大企业、大集团。中小企业在我市工业中占有绝对份额。积极鼓励和扶持有竞争力的技术密集型和劳动密集型中小企业壮大规模，提高档次，强化管理。建立健全中小企业社会化服务、信用担保、技术创新体系，引导中小企业向“专、精、特、新”方向发展。高新技术产业是最具活力、最具成长性的新经济增长点。要以各级开发区为重点，依托现有高新技术企业和军工企业，呼应武汉光谷建设，大力发展电子信息、生物制药、机光电一体化等高新技术产业，培育一批高新技术企业和企业集团。大力发展信息产业，加快推进国民经济和社会信息化。要加大产品的研制与开发力度，实施精品名牌战略，打造一批知名品牌。经过几年努力，形成以雷诺汽车、杜邦食品和双环化工、福星科技等为代表的优势企业群，汽车机电、盐磷化工、轻纺食品、建筑建材四大支柱产业特色更加鲜明，支撑力更强。

大力发展服务业，培植新的经济增长点。充分利用我市自然资源、文化资源，以双峰山旅游度假区为龙头，统一规划，整合全市旅游资源，加大开发力度，建设面向武汉的假日休闲旅游业。依托大交通发展大流通，着力建设一批具有影响力、辐射力和竞争力的大型专业批发市场。加快发展现代流通业，积极推行物流配送、连锁经营等现代新型营销方式和流通组织形式。同时，大力发展信息服务、金融保险、技术咨询、法律服务和社区服务等新兴产业，努力提高服务业从业人员和增加值的比重。

（四）大力推进科技进步，实现经济增长方式的新突破

继续实施科教兴市战略，推进科技进步，使经济增长方式真正转变到依靠科技进步和提高劳动者素质上来。

进一步加大科技创新力度。大力推广农业高新技术和先进适用技术，按照“重在引进、重在推广、重在普及”的思路，引进推广农作物优良品种、新型设施农业、农业工程技术、集约化高效养殖技术、农产品加工技术，不断提高科技进步对农业发展的贡献率。运用高新技术嫁接、改造、提升传统产业，提高企业工艺及装备水平，加大电子信息技术、先进制造技术、节能降耗技术在传统产业中的应用，实现关键技术、关键工艺、关键设备的优化升级，提升产业层次。建立以企业为主体，以大专院校和科研机构为依托，产学研紧密结合的创新体系，不断增强自主创新能力。加快各级经济技术开发区建设，鼓励有条件的地方创办高科技园区，确保每年有一批高新技术项目挤进国家、省计划的‘笼子”。加大科技投入，广泛开展争创科技进步先进县市、先进乡镇和先进企业活动。深化科技体制改革，加快中介服务体系和技术市场建设，鼓励科研事业单位企业化。大力扶持科技型中小企业和民营科技企业的发展，支持科技人员创办、领办中小科技企业，使之成为科技创新的生力军。

进一步发展教育事业。坚持把教育放在优先发展的地位，努力提高全民素质。深化办学体制改革，鼓励和支持社会力量投资办学，形成以政府办学为主、公办学校和民办学校共同发展的格局。改革教育管理体制，合理调整教育结构布局，推行素质教育，普及提高基础教育，大力发展职业技术教育和成人教育，积极发展高等教育。孝感学院和孝感职业技术学院要面向发展需要，调整专业结构，培养本地急需的适用人才。确立终身教育观念，构建信息网络教育体系和学习化社会，倡导机关、企事业单位人员达到大专以上学历。

进一步加强人才建设。当今和未来的竞争，归根到底是人才的竞争。牢固树立“人才是第一资源”的观念，始终把培育、吸引和使用人才作为科技进步的第一要务来抓，高度重视知识分子工作，努力营造尊重知识、尊重人才的良好氛围。加强“三支队伍”建设，大胆奖励有突出贡献的科技人才，鼓励孝感籍人才回乡创业或以其他各种方式为家乡服务。

（五）大力推进城镇化，形成城乡共同繁荣的新格局

城镇化是我国现代化的重要标志，是提高经济增长质量、缩小城乡差别的必由之路。加强孝感中心城市建设，大力发展和完善小城市（县城区），有重点地建设沿交通干线中心集镇，形成中等城市——小城市——小城镇合理布局的城镇体系。

坚持市区一体，加快中心城市建设。重点建设高新技术开发区，大城郊新型农业示范区和南大民营经济区，发展汽车、盐磷化工、光电、食品四大产业，推进高新技术产业培育工程、高新技术农业示范工程、城市基础设施建设工程和服务业发展工程，构造起符合现代城市要求的新型经济体系。市区经济总量在全市的占比明显提高，经济发展速度、财政收入和城乡居民收入水平等主要经济指标在全市名列前茅，使市区真正成为孝感经济社会发展的龙头。高起点建设孝感高新技术开发区，加快高新技术工业园、农业园和高新技术创业服务中心建设步伐；大力支持法国雷诺和航天华晨强强联合，加快推进汽车产业重组，力争今年新的车型下线，2005年形成5万辆微型轿车生产能力。按照高起点规划、高标准建设、高水平管理和高效益经营的要求，扎

实推动孝感城区建设。进一步强化规划意识,完善城市规划体系,理顺规划管理体制,实行规划统一管理。抓紧编制分区控制性详规,逐步提高控制性详规的覆盖率。牢固树立经营城市的理念,把经营城市贯穿于城市规划、建设、管理的各个方面,运用市场机制,盘活城市存量资产,进一步拓宽城市建设的筹资渠道,每年集中力量高标准搞好几项城市硬件建设。注重城市建设的文化内涵和艺术品味,使城市的文化底蕴与现代气息融为一体,塑造鲜明优美的城市形象。积极探索城市管理社会化新路子,按社会化方向理顺市区管理体制,建立和完善城市长效管理机制,为把孝感建设成为经济发达、布局合理、设施完善、社会文明、生态优良和文化底蕴深厚的现代水乡园林城市打下坚实基础。

进一步加大小城市、小城镇建设力度。各县市城区要充分利用现有条件,科学规划,合理开发,增强经济实力,完善城市功能,提升文化品味,不断提高小城市建设水平。小城镇要立足自身优势,大力实施产业兴镇、市场兴镇、旅游兴镇、文化兴镇,逐步形成特色鲜明的小城镇群。认真落实发展小城镇的政策,加快小城镇户藉管理制度、土地使用制度、市场准入制度和投资机制的改革和创新,经营盘活城镇资源,提高城镇化水平。下大力改善农村村容村貌,逐步提高农村住宅质量,建设一批沿主要交通干线的中心村。

四、坚持先进文化的前进方向,把精神文明建设和民主法制建设提高到一个新水平

正确把握物质文明与精神文明建设的辩证关系,坚持发展先进文化,为经济社会发展提供精神动力和智力支持;坚持"德治"和"法治"相结合,加强民主法制建设。

加强思想道德建设,是发展先进文化的重要内容和中心环节。深入开展党的基本理论、基本路线、基本纲领教育,大力倡导爱国主义、集体主义和社会主义思想,引导人民群众坚定对马克思主义的信仰,坚定对社会主义的信念,增强对改革开放和现代化建设的信心,增强对党和政府的信任。加强公民道德建设,贯彻落实《公民道德建设实施纲要》,建立与市场经济发展相适应的思想道德体系。进一步加强和改进思想政治工作,积极探索新形势下思想政治工作的新途径、新方法,增强主动性、针对性和实效性。

加大孝文化建设力度,努力实现优秀传统文化与时代精神的有机结合,实现经济发展与文化发展互动并进、传统特色文化与现代文明交相辉映。我市孝文化底蕴深厚,具有极大的开发价值。要做大做活做足孝文化文章,促进经济发展。充分开发孝文化资源,在继承中发展孝文化,在发展中创新孝文化,在创新中繁荣孝文化。开展形式多样的孝文化活动,定期举办孝文化艺术节,继续开展孝子评选活动。抓好孝文化载体建设,把孝文化建设与城市建设结合起来,构建孝文化城市建筑群,营造浓郁的孝文化氛围。

坚持文化建设的正确方向,唱响主旋律,打好主动仗,切实抓好"五个一工程"建设,努力生产一批反映孝感地方特色、高扬时代精神、富有思想内涵和艺术魅力的精品力作,培养造就一批文化艺术人才。切实加强文化市场管理,深入持久地开展"扫黄打非"斗争,整顿和净化文化市场。落实文化产业经济政策,加大文化设施建设力度,建成一批标志性的文化设施。促进文学艺术、广播电视、新闻出版事业的繁荣与发展。积极推进城乡医疗卫生体制改革,优化卫生资源配置,完善医疗卫生体系,搞好卫生预防保健工作,提高人民健康水平。大力发展体育事业,积极开展群众性体育活动,提高体育竞技水平,发展体育产业。

深入开展群众性精神文明创建活动。以"讲文明,树新风"为主题,坚持以城带乡、以乡促城,在坚持、提高、创新上下功夫,促进精神文明创建活动向社会方方面面延伸。城市文明创建活动要在巩固成果的基础上,提升创建水平,争创省级文明城市,争取一批县市城区达到省级文明城市或卫生城市的标准。深入开展文明系统、文明单位、文明窗口创建活动,加大社区文明创建力度,提高城市文明水平。在农村,继续抓好以创建文明农户、文明村镇为重点的文明创建工作,开展文化、科技、卫生"三下乡"活动,丰富农村精神文化生活,不断提高广大农民的文明素质。

坚持依法治市,加强民主法制建设。坚持和完善人民代表大会制度,尊重和支持人民代表大会及其常委会依法履行职权,充分发挥人大代表的作用。坚持和完善中国共产党领导的多党合作和政治协商制度,加强与民主党派合作共事,推进政治协商、民主监督、参政议政的规范化、制度化。全面落实党的民族、宗教、侨务政策,加强对台工作,巩固和发展广泛的爱国统一战线。加强对人大、政协工作的领导。重视发挥工会、共青团、妇联等群团组织的桥梁和纽带作用。进一步加大依法治市的力度,健全社会主义法制。建立和完善"党委领导、人大监督、政府实施、全社会共同参与"的全方位依法治市格局,重点加强依法行政和公正司法。深化司法改革,强化司法监督,确保司法公正,提高司法效率,防止司法腐败,严惩执法犯法、徇私枉法和贪赃枉法。进一步完善法律服务体系,建立健全依法行使权力的制约机制。加强政法队伍建设,坚持从严治警,不断提高政法干警的政治业务素质。广泛深入开展"四五"普法宣传教育活动,在全市形成学法、用法、守法的良好风气。

坚持党管武装原则,加强国防动员工作和民兵预备役建设,深入开展拥军优属、拥政爱民和军民、警民共建活动,进一步巩固和加强军政军民团结。

五、坚持诚心诚意为人民谋利益,不断提高人民生活水平和质量

提高人民生活水平和质量,是"三个代表"重要思想的本质要求,也是富民强市的根本目的。要始终牢记全心全意为人民服务的根本宗旨,坚持立党为公、执政为民,坚持人民利益高于一切,诚心诚意为人民谋利益,不断实现好、维护好和发展好广大人民群众的经济、政治、文化利益。

积极扩大就业,努力增加居民收入。坚持在国家政策指导下劳动者自主择业、市场就业和政府促进就业的方针,形成通过市场配置劳动力资源的就业机制。建立效率优先、兼顾公平的收入分配制度,在经济发展的基础上,不断提高城乡居民收入水平。大力发展民营经济、第三产业和劳动密集型企业，增加就业岗位，努力拓宽就业渠道，不断增强吸纳就业能力。引导下岗职工和失业人员转变就业观念，鼓励自谋职业。在促进调整增收的基础上，多渠道增加农民收入，切实减轻农民负担，逐步缩小城乡居民的收入差距。继续坚持开放开发式扶贫的方针，标本兼治，整体谋划，切实抓好革命老区、贫困山区、库区和插花贫困乡镇的扶贫开发工作，加快脱贫致富奔小康步伐。

加快建立和完善社会保障体系。进一步深化社会保障制度改革，尽快形成独立于企事业单位之外，资金来源多元化，保障制度规范化，管理服务社会化的社会保障体系。逐步推进农村以合作医疗和养老保险为基本内容的社会保障。认真落实《孝感市妇女发展规划》和《孝感市儿童发展规划》，切实保障妇女、未成年人、老年人、残疾人的合法权益。进一步完善社会救助体系，强化社会救济和服务功能，形成扶贫帮困的社会合力。

切实保障人民群众的民主政治权利。民主政治权利是人民利益的重要体现。充分发挥居委会、村民委员会、职代会在基层民主建设中的基础性作用，健全城镇居民自治和农村村民自治制度，进一步扩大基层民主。全面推行政务公开、村务公开、厂务公开，广泛开展民主评议、质询听证活动，让人民群众充分行使民主选举、民主决策、民主管理、民主监督的权利，依法管理好自己的事情。进一步疏通和拓宽反映社情民意的渠道，及时公正地解决人民群众反映的问题。

努力创造人民安居乐业的社会环境。牢固树立“稳定压倒一切”的指导思想，健全完善“三道防线”的工作格局和“五个一”的工作机制，努力实现“四个确保”。坚持“打防结合、预防为主”的方针，加强社会治安综合治理。坚持不懈地抓好严打斗争和各项专项治理，依法严厉打击各种严重刑事犯罪、经济犯罪和黑恶势力，坚决扫除“黄赌毒”等社会丑恶现象。深入开展同“法轮功”等邪教组织的斗争，做到全党动手，全社会参与，在坚持教育转化的同时，严密防控和依法打击。积极开展社会矛盾纠纷排查调处工作，重视和做好群众信访工作，把矛盾化解在萌芽状态，把问题解决在基层，努力化解和消除各种不稳定因素，为人民群众创造一个安定团结、安居乐业的社会环境。

坚持实施可持续发展战略，正确处理经济发展同人口、资源、环境的关系，促进人和自然的协调与和谐。切实抓好计划生育，严格控制人口数量，提高人口质量。十分珍惜和合理利用每寸土地，切实保护耕地，实现土地可持续利用。加强对资源的规划、管理、保护和合理使用，增强资源对经济社会可持续发展的保障能力。加强生态建设和环境保护，改善生态环境，美化生活环境。

六、加强和改进党的建设，为实现加快发展、富民强市新跨越提供坚强的政治保证

实现加快发展、富民强市新跨越，关键在于加强和改善党的领导。全市各级党组织一定要紧紧围绕提高执政能力和领导水平、提高拒腐防变和抵御风险能力两大历史性课题，全面加强和改进党的建设，不断增强创造力、凝聚力和战斗力，为改革开放和现代化建设提供根本保证。

加强党的思想政治建设。始终不渝地坚持党的指导思想，组织全市党员干部深入学习马列主义、毛泽东思想、邓小平理论和江泽民同志“三个代表”重要思想，不断提高思想政治素质，增强政治敏锐性和政治鉴别力。加强党的纪律，坚持“四个服从”，自觉与以江泽民同志为核心的党中央保持高度一致，确保中央、省委和市委的政令畅通。坚持解放思想、实事求是的思想路线，发扬理论联系实际的学风。按照实践的观点和发展的观点，用“三个有利于”标准判断各方面工作的是非得失，在全市进一步造成鼓励解放思想、实事求是的生动局面，营造昂扬向上、团结奋进、开拓创新的氛围，形成勇于探索、敢为人先、敢担风险的风气，使广大党员干部始终保持与时俱进的思想观念和奋发有为的精神状态，始终适应新形势新任务的要求，创造性地开展工作。

加强领导班子和干部队伍建设。建设高素质的干部队伍，关键是要把各级领导班子建设好。继续在县级以上领导班子中开展创建“团结、廉洁、实干”好班子活动。团结是衡量领导干部素质高低、检验领导班子凝聚力和战斗力强弱的重要标志。讲团结，就是要以党的利益、以人民利益为重，求同存异，同心同德，合心合力。廉洁是领导干部的人格品质，是领导班子的形象。讲廉洁，就是要严格执行廉洁自律的规定，淡泊名利，甘于奉献，一身正气，一尘不染。实干是领导干部的作风，是领导班子的精神风貌。讲实干，就是要立党为公、执政为民，说真话、报实情、干实事、求实效，以实实在在的政绩赢得群众的拥护和信赖。认真总结推广市二次党代会以来班子创建和“三讲”、“三个代表”学习教育活动的成功经验，把领导班子创建活动推向深入。市委特别是市委常委会要加强自身建设，在开展“六个字”好班子创建活动中作好表率，通过市委常委会的团结、廉洁、实干，带动全市各级班子的团结、廉洁、实干。要坚持和完善民主集中制的各项制度，维护班子的团结统一，防止和克服独断专行、软弱涣散现象。健全完善党委内部的议事和决策制度，积极推进决策科学化、民主化，提高决策水平和工作效率。要选准配强“一把手”，进一步优化领导班子结构，提高班子整体素质。深化干部人事制度改革，坚持干部队伍“四化”方针和德才兼备原则，用好的作风选人、选作风好的人，形成同发展社会主义市场经济相适应的选人用人机制。大力选拔优秀年轻干部，注意合理使用其他年龄层次的优秀干部，重视培养选拔女干部和党外干部。建立健全干部培训、锻炼、交流、轮岗制度，继续实行每年选拔年轻干部到发达地区跟班学习制度。积极推行公开选拔、竞争上岗和双向选择等措施，坚持和完善领导干部考察预告制、任前公示制、任职试用期制和待岗制，落实广大群众对干部选拔任用的知情权、参与权、选择权、监督权；加强对干部选拔任用工作的监督，防止用人上的不正之风。进一步做好老干部工作，充分发挥老干部的作用。

加强和改进党的基层组织建设。党的基层组织是党的全部工作和战斗力的基础。以“三个代表”学习教育活动为契机,以“三级联创”为载体,以农村、非公有制经济组织和街道社区为重点,整体推进,分类指导,不断加强党的基层组织建设。以“提高素质、转变作风、改进方式”为重点,加强乡镇班子建设;继续实施“村干部素质工程”,以选好配强村党支部书记为重点,按照“有人管事、有钱办事、有章理事”的要求,抓好村级组织建设。继续在乡、村两级班子中开展争创“十面红旗”活动。进一步做好企业、机关、学校、科研院所、社会团体等组织中党的建设工作,加强各类新经济组织中党的建设。按照增强党的阶级基础和扩大党的群众基础的要求,坚持标准,积极慎重地做好党员发展工作。加强和改进对党员的教育、管理,充分发挥党员的先锋模范作用。

加强和改进党的作风建设。全面贯彻党的十五届六中全会精神,以密切党同人民群众的血肉联系为核心,切实解决党的思想作风、学风、工作作风、领导作风和干部生活作风方面存在的突出问题,做到“八个坚持,八个反对”,努力把党的作风建设提高到一个新水平。要密切联系群众,体察民情,了解民意,集中民智,珍惜民力,诚心诚意为人民谋利益。要深入基层,深入群众,倾听群众呼声,关心群众疾苦,把群众的安危冷暖放在心上,重点解决好企业下岗职工、城市特困户和农村贫困户的生活困难。要建立健全领导干部联系群众制度。市、县市区、乡镇领导都要主动联系一个发展大户、一个困难户和一个上访户,及时掌握不同层面群众在想什么、干什么,有针对性地帮助解决具体问题,扎扎实实为群众办好事、办实事、谋实惠。

加强和改进党的作风建设,最终体现在埋头苦干、狠抓落实上。全市各级党组织和党员干部要增强事业心和责任感,坚持科学态度和求实精神,坚决反对形式主义、官僚主义,扎实工作,把中央、省委精神和市委部署变为自己的实际行动。建立健全保证各项工作落实的领导机制、推进机制、考核机制和责任追究机制,形成激励实干、优先实效的用人导向和真抓实干的良好氛围。以实实在在的作风,求得实实在在的发展,给人民群众带来实实在在的利益。

改进领导方式和工作方法。各级党委要按照总揽全局、协调各方的原则,抓方向、议大事、谋大局,发挥好政治核心作用。改进和完善党的领导体制,加强和改善对人大、政府、政协和人民团体以及其他组织的领导,形成加快孝感发展的强大合力。适应新形势新任务要求,积极探索现代领导方式和工作方法,不断提高执政能力和领导水平。紧密结合经济社会的深刻变化和我国加入世贸组织后的新形势,调整和改革党对经济工作的领导方式,不断提高党领导经济工作的能力。

加强党风廉政建设和反腐败斗争。认真抓好领导干部的廉洁自律工作,加强理想信念和廉洁从政的教育,引导党员干部树立正确的地位观、权力观、利益观,自重、自省、自警、自励,从思想上筑牢拒腐防变的坚固防线。加大查办违纪违法案件特别是大案要案的力度,坚决惩治腐败分子;大力纠正部门、行业不正之风,规范行政秩序和经济秩序。加大从源头上预防和治理腐败的力度,努力建立结构合理、配置科学、程序严密、制约有效的权力运行机制。加强对领导干部特别是正职的监督,切实把党内监督和法律监督、群众监督、舆论监督有机结合起来,保证党的各级领导干部在有效的监督下掌好权、用好权。认真落实党风廉政建设责任制,坚持和完善“党委统一领导,党政齐抓共管,纪委组织协调,部门各负其责,依靠群众参与和支持”的领导体制和工作机制,形成反腐倡廉的整体合力,以党风廉政建设和反腐败斗争的实际成果取信于民。

同志们,今后五年,是我们抢抓新机遇、迎接新挑战、经受新考验、夺取新胜利的五年。我们的事业任重道远,我们的任务光荣艰巨,我们的前途光辉灿烂。让我们高举邓小平理论伟大旗帜,扎实实践“三个代表”重要思想,进一步解放思想,与时俱进,同心同德,真抓实干,为实现加快发展、富民强市的新跨越而努力奋斗!

政府工作报告

——2002年1月30日在孝感市第二届人民代表大会第五次会议上

孝感市人民政府市长 曹世佑

各位代表：

现在，我代表市人民政府向大会作政府工作报告，请予审议，并请市政协各位委员提出意见。

一、2001年工作的回顾

2001年是实施“十五”计划的第一年。市人民政府在省委、省政府和市委的领导下，认真贯彻江总书记“七一”重要讲话精神，落实中央和省委、省政府一系列决策部署，以“三个代表”重要思想总揽全局，紧紧围绕市二届人大四次会议确定的各项工作任务，团结带领全市人民，抓住机遇，迎接挑战，开拓进取，扎实工作，战胜了历史罕见的特大干旱，保持了国民经济稳步发展势头，实现了“十五”计划良好开局。全市完成国内生产总值287.8亿元，比上年增长9.5%。各项社会事业全面进步，精神文明和民主法制建设取得新进展，社会政治保持稳定，各方面的工作都取得了较好成绩。

农业农村经济在大灾之年保持平稳发展。面对历史罕见的特大干旱，全市上下万众一心，奋力抗灾，把灾害造成的损失降到了最低限度。坚持调整农业品质、品种和区域结构，农产品综合优质率超过55%，多种经营产值占农业总产值的比重达到79%，比上年提高3.4个百分点，七大种养示范带和十大农业基地的规模效益进一步提高。农业增加值达到72.8亿元，增长2.1%，农民人平纯收入2356元，增加40元。农业产业化、乡镇企业二次创业、小城镇建设顺利推进，林业绿化、扶贫攻坚、小康建设取得较好成效。水利建设超额完成年度任务。农民实际负担水平有所下降，农金会二期兑付平稳进行，乡村不良债务进一步化解。

工业经济运行质量和效益明显提高。工业增加值达到104.9亿元，增长13.3%，其中规模以上工业增加值61.3亿元，增长13.5%；完成销售收入174.7亿元，增长15.2%；产销率达到98.7%。结构调整稳步推进，高新技术产值达到28.9亿元，增长33.1%，落后生产能力逐步淘汰。技改投入力度加大，全年共实施技术改造项目183个，完成投资14.2亿元，增长14.5%。经济效益继续提高，规模以上工业实现利税15.8亿元，增长17.5%，其中利润6.3亿元，增长29.1%。

第三产业加快发展。旅游业发展势头较好，完成了部分县市和重点景区的旅游规划编制，加强了旅游基础设施建设，双峰山旅游度假区正式挂牌，一批县市区旅游景点的开发力度较大。社区建设试点工作顺利推进，商贸流通业、信息服务业、房地产业得到较快发展。第三产业增加值96.6亿元，增长11%，社会消费品零售总额113.1亿元，增长10.7%。

财政金融保险工作取得较好成绩。财源建设进一步加强，财政收入完成15.1亿元，增长9.8%。支出结构继续改善，基本保证了干部、教师基本工资的发放和机关正常运转，保证了社会保障金等重点支出。金融机构存款余额比年初增加22.4亿元，贷款余额增加12.8亿元。人民保险、人寿保险实现保费收入分别比上年增长6.7%和5.9%，较好地发挥了经济补偿作用。

各项改革顺利推进。国有企业改革脱困成果进一步巩固，资产负债率和亏损企业亏损额继续下降。优势企业进一步发展壮大，一批企业初步建立了现代企业制度框架，辐射带动作用明显增强。“放小转民”步伐加快，90%的国有集体企业实现改制转民。社会保障制度改革加快推进，“两个确保”得到较好落实，“三条保障线”进一步完善。市场就业机制逐步形成，城镇新增就业1.45万人。乡镇机构改革基本完成，市、县机构改革平稳推进。

对外开放步伐加快。优化环境年活动扎实开展，机关作风集中整训、对口学习东西湖、改革行政审批制度、查处“三乱”行为、整治“四霸六强”取得较好成效，市行政服务中心顺利组建。按照世贸组织规则要求，进行了政策性文件清理。整顿和规范市场经济秩序，强化安全生产管理，经济发展环境进一步改善。招商引进迈出新步伐，举办了孝感市第二届“天仙杯”奖暨招商引资经贸洽谈活动，世界500强之一的美国杜邦公司落户孝感，近几年引进的一批国际国内知名企业继续在孝追加投资，三江雷诺资产重组取得实质性进展。全年新批外商投资企业14家，直接利用外资5050万美元，超额完成了省分任务。外贸出口2300万美元，出口基础工作得到加强，结构进一步优化，开口生产企业和“三资”企业出口分别增长52%和69.7%。孝感高新技术开发区“两园一中心”建设步伐加快。各类工业园区和外事侨务、台湾事务及驻外机构在对外开放中发挥了积极作用。

固定资产投资力度加大。全社会固定资产投资完成88亿元，增长17.9%。基础设施建设、技术改造、房地产开发投资进一步增加。京珠高速公路孝感段以及大悟、孝昌、孝南6条联络线和316国道孝感城区复线通车运行。孝感500千伏变电所工程竣工验收，城网改造完成年度计划，农网改造一期工程基本完成。孝感移动通讯枢纽大楼主体工程完工，“孝感热线”全面开通。

城市建设迈上新台阶。孝感人民广场、槐荫广场和青少年生态园一期工程建成开放，城站路改造一期工程、南大互通立交桥、澴河大桥建成通车，后湖冲沟综合治理工程如期完成，新垃圾处理场投入使用，泸川风景区建设、王家窨冲沟治理、东苑小区二期工程进展顺利。城市绿化、美化、亮化水平有新的提高，长效管理机制初步建立，市容市貌明显改观，交通秩序、市场秩序明显好转。各县市城市建设都有新的进展。

社会事业全面进步。科教兴市战略加快实施，科技进步对经济增长的贡献率提高到49.5%。6个县市区进入全国科技进步合格县市行列。“两基”成果进一步巩固，高中阶段教育进一步发展，素质教育全面推进。孝感学院、孝感职业技术学院完成了一期扩建工程，孝感高中及孝昌、大悟、应城一中迁建工程进展较快。文化、体育、卫生、新闻出版、广播电视等社会事业进一步发展。孝感日报社迁建工程全面完成，市中心医院医技大楼投入使用。土地管理、环境保护、计划生育三项基本国策得到贯彻落实。年初确定的十件实事基本完成。人事、国家安全、民兵预备役、人防、消防、审计、统计、物价、信访、保密、档案、民族、宗教、地方志、气象、老龄、残疾人事业等各项工作都取得了新的成绩。

精神文明和民主法制建设不断加强。以爱国主义、集体主义、社会主义为主题的宣传教育扎实推进，群众性精神文明创建活动蓬勃开展，农村“三个代表”学习教育活动深入进行，拥军优属、拥政爱民工作深入扎实。严厉打击“法轮功”等邪教组织，坚持不懈开展以“打黑除恶”为重点的“严打”斗争，妥善处理人民内部矛盾，孝感再次荣获“全国社会治安综合治理优秀集体”。依法行政进一步加强，基层民主政权建设有新的进展，“四五”普法全面启动。各级政府自觉接受人大的法律监督和政协的民主监督，执行人大及其常委会的决议，认真办理人大建议、政协提案，办复率100%。反腐倡廉工作取得阶段性成果，领导干部廉洁自律各项规定进一步落实，查处大案要案、纠正部门和行业不正之风力度加大。认真落实党风廉政建设责任制，从源头上治理腐败工作进一步加强。

各位代表！2001年取得的成绩来之不易。这是省委、省政府和市委正确领导的结果，是全市人民团结奋斗、努力工作的结果。在此，我代表市人民政府，向全市广大干部群众，向驻孝解放军、武警官兵和全市政法干警，致以崇高的敬意！向所有关心、支持孝感建设的国内外朋友表示衷心的感谢！

在肯定成绩的同时，我们也清醒地看到，当前经济和社会发展中还存在一些矛盾和问题。主要是：农业抗御自然灾害的能力不强，农民负担过重的问题还没有解决，农民收入增长缓慢，部分地方和农户受灾损失严重，生活困难。工业增长的基础不牢固，大型骨干项目不多，部分企业经营机制转换不快，一些企业管理滞后。第三产业比重偏低，与孝感的区位、交通优势不相适应。外贸出口规模小，经济外向度不高。财政收入块头小，支出压力大，少数地方存在工资拖欠现象。城市管理还有差距，经营城市的思路不宽。城乡就业压力较大，社会稳定任务繁重。投资环境有待进一步改善，机关“门难进、脸难看、话难听、事难办”现象依然存在，“三乱”问题在少数地方和部门屡禁不止。转变政府职能，提高工作效率，适应入世后的新形势，还要付出巨大的努力。对这些问题，必须高度重视，采取切实有效措施，认真加以解决。

二、2002年工作的指导思想和主要预期目标

2002年是我国加入世贸组织的第一年，是落实市第三次党代会总体部署的起步年。做好今年的工作，对于巩固和发展“十五”良好开局，实现富民强市的新跨越，具有十分重要的意义。

今年政府工作的指导思想是：**以邓小平理论和党的十五大精神为指导，认真实践“三个代表”重要思想，贯彻落实中央、全省经济工作会议精神，根据市三次党代会的总体部署，适应加入世贸组织新形势，以加快发展为主题，以富民强市为目标，坚持依法行政，坚持改革开放，坚持科教兴市，巩固农业基础，壮大工业经济，大力发展服务业，不断提高经济增长的质量和效益，保持社会稳定，促进国民经济持续快速健康发展和社会全面进步，以优异成绩迎接党的十六大召开。**

主要预期目标是：国内生产总值增长9%左右，地方一般预算收入增长9%以上，全社会固定资产投资增长10.5%，社会消费品零售总额增长11%，商品零售价格和居民消费价格指数略高于上年，农民人平纯收入增加80元，城镇居民人均可支配收入增长6.5%，城镇职工登记失业率控制在3.5%以内，人口自然增长率控制在7.5‰以内。

做好今年的工作，我们面临许多有利条件和机遇。一是我国加入世贸组织，国际资本普遍看好中国，为我们更多更好地利用外资，促进结构调整和推动经济发展创造了有利条件。二是中央制定了一系列促进经济发展的政策，为我们加快发展提供了重大机遇。今年中央调整所得税收入分享办法，加大转移支付力度，支持中西部地区发展。继续实施积极的财政政策和稳健的货币政策，着力培育和扩大国内需求，增发国债、增加机关事业单位干部职工工资、扩大农村税费改革试点、继续实行债转股和国债技改贴息等政策，这都将有力促进目前以内需为主导型的孝感经济发展。三是全省经济持续快速增长，武汉经济发展加速，省内特别是武汉产业辐射、经济协作、市场需求将对我市经济产生带动作用，孝感的传统优势产业、商贸流通业和高新技术产业将获得更多更大的发展空间。四是我市今年将有一批重点技术改造项目投产，有一批招商引资项目相继发挥效益，有一批新上重点项目陆续开工建设，这将有力拉动经济增长。五是“三个代表”学习教育深入人心，市第三次党代会召开，进一步激发了全市人民建设孝感的热情，这些都为我们做好今年的各项工作提供了可靠保证。

同时，我们也面临着不少困难和挑战。今年的经济发展还存在一些不确定因素，美、日、欧经济不景气，受“9·11”事件和国际经济影响，今年外贸出口将更为困难，尽管我市的外向度不高，但沿海出口受阻转向内地寻找市场，对我市产品将会带来更大的市场挤压。加入世贸组织后，政府管理经济的观念、方式、方法、手段都将遇到新的挑战；过渡期内，国内行业、企业之间的竞争将会不断加剧；我市除机电、纺织、轻工、资源型化工、特色农业等有一定竞争优势外，其他产业和产品都将面临较大冲击。

面对当前经济社会发展的有利条件和不利因素，我们必须增强忧患意识，增强紧迫感和责任感。只要我们正视困难、沉着应对，趋利避害、把握机遇，增强信心、克难奋进，就一定能把今年各方面的工作做得更好，确保全年各项预期目标的顺利实现。

三、2002年主要工作任务

完成2002年主要预期目标和工作任务，必须以“入世”为契机，树立更加开放的观念，实施开放强市战略，以开放促改革、以开放促调整、以开放促发展，推动孝感经济再上一个新台阶。

（一）适应入世新形势，加快发展开放型经济

构筑“开放强市”战略格局，奋力实现对外开放新突破。预期直接利用外资5550万美元，增长10%；外贸出口2650万美元，增长15%。

坚持抓好环境创新。扎实开展“世贸组织知识学习年”活动，深入研究入世给我市各行各业带来的影响，做到措施得当、应对有效。结合行政审批制度改革，进一步清理、修订和完善地方性规章，尽快与世贸组织规则接轨。抓紧培养和引进适应加入世贸组织要求的专业人才。切实转变政府管理经济的方式，做到依法行政，提高按国际通行规则办事的能力。继续按照“方便、赚钱、安全”的要求，大力整治和优化软环境。加强机关作风建设，提高机关服务质量。调整、充实、完善市行政服务中心职能，加快建立县市行政服务中心和财会集中核算中心，着力营造良好的办事环境。健全社会信用制度，加快建立企业和个人信用档案，营造诚实守信的信用环境。继续推进行政审批制度改革，对取消的审批项目，及时建立后续监管制度；对保留的审批事项，进一步完善结构合理、管理科学、程序严密、制约有效的管理机制。整顿和规范市场经济秩序，重点打击制假售假、规避招标、偷逃抗税、商标侵权、合同欺诈、虚假广告、价格误导等违法违规行为。严厉打击“四霸六强”，切实搞好清费治乱。

努力实现招商引进新突破。着力在创新招商目标、招商形式和招商机制上下功夫，推动招商引进量的增长和质的提高。调整、充实招商引资项目库，发挥对外窗口的积极作用，增强招商引进的针对性、实效性。坚持对外开放与对内开放相结合，实行引进外资、内资并举，资金引进与人才、技术等生产要素引进并重，瞄准知名品牌、知名企业、知名老板和高素质人才，争取在引进国际大财团、大企业、大品牌上有新的突破。优化利用外资结构，鼓励外商投资高科技含量、高市场占有率、高创汇率的产业，改造、嫁接传统产业。进一步健全招商引进机制，形成全员招商格局。继续坚持大活动招商和小分队引进相结合，政府推进与业主招商相结合，大力发展网上招商、代理招商、以商引商，把招商引进提高到一个新的水平。

不断推进外贸出口向质量型增长转变。继续加强外贸出口基础性工作，大力发展自营出口企业。支持开口生产企业、三资企业、民营科技企业扩大出口。坚持科技兴贸、以质取胜，提高机电产品和高新技术产品出口比重。精心组织出口企业参加广交会，鼓励企业有选择地参加一些境外展销活动，巩固和稳定亚洲市场，不断开拓新的国际市场，促进外贸出口实现恢复性增长。鼓励具备条件的企业，以境外办厂、承包工程、劳务合作、资源开发、对外援助等多种形式“走出去”，寻找新的发展商机。

加大固定资产投资力度。进一步深化投融资体制改革，转变政府投资管理职能，逐步建立“谁投资、谁决策、谁收益、谁承担风险”的投资决策体制。大力启动民间投资，切实落实集体、个体、外商投资的有关政策，扩大基础设施和公益性建设领域的开放程度，允许和鼓励不同所有制的投资者参与建设。拓宽融资渠道，通过制度规范、打破垄断、搞好服务，为民间投资创造条件。抓住国家继续实施积极财政政策和国家重点项目在我市建设的机遇，积极为汉十高速公路和干线路网改造、南水北调补偿工程、军工企业搬迁工程等国家投资项目的建设创造良好外部环境。高标准实施优质稻米生产基地建设项目。在抓好现有项目的同时，积极做好争取国家投资项目的申报工作。

（二）调整农业、农村经济结构，千方百计增加农民收入

始终把农业放在国民经济的首位。按照“多予、少取、放活”的指导思想，以增加农民收入为核心，继续推进农业、农村经济结构战略性调整，提高农业整体素质和效益。预期农业增加值76亿元，比上年增长3.5%。

加强农业结构调整的市场引导。坚持面向市场，提高质量，增加效益，加大农业结构调整力度。继续走“大基地、大产业、大品种”的路子，抓好路域、流域、区域开发，巩固扩大七条种养示范带的经营规模，改造提高十大农业基地。突破性发展畜牧业，壮大名特优水产养殖规模，尽快把畜牧水产业发展成为我市农业的支柱产业。积极发展无公害农业、标准农业和外向型农业。建立无公害绿色农产品生产基地，引导农民按国际化标准生产，开发优质专用出口农产品。建立健全农产品流通信息网络体系和市场体系。加快县级农产品信息中心建设步伐，不断扩大信息中心的覆盖

面。鼓励发展以农民流通协会为主要形式的各类民间中介组织,提高农产品流通的组织化程度。继续实施种子工程,推广应用无公害生产技术和成套先进实用技术,优化种养模式。逐步建立以企业和民间服务组织为主体的新型农业技术推广体系。

推进农业产业化经营。强化扶持产业化就是扶持农业,扶持龙头企业就是扶持农民的观念,加快培植一批带动面广、牵动力强的龙头企业,引进一批国内外知名的农业加工企业,重点从资金、技术、人才等方面给予扶持,提高其科技创新能力、市场竞争能力和辐射带动能力。建立完善龙头企业与农户的利益连接机制,扩大订单农业比例,规范“订单、契约、合同”的运作方式,降低农业生产风险。大力推进乡镇企业二次创业,改革产权制度,提高企业素质,引导乡镇企业向农副产品精深加工方向调整,增强乡镇企业吸纳农村剩余劳动力的能力。鼓励和支持农民进入小城镇从事二、三产业。组织引导农民外出打工,发展打工经济。

强化农业基础设施建设。围绕提高农业抗灾能力,按照兴利除害结合、开源节流并重、防汛抗旱并举的原则,着力实施除险保安、水源保护、节水灌溉、提水引水“四大工程”,在抓好江河堤防和大中型水库防洪安全工程建设的同时,突出抓好徐家河、郑家河两大渠系清淤和南水北调、西水东调、北干泵站渠系整治,努力构筑具有孝感特点的防洪减灾体系和水源供给保障体系。继续重视多种经营基地配套工程和乡村公路建设,加快引进和推广农机新机具、新技术,提高农机化水平。切实搞好退耕还林、退田还湖和野生动植物资源保护工作,提高水土流失综合治理水平,加快平原绿化和绿色通道建设步伐,促进农业可持续发展。

加大农村政策落实力度。落实减轻农民负担政策,严格控制负担总量,做好农村税费改革衔接准备工作。继续深化粮棉流通体制改革,逐步建立统一、开放、竞争、有序的粮棉市场。稳定完善农村土地承包政策,按照“依法、自愿、有偿”的原则,建立健全土地流转机制,发展适度规模经营。努力化解乡村不良债务,加大扶贫攻坚、小康建设力度,加强基层政权建设,扎实开展农村村级“三个代表”学习教育活动。

(三)深化企业改革,努力提高工业经济增长质量和效益

按照“三改一加强”的基本方针,着力提高工业整体素质。预期工业增加值115亿元,增长10.5%。

深入推进企业改革。调整股权结构,规范股权设置,着力推进股权多元化,鼓励私营、外资企业进入国有股份制企业参股或控股,推动企业股权向管理层、技术骨干层分散。切实规范公司法人治理结构,严格按照《公司法》的要求,明确股东会、董事会、监事会和经理层的职责,形成有效的决策、激励和约束机制。继续深化劳动、人事、分配三项制度改革,试行股票期权制度,推行经营者年薪制。加快完善社会保障体系,把“两个确保”和“低保”工作的政策措施落到实处,做到应收尽收,应保尽保。健全国有资产监管营运体系,组建新的国有资产经营公司,促进国有资产保值增值。加快建立中小企业信用担保体系,多途径筹措担保基金,积极审慎地开展担保业务。

继续推进企业重组。坚持激活存量,扩大增量,集优重组,壮大支柱。以落户孝感的跨国公司和国内知名企业为龙头,采取收购、兼并等办法,实行开放性重组壮大。以市内优势企业、知名品牌为骨干,实行扩张性重组壮大。以现有初具规模、市场前景较好的企业为载体,寻求合作伙伴,实行攀大靠强重组壮大。每个县市区着力培植壮大几个年销售收入亿元以上、税收千万元以上的骨干企业。抓住国家适当增加核销呆坏帐规模的机遇,依法依规、积极稳妥做好中小企业兼并、破产工作。努力提高中小企业专业化水平,促进中小企业向“专、精、特、新”方向发展。

大力推进民营经济上档次、上规模、上水平。坚持改制转民,放手发展,主攻引进,努力使民营经济在量的扩展上有新的突破、质的提高上有新的进展、占全市经济总量中的比重上有新的增加。继续对国有中小企业实行改制范围、改制形式、出让对象彻底放开,重点完成转民企业的权证变更、注册登记等相关工作,加速推进尚未改制企业的产权制度改革,使国有资本加快从一般性竞争行业中退出。鼓励非公有制经济参与国有企业重组,拓宽非公有制经济发展领域,积极引导转民企业创新经营机制,促进企业做强做大,加快非公有制经济发展步伐。

加快推进企业技术改造。适应国家国债资金扶持重点由基础设施建设转向技改投入的新变化,加快技术改造步伐,预期完成15.5亿元的技改投资任务。积极做好项目的申报立项和已申报项目的跟踪落实工作,争取一批项目挤进国家和省里“笼子”。重点加强支柱产业的技术改造,加快提高工艺技术和装备水平。加大重点项目的落实力度,力争福星肝宝药品、陶瓷真空开关管、高档卫生纸生产线、真空镀铝膜、子午轮胎钢帘线二、三期工程及PC钢绞线扩能改造等18个续新建重点项目早日建成投产。继续淘汰落后的生产能力,已经淘汰的,绝不允许以任何形式和借口恢复生产。实施精品名牌战略,发展汽车等产业关联度高、科技含量高的产品,巩固提高孝感麻糖米酒等地方传统品牌,创新开发电子信息、生物医药等具有较大市场潜力和发展前景的新产业、新品牌。

切实推进企业管理创新。组织重点企业实施管理信息化工程,引导企业加强成本、资金、质量管理,提高企业经济效益。强化企业的广告意识,积极推行总代理、总经销、专卖经营、连锁经营等现代营销方式,发展电子商务,开拓国内外市场,提高营销水平。积极参与和服务西部大开发,扩大地产品在西部市场的占有率。加强安全生产管理,提高安全生产意识,强化安全生产责任制,杜绝重特大事故的发

生。

(四)大力发展服务业,积极培植新的消费热点

积极发展现代服务业,改造提高传统服务业。预期第三产业增加值108亿元,增长11%。

加快发展旅游业。充分利用旅游自然资源和汉孝文化资源,完成旅游发展总体规划,编制重点景区详规,展示旅游文化特色。以双峰山旅游度假区为龙头,加大重点景区开发力度,着力抓好"一线穿珠"旅游线路上的重点景区开发,建设面向武汉的假日休闲旅游业。努力打造孝感旅游精品名牌。调动社会各方面的力量,加快旅游基础设施建设,提升旅游服务功能,改善旅游消费环境,加大旅游宣传促销力度,提高孝感旅游知名度。

加快发展社区服务业。把社区服务业作为扩大就业门路、改善居民生活质量的重要措施。围绕城市基层工作社区化、社区工作社会化的总体目标,大力发展社区物业管理,建立社区服务中心,发展社区卫生保健服务,开展社区文体活动,美化社区环境,加强社区治安,实施社区"民心工程",努力建设文明社区。

加快发展市场流通业。依托大城市、大交通,发展大市场、大流通。重点加强区域中心市场、专业批发市场、农产品集散市场建设。扩大南大、东大等农产品骨干批发市场规模,完善功能,提高档次,增强辐射带动力。加强工业消费品、生产资料批发和零售市场建设,积极发展购物中心、超级市场、特许经营、货仓式商场,加快发展连锁店、专卖店、精品店。采用仓储保管运输、物流配送等方式,发展现代流通业。

扩大消费,多渠道增加社会就业。加快建立个人信用消费担保抵押制度,引导居民转变消费观念,放宽消费信贷领域,增加消费贷款规模,力争住房、教育、汽车等信用消费有新的发展。把扩大就业作为提高人民群众生活水平的根本措施,加快建立统一、规范的劳动力市场,完善就业服务体系,加强职业技能培训,发展劳动密集型产业,广开就业门路,使更多的下岗职工尽早实现再就业。

(五)加快城市建设步伐,促进城乡经济共同繁荣

实行城市经济、规划、建设、管理、经营五位一体,促进中等城市、县级城市和小城镇协调发展。预期市本级国内生产总值19.8亿元,增长10%左右;地方一般预算收入1.39亿元,增长9.9%;固定资产投资10.6亿元,增长11.5%。

壮大城市经济实力。坚持市区一体,以工业为支撑,以三产业为新的增长点,全面盘活壮大老市直企业,加快孝南区、孝感高新区发展步伐,开发双峰山旅游经济。把优势产业和骨干企业作为发展本级经济的重点,力争孝棉实业有限公司4万锭高档纺纱项目开工建设,金龙神水集团达到6万吨啤酒生产能力,黄麦岭磷化工集团达到24万吨磷铵生产能力,推动航天华晨雷诺汽车公司资产重组,启动新车型的生产。着力提高孝感高新技术产业开发区的整体素质和发展水平。充分发挥军工企业的人才、设备、资金优势,进 步壮大民品发展规模。加大招商力度,瞄准一批科技含量高、市场竞争力强的大项目,锲而不舍地做好引进工作。加快"两园一中心"基础设施建设和高新技术项目建设,促进孵化企业的成长壮大。

加强城市规划、建设、管理。强化规划意识,加强规划约束。认真做好城市总体规划的深化、细化工作,提高详规覆盖率。继续加大城市建设力度,重点搞好园林景点、道路、特色街建设,加快老城区改造步伐,搞好城市下水道养护和人行道绿化工作。充分发挥市、区、街道、部门建设城市的积极性,每个街道从实际出发,力争新建一处居民休闲活动区。继续抓好文明卫生城市创建工作,积极争创省级文明城市。健全完善城市长效管理机制,进一步落实"门前四包"和路段长责任制,提高市民城市意识,营造整洁优美的城市环境。实施第二轮出租车经营权有偿出让,改善城区交通条件。

建立完善经营城市机制。树立经营城市观念,拓宽经营城市思路。对政府直接所有并拥有完全处置权、调配权和经营管理权的城市资产,实行市场化经营,社会化管理,实现资源合理配置和高效使用。深化城市用地制度改革,完善城市土地一级市场,推行收购、储备制度,实行土地使用权的招标拍卖。组建城市建设开发投资公司,负责政府授权范围内的城市资产的经营管理,多渠道筹集、融通城建资金,形成自筹、自借、自用、自还的良性发展机制。

加快县级城市和小城镇发展步伐。以富民强县(市)为目标,找准农民增收与财政增长、农业增效与工业增速、农村发展与城市繁荣、近期效益与长远后劲结合点,坚持民营取向,强化县级龙头,夯实乡镇基础,促进城乡共同繁荣。着力壮大骨干企业规模,使之成为重要的财源支柱。继续按照规划超前、建设适度、管理高效的要求,完善城市功能,提升城市档次,形成各自的特色。继续有重点地发展小城镇,按照"积极稳妥、因地制宜、科学规划、协调发展"的原则,以省际口子镇和市际口子镇为重点,着力抓好重点镇、中心试点村建设。加快户籍制度改革步伐,建立城乡人口有序流动机制。加强基础设施建设,培育小城镇特色主导产业,每个乡镇着力培植壮大几个税收百万元以上的骨干企业。积极探索在政府引导下,主要通过市场机制建设小城镇的路子。

(六)加强财税工作,提高金融保险服务水平

贯彻落实积极财政政策和稳健货币政策,进一步加强财税金融保险工作,为全市经济持续快速增长提供更好的服务。预期财政收入16.5亿元,增长9.1%。

进一步加强财税工作。加强财源建设,保持财政收入稳定增长。坚持依法治税,加强税收征管,严厉打击偷逃骗抗税行为,做到应收尽收,确保财政收入均衡足额入库。调

整支出结构，优先保证工资发放、社保支出、法定支出和机关正常运转。调整完善乡级财政体制，切实增加乡级可用财力。把保工资发放作为各级政府的第一要务进行考核。制止各种不切实际、不计效果的形象工程、政绩工程。凡是拖欠工资的地方，财政不得投资上新的建设项目，更不准盖办公楼、买轿车，领导干部不准出国。制止挪用各类专项资金，做到专款专用。强化预算刚性约束，积极稳妥推行部门预算，实行零基预算，加强"收支两条线"管理，实行罚缴分离，全面推行综合财政预算。进一步规范财务管理，严肃财经纪律，坚决取消"小金库"。逐步建立科学、规范的公共财政体系，改革和完善政府采购制度，提高资金使用效益。

进一步加强金融保险工作。正确处理防范金融风险与支持地方经济发展的关系，努力保持适度的贷款增长速度，加大对技术改造、中小企业和农业结构调整的信贷支持。整顿金融秩序，规范融资行为，依法维护金融债权。继续开展创建金融安全区活动，扎实推进信用环境专项治理。发挥城市商业银行的作用，加大对地方中小企业和民营企业的资金投入。坚持"三农"服务方向，开展农村"信用工程"创建活动，努力增加农村信用社对农业和农村经济的投入。认真贯彻落实《保险法》，积极培育孝感保险市场，充分发挥保险促进改革、保障经济、稳定社会、造福人民的作用。

（七）发展社会各项事业，加强精神文明和民主法制建设

坚持"两手抓，两手都要硬"的方针，全面推进社会主义精神文明和民主法制建设，促进社会各项事业繁荣发展。

坚持实施科教兴市战略。加快科技创新步伐，力争科技进步对经济增长的贡献率达到50%以上。面向经济建设主战场，建立以企业为主体，以大专院校和科研机构为依托，产学研紧密结合的科技创新体系。大力发展高新技术产业，力争高新技术产值增长20%。着力用高新技术改造传统产业，加快传统产业高新化进程。抓好重点企业和优势企业技术中心建设，大中型企业普遍建立技术中心，上市公司和拟上市公司建成省级以上技术中心。引导企业逐步增加研发投入，增强自主创新能力。积极申报各类专利，切实加强知识产权保护。建立多元化的科技投入体系，落实科技投入政策，加大科技投入力度。继续深化科技体制改革，培育健全技术市场。落实科技进步目标责任制，深入开展争创全国科技进步先进县市和争创全市科技工作先进乡镇活动。优先发展教育事业。不断巩固"两基"成果，全面发展各类教育。大力推进素质教育，提高教学质量。依法保障教育投入，优化教育资源配置。贯彻落实国务院关于基础教育"一保、二控、三监管"的方针，完善基础教育管理体制，严格控制教师编制，落实中小学教师工资县级财政统一管理和发放制度。加强学校收费管理，减轻学生家长经济负担。实施孝感学院、孝感职业技术学院二期工程，抓紧高校学生公寓工程建设，组建孝感市体育艺术学校。强化人才是"第一资源"的观念，加强人力资源开发，充分发挥市场配置人力资源的基础作用。

全面发展各项社会事业。加快发展文化体育产业，繁荣文学艺术、广播电视、新闻出版事业，发展社区文化、企业文化、村镇文化，加强文化载体建设，挖掘弘扬孝文化。广泛开展全民健身活动，提高竞技运动水平。全面推行城镇医疗卫生体制和药品生产流通体制改革，建立健全城镇和农村健康保障制度，改善城乡医疗卫生条件，预防和控制重大疾病。进一步加强农村改水、改厕、改栏工作，改善农村生活环境质量。做好救灾救济、农村"五保"供养工作。贯彻落实《人口与计划生育法》，加强计划生育基础性工作，实行优生优育，优质服务，稳定低生育水平。严格土地管理和矿产资源管理，坚持资源开发与节约并重，提高水资源、土地资源、矿产资源的利用率和使用效益。增强环保意识，严格执行"环评"和"三同时"制度，加大水质、空气、噪声污染治理力度，巩固"一控双达标"成果，加强生态建设，不断改善环境质量。继续做好民族、宗教、台湾事务、国家安全、审计、统计、物价、消防、气象、档案、地方志、保密、老龄和残疾人事业等各项工作。

加强社会主义精神文明和民主法制建设。坚持"德治"和"法治"相结合，大力弘扬爱国主义、集体主义和社会主义，激发公民建设现代化强国的热情。贯彻落实《公民道德建设实施纲要》，广泛开展社会公德、职业道德和家庭美德教育。深入开展多种形式的精神文明创建活动，全面提高市民文明素质。推进依法治市，抓好普法教育，增强全民的法律意识和法制观念。坚持依法行政，提高执法人员素质，认真推行执法责任制和错案追究制，建立健全行政执法监督制约机制。坚持向人大及其常委会报告工作，自觉接受人大及其常委会的法律监督，认真执行人大及其常委会的决议。支持人民政协、各民主党派、人民团体在政治协商和民主监督中发挥积极作用。扩大基层民主，实行政务、村务、厂务公开，扩大公民有序的政治参与。依法加强对社会团体和民办非企业单位的管理，充分发挥民间组织的作用。做好人民来信来访工作，及时疏导、化解社会矛盾。进一步加强社会治安综合治理，加大对严重刑事犯罪行为和重大经济犯罪活动的打击力度，依法严厉打击"法轮功"等邪教组织，继续查禁黄、赌、毒等社会丑恶现象，维护社会政治稳定。加强国防教育，做好国防动员和民兵预备役工作，积极开展军民共建、警民共建和拥军优属、拥政爱民活动。

（八）加强自身建设，努力开创政府工作新局面

适应新形势、新任务的要求，强化入世意识，落实"八个坚持、八个反对"，改进政府工作，提高领导能力和水平，树立"廉洁、勤政、务实、高效"的政府形象。

切实加强学习。自觉学习马克思主义、毛泽东思想、邓小平理论，不断提高政治理论素质。自觉实践"三个代表"重要思想，树立正确的世界观、人生观和价值观。努力学习

现代经济、科技、金融、财政、城市知识，把学习法律知识和世贸组织知识放在十分突出的位置，不断提高驾驭经济社会发展全局和解决重大疑难问题的领导、组织和决策能力。

切实转变政府职能。各级政府务必加快职能转变，改进管理方式，自觉为各类市场主体服务、为基层服务、为群众服务，切实把政府职能转到经济调节、市场监管、社会管理和公共事务上来。坚持依法行政，从严治政，文明执法，规范行政行为，做到公正、公开、透明，推进政府工作规范化和法制化。继续搞好政府机构改革，认真落实"三定"方案，加强公务员队伍建设。

切实转变工作作风。认真落实中央提出的转变作风年、调查研究年要求，把为人民群众谋利益作为最终归宿和根本出发点，切实解决人民群众普遍关心的热点难点问题，力戒各种形式主义、官僚主义。深入基层、深入实际、深入群众，加强调查研究，弘扬求真务实、真抓实干的良好政风。精减会议、精减文件、减少应酬，集中精力谋发展、干大事、抓落实。

切实抓好廉政建设。强化廉政意识，筑牢思想道德防线，严格遵循廉洁从政行为准则，经得起执政和改革开放的考验，经得起权力、金钱、美色的考验，不断增强拒腐防变能力。各级政府公务员，特别是领导干部务必从我做起，清正廉洁，谦虚谨慎，艰苦奋斗，勤奋工作。坚持预防为主、标本兼治，加强政府机关廉政建设和领导干部廉洁自律工作。全面落实党风廉政建设责任制，抓好案件查处，纠正部门和行业不正之风。

继续为群众办好十件实事：1、做好孝感人民广场二期工程的规划、招商、启动工作，实施后湖游乐园"还湖于民"工程；2、完成城站路路面改造和沿路绿化、美化、亮化工程；3、实施孝感环城森林生态工程；4、规划、启动府澴河沙滩休闲地建设工程；5、整治改造北外街小商品市场和北正街步行一条街；6、完成市消防指挥中心和202人防工程；7、完成孝感高中迁建一期工程；8、建成市级中心血站；9、组建市财会集中核算中心；10、办好"董永与七仙女"特种邮票首发式和"孝文化"艺术节。

各位代表！新的一年，是实现加快发展、富民强市新跨越的重要一年。让我们在省委、省政府和市委的领导下，坚定信心，与时俱进，振奋精神，扎实工作，努力开创各项工作新局面，为落实市第三次党代会和本次人代会提出的各项目标任务而努力奋斗，以改革开放和经济社会发展的新成就，迎接党的十六大胜利召开！

关于制定国民经济和社会发展第十个五年计划纲要(草案)的说明

——2001 年 1 月 14 日在孝感市第二届人民代表大会第四次会议上

孝感市人民政府副市长 蔡民族

各位代表:

我受市政府委托,就《孝感市国民经济和社会发展第十个五年计划纲要(草案)》(以下简称《纲要》)作几点说明。

一、关于《纲要》的形成过程

我市"十五"计划编制工作,是按照国家和省的统一部署,在市委、市政府的直接领导下进行的。1998 年 12 月市政府成立"十五"计划编制工作领导小组,并组建了编制工作专班。先后历经前期调研、思路形成、《纲要》制定三个阶段。在前期调研阶段,重点围绕事关"十五"时期全市经济和社会发展的一些重大问题展开调查研究。主要包括:改革开放 20 年来经济社会发展的经验总结,全市改革目标的实现情况和跨世纪的发展战略研究,"十五"经济发展与预期目标预测等 24 个研究课题,这些课题到 1999 年 6 月底全部完成。2000 年 5 月,市"四大家"领导集中近一个月时间,就涉及全市的一些重点问题进行专题调研,还组织了赴西部和豫鲁的考察学习。编制工作专班在充分吸收专题调研成果和外地经验的基础上,提出了"十五"计划的基本思路。进入《纲要》编制阶段,市委、市政府主要领导先后多次听取编制工作汇报,就《纲要》的指导思想、主要任务和重大原则问题提出一系列明确意见。《纲要》初稿形成后,分别征求了省里知名专家学者、各县市区、各民主党派、工商联负责人、无党派民主人士的意见。党的十五届五中全会和省委七届五次全体(扩大)会议后,市委及时召开了二届六次全体(扩大)会议,讨论并通过了《中共孝感市委关于制定全市国民经济和社会发展第十个五年计划的建议》。根据市委的《建议》,编制工作专班用了近两个月的时间,对《纲要》进行了全面、系统地修改,并再次提交市政府常务会议和市委常委会议集体讨论修改。最后,形成了这次提请市人大二届四次代表大会审议的《纲要》(草案)。《纲要》形成的过程,既是贯彻群众路线、体现民主决策的过程,也是不断深化对重大问题认识与研究的过程,是集体智慧的结晶。

二、关于《纲要》的主要内容

《纲要》共分十个部分:第一部分,基础条件和宏观环境;第二部分,指导思想和主要目标;第三部分,产业结构;第四部分,城镇建设;第五部分,改革开放;第六部分,依托武汉;第七部分,科教创新;第八部分,人口、资源和生态环境;第九部分,重点建设;第十部分,精神文明和民主法制建设。《纲要》包括 31 个方面的内容,约2.6万字。

*第一,关于基础条件和宏观环境。*从总体上讲,"十五"时期,我市经济社会发展的基础条件较为有利,宏观环境是机遇与挑战并存。《纲要》主要讲了两个方面的内容:一是分析了我市"九五"时期经济和社会发展的基本态势。分别从综合实力明显增强、经济结构趋向合理,体制改革全面深化、对外开放成效显著,固定资产投资力度加大、重点建设成就显著,人民生活水平稳步提高、各项社会事业全面发展等四个方面,对"九五"时期我市经济和社会发展所取得的巨大成就,进行了概括性总结。同时,也客观地指出了全市经济社会生活中存在的矛盾和问题。值得强调的是,"九五"时期,在市场疲软、五年"两涝两旱"的不利条件下,全市国民经济保持了持续快速健康发展,国内生产总值年均增长 14%,速度、效益、后劲三大指标均高于全省平均水平。这是全市人民认真贯彻落实党的十五大精神,坚持改革开放促发展不动摇,坚持埋头苦干抓落实不松劲,真抓实干,奋力拼搏的结果。二是分析了"十五"时期经济和社会发展的宏观环境与趋势。主要是深入分析了国际、国内环境的有利因素对我市发展带来的宏观机遇;全球经济一体化趋势、买方市场形成以及区域经济竞争对我市发展带来的挑战与压力;预测和分析了我市"十五"期间经济发展的总体趋势,展望了未来五年我市经济社会发展的前景。

第二,关于指导思想和主要目标。《纲要》提出的指导思想是:高举邓小平理论伟大旗帜,用"三个代表"的思想总揽全局,按照第二次创业的战略部署,以加快发展为主题,以经济结构战略性调整为主线,以提高人民生活水平为根本出发点,解放思想,抢抓机遇,深化改革,扩大开放,加快推进体制、科技和环境创新,巩固和加强农业的基础地位,大力发展城市经济和民营经济,加快市场化、工业化、信息化和城镇化进程,提高区域经济竞争力和经济增长的质量与效益,实现国民经济持续快速健康发展和社会全面进步。主要目标是:国民经济发展速度、质量、效益超过全省平均水平,区域经济特色初步形成,社会主义市场经济体制和运行机制进一步完善,对外开放取得新的突破,社会保障与就业、城乡面貌和人民生活明显改善,两个文明协调发展,为国内生产总值2008 年前翻一番、全面实现第二次创业和第三步战略目标奠定坚实基础。围绕上述指导思想和奋斗目标,《纲要》强调必须坚持八条基本原则:坚持以解放思想为先导,贯彻实事求是的思想路线;坚持以加快发展为主题,走扩张总量和提高质量并举的路子;坚持以发展城市经济、完善城市功能为重点,加快中心城市建设步伐;坚持以结构调整为主线,推动结构优化和产业升级;坚持以体制、科技和环境创新为动力,构造区域经济竞争优势;坚持强化农业

基础地位，实现农业增效、农民增收、农村稳定；坚持以提高人民生活水平为根本出发点，正确处理改革、发展与稳定的关系；坚持“两手抓、两手都要硬”的方针，促进两个文明协调发展。《纲要》还提出了我市“十五”经济和社会发展的基本思路：充分发挥区位、资源两大优势，实施依托武汉、科教兴市、可持续发展三大战略，抓好汽车、盐磷化工、食品、建材建筑四大支柱产业，突出农业产业化、城镇建设、基础设施建设、民营经济、市场建设五大重点，努力实现跨越式发展。

这里，需要着重说明的是，实现跨越式发展，是孝感未来5年的必然选择，也是实现国民经济发展速度、质量、效益超过全省平均水平的重要保证。党中央高瞻远瞩，审时度势，提出了以信息化带动工业化，发挥后发优势，实现生产力跨越式发展的新要求。省委提出，“十五”期间，湖北要实现跨越式发展，成为全国重要的经济增长极之一。这为我们实现跨越式发展指明了前进的方向，提供了新的契机。经过改革开放二十多年的发展和积累，我市综合实力明显增强。特别是“十五”期间一批重点项目的开工建设和汽车、食品、盐磷化工、建材建筑等一批支柱产业的不断壮大，将为孝感跨越式发展提供重要的物质技术基础和条件。随着国际环境的变化，“十五”时期国内宏观环境总体趋好，国家在拉动消费需求、应对经济全球化趋势、加入WTO、发展知识经济等方面，将继续实施积极的财政政策，加快实施西部大开发战略，加速推进城镇化和高新技术产业化，这也将为我市实现跨越式发展提供历史性机遇。

《纲要》针对孝感经济总量不足和质量不高并存的现实，提出“十五”时期实现跨越式发展，必须坚持走扩张总量和提高质量并举的路子。发展不够仍然是孝感最大的实际。总体上讲，孝感还是属于速度效益型的经济，没有一定的速度，就没有效益，必须继续加大投入力度，保持经济总量的快速增长。同时，新世纪的发展，应该是速度和效益相统一的发展，以结构调整为主线的发展，以城市经济为重点的发展，以改革开放和科技进步为动力的发展，以提高人民生活水平为根本出发点的发展，归根到底，是在提高经济增长质量和效益基础上的发展。

第三，关于经济结构战略性调整。对经济结构进行战略性调整，是“十五”计划的主线。产业结构调整是实现结构优化升级、促进经济增长的重要环节。我市同全国全省一样，已经到了以经济结构调整促进发展的阶段，不调整就不能继续前进，不调整就不能健康发展。这种调整，不是一般意义上的适应性调整，而是新技术革命带动的、对经济全局和长远发展具有重大影响的战略性调整；不是局部的调整，而是包括产业结构、城乡结构、区域经济结构在内的，以提高经济的整体素质和竞争能力为目标的全面调整。我们要坚持在发展中推进经济结构调整，在经济结构调整中保持经济快速发展。“九五”时期，我市国民经济虽保持了健康快速增长的良好势头，但产业层次低、结构不尽合理、特色不鲜明。从三次产业结构看，一产业占27.5%，高于全省12个百分点；三产业发展滞后，所占比重为32.7%，低于全省2.1个百分点。工业内部结构还不够合理，支柱产业尚未形成。因此，《纲要》对经济结构调整提出了明确要求和具体部署，主要是：巩固加强农业，全面提高工业，大力发展服务业。这里，着重说明三个问题：

一是农业结构调整问题。农业是国民经济的基础和安天下的战略产业。《纲要》提出，必须进一步提高对农业基础地位的认识，切实贯彻中央对农村的各项政策，加大对农业支持和保护力度，加快农业和农村经济结构向战略性调整转变，确保农业在提高整体素质和效益的基础上持续稳定发展。加快农业结构调整步伐，既是孝感实现跨越式发展的坚实基础，也是推进农业现代化、农村现代化的历史性任务，对于调整城乡经济结构，繁荣农村经济，提高农民生活水平，具有重大的现实和历史意义。《纲要》就农业产业结构、农产品品种结构、农业区域结构调整分别提出了要求。“十五”期间，与农业和农村经济结构调整密切相关的两个问题，应当引起我们的足够重视。首先是采取得力措施千方百计增加农民收入。要通过调整农业和农村经济结构，发展农业生产和农产品深加工，增加农业的后续效益，努力拓宽农民增收领域。其次是切实减轻农民负担。农民负担过重的问题是直接影响农村经济发展和社会稳定的重大问题，必须标本兼治，综合治理。要搞好农村税费改革，精减乡镇机构和富余人员。同时，努力增加对农业和农村的投入，改善农村生产、生活和市场条件。

二是工业经济结构优化升级问题。完成工业化是我市现代化建设进程中艰巨的历史性任务。“十五”期间，工业经济结构优化升级的重点是发展壮大支柱产业，加速发展优势企业群体，充分发挥民营企业市场主体活力优势。

汽车、食品、盐磷化工、建材建筑四大支柱产业是我市经济的重要支撑。汽车工业要坚持以三江雷诺和神风集团为龙头，扩大轻型汽车、重型越野车和摩托车等整车生产能力，扶植汽车配套产品和相关产业的发展；食品工业要以麻糖米酒、啤酒、蔬菜莲藕、植物蛋白等名优特产品为龙头，开发深加工副食品和营养饮料新品种；化学工业要立足丰富的盐磷资源，大力发展精细化工；建材工业要利用石膏、石材、铝锭等资源性产品，发展新型墙体材料和装饰装修材料。建筑业是我市的优势，加强建筑业管理，引导、扶持建筑业健康发展，对促进我市经济发展有着重要意义。

优势企业群体是我市实现跨越式发展的重点。“十五”期间，要通过资本营运和资产重组，以十大企业集团为重点，以实现“四跨”扩张经营为目标，扶持一批体现孝感特色、拉动区域经济发展的优势企业群体。

军工企业是我市的一大优势，高科技人才密集，技术设备先进，科技力量雄厚。通过军工企业“军转民”，开发高新科技产品，将会成为我市重要的经济增长点。要全力扶持，搞好服务，创造良好的发展环境，推动其加速扩张发展。

中小企业是我市经济的重要增长点，也是减缓就业压力，保持社会稳定的基础。要采取鼓励和扶持措施，加快中小企业民营化，促其走“精、专、特、新”之路。同时，要大力支持、鼓励和引导个体、私营企业尤其是科技型中小企业健康发展。

三是发展服务业问题。加快发展服务业，是经济结构战略性调整的重要内容之一。服务业是一个关联度高、带动性强、就业容量大、投入产出效益好的综合性产业，在国民经济和社会发展中具有重要地位和作用。因此，《纲要》用一定篇幅对大力发展服务业进行阐述。“十五”期间，要把发展服务业摆到应有的高度，采取积极扶持措施，加快发展步伐，明显提高服务业增加值占国内生产总值的比重，明显提高服务业从业人员占全社会从业人员的比重。

这里，需要特别说明的是，旅游业作为服务业的重点产业，孝感应该大有可为，全市上下对此要形成共识。要积极开发旅游资源，大力发展以面向武汉等城市居民周末度假休闲为主的旅游业，加强旅游交通基础设施、旅游景区开发和配套设施建设，加快形成交通、观览、住宿、饮食、购物、娱乐相结合的旅游综合服务体系，提高旅游接待服务的规模和水平。社区服务是发展空间十分广阔的领域之一，随着住房、医疗、养老制度等各项改革的逐步深化以及企事业单位社会职能的逐步剥离，社会结构发生了较大变化，“单位人”开始向“社会人”转变，居民对社区的依赖性越来越大。“十五”期间，要进一步加快社区服务业发展步伐，运用市场机制鼓励个体、私营业主开发各种社区服务，把社区服务培育成为重要的新兴产业。

第四，关于城镇建设。城镇化既是经济发展和工业化、现代化的必然产物，又是促进经济发展，加快工业化、现代化进程的重要条件。随着生产力水平的提高和工业化进程的加快，我市推进城镇化进程的条件已基本具备。《纲要》提出，“十五”期间要以孝感市区为龙头，加快推进城镇化进程，不断完善以市区、县城为中心，中心镇——集镇——中心村“一点三级”的城镇体系。

一是关于市区龙头建设问题。地改市以后，孝感市区基础设施建设有了较大改观，市区经济得到长足发展，特别是在“九五”时期，国内生产总值、财政收入和固定资产投资增幅明显高于全市平均水平。但是，由于建市晚，底子薄，块头小，目前市区龙头的带动作用、辐射力还不强。因此，市区龙头建设的重点是发展城市经济，重中之重是建设好孝感高新技术开发区、南大民营经济区和城郊高效农业示范区，发展汽车、盐磷化工、光电、食品四大产业，实施高新技术产业培植、高技术农业开发、城市基础设施建设和服务业发展四大工程，把市区建成全市的高新技术产业基地和现代高效农业示范基地，全面提高“龙头”的经济实力。

二是关于小城镇建设问题。目前，我市共有建制镇73个。客观地讲，相当多的建制镇经济基础差，设施不配套，功能不完善，缺乏应有的吸引力和辐射力。“十五”期间，要按照“积极稳妥，循序渐进，因地制宜，科学规划，统筹兼顾，协调发展”的原则，将一批基础条件好、发展潜力大的小城镇，建设成为规模适度、规划科学、环境整洁、功能健全、具有较强辐射力和带动力的农村区域性经济文化中心。从根本上说，城镇化水平是由经济发展水平决定的。因此，发展小城镇的关键在于繁荣小城镇经济。各地要把引导乡镇企业合理聚集、完善农村市场体系、发展农业产业化经营和社会化服务与小城镇建设结合起来，构筑和培育小城镇的经济基础。需要强调的是，发展小城镇，要充分发挥市场机制的作用，改变过去主要由政府包下来的城镇建设体制，广泛吸纳多种投资主体参与建设。

第五，关于深化改革和扩大开放。结构调整和经济发展归根到底要靠改革开放。今后5年乃至更长一段时间，必须坚定不移地推进改革，扩大开放，突破影响生产力发展的体制性障碍，为国民经济和社会发展提供强大动力和体制保障。《纲要》根据“十五”期间面临的新形势，对深化国有企业改革，推进县域经济民营化，建立全面开放、竞争有序、功能完善的市场体系，转变政府职能，健全社会保障体系和提高人民生活水平，扩大对外开放，发展对外经济等作了全面部署。在健全社会保障制度和提高人民生活水平方面，重点就加快社会保障体系建设，抓好养老、基本医疗、失业、工伤、生育等保险，提高社会保障基金支撑能力等方面提出了发展重点和工作措施。同时提出了要继续加大对老区、贫困地区的扶持力度。在对外经济方面，提出了抓住我国即将加入世界贸易组织的机遇，加快推进我市与国际经济全面接轨的进程，形成全方位、多层次、宽领域、高水平的对外开放格局的思路，并分别从对外贸易、利用外资、“走出去”几个方面提出了发展重点和工作措施。这里，着重说明县域经济必须以民营经济为主体的问题：

从总体上讲，我市县域经济已进入新的发展阶段，其主要标志是，县域经济实力明显增强，部分县市已实现小康，贫困县市已基本脱贫；县域特色经济初步形成，整体素质有了提高，工业化、城镇化进程不断加快，经济格局发生了较大变化，民营经济已成为县域经济的主体和新的增长点。根据党的十五届五中全会精神和省委、省政府《关于新形势下加快县域经济发展的决定》的要求，“十五”时期，我市县域经济发展要坚持以民营经济为主体，以强县富民为目标，以推进两个根本性转变和提高经济运行质量与效益为中心，以增强县域经济综合实力和竞争力为着力点，以市场化、特色化、城镇化为发展方向，加快民营企业集团、民营经济区建设，推进区域经济民营化，促进县域经济持续快速发展。

第六，关于经济社会发展战略。在新的世纪，孝感要实现跨越式发展，必须正确选择和实施符合客观实际的发展战略。《纲要》提出了实施依托武汉、科教兴市、可持续发展三大战略。

一是依托武汉发展战略问题。从“九五”计划提出“借助大武汉”，到这次制定“十五”计划提出“依托武汉发展战略”，不仅仅是提法上的改变，更重要的是对孝感发展战略的再认识。武汉作为特大城市，随着我国加入WTO和西部大开发战略的实施，其经济核心区的地位和影响必将进一步凸现。省委决定把武汉建成"五大基地"、"五大功能中心",突出显示了武汉作为全省经济腾飞的龙头带动作用。孝感在地缘、经济、科技、教育、文化等各个方面与武汉有着不可分割的联系,又处在武汉第一辐射圈内,其联系更加密切,合作领域更加宽阔,"依托"更为紧迫。"十五"时期,我们要顺应区域经济一体化的潮流,主动依托武汉,借助武汉发展自己。《纲要》中就科技依托、市场依托、要素依托、信息依托等方面提出了具体工作措施。

二是科教兴市战略问题。科教创新和培养人才是增强综合实力的决定性因素。《纲要》指出,"十五"时期,要继续坚持把科教兴市作为一项重要战略来抓,切实把经济发展真正转移到依靠科技进步和提高劳动者素质的轨道上来。

"十五"期间,要加强技术创新,发展高新技术企业,提高产业技术水平,重点抓好三个方面的工作:首先是大力实施传统产业高新技术改造,着力培育和发展壮大轻型汽车、电子信息、精细化工、机电一体化等高新技术企业;其次是积极推进科技体制创新,大力实施以企业为主体的技术创新工程,发展科技中介服务机构,改革科研机构体制,推动科研机构进入经济建设主战场;再次要加快科技成果的推广与应用体系建设,促进科技与经济的紧密结合。要以孝感高新技术开发区为主体,建设一批产学研、技工贸相结合,具有较强竞争力的高新技术企业和企业集团,使之成为技术创新和高新技术企业发展的生力军。

人才是最宝贵的资源,教育是培养人才的基础。要坚持把教育放在优先发展的战略地位,以全面提高劳动者素质为目标,推进教育思想、办学模式、教学体系、师资队伍等方面的改革与创新,形成有利于素质教育的运行机制。要创造条件,积极营造用好人才、吸引人才的良好环境,从制度和环境上保证人才留得住,用得好,流得动,从而造就一支高素质的管理和专业人才队伍。

三是可持续发展战略问题。实施可持续发展战略,是关系到生存和发展的长远大计。《纲要》提出,经济和社会发展必须既立足于当前,又着眼于长远,妥善处理经济发展和人口、资源、环境之间的关系,做到资源开发利用和节约并举,经济建设与生态环境保护同步,人口增长与经济发展相适应,努力实现经济与社会发展的相互协调和可持续发展。"十五"期间,要继续严格控制人口数量,强化计划生育工作,努力提高人口素质;合理使用、节约和保护资源,提高土地、水和矿产资源利用率;加强生态建设和环境保护与治理,使经济社会发展真正建立在人口、资源、环境协调发展、良性循环的基础之上。

第七,关于重点建设。从我市经济发展趋势看,"十五"时期,消费需求由于受收入水平的制约,实现整体消费水平质的飞跃,还需要有一个过程;出口需求在我国加入WTO后,增长又存在许多不确定性,而且出口占我市经济份额较小,拉动力不大。因此,适度扩大投资需求,仍是拉动全市经济增长的重要因素;从我市产业发展阶段看,在工业化和城镇化进程中,传统产业的更新改造、支柱产业的优化升级和资产重组任务十分繁重,"十五"时期要加快发展,必须走扩张总量和提高质量并举的路子。因此,努力扩大投资需求是增强我市发展后劲的需要,必须精心选择和建设一大批体现结构调整、产业升级和布局优化要求的重点项目。

《纲要》根据国家产业政策,结合孝感实际,提出了"十五"时期事关全局发展的50个重点建设项目,涉及农业、工业、交通、通信、电力、环保、市政设施、市场建设、高新技术、社会发展等方面。这里需要说明的是,《纲要》所提出的新开工项目,大多数已经作了大量的前期工作,但要争取项目正式出台并付诸实施,全市上下还要付出艰巨的努力。

关于文化、卫生、体育等社会事业的发展,以及思想道德教育、群众性精神文明活动和民主法制建设等,《纲要》都作了比较详细的规划,在此就不一一说明。

三、关于《纲要》中的几个主要指标

1、关于GDP年均增长速度

科学测算和确定GDP增长率,是正确制定我市"十五"计划的关键环节。市政府经过多次论证,在《纲要》中提出了全市GDP年均增长速度按9%以上安排的意见。提出这样一个增长目标,主要是基于以下几个方面的考虑:第一,保持9%以上的增长,是顺应国内外经济发展的大趋势,实现孝感第二次创业战略目标的客观要求。从整个世界经济和国内经济运行的情况看,整个"十五"时期都将是一个持续增长的态势,我们必须顺应这种大趋势,保持经济的适度增长。发展不够是我市最大的实际,孝感要顺利实施第二次创业,必须保持较快增长速度,只有这样,才能在新一轮的发展中逐步缩小与发达地区的差距,有所前进。第二,保持9%以上的增长具备一定条件。当前,国际国内经济发展的宏观环境,从总体上讲对我市是有利的,安排9%以上的增长,符合我市经济多年运行的实际情况。从近几年的发展情况看,我市经济发展从高速增长逐步转向平稳增长,2000年,全市GDP达到262.5亿元,增长9.5%,"九五"年均增长14%;从"三大需求"的支撑情况来看,孝感在"十五"期间保持9%以上增长是可能的。第三,实现9%以上的增长目标,难度也是很大的。"十五"期间,国际国内宏观环境的变化,既给我们带来了难得的发展机遇,同时也带来了严峻的挑战,我市经济将面临更加严峻的竞争态势。要保持一个有效益、有质量、实实在在的增长速度,必须付出艰苦的努力。因此,《纲要》提出9%以上的增长速度,从总体上讲,是贯彻了"既要积极、又要稳妥,并适当留有余地"的计划原则。

2、关于三次产业年均增长速度和演变比例的安排

根据GDP年均增长9%以上的安排,为体现结构调整优化的要求,《纲要》提出将一、二、三产业的增幅分别安排为3.6%、10.5%、12.5%。将第一产业增幅安排为3.6%。主要考虑是,"九五"期间我市遭受"两涝两旱"的自然灾害,平均增长5.3%,比"八五"期间低0.6个百分点。"十五"期间随着工业化进程的加快,第三产业的突破性发展,第一产业在三次产业增长格局中的比重必将是一个逐步下降的趋

势。但考虑到农业是国民经济的基础,是安定天下的产业,孝感又是全省的农业大市等因素,将第一产业增长率确定为3.6%,有利于三次产业结构的合理稳步调整。第二产业增幅安排10.5%,主要考虑是,改革开放以来,我市工业增加值增速绝大多数年份高于10%。"八五"期间年均增长14.5%,2000年增长12.6%,"九五"期间年均增长17.8%左右。随着我国加入世贸组织,国内买方市场的形成,市场竞争日趋激烈,工业企业尤其是国有企业改革和调整的任务还相当艰巨,将有相当一部分企业"退二进三",再加上第二产业的基数大,继续保持高速增长的难度较大。第三产业增幅安排为12.5%,主要考虑是,第三产业比重的高低,是一个国家或地区经济和社会发展水平高低的重要标志。改革开放以来,我市第三产业取得了长足发展。"九五"期间年均增长19.1%。"十五"时期,随着加快发展第三产业措施的逐步到位,尤其是旅游业、信息业、房地产业、社区服务业等新增长点的发展壮大,第三产业将会得到快速发展,在三次产业中的比重将会逐步提高,5年间其增长速度达到12.5%是可以实现的。按照三次产业内部结构调整的安排,到"十五"期末,三次产业占GDP的比重将由"九五"期末的27.5:39.8:32.7演变为21.2:41.5:37.3。作出这样的安排,目的是力求体现经济结构调整优化的要求,体现经济发展的一般规律。

3、关于固定资产投资总规模

《纲要》提出,"十五"时期,全市全社会固定资产投资年均增长10%,投资总规模500亿元。确定这样一个目标,主要基于以下几个方面的考虑:一是固定资产投资保持适度增长,是增强经济发展后劲,加快孝感经济社会持续快速健康发展的客观需要。为确保实现"十五"时期全市GDP年均增长9%以上,投资的增长速度应略高于经济增长速度。"九五"期间,我市投资对经济的增长弹性系数为1.2:1。考虑到"十五"时期新上项目的科技含量和管理水平的进一步提高,投资结构的进一步优化,投资效益进一步改善,投资对经济增长弹性系数按1.1:1安排比较合适。二是实现"十五"时期固定资产投资目标有一定的基础。"九五"时期有111个总投资1000万元以上的项目要结转到"十五"。"十五"时期京珠高速公路建设进入投资高峰期,汉十高速公路将全面开工建设,还有一大批正在做前期论证工作的储备项目可望陆续动工建设,为"十五"时期投资建设创造了条件。三是实现这一目标还需要全市上下作出艰苦的努力。"九五"期间全市完成全社会固定资产投资281亿元,年均增长16.9%,"十五"时期投资规模为500亿元,年均增长10%。从投资规模来看,"十五"投资规模是"九五"的1.78倍。从投资增速来看,"十五"的速度比"九五"低。但是,由于"十五"的基数比"九五"大,所以,"十五"投资增速达到10%的任务也相当艰巨。

4、关于财政收入

《纲要》提出,到2005年,财政收入达到23亿元,年均增长10.5%,增长速度较"九五"有所放慢。这样安排,"十五"期间的财政收入将呈现出"一高一低"的态势,即"十五"财政收入增幅高于同期GDP的增幅,而低于"九五"财政收入增幅。"一高"是因为:一是财政收入增幅高于GDP增幅符合经济发展规律,同国家"十五"发展规划相适应;二是全市经济发展和各项改革需要财政收入保持较高的增长幅度。十五期间,随着各项改革进一步深化,社会主义市场经济体制进一步完善,建立适应社会主义市场经济要求的公共财政框架需要充足的财力支持。三是财政收入保持10.5%的增长速度有着一定的基础。"九五"期间实施的国企改革、效益财源建设等措施,成果将在"十五"期间充分体现。同时,中央积极财政政策的继续实施,将有力地拉动经济增长,增加后续财源。"一低"主要是考虑到:一是自1994年实行分税制以来,逐渐规范理顺了各项税收制度,"九五"期间,财政收入增长较快,基数较高;"十五"期间,继续保持高幅增长比较困难。二是"十五"时期,全市财政收入增收将主要来自工商税收,其他收入因受不确定等因素影响,不可能出现大幅度增长。三是新出台的一系列财税政策,如取消投资方向调节税、减免国有粮食企业增值税等,都将对"十五"时期增收产生较大影响。

制定"十五"计划是一件大事,关系到我市在新世纪之初经济和社会发展能否有一个良好的开局。希望各位代表畅所欲言,献计献策,共同把《纲要》修改好,为制定一个符合孝感实际,体现时代特征,顺应发展潮流的计划《纲要》而共同努力。

孝感市国民经济和社会发展第十个五年计划纲要(摘要)

一、"九五"时期的主要成就

"九五"时期,在中央和省委、省政府的正确领导下,市委、市政府带领全市人民高举邓小平理论伟大旗帜,坚持以经济建设为中心,以实现孝感第二次创业为目标,应对环境变化,不断更新观念,积极探索经济和社会发展的新思路,抢抓机遇,开拓进取,克服了市场疲软,战胜了"两涝两旱"严重自然灾害,较好地完成了"九五"计划,国民经济持续快速发展,速度、效益和后劲同步增长,社会事业全面进步。

综合实力明显增强,经济结构趋向合理。"九五"期末,国内生产总值(以下简称 GDP)达到262.5亿元,年均增长14%,人均 GDP5220 元,年均增长14.2%。在保持较快发展速度的同时,经济效益不断提高,经济增长格局发生转变。全市财政收入达到13.78亿元,年均增长18.7%,财政收入占 GDP 的比重为5.25%。三次产业结构由"八五"期末的40.8:30.8:28.4调整为27.5:39.8:32.7。农业持续稳定发展,增加值年均增长5.3%;农业产业化经营持续发展,三大龙头和十大产业化重点项目资产总额达到20.6亿元;乡镇企业持续发展,增加值达到 115 亿元,年均增长 12%。工业保持主导地位,增加值年均增长17.8%,占 GDP 的比重提高到35.3%。第三产业快速发展,年均增长19.1%。社会消费品零售总额 102 亿元,年均增长17.3%。"调头工程"实现预定目标,民营经济占 GDP 和工业总产值的比重均达到 50%以上。高新技术产业加速成长,增加值占工业增加值的比重由 1995 年的 5%上升到 13%。

各项改革全面深化,对外开放成效显著。农村以家庭承包经营为基础、统分结合的双层经营体制不断巩固和完善,土地承包关系得到长期稳定。城市以建立现代企业制度为主要内容的企业改革取得实质性进展,梯次推进的企业宝塔型格局已经形成。十大企业集团按照"四跨"标准实现资本扩张,资本总额达到 80 亿元以上。以产权制度改革为核心的企业改革改制面达到75.3%,116 家国有中小企业退出国有行列。国有企业改革和三年脱困目标基本实现。计划、财税、金融、投资、价格、外贸、流通体制改革不断深入。住房、医疗、社会保障制度等配套改革平稳推进。开放引进取得新的成绩,对外经济技术交流与合作日益扩大。出口总额累计2.33亿美元,年均增长12.8%,实际利用外资累计5.27亿美元,是"八五"时期的3.1倍;法国雷诺、德国西门子等一批"三资"和"三线"企业先后来孝感投资兴业。

固定资产投资力度加大,重点建设成就显著。"九五"期间,全社会固定资产投资累计完成 281 亿元,是"八五"时期的 3 倍。其中,国有及混合经济单位完成投资189.2亿元,是"八五"时期的3.1倍;集体经济单位完成35.7亿元,是"八五"时期的3.2倍;个体私营经济完成56.1亿元,是"八五"时期的2.8倍。重点项目建设取得显著成就,特别是"九五"中后期抓住国家实施积极财政政策的机遇,加快水利设施、交通通信、农村电网、生态环境、城市基础设施等一批重大项目建设,为经济社会的发展打下了较好基础。全市投资总额 1000 万元以上的骨干项目实施 248 项,总投资211.6亿元,完成投资126.5亿元。江汉平原和鄂北岗地三期农业综合开发、汉北河府澴河综合治理、黄麦岭矿肥结合工程、汉川电厂二期工程、雷诺汽车等 137 个项目建成或部分建成,完成投资82.4亿元。新增灌溉面积 16 万亩,新建220 千伏变电站 3 座,110 千伏变电站 1 座;新、改建二级公路 257 公里,新铺油路 1100 公里;新增电话交换机21.9万门,移动通信24.8万门,无线市话交换机 2 万门。

人民生活水平稳步提高,各项社会事业全面发展。"九五"期末,全市农民人均纯收入 2316 元,年均增长10.3%;城镇居民人均可支配收入 5126 元,年均增长6.7%。城镇居民人均居住面积达到 16 平方米,农民人均居住面积达到28 平方米。提前完成"八七"扶贫攻坚计划,基本解决 25 万贫困人口的温饱问题。孝南、云梦、应城、汉川进入小康县市行列。科技成果转化应用逐步加快,科技进步对经济增长的贡献率达到48.7%。教育事业发展迅速,基本普及九年制义务教育和扫除青壮年文盲;孝感学院、孝感职业技术学院经国家批准成立,普通高等教育和职业教育体系基本形成,社会办学取得突破。计划生育成效显著,人口增长得到有效控制,年均自然增长率下降到4.1‰。文化、卫生、体育、广播电视等社会事业蓬勃发展。孝感图书馆、孝感中心医院医技大楼、孝感广播电视新闻中心等社会项目相继建成。旅游事业加快发展,旅游人次年均增长 16%。群众性精神文明创建活动蓬勃开展,民主法制建设进一步加强,依法治市取得良好成效。

在充分肯定"九五"成就的同时,也必须清醒地看到经济和社会发展存在的矛盾和问题:经济发展的总体水平不高,整体素质和经济效益较低,人均 GDP 和财政收入占GDP 的比重低于全省平均水平;工业发展不足,产业优化升级进展较慢,区域经济的特色不鲜明;农业结构调整难度大,比较效益低,农民增收困难;区位优势发挥不够,大流通发展不快;经济的开放度低,外向型经济拉动经济增长的力量弱小;城镇下岗失业职工较多,就业的压力较大;控制人口规模,加强生态建设,保护生态环境,实现可持续发展的任务仍十分艰巨;政府管理职能、法制观念、体制环境、社会保障体系等领域的转变和完善,还要付出巨大的努力。

二、"十五"计划的指导思想和主要目标

(一)指导思想和原则

“十五”时期,我市国民经济和社会发展总的指导思想是:高举邓小平理论伟大旗帜,用“三个代表”的思想总揽全局,按照第二次创业的战略部署,以加快发展为主题,以经济结构战略性调整为主线,以提高人民生活水平为根本出发点,解放思想,抢抓机遇,深化改革,扩大开放,加快推进体制、科技和环境创新,巩固和加强农业的基础地位,大力发展城市经济和民营经济,加快市场化、工业化、信息化和城镇化进程,提高区域经济竞争力和经济增长的质量与效益,实现国民经济持续快速健康发展和社会全面进步。

保持国民经济持续快速健康发展,实现社会全面进步,必须遵循八项原则:

——坚持以解放思想为先导,贯彻实事求是的思想路线;

——坚持以加快发展为主题,走扩张总量和提高质量并举的路子;

——坚持以发展城市经济、完善城市功能为重点,加快中心城市建设步伐;

——坚持以结构调整为主线,推动结构优化和产业升级;

——坚持以体制、科技和环境创新为动力,构造区域经济竞争优势;

——坚持强化农业基础地位,实现农业增效、农民增收和农村稳定;

——坚持以提高人民生活水平为根本出发点,正确处理改革、发展与稳定的关系;

——坚持“两手抓、两手都要硬”的方针,促进两个文明协调发展。

(二)基本思路和主要目标

“十五”时期,国民经济和社会发展的基本思路是:充分发挥区位、资源两大优势,实施依托武汉、科教兴市、可持续发展三大战略,抓好汽车、盐磷化工、食品、建材建筑四大支柱产业,突出农业产业化、城镇建设、基础设施建设、民营经济、市场建设五大重点,努力实现跨越式发展。

主要目标是:国民经济发展速度、经济增长质量和经济效益超过全省平均水平,区域经济特色初步形成,社会主义市场经济体制和运行机制进一步完善,对外开放取得新的突破,社会保障与就业、城乡面貌和人民生活明显改善,物质文明和精神文明建设协调发展,为国内生产总值2008年前翻一番、全面实现第二次创业和第三步战略目标奠定坚实基础。

1、经济发展

——GDP年均增长9%以上,其中,第一产业年均增长3.6%,第二产业年均增长10.5%,第三产业年均增长12.5%;人均GDP年均增长8.5%;三次产业占GDP的比重为21.2:41.5:37.3;科技进步对经济增长的贡献率达到53%;

——财政收入年均增长10.5%

——全社会固定资产投资总规模500亿元,年均增长10%;

——社会消费品零售总额年均增长11%;

——出口总额年均增长10%,五年累计利用外资8亿美元。

2、人民生活

——城镇居民人均可支配收入年均增长8%;农民人均纯收入达到3000元以上,年均增长5.3%;

——城镇登记失业率控制在4.5%以内;

——城镇居民人均居住面积达到18平方米。

3、社会事业

——人口自然增长率控制在7.6‰以内,总人口控制在520万人以内;

——城镇化水平达到38%;

——人均受教育年限达到8.5年以上,普通高校在校生占全市总人口的比例达到2‰以上;

——广播综合覆盖率达到98%,电视综合覆盖率达到96%;

——人均期望寿命达到73岁以上;

——森林覆盖率达到23.5%以上,环境质量明显改善。

(资料提供:市计委)

孝感总述

自然·经济·社会要览

【行政区划】 根据国务院文件,2000 年 7 月,广水市划归随州。孝感共辖孝南区、孝昌县、大悟县、云梦县,代管安陆市、应城市、汉川市,共有 95 个乡镇、7 个农场、12 个街道办事处、1977 个村民委员会,国土面积 8910 平方公里。

【建置沿革】 孝感历史悠久,早在五千多年前,已有人在此地开拓繁衍。三千多年前,这里已形成强大的荆楚部落。周代大部分属郧国,春秋属楚,战国晚期楚置安陆县,秦统一后安陆县属南郡,汉分南郡置江夏郡,郡治安陆。刘宋孝建元年(公元 454 年),分江夏立安陆郡,同时分安陆境置孝昌县、应城县;公元 502 年置甑山(今汉川)县;550 年置云梦县,1933 年置礼山(今大悟)县。唐改安陆郡为安州,北宋末年升安州为德安府,元初纳随州属德安府。1912 年,属江汉道,1932 年孝感、安陆、云梦、应城属第五行政督察区,后改为第三区,大悟属第四区,汉川属第六区。

1949 年孝感解放,5 月成立孝感专署,1959 年撤销,属县划归武汉市,1961 年 5 月恢复。1993 年 4 月国务院批准撤销孝感地区,设立地级孝感市。

【人口·民族】 根据第五次全国人口普查统计,孝感市 2000 年总人口为499.25万人。孝感市属多民族散居地区,除汉族外,共有回、壮、满、土家、苗、侗、白、蒙古、彝、朝鲜、藏、布依、瑶、纳西、傣、达斡尔、维吾尔、高山、锡伯、佤、畲、拉祜、水、仫佬、布朗、撒拉、京等少数民族 31 个,4100 多人,占总人口万分之八。

【地势地貌】 孝感市地势北高南低,为大别山、桐柏山向江汉平原过渡的坡状地貌。大体上一成低山、二成岗地、三成平原、四成丘陵。北部山区主要分布在大悟、孝昌和安陆北部,系桐柏山向东南、大别山向西南延伸的余脉,海拔在 200～500 米之间。中部低矮丘陵主要分布在安陆南部及孝南、孝昌、应城、云梦北部,系大洪山向东绵延部分和大别山的尾闾,一般在海拔 50～200 米之间。南部平原湖区,主要分布在汉川及孝南、应城、云梦南部,系江汉平原之北隅,海拔一般在 50 米以下,河湖交错其间。主要河流有汉水、涢水、澴水、汉北河等。除竹竿河向北流入淮河水系外,其余均向南流入长江水系。境内最大的河流为涢水,发源于随州大洪山北麓,流贯安陆、云梦、应城、孝昌、孝南等 5 县市区。主要湖泊分布在汉川及孝南、应城南部。汈汊湖最大,现有水面7.5万亩。

【气候特点】 1999～2001 年孝感市气候主要特点是:降水偏少,连年干旱。各年气候情况:1999 年冬季干旱温暖,是一个暖冬;春季少雨寡照,初夏南部梅雨强降水一度集中,造成渍涝;春夏北部持续少雨,干旱严重;初秋、晚秋少雨多照,仲秋阴雨欠照;该年最突出的气候现象是持续少雨,北部遭受了历史罕见的大旱。2000 年隆冬寒冷、春季大旱、夏季炎热、秋季低温、阴雨寡照。年降水分布严重不均,上半年春季旱、暖,降水异常偏少,是本市有气象记录以来春季降水最少的一年;下半年秋季多低温、阴雨,连阴雨时间长,降水异常偏多,日照少,为历史少见。2001 年气候主要特征是,各月气候普遍偏高,降水异常偏少,日照接近常年。冬春偏暖,夏秋晴热。春、夏、秋降水异常偏少,蒸发量大,土壤失墒严重,干旱持续时间长,影响范围广,受灾程度重,是历史罕见的大旱年。

【气象要素】 气温　1999 年全市年平均气温为16.1～16.9℃,比历年偏高0.6～1.1℃。年极端最低气温 -8.7℃,12 月 27 日出现在应城站;年极端最高气温37.5℃,9 月 10 日出现在大悟站。2000 年全市年平均气温为15.8～16.8℃,比常年偏高0.4～0.9℃。年极端最低气温 -9.6℃,1 月 27 日出现在大悟站;年极端最高气温37.9℃,7 月 16 日、17 日分别出现在安陆、汉川站。2001 年全市年平均气温为16.5～17.3℃,比常年偏高1.1～1.4℃。年极端最低气温 -5.3℃,12 月 25 日出现在大悟站;年极端最高气温38.0℃,8 月 6 日出现在大悟站。

降水　1999 年全市年降水量为697.3毫米～1189.7毫米,较正常年份少 1～3 成。2001 年年降水量为883.6～1327.2毫米,除安陆站外,其它站较正常年份偏少 1～2 成。2001 年降水量为561.8～938.3毫米,较正常年份少 2～4 成。

日照　1999 年全市年日照时数1663.2～1937.4小时,比常年略偏少。2000 年,全市年日照时数1575.2～2004.6小时,比常年偏少 0～2 成。2001 年,全市年日照时数1889.8～2271.9小时,与常年持平。

【土地·矿产】 孝感耕地面积250.12千公顷,占总面积的25%左右。其中水田占63.2%,旱地占36.8%。其土质有成土母质 6 种,土壤类型 4 大类,大部分松软肥沃,有发展农业的良好条件。

孝感地下矿产丰富，主要矿产有7大类23种，其中优质矿11种。“膏、盐、磷”为孝感三宝，应城石膏品位居世界第一，地质储量2.49亿吨；应城、云梦一带岩盐含钠量高，地质储量2.8亿吨；大悟磷矿地质储量1.72亿吨。

另外还有芒硝、稀土、金、银、铜、镍、重晶石、云母石、矿泉水、大理石等矿产资源。

【物产】 孝感森林植被完整，环境污染轻微，农业结构合理。南部湖区盛产稻、棉、鱼、虾、蟹、鳖，北部低山丘陵富产果、药、林、茶、烟、杂。共有农作物品种200余种。另外，还有150多种野生动植物品种，其中许多是国家一、二级保护的珍贵野生动植物品种。

【国民经济发展概况】 1999～2001年孝感市国内生产总值分别为241.57亿元、262.51亿元、287.80亿元。比上年分别增长10.5%、9.5%、9.5%。特别是2001年，战胜历史上罕见的特大干旱，保持了国民经济稳步增长。至2001年，三次产业结构比例由27.5∶39.8∶32.7转变为25.3∶41.1∶33.6。

【工业】 全市2000、2001年工业完成增加值分别为92.74亿元、104.90亿元。其中，规模以上工业1999～2001年分别为40.38亿元、54.87亿元、61.3亿元。

主要工业产品产量

（万吨）

产品	1999年	2000年	2001年
纱	4.44	5.63	6.07
纯碱	45.55	52.58	55.16
水泥	92.21	111.92	121.6
化肥	19.46	19.75	20.26
合成氨	25.71	28.08	29.05
发电量	52.10(亿千瓦/时)	45.30(亿千瓦/时)	49.92(亿千瓦/时)
原盐	222.72	223.90	244.50
卷烟	——	2.28(万箱)	2.18(万箱)

工业效益提高，三年工业产品销售率分别为97.87%、98.54%、98.68%。工业企业实现产品销售收入分别为145.64亿元、151.08亿元、174.66亿元。工业综合效益指数分别为112.70、119.50、126.00。企业扭亏也取得一定成效。

【农业】 “九五”期间，全市农林牧渔业增加值年均增长5.6%。2001年达到72.8亿元。农产品综合优质率超过55%，七大种养示范带和十大农业基地的规模效益进一步提高。

主要农产品产量

（万吨）

农产品	1999年	2000年	2001年
粮食	233.42	197.66	169.50
棉花	2.50	2.52	2.76
油料	12.19	16.24	14.02
茶叶	——	1651(吨)	1170(吨)
烟叶	——	504(吨)	250(吨)
水果	——	9.31	9.05
蔬菜	——	273.47	256.8

2001年林业造林面积8.3千公顷，森林抚育面积36.2千公顷。全年肉类总产量24.1万吨，水产品产量24.83万吨。

【水利】 全市共完成各类水利工程2.6万处，完成土石方6400万方。新增灌溉面积4.2万亩，整修水库28座，整修防洪干、支堤150公里。

【固定资产投资】 1999～2001年，三年分别完成固定资产投资74.93亿元、74.67亿元、88.04亿元。至2001年，全市累计施工项目达到679个，其中基建项目379个，技改项目206个，千万元以上项目626个。其中，京珠高速公路孝感段、长荆铁路应城段、孝感50万千伏安变电站、316、107国道复线、汉北河大桥等一大批项目投产为全市经济和社会发展打下良好基础。

【城建与环保】 城市建设取得新进展。三年城区共完成投资5.29亿元。共建成20座无动力地埋式生活污水净化装置。新建成市行政服务中心、孝感人民广场、槐荫广场和青少年生态园、后湖冲沟综合治理、澴川风景区、东苑小区等一大批亮化工程。完成北京路配套、供水网改造、市政路灯配套等一批市政建设工程。绿化覆盖达13万平方米。共完成工业污染治理项目37个，参与全省环保达标的156家企业中，91%实现达标。共对73个项目实现"环评"，"环评"执行率达95%。2001年开始，孝感电视台向全社会发送空气质量周报。孝感市、汉川市、云梦县被授予省级卫生城市，应城市被授予省级文明城市和省级卫生城市，安陆市被授予第三届全国环境综合整理优秀城市称号。

【交通】 孝感交通条件优越，京广、汉渝两条铁路，京珠高速、107、316三条国道贯穿全市。至2001年底，全市公路通车里程达4452公里，其中高速公路121公里，一级公路21公里，二级公路519公里，三级公路599公里，四级公路3291公里，等次公路比重达99.5%，公路密度52公里/百平方公里，居湖北省之冠。

【邮电】 1999～2001年底，三年共完成邮电建设投资6.52亿元，新增本地网交换机11.5万门，新增电话放号16.2万户，小灵通于2000年正式建成，已累计放号2.3万户，数据基本业务净增3073户，数字移动电话信道达5783条，三年共完成邮电业务总收入14.37亿元。

【电力】 全市三年新建500千伏变电站1座，220千伏变电站5座，110千伏变电站3座，与三峡电网、汉川火电厂并网，形成电力强大的孝感电网主网结构。投资1.2亿元域网改造工程主干网已全面竣工，农网改造、城网改造工程顺利实施，基本实现了分区分片供电和部分配网智能化监控。

【商业·外贸】 1999～2001年全市分别实现社会消费品零售总额91.57亿元、102.02亿元、113.08亿元。至2001年底止，全市个体私营经济发展到21万户，从业人员79万人，注册资金49亿元，产值营业额243亿元。其中2家私营企业获自营进出口权。

成功举办孝感市第三届"天仙杯"奖暨招商引资洽谈活动，35个项目集中签约，总投资10.2亿元，总引资8.6亿元。三年直接利用外资共达1.4亿美元，三年外贸出口达1.17亿元。出口贸易伙伴已达70个国家和地区。

【财政·金融】 1999～2001年全市财政收入分别为12.31亿元、13.78亿元、15.13亿元。其中地方一般预算收入年增长额达到10%。三年财政支出分别为11.09亿元、13.88亿元、17.82亿元。其中2001年抚恤和社会救济支出比上年增长63.6%。金融形势稳定，2001年末，全市金融机构各项存款余额175.73亿元，比上年增加22.39亿元。金融机构贷款余额184.52亿元，比年初增加7.86亿元。全年金融机构累计现金收入449.37亿元，现金支出463.84亿元，累计货币净投放14.47亿元。2001年人寿保险公司实现保费收入1.8亿元，增长5.9%。累计支出0.99亿元，综合给付率54.8%，同比上升24.5%。人民保险公司实现保费收入0.87亿元，增长6.7%。共处理赔案0.8万件，赔付率49.3%。

【科教·文卫】 科技工作成果显著。全市6个县(市、区)进入全国科技进步合格县(市)行列。云梦县被授予全国科技进步示范县称号。2001年全市高新技术产值达28.9亿元。科技进步对经济增长贡献率提高到49.5%。

全市共有艺术表演团体7个、文化馆8个、公共图书馆8个、博物馆9个。2000年在湖北省第二届楚剧艺术节上，5部剧目获二、三等奖及优秀奖共8个。2部剧目获全国"五个一工程"奖。2000年成功举办孝感市首届运动会。2001年共有6个单位被国家体育总局评为"全国群众体育先进单位"，市实验小学被国家体育总局、教育部授予"全国青少年体育工作先进集体"称号。

至2001年底，全市拥有卫星地面接受站233座，电视发射功率0.4千瓦、广播覆盖率100%，电视覆盖率96%。孝感日报社搬迁新址。全年新发展多种微波用户500余户，改造城区支干线光纤41公里，新增光节点19个。

卫生事业继续发展。基本实现初级卫生保健和碘缺乏病、血吸虫病的防治目标。2001年新开通除"120"之外的"999"急救电话。年末全市共拥有医疗卫生机构452个，卫生技术人员1.46万人，医疗床位7945张。农村自来水普及率34.2%。

【社会保险与人民生活】 人民生活质量进一步提高。2001年城区居民人均可支配收入5443元，比上年增长6.2%。年人均实际支出4867元。恩格尔系数为43.5%。人均居住面积19.74平方米。全市农民人均纯收入2356元，比上年增长1.7%。

劳动和社会保险工作得到加强。"三条保障线"制度已初步建立。全年共发放基本生活费20余万人次、0.5亿元。参加养老保险的3.7万名企业离退休人员能按时领到养老保险金。

【存在的困难与问题】 1999～2001年，孝感市国民经济和社会发展中存在的主要问题是：农业基础设施薄弱，抗御自然灾害的能力不强；城镇居民和农民收入增长缓慢；外贸出口继续下滑；工业增长基础不牢固，起支撑作用的技改骨干项目不多。

（杨　炬）

创建文明卫生城市工作

【概况】 1999年～2001年，市委、市政府在创建省级卫生城市的基础上，始终把文明城市创建工作纳入重要议事日程，写进党代会、人代会工作报告和孝感二次创业决定。市委、市政府成立了以市委书记为主任的孝感市精神文明建设委员会和以市长为组长的创建文明卫生城市领导小组并下设办公室。在2001年市直机构改革中，市委、市政府又决定将市文明办和市创建办合署办公，一套班子，两块牌子，为市委宣传部管理的正县级事业单位，由市委宣传部一名副部长兼任文明办、创建办主任，从组织上保证了创建工作的落实。市委、市政府还与市直机关各战线，各有关职能部门签订了创建目标责任书，明确规定各部门、各单位的一把手对各自的创建工作负总责。市“四大家”领导率先垂范，分别联系一个战线、一条路、一个居委会、一个行政村，帮助协调落实有关创建工作。三年来，市委、市政府每年都要召开1—2次以上高规格、大规模的文明城市创建工作大会，部署创建工作；每年召开两次以上市委常委会议，研究解决创建工作的重大问题；市文明委每年召开1—2次文明委全体成员会议，具体研究部署阶段性文明创建工作。市人大、政协也非常重视文明城市创建工作，提议案、作决议、搞视察，积极参与创建，有力地促进了创建工作。

【抓城市建设　完善城市服务功能】 市委、市政府加大城市建设投入，先后高标准配套了一批主次干道，拉通了一批断头路，高标准完成了孝感人民广场、槐荫广场和青少年生态公园一期工程建设，建成了西湖桥绿地，实施了新月园“还绿于民、还园于民”工程，完成了107、316国道的外迁和南大立交桥的建设，城市生活垃圾无害化处理场顺利建成并投入使用。新建、扩建了图书馆、博物馆、孝感日报、广播电视中心，高标准实施了城站路改造工程。另外在城市绿化、亮化上有了长足的发展，城市通讯水平也居全省前列。

【抓创建活动　树城市文明形象】 市委、市政府突出抓了五个方面的文明创建活动：一是开展以倡导家庭美德、社会公德为主要内容的创五好文明家庭、文明楼栋、建文明庭院、做文明市民活动，倡导向“不文明行为告别”。二是开展以倡导职业道德优化行风为主要内容的创文明科室、文明机关、文明单位、文明系统活动，树立勤政廉政、文明办公、争当人民满意公务员的机关新形象。三是开展以倡导社区文明新风尚为主要内容的文明街道、文明小区创建活动，在各街道办事处建立社区服务机构，开展社区便民活动，营造了团结和睦、互帮互助、文明礼貌的良好氛围。四是开展以倡导职业文明、奉献社会为主要内容的窗口行业“讲文明、树新风”活动。五是广泛开展“百城万店无假货”活动，严厉打击假冒伪劣、坑蒙拐骗等违法经营活动。

【抓综合治理　确保城市社会稳定】 三年来，围绕“改革、发展、稳定”大局，积极贯彻“打防结合、预防为主”的方针，认真落实社会治安综合治理领导责任制、目标管理责任制和一票否决制，全面加强社会治安综合治理工作。一是坚持开展严打斗争，使各类刑事发案率始终在全省处于较低水平；二是坚持“打防并举、标本兼治”的方针，健全群防群治网络；三是坚持重点整治，积极开展“鄂北平安大道”和“校园平安工程”活动；四是坚持不懈地开展110报警服务台活动；五是加强流动人口管理和消防工作；六是坚持依法治火，增强了抵御火灾的能力；七是坚持抓与“法轮功”邪教组织的斗争。三年来全市政治稳定、社会安定，社会治安综合治理工作在全省名列前茅。2001年孝感市荣获全国社会治安综合治理优胜单位称号。

【抓社会事业　促进城市协调发展】 大力实施科教兴市战略，成立了由市委、市政府主要领导挂帅、市直各有关部门主要负责人参加的市“科教兴市”工作领导小组，每年召开两次以上专题会议，研究科技工作，全社会对科技事业的投入不断加大，财政对教育的投入逐年增加。

积极发展文化广播事业。市委、市政府把文化事业纳入社会发展规划，改扩建了集图书馆、博物馆、群艺馆为一体的文化综合大楼，以保证文化事业与经济建设协调发展。财政对城区文化事业的投入逐年增加，艺术生产繁荣活跃。广播电视事业稳步发展，截止2001年底，全市广播覆盖率达100%，电视覆盖率达96%，有线电视台网络实现了部省市县四级联网。

加快推进卫生事业。积极推行医疗机构分类管理，认真实施药品集中招标采购工作，卫生医务人员从业行为严格规范，服务质量不断提高；食品、饮水、窗口单位的卫生管理不断加强，各项指标达到检查标准，城区被省授予“省级无烟草广告城市”和“灭鼠、灭蟑先进城区”称号。

坚持落实基本国策。三年来，市委、市政府把计划生育工作纳入全市社会、经济发展的总体规划，党政一把手负总责，积极推行“三结合”，连续三年完成省委、省政府下达的人口与计划生育指标，城区实现了计划生育“三为主”的工作目标；坚持环境保护基本国策，把环保工作纳入重要议事日程，每年对各县（市）区委、政府环保目标进行检查，每年召开两次以上的研究环保工作和解决环保重大问题的例会制度。孝感市连续四年被省里评为环保目标考核二等奖，城市环境综合整治二等奖。

孝感市文明办、创建办领导成员名单

主　任　张国雄（兼）
副主任　范茂斌

（涂佩峰）

战胜2001年特大旱灾

2001年，孝感市遭受了历史上罕见的特大干旱，受旱时间之长、程度之重、损失之大都超过了特大干旱的1978年。旱情呈现出三个特点：一是降雨少、气温高、蒸发量大。1—8月，全市降雨396—765毫米，较常年同期偏少2—5成，其中，本应是雨季农作物大量需水的7、8月份全市基本无雨，7月份日平均气温为30.6℃，较常年同期偏高2.3℃，最高气温大于35℃以上的高温天气达18天；8月上旬日平均气温达30.3℃，蒸发量也较历年同期偏高，7月份总蒸发量为285毫米，日平均蒸发量10—12毫米；8月份总蒸发量为246.7毫米，上中旬日蒸发量也在8毫米以上。二是蓄水严重不足，水源奇缺。持续高温少雨，造成了水源迅速枯竭，全市蓄水严重不足。至8月底，全市总蓄水4.2亿方，仅占蓄水能力约25%；境内中小河流全部断流，汉北河、府河、大富水等主要河流只能靠汉川泵站从汉江提水补充，122座中小水库在死水位以下，172座小型水库、10万口塘堰全部干涸。三是旱灾范围广，程度深，损失大。特大干旱给全市农业造成了严重损失，给农民群众生活造成了极大的困难。旱灾涉及全市7个县(市)区、115个乡镇，其中，特重灾乡镇41个；受灾人口368万人，成灾人口290万人；农作物受灾面积332万亩，成灾面积267万亩，基本绝收111.8万亩。一些地方出现了整乡、整村成片绝收、农户秋后断粮的严重局面。

面对严重旱灾，在市委市政府的正确领导下，全市上下团结一心，把抗旱作为压倒一切的中心工作，发扬"顾全大局、团结协作，艰苦奋斗、无私奉献，讲究科学、勇于创新，坚定信心、勇于胜利"的抗旱精神，与旱魔展开了艰苦卓绝的斗争，具体做了四个方面的工作：

领导重视，组织周密，指导到位。一是早认识，早部署，早行动，积极主动抓抗旱。根据7月份降雨偏少的气象预测，旱象一露头，市委市政府就果断决定，超前动作，抢抓汉江水位高于汉北河水位的有利时机，及时调度开启新沟闸，引汉江水注入汉北河3000多万方，打开汉北河两岸涵闸引水灌溉农田；与此同时，全市六大湖泊及时从江河引水灌溉，增加蓄水3000多万方，为实施南水北调乃至南部四县市区抗旱争取了主动。二是全面部署，精心组织，各级领导深入一线指挥抗旱。进入6月份，市委市政府多次召开书记办公会议、市委常委会议和市长办公会议，研究解决抗旱工作中的突出问题，并明确指出，全市上下必须牢固树立抗大旱和抗长旱的思想，坚持"抗旱保农民增收、保农业增效、保社会稳定"的目标不动摇。以抗旱工作为中心，全面动员，精心组织，大战7、8月，夺取抗旱斗争的胜利。市委书记张昌尔、市长曹世佑多次深入基层，在抗旱第一线和发生人畜饮水困难的地方检查指导工作。市县两级共派出100多个工作组、460多名干部深入旱区组织抗旱，其中县级领导干部125人。三是专班到位，责任到人，调水送水促抗旱。

突出重点，因地制宜，科学调度。根据严重旱情和水源情况，市委市政府确定，水源充足的地方坚持统筹兼顾，搞好水量分配，做到全抗全保；水源不足的地方，算好水帐，搞好计划用水，能保的坚决保，将旱灾损失降到最低限度；严重缺水的地方，千方百计寻找水源，确保人畜饮水和城镇居民生活用水。从7月23日开始，汉川二站四台机组满负荷运行，南水北调共提汉江水2.2亿方，其中向汉北河调水8580万方；徐家河水库从5月27日开闸放水，历时60天，放水1.26亿方；郑家河水库从4月21日开闸放水，历时76天，放水9445万方。大悟、孝昌、安陆等地组织9门高炮实施人工降雨，发射炮弹900发，使作业区增雨30毫米以上。全市高峰时抗旱劳力91.4万人，机械7.57万台套、33.1万千瓦，抗旱用电7260万度，柴油4610吨，投入抗旱资金1.6亿元以上。整个抗旱期间，全市通过引、放、提等方式为抗旱供水14.88亿方，抗旱面积685万亩次，其中涵闸引水2.55亿方，水库塘堰放水6.5亿方，机电泵站提水5.83亿方。

严明纪律，维护秩序，确保稳定。为严肃抗旱纪律，市纪委专门下发了《关于严肃抗旱纪律的通知》，要求各级各部门顾全大局，听从指挥，服从调度，杜绝一切水事纠纷。凡是跨县市、跨乡镇、跨村组的各类抗旱设施按分级负责的原则，严格管理、统一调度。各级党委、政府和公安、水利等部门加强水事纠纷调解，提前做好工作，及时把矛盾化解在萌芽状态。

部门配合，社会支持，合力抗旱。市及县(市)区各部门充分发挥各自职能作用，形成了抗旱夺丰收的强大合力。水利部门科学制订抗旱方案，认真做好水源调配工作；气象部门及时搞好天气预测预报，组织实施人工增雨；供电部门主动为抗旱服务；农机部门积极搞好设备供应和机泵站维修；宣传部门全方位报道抗旱情况；消防、城建部门组织水车为缺水地区群众送水；农委、农业、林业、水产、财政、金融、石油、供销等部门为抗旱作出了积极贡献。

在救灾工作中，各地共组织种子250多万斤，改种补种绝收面积40多万亩，秋繁鱼苗5000万尾，投入大规模鱼种1200万斤，调剂仔猪填栏21万头，组织劳力外出务工经商62万人。同时，抽派840名干部，组成100多个工作组，逐村逐户核实灾情，登记造册。社会各界向灾区捐赠救灾资金780万元，其中市直单位捐救灾款166万多元，衣物30331件(套)。

(黄丽珍)

市统计局关于第五次全国人口普查主要数据公报

根据国务院的决定，我国于2000年11月进行了第五次全国人口普查。在国务院和省、市政府的统一领导下，在全市人民的支持配合下，经过全市3万普查工作人员的艰苦努力、如期完成了人口普查的登记任务。普查的全部资料公布如下：

一、全市总人口

第五次全国人口普查以2000年11月1日0时为标准

时间,普查登记的对象是具有中华人民共和国国籍并在中华人民共和国境内常住的人,每个人都在常住地进行登记。

全市的人口为499.25万人(包括外来常住人口,不包括常年外出人口),同第四次全国人口普查1990年7月1日0时的447.90万人相比,十年零四个月共增加了51.35万人,增长11.46%。平均每年增加4.97万人,年平均增长率为1.06%。

二、人口分布与密度

全市的人口分布与密度如下:

孝南区	88.31万人	866人/平方公里
应城市	65.05万人	590人/平方公里
安陆市	61.20万人	452人/平方公里
汉川市	105.74万人	503人/平方公里
孝昌县	61.21万人	503人/平方公里
大悟县	60.58万人	306人/平方公里
云梦县	57.16万人	946人/平方公里

三、家庭户人口

2000年11月1日0时,全市共有家庭户124.25万户,家庭户人口为477.14万人,占总人口的95.57%,平均家庭户规模为3.84人,比1990年的4.23人下降了0.39人。

四、年龄构成

全市的人口中,0—14岁的人口为128.99万人,占25.84%;15—64岁的人口为341.89万人,占68.48%;65岁及以上的人口为28.36万人,占5.68%。同1990年第四次全国人口普查相比,0—14岁人口的比重下降了4.94个百分点;15—64岁人口的比重上升了4.31个百分点;65岁及以上人口的比重上升了0.63个百分点。

五、性别构成

全市的人口中,男性为260.11万人,占52.1%;女性为239.14万人,占47.9%。性别比为108.77。

六、民族构成

全市的人口中,汉族人口为498.84万人,占99.92%;各少数民族人口为0.41万人,占0.08%。与1990年第四次全国人口普查相比,汉族人口增加了51.07万人,增长了11.4%;各少数民族人口增加了0.19万人,增长了87.04%。

七、各种受教育程度人口

全市的人口中,接受大学(指大专以上)教育的10.05万人,占2.01%;接受高中(含中专)教育的47.97万人,占9.61%;接受初中教育的184.08万人,占36.87%;接受小学教育的187.53万人,占37.56%。

与1990年第四次全国人口普查相比,每10万人中拥有各种受教育程度的人数有如下变化:具有大学受教育程度的由696人上升为2013人;具有高中受教育程度的由6955人上升为9608人;具有初中受教育程度的由23396人上升为36871人;具有小学受教育程度的由36188人上升为37562人。

全市的人口中,文盲人口为34.74万人,与1990年第四次全国人口普查相比,文盲率由16.66%下降为6.77%;下降了9.89个百分点。

八、城乡人口

全市的人口中,居住在城镇的人口153.53万人,占总人口的30.75%;居住在乡村的人口345.72万人,占总人口的69.25%。与1990年第四次全国人口普查相比,城镇人口的比重上升了15.05个百分点。

2001年4月10日

防范和处理邪教工作

【概况】 1999年7月,根据中央和省委要求,孝感市成立了中共孝感市委处理法轮功及对社会有危害气功组织问题领导小组,下设非常设610办公室,由市委常委、政法委书记赵定炼兼任主任,并从相关部门抽调人员联合办公,负责全市防范和处理"法轮功"和对社会有危害气功组织问题日常工作。2001年5月9日,市编委下发了《关于成立中共孝感市委610办公室的通知》(孝机编[2001]3号),正式成立中共孝感市委处理法轮功问题领导小组办公室和孝感市人民政府防范和处理邪教问题办公室,实行一套班子,两块牌子,为正县级机构,简称"中共孝感市委610办公室"。2001年11月20日,《市委办公室、市政府办公室关于印发孝感市委610办公室职能配置内设机构和人员编制规定的通知》(孝办发[2001]31号文件),市委610办公室挂靠市委政法委员会,是中共孝感市委、孝感市人民政府防范和处理法轮功及其他邪教和对社会有危害的气功组织问题的办事机构,主要职责为贯彻执行党中央、省委和市委、市政府关于防范和处理法轮功及其他邪教和对社会有危害的气功组织问题的方针和政策;负责调查研究,分析形势,总结工作经验,掌握邪教发展动向,收集和整理有关信息资料,研究邪教发展规律,提出有针对性的政策建议,为市委、市政府的决策当好参谋和助手;协调、指导、督促检查全市各县市区、各部门有关防范和处理法轮功及其他邪教和对社会有危害的气功组织问题的工作,协调有关反邪教的社会宣传、打击处理与教育转化工作等。市委610办公室定编11人,内设政策研究科(一科)、综合协调科(二科)、秘书科(三科)三个科。

【教育转化工作】 三年来,孝感市认真贯彻中央提出的"团结、教育、挽救绝大多数,打击极少数"的方针,把教育转化工作放在突出地位,作为解决"法轮功"问题的治本之策。全市基本形成了以法制教育学习班为主、社会帮教为辅的教育转化工作体系,经过全市各级各部门扎实细致和艰苦不懈的工作,教育和挽救了一大批"法轮功"痴迷者,教育转化率达90%以上。一是以县市为单位集中举办封闭式"法教班",进行教育转化"阵地战"。全市共举办10期"法教班",教育转化效果显著。二是举办小型分散"学习班",各个击破，攻破堡垒，对痴迷者进行教育转化“攻坚战”。以单位、战线、基层组织为单位，对“法轮功”痴迷者进行全面深入调查摸底，掌握思想症结，一人一策，对症下药。同时对极度痴迷、具有大专以上学历的练习者，送省法制教育中心进行教育转化“攻坚战”。三是把教育转化工作向基层社区、单位和家庭延伸，实行群帮群教，进行教育转化工作的“围歼战”。如单位、社区组成帮教专班，家庭、亲友建立帮教小组，党员与痴迷者结帮教对子等形式，把教育转化工作寓于日常工作和生活之中，通过政策法律攻心、科学知识启示，亲情友情感召、转化典型引导，通过帮扶济困、开展各种丰富多彩的文体活动等等，切实扩大和巩固教育转化成果，把一大批“法轮功”痴迷者从李洪志及其“法轮功”邪教组织的精神枷锁中解脱出来，使他们重新回到社会过正常人的生活。应城市的经验被省委610办公室充分肯定，在全省大会上作了典型发言。

【防范控制工作】　把确保不发生“法轮功”顽固分子敏感时期进京滋事、不发生公开聚集闹事和恶性事件作为防范控制工作目标来抓。围绕这一目标，全市各级都建立了包保责任制，实行“三制”，即领导责任制、责任追究制和责任倒查制，强化各级各部门的政治责任。狠抓了“五防”工作措施的落实，即有的放矢重点防、发现苗头及时防、敏感时期主动防、掌握内幕深入防、发动群众全面防。同时，完善“三条线”的防控体系，即以责任单位为主的帮教包保线，以派出所责任民警为主的防范监控线，以公安机关为主的查堵拦截线，坚决把“法轮功”顽固分子进京滋事和进行各种非法活动的企图消灭在萌发状态。同时坚持开展集中统一行动与严打深挖相结合，摧毁了“法轮功”邪教组织在孝感市的地下组织体系，捣毁了一大批“法轮功”宣传品印制窝点，抓捕了一批全国专案和部督点追逃犯，依法严厉打击“法轮功”顽固分子的各种违法犯罪活动。

【深入揭批“法轮功”邪教本质】　把深入揭批“法轮功”邪教本质，提高广大干部群众的思想认识作为抵制邪教的一项基础工作来抓。按照“长流水、不断线”的方针，不断加强宣传揭批的针对性和说服力，增强社会效果。全市开展了形式多样、内容生动的系列宣传揭批活动。组织全市广大党员、干部、职工群众和原“法轮功”练习者集中收听、收看中央新闻媒体相关宣传报道，学习有关文件，从思想上认清“法轮功”反人类、反社会、反科学的邪教本质，增强政治敏感性。市、县两级新闻媒体开辟专栏，用身边的典型事例和大量无可辩驳的事实，揭露李洪志及邪教“法轮功”的罪行恶迹。群团组织、大中学校、社会各界人士广泛开展座谈讨论揭批。先后举办了“校园反邪教”、“万名妇女抵制邪教签名”和“崇尚科学、反对邪教”图片展览和各种揭批座谈活动，组织现代楚剧《回来吧，亲人》到全市巡回演出，起到了良好的社会效果。2001年9月，孝感市成立了“孝感市反邪教协会”，以充分发挥民间组织在铲除邪教中的优势作用。

【集中开展对社会有危害气功组织的清理整顿】　从2000年3月至2001年4月，按照中央和省委的统一部署，全市全面开展了对各类气功组织的清理整顿工作。经过一年多的细致工作，清理整顿工作圆满完成。一是在调查摸底、甄别定性的基础上，完成了对各类气功组织的清理整顿特别是对社会有危害的气功组织的注销、撤销、取缔工作；二是查禁了有害、非法、不宜保留的气功组织的公开集体练功活动；三是坚持正面教育和引导，广大群众受到了一次教育；四是查缴销毁了一大批各类气功非法出版物和宣传品；五是完成了有关资料的收集、整理，制定了对气功组织管理的各项制度。

【召开全市表彰大会】　2002年1月7日，经市委研究同意，市委组织部、市委宣传部、市委政法委、市公安局、市人事局、市委610办公室联合对全市在同“法轮功”邪教组织斗争中表现突出、成绩显著的先进集体和先进个人进行了隆重表彰。副市长赵晓勇宣读了对孝感市公安局孝南区分局国内安全保卫大队等17个先进集体、余常学等37名先进个人的表彰决定。市委副书记、市处理法轮功问题领导小组副组长张文启同志作了重要讲话，号召全市广大干部群众学习这些先进集体和先进个人的事迹，弘扬正气，祛除邪恶，将同“法轮功”邪教组织的斗争进一步引向深入。

【省确定在应城开展“四个纳入”试点】　2001年11月，省委处理“法轮功”问题领导小组研究决定，在全省开展处理“法轮功”问题“四个纳入”试点工作，即把解决“法轮功”问题纳入党的基层组织建设中、纳入社会治安综合治理工作中、纳入城乡精神文明建设活动中、纳入农村“三个代表”学习教育活动中。旨在把处理“法轮功”问题的工作由专门机关向全社会延伸，实行专群结合，群防群治，把防范邪教工作向经常性工作延伸。建立长效规范工作机制，实现解决“法轮功”问题与消除“法轮功”邪教组织死灰复燃的社会基础相结合，逐步形成全党动手、全社会参与、齐抓共管、综合整治的新局面。应城市被确定为全省两个试点单位之一。

【狠抓队伍自身建设】　在机构改革过程中，各县、市、区都设立了常设的610办公室，挂靠同级党委政法委。市县两级党委高度重视610机构和队伍建设，并从各方面重点予以倾斜，保证斗争的顺利开展。610办公室由临时到常设的转变过程中，各项工作制度、内部规章逐步走向规范，干部自身政治和业务素质不断得到提高。认真开展调查研究，不断深化同“法轮功”邪教组织斗争特点、规律和发展趋势的认识，不断研究新情况，总结新经验，为党委、政府当好参谋。

中共孝感市委610办公室领导成员名单

主　任　刘洪海（2001.8—　　　）
副主任　黄　锐（2001.8—　　　）

（杨泽堂）

大 事 记

1999年孝感大事记

1 月

1日，《孝感日报·科教周刊》创刊。

4日，《孝感日报·云梦版》创刊。

6日，全市经济工作会议在孝感礼堂举行，会议确定1999年GDP增长预期目标为13%。

24日，金龙神水啤酒有限公司与1200余户客商签订供货合同5.8万吨，相当于全年产销目标的2倍。

26日，孝感市'99"开门红"现场会在汉川召开。

30日，中国人民解放军空军在孝感市援建的第一所希望小学——蓝天希望小学在汉川市刘家隔镇破土动工。

同日，孝感城区的81岁黄埔老人鲁鋆表示自愿身后捐献遗体，成为孝感市自愿捐献遗体的第一人。

2 月

4～7日，孝感市政协二届二次会议在孝感大礼堂召开。

5～8日，孝感市第二届人民代表大会第二次会议在孝感大礼堂召开。

7日，孝南区毛陈镇董永村周玉兰作为全市唯一一名代表，在北京人民大会堂荣获民政部等5部联合授予的"全国敬老好儿女"金榜奖。

8日，云梦县新华书店被省委宣传部评为全省百店送书下乡示范书店。

11日，应城市政府报告，距应城市城区东数公里的应城市盐化集团公司卤水公司主井采区自1月22日开始出现地面持续下沉的灾害。地陷区域面积约5万平方米，影响区域面积约1000米。地陷造成1栋办公楼、40套职工宿舍、2栋厂房和38栋民房损毁，直接经济损失2000多万元。

23日，市委书记张昌尔、市长曹世佑等领导率孝感市党政代表团赴江苏、上海考察学习现代化建设经验。

本月，经湖北省人事厅审核批准，大悟县三里镇风岭村陈明志；新城镇朱湾村雷道富；广水市马坪纸业股份有限公司倪礼俊；孝昌县王店镇白合村余继安；孝昌县周巷镇双峰村黄志云；安陆市银杏保健品有限公司徐春阳；汉川市湖北惠通电缆厂陈灯哇；汉川市新河镇曹家口村曹克顺等8人被授予"1999年度湖北省首批农村乡土拔尖人才"光荣称号。

本月，湖北省委、省政府确定云梦县为农业现代化试点县。

3 月

2日，市委召开二届二次全体(扩大)会议，全面贯彻落实党的十五大和十五届三中全会精神，总结交流全市改革与发展的经验，会议表彰了一批1998年在两个文明建设中作出突出贡献的先进典型。

4日，国家劳动和社会保障部确定了全国20个医改重点联系城市，孝感市成为湖北省唯一一家全国医改重点联系城市。

7日，孝昌县王店镇官塘村青年农民余国涛因抢救落水母女熊琴珍、黄丹丹，献出了年仅24岁的生命。孝感市委、孝昌县委号召全市、全县人民向英雄学习，做见义勇为的模范。

8日，应城市门板湾遗址发掘出保存完好的五千年前大型房屋群遗址、鄂东首座古城池及其它重要文物，该遗址的发掘，对研究我国长江流域文明的起源、古建筑及城市的发展等都具有重大意义。

12日，全市教育工作会议召开。

13日，孝感长途电话交换机E型改J型扩容并网成功，版本由原来的5版升为7.4版，孝感长途交换容量由8640路端增至10640路端。

17日，孝感市社会治安综合治理委员会追授在广水市中华山林场"2·18"扑灭山火抢险中英勇献身的吴炳芳、熊宗秀二位烈士"孝感市见义勇为先进分子"荣誉称号。

19日，新时期医务工作者的典范——戴宗晴先进事迹报告会在孝感市大礼堂举行。

23日，应城市广达实业有限公司被国家工商局和全国个协首批命名表彰为全国"光彩之星"。

27日，市政府召开省十运会孝感市筹备委员会第一次会议。会议决定孝感市派队参加5类35个项目的比赛。

同日，孝感市劳动保险局被评为"全省社会保险工作先进单位"。

28日，孝感米酒在'99全国糖酒春季交易会上与客商签订了2.66亿元的意向性购销合同和3000多万元的正式销售合同，整个签约达3亿多元。

29日，国家劳动和社会保障部副部长王东进来孝感市检查指导工作。

30日，中法合资三江雷诺汽车有限公司在孝感市召开塔菲克车改装研讨会。

本月，云梦县胡金店镇荣获全国绿化委员会授予的“全国造林绿化百佳乡镇”表彰铜牌。

本月，全市普种麻疹疫苗40万人份。

4 月

3日，孝感各县市城区交通营运秩序整顿工作会议召开。

5日，孝感市委、市人大、市政府、市政协召开联席会议，市委书记张昌尔要求各部门把农业产业化、乡镇企业二次创业和小城镇建设三大战略举措扭在一起抓，促进农业现代化发展。

6日，云梦县人民法院经济审判庭庭长张鹤龄被湖北省高级人民法院和湖北省人事厅联合发文表彰为1998年度全省优秀法官。

7日，市委、市政府召开规模空前的实施孝感市形象工程动员大会。会议要求全市人民要面向新世纪，塑造孝感的城市新形象、单位新形象、市民新形象，为发展孝感、建设孝感、美化孝感作出历史性的贡献。

13～15日，市委、市政府先后在孝昌县小悟乡、大悟县吕王镇和广水市长岭镇召开现场办公会，研究部署了1999年扶贫攻坚工作重点。

17日，共青团中央、中央综治委、公安部等12个单位联合授予全国110名青年代表为“中国杰出（优秀）青年卫士”称号，汉川市城隍镇财政所所长李彬因与抗税歹徒英勇搏斗事迹感人而获此殊荣。

20日，云梦县荣获“全省经济效益目标考核十佳县市”称号，是孝感市七县市中唯一获此殊荣的县市。

23日，20时～21时30分，孝感市城区、孝南、云梦、汉川、应城、孝昌等县市区出现了强飑线天气，平均风力达17—18米/秒，最大风力达25.2米/秒。期间雷电交加，暴雨滂沱，给全市工农业生产和人民生活造成重大损失。全市因灾死亡3人，受伤85人，直接经济损失达4000万元。

28日，汉川市新堰镇变电站站长方华志被授予全国“五一劳动奖章”。

30日，中国驻法国大使吴建明及夫人施燕华女士，考察了孝感市与法国有关企业的合作状况，重点考察了三江雷诺公司。

本月，应城农民王宏投资80多万元创办私立农腾学校，共招收乡镇中小学生600余人，聘任教师22名。

5 月

3日，孝感市“二次创业十大青年带头人”和“十杰青年民营企业家”评选揭晓。

4日，共青团孝感市第二次代表大会在孝感市大礼堂召开，会议于5日选出新一届团市委组成人员后闭幕。

5日，曾历时两年四个月，只身骑自行车走遍全国28个省市自治区的汉川残疾青年幸罗文，又于当日骑摩托开始了迎澳门回归，单骑万里行的壮举。

8日，全市最大的社会审计组织——孝感市求实审计事务所正式挂牌。

9日，孝感市委、市政府召开紧急会议，传达中共中央办公厅、国务院办公厅《关于强烈谴责以美国为首的北约对我国驻南斯拉夫大使馆进行导弹袭击的通报》和省委办公厅、省政府办公厅的紧急通知，并迅速就贯彻工作进行了部署。同日，孝感市各民主党派、各人民团体纷纷举行座谈会、集会示威等活动，愤怒声讨以美国为首的北约所犯下的暴行。

18日，孝感职业技术学院正式挂牌成立。

19日，孝感市文学艺术界联合会第二次代表大会召开。

孝感市中心医院眼科刘钊主治医师、郝进副主任医师等研究的科研课题《人工晶体状屈光度数检测坐标》通过省级鉴定，达到国内先进水平。

21日，’99孝感（福州）招商会在福建外贸中心酒店隆重举行，共签约36个项目，项目总投资额10.7亿元，总引资额9.8亿元。

25日，市委、市政府在孝感宾馆召开城区迎接省级卫生城市检查动员大会。

26日，汉川钢丝绳股份有限公司的股票正式在深圳证券交易所以“上网定价”的方式向社会公开发行。该公司成为孝感市首家上市公司。

31日，孝感市利用外资管理委员会办公室通过中华人民共和国对外经济贸易合作部MOFT—EC网站正式对外发布招商信息，在全省率先进入国家招商网站。

6 月

3日，安陆市文联张文斌的漫画作品《葬礼》荣获台湾第一届国际漫画大赛优胜奖。

8日，孝感市第二次妇女代表大会召开。

10日，市委、市政府领导张昌尔、曹世佑、何秉发、梁惠玲一行看望了三江雷诺汽车有限公司法国专家，向法方总经理赠送了国画《天仙配》。

15～17日，孝感市总工会第二次代表大会在孝感礼堂召开。会议表彰49名同志为1998年度“孝感市劳动模范”。

18～19日，孝感市科学技术协会第二次代表大会召开。

20～22日，在全省第十届运动会上，孝感14名柔道参赛运动员夺得团体冠军和团体总分第一、金牌总数第一的殊荣。

21日,应城市继门板湾古遗址被发现和发掘后,考古组在距门板湾遗址15公里的汤池镇境内,又发现一座距今约5000年左右,属屈家岭文化晚期的陶家湖古城址。

23日,湖北省城市卫生检查团一行10人抵达孝感,开始对全市3年来的文明卫生城市创建工作进行为期三天的检查。

30日,孝感市完成财政收入78408万元,占省分年任务的56.4%,占市分年任务的52.3%,比去年同期增长19.4%,圆满完成了市委市政府确定的过半目标。这是孝感市财政连续四年实现财政收入省市目标双过半。

同日,孝感市纪念中国共产党诞生78周年大会在孝感市大礼堂召开。会议表彰了30个先进基层党组织,50名优秀共产党员,宣读了在全市开展向征税英雄赵彦兵、救火英雄吴炳芳、熊宗秀、蔡诗友,舍已救人英雄余国涛等先进典型学习活动的决定,并报告了五位英雄的模范事迹。

本月,大悟上庙220千伏变电工程竣工投入运行。

市卫生防疫站通过省卫生厅、省卫生防疫站专家评审,获"全国地市级一等防疫站"称号。

云梦县被湖北省委、省政府评为全省"农业产业化先进县"。

7 月

2日,云梦县1000亩节水增效示范项目以91分的综合分被评定为国家级优良工程,顺利通过了国家水利部的验收。

3日,省委副书记杨永良、省人大副主任章治文等省领导来孝感察看防汛抗洪情况。

10日,全市春季集中严打总结表彰暨攻坚克难经验交流会召开,全市严打斗争取得圆满成功。至6月底,共破获各类案件3327起,其中现行案件1733起,积案、隐案1594起,打掉犯罪团伙137个576人,追捕各类逃犯181人,整治重点地区、单位、路段107个。

10～11日,市委书记张昌尔、市长曹世佑主持召开孝感中小企业改革与发展研讨会,国务院和湖北省有关专家对发展孝感中小企业提出了一系列有价值的建议和课题。

15～16日,湖北省副省长张洪祥一行考察了孝感对外经贸工作。

18日,中共孝感市委二届三次全体会议在孝感宾馆召开,会议报告了市委常委上半年的工作,并对当前形势进行了总结分析。

同日,国家经贸委主任盛华仁在湖北省省长蒋祝平、副省长周坚卫的陪同下,考察了黄麦岭采矿工地、选矿车间和磷铵厂、硫酸厂。

22日,市委、市政府在孝感宾馆召开市直县级以上干部参加的紧急会议。传达贯彻中央关于处理和解决"法轮功"问题的几个文件精神和省委、省政府的部署。

22～24日,孝感市广大市民、卫生界、科技界、文化理论界等战线人士纷纷组织学习党中央的英明决策,表示坚决与"法轮功"划清界线。

28日,湖北省第一家"兵役法庭"在安陆市人民法院成立。

本月,孝感市首家经省旅游局批准的旅行社——联春旅行社成立。

8 月

1日,湖北省省级文明城市检查团一行对孝感城区市容市貌、标志性工程和庭院小区创建情况进行认真巡查。

3日,孝感女子柔道队代表湖北省参加'99"华冠杯"全国女子柔道锦标赛,夺得57公斤级第三名的好成绩。

4日,由国家新闻出版署和中国书刊发行行业协会联合举办的"服务'三农'全国农村图书大联展"湖北展区首展仪式在应城举行。

8日,汉川庙头镇委、镇政府在平章小学举行了王平章烈士铜像奠基仪式。

10日,全省紧急抗旱现场会在广水市召开。

11日,至8月上旬,全市8个县市区全部开通了"148"(要司法)法律服务专线。

13日,全市农村福利院建设现场会召开,1999年以来,共有杨店、肖港、马口、倒店、赵棚、郝店、宣化店和邹岗等8所福利院荣获"全省百强农村福利院"称号。

14、18、19日,驻军39155部队为孝昌县抗旱实施人工降雨7次,总增降雨量115毫米,受益面积1600多平方公里,折合放水2000多万方,节约抗旱经费100多万元,直接经济效益5000多万元。

17日,省委常委、常务副省长邓道坤一行,到广水市骆店乡社山村和徐家河高泵站查看旱情、指导抗旱工作。

18日,孝感市县级以上党政领导班子和领导干部"三讲"教育动员大会在孝感宾馆召开。会议要求全市县级以上领导干部必须统一思想、提高认识,切实增强自觉性和紧迫感,以对党、对人民高度负责的精神,扎扎实实地搞好"三讲"教育。

19日,省长蒋祝平一行到安陆察看旱情。

同日,孝感市银行同业公会正式成立,标志着全市"四位一体"的金融管理体系已全面建立。

26～28日,全省地矿系统依法行政工作会议在广水市召开。

28日,孝感市麻糖米酒行业协会正式成立。

25～29日,湖北省第十届运动会少年划船比赛在武汉市东湖举行,孝感市划船队一举夺得全省女子赛艇团体冠军和混合团体亚军。

本月,大悟县楚剧团自编自演的大型楚剧《中原突围》,在由省文化厅举办的迎国庆50周年"万国杯"湖北省第六届戏剧新作展演中,荣获第一名。同时还获得优秀演员奖、音乐创作奖、导演奖等四个单项奖。

9　月

3日，全市村委会第四次换届选举工作会议在孝感召开。

4～5日，湖北孝感麻糖米酒股份有限公司更名为湖北董世佳麻糖米酒股份有限公司。

10日，全省城市卫生检查评比结果揭晓，孝感市荣获“湖北省卫生城市”称号。

11至14日，湖北省人大环保执法视察组对孝感市环保执法情况进行了视察。

12日，第三届中国(厦门)投资贸易洽淡会结束，孝感市招商引进工作取得圆满成功：共签订引资项目合同8个，引资额达33418万元。另有18家企业与国内外客商达成合资合作意向，展出的地产品也备受青睐。

13日，省委书记贾志杰一行考察了孝感市高新技术开发区，并在三江雷诺公司进行调研。

16日，中央精神文明建设指导委员会召开表彰全国精神文明创建工作先进单位电视电话会议。孝感供电局荣获全国精神文明建设工作先进单位称号；应城市东马坊办事处荣获全国精神文明建设工作先进乡镇称号。

18日，在'99湖北云梦(珠海)招商引资洽淡会上，来自美国、法国、德国、韩国、加拿大、台湾、香港、澳门及广东等十几个国家和地区的300多名客商与云梦县签订招商引资项目49个，引资额达60510万元。

25日，全市个体私营企业吸纳下岗职工再就业洽淡会在市大礼堂举行。

25～26日，湖北省建设厅、省规划院的专家评审组对孝感城市总体规划(修编)方案进行了评审，并获通过。

25～29日，孝感市通过省卫生厅消灭丝虫病部级达标检查。

28日，孝感市庆祝中华人民共和国成立50周年大会在孝感大礼堂举行。

同日，新加坡贸易发展局国际业务署署长高启惠一行四人考察了孝感市汽车工业。

同日，大悟县刘集镇“金鼓露毫”茶在北京举办的新中国50周年农业和农村经济成就暨'99中国国际农业博览会上获得“精品名牌产品”称号，这是孝感市唯一获此殊荣的茶叶产品。

29日，上午11时，湖北人民广播电台大型现场直播节目《荆山楚水庆盛典》(孝感篇)——董永故里展新颜，在孝感金贸商场门前进行。

本月，孝感市第二届艺术节自9月18日开始到月底结束，共专场演出9场，参演人员1000多人次；广场文艺展示8次，参演单位50多个，演出人员600多人次；文物精品展示和书画展吸引了上万名观众，中央电视台农村文艺专题摄制组摄制了部分镜头。

10　月

9日，市直机关县级领导班子和在职副县级以上干部“三讲”教育动员大会召开。

12日，湖北省第十届运动会在咸宁落幕，孝感市有52支代表队，663名运动员参加比赛。共夺得金牌41枚，银牌40枚，铜牌45枚，取得奖牌总数全省第八名的成绩，比上届前进了4位。

16～20日，'99全国糖酒秋季交易会在大连市举行，孝感市13家麻糖米酒企业与客商签订供货意向协议书达1000份，签订购销合同总金额6.18亿元。

18日，孝感市人才服务中心、人才市场办公室搬迁至槐荫大道挂牌暨首期固定人才集市在刚刚装修落成的市人才服务中心新办公楼前举行，结束了孝感人才市场“无场无市”的历史。

19日，'99孝感与大专院校、科研院所技术合作大会在武汉举行，28个产学研结合项目合作双方现场签约。

22日，市委政法委、市公安局隆重召开“全市追逃专项总结表彰大会”，对全市为期3个月的追逃专项斗争进行总结。

26日，为庆祝湖北省第二届环卫工人节，孝感市环卫工人代表在孝感宾馆参加了隆重的庆祝大会。大会表彰了11个环卫先进单位，50名先进个人。

27日，为期两个多月的孝感市市级领导班子和市级领导干部“三讲”教育告一段落，下午，市委召开大会，通报和总结了这次“三讲”教育工作。

28日，市委二届四次全体(扩大)会议召开。

29日，全市技术创新和教育工作会议在孝感宾馆召开。

30日，孝感市处理“法轮功”问题工作会议召开。

11　月

1日，中共中央政治局候补委员，国务委员吴仪视察孝感市开发区西门子电子元件有限责任公司、三江雷诺汽车有限公司、三江瓦力特特种车辆有限公司、四四0四厂等大型企业，并对孝感市高新技术开发工作和外经外贸工作提出了指导性意见。

同日，孝感市图书馆扩建改造工程破土动工。

8～10日，省长蒋祝平一行到云梦、应城、安陆、大悟、孝南等县市区和孝感高新技术开发区进行调研。

14日，市委、市政府成立“孝感市国有企业改革领导小组”，同时成立“孝感市国有资产管理委员会”。

15日，孝感市版权局经孝感市机构编制委员会批准成立。

21日，市公安局交警支队直属一大队二中队再次被团省委、省公安厅授予全省“青年文明号”称号。这是他们连续第四次获此殊荣。

22日，孝感市公安局被公安部授予“全国追逃专项斗争先进单位”。

26日，孝感市防疫站荣获全国地级市一等防疫站称号。

28日，孝感市委市政府召开全市减轻农民负担工作紧急会议。

本月，省公安厅、卫生厅检查孝感市康复医院戒毒所，该所被评为“全省戒毒管理工作先进单位”。

12 月

4日，孝感市委召开常委（扩大）会议，讨论并原则通过《关于1999年的经济形势和2000年经济工作的安排》。

8日，全国人大代表视察团在全国人大代表、湖北省人大副主任鲍隆清团长的率领下，一行19人视察孝感农业和农村工作。

同日，教育部高校发展规划司司长纪宝成、处长刘大为，在孝感师专就专科升本科问题进行了考察评估。

11日，申报5年，建设6年，试生产3年、总投资逾24亿元的黄麦岭矿肥结合项目成功通过国家级竣工验收。

18日，孝感市第一家股份制地方银行——孝感市商业银行正式挂牌成立。

20日，孝感市各地组织丰富多彩的纪念活动，共同迎接澳门回归。

22日，据湖北省地质环境总站孝感分站调查，孝感城区地下水资源局部超采严重，致使地下水位逐年下降，漏斗区不断扩大。孝感市委22日召开常委（扩大）会议研究解决办法。

27日，全市经济工作会议召开。

同日，西藏山南地区党政代表团由山南地委书记、人大工委主任武继烈率领，一行60人对孝感市进行了考察慰问活动。

28日，孝感广播新闻中心落成暨孝感电视台、孝感有线电视台建台十周年庆典活动在刚刚落成的广电新闻中心隆重举行。

本月，应城市月圆小区被评为“全国优秀住宅小区”。

（饶蒿乔　彭艳霞）

2000年孝感大事记

1 月

6日，孝感城区集中整治发展环境动员大会召开。

8日，孝感市委召开市直机关负责人会议，通报了全市与“法轮功”斗争的形势报告会，安排部署了当前和今后的工作。

12日，在全国双拥模范城（县）命名大会上，孝感市第三次被民政部、解放军总政治部命名为“全国双拥模范城”。

18日，香港特别行政区贸发局武汉办事处首席代表邬俊杰专程抵孝访问。

本月，湖北金龙泉孝感扩改签字仪式在孝感宾馆举行。

本月，省卫生厅批准云梦县中医院为“湖北省示范中医建设单位”。

2 月

28日，孝感市委召开市直机关思想作风建设动员大会，会议表彰了市直机关10名先进工作者。

29日，汉川市级领导班子和领导干部“三讲”教育动员大会召开，省委副书记杨永良到会对汉川“三讲”作出部署。会后，全市各县市区“三讲”教育随即全面展开。

3 月

5日，孝南区西河镇籍台商刘立夫先生捐款20万元，用于资助西河镇困难学生入学。

同日，中包云梦塑料薄膜厂正式被国家科学技术部火炬高新技术产业开发中心认定为全国重点高新技术企业，成为孝感市首家获此殊荣的企业。

18日，孝感市第一个专业歌舞团——孝感市青年歌舞团成立，该团是一个民营性质的专业文艺团体。有演员32人，成员来自河南、山东、山西、黄冈、荆州、钟祥等地。

31日，孝感市企业改革与管理座谈会召开。

本月，大悟县碘缺乏病防治试点工作荣获全省第一名。

4 月

4日，孝感师范专科学校接到教育部3月21日发出的[2000]46号文件，正式批准在原师范专科学校的基础上建立孝感学院。学院为本科层次的普通高校，以师范教育为主，同时举办高等职业教育。

14日，全国女子篮球甲级联赛（孝感赛区）开赛。沈阳部队队获第一名。

24日，第五届湖北省“十大杰出青年”评选活动揭晓，孝昌县公安局刑警大队大队长吴波荣榜上有名。

本月，孝感市、应城市、云梦县被授予全省“卫生监督执法先进市（县）”光荣称号。

5 月

11日，省委副书记杨永良带领省委办公厅、省农业厅、省水利厅等部门负责人到广水、大悟等县市部署跨区调水抗旱工作。孝感市自1月至5月上旬发生严重春旱，徐家河水库跨区调水，可大大缓解严重的旱情。

15日，国家防汛抗旱总指挥部抗旱处和湖北省有关负责同志到孝感市广水、大悟、孝昌和汉川检查指导抗旱工作。

22日，孝感市委中心学习小组集中学习了《中共湖北省委关于深入贯彻江泽民同志“三个代表”重要思想的通知》，学习了江泽民同志在广东、江苏、浙江、上海考察工作时强调按照“三个代表”要求，加强党的建设的讲话和文章。

24～25日，孝感市大部分地区普降甘霖，使入春以来持续数月的严重旱情得到缓解。

6 月

6日，孝感市舞蹈家协会成立。

同日，孝感市黄陂路综合高级中学正式挂牌成立。

7日，全市防汛动员工作会议召开，部署了2000年的防汛工作。

11日，为期4天的孝感市首届房地产展示交易大会闭幕，大会现场出售商品房14套共1520平方米，转让土地1360平方米。

13日，襄樊市委书记孙楚寅率领近30人的党政代表团，参观考察了孝感市高新技术产业开发区。

13～14日，全市党风廉政建设责任制工作会议召开。

15～16日，全市国有企业改革脱困工作现场会在云梦县召开。

27日至月底，卫生部、国家轻工局、教育部、国家工商局、国家质量技术监督局对应城盐矿的碘盐生产线及大悟县碘缺乏病防治阶段目标进行了国家级评估，受检指标达到了国家标准。

29日，孝感市人民代表大会常务委员会任命李广波为孝感市人民政府副市长。

7 月

4日，孝感市社会保险工作会议在应城市召开。

6日，孝感市建设委员会在新落成的建设大厦举办城市建设项目推介暨招商引资洽谈会。

7日，全市农业现代化试点工作会议召开。

11日，全省市州妇联主席会议在孝感召开。

12日，湖北省高等学校思想政治教育研究会年会在孝感市徐家河库区召开，孝感学院获2000年湖北省高校思想政治教育先进单位称号。

15日，由市委副书记何秉发、副市长李金平带队的孝感市党政代表团结束了对新疆、陕西为期10天的考察回到孝感。代表团深入了解了西部大开发政策及西部省区、地市的相应举措，为孝感参与国家西部大开发作出相应规划打基础。

18日，副省长苏晓云出席在广水市召开的设立地级随州市有关行政区划问题的专题会议。根据国务院批复，孝感市代管的广水市从18日正式划归新设立的随州市代管。

28日，孝感市企业家协会举行创立仪式，全市39个单位、47名个人加入协会。

本月，经国务院批准，汉光电子股份有限公司高级工程师陈龙星，孝感市中心医院副院长、主任医师樊立，中国包装公司云梦塑料薄膜厂副厂长、高级工程师鞠兆瑞等三位有突出贡献的科技工作者被批准为从1999年起享受国务院政府特殊津贴人员。

8 月

8日，农工党孝感市委员会召开大会，隆重纪念农工党建党70周年。

9日，根据上级统一部署，孝感市全面开展打击卖淫嫖娼、赌博、吸毒贩毒等丑恶现象的集中行动。从晚上21时至零时，342名公安人员对城区3家娱乐城、6家宾馆饭店、119家发廊、8家舞厅、9家录相放映厅、3家洗脚城进行了拉网式清查，现场抓获了一批卖淫嫖娼、赌博、吸毒人员，并进行了严肃处理。

10日，中共孝感市纪委第二次全会在孝感宾馆召开。

16日，汉川市市长胡功民与山东省即墨市委副书记、常务副市长张锡君签订两市结为友好城市协议。

22日，全市思想政治工作会议在孝感宾馆召开。

24～25日，孝感市人大常委会第17次会议召开。

29日，中国联合通讯有限公司总投资达1.37亿元的公众通讯网建设项目在孝感启动，拟于2001年3月底完成。

30日，孝感市委理论学习中心小组集中学习，开展警示教育。

31日，孝感市农村工作会议召开。

本月，应城市工商局被评为全国工商系统粮食市场监督管理工作先进单位。

本月，云梦县被国务院妇女儿童工作委员会评为“全国儿童工作先进县”称号。

本月，全市文教行政财务暨工资统一发放工作会议决定：孝感市乡镇的中小学在编教师工资，从10月1日起纳入县级财政统一发放。

9 月

6日，全市娱乐服务场所暨电子游戏经营场所专项整治工作会议召开。

8日，孝感市10位名校长、10位名教师、60名优秀教师，8名优秀教育工作者在教师节前夕受到隆重表彰。

9日，孝感市副市长李广波率领孝感市参展团参加了中国投资贸易(厦门)招商洽谈会，孝感有19个项目签约，总投资9.55亿元，其中引资达6.55亿元。

由湖北省人大环资委、省环保局和省级新闻单位的21名记者组成的“湖北环保世纪行”新闻采访团抵达孝感,实地察看了双环集团、长江制盐厂、宏博集团和某造纸厂等四家企业。

14日,省公安厅召开全省打拐专项斗争总结表彰会,孝感市打拐专项斗争成绩综合排队位居全省第三名,受到省委、省政府的通报表彰。孝昌县公安局被评为全国“打拐”先进单位。

15日,孝感市委副书记张文启、副市长魏文和率领孝感市农业考察团赴河南许昌等地考察。

19日,全国人大常委会委员、原航天工业部部长刘记原来到三江航天集团公司,视察了公司所属的三江瓦力特特种车辆厂、江河汽车内饰厂、红林机械厂等厂。

21日,市政府常务会议审议通过了《孝感市献血管理办法》。

22日,孝感市首届民族风情欢乐节在后湖游乐园举办,来自青海、云南、广西、贵州四个省区的藏、壮、彝、傣、畲、苗、白、侗、哈尼、布依、景颇等12个民族的演员参加了本届欢乐节。

本月,按照市委、市政府的统一部署,全市99个乡镇(街道、办事处)下设的359个管理区全部撤销。

10 月

1日,《孝感晚报》正式创刊出版。

7日,武汉市最大的民营中餐餐饮企业小蓝鲸在孝感市开设的连锁店开业。

9日,孝感市第一届运动会和湖北省第五届(金龙泉)啤酒节隆重举行。

16日,市委、市人大、市政府、市政协“四大家”召开联席会议,学习传达《中共中央关于制定国民经济和社会发展第十个五年计划的建议》,会议要求将本月定为学习月。

20日,全市“光彩之星”命名暨实施再就业工程经验交流会在孝感召开。会议命名舒新国、吴富安、戴方忠、刘信坤、周仁、刘图广、褚青交、周明照、吴光照、徐志龙等十位民营业主为“光彩之星”。

24日,大悟县、孝昌县、汉川市光荣院被省政府授予“先进光荣院”荣誉称号,云梦县光荣院获进步奖。鄂豫边区革命烈士陵园被省政府授予“先进革命烈士纪念建筑物保护单位”称号。

本月,市康复医院戒毒所经省禁毒办等单位审验考核,获全省总分第一,被评为“全省管理工作先进单位”。

11 月

10日,国家“视觉第一中国行动”组织全国著名眼科专家,对孝昌县重症白内障患者进行的手术治疗结束,使136名患者重见光明。该项活动从10月27日开始,共进行了15天。

11～13日,中国汽车产品认证委员会质量体系认证中心专家组对上海大众汽车的销售服务有限公司贯彻GB/T19002、ISO9002;1994标准实施情况进行了现场审核验收,认为合格,该公司成为孝感首家ISO质量体系认证汽车维修企业。

16～19日,湖北省“三五”普法依法治理检查组一行7人,对孝感市17个单位进行了检查。

16～21日,三江雷诺资产重组洽淡会在孝感召开,资产重组所涉及的中国航天汽车工业总公司、华晨集团、三江航天集团和法国雷诺公司在相关协议上签字。

18日,由孝感市中医医院副主任医师黄传建主持设计完成的“通腑化瘀汤治疗脑梗死急性期的临床研究”项目,经省级专家鉴定达到国内领先水平。

30日,孝感市青少年生态公园开工建设。

同日,孝感市国防动员委员会第四次全体(扩大)会议召开。

12 月

1日,孝感市人民广场动工兴建。

8日,中华慈善总会会长阎明复视察孝感慈善城项目建设。

13～15日,湖北省检查组一行到孝感市检查验收第四次村委会换届选举及村民自治工作。

14日,由白俄罗斯驻中国大使瓦西里耶维奇先生一行率领的代表团来到孝感,参观孝感市市容并考察了三江瓦力特特种车辆有限公司。

16日,“第六届中国国际食品博览会”在武汉举办,“孝感牌”麻糖和“神霖牌”米酒双双荣获“第六届中国国际食品博览会金奖”。

20日,孝南区园艺场“桃花源”牌早蜜桃在首次湖北十大名果评选会上经专家评选,荣获“湖北十大名果”称号。

24日,孝感举行“以健康体魄迈进21世纪”为主题的全民健身活动,来自孝感市直党群、政法、教育等战线的5000多名运动员参加了3000米迎春申奥长跑。

27～28日,市委、市政府召开全市经济工作会议。

28日,由省委宣传部、省文化厅、省科技厅、省卫生厅、省新闻出版局等单位联合举办的湖北省科技文化卫生“三下乡”活动在孝昌县隆重举行。

28日,湖北省第二届红金龙楚剧艺术节在孝感市礼堂隆重开幕。

同日,孝感麻糖米酒集团在原“中华老字号”“孝感麻糖”和“米酒”的基础上,首次推出双歧因子麻糖、双歧因子米酒,ACE多维高钙米酒等新产品。

30日,中央电视台《民间文化》摄制组专程到孝南区肖港镇拍摄《民间管弦乐》专题片。

(饶嵩乔 彭艳霞)

2001年孝感大事记

1　月

3日，历时7天的湖北省第二届红金龙楚剧艺术在孝感闭幕。共有11个剧团的13个剧目共1200多人参加艺术节汇演，评选产生了60个奖项。云梦县楚剧团的《民选村官》获剧目二等奖，孝感市其他剧目如《娃娃县官上任》、《义马河传奇》获三等奖。

6日，广州军区副政委张国初中将来到孝感，考察了孝感军分区近年来党建、双拥、基础设施建设、建立国防执法机制等工作。

9日，国家民政部救灾司副司长宋志强带领救灾工作组一行到孝感检查慰问。

13日，市政协二届四次会议在孝感礼堂召开。

15日，应城市审计局第三次荣获全省审计质量“十强”县市称号。

2　月

1日，市政府二届六次全体(扩大)会议在孝感宾馆召开，会议根据孝感市《国民经济和社会发展第十个五年计划纲要》和《关于国民经济和社会发展“十五”计划纲要的报告》，分解落实2001年政府工作任务。

同日，孝感城区万名妇女走上街头，开展“依法打击邪教、保护妇女儿童、促进社会稳定”大型签名活动。

10日，国家打假联合行动督察组组长魏树琦率督察组一行赴孝感市检查“打假”联合行动工作的开展情况。

12～13日，鄂州市委副书记周旺生，市委常委、副市长秦义华带领鄂州市党政领导和部门负责人来孝感市考察基础设施建设、国有企业改革等方面的工作。

22～23日，市委书记张昌尔、市长曹世佑率领孝感市党政代表团，赴武汉市考察学习对外开放、开发区建设、农业示范区、城市建设和发展高新技术的成果和经验。

23日，日本《读卖新闻》驻北京记者石井利尚到孝感市工商局就孝感市私营企业发展情况进行采访。

24日，市委举办的“振奋精神、狠抓落实、加快发展”理论学习班在孝感宾馆开课，中国社会科学院教授陈栋生作了关于国际国内经济形势、如何发展区域经济和新经济，如何抓好“三农”工作的专题理论讲座。

25日，市委二届七次全体(扩大)会议在孝感宾馆召开。市委书记张昌尔作了《振奋精神，克难奋进，为孝感“十五”发展创造良好开局》的主题报告。会议的主要任务是，认真贯彻党的十五大、十五届五中全会和中央工作会议精神、中央及全省经济工作会议精神，总结交流全市改革开放和经济建设的经验，进一步明确全年工作重点，动员和组织全市上下振奋精神，抢抓机遇，克难奋进，乘势而上，为孝感“十五”的发展创造良好的开端。

27日，全市反腐倡廉工作会议在孝感宾馆召开。

28日，全市宣传思想工作会议在孝感宾馆召开。

同日，市领导张昌尔、曹世佑、付明珠、张文启等集中收看了中央电视台《新闻联播》和《焦点访谈》中关于“法轮功”邪教组织进行精神控制，使无辜青少年“自焚”，命丧“天国”的专题新闻后，痛斥了李洪志及其“法轮功”的邪教本质。

3　月

1日，全市县乡机构改革工作会在孝感宾馆召开。

2日，以“支持申奥科学健身”为主题的孝感市百万职工体育活动月在4404厂汉光小区正式启动。

10日，湖北省军区政委吴凤龙少将在市委副书记付明珠、军分区司令员王纪三的陪同下，赴孝昌、应城、汉川等地视察孝感市人民武装工作。

12日，安陆市职业技术学校被国家教育部批准为全国216所第二批国家级重点中等职业学校之一。

14～15日，全市卫生工作会议召开。

18日，鄂东北最大的国家森林公园——孝感市双峰山风景旅游区的发展规划，通过由湖北省旅游局、省发展计划委员会组织的专家评审。

23日，江苏省盐城党政代表团一行6人考察了孝感市云梦伍洛农业现代化示范区、云梦植物蛋白厂、孝南杨店早蜜桃等特色企业和特色农业基地。

28日，孝感麻糖米酒股份有限公司继1998年“孝感牌”麻糖，“神霖牌”米酒荣获国家“绿色食品”证书后，2001年被授予“湖北省绿色食品先进企业”称号。

本月，安陆市发现三棵千年古松，古松位于赵棚镇，高度30米左右，最粗的胸径1.1米，这是迄今为止在安陆乃至全省发现的首例千年古松。

安陆市被湖北省委、省政府授予2000年度“全省计划生育先进县(市)”称号。

4　月

3日，市体育中心举行声势浩大的“孝感市支持北京申办2008年奥运会万人签名”活动。

4日，应城市黄滩镇刘垸村粉笔责任有限公司与蒙古客商签订了年销售500万元的粉笔订单。至此，黄滩的药用、玩具粉笔已销往俄罗斯等18个国家。

5日，孝感市委召开农村“三个代表”重要思想学习教育活动领导小组会议。

同日，湖北省唯一的核工业地质大队及核工业放射性核素检测中心在孝感市正式成立。

7日，中央“三个代表”督查组一行6人来孝感市检查指导工作。督查组由原安徽省委副书记徐乐义率领，对应城市、云梦县的“三个代表”工作进行了检查指导。

晚十时，全市"严打"整治斗争拉开序幕，并于当天进行集中搜捕行动。

8日，孝感市首家水务局——孝昌县水务局挂牌成立。

同日，孝感市三环印刷有限公司68岁退休职工何宝森在第四届全国老将田径运动会暨国际老年田径邀请赛上，获5000米竞走第四名和5000米长跑的第十三名。

9日，全市统战工作会议在孝感宾馆召开。

同日，孝感市图书馆新馆大楼改造扩建后落成。新馆达到国家二级图书馆的标准。

10日，湖北省科技厅向应城市血防办历时8年研究的《采取"五治"对策实现血吸虫病传播控制目标》课题，颁发了湖北省重大科学技术成果证书。

11日，全市农村"三个代表"重要思想学习教育工作电视电话会议召开。

同日，孝感市九洲机床有限责任公司(原市机床厂)两台M8260型曲轴磨床出口到厄瓜多尔，这是该产品第二次出口到厄瓜多尔。

11～12日，湖北省交通厅长任必年到孝感市，就孝感公路路网建设情况进行调研。

14日，孝南区肖港文化站被省委、省政府授予"文明单位"称号，是全省唯一连续三次获此殊荣的乡镇文化站。

16日，在北京举办的"首届全国农民歌手大赛"中，汉川市马口镇业余歌手余景明，继去年获全省农民歌手大赛第一名后，又勇夺全国农民歌手大赛一等奖第二名，成为孝感涌现的一颗歌坛新星。

17日，市委召开常委(扩大)会议，传达贯彻全国全省社会治安、整顿和规范市场经济秩序工作会议精神。

20日，孝感市社会治安、整顿和规范市场经济秩序工作会议召开。

同日，孝感市被国家劳动和社会保障部列为全国100家社区管理试点城市之一。

27日，孝感市7县市区和市开发区公捕公判大会召开。

本月，大悟寿眉公司生产的"大悟寿眉"茶又获全省"十大名茶"称号。

全省唯一一条PP无纺布生产线在汉川环福塑料制品有限公司试车成功，其产品聚烯纺粘热轨非织品造布填补了省内空白。

5 月

5日，农业银行孝南支行各项存款余额10亿元，成为孝感市第一家存款突破10亿元的国有商业银行县级支行，也是全省农行系统第一家存款过10亿元大关的农村县级支行。

同日，湖北省首家生产载波集中抄表用电管理系统产品的企业——孝感光源电子有限公司创立。

同日，三江集团红林厂职工姚常君成为孝感市志愿捐献骨髓第一人。

9日，孝感市委常委(扩大)会议召开。

10日，由八一电影制片厂、湖北经济电视台联合摄制、反映革命历史重大题材的16集电视连续剧《中原突围》，在革命老区大悟县宣化店开拍。

13日，中共中央政治局委员、书记处书记、国务委员、中央政法委书记罗干视察了孝感市打黑除恶专项斗争的开展情况。

14日，孝感城区整顿作风、优化环境、扩大开放、全员招商动员大会召开。

16日、省委副书记王生铁、省水利厅厅长段安华来孝感市检查汉川等地的防汛准备工作。

18日，市委书记张昌尔主持完成的湖北省软科学课题《社会主义市场经济条件下企业资本研究》在省科技厅组织下通过专家鉴定。

同日，孝感职业技术学院举行挂牌两周年，建校50周年和新校园落成庆典。

同日，孝感市唯一的证券机构——三峡证券孝感营业部正式由原澴川电影院迁往鑫贸商场大楼办公。

18至19日，孝感市委党校水延凯教授和常务副校长胡顺延等应邀出席由中国社会科学院在北京主持召开的《中国国情丛书——百县市经济社会调查》总结表彰和"中国百村经济社会调查"协调大会。由水延凯主编的《中国国情丛书——百县市经济社会调查·孝感卷》荣获中国百县市调查优秀成果一等奖。

21日，孝感市第三批援藏干部仇平贵、李清华、张应平、丁少华、黄汉桥等五同志启程赴藏。他们分别担任曲松县委书记等职务，在西藏工作三年。

22日，孝感市首座无害化垃圾处理场竣工。

23日，全省第一部反邪教大型现化楚剧《归来吧！亲人》由安陆市楚剧团编剧、导演，并在安陆上演。该剧定于6月初在孝感各县市巡回演出。

24日，湖北省老年门球赛(孝感赛区)经过三天的角逐，红安队夺得冠军，孝感队居亚军，阳新队获第三名。

28日，全市防汛工作会议在孝感市宾馆召开。

同日，汉川市被评为2000年全省乡镇企业工作先进市，汉川市湖北福星科技股份有限公司被授予全省十强乡镇企业称号。

同日，省政府批准汉川分水镇农民张建荣为革命烈士，汉川民政局将革命烈士证书及11600元抚恤金送到张建荣家中。张建荣是1999年9月15日与潜入武汉协和医院的盗窃犯罪分子进行英勇搏斗而壮烈牺牲的。

29日，孝感市军转干部安置工作小组被评为全国军转安置工作先进单位。

30日，市委宣传部、市广播电视局联合举办的"全市电视歌手大奖赛(决赛)"在孝感电视台演播大厅举行，24名选手参加决赛，驻孝某部军旅歌手李永强夺得第一名。

31日，孝感市民营经济工作会议召开。会上表彰了孝感"十佳个体经营户"、"十佳民营企业"和"十佳民营纳税大户"。

同日，历时50多天的孝感市“严打”第一战役取得显著成效：全市共抓获各类违法犯罪人员1000多名，破案2000多起。

本月，云梦县吴铺籍人士杨小红先生个人捐款100万元修建吴铺镇花桥至扬坝村的水泥路面。

本月，在湖北省委、省政府、湖北省军区联合组织开展的第二届国防“双星”评选活动中，孝感市委副书记张文启、大悟县委书记李海华当选为“关心国防建设之星”，应城市人武部部长杨望保、孝感军分区司令部原作训科长金京桥当选为“献身国防建设之星”。

6　月

3日，应城市城北办事处戴河村农民李松海的膏雕石膏枕头，获得国家知识产权局授予的专利权，成为该市膏雕唯一获得国家专利证书的人。

7日，国家劳动和社会保障部社会保险局副局长戴广义一行，到孝感检查指导劳动保障工作。

8日，孝感市新闻工作者协会成立。

同日，于1958年成立的孝感市农业学校更名为孝感市生物工程学校。

12日，美国杜邦整体收购云梦龙云蛋白公司签字仪式在武汉香格里拉饭店举行。

15日，由国家防汛抗旱总指挥部水库处处长邓玉梅等组成的水库防汛检查组，来孝感市检查全市水库防汛工作。

20日，全市国有企业改革与发展研讨会在孝感宾馆举行，北京视野咨询中心主任钟朋荣、清华大学经济管理学院教授魏杰、湖北经济管理干部学院副院长樊为等3位著名经济学家，论证了孝感市国有企业改革、发展和结构调整的总体方案，对孝感市国企改革脱困三年目标实现后下一步的努力提出了建设性的意见。

21日，孝感市禁毒教育基地在市康复医院揭牌。

同日，全省首家无人职守全自动控制水厂在安陆全面竣工，该水厂属世界银行“长江水灾紧急恢复项目”，于1995年动工兴建，总投资3100万元。

23～25日，省委常委、常务副省长邓道坤一行到孝感进行财税工作调研。

25日，孝感市委宣传部、市委党校、市委党史办在市委党校联合召开理论研讨会，隆重纪念建党80周年。

28日，为庆祝建党80周年，孝感市委颁布关于表彰30个先进基层党组织、50名优秀共产党员和10名优秀党务工作者的决定。

29日，孝感市党政军民庆祝中国共产党成立80周年歌咏大会于当晚在孝感体育馆隆重举行。来自全市党政军和社会各界的3000多名代表参加歌咏大会。

同日，孝感市开展严厉打击盗版音像制品活动，2万3千多盘盗版音像制品由市文化部门进行了集中销毁。

30日，著名歌手费翔在孝感体育馆举办个人演唱会。

本月，全市上半年实际利用外资2637万美元，完成目标任务的62%，与去年同期相比增长66.9%，居全省第四位。

7　月

1日，湖北省教育厅在孝感学院举行科研成果鉴定会，孝感学院园艺系副教授李顺文、鲁旭东等人完成的科研项目《猕猴桃叶衰老机制与调控途径的研究》通过评审鉴定。

同日，孝感市委党史、地方志办公室主任季旭东被评为“全国党史系统先进工作者”，出席在人民大会堂举行的纪念中国共产党成立80周年大会，并与其他代表一起受到胡锦涛、尉建行、曾庆红等党和国家领导人的亲切接见。

4日，孝感老区建设促进会召开全体理事会暨第四届扶贫先进工作者颁奖大会。

5日，孝感市举办实践“三个代表”先进事迹报告会，孝南区书院街道党委书记李世英等5人在大会上介绍了自身实践“三个代表”的先进事迹。

同日，湖北省副省长苏晓云率省直有关部门领导来孝感市考察整顿和规范市场经济秩序工作。

8日，副省长贾天增带领有关部门负责人，就孝感市农业农村工作进行调研。

10日，全市农村“三个代表”重要思想学习教育工作电视电话会议召开。

11日至13日，孝感市委二届八次全体（扩大）会议在孝感宾馆召开。会议的主要任务是，以学习贯彻江总书记“7·1”重要讲话精神为动力，认真总结上半年，精心部署下半年，进一步动员全市广大干部群众为全面完成2001年各项工作任务而努力，确保实现“十五”发展的良好开局。

13日，北京申办2008年奥运会成功的消息传到孝感市，孝感市城区和各县市群众载歌载舞，敲锣打鼓走上街头热烈庆祝，孝感城区和各县市欢声雷动，一个个城市成了欢乐的海洋。

14日，孝感市减轻农民负担工作紧急会议召开。

同日，孝感市建筑总公司正式通过国际ISO9002质量标准认证。这是孝感市首家通过认证的建筑企业。

17日，全市乡镇机构改革工作会议召开。

17～19日，湖北省党风廉政巡视组冯家云等一行3人到孝感市巡视。

16～21日，2001年孝感市公开选拔副县级年轻干部笔试和初录工作正式展开，经过笔试，共有156人进入面试阶段，拟定最后录取90名年轻干部进行考察。

18日，全省最大的兽药基地——东湖高新安陆兽药厂在安陆市正式揭牌诞生。

20日，孝感市土地使用制度改革现场会在应城召开。

25日，孝感市委常委（扩大）会议召开，传达贯彻省委七届六次全体（扩大）会议精神，强调要突出抓好四方面的工作。

28日，为战胜特大干旱，孝感市启动“引江济汉、南水北调”工程，开启汉川二泵站4台机组，提汉江水注入汈汊湖水系，经民乐闸进汉北河，入府澴河，滚子河，实现三河连江，为汉川、云梦、应城、孝南、武汉东西湖近100万亩农田提供抗旱水源，以缓解全市325万亩农作物，18万人，6万多头大牲畜缺水问题。

28日，孝感宾馆通过国家三星级旅游饭店评审验收，成为三星级酒店。

30日，全市军转安置工作暨表彰大会在孝感宾馆召开。

本月，第三届孝感市十大杰出青年评选揭晓，他们是：应城市人民警察院起诉科科长万霞；孝感市中心医院一内科主治医师李睿；孝感市环卫站女工汤望容；安陆市文体局办公室主任张文斌；孝南区农委高级农艺师陈战鸣；4404厂4分场党支部书记、第一副厂长吴涛；孝感学院农学系副教授、博士周竹青；黄麦岭磷化工集团公司副总工程师罗宝瑞；大悟县三里城镇财政所副所长胡拥民；孝昌县丰山镇井边村农民、农艺师魏福桥。

进入7月，孝感市旱情日趋严重，3—6月，全市降雨仅272.1—443.2毫米。至7月上旬，境内除大悟县、应城市发生局部降雨外，其余县市基本未下雨，为历史罕见。全市受旱面积达177万亩，少数地方出现人畜饮水困难。市防抗旱指挥部向全市发出作好抗大旱、抗长旱工作的意见，要求各县市区抓好抗旱工作，确保农业抗旱夺丰收。

8 月

1～2日，省委副书记杨永良率领省委省政府抗旱检查组一行，深入孝感抗旱现场检查指导抗旱工作。

3日，副省长高瑞科一行来孝感市就金融风险处置工作进行调研。

4日，副省长周坚卫一行来孝感市就工业经济运行和发展问题进行调研。

7日，湖北省楹联学会授予汉川市山乡饮料食品调料有限公司“楹联之厂”称号。

同日，孝感日报社采编大楼通过竣工验收，其建设质量达到国家优良工程评定标准。

9日，国家防汛抗旱总指挥部办公室副主任赵广发到孝感市“南水北调”工程现场和孝昌受旱重灾区检查指导抗旱工作。

10日，安陆剧团被评为湖北省同“法轮功”邪教组织斗争先进集体。

14日，孝感市首次民主评议行风工作结束，市领导要求进一步巩固成果，优化环境，不断开创新局面。

15日，孝感市五家庭被评为省“百佳特色家庭”。

16日，全国及省、市先后召开电视电话会，强调要切实整顿和规范文化市场秩序。

同日，孝感市房地产交易中心开业。

20日，铁道通信信息有限责任公司孝感分公司成立。

22～23日，市二届人大常委会召开第25次会议。

24日，由省委组织部和省委宣传部组织的第九届全国人大代表、全国优秀乡镇党委书记、全国优秀党务工作者、恩施州建始县官店镇党委书记刘银昌同志先进事迹报告会在孝感宾馆举行。

24～25日，国家民政部救灾救济司救灾处处长张晓林及省民政厅救灾救济处有关负责人来孝感市检查指导救灾工作。

25日，市区机关思想作风整训暨学习东西湖动员大会召开。

28日，湖北省交通重点工程项目汉北河公路大桥主体工程完工。

9 月

6日，孝感市举行学习江泽民同志“七一”讲话报告会，省委党校常务副校长李明贵作了宣讲报告。

8日，由市中心医院妇科主管护师、护士长连润珍主持研制的“多功能产检床”荣获国家专利局颁发的实用新型专利证书。

9～10日，国家财政部社保司司长孙志筠、民政部救灾救济司副司长邹铭一行到孝感市检查指导工作。

10日，市直机关机构改革工作动员大会在孝感宾馆召开。

同日，孝感市药品监督管理局成立。

11日，全国人大常委会副委员长邹家华率检查团莅孝检查指导《水污染防治法》执法工作。

同日，孝昌县通过苏、鲁、豫、皖、鄂五省疟疾联防检查。

12日，全市宣传部长会议在孝感宾馆召开。

17日，全省中国香稻现场会在孝感市孝南区召开。

同日，孝感市民间文艺家协会举行“孝文化”研讨会。

18日，市政协召开座谈会纪念辛亥革命90周年。

19～20日，孝感市人大常委会召开第26次会议。

20日，由中铁十一局二处担负施工的京珠高速公路孝感境内四、五、六标段路面摊铺工程竣工。

20～21日，湖北省城镇职工基本医疗保险制度改革座谈会在孝感市召开。

24日，孝感市依法治市(普法)领导小组全体会议召开。

26日，民间团体组织“孝感市反邪教协会”成立。

同日，孝感市首例涉黑犯罪团伙被依法判刑。

27日，安陆市建成全省最大青梅基地，该基地占地1050亩，共栽植青梅8万株。

28日，孝感市首台煤改电蒸气锅炉在大悟人民医院正式接火送电。

同日，由原孝感市土地局、孝感市地矿局组合而成的“孝感市国土资源局”在孝感市文化东路正式成立 。

29日，市直机关机构改革培训班在机关工委小礼堂开课。

30日，孝感市行政服务中心各类事项审批暂行办法由市政府办公室公布。

10 月

1日，孝感人民广场竣工开放。

至6日，“红金龙”杯湖北省第六届桥牌俱乐部锦标赛暨“红金龙”杯湖北省桥牌邀请赛在孝感市物资大厦举行。

8日，孝感市新科建设工程总公司获中建协质量体系认证中心认证的“ISO9001”国际质量体系认证证书。这是孝感市第一个获此殊荣的建设公司。

9日，副省长韩忠学到孝感市孝南区新铺镇徐山村就“三个代表”学习教育活动进行调研。

10日，全市乡镇直部门“三个代表”重要思想学习教育活动动员大会在孝感宾馆召开。

12日，孝感市后湖冲沟治理工程竣工，该工程是孝感市政府1999年向市民承诺的十件实事之一。

15日，安陆市农业综合开发项目通过国家验收。

13～20日，国家农业综合开发项目验收组到孝感市检查。

16日，全市工业产品展销会在市体育馆开幕，会展为期三天，孝感各地399家规模以上工业企业、1200多种工业产品参展。

同日，孝感市乒乓球协会成立。

18日，历经两年建设、总投资1.64亿元、全长18.31公里的316国道孝感城区复线工程和京珠高速公路316国道孝感联络线工程在南大市场附近全面竣工。

同日，孝感市第二届“天仙杯”奖暨招商引资经贸洽谈活动在孝感人民广场隆重开幕。省市领导、驻军部队首长出席开幕式，法国驻武汉领事馆领事尚多礼以及来自日本、美国、荷兰、西班牙、意大利、法国、澳大利亚等国的贵宾和客商400余人参加经贸洽淡活动。当场签订项目合同35个、总引资额8.6亿元。

同日，孝感市行政服务中心运行典礼隆重举行。

19日，孝感市双峰山旅游度假区宣告成立。

21～23日，湖北省城市规划建设管理“楚天杯”创建经验交流会在孝感召开。

23日，孝感市召开庆祝重阳节暨健康老人表彰大会，20位年逾八旬的老人被授予“健康老人”称号。

24日，全省第三家、孝感市首家获准生产光缆产品的企业——湖北通达光缆股份有限公司的光缆项目正式投产，该项目取得国家信息产业部颁发的光缆入网许可证。

26日，全市领导干部作风建设研讨班在市委党校开课。

31日，全省表彰模范公务员、模范公务员集体电视电话会召开，汉川市麻河镇人民政府副镇长李四仙获省模范公务员荣誉称号，云梦县水利局获省模范公务员集体荣誉称号。

本月，湖北福星科技股份有限公司研制的“高强度低松驰预应力钢绞线”和湖北楚跃电缆材料股份有限公司开发的“无卤低烟阻燃护套料”被科技部列入2001年度国家级重点新产品计划。

本月，孝昌县小悟乡荣获“全省扶贫开发先进单位”荣誉称号。

11 月

2日，孝感市第一家口腔专科医院——孝感市口腔医院在孝感市城区长征路中段开业。

8日，孝感城区国有土地使用权拍卖第一槌在开发区管委会敲响，这是孝感城区首次公开拍卖国有土地使用权。

同日，位于汉川市的湖北永和安门业有限公司被国家质量监督检验检疫总局授予“全国用户满意产品”称号。

9日，省委常委、省政法委书记、省公安厅厅长陈训秋到孝感市调研。

10日，孝感市第三届“恒进电子杯”计算机网络知识竞赛决赛举行，评选出孝感市首届青年网络之星。

22日，湖北省市州报协作会年会在孝感召开。

同日，孝感日报社整体搬迁工程竣工庆典举行。

23～28日，全省老年围棋、象棋赛在宜昌市举行，孝感市获围棋团体亚军。

24日，孝感市正团麻糖米酒有限责任公司生产的神龙牌麻糖米酒被国家农业部认定为绿色食品A级产品。

本月，孝感市职业技术学院、孝感学院体育部、孝感合力运输总公司、中包云梦塑料薄膜厂、汉川市城关中学、孝南新华街办事处等6个单位荣获“全国群众体育先进单位”称号，杨青元、万玉萍(女)、杨进等3人荣获“全国群众体育先进个人”称号。

12 月

1日，孝感汽车客运集团、孝客集团有限公司和孝客集团安捷汽车有限公司成立。

1～2日，全省职业技术学院后勤社会化改革工作研讨会在孝感召开。

4日，全市村级“三个代表”重要思想学习教育活动座谈会在孝感宾馆召开。

28日，市政协二届15次常委会在物资大厦召开。

30日，孝感市孝建建筑工程有限责任公司成立。

本月，国家质量技术监督局授予应城市粘合剂厂应星牌粘胶“全国土工膜胶十佳产品”称号。

本月，市卫生局考核评审确定丁雪安、廖锦昌、李久成、陈智绍为孝感市第一批知名中医。

(饶蒿乔　彭艳霞)

“抢抓入世机遇　再谱世纪新篇”
领导干部专文

把握机遇　再创辉煌

孝感学院党委书记　刘华才
孝感学院院长　吴崇恕

孝感学院的前身是湖北省立第三师范学校，始建于1943年，历经孝感大学、武师孝感分院、孝感师范高等专科学校等重要历史阶段，随后湖北省职业技术师范高等专科学校整体并入，于2001年3月经国家教育部、湖北省人民政府批准成立孝感学院。

孝感学院抓住“专升本”的历史性机遇，坚持“民主办学，依法治校”的方针，以超常规的步伐进行了机构改革、干部人事制度改革、后勤社会化改革和分配制度改革，使学院的发展进入快车道、社会地位整体提高。一是办学条件明显改善。学院占地面积1000余亩，校舍面积26万平方米，设有现代教育技术中心、分析测试中心、计算机中心、计算机网络中心和教育教学实习基地、农林实验基地以及45个专业实验室，图书馆藏书55万余册，校园网和因特网覆盖全校。二是师资力量明显增强。学院现有专业32个、专任教师500余人，教授、副教授216人，博士、硕士研究生191人。学院对博士生、硕士生有较优惠的政策，不断吸引高层次人才来校落根。与此同时，学院常年聘有武汉大学、华中科技大学等名校教授来本院工作。三是办学层次明显提高。学院在努力办好本科专业的同时，与华中师范大学、湖北大学等高校联合招收研究生，并努力争取硕士学位授予权和硕士点。另外，设有全国计算机等级考试点和全国大学英语等级考试点，开办有孝感自修大学、夜大学、函授大学。四是办学规模明显扩大。学院全日制在校学生8300余人，函授、夜大、自学考试人数4000余人。经过努力，学院全日制在校学生将超过10000人，成人教育的人数也相应增加。五是学科门类明显趋齐。学院学科门类较为齐全，涉及文、理、法、农、工、教育、经济等七大学科门类。近年来，出现有一批优势学科专业，如汉语言文学、英语、数学、物理学、化学、生物学等，有的达到省内一流水平，有的在国内具有很大影响。六是科研实力明显加强。学院历来重视创新和科学研究，大力培养骨干教师和学科带头人，鼓励人才冒尖，对有突出贡献者实行重奖。近几年，学院承担各类科研项目40多项，获省级以上教学、科研成果奖20多项，国家专利10多项，先后出版专著、教材151部，在国内外学术刊物上发表学术论文2600多篇，其中被国际五大检索系统检索的有15篇。国内公开发行的《孝感学院学报》，1999年被评为湖北省优秀期刊，同时跻身“全国首届百强社科学报”行列。七是对外交流明显频繁。学院紧跟时代步代，坚持对外开放，加强对外交流。先后从美国、英国、法国、澳大利亚、新加坡等国聘请了30多名专家来院讲学和任教，并派40多名教师赴美国、澳大利亚、日本、新加坡、伊拉克、博茨瓦纳等国学习、工作和讲学，并先后与10多个国家和地区的高校建立了校际友好合作关系。在国内与武汉大学、华中科技大学、华中师大、湖北大学等10余所有影响的大学，建立了办学协作关系。

孝感学院不断努力提高教育教学质量和办学效益，自开办大专招生以来，学院为社会培养了各类专门人才3万余名，两个文明建设成绩显著，得到了上级的充分肯定和社会的普遍赞誉。学院先后被中宣部、国家教委、团中央授予“社会实践活动先进单位”，被国家语委评为“全国语言文字工作先进单位”；被湖北省委、省政府评为“湖北省先进高校”、“湖北省思想政治工作先进单位”、“湖北省园林式高校”；被孝感市委、市政府评为“孝感市最佳文明单位”，“孝感市花园式学校”；2000年被湖北省委、省政府授予“湖北省文明单位”称号。这一切正是孝感学院历尽沧桑、负重拼搏，不断开拓进取的成果。

学院党委审时度势，抓住有利时机，全面规划了教育事业发展蓝图，提出了“以人为本，质量兴校；立足地方，创建特色；依托名校，稳步发展”的治校方略，为全院教职员工指出了明确的奋斗目标。

坚持正确的办学方向。以江泽民“三个代表”思想为指导，坚持社会主义办学方向，主动为地方经济建设、社会发展和基础教育服务，遵循高等教育发展的客观规律，不断更新教育思想和教育观念，以教学改革为核心，深化校内体制改革，增强办学活力。

坚持正确的发展目标。以改革为动力，以实力为根本，以质量为中心，不断深化改革，苦练内功，提高水平，加速发展。正确处理好人才培养质量与数量的关系，教学工作与科研工作的关系，按照"达标、争优、创特色"的思路，切实抓好学科专业建设，加强与国内外高校合作与交流，加强与社会的联系，努力把学校建设成为特色鲜明的多科性本科院校，不断开创教育事业发展新局面，使学院的办学总体水平居于全省同类院校前列。

坚持正确的培养目标。全面贯彻党的教育方针，全力实施素质教育，面向现代化、面向世界、面向未来，"严管理、重质量、纳人才、创特色"，努力培养"品优、学博、能强"的能主动适应21世纪经济和社会发展需要的各类创造型高级专门人才。

坚持正确的改革目标。以教学为中心，深化各项改革。继续深入开展管理体制与运行机制的改革，继续深入开展干部人事制度的改革，内部分配制度的改革，后勤社会化改革，建立健全各项管理制度，使我们的各项工作有利于学校的发展，有利于人才的培养，有利于整体效益的发挥，适应于本科教育发展的需要。

坚持教育基础建设。采取多种形式、多种途径提高教师学历层次，改革职称结构，加快师资队伍建设，不断提高师资队伍整体水平；加强学科建设的宏观调控，建立学科专业动态遴选竞争机制，对重点学科专业实行政策倾斜，培养一批省级、校级重点学科专业，强化学科专业建设，努力形成办学特色；根据我院实际，采取有效方式，建立素质教育研究基地，以及各学科研究基地，使之成为学院学科专业建设、培养优秀专业人才的依托，成为地方经济建设的人才信息资源库。

坚持科研基础建设。建立科学的科研管理体制和竞争激励机制，按照"外纳项目内激活力"的原则，并通过政策引导，调动科技人员创业、创新的积极性，尽快组织科研群体，集体攻关，形成学院的重点研究领域和特色项目，并在这些领域迅速进入国内学术发展前沿，提升科研成果的档次和份量，促进学院本科研究水平的整体提高。

坚持学院基本建设。校园基本建设等办学条件，要与学院办学规模和本科教育发展相适应。经过几年的改造、建设，我们的学院将是一所文明高雅、环境优美，体现校园浓郁的教育特色和文化氛围的花园式的现代化高等院校。

新世纪、新起点、新目标、新任务、新的机遇与挑战、新的希望与困难已经摆在了孝感学院面前。展望未来，我们信心百倍。孝感学院人正以极大的热情和饱满的精神，朝着宏伟的目标，朝着美好的明天，乘风破浪，勇往直前。

运用新机制　建设新职院

孝感职业技术学院党委书记　李友清
孝感职业技术学院院长　彭汉庆

孝感职业技术学院是教育部1998年批准组建的新型高校，其前身是孝感教育学院、财贸学校、卫生学校和机电工程学校。在合并之初，原有四校中有两所学校负债共达2300多万元，历史包袱很重；学院面临思想难统一、观念难转变、建设资金匮乏等15大难题。在省委、省政府的关心下，在市委、市政府的正确领导和社会各界的大力支持下，学院坚持面向市场、面向社会，坚持教育创新、艰苦创业，遵循教育规律、依法自主办学，建立了一套新的运行机制，有力地推动了学院快速健康发展。校园面积由500亩增加至860亩，增长了72%；建筑面积由17.5万平方米增加到26万平方米，增长了48%；校内实验实训设备价值由1500万元增加到4600多万元，增长了206%；图书馆除新增电子阅览系统外，图书由原来的40万册增加到55万册，增长了38%；学院的校风建设、师资水平、教学质量和综合实力跃上了一个新的台阶。

一、建立办学理念创新机制，初步形成了高等职教的系列办学思想

思想决定出路，解放办学思想、更新办学观念是高职院校推进教育创新的前提。学院将高等职教观念创新和办学理论建设作为一项基础性的工程来抓，建立办学理念创新机制，形成了初成体系的高等职教办学思想。

一是转变办学理念和教育教学观念。建设新职院，首先面临的问题是如何从计划经济条件下等靠要的思想泥沼中解放出来，从传统意义上的公办高校发展模式中摆脱出来，从普通本科压缩型、普通专科克隆型的职教办学巢臼中解脱出来。为此，学院把办学观念突破和办学理念创新作为一切工作的先导，按照第三次全教会赋予高职院校的职责和任务，每年组织一至两次全院性的教育思想大讨论，每次讨论都有总体计划，分项分专题进行。大讨论带来了全院教职工办学观念、教育教学观念的大转变、思想的大统一，有力地推动了四校实质性顺利合并、专业整合、教学改革、素质教育、管理升华以及办学理念的创新和实践。

二是合理借鉴和国际交流。他山之石，可以攻玉。学院采取走出去、请进来的方式积极推进与国内外教育界的交流与合作。1999年至今，面向国内，组织了三次南北考察活动，考察组带着问题出去，满载硕果而归。学院作为主办者或承办者，在校内举行了全省高教研讨会、全省医学职教研讨会、全省高职院校后勤社会化工作研讨会等有一定规模的学术会议，达到了开阔视野、交流探讨、取长补短的目的。四年来，院领导和教师代表随教育部、省、市代表团出国考察四次，学院也接待了来自美国田纳西州大学、法国亨利·布里松学院、英国桑德兰大学等10多所国外高校考察团的访问，并与这些高校实现了广泛的交流与合作。

三是框架架构和与时俱进。由于办学思想的大解放，办学观念的大转变，以及广泛吸收国内外先进的经验和做法，全体师生大胆实践和创新，几年来，学院形成了初成体系的办学理念。这些理念可以集中概括为“学院以人才培养和教学为中心、教学以能力培养为中心”的“中心观”，“特色职院、重点职院、本科职院”的发展战略，“艰苦创业、团结拼搏、改革创新、争创一流”的校园精神，“靠质量立院、靠人才发展、靠管理增效益、靠专业显特色”的治校方针，“以德为魂、以能为本、以勤为径、以创为先”的育人方略，“高质、强能、实用”的人才培养目标，“学校—企业—社会”三位一体的人才培养模式，“出路在市场、生命在特色、活力在机制、建设在人才、发展在拼搏”的“五在”崛起之道，“双证、双师、双教、双纲、双材、双基”的“六双”教改目标，“技术教育与人文教育相结合、与国际职教接轨”的大职教思想。我院初具体系的高等职教办学思想引起了各级领导、国内专家和国外同仁的广泛关注和重视，2000年以来，先后有60多所国内同类院校来我院考察交流。

二、建立面向市场办学机制，全力改善办学条件

改善和优化办学条件是高职院校当前要做的一项基础性工作。作为在市场经济大潮中诞生的高职院校，更要勇于并善于面向市场、走向市场、运用市场这个无形的巨手来运作教育的有形资产和无形资产。四年来，我院以“把学院引向市场，让社会参与办学”的思路，盘活内部资源，引进外部资金，筹集1.2亿元，改善了办学条件，更新了实验实训设施，加强了校内实验实训基地建设，校内实验实训室面积达到2.2万平方米，教学条件和育人环境得到了优化。

一是资产置换。原孝感教育学院地处城西，与主校区相隔较远，不利教育资源的综合利用。学院抢抓三江航天集团从远安调迁孝感的机遇，经过艰苦谈判，与三江航天集团达成协议，转让了原孝感教育学院不动产，既解决了原孝感教育学院的历史债务，又为主校区建设注入了资金。

二是借贷募捐。学院根据1999年前后国内建筑市场相对疲软的状况，把握第三次全教会后投资商看好教育发展的先机，学院妥善调度资金，有效地保证了主校区8.5万平方米的工程建设和教学仪器设备的更新。目前，借贷款已基本还清。

三是招商引资。学院积极参与省市招商引资的大循环，利用多种途径和机会推介高等职教的发展和高职院校的建设，招商引资已显成效。澳门曾国伟先生的澳林影像公司参与我院办学，协议分三步投资3000万元，目前已经到位1000多万元创办澳林影像分中心与我院合办影像、艺术专业，开发建设了两栋高水平的学生公寓。

四是股份制。我院在后勤实现一次性剥离改革成功后，按照高校后勤社会化改革的要求，尝试以企业运作方式深化后勤社会化改革，将后勤总公司的部分设施项目，以股份的形式向社会和教职工出售，盘活了固定资产以谋求新的发展，把流动资金用在教学、实训这个刀刃上。通过股份制改造，既为学院滚动发展筹集了资金，吸引了社会关注，凝聚了教职员工的人心，强化了教职员工校兴我荣、校衰我耻的主人翁责任感，又调动了全体教职员工荣辱与共、同舟共济、以高度的责任感和使命感投身学院的建设与发展的积极性和自觉性。

三、建立竞争激励机制，加强师资队伍建设

优秀的师资是育人的根本，学院以竞争、公平、效益为目标，建立了竞争激励机制，有力地推动了师资队伍建设。

一是柔性人才战略。针对新时期人才分布状况、人才流动特点和人才成长规律，学院大胆实施不求所有、但求所用的柔性战略，铺设求贤路，架构校友桥，敦睦故里情，面向国内外引进人才，聘请了中科院院士杨叔子教授、美国俄亥俄州大学诺顿教授、哥伦比亚大学韩照红教授等40多位国内外知名专家为兼职教授，常年从大型企事业单位聘请120多名高级技术人员作为兼职教师。学院规定，教师获得相关技能等级证方可取得教师资格证。有效发挥了传帮带作用和鲶鱼效应，激发了全体教师的整体活力，师资队伍的职称结构、学历结构、学缘结构明显改善，实践能力、动手能力、创新能力明显增强，全院532名专职教师中，有正副教授156人，1/3以上教师拥有双职称。

二是以岗定薪。学院打破大锅饭，不发无效之钱，推行岗位系数工资制，将每个职工的档案工资分成7:3，70%作为基本工资，30%作为浮动工资列入岗位工资，岗位工资有行政和教学两大系列，分数量和质量两类，分类考核核发。不工作者只拿基本工资的70%，并逐月递减。岗位系数工资制做到了向教师倾斜、向骨干倾斜、多劳多得、优质优酬、适当拉开分配档次。

三是竞争上岗和末位待岗。学院精简机构，打破终身制和铁交椅。不设无事之岗，不用无用之人，全员实行聘用制，所有岗位实行竞争上岗。四年来，组织了2轮23批次的竞争上岗，共有2000多人次踊跃参加。竞争上岗打破了原有四校的板块结构，促进了干部、教师的融合；打破了职务、职称终身制。我们推行低职高聘、高职低聘，极大地激发了干部、教师的潜能，教师自觉充电、自费进修的劲头大大增涨，全院现有80多人在重点院校攻读研究生，每个专任教师每年自觉到企事业单位实践两个月。学院对于每个岗位制定了规范的岗位职责和严格的考核标准，按1%至2%的比例实行末位待岗。在事业聚人、感情系人、待遇留人的氛围中，全体教职员工人人都有压力，个个都有动力，人人都在谋求创新，个个都在寻求超越。1999年以来的三个暑假，全体教工自愿放弃休息，或充电或加班，一人要干几个人的工作，有的职工为了工作一再推迟婚期；有的职工与学生摸爬滚打在一起；有的同志既搞教学，又当班主任，还负责行政工作；老教授重返讲坛，诲人不倦；老专家全身心投入教学督导工作，发挥余热。正如原科技部副部长韩德乾同志在院考察所言，孝感职院与有些普通本专科院校相比，是一年干了几年的工作，几年干了几十年的工作，创造了新时期地方高校建设与发展的奇迹。

四、建立校企联合机制，办出高等职教的特色与水平

学院瞄准“高质、强能、实用”的人才培养目标，坚持走自己的路，大力推进校企联合、产学研结合进程，在校企纽带和产学研的链条中培养人才，初步办出了高等职教的特色。

一是以市场为依托建设特色专业、重点专业，深化教学改革。学院的每个专业都成立了专业管理委员会，专业管理委员会由企事业单位的老总与高级技术人员、政府职能部门的负责人、科研院所的专家和我院教师组成。专业设置和整合以市场调查为基础、可行性论证为前提。全科医学、会计电算化、康复和涉外护理、汽车检测与维修、网络工程、建筑装饰、环境艺术设计等专业都是在把握经济社会的最新动向，适应市场迫切需求的基础上设置的，高级护理被列为国家级重点建设专业。学院把专业建设与教学内容、方法、手段的改革紧密结合，不断加大教学内容、教学方法、教学手段的改革。例如财经系为了搞好专业建设和教学内容改革，先后上到财政部、中央人民银行、中国建设银行总行、信托总公司、证券总公司了解最新情况和动态，下到国营企业、民营企业、外资企业和上市公司进行调查，了解新时期经济社会究意需要什么规格的人才，需要人才具备什么样的素质和能力，以此确定专业建设和教学内容的改革方向、重点课程建设和教材编写。同时学院以“应知”和“应会”为目标大力推进教学方法改革，广泛运用分层教学法、案例教学法、交替教学法、现场教学法等形式多样的有效教学方法。学院花大气力推进教学手段现代化、信息化进程，建成了1000兆校园网、30多套多媒体教学系统、课件制作系统，广大教师能灵活运用现代化教学手段进行教学。学院在校内还建立了一套向重点专业和特色专业倾斜的投入机制，对于重点专业和特色专业，教师进修和实训优先批准，实验室建设优先投入，图书优先配套，教师授课待遇提高10%，重点专业建设课题完成后予以重奖，三年内拿出了50多万元奖励重点专业的骨干教师。在新机制的激励下，全院形成了人人想重点、个个创特色的氛围。

二是架构学校——企业——社会三位一体的人才培养模式。学院的每个系都与一个县市建立合作关系，每个专业与一至两个大型企事业单位建立紧密型关系。学院除在校内建起了120个实验实训室以外，在省内外还建立了130多个挂牌的实习实训基地。孝感是一个建筑之乡，常年有五十多万建筑大军活跃在全国各地的建筑工地上，人文艺术系和财经系的三个专业与建筑相关，他们把实习实训基地建在工地上，建筑队伍拉到哪里，课堂就延伸到哪里，毕业生就到哪里就业。在学校——企业——社会整体结合的人才培养模式的大背景下，护理系探索出“宽口径、活模块”的教学模式，机电工程系探索出“做学教”的教学模式，医技类教学探索出“三个一”的教学模式，显现了良好的教学效果和育人特色。

三是开展技术攻关和科研合作，推进科研成果产业化。三江航天集团、福星科技、多佳股份、4404厂有50多位专家在我院作兼职教授，我院利用雄厚的教育资源为这些企业培训员工，并开展技术攻关和科研合作，仅2000年就获得国家专利6项。院属亚光医用电子技术研究所研制的ZT—12型生物组织自动脱水机获得了国家科技进步三等奖，系列产品批量生产，产量占全国同类产品的2/3，产品还远销东南亚和非洲。院属计算机应用研究所与东北某军事单位研制的部队农场管理系统软件已申报了全军科技进步二等奖。学院大力开展技术攻关、技能比武与科研合作，形成了良好的氛围，对学生产生了良好的示范和熏陶作用，学生在校期间开展科技攻关已蔚然成风。我院大二学生冯华栋、李向科研制的隐形眼镜取戴器于今年4月获得国家专利。

五、建立招生——培养——就业一体化机制，实现办学的良性循环

高职院校发挥社会服务功能，招生是前提，培养是手段，就业是目的。在高职院校客观面临招生难、管理难、就业难的形势下，我院把招生、培养、就业三个分离的环节作为整体来运作，实现了办学的良性循环。

一是推行订单教育。招生和就业本来是学校工作链条中有先后之别的两个环节，学院反其道而行之，将就业作为“招生——培养——就业”单元链条的起点来审视，发挥学院花大气力建立起来的产学研“网络”的作用，推行订单教育。武汉香格里拉大酒店看好我院毕业生的质量，2000年6月向我院“订购”50名学生，学院当年组织高质量的生源，在校内建了一个“香格里拉班”。医学博士周俊安教授是我院校友，现任深圳卫生局党组书记、局长，我院在深圳广泛建立了实习实训基地，2001年深圳社区医院在我院“订购”了200名全科医学专业学生。订单教育的实行，优化了生源质量，激发了学生的归属感和上进心，有利于学生的成人、成才和立业。

二是架设人才培养工作平台。学院建立办学信息反馈系统，定期到实习单位、人才市场、用人单位进行信息调查，对毕业生进行跟踪调查，对学生家长进行抽样调查，对信息进行整理和分析，及时反馈到教学和人才培养的循环系统中去，作为教学改革和人才培养工作的依据与指导。湖北联谊公司与财经系联合开办了市场营销专业，该公司与财经系共同制订教学计划、教学大纲，公司老总和部门负责人提供第一手资料，参与财经系的课程改革，联谊公司评价市场营销专业毕业生是下得去、用得上、上手快、能力强。

三是实行毕业生跟踪服务制度。各系院都开设创业教育课程，学院定期举办校友论坛，使就业二字在学生进校之初就深深地刻在脑海里。学院在全国各地建立了30多个就业服务窗口，常年开展毕业生推介和服务工作，学院就业服务中心的大门还向往届毕业生敞开，为他们提供资金、智力等方面的支持，毕业生涌泉相报，一方面向学院捐钱捐物，另一方面吸收应届毕业生在其公司里就业。由此带来了2002年毕业生初次就业率达到88.33%的可喜局面。

六、建立办学环境创新机制，实现学院的可持续发展

高职院校的崛起尤其需要一个良好的办学环境，良好办学环境的形成离不开政府的支持、自身的努力和社会的帮助。在办学环境创新这个大工程中，政府处于主导地位。学院对自身位置进行正确定位，对自身功能进行系统界定，在此基础上，协同推进环境创新机制，实现了学院的可持续发展。

一是市委、市政府大力支持学院建设。市委、市政府把孝感职院定位为“区域经济发展战略的思想库、先进文化的辐射源、技术创新的推进器”，把学院建设列为十件实事之一。市委书记、市长曹世佑同志还亲自驻校挂点。从1999年至2002年的四年间，曹世佑同志先后十多次带领市直部门和孝南区负责人来学院现场办公，解决学院建设与发展中的问题。市政府在一期工程建设中给予政策倾斜，减免各项税费2000多万元。对于学院的内部管理体制改革、人事分配制度改革、教学改革、后勤社会化改革，市委、市政府给予大力的舆论支持和政策倾斜，较快地推动了学院的建设与发展。市委、市政府先后授予我院“团结、廉洁、实干领导班子”、“最佳文明单位”等十多个荣誉称号，给孝感职院人巨大鼓舞和鞭策。

二是学校苦练内功提升软件水平。学院坚持依法治校、以德治校，走内涵式发展道路，大力加强管理干部队伍建设，建立健全严格的岗位责任制度、挂牌上岗制度和考核奖惩制度。大力加强和改进党建和思想政治工作，强化素质教育，在养成教育和人文关怀的基础上，推行严教严管的学生管理制度，注重校园文化建设，建成了具有特色的精神文化、物质文化和制度文化，泡菜理论层面上的育人氛围日趋形成，良好的教风、学风和校风得以树立，学院已成为应用型、技术型人才的摇篮。

三是求得社会的广泛认同和理解。学院力求成为科学技术的辐射源、文明的传播地和道德的首善之区，积极参与经济建设和社会事业活动，在社会上树立了良好的形象，获得了广泛的知名度和信誉度。四年来，学院收到学生家长的感谢信和用人单位的致谢函500多封，人民日报、光明日报、中国教育报、工人日报、瞭望新闻周刊、新华每日电讯、中国青年报、湖北日报、孝感日报等媒体用较大篇幅报道学院建设与发展情况，是对学院工作的充分肯定和巨大鞭策。

进入新世纪，我国加入WTO，特别是全国职业教育工作会议后，高等职教的发展进入了新的历史阶段。我们将抢抓职业教育发展的战略机遇期，全力推进学院的“二次创业”，在今后三年内，实施“六三”工程，即引资三千万元，新征地三百亩，建设好机械电子实验实训中心、医学技术实验实训中心、教育技术中心“三大中心”，新(扩)建附属惠济医院、图书馆、体育馆三大项目，加强重点专业、精品专业、特色专业建设，深化教学改革，提高教学质量，做到规模、质量、效益“三统一”，实现“特色职院、重点职院、本科职院”的三大目标。今后，我们将认真贯彻十六大精神，身体力行“三个代表”，励精图治，与时俱进，开拓创新，强化特色建设，打造质量品牌，推动学院可持续发展，为全国建设小康社会培养一流人才！

开放开发求快进 两个文明创新高

中共孝南区委书记 **聂利军**

孝南区人民政府区长 **陈宽宏**

近年来，孝南区在市委、市政府的正确领导下，围绕建设现代城郊区目标，咬定经济发展不放松，全面推进“开放强区、工业立区、民营富区、科教兴区”的发展战略，大力实施公转民营，全力抓好招商引进，着力推进农业结构调整，努力构筑民营经济、外向经济、特色农业经济等城郊型经济新特色，促进了全区经济持续快速发展，社会事业全面进步。2001年全区国内生产总值达到26.8亿元，比1998年增长34.2%；财政收入达到1.52亿元，比1998年增长49%；农民人平纯收入达到2640元，比1998年增加134元；城镇在岗职工人均工资达到6813元，比1998年增加1843元。

大力调整农业结构，农业特色逐步凸显。充分利用东有10万亩丘陵岗地，南有12万亩可养水面和3万亩低产湖田，西有2万亩滩涂草场，中部有30万亩沃土平原的自然资源优势，按照“南抓渔藕特，东抓果药茶，城郊周围抓蔬菜，全区上下抓畜禽”的区域布局，大力开展农业结构战略性调整，初步建成了优质稻、特色水产、早蜜桃、蔬菜、莲藕、畜禽等六大经济板块，形成了城郊型、外向型农业发展格局。年产优质粮16万吨、水产品4万吨、早蜜桃1.4万吨、蔬菜33万吨、莲藕8.4万吨，年出栏（笼）畜禽380万头（只）。早蜜桃、莲藕、中国香稻、茶叶、大蒜、荸荠等农产品闻名全国，特别是焦湖莲藕、浐川龙剑茶、正超米酒、亚风乳酸等农特产品在’99中国国际农业博览会上被评为名牌产品。2000年、2001年分别有3个品种被评为全省优质米品种。2001年全区多种经营产值占农业产值的比重达到81%，农产品的商品率达到63.2%。全区乡镇企业发展到11704家，年产值达到88亿元。孝南区被国家列为建筑劳务输出基地，常年在外建筑劳务人员达10多万人，年创劳务收入5亿多元。孝南区被国家列为“一优两高”农业示范区，国家商品粮生产基地，早蜜桃列为全国四大名桃基地之一，2000年被省政府列为11个优质稻米工程示范县市之一；2001年全省中国香稻现场观摩会在孝南召开。被列为省重点蔬菜生产基地，也是武汉、孝感两市农副产品的重要供应基地。

大力实行科技创新，工业经济初具规模。推动工业立区、科技兴厂、品牌兴业，不断提高规模效益、经济效益。坚持以市场为导向，以资本为纽带，以改革为动力，推动资金、技术、人才等生产要素向优势行业集并，发展壮大了以轻工纺织、食品饮料、包装印刷、生活用纸等为主体的支撑企业。大力推进技术更新改造，采用新工艺，开发新产品。工业产品达1000多种，其中30多种产品获省、部优和国际金奖。“中华老字号”孝感麻糖、孝感米酒闻名遐迩，恒安、维达生活用纸、钢赢家具、鹦鹉锁具、亚风乳酸、舒氏胶带等产品已成为知名品牌，畅销国内外。2001年全区工业增加值达到9.1亿元。规模以上工业企业28家，工业增加值4.5亿元。

大力加强载体建设，第三产业发展较快。充分发挥区位优势，利用大交通，兴建大市场，发展大贸易，促进大流通。大力发展商贸业、流通业、旅游业等产业，促进了第三产业的快速发展壮大。2001年全区社会商品零售总额达13.2亿元，第三产业增加值占国内生产总值的比重上升到36%。商贸业以孝感市最大的综合性商贸零售企业、全省十大县级商贸企业之一的孝商集团为中心，建成了服装、电器、烟酒、小商品等四条专业街。流通业以南大市场为龙头，以城区各专业市场为主体，以国道沿线市场为骨架，形成了外接全国大市场，内联城乡各市场的市场流通体系。2001年，南大市场交易量达到2.04亿公斤，交易额达到7.72亿元，其中水产、水果市场交易额分别居全省第一和第二。南大市场先后被国内贸易部、省政府命名为区域性大型农副产品批发市场和省级批发市场。工商银行、农业银行、建设银行、中国银行和农村信用联社5家金融企业，2001年年末贷款余额21.73亿元，存款余额21.35亿元。规划建设了八汊注和野猪湖休闲度假区、孝文化传统游览区和杨店桃花古驿生态农业旅游区等游览区，北泾渔歌、董墓春云、十里荷香、千顷碧水、万亩桃花等成为新景观。

大力推进企业改革，民营经济主体突出。按照“县域经济以民营经济为主体”的发展要求，坚持“全面放开、彻底放开、长期放开”的指导思想，采取“创新机制转民营、招引外资壮民营、构筑载体聚民营、强化服务促民营”的措施，大力发展民营经济，促使全区民营经济得到快速发展。2001年，全区个体工商户达到3.2万户，从业人员10.5万人；私营企业680家，注册资本达9.8亿元。采取“靓女先嫁”、整体出售、依法破产、改制组建、租赁经营等办法，公转民营企业达到108家，全区国有、集体企业转民率达90%以上；全区民营经济占全区经济总量的比重达75%以上，提供的税收占全区工商税收入的84%以上。同时，加强非公有制经济党的组织建设，在民营企业建立党支部68个。

大力发展招商经济，开放格局基本形成。大力实施“开放强区”战略，采取“请进来、走出去”的办法，瞄准大企业，抢抓大项目，开拓大市场，发展大贸易，大搞招商引进，扩大外贸出口，初步形成了“大开放、大招商、大贸易、大发展”的外向型经济发展格局。坚持举办和参加各类大型招商引进活动，以桃花为媒，举办了三届“孝南区杨店桃花节暨招商引进洽谈会”；定期参加福建厦门等全国性招商会、春秋广交会等经贸活动。特别是引进了福建恒安、广东维达、广东汾煌、铁道部桥梁厂、武汉防腐材料厂等一批规模大、名气大的企业，给我区经济注入了新的发展活力，成为我区经济的重要支柱和后劲财源。2001年全区共引进项目269个，其中外资项目7个，引进资金5.6亿元，引进企业年上交税收占全区工商税收的46%以上。积极应对入世挑战，拓展国际市场，大力发展外贸出口，全区已有钢赢家具公司、华茂制刷公司、鹦鹉锁具公司、亚风乳酸公司、三蜂蜜业公司、艾克尔塑料公司等8家劳动密集型企业取得外贸进出口自营权。近三年来外贸出口年均递增39.1%。2001年全区外贸出口达到761万美元，产品远销欧美、东南亚、中东、非洲、日韩等国际市场。

大力开展创建活动，文明水平明显提高。按照依法治国与以德治国相结合的方针，引导广大干部群众学政治、学法律、学科技，做到讲正气、讲文明、讲道德。以创建省级文明卫生城市为契机，丰富社区文化、企业文化、乡村文化；坚持开展评选表彰“十大孝子”、“文明单位”、“五好家庭”，大力弘扬社会公德、职业道德、家庭美德。营造文明单位创建氛围，扩大创建成果，3年来，全区共创建省级文明单位5个，省级文明社区1个，省级文明村镇2个；市级最佳文明单位8个，市级文明单位54个，市级文明小区5个，市级文明村镇4

个;区级文明单位236个,区级文明系统9个。为婚育对象提供跟踪服务,倡导婚育新风,落实少生优生。坚持“稳定压倒一切”的思想,及时化解各类矛盾,严厉打击各类犯罪,确保社会安定。按照“面向社会,服务群众”的要求,成立社区居委会20个,组建社区党支部20个,建立健全了家政、就业、文化、医疗、治安、优抚等服务网络。按照“应保尽保”的要求,认真抓好城市居民最低生活保障工作,2001年底纳入低保对象1182户,2746人,年发资金133万元。

励精图治求发展　与时俱进谱新篇

中共汉川市委书记　**李巨松**
汉川市人民政府市长　**胡功民**

在新旧世纪之交,汉川市委、市政府围绕“强基础、增后劲、求质量、壮实力”的工作目标,突出农业结构调整,狠抓国有、集体企业改制,加快经济民营化,大力招商引资,促进了经济发展和社会全面进步。2001年,实现国内生产总值80.7亿元、财政收入2.87亿元、农村人均收入2627元。

——**建立区域特色农业。**围绕培植畜禽、水产、蔬菜三大支柱产业,建立了汉北滨湖粮油产区、汉江沿线棉花产区、汈汊湖为核心的水产莲藕产区、荷沙与新北公路两线为主的蔬菜产区和以粮产区为依托的畜禽产区等五大区域格局。畜禽养殖形成了分水温氏集团、三星垸畜禽公司、丁集畜禽基地、汈汊湖水产畜禽集团等销售过千万元的养殖企业,年转化增值1.5亿元;粮食加工形成巨龙达、粮食工贸、达利等龙头企业和26家年产值500万元加工企业,年产值23亿元。油、粮、棉、蔬菜、瓜果、畜禽、水产等六大系列,优质率达到90%。黄花、无公害蔬菜、富硒莲藕、水产、雁鹅、鹌鹑、黄鸡成为七大品牌,“汈汊湖”、“山乡”等20多个名牌产品享誉省内外。围绕开拓市场,组成25家农贸公司、45个中介组织、1868个运输户和4.8万农民参与的销售网络,解决了农产品卖难的问题。建立新河、城隍、仙女山三大农业科技示范园,为农业增产增收,走出捷径。

——**构建工业新格局。**以民营化为目标,以破产为突破口,以变现为重点,改革国有、集体企业,使公有民营或民有民营率达到97%,吸纳民营资本5.1亿元,转让国有资产5.89亿元,盘活存量7.5亿元,304家企业中的186家转入正常运转,109家扭亏脱困,实现了由大突破向大见效的转变。建成销售过千万元的企业79家、过五千万元的14家、过亿元的6家等“民营小巨人”,形成了福星科技、永和安、童霸等为龙头,产值过20亿元的金属制品业;永生、麦科特等为龙头,产值过10亿元的纺织服装业;恒泰、荆州、黎明钢构等为龙头,产值6亿元的建材包装业;通达源、光通等为龙头,产值5亿元的光纤光缆业;达利等为龙头产值8亿元的食品加工业等五大产业。依托北桥民营科技工业园区、马口省级星火密集区、汉川电厂高新技术产业区和福星高新技术开发区,上靠30多所院校、16个科研院所、20多家大中型企业,引进高新技术13项、人才898名、改造传统产业和设备,高新技术增加值占工业增加值的比重由3.84%提高到8.4%,其贡献率由28.9%提高到42.9%。“福星”、“永和安”等5个商标被评为省著名商标,“福星”钢丝绳、“汉马”市话通讯电缆等被评为省精品名牌。通过行业、小区、产品三聚集,调整民营产业结构,形成新河与仙女山鞋业、马口电线电缆等十大产业群和8个专业镇、59个私营小区,吸引546名业主,民营企业达2.3万户,从业人员13.8万人,年创产值137.6亿元,销售收入78.6亿元。

——**发展外向经济。**“市域经济就是招商经济”已成共识,全员招商蔚然成风。“服务承诺”、“收费明白卡”、“企业交费登记卡”等已成制度,取消117项不合理负担,减轻企业负担540万元。出台引进项目落户开发区税收归口不变和按一定比例奖励等政策,推动全方位招商引资。先期投入8.5亿元,改善交通和城市基础设施,城市功能日臻完善,投资环境优良。先后引进内资项目1341个、资金18.78亿元;引进“三资”企业18家、总投资5228万美元。为实现出口主体、渠道、市场的多元化突破,培植PP布、PC钢丝、子午轮胎钢丝帘线等技术含量高、附加值高的出口商品群。2001年外资出口收购累计35亿元,自营出口企业16家、出口2800万美元,代理出口1400万美元。

——**发挥城乡一体化聚合效应。**先后投资10.5亿元,改造老城区,形成五纵七横主要街道网;新城区实行选址、朝向、配套、外装、绿化等五统一;建园林绿化面积12.5万平方米,植树10万株,仙女山、汈汊湖、滨湖公园等风景区旅游基础建设已具规模。马口、二河仿古,麻河、汈汊水乡园林等具有浓郁特色的亮点小城镇相继建成。村级修编工作完成,迁村并点工作有序展开,农家特色的居民小区成为旅游观光新看点。

建设富庶文明的新应城

中共应城市委书记　何霞江
应城市人民政府市长　聂元清

1986年6月30日，应城撤县建市。具有悠久历史和现代文明的应城，掀开了新的一页。

应城东邻武汉，西扼荆襄，北依大洪山，南带汉江水，因昔日地处要冲“应置城为守”而得名。应城钟灵毓秀，物华天宝，人杰地灵，尽领风骚。门板湾、四龙河等新石器时代遗址的陆续发掘，展示着她悠久灿烂的远古文明；石膏、岩盐、温泉等地下矿藏资源的全面开发，又为她赢得“膏都盐海”的现代桂冠。

历经风雨十五年，写就辉煌在人间。15年来，在历届市委、市政府的正确领导下，应城人民坚持以经济建设为中心，抓改革，促发展，保稳定，推动了全市经济建设和社会事业全面、持续、快速、健康发展。2000年，全市综合经济实力进入全省“十强”；先后荣获全国基础教育、文化、体育、科技、社会治安综合治理先进市称号；连续两届荣获省级文明城市、卫生城市称号，跨入全省小康县(市)行列。

建市15年是应城综合经济实力增长最快的15年，是城乡面貌改观最大的15年，也是全市人民得到实惠最多、生活水平提高最快的15年。

——**区域经济竞争力日益增强。**充分发挥区位优势、资源优势和资产存量优势，突出发展主题，克难求进，推动全市经济持续、快速、健康发展。2000年，全市实现国内生产总值38亿元，工农业总产值95.9亿元，财政收入2.69亿元，农民人均纯收入2767元，分别比1985年增长3.42倍、8.4倍、11.58倍、5.64倍。工业经济的主体地位进一步确立，盐业化工、机械制造、石膏建材、食品饲料和纺织塑料等五大支柱产业得到长足发展；湖北神风公司、青啤(应城)公司等一批骨干企业迅速扩张，成为拉动区域经济加快发展的龙头；“红双圈”纯碱、“熊猫”食用盐、“世纪”燃油箱、“玉兰”石膏粉等700多种名特工业产品走向全国，30多种名优产品销往30多个国家和地区。推进传统农业向市场农业、现代农业转变，被列为全国商品粮、优质米、农业综合开发县市和全省粮棉大市、生猪“三优”市。农业集约化水平提高，构建粮食、棉花、水产、畜牧、林特五大产业化框架，形成“粮棉油、菜瓜林果茶、畜禽、水产品”四大农业经济板块；培植发展黄滩酱油、白玉面条、无铅皮蛋、富民饲料、豪丰龙王米等“农”头企业，叫响白湖莲藕、聂山茶叶、三结豆皮、人和荸荠、临江芋头等农业品牌。乡镇企业迅猛发展，镇村集体企业转民率达到97%。2000年底民营经济在总体经济中的份额已占40%以上。刘垸粉笔、三结豆皮、白杨膏粉等一大批专业村形成了规模和特色；城中私营经济小区、光明大市场、皇经堂大市场等一批民营经济载体相继建成；广达实业公司、恒天药业公司、正德实业公司等一批产值过千万元的民营大户不断涌现，成为民营经济发展的“排头兵”。

——**改革开放取得突破性进展。**始终坚持解放思想，大胆探索，不断把改革开放事业推向新阶段。企业改革突出产权制度改革这个重点，因企施策，多法并举，加速资本运营，促进了生产要素的优化配置。市直企业改革进一步深化，乡镇企业改制面达到95%以上。神风公司兼并、租赁多个停产企业，纺织行业整体对外租赁经营，探索出一条抓大活小、整体搞活公有资产的有效途径。城镇住房制度等各项配套改革不断深化，“安居工程”列入国家试点，月圆小区建成“全省最佳安全文明小区”和“全国城市物业管理优秀住宅小区”。坚持把培植发展后劲的着力点放在招商引进办项目上，大力实施“以外引外”、“老乡外交”和“回归工程”，形成了全民招商、全方位引进的可喜局面。“九五”期间，全市利用外资3941.8万美元，引进内联资金12.9亿元，引进兴办投资额在50万元以上的项目618个，青啤(应城)公司、永昌石膏公司等一批企业纷纷落户应城，成为应城经济新一轮大发展的增长点。

——**城市面貌日新月异。**城市建设坚持高起点规划、高标准建设、高水平管理，城市综合功能日臻完善。与1985年相比，中心城区建成面积由2.4平方公里扩大到9.8平方公里，自来水厂日供水能力由1.2万吨提高到6万吨；城市公交发展迅速，“畅通工程”通过国家验收；大力实施绿化工程，城区绿化覆盖率达36%，绿地率达31%，形成“春有花、夏有荫、秋有果、冬有青、院院有景点”的“五有”特色，“森林进市区，花卉入家庭”，构成了园林城市的秀丽画卷；根据“北区抓配套，南区抓骨架”的思路，加快城南新区建设，“再造一座新城”的目标正在变为现实。东马坊、长江埠两地与中心城区对接加快，推动了集镇、中心村基础设施建设；交通、邮电、电力、广播电视等基础设施建设长足发展，汉宜公路应城段的拓宽，长荆铁路应城段的修建，内河航道的疏浚，使城市载体功能和服务功能日益增强，规模和品位明显提高。

——**社会事业欣欣向荣。**努力实施“科教兴市”战略，科技进步对经济增长的贡献率提高到50%，进入全国科技工作先进市行列；高考万人平连续4次居孝感市第一，普教职教比翼齐飞，办学条件大大改善，被评为全国“两基”达标先进市；文化、体育双双跨入全国先进县(市)行列；《应城日报》获全国统一刊号，广播电视、有线电视设施设备日趋完善；卫生事业充满生机，血防工作连续三年受到国家奖励和表彰，连续两年被评为省级卫生城市；人们的婚育观念发生根本性转变，生育秩序明显好转，建成省级计划生育“三为主”先进市；深入开展群众性精神文明创建活动，坚持依法治市、以德治市,各项社会事业得到长足发展。

——人民生活蒸蒸日上。 2000年与1985年相比,城镇职工人均工资净增4848元,农民人均纯收入增长563.7%,城乡居民储蓄存款余额、人均储蓄存款分别增长36.8倍、29.7倍。人民生活质量逐年提高,精神生活日益丰富。15年来,建成了应城广场、应城会堂、街心公园、体育馆、奥斯卡影宫等一批休闲娱乐场所;兴建了月圆小区、泰和花园、城东小区、城南小区等一批文明小区,城市人均居住面积由房改前的6.65平方米增加到2000年的13.26平方米,农村人均居住面积达27.5平方米;市民拥有耐用消费品已由传统“四大件”逐步过渡到彩电、洗衣机、电冰箱、音响,空调、家用电脑等;通过环境治理,促进了可持续发展;汤池温泉风景区、短港避暑风景区、文峰公园、门板湾遗址、烧香台森林公园、周总理纪念馆等旅游资源开发建设,将逐步形成境内“三日游”的格局。

历史的巨轮驶入新的世纪,为应城加快发展开辟了新的天地。在今后的五年里,应城人民将脚踏实地,埋头苦干,发挥优势,突出特色,走以优促特、以特制胜的发展路子,加快建设经济强市步伐。以加快发展为主题,以经济结构战略性调整为主线,以深化改革、扩大开放、科技创新为动力,努力提高经济运行质量和效益,努力提高人民的物质文化生活水平,加速工业化、城市化、现代化进程,建设富庶、文明、民主的新应城。

全面建设小康社会 奋力建成楚天强县

中共云梦县委书记 **刘义明**
云梦县人民政府县长 **夏贤格**

近几年来,云梦县委、县政府团结和带领全县人民抢抓机遇,深化改革,扩大开放,加快发展,实现了经济和各项社会事业的快速发展。

县域经济综合实力在全省由1995年第38位,上升到2000年第18位;1998年—2000年,连续三年跻身“全省经济效益十佳县市”行列,跻入全省经济强县、全省小康县行列,先后获得全国科技进步先进示范县、全省农业产业化先进县、全省农民增收先进县等荣誉称号,初步实现了由地域小县向经济强县的阶段性跨越,为云梦新世纪加快发展奠定了坚实的基础。

全面建设小康社会是党的十六大提出的在本世纪前二十年的宏伟目标,建设楚天强县是我县在全面建设小康社会的进程中,走在全省发展前列的奋斗目标。这是我县在初步实现由地域小县向经济强县的阶段性跨越之后,发展进程中又一个新的里程碑。结合云梦的实际,我们制定确立的奋斗目标和总体发展思路是:瞄准“一个目标”,坚持“两个为主”,加速推进“三化进程”,就是瞄准在本世纪前十五年力争实现全面建设小康社会、建成楚天强县这一目标,坚持以开放为主导、以民营经济为主体,加速推进新型工业化、农业产业化、农村城镇化进程,促进国民经济持续快速健康发展。主要措施是:

(一)坚持以开放为主导,立足大开放,促进大发展

一是进一步提高对外开放水平。抢抓沿海发达地区部分产业正在加速向中西部地区转移的机遇,全方位敞开大门,主动承东接西,充分发挥我县区位、资源、产业等比较优势,把云梦办成珠江三角洲、长江三角洲等沿海发达地区向内地产业梯次转移的投资基地。充分利用我国加入WTO和实施西部大开发战略的有利条件,加快“走出去”步伐,积极推动机电、轻工、盐化、建筑建材、农副产品等抢占西部市场,走向国际市场。进一步创新招商引资工作机制,拓宽招商引资的渠道,调动全民招商的积极性,在更宽领域、更深层次上提高招商引资水平。

二是进一步做好依托武汉的大文章。加强与武汉的经济、技术、信息、产业对接,尤其是加强与武汉高等院校、科研院所的产学研结合,积极参与武汉举办的大型经贸活动,借台唱戏,发展自己,努力把云梦建设成为武汉第一辐射圈中的投资热点、经济亮点。

三是进一步打造招商新平台。按照省级高科技工业园的标准,加快云梦经济技术开发区建设发展步伐,依托园区现有企业,着力引进兴办工业项目,优先发展高科技项目。力争用5年时间,把园区建成3.5平方公里的环境优美、社会效益和经济效益同步发展的多功能经济开发区,落户一批规模以上的工业企业,成为吸纳各类现代生产要素的“洼地”和我县经济发展的重要增长极。

(二)坚持走新型工业化道路,加快推进工业化进程

一是以壮大活小为重点,不断优化工业结构。对重点骨干企业按照新型工业化的要求进行改造,通过上项目、抓技改、争上市,实施开放重组和资本扩张,实现“裂变式”发展。通过3—5年的努力,使富思特集团、宏博集团、杜邦云梦蛋白公司等三大骨干企业的规模和效益实现双翻番,尽快建成全国最大的包装企业、全国最大的井矿盐生产企业和亚洲最大的植物蛋白生产企业。同时,加快现有中小企业的发展步伐,把一批有优势、有潜力的企业,培育成为全省乃至全国同行业的排头兵。从而在全县形成以骨干企业为主导,以中小企业为基础,大中小企业协调发展的梯次企业结构。

二是以培植民营企业为重点,切实推进县域经济民营化。制定切实可行的措施,创造各类市场主体平等使用生产要素的环境,促进民营企业不断发展壮大,使之成为推进新型工业化的重要生力军。加大对改制企业的扶持力度,着力在信贷、科技、人才、信息等方面加强服务;积极推进民营企业的机制创新,引导企业建立并完善现代企业制度;帮助民营企业制定发展战略,促进有市场优势和发展潜力的民营企业再上台阶。同时,大力发展混合所有制企业,不断扩大股份制企业中的民营成份,吸纳民间资本,突破企业发展中的瓶颈制约。

三是以大力发展高新技术产业为重点,切实提高工业经济的核心竞争力。充分发挥我县现有的工业体系优势,重点发展新包装材料、盐化医药、生物工程和绿色食品等高新技术产业。通过5年左右的艰苦努力,力争再有2—3家骨干企业成为国家级高新技术企业。

四是以扩张工业经济规模为重点,走速度、效益同步提升的路子。着力新上一批重点项目,并抓好项目的储备和开发;加大资本营运的力度,大力推进企业跨地域、跨所有制的资产重组,使优势企业快速实现资本扩张,力争通过5—10年的努力,全县年产值过亿元的企业达到20家,年产值过10亿元的企业达到3—5家,上市企业达到2家,企业提供的税收占财政收入的比重提高到70%以上。

五是以推广应用信息技术为重点,推动工业经济提档升级。广泛开展信息化工程建设,以信息技术作为新的推动力量,改造传统工业。以三大骨干企业的信息化建设为示范,带动中小企业信息化改造,把信息技术广泛应用于生产、销售、管理等各个环节;进一步建立多元投入机制,不断加大投入力度;抓紧引进和培养信息技术人才,全方位推进信息技术的广泛应用。通过5—10年的努力,使全县80%以上的工业企业能够广泛运用现代信息技术。

(三)坚持推进农业农村经济结构战略性调整,全面提升农业产业化、农村城镇化水平

一是调整方向,准确定位。坚持以市场为导向,积极推进农业由适应性调整向战略性调整转变,大力发展绿色农业、市场农业、特色农业和效益农业。紧跟世界"绿色消费"潮流,大力发展无公害生产,努力建设国家绿色食品开发示范县,把我县建成江汉平原重要的绿色食品供应基地。紧盯国内国外两大市场,着力培育"天梦"等一批知名农产品品牌,以优质品牌占领、拓展市场。突出抓好非农产业的发展,不断拓宽农民增收渠道,促进小城镇发展。

二是大力开展农业招商。针对当前农村劳动力大量外流的实际,用足用活现行的土地政策,切实做好"稳制活田"的文章,积极开展农业招商,吸纳工商资本开发农业,引进先进技术改造农业,运用先进机制发展农业;大力实施"回归工程",吸引一批有能力、有技术的农民回乡从事土地的适度规模经营,重点引进农业科技人员参与农业开发,建设一批科技示范基地。进一步发展壮大打工经济、农庄经济、流通经济三大经济,积极引导分流干部、下岗职工领办兴办一批农庄,促进农业效益的提高,加快农村劳动力向二、三产业转移。

三是全面提升三大产业。抢抓我县已经成为全国无公害蔬菜生产示范基地县和全省养禽示范县的机遇,大力推进农业产业化经营。通过5年左右的努力,全面完成生产基地的无公害标准化改造任务,使全县无公害蔬菜面积达到10万亩,优质粮基地面积达到20万亩。建成优质生猪养殖区、优质蛋鸡养殖区、优质肉鸭养殖区和观赏鸟养殖区等四大生态型畜禽养殖区。突出发展农产品加工业,在壮大杜邦云梦蛋白、楚嘉利食品、晒湖禽业、龙穗麦面、隔蒲恒升等龙头企业的同时,着力发展一批辐射面广、带动力强、在全省乃至全国有一定影响的龙头企业,以此来提升全县农业产业化水平。

四是进一步深化农村税费改革。不断深化税费改革,严格执行中央和省委的政策,扎实做好基层基础工作,建立并完善新的农税征管机制。大胆探索税费改革后的农村工作新方法,着力解决好土地抛荒、乡村债务和发展集体经济三大难题。

五是加快小城镇建设步伐。牢固树立"经营城镇"的理念,科学制定"引农进镇"的优惠政策,鼓励和引导有实力、有能力在城镇生活的农民进镇落户,成为小城镇的投资主体和经营主体。高起点规划,逐步完善小城镇的功能,提升品位,形成特色。坚持"产业化、民营经济、小城镇、招商引进"四位一体,同步推进,着力培育小城镇的产业,构筑小城镇的支撑。力争通过10—15年的发展,使我县人口分布形成城区、集镇、农村人口各占三分之一的格局,全面提升城镇化水平。

(四)坚持全力推进环境创新,全面增强对外吸引力

一是着力打造诚实守信的信用环境。以争创全省最佳金融信用县为契机,大力开展环境创优活动,着力加强信用环境建设。并在全县广泛开展诚信教育,大力开展诚信乡镇、诚信行业、诚信企业、诚信公民等评选活动,引导和推动环境建设,全力打造"诚信云梦"这块金字招牌。

二是着力营造高效优质的服务环境。加快行政机构和行政审批制度改革,加快建立和规范行政服务中心、政府采购中心、招投标中心、会计核算中心等四大中心的运作,为人民群众和投资经营者提供优质、便捷、高效的服务。

三是着力创造规范严明的法制环境。坚持用法律法规来规范党政机关、企业和公民的行为,着力解决多头执法、重复执法、交叉执法、执法违法的问题,逐步推行综合执法,切实做到政府依法行政、执法机关依法办事、企业依法经营、社会依法管理。

四是着力构筑良好的人文环境。继续巩固省级文明城的创建成果,大力开展形式多样的群众性文明创建活动,充分挖掘我县丰富的楚文化底蕴,大力弘扬楚文化,不断提高全民的文明素质和城市文明程度,营造明礼重德、团结友爱、温馨祥和、积极向上的人文环境。

(五)加强班子建设,树立良好形象,努力为实现全面建设小康社会和楚天强县的目标提供坚强的组织保证。

1、精诚团结,提高班子的凝聚力和战斗力。全面建设小康社会和楚天强县，需要全县各级党员干部，特别是各级领导班子明确责任，把思想、精力和意志集中到县委、县政府的统一部署上来，形成一个团结协作、求真务实的工作氛围；需要各级领导班子成员坦诚相见，默契配合，紧紧围绕全县工作中心，拿实招，干实事，充分发挥班子成员的整体效能；需要党委加强与人大、政府、政协的关系，不断提高班子的凝聚力和战斗力。

2、讲求民主，调动全县上下共图发展的积极性。坚持民主集中制原则，自觉遵守党委议事制度，重大问题集体讨论决定。通过各级领导班子的以身示范，进一步激发和调动全县上下的积极性，始终如一地围绕全面建设小康社会和楚天强县献计谋智、共图发展。

3、勤政廉政，树立班子良好形象。组织全县各级党员干部认真学习和贯彻落实党的十六大精神，继续推行领导干部廉政建设定期报告制、述廉制、诫勉谈话制、责任追究制、考评否决制等制度，进一步树立党员干部勤政廉政的良好形象。坚持正确的用人导向，用好的作风选人，选作风好的人，形成优秀人才脱颖而出的良好机制。切实转变作风，坚持深入到基层和群众中去，围绕全县改革和发展的大局开展调查研究，促进各项工作圆满落实。

扬优造势抓调整　构筑特色迎入世

中共安陆市委书记　栾春海
安陆市人民政府市长　吴方成

应对入世挑战，是县市一级的一项大课题。面对入世的挑战和机遇，县市一级必须认真分析自己的优势，发挥自己的优势，壮大自己的优势，利用优势，抢占先机。改革开放以来，安陆逐渐构筑了一定的比较优势和地方特色，这是应对入世挑战、抢抓入世机遇的基础条件。

——特色资源优势。安陆市是全国商品粮基地县市，可饲草场面积近50万亩。畜牧业起步早，发展快，全市人平肉类产量和人平禽蛋产量均位于湖北省前列。畜牧业在农业总产值中的比重达48%，农民人均从中获收910元。安陆成为全省畜牧业生产大市和农业现代化、畜牧产业化专项试点县市。全市银杏基地31万亩，是国家林业部命名的全国银杏之乡，8万株银杏苗木作为奥运村风景树落户北京。银杏加工企业逐步发展增大，20多个医药保健产品进入国内外市场。银杏产品价格低于国外60%以上。安陆畜牧业生产有基础，服务有体系，销售有品牌；银杏果叶苗，市场行情好，开发潜力大，地方特色明，可以预期入世后，必将两枝独秀，成为全市农业率先加入国际竞争的主导产业。

——工业存量优势。安陆曾是全省国有企业最集中的县市之一。进入上个世纪90年代，粮食机械、铝业和纺织三大劳动密集加工型产业实现了快速发展。2001年，粮食机械行业实现销售额1.8亿元，能够生产全国市场上80%以上的各种米机、油机。纺织行业实现销售收入2亿元，铝制品行业销售收入1.9亿元。安陆的医药食品工业逐步壮大，午时茶、金银花露和外用药三大医药保健品经销额达1亿元。粮食机械、纺织、铝业、医药食品四大主导产业，可充分利用已经形成的比较优势，抵御加入WTO带来的市场风险，也可利用存量优势发展招商经济，高起点推动全市工业经济的发展。

——出口创汇优势。上世纪90年代以来，安陆利用国家出口政策和委托代理方式，培育了一批出口创汇主导产品。活大猪、高碘鹌鹑蛋、银杏系列产品、唐宋白花菜远销美国、日本和东南亚市场。四大工业支柱30多个产品出口美国、非洲和东南亚市场。安棉集团、外贸总公司被武汉海关确认双A出口创汇企业。这些创汇企业具备了经营国际市场的经验，具有较为稳定的国外销售基地和迎接入世挑战的先发优势，必将有力带动我市出口主导型战略的实施。

——体制环境优势。上个世纪90年代中期以来，安陆积极稳妥地推行产权机制创新，市直国有企业民营化比例达到98%，民营经济占GDP的75%，民营经济税收占财政收入的55%。企业运行机制逐步市场化，为企业进入市场，参与竞争，迎接入世挑战创造了良好的体制环境。

——基础建设优势。"九五"时期，是安陆基础建设力度最大的阶段。城市环境进一步绿化、美化、亮化，旅游、娱乐、休闲等产业逐步实现高起点开发，以水、电、路、住宅为主的硬环境建设日益完善，水乡园林生态城为招商引进创造了有利条件。近十个过千万元项目的开工建设为全市基础建设带来前所未有的重大机遇。特别是孝襄高速公路在安陆境内长38公里，静态投资11亿元，这是有史以来国家在安陆最大的一个投资项目，必将有力促进全市基础建设的升级和大发展。

为了更好地抢抓机遇和应对挑战，安陆将坚持从实际出发，在有所为、有所不为的战略调整中找准位置，明确重点，扬长避短，突出比较优势，大力发展特色经济。基本策略和方针是抓紧加入WTO以后不长的保护期和过渡期，充分利用WTO规则和国家政策，壮大优势产业，发展特色产业，努力实现安陆在加入WTO进程中机遇和利益的最大化，挑战和风险的最小化，确保全市经济持续快速健康发展和社会稳定。

——主攻产业化经营，发展高效农业，全面提升特色农产品的市场化经营水平。把瘦肉猪、禽蛋、银杏、吉阳大蒜、白花菜、南乡萝卜建成出口创汇、农民增收的主导产业。到"十五"末，实现年出栏瘦肉猪100万头，年产禽蛋10万吨，畜牧业在农业总产值中的比重超过55%；力争禽蛋加工突破50万吨，饲料加工突破200万吨，建设全省最大的畜牧产业化基地。"十五"末，畜牧产业化经营产值实现30亿。银杏方面，着力盘活银杏基地经营机制，银杏庭院再开发10万亩，继续抓好银杏系列产品的升级扩能，把安陆建成全国重要的银杏产品研发和生产基地。抓好无公害生产技术和标准化生产技术的推广应用，按照国际通行的质量标准组织农产品生产，迎接WTO绿色堡垒的挑战，力争特色产品获得国家绿色食品证书。

——实施激励政策，加强规范引导，努力发展面向国内市场的打工经济和运输经济。进一步健全劳务输出服务机构，构建全市劳动力供求服务信息网络。完善市乡两级就业中心培训职能，全面提高外出务工者的素质，争取年均培养有一技之长的务工者8000人。成立劳务输出协调领导小组，建立协调会议制度，规范劳务输出证件的收费标准，降低劳务输出成本。流通运输方面，大力发展中介组织，结合市乡机构改革，鼓励干部和技术人员在两年时间内保留工作的情况下创办民营农产品流通和信息服务实体，力争"十五"末期，流通运输人数与从事农产品生产的人数的比例达到1∶2。进一步加大农产品信息中心和市场建设力度。重点培育富丽农产品批发市场、东大水果批发市场、富丽水产品批发市场、畜禽交易市场。力争三年内将富丽农产品批发市场建成鄂北最大的农产品批发中心和信息中心。

——加快技改扩能，着力出口创汇，不断增强全市四大工业支柱的核心竞争能力。

纺织行业是我市相对具有国际竞争能力的工业支柱。大力支持安棉、安丰达、安兴三大纺织企业加快更新改造，使部分关键设备达到国际先进水平，巩固提高全市纺织行业出口的优势。当前重点抓好安棉高档面料项目和安丰达扩能。经过5年的努力，力争纺织行业销售收入由现在的2个亿提高到4个亿。

粮食机械产业，向大规模、多品种、精加工、高档次、高附加值方向发展。鼓励永祥、碧山等大型粮机企业实行低成本扩张，建设跨地区、跨行业的企业集团。帮助企业加大产品开发力度，大力发展社会配件产品，形成与主机厂协作配套的新格局。"十五"末期粮机产业力争实现销售收入5个亿，建成全国粮机生产第一城。

铝制品行业，以盘活湖北铝厂为重点，支持湖北铝厂以资产存量参与国内国际资本重组。帮助爱仕达公司在安陆实现销售收入10亿元，建设华中地区最大的厨具生产基地。"十五"末，铝制品行业力争实现销售收入7亿元，建设全省最大的铝业生产基地。

医药食品行业，以午时药业、康正药业、东湖高新兽药、神丹食品、银杏系列产品为重点，逐步创建技术中心，嫁接改造传统技术，自主开发新产品，促进产业提档升级。"十五"末，医药食品力争实现销售收入4亿元，建成全省重要的医药保健品基地。

——转变政府职能，突出园区建设，培植具有独特竞争力的环境优势。大力实施环境立市战略，健全各级环境建设和招商引进责任制，年初签订目标责任状，两项指标分值占50%左右，年底结硬帐，实行"一票否决制"。对连续两年责任目标考核倒数第一位的实行末位淘汰。完善市源头治理办公室、招商引进服务中心、重点工业服务中心、民营企业服务中心功能，成立市行政服务中心和会计服务中心，实行一站式审批，一个窗口收费，一条龙服务。纪委、监察局和招商局牵头，完善投诉举报制度，公开投诉电话，对破坏投资环境的单位和个人采取铁的手腕、铁的纪律从严从重查处。落实招商引进奖励办法，对作出贡献的第一引进人给予重奖，推动人人是招商环境，个个是招商主体的全民招商机制的形成。在抓好存量招商的同时，大力实行城市建设用地有偿使用，建立土地一级市场的出让转让有形市场，多途径筹措园区建设资金，高标准建设金秋工业园区、七里河高新农业科技园区、富丽民营经济园区，将其建成安陆招商引进的重要窗口和基地。

开放强县　加快发展

中共大悟县委书记　张　杰
大悟县人民政府县长　冯云乔

大悟县位于湖北省东北部，大别山南麓，地跨长江、淮河两大流域，是一个老区、山区县。全县辖17个乡镇，总人口62万，其中农业人口51.3万人，农村劳力24万人。国土面积1986平方公里，土地类型为"八山半水分半田"。

大悟县是全国著名的革命老区，孕育了100多位共和国高级将领和领导人。改革开放20年来，历届县委、县政府带领全县人民坚持改革开放不动摇，坚持艰苦奋斗不放松，开拓进取，奋发图强，以思想的大解放，推动经济的大发展，大力实施农业强县、工业富县、商贸活县、科技兴县战略，不断提高经济运行质量和效益，全县经济和社会发展事业取得了显著成就。近五年来，全县综合实力明显增强，全县国内生产总值年均增长8.2%，财政收入年均增长13.93%。农村人均纯收入年均增长8.45%，城镇居民人均可支配收入年均增长5.81%。各项改革不断深化，外来投资兴旺发达，招商引资年均增长15.7%。固定资产投资年均增长28.9%。

回首发展历程，我们备感欢欣；对比发达县市，差距依然较大。学习贯彻落实“十六大”精神，把握新的发展机遇，我们科学地提出了今后五年发展思路，**即高举邓小平理论伟大旗帜，全面贯彻“三个代表”重要思想，坚持以党的十六大精神为指导，围绕全面建设小康社会的奋斗目标，继续实施“三个两”发展战略，突出开放强县、加快发展主题，抓好民营经济、城镇经济、农业产业化、招商引资四个重点，大力培植新的经济增长点，力争把大悟建成全省山区经济强县。**围绕这个发展思路，着力打好“经济结构调整”、“优化发展环境”，“开放强县”“培植支柱财源建设”四大攻坚战，全力实现“开放强县、民营活县、科技富县、旅游兴县”四大突破，力争到2007年，全县国内生产总值达到48.9亿元，年均增长9%；一、二、三产业比为19:45:36；工农业总产值达到64亿元，年均增长11%；财政收入2.59亿元，年均增长12%，农民的人均纯收入年均增长8%，城镇居民年人可支配收入年均增长6%以上。

大悟要加快发展，不仅靠自己的拼搏与苦干，更需要外界的大力支持与参与。大悟资源优势明显，已探明的矿产资源有金、铜、大理石、花岗岩等37种，大部分品种成矿条件好，开采价值高，地质资料齐全；土特产品种类繁多，是全国乌桕第一县，全省花生、板栗、茶叶大县，盛产银杏、烟叶，可供开发利用山场150万亩，可供开发利用水面16万元，境内风光秀丽，旅游资源得天独厚，有众多人文自然景观尚待开发。

大悟基础设施完善，交通十分便利。县城距京广铁路广水站7公里，107国道5公里，京珠高速公路直贯县境，南距武汉110公里，北距郑州市400公里，境内公路如网，电力供应充足，通讯网络联通四海。

大悟投资环境优良，投资政策优惠。成立了行政服务中心，实行“一个窗口对外、一站式办公、一条龙服务”，对重点引进企业，县里成立专班进行跟踪服务，及时协调并帮助解决项目报批、建设及生产质量中的困难和问题，并实行挂牌保护和企业生产“安静日”制度，每月前25天为企业“安静日”，禁止任何执法执收单位进入企业收费。同时，我们先后制定了一系列优惠政策，外来客商利用现有闲置资产兴办生产型企业，3年累计入库税金相当于闲置资产现值的，可将闲置资产所有权无偿转让给客商，对投资规模大、税收额度大的投资客商，由政府依法取得土地使用权后无偿提供给客商使用。在享受国家规定的税收优惠政策外，根据企业税收贡献情况，由财政按不同比例给予返还奖励，各类收费差额征收，免交各种地方性集资。对引进资金、项目技术的中介人，按入库税金或固定资产投资额的一定比例给予奖励。

大悟民风淳朴，干群齐心，区位独特，发展前景广阔。大悟县委、县政府热诚欢迎国内外客商及有志之士，前来大悟投资兴业，我们将竭尽全力为您营造优良的投资环境，愿我们携手并进，共同开发资源，共享发展成果，共创美好明天。

奋力抗灾谋发展　二次创业展宏图

中共孝昌县委书记　**曾昭荣**
孝昌县人民政府县长　**戴永红**

1999年至2001年，是孝昌奋力抗御连年特大干旱、全面巩固发展建县成果、不断提高县域经济实力的三年。三年来，县委、县政府带领全县各级党政组织和广大干部群众，高举邓小平理论伟大旗帜，按照江总书记“三讲”和“三个代表”要求，继续弘扬“艰苦创业、敢闯敢拼、团结奉献、务实求新”的十六字孝昌精神，克服连续三年特大干旱带来的重重困难，顽强拼搏，扎实苦干，保持了经济社会持续、快速、健康发展，在二次创业的征程上迈出了坚实的步伐。2001年全县国内生产总值、固定资产投入、财政收入较1998年分别增长了22.53%、44.33%、56.58%，农民人均纯收入在大灾之年保持了稳定增长的好势头。各项社会事业全面进步，两个文明协调发展，人民的物质文化生活水平迈上了一个新台阶。尤其是全县上下按照“三个代表”要求，夺取了抗御特大干旱的全面胜利，塑造了伟大的抗旱精神，为孝昌“十五”发展和二次创业提供了强大的精神动力。

一、坚持大灾大干大调整，农业经济特色鲜明

自1998年以来，孝昌县连续遭遇特大旱灾。每年县委、县政府都组织干部群众全力抗旱，先后组织了“一抗五补”、“三保两抢”、“一抗三保四补”为主题的抗旱救灾活动，形成了伟大的抗旱精神，将旱灾损失降到了最低程度，妥善安排了灾民生活，积极组织生产自救，确保了农村社会稳定。与此同时，每年都组织全县上下开展灾后反思，大兴农业基本建设，大搞农业结构调整。自1998年以来，全县有计划、大规模、持续不断地开展水利建设，累计投入水利建设资金8000万元，投入劳动积累工3000万个，完成土石方3000万方，完成各类水利工程9450处，完善了县城15.4公里防洪大堤配套建设，整治脱险9座中小型水库，更新配套五大灌渠刭、涵、闸等建筑368处，整治险工险段262处，硬化渠道2.4公里，新建塘堰2000口，改建扩建塘堰5800口，新增蓄水能力3500万方，改善扩大灌溉面积4.2万亩，解决了4.8万人和1.5万头牲畜饮水困难，完成富民畈节水灌溉工程建设5000亩，治理水土流失面积70平方公里，有效改

善了全县农业生产条件，连续两年市委、市政府秋冬"三大建设"现场会在孝昌召开，全县2001年被省政府评为水利建设先进单位。全县围绕"山岗果药茶、水田太子稻、河畈种蔬菜、全县抓养殖"的农业结构调整思路，按照"六个优化"的调整要求和123456的调整目标，抓住大灾时机，引导农民持之以恒地发展避灾农业、节水农业、高效农业，着力实施种苗、示范、龙头、服务工程，狠抓了大型基地、农业园区和产业化龙头建设，农业调整形成鲜明特色。建设太子稻、优质果、药茶菜、苗木花卉等特色产业基地40多万亩，其中太子稻种植面积发展到22.1万亩，开发以早蜜桃为主的优质果基地6万亩，培育优质苗木花卉品种1500多个，建设了万花园、百蔬园、李香园、绿丰园、楚天鹿园、太子稻原种园、"三元猪"原种园等一大批现代农业示范基地，组建了太子米集团公司等一批产业化龙头企业，全县农业农村经济结构得到优化，农业产业整体素质得到很大提高，药材远销日本，"太子玉馨"米被评为全省唯一国标一级米。

二、坚持改革开放总揽全局，城镇经济发展迅猛

全县按照"八个一批"总体要求，坚持县域经济民营化的改革方向，加快放小转民步伐，企业改革在资产剥离、资产监管、产权流动、企业破产等方面取得突破，全县乡及乡以上企业转民面达到95%以上。组建县国有资产经营公司，对国有企业资产进行统一管理，对县矿化公司、建材公司、供销社门店等企业进行产权出售，县水泥厂通过三步改革改制转为民营企业，县电机厂通过引进四四〇四光华玻璃项目成功实现切块盘活，县日杂公司、土产果品公司、印刷厂成功实行动态破产，龙腾水泥公司、光邦石膏公司、金鸡化工有限公司等重点企业产销两旺，经济效益明显提升。

全县通过出台优惠政策，建立健全部门服务承诺公示和投诉查处制度，规范收费行为，取消行政事业审批事项154项，取消收费项目146个，降低了准入门槛，鼓励和引导了民营经济的大发展，全县一二三产业民营经济所占比重逐年回升，城区新苑摩托城、罗马文化用品街、兴隆建材批发市场等专业街道形成特色，京珠高速公路两个口子镇民营小区建设快速起步，民营经济总量和整体素质快速提高，税收贡献份额提高了20多个百分点，形成了县域经济民营化新格局。

全县坚持把招商引资作为经济工作重中之重来抓，完善了招商引资项目领导责任制，在武汉、北京等大中城市建立了招商办事机构，先后与云南宣威市、上海青浦工业园区结为友好县市区，多次组团开展专项招商活动，几年来共引进各类项目296个，引进外资600多万美元，内资66829万元，台湾光邦公司技改项目、光华玻璃搬迁项目、观音湖电力培训中心、省纪检监察干部培训中心等一批大型项目落户孝昌；积极推进"旅游兴县"战略，以观音湖生态旅游风景区开发为龙头，大打"观音"品牌，建设观音路旅游专线，开发"农家乐"休闲旅游项目，旅游经济成为全县经济新的发展亮点。

加大重点项目落实力度，基本完成县一中迁建工程，花园国家粮食储备库、澴水大桥建设进展顺利，修建了京珠联络线和大安线、观音路、王杨线路基工程，新增公路里程500多公里。大力改善城市基础设施，累计投入900多万元完成了17个大型城市建设项目，新增城市道路30.5公里，城区排水管道普及率达到89%，用水普及率达到98%，绿化覆盖率达到33.7%，人均绿地面积6.61平方米，有效拉动了经济发展。

三、坚持两手齐抓方针，社会事业全面进步

几年来，全县始终坚持"两手抓，两手硬"的方针，以弘扬先进文化为方向，推进了精神文明建设和社会事业的全面进步。先后分不同层次在全县开展了系列读书教育活动、知识竞赛、演讲比赛等文化体育活动，唱响了主旋律，歌颂了中国共产党的丰功伟绩，抒发了人民群众热爱党、热爱祖国、热爱社会主义的思想感情，展现了全县人民昂首新世纪、建设新孝昌的精神风采。

大力开展城乡精神文明创建活动，在城镇狠抓文明单位、文明系统、文明社区创建活动，在农村狠抓文明集镇、安全文明村、十星级文明农户等系列创建活动，累计创省级文明单位5个、市级文明单位22个、县级文明单位144个。继续广泛开展"文化、科技、卫生"三下乡活动，以城带乡、城乡共建的"城乡手拉手、工农心连心"共建主题活动，形成了凝聚人心、加快发展的良好氛围。组织完成了《孟宗哭竹》、《太子米的传说》等文艺创作，实施殡葬制度改革，促进了移风易俗的良好社会风尚的形成。

大力实施科教兴县战略，完成了全县中小学教师基本工资县级统发改革，兴建改造了一批教育基础设施，启动实施基础教育体制改革，素质教育全面推进，"两基"成果进一步巩固，荣获全省"两基工作先进县"称号。科技工作重点抓好全民科技意识的提高和农用技术推广，组织实施"科技素质工程"，在全县广泛开展了"反对邪教、崇尚文明"的科普展教活动，在中小学开展了"小发明、小创造"活动。围绕农业调整，加大了科技培训力度，累计培训领导干部、专业技术人员和农村种养专业户10多万人次，有效推进了全县农业农村经济结构战略性调整，提高了县域经济的科技含量。宣传文化事业有了较大进步，累计投入500多万元建设了文图大楼、博物馆，更换电视台设备，"村村通"工程通过省级验收。

加大对"法轮功"等邪教组织的打击处理力度，连续三年实现了"法轮功"人员进京赴省闹事为零的工作目标。全面开展严打整治斗争，扎实开展经济保卫战专项斗争，创平安大道工作、打拐工作受到公安部表彰。全面加强社会治安综合治理，连续三年综治工作稳居全市前茅，并受到省里表彰。坚决落实减轻农民负担政策，重视群众来信来访，把矛盾和问题化解在基层，解决在萌芽状态，全县大局稳定，人心安定，人民群众安居乐业，连续几年没有出现一起惊动上级领导的群体事件和恶性案件。

深入开展军民共建活动，加强优抚工作，全县三次被省委、省政府、省军区命名为"双拥模范县"，县光荣院被省政府评为"全省光荣院先进单位"。计生、环保、土地管理三项基本国策得到贯彻落实，积极稳妥的推行县乡机构改革，城镇低保、养老、失业保险覆盖面不断扩大，全县上下呈现出经济发展、社会进步、县泰民安的良好局面。

准确考察思想政治素质 选好适应入世需要的人

中共孝感市委组织部副部长 张孝元

入世不仅深刻地影响到我国经济社会的发展，而且深深地影响到人们的思想意识。这就要求选用的干部不仅在经济上要熟悉掌握国际惯例国际规则，而且要政治上可靠，尤其在大是大非问题上不迷失方向。识人是用人的前提。只有全面准确地考察干部的思想政治素质，严把选人用人政治关，才能真正选准用好适应入世需要的高素质干部。

一、正确把握选用干部的德才标准，坚持把思想政治素质放在首位。思想政治素质是干部素质的灵魂。坚持德才兼备原则和干部队伍"四化"方针，并把"德"和"革命化"放在首位，是党的一贯的组织路线和干部政策。党的十六大报告指出："一定要坚持党要管党、从严治党的方针，进一步解决提高党的领导水平和执政水平、提高拒腐防变和抵御风险这两大历史性课题。"江泽民同志在中纪委七次全会上强调："我们选人用人的标准，总的讲是德才兼备。要特别注意选拔任用政治清醒、信念坚定，善于学习、与时俱进，求真务实、不图虚名，坚持原则、弘扬正气的人。要通过正确的用人导向，使各级领导班子树立奋发有为、廉洁奉公、团结高效的形象，增强领导班子的凝聚力和战斗力。"因此，在干部考察工作中，要通过看干部贯彻执行党的基本路线的实践来全面把握其德才素质。根据一个时期干部队伍建设的状况和面临的形势与任务，党组织对干部德才素质提出相应的要求和重点，是完全必要的，但这决不能片面理解为对德才兼备标准的改变。要注意防止一强调坚持四项基本原则就重德轻才，一强调坚持经济建设和改革开放就重才轻德，把德与才割裂开了、对立起来的倾向。在入世后各种思想意识相互激荡碰撞，当前党的作风方面也存在一些亟待解决的问题的情况下，坚持德才兼备尤其要注重考察德的方面。要克服忽视思想政治素质的倾向，防止"一俊遮百丑"、干部"带病"上岗现象发生，以免形成错误导向，贻误事业。

二、改进和完善考察办法，全面深入地考察干部的思想政治素质。管理干部而不了解干部是一种官僚主义。知人不明，必然用人失当。入世后我国经济在更大范围、更深层次、更宽领域内参与国际合作与竞争，社会发展进步会更多地受到影响，深化改革、扩大开放和发展社会主义市场经济的任务更加艰巨。同时，干部的工作领域和社交半径不断扩大，受社会环境变化的影响，其思想政治素质参差不齐、表现形式多种多样。因此，必须拓宽途径，改进考察方式方法，加大思想政治素质考察力度。一是要扩大民主测评和民主推荐范围，充分了解干部的群众公认程度。选拔地方党政主职和工作部门主职时，参评人员的范围应与被考察对象的工作、社会活动舞台大体一致。即选拔县市区党政主职与市级工作部门主职时，应在全市所属的县市区和市直部门主职以上领导干部中进行测评与推荐，而不只是局限于某个县市区或某个市直部门中进行测评与推荐。要改进民意测验方法，采取问卷调查方式，由参评人员对考察对象进行评价。通过多种方式，进一步了解掌握干部的群众公认程度。二是要大力推行考察预告制和任前公示制，及早发现和核实干部思想作风方面的突出问题。要把考察预告和任前公示结合起来，扩大群众对干部考察工作的知情权、参与权、选择权和监督权，让群众特别是没有机会参加评议、谈话的知情人反映意见。对理由比较充分、线索比较清楚的问题，要进行补充考察或专项调查，核实问题，准确认定。三是要坚持和完善同执纪执法部门联系制度，及时掌握干部的廉洁自律情况。组织部门要定期与执纪执法部门联系沟通，及时了解掌握有关干部廉洁问题的信访举报、立案审查情况，在考察干部时要注意征求执纪执法部门的意见，作为对干部思想政治素质考察的重要依据。同时，要探索建立干部监督巡视员制度、干部社区监督卡制度，以及"微服私访"非正式考察方式，注意了解干部"八小时以外"的表现。通过社会交往、生活作风、家庭关系、兴趣爱好等，深入考察干部的道德品质和廉洁状况。四是要坚持运用实践考察法，跟踪了解干部的一贯表现和关键时刻的表现。上级领导和组织部门负责人把管人和管事结合起来，经常深入经济建设一线和重大项目工程现场，利用蹲点调研、检查指导工作机会，多与当地干部谈心交流，走访听取群众反映，跟踪观察下级干部的思想脉搏，了解掌握他们平时的思想政治表现情况。同时，注意抓住关键时刻包括重大政治事件、抢险救灾等突发事件、干部工作岗位变动和职务调整等，适时考察干部的党性观念、组织观念和意志品格。

三、客观公正地评价干部，善于遴选思想政治素质好的人。在对干部思想政治素质情况考察了解的基础上，要进行深入分析，客观公正地评价干部。一是要坚持解放思想和与时俱进的观点。要把干部的思想政治表现放在入世后的时代变革环境中来辨别，对那些在改革开放和发展社会主义市场经济中坚持原则、大胆改革、善于开拓创新并做出实绩，但因触及少数人的利益而有争议的干部，要从总体上作出肯定性的评价，防止求全责备、因"小过"而裁大将。二是要坚持辩证法和具体问题具体分析的观点。要把民主测评、群众座谈的情况同干部所在地方和单位的社会风气、机关风气、班子团结状况等客观环境结合起来，把干部的历史表现与现实表现联系起来，进行具体分析，不能以偏概全，对干部要看本质、看主流、看一贯、看发展。二是要坚持系统论和理性思维的观点。要把干部的思想政治素质与工作实绩有机结合起来，进行对应地系统地分析，对其思想政治素质进行理性判断和科学概括。从形成决策的过程看干部的政治方向、民主作风和全局观念；从工作目标、思路和措施看干部的政治观点、思维方法和政策理论水平；从决策实施的过程看干部的群众观点、敬业精神和政治责任感；从对待工作实绩的态度看干部的名利观、得失观和思想政治修养。通过对思想政治素质的综合分析和客观公正地评价，善于发现、推荐和遴选作风好的人，识别和淘汰那些思想政治素质较差的人。

适应入世挑战　坚持体制创新
把反腐败抓源头工作引向深入

中共孝感市纪委副书记、市监察局局长　喻楚林

中央纪委在向党的十六大的工作报告中明确提出，要"深化改革，创新体制，不断拓宽从源头上预防和解决腐败问题的领域"。这为我们适应入世新形势，深入推进党风廉政建设和反腐败斗争，进一步维护改革发展稳定大局，为全面建设小康社会服务指明了方向。近年来，我市反腐败抓源头工作围绕市委、市政府的工作中心，按照中央和省里的统一部署，结合本市实际，抢抓入世机遇，适应入世挑战，坚持把体制创新贯穿于各项工作的始终，大力推进行政审批体制改革、财政管理体制改革和干部人事制度改革，着重围绕规范行政审批权、财权、人事权三大权力做文章，通过领导发动、宣传推动、条块联动和纪检监察机关组织协调，逐步建立和不断完善了行政服务中心、招投标中心、会计核算中心、全委会表决制四个"工作平台"，走出了一条以建立"结构合理、配置科学、程序严密、制约有效"的权力运行机制为目标的反腐败抓源头工作新路子，为保障孝感经济和社会发展起到了积极作用。

一、围绕规范审批权，建立完善行政服务中心和招投标中心，创新行政审批体制

随着社会主义市场经济的发展，特别是我国加入世界贸易组织后，过去关于政府职能的定位越来越不适应新形势、新要求。那种在很大程度上以行政审批代替行政的作法，不但不利于经济的发展，而且容易滋生腐败。为此，市委、市政府站在优化经济发展环境和加强党风廉政建设的战略高度，从转变政府职能和改进施政方式入手，大力推行行政审批制度改革，突出"三个一批"：一是大刀阔斧，砍掉一批。市委、市政府先后两次成立和充实工作专班，进行了两轮大清理，对不符合政企分开原则和政事分开原则，影响市场在资源配置中发挥基础性作用，妨碍市场开放和公开竞争的审批项目，坚决予以取消。到目前为止，市级共清理审批项目1138项，分三批共取消567项，占49.8%，下放转移40项，占3.5%。同时，在市直69个执收执罚单位推行公开承诺制，在市、县、乡、村四级大力推行政务、村务、厂务"三公开"，建立群众监督机制，巩固清理成果。二是建立有形市场，推入市场一批。对可以推入市场的审批项目，一律用市场机制替代行政审批，着力进行市场化改革，重点落实了"四项制度"：其一是有形建设市场步入比较成熟阶段，建设工程项目招投标中心已与建设主管部门脱钩，成为较规范的中介机构；并以市县两级招投标中心为依托，呈现"三个延伸"的好势头，即由市、县延伸到乡镇，由建筑工程延伸到交通、水利、通讯、电力、消防等工程，由工程施工延伸到建设监理和设计方案竞选等，全市建设工程应招投标率和应公开招投标率均达100%。药品集中招标采购开局良好，今年6月，组建了市级药品集中招标采购中心，首期采购金额3800多万元，采购药品涉及11大类、831个品规，招标的药品零售价降幅18.2%。其二是经营性土地使用权出让招标拍卖工作全面推行。今年以来，市"四大家"领导先后两次出席拍卖会和工作会，大员上阵，为推动土地有形市场建设营造良好环境。今年全市共开展土地拍卖16次、165宗地，面积34443.9平方米，收益1809.58万元，其中市直拍卖的一宗土地面积为7086.6平方米，以461万元的高价落槌，超出评估价297万元。其三是政府采购的规模和范围扩大，经济效益和社会效益明显提高，今年采购范围扩大到农业综合开发、交通通信设备等领域，共采购127次，节约资金185.2万元，节约率8.5%。其四是产权交易进入市场工作稳步推进，成功举办了第二轮出租车经营使用权招标拍租活动；对市服装鞋帽工业公司等11家公司的房产和门面进行竞标拍卖，使国有资产增值率达30%。为了节约资源、发挥整体优势，孝感市源头治理腐败综合试点县云梦县把多个招标、采购、交易中心融为一体，建立多功能、综合性招投标中心，进一步推进了有形市场建设。三是建立行政服务中心，管好一批。市委、市政府成立以市长任组长的筹建工作专班，本着"方便纳税人、服务老百姓"的宗旨和"廉洁、高效"的原则，在全省率先建立了行政服务中心这一行政审批新体制，把尚需保留的审批项目尽可能纳入该中心集中办理，实行"一栋楼办公、一个窗口收费、一站式服务"，做到"进一个门办好、交规定费办成、在承诺日办结"，

既规范了审批行为，加强了监管，又提高了办事效率和服务质量，有效地预防了多头审批、乱收费和暗箱操作等问题的发生。

二、围绕规范财权，建立会计核算中心，创新财政管理体制

前些年，由于科学合理的财政管理体制尚未建立，资金管理和使用，特别是预算外资金管理方面存在弊端，不仅影响了财政资金的合理配置，而且成为滋生腐败的一个重要源头。对此，孝感市委、市政府花大气力，不断创新财政管理体制，突出唱好“三步曲”：一是强化管理，落实“收支两条线”规定。孝感市作为省里的试点单位，在全省率先推行这一新的管理规定。在全面清理预算外资金，取消“小金库”、“帐外帐”的基础上，对收入管理实行“四改”，对支出严把“四关”。即：改革资金收缴程序，推行收（罚）缴分离；改革银行帐户管理，推行资金统一直达专户；改革票据领缴程序，推行以票控费；改革收入监管机制，推行事前事中监督；严把预算编制关、资金拨付关、专款专用关、稽查检查关，较好地规范了各单位的收支行为。今年全市纳入“收支两条线”管理的单位1267个，管理面达100%，收（罚）缴分离率93%，预外资金专户储存率97%。二是创新机制，建立会计核算中心。为了进一步规范财权，我市在乡镇推行零户统管、建立乡镇财会集中核算中心取得成功经验的基础上，在市、县两级同时推行会计集中核算制，将政府直属各部门的预算内、外资金全部纳入会计核算中心，实行单一账户、集中支付，强化对专项资金工资发放、经费报销等所有资金的统一核算和统一管理，实现政府对财政资金，特别是对财政拨款、预算外资金的全方位、全过程监督和管理。目前，市级和应城等5个县市已成立财会核算中心机构。三是推行部门预算，改善财政资金缴拨方式。在对市农业局等5个部门试编部门预算的基础上，今年又扩大到市法院、外经贸局、计生委等单位。同时加快实施国库集中收付制度，加大建设公共财政的力度；结合当前农村税费制度改革，逐步建立和理顺以税收为主体的政府收入体制，杜绝乱摊派，从而堵塞农村腐败源头。

三、围绕规范人事权，逐步推行全委会表决制，创新干部选拔任用监督机制

历史表明，吏治腐败，危害极为严重。要以史为鉴，预防好这一问题，最根本的是深化干部人事制度改革，扩大干部工作中的民主和群众参与程度，加强对干部选拔任用全过程的监督。近年来，孝感市围绕贯彻落实《党政领导干部选拔任用工作条例》，努力完善对干部选拔任用工作的监督机制，进一步规范人事权力的运作规则和程序，突出在六个方面下功夫：一是在完善干部民主推荐制度上下功夫，凡未经民主推荐和多数群众不赞成的，一律不提拔任用。二是在改进考核考察办法上下功夫，推行“三结合”的操作办法，即把考察预告制、考察工作责任制和对干部“八小时以外”的考察相结合；并在任前普遍推行了公示制。三是在强化廉政鉴定上下功夫，即干部任免在提交党委常委会讨论之前，由纪检监察机关对拟提拔任用的领导干部进行廉政鉴定，鉴定不合格的，不提交党委常委会讨论。四是在推行领导干部经济责任审计制上下功夫，对拟提拔的干部，原则上做到先审计后任用。今年共完成对147名领导干部的经济责任审计，其中，在云梦县试点，成功地开展了对县级政府“一把手”的经济责任审计，包括成功开展了对云梦县县长和市直23个部门“一把手”的审计；依据审计结果和其他考核情况，对干部平调25名、晋升1名、免职4名。五是在推行“全委会表决制”上下功夫，提高干部任免中的民主化程度。市委今年研究决定的3个县市区党政正职6人，均按规定在市委全委会闭会期间以发放《征求意见表》的形式征求了全市市委委员的意见，获得一致通过。应城、汉川、孝南、孝昌等县市区试行了党委常委会研究干部任免采取无记名投票决定的制度，今年共票决干部9批98人。六是在全面推行党政干部公开选拔、中层干部竞争上岗、一般干部双向选择制度上下功夫。今年市里通过“双推双考”选拔任用了30名副县级年轻干部；市直政府部门应推行竞岗工作的单位44个，已完成竞岗工作的有38个，科级领导职位竞争上岗面达到100%，有效地预防了用人上的不正之风。

积极应对入世　努力提高宣传水平

中共孝感市委宣传部副部长　**邱启明**

加入WTO，对我国的影响重大而深远。作为上层建筑的宣传思想工作，也必将产生广泛而深刻的变化。只有科学分析入世后宣传思想工作面临的机遇与挑战，深入研究宣传思想工作的新对策，才能增强宣传思想工作的原则性、系统性、科学性和创造性。

一、入世后宣传思想工作面临的机遇

1、入世后，经济的发展为宣传思想工作提供了坚实的物质基础。

入世后，如果应对得当，必然对我国经济产生巨大的拉动作用，对国内生产总值的增加、外经外贸进出口额的增长、劳动就业岗位的增多、人民生活水平的提高，都将产生积极影响。这就为宣传文化事业的发展奠定了坚实的物质基础。

2、入世后，公平竞争、团结协作、公开透明、按章办事、规范操作、加快发展等理念深入人心，为宣传思想工作的发展注入了新的活力。

世界贸易组织的基本原则是非歧视原则、透明度原则、自由贸易原则和公平竞争原则。我国加入 WTO 以后，人们一些传统的思想观念和行为方式必然要与这些原则发生碰撞。“物竞天择，适者生存。”只有适应入世后的新环境，按照公开透明、公平竞争、诚实守信、依法经营等原则办事，才能促进经济更快更好地发展，而这些新的思想观念和行为方式的渗透，必将给宣传思想工作的发展注入新的活力。

3、入世后，有利于扩大中外文化合作与交流，引进国外的先进技术和管理经验，为宣传思想工作的发展提供了直接动力。

入世有利于我市进一步加强国际合作与交流，广泛吸收世界优秀文化成果，更好地发展和传播我国的先进文化，更好地宣传和推介孝文化，让孝文化走出国门，发扬光大。

入世后国际交往的扩大，交流合作项目的增多，将带来国外集约化、规模化的模式，市场化、信息化的运作方式，有利于我们学习借鉴国际大型传媒集团和文化产业先进的管理经验和科技手段，充分享受和利用世界文化和产业资源。随着入世后技术设备引进关税的降低，我市广播影视业、新闻出版技术更新改造的速度将明显加快，装备水平将迅速提高，为我传媒业尽快缩短与世界先进水平之间的差距提供了难得的机遇，也增强了宣传文化部门的紧迫感、责任感和危机感，形成直面挑战、锐意改革的强大动力。

二、入世后宣传思想工作面临的挑战

1、入世后，西方对我“西化”、“分化”加剧，马克思主义为主导地位的意识形态领域的斗争更加激烈。

加入 WTO 以后，我国基本实行全方位的对外开放，经济、科技、文化等各个领域对外交流与合作不断深入，使东西方文化的交流及各种价值观念、思维方式的传播迅速发展，西方敌对势力利用我入世兜售其政治模式、价值观念、生活方式，这就使意识形态领域的斗争更加复杂，增加了宣传思想工作的难度。

2、入世后同国外争夺文化市场，争夺文化资源，争夺宣传思想阵地将空前激烈。

从文化市场来看，国外媒体大多是跨国公司，资金雄厚，技术先进，经验丰富，熟悉市场规则和运作方式，对中国的文化市场志在必得。而我国媒体大多是分散经营，实力不强，又不熟悉市场规则，所面临的挑战可想而知。

从文化资源来看，我国长期培育发展起来的民族文化产业载体、信息、品牌和人才等，是我国文化产业核心竞争力的重要组成部分。特别是人才竞争更加激烈，我国高素质的人才受高薪的诱惑，容易流失到国外媒体集团。这就需要我们采取特殊措施，做到政策留人、环境留人、感情留人。

从宣传思想阵地来看，入世后，西方意识形态的渗透范围将从个别领域扩大到社会生活各个方面，渗透方式和手段将从单一到综合，实行物质产品和精神产品双管齐下。这就告诉我们，渗透与反渗透的斗争，将是长期的、复杂的，有时甚至是很激烈的。

3、入世后宣传思想工作管理难度、引导难度、防范难度加大。

一是管理难度加大。入世意味着我们必须接受世贸组织规则的规范和约束，新闻出版、广播影视业管理的难度更大了，依法行政的要求更高了。我们必须学习和了解世贸组织规则，提高监管水平，善于用规则保护和发展自己。

二是引导难度加大。我国社会正处在转型期，人们的思想观念日趋复杂，呈现出个性化、多元化的文化需求。西方视听产品利用各种手法推销他们的政治信仰、价值观念和意识形态。这对我们多年坚持的正面宣传教育和思想政治工作将是一个严峻的挑战，对我们“以正确的舆论引导人”提出了更高的要求。

三是防范难度加大。随着高新技术在新闻出版领域的广泛运用，加大了“扫黄打非”的难度。

三、宣传思想工作要为应对入世与优化软环境服务

应对入世，优化软环境，是一项系统工程，需要各行各业的积极参与和方方面面的密切配合，才能形成合力，取得成效。作为宣传文化部门，要根据市委、市政府的要求，结合部门的特点和实际，分析形势，研究对策，未雨绸缪，搞好服务。

1、坚持正确的舆论导向，营造良好的舆论环境。

新闻宣传要坚持党性原则，坚持实事求是，坚持团结稳定鼓劲正面宣传为主的方针，紧紧围绕市三次党代会和市二届五次人大会议提出的奋斗目标，开动宣传机器，营造舆论强势，为应对入世、优化软环境，营造浓厚的舆论氛围。具体要打好两大宣传战役：

一是打好“积极应对入世，招商引资，扩大孝感对外开放”的宣传战役。主要宣传关于 WTO 的新知识、新规则，宣传市委、市政府扩大开放、招商引资的新举措，宣传入世后发展外向型经济的典型，宣传各地各部门应对入世的办法和举措。

二是打好“整治和规范市场经济秩序，改善和优化孝感发展环境”的宣传战役。继续加大对市行政服务中心的宣传力度，做好对即将成立的市会计核算中心的宣传。我们还将开展“营造环境，树立形象”的典型宣传，对全市范围内筛选出来的 20 多个典型，进行集中宣传。

2、加强职业道德建设，营造良好的信用环境。

世贸组织的有关规则，使社会对从业人员的职业观念、职业道德、职业技能、职业纪律和职业作风等提出了越来越高的要求。加入世贸组织，职业道德将作为一个国家、一个地区、一个单位、一个企业优劣评价的一个重要内容和标准。因此，应对入世，优化软环境，必须大力加强职业道德建设。

一是广泛深入地进行职业道德教育，做好《公民道德建设实施纲要》的宣传普及工作，使“爱国守法，明礼诚信，团结友善，勤俭自强，敬业奉献”20 字基本道德规范深入人心，在全社会形成“爱岗敬业、诚实守信、办事公道、服务群众、奉献社会”的良好职业道德氛围。

二是科学制定不同行业的职业道德标准，使之有章可循。为官要有官德，做到公正廉洁，勤政爱民；行医要有医德，做到悬壶济世，救死扶伤；教师要有师德，做到为人师表，教书育人；经商要有商德，做到公平交易，货真价实。要根据各行业特点，制定具体的职业道德标准，便于操作。

三是树立典型，弘扬正气。要在全市开展评选"十佳公务员"、"十佳孝子"、"十佳市民"、"十佳文明家庭"、"十佳文明工商户"、"十佳文明出租车"、"十佳环卫工人"、"十佳文明窗口"、"十佳民营企业家"、"十佳民警"活动，树立一批遵纪守法、诚实守信的先进典型。同时对那些乱执法、乱收费、乱罚款，坑蒙拐骗、参假使假等影响发展环境的行为进行曝光，营造孝感良好的信用环境。

3、加快改革步伐，壮大自身实力，提高竞争力，营造良好的服务环境。

一是坚持正确的改革方向。改革要确保党对宣传思想工作的领导，确保宏观调控有力，始终掌握对资产配置的控制权，对宣传业务的审核权，对干部的管理权。无论什么情况下，做到党和人民喉舌的性质不能变，党管媒体不能变，党管干部不能变，正确的舆论导向不能变。同时，切实加强对文化市场的管理。新闻出版管理部门要深入开展"扫黄打非"斗争，集中治理小报小刊，从严整顿印刷行业。广播影视管理部门要重点加强对制作和播出节目的管理力度。

二是加快自身改革步伐，壮大实力，增强竞争力。要进一步深化宣传文化事业改革。文体部门的改革要按照"事业当作产业办，办好产业促事业"的发展思路，进一步深化文艺表演团体的改革，彻底打破条块分割的传统格局，整合优化文化资源的配置。广电部门的改革，要在巩固现有改革成果的基础上，以广电信息网络公司成立、省市县三级贯通为契机，在建好用好网络上下功夫。报刊业的改革，要在提高办报质量的基础上，不断扩大市场份额。在宣传文化事业不断发展、经济实力不断壮大的情况下，要进一步优化资源配置，更新设备，留住和吸引人才，更好地为宣传市委、市政府的重大决策服务，为应对入世优化软环境创造良好的服务环境。

抢抓大机遇　迎接新挑战
加快高新区建设与发展

孝感市高新区管委会主任　万文涛

加入 WTO，是我国积极迎接经济全球化挑战的重大战略选择。"入世"既是巨大机遇，也是严峻挑战。一方面，"入世"有利于孝感高新区加快对外开放步代，更多更好地利用外资，促进资源合理配置，加速实现经济增长方式的根本性转变。另一方面，"入世"对孝感高新区的现有产业、产品和企业发展带来较大压力和挑战。面对我国加入 WTO 的机遇和挑战，我们应增强紧迫感和责任感，立足当前，着眼长远。把握机遇，积极应战。通过积极有效的工作，化挑战为机遇，变压力为动力，推动高新区经济的持续快速健康发展。

一、提高认识，加强学习，以积极、务实的姿态迎接我国加入 WTO 的机遇与挑战。

抢抓"入世"机遇，迎接"入世"挑战，要求我们务必从战略和全局的高度，进一步统一思想，充分认识"入世"的重大历史意义和现实意义，清醒认识"入世"影响的深刻性、广泛性和长期性，从容应对"入世"挑战。

(一)加强学习，抓紧了解世贸组织，熟悉世贸规则。有组织、有计划地对各级干部、经管人员、企业职工进行系统的 WTO 知识培训。为了方便大家学习，我们编印了《WTO 知识 ABC》，还要按照市委、市政府统一要求开展研讨活动，其目的是要通过学习使大家紧密联系实际，具体分析和把握"入世"对高新区各部门、各单位、各企业带来的机遇和负面影响，真正做到心中有数，进退有据。

(二)转变观念，积极适应与国际经济全面接轨的要求。具体来讲，就是要做到"四破四立"。一是破除传统的"内陆意识"，研究实施"大外经贸"战略，树立和增强利用国际国内两种资源、两个市场的大市场观念，坚持走内外并举并重的发展道路；二是打破落后的小生产经营观念，树立国际化大生产思想，大力推进产业化、规模化、专业化经营；三是摒弃与 WTO 基本原则相背离的旧思想，树立促进公平竞争，遵守市场规则，依法实施保护的新观念；四是清除各种"人治"观念，强化法治观念，坚持依法行政，依法规范各市场主体行为。

(三)增强紧迫感，制定和实施切实有效的应对措施。根据入世后的新情况，我们要认真研究和调整加快高新区经济和产业发展的措施，引导企业充分发挥市场竞争主体优势，在对国际国内市场充分调研的基础上，及时调整经营策略和市场定位，把握发展机遇，正视压力和挑战，抑弊扬利，增强抗御冲击的能力。

二、抢抓入世机遇，全面提高招商引进实效。

我国加入世贸组织后，市场准入程度的提高，将使外国投资者获得更多的投资机会。同时，与国际接轨后，随着法制化、规范化程度的提高，市场的潜力，生产成本的比较优势，也将成为刺激外商投资动力，这些为高新区吸引外资，发展高新技术产业，加快"两园一中心"建设，提供了极好机遇。谁能把握机遇，谁就能赢得发展的主动权。

(一)抓住国际资本看好中国市场和沿海产业向内地转移的机遇,坚持以引进外资项目为主,以引进工业项目为主,以引进出口创汇项目为主,实行引进外资、内资并举,资金引进与人才、技术等生产要素引进并重,瞄准知名品牌、知名企业、知名老板,大力吸引世界著名大公司、大财团来高新区建立生产基地,积极引进国内知名企业和品牌,大力发展高新技术产业,努力提高高新区招商引进的质量和水平。

(二)进一步完善招商引进责任制,狠抓全员招商的落实。把抓好招商引进作为高新区工委、管委会第一位的工作来抓,高新区各办、局第一位的工作是招商引进,各办、局负责人的第一职责是当好“招商局长”,每个工作人员的第一职责是当好“招商员”。与此同时,创新招商引进激励机制,充分调动社会各方面的积极性,着力构筑全民招商格局。

(三)在继续实行以商招商、以外引外、网上招商和走出去、请进来等招商引进办法的同时,积极探索业主招商引进、委托代理招商和实行载体招商,运用投资基金、风险投资等方式吸引外资。

三、加快实施调整重组,发展高新技术产业。

加入WTO十分有利于高新区劳动密集型产业扩张市场,提高产出水平。同时,对汽车工业、精密机械工业、光电子工业及其它高新技术产业带来较大竞争压力。我们必须抓紧时机,苦练内功,加快调整结构,立足于面向国内外市场需求,构建适应经济全球化的新型产业体系。

(一)加速推进调整重组,推动汽车工业发展。汽车工业是高新区支柱产业,也是受入世冲击最大的行业之一。我们要利用5年左右的保护期,抓紧调整,化解风险。目前,重点是加快三江雷诺资产重组工作步伐,尽快推进航天华晨与雷诺的合作,更新产品,实现产品结构适应消费者结构升级的调整。同时,抓住西部大开发和国家加强基础设施建设的机遇,大力推进重型越野车的民品开发。在此基础上,带动汽车零部件工业的配套发展,力争尽快把汽车产业做大做强。

(二)抢抓机遇,壮大实力,突出优势,推进军工企业转民步伐。目前,高新区要抢抓国家军工企业改革脱困方案出台的最后机遇,尽可能多地争取享受核呆、债转股、国债贴息等好处。按照建立现代企业制度的要求,推进国有军工企业的改组、改革和改造,引导和帮助军工企业实施军转民战略,推动军工技术、人才向民品转移,推动军工企业尽快成为适应国内外市场竞争环境的法人实体和市场竞争主体。

(三)集中力量,突出特色,培植高新技术产业。要以加快高新技术工业园、高新技术农业园和高新技术创业服务中心的建设为重点,大力发展光电子信息、绿色生命工程、生物工程等新兴产业,积极培植拥有名优产品、知识产权、先进技术、竞争力强的企业集团,加快光电企业的扩张裂变,再造适应国内外市场需求的新型产业体系。

四、积极适应入世后的新形势,着力营造良好的发展环境。

我国加入世贸组织以后,国内市场竞争和国际市场的融合程度得到加强,区域性的差别弱化,透明的法律、简化的规则和同等的国民待遇,将依靠特殊条件和优惠政策支持下的小环境受到冲击,高新区的比较优势相对弱化。高新区必须以全新的姿态,从依靠政策优势,转向依靠服务与环境的综合优势,大力推进环境创新,争取发展的主动权。

(一)根据国家有关政策和法规,借鉴外地高新区的经验,结合高新区自身实际,积极探索高新技术工业园、高新技术农业园和高新技术创业服务中心封闭运行管理体制,制定加快两园一中心的政策和激励措施,增强高新区的竞争力和吸引力。

(二)在高起点、高标准制定“两园一中心”建设规划的基础上,争取各方支持,大力推进高新技术工业园、高新技术农业园和高新技术创业服务中心的基础设施建设,为招商引进打好基础。

(三)建立协调服务承诺制度和目标责任制度,进一步完善“一人式”全程服务机制,寓管理于服务之中,提高办事效率,提高服务质量,为招商引进、项目建设和企业经营创造良好环境。

创建行政服务中心三大平台

孝感市人民政府副秘书长
市行政服务中心常务副主任　陈金桥

江泽民同志在党的十六大报告部署深化行政管理体制改革工作中指出:“进一步转变政府职能,改进管理方式,推进电子政务,提高行政效率,降低行政成本,形成行为规范、运转协调、公正透明、廉洁高效的行政管理体制”。思考领会这段话的丰富内涵,我们深感行政服务中心应当为实现这项改革举措和目标,发挥一定的作用,作出新的贡献。

市行政服务中心运行一年来,按照市委市政府确定的中心宗旨和服务理念,规范操作,完善功能,拓展服务,作了大量艰苦细致的工作,受到各级领导和广大办事群众的高度评价和热情赞扬。按照与时俱进,开拓创新的要求,中心决心巩固成果,探索和落实新的举措,把行政服务中心建成三个新的平台。

一、减少和规范行政审批,创建政府公共服务的新平台

切实把政府职能转到经济调节、市场监督、社会管理和公共服务上来，这是党中央国务院为建立市场经济体制，适应我国加入WTO新形势的一项重大部署，行政服务中心应当而且可以为此发挥促进作用。

（一）　落实减少行政审批的改革举措，计划经济条件下，行政审批和行政收费，成为政府部门履行职能的重要组成部分，甚至成为第一要务。因此，重审批、轻管理，重收费、轻服务的现象几乎成为通病。在建立和完善社会主义市场经济体制和积极应对入世的新的历史阶段，这种现状必然要改变。随着行政审批体制改革的深入，行政审批项目分批进行了大批削减，我市已分三批取消行政审批项目567个，下放转移40个，其中进中心的项目都及时取消，避免了过去有的单位出现的“变相审批”和“收费滑行”现象。同时，中心对有的行政收费项目转为事业性收费或企业经营的，也得到落实。行政服务中心成为改革行政运行机制的良好载体之一。

（二）　推进保留的行政审批项目规范运作。减少行政审批项目旨在取消一些市场准入的限制，加大政务公开的力度，降低门槛，减少关卡，创造公平竞争的环境。但减少行政审批并非取消行政审批，有些事关经济发展、事关国家安全和人民生命财产的生产经营项目，还要加大审批力度，如省政府最近专门发文，规定对鼠药生产必须先取得生产许可证就是一例。对保留下来的行政审批项目，如何规范运作，做到公开、透明、廉洁、高效这是各窗口单位和行政服务中心的应尽职责。中心运行一年来，办件102621件，按时办结率百分之百，其中即办件占百分之七十，办事群众满意率百分之九十八。新的一年，中心还要在规范运作、优化服务上下功夫。

（三）　探索扩展政府公共服务的新路子。在相当程度上讲，行政服务中心办理的居民身份证、机动车驾照等，都是政府实施社会管理的一种公共服务，如何延伸这种一栋楼办公、一条龙运作、一站式办结的服务，中心已经在探索和尝试，如引进带有独家经营性质的白蚁防治、有线电视报装等，引进社会中介服务机构，如财产保险、工程监理、招投标代理等，同时，还打算引进电话、水电报装、出国体检等一些与人民群众生活密切相关的服务项目，真正实现“政府超市”，打造政府向社会提供服务的新平台。

二、优化办事环境，创建对外招商引进的新平台

通过加强软环境建设，推进对外开放，促进招商引进，是市委市政府建立行政服务中心的初衷之一。实践证明，进驻中心的外经、工商、税务、规划、建设以及公安、消防、人防等窗口，发挥集中优势，实施联办操作，以服务为本，大大增强了对外商内资的吸引力，中心办理的效率和质量，受到内外商的一致好评。据不完全统计，中心一年为新增内外商办理证照3019起，同比增长6.3倍，内外资分别增长108%和11%。进一步建设好这个招商引进的新平台，中心的思路和举措有三个方面。

第一、坚持三项制度，一是首问责任制，即无论客商问到哪个窗口人员，不管是否应由本窗口受理，都要热情引导到办事窗口。二是联办责任制。即客商办理基建手续以及工商执照、税务登记等，都由规定的牵头单位抄转有关窗口，中心业务处组织协调会审，限期办完。三是跟踪服务制。对于初次前来窗口咨询和需要补办手续的客商，有关窗口要跟踪服务，包括电话联系、上门辅导，帮助出点子想办法，让客商顺利办完手续。

第二、做到“三办”、“三通”。即急事急办，特事特办，快事快办；对于不了解孝感市情和本地行情的客商，做好宣传解释工作，加强沟通；对有些客商办理证照环节不完善但不违反法规的，不推不卡，实行变通；对资金确实有临时困难的客商缴纳规费，提倡优惠或允许分期缴纳，实行融通。

第三、积极探索电子政务，试行网上审批，力争在公开、透明、便捷、高效上再上新台阶。

三、完善监督网络，创建党风廉政建设的新平台

实现行政权力的阳光操作，从源头上治理腐败，是发挥行政服务中心功能和作用的重要方面。中心运行一年的实践证明，通过公开透明的办理方式和“三个五”的操作规范，对于规范行政权力的运作和行政收费行为，避免暗箱操作和少数工作人员“吃拿卡要”，具有显著成效。我们体会以下二个方面应进一步完善和发展。

1、坚持网络监督。充分发挥现代电子技术的作用，把“五公开”内容及办理结果，通过互联网、局域网、电子显示屏、语音查询电话等载体显示出来，实现窗口之间、窗口人员与办事群众之间、管理层与窗口单位之间三个层面的监督。同时坚持向群众敞开发放办事须知、中心简介，让群众知情，接受办理群众的监督。

2、发挥专门机构的作用。纪检监察部门在中心设立的投诉中心和中心督查处，一年来共查处了二起“双轨运行”和八起违规收费问题，收到了震动和教育的良好效果，同时，纠正了多起窗口人员接待语言仪表不规范行为，维护了中心的声誉和形象。中心打算进一步拓展和改进监督方式，不断推进阳光操作，突出“双轨运行”、“违规收费”、“吃拿卡要”三个重点，加大查处力度，从而更好地发挥源头治腐和党风廉政建设的平台作用。

深化服务促发展　与时俱进谱新篇

孝感市工商行政管理局局长　吴水明

近年来，我们孝感市工商局在市委、市政府和省工商局党组的正确领导下，以“三个代表”重要思想为指导，紧紧围绕经济建设中心，切实加大执法力度，努力促进职能到位；积极创新服务举措，大力推动经济发展；全面加强自身建设，着力改善工商形象，各项工作取得了新的突破和发展，每年完成和超额完成市委、市政府和省局下达的各项工作任务。连年被市委、市政府评为市直机关先进单位。2001年，还被省委、省政府表彰为“行业依法治理十佳单位”和省级文明单位。

一、切实加大执法力度，维护市场经济秩序成效明显

近年来，按照国务院和省、市政府的统一部署，我们把整顿和规范市场经济秩序放在突出重要的位置，围绕社会关注的“热点”，突出“整规”的重点，加强协调配合，狠抓宣传造势，实行三级联动，做到全线出击，始终保持强大的高压态势，先后开展了“打假冒”、“清主体”、“反垄断”、“反虚假”等“四个战役”；集贸市场专项整治以及整顿和规范公司出资行为专项行动。全市系统共检查各类市场主体10万余户，查处各类经济违法行为4650起，捣毁制假售假窝点230个，查获各类假冒营养保健品72吨、假冒劣质农资510余吨，在维护我市市场经济秩序方面发挥了主力军作用。

二、切实加大服务力度，促进经济发展绩效显著

近年来，全市工商系统紧紧围绕经济建设中心，充分发挥工商职能作用，积极实施“五项工程”，大力促进经济发展。

——民营强市工程。在2000年圆满完成调头工程的基础上，继续大力推进个体私营经济发展。先后举办法律法规和WTO知识培训，提高个私业主知识水平；深入开展“百、千、万”表彰活动，引导个私业主诚信经营；成立个私维权投诉中心，切实保护个私业主合法权益；建立帮扶联系点，着力培植私营大户，掀起了大力发展民营经济的新热潮。截止目前，已登记注册个体私营经济21.6万户，从业人数81.2万人，产值营业额266亿元。

——再就业帮扶工程。认真贯彻省、市再就业工作会议精神，通过设立信息库、出台优惠政策、建立回访制度、实行跟踪服务、举办私营企业吸纳下岗职工再就业招聘洽谈会和开展“援助月”活动等形式，积极帮扶下岗职工再就业。截止目前，累计帮扶2.6万名下岗职工在个体私营经济领域实现了再就业。市工商局被市委、市政府授予帮扶下岗职工再就业先进单位。

——“中小企业帮扶工程”。大力推进行政审批制度改革，积极抓好市行政服务中心工商窗口建设，坚持实行上门服务制、定点帮扶制、首问负责制、责任追究制，积极为企业改制策划、论证、释疑，并及时办理注册登记。近年来，共为50家改制企业和840家新办企业办理了注册登记。市行政服务中心工商窗口连续11次被评为红旗窗口。同时，大力推动外向型经济发展，全市累计注册外商投资企业269家，投资总额3.8亿美元。2002年7月国家工商总局授予孝感市工商局外商投资企业核准登记权。

——合同解忧工程。按照市委、市政府关于打造诚信孝感的要求，大力实施合同解忧工程，着力提高企业信用水平。与78家企业建立帮扶联系点，为企业提供法律咨询、鉴证合同、调解合同争议等服务，共为企业避免或挽回经济损失2360万元。深入开展“重合同、守信用”企业评定活动。2002年全市新发展“重合同、守信用”企业市级134家，省级78家，受省政府表彰的4家。大力推行企业信用公示制度，建立信用档案，推行信用巡查，开展信用公示，不断强化企业信用意识，得到国家总局和省局的充分肯定。

——精品名牌工程。积极宣传新《商标法》，引导自然人、法人和其他组织申请注册商标，鼓励和指导企业争创知名商标、著名商标和驰名商标。全市商标注册1435件。在今年的全省著名商标评选中，神龙麻糖、白玉面条、永和安防盗门等19件商标被评为湖北省著名商标。其中，孝感麻糖、楚嘉利饼干、福星钢丝绳、中盐宏博、黄麦岭化肥等5件商标受到省政府表彰。

三、切实加大职能工作创新力度，监管执法效能不断提高

深入开展评选“十大创新成果”活动，设立“敬言献策奖”，大力营造鼓励创新、支持创新、保护创新的浓厚氛围。近年来，先后狠抓了“12315”申投诉举报网络、市场巡查、扩大工商所监管执法权限、集中办案、执法资格考试等“五项创新举措”，不断提高监管执法效能。特别是1999年，在顺利完成工商体制改革后，市局党组迅速调整工作重心，率先推行集中办案机制，切实加大了公平交易执法力度。今年，又在全市系统推出了“经济户口”局所联动制、企业信用公示制、市场预警制、定缴查“三分离”等创新举措，进一步提高了监管执法效能。各地也结合实际，加大职能工作创新力度。如：汉川市局实行企业信用公示制，提高企业信用水平；应城市局深化结对帮扶，狠抓基层建设；云梦县局推行“一室一厅一队”监管模式，促进职能到位；安陆市局狠抓收缴查“三分离”，规范执收执罚行为；孝昌县局实施“阳光工程”，树立良好工商形象；开发区分局开展“双创”活动，增强干部工作责任心；城区分局抓好绩效百分考核，调动全员工作积极性；孝南分局开展“双查”，加大执法力度；市局注册分局开展评选星级干部活动，提高干部综合素质，等等。这些创新举措，都极大地推动了各项工作。

四、切实加强自身建设力度，干部队伍结构更加优化

1、坚决推进“两项改革”。1998年底，党中央、国务院作出省以下工商行政管理机关实行垂直管理的重大决策。全市各级工商部门面对人多编少分流难，市场紧缺安置难等困难和压力，精心组织，稳妥实施，全力以赴抓改革，较为顺利地完成了体改任务，实现了平稳过渡。共清退协管员278人，分流干部职工2051人，基本实现了公务员定岗定位，被省工商局评为体改先进单位。2001年，按照国务院和省政府关于“工商部门限期与所办市场彻底脱钩”的指示，全市系统在时间紧、任务重、难度大的情况下，态度坚决，迎难而上，采取“一个中心开发一个项目、一个站办好一个市场，一个人经营一个门店（摊位）”和“发展拓渠道、买断消臃肿、捐款献爱心、竞争定岗位、‘三公’明去留”等办法，狠抓市场开发经营，妥善安置富余人员，提前完成市场办管脱钩任务。其间，系统广大干部和工勤、社团人员发扬团结友爱和无私奉献的精神，捐款近百万元用以安置转岗人员。全市系统共移交市场115个，人员640人，资产9021万元，债务2653万元。

2、认真开展"三项教育"。根据市委、市政府和省工商局党组的统一部署，我们在全市系统先后开展了"三讲"教育、"三个代表"学习教育和"学、查、改"活动。在"三讲"教育中，市局领导班子成员联系思想工作实际，仔细查找在党性党风方面存在的问题，对照群众提出的意见和建议，制定了《党组工作规则》等6项制度。并因势利导，把"三讲"学习教育延伸到局机关科级干部和县市局领导班子及成员，不断增强各级领导干部的政治意识、大局意识和责任意识。在"三个代表"学习教育中，我们结合基层建设，按照"联局帮所"责任分工，派出检查组，深入县市局，跟踪抓督办，全市系统开展的"三个代表"学习教育活动，受到各级党委、政府的好评。今年，又结合作风纪律整训，认真开展了"学、查、改"活动，引导干部开展"十查十看"，扎实进行了整改，取得了明显成效。

3、切实加强"四项建设"。一是狠抓基层建设。全市系统以"一项改革"(基层监管方式改革)、"三项建设"(思想政治建设、业务建设、基础设施建设)为主要内容，深入开展"基层建设年"活动。制定了基层建设三年规划，广泛开展学法规、学微机、学外语、学世贸规则"四学"活动和"一月一法一训一考"活动，组织政策法规讲师团送法下基层，使得干部综合素质和执法水平明显提高。切实加大资金投入，着力改善基层环境。全市系统共投资831.8万元，兴建、改建和扩建基层工商所办公楼63栋，配备微机63台，办案车53辆，使得基层面貌明显改善。与此同时，我们狠抓了计算机网络建设，全市系统实现了互联互通，进一步提高了现代化办公水平，为实现电子工商的目标奠定了基础。

二是狠抓精神文明建设。大力弘扬"团结、务实、开拓、奉献"的孝感工商精神，推动市局机关和系统的文明创建活动，全市工商系统连续三届被命名为市级文明系统，市局和云梦县局被命名为省级文明单位，全市系统有18个单位被命名为市级文明单位。

三是狠抓党风廉政建设。全面落实党风廉政建设责任制和责任追究制，切实强化制权、管钱、用人等三个重要部位和"案、费、证、照"四个关键环节的监督，大力推行政务公开，积极实施"阳光工程"，坚持开门评局，强化工商稽查，加大违纪案件查处力度。先后开展了思想作风建设、警示教育和队伍作风整顿，举办领导干部作风建设研讨班，使系统作风有明显改善。市局被评为市直机关党风廉政建设先进单位。在今年行风评议中，又扎实开展"征求意见千人行"活动，在社会上引起强烈的反响。市局和5个参评的县市局、分局全部被评为行风建设合格单位，其中有3个县市局获得当地行风评议第一名。

四是狠抓各级领导班子建设。深入开展创"团结、廉洁、实干"班子和"五好"班子活动，认真执行民主集中制和民主生活会制度，坚持抓好中心小组学习，不断提高各级班子凝聚力、战斗力和号召力。市局党组在学习"三个代表"期间，就加强班子建设"约法五章"。同时，严格执行干部选拔任用工作制度，大力推行干部人事制度改革，按照"四化"要求，建立后备干部管理资料库，加大年轻干部培养力度，使得一大批优秀年轻干部走上各级领导岗位，开创了生机勃勃的干部工作新局面。

树立经营城市理念　开辟多元筹资渠道

孝感市建设局局长　周明祖

孝感城区市政基础设施建设在市委、市政府的坚强领导下，在社会各界的大力支持和关心下，近几年突飞猛进，城市面貌焕然一新，取得了有目共睹的成就，广大市民无不称道，然而，投资渠道单一，资金来源不足，欠债——建设——再欠债，一直是加快城市建设过程中的一大难题，也是制约城市发展的瓶颈，又是压在我们头上的沉重包袱。如何采取有效措施解决这一问题，是我们探索和研究的重大课题。在此，我仅就几年的工作实践，谈一谈自己的体会和想法，以期引起社会的普遍关注和共鸣，从而有助于共同做好筹措城建资金这篇大文章，再迈城市建设新步伐。

长期以来，由于受计划经济的束缚，城市建设资金完全依赖于政府财政计划内安排，给点钱，办点事，不给钱，不办事，办了事，不管事，拖去拖来成坏事等靠要的思想非常严重，没有市场经济的意识，没有改革开放的胆略，没有开辟多方融资的渠道。为了解决城建资金紧缺的被动局面，我们积极用市场经济的办法、用改革的精神，联系孝感的实际，曾经探索了城市建设筹资"十二法"，即：对外开放引一块；深化改革调一块；门前四包收一块；综合开发赚一块；有关部门帮一块；施工队伍垫一块；社会奉献捐一块；政策收费交一块；跑部进厅求一块；以资代劳筹一块；减员增效挤一块；节约开支压一块。通过"十二法"，筹措了一些建设资金，促进了城市建设的发展。但是，总的感觉，城市建设是计划经济作用时间最长，旧观念影响最深的领域。由于产权关系不明晰，效益拉动投资不明显，投资主体与经营主体不到位，政策不配套等，使城市建设投资还没有从根本上走出入不敷出的困境。要摆脱这种被动的境况，实现"十五"规划城市建设的奋斗目标。我认为，必须用改革的办法，打造经营城市的新理念，闯出一条城建资金投入产出良性循环的新路子。

一是要走城市基础设施是商品的新路子。城市基础设施是城市的重要组成部分，作为一种特殊商品，它具有服务对象的多样性、服务时间的连续性和服务空间的广泛性等多种不同一般商品的特殊性。这种特殊商品的属性，决定了其巨大的有形价值、无形价值及其潜在价值。但在市政公用设施的使用过程中，这些价值并没有得到充分体现。在许多人看来，政府修道路、搞绿化、建公厕、处理污水、新建广场、架设立交桥等等，这些都是天经地义的事，并没有看到正是由于基础设施的配套完善和环境面貌的改观给我们生活质量提高带来的巨大变化，作为生活在城市中的一员，适当负担一定的公用设施使用费用是合乎情理和符合有关规定的。因此，必须打破长期以来城市市政公用设施无偿使用的局面。

二是要走经营方式靠市场的新路子。长期以来我们城建部门内部运行机制不活，竞争力不强，端铁饭碗、吃大锅饭的思想严重。改革市政公用行业运行机制已势在必行。一方面抓好人事制度改革。遵循"以岗定员、优质高效"的原则，对行业内部机构该减的减，该合的合，人员要最大限度地充实到一线，积极引入竞争机制，实行能者上、平者让、庸者下，对定岗定员以外的人员，通过组建专业公司、兴办第三产业、开辟新的经营渠道转化解决。另一方面抓好公用行业内部运行机制改革。按照政企分开、政事分开、建管分开、管养分开的改革思路，本着积极稳妥、稳中求进的要求，对现有从事市政设施建设维护、园林绿化建设养护、环卫设施建设和卫生保洁的市政公用事业单位，将管理职能与作业职能分开，管理职能由专业管理部门承担，作业职能组建企业性质的专业公司或通过招投标由具备资质的专业公司承担。对燃气、公交、供水、污水处理等公用企业单位，将遵循产权明晰、权责明确、政企分开、管理科学的原则，积极创造条件，逐步进行现代企业制度改革，尽快走向市场。

三是要走土地使用资本型的新路子。土地是一个城市空间和城市功能的载体，是稀缺和不可移动的资源，是经营城市的一个很重要方面。在市场机制作用下，应分清城区土地区位，改革使用制度，做好"以地生财"文章，开辟城市建设重要的资金渠道。一要充分发挥土地资产的效益。除国家规定可以继续实行划拨用地外，无论新增建设用地还是存量划拨土地，都必须通过政府出让、租赁、作价出资或入股等方式纳入有偿使用轨道；大力推行国有土地使用权招标、拍卖，商业、金融、旅游、娱乐及经营性房地产开发等建设项目用地，一块土地有两个以上意向用地者，应实行公开招标、拍卖。对城市存量土地，要进行土地使用权招标、拍卖，提高存量土地的收益。严格控制协议出让土地的范围，凡协议出让土地的，必须在地价评估的基础上，集体审核并向社会公开。二要运用综合开发手段，科学合理调整中心地区和繁华地段用地性质，充分发挥"黄金地段"的环境效益，提高地价"以地生财"；同时，要做到"卖""养"并举，涵养级差收益，即在拍卖土地使用权之前，对列入城市规划区范围内的土地，通过完善基础设施，优化开发环境，变"生地"为"熟地"，促进建设用地增值。三要加强城市土地供应量的宏观调控。一个城市的土地容量总是有限的，地价总是呈上涨趋势。对此，建议政府借鉴黄石等地的做法，成立市土地储备中心，高度垄断土地一级市场，通过收购储备破产企业的国拨土地，依法收回闲置土地，房地产开发供地一律采取招投标拍卖等一系列重要措施，盘活土地资产这份城市最大国有资产存量，同时应根据市场的供求关系，有计划分期分批出让，把地价上涨的收益不断地收归政府所有，从而走出一条以地生财、聚财建城的路子。

四是要走建设资金多元并存的新路子。孝感是我家，建设靠大家。各单位、各部门、城区的每个市民都有建设城区的义务和责任，要遵循市场经济规律，采取"一主多辅加全民"的办法，积极推行城市基础设施建设市场化，按照"谁投资、谁经营、谁受益、谁承担风险"的原则，坚持市政基础设施"门前四包"，既解决建设资金不足的问题，又强化市民的参与建设意识。开展民工建勤活动，对城区路网骨架的土方工程和污水治理工程开展义务活动。深化户籍制度改革，采取兴办民营经济小区、专业市场、物业管理等形式引导农民进城造城，膨胀城市发展块头，增强城市整体功能。同时，吸引社会各界采取独资、合资、合作等多种形式，参与城市基础设施的建设经营与管理，还可采取向社会公开招标的做法，由中标者按规划设计要求，实施建设和管理运营。全面推行拍卖城市道路、桥涵、公园、公厕、游园和广场冠名权、广告经营权以及以房带路、以路兴商、土地转换、经营权转让的办法，扩充城市建设的资金来源。

五是要走经营目的效益创新的新路子。长期以来，形成的重建设、轻管理，重投入、轻效益的弊端，使政府为城市建设投入的巨额资金，并最终以实物形态出现的大量大批的工程项目，成为一种社会福利型的资产存量。这种国有性质的资产存量，有的形成了资金投入的恶性循环，有的造成了一定资产的闲置浪费，甚至变相流失或无形流失，使资产营运效率始终处于低效状态。对此，必须解放思想，大胆改革，树立"经营城市"的全新理念，把市场经济中的经营意识、经营机制、经营方式等多种要素纳入城市建设，以现有的资产存量，优化其增量，发挥其巨大效益，实现城市资产由实物形态向价值形态的转化。在这里我建议孝感要尽快组建城投公司。如果我市城市建设投资公司组建成功，那么可以经营从建设系统内剥离出来的国有资产，并负责城市建设资金的筹措、融通、投入和偿还历欠债务，还可适当举债建设，实现城建资金、资本的集中营运，滚动发展。有些扭亏无望，产品无市场，污染严重的垮企业、老企业，可以在清产核资、企业改制的基础上，通过企业搬迁、调整，使低效资产变成高效资产，把非经营性资产转化为经营性资产，使建设管理与创新经营效益有机结合并融为一体，提高经营城市的社会和经济两大效益。

总之，在经营城市中，"城市"是核心，"产业"是载体，"资本"是动力，"现代化城市"是目的，只要我们牢固树立

“十分建设、十分管理、十分经营”城市的理念不动摇，解放思想，开拓进取，勇于创新，就一定能使孝感城市建设走上可持续发展的健康之路。

全市劳动保障工作面临的形势和今后工作的着力点

孝感市劳动和社会保障局局长 周良斌

多年来，全市劳动保障部门在市委、市政府的正确领导下，紧紧围绕市委、市政府确定的目标任务，以“三个代表”重要思想总揽全局，抢抓机遇，迎接挑战，开拓进取，扎实工作，各项劳动保障工作不断取得新成绩。两个确保基本实现并得到巩固。

就业形势基本稳定，市场就业机制加速形成。以提高劳动者素质为目标的职业技能开发工作不断向前推进。现代企业工资收入分配制度初步建立。劳动关系调整机制已经建立，在维护劳动关系双方合法权益中发挥了极其重要的作用。支持国有企业改革成效明显。在自身建设方面，劳动保障系统始终坚持两手抓，全系统连续两届被评为市级文明系统，市劳动局和四个县市劳动局连续两届被授予省级文明单位称号。

当前，劳动保障事业发展正处于十分重要的时期，机遇与挑战并存，希望与困难同在。

一是宏观经济环境日趋改善，但新旧体制矛盾仍然存在。各级党委、政府对劳动保障工作的重视程度已经上升到了空前的高度。党的十五大确定了劳动和社会保障事业发展的大政方针，把建立健全完善的社会保障制度列入了国民经济和社会发展规划，作为深化改革，稳定社会和治国安邦的根本大计，社会主义市场经济体制的重要支柱，社会主义事业的根本制度建设。随着经济结构特别是产业结构进一步调整，国有企业改制、改组并将逐步走出困境，使经济运行质量和效益明显改善，这为做好劳动保障工作提供了难得的机遇。

但是，旧体制遗留下来的企业富余人员增多，社会保障体系不够完善，工资分配方式和分配结构不太合理，劳动保障法律法规不够健全等问题，在一定程度上制约着社会保障事业的全面发展。劳动保障工作面临着经济全球化、城乡一体化、所有制多元化带来的新挑战；面临着改革深化、结构调整、人口老化提出的新任务；面临着以人为本，强化服务，贯穿劳动者生、老、病、死全程产生的新课题。

二是就业渠道不断拓宽，但劳动力供需矛盾仍然突出。所有制结构和产业结构调整，地区间协调发展，城镇化进程加快及加入WTO，必将开发新的就业岗位，促进劳动力资源重新配置、合理流动。乡镇企业的“二次”创业，农村商品流通渠道的拓展和小城镇的发展，必将加快农村富余劳动力的转移。个体、私营、“三资”、外商投资企业的迅速发展和家政服务业的兴起将创造更多的就业机会。

目前，虽然我市国有企业大多转民，其他产业也在改革中发展壮大，但是可提供的就业岗位还是十分有限。预计全年全市需要再就业的下岗职工将达到3万人，结转的失业人员1万余人。还有庞大的农村剩余劳动力大军需要开发就业，就业形势将更加严峻。

三是社会保险筹措机制不断完善，但基金支付压力仍然巨大。社会保障制度逐步健全，政策法规不断完善，社会保险基金征缴手段得到加强，征缴率有望进一步提高；非国有企业和事业单位为社会保险注入了新的血液；国有企业脱困搞活，缴费能力将得到改善；经济发展，为调整财政支出结构，增加社会保障支出奠定了基础；社会保险基金运营机制逐步建立，为其保值增值提供了保证。

但是，人口老龄化的局面已经显现，离退休金需求越来越大，社会养老负担逐步加重；随着经济结构战略性调整，企业关、停、并、转、破产力度加大，失业保险金面临严峻考验；经济发展，生活水平提高，人们医疗消费水平趋旺，医疗保险支出增加。我市社会保险基金积累支付能力尽管排在全省靠前位次，但是，县、市、区之间积累不平衡，去年已出现收支难以平衡的局面。

四是劳动关系调整机制日益健全，但劳动关系处理仍有难度。随着《劳动法》等法律法规的贯彻落实，用人单位和劳动者法律意识不断增强，将有助于劳动关系的依法建立和调整；集体协商和集体合同制度的推行，劳动争议调解制度和仲裁制度的健全和完善，将有利于促进劳动关系和谐稳定；宏观经济环境日趋改善，经济和社会不断发展，不仅为逐步解决旧体制的难点创造条件，也将为新时期劳动关系调整创造更加宽松的环境。

但是，经济成份多元化，用工形式多样化，带来劳动关系复杂化；市场经济条件下劳动力流动频繁，带来了劳动关系动态化。新旧体制转轨时期，处理国有企业下岗职工和改制企业职工的劳动关系面临着诸多矛盾。部分企业特别是私营企业、外商投资企业不依法签订或严格履行劳动合同、不参加社会保险、侵犯劳动者合法权益的现象仍会发生，劳动争议案件尤其是集体争议案件将可能进一步上升。

因此，我们要准确把握机遇，积极应对挑战，将压力变动力，在竞争中求生存、图发展、找准工作的着力点，努力开创劳动保障事业新局面。

（一）以维护稳定为大局，狠抓“两个确保”不放松。

继续把维护企业和社会稳定作为头等大事来抓，巩固两个确保工作成果。一是领导挂帅，确保工作到位。继续把两个确保工作作为首要工作来抓，明确责任，落实措施，一抓到底。一把手要亲自挂帅,研究政策,加强协调,重大问题要及时向党委、政府汇报,争取领导重视、部门支持,形成工作合力。二是强化措施,确保资金到位。做好两个确保关键在资金。各级劳动保障部门要加大社会保险扩面力度,重点向三资企业、民营企业、新办企业扩展,力争做到应保尽保。加强对缴费基数、缴费人数的核准、稽查工作,主动协助税务部门加大征缴力度,提高征缴率。坚持"三三制"筹资原则,强化企业筹资责任,争取各级政府调整财政支出结构,把生活保障金、养老失业金缺口足额纳入财政预算,同时加大帮困资金的筹集力度。三是完善制度,确保发放到位。进一步健全个人帐户发布、查询制度、"两个确保"定期通报制度、重点监控制度、预警预测和重大紧急情况报告制度,确保发放到位。四是严肃纪律,确保责任到位。继续把两个确保纳入目标管理,强化目标责任,一级抓一级,层层抓落实。对因工作不力,酿成社会不稳定事件的要严格追究主要领导和直接经办人的责任。对挤占挪用"两个确保"资金的,依法依规严肃处理。

(二)以社会保险规范化管理为重点,积极推进社会保障体系建设。

1、进一步规范养老、医疗保险个人帐户,更加扎实地做好参保登记、稽核缴费基数、清理规范统筹项目、严格退休审批等基础工作。

2、进一步规范养老金社会化发放。全市在全面实现养老金社会化发放的基础上,把着力点放在规范发放上来。切实做好以规范数据库资料,规范业务流程,规范稽核办法,规范发放职责,进一步夯实社会化发放基础。

3、进一步规范医疗保险管理服务行为。医疗保险管理服务要以完善管理制度,提高服务质量为中心,进一步加大"两定"管理力度。要加强对医疗保险定点医疗机构、定点零售药店监督管理,完善"两定"竞争机制、制约机制和"退出"机制。要进一步完善医疗保险给付办法、结算方式及个人帐户管理办法,探索体现医、患、保三方内在机制的费用结算方式,实行住院费用一日清单制。同时完善办法,健全多层次医疗保险体系。

4、进一步完善失业保险制度。完善失业保险申领发放办法。建立个人缴费记录制度,对失业职工的管理实行审核、办证、发放失业金"一条龙"的前台服务。

5、努力扩大社会保险覆盖面。按照扩面工作目标,结合实际,组织扩面专班,抓大户、破难户、开新户,走上街头、深入家庭、融于职工群众之中。既要打好扩面攻坚战,也要建立扩面的长效机制。既要做到各险种应保尽保,又要巩固现有参保阵地,防止保源流失,特别是努力做好下岗、失业职工的续保工作。

6、健全网络,推进社区管理。社区是劳动保障服务与最低生活保障服务的工作重点及交汇点。各地要抓住当前加强城市社区建设的有利时机,推进劳动保障管理服务进社区,积极创造条件,为下岗、失业及离退休人员提供政策咨询、职业培训、职业介绍、医疗保障、生活娱乐、保险代理、权益维护等综合系列优质服务。

(三)以市场为导向,提高培训和鉴定水平。

一是分级负责,加大培训鉴定力度。按照"统一规划,分级负责,利益共享"的原则,进一步理顺培训鉴定管理体制;依托部门、行业和社会各界力量搞好技能培训,组织社会各方面专家搞好考评、鉴定,加强上下内外配合,形成培训鉴定工作合力,努力建立以市场为导向、以鉴定为龙头、以培养高素质的适用人才为目标、程序规范、政策完善的职业培训鉴定体系,逐步实现培训鉴定市场化、序列化、规范化。二是适应需要,培训高素质适用人才。适应市场需要,完善培训方式,拓展培训领域,提高培训层次,努力培训适应市场需要的合格人才和高技能人才。进一步深化技工学校教育体制改革,调整布局,优化结构,灵活办学,在体制、模式、机制、管理、教学等方面大胆创新。大力发展劳动预备培训和再就业培训,依托技工学校、就业训练中心,鼓励和支持社会力量办学,开展创业培训、适用技术培训、技术等级培训,提高劳动者的就业能力、创业能力和适应市场变化的能力。指导企业开展多形式的在职培训,实施农村劳动力就业培训计划,全面提高劳动者素质,构建劳动者终身培训体系。三是搞好衔接,实现培训和就业相结合。坚持培训与就业的统一,技能与待遇的统一,把技能水平作为确定劳动力市场指导价位和工资收入的重要依据,做到政策上相互配套,部门间相互配合,工作上相互促进,增强培训的针对性、实用性和有效性。四是拓展领域,提高鉴定质量。把鉴定对象从公有制企业向非公有制企业拓展,从城镇向农村推进,从企业向社会发展;把鉴定职业工种从传统制度、服务领域向新工种、新职业、边缘和交叉领域、公共服务行业、经营管理职业延伸。

(四)以实现充分就业为目标,千方百计扩大就业再就业。

一是拓展领域,主动扩大再就业。认真研究、正确把握加入WTO给就业带来的影响和机遇,顺应经济、社会发展及经济结构调整要求,把握劳动力市场供求变化,调整就业工作思路,确立就业新观念,积极发展弹性大、灵活性高和多样化的就业形式,大力发展第三产业,积极拓展家政服务、保安保绿、家电维修和生活护理等服务业,把社区作为再就业的新的增长点。组织和鼓励城市下岗职工、失业人员发展民营、私营、个体经济,到郊区发展高效农业、养殖业、种植业。

二是强化服务,加快建立市场导向就业机制。大力加强劳动力市场"三化"建设,充分发挥劳动力市场的龙头、辐射、带动作用,依法加强对劳动力市场清理整顿,规范劳务中介组织及行为,打击非法用工,健全信息网络和就业信息定期发布制度,完善"一条龙"服务承诺制,努力为下岗、失业人员提供职业培训、政策咨询、劳动保障业务代理等综合服务。研究完善就业政策,联合有关部门督促、检查、落实就业场地、小额贷款、费税减免等优惠政策,积极推进《优惠证》制度实施,促进下岗职工、失业人员再就业。继续开展特困援助活动,摸清现状,落实方案,逐一建档,采取社会互济、结对帮扶、接续保险、托底安置、开发就业等形式，合力帮助特困职工保生活，实现再就业。

三是城乡统筹，大力开发农村劳动力资源。抓住农业结构调整、城镇化进程加快和户籍制度改革契机，清理取消对农村劳动力流动就业、工资分配与社会保险的限制政策，努力建立城乡统一、开放、规范、有序的劳动力市场。鼓励农村劳动力到乡镇企业就业，从事特色农业、品牌农业、创汇农业和生态旅游业，稳定农业从业人员队伍；引导农村剩余劳动力开发非农产业，发展信息、技术、营销服务业，实现就近就地转移。

（五）以健全机制为重点，深化用工分配制度改革。

一是建立企业激励与约束机制。继续推进用工分配制度综合配套改革，在符合条件的国有独资公司、国有控股公司和有限责任公司中推行年薪制，进一步健全经营管理者业绩评价体系，探索规范经营管理者持股激励制度。在企业基本建立以岗位工资为主的基本工资制度，以岗定薪、岗变薪变，按绩付酬，能增能减，拉开管理、技术、营销岗位与其他岗位收入的档次。积极探索科技骨干试行年薪制科技成果折价入股参与收益分配办法，并选择部分企业进行试点。实行工资收入与经济效益、技能挂钩，企业工资水平与劳动力市场指导价位接轨，年薪制与岗位工资同步实施，加强对最低工资管理的监控，建立留住人才、吸引人才、用好人才的机制，推进企业制度创新、技术创新、管理创新。

二是全面规范劳动用工行为。针对劳动关系复杂化、多样化的特点，加强政策研究，推动各类企业，特别是三资企业、民营企业、私营企业的有雇工的个体经济组织，全面实行劳动合同制度，依法确定双方的权利和义务。指导企业从实际出发，建立平等竞争的用工机制。发掘劳动者的潜能；加强对劳动合同签订、续订、变更、终止和解除各个环节的基础管理，保证劳动合同得到有效履行。在三资企业、私营企业中大力推行平等协调和集体合同制度，加强对集体合同的签订、履行及执行国家用工、工时规定等情况进行监督检查，切实维护职工和未成年人合法权益。

三是健全企业工资分配宏观调控机制。通过完善劳动力市场工资指导价位制度，逐步将其覆盖主要行业和流动性强的职业（工种），促进劳动力在不同行业之间合理流动，完善工资指导线制度，切实发挥其对工资分配的调控指导作用，建立企业正常的工资调整机制，促进企业工资随经济效益增长而合理增长。加强对个体、私营企业执行最低工资标准的检查监督和对优势企业工资分配的监控，大力推行工资集体协调制度，落实职工在企业工资分配中的民主参与和监督权利。

（六）以维护劳动关系双方合法权益为前提，强化劳动保障监察和劳动争议仲裁工作。

进一步加大劳动保障监察执法力度，加强日常巡查和专项监察，对侵害职工权益问题突出的地区、行业和企业实行重点监察。要及时掌握企业拖欠职工工资情况，依法严肃查处非法克扣职工工资的行为。对经营困难拖欠职工工资的企业，要指导其采取积极措施，确保职工基本生活。认真做好信访工作，及时妥善地处理好群众反映的各类信访问题。密切与同级工会组织、企业组织、新闻媒体等有关方面联系，充分发挥舆论和社会监督作用。建立和完善举报制度，对违反劳动保障法律法规的行为，依法依纪严肃处理，切实维护职工群众的合法权益。进一步健全劳动争议处理制度，加强劳动争议的预防和处理，杜绝因劳动争议引发集体上访尤其是越级上访事件。劳动争议处理要进一步完善办案程序和制度，加强仲裁庭建设，强化庭审功能，提高办案质量和效率。

适应WTO要求　做好财政工作

孝感市财政局局长　**高楚元**

我国加入WTO，必将对社会经济产生极其广泛而深远的影响。财政是综合经济管理部门，必须认真学习WTO知识，熟练掌握和充分运用相关规则，促进地方经济发展和社会进步。

一、合理利用世贸规则，支持农业经济发展。一是要研究WTO对国内农业支持范围的规定，避免在国际商务诉讼中败诉。根据WTO农业协议规定，财政对农业科研、培训、推广与咨询服务、病虫害控制、市场促销、环境和资源保护以及自然灾害等方面的支持政策，可以免于减让承诺。因此，我们可按照WTO农业协议规定，对包括农业产业结构、生产建设投资、科教兴农、提高农产品质量、增加农民收入等一系列政策和法规进行调整，从政策和法规上加大对农业的保护和支持力度。二是要合理利用WTO对国内农业支持的“绿箱”和“黄箱”措施，多方面加大对农业的投入。从长远来说，我们仍需按“绿箱”政策的总体要求来调整财政对农业的支出重点，加大农业和农村基础设施建设、农业生态环境建设、农业科研及科技推广支出的力度，完善农业社会化服务体系、信息服务网络体系、营销组织体系、农产品储备调节体系，建立困难农民生产补助制度等。考虑到我市分散的小农经济不可能成为“绿箱”政策真正的载体，现阶段，减免农业税赋，增加农业风险财政补贴，增加财政对农庄经济实体的投资，不仅可行，而且能够立即产生效果。三是要支持农业结构调整，减少因加入世贸组织对农产品市场带来的冲击。要加大对“种子工程”、优质饲料、优质农产品基地、农业产业化龙头企业和退耕还林的财政投入，改变分散、平衡投入的方式，发展有竞争优势的农产品，如我市的优质稻中的太子玉晶、太子玉竹、太子玉玻，调减小麦、油菜种植面积，促进农产品加工转化增值。加快农业出口贸易体制改革，建设外向型生产基地，成片开发林果茶药，使名优新特产品形成规模。建立农民转业补助，促进农业劳动力由农业向第二、第三产业，由农村向城镇转移。

二、强化企业市场主体作用，支持地方工业和服务业发展。一是要对重点企业实行减免税等优惠政策。落实好对新办企业所得税减免，企业技改利用国产设备抵免所得税等一系列政策，鼓励企业进行技术设备投资，促进产业升级，推动高新技术产业发展。通过政策的杠杆作用，要壮大一批重点企业，如我市的航天雷诺汽车厂、湖北齿轮厂、云梦薄膜厂、川绳集团以及省下放我市的双环集团等。扶持一批中小企业，如孝感麻塘米酒集团等。重组一批企业，如组建水产集团、运输出租公司等。开辟新的财源建设项目，加快发展建材、纺织、食品等重点产品，开发数控机床、植物蛋白、光电子等高新技术产品，培育世界知名品牌。二是要努力发挥财政资金的导向作用。在安排预算内基本建设资金和挖潜改造资金时，要集中财力办大事，重点支持高科技含量、高附加值，对加快孝感产业结构调整和升级带动作用强的骨干项目。同时，要更多地运用财政贴息、垫息、通过担保公司等符合市场规律的经济形式，引导信贷资金、社会资金及其他资金流向符合产业政策和技术政策要求予以倾斜的建设项目中。同时加大对旅游发展项目及弱势企业的扶持力度。

三、大力实施“国退民进”战略，促进民营经济加速发展。关键是要为民营经济提供良好的成长环境，包括政策法制环境、市场开拓、中介服务体系、专业化协作环境等，促进民营经济“加速度”发展。财政部门要具体搞好国有资产清产核资、市场评估、牵针引线及整体出售工作，为民营经济买断经营提供政策优惠、简化手续及相关协调。

四、发挥财政稳定器功能，深化社会保障制度改革。入世后社会保障将进一步面临扩面问题和增支压力。要加快社会保障支出的改革，把“企业人”变成“社会人”。在社会保障税尚未推出之前，财政部门一是要将企业与单位社会保障支出进行统一管理，纳入财政预算；二是要健全法规制度，规范地方社会保障支出管理；三是调动各方面的积极性，扩大筹资渠道，建立多层次的社会保障体系。在世贸组织的条件下，要督促孝感境内的外资企业参加社会保障制度，使其在享受国民待遇的同时，承担起国民应尽的责任和义务。

五、引入“经营城市”理念，优化经济发展环境。一是要科学合理运筹财政资金，加大对城市交通、水、电、防洪等公共基础设施建设财政资金的投入力度；二是要充分利用财政经济杠杆作用，合理配置社会资源，盘活存量资产，做好资金运作、资本运作、土地资源开发等文章，拓宽理财空间，实现滚动开发；三是同时要制订相应的投资政策，引导社会资金投入，吸引外资投入，以良好的硬件基础，“筑巢引凤”，促进孝感经济更快更好地发展。

六、强化市场和社会服务意识，改进财政管理和监督方式。一是要深化财税体制改革，建立适应WTO要求的地方公共财政制度。进一步完善税收制度，规范税收优惠政策，增强税收的调节能力；强化税收征管，打击偷、骗、抗税，做到应征尽征，减少税收流失；硬化预算约束，实行部门预算，国库集中支付制度；细化财税制度和规章中的权力和义务条款，减少政策执行中的主观随意性；在鼓励对外开放的同时，扩大对内开放，实行内外统一的国民待遇原则。二是规范财税管理行为，减少市场扭曲。严格控制财税领域的行政审批事项，加快税费制度改革，减少财税部门对企业正常经营决策活动的干预，促进国内统一市场建设。三是扩大公众参与度，提高透明度。凡是与公众利益密切相关的财税政策法规及其执行程序的制定，应采取便利公众参与的方式，广泛听取社会各界的意见；财政收支执行情况及历史统计资料，应以简便易懂的方式和适应不同层次需要的详细程度，以公共产品形式向大众提供；扩大政务公开内容，公开办事程序、审批要件和时限。四是强化财政监督，将财政内部监督、审计监督、司法监督、公众监督等多种监督方式结合起来，增强财政监督的综合威慑力。五是加强对会计从业人员的管理，提高办事质量和办事效率。

开展交通大建设　推动经济大发展

孝感市交通局局长　**胡金火**

孝感北抵中原，南临武汉，扼南北交通咽喉，区位交通优越。

自建市以来，我市交通建设步入跨越式发展的快车道，尤其是近几年在实施开放强市的进程中，交通建设持续升温，好戏连台：率先在全省利用外资改造过境国道，京珠高速公路孝感段在全省率先建成通车，境内国道在全省率先实现全程硬化，率先实现乡乡通油路，公路密度在全省名列前茅，达到每百平方公里49公里。从2000年开始，每年全市交通建养投资超过4亿元。“十五”期间的交通建设，正以市区外环线、市域循环线、市县辐射线、高速公路联络线等“四线八路十二桥”为重点紧锣密鼓地展开，投资总规模近24亿元，是“九五”时期的2.4倍。

交通大建设需要巨大投资，钱从哪里来？我们交通部门采取投资和融资相结合的办法，灵活运用市场机制，多途径落实建设资金。一是加大交通规费征收力度，努力征好费、多征费，增加交通建设的投入；二是用足用活政策，依靠各级政府和人民群众，形成大办交通的合力。“九五”以来，全市用于公路建设的地方自筹资金达4亿多元，新铺油路800公里，修建扶贫公路1000多公里，使96%的行政村通了公路；三是将过境国道改造工程对外招商，吸引外资1.5亿元，合资将107国道孝感段改造成水泥路，并形成了以路养路、以路生路的良性循环。我们还采取同样方式引进港资1800万元，合资改建了云梦隔蒲潭大桥；四是推出优良的交通资源寻求银行贷款，实现金融资本与交通资源优化结合。金融部门与我们合作，先后投放贷款7亿多元用于路网建设。

在千方百计筹资建设本地交通基础设施的同时，我们扎实主动地服务国家重点工程——京珠高速公路建设，使京珠高速公路孝感段快速、顺利地建成通车，完成投资40.3亿元。并抓住这个建设契机，投资1.64亿元建成107、316国道绕城复线，以及南大立交桥，方便了南来北往车辆运行，结束了国道长期穿城扰民的历史，提升了城市的品位和形象。

连续数年的大规模交通建设，使孝感市的交通区位优势更加突出，已形成半小时至武汉国际空港，北上北京、南下广州、东至上海均可朝发夕至的便捷交通格局。内河水运经汉江到长江，初步形成江海直达水运体系。交通巨变带动了全市对内对外开放的飞跃，数十亿静态投资更推动了经济的增长，城市形象、投资软硬环境迅速改善，城乡经济结构随之调整优化。高速公路、国道、省道沿线，从大别山区到江汉平原，形成数条百公里特色农业走廊。大别山革命老区的大悟县、孝昌县盛产的板栗、玉皇李、珍珠花等山珍，过去因交通闭塞难以走出山门，如今只需几小时就进入大武汉等省内大中城市，只需一两天就进入北京、广州市场。

交通建设的大步冲刺，有力地推动了对外开放水平的提高，成为拉动经济快速增长的驱动器。过去4年里，孝感市国内生产总值平均增长10.6%，财政收入年均增长14.6%，社会固定资产投资平均增长17.9%，而交通建设对经济增长贡献率达2个百分点以上。

大力推进国有土地使用权招标拍卖

孝感市国土资源局局长 雷照金

2002年6月25日是第十二个全国土地日。众所周知，土地是万物之本。在发展社会主义市场经济的今天，土地作为国家重要的资源和资产，其管理的好坏关系到国民经济和社会发展，关系到民生、民计，也关系到党风建设。我国的土地有偿使用制度改革自1987年成立土地管理机构起正式拉开序幕，到1997年下发中央11号文件冻结耕地审批，2001年国务院又下发《关于加强国有土地资产管理的通知》，标志着土地管理已从原来重视资源的管理向实行资源和资产并重管理的转变，耕地必须实行世界上最严格的制度来保护，土地资源必须通过市场配置充分显现其资产价值。

近年来，我们市国土资源局认真贯彻落实中央的土地治本之策，不断加强对耕地的保护和土地的合理利用，国有土地资产管理和土地市场建设也取得了很大的成绩。一是土地资源市场配置进程加快。按照法律法规规定，严格实行国有土地有偿使用制度，大力推行国有土地使用招标拍卖。同时，规范协议出让行为，制定协议出让最低价标准，明确协议出让程序，强化集体决策和公示制度，把推行国有土地使用权招标拍卖制度和建立公开的土地交易机构作为构筑土地市场的“阳光工程”的重要举措来推进。二是土地市场制度建设取得较大进展，土地市场秩序逐步规范。相继建立健全了建设用地供应总量控制、城市建设用地集中统一供应、土地使用权公开交易、基准地价定期更新和公布、土地资产管理重大事项集体决策等，特别是国务院和省政府《关于加强国有土地资产管理规范土地市场的通知》下发后，我们结合本地区的实际，制定出台规范性文件，部署整顿规范土地市场秩序工作，确定清理整顿的重点，清查处理了一大批土地违法违纪案件，土地市场秩序有所好转。三是政府宏观调控土地市场的能力进一步增强。政府加强土地供应的集中统一管理，根据市场需求制定供应计划，有计划供应土地，并建立了土地收购储备制度和土地有形市场，初步扭转了分散、多头供地的局面，政府成为平衡土地市场供需的主导力量。

面对取得的这些成绩，我们没有满足和乐观。比起省内外兄弟市州，我们仍有较大的差距，我们的土地资产管理制度建设有待进一步加强，土地市场秩序还存在混乱现象，国有土地资产通过市场配置的比例不高，土地出让交易透明度低，集体土地、划拨土地大量非法入市，隐形交易，随意减免地价、挤占国有土地收益的现象时有发生，国有土地收益流失尚未从根本上遏制等等。为此，我们要着力抓好以下工作：

一、控制源头，实行政府对土地市场的高度垄断。要真正做到“一个渠道进水，一个池子蓄水，一个龙头放水”，禁止任何单位和个人擅自私下进行土地交易。今后凡是新增建设用地，必须由国土资源部门代表政府实行“五统一”管理；凡是存量闲置土地，必须由土地储备机构，按照市场机制统一运作、配置，以增强政府对土地市场的垄断和控制权。停止办理单位之间、个人之间、单位与个人之间日常土地转让变更和新征用手续，所有土地交易和建设用地必须纳入统一的土地市场进行公开、公平、公正交易，防止国有土地资产的进一步流失，确保国有土地资产保值增值。

二、进一步扩大国土资源有偿使用范围。要严格按照法律规定划拨供地，对原划拨土地，因发生土地转让、出租或改变用途不再符合划拨用地范围的，应依法实行出让等有偿使用方式，凡未经土地部门事先同意，私下交易、投机钻营变相划拨的土地，一律不受法律保护，不能取得合法权证；对出让土地，凡改变土地用途、容积率的应按规定补交不同用途和容积率的土地差价。根据国务院、中纪委规定，从今年7月1日起，商业、旅游、娱乐和商品住宅等各类经营性用地，必须以招标、拍卖或挂牌方式出让，坚持非划拨供地的必须有偿使用，凡符合出让条件的必须出让，能拍卖的必须拍卖，确需协议供地的，要严格协议程序，公开协议结果，接受社会监督。

三、进一步加强地价和产权管理。地价和产权管理是土地市场建设的核心。要充分发挥市场配置土地资源的基础作用，依法规范土地市场，最重要的就是要积极推进基准地价更新，定期公布地价标准，逐步完善基准地价体系，并根据基准地价和标定地价，制定协议出让最低价标准，基准地价和协议出让土地最低价标准一经确定，必须严格执行并向社会公开，不得低于协议出让底价出让土地，如土地转让价格比标定地价低20%以上的，政府可以行使优先购买权。同时，要加强土地产权管理，通过变更登记和土地证年检，发现并查处私自转让、对手成交等土地违法行为，提高土地权利人的守法自觉性，不断规范土地使用权交易行为。

四、进一步加大宣传力度和执法力度。我们将组织力量，集中对城郊结合部集体土地入市和城区隐形土地市场进行拉网式清查，一经发现依法进行查处，进一步科学规范；对闲置土地开展清理登记，加大查处力度，对征而不用长期闲置的土地要依法坚决收回，务必有新的突破；对停产、破产企业闲置土地要制定收购储备出让方案，确定出让金返还分配比例；对改制转民企业的土地要加强管理；对改制后转让土地的，要依法重新办理出让手续，补交出让金。要迅速改变过去以划拨代替出让，以低价代替实价，以协议代替拍卖的被动局面，坚持土地收益由政府控制，确保土地收益足额到位，形成由政府回收——投入——再高效益回收的良性循环机制。对于低价出让、租赁土地，随意减免地价，挤占挪用土地收益，造成国有土地资产流失的，要依法追究责任。

土地资产是社会主义市场经济的重要物质基础，是实现经济社会可持续发展的重要保障。让我们在市委、市政府的领导和市人大、市政协的监督下，进一步加大土地市场建设力度，充分发挥有限土地资源的最大资产效益，促进我市经济和社会可持续发展。

迈入新世纪的孝感供电

孝感市供电局局长　**梁志斌**

电力作为无污染的二次能源，已成为现代文明社会不可缺少的主要能源。作为输送电能的孝感电网从无到有，不断发展壮大，逐步满足全市工农业生产和人民生活对电力的需求。随着社会经济的发展，对电网的供电可靠性和供电质量要求也越来越高。在我国加入WTO后，电网的发展也面临前所未有的机遇和挑战。我们要继续以市场需求为导向，以效益为中心，优化资源配置，有计划有步骤地加快我市现代化电网建设。

一、孝感电网已具规模

孝感的电力工业始于1923年，从孝感县城开办第一座发电厂以来，到1949年经历二十六年坎坷道路。当时的孝感、应城、应山、安陆等县，先后由商人、资本家、日伪驻军以及官商集资开办小型发电厂10余家，累计发电装机容量为181.5千瓦，间断发电量无法统计。仅供县城旧政府官员、商人、绅士、矿区资本家、采矿和军营等极小范围照明用电。由于技术落后、经营不善、军阀不交电费及窃电严重等原因，各电厂开办后不久便先后倒闭。

新中国建立后的五十一年，电力工业发展迅速。解放初期，在中共孝感地委、专署的领导下，三年内使全区的小型火电厂得到恢复和发展，各县城都建起了地方独立电网。五、六十年代孝感开始引进武汉电网电源。1966年孝感电力公司成立，1970年水电合并，1976年成立孝感地区电力局，恢复电力系统管理。虽然经历了“文化大革命”的严重干扰，电网仍获得发展。全区35千伏农村电网初步建成，110千伏城市电网开始建设。1993年撤地建市，孝感地区电力局更名为孝感供电局。这期间，特别是党的十一届三中全会以来，全国出现安定团结的政治局面，国民经济全面振兴，改革开放不断深入，给电力工业注入新的活力。孝感电网获得蓬勃发展，一个以220千伏为枢纽、110千伏为骨干、35千伏和10千伏配网为网络的孝感供电电网已经建成。

至2001年末，孝感电网拥有220千伏变电站7座，主变压器10台，容量129万千伏安，线路9条364.6公里；110千伏变电站27座，主变压器45台109.72万千伏安，线路38条636.41公里；35千伏变电站97座，主变压器188台50.34万千伏安，线路118条1337公里；6—10千伏配电变压器12685台134.7万千伏安，线路3266条9005.3公里。

二、企业管理水平在改革开放中不断提高

(1)改革经营管理制度。1980至1984年，孝感地区电力局相继实行“分解利润指标和利润留成”第一次提出利润与分配挂钩，“内部经营承包责任制”，及“安全、利润”双目

标管理。1985年,进一步将目标管理与经济责任制紧密结合,调动了职工的积极性。为贯彻全民所有制企业的三个条例,于1987年制定了《党委工作条例实施细则》、《局长工作条例实施细则》、《职代会工作条例实施细则》和局长任期目标。确立局长的法人地位,保证局长行使好经营管理权和生产指挥权,促进了局长任期目标的顺利实现。

(2)全面开展企业整顿。1982年,根据“五项整顿内容”和“十条验收标准”,全面开展企业整顿。先后清理财务并查处违纪违法问题,按照“四化”标准调整领导班子,整顿劳动组织实行定员定编,建立健全企业内部的岗位责任制度,整理台帐和资料,使企业管理基础工作进一步完善。1984年12月,经湖北省电力局验收获得“企业全面整顿合格证书”。

(3)企业升级达到省级先进标准。1986年,孝感地区电力局开展“抓管理、上等级、全面提高企业素质”的企业升级活动。1990年4月,被省人民政府批准为省级先进企业。

(4)劳动人事工资制度改革。按照湖北省电力局关于“三改”工作部署,从1993年5月起,在全系统开展了劳动、人事、工资制度改革。通过双向选择、竞争上岗、岗位评聘,兑现岗位工资、技能工资入轨。实行全员合同制,改革职工养老保险和医疗制度。1994年5月,省电力局对孝感局的“三改”工作进行了验收。

(5)实现安全文明生产双达标。1993年,孝感地区电力局开展安全、文明生产双达标活动。通过全局职工的共同努力,各级领导班子建设进一步加强,20项量化指标,5方面管理工作均达到考核标准。文明生产和管理水平大大提高。1995年7月,被原电力工业部授予“安全文明生产达标单位”。

(6)创一流供电企业,尽快与国际先进水平接轨。孝感供电局在连续三年“双达标”合格后,于1996年着手创一流供电企业工作。翌年初,在全市电力工作会上发出争创一流供电企业的总动员,经过三年艰苦奋战,全局创建一流供电企业工作受到省委书记贾志杰、省电力公司、市委市政府领导前来检查工作时的好评。先后通过省、华中和国家电力公司领导和专家的正式验收。

(7)整顿电力市场优质服务年活动。2001年,孝感供电局按照国家电力公司的统一要求,在全局范围内掀起了开展“电力市场整顿和优质服务年”活动的热潮。全市8县(市、区)城区供电所、84个乡镇营业所建立起了通畅、高效、快速,并被客户接受与欢迎的服务体系。应城长江埠、安陆杨新供电所被国家电力公司命名为文明示范窗口;汉川供电局被国电公司评为优质服务先进单位;孝南区供电局优质服务得到了省电力公司的表彰。

三、入世后对供电企业的影响

中国入世后,供电企业将受入世的间接影响。对于电力,如果国与国之间不联网是不可贸易的,故供电企业受入世的影响,关键取决于入世对当地社会经济的影响。如孝感经济能顺利适应入世的挑战,把握机遇,迅速发展,则我们供电企业就会随之兴旺发展,销售更多的电量;反之,如我市不少行业和企业,受入世冲击而不能走出困境,甚至纷纷倒闭,造成大量职工失业,人民生活水平降低,由此带来全市用电量的大幅度下降,则将影响供电企业的发展,经济效益的滑坡。

为了适应社会主义市场经济和加入WTO后的需要,电力系统正在加快体制改革,实行“厂网分开,竞价上网”,“同网同价”,争创一流企业,尽快与国际同类先进水平接轨,以提高竞争能力。故我们供电企业,将与全市各行各业和千家万户风雨同舟,用一流的管理、优质的服务,来迎接入世后的机遇和挑战。

四、“十五”孝感电网建设规划

1、我市电网存在的主要问题。中低压电网结构较为薄弱,110千伏变电站布点不均衡,致使部分35千伏变电站负荷大,输送电距离长,损耗大,部分地区35千伏和10千伏电网存在卡口问题。有的城市110千伏变电站仅由单回路供电。转移负荷能力差,降低了供电可靠性。无功不足,调压手段不完善。大部分110千伏主变为无载调压,部分地区电能质量不高。

2、用电结构分析。2001年底,我市共有电力用户23.01万户,用户装机总容量227.6万千瓦,年用电量31.5亿千瓦时,最大负荷58万千瓦。由孝感供电局供售电量27.69亿千瓦时。小水、小火电装机9.7万千瓦,发电3.7亿千瓦时,其中小火电装机9.1万千瓦,发电3.6亿千瓦时。从1996年起,供电负荷出现供大于求。

一产业用电。农业用电量中有约一半以上为排灌用电,与当年气候变化密切相关,近几年来出现负增长,“九五”年均下降1.81%。用电比重逐年下降。

二产业用电。工业用电量占第二产业用电量的99%以上。在目前市场经济条件下,我市一些工业企业出现了暂时的困难,处于停产半停产状况,特别是五小企业停产,使我市工业用电量增长率和用电比重明显下降。“九五”期间年均增长率为0.95%。

三产业用电量。电气化铁路的用电量占第三产业用电量的一半以上。随着城市亮化美化要求提高,机关办公条件的改善,其它事业用电量稳步增长,“九五”期间其年用电量增长率为7.46%。2001年用电量同比增长10.71%。商业饮食业用电量稳步增长,保持在8%以上,用电比重逐年上升。

居民生活用电。1990年以来居民生活用电一直保持两位数增长,1999年开始出现回落。“九五”期间用电年增长率为11.05%。

3、电力需求预测。孝感市“十五”期间,国民经济和社会发展基本思路是:充分发挥区位资源优势,依托武汉科教兴市,抓好汽车、盐磷化工、食品、建材建筑四大支柱产业,突出农业产业化、城镇建设、民营经济、市场建设等五大重点,GDP年均增长9%以上。使国民经济发展速度、增长质量和效益超过全省平均水平。

农业产业结构调整使农业由粗放经营向集约化经营转变,传统农业向现代农业转变,形成农业产业化经营,必将增加对电力需求。孝感市要加大工业化发展力度,第二产业"十五"增长率达到10.5%,成为用电增长主要因素。城市化水平的提高,城镇化水平由2000年的29.7%,到2005年提高到38%,服务领域扩大,将捉进三产业用电量高速增长。随着城镇居民收入的增长,大量家用电器进入千家万户,居民用电水平将逐步提高。农村电价下降,将使农村居民用电负荷呈现上升趋势。

从人均用电水平看,2001年我市年人均用电量629千瓦时,与全省的880千瓦时/人年和全国的1158千瓦时/人年还有很大的差距。人均生活用电100千瓦时/人年,只有公认的小康水平用电量的一半。因此,用电增长的潜力较大。

加入WTO后,对农业和部分工业冲击较大,一些竞争力差的企业将会被淘汰出局。高能耗的五小企业逐步关停,将会减少用电量。

根据我市国民经济和社会发展规划,考虑经济和产业结构的调整,及电力发展的实际情况,我们提出2005年孝感电网供电目标是:全社会用电量43.5亿千瓦时,最大用电负荷85万千瓦,"十五"期间用电量年均增长率为8.75%,最大负荷年均增长率为9.6%。

4、电网规划建设。十五电网建设规划目标:为适应全市经济发展的战略目标,电力先行为前提,利用三峡外送500千伏变电站建设和"两网"改造的契机,把孝感电网建成坚强、安全、稳定、可靠、经济合理的现代化电网。

在"十五"期间,根据负荷发展需要,以500千伏孝感变电站和汉川电厂为电源支撑点,逐步形成较为坚强的220千伏骨干环形网架。110千伏变电站合理布点,按双电源网络进行规划,新建10座,增容5座。必需合理规划城市电网,加快老城区改造和城市新区电网建设。完成农村电网改造,直抄到户,基本解决农村用电设备老化,安全性低,损耗大,电能质量差,电价高等老大难问题。

我市各县市区都将形成以220千伏变电站为电源支撑、多个110千伏变电站供电的高压送电网络。逐步形成坚强的10千伏分区域环网,城网形成"手拉手"式环网,为用户提供双电源供电。

希望政府各部门和电力用户继续支持电网建设,为孝感经济腾飞和富民强市创造良好的用电环境。

关于提高税收征管质量的思考

孝感市国家税务局局长　张保国

近几年来,随着税制改革的不断完善,征管改革的不断深入,税收征管工作实现了由量的飞跃到质的突破,征管的重要指标得到提高,新型的征管模式基本形成。但是,在改革完善过程中,某些环节也暴露出一些问题。摆在税务部门面前的突出矛盾,仍然是如何提高税收征管质量的问题。带着这一思考,通过对影响税收征管质量的因素分析,提出几点看法。

一、影响税收征管质量的主要因素

目前,征管质量的整体水平与总体要求有相当大的距离。其主要因素,既有主观的问题,也有客观的局限,既有税务干部自身的缺陷,也有外部因素的制约。

(一)税收执法环境不理想,软化了税收征管质量。目前,我们的税收执法环境仍然存在一些缺陷。一是行政干预执法。1994年实行分税制财政体制以来,少数地方行政领导为了考虑本级利益,有意无意干预税收执法,出现政出多门、自立章法、先地方后中央等现象;二是纳税意识制约执法。长期以来,税收工作只是片面追求简化税制,却忽视了提高公民的法制意识,严重淡化了人们的纳税意识,纳税人不是自觉依法纳税,而是想方设法偷逃税款;三是局部利益影响执法。一些与税收工作息息相关部门出于自身局部利益的考虑,不与税务部门密切配合,在一定程度上影响了税收执法。

(二)指令性税收计划不科学,弱化了税收征管质量。目前我国税收计划的编制仍然采取以"基数法"与"'GDP'税收负担率法"相结合的方式。即:不论上年完成多少,完成好坏,下一年度税源变化大小,都是以上年为基数,兼顾"以支定收"的预算编制原则,按财政支出的幅度来确定税收上升增长比例,最后测算出该年度税收计划总量,通过人大讨论审议,列入政府预算,地方政府及税务机关只要照章执行就行。依率计征、照章纳税、"有税尽收、无税禁收"只能是纸上谈兵。

(三)征收管理的力度不够,淡化了税收征管质量。税收征管改革以来,围绕着依法治税、强化征管做了大量的工作,但是征收管理仍然十分脆弱,这也是影响税收征管质量提高的一个主要原因,其具体反映在:

1、征管基础薄弱,影响了税收征管的力度。一是基层征收分局(所)事、权不分,致使工作质量不高。二是户籍管理、纳税申报、税源监控不力,漏征漏管户还大量存在。三是执法行为不规范,稽查权力缺乏行之有效的监督,对违法行为有时定性不准,处罚刚性不强。

2、执法不到位,影响了税收征管力度。税收征管改革以来,通过强化税收质量意识,不断更新思想观念,税收征管质量有所提高。但是税务机关内部存在着一些问题,如:户籍管理不规范,漏征漏管率较高;税收入库不及时,按期入库率较低；日常稽查不到位，普遍存在心太软等问题，都是影响税收征管质量的一个重要因素。

3、人员素质不高，影响了税收征管力度。一是部分干部政治素质差，缺乏爱岗敬业的精神，工作懒懒散散，不求上进。二是部分干部业务素质差，缺乏勤奋好学、只争朝夕的精神，不愿学习新知识，掌握新技能，难以适应新形势。三是少数人员法纪观念差，执法违法，知法犯法的情况时有发生。

二、提高税收征管质量的对策

在社会主义市场经济新形势下，加强税收征管，提高税收征管质量是一项长期、复杂的系统工程。从上述存在的问题看，税收征管质量要得到彻底改观，笔者认为应从以下六个方面入手：

（一）完善税收法令，减少税收制度的缺陷。新税制在实际运行中，显露了一些缺陷，造成一些不法分子有机可乘，利用政策的缺陷钻管理的空子避税偷税。为此，必须在理论与实际的结合上完善税收征管。

1、尽快完善增值税制。从理论上讲增值税按增值额征税，确属一个好税种，但要解决好突出问题，一是在免税企业购买的原材料，不能开出增值税专用发票到下一道环节进行抵扣，加重了下一道环节的税收负担，破坏了增值税链条的完整性；二是在实行简易征收办法的企业和小规模纳税购买的原材料专用发票只能在当地税务机关代开6%、4%，形成下一道环节高征低扣，加重企业的负担；三是生产型增值税的固定资产投资不能抵扣，制约了企业的再生产发展的投入。

2、统一内、外资企业所得税税制，加快费改税进度，建立公平竞争的市场环境。税率是国家调整资产分配形成的手段之一，也是国家引导消费，对企业或个人的某一生产环节、某种产品、某一行为进行调控的体现。从一个国家或一个区域内来说，不论主体是谁，某一税种的税率应是一致的，因为它体现市场经济公平竞争，优胜劣汰的原则。因此，应尽快统一所得税税率，取消外资企业的优惠税率，营造一个公平竞争的良好市场秩序。同时加快费改税进程，在费改税成功的基础上，尽快全面铺开，加快解决费挤税、先费后税的矛盾，为清费立税规范政策行为创造条件。

（二）改善执法环境，杜绝行政干预。一是中央要组织人员对优惠政策，尤其是地方制定的优惠政策进行一次彻底的清理，对不属于自己管辖权的优惠政策分别归类进行清理；二是尽快制定《税收基本法》，用以指导和统领各单行税法，对税收法律法规、立法原则、执法原则、管辖原则作出明确规定，对各级地方政府越权制定的税收法规，造成国家税收大量流失的，应依法追究责任，以达到有法必依、违法必究的效果。

（三）完善税收任务考核办法，强化征管质量意识。一是改指令性税收计划为指导性税收计划；二是以支定收和基数法的计划编制方式必须进行改革，实行各项经济指标综合测算、对后期国家政策和经济税源增势客观预计，特殊因素周全考虑的年度编制方法，同时要对年度计划阶段性核实调整，既顾及国家预算支出又尊重税源的客观实现。三是税收任务只能下达到县市一级，县市局一级不再将计划下达到基层征收单位，更不得下达到企业。县市局对基层征收单位以考核税收征管质量为主题，以依法治税和税收征管质量的高低作为衡量基层税务工作的标准，促使各基层征收单位把"依法治税，依率计征"，"有税尽收、无税禁收"落到实处。

（四）改进征管方式，完善内部制约机制

1、继续调整收缩基层征收机构。对地理区域较小的县市，把征收机构设在县市税务机关，由县市局负责统一征收管理的稽查。对地理区域较大，税源基数大的县市，按经济发展走势，在税源较集中的位置设立中心分局（中心税务所），但是年税源基数必须在100万元以上的地方可设立基层征收机构。

2、继续改进征管方式。加强税务机关内部管理，改革现有税务机关科室站在自己所管辖业务工作的立场上，观点不统一，各吹各的号，各奏各的调的现象。消除同一件工作不同科室重复安排、重复检查格局，建立信息高度共享，科室高度合作，指标口径高度一致的管理体系，极大程度的服务于征管质量的提高。税务基层征收机构收缩后，为了解决、消除征管的矛盾，设立片管员制度。对没有设立基层分局的乡镇和税源大户设立片管员，及时掌握税源情况，做到心中有数。基层征收分局管理系列不宜划分得太细，结合实际工作，应划分为征收系列、管理系列、日常稽查系列，机构内部要三分离，建成一套分工合作、协调制约、权责分明的科学管理机制。

3、明确工作职责，加强工作考核。改进过去税务干部的岗位不明、职责不清、报酬平均的方式。基层征管分局根据岗位职责对每个税务人员制定岗位工作目标责任制，实行按目标考核，并与工资、补贴、津贴、奖金挂钩，按工作任务，工作质量的好坏领取工资、津贴和资金。彻底打破税务部门大锅饭或者二锅饭，真正做到按劳取酬、按质取酬。

（五）提高技术手段，加快CTAIS系统应用。在新形势下为了提高税收征管质量，应尽快发挥计算机的使用效益，提高计算机的应用水平。一是加快征管大软件（CTAIS系统）应用程度和广度。二是充分发挥现有计算机系统的作用，对税务登记、纳税申报、税源监控、税款征收、税务稽查、发票管理、税收会统等方面业务工作尽快发挥监管作用，做到数据及时、准确、真实、齐全。尽快形成微机网络化，信息共享化，充分体现微机的应用效果。三是积极推广财政、税务、银行联网，实现税款直达。同时要求所有的企业财务核算尽快实行电算化，实行企业计算机与税务部门联网，以提高监控水平。四是应加快税控机的推广应用。除税控加油机外，还应用税控开票机、税控收款机、税控售货机、税控里程表等高科技税控衡量器具，以达到税款少流失的效果，提高反避税的能力。

（六）成立税务警察机构，健全税务司法保障体系。为了减少执法过程中的行政干预,排除少数司法部门在办理税案过程中,以罚代刑、以罚代税,大事化小,小事化了,有利积极办,无利消极办的现象,借鉴海关经验,设立税务警察,专门从事涉税案件查处。机构可以单设,经费人事垂直,由国家税务总局管理。县以上各级国家税务局相应设立税务警察机构。其办案范围可包括地方税,人员可由公安与国税机关共同抽调。同时,与检察院和法院建立定期协商制度,加强配合,避免在逮捕、羁押、收审、保人、强制执行的审批方面相互推诿、扯皮,使其真正起到税务司法的保障作用。

立涛弄潮搏税海　顺风扬帆争上游

孝感市地方税务局局长　**陈其安**

近几年来,全市地税工作以江总书记"三个代表"重要思想为指导,认真贯彻"加强征管、堵塞漏洞、惩治腐败、清缴欠税"的工作方针,上下一心,与时俱进,负重拼搏,取得了七大明显成绩:

——地税收入再创佳绩。2001年,全市全年共组织入库地方各税55478万元,占省分计划4.9亿元的113.22%,同比增长18.4%,增收8621万元。其中,省级工商税收入库2701万元,市县级税收入库52777万元,分别占省分计划2700万元的100.04%和46300万元的113.99%。在组织收入工作中,各级地税部门狠抓税收征管不放松,加大重点税源的控管力度,保证了重点税源税收稳步增长;狠抓依法治税不放松,强化税务检查和稽查力度,有效防止了收入流失漏洞;狠抓挖潜堵漏不放松,理顺征纳秩序,清理漏征漏管,开展专项清理,推行以票控税,促进了收入任务的完成;狠抓收入计划考核不放松,完善收入包片挂点机制,严格考核奖惩,打牢完成收入任务基础。

——保费征收起步良好。2001年,省政府决定从7月1日起将养老、医疗、失业、生育、工伤等5项社会保险费统一改为地税机关征收。为抓好社保费的征管工作,全市地税系统一是认真传达贯彻落实省市会议精神,先后召开市、县两级局党组会议,并积极向地方党委政府汇报,市、县分别成立了以政府牵头,财政、银行、社会保险、税务等部门参加的领导小组,市政府还专门下发了[2001]19号文件,为搞好社保费征收工作提供了有力保障;二是组成办事机构,层层成立了"社保费征收管理办公室",各地"一把手"负总责,分管领导亲自抓,在办税服务大厅开设了"社保费窗口",为确保7月1日如期开征做到了机构、人员、服务"三到位";三是搞好宣传和培训,向全社会广泛宣传社保费改由地税部门征收的决定、意义、目的、范围及工作措施,并适时地开展了岗前培训,效果较好。7至12月份,全市共征收社保费5914万元,其中基本养老保险费4063万元,医疗费1661万元,失业保险费180万元,生育保险费5万元,工伤保险费5万元。

——队伍素质整体提高。在班子建设上,一是狠抓了领导干部的学习。2001年2月,市局党组"一班人"到省局参加了全省市州县局领导干部培训班,深入学习了党的三代领导人的重要文献,开展了思想和作风整顿,进行了"三个代表"重要思想的学习教育。与此同时,全市各级党组重点学习了《改进党的作风》、《关于深入学习贯彻党政领导干部选拔任用工作暂行条例》、江泽民同志在庆祝建党80周年上的重要讲话等,有效地提高了领导干部的政治理论素质,促进了领导班子的组织、思想、作风建设。二是加强了班子的检查和考核。市局年初对直属单位和各县市区局领导班子建设情况进行了检查,并于3月份开展了对县市"一把手"目标考核工作,结果表明各县市区局班子在团结、学习、工作、作风等方面发挥了模范作用,市局及3个县局领导班子被当地党委授予"团结、廉洁、实干"班子称号。三是加强了对"三个代表"学习的领导。我们按照市委要求,及时收集掌握、督导县市区局"三个代表"学习及进展情况,促进了全市"三个代表"学习的健康发展。在加强队伍建设方面,我们着重抓了全省业务统考工作。5月份,我市首批参考人员1062人参加了统考,平均成绩为70.77分,达到了以考促学、以考促收的目的。

——依法治税稳步推进。一是大力整顿规范市场经济税收秩序,2001年4月以来全市先后组织了10多次大规模税收专项清理检查,对上市公司个人所得税、高薪阶层个人所得税、石油加油站、集贸市场和孝感城区建安市场税收征管秩序进行了集中整治;二是大力开展了4月份"税收宣传月"和12.4"法制宣传日"活动;三是大力宣传、贯彻、落实了新《税收征管法》;四是大力开展执法检查,上半年对全系统2000年来涉农税收执行情况进行了专项检查,10月份组织了全市税收执法大检查,12月份配合市政府对1994年来政府下发的涉税文件进行了集中清理,共清理文件7份,废止1份,继续执行5份;五是大力打击涉税违法犯罪行为,共查处案件30余起,追缴税款590万元。

——各项改革初见成效。在征管改革方面,一是广泛开展了征管质量达标检查工作,促进了征管质量的提高;二是加快了计算机征管网络化进程,实现了市直分局与市局局域网、市局与省局广域网的对接,并在市直和云梦推广应用了省局大型数据库征管软件。在人事机构改革方面,根据省局《关于进一步开展全省地税系统人员清查工作的通知》精神,狠抓了人员清理,共清退各类临时人员159人。严格按省局要求制订了《"三定"方案》《系统人员分流意见》等规定,全面推行了机构改革工作,通过对22个正科级、20

个副科级中层干部岗位全部实施公开竞争上岗,结果5名正科级和7名副科级干部落选,6名一般干部竞争上了副科级。各县市区局原则比照市局做法,有序组织了本单位本系统的改革工作。通过改革,全系统共精简基层分局30个,精简率达38%;分流人员702人,占在职干部职工总数的37.64%。

——**廉政建设不断深入**。一是加强廉政教育,2001年5月先后组织了"廉政建设教育宣传月"七个一活动,并开展了"以案说纪"演讲报告活动,省局及市纪委等有关领导对此给予了充分肯定,《孝感日报》、《孝感通讯》等媒体还作了重点报道,在系统内外影响较大;二是认真落实了党风廉政建设责任制,上半年市局再次被市委、市政府评为"党风廉政建设先进单位";三是按省局要求开展了七项清理,效果较好;四是狠抓案件查处,共受案10起,转立案9起,通报1起,查处8人,并结合典型案例举一反三,以文件形式重申了"八条纪律",受到市纪委的赞扬;五是推行了政务公开,4月份市局在全省地税系统政务公开现场会上作了典型发言;六是抓好行评促行风建设,8月中旬市局机关行评工作顺利过关,满意率达97%,8个参加行评的基层单位亦均以96%以上的满意率一次性通过检查验收。

——**文明创建档次提升**。全系统通过健全责任机制、开展优质服务和丰富创建载体等措施,高起点、高规格地持续开展了文明创建活动,使全系统第三次被市委、市政府命名为市级"文明系统",确保了全市已挂牌的省、市、县(区)三级文明单位和青年文明号无一摘牌,市局机关还被授予省级"文明单位"称号。

在改革和创新中推进教育事业的全面发展

孝感市教育局局长 **叶 茂**

一、1998年以来孝感教育事业取得了新的成就

1998年以来,在市委市政府的正确领导下,我局带领全市广大教师和教育工作者,克难奋进,努力开创了教育工作的新局面。

——"两基"成果全面巩固。"两基"完成后,我们采取多种措施巩固"两基"成果。目前,全市小学适龄儿童入学率、辍学率,初中适龄少年入学率,三类残疾儿童入学率,15周岁人口初等教育、17周岁人口初级中等教育完成率基本符合国家控制的标准。全市初中生平均辍学率下降到3.18%,低于全省平均辍学率。全市青壮年非文盲率达到99.63%;巩固提高30565人,脱盲学员巩固率达到99.4%。

——素质教育全面实施。我市实施素质教育主要以丰富活动课、优化学科课、完善评价体系为基本框架,做到有计划分阶段向纵深推进。几年来,通过实施素质教育,促进了学生德、智、体、美、劳全面发展,取得了可喜成绩。

——普通高中教育迅猛发展。全市新增高中校点17个,招生规模以平均每年3000人左右的速度递增,2001年达到22000人,占全省招生总数的8.4%,首次实现了高中招生规模达到全省平均水平的目标。全市各级政府十分重视重点高中建设,汉川一中、云梦一中、孝南一中、安陆一中、孝昌一中的迁建工作已经完成,其它两县市一中和孝高正在迁建。全市1998年至2001年高考上省线人数分别为3577、4822、8398、8561人(不含广水),占全省上线人数的比例分别为7.74%、8.11%、8.34%、7.56%(不含广水),上线比例逐年提高。

——职成教育改革不断深化。有六个县市区已顺利实施了"512工程"。其中安陆、大悟、应城、云梦、汉川五县(市)的中等职业学校达到省"512工程"标准。全市开办综合高中10所,招收综合高中生近万人。经过省专家组评估认定,2001年,汉川、安陆两市被评为全省首批教育兴农示范县(市)。目前,我市已建立起以高等职业技术学院为龙头,中等职业学校为主体,初等职业学校和短期培训为基础的职成教育体系。

——市本级的工作成效明显。在市委、市政府领导下,经过艰苦努力,孝感学院和孝感职业技术学院于1999年和1998年经教育部批准成立,填补了我市本科和高等职业教育的空白。通过狠抓中专学校内部改革,引入竞争机制,拓宽办学路子,使绝大多数学校初步走出困境,步入良性发展轨道。城区中小学建设步伐加快,学校面貌焕然一新。目前,城区已初步建立起从幼儿教育到本科教育,从普通教育到职业教育,从学历教育到成人培训,各类教育协调发展的教育体系,市直学校的龙头作用初步显现出来。

——从1998年教育局领导班子换届调整以来,教育局赢得了不少荣誉。2001年被教育部授予"全国基础教育先进单位",2000年被教育部授予第五届"中华扫盲奖",1999年被教育部、卫生部、国家体育总局评为"全国学校体育卫生工作先进单位",1999年被省人事厅、省教委评为"湖北省教育先进单位",1999年被市委市政府授予文明单位称号,1999年至2001年连续三年被市委市政府授予目标考核先进单位。

二、今后几年教育事业发展的主要思路和任务

要做好今后几年的教育工作,我们必须对教育面临的形势有清醒的足够的认识。一方面,要看到新的发展机遇,我国加入WTO以后,对教育思想、人才模式、教育体制、教育资源、教育经费及教育内容和方法等方面都将产生积极的作用;全国、全省基础教育工作会议的召开,对基础教育乃至整个教育事业的发展将产生深远的影响;近几年教育事业的发展,使我市已基本形成了较为完整的相互协调的

教育体系，为教育事业的进一步发展奠定了坚实的基础。另一方面，要看到严峻的挑战和长期积累的问题、困难和矛盾，各级财政投入与教育发展、优质教育资源与人民需求、教育自身存在的问题与教育在新形势下的发展、社会意识与现代教育观念等都存在不相适应的因素和环节，同时，加入WTO以后教育也面临一定的冲击。面对新的形势，我们要清醒头脑，统一思想，抓住机遇，迎接挑战，上下一心，开拓进取，切实解决当前存在的关键问题，努力开创全市教育事业发展的新局面。

按照教育部、省教育厅的规划和部署，结合孝感的实际，从现在起到2005年全市教育工作的指导思想是：高举邓小平理论伟大旗帜，以“三个代表”重要思想、党的十六大精神和市第三次党代会精神为指导，围绕科教兴市战略和加快发展、富民强市的奋斗目标，认真落实第三次全国教育工作会议和全国、全省基础教育工作会议精神，全面实施教育“十五”计划，进一步解放思想，深化改革，突出重点，狠抓落实，促进教育事业的持续、协调、健康发展。为了贯彻这一指导思想，我们要进一步明确以下工作任务。

1、依法治教，抓住关键，认真把党和国家的重大教育政策落实到位。

——积极开展教育系统“四五”普法工作，进一步增强法制意识，真正做到依法行政、依法治教。健全内部管理机制，积极向内使劲，强化管理，努力使学校办出特色、办出品牌。加强中小学收费管理，完善中小学校收费目标责任制度、收费登记制度和一次性收费制度，充分发挥教育审计部门的审计监督职能，建立教育经费、学校收支审计制度，坚决查处乱收费问题突出的学校和个人。

——坚持并完善基础教育管理的新体制，进一步巩固“两基”成果。认真落实基础教育管理“以县为主”的新体制，全面贯彻国务院“一保二控三监管”的方针，切实履行县级政府统筹中小学规划建设、工资发放、教师管理、教育指导等各项职能。继续坚持普及九年义务教育和扫除青壮年文盲工作的“重中之重”地位不动摇，坚持基础教育优先发展不动摇，坚持把提高普及程度作为巩固“普九”成果的重点不动摇。

——切实落实中小学教师工资县级财政统筹发放机制，确保教师工资按时足额发放。按照县级统发、财政专管、银行代发、直达教师的机制落实中小学教师工资。建立教师工资发放的监管机制，实行教师工资月报制度、督查制度、通报制度和举报制度。对挤占、挪用教育经费，造成教师工资拖欠的地方，要停止拨付上级财政转移支付资金。

——建立健全教育发展保障机制，进一步拓宽经费投入渠道。确保教育投入主渠道的畅通，继续执行政府对教育投入的各项政策，督促各级财政落实教育经费“三个增长”、“两个提高”，合理安排中小学公用经费。同时，要进一步疏通教育经费筹措的其他渠道。

2、深化改革，与时俱进，积极推动教育事业优先发展。

——为了推进素质教育，国家制定了新一轮课程教材改革方案，要求各地分步实施。我们要抓住这一机遇，积极推进课程教材改革，把素质教育进一步向纵深推进。

——进一步探索办学的新路子，积极推进办学体制改革，建立政府办学为主、社会共同参与的办学格局。广泛吸纳市外、境外资金来我市投资办学、合作办学。

——积极推进办学机制和办学模式改革，拓宽职业教育发展的路子。进一步发展和完善普通教育与职业教育沟通的综合高中，拓展多样化的人才成长道路；加强职业教育布局结构调整和人才培训模式改革，大力发展现代职业教育。

——积极推进人事制度改革，不断提高教师队伍和校长队伍的素质。认真落实县级以上教育行政部门统筹管理中小学教师和校长的职能，加强中小学教师编制管理，全面实施教师资格制度，深入推行全员聘任制，建立教职工能进能出的动态平衡机制，进一步激活教师队伍。改革校长选拔任用办法和管理制度，推行中小学校长聘任制，积极探索校长公开招聘、竞争上岗的机制。

——积极推进招生和毕业生就业制度改革，优化教育导向机制。建立科学的招考管理机制，坚持依法治考，规范运作程序，认真贯彻落实招生考试的有关政策，公正、公平、公开地做好招生工作。进一步完善国家指导、学校推荐、毕业生和用人单位双向选择的就业体制，形成以市场为导向的毕业生就业机制。

——积极推进教育方式方法改革，大力提高办学水平。落实教育科研的先导地位，牢固树立“科研兴教、科研兴校”的指导思想，特别要在应对加入WTO的挑战上进行前瞻性研究，广泛深入地开展理论研究和实践探索。进一步优化教育教学手段，不断提高教育信息化水平。

3、优化环境，狠抓创建，树立教育系统的良好形象。

进一步深化教育系统形象建设，坚持标本兼治，切实规范教育秩序，维护教育形象。抓好从源头上遏制腐败的工作，健全党风廉政建设责任制，建立严格的监督、约束机制。深入开展文明创建活动，市县两级教育局要继续推进机关的形象建设。要努力通过全系统的文明创建活动，大力提高管理水平和服务质量，切实优化教育改革和发展的环境，树立教育系统的良好形象。

弹好“法”“情”两根弦　下活“管理”一盘棋

湖北省孝感市高级中学校长　熊幼芳

“没有规矩，不成方圆”。一所学校用一定的法规制度来规范全体教职工的行为以保证教育教学活动的顺利进行，是必要的。但是，这并不等于学校的“管理”就是硬性地“管”和“压”。我们认为，学校管理只求助于一条一条的法规制度，并不能激起教职工持久旺盛的工作热情，这种理性的、刚性的管理方式恰好与教职工丰富的情感需求以及整个管理系统的多维性联系构成了矛盾。一个真正有生命力的管理系统，需要严格的法规制度，更需要有一种能感染、激发全体员工始终保持崇高的信念和精神，并能满足教职工情感需求的群体氛围。一所学校一旦形成了一种奋发向上、宽松和谐、真诚团结的群体氛围，那就给生活于其中的每一位教职工提供了一个自由、广阔的工作空间，就能引导教师在关注实现自身价值的同时，追求更高的人生目标，体验生命的意义，实现自我超越。

在管理的实践中，我们在注重以执行法规为主的刚性管理方式的同时，更重视注入情感的柔性管理方式，以情感激发情感，将管理工作建立在对教职工的关心、爱护、尊重、信任、体贴、感召等情感之上，坚持“以人为本”的管理策略，充分启动了学校内部活力。我们的具体做法是：

一、集思广益，民主治校

“积力之所举，无不胜也；而众志之所为，无不成也。”我们坚持要求学校各级领导干部确立民主意识，按照规律办事，博采兼听，集思广益，民主立“法”，民主治校，万万不能搞家长制、工头制。否则，就不能听到群众的呼声，就难以发现管理中存在的隐性问题，也不可能把群众的智慧和力量凝聚在共同目标的轴心上。

因此，我们在实际工作中做到了如下几点：一是多渠道多方式与教师沟通，深入群众，促膝谈心，获取信息，主动听取建议，容纳“批评意见”。二是扩大参与决策面，定期召开教代会，让广大教师对学校管理发表意见。如审议学校工作报告、汇报上年度工作提案解决的情况等。在我校，凡是学校重大事情，必先经过教代会、行政会讨论，广泛听取意见后再作决定。例如：岗位责任制、教职工职业道德要求、教职工考核办法、聘任制、结构工资制等制度都是以法律、教育法规为依据，听取广大教师意见，经教代会、行政会讨论审议通过的。这些制度明确具体，系统全面，让广大教职工有章可循，依章办事。三是处理问题做到公正、公开、秉公办事，不徇私情，实事求是，增加透明度，旗帜鲜明地支持正确的，抵制错误的。

一方面集思广益，充分发动广大教职工参政议政，另一方面依法治校，严格执行制度。这样做既使制定的制度有了群众基础，又保证了管理的科学性、民主性，起到了“统一认识、统一意志、统一行动”的作用，增强了教职工的主人翁意识，使教职工从“要我做”的他律状态转化为“我要做”的自律状态。“校兴我荣、校衰我耻”已成为大家的共识，全校教职工思想和行为高度统一，“心往一处想、劲往一处使”，充分发扬校党委倡导的“奉献、拼搏、协作”三种精神，“热心育人，安心育人，专心育人”，千方百计为孝感高中作贡献。

二、知人善任，激励支持

现代管理心理学和行为科学研究结果表明，人都是需要激励的。离开了激励，人也就失去了为实现目标而努力追求的动力，就会停止不前。所以，我们在对教职工的管理中，充分利用动机激发原理，知人善任，人尽其才，才尽其用，最大限度地发挥教职工的积极性、主动性和创造性。

一是沟通了解，知人善任。“士为知己者死”，教职工一旦从领导那里得到尊敬、理解和友爱之情，就会以更大的努力投入工作。因此，学校领导更应主动与教职工沟通，促进上下级之间的信息融通，从而增强相互间的依赖感和了解程度，促进共同合作。领导体察到了教职工的所行、所想，了解了教师的经历、专长、兴趣、志向以及性格等以后，量才使用，科学地协调人力，将适当的人才安排到最能发挥其才能的适合的工作岗位上去，放手放心地让他们干。“疑而不用，用而不疑”，领导的信任和理解就是教职工乐于尽力的动力。例如我校的陈继民教师博学多才，爱好写作，善长书法，我们让他担任学校校报的主编。

二是表彰先进，树立榜样。一个单位一个集体，如果“好人好事没人夸，坏人坏事没人抓”，优劣不分，勤懒不分，那么这个单位这个集体就如一盘散沙，没有凝聚力。我们在工作中，特别注意表彰先进，树立榜样。采用科学的评价方法，表彰奖励工作成绩突出或行为高尚的教职工，使教职工感到“学有榜样，赶有目标”，从内心产生一种奋发向上、积极进取的意识，这是形成良好的工作氛围的内在因素。树立教职工身边的榜样，大力宣传榜样的生动事迹，并请他们在全校教职工大会上作报告。用身边的榜样激励人，以点带面，以面促片，使整个学校始终处于榜样激励的良性循环中。

三是对症下药，鼓励支持。十个指头有长短，教师因主观或客观等原因造成他们工作的效果不同，从而导致他们的情绪也不同，“金无足赤、人无完人”，这就要求我们要用人之长，容人之短，将心比心，换位思考，设身处地站在对方的立场多想一想，给予鼓励支持。对于出色完成工作任务的教职工给予恰如其分的评价和适当的鼓励，并提出新的目标,激励他们超越过去,超越自我;对于工作陷入困境的教职工,则给予有力的支持,尽可能地提供有利条件,促其圆满完成,对其已取得的成绩及时予以宣传、表扬,对于工作中出现失误的教职工,给予安慰和帮助,帮其找出失败的主客观原因,肯定他的工作热情和能力,劝其大胆改正错误,维护他在群众中的威信,提供新的机会,让其展示才华。领导的鼓励和支持犹如兴奋剂,激励着教职工奋斗不止。

三、创造条件,培养教师

振兴民族的希望在教育,振兴教育的希望在教师。教师是教书育人这一神圣使命的直接承担者,教师的素质是学校的生命线。因此,不断创造条件,提高教师的思想业务素质,造就一批“未来型”的教师,对提高学校教育教学的质量起着举足轻重的作用。我们针对实际,从发展的角度多方面创造条件培养教师,促进教师成长提高。

一是创设竞争氛围。改革中的管理工作应破除求稳不进的观念,有意识地创造一种健康向上、生机勃勃的学校竞争环境,刺激教职工的竞争心理,并运用正确的方式方法引导教职工在竞争中实现目标。比如,在用人制度上,尽量做到优胜劣汰,实行动态管理;在工资奖金发放上,尽量做到多劳多得,优质优酬。又如组织形式多样的比赛,有:“五个一”教学基本功比赛(包括:一口普通话、一手粉笔字、一堂课、一份教案、一篇论文)、食堂职工技术比武(包括“红案”、“白案”两类)、优秀班主任手册评比等活动。再如采用比较的方法,向教职工介绍国内外学校的先进水平,让他们在比较中鉴别,寻找差距,总结经验,吸取教训,认清社会发展趋势和新技术革命的挑战势态,增强教职工的紧迫感和责任感,激发其爱国主义和集体主义精神。创设竞争情景,不断给予刺激,激励教师奋发向上。在这样的竞争环境中,不仅可以提高教职工的竞争能力,还可以发现、培养、筛选人才,促进教育教学工作的提高。

二是师徒结对,老带新,新促老。为了尽快提高青年教师的教育教学能力,我们对刚踏上教坛的青年教师及刚承担某一学科教学的青年教师配上师德与业务都过得硬的指导老师作师傅,签订师徒协议,按计划有步骤地做好对青年教师的“传、帮、带”工作。指导教师不仅将多年的教学经验毫无保留地传授给青年教师,还将思想品德、学识造诣、言谈举止、求知精神以及家庭生活方面的体验等予以身传言教。他们忠诚教育,无私奉献,敬业爱岗,为人师表,业务熟练,这些因素汇聚在一起成为一种强大的精神力量,鼓舞着青年教师。这种以外部动力引发内力的作法,有力地促进了青年教师的成长,例如,我校的涂青峰老师,在语文教研组老师的培养下,很快出师过关,独当一面开展工作,在1998年11月举行的湖北省青年教师语文优质课竞赛中,脱颖而出,荣获一等奖第一名。通过师徒结队活动,一方面促进了青年教师的成长,另一方面也有利于促进老教师、经验丰富的骨干教师不吃老本,在总结推广经验的同时,继续探索,不断学习,更新知识,从而推动学校教研教改的发展,提高教师的科学素养,达到整体优化。

三是搭建舞台,启用新人,尽量为教师的发展再提高创造条件。在思想政治上,精心培养,坚持广泛开展“敬业、爱生、奉献”的师德教育活动,“讲学习、讲政治、讲正气”的教育活动。锤炼师德,提高教师思想水平,引导教师努力进步,树立远大理想,争取早日加入党组织。目前我校教职工中党员已有73人。在业务上,鼓励冒尖,创造机会让教师的特色得到展示。我们经常组织教师上公开课、示范课、研究课,开展教研活动,不仅达到了互相学习的目的,还促使教师在教学技能上不断完善。积极支持教师参加学历进修、继续教育、学术会议等活动。大胆启用德才兼备、尽忠职守的青年教师,交给他们任务,明确职责,放手挑战,让他们在教学和教研实践中发挥才干。在我校,青年教师中有的担任教研组长,有的承担高年级教学工作,有的担任处室主任,有的担任年级组长。又如,我校的体育、美术特长班的辅导都是以青年教师为主力的。学校工作因为有了这些有为青年的参与而呈现出无限生机和活力。

四、关心爱护,多办实事

“感人心者,莫先乎情”。感情是一种无形的力量,是团结合作的粘合剂。领导作为学校工作的管理者,在平时的工作生活中,重视与教师的感情联络,了解他们的实际需求,不断为他们办实事,以无限的关爱促进他们的工作,远远胜过长篇累牍的大报告和居高临下的硬压制。

第一,感情沟通,促进团结。在日常交往中,学校领导不摆架子,平易近人,深入群众,交心谈心,体恤民情。学校干群之间感情融洽,心心相印,息息相关。教师生病住院,领导前去探视;教师家有喜庆,领导亲临祝贺;教师工作有困难,领导帮助解决。我校的领导凭着爱人之心把各种人才和广大群众吸引团结在自己周围,使自己不仅成为教师的行政领导,而且成为精神上的依托和感情的汇聚中心,极大地激发了教师的工作热情。

第二,多办实事,满足需求。动机是推动人行为的内部根本原因,而动机又产生于需要。满足教职工的合理需要,是增强学校凝聚力的重要因素。为了提高教师待遇,打破分配上的平均主义,学校推行了“结构工资制”;为了解决教师住宿问题,学校多方筹资,增建宿舍楼;为了让教师得到实惠,学校逢年过节,分发生梨、鸡蛋等物品;为了解除教师最大的后顾之忧,学校帮助解决教师子女上幼儿园、入学等问题;为了保证教师的健康,学校为教师创造良好的医疗条件。教师生活和基本需求满足后,就能全身心投入教育教学工作。

第三,开展多种活动,丰富文化生活。我们采取多种形式开展活动,营造良好的文化氛围。如:开放教职工文化活动室、定期组办艺术长廊、组织教职工球赛、卡拉OK赛、书法美术摄影大赛等活动,另外还组织教职工代表队到外校进行比赛和交流。通过开展这些活动,不仅提高了教职工的审美情趣,调动了他们的积极性,而且加深了教职工之间的友情,增强了他们的集体主义精神。

由于我们在管理实践中弹好了“法”(法规制度)“情”

(情感渗透)两根弦,极大地调动了教职工的积极性,使他们在工作中产生出强大的青春活力。近几年来,教职员工中受到国家和省级表彰的有11名,在国家和省级各类教学教研活动中获大奖的有10名,教职工参编教学书110多本,发表论文500余篇。近八年来,先后有10名学生参加国家冬令营和集训队,有500余人在数理化竞赛中获国家和省级一、二、三等奖,一人获全球华人作文竞赛一等奖,14人在全省艺术竞赛中获奖。近五年来,向高校输送体育后备人才10人。作为把向高一级学校输送人才作为主要任务的省重点中学孝感高中,每年升学率均在90%以上。

发展特色农业　应对入世　实现增效增收

孝感市农业局局长　**喻雨林**

目前的农业面临两大严峻的挑战:一是入世挑战;二是“三农”问题的挑战。入世后,发达国家农产品进口的绿色壁垒迅速高筑,把我国农产品拒之门外,以保护本国的农业,而国外的农产品大量涌入我国市场,给我国农产品卖难问题雪上加霜,不仅出口市场的份额减少,而且某些农产品国内市场份额被外国占领。入世冲击最大的莫过于农业。“三农”问题首要的是农民问题,农民问题核心是增收问题;农业问题核心是农产品竞争力的问题;农村问题,核心是发展活力和动力问题。农民增收是一个长期的过程,这是因为造成农民收入低的原因既有客观的资源制约,又有人为的制度影响。中国人均耕地是日本的三倍,但是农业劳动者人均可耕地1998年为0.24公顷,还不及日本的1/5。这是由于中国农村积压了庞大的剩余人口。占就业人口50%的农业,仅仅创造了生产总值的26%,农民的低收入就有其无可奈何的一面。综上所述,农民增收是一个长期的过程,需要坚韧不拔的精神,需要各个要素的相互匹配,相互适应,实现最佳组合。如何应对两大挑战需要我们深入研究,理清思路,找出解决问题的办法。下面我仅从农业局的职能角度,就如何应对两个挑战谈几点看法。

发展孝感特色农业是应对“两个挑战”的必然选择,这是因为特色农业不仅能促进农业实现“两个根本性转变”,提高农业比较效益,增强农业经济实力,增加农民收入,而且也能挖掘当地资源潜力,优化区域经济结构,加速发展农业产业化进程,增强产品的市场竞争力。如何发展特色农业,我认为应抓好六大工程:

一、实施种子工程,优质品种创特色。发展特色农业,优质品种是前提,选择名、优、稀的作物品种能够创造优质的农产品。随着市场经济的发展,消费水平的提高,农产品的竞争实质是质量和价格的竞争。要想使农产品在市场上站稳脚跟,就要通过选用良种,提高农产品的质量,达到以质取胜,赢得市场主动权。我市实施种子工程,按照品种调优、质量调高、规模调大、加工配套升级的要求,采取有效措施狠抓了优质水稻、双低油菜、早蜜桃、三元杂交猪等十多项具有特色优势农产品的种子、种苗引进、示范、繁育、推广。开发了以中国香稻为品牌的30多个新品种,使农产品的结构、品质、档次有明显提高。下一步我们要以农科所、湖北优质水稻研究中心孝感分中心为依托,种子公司为骨干,基层种子经销商为网点,把种子作为产业来做,努力培植拥有自主知识产权的具有核心竞争能力的新品种,共同打造孝感种子的知名品牌。充分发挥湖北省孝感三元杂交祖代猪场的龙头带动作用,加快繁育推广步伐,力争在3—5年内普及优质三元杂交猪生产,扩大孝感生猪在国内外两个市场的份额,为农民增收打基础。

二、实施基地建设工程,绿色有机强特色。建设无公害农产品基地既是应对入世,冲破绿色贸易壁垒的需要,又是发展特色农业的重要基础。没有基地,特色农业就成为无源之水,无本之木。建基地不仅能搞好特色品种的系列开发,是保证市场供应的基础,而且对特色农业起到示范指导服务作用。近几年我们坚持从实际出发,按照品种优、技术新、档次高、质量好、规模大的要求,抓了云梦无公害蔬菜基地建设,25个乡镇中国香稻基地建设,大悟有机茶基地建设等等,已取得了二十三个绿色食品品牌标识,居全省领先水平。下一步特色农产品基地建设,我们将坚持基地与资源相适应、与市场需求相吻合、与龙头企业相匹配的原则,重点组织实施160万亩左右的优质水稻基地,100万亩以上优质双低油菜基地,200万头三元杂交猪基地,10亿斤优质水产品生产基地,20万亩优质早蜜桃基地,60万亩常年无公害蔬菜基地,把这六大规模基地的农产品生产培植成孝感经济的主导产业,国内外知名的精品名牌。努力实现布局区域化、建设标准化、生产规模化、经营集约化、销售市场化、服务社会化、效益最大化。

三、实施“龙头”工程,加工增值保特色。农产品加工是发展特色农业的重要环节,也是延伸产业链条,实现农业资源多层次增值、增效的重要手段。目前农业比较效益低,实际上低在只讲生产,不讲加工,只重视前道工序,导致农业自身利益流失。如果做到生产、加工一起抓,从初级加工向精深加工,单项加工向系列加工,内销加工向外销加工,分散加工向集团加工方向发展,农业效益就会成倍增长。农业龙头企业具有开拓市场,引导生产,深度加工的综合功能。我们要以实施“龙头工程”为契机,大力发展、培植农产品加工型龙头企业。当前要重点抓好优质稻米加工厂的更新改造扩大规模,面向国内外市场,加大资金投入力度,不断引进先进设备、工艺和技术,及时掌握市场脉搏,分析市场行情,注意市场动态,按市场组织加工,按加工需要安排生产,走生产跟着市场转,营销随着市场变,管理按照市场改的新路子,并不断推进适销对路的产品,提高质量档次,扩大市场份额,增强市场竞争力,实现农产品多层次增值,进一步推进孝感特色农业稳定健康快速发展。

四、实施市场网络建设工程,开拓市场推特色。特色农业,要坚持卖出去,卖个好价格才是硬道理的原则。产品不仅要适应市场,走向市场,更重要的是开拓市场和占领市场,实现其应有的价值。目前孝感的农产品市场,除孝南南大市场,安陆北大市场,汉川水产市场外,绝大部分是田头市场,路边市场。随着市场经济的发展,这些市场已经远远不能适应生产发展的要求,已经制约着特色市场农业的进一步发展。当前我们必须把培育市场和建设市场置于农业的重要地位,按照总量控制、调整发展、质量提高的要求,坚持以集镇为依托,产品集散地为基础,根据商品流向、交通条件和市场经济发展的要求,建立高档次、远辐射、多功能的市场网络,为发展特色农业架起产销桥梁。使生产与销售连结,本地与外地沟通,逐步把孝感的农产品市场培育成与国际相接轨的大市场,使特色农业保持良好的态势。当前重点抓好国家级定点农产品市场——南大市场等五个较大型农产品市场的配套完善,开放搞活,提高庙头黄花,毛陈、麻河莲藕,肖港香葱,杨店早蜜桃,大悟板栗和花生专业市场。尽快建设孝感农产品信息局域网,进一步加强中介组织,经纪人协会,外向型营销人才队伍的培训、管理和发展工作,积极引导订单农业规范健康发展,切实解决农民卖难的后顾之忧。

五、实施科技导人工程,依靠科技求特色。特色农业,依靠科技是关键。农产品的竞争最终是综合科技实力的竞争。孝感农业具有精耕细作的传统,在传统优良技术的基础上,导入嫁接现代新技术、新成果是创特色产品的关键措施。我们要坚持实用、实际、高效的原则,采取全方位、多层次、多领域的方式,增加科技投入,加强科技培训,开展联合协作,提高科技素质,使农业科技贡献率达到50%以上。当前重点开发研究推广以下高新技术:一是绿色优质高产、高效农产品种子种苗的选育、繁殖、栽培技术;二是绿色、安全、优质、标准化农产品生产技术;三是农产品重大病虫草害预警及综合防治技术;四是避灾减灾与可持续发展调整开发技术;五是现代设施农业技术尤其是蔬菜、花卉等设施农业技术开发;六是农产品信息网络技术及生物工程实用技术的开发推广。发展一批科技示范户,推动特色种植业、养殖业的进一步发展。

六、实施农业执法工程,为特色农业创造良好的发展环境。农业行政执法是新时期政府赋予农业部门的新职能,也是农业部门转变职能的重要内容之一,是确保特色农业顺利实施,绿色无公害农产品生产的法律保证。要营造良好的标准化生产环境,必须认真全面开展农业执法工作,以现有的农业法律法规条例为准绳,重点加强农药、种子种苗、兽药、疫病草害检疫、农田环境保护等方面的管理。

为了解决目前农业行政执法机构分散,执法力量薄弱,执法与经营不分等问题,我们要探索改革农业执法体制,走综合执法的路子。

一是成立综合执法大队。争取编制部门批准,成立农业综合执法大队,隶属农业局。

二是统一行使执法职能。将分散在农业事业单位,技术推广机构的执法职能分离出来,由执法大队统一行使执法权。

三是统一管理执法人员。将分散在相关农业单位的执法人员抽调出来集中办公,专门执法,执法人员不再从事推广与经营业务。

四是统一安排执法经费。农业执法经费统一安排,集中资金,改善执法条件。

通过建立以综合执法机构为核心内容的农业行政执法体制改革,树立农业执法的权威性,加大农业执法力度,增强执法公正性,提高农业执法效能,确保孝感特色农业在规范的法制环境中健康快速发展。

面向21世纪的孝感水利
——以水资源的可持续利用支持经济社会的可持续发展

孝感市水利局局长　**张汉平**

"水乃国之大事,治国者必先治水。"水是人类生存的生命线,是经济发展和社会进步的生命线,是实现可持续发展的重要物质基础。由于党和国家的高度重视,在历届党委、政府的领导下,经过建国50多年的不懈努力,我市已经初步建成了以890多公里的干支民堤、1200多座固定泵站、405座大小水库为骨干的防洪、排涝、灌溉三大工程体系,为保障国民经济的健康发展奠定了重要的物质基础。

新世纪、新水利、新要求。跨入新世纪,我国已开始全面建设小康社会。在新世纪之初,党中央明确指出:必须把实现水资源的可持续利用作为一项重大战略措施来抓。孝感也在富民强市的道路上快步前进,经济社会的发展对水的要求越来越高。这就要求我们发展要有新思路,改革要有新突破,工作要有新举措,奋力开创孝感水利事业的新局面。

根据新时期治水方针,围绕市委、市政府的工作部署,结合孝感实际,我们提出了孝感水利发展的新思路:即以邓小平理论和"三个代表"重要思想为指导,在市委、市政府的领导下，以防汛抗旱为中心，加快实现从工程水利向资源水利、传统水利向现代水利的转变，坚持防汛与抗旱、建设与管理、水资源开发利用与节约保护、科学治水与依法治水、服务社会与发展自身五个同时抓，加强防洪、供水、节水和生态四大工程建设，努力建立和完善与孝感经济社会发展相适应的防洪减灾、水资源供给和水环境三大保障体系，以水资源的可持续利用支持经济社会的可持续发展。总的要求就是要解决好以下两大问题：一是认清市情，致力于解决"水多、水少、水污染"的问题。首先，防汛是孝感天大的事，客观现实要求我们必须继续大力加强河湖闸站等工程建设，确保防洪安全；其次，我市是一个严重缺水的地区，解决农村人畜饮水困难迫在眉睫，大力推行节水灌溉势在必行；其三要狠抓水污染防治工作，加强水土保持生态环境建设，努力建设秀美山川。二是面对现实，致力于解决"人多、人少、待遇差"的问题。要积极稳妥地搞好水管单位体制改革，理顺关系，提高效率；要进一步深化水利企业改革，加快水利经济发展；要加强队伍建设，提高队伍素质，为新世纪的水利事业提供组织保证、物质保证和人才保证。

围绕这一工作思路，我们确立了今后五年孝感水利发展的战略目标：通过工程措施与非工程措施相结合，使汉江达到防1964年型洪水，汉北河达到防1998年型洪水，府澴河达到防1996年型洪水的设计标准，保证防洪安全；完成三类病险水库除险任务，保证水库正常运行和蓄水安全；加强江河湖库的水质管理，解决农村饮水困难，保证城乡居民生活用水安全；不断提高水土流失的治理水平，优化生态环境；不断提高水利经济发展速度，改善职工福利待遇；不断提高干部职工的整体素质，创建市级文明系统。

在工作重点上，"十五"期间要抓紧完成好以下十大任务：

(一)"一江三河"堤防达标。一是狠抓汉江、府河、澴河、汉北河堤防综合整治。重点是内外平台和险工险段整治，争取汉江、府澴河综合治理纳入中央投资计划，力争在5年内使一江三河干支堤防达标。二是抓好已列入日本协力银行贷款计划的孝感、云梦、安陆、孝昌等城市防洪工程建设。三是着手进行环西和龙赛湖分洪工程的配套建设。

(二)全面加固病险水库。根据省、市病险水库三年脱险的任务要求，"十五"的头三年完成一座大型(郑家河)、十座中型(渔子河、清水河、彭店、界牌、芳畈、滑石冲、短港、幸福、金盆、八汊洼)和100座小型水库的整险加固任务，消除病险隐患，恢复和提高灌溉效益。然后用两年的时间，巩固整险加固成果，全面开展水库安全达标和管理达标活动，彻底消除心腹大患。

(三)更新改造十大泵站。维修和改造田家岗、三元宫、北泾咀、鲢鱼地、朱湖、云梦、夹河沟、龙赛湖、大沙、汉川一站等十大泵站；结合排涝设施建设，改造中低产田面积30万亩。

(四)解决农村饮水困难。一是抓好易旱地区的水源工程建设，全面扩挖老塘，并适当兴修当家塘堰，增强"旱包子"地区的自抗自保能力。二是完成好省政府下达农村饮水三年解困攻坚战任务，解决现有的10万人、8万头大牲畜的饮水困难。

(五)开展一场节水运动。水是二十一世纪最值得珍惜的资源，孝感市水资源时空分布不均，资源性缺水、季节性缺水和污染性缺水同时存在，必须在全市范围内开展一场节水运动。首先要广泛宣传，营造全社会节水氛围；其次是加快徐家河、解放山等大、中型灌区改造和配套建设步伐，大搞渠道硬化，建设"高速水路"；三是坚持不懈地抓好孝昌节水灌溉重点县和云梦节水灌溉示范区建设；四是积极推进农业结构调整，发展避灾农业与节水农业。

(六)依法保护水土资源。一是科学治水。以建设秀美山川为目标，加大水土保持生态环境建设力度。要巩固大悟县的典型成果，继续狠抓以小流域为单元、以重点治理区为龙头的生态环境建设，完成治理水土流失面积500平方公里，并防止新的水土流失。二是依法管水。作好水源地河流水质的鉴测分级。要采取坚决措施，切实加强作为水资源地的水库库区和河流的水资源保护。

(七)积极开发城市供水。随着水务体制改革的深入，发展城市供水是水利产业发展十分有效的途径和出路。要完善徐家河水库城市供水前期工作，适时启动徐家河向安陆、云梦、孝感城区供水工程；要广泛融资，扩建孝昌晏家河供水工程、应城三屋供水工程和大悟界牌供水工程；进一步巩固和发展60个乡镇供水工程建设。

(八)加快发展水利经济。一是要抓住水利建设大投入的机遇。当前国家投资重点开始向中小河流，特别是水库整险项目倾斜，要抓紧做好重点工程的前期工作。二是要深化水利经济体制改革。要以建立现代企业制度为目标，对水利企业进行股份制改造试点。要引导企业从量的扩张向质的提高转变，提升经济质量，提高经济效益。三是要创新管理机制。要推广孝昌、孝南两地水务体制改革的成功经验，积极推进水务体制改革。要加大小型水利工程产权制度改革步伐，开辟水利建设新的融资和投入渠道。

(九)实施科技兴水战略。一是要大力推进水利信息化的进程。"十五"期间，要争取完成市县两级防汛抗旱指挥信息系统建设，实行联网运行，逐步提高"无纸化"办公水平。二是要优化人才结构。坚持实施"211工程"，每2年一个周期，组织10名科级干部、10名技术干部，采取轮岗、交流、上派、下派等方式，在设计、施工、管理等不同岗位上锻炼，培养全能人才。要积极开展科研活动，推动科技成果应用，促进科技成果转化，增加水利科技含量。

(十)切实加强自身建设。一是要加强班子建设。广泛开展"团结、廉洁、实干"领导班子创建活动，提高领导班子的凝聚力和战斗力。二是加强队伍建设。大力弘扬"献身、负责、求实"的行业精神，培养和造就一支技术过硬、勇于开拓、不畏艰险、敢于胜利的干部职工队伍。三是加强机关建设。改善各级水利单位的软、硬环境，创造良好的工作氛围，力争全市水利行业"十五"期间成为市级文明系统。

跨世纪的事业　跨越式的发展

孝感市林业局局长　叶　华

跨入新世纪，我国进入全面建设小康社会、加快推进社会主义现代化的新的发展阶段。国家林业局在世纪之交提出了实现林业跨越式发展的新要求，就是要缩短在常规状态下恢复和发展森林资源所需要的时间，用50年左右完成过去要用100多年才能完成的林业建设任务，使我国林业早日跨入可持续发展的新阶段。

林业跨越式发展要求的提出，充分吸收了新中国成立以来林业建设的经验与教训，很好地体现了当今世界最前沿最先进的林业发展理论，完全符合我国的国情、林情和世界林业发展的大趋势。当然，林业发展的理论需要在实践中不断丰富和完善，使之更加符合客观实际，更好地指导林业改革和发展的实践。

按照跨越式发展的要求，在新的历史时期，确定我市林业发展的指导思想是：以邓小平理论和江泽民"三个代表"重要思想为指针，遵循现代林业发展规律，以森林的多功能满足人们多方面需求为原则，以建立比较完备的林业生态体系和比较发达的林业产业体系为目标，以保护和改善生态环境为前提，以提高经济效益为重点，以深化林业经营体制改革和科技进步为动力，大力开展植树造林、依法治林，全面实施分类经营和结构调整，推进孝感林业实现跨越式发展，为建设山川秀美的孝感大地及我市社会和国民经济的可持续发展作出应有贡献。

根据这一指导思想，我市近阶段林业的工作思路是：突出发展主题，围绕建设生态林业、商品林业和形象林业三条主线，抓住一个重点(市郊森林生态工程建设)，争取两个突破(在林地经营体制改革上突破、在产业化发展上突破)，建成三条绿色通道(316、107、京珠)，壮大四个特色基地(银杏基地、板栗基地、早蜜桃基地、杨树基地)，搞好五项主要基础工作(造林绿化、种苗花卉工程建设、森林资源保护和管理、科技兴林、部门自身建设)。"十五"期间全市林业建设的总体目标是，完成植树造林50万亩，义务植树4000万株，封山育林850万亩(次)，森林覆盖率达到23.5%，活立木蓄积量达到700万立方米，林业行业总产值达30亿元。

按照上述指导思想和工作思路，我市近期林业工作的重点，是突出抓好以下工作。

1、以市郊森林生态工程建设为主体，加快市郊绿化步伐。以绕城的316、107国道复线和穿城的新老澴河、滚子河为轴线，向两边拓展，实施森林生态工程，形成市郊森林公园，为水乡园林城市戴上一条绿色项链。在此基础上，依托大交通，辐射到京珠高速公路以西、武汉东西湖以北、316国道以东、孝南肖港以南，方圆910平方公里范围内，建成以绿色通道为骨架，以农田林网、江河防护林为脉络，风景林、经济林为补充的市郊森林生态体系，发展"观光林业"及具有地方特色的森林生态旅游服务产业体系。

2、以107、316、京珠路为重点，加快全市绿色通道建设步伐。全市绿色通道总里程2701公里。在绿色通道建设中，重点抓好107国道、汉宜路、京珠路、316国道及省道沿线的绿色通道建设，同时抓好部分县乡道路的绿化。绿色通道两侧绿化带按照国、省道5—10米，县乡道3—5米的标准施工。通过几年的努力，将107、316、京珠路建成孝感三条亮丽的风景线。

3、以荒滩、荒地、荒坡开发为主，加快平原绿化步伐。平原绿化工程从1999年开始实施，通过两年的建设，我市平原绿化工作取得了一定成绩，部分乡镇达到省定绿化标准。平原绿化要继续按照省里规定的建设标准，整体推进。平原县市要办一到两个林地流转试点乡镇，推动境内新造林的非公有化进程。通过林地经营体制的转变，加快荒滩、荒地、荒坡的开发，发展以意杨为主的速生丰产用材林及工业原料林。大力发展杨树产业。

4、以山区、丘岗地结构调整开发为主，加快高效经济林发展步伐。全市要抓好特色基地建设。大悟、孝昌两县山区要建成万亩油茶连片基地；孝南、孝昌以京珠路为轴线，建成全国最大早蜜桃基地之一；大悟以三宣线沿线乡镇为主，发展优质板栗基地；安陆安京沿线新建成多用途银杏基地；应城以松林岗基地为中心、安陆沿316国道扩大发展优质梨基地；孝昌周巷镇及双峰风景区开发茶叶基地；孝昌大悟山及孝南西河新建药材基地。

5、以退耕还林工程为重点，加快水土流失治理步伐。国家从2002年启动退耕还林工程，其中配套有荒山造林项目。这个工程项目的启动，将会给孝感生态环境治理、减少水土流失起到很好的促进作用。我市要全力抓好退耕还林工程建设。同时，还要组织好重点生态工程项目——长防林工程和封山育林工程实施。要完善规划设计，建立健全档案，把措施落实到小班。通过这几个项目的实施，扩大森林覆盖率，改善林地和植被结构，扼制住水土流失日趋严重的态势。

6、以自然保护小区建设为重点，加快野生动植物资源保护工程建设步伐。我市自然保护小区范围涉及到5个县市区，面积9500公顷，占国土面积的1.1%。保护区内动植物资源丰富(木本植物种类70科、400多种，陆生野生动物58科、130多种)，是我市生物多样性的典型代表，物种的基因库，具有重要生态效益、经济效益和社会效益。要积极申报立项，加快自然保护小区建设。

7、以森林资源管理体系建设为中心，加快森林资源保护工程建设步伐。全市重点是森林防火"四网二化"建设，森林病虫害防治体系建设，野生动植物资源保护站建设及林业行业执法队伍建设，确保全市森林面积和森林蓄积同步稳定增长。

8、**以林地流转体制改革为核心，加快林业经营机制转变步伐。**国家已作出鼓励发展非公有制林业的政策，这是促进林地流转，产权明晰，加快林业事业发展的一个重要改革措施。各地要成立林地经营体制改革领导机构和工作专班，做好规划，搞好宣传，办好示范，积极稳妥地开展林地流转工作。

9、**以加入WTO为契机，加快我市林业产业的发展步伐。**加入WTO后，给我市林业产业带来了扩大交流、互相合作、引用外资的良好机遇。一是要调整林业产业结构。大力发展有地方特色的经济林，把经济林建成山区经济的支柱产业。二是巩固和扩大杨树产业。随着山区公益生态林的禁伐，工业原料林基地要加快发展。平原县市在林业结构调整中，以发展杨树为主导，一方面扩大规模，另一方面注意引进和改良品种。三是大力发展林业种苗和花卉产业。苗木和花卉是极有前途的“朝阳产业”，重点抓好市级中心苗圃和县级骨干苗圃建设，组织和引导农民群众发展苗木花卉生产，大力培育一批花卉流通市场，把花卉建成林业经济新的增长点。四是大力推进旅游业的发展。提高森林公园的建设水平，加强森林旅游队伍建设，提高经营和服务质量，促进森林旅游业快速健康发展。

10、**以提高林业科技含量为主导，加快科技兴林战略的实施步伐。**科技兴林是新形势下实现林业跨越式发展的内在要求，又是在加入WTO后，林业发展与世界接轨的必然要求。一是建立健全林业科技服务网络，抓好科技单位自身建设。二是抓好林业标准化示范县建设。三是加大林业科研和推广力度。加强关键林业科技攻关，重点抓好林业实用技术的推广应用和优良新品种引进推广工作。四是加强科技下乡和技术普及培训工作。提高农民科技素质。积极推进科技体制改革和开展科技创新，全面提高科技含量，尽快把林业科技成果转化为生产力，提高林业科技在林业经济增长中的贡献率。

控制人口增长 实现富民强市新跨越

孝感市计划生育委员会主任 **柳育儒**

控制人口增长是实现富民强市新跨越的战略任务。孝感是农业大市，也是人口大市，经济不很发达。要把经济搞上去，实现由农业大市向富民强市的新跨越，就必须以科学手段控制人口再生产，稳定低生育水平，使孝感人口与经济、资源、环境协调发展。

第一，控制人口是实现富民强市新跨越的必然要求。改革开放20多年的实践证明，社会经济的发展、人们生活水平的提高，必须要有一个良好的人口环境。经过多年的努力，虽然我市人口过快增长的势头得到了有效控制，但质量不高。一是人口控制水平落后于经济快速发展水平。第二次党代会以来，市委、市政府积极推进结构调整，国民经济保持了持续快速健康发展的良好势头。国内生产总值、财政收入、全社会固定资产投资年均增长在两位数以上，尤其是综合经济效益目标考核位居全省前列，而计划生育近几年虽有进步，但还是处在全省中等水平。我市一孩妇女积存率到去年只有39点多，大大低于宜昌的水平。这就意味着我市每年新增的国民收入有相当一部分被新增人口所抵消。二是晚婚晚育、优生优育政策没有得到很好地落实，全面提高人口素质的困难很大。过多的人口，使教育、卫生医疗、社会保障、就业等不堪重负，带来的直接后果是提高人口综合素质的速度较慢，总体质量不高，特别是山区、库区、贫困地区的人口难以做到优生优育，提高人口质量。三是自然资源相对减少，特别是人口发展与土地资源急剧减少的矛盾加剧。这个矛盾在有些地方已成为经济快速增长和可持续发展的障碍因素。尽管目前我市人口出生率不到10‰，计划生育处于低生育水平阶段，但人口总量年均增长的基数依然很大。孝感从1985年到1995年，平均每年增加7.3万人，就是在2001年人口出生降至近4万人，也相当于一个中等乡镇的人口，而且这种增长势头还可能持续40年左右。与此同时，土地资源因国家建设、市县乡建设和个人建房等不断占用，可使用面积逐年减少。这一增一减，加剧了人口多与资源少的矛盾。

第二，控制人口是实现富民强市新跨越的潜力所在。我们算了两笔帐：一是通过细算孝感10年来人口出生率大幅度下降所获经济效益和社会效益的大帐，表明控制人口是经济和社会发展的推动力。我市1990年至2000年少生出30多万人，1990年出生的孩子到2008年满18岁，按人均5万元的家庭抚养成本测算，平均每年可节省抚养费8亿多元，18年就是150亿元。二是通过细算计划生育投入产出帐，表明控制人口是回报率极高、于国于民都有利的经济事业。计划生育投资是投入较少，产出极高的战略投资。少生的30万人，现在最大的只有10来岁，每年节约出来的8亿元抚养费，按国内生产总值利润率10%计算，相当于80亿元的国内生产总值。如果不实行计划生育，全市2000年的国内生产总值(265.2亿元)的近三分之一将被可能多出生的30万人吃掉。

第三，确立新思路，为实现富民强市新跨越的战略目标而负重拼搏。确立新的奋斗目标——使计划生育事业真正成为造福于人民的事业；明确新的工作标准——稳定低生育水平、让人民群众满意；建立新的管理机制——依法管理、村(居)民自治、优质服务、政策推动、综合治理;提出新的要求——转变职能,依法行政,提高管理和服务水平。根据我市的现状,我们认为主要是做好以下工作:

一是以建设富民强市为中心,坚定不移地稳定现行的生育政策,把经济搞上去就必须把人口控制下来。在长期的人口与计划生育工作的实践中,我们逐渐探索出了一条有中国特色解决人口问题的正确道路。"九五"期间,我们把这条道路概括为坚持"三不变"、落实"三为主"、推广"三结合"、实现"两个转变",即坚持党政一把手亲自抓、负总责不变,现行的人口政策不变,既定的人口控制目标不变;计划生育以宣传教育为主、避孕为主、经常性工作为主;计划生育与发展经济相结合,与帮助农民勤劳致富奔小康相结合,与建设文明幸福家庭相结合;实现工作思路和工作方法由以往仅就计划生育抓计划生育向与经济社会发展紧密结合、采取综合措施解决人口问题转变,由以社会制约为主向逐步建立利益导向与社会制约相结合,宣传教育、综合服务、科学管理相统一的机制转变。这一工作思路,是过去、现在和将来人口与计划生育事业健康发展的重要保证,我们要坚定不移地沿着这条正确道路走下去。

二是以优质服务为突破口,大力实施有利于实现富民强市新跨越的计划生育优质服务工程,为广大育龄妇女免费提供生育、节育全程跟踪服务。积极推进以技术服务为重点的优质服务,大力开展创建计划生育优质服务先进县、市、区和优质服务先进乡镇活动。一要按照《计划生育技术服务管理条例》和配套文件要求,进一步加强以县站为龙头、乡站为主体、村服务室为基础的计划生育技术服务网络建设和管理,加强计划生育技术服务队伍建设,做好农村育龄群众避孕药具免费发放工作。二要积极稳妥地开展避孕节育优质服务、出生缺陷干预和生殖道感染综合防治"三大工程"。三要积极开展创建计划生育优质服务先进县(市、区)和优质服务先进乡镇活动,进一步巩固和提高"三为主"工作水平。

三是以考核评估为动力,建立健全有利于加速实现富民强市新跨越的计划生育目标管理考核体系,认真落实计划生育"一票否决权"。一要认真宣传和贯彻《人口与计划生育法》、《计划生育技术服务管理条例》和《社会抚养费征收管理办法》,继续全面贯彻落实中央《关于加强人口与计划生育工作稳定低生育水平的决定》和省委、省政府《实施意见》,促使各级党委、政府坚持把人口与计划生育工作摆上可持续发展的首要位置,纳入经济社会发展的总体规划,坚持党政一把手亲自抓、负总责,层层建立完善领导干部计划生育联系点制度,做到认识、责任、措施、投入四到位。二要继续动员全社会力量,促使全市上下尽快建立党政领导、部门指导、各方配合、群众参与的计划生育工作机制,做到优势互补、资源共享、各负其责,综合治理人口问题。三要积极推行党政领导"分线"考核、离职审计、跟踪奖惩制度,进一步健全人口与计划目标管理责任制,坚持计划生育"一票否决权"不放松。四要继续贯彻执行鄂办发[2000]70号文件精神,加强宏观决策,动员全社会力量实行人口与计划生育综合治理。五要加强流动人口计划生育管理,强化公安、工商、劳动、卫生、交通、城建等部门的责任,认真贯彻执行国家《流动人口计划生育工作管理办法》、《湖北省流动人口计划生育工作管理实施办法》和《孝感市流动人口计划生育工作管理规定》。通过全市上下的共同努力,形成全社会齐抓共管计划生育工作的新格局,努力实现控制人口增长、富民强市新跨越的战略目标。

中资商业银行应对外资银行竞争的思考
——关于学习 WTO 知识的几点体会

中国工商银行孝感市分行行长、党委书记　王新平

2001年12月11日,我国正式成为世贸组织(以下简称WTO)成员。加入WTO是党中央、国务院审时度势,为全面推进我国改革开放和社会主义现代化事业作出的一项重大战略决策,完全符合我国的根本利益和长远利益,同时也充分展示了中国顺应经济全球化潮流,主动参与国际竞争与合作的积极姿态。

加入WTO对于我国金融的发展可以说有着深远的影响。从正面或者说机遇角度来看,外资银行的登陆将更多地参与中国的经济和金融发展,中资银行也可以加快"走出去"的步伐,更好地融入世界经济大潮,学习先进的管理经验,从而加快我国银行的健康发展;将有利于增加国际资本流动,提高金融效益和效率,促进金融资源在全球范围内优化配置;有利于推进我国金融业建立现代企业制度的步伐,从根本上改变我国金融业管理落后、粗放经营、质量效益差的状况;有利于增强我国银行业服务功能,提高服务质量和水平,进一步满足广大客户多样化的金融需求;有利于提高我国金融业的整体素质和综合竞争力,并促其走向国际,使其与国际金融融为一体。从负面或者说挑战的角度来看,由于外资银行管理制度的先进性和运作方式的市场性,势必将对国内金融业产生强大的冲击。根据WTO的有关协议,中国将逐步取消对外资银行经营业务和经营地域上的限制。按照开放表要求,先期开放深圳、上海、大连、天津,加入一年内即今年就要开放广州、青岛、南京、武汉,并且规定,加入WTO两年内允许外资银行对中国企业办理人民

币业务，加入五年内取消所有的地域限制，取消所有现存的对外资银行所有权、经营和设立形式包括对分支机构和许可证发放进行限制的非审慎性措施，允许外资银行对所有的中国客户提供服务，允许外资银行设立同城营业网点，审批条件与中资银行相同。一句话，就是外资银行将与中资银行一样享有国民待遇。

外资银行对中资银行的冲击是显而易见的，是避免不了的。竞争的焦点集中表现在三方面的“争夺”：

一是高素质人才的争夺。他们将以高薪、出国培训、愉悦的工作环境等优厚条件吸引大量国内金融业优秀人才，即实现所谓的人才“本土化”。随之而来的是国内商业银行客户和市场份额的流失。二是优质客户的争夺。他们将利用灵活的经营手段、科技含量高的金融产品和综合化的服务方式，抢走国内商业银行的优质客户，而风险大效益不好的夕阳客户则留在国内银行，对国内银行的盈利能力构成严重冲击。三是中间业务的争夺。中间业务是银行的三大支柱业务之一，是银行实现盈利增长的重要因素，甚至是主要因素。外资银行特别注重优先发展高附加值和高收益的中间业务以及其他不占用资金而收入甚高的投资银行业务。

根据党中央、国务院关于国有商业银行改革的有关要求，结合中资商业银行的实际，我以为，要抓住一切有利时机，抓紧抓实过渡期内各项应对工作，消化包袱，夯实基础，全面增强参与国际金融竞争的能力。

首先，要加快观念的更新。观念决定思路，思路决定出路。目前不少中资银行“计划”观念浓厚，市场意识淡薄，业务发展不是侧重与市场竞争、抢占市场份额，而是与上级下达的“计划”竞争，一年下来只图完成任务，不注重分析市场占有率，甚至出现了完成年度任务而丢失了市场份额的尴尬境地；经营管理不是侧重质量效益，重视成本分析与控制，而是偏好数量（绝对额或时点数）的比较和经验的判断，不注重资产质量和投入与产出效益的分析；职位的高低和收入多少不是侧重能力的衡量，用绩效比较，而是看重档案、资历，不注重比较贡献的大小，以致员工的源动力明显不足；业务经营不是以客户为中心，而是以“我”为中心，自身有多少产品就提供多少服务，而不是根据客户需要量身定制，产品开发和服务滞后于客户需求的变化，如此等等。为此要加快观念的更新，切实强化市场竞争意识，巩固和提高市场占有率。要牢固树立“以客户为中心”的经营理念，改进工作程序和业务流程，尽快建立起高效优质、规范安全和操作性强的为客户服务的工作机制和内控体系；要深化改革、建立起全新的用人机制和分配机制，增强员工危机意识和自我提升的自觉性，激活员工的潜能，增强工作创造力。

其次，加快实施进取性的应对战略。加入 WTO 对我国有利有弊，对我国金融业冲击是很大的，这主要缘于我国金融业还较为脆弱，但与这些利弊变化中的不确定性相联系的，主要是应对 WTO 的思路和战略取向。好的应对战略，应当是尽可能多地利用加入 WTO 带来的机遇，既遵循国际规则，积极履行承诺（义务），又要利用规则，充分享有权力，从而降低相关的风险和成本，趋利避弊甚至化弊为利的战略。在外资银行“登陆”的同时，要潜心引“智”，虚心学习，借鉴外来先进的管理方式和制度安排，发奋努力，在学习中追赶。

第三，要加快金融创新。20 世纪 80 年代以来，在金融自由化趋势的直接激发下，国际金融业发生了一场以金融创新为主导的“金融业服务革命”，金融服务水平空前提升。我国加入 WTO 后，外资银行将以灵活的经营方式，先进的科技水平，高效便捷的服务手段，全面挑战国内同行业。面对如此强劲的竞争态势，我国银行业唯有通过金融创新、完善服务功能、开发新的金融产品、建立覆盖全面、优质高效的服务体系，才能巩固和扩大优质客户群体，才能在竞争中立于不败之地。重点是以下几个金融创新的重要环节：一是金融监管方面的创新，央行监管当局要在扶助和鼓励中资银行在风险防范的基础上创新金融业务；二是银行法律方面的创新，以适应银行混业经营的模式；三是银行内部管理体制的创新，按照现代企业制度“产权明晰、责权分明、政企分开、管理科学”的要求，把国有独资银行改造成管理结构完善、运行机制健全、经营目标明确、财务状况良好且具有较强的国际竞争力的现代金融企业；四是金融产品的创新，加强各大商业银行之间的合作，提高整体竞争实力。如银行卡产品“血缘”关系太浓且各自为政，不仅破坏了有限的初生市场金融资源，而且浪费了大量的人力、物力和财力。

第四，要加快业务发展。中资商业银行目前面临的所有困难和问题无不与发展缓慢、发展不够有关，只有通过加快发展才能解决业务经营中深层次矛盾和问题。为此，全行上下都要强化发展的追赶意识，把主要精力和注意力放到对外业务竞争上面，放在对外发展业务上面。一方面是要树立正确的发展观，转变业务增长方式，实行集约化经营，追求质量优、效益好的可持续性发展，另一方面是要牢牢把握追赶型、跨越式发展的主要切入点，组织业务营销。重点是批量引进和培植新的优质客户，构筑打牢发展基石；把中间业务作为战略性和主体性业务来抓，根据客户需求，着力开发服务水平高、科技含量高、附加值高、客户满意度高的中间业务品种；在创新国际结算手段和服务方式上下功夫，以巩固和吸引更多的国际结算业务。

第五，要加快实施人才战略。人才资源是企业最宝贵的资源，是构成企业核心竞争力的基本要素。我认为，要突出抓好建立具有竞争力的人力资源管理体制：一是要加强管理层的建设，提高班子的前瞻性、驾驭市场能力和决策能力，要大力培养靠得住、有能力、肯实干的优秀干部，努力造就朝气蓬勃、奋发有为、团结高效、廉洁奉公的管理层队伍。重点是造就好各个层次的“一把手”，把那些政治素质高、驾驭能力强、创新意识浓、自身要求严、会带队伍的优秀干部选拔到“班长”的位置上来。二是要建立起市场选择和党委任免相结合的选人用人制度，加大公开选拔和竞争上岗的工作力度，尤其要注重培养和选拔优秀年轻干部。三是强化全员的再教育，在提升员工业务素质和市场适应能力上下功夫。四是要加快员工新陈代谢，在过渡期内应该着眼于拓宽用人渠道，全方位选拔优秀人才，充实到业务第一线，改善对外的服务质量。

第六，要加快减负卸载。由于历史的原因，中资商业银行不良资产多、财务包袱重，不仅占用了大量的资产，而且要支付巨额的成本，形成恶性循环。解决资产质量是中资银行头等重要的工作，各行都要大胆探索，运用公司化运作模式，实行机构、人员、财务单列，指导思想上要立足于快处置、早消化，千方百计抓住经济发展变化的机遇，利用市场化手段，举全行之力扎实做好不良资产的风险转化工作，确保在过渡期内，把不良资产控制在国际监管标准以内。要切实注重信贷风险管理，防止存量的继续恶化和新增贷款不良化的产生。鉴于中资商业银行财务包袱问题形成的准体制（财政）性原因，中央政府应尽早在过渡期内，创新财政减员政策，拿出一揽子解决方案，千方百计帮助四大中资商业银行尽快消化不良资产和财务方面的包袱，从而使其在参与国际金融竞争中，处于同一个起跑线上，从而赢得应有的市场份额，中资商业银行盈利多了，反过来又支持了中央财政。

全市司法行政工作的回顾与展望

孝感市司法局局长　**彭国雄**

1998年以来，全市司法行政干警，充分发挥主观能动性，以作为求地位，以创新求发展，在全面推进司法行政工作的同时，突出工作重点，寻求工作特色，克难奋进，真抓实干，圆满完成了各项业务工作。

1、**普法依法治理工作取得新进展。**这几年，是我市"三五"普法依法治理向纵深推进、全面实施和"四五"普法依法治理高位起步、重点推进的几年。在市委、市人大、市政府、市政协的领导监督下，全市各级各部门密切配合，广大人民群众积极参与，高举依法治国大旗，全面实施普法教育，努力在提高全民法律素质上下功夫，在整体推进依法治理上作文章，在促进两个文明建设上见成效，圆满完成了全市"三五"普法期间375万人的普法任务，全市7县、市、区，125个乡镇，2977个村全面开展了依法治理工作，初步形成了以基层依法治理为基础，以地方依法治理为主体，以行业依法治理为支柱的依法治市网络体系。学用结合，普治并举，广泛深入的普法依法治理工作，不仅提高了全民的法律素质，而且有力地促进了全市两个文明建设和各项社会事业的全面发展。初步实现了从法律知识启蒙教育到提高以领导干部为重点的全民法律素质的跨越，从单一普法教育向全面推进依法治理实践的跨越。2001年4月，根据中央8号文件、全国人大常委会决议和《省委宣传部、省司法厅关于在公民中开展法制宣传教育的第四个五年规划》要求，市委、市政府批转了《市委宣传部、市司法局关于在公民中开展法制宣传教育的第四个五年规划》。2001年10月，市委市政府召开了全市第十一次法制宣传教育工作会议，会上明确了"四五"普法的指导思想、奋斗目标、主要任务、工作要求、方法步骤、组织领导及保障等，全市"四五"普法依法治理工作正式启动，在全市各个领域、各个方面稳步推进。

2、**劳动教养工作取得新突破。**市劳教所1996年底开始筹建，1998年正式收教。虽然起步较晚，但全体劳教干警艰苦创业，克难奋进，在短短几年内，劳教所从无到有，从弱到强，成为全省第一流的劳教所。现占地40亩，教学办公楼、学员宿舍楼、食堂等总建筑面积7000多平方米，硬化院内水泥路面2400平方米，安装了200千伏变压器和自动供水设备，购置了大小汽车6辆和24门程控电话交换机以及按军营式、校园式和花园式要求的各种教育感化设备。在具体工作中，一是认真贯彻执行全国人大常委会和国务院关于劳教工作法律规章，全面贯彻落实"教育、感化、挽救"的劳教工作方针和"像老师待学生、像医生待病人、像父母待子女"的工作要求，确立了以教育改造劳教人员为根本宗旨，以确保安全稳定为第一所务，以三五年内建成部级文明劳教所为奋斗目标和"收得下、管得住、改造好"的工作要求。二是建章立制抓管理。按照现代化文明劳教所规范标准和"各项劳教工作制度化，劳教人员活动半军事化"的要求，劳教所从筹建开始，认真学习外地经验，结合本所实际积极探索，建立了治所的一系列规章制度，形成了9大类58项规章制度，坚持依法管理、严格管理、文明管理、科学管理。三是确保安全促稳定。劳教所现有收教人员200余人，有的劣迹很深，确保安全稳定是首要任务。因此，始终把安全稳定放在首位，从强化三个意识入手，明确三个责任，完善三个机制。在所内做到院有岗，岗有人，人有责，三大现场不离人，24小时不脱管，将劳教人员的一切活动控制在警察的视线内，尤其是重点时段、重点部位、重点对象实行重点防控，使以防脱逃、防非正常死亡、防重大生产事故、防所内发案为内容的"四防"工作落到实处，确保了安全，建所收教以来没有发生安全责任事故。四是抓队伍建设，增强干警素质。以班子建设为龙头，以提高综合素质为目标，以三考（考勤、考绩、考纪）为手段全面加强队伍建设，努力建设政治合格、纪律严明、作风过硬、业务精通的干警队伍。通过以上工作，市劳教所不断发展壮大，劳教干警素质不断提高，各项劳教工作全面发展，在全国统一素质考核中取得了人平92分的好成绩，在组织评警活动中，民警执法满意率达95%以上，在收教的810人中，所内改好率达到95%以上,重新违法犯罪率低于5%。

3、**人民调解工作取得新成绩**。一是狠抓组织建设,夯实人民调解工作基础。全市司法行政机关按照《人民调解委员会组织条例》的要求,狠抓调解委员会组织建设,在全市范围内形成了纵横交错、遍布城乡、扎根基层的三大调解组织体系。目前,全市共有各类调解委员会3779个,调解工作人员32307人,组织机构覆盖率达90%以上。二是狠抓纠纷排查。自1998年起,全市每年都开展为期三个月的民间纠纷大排查活动。市局专门成立以局一把手挂帅的大排查领导小组,全市统一组织,各县市协调行动,司法局各部门齐抓共管,全面开展大排查活动。仅2001年,全市就排查出民间纠纷2742件,调处2683件,其中劝解制止上访事件73批(次)。三是狠抓调解工作。积极贯彻“调防结合,以防为主,多种手段,协同作战”的调解工作方针,坚持以防止民间纠纷激化为重点,及时化解了大量的民间纠纷。据统计,自1998年以来,全市调解组织共调解各类民间纠纷125600件,调解成功率达到98%以上。通过及时调解,防止民转刑案件1468件,制止群体性械斗608次,防止群体性上访565件,将大量矛盾化解在基层,消灭在萌芽状态。四是狠抓安置帮教工作,自1998年以来,通过原单位安置、创建安置实体、落实责任田、帮助从事个体经营等多种渠道,共对1417名刑释解教人员进行了安置帮教。

4、**法律服务工作取得新成效**。全市进一步深化法律服务业的改革,在公证、律师、基层法律服务的管理体制和运行机制上进行了有益的探索。一是对符合改制条件的6家国资律师事务所进行了脱钩改制,新设立了2家合伙制律师事务所,在我市形成国资所、合作所、合伙所并存的局面,非国资所占全市律师事务所的比例达到42%。二是遵循公证工作的特点和规律,强化公证改革意识,积极推行公证处行政体制事业单位管理模式。三是强化自律性管理,进一步规范和完善所、处内部运行机制的改革,建立健全目标责任制、主任责任制、错案(证)追究赔偿制等。据统计,自1998年以来,全市公证机构共办结各类公证75455件,其中民事公证45036件,经济公证30419件;律师机构共担任常年法律顾问980家,办理各类案件21083件,其中刑事案件3796件,民事案件9654件,经济案件6923件,行政案件710件,非诉讼法律事务9758件。基层法律服务机构共担任常年法律顾问1343家,代理诉讼或非诉讼事务30072件,避免、挽回经济损失2.66亿元。

此外,法学教育、司法考试、“148”法律服务专线建设、司法鉴定等业务工作每年都有不同程度的新发展、新突破。

当前和今后一个时期,全市司法行政工作要以实施依法治国方略为总揽,切实加强劳教工作,进一步加大法律服务改革力度,大力加强基层建设和干警队伍建设,实现队伍结构进一步优化、工作机制进一步完善、保障体制进一步健全、司法行政整体工作向前发展的目标。

1、**以实施依法治国基本方略为总揽,深入开展普法依法治理工作**。当前和今后一段时期,普法依法治理的基本目标是:认真组织实施“四五”普法规划,深入开展法制宣传教育,努力实现由提高全民法律意识到提高全民法律素质的转变;狠抓领导干部学法,树立依法行政、依法决策意识,实现领导方式和管理方式的法治化;大力推进依法治省进程,全面实施依法治理“三大工程”,实现思想认识、思维方式、组织领导、实际运作的飞跃,为依法治国奠定坚实的基础。全市普法对象要受到新一轮的法制教育;重点抓好各级领导干部、司法人员、行政执法人员、企业经营管理人员的法律素质;领导干部任前法律培训和法律知识考核形成制度;完善学校法制教育,将法制教育纳入教育大纲;建立健全普法工作机制,形成经常性、规范性、权威性的普法工作制度。全面推进依法治理工作实践,构建、完善以基层依法治理为基础、行业依法治理为支柱、地方依法治理为主体的纵横结合的依法治市网络。坚持依法行政,加大执法力度,全面落实行政执法责任制,推行政务公开。

2、**切实加强劳教工作,确保劳教场所安全稳定**。努力提高教育改造质量。逐步建立健全长效安全机制,确保场所安全稳定,牢固树立主业意识,明确教育改造工作的主业地位,履行好教育改造职能。建立健全护卫组织,实现劳教“四无”的目标。劳教办学工作要做到人员、时间、内容、效果、经费五落实,力争建成劳动教养学校。进一步加强劳教人员的教育转化工作,确保不发生安全事故,稳步提高教育转化率。深入扎实开展创建现代化文明劳教所工作,以创建工作推动劳教整体上台阶。

3、**进一步深化法律服务改革,建立适应社会主义市场经济体制的法律服务格局**。抢抓历史机遇,加大改革力度,逐步建立、完善适应市场经济体制的全方位法律服务新格局,建立起引导、推进、保障社会主义市场经济建设的法律服务体系。进一步发展壮大法律服务队伍,全面提高法律服务队伍整体素质。进一步理顺法律服务管理体制,律师管理工作形成以司法行政机关的宏观管理为核心、以律师协会的行业管理为主体,以律师事务所自律性管理为基础的有中国特色的律师管理体系。进一步规范法律服务机构的内部管理,走规模化、专业化道路。加强制度建设,提高规范化、科学化管理水平。进一步加快法律援助机构建设步伐。到2005年,全市普遍建立法律援助机构,逐步形成法律援助工作网络。

4、**以乡镇(街道)司法所建设为重点,切实加强司法行政基层基础工作**。继续抓好司法所建设,全面强化县区和乡镇(街道)一级的基层司法行政工作。进一步建立健全调解组织和调解网络,正确处理新时期人民内部矛盾,防止矛盾激化,民间纠纷调解成功率保持在95%以上,民间纠纷激化率控制在0.6%以内。进一步加强安置帮教工作组织机构建设,抓好乡、村(居)安置帮教组织及其网络的建立健全。稳步提高安置率、转化率,回归人员基本得到安置,重新违法犯罪率控制在5%以内,减少社会不安定因素。

5、**切实抓好国家司法考试工作和司法鉴定工作,履行好国家赋予司法行政机关的职责**。

中国加入WTO对卫生事业的影响与对策分析

孝感市卫生局局长　周新安

我国已加入世界贸易组织(WTO),“入世”是把“双刃剑”,既是机遇又是挑战,而且是对我国社会的全面挑战。如果说中国1971年重返联合国大会是在政治上加入了联合国,那么中国加入世界贸易组织,则可以说中国在经济上加入了联合国。获得的第一个好处是,有利于中国参与制定经济全球化的规划。第二个好处是,有利于中国获得一个公平、公正与稳定的国际贸易环境,使中国成为乌拉圭回合贸易自由化协议受益最多的国家之一。

我国卫生事业改革的目标是建立起主动适应进而逐渐进入社会主义市场经济的卫生服务体系。由于我们建国以来一直实行的是计划经济,就目前而言,无论是政府还是医院,在卫生改革、发展的实际运行中,还带有显著的计划经济痕迹,如医疗机构管理体系臃肿,市场经济意识远远不够,政府管理部门过多干预医院经营行为,而医院硬件设施相对落后,高级人才匮乏,医疗行为不规范,质量服务意识差,缺乏竞争能力和发展后劲。

根据WTO原则分析,中国加入世界贸易组织后对卫生事业改革发展带来的好处是显而易见的。

第一、在经济全球化的趋势下,中国可因加入世界贸易组织而逐步融入全球经济,医疗卫生资源的配置,可能进入国际优化配置的总渠道,促进国内医疗服务产业化。届时,发达国家先进的医疗设备和技术将会更多、更快地引进,由于市场准入和关税降低,有利进口,这些先进医疗设备的价格会下降,引进设备技术的成本会降低。我国传统的中医、中药产品,如针灸理疗产品,模拟气功理疗产品,其他电子、微电子医疗产品,中成药,中药饮片等也将借助于我国在外贸出口世界贸易组织134个成员国家(地区)中取得最惠国和无歧视待遇而得以大量占有国际市场。届时,医学领域内的管理、科研、学术方面的交流合作也会更广泛,国外的医学专家将和我国专家取得更多的合作,医学领域中的高新技术引进也将加快。医疗服务的产业化有利于医疗机构之间对医疗市场的竞争,这种竞争会有利于医院进一步提高服务意识、提高服务效率、提高服务质量和降低服务成本,节约医疗资源;有利于加大政府将卫生经费进一步向预防保健、社区卫生服务倾斜,从而减轻人民负担。这些都有利于我国的医疗服务在管理上、质量上与国际接轨,有利于加快医疗卫生事业的发展,有利于广大人民健康水平的提高。

第二、中国加入世界贸易组织后,各国企业家来我国投资均可取得国民待遇。一方面有利于进一步引进外资,同时,国家将会对外商独资医院和中外合资、合作医院的审批限制逐步放宽,也必然带动外商对特需医疗服务市场的投资。另一方面,大量外商和企业高级管理者因来华直接投资而涌入,必然会大幅度提高特需医疗服务领域的需求,对医疗业务能力的提高、技术力量的进步是一个难得的机遇。国内发展多层次的医疗保健服务,将对满足不同层次医疗需求具有重要作用。

第三、中国出口与引进外资增加,会使国内生产总值增加,并创造大量就业机会。而国民收入增加和国内经济发展都会使医疗卫生的有效需求增加,医院收入增加,有利于医疗机构整体实力的提高。

第四、外国成熟的保险业加入我国医疗保险市场,有利于国内进一步完善医疗保险体系,加快发展补充医疗保险,辅助社会医疗保险的顺利实施。医疗保险体系的进一步完善无疑有利于促进特需医疗服务的形成,进一步改善投资环境,推进医疗服务体系的健康发展。

第五、中国加入世界贸易组织,本身就说明政府改革开放的决心,可进一步强化卫生事业的改革目标,纠正改革理念,规范改革行为,培养竞争观念,完善竞争机制,学习竞争本领,承认市场竞争的客观结果,使医疗机构在政府适度的宏观调控和依法管理下,尽快熟悉市场经济的运行准则和操作规则。

中国加入世界贸易组织后当然也会使卫生事业面临挑战。

首先,卫生改革正确理念的强化和确定,是一个渐进磨合的过程,我国医疗卫生管理体制传统的计划经济模式,将仍然会影响并干扰我们的改革进程。中国加入世界贸易组织后,这种新旧管理理念以及宏观调控思路的碰撞和矛盾将更加激化,旧观念和新体制的冲突会在相当一段时间内阻碍卫生改革、发展的进程。

第二,由于我国医疗市场还不成熟,属于比较封闭的“原始市场”,在我们尚未准备好的情况下,外商直接投资的进入和迅速瓜分,会导致外资医疗机构和现有医疗机构之间的不合理竞争。一部分国营、集体所有制结构的医院在竞争中处于明显劣势,他们会被兼并,甚至破产倒闭,影响整个医疗卫生系统的稳定。

第三,卫生技术人员在激烈的市场竞争和就业岗位竞争中,心情会更加浮躁,职工失业的危机感会更加明显。同时,医疗机构技术骨干队伍的稳定性会遇到强烈挑战。目前国际上发达国家对发展中国家市场占有策略是“本地化”原则,即“输入资本,当地招聘人才,迅速而有效地占领市场”,这样就会使有限的高级医疗卫生人才大量流失,而高级医疗卫生人才的流失将意味着市场的流失。

第四,对医疗卫生市场的监督执法管理带来了难度。目前,医疗卫生市场的监督执法体系还不完善,人员素质和监督执法水平还有待进一步提高。

总体上分析,中国加入WTO后对医疗卫生市场的影

响是利大于弊，有利于卫生事业的改革与发展，有利于医疗卫生服务技术、管理与国际接轨。但对其不利影响需要引起高度重视。

中国加入世界贸易组织对卫生事业来讲是一种环境因素的改变，我们一定要审时度势，以清醒的头脑来分析、看待这个问题，早作准备。要勇于改革、创新，使自己的内部管理体制和运行体系适应新形势变化，趋利避害、因势利导，从而驾驭全局。一要努力学习，更新观念，努力营造政府宏观调控有序、医疗机构微观运行富有生机和活力的运行体系。二要继续深化医疗机构内部运行机制改革，理顺医疗机构内部产权关系，逐步做到所有权和经营权分离，同时实行分层管理和分层负责制，建立科学的员工激励机制。三是狠抓医疗质量，实施人才战略，大力培养和引进人才，以科研为手段，创出医院自己的质量品牌和特色品牌。四要实行医院后勤管理社会化，降低后勤管理成本，使医疗业务工作的后勤保障高效运转。

同时，我们也认为中国加入世界贸易组织以后对医疗市场的影响和问题既要重视，也不必过分忧虑，其理由一是毕竟此事利大于弊，二是关贸壁垒下降了，医疗市场准入大门打开了，但我们还有其他手段可以利用，对其加以规范和限制，诸如《执业医师法》和行医执照、区域卫生规划、医疗保险政策等等。根据社会需求和卫生事业发展需要，国家将逐步、规范和有限度地开放医疗市场，引进发达国家医疗管理经验和医学高新技术，多种所有制成分办医，多渠道筹集卫生经费，开放特需医疗和商业医疗保险，加大医疗市场的有序竞争，从另一个侧面触动和引导现有卫生事业健康发展，这作为我们面临中国加入 WTO 后对卫生事业影响的总对策不失为明智之举。

应对入世新形势　打造孝感新品牌

——关于加快发展我市文化、体育、新闻出版事业的思考

孝感市文体局局长　彭经纬

现在我国已正式加入世界贸易组织，文化、体育、新闻出版作为社会主义事业的重要组成部分，如何利用入世的机遇，发展壮大自己，是文体部门必须认真思考和解决的重大现实课题。

面对入世带来的机遇和挑战，我们通过冷静的分析和深入的思考，确立了攻与防、学与弘相结合的发展战略思路。攻，就是要积极发展壮大文化、体育、新闻出版事业，不断提高自己的竞争实力，走向世界，参与国际竞争。防，就是要不断加强社会主义文化阵地建设，加大社会主义先进文化建设的力度，抵御西方各种腐朽文化的侵蚀，构筑牢固的思想防线；学，就是要积极学习外国的优秀文化、先进技术、先进的管理方式，不断丰富和发展自己；弘，就是要弘扬中华民族的优秀文化，创造现代文化，使其成为世界的先进文化，让世界人民所尊崇。为此，结合孝感的实际，我们将主要采取以下工作措施。

一、加强阵地建设，夯实事业基础

建国以来，特别是改革开放以来，我市的文化、体育、新闻出版事业建设，在各级党委和政府的大力支持下，取得了巨大的成就。到目前为止，市、县（市、区）两级都建有公共图书馆、博物馆、群艺馆和文化馆；共有 15 个影剧院，6 个专业剧团，14 个体育场馆，1 个体育艺术学校，8 家报纸，8 家刊物，17 家国营印刷企业；78％的乡镇建有文化站，52％的村建有文化图书室。还有一大批民营个体的文化体育和出版单位。从内容来看，涵盖了专业艺术、群体文化、文物博物、图书发行、电影放映、群众体育、体育艺术培训、新闻、文学、电子音响等各个行业，初步形成了纵贯城乡门类齐全的文体新闻出版事业网络体系，具有一定的比较优势。但是，面对入世形势的新要求，我市文体、新闻出版的阵地建设还存在明显的不足。这种不足突出地表现在一是基础设施档次偏低，服务功能不强，二是网络不健全，还有空白地。如 22％的乡镇还没有建文化站，48％的村还没有建文化图书室等。针对这种情况，首先要争取政府加大投入的力度；第二，要建立和完善社会多渠道的融资机制；第三，要按照我国在加入世界贸易组织谈判中关于文化市场准入的有关原则，积极引进和利用外资，逐步对我市文化体育设施进行改造和建设，不断提高水准，增强服务功能，并建设和完善基础设施的网络体系。

二、吸收文明成果，建设先进文化

第一，要加强先进文化建设。加强先进文化建设，必须坚持以马列主义、毛泽东思想、邓小平理论和江泽民“三个代表”重要思想为指导，坚持“二为”方向和“双百”方针，广泛开展思想道德教育、民主法制教育、纪律教育，引导和帮助人民群众树立正确的世界观、人生观和价值观，使人们成为有理想、有道德、有文化、有纪律的新型公民，而这些都离不开文化所具有的教化、激励和导向功能。

第二，要大力弘扬民族文化。我们中华民族有着几千年的悠久历史和文化积累，其传统文化源远流长、博大精深，包含思想观念、礼仪制度、思维方式、价值取向、道德情操、生活方式、风俗习惯、宗教信仰、文学艺术、科学技术等不同层面的丰富内容。这些优秀文化遗产，几千年始终保持延续发展，维系着民族成员的心理纽带，对于中华民族的繁衍、统一、稳定和自立于世界民族之林起了巨大的作用。

因此，我们在准许世界文化产品进入时，在建设先进文化过程中，必须继承和弘扬中华民族的优秀文化。

第三，要积极吸收和借鉴世界文化优秀成果。积极吸收和借鉴优秀的外来文化成果，是建设中国先进文化的内在要求，是提高民族文化素质不可缺少的一个重要方面。如果将自己仅仅局限于本民族单一的文化之中，就会使民族文化停滞，更谈不上创造先进的文化。江泽民同志指出：“我国文化的发展，不能离开人类文明的共同成果。要坚持以我为主，为我所用的原则，开展各种形式的对外文化交流，博采各国文化之长，向世界展示中国文化建设的成就，坚决抵制各种腐朽文化侵蚀”。我们的文化建设要“面向现代化、面向世界、面向未来”，就要以博大的胸襟和广阔的视野，大胆吸收一切外来的优秀文化成果，为我所用。

三、突出地方特色，打造文体品牌

我们孝感市，从现有的文化、体育事业状况来看，最具有特色、最强的品牌，一是孝文化，二是已打入国际，并获得好成绩的一些体育项目。入世后，我们一定要在这方面做好文章，把这方面的文章做好了，不仅可以促进我市文体事业的发展，而且还能让我市的文体成果打入国际市场，在世界人民面前一展孝感人的风采。

第一，要大力建设孝文化，努力打造孝文化品牌。孝文化历史悠久，既是中华民族优秀的传统文化，又是世人公认的道德规范。本身就是一个进入世界的极好的文化品牌。而我市在这方面又具有得天独厚的条件。其地名就是因孝感天而得名，出了一批名孝子，保存了大量的孝遗址、遗迹，形成了多种形式的孝艺，制造了一些已闻名天下的孝产业，为我们打造孝文化品牌建立了良好的基础。

下一步，我们一是要进一步挖掘开发孝文化资源，加强对孝文化的研究，努力做到在继承中发展孝文化，在发展中创新孝文化，在创新中繁荣孝文化。二是要加强孝文化艺术创作，并充分利用孝感所有的艺术形式，宣传孝文化，推广孝文化，普及孝文化。三是要利用一些孝文化色彩比较浓郁的清明节、母亲节、重阳节等时节，广泛开展形式多样的孝文化活动。四是要认真办好孝文化节。五是要大力发展具有孝文化底蕴的文化产业。六是要积极参与和发展孝文化旅游业。在此基础上，迅速打造一批在市场上叫得响，并能打入国际市场的孝文化艺术品牌、孝文化活动品牌、孝文化产业品牌。

第二，要大力加强体育建设，努力打造孝感的体育品牌。孝感的体育事业，在历史上曾经有过辉煌，如体操、游泳、跳水、举重等项目，在国际大赛上曾获得过好成绩。体育设施也比较先进，接待过国际、国内重大体育比赛活动。入世后，我们要在以下两个方面下功夫。一是在体育人才培养上，我们要缩短战线，形成合力，突出重点，抓好自己的特色项目，力争多出人才，多拿国内外的金牌，形成自己所特有的体育品牌。二是在体育场馆建设上，要尽快配套完善，提档升级，使我们的体育场馆能够成为接待国内外体育活动的理想场所。

四、发展文体产业，壮大自身实力

第一，要扩大企业规模，提高企业档次，增强企业的竞争实力。我市现有的文体新闻出版企业，大多是民营、个体企业，普遍存在着散、乱、小的问题。如娱乐业、音像业、电子游戏业、书刊图书业、印刷业、台球、保龄球、棋类业等，就是国营的新华书店、电影公司、印刷企业，规模也不大，档次也不高，竞争力也不强，急需要培养提高。对此，我们将积极招商引资，不断扩大我市文体新闻出版企业的规模，提升我市文体新闻出版企业的档次。

第二，要积极开发和出口民族特色文化产品。我市的剪纸、皮影、漫画等特色产品，现已走向了国内外市场，但同样规模不大，档次不高，更没有形成品牌。对此，我们将加大开发的力度，促其成为孝感的文化产业品牌。

第三，要充分开发，合理利用文体部门人力、物力资源的优势，盘活存量，大力开办适应市场需求的文体产业项目，实现资产效益的最大化。

第四，要深化事业单位改革，把那些能够进入市场竞争的事业单位推进市场，如专业剧团、物业管理中心、演出公司等。

第五，要改革企业管理机制。首先要转变政府部门职能，减少行政干预，充分尊重企业的经营自主权。其次，要推动文体新闻出版企业进行现代企业制度改造，不断加强管理，积极采用新技术，培育经营人才，增强创新能力。

第六，要认真贯彻落实文体新闻出版产业政策，为文体新闻出版产业的快速发展创造一个良好的环境。

五、坚持依法行政，强化市场管理

加入WTO后，我们作为政府的职能部门，首要的政务就是要依法行政。

第一，在文化市场管理方面，对按法律程序和政策要求进入的外国文化产品，我们要遵循无歧视、公平竞争的原则，同本国的文化产品、服务一样，给予“国民待遇”。

第二，要坚持知识产权协定中的有关原则，如关于版权及邻接权保护的国民待遇原则、自动保护原则、独立性保护原则等。

第三，要认真贯彻执行我国政府针对入世新形势所修订和颁布的《著作权法》、《出版管理条例》、《印刷业管理条例》、《音像制品管理条例》、《电影管理条例》、《娱乐场所管理条例》和《营业性演出管理条例》等。这些法律法规，充分体现了世贸组织关于文化方面的原则和我国政府的承诺，我们必须认真贯彻执行。

第四，要坚持扫黄打非活动，强化文化市场的管理。当前，文化市场管理的重点，要放在带有政治危害的、非法的、国家已明令禁止、取缔和限制的内容上，凡是对青少年有危害的，坚决予以整治和取缔，让不良文化永无市场。做到依法管理，规范经营，健康发展。

优先发展信息产业 大力推进信息化 实现孝感经济与社会的跨越式发展

孝感市经贸委副主任、市信息产业局局长 吴桂森

信息产业作为国民经济的基础产业、先导产业和支柱产业,是知识经济时代的主体和先进生产力的代表,其发展水平已成为一个国家综合国力的重要标志,也是影响区域产业结构和经济发展的重要因素。因此,党中央把优先发展信息产业、大力推进信息化作为实现经济和社会跨越式发展的战略任务。孝感市委、市政府高度重视我市信息产业发展和信息化推进工作,并取得一定成就。到2001年止,全市信息产业总产值(总收入)达15.76亿元,其中电子信息产品制造业总产值9.79亿元,通信营运业总收入5.28亿元,网络软件业总收入0.42亿元;同时信息化网络基础设施建设也得到快速发展,为新世纪跨越式发展奠定了一定基础。

根据世界经济科技发展新趋势和我国经济发展新阶段的要求,党的十六大明确地将优先发展信息产业、大力推进信息化,以信息化带动工业化,以工业化促进信息化,作为新世纪全面建设小康社会的主要任务之一。按照这一任务要求,全国将掀起一个加快发展信息产业,全面推进信息化的新高潮。在这种新的形势下,孝感将面临着新的机遇和严峻挑战。因此,我们必须放眼全球,把握大势,切实抓住机遇,充分发挥后发优势,把优先发展信息产业、大力推进信息化作为覆盖现代化建设全局的战略举措来抓,以促进孝感经济和社会尽快实现跨越式发展。

依据新时期我国发展信息产业、推进信息化的目标纲要,结合孝感实际,我们提出孝感优先发展信息产业、推进信息化总的指导思想是:以邓小平理论和江泽民"三个代表"重要思想为指导,以市场为导向,加速科技创新,调整产业结构,加强宏观调控,合理配置资源,依法监督管理,规范市场秩序,努力加快全市电子信息产品制造业、通信服务业、网络软件业的发展步伐,全面推进国民经济和社会信息化,以促进整个国民经济的快速、持续、健康发展,从而实现信息化强市的战略目标。总体发展思路是:以武汉为依托,实施"1458"工程,将孝感建成以孝感市区为主体,以汉川、应城、云梦、安陆四县市为支撑,相互衔接,相互依托的信息产业带,形成以提高服务质量和经济效益为目的,以调整结构、提升全市信息产业总体水平为主线,以实现全市信息互联互通、资源高度共享为目标的发展格局。

"1458"工程发展重点为:"一个主体":即以孝感市开发区为中心,重点开发电子真空器件、IP网络及设备、光通讯器件、激光测距仪器、电子军工产品;市区重点开发企业管理、教育、医疗综合评价等软件产品;同时加大市区通信网络基础设施建设,尤其是加强市通信部门与市经济开发区的重点企业合作,共建宽带骨干网络及信息港电子商务平台,实施市区一体的电子商务政府、教育、市场、旅游、医疗、文化娱乐等信息资源共享的信息化战略,形成孝感市信息产业发展主体。"四个支撑点":即汉川市、应城市、安陆市、云梦县重点发展光纤光缆、电信电缆、工业控制电子设备等产品,积极开发推广应用软件,运用信息技术对骨干企业进行信息化改造,构建骨干企业信息网络,加大投资力度,加快通信网络基础建设,积极推进企业信息化、电子商务和社会信息化,形成全市信息产业的四个支撑点。"五个方面信息化推广重点":即推广以实现"电子政府"为目的的电子政务方面的信息化;以实现企业信息化为重点的经济发展方面的信息化;以实现科技教育信息化为突破口的社会公共方面的信息化;以实现城市土地管理信息化为切入点的城市管理方面的信息化;以实现重点小区信息化为示范点的社区与家庭方面的信息化。"八大重点发展领域":即光电子领域、应用电子领域、电光源领域、新型元器件领域、电子军工产品领域、计算机网络领域、软件领域、通信领域。"十五"期间总体发展目标为:到2005年全市信息产业总产值(总收入)达37.5亿元,年均增长20%。其中电子信息产品制造业22.5亿元,通信服务业10亿元,网络软件业5亿元。

按照以上总体发展思路和工作目标,在工作措施上重点抓好以下几个方面:

1、加强领导,统筹规划,加大各地、各部门对信息产业发展的支持力度。一是加强对优先发展信息产业、大力推进信息化重要性的宣传工作,促使各级政府和部门领导统一思想,更新观念,切实把发展信息产业和推进信息化作为振兴孝感经济的战略任务来抓,从人力、物力、财力等各个方面重视支持信息产业的发展。二是市、县(市、区)都要建立信息化推进领导机构,定期协调解决信息化推进工作中的突出问题;三是加强宏观指导,狠抓统一规划的制定与实施,以优化资源配置,避免重复建设。

2、面向市场,调整结构,加快电子信息产品制造业发展步伐。一是坚持"做精、做大、做强"的原则,调整企业组织结构。按照专业化分工和规模经济两个原则,以资本为纽带,以技术改造为手段,通过兼并、联合、重组等形成推动企业组织结构调整,培育一批"龙头"企业。重点实施"118亿元工程"计划,即到2005年产销过10亿元的企业争取达到1家,过5亿元的1家,过亿元的8家。二是坚持依托科技,调整产品结构。重点培育真空管、放电管、电光源、光纤光缆、光通讯器件、激光测距仪、IP网络与产品、电力抄表等8个名牌产品,使其上规模、上档次、上质量、上水平,提高市场竞争能力。三是坚持依靠国内外大企业发展高新技术产业,调整产业结构。主要抓住中国三江航天集团发展基于IP系列NPS网关产品的机遇,在孝感建立IP网络设

备与产品生产基地。同时抓住跨国公司对外转移生产能力的机遇，加强对外合资合作，借助国外资金和先进技术，发展高附加值、高技术含量、高创汇口的电子信息产品，争取将孝感建成面向国际市场的信息产品生产基地和研发基地。

3、依托武汉，加速应用，积极发展网络软件业。一是加强与武汉大专院校科研单位以及大软件企业合作，利用对方品牌和技术优势，带动我市网络软件业起步发展。二是针对我市信息化建设刚刚起步发展的现状，积极开发企业管理、工业设计与控制软件以及金融、财税、保险、教育、信息服务多媒体和系统集成应用等软件，促进我市软件业发展壮大。三是贯彻落实国务院和省政府有关鼓励发展软件业的政策，在投资、税收、产业技术、人才培养、出口、知识产权保护等方面给予扶持，以保护和激励软件业的发展。四是加强与国际技术合作，引进、消化吸收新技术，提高软件开发技术水平。同时加强计算机系统集成资质认证工作，以提高企业整体素质。

4、综合协调，引导发展，加速通信网络基础设施建设。一方面在做好通信管线统一规划和综合协调工作前提下，组织通信实体采用现代通信技术，加速对原有通信网络的升级改造，进一步扩大全市容量规模，提高网络质量；另一方面利用国家产业政策，引导通信服务业，以面向未来、结构合理、高速宽带、安全快捷为目标，尽快建成高速宽带，大容量、智能化的接入网、IP网和电信通信网，同时扩大广播电视网，以促进电信网、广播电视网、计算机网的三网融合与发展。重点抓好“五网”基础设施建设。一是加快电信通信网络改造。继续以光缆为主体，对基础电信传输网进行改造，以推动传输网向综合化、宽带化，智能化方面发展，同时建成基于IP通信的宽带数据通信网，力争提供语音、数据、图像等多种信息功能服务。二是大力发展宽带IP网。主要依托公用信息平台建成以第二代互联网技术为标准的宽带IP网络，并应用虚拟网技术加快各领域信息网与示范小区的建设，建好一批广域网、局域网和园区网，以保证重大信息化应用系统的互联互通。三是初步建成宽带接入网。主要加快光纤接入建设，在信息化示范小区、机关团体、大专院校以及繁华小区实施光纤到路边、到大楼、到小区。四是进一步健全邮政投递网。主要完善邮政计算机信息网，迅速实现电子汇兑业务的全国联网，扩展电子业务，同时扩大“绿卡”网点，完善邮政业务系统联网接入，加强实物运递网络建设，增强邮政投递的多种功能。五是完善有线电视网。进一步加强有线电视光纤网络改造与技术升级，完善与全国、全省联网的信息网络，建成市广播电视网传输中心，完成全市所有乡镇广电网与县市城区网、部分村级小区网与乡镇的联通工程。

5、统一标准，联合建设，大力推进国民经济和社会信息化。要认真贯彻“统筹规划、政府引导、统一标准、联合建设、互联互通、资源共享、规范市场、保证安全”的信息化工作方针，突出工作重点，狠抓信息化，推进工作落实：一是认真做好信息网络标准制定工作。要按照国家和省里要求，建立我市信息化标准体系框架，制定信息技术标准、信息传递网络标准、网络接入标准和信息资源标准等，狠抓全市政务网和社会公众服务网的网络接入、信息传递及网络安全的规范运作。二是抓好重点信息化示范工程建设。在坚持统筹规划、分步实施的原则下，重点抓好电子政务信息化，企业信息化，科教信息化，社区信息化和城市土地管理信息化的示范工程建设。三是狠抓联合共建与项目管理。采取“政府策划，多方投资，市场运作”的方式，组织重点企业和部门联合投资共建。同时，加强信息化工程建设管理。信息产业管理部门要从项目论证、设计方案、政府采购、承包招标、项目验收到投入运行，一条龙实行跟踪管理监督，以确保工程质量。四是加强信息资源的开发利用，重点开发利用政府交换系统信息库、国土资源基础信息库和资信信息库三大信息资源，以促进信息资源的高度共享。

6、完善机制，鼓励创新，加速科技成果向信息产业化转化。通过推广光电子技术、现代通信技术、应用软件和网络技术等领域的关键技术，建立科技竞争与人才激励相结合的技术创新体系，完善信息技术创新机制，以促进科技成果向信息产业化转化。在电子信息产品制造业方面，要建立产、学、研、用相结合的科技成果转化机制，让科技成果与市场需求相对接，缩短科技成果产业化转化周期；在网络软件方面，要引进先进技术开发以应用软件为主的软件产品，以带动软件业与工业同步发展；在通信服务业方面，要建立自主创新与引进、消化吸收相结合的技术应用机制，积极引进通信新技术，加快实现传输高速化、接入宽带化、交换大容量、监控程度高的通信网络步伐。

7、强化教育，注重引进，努力提高信息化人才队伍素质。一是开展多层次的信息化人才培训教育工作，提高国家机关公务员、企事业单位管理人员和专业人员的计算机技能水平。二是利用各种办学资源，开展信息化继续教育，鼓励中小学校和中等职业技术学校普及计算机课，努力提高社会成员的信息化水平。三是注重引进信息化方面的高层次专业人才，提高信息技术研发水平。四是完善科学人才激励机制，建立信息化教育考核制度，鼓励有真才实学的信息技术专业人员脱颖而出，为加快我市信息产业发展、推进信息化作出贡献。

8、加强立法，规范管理，为信息产业发展创造良好外部环境。一是要建立和完善信息产业政策法规体系。根据国家和省已出台的信息产业管理法规，尽快制定出台适合于孝感市情的法规和实施办法。二是加强信息产业市场管理，从产品质量、服务水平、收费价格上整顿和规范市场经济秩序。三是加强信息网络法制管理和安全保密工作，严厉打击各类信息网络违法犯罪活动，充分运用法律、技术、行政等手段，切实保障信息内容和网络安全，努力营造一个文明健康的公众信息网络环境。四是进一步改革行政审批制度，切实减少行政审批事项，同时认真解决以罚代收和乱收费等问题，建立高效廉洁的行政环境和公平竞争的市场环境。

加入 WTO 与孝感房地产业的发展对策

孝感市房地产管理局局长 陈家奎

加入 WTO 是我国政府的一项重大举措，是我国融入经济全球化的现实需要和必然趋势，意味着我国已经全面参与到经济全球化的战略环境里，已经进入到通过全面开放来促进国内改革的崭新阶段，同时也意味着国内各类产业即将融入到“国内竞争国际化、国际竞争全球化”的大潮之中。加入 WTO 不仅对我国的社会经济产生了深远的影响，同时也给我市的房地产业带来了难得的发展机遇和严峻的挑战。

一、我市房地产业的发展机遇

加入 WTO 对我市房地产业的发展来说，是一个非常难得的机遇。

1、随着经济全球化、经济一体化的发展，国际市场的竞争机制和规则必将引入国内，政府将进一步建立和健全国内市场经济运行规则，加快与国际惯例接轨的步伐。从房地产业来看，加入 WTO 后，房地产业所涉及的各个方面，都必将按照国际社会通行的标准来建立新体制，这将给我国乃至我市房地产业的发展带来新机遇。

2、我市独特区位优势带来的新机遇。孝感地处华中腹地，紧邻特大城市武汉，有京广铁路、京珠高速公路承启南北，汉丹—襄渝铁路、在建的汉十高速公路连接东西，是我国开放格局由沿海向内地推进的“接力点”。加入 WTO 后，这一区位优势将带来发展机遇：一是随着“武汉经济圈”的建设，来我市投资房地产开发的国内外企业将逐步增多；二是随着一、二产业的调整，城镇化水平的提高，将刺激房地产业的发展。

3、加入 WTO，有利于启动房地产市场，建立规范的市场运行机制。从房地产投资来看，加入 WTO 后，随着关税的降低，以及“非歧视贸易原则、公平竞争原则”的实施，必将刺激外商的投资，同时对房地产的投资结构将会产生较大的影响。一方面，整个投资会由非生产投资转向生产投资，另一方面，外资的投资范围限制将逐步取消，城市基础设施的投资建设必将成为外商投资的重点行业。从房地产需求看，加入世贸组织将为所有成员方带来更多的商机，这也必将导致大量外资公司进驻中国和大量产品的流入。同时，关税降低后，中国居民可以买到更便宜的商品，使国民的实际收入水平上升，意味着居民的购房支付能力增强。从而有力扩大房地产需求，启动房地产消费市场，进而促进房地产业的健康发展。从房地产价格看，入世后，房地产市场竞争日益激烈。迫使房地产开发商不断调整，强化管理，降低成本，同时也会促使政府行为更加规范，不合理的收费、摊派等将取消，从而形成合理的价格机制；另外，各种建材价格也将不断地下调，从而使房地产与居民的支付能力相适应。从房地产经营组织来看，加入 WTO 后，一方面，极大地推动房地产开发企业改组、改造、提高综合实力和抗风险能力；另一方面，房地产中介组织将不断地得到完善，从而建立完善的房地产社会化服务体系。

二、我市房地产业面临的挑战

加入 WTO，既有机遇，同时也面临着严峻的挑战。我市房地产业面临的挑战主要有：

1、房地产开发企业的整体素质不高，抗风险能力弱，经营效益差，发展后劲不足。截至 2001 年底我市房地产开发企业共 58 家，而资质等级为二级的企业仅 4 家，三级 12 家，绝大部分为四级企业，许多开发企业，注册资金难以到位，有的甚至没有从事实质性的开发建设。同时，开发企业的市场竞争意识不强，企业经营机制无实质性转变，在国内尚处于不利地位，加入 WTO 后，面对国外投资者的激烈竞争，会有相当一批房地产开发企业将被淘汰。如何提高房地产开发企业综合实力，是我市房地产业面临的一大挑战。

2、房地产交易秩序不规范，市场规则不健全，难以适应经济全球化的发展趋势。房地产一级市场上，存在着“不公开、不公平、不公正”的现象，土地出让透明度低，随意性大。同时房地产领域乱收费问题严重。如何依价值规律、供求规律、竞争规律确立全新的房地产市场体制又是一个难点。

3、建设管理体制尚未向市场经济转轨，多头管理、政出多门。一是房地产管理体制上管理分散、机构重叠、政出多门。目前，我市涉及房地产管理的部门很多，主要有：计委、规划、土地、房地产管理等部门，使本来应该是一体化的管理，被人为地割裂，造成许多矛盾和问题，严重影响了行政管理的权威性。二是房地产管理手段单一。目前我市房地产管理基本上是采取计划手段，缺乏市场机制和立法手段的调控，这与建立市场经济管理体制很不相适应。因此，理顺房地产管理体制，为房地产业的发展创造良好的制度环境是面临的又一挑战。

4、区位优势既能带来机遇，但同时也是极大的挑战。区位优势会吸引大量的国内外投资者，成为商家“抢摊”的重点地区，这将使竞争更为激烈。因此，我市房地产业以及为房地产业服务的行业面临着巨大的竞争压力。

5、房地产业的社会化服务体系严重滞后。一是为房地产开发经营服务的专业化、社会化的房地产信息咨询、评估等中介组织发展很不完善。二是房地产中介组织市场化、社会化程度低。如何构建完善的房地产业社会化服务体系以适应开放性的市场经济，也是一大挑战。

三、我市房地产业的发展对策

1、严格控制房地产总量，保持供需平衡。房地产业的发展速度是否与国民经济的发展速度相适应，房地产市场供需是否保持动态平衡，是房地产业发展是否健康的两个主要指标。政府要切实发挥“看得见的手”的宏观调控功能，以弥补市场这只“看不见的手”的缺陷。建立房地产市场的宏观调控体系，一是要研究市场，实行总量调控，保证房地产投资总额与全社会固定资产投资总额增长速度合理的比例关系，促进房地产业与国民经济发展相适应。二是要控制土地批租总量，应当根据我市经济发展水平及房地产市场需求，制定科学、合理的建设用地计划。三是要控制住宅类型结构，以适应住宅有效需求，避免出现新的商品住宅积压。四是建立房地产市场信息监测及预警系统，避免房地产"泡沫"的出现。

2、大力推进住宅产业现代化，提高房地产业的效益。以高新技术为手段，以规划设计为龙头，逐步扩大标准化、系列化、专业化生产规模，提高科技含量，采取新的生产方式和经营管理模式，提高住宅产品质量和性能，加快实现住宅生产方式由粗放型向集约型转轨的步伐，实现住宅产供销一体化，提高住宅产业的投资效率，从而带动国民经济及相关产业的发展。同时要建立住宅建设的技术保障体系、质量控制和住宅性能评价体系、住宅可持续发展保障与评价体系，从而形成较为系统的住宅产业化政策体系，从制度上保证住宅产业化的实施。

3、完善配套措施，繁荣房地产市场。房地产业的发展离不开配套政策的支持。目前，有利于我市房地产业发展的相关政策尚不完善。因此，必须进一步健全和完善发展房地产业的配套政策。

一是要深化住房金融改革。住房金融是加快住房建设、促进住房消费、繁荣住房市场的重要条件。金融部门一方面要加大对房地产开发贷款的力度，另一方面应针对我市居民收入偏低这一特点，适当放宽个人购房贷款的期限，同时，还应发展住房贷款保险业务，尽量解决好贷款风险问题。

二是要扩大公积金个人购房贷款的额度，简化程序，降低门槛，提高效益。

三是要降低商品房价格，建立合理的价格体系。首先检查已取消或降低的收费项目的落实情况，清理不合理的收费；其次建立房地产开发税费手册制度，明确规定房地产开发所涉及的税费项目、收缴标准和征收单位，凡是税费手册上没有记载的收费项目，开发企业可以拒付，对不合理的收费可向有关部门投诉；第三是控制开发企业的利润率。目前，我市的房地产开发利润率一般在15%左右，而国外一般在6%左右，国家已发文明确要求将经济适用住房的利润率控制在3%以内了，如果我市的商品房利润率能降低至国家规定水平，建立合理的价格体系，那么房价将会降下来，房地产市场将会更繁荣。

4、建立土地储备制度，保证城市总体规划的实施。房地产市场的繁荣，需要有充足的土地供应。针对我市目前的状况，参考其他地方的先进经验，建议成立土地储备中心。对城乡结合部的村镇开发改造、基础设施等建设项目用地及闲置两年以上仍未动工的建设用地，由政府按法规程序收回或收购；对征用满两年以上而没有进行开发建设的开发用地，由政府依法收回土地使用权。将这些土地全部进入土地储备中心，待政府对储备土地进行规划设计、前期开发后，进入交易市场，或由政府根据总体规划确定具体项目，实行公开招投标，保证国土资源的合理利用和城市总体规划的实施。

5、理顺管理机构，改进产权管理。我市房地产管理相当不顺，大部分县市房地产管理机构的设置政、事、企不分，极大地阻碍着房地产各项管理职能的履行，代表政府执法缺乏权威性，严重阻碍了我市房地产业的发展，同时也与中央关于把住宅与房地产业发展成为新的经济增长点的发展战略极不相适应。因此，在机构改革中，按照《城市房地产管理法》和建设部《关于认真学习宣传贯彻〈城市房屋权属登记管理办法〉的通知》（建房[1997]302号）要求，理顺房地产管理机制，将房改办与房地产管理部门合并，建立健全全市上下一致的房地产管理机构，以推进我市房地产业的发展。同时，应改进产权产籍管理，解决交易管理机构与产权产籍管理机构分离的问题，推行产权与交易一体化管理的模式，这对加快房地产流通，推动房地产业的发展是十分有利的。

6、实施国有房地产开发企业重组战略，全面推进住宅产业现代化。由于我市房地产开发企业的规模较小，抗御市场风险的能力不强，因此应对国有房地产开发企业实行调整。政府要制定政策扶持国有房地产开发企业，通过战略重组，形成龙头企业，使其在住宅建设中具有成片小区开发的能力，以实现社会、经济、环境的综合利用，全面推行住宅产业现代化。

切实加强队伍建设　努力开拓新的服务领域

湖北省鄂东北地质大队队长　李鹏章
湖北省鄂东北地质大队党委书记　徐　伟

湖北省鄂东北地质大队原来是一个靠财政拨款的事业单位，在改革进程中经历过多次反复和曲折，曾一度限入困境，但经过全队职工奋力拼搏，现已在市场经济的风浪中站稳脚跟，为更大的发展奠定了基础。

一、切实加强队伍建设，努力塑造形象品牌

市场经济规律之一，是"适者生存，优胜劣汰"。面对瞬息万变的市场竞争局面，我们曾经思考：没有精良的设备，没有领先的技术，没有特殊的人才，鄂东北队的优势何在？在风高浪急的市场大潮中，我们靠什么去站稳脚跟？凭什么立于不败之地？实践告诉我们，唯有以人为本，加强队伍

建设，努力创造形象品牌，才是鄂东北队求生存、谋发展的根本所在。基于这种考虑，近几年，我们从三个层次入手，对队伍建设常抓不懈。

1、加强建设与时俱进的领导班子

1997年以来，在经济困难、队伍不稳的情况下，队领导班子靠着廉洁自律、率先垂范的精神，靠着艰苦奋斗、脚踏实地的作风，顶住了压力，渡过了难关，经受了考验。几年中，队班子经过不断磨合、不断总结，逐渐形成一套有“鄂东北队特色”的行之有效的工作机制，这就是过去总结的“三有原则”和“四一共识”，即：“有正常的决策机制、有正确的角色意识、有正派的思想作风”以及“重大问题一起决策、棘手问题一起面对、答复问题一个口径、处理问题一个原则”。随着时间推移和形势变化，我们意识到，要使领导班子这个龙头举得更高、舞得更活，还必须进一步解放思想、与时俱进，在班子建设中不断注入新的观念，提出新的要求。因此，除继续重申过去的“三有”、“四一”原则外，又适时在领导成员中倡导“五位精神”。这就是：

其一，“根据分工正确站位”。即明确职责，把握权限，不失职，不越位，首先种好自己的“一亩三分地”。

其二，“处理问题严格卡位”。即坚持原则，执行制度，不推诿，不逃避，凡事就地解决，问题到我为止。

其三，“发现漏洞及时补位”。也就是对班子其他成员工作中可能出现的疏漏或失误，要善意提醒，主动弥补，及时善后。不搞冷眼旁观、隔岸观火，甚至听之任之，推波助澜。

其四，“产生分歧时真诚换位”。也就是班子成员间出现认识不一、意见相左时，彼此都要虚怀若谷、推心置腹，设身处地地站在对方位置想一想问题，进行坦诚交流，形成共识，在换位思考中达成一致。坚决反对互不买帐、贬损对方，甚至刚愎自用、唯我独尊。

其五，“有了名利时主动让位”。就是在生活中要立意高远、淡泊名利，在荣誉和利益面前，表现出应有的修养和风格。在处理奉献与索取的关系上体现出党员干部的高风亮节和思想境界。

由于倡导了“五位”精神，领导班子建设又有了长足的进步。大家严于律己，顾大局、讲团结，既充分发挥个人主观能动性，又注意协同作战，使领导班子真正形成一个团结、廉洁、务实、协调的战斗集体，在职工群众中树起了权威，凝聚力、号召力显著增强。不少职工称赞鄂东北队有一个“让上级组织放心、班子成员舒心、职工群众称心”的领导班子。

2、建设精明强干的中层干部队伍

一个单位要持续发展，中层干部的作用十分重要。多年来，我们按照建设一支精明强干的高素质中层干部队伍的要求，进行了一些有益的尝试。主要采取了三个方面的措施：

第一，大胆启用新人。根据德才兼备、反应敏捷、思想活跃、精力旺盛、处事果断和有奉献精神的要求，先后提拔了15名30岁左右的中层干部，其中有二位直接担任生产单位的一把手，给他们压担子、下指标，让他们在市场经济的大潮中经风雨、见世面、挑大梁，迅速打开工作局面。

第二，政策激励能人。市场竞争归根到底是人才的竞争。为了使一批年富力强、有经验、有实绩、有威望的中层干部安心工作，全心全意地为鄂东北队的发展贡献力量，我们解放思想，实事求是，在奖励机制上进行大胆突破。对那些工作突出、成绩显著、效益较好的二级单位领导人，在工资收入和奖金分配上重点倾斜，使他们的劳动所得和他们的工作成果相匹配，改变过去那种“只要马儿跑得好，不管马儿吃啥草”的做法，收到了较好的效果。

第三，大力培训“明白人”。为了加强对中层干部的管理教育，我们继续坚持行之有效的定期培训制度。每年年初、年中、年底多次举办全队中层干部培训班。不论地域多远、工作多忙，没有特殊情况任何人不得缺席。我们采取专家授课、典型引路、交流讨论等多种形式，学习贯彻党的路线、方针、政策，学习国家的法令、法律、法规，落实大队的意见、安排和要求，提高大家的思想认识和工作水平，达到统一思想、明确责任、鼓舞干劲的目的。通过培训，全队干部懂得在自己的岗位上，该做什么、要做什么、能做什么等问题，人人争做“明白人”，有效地防止和避免了“将在外，君令有所不受”的失控现象，形成令必行、禁必止的良好作风。近几年，我队经济责任制的履约率为100%，上交率达到90%以上。

3、着力夯实生产管理基础

多年的市场工作经历告诉我们，职工队伍的素质高低，主要体现在三个方面：一是外在形象，二是内部管理，三是工作业绩。基于这种认识，我们在努力夯实生产管理这个基础时下真功，主要突出三条原则。

一是“形象至上”原则，就是把塑造队伍形象摆到突出位置。如工勘施工方面，要求所有工作人员统一着装、文明施工，在临时搭建、现场管理等方面毫不懈怠。按照“临时设施规范整齐、设备器械井然有序、施工过程忙而不乱、工作人员精神饱满”的标准严格要求自己，做到每次“亮相”都要给人好的印象。

二是“效益优先”原则，就是改过去“安置第一”的传统做法，精减队伍，优化组合，根据实际需要合理配置人力资源，切实加强生产一线力量，使各工程处的生产人员绝大部分在40岁以下，从而提高了机台、班组的劳动效率，确保了生产质量、进度和安全。

三是“过错淘汰”原则，就是教育全体职工爱岗敬业，严于律己，珍惜自己的工作岗位，自觉遵守劳动纪律和工作规范。一旦出现玩忽职守、破坏制度、违反纪律的行为，坚决按有关规定，严肃处理，从而使大家的事业心、责任感明显增强，违法违纪现象明显减少。

由于我们在加强队伍建设上花了大力气，全队干部职工的综合素质有了较大提高，形成了特别能吃苦、特别能战斗、特别守纪律的工作作风，塑造了一个“领导班子团结、干部队伍精干、职工素质过硬”的叫得响、拉得出、干得好的鄂东北队形象，为我们在市场经济的激烈环境中奋力拼搏，打造了品牌，尊定了基础。

二、努力开拓工勘市场，全面促进经济发展

为了全面实现我队各项经济发展目标，我们深入贯彻“有所为、有所不为”的指导思想，在产业结构的布局上，针对我队矿产勘查业务逐步萎缩的形势，经过认真分析，决定发挥工程勘察和基础施工方面的技术优势，突出工勘施工业的主体地位。除了在人、财、物等方面给工勘施工予以倾斜外，还着力从以下三个方面开展了有成效的工作。

1、稳定现有市场

经过多年努力，我队工勘施工队伍以自己的优质服务和良好信誉在一些地区站稳了脚跟。为了使这些经过艰苦打拼争得的市场空间有所扩展，我们根据不同情况制定了不同的工作方略。

首先，武汉工程处利用信誉优势，不断扩大荆州市场。依托成功完成荆州广电大厦这一施工难度大、技术要求高的基础工程创下的品牌，和近年来与荆州建立的良好合作关系，进一步加大工作力度，对已掌握的工程信息实行全程跟踪，定人、定责、定点联系，相继承接到荆州移动通讯局大楼、江汉石油学院教学楼及荆州检察院办公楼等较大工程，取得了可喜的成果。去年共新签合同额1201万元，完成产值1248万元，不仅全面超额完成了大队下达的当年指标任务，而且进一步扩大了企业在荆州市场的影响和知名度。现在荆州地区只要有难度较大或要求较高的基础工程，他们就会毫不犹豫地向业主推荐：“只有楚鹏公司能做”。

其次，天津工程处利用设备优势，快速抢占开(封)、洛(阳)市场。我队给天津工程处配备的400吨静压桩设备，当时在河南地区还是唯一的一台，而开洛地区的静压桩工程又多设计在300吨以上，因此，该处干部职工立即意识到这是一个难得的机遇。他们一面在极短的时间内熟练掌握了设备的性能、培养了自己的操作人员，一面及时加大经营力度，以联营、自营、清包等多种方式，迅速承接了开封电厂、洛阳电缆厂等3个静压桩工程，以先入为主的便利和极其灵敏的反应迅速占领了市场，取得了可观的经济效益。

其三，孝感水井工程勘察处利用技术优势，扎根云(梦)应(城)盐化勘探市场。多年来，水井工程勘察处长期在云应地区从事盐化工勘探工作，积累了丰富的地质资料，培养了一批技术人才。面对云应地区盐井勘探任务，他们经常关注业主的需求动向，努力变换经营策略，以经常回访、长期蹲守和免费咨询等方法，联络感情，沟通信息，加强合作，使该处在云应盐化勘探市场的占有率达到近90%。

2、积极开拓新的领域

为了改变施工队伍长期挂靠、打工，没有一块自己的独立领地的被动局面，队领导班子在深入分析市场形势和各种主客观条件之后，决定利用国家实施西部大开发战略这一千载难逢的历史契机，另辟蹊径，寻找新的施工领域和空间。在省地矿局领导和地建集团的大力支持下，我们以武基公司陕西分公司的名义，在西安积极开展了注册登记工作。受施工队伍饱和及地方保护等因素的影响，我们在赴陕注册过程中遇到不少困难，一度陷入“山重水复”的窘境。为了开拓新的领域，推进事业的发展，我们始终抱着有一份希望就作出百分之百努力的决心，努力将工作一步一步向前推进。每当工作进展到关键阶段，大队主要领导总是亲自出马，做调查，搞公关，坐镇指挥。利用各种有利条件，多方协调，反复做工作，终于使陕西分公司在2001年底注册成功，为我队参与西部大开发、扩大市场占有率、进一步提高知名度和竞争力创造了条件。

3、不断改善软件环境

对于一个施工企业来说，资质的重要性是不言而喻的。以往，我们鄂东北队只有一个施工二级和勘察丙级资质，与鄂东北队实力很不相称。为了解决这一困扰我们多年、制约和阻碍我队发展的问题，我们在近年施工能力进一步增强的基础上，在资质建设上投入了相当的精力。根据互利互惠、平等自主的原则同武勘院协商联营，成立了武勘院第十一工程处，获得甲级施工资质，同时经过努力，使鄂东北地质工程勘察院由丙级资质晋升为乙级，有效地增强了勘察队伍的市场竞争力，扩大了勘察施工市场的占有份额。其次是积极申报，经过一系列评审程序，获得地质灾害防治施工甲级和地质灾害防治勘察乙级资质，为拓宽地质工作业务、进入三峡地区地质灾害防治工程市场提供了“准入证”。其三就是武基陕西分公司的注册成功，使我们拥有了在西部地区承揽基础工程的一级施工企业资格。

通过努力，我队工勘施工不断取得新的业绩。全队六个工程处无一亏损，全部完成上交任务。2001年产值和收入分别比上年增长19%和10.2%。在全队经济总量中，工勘市场占到近三分之二，为促进全队经济发展做出了贡献。

经过全队干部职工的共同努力，我们鄂东北队经济规模逐年扩大，职工收入迅速增长，综合实力进一步增强。我们改善了办公条件和生活环境，使队部基地跨入了孝感市综合治理先进小区的行列。

在新的世纪，鄂东北地质大队将认真学习贯彻中共十六大精神，与时俱进，开拓创新，继续发扬艰苦奋斗的光荣传统，继续发挥队伍建设的综合优势，继续在地质矿产勘查、基础工程施工、工程勘察、地质灾害防治等方面力争更大的作为。

政　　治

中国共产党孝感市委员会

【概况】 1999～2001年，二届市委团结带领全市广大党员干部和人民群众，全面贯彻落实党的十五大精神，认真实践“三个代表”重要思想，围绕市二次党代会确立的“第二次创业”战略目标，突出经济建设中心，坚持改革开放促发展不动摇，坚持埋头苦干抓落实不松劲，推进两个根本性转变，调整优化经济结构，实现了国民经济持续、快速、健康发展和社会事业的全面进步。

积极推进结构调整，国民经济保持持续快速健康发展的良好态势。三年来，国内生产总值年均增长10.6%，财政收入年均增长14.6%，全社会固定资产投资年均增长17.9%，实现了经济发展速度、效益、后劲同步增长。市本级经济实力不断壮大，汉川、应城先后进入全省十强县市，云梦、应城相继进入全省经济效益十佳县市。

不断深化改革，形成了以民营经济为主体的体制优势。以国有企业改革为中心环节，实施企业改制、资产重组、放小转民“三大战役”，90%的国有集体企业实现转民，基本实现国企改革三年脱困目标。大力推进对外开放，形成了以招商引资为重点的开放格局。成功组织了2001年经贸洽谈会，积极参加香港、福州、厦门、武汉等地的大型招商活动，实际利用外资不断增长。继法国雷诺之后，德国西门子、日本松下、美国杜邦等跨国公司又落户孝感，福建恒安、广东维达、青岛啤酒、浙江爱仕达等国内知名企业纷纷在孝感追加投资。

加大基础设施建设力度，改善了经济社会发展条件。大力整治以“三河一江”为重点的水利基础设施，开展以京珠高速公路孝感段、长荆铁路应城段为重点的交通建设，实施城乡电网改造、500KV输变电工程、程控通信扩容工程，建成一批城市重点工程。三年来，基础设施投资近80亿元，是建市以来投资最多的时期。

切实加强精神文明和民主法制建设，社会事业全面发展。社会主义思想道德教育和群众性精神文明创建活动广泛开展，干部群众精神面貌和社会风气发生新的变化，涌现了一大批模范人物和先进集体。孝感被评为省级卫生城市，应城被评为省级文明城市，市供电局被评为国家级文明单位。一批县市(区)分别进入全国科技工作和全国体育工作先进县行列。孝感学院组建，结束了孝感没有本科院校的历史。孝感职业技术学院建成，并进入全国高职教育先进行列。一批文艺作品在全国全省获奖，楚剧《中原突围》、广播剧《披肩》获全国“五个一工程”奖，成功举办省第二届楚剧艺术节和市第一届运动会。孝感再次荣获全国、全省双拥模范城称号。社会治安综合治理成效显著，荣获全国社会治安综合治理优秀单位称号。

加快小康建设，人民生活明显改善。城镇居民人均可支配收入年均增长6.5%，农民人均纯收入年均增长2.8%。城乡人民生活基本实现小康，居住条件和生活环境大为改善，生活质量进一步提高。孝南、云梦、应城、汉川进入小康县市行列。大悟、孝昌两县和安陆插花贫困乡镇提前完成“八七”扶贫攻坚计划。全力巩固“两个确保”，建立“三条保障线”，社会保障制度不断完善。

全面推进党的建设，党组织的创造力、凝聚力、战斗力明显增强。深入开展“三讲”教育和“三个代表”重要思想学习教育活动，广大党员干部的思想政治素质不断提高。加强常委会自身建设和各级领导班子建设，扎实开展创建“团结、廉洁、实干”好班子活动，团结创业的氛围日益浓厚。农村和国有企业等基层党组织建设不断加强，城市社区、非公有制经济等新型社会经济组织的党建工作在探索中前进。干部人事制度改革不断深化，选人用人机制逐步完善，一批德才兼备的中青年干部进入各级领导岗位。党风廉政建设力度加大，领导干部廉洁自律、查处大案要案、纠正部门和行业不正之风，以及源头治理腐败工作取得阶段性成果。

【市委二届二次全体(扩大)会议】 1999年3月2日，中共孝感市委二届二次全体(扩大)会议在孝感举行。会议的主要任务是，全面贯彻落实党的十五大和十五届三中全会精神，总结交流全市改革与发展的经验，进一步明确1999年工作重点，动员全市上下进一步振奋精神，抢抓机遇，乘势而上，克难奋进，努力完成各项工作任务。会议表彰了一批先进典型，市委、市政府与各县市区签订了经济目标责任状。市委书记张昌尔、市长曹世佑分别作重要讲话。

【市委二届三次全体(扩大)会议】 1999年7月19日至20日，中共孝感市委二届三次全体(扩大)会议在孝感举行。会议的主要任务是：贯彻江泽民总书记一系列重要讲话精神和省委七届二次全体(扩大)会议精神，总结上半年，部署下半年，进一步动员全市上下认清形势，抢抓机遇，难中求进，紧中求活，全面完成市委、市政府年初确定的各项工作任务。会上，市委书记张昌尔、市长曹世佑分别作了重要讲话，市委常委、政法委书记赵定炼通报稳定形势，4个单位作典型发言。

【市委二届四次全会和二届四次全体（扩大）会议】 1999年10月28日，中共孝感市委二届四次全会和二届四次全体（扩大）会议在孝感举行。会议传达贯彻了党的十五届四中全会和省委七届三次全体（扩大）会议精神，分析了全市国有企业改革和发展所面临的形势，研究部署了贯彻落实四中全会、全面推进国有企业改革和发展的政策措施。会议通过了《关于中共孝感市委二届四次全体会议的决议》。市委书记张昌尔在会上作了重要讲话。

【市委二届五次全体（扩大）会议】 2000年2月20日，中共孝感市委二届五次全体（扩大）会议在孝感举行。会议在回顾总结1999年全市两个文明建设的成绩和经验的基础上，根据党的十五大、十五届三中、四中全会和中央、全省经济工作会议精神，进一步明确了2000年的工作重点，动员全市上下充分认识形势，振奋精神，抢抓机遇，克难奋进，为孝感新世纪的发展创造良好开局。会上，市委书记张昌尔作主题报告，市长曹世佑作总结讲话，市委副书记张文启就维护稳定工作作专题讲话，市委、市政府与各县市区签订了新一年的责任书。会议还对1999年全市两个文明建设的先进典型进行了表彰。

【市委二届六次全体（扩大）会议】 2000年11月3日至4日，中共孝感市委二届六次全体（扩大）会议在孝感举行。会议传达贯彻了党的十五届五中全会和省委七届五次全体（扩大）会议精神，全面总结了孝感“九五”期间取得的巨大成就，深刻分析了孝感发展所面临的形势，明确提出了未来五年孝感发展的指导思想、目标任务及工作举措，对事关孝感经济社会发展全局的重大问题进行了充分讨论和研究。会议审议并通过了《中共孝感市委关于制定全市经济和社会发展第十个五年计划的建议》。市委副书记、市长曹世佑代表市委作了重要讲话，市委常委、常务副市长蔡民族代表市委就《中共孝感市委关于制定全市国民经济和社会发展第十个五年计划的建议》作了说明。

【市委二届七次全体（扩大）会议】 2001年2月26日，中共孝感市委二届七次全体（扩大）会议在孝感举行。会议的主要任务是，认真贯彻党的十五大、十五届五中全会和中央工作会议、中央经济工作会议以及全省经济工作会议精神，总结交流全市改革开放和经济建设的经验，进一步明确2001年的工作重点，动员和组织全市上下振奋精神，抢抓机遇，克难奋进，乘势而上，为孝感“十五”发展创造良好开局。会上，市委书记张昌尔作了题为《振奋精神，克难奋进，为孝感“十五”发展创造良好开局》的主题报告，市委副书记、市长曹世佑主持会议并作总结讲话，市委副书记张文启就维护稳定工作进行了专题部署。会议还以市委、市政府名义对在2000年全市改革开放和经济建设中取得突出成绩的单位进行了表彰。

【市委二届八次全体（扩大）会议】 2001年7月11日至13日，中共孝感市委二届八次全体（扩大）会议举行。会议以学习贯彻江总书记“7.1”重要讲话精神为指导，认真总结上半年，精心部署下半年，进一步动员全市广大干部群众，为全面完成全年各项任务而努力。会议用两天时间组织各县市区党政主要负责人参观了各地的新基地、新项目、新工程；在13日举行的大会上，市委书记张昌尔，市委副书记、市长曹世佑分别作了重要讲话，市委副书记张文启部署了维护稳定工作，各县市区交流了工作情况。

【市委二届九次全会和二届九次全体（扩大）会议】 2001年10月25日，中共孝感市委二届九次全会和二届九次全体（扩大）会议在孝感举行。会议的主要任务是，深入学习贯彻中央十五届六中全会和省委七届七次全体（扩大）会议精神，按照江总书记“七一”重要讲话和“三个代表”重要思想的要求，紧密联系孝感的实际，研究部署加强和改进全市党的作风建设工作，努力把全市党的作风建设提高到一个新水平。市委全会审议并通过了《中共孝感市委关于贯彻〈中共中央关于加强和改进党的作风建设的决定〉的意见》和《关于召开中国共产党孝感市第三次党代表大会的决议》。《决议》确定市第三次党代会于2002年元月在孝感举行。

【孝感“十五”发展计划】 2000年11月，中共孝感市委二届六次全体（扩大）会议审议并通过了《中共孝感市委关于制定全市国民经济和社会发展第十个五年计划的建议》，为孝感“十五”期间乃至长远发展描绘了宏伟蓝图。

“建议”在正确分析发展基础和宏观环境的基础上，明确提出“十五”时期孝感国民经济和社会发展总的指导思想是：高举邓小平理论伟大旗帜，用“三个代表”重要思想总揽全局，按照第二次创业的战略部署，以加快发展为主题，以经济结构战略性调整为主线，抢抓机遇，深化改革，扩大开放，加快推进体制、科技和管理创新，巩固和加强农业的基础地位，大力发展城市经济和民营经济，加快市场化、工业化、信息化和城镇化进程，着力提高经济增长质量和效益，提高区域经济竞争力，提高人民生活水平，努力实现国民经济持续快速健康发展和社会全面进步。

基本思路是：加快发展城市经济，充分发挥区位、资源两大优势，实施依托武汉、科教兴市、可持续发展三大战略，抓好汽车、食品、化工、建材四大支柱产业，突出农业产业化、小城镇建设、基础设施建设、民营经济、市场建设五大重点，努力把孝感建设成为支柱产业鲜明、基础设施完备、综合实力较强、生态环境良好、社会文明富裕的现代中等城市。

总体目标是：继续保持快速发展

的势头，经济发展速度、效益和后劲高于全省平均水平，综合实力和竞争力显著增强，人民生活水平和质量有较大提高，社会主义市场经济体制进一步完善，社会事业全面进步。

【转变作风，优化环境】 面对区域经济竞争日益激烈的新形势，从1999年开始，市委集中精力把优化发展环境作为吸引生产要素、推动经济发展、增强区域经济竞争力的重大举措来抓，以孝感市区为重点，从转变机关作风入手，采取一系列有效措施优化环境，促进了全市对外开放、招商引进和整个经济建设的发展。

围绕优化环境的主题，1999年11月，市委举办了全市“整治环境、加快发展”领导干部研讨班；2000年3—5月，在市直机关开展了思想作风建设活动；2001年是市委确定的优化环境年，2月份组织党政代表团赴武汉市及东西湖区考察学习，5—6月份在市区机关开展了“整顿作风、优化环境”集中整训活动，8—9月份开展了学习东西湖、加快孝感发展活动，10月份举办了全市领导干部作风建设研讨班。通过一系列的活动，全市上下形成了环境就是生产力，环境就是竞争力，抓环境就是抓发展的共识，机关作风明显改善，城市意识、服务意识和开放意识明显增强。

中国共产党孝感市第二届委员会书记、副书记、常委名单

书　记　张昌尔
副书记　曹世佑　何秉发　付明珠　张文启
常　委　张昌尔　曹世佑　何秉发　付明珠　张文启　赵定炼　张新润　范金文　蔡民族　魏文和　赵汝望
程　逊(1999.1—1999.8)
张绍刚(1999.1—2000.7)
梁惠玲(2000.2—　)
王纪三(2000.7—　)

中共孝感市委正副秘书长名单

秘书长　赵汝望
副秘书长　喻友安　田　立　周良斌　夏贤格
万忠鑫(2000.8—　)
李咬明(2001.9—　)
余鸿鳌(2001.9—　)
费仁平(1999.1—2001.8)
仇平贵(2001.5—　)

（王志田）

市委办公室工作

【概况】 市委办公室是市委的综合办事机构。1999年～2001年，市委办公室内设秘书科、综合科、信息科、督查室、文书科、机要交通站、城市经济科、农村工作科、干部人事和老干部工作科、新华社孝感通讯站10个科室，2001年末在编人员45人。

升年来，在市委的棕视、关心和直接领导下，市委办公室围绕“机关树形象、工作争高效、服务创优质”的目标，圆满完成了市委交给的各项工作任务，为确保全市改革发展稳定大局作出了应有贡献。

【充分发挥三大职能作用】 按照市委对办公室提出的“紧贴中心、研究对策、当好参谋、搞好服务”和“加强宏观、了解微观、重视信息、把握动态、发现典型、推动全局”的工作总要求，明确工作重点，强化工作举措，各项业务工作取得了新进展，较好地发挥了参谋助手、综合协调和督办落实三大职能作用。一是综合调研工作增强主动性，方便了领导决策。围绕市委的中心工作开展综合调研，着力在打好“主动仗”上下功夫，努力做到“领导未谋有所思、领导未闻有所知”，为服务市委决策发挥了应有作用。二是信息传递工作注重针对性，扩大了宣传效应。信息工作紧贴市委中心工作，紧扣孝感特色工作，着力在观念、内容、方法、载体、环境等五个方面进行创新，信息质量有了明显提高，在全省党委信息工作年度考评中，连续三年保持了第三位的好成绩；市委办公室被中央办公厅评为全国党委信息工作先进单位。新华社通讯站发挥自身优势，当好市委和新华社之间的桥梁纽带，履行好对外新闻信息传播的职责。三是督促检查工作强调实效性，维护了党委权威。以促进中央和省、市委重大决策、重大部署的贯彻落实为主线，抓住事关改革、发展、稳定大局的重点、热点和难点问题，建立健全督查工作机制，集中力量进行了攻坚突破，保证了政令畅通。三年共办理督办件78件，办结率100%；围绕市委中心工作开展专项督查30余次，收到了较好效果。四是日常工作突出规范性，保证了高效运转。秘书工作在事多活急人手少的情况下，各类会务和大小接待，都做到了周密组织，精心运作，受到了领导的肯定和好评。同时，认真落实值班制度，搞好各项服务保障，严格财务收支管理。文书工作按照《中国共产党机关公文处理条例》的要求，认真办文，严格把关，办文水平、行文质量明显提高。切实加强了文书档案的建设与管理，努力提高了文印中心的服务质量和经济效益。机要交通工作按照“及时、准确、安全”的要求，完成了党和国家核心秘密传递和公文交换任务。机要交通科在全国机要交通系统业务竞赛中，获得了“十连冠”的优异成绩，受到了中办机要交通局的通报表彰。人事老干工作一方面为离、退休干部提供了优质服务，使他们老有所养、老有所医、老有所乐；另一方面扎实做好组织人事、文明创建、干部学习等方面的工作，取得了明显成效。

【推进机关自身建设】 三年来，坚持以树立良好的班子形象、干部形象和机关形象为目标，不断加强机关自身建设。一是以落实“四制”为重点，加强班子建设。按照“团结、廉洁、实干”的要求，坚持和完善了秘书长办公会制度、办公室行政会议制度、集体领导下的分工负责制，班子成员在工作上相互配合、相互支持、相互学习、相互促进，形成了“人人维护团结，个个讲求协作，齐心协力抓工作”的良好氛围。二是以转变作风为重点，加强队伍建设。把作风整训作为加强干部队伍建设的重要契机，干部职工的责任意识、服务意识和创新意识明显增强，形成了求实的思想作风、务实的工作作风和朴实的生活作风，精神面貌焕然一新。三是以文明创建为重点，加强机关建设。2000年，市委办公室被评为最佳文明单位。为巩固和扩大文明创建的成果，进一步完善了机关制度，美化了机关环境，改善了办公条件，活跃了机关生活，不断充实文明创建活动的内容。

中共孝感市委办公室领导名单

主　　任　喻友安（1999.1—2001.9）
　　　　　赵汝望（兼，2001.9—　　）
副 主 任　万忠鑫　李咬明　余鸿鳌
　　　　　罗艺斌（1999.1—2000.5）
纪检组长　陈长忠（1999.8—　　）

（王志田）

政策研究工作

【概况】 1999—2001年，市委政研室作为市委的参谋机构，在二届市委的直接领导下，紧贴市委工作中心，充分履行政研职能，在人手少、工作任务重的情况下，大力弘扬"爱岗敬业、潜心钻研、吃苦耐劳、团结协作、无私奉献"的政研精神，圆满完成了市委交办的各项工作任务。同时，室两个文明建设取得了丰硕成果。第一次承担省软科学研究课题，获得省科技厅颁发的重大科学技术研究成果认证书，实现了孝感市党政机关软科学课题研究的突破；第一次被省委办公厅印发孝感市委政研室的工作经验，在全省调研系统交流；第一次将电脑配备到科室；第一次建立市"'四大家'领导调研月"制度，连续三年成功筹划和组织了市"'四大家'领导调研活动月"，第一次涌现出省劳模，连续两次被评为市级文明单位。

三年来，政研室始终抓住履行政研职能不放松，结合两次机构改革，理顺了政研室工作职能，明确了政研室的主要任务是为市委决策提供依据，当参谋，出点子。围绕工作职能，全室突出以办文为中心，主要做了六个方面的工作：一是直接或组织、协调各县市区、市直有关部门的调研力量对全市政治、经济、社会等方面重大问题进行调查研究，提出有价值的意见和建议。二是负责起草市委重要文件、市委主要领导的报告、讲话和汇报材料。三是负责全市有关政策出台的论证、审定与协调工作。四是组织、联络、协调、指导各县市区和市直各部门的调研工作，发挥调研中心作用，组织并筹划"市'四大家'领导调研月"活动。五是部分对内对外宣传的组织协调、审定把关。六是承办市委机关刊物《孝感通讯》杂志、内部刊物《领导参考》的编辑工作。

【圆满完成市委领导讲话及汇报材料的起草工作】 1999—2001年，市委政研室共撰写各类文稿485篇，240余万字。其中：

1999年撰写文稿181篇，90多万字，主要有：张昌尔等有关领导在全市经济工作会上的讲话及相关材料，张昌尔在市委二届二次、三次（扩大）、四次全会上的讲话，张昌尔在市委中心组、党校干部培训班上的讲话材料，张昌尔在市级领导班子和市级领导干部"三讲"教育会上的讲话，付明珠在市直机关"三讲"教育单位负责人和巡视工作总结会上的讲话，张昌尔在全市抗洪防汛会议上的讲话，文明卫生城市创建有关材料等。

2000年起草文稿174篇，79万多字，主要有：张昌尔在县市区、市直部门负责人会议上的讲话，曹世佑在市"四大家"领导会上的讲话，张昌尔在全市反腐倡廉工作会议上的讲话，付明珠在全市培养选拔年轻干部会议上的讲话，付明珠在市委党校秋季开学典礼上的讲话，曹世佑在市委党校秋季开学典礼上的讲话，曹世佑在市委二届五次、六次全体（扩大）会议上的讲话，全市国民经济和社会发展第十个五年计划建议等。

2001年起草市委各类文稿130篇，71万多字，主要有：张昌尔在县市区及市直部门主要负责人会上的讲话，在"振奋精神，狠抓落实，加快发展"理论学习会上的讲话，在市委二届七次、八次、九次全会讲话，在治安工作会上的讲话，在孝感城区优化环境会上的讲话，在市"四大家"联席会上的讲话，在孝感城区优化环境总结会上的讲话，市第三次党代会报告等。

【调研工作成果丰硕】 1999—2001年，全室围绕市委工作中心，对全市政治、经济、社会等各方面的重点、难点、热点问题进行了广泛而深入的调查研究，取得了丰硕的成果。

1999—2001年共参与各类调研活动45次，形成调研报告44篇，为市委决策发挥了重要作用。1999年主要有：关于农业农村工作的调查、社区建设的调查、国企改革的调查研究、招商引资的调查、市直机关作风建设的调查。2000年主要有：关于农业农村农民问题的调查研究、孝感市思想政治工作调查、县域经济发展调查、小城镇建设调查、新时期农民增收问题调查、村级组织建设调查、"十五"计划调查研究。2001年主要有：关于农民收入问题调查、农庄经济调查、优化发展环境的调查、企业改革与发展问题调查、扩大开放调查、发展城市经济调查、财政支出体制问题调查等。

【筹划、组织市"四大家"领导调研月活动】 为了大兴调查研究之风，及时发现和解决工作中存在的各种问题，促进各项工作顺利推进，从1999年开始，市"四大家"领导每年拿出一个月时间进行专题调查研究，此项工作由市委政研室组织、筹划。至2001年底，已连续三年成功筹划、组织市"四大家"领导调研月活动，并将调研成果汇编成《热点·难点·重点及对策》（1999年调研文集）、《聚焦2000》（2000年调研文集）、《"十五"话开局》（2001年调研文集）三本书出版发行，在全市两个文明建设中发挥了重要指导作用。

【课题研究取得重大突破】 按照市委常委会1999年工作要点"市委、市政府将试行重大课题调研制度，组织开展重点专题研讨活动"（孝发[1999]2

号)的要求,由市委书记张昌尔为总负责人,市委政策研究室为主要承担单位,组织市体改委、市科技局、市委党校、市党史办有关人员,开展社会主义市场经济条件下的企业资本研究。此课题被列入湖北省1999—2000年度重点科技发展计划(鄂科计[1999]60号),经过1999年8月—2000年9月历时一年的研究,其研究成果《营运国有资本》于2000年11月由经济科学出版社出版发行。2001年5月通过省科技厅组织的专家评审,鉴定为一项优秀研究成果,并获得省科技厅颁发的重大科技成果认证书,填补了孝感市党政机关软科学项目研究空白。

【刊物编辑工作】 由政研室承办的市委机关刊物《孝感通讯》,坚持紧贴市委中心,紧贴工作实际,坚持"开放办刊,形成特色"的办刊思路,在刊物质量、外观形式等方面迈上了一个新的台阶,三年共编辑文稿700多篇,200多万字,为宣传政策、服务决策、指导工作、交流经验起了重要作用。内部刊物《领导参考》及时反映本地和外地重要改革经验、政策动态、前沿信息材料,三年出版了35期,为市县领导提供有价值的参考,深受各级领导好评。

中共孝感市委政策研究室领导名单

主　任　夏贤格(1998.5—　　)
副主任　方顺星(1998.6—2001.9)
　　　　陆学明(1999.4—　　)
　　　　肖建华(1999.4—　　)

(谢兰萍)

组织工作

【概况】 中共孝感市委组织部作为市委主管组织工作和干部工作的职能部门,1999年以来,全市组织工作紧紧围绕市委工作大局和经济建设中心,按照"三个代表"要求,在"三讲"教育、领导班子建设、干部人事制度改革、干部队伍建设、农村基层组织建设、企业党的建设、党员队伍建设等方面,取得了新的进展和成效,为加快推进孝感第二次创业和实现加快发展、富民强市新跨越奋斗目标提供了坚强的组织保证。

【"三讲"教育活动】 一是协助市委抓好市级领导班子"三讲"教育活动。1999年8月,按照中央、省委关于"三讲"教育活动的要求,抽调骨干力量组成"三讲"教育工作专班,积极配合市委抓好市级领导班子和市级领导干部"三讲"教育活动,圆满完成了"三讲"教育任务,得到省委的充分肯定。二是集中精力,全力投入,抓好市直机关和县市区领导班子"三讲"教育活动。从1999年10月至2000年5月间,在市直机关85个县级领导班子、557名在职副县级以上领导干部和县市区"四大家"及纪委、法院、检察院、公安局领导班子中组织开展了"三讲"教育活动。三是认真组织开展"三讲"教育"回头看"活动。2000年3月下旬至4月上旬和12月上中旬,在市直机关和县市区先后开展"三讲"教育"回头看"活动,派出督查组加强指导督促,保证"回头看"活动实效,巩固"三讲"教育成果。

【领导班子建设】 一是在全市各级领导班子中扎实开展创"团结、廉洁、实干"领导班子活动。1999年在深入调查研究县级领导班子思想政治素质和作风状况的基础上,代市委起草了《关于开展创建"团结、廉洁、实干"领导班子活动的决定》,在全市164个县级领导班子中组织开展创建活动。2001年初,又组成3个调查组,采取"听、看、谈、问"等方式,对市直31个单位开展创建"团结、廉洁、实干"领导班子活动的情况进行了调查,形成了《关于市直单位创"团结、廉洁、实干"领导班子情况的调查报告》。在此基础上,在市直单位中组织开展了评选创建"团结、廉洁、实干"领导班子先进单位活动,市直101个领导班子、461名领导班子成员参加了推荐。通过认真筛选、层层把关,评选出了10个创"团结、廉洁、实干"领导班子活动先进单位,并报请市委在纪念建党80周年大会上进行了表彰。二是以调强配优、优化结构为目标,加强领导班子建设。选拔了一批思想政治素质好、懂城市工作、真抓实干、开拓进取、政绩突出的优秀干部进领导班子,特别是选好配强一把手,充实了年轻干部和女干部,优化了班子结构。三年来,共提拔1209人到乡科级以上领导岗位,其中县级领导干部177人,对1583名领导干部进行了交流。三是加强指导管理,提高民主生活会质量,增强了领导班子解决自身问题的能力。2000年与市纪委联合下发《关于加强县市区、市直机关、企事业单位党员领导干部民主生活会管理的若干规定》,对领导干部民主生活会的各个环节和操作程序作出明确规定。同时,认真落实上级领导参加下级单位民主生活会制度,2001年,共有11名市委常委、2名党员副市长、6名市纪委、市委组织部领导和22名联络员,参加了下级单位民主生活会,确保了民主生活会质量。

【干部人事制度改革】 一是认真组织好《党政领导干部选拔任用工作暂行条例》的学习宣传和执行情况的监督检查。2000年在全市开展了纪念《条例》颁布五周年再学习、再宣传活动;2001年又组织市直部门和县市区委对近两年来执行《条例》的情况进行了自查和交叉检查,针对存在的问题进行了认真整改,确保了《条例》的贯彻执行。二是积极改进和完善干部选拔任用方式,推进干部能上能下。2001年,对干部试用期制进行了完善,制定印发了《关于实行市直党政领导干部任职试用制的实施细则》。在全市范围实行了干部待岗制,制定印发了《关于实行领导干部待岗制的暂行办法》。三年来,共对新提拔进各级领导班子的1029名干部实行了试用期制,998名干部按期转正,对31名干部延长试用期,对2名干部试用期满后取消任职资格。同时,各县市区还积极探索了干部实绩登记、实绩考核、思想政治素质考察、"票决制"、"待岗制"、调整不称职干部等举措,为深化干部人事制度改革作出了有益的尝试。三是拓宽民主渠道,加强任前监督。几年来,先后采取聘请干部工作监督员、填写《干部任前监督表》、实行干部考察预告和任前公示等多种形式，加强干部任前监督。2000年～2001年，先后出台《关于县市区选拔乡局级领导干部试行任前公示制的意见》、《关于实行干部考察预告制的暂行办法》、《关于实行县级领导干部任前公示制的暂行办法》等文件。三年来，对拟提拔59名副县级以上干部和461名乡局级干部进行了任前公示，其中暂缓任用5人，取消任职资格5人，并有2人移送司法机关处理，有效地防止了用人失察、查用脱节现象的发生。四是从制度入手，加强领导干部监督管理。1999年会同市审计局制定出台了《孝感市领导干部经济责任审计暂行办法》，全面推行了领导干部经济责任审计制度。三年来，全市共对502名领导干部进行了经济责任审计，其中县级干部28人。通过审计，全市共对49名(其中县级干部2人，科级干部47人)存在一定问题的干部进行了处理。同时，还继续坚持领导诫勉谈话制度。三年来，对在年度考核中定为基本称职和干部考察中反映问题较多或较突出的168名领导干部(其中县级干部18人)进行谈话诫勉。五是继续深化事业单位人事制度改革。1999年，在8个事业单位进行了领导干部聘任制改革试点。在总结试点单位经验和其它事业单位岗位管理制度改革经验的基础上，与市人事局联合下发《关于推进事业单位考试聘用工作人员若干问题的试行意见》，进一步加大推行事业单位领导人员聘任制、全员合同制和岗位管理制度的力度，完善了聘用制改革举措，扩大了改革覆盖面。六是全面推进全员竞争上岗、双向选择，增强机关活力。2001年，会同市人事局下发了《关于做好市直机关机关改革人员定岗分流工作的意见》和《关于在市直机关机构改革中实行竞争上岗和双向选择的意见》。当年内已经出台机构改革“三定”方案的市直部门，全部按照“全体起立，重新就坐”的要求和规定程序，认真组织开展了全员竞争上岗、双向选择工作。

【干部队伍建设】 一是加强和改进各级各类干部的理论学习和教育培训。三年来，全市共培训干部11532人次，其中各级领导干部694人，青年干部1250人，公务员5681人。2000年，针对一些单位利用干部培训乱办班、乱收费的问题，研究制定并以“两办”名义下发了《关于加强市直各类干部短期培训班管理的若干具体规定》，实行“计划统一管理，举办与承办分离，收费一支笔审批”管理体制。几年来，共审核市直部门申报的短期培训班次119个，取消不该举办的培训班次27个，减少收费150万元，有效地遏止了乱办班、乱收费的现象。二是加大年轻干部实践锻炼力度。几年来，先后选派42名优秀年轻干部下到基层挂职锻炼，50名干部上派市直机关锻炼，从高校毕业生中挑选24人到乡镇锻炼。为适应发展外向型经济需要，2000年选派38名青年干部到沿海经济发达地区挂职锻炼，其中从市直挑选6人到绍兴和萧山两市开发区和外经外贸部门工作。2001年，又从市直挑选2人到武汉东湖高新技术开发区挂职。三是加大年轻干部、党外干部和妇女干部的培养选拔工作力度。2000年，制定下发了《关于贯彻实施〈2000—2002年湖北省培养选拔优秀年轻干部工作规划〉的意见》。三年来，共有434名35岁左右优秀年轻干部被提拔到副乡科级以上领导岗位，其中副县级以上35人；有74名党外干部、134名妇女干部到各级领导岗位。四是加强科技人才队伍建设。继续认真贯彻落实《孝感市科技人才队伍建设“九五”规划》，组织力量对全市科技人才队伍建设“九五”规划执行情况进行检查和调研，研究制定了专业技术人才管理的政策措施，建立了500人的孝感市科技人才信息库。2001年，对28名市管专业技术拔尖人才进行了届满考核，从市直单位挑选掌握了567名45岁以下、大学本科以上学历的人员，作为直接管理对象，实现重点培养。五是加强了干部队伍的宏观管理。1999年，对部分县市区直部门中层干部低职高配的问题进行了清理检查，理顺了职级配备。2000年，为适应机构改革的要求，在县级领导班子调整中，严格控制了领导职数；与人事、编制部门一道发文，冻结机关、事业单位人员编制，停止新增人员。2000年底，在部管干部档案通过中组部、省委组织部检查的基础上，对全市干部人事档案工作组织了达标检查，全面实现了目标管理。2001年元月与市人事局一道下发了《孝感市机关、事业单位工作人员年度考核工作试行意见》，改革传统的考核办法，并对市直部门“一把手”年度考核评定优秀等次的作法进行了较大改进；同年5月，按要求组织选派5名干部援藏，顺利完成两批援藏干部的交接；同年9月，下发了《关于进一步严格出国(境)政审工作的通知》，对出国(境)政审工作程序作出了明确规定。同年10月，与市人事局联合下发了《关于进一步加强市管干部表彰奖励管理工作的意见》，对市管干部表彰奖励工作进行了规范。同时，还继续做好军转安置工作，几年来，共安置落实副团职以上军转干部88人。

【农村基层组织建设】 一是深入扎实地开展了农村“三个代表”学习教育活动。2001年，按照“干部受教育，群众得实惠，工作上台阶”的要求，严格遵循“学习培训、对照检查、整改提高”程序，分层分批在农村开展了“三个代表”重要思想学习教育活动，圆满完成了县市区部门、乡镇党政领导班子学习教育任务，乡镇部门和村级学习教育活动也进行了1至2个阶段，取得了初步成效。在学习教育活动中，市县两级都建立了领导小组，成立了工作专班，全市共有15名市级领导、166名县市区领导建立了学教活动联系点，市县两级派驻7个驻县督查组、112个驻乡镇督查组，3496个驻乡镇部门、村宣教组加强指导，1229名干部直接参与学教活动的组织工作，保证了学习教育活动的顺利进行。二是以“两转一推”活动为重点，加强乡镇党委建设。坚持把“两转一推”活动(转变领导方式、转变工作作风、推进农业产业化)作为乡镇党委建设的重要载体。几年来,全市参与“两转一推”活动的乡镇干部达到1376人,其中党政班子成员753人。兴办各类示范基地751人,领办龙头企业425个,创办服务组织942个,有力促进了农村经济的发展。2000年,参与指导和组织了撤销全市116个乡镇的335个管理区,对原属管理区的3037人进行了妥善安置。针对撤销管理区后乡镇工作出现的新情况,总结推广“分区式”、“直管式”、“驻村式”等有效办法。三是以实施“素质工程”为重点,加强村级组织建设。2000年,制定下发了《关于在全市实施村级干部“素质工程”的意见》,提出了村干部建设选、育、管、备四位一体的总体思路,并督促各县市区制定了实施方案。2000年,重点抓村级组织规范化建设,指导7个县市区制定了村干部管理办法。2001年,重点抓村干部培训,组织所有的村主职干部到县市区党校进行了系统培训。同时,组织1009名村干部参加农广校、农函大学历培训,为1779名村主职干部核发了任职资格证书。积极培植典型,在全市建设“素质工程”示范镇26个、示范村637个。

【企业党的建设】 一是加强了国有企业党建工作的调查和指导。积极探索了国有企业改革脱困中加强党建工作的新路子,先后多次组织调查组对国有企业党组织和领导班子建设情况进行调研,制定了党组织参与企业重大问题决策、干部任免程序、领导班子思想作风建设、下岗党员教育管理等一系列制度。逐步规范了国有企业党政领导决策机制、党建工作与经济工作同步运行机制、党建工作保障机制、党员教育管理机制等,推动了国有企业党建工作逐步走上规范化、制度化轨道。二是积极探索加强退公转民企业党组织建设的办法和措施。2000年,针对市直部分国有企业在放小、转民改革中党组织建设出现的新情况,与市委经贸工委共同研究制定了《关于市直国有企业转民中党组织设置和领导关系等有关问题的试行意见》,对各种形式转民企业党组织负责人选配问题、党务机构设置、党务政工人员配备和党员教育管理等提出了具体意见。对市直机电、轻工、商贸三个系统所属转民、兼并、破产企业党建工作进行调研,市直5家转民企业按要求完成了党组织的调整设置工作。三是落实“两有两要”,抓好非公有制经济组织党的建设。2001年,针对全市非公有制经济经营规模扩大、发展速度加快、从业人员增多的趋势,召开了全市非公有制经济组织党工团组织建设工作会议,制定了《关于加强非公有制经济组织党的建设工作的意见(试行)》,为促进全市非公有制经济健康发展,探索总结了一些新的思路和办法。几年来,全市非公有制经济组织已建立党委6个,党总支14个,党支部525个;有3名以上党员的企业421家,建立党组织376个,组建率为89.3%。

【党员队伍建设】 一是切实加强党员教育工作。1999年,与市教委、团市委一起联合下发了《关于在中学生中开展党的基本知识教育的意见》,组织编写出版《中学生党的基本知识简明读本》,作为全市大中专、高中学生的党的基本知识教育教材,并对中学生中开展党的基本知识教育情况进行了督促检查。2000年,按照中央、省、市委要求,在全市党员中广泛开展“三个代表”重要思想的学习教育活动,编印下发《“三个代表”学习资料》2万余册;拟定13个专题组织开展讨论;开展“三个代表”学习教育征文;举办市直单位理论辅导员培训班,请省委党校教授进行专题辅导;全市举办培训班315期,培训理论骨干和村主职干部6800多人;组织了市直机关“三个代表”学习教育活动演讲比赛。2001年7月,组织了“孝感市实践‘三个代表’先进事迹巡回报告团”,7个县市区和市直10个战线、双峰山旅游度假区举行了18场报告会,听众达1万余人次。同时,进一步发挥党员电化教育的优势和作用,狠抓电教示范点建设,村级和市直机关电教网点普及率分别达到98.5%、91.5%,形成了覆盖全市的电教网络。2000年,召开《党建新苑》十周年座谈会,对该专栏和《孝感党员教育》音像教材全面改版。几年来,共制作《孝感党员教育》36期和15部电教专题片,有4部专题片在全省、全国获奖。二是组织了党内处理和解决“法轮功”问题的学习教育活动。1999年,按照中央和省委的统一部署,迅速下发了《关于针对“法轮功”问题在全市开展学习教育活动的通知》和《关于落实中央和省委在党内抓紧处理和解决“法轮功”问题部署的安排意见》。积极组织党员收看重要新闻和学习有关文件,共编印《学习教育活动简报》20期,抽调75名党员干部组建工作专班,对参与习练“法轮功”的党员实行包保责任制,认真做好转化教育工作。通过反复耐心的教育工作,绝大多数参与习练“法轮功”的党员彻底脱离“法轮功”组织。对4名转变较快的党员免予处分,对3名犯有错误、转变较慢的党员给予党内警告处分,对5名执迷不悟者给予党内除名处理,对中央宣布“法轮功”为邪教组织后仍进京上访的3名“法轮功”习练者给予开除党籍处分。三是不断强化党员管理。1999年,下发了《孝感市农村党员“双带工程”建设座谈会纪要》,推动“双带工程”与农业产业化紧密结合,加大“双带”示范基地建设,全市共建立示范乡镇36个,示范村522个,示范基地953个。2000年,又组织编印了《双带风采》,积极宣传“双带”典型事迹和经验。加强下岗党员教育管理,1999年,制定下发了《关于加强下岗职工党员教育管理工作的意见》,围绕国有企业改革,通过实行登记制度、定期联系制度、目标管理制度对下岗职工党员进行跟踪管理。狠抓流动党员持证管理,通过驻地集中发放、邮局寄发、亲属代发、抓住春节返乡时机组织发放等形式,流动党员持证率达96%。四是坚持做好党员发展工作,进一步规范和完善发展党员公示制度。1999年,在总结大悟县、孝感师专试点的基础上,下发了《关于在发展党员工作中实行公示制度的意见》,全市普遍实行了发展党员公示制。几年来，有266名入党积极分子被公示后暂缓或停止发展。同时，还对市委管理的30个党委报送的936名发展对象进行预审，其中43名退回补办手续，22名培养期不够的暂缓发展。几年来，全市共发展党员14959名，其中35岁以下党员占72.5%，企业、农村生产和教学科研一线党员占66.4%，女党员占22.5%，进一步改善了党员队伍结构。同时，继续抓好党内统计与分析工作，充分发挥党内统计对党建工作的监督和服务功能。市党内统计年报表，在全省连续3年被评为“全优报表”，2001年党内统计工作被中共中央组织部评为“全国党内统计工作先进集体”。

中共孝感市委组织部领导名单

部　长　程　逊（　　—1999.08）
　　　　梁惠玲（2000.02—　　）
副部长　张孝元　刘家瑞　周先来

（夏　军）

宣传思想工作

【概况】　中共孝感市委宣传部属市委主管意识形态方面工作的综合职能部门。1999年～2001年11月，内设9个科室，即办公室、宣传科、理论科、新闻科、文艺科、干部科、政教科、对外宣传办公室、精神文明建设委员会办公室。2001年11月机构改革时根据工作需要，对内设科室进行调整，撤销政教科，增设国防教育办公室（科），孝感军分区原国防教育办公室的职能划归市委宣传部。同时，撤销内设副县级精神文明建设委员会办公室，成立正县级市精神文明建设委员会办公室，并与市创建文明卫生城市领导小组办公室合并，一套班子、两块牌子，归口市委宣传部管理。调整后，市委宣传部内设8个科室，即办公室、宣传科、理论科、新闻科、文艺科、干部科、对外宣传办公室、国防教育办公室（科），现在编人员31人。

1999年～2001年，全市宣传思想工作高举邓小平理论伟大旗帜，以江泽民“三个代表”重要思想为指导，紧紧围绕市委、市政府工作中心，唱响主旋律，打好主动仗，在深入、扎实、创新、提高上下功大，全面落实“四项任务”，为全市经济发展和社会全面进步提供了有力的思想保证和良好的舆论环境。

【理论武装稳步推进】　三年来的理论武装工作，紧紧围绕“三大工程”建设，加强针对性，突出宏观性，按照“巩固、深入、持久”的总要求，狠抓理论学习、理论研究和理论宣传，理论武装工作在宣传思想工作中的基础性作用得到充分发挥。一是强化“重点工程”，即各级中心组的学习。三年来，组织县级以上中心组，把学习邓小平理论作为根本主题，把学习“三个代表”重要思想作为核心内容，把理论学习与学习十五大、十五届五中全会、六中全会精神结合起来，与孝感改革发展的实际结合起来，用科学理论指导新的实践，努力提高领导干部驾驭局势的能力和水平。2000年，孝感市委中心组首次受到省委表彰。二是深化“基础工程”，即在职党员干部的学习。通过举办理论培训、组织宣讲辅导、开展学习竞赛、印发学习资料等多种形式，不断掀起理论学习的新高潮。三年来，组织力量先后编印下发了《深入学习邓小平理论，奋力开展第二次创业》、《所有制改革问题研究》、《马克思主义唯物论和无神论，维护社会稳定学习资料汇编》、《国有企业改革发展学习辅导》、《知识经济与孝感发展》、《深刻的战略思考，世纪初的宏伟纲领》等理论学习辅导资料共7万余册，先后举办了多形式、多层次的理论学习培训班。三是推进“希望工程”，即青年学理论读书活动。按照“巩固、提高、示范、拓展”的要求，对全市青年学理论读书示范组加强指导和管理，扩充数量，提升质量，狠抓制度建设，发挥示范作用。在市直大中专技校中，积极推进科学理论进教材、进课堂、进头脑工作，青年学生学理论形成热潮。1999年，孝感市交警支队一大队二中队出席了全省青年学理论经验交流会并作典型发言。四是活跃理论研究。1999年，为推进“科教兴市”战略的全面实施，围绕“知识经济与孝感跨世纪经济发展”为主题，组织开展调研活动，征集论文100余篇，并成功召开理论研讨会，评选优秀论文36篇。2000年，组织开展“创新、入世、西部大开发与21世纪孝感”理论研讨活动，形成调研报告100余篇，评选其中优秀调研报告20篇。2001年5月组织开展“全市纪念建党80周年理论研讨活动”，评选优秀论文7篇，2001年10月就贯彻十五届六中全会精神，组织四个专班，分别开展了思想作风、学风、工作作风、领导作风和干部生活作风专题理论调研，形成了4个专题调研报告。五是加大理论宣传。充分利用新闻媒体加大科学理论的宣传力度，针对三年来各个时期理论学习的重点，组织新闻媒体开辟专题、专栏，宣传中央、省、市委的重大决策部署和党的基本理论，并登载了一大批全市各地各部门的理论学习体会、理论与实践相结合的优秀调研文章。2001年，组织宣讲团赴各县市区宣讲江总书记“七一”重要讲话精神，全市5000多名党员领导干部听了宣讲报告。

【舆论导向正确有力】　全市新闻舆论宣传工作紧紧围绕市委、市政府的工作中心，始终坚持正确的舆论导向，坚持团结稳定鼓劲和正面宣传为主的方针，唱响主旋律，打好主动仗，为促进孝感改革发展稳定营造了良好的舆论环境。一是打好宣传战役，搞好重头报道，强化典型宣传。1999年，精心组织了防汛抗旱、“三农”问题、国企改革、文明卫生城市创建、争创全国双拥模范城、庆祝建国五十周年、坚决抗议以美国为首的北约野蛮暴行、揭批“法轮功”邪教组织等系列重大宣传活动。2000年，先后组织了十五届五中全会精神、“三个代表”重要思想、总结“九五”规划“十五”、打击“四霸六强”优化城区发展环境、县市区“三讲”教育、国企改革与“三农”工作等系列宣传战役。2001年先后开展了“十五”计划开门红、整顿和规范市场经济秩序、严打整治、市直机关转变作风优化环境集中整训、纪念建党80周年、学习江泽民"七一"重要讲话及十五届六中全会精神、市第二届"天仙杯"奖暨招商引资经贸洽谈活动、市行政服务中心挂牌运营等系列宣传战役。每年的新闻宣传战役都做到了积极、生动、及时、准确，既有深度又有力度，有力地服务了市委、市政府的工作大局。1999年，通过《人民日报》、《湖北日报》等多家新闻媒体对赵彦兵、余国涛、广水市"2·18"护林扑火战斗英雄和个人的先进典型进行了广泛宣传，把典型树高叫响，在全省乃至全国产生了较大影响。二是加大对外宣传力度。利用各种渠道，对外对上大力宣传孝感的资源、交通和区位优势，宣传市委、市政府加快发展的重大决策和行动举措，宣传全市改革和建设中涌现出来的先进典型，树立孝感的良好形象，提高孝感在海内外的知名度和亲和力。2000年元月，中央电视台来孝采访"孝文化"并制作两个专题，共20分钟，在中央电视台4、7、9频道滚动播出6次，扩大了孝感的影响；5月又分别邀请中央电视台、新华社、湖北电视台等新闻单位，对我市农业产业化典型、外资企业发展情况、市区龙头建设等开展深度报道，取得了良好的外宣效果。三是把握基调，正确导向，加强新闻舆论的调控管理。按照"管理有力、运行有序、调控有效"的基本要求，围绕市委、市政府各个时期的中心工作，着力抓好重大问题、重要言论、重点版面的宣传和管理，适时召开专题座谈会，通报情况、了解动态、强化措施、提示要点和注意事项，部署新闻报道任务，坚持和完善了新闻通气会、审读、审听、审看制度。2001年制发了《新闻宣传管理若干办法》，专门成立了市委中心报道组，在全市各新闻单位集中开展了"马克思主义新闻观"学教活动和以"建章建制抓质量"为主要内容的大学习、大讨论活动，进一步增强了政治意识、阵地意识、大局意识和责任意识。

【文明创建常中求新】 群众性精神文明创建活动始终以文明城市创建为切入点，坚持重在建设、以人为本的原则，坚持把提高公民素质和城乡文明程度为目标，坚持组织办一些有影响、作用大、群众叫好的实事，不断将"讲文明、树新风"为主要内容的群众性精神文明创建活动引向深入。一是以文明社区创建为重点的文明城市创建活动全面推进。制订社区区划工作方案，成立社区管理委员会服务中心，开展"倡导文明新风、共建美好家园"等活动，组织志愿者深入社区服务，推动教育、文化、安全、卫生"四进社区"，使文明创建真正热到基层，变成人民群众的自觉行动。全市已建成2个省级文明小区、9个市级文明小区，应城市被评为全省文明城市，孝感、云梦被评为全省卫生城市（县城）。二是贯彻"以德治国"方略，落实"公民道德建设实施纲要"，加强市民素质教育。发放《市民手册》、《市民公约》，开办市民学校，开展"文明素质养成教育月"，组织"巾帼文明示范岗"、"十佳杰出青年"、"十佳人民公仆"、"十大孝子"等评选表彰活动，在市民中广泛开展了理想、信念、宗旨教育和社会公德、家庭美德、职业道德教育，市民素质不断提高。三是进一步加强思想政治工作，在广大干部群众、青少年学生中大力倡导正确的世界观、人生观、价值观。2000年，市县两级宣传部门组成24个调研小组，列出26个专题对全市农村、企业、学校、机关、社区的思想政治工作进行了历时2个多月的系统调研，收集论文28篇，并对全市40个思想政治工作的先进典型进行了集中宣传报道。2001年，组织开展了"以德治国，把握先进文化前进方向"的大规模调研活动，收集论文20余篇，并召开了全市企业思想政治工作经验交流会，形成了《孝感市思想政治工作细则》。四是按照"巩固、延伸、辐射、提高"的要求，做好农村文明创建工作。全市已创国家级文明乡镇1个（应城市东马坊办事处）、省级文明乡镇2个（云梦县伍洛镇、汉川市田二河镇）和一批市级文明村镇、文明农户。五是扎扎实实地开展了创建文明单位、文明系统、文明街道、文明楼栋、文明市民、文明窗口活动。全市共涌现出了1个国家级文明单位（市供电局）、10个省级最佳文明单位、60个省级文明单位和一批市级文明单位、文明系统。六是组织成立了孝感市社会主义精神文明建设研究会，首批发展会员单位51个。

【文艺事业不断繁荣】 一是实施精品战略，文艺创作取得丰硕成果。1999年，楚剧《中原突围》和广播剧《披肩》荣获全国第七届精神文明建设"五个一工程"大奖，实现零的突破。楚剧《民选村官》、《义马河传奇》、《皮箩箕送礼》、《花大妈挑花》、《娃娃县令》等在2000年全省第二届楚剧艺术节上获奖。组织出版了《孝感市建国五十周年文艺作品精选专辑》共五本书。一大批长篇小说、中篇小说、报告文学、散文集、诗歌集、漫画集相继发表和出版，一大批书画、美术、摄影作品在国内外展出并获奖。组建了孝感书画院，恢复出版《槐荫文学》双月刊。二是突出孝感特色，大力弘扬孝文化。在加强精神文明建设和思想政治工作中，在进行"三基"、"三义"、"四信"、"四科"的思想教育中，把孝文化作为重要载体，丰富孝文化内涵，挖掘和弘扬孝文化。组织出版了全面反映孝文化整体风貌和特色的《孝感文化研究》、大型画册《汉孝子黄香》和《孝感剪纸》，完成了《双峰山民间传统故事集》的收集整理工作，积极争取《董永和七仙女》邮票首发式在孝感举办。三是周密组织策划，大型文化活动好戏连台。精心组织一年一度的春节文化活动，成功举办市一运会开、闭幕式大型文艺表演，承办了湖北省第二届楚剧艺术节和省科技文化卫生"三下乡"活动，组织了庆祝建国50周年、建党80周年、招商引资迎宾晚会等大型文艺调演活动。深入开展"百、千、万"工程，积极组织"三下乡"活动，活跃了基层群众的精神文化生活。四是坚持"扫黄打非"，加强文化市场的治理整顿。实行打防并举、标本兼治，对音像经营场所、电子游戏经营场所、书报刊经营场所、网吧经营场所和大中专学校周边部位进行集中整治，净化了文化市场。

中共孝感市委宣传部领导名单
（1999—2001 年）

部 长 范金文
副部长 张祥书 沈德明 余章明
胡 敏 邱启明 李家振
涂洪甫 张国雄

（陈昌锋）

政法工作

【概况】 孝感市委政法委是市委领导全市政法工作的职能部门，是全市公安、检察、法院、司法、国家安全部门的领导机关，负责对政法各部门工作的组织、领导、协调、监督和检查；内设办公室、调研科、干部科、执法监督科等4个职能科室。

1999—2001 年，市委政法委坚持以邓小平理论和江泽民“三个代表”重要思想为指导，充分发挥职能作用，卓有成效地领导了政法各项工作，有力地维护了全市政治稳定和社会安定，大力推进了全市民主法制建设，保障了改革开放和社会主义现代化建设事业的顺利进行。

【全力维护全市社会政治稳定】 一是抓领导责任，构筑“三道防线”。全市近三年来致力构筑的维护稳定的“三道防线”：以乡镇街为主体，横向抓到边，建立基础线；以各部门、各单位为主体，纵向抓到底，建立职能线；以市县两级党委政府为主体，总揽全局，建立控制线，在实践中发挥了巨大作用，受到中、省两级政法委的肯定。二是抓矛盾排查，防控群体性事件。全市建立了“全面调矛盾，分类治源头，跟踪抓巩固”的工作机制和对重大矛盾纠纷实行一个问题、一名领导、一套专班、一项预案、一抓到底的“五个一”的工作模式，有效地化解了矛盾纠纷，对已发生的群体性事件进行了妥善处置。2001 年，全市市、县、乡三级共排查出各类矛盾纠纷 6000 多起，其中绝大部分得到有效化解，把社会政治影响和损失减少到了最小程度。三是抓敏感问题，维护政治稳定。全市政法部门坚决执行中央决策，全面处理和解决孝感“法轮功”问题，彻底摧毁了“法轮功”在孝感的地下组织，对“法轮功”习练者全面落实包保责任制，坚持控管与帮教结合，打击与教育并举，使全市 2000 多名“法轮功”习练者中的绝大多数人得到了转化，对极少数顽固分子进行了坚决打击。公安机关组织开展了打击和取缔非法组织和其他打着宗教幌子进行非法活动的专项斗争，有力地打击了犯罪，争取和教育了群众，挽救了失足者。国家安全机关把维护社会政治稳定作为一项重要职责，注重情报信息的收集反馈和对重点嫌疑对象的监控，为维护大局稳定作出了积极贡献。

【有效地开展“严打”斗争】 全市政法机关坚持“严打”方针不动摇，三年来先后开展了“打拐”、“追逃”、“打黑除恶”、“反盗防盗”等专项斗争，解决了一批突出的社会治安问题。在深入开展“严打”斗争的同时，公安机关大力加强治安管理和治安防范工作，加强了社会面的控制，加强了对暂住人口和特种行业的清理整顿，加强了安全防范检查督办，提高了全社会的安全防范能力，巩固了严打成果，刑事发案率稳中有降。2001 年，全市共破获各类刑事案件 18123 起，其中现行案件 6858 起；抓获各类犯罪嫌疑人 4384 人，摧毁各类犯罪团伙 120 个，成员 667 人；检察机关批捕各类犯罪嫌疑人 1647 人，起诉 1310 人；人民法院审结刑事案件 1117 件，判决发生法律效力 1083 人；全市共召开公捕公判大会 23 场，公开逮捕犯罪嫌疑人 556 人，公开宣判罪犯 395 人。2001 年 5 月 13 日，中共中央政治局委员、书记处书记罗干到孝感视察“严打”整治斗争及社会治安综合治理工作，对孝感的“严打”斗争和综治工作给予了充分肯定。

【严格开展执法监督，提高队伍执法水平】 全市政法机关在不断优化执法责任制，健全和完善案件审批制度、办事公开制度、办案责任制、错案追究制、案件评查制等一系列规章制度的前提下，加大执法监督、案件督办协调的力度，在指导、支持、监督、保证政法部门严格执法方面做了大量工作，先后开展了“两保”案件检查、“四不”案件检查，案件质量评查等专项执法检查活动，对近三年来办理的治安、刑事案件进行了全面检查，对法院系统近三年办理的民事案件进行了认真评查，及时整改了执法检查中发现的突出问题，队伍严格执法的意识明显增强，执法工作水平有了明显提高。

【法律保障和法律服务】 一是充分发挥职能作用，优化发展环境，推动市区龙头经济建设。全市政法部门根据自身职能特点，研究确定了服务改革开放和经济建设的具体措施，普遍推行政法部门挂靠企业包点制度，帮助企业解决实际困难。全市公安部门积极参与清理整顿城区出租车工作，改善了城区交通秩序。二是贴近市委市政府的中心工作，积极开展创建文明卫生城市活动。政法各部门成立了创建工作领导小组，建立了创建工作专班，制定了创建工作责任制，按照市委市政府的统一部署积极开展创建活动。三是政法部门各司其职，为服务经济建设创造良好发展环境。2001 年，全市公安机关共破获各类经济犯罪案件 292 起，抓获各类犯罪嫌疑人 294 人，为国家和集体挽回经济损失 2410 万元；全市检察机关共立案侦查贪污贿赂等经济犯罪案件 137 件 160 人，依法追缴赃款 2012 万元；全市法院系统共审结经济纠纷案件 3681 件，诉讼标的额多达5.8亿元；全市律师担任常年法律顾问 820 家，办理各类案件 7025 件；公证机关办理公证事项 8161 件。

【全市治安工作会议召开】 2001 年 4 月 20 日，市委、市政府主持召开了全市治安工作会议，参加会议的有各县市区党委书记，市直部、办、委、局和开发区的领导班子全体成员，市直公、检、法、司机关副科级以上干部。市委书记张昌尔、市长曹世佑、市委常委政法委书记赵定炼在会上作了重要讲话。会议传达了全省治安工作会议精神，分析了孝感市的社会治安状况，就全市今后两年的严打整治斗争进行了安排部署。为确保实现“两年内全市社会治安状况明显好转”的目标，市委、市政府成立了“严打”整治斗争领导小组，由市委书记张昌尔挂帅，市委副书记张文启、市委常委政法委书记赵定炼、市委常委常务副市长蔡民族具体组织领导全市“严打”整治斗争。领导小组工作专班，设在市委政法委，由赵定炼负责，其成员由市委政法委副书记钟植云、魏俊生和综治办主任陈召安组成。会后，各县市区党委政府、全市政法各部门都成立了“严打”斗争领导专班和工作专班，党政主要领导挂帅，分管领导具体负责组织指挥“严打”整治斗争，为期两年的“严打”整治斗争在全市全面开展。

孝感市委政法委领导成员名单
（1999～2001 年）

书　记　赵定炼
副书记　钟植云　杨荒年　魏俊生
　　　　刘洪海　李建设

（胡全高）

社会治安综合治理

【概况】 1999～2001 年，孝感市综治委紧紧围绕全党、全国“改革、发展、稳定”的工作大局和市委、市政府的中心工作，坚持“打防结合，以防为主”的方针，坚持以强化领导责任制为龙头，以严打整治、基层创安、治安防范为重点，以受到中央表彰为动力，立足于夯实基础，着眼于再上台阶，在狠抓落实上下功夫，开拓创新上做文章，维护了全市社会政治持续稳定，促进了经济和社会的健康发展，保持了综治工作的先进态势。2001 年荣获“1997—2000 年度全国社会治安综合治理优秀单位”称号。2001 年度荣获“全省社会治安综合治理先进单位”称号，受到中央和省委、省政府的表彰。

【一票否决强责任】 市综治委认真执行综合治理领导责任制、目标管理责任制、一票否决权制，坚持每年签订综合治理目标管理责任书，在检查考评的基础上兑现奖惩，激励先进，鞭策后进，强化各级领导的责任。1999 年—2001 年度市委市政府表彰 4 个县市和 21 个先进乡镇街，推荐并受省委、省政府、省综治委表彰的先进单位 3 个，先进个人 17 个，三年全市共黄牌警告 80 个单位，一票否决 146 个单位，其中县级 2 个、科级 12 个。

【三道防线保稳定】 市综治委坚持把维护社会政治稳定作为综治工作的首要目标，根据市委“围绕稳定抓综治，抓好综治保稳定”的工作思路，积极探索并在实践中总结完善、构筑起具有孝感特色的“三道防线”：以乡镇街为主体，横向抓到边，建立基础线；以各部门、各单位为主体，纵向抓到底，建立职能线；以市县两级党委政府为主体，总揽全局，建立控制线。“三道防线”使维护稳定工作形成了“基层抓防范，部门抓疏导，党政抓全局”的格局，在维护社会稳定工作中发挥重要的作用。孝感市构筑“三道防线”的经验，受到中央政法委和省委政法委、综治委肯定和推广。

【深化创安夯基础】 市综治委以创安为载体，坚持不懈地开展安全文明单位、安全文明小区(社区)、安全文明村镇和“十星级”文明户等系列创建活动，在深化创安的活动中，不断探索新形势下创安的新方法、新路子，打造了一批具有孝感各地特色的综治品牌。如云梦县“十户五联”和“五联五防”，应城市“汤池联防”、“长江辅警”、汉川“牵手工程”、“川城帮教”，孝南“证卡合一”、“双证双责”的外来人口管理，安陆“综治信息员”制度，大悟“全面调纠纷、分类治源头、跟踪抓巩固”矛盾纠纷排查调处经验，孝昌刑释解教人员安置帮“两保三帮四加强”的作法都受到省、市肯定推广，有力地促进了全市综合治理基层基础工作，进一步提升了全市综治工作水平。

【重点整治促发展】 市综治委坚持把集中整治“五边”(城区周边、企业周边、学校周边、大型建设工地周边和国道、铁路两边)的治安问题作为综治工作的重头戏，作为优化经济发展环境的一项重要举措。每年初组织专班深入基层滚动摸排，对排查出来的治安乱点和突出问题，开展集中整治。三年来全市共整治重点地区(部位、路段)93 处，巩固了严打成果，优化了发展环境。2000 年，市委、市政府抽调 23 名县级干部 56 名机关干部组成专班，开展了为期 6 个月的孝感城区发展环境集中整治，依法打击处理各类违法犯罪人员 377 人，解决长期困扰经济发展的问题 79 件，整治治安隐患 213 起，有力地打击了曾经称霸一方的“村霸、街霸、市霸、地霸”，有效地解决了一度令人头疼的“强行买卖、强拿恶要，强行装卸、强揽工程、强用水电，强占土地”的问题。

1999～2001 年孝感市社会治安综合治理委员会领导名单

主　任　曹世佑
副主任　张文启　赵定炼　蔡民族
　　　　向经涛

（郭远朋）

统战工作

【概况】 1999 年～2001 年，全市各级统战部门以邓小平理论和“三个代表”重要思想为指导，围绕市委的中心工作，找准上级精神与本地实际的切入点，构建全市多党合作和政治协商的政治格局，最大限度地调动广大统一战线成员的积极性、主动性、创造性，形成和发展了团结、稳定、振奋、活跃的统战工作局面，为深化改革、促进发展、保持稳定做出了新的贡献。

一是民主政治建设有新发展。①协助四个民主党派市委会完成了换届工作，顺利实现了各民主党派市委会领导班子的新老交替。②坚持了民主协商制度。近年来，由市委、市政府召开或委托市委统战部召开的协商会、座谈会、情况通报会达 50 多次；出台了《中共孝感市委关于坚持和完善中国共产党领导的多党合作和政治协商制度的若干意见》。③充分发挥民主党派、无党派人士在人大、政协中的作用,共安排610多名党外人士担任各级人大代表,960多名担任各级政协委员。④坚持推行党员领导干部与党外代表人士交朋友制度。目前,市县两级共有131位党员领导干部与247位党外代表人士交了朋友。⑤发挥民主党派成员、无党派人士的民主监督作用,协助各级监察、检察、审计、教育、国土等部门聘请特约人员168名,协助有关部门聘请行风评议员171名;在"三讲"期间,市(县)党员领导干部都主动邀请党外人士座谈,听取党外人士的意见和建议,收到了较好的效果。

二是党外人士安排工作有新突破。①在市社会主义学院举办了两期党外干部培训班,培训学员119人;市县两级共培训党外人士2000多名。②2000年11月,市委统战部和组织部联合召开党外中青年干部座谈会,来自全市市县乡的34名党外中青年干部代表参加了会议。③党外干部的实职安排有新进展。抓住县市区换届契机,配齐了8个县市区人大、政府、政协党外副职;至2000年底,全市共有34名党外干部担任县级以上领导职务;党外干部在担任政府职能部门正职上也取得突破。④掌握了一批党外后备干部名单,市和县市区各选拔了200名党外后备干部,并各自从中筛选出50名作为重点考察对象。

三是经济统战工作有新成效。①积极鼓励和支持各民主党派、工商联、无党派人士围绕经济建设中的难点、热点调研考察,为全市的改革与发展建言献策。三年来共提交提案、议案300多份,写调研文章60多篇;开办学校2所,为社会培养各类人才4000多人;组织专家到山区、库区、福利院义诊咨询6000多人次,免费送药价值7万余元。②以市海联会、总商会为载体,加强与海内外经济界人士的联系,较好地完成市委下达的招商引资任务。③以市光彩促进会为阵地,引导非公有制经济人士开展"做光彩事、当光彩人"活动,全市投身光彩事业的非公有制经济人士有180多人,实施光彩项目15个,兴建光彩小学2所。④帮助市工商联完成了换届工作。⑤2000年10月,与有关部门联合召开命名大会,对在"致富思源、富而思进",回报社会,投身光彩事业等方面表现突出的10位民营业主授予"光彩之星"称号。

四是民族宗教工作有新贡献。全市共建立少数民族扶贫联系点32个;实施了"少数民族希望工程",对少数民族子女免费进行职业技术培训,帮助少数民族脱贫致富;及时协调处理了涉及伤害少数民族感情的突发事件。在宗教方面,积极引导宗教与社会主义社会相适应,坚持开展创建"五好"宗教活动场所和"三好"信徒活动,对邪教组织和非法宗教活动进行严厉打击,有效地遏制了邪教组织和非法宗教活动的蔓延;对梵蒂冈反华"封圣"进行了抵制。在全国率先建立上下结合、左右联动、工作协调、信息畅通的县、乡、村三级宗教工作网络,宗教管理工作受到中央五部局联合调查组的肯定。

五是统战宣传工作有新成果。①宣传工作实行了目标管理,并建立激励机制;②建立健全组织网络。市委统战部成立了统战宣传工作通联站,县市区委统战部及有关单位设立了统战宣传联络组,市及各县市区聘请了专兼职统战宣传员87名;2000年还举办宣传员培训班。③把杂志征订发行当作做好统战宣传工作的硬件来抓,全市《统一战线》的发行连续多年在全省名列前茅。④坚持办好自办刊物,三年来编发《统战工作》54期,《统战信息》168期,其中有38篇统战宣传稿件被国家级刊物采用,108篇文章被省级刊物采用;对上情下达、下情上报、对内交流、对外宣传发挥了积极作用。⑤利用新闻媒体对全市统一战线的重要会议、重要活动进行了宣传报道;还在媒体上开辟宣传园地。1999年在《孝感日报》开辟了"书记话统战"专栏,市委书记张昌尔、副书记付明珠和8个县市区委书记都发表了文章,产生了很好的社会影响;2000年在市"广电三台"开辟"光彩之星"人物专访专栏,宣传在"致富思源、富而思进",回报社会、回报人民,投身光彩事业等方面表现突出的10位"光彩之星",社会反响较好。⑥2000年在市委党校开设统战理论课;先后选编出版了《孝感统战史》和《宗教知识读本》两部书。⑦2001年组织全市1.5万人参加全国统战知识竞赛(报刊),组队参加全省统战知识电视竞赛获二等奖。市及7个县市区委统战部连续三年被评为全省统战宣传"标兵单位",90个乡镇被评为全省先进单位,26人被授予全省统战宣传工作先进个人;张昌尔的《坚持党对统一战线的领导》、付明珠的《认真做好党外干部的培养选拔工作》等多篇文章获全省统战宣传好作品。统战信息工作在全省一直保持较好位次,市委统战部连续几年被评为"全省统战信息工作先进单位"。

六是工作机制有新气象。全市建立了由党委统战部负责协调的工作机制,由统战部对民族、宗教、对台等部门牵头指导,县市区实行了"一套班子、几块牌子"的大统战格局。市和县市区明确了市(县)直部委办局分管机关的负责人分管本单位的统战工作,人事科(或办公室)具体承担统战工作的问题。乡镇统战委员基本配齐;乡镇统战委员、政协联络组长、工商联分会会长共同做统战工作的"三位一体"机制得到继续推行。

七是自身建设有新起色。按照市委要求,先后开展了创建"团结、廉洁、实干"领导班子活动,开展了领导班子和副县级以上干部"三讲"教育活动。按照"政治坚定、团结奋进、爱岗敬业、开拓创新"的16字部风,在全市统战系统开展了创"三好"(人格好、人缘好、形象好)活动,收到了较为明显的效果。

【多党合作和政治协商制度得到完善】

为了进一步坚持和完善共产党领导的多党合作和政治协商制度,推进社会主义民主政治建设,1999年9月,孝感市委印发了《中共孝感市委关于坚持和完善中国共产党领导的多党合作和政治协商制度的若干意见》(孝发[1999]20号)。《意见》对"加强各级党委同各民主党派的合作与协商"、"进一步发挥民主党派成员、无党派人士在人民代表大会中的作用"、"举荐符合条件的民主党派成员和无党派人士担任政府、政府职能部门和司法机关的领导职务,并充分发挥他们的作用"、"进一步发挥民主党派在人民政协中的作用"和"支持民主党派加强自身建设"等涉及多党合作和政治协商方面的内容作了系统全面而又具体明确的规定。《意见》的出台,标志着孝感市多党合作和政治协商的制度化、规范化。

【在统一战线成员中开展爱国主义和社会主义教育】 1999年,在北约袭击我驻南使馆的第二天,组织民主党派成员愤怒声讨北约的野蛮行径,在广大统一战线成员中兴起抵御外侮、强我中华的爱国主义教育热潮;七月份,又组织统一战线成员批驳李洪志的"法轮功"和李登辉的"两国论",兴起了马克思唯物主义和弘扬科学精神、反对封建迷信的教育热潮,兴起了维护民族团结、推动祖国统一的教育热潮。围绕庆祝新中国成立50周年,举办了市级各民主党派"庆国庆、迎回归"联欢会,营造了欢乐喜庆的良好氛围,充分表达了民主党派成员对伟大祖国的无限热爱、对共和国前途的美好憧憬,展现了孝感各界人士在以江泽民为核心的党中央领导下,团结奋进,意气风发,昂首阔步迈向新世纪的豪情。2000年协助农工市委会开展建党70周年的纪念活动;2001年协助各民主党派开展了庆祝中国共产党成立80周年、辛亥革命90周年、民盟成立60周年的庆祝活动。这些活动激发了广大统一战线成员的爱国主义热情。

【各民主党派举行"庆祝中国共产党成立80周年"大会】 2001年6月27日,孝感市四个民主党派市委会联合召开成员大会,隆重纪念中国共产党成立80周年。市委书记张昌尔出席会议并作重要讲话,市委副书记、市长曹世佑,市委副书记付明珠,市委常委、常务副市长蔡民族,市委常委、组织部长梁惠玲,市政协副主席、统战部部长鲁华容等出席会议;200多名民主党派成员参加会议。会上,方晓莉、罗鲁祥、左国香、买信敬等从各自的亲身感受回顾了同中国共产党风雨同舟的经历,由衷地感到没有共产党就没有新中国,深感只有共产党才能担当中国现代化建设事业的领导核心。会后,民主党派成员还进行文艺表演,以歌言志,以舞表意,来表达祝贺中国共产党八十华诞的心声。

【民革、民盟、民建、农工孝感市第二次成员大会召开】 2001年12月10日—11日,中国国民党革命委员会、中国民主同盟、中国民主建国会、中国农工民主党孝感市第二次全体成员大会隆重举行。这次大会,是世纪初孝感市各民主党派召开的第一次盛会,也是孝感市民主党派承前启后、继往开来的一次大会。大会分别听取和审议了各民主党派孝感市第一届委员会的工作报告;通过了大会政治决议,选举产生了新的一届市委会,方晓莉、熊熊、左国香、余合桥分别当选为民革、民盟、民建、农工孝感市第二届委员会主任委员。中共孝感市委、四个民主党派省委和市直各人民团体的负责人出席了大会开幕式和闭幕式,并为大会致了贺词。11日晚,中共孝感市委举行招待会,祝贺民革、民盟、民建、农工孝感市第二次全体成员大会圆满成功;市委全体常委出席招待会,市委书记张昌尔致祝酒词。

【党外干部培养选拔工作的经验在全省交流介绍】 多年来,市委从战略的高度把握培养选拔党外干部的重要性,按照中央、省委关于选拔党外领导干部的政策,健全机制,突出重点,开辟途径,在提高党外干部参政议政水平上进行了积极努力,在安排党外人士担任政府职能部门正职方面进行了大胆尝试,在加强党外干部正规化培训和加强后备干部队伍建设方面作出了积极探索,党外干部的培养选拔工作走在全省前列。截止2000年底,全市共有34名党外干部担任县级以上领导职务,其中市政府党外副市长1名,所辖7个县市区全部配齐党外副县(市、区)长;市和县(市、区)人大、政协班子中有20名党外副主任、副主席;有6名党外干部担任市直部门领导职务;有54名党外干部担任县市区政府职能部门领导职务。这项工作得到省委统战部的充分肯定,在2001年全省统战工作会议上,市委副书记付明珠代表市委第一个作了题为《认真做好党外干部的培养选拔工作》的经验介绍。

【授予10位民营业主"光彩之星"称号】 为了推动"做光彩事、当光彩人、创光彩星"活动的深入开展,表彰民营业主"致富思源、富而思进",回报社会,回报人民的先进事迹,2000年10月,召开了"光彩之星"命名暨实施再就业工程经验交流会,授予孝感舒氏(集团)有限公司董事长舒新国等10名民营业主"光彩之星"称号。

【在全国率先建立县、乡、村三级宗教工作网络】 为了加强对农村宗教工作的领导,维护社会稳定,2001年6月,应城市在各乡镇成立了以分管党务的副书记为组长,统战委员为副组长,有关部门负责人参加的宗教工作领导小组;在有信教群众的行政村成立了有党支部副书记、治保主任、妇代会主任组成的宗教工作专班,建立了统一领导、相互协作的宗教工作协调机制,形成了上下结合、左右联动、工作协调、信息畅通的县、乡、村三级宗教工作网络。这一做法随即在全市范围内推广,旋即得到省委统战部和中央统战部的高度肯定,并作为加强农村宗教事务管理的经验在全国推广。12月份,朱镕基总理在为全国宗教工作会议作总结时,要求各地要建立健全县乡村三级宗教事务管理网络。

【中央五部局农村宗教问题调查组来孝调研】 根据江泽民总书记和胡锦

涛同志重要批示，中央组织部、宣传部、统战部、公安部和国家宗教局联合调查组于2001年3月来到湖北，分三路对湖北农村宗教及有关工作开展调查研究，其中一路点名到汉川。调查组在孝期间，先后查看了汉川麻河镇郑吴港天主堂、汉川基督教堂、仙女山寺、仙女山天主堂、马口关公寺和应城东马坊吴台天主堂等宗教活动场所，并与当地神职人员及信教群众座谈；听取了汉川、应城市委、市政府关于宗教工作的情况汇报，就农村宗教工作、思想文化建设、基层组织建设、农村经济与社会发展以及打击邪教等问题与有关方面同志座谈；并与市领导曹世佑、付明珠、范金文、鲁华容交换了意见。调查组对汉川、应城宗教工作给予了充分的肯定，认为两地党委、政府对党的宗教政策的理解和执行是全面的，宗教界是稳定的，宗教活动是正常有序的，宗教管理措施是得力过硬的。

【基层统战工作目标管理得到推广】　1997年以来，全市开始对县乡统战工作实行目标管理，后通过充实和完善，建立了一整套基层统战工作目标管理激励机制。目标管理的实施，给全市统战工作注入了动力和活力，使全市各个领域统战工作走在全省的前列。1999年以后，这一作法得到省委统战部的倡导和推广，孝感市也在全省作了经验介绍，各市州及部分县市纷纷来人来函，学习借鉴这一作法。

【乡镇统战工作“三位一体”机制得到肯定】　为加强统战工作网络建设，1997年开始在乡镇建立“三位一体”工作机制，即在乡镇党委的统一领导下，统战委员、政协联络组长、工商联会长共同来做统战工作。经过几年的实践探索，形成了协调、合作、服务的大统战格局，活跃了乡镇统战工作。2001年4月，省政协副主席、省委统战部部长纪玲芝到孝感调研时，对这一尝试大为赞赏；下半年，她在中央党校座谈研讨时，将这一作法提出来，认为是工作创新的典型。中央统战部有关领导对此也给予了肯定。

【全省统战知识电视竞赛获二等奖】　2001年4月，省委统战部决定举办“全省统战知识竞赛”。4月下旬，孝感市组成了以机关干部为主的代表队参加比赛。通过强化训练，精心准备，5月29日，孝感代表队在复赛中突出重围，以武汉赛区第三名的成绩挤进全省决赛圈。6月13日，全省统战知识电视竞赛决赛在省电视台演播厅进行，孝感代表队队员发扬团结协作、勇于向上的精神，不畏强手，敢于拼搏，奋力争先，最终获全省统战知识竞赛二等奖。在这次竞赛中，孝感代表队是全省20支代表队中唯一一支以机关干部为主组队、队员年龄超过30岁、未脱产集训的代表队，取得如此好的成绩，令全省统战系统大为惊叹。

【统战调研为决策服务发挥作用】　三年来，全市统战调研工作围绕全面贯彻落实全国全省统战工作会议精神，着眼于世纪之交统一战线面临的新的发展、新的机遇和严峻挑战，集中力量为跨世纪统战工作奠定理论政策基础作出了新贡献。一是领导带头担任课题负责人，带头到基层调研，参与调研报告的撰写。二是各地围绕中心，关注热点、难点、焦点问题，共选定58个课题，开展了灵活多样的调研活动。全市先后有213余人次直接投入调研工作，撰写各类调研报告和论文64篇。这些调研，既有理论前沿的探索，如鲁华容的《增强党的阶级基础和扩大党的群众基础的思考》，傅志敏的《体现时代精神的理论创新》都是在江泽民总书记“七·一”讲话不久撰写的；又有缘于实践的思考，如鲁华容、程福清的《关于做好党外干部培养选拔工作的探索思考》等，做到了理论研究和实际工作研究并重。三是注重调研成果的转化。三年间，全市在省级以上刊物发表统战调研文章13篇，还有部分成果转化为党委政府的决策性文件，部分成果为领导决策提供服务，部分成果用于指导实际工作；有2篇优秀调研报告和论文在省获二等奖，有5篇获优秀奖。

中共孝感市委统战部领导名单

部　长　鲁华容

副部长　杨俊明　周耀安　易安全　聂国钧

（傅志敏）

机关工委工作

【概况】　1999—2001年，机关工委认真贯彻“围绕经济抓党建，抓好党建促进经济发展和社会全面进步”的指导思想，注重结合实际，不断增强机关党建工作创新意识，积极探索机关党建工作新途径、新方法，取得了显著成效。一是抓思想教育和理论武装不放松，在市直机关广泛深入地开展了“三讲”和“三个代表”重要思想学习教育活动，进一步提高了机关党员干部的思想政治素质。二是贯彻《中国共产党党和国家机关基层组织工作条例》和省委《实施办法》，加强机关党的基层组织建设，加强机关党员的教育管理，较好地发挥了党组织的战斗堡垒作用和党员的先锋模范作用。同时加强了市直与县市区机关党建工作的联系与交流，先后召开全市机关党建工作会议3次，2000年在大悟县召开了全市机关党建工作交流会。在机构改革中，县市区机关工委工作机构的设置问题得到较好解决。三是坚持不懈抓机关作风建设，为孝感经济发展营造良好的软环境。1999年，根据市委、市政府的部署和要求，举办了市区改革与发展环境研讨班，并督促各职能部门和单位拿出贯彻落实的具体措施。2000年，由工委牵头组织，抽调工作专班，在市直机关开展了为期3个多月的思想作风建设。2001年，以开展“优化环境年”活动为载体，以解决“三乱”等影响发展环境的突出问题为重点，在市直和孝南区直机关组织开展了为期3个月的机关作风整训。连续三年在市直机关开展了“季评实事”活动，通报表彰市直各部门、各单位为服务经济、服务基层和人民群众所办的实事80余件，促进了机关作风的转变。四是加强机关工委自身建设，注重塑造自身形象。工委领导班子通过“三讲”教育、“三讲”教育回头看、警示教育以及开展争创“团结、廉洁、实干”领导班子等活动，增强了凝聚力、战斗力和驾驭全局的能力。开展争创市级最佳文明单位活动，干部的素质不断提高，机关的面貌发生了新的变化，机关工委先后被评为全省理论学习优秀组织辅导单位、市直创“团结、廉洁、实干”领导班子活动先进单位、全市理论学习先进中心组、全市理论学习先进单位、全省2001年度全民健身月活动优秀组织奖、全市“三五”普法先进单位和抗旱工作先进单位、2000—2001年度市级最佳文明单位。（吴　波）

【组织建设】（1）基层党组织建设。1999—2001年底，共调整、改选机关党组织394个，在新建立的机关工作部门和经济实体中建立党的基层组织126个，其中新建立了市邮政局机关党委。（2）党员教育管理。在市直机关各级党组织中认真贯彻落实了《中国共产党党和国家机关基层组织工作条例》和省委《实施办法》，并于2000年12月印发了《关于贯彻执行〈条例〉和〈实施办法〉若干问题的规定》的通知（孝直工发［2000］20号），进一步规范了党员的教育管理和发展工作。1999年和2001年“七一”前后在市直机关开展了评选表彰先进基层党组织、优秀共产党员、优秀党务工作者活动，机关工委共表彰先进基层党组织50个，优秀共产党员189名，优秀党务工作者10名。（3）党员发展。1999年到2001年共发展党员553名，其中女性党员155名，占发展总数的28%；大专文化程度以上的457名，占发展总数的82.6%；35岁以下的408名，占发展总数的73.8%，是共青团员的都由团组织推优发展；发展一线党员146名，占发展总数的26.4%。（鲁志捷）

【宣传教育】（1）思想教育：在市直机关党员干部中广泛开展了党的十五届四中、五中、六中全会精神、江泽民“三个代表”重要思想和以“四信”、“四个如何认识”为主要内容的学习教育活动。1999年按中央、省、市委的统一部署开展了揭批“法轮功”、声讨以美国为首的北约野蛮轰炸我驻南使馆和批驳李登辉抛出的“两国论”三大政治斗争，统一了广大党员干部的思想认识，坚定了政治立场。开展了市直万人参加的庆祝建国50周年国情国史知识竞赛。2000年组织市直单位参加了“入世、创新、西部大开发与孝感发展”的理论研讨活动。2001年举办了市直万人参加的纪念建党80周年党史知识竞赛。（2）理论学习：组织市直机关党员干部深入学习邓小平理论和江泽民关于“三讲”“三个代表”等一系列重要讲话精神，以县级以上领导干部和青年学习理论为重点，全面推进理论学习“三大工程”建设，表彰命名了一批理论学习先进单位和个人。1999年～2001年，发放理论学习教材7本，近4万册；举办理论骨干培训班4期，参训学员510人。2000年组织召开了市直机关干部理论学习经验交流会，2001年组织召开了市直机关思想政治工作理论研讨会。从1999年～2001年市直机关受省、市两级表彰的理论学习先进中心组15个，理论学习先进单位40个，青年学理论读书示范组14个，理论学习先进个人46名。（3）普法教育：认真开展了“三五”普法考试颁证、检查验收、总结表彰工作，同时制定了市直“四五”普法实施方案，启动了“四五”普法工作。1999年，组织了市直“三五”普法考试，颁发“三五”普法合格证15000份。2000年认真开展“三五”普法检查验收工作，省、市两级验收组对市直的“三五”普法工作给予了高度评价。2001年在省、市两级“三五”普法总结表彰大会上，市直有4个单位、6名个人获省级先进称号；有15个单位、14名个人获市级先进称号。（4）文明创建：注重建立文明创建的长效机制，狠抓平时的创建管理，结合创建省级卫生城市和文明城市，推动创建工作深入开展。1999年召开了市直60多个单位参加的文明单位建设经验交流会，树立了一批文明创建工作的先进典型。2000—2001年，市直建成国家级文明单位1个，省级最佳文明单位2个，省级文明单位9个，市级最佳文明单位38个，市级文明单位65个，市级文明系统19个，文明科室361个，机关两个文明建设取得了丰硕成果。（袁　锐）

【群团工作】（1）思想教育：1999—2000年共举办3期工会干部培训班；1999年举办“爱岗敬业，为孝感跨世纪发展作贡献”演讲比赛，并将获奖作品编印成册；开展了青年学理论论文征集活动；开展了创建“五好文明家庭”、“五好庭院”、“五好门栋”系列活动；1999年评选表彰了先进基层工会组织、优秀工会干部和职工之友；2000年评选表彰了市直机关红旗团组织、优秀团干等。（2）文体活动：1999—2001年连续3年举办市直机关乒乓球比赛；1999年举办“迎国庆，树机关新形象”诗歌朗诵比赛；2000年开展了市直机关元旦联欢晚会。（郭先文）

【纪律检查】（1）党风党纪教育。1999年—2001年，组织市直机关广大党员干部学习邓小平理论和“三个代表”重要思想，学习中央、省、市纪委关于反腐败斗争的各项规定，学习党规、党纪；与市纪委监察局、市电视台联合开辟电视专题栏目《规矩与方圆》和编辑出版《足迹》等学习资料，举办了反腐倡廉漫画展，组织市直机关党员干部观看了《胡长清、金鉴培案件警示录》和电影《生死抉择》等专题教育片；认真开展了“党风廉政建设宣传教育月”活动，发放反腐倡廉学习资料5000册，组织万名机关干部参加了党纪党规知识测试，县级领导干部参试率达100%；组织市直代表队参加了全市党风廉政建设知识竞赛，获二等奖。市直机关有21个单位和26名干部在宣传教育月活动中分别受到市纪委和工委表彰。（2）党内监督。1999年—2001年，成立了市直机关党风廉政建设责任制领导小组，制定了《市直机关党风廉政建设责任书》。每年年初，工委与战线，战线与各单位层层签订责任书，明确了各自的责任，并采取多种形式狠抓了责任制的落实，年终对各单位签订的责任制的落实情况进行重点检查。在市直机关聘请了130名市直机关党风廉政建设信息员，共收集各类信息稿件200多件，有的被中纪委、省市纪委和《孝感日报》社采用。狠抓了专项治理工作，参与市监察局、房改办组织的干部住房情况的专项清理检查，对市直机关多占住房的干部进行了处罚。(3)案件查处。1999—2001年受理来信来访25件，立案查处17人，17名党员受到党纪处分，其中开除党籍4人，留党察看3人，严重警告5人，警告5人。

（熊年生）

【目标考核工作】 在认真调查研究的基础上，修改和完善了市直机关责任目标考评办法，先后以孝办发[1999]2号和孝办发[2000]30号文件下发市直各部门执行。1999年底组织对市直102个部门进行了考核，另外还组织市直机关568名正科级以上干部对被考核单位进行了民主评议。经考核和民主评议，市委、市政府决定对市开发区管委会、计委、经贸委、农委、教委、供电局、公安局、国税局、土地局、审计局、文化局、水利局、交通局、民政局、地税局、劳动局、人民银行、人事局、工商联、团市委等20个单位进行表彰。2000年底组织8个考核组，对市直机关100个部门进行了考核。在考核中，采取听汇报、查看资料、询问、测评(即由单位中层干部对本单位完成工作目标的情况进行测评)等方法进行，同时组织市直机关517名副县级以上干部进行了民主评议。通过考核和民主评议，市工商局、审计局、人民银行、计委、信访办、交通局、公安局、农委、档案局、广电局、经贸委、教委、国税局、电信局、民政局、土地局、工商局、水利局、建委、人防办等20个先进单位受到市委、市政府表彰。2001年在广泛征求市直有关部门意见的基础上，进一步修改完善了目标考评办法，年底在各单位自查的基础上，对市直100个被考评单位进行了民主测评和目标考核。民主测评分为个人民主测评和组织评议(推荐)，共有502名机关干部和100个单位参加了测评和评议，对测评和评议综合排位前35位的40个单位(含并列)和后2位的单位进行了重点考核。通过自查和考核、民主测评和组织推荐，市交通局、审计局、水利局、国土资源局、人事局、民政局、地税局、广电局、农业局、国税局、教育局、财政局、工商局、建设局、信访办、工商银行等16个单位作为年度工作先进单位受到市委、市政府表彰。

（张津华）

【培训工作】 1999—2001年，举办入党积极分子培训班6期，培训775人；举办党务干部培训班两期，培训217人；举办理论学习骨干培训班3期，培训400人；举办团干部培训班一期，培训70人。三年来共举办培训班12期，培训1462人。另外，以机关党校为依托，与有关单位和工委各科室共同组织了多种形式的学习教育活动，加强了市直机关党员教育阵地建设。

（祁菊香）

中共孝感市委市直机关工作委员会领导名单

书　　记　田　立（兼1996.3—2002.2）
副 书 记　张方芹（女1998.6—2001.9）
副 书 记　钱焕东（2001.9—　　）
副 书 记　李子清（1998.6—　　）
副 书 记　李忠新（2001.9—　　）
纪工委书记　唐德征（1998.6—　　）

（郭亚琳）

党校工作

【概况】 中共孝感市委党校是在市委直接领导下培养党员领导干部和理论干部的学校，是市委的一个重要部门。内设15个教研室、教辅单位和行政处室。现有职工119人，其中教授11人，副教授28人，初中级专业技术人员36人，享受国家政府津贴的3人。

1999—2001年，市委党校坚持以邓小平理论和“三个代表”重要思想为指导，认真贯彻《中共中央关于面向21世纪加强和改善党校工作的决定》和党的十五大、十五届四中、五中全会精神，在市委、市政府的正确领导下，全校职工团结奋斗，紧紧围绕全面实现全市“九五”干部培训规划，顺利启动“十五”计划的目标，以实际行动贯彻落实中央、省委、市委关于党校工作的指示精神，进一步深化以教学为中心的各项改革，加强党校软硬环境建设，积极为市委、市政府中心工作服务，为培养高素质干部队伍服务，党校各方面工作保持了强劲的发展势头。

不断深化三项改革，努力提高工作质量和水平。第一是深化教学改革，提高教学质量。主要措施有三条，一是逐步建立有地方特色的教学新体系，精心设置专题。根据中央党校提出的“理论基础、战略思维、世界眼光、党性修养”的教学体系和“三基本、五当代”的教学格局，结合孝感实际，按照基础理论(邓小平理论和市场经济理论)、市情市策(市区龙头建设、二次创业等)、必备知识(含领导思维、领导艺术、法律、科技等)几大系列设置专题、安排教学，并把党性修养贯穿在整个学习过程中，1999年—2001年共开设专题584个。二是注重因人施教，把握培训重点。对县干班学员的教学重点是培养领导干部的战略思考、全局大局意识，把他们的思维引导到市区龙头建设，推进孝感二次创业上来；对科局长班和乡镇干部班的学员，重点是加强市情市策、法律意识、科技素质教育；对中青年干部，重点是夯实他们的理论基础，提高党性修养，帮助树立正确的世界观、人生观、价值观。三是改进教学手段和方法，提高教学现代化水平。在教学手段上，加快电化教学的发展步伐，开通中央党校远程教学网B级站。学员反映远程教学信息量大，权威性高，效果良好。在教学方法上，全面推广运用“研讨式”、“启发式”、“答疑式”、“答辩式”、“案例式”等教学方法，引导学员大力弘扬马克思主义学风，把理论学习提高到一个新水平。1999年—2001年，举办各类主体班32期，培训、轮训干部1619人，其中县干班6期242人，青干班6期267人，科局长班7期410人，乡镇领导干部班8期453人，公务员班2期87人，党外青干班3期160人。此外，承办有关专业短训班近20期共3000余人，圆满完成了全市“九五”干部培训规划，也为“十五”计划的完成奠定了良好的基础。第二是深化科研改革，提高科研水平。主要措施一是坚持科研为提高党校教学质量服务，为党委和政府决策服务，为社会主义物质文明和精神文明建设服务的方向，实施出精品战略，不断提高科研工作质量。二是引入竞争激励机制，加大科研工作的扶持和奖励力度，激发教职工对科研工作的热情，真正形成教学、科研两条腿走路的格局。三是加强校刊的管理与指导，充分发挥其在学习宣传党的基本理论、基本路线，培训人才、树立形象等方面的重要作用。1999年—2001年，校刊共出12期，发表理论文章256篇。四是坚持召开学术报告会，做好科研评奖工作。2000年和2001年先后召开了全市党校系统第四届学术报告会和纪念建党80周年报告会，两次会议共入选论文60余篇，评奖20余篇。1999年—2001年，全校启动国家级科研项目2个，完成国家级项目2项；出版参编著作24部，62.2万字；发表论文85篇，其中省级以上23篇；科研成果获奖共41项，其中国家级2项，省级23项。其中，2000年《小城镇社区建设教程》一书获省级一等奖，被全国党校系统评为三等奖。第三是深化人事制度改革，提高工作效率。具体措施一是继续推行并完善双向选择、竞争上岗制度，进一步明确职责，理顺机构，调整人员布局，优化人员结构，转变用人机制，增强整体活力，提高效能。二是完善考核措施，建立月考核制度；加大对行政后勤人员的考勤监督力度；加大公务考勤奖惩力度。三是完善激励机制，奖先惩后，激发了教职工的工作积极性、主动性，工作效率大为提高。

加强软硬环境建设，办学条件不断改善。一是注重加强班子建设。先后开展了创建“团结、廉洁、实干”领导班子活动，“三讲”教育活动，江泽民“三个代表”重要思想的学习教育活动，“七一”重要讲话、十五届六中全会精神学习宣传等活动。班子政治立场、政治观念、政治纪律，凝聚力、战斗力不断增强。二是加强精神文明建设。1999年以来，开展了机关思想作风建设，塑造党校形象工程，创建市级文明单位，最佳文明单位，文明系统等活动，党校职工精神更加振奋，校园秩序、文明程度明显提高。三是加强教职工队伍建设。一方面通过加强政治理论学习，提高政治理论素质，增强教职工的责任感、使命感。另一方面通过进修、培训、交流等方式加强业务培训，提高业务素质，教学质量进一步提高。四是加强基础设施建设，不断改善办学条件。1999年—2001年，从整体上重新规划了校园，先后投资近300万元，用于基础设施建设，重点投资实施了变压器增容，学员公寓、学员宿舍改造扩建及其配套设备的添置更新，开通中央党校远程教学网站并配备相关教学设施，校园绿化等工程。校园环境及教学条件明显改善。

加强业务指导，促进全市党校系统共同发展。主要方式一是通过召开全市党校系统常务副校长会议、现场会、座谈会，传达上级党委、党校对党校工作的指示意见，通报各地发展情况，安排部署工作。二是通过组织召开学术报告会，评选优秀论文、优秀教学专题等形式，促进教学质量、科研水平的提高。三是组织全市党校系统青年教师教学竞赛，加快青年教师的成长步伐。四是组织有关人员到外地党校和省内各地市州党校进行考察，学习他们的宝贵经验，掌握发展的新动向，为全市党校系统的发展作参考。五是通过加强管理，促进函授教育健康发展。抓函授师资队伍建设，依托市委党校，充分利用现有的师资力量，对师资力量较弱的教学点，派教师讲课，确保教学质量；抓日常管理，由全市党校组成论文答辩评审小组，负责对全学区的学员毕业论文进行指导、答辩评审工作。通过这些措施，全区函授教育走上健康发展的轨道。

1998年—2001年，市委党校先后获得市级文明单位，市老干工作先进单位，机关形象工程建设先进单位，花园式单位，食堂卫生管理先进单位，全市食堂卫生工作“十佳单位”，“三五”普法先进单位，市级最佳文明单位等荣誉称号，以及全省党校系统第二届科研组织奖，函授财务工作先进单位等奖项。

【市委常委听取党校工作情况汇报】 1999年8月23日，市委书记张昌尔主持召开市委常委会议，专题听取了市委党校、市行政学院、市社会主义学院(简称“一校两院”)工作汇报。会议就进一步加强“一校两院”工作进行了认真讨论。会议认为，近几年，“一校两院”在市委、市政府直接领导和市直有关部门的支持、配合下，取得了明显的成绩。市委、市政府要进一步关心“一校两院”，对今后的工作提出了五点要求：一、坚持正确的办学方向，把思想阵地建设好；二、适应新的形势，不断提高教学质量和科研水平；三、完善制度加强管理，促进工作再上台阶；四、量力而行搞基建，逐步改善校园环境；五、要进一步加强教师队伍和领导班子建设。

【校领导班子和领导干部集中进行“三讲”教育】 1999年10月15日至11月25日，市委党校领导班子和副县级以上领导干部，在市委“三讲”办和巡视组的具体指导下，按照市委统一部署集中开展了“三讲”教育。整个活动历时40天，分为思想发动、学习提高，自我剖析、听取意见，交流思想、开展批评和认真整改、巩固成果四个阶段。目标是：通过“三讲”教育，进一步推动领导班子和领导干部深入学习邓小平理论和党的十五大精神，提高政治素质，端正思想作风，增强在改造客观世界的同时改造主观世界的自学性；坚定社会主义和共产主义信念，提高政治敏锐性和政治鉴别力，坚持党的基本路线不动摇，坚定不移地同以江泽民为核心的党中央保持高度一致；认真贯彻党的民主集中制，加强党内团结，提高领导班子的战斗力和凝聚力，坚决贯彻中央、省委和市委的重大决策和部署；坚持党的根本宗旨和群众路线，正确行使权力，保持与人民群众的血肉联系；继承和发扬党的优良传统和作风，克服官僚主义，反对腐败行为，自觉加强党风廉政建设。通过这次"三讲"教育，深入系统地查找并抓住了领导班子及其成员党性党风方面和工作中存在的突出问题，班子成员在开展批评和自我批评、加强沟通协调方面有了新的起色，思想理论素养有了新的提高，政治上有了新的进步，作风上有了明显变化，纪律上有了明显的增强，普遍接受了一次党内政治生活的严格锻炼。

【大力加强思想作风建设】　2000年3月1日至5月31日，市委党校按照市委的统一部署，在全校职工中集中开展了思想作风建设活动。活动的目标是实现"四新一提高"，即实现机关风气有新的转变，服务质量有新的改善，落实机制有新的完善，班子建设有新的加强，依法行政水平有新的提高。整个活动分为集中学习、统一认识，对照检查、找准问题，开门整改、建章建制和巩固成果四个阶段，并在对照检查、找准问题这一关键环节中结合开展"三讲"教育"回头看"活动。通过这次活动，全校职工深入地查找并抓住了在思想作风和工作作风中存在的突出问题，开展了积极的批评与自我批评，修改并完善了一系列规章制度，基本上达到了"四新一提高"的目标。

【孝感市干部培训基地挂牌】　2000年5月9日，孝感市干部培训基地在市委党校正式挂牌成立。出席挂牌仪式的有：市委副书记、党校校长、市干部教育领导小组组长付明珠，市委副秘书长、市委办公室主任喻友安，市纪律检查委员会副书记杜文具，市委组织部副部长张孝元，市委宣传部副部长沈德明，市委党校常务副校长、党委书记胡顺延等同志。

【全市党校工作会议召开】　2000年8月17日至18日，中共孝感市委在市委党校召开了全市党校工作会议。会议的主要目的是，以"三个代表"的重要思想为指导，深入学习贯彻全国、全省党校工作会议精神，总结交流近几年来全市党校建设与发展的经验，根据新的形势发展需要，研究部署面向21世纪的党校工作，努力把全市党校教育事业提高到一个新水平。会前，市委副书记、市长曹世佑主持召开市委常委会议，听取了全国、全省党校工作会议精神传达及贯彻建议的汇报，并讨论研究了加强和改进党校工作的意见；市委副书记、党校校长付明珠和常务副市长蔡民族率市直有关部门负责同志到市委党校召开现场办公会，落实市委常委会议精神，研究解决市委党校的建设和发展中的有关问题；根据市委常委会议精神，结合全市党校工作实际，市委下发了《关于贯彻〈中共中央关于面向21世纪加强和改进党校工作的决定〉的实施意见》。在家的全体市委常委和市人大、市政协有关领导出席了8月17日的会议。会上，曹世佑同志作了题为《面向21世纪按照"三个代表"的要求，努力把全市党校教育事业提高到一个新水平》的重要讲话，付明珠同志主持会议并作了题为《统一思想强化措施切实把四个方面的要求落实到位》的总结讲话，市委组织部副部长、市干部教育领导小组办公室主任张孝元和市委党校常务副校长、党委书记胡顺延发了言，七县(市)区党委副书记、党校校长作了表态性发言。

【深入开展学习"三个代表"重要思想活动】　2000年8月1日至11月31日，市委党校根据市委的统一部署，在全体党员中开展了集中学习江泽民"三个代表"重要思想教育活动。在这次活动中，校党委组织全体党员集中学习了市"三个代表"学习教育办公室印发的《"三个代表"学习教育资料》和中央、省委、市委领导有关重要讲话，学习了有关警示教育材料和党纪政纪条规，以及全市党校工作会议文件。组织了演讲比赛和知识竞赛，召开了不同层次的民主生活会和专题讨论交流会。通过这次活动，大力弘扬了认真学习、民主讨论、积极探索、求真务实的风气，更加坚定了广大党员的理想信念，增强了为人民服务的宗旨观念，加强了党性修养，全面提高了党员的思想政治素质和业务素质。

【率先开通中共中央党校远程教学网B级站】　2000年9月，市委党校投资近40万元，在全省地市州党校率先安装中央党校远程教学B级站，同年10月正式开通。2001年5月17日，市"四大家"领导及市直各部、办、委、局主要负责人，通过该网站的实况互动转播，在孝感分会场参加了在湖北省主会场召开的全国党校信息化建设会议。网站开通后，市委党校充分利用中央党校的信息资源和远程网的优势，在各主体班的教学中合理穿插远程网的教学内容，从而为提高全市干部队伍的整体素质发挥了积极作用；同时，党校教师利用远程教学网信息快捷、涵盖面广和政策理论水平高的特点，积极开展科研工作，有效地提高了科研水平。

【《孝感卷》荣获中国百县市情调查优秀成果一等奖】　2001年5月，《中国国情丛书——百县市经济社会调查·孝感卷》以其全面、丰富的资料，真实、准确的数据，以及全国唯一出版了120万字资料汇编的县市，被评为中国百县市情调查优秀成果一等奖，主编水延凯被评为中国百县市情调查先进个人。当月18日，胡顺延受孝感市委委托作为中共孝感市委代表、水延凯作为课题组负责人出席了在北京召开的总结表彰大会。

中共孝感市委党校领导名单

校　　长　付明珠
　　　　（续1998.12—　　　;兼）

常务副校长 胡顺延
(续 1998.12—)
副 校 长 万里翔
(续 1998.12—1999.4)
熊荆州
(续 1998.12—)
邹汉清
(续 1998.12—1999.4)
欧阳道安
(1999.4—)
徐公平
(1999.4—)
纪委书记 何国银
(续 1998.12—1999.4)
张学清
(1999.4—2001.12)

(张学清 郑大洲)

党史、地方志工作

【概况】 1999～2001 年,孝感市党史地方志办公室以毛泽东思想、邓小平理论和江泽民"三个代表"重要思想为指针,按照党史地方志工作"由计划经济思维模式向市场经济思维模式转变;由书斋式研究向服务社会转变;由单一史料型征集向注重史料成果开发利用转变"的思路开展工作。在市委市政府的正确领导下,在上级业务部门的指导下,市党史地方志办公室用整风精神,开展了"讲学习、讲政治、讲正气"的"三讲"活动,组织干部认真学习江泽民"三个代表"的重要思想,进一步加强领导班子建设和机关思想作风建设,围绕创新搞活,团结协作,使史志事业有较快发展。三年间,编辑出版了《孝感精华》等一批质量较高、内容丰富、社会影响面大的史志书籍,发表了一批具有一定理论深度的学术论文。同时,还利用多种形式,开展史志宣传教育活动,提高了孝感的知名度,促进了"两个文明"建设。

2001 年,在全市机构改革中,按照《中共孝感市委、市人民政府关于印发〈市直机关机构改革方案〉的通知》(孝文[2001]15 号)和《关于市直部分县级事业单位调整与设置的通知》(孝机编[2001]8 号)精神,中共孝感市委党史办公室、孝感市地方志编纂委员会办公室(以下简称史志办)进行合署办公,实行一套班子,两块牌子,为市委、市政府负责全市党史地方志工作的直属正县级事业单位。市史志办事业编制 17 名。

【市委主要领导深入史志办调研】 1999 年 12 月 29 日上午,市委书记张昌尔、副书记付明珠和市委常委、市委秘书长赵汝望,来到市委党史地方志办公室开展调研活动。

在听取党史地方志办公室主任季旭东汇报后,张昌尔作了重要讲话。他充分肯定市编史修志工作所取得的成绩,并着重就如何作好世纪之交党史地方志工作提了三点具体要求:一是要求全市各级党委、政府要坚决贯彻江泽民总书记对党史工作的重要指示精神,进一步重视和支持史志工作,主动交待任务,及时了解情况,经常掌握工作进展,尽量帮助史志部门解决困难。二是希望全市史志工作者继续发扬奉献、创业和开拓精神,将史志工作纳入全市第二次创业的总体目标,共同描绘第二次创业的宏伟蓝图。三是要求党史地方志办公室积极争取包括一大批老同志在内的社会各方面的支持。他说,许多史志方面的课题可以与市直有关部门联手去做,争取各方面的支持,通力合作,这样既可以增强史志工作的力度,早出成果,也可以进一步提高史志成果的质量。

对于季旭东在汇报中讲到史志工作者必须尽快地实现观念上的转变,以适应市场经济条件下的工作要求的思路时,张昌尔等领导予以肯定,并结合孝感党史地方志资源丰富的实际,要求全体史志工作者立即行动起来,编辑出版一部全面反映孝感历史、文化和经济建设成果的大型画册,进一步提高孝感的知名度,为两个文明建设服务。他强调:史志工作必须围绕经济建设这一中心,紧贴时代的脉搏去发挥部门优势,这样既可以将史志工作做得有声有色,同时也可以增强史志部门的实力,夯实事业不断发展的基础。

【市委书记张昌尔对党史地方志工作作出批示】 1998 年全省党史和地方志工作会议以后,孝感市党史地方志办公室负责人向市委分管领导进行了汇报,并书面向市委常委汇报了最近几年全市党史地方志工作情况。市委书记张昌尔于 1999 年 3 月 20 日作了批示:"我市党史、地方志工作艰苦创业,开拓进取,为以史鉴今,振兴孝感作出了应有的贡献,同意 99 年工作安排,力争多出成果,多出精品,在全省工作中力争上游。对所提要求,请民族(常务副市长蔡民族)、汝望(市委常委、秘书长赵汝望)同志协调,为党史地方志工作创造必要的条件"。

【全市党史地方志工作会议召开】 1999 年 4 月 27 日,经市委同意,全市党史地方志工作会议召开,市委书记张昌尔致信对会议表示祝贺,市直各单位分管机关的负责人、县市区委分管史志工作的办公室主任和党史地方志办公室主任参加了会议。季旭东向大会传达了全省史志工作会议精神,总结了过去一年的工作,并就今后的工作作了安排。市委常委、副市长蔡民族,市委常委、秘书长赵汝望出席了会议并作了重要讲话。2000 年 6 月 12 日,再次召开全市党史地方志工作会议,市委副书记付明珠出席会议并作重要讲话,市委常委、秘书长赵汝望出席会议。会议的主要任务是学习贯彻江泽民对党史、地方志工作所作的一系列重要指示精神,按照全省史志工作会议要求,安排今后两年的工作任务。这两次会议规模比较大,开得比较成功,对全市史志工作起了很好的推动作用。

【《中国共产党湖北省孝感市组织史资料》第二、三卷出版发行】 《中国共产党湖北省孝感市组织史资料》第二、三卷,是根据中共中央组织部关于党的组织史资料续编工作指示精神和中共湖北省组织史资料编纂领导小组的有关规定,结合孝感市的实际情况,按照全国统一编纂体例,由市委组织部和市委党史办公室联合编纂的。在市委副书记付明珠的主持下，于1998年12月按照中共孝感市委批准的编纂方案，正式开始编纂工作，1999年7月完成征求意见稿，9月完成送审稿，后经中共孝感市组织史资料编纂委员会审定，并报请中共湖北省组织史资料编纂领导小组办公室和中共孝感市委审查批准出版发行。

《中共湖北省孝感市组织史资料》第二、三卷是在第一卷收编的党委系统、政权系统、地方军事系统、统战系统（本卷改为政协系统）、群众团体系统五大部分的基础上增加了企事业单位，共有六大部分，75万字。上限时间为1987年11月，其中企事业单位是首次编纂，上限时间为1949年5月中共孝感地委、孝感专署成立之时，下限时间均截止1999年2月孝感各县市区党委、政府换届工作结束之时。

【《孝感年鉴》第二卷出版发行】 市史志办根据市委、市政府的要求编辑的《孝感年鉴》第二卷，于2000年6月由中华书局正式出版发行。本年鉴涵盖本市各个方面的工作，属全方位的大型地情综合性的资料书。主要记载1996—1998年，全市人民在市委、市政府的领导下，以经济建设为中心，坚持改革开放取得的新进展、新成绩、新经验。全书共90万字。市委书记张昌尔和市长曹世佑为本卷年鉴题词。张昌尔的题词是："编好年鉴，繁荣史志"；曹世佑的题词是："编好《孝感年鉴》，服务二次创业"。

【《孝感精华》出版发行】 由市委办公室、市人民政府办公室主办、市史志办公室承办和市建设委员会、市土地局、供电局、物价局、工商局、技术监督局、交通局、农业银行孝感市分行、市麻糖米酒股份有限公司协办编辑的大型画册《孝感精华》，于2001年1月出版发行。本画册图文并茂，全面地反映了孝感地区的自然风光、历史人文、改革开放、特色经济、社会事业、城市面貌等方面的情况，特别是改革开放以来的重大成就，是全面展示和介绍孝感的大型资料书。在全市招商活动中，该画册被市政府定为馈赠宾客的礼品。

【《孝感志》编修工作会议召开】 2001年3月28日，《孝感志》编修工作会议召开，参加会议的有各县市区党史地方志办公室主任，市直各单位分管史志工作负责人和撰稿人员。会议的主题是根据省委、省政府关于续修三级志书的统一要求和全省地方志工作会议精神，对《孝感志》的编修工作进行全面部署和安排。常务副市长蔡民族出席会议并作重要讲话。这次会议标志《孝感志》编修工作正式启动。

【《中共孝感简史》出版发行】 市委党史办公室根据湖北省委党史研究室关于编辑出版中共湖北党史简史丛书的决定所编辑的《中共孝感简史》，于2001年6月由中央文献出版社正式出版发行。该书全面地反映了自1919年五四运动至2000年底中共孝感地方组织领导人民群众进行革命、建设和改革的活动，以及重要党史人物在孝感的活动，全面地总结了孝感地方党组织建设的历史经验，全书共30多万字，具有一定的存史资政作用。

【季旭东参加全国党史工作会议】 2001年7月1日，市史志办主任季旭东作为全国党史系统先进个人代表，参加了全国党史工作会议，同与会代表一起受到胡锦涛、尉建行、曾庆红等党和国家领导人的接见。

【举办纪念"革大"建校50周年活动】 1999年11月12日，孝感市举行纪念湖北革命大学建校50周年座谈会，市委副书记付明珠，市委常委、秘书长赵汝望，原地委老领导张德润、唐玉金等出席了座谈会。

【完成市政府网站"孝感热线"供稿工作】 2001年7月6日，根据《市委专题会议纪要》精神，市政府网站"孝感热线"建设工作会议召开。会议决定由市史志办完成孝感热线首页综合概况介绍和单位介绍的供稿任务。7月10日，5000字的文字稿完成并入网，至2001年底，点击该网页的人数达5000人次。

【参加全国全省史志成果展览】 1999年，中国地方志指导小组、省地方志编纂委员会分别举办庆祝建国50周年方志成果展览。孝感市方志系统提供志书26部、图片50多幅、文字说明3万多字。2001年，省委党史研究室举办纪念建党80周年成果展览，全市党史系统提供党史编研书籍60余部参展。

【完成《湖北年鉴》的供稿任务】 《湖北年鉴》是由省年鉴编纂委员会主办的全省全方位的大型资料刊物。为了全面反映孝感各方面建设的新情况，从1999年到2001年，市地方志办公室通过多种渠道和方法，广泛搜集孝感每年改革开放和经济建设方面的资料，三年来为《湖北年鉴》提供10多万字的稿件，按时保质保量地完成了工作任务。

【完成《中国共产党湖北省组织史资料》供稿任务】 《中共湖北省组织史资料》是根据中央组织部、中央党史资料征编委员会和中央档案局关于每五年编纂一部组织史资料决定而编纂的。《中国共产党湖北省组织史资料》第三卷收集全省1998年～2001年地方党组织建设情况。市委党史办为《中共湖北省组织史资料》提供了近10万字的文字材料，按时完成了这项工作任务。

【积极开展大型纪念活动】 1999年，为了纪念建国50周年，市党史地方志办公室和孝感日报社在《孝感日报》开辟《孝感辉煌五十年》专栏，采取图文并茂的形式，连续发表20多篇文章，较好地宣传了孝感经济建设、社会发展方面所取得的辉煌成就。2001年，为了纪念建党80周年，市史志办与市新四军历史研究会会员和老干部代表共计60余人，欢聚一堂，畅谈建国以来、特别是改革开放以来孝感城乡的巨大变化和经济建设的辉煌成就，歌颂党的英明领导，弘扬主旋律。另外，在2001年“七一”前夕，还在《孝感日报》开辟纪念建党80周年专栏，发表专文《中共孝感历史80年概略》，全文约2.5万字，分10个部分，每星期发表一部分，每部分都配有压题照片。还与市委宣传部联合编写出版了《光辉历程》一书，该书被列为“全市纪念建党80周年读书竞赛活动”的读本。全书约10万字，以介绍孝感重大党史事件和重要党史人物的形式，热情讴歌党的光荣历史。

【市新四军历史研究会召开第三届理事会】 2001年11月14日，孝感市新四军历史研究会召开第三届理事会。市委副书记付明珠，市委老领导、老同志及市县区新四军历史研究会的有关人员共计70余人参加了会议。会议选举产生了第三届理事会理事32人，黄铮同志被选为会长。会议回顾和总结了上届理事会工作，并对第二届理事会工作期间涌现出的先进集体汉川新四军历史研究会和孝感新四军历史研究会应城联络组，以及胡昌显等10名先进个人给予了表彰。

孝感市党史地方志办公室
领导成员名单
（以2001年底在职为准）

主　任　季旭东
副主任　程林章　贺耀松

（刘春林）

保密工作

【概况】 中共孝感地委保密委员会办公室是中共孝感地委保密委员会的办事机构，成立于1986年10月。1988年后实行“一个机构，两块牌子”，即“中共孝感地委保密委员会办公室”和“孝感地区国家保密局”。1993年撤地建市后，更名为“中共孝感市委保密委员会办公室”和“孝感市国家保密局”。自1986年10月以来，所辖的县市区都相应成立了保密委员会；市直部办委局、人民团体、企事业单位均成立了保密工作领导小组。2001年12月，根据鄂文[2001]60号和孝文[2001]15号文件精神，中共孝感市委保密委员会办公室（孝感市国家保密局）改为中共孝感市委办公室内设机构。中共孝感市委保密委员会办公室（孝感市国家保密局）既是市委保密委员会的办事机构，又是依法主管全市保密工作的职能机构。

市委保密办、市国家保密局直属中共孝感市委、市人民政府领导，依法履行全市保密行政管理职能，监督、检查《保密法》及其它保密法规、制度的实施。依据保密法规，会同市直有关部门制订保密规章制度，组织开展保密检查，督促有关部门和单位对泄密事件进行查处，组织或参与对重大的或跨地区、跨部门的泄密事件的查处工作，负责全市的保密宣传教育和保密干部的培训教育；制定和实施全市保密技术发展规划，开展保密技术检查检测、保密技术推广应用及管理工作，指导、协调全市党政专网建设和管理工作；负责国家秘密（机密级、秘密级）携带出境的报批、审批、签证工作；负责国家秘密载体定点复制单位的审批，签发《国家秘密载体复制许可证》及保密管理工作。

【保密宣传教育】 采取多种形式进行保密宣传教育，一是利用党校阵地，与组织部、人事局、党校联合行文，在市、县两级党校行政学院每期培训班开设一次保密教育课，每年累计授课28次，向学员系统讲授保密工作的形势以及党和国家有关保密工作的方针、政策、法规、法律以及现代保密科技知识、业务知识等。二是组织市委保密委员会的部分领导，市直各单位分管保密工作的领导和保密员以及各县市区委分管保密工作的领导近200人到省洪山礼堂参加“警钟长鸣——窃密泄密案例展”。三是从国家保密局组织回保密教育光盘和挂图，巡回开展形象生动的保密教育，强化机关干部的保密意识。

【强化职能管理　服务经济建设】 在规范管理、堵塞漏洞方面：一是规范文件管理，执行文件资料定点销毁制度。2001年三月份制发了孝国保[2001]2号文件，成立了孝感市公文销毁站，为确保国家秘密的安全，对各单位销毁涉密和不宜公开的内部文件资料进行了规范。与此同时，还组织干部深入到个体废旧回收点进行不定期检查，对出售公文发生泄密事件的单位给予全市通报。二是近两年对全市100多家机关单位的一千多台计算机等办公自动化设备进行信息安全检查，对有泄密隐患的单位限期进行整改，确保通信安全。三是加强国家秘密载体的保密管理与检查。2001年5月制发了孝国保[2001]5号文件，对秘密载体的制作、收发、使用、复制、销毁进行了进一步规范，杜绝窃密、泄密事件发生。

【发展保密技术】 市国家保密局把计算机信息系统的技术防范和管理作为保密技术工作中的重中之重，坚持“谁上网，谁负责”的原则，严禁涉密信息上公众网，凡与国际互联网相联的计算机，必须安装隔离卡（防火墙）；涉密计算机须加装防磁辐射的“干扰仪”。

【保密监督检查工作】 2001年10月制发了孝国保[2001]6号文件，在全市范围内开展保密工作综合考评，分战线对各单位从保密组织、保密教育、保密制度、保密设施、密件管理、活动参与等六个方面进行了百分考核，肯定成绩，发现问题，堵塞失、泄密漏洞，确保国家秘密万无一失。

【定密工作】 1999—2001年，市国家保密局一直把定密工作当作基础性工作抓在手上，按照“统一领导，分级负责，行业归口管理，主管什么业务，同时主管该项业务的保密工作，业务工作管理到哪里，保密工作也要管理到哪一级”的原则，分战线到各单位进行不定期的指导，确保定密及时、准确。

孝感市国家保密局领导名单

局　长　周良斌

副局长　黄　柯

（王丽君）

密码工作

【概况】 1999年～2001年，中共孝感市委机要局全体干部，高举邓小平理论伟大旗帜，以党的十五大精神和江泽民总书记"三个代表"重要思想为指导，紧紧围绕党委、政府的中心工作，加强领导，强化管理，把握机遇，加快发展，一年上一个台阶，出色完成了每一年的各项工作任务，确保了密码绝对安全和密码通信绝对畅通，充分发挥了密码工作"生命线、保障线、指挥线"的重要作用。孝感市委机要局在全省机要工作综合考评中，连续三年被省委机要局评为全省党政机要系统机要工作先进单位和全省党政机要系统通讯宣传工作先进单位。

【及时召开紧急重要电报译传办理工作会议】 2000年，在中央、省相继召开紧急重要电报译传办理工作会议之后，根据上级精神，孝感市及时召开了包括密码工作领导小组全体成员及党委、政府领导秘书和相关部门有关负责人参加的紧急重要电报译传办理工作会议，有针对性地采取了得力措施，制定了相应规则，严格实行机要局长承担紧急重要电报译传办理"第一责任人"制度，确保了紧急重要电报"准确、及时、安全、高效"的译传办理。

【全面政审，确保干部队伍的纯洁性】 1999年，根据全省统一部署，由市委办公室和市委组织部联合成立专班，严格按照中共中央办公厅制定的《机要干部管理条例》，对全市党办系统在职机要干部进行了一次全面政审，确保了机要干部队伍的纯洁性。

【顺利通过密码保密检查】 2001年，省委办公厅部署了在全省党政机要部门开展密码保密大检查的活动，通过全市机要部门认真准备，积极整改，严格落实，顺利通过了省委机要局组织的检查。检查不仅促进了全市密码保密工作，而且宣传了新时期密码工作的新方针、新政策，同时指出了当前密码工作面临的新形势、新问题。

【完成机要专网改造】 2001年，全省机要专网由模拟专网升级改造为数字专网，这是机要部门组建以来一次大范围的网络改造工程。孝感市机要部门按照省委机要局资金到位、人员到位、技术到位和设备摆设规范、配套设施规范、线路布局规范的要求，迅速组织实施，认真做好各项网络改造准备工作，顺利开通机要数字专网，获得省委机要局有关领导及各级党委的充分肯定和高度评价。

【量化考核常抓不懈】 自1996年制定《孝感市县市区密码工作量化考核实施细则》以来，特别是近三年中，孝感市委机要局根据不断发展变化的密码工作实际，每年都对《细则》进行了修改完善，严格按照《细则》中规定的百分制进行考核评比，并及时通报考核结果，取得表彰先进、激励后进的良好效果。

【思想教育有声有色】 三年来，孝感市委机要局结合市委、市政府统一部署的特色理论、十五大精神、"三个代表"学习，"三讲"教育及警示教育等活动，专门组织了学习魏允韬（全国"五一劳动奖章"获得者）、段素娟（全国"先进女职工"称号获得者）、张春起（国务院批准第八批"有突出贡献的中青年专家"）等同志的先进事迹，学习中办机要局关于责任事故通报等活动，深化密码保密教育和法纪教育，弘扬"孝感精神"和"机要精神"，教育全体机要干部爱岗敬业，无私奉献，兢兢业业，努力工作，为各级领导服务，增强了全体机要干部的密码保密意识和法纪意识，增强了做好密码工作的荣誉感、责任感和使命感。

孝感市委机要局领导名单

局　长　张群超

（徐　波）

对台工作

【概况】 2001年11月，市委、市政府在孝感市机构改革中，根据市直机关机构改革方案，设置了中共孝感市委台湾工作办公室，挂孝感市人民政府台湾事务办公室牌子，作为市委、市政府主管台湾工作和台湾事务的工作机构。市委办公室、市政府办公室以孝办发[2001]32号文确定了台办职能配置、内设机构和人员编制。明确主要工作职能17项，内设人事秘书、对台联络、对台宣传等3个岗位，核定行政编制7名、工勤人员事业编制1名。至2001年末，台办实有在编行政人员6名，工勤人员1名。

【对台经济工作】 坚持以经济建设为中心，用发展的思想指导对台经济工作，是新时期对台工作紧紧围绕市委、市政府中心工作有所为的客观要求。按照"积极主动，发挥优势，互补互利，共同发展"的对台经济工作方针，从抓统一思想认识和工作责任目标的落实制度入手，强化中心意识、服务意识、机遇意识和目标意识，以对台招商引资和维护台商合法权益为重点，突出发展主题，巩固和发展了孝台经济合作。一是积极开展招商引资。市台办采取请台胞带、因私赴台的台属送、召开台商座谈会和邮政部门传递等方式，赠送给台胞《孝感台商投资指南》和《孝感市利用外资项目》2000多册，主动向台胞推介和宣传孝感，引导他们了解家乡、热爱家乡、建设家乡。为适应新形势下对台招商的需要，市台办于2001年5月重新修订印制了《孝感台商投资指南》。市台办注意保持与台胞台属的联系，经常了解经营情况，搜集投资信息，掌握投资意愿，适时引导投资；在台属中开展了深交一个朋友、引进一笔资金、支持一家企业的"三个一"活动，组织部分有经济实力和社会影响的台胞台属召开招商恳谈会；加强与外地，特别是沿海地区台办的联系和交流，与武汉、广东、福建等6个地方的台办保持了固定联系。市台办还选择在安陆市探索以交流的方式直接入岛招商的新途径，虽未成行，但积累了较多经验。据统计，三年来，新注册台资企业9家，其中台商独资企业8家，投资总额318.7万美元，利用台资296.4万美元。二是稳妥处理台商投诉。市台办坚持强化服务，认真处理台商投诉，努力协调台资企业的发展环境。三年来，市台办直接受理台商和台资企业投诉22起，办结率为100%，切实地维护了台商和台资企业的合法权益。在做好投诉处理工作的同时，市台办注重打好“时间差”和做好“外围”工作，减少纠纷和投诉的发生，防患于未然。市台办每年组织2次台资企业调查，对台资企业的产、供、销，企业生产经营环境，人身财产安全等相关方面进行深入了解，并形成调查报告，重点排查存在的各种隐患，对存在的问题，及时通过政策法规进行引导，消除产生纠纷和投诉的因素。另外，市台办大力宣传《台湾同胞投资保护法》及其《实施细则》，并翻印成册，分送给相关管理部门和台胞台属近2000套。通过宣传，不仅在社会上营造出了保护投资台胞合法权益的氛围，而且提高了台资企业遵法守法、依法保护自己正当权益的意识。为台资企业的生产经营创造了较好的外部环境。保证了在孝台资企业的健康发展。2000年，市台办还妥善处理了一起台资企业职工在生产中因意外事故死亡的纠纷案件，协调处理工作及时果断，省台办给予了充分肯定，并以《台商投诉协调工作简报》介绍了市台办的做法。

【对台宣传工作】 1999年以来的三年，是中国政治历史上大事、喜事较多的三年，对两岸关系的发展产生了深远影响。同时，两岸关系跌宕起伏，充满着与台独分裂势力激烈、反复的斗争。在这种历史条件下，为了推动孝感市对党的对台方针政策的宣传贯彻，市台办在对台宣传工作上，围绕做好台湾人民工作这根主线，注重把视角对准两岸关系上的热点、焦点问题，着力突出工作重点，立足于增强对台宣传工作的针对性和实效性，加强和改善对台宣传教育工作。一是深入开展读书活动，武装对台干部思想。市台办根据中央的文件精神，以《中国台湾问题(干部读本)》为教材，开展了读书活动，采取自学与辅导相结合，逐章节分解到人集中重点讲解的办法进行。通过读书学习，使机关干部对台湾问题的由来及实质等问题有了更深入的了解，加深了干部对党的对台方针政策的理解，增强了对祖国统一的信心和坚决贯彻执行党的对台方针政策的信念。二是积极宣传白皮书，强烈抨击“两国论”。李登辉抛出“两国论”后，市台办组织台胞台属和社会各界知名人士座谈会，对“两国论”进行了深入揭批，揭露了李登辉分裂祖国的阴险图谋，阐明了“两国论”的危害性，表明了坚持一个中国原则的立场。在《一个中国原则与台湾问题》白皮书发表后，市台办迅速下发了孝台办发[2000]2号文件，要求全市认真组织学习，领会和贯彻白皮书精神。市直和各县市区相继以不同形式举办了座谈会、学习会，各级党校举办专题宣讲会，大力宣传白皮书的内容及发表的意义，在全市掀起了学习宣传党的对台方针政策和抨击“两国论”的高潮。三是抓住两岸热点焦点，强化涉台教育活动。市台办抓住社会关注台湾问题，关心两岸关系互动发展的情况，希望了解党的对台方针政策和相关涉台知识的需求，适时开展涉台教育活动。根据不同对象，市台办按群体、有重点、有针对性地举办了台湾问题形势报告会。报告会以干部、大中专学生、台胞台属为主要对象，形式生动活泼，内容深入浅出。三年来，由市台办直接组织和参与报告的有4场次，听会人员1000多人。同时，市台办还将国家研究台湾问题专家的报告录音，送到相关涉台部门收听。为了推动面上的工作，市台办下发了由省台办编印的《中国台湾问题形势教育简纲》400多册，促进了县市区和乡镇涉台教育活动的蓬勃开展。四是加强涉台教育基地建设，探索教育工作的有序性。三年来，市台办从涉台教育工作的经常化和规范化着眼，以各级各类学校为重点，积极探索了涉台教育基地建设。市台办首先以市委党校和孝感学院作为涉台教育基地试点，将涉台教育的内容纳入了必讲、必学、必考的科目。在总结试点经验的基础上，将基地建设的办法推广到各县市区，使各县市区党校都成为县级台办开展涉台教育活动的主要阵地。为加强对青少年的涉台教育，市台办还在安陆市选择了2所中学，作为青少年涉台教育基地试点，取得了较好的成果。五是收集整理“孝文化”素材，为推介孝感入岛作了一些准备。

【联络接待交流工作】 三年来，全市接待来孝感考察、旅游和探亲台胞830多人次；受理台胞台属投诉和来信来访共144件；帮助办理因私赴台手续350人次；帮助办理涉台婚姻52起；帮助台属办理在台亲属遗产33宗；核发台属证75份；协助办理定居台胞18人；以走访、写信、发贺卡等形式慰问台胞820人次。其中，在1999年台湾南投、台中大地震中，向震灾区台胞发慰问信230封，使台胞台属深受感动；台胞为家乡社会福利事业捐赠510万元。2000年9月，孝感知名画家潘直亮、程惠钊夫妇，应台湾“新世纪文化艺术协会”邀请，赴台北参加了“两岸文化艺术交流展”，同时开展了学术交流活动。时值台中大地震一周年，潘、程夫妇还应邀赴台中市参加了“海峡两岸书画家赈灾义卖”活动，表达了大陆同胞对台湾震灾区同胞的一片爱心。2001年9月，孝感市精心组织接待了孝感籍在台知名人士、台湾“监察院”原院长王作荣先生的回乡之行。

【王作荣先生首次回乡】 应国台办海峡两岸关系研究中心邀请，孝感籍在台知名人士、台湾“监察院”原院长王作荣先生，于2001年9月回大陆参访了北京、重庆、南京、上海、湖北等地。其间，于9月19日，王作荣先生携胞妹王兰、长子王念祖、次子王绍祖、次子媳王罗素娥、女王梅君，回到了家乡汉川市，逗留一天，受到了热情接待。王作荣先生1919年出生于汉川市丁集八大村，1948年离开大陆去台，这次是他去台后首次回到大陆。国台办海峡两岸关系研究中心研究员张崇根、省台办主任陈春林、省台办副主任力红、孝感市委副书记付明珠、孝感市政协副主席鲁华容、孝感市台办主任易安全和汉川市委书记李巨松、汉川市市长胡功民等领导在汉川全程陪同了王作荣先生一行。

孝感市委台湾工作办公室
领导成员名单

主　任　易安全
副主任　姜春凤

（胡　屹）

信访工作

【概况】 1999年～2001年，市及县市区两级信访部门共受理群众信访23144件次，处理来信11133件，接待来访12011批，其中，接待集体访1919批32398人次。2000年比1999年下降8.5%，2001年比2000年上升12.1%。1999年～2001年，市信访办公室共受理群众信访6363件次，处理来信3963件，接待来访2400批，其中接待集体访385批2096人。1999～2001年，市、县市区、乡镇信访部门共受理群众信访51911件次，其中乡镇一级受理28767件次，占总量的55.4%，县市一级受理16781件次，占总量的32.3%，市一级受理6363件次，占总量的12.3%。

【市长信访接待日】 根据市政府安排，每双月15日都有一名市长到市信访办接待来访群众，当面倾听群众的意见、建议和要求，并当场答复群众，做好思想疏导工作。1999～2001年，共有18位正副市长到市信访办坐班接访，共接待来访群众167批、近1000人，解决了一大批涉及群众生产、生活以及群众关心的热点、难点问题。

【市直下访月】 根据市委、市政府领导意见，1999～2001年市信访办组织市纪委、政法委、农委、经贸委、公安局、法院、检察院、计生委、人事局、劳动局、工商局、国土资源局、工会、妇联、交通局、建设局、规划局、环保局、民政局、技术监督局、物价局、教委等22个单位，由领导带队，组成专班，到下属单位、农村、街道、厂矿企业每年开展为期一个月的下访活动。通过开展下访活动，密切了党和政府与人民群众的联系；发现问题及时就地化解，把矛盾解决在基层，把不稳定因素消除在萌芽状态。下访月中，共解决各类信访问题、化解不稳定因素近400个。此一做法深得广大群众拥护，省、市委领导也给予了高度评价，《湖北日报》曾在头版头条作过报道。

【信访听证会】 为做好上访老户、缠户的劝阻工作，减少上级和领导机关的压力，确保信访渠道的畅通，2001年，市信访办借鉴外地经验，在全市信访部门推广信访听证会这一做法。信访听证会，就是对一些老上访户、缠户所反映的问题，由信访部门召集有关地方和部门，上访者所在地或单位的领导、同事或村民、上访人的亲朋好友以及上访者本人，首先由信访部门介绍上访人上访过程，所反映问题的处理结论等，上访人陈述上访问题，然后由各有关部门针对上访者提出的问题逐条进行解答，第三由上访者单位领导或亲朋好友发言，上访者本人申辩，最后由信访部门或有关领导作结论性发言。通过信访听证会，各有关单位形成统一意见，共同做好上访者工作，同事或亲朋好友了解组织上对上访者反映问题的处理情况，配合组织做上访人的工作。2001年，共召开信访听证会5次，较好化解了矛盾，这些老户已逐渐息访。

【书记、市长信箱】 根据市委、市政府领导意见，市信访办于2001年开办了书记、市长信箱。群众对党委、政府工作的一些好的意见和建议，对各级党政机关及其工作人员的举报，以及群众在生产生活中存在的一些问题，通过书记、市长信箱直接报送到有关领导，使领导能更直接、快捷了解和掌握群众的呼声和要求，改进工作，使决策更趋科学化、民主化。书记市长信箱由市信访办每周定期或不定期开启。2001年，书记市长信箱共收到群众来信83件。

【接访督办季度会】 为加大群众上访反映问题的处理力度，增强各地各部门的责任心，维护上访群众的合法权益，市信访办从2001年起，每季度召开一次有7个县市区信访办主任、市直有关部门参加的接访督办会。会上，由市信访办通报赴省、市上访情况，交任务。各县市区和有关部门兑现上一季度交办的重点问题，汇报本季度接访情况和重点问题。

【联名信件件回告】 联名信是群众集体意愿的一种表现形式，是集体访和群体性事件的前兆。从2001年开始，市信访办实行了联名信件件回告制度。即凡是有群众5人以上署名的联名信，各涉案地方或部门视同交办案件，必须向市信访办报告办理情况。2001年，市信访办共受理群众联名信98件，交办98件，按期回告98件，回告率达100%。

【错案追究制度】 为加大交办案件处理力度，规范办案程序，提高办案质量，市信访办实行了错案追究制度。对凡是办案程序、呈报程序不规范，结案质量不符合要求的，一律要求其重新办理或申报。实行这项制度以来，共有4个县市区8件案件被追究。

孝感市信访办领导成员名单

主　任　邓子涛
副主任　吴建荣　黄　勇

（丁日晶）

老干部工作

【概况】 1999年～2001年，全市离休干部人数处于一个逐渐减少的过程，由1999年初的2502人减少到2001年底的1913人，同时离休干部普遍处于高龄期，自我生活能力越来越差，对服务和管理的要求越来越高。

面对跨世纪的老干部工作，市委

老干部局在全市各级党委、政府和各部门的重视支持以及省委老干部局的指导下，以邓小平理论和党的十五大、十五届四中、五中全会精神为指针，忠实实践"三个代表"的重要思想，认真贯彻中央、省委关于老干部工作方针政策精神，着重抓住"一个龙头"(从1999年开始改由组织部长签定老干部工作目标管理责任状)，突出"一个重点"(建立和完善离休干部"两费"保障机制)，实现"两个加强"(加强离退休干部思想政治工作，加强老干部工作部门自身建设)，努力争创工作特色，实现了老干部思想上的稳定，生活上的安定，为孝感市的二次创业作出了一定的贡献。

2000年，市委老干部局被省委组织部、省委老干部局评为老干部工作先进集体。

【落实老干部两个待遇】 近三年来，市委、市政府和各级党委政府、各级老干部工作部门通过多种渠道让老干部及时了解党的方针、政策，阅读相应级别的文件，认真办理老干部离休后各项政策的落实兑现，坚持定期组织老干部参加学习，建立老干部学习阅文制度；坚持定期不定期召开老干部形势通报会制度；坚持五个必访制度；坚持领导干部联系老干部制度；坚持为老干部订阅党报党刊制度等等，始终保持老干部政治坚定、思想常新、理想永存，保证老干部这一块的稳定。

在落实离休干部生活待遇方面，二十世纪九十年代后期，随着我国经济体制和政治体制改革的进一步深入，企业的破产、改制及事业单位效益的不稳定，极易出现老干部安置、管理和服务的不到位。针对这一情况，全市各级老干部工作部门采取上门宣传政策，加强检查督办等方法，不断提高单位领导和群众对老干部工作的认识，保证老干部生活费的按时足额发放，医药费及时地按政策规定实报实销。全市各级政府每年还从财政拿出专项资金，帮助确有困难的企业解决老干部离休费长期拖欠问题。1999年，为了及时掌握老干部离休费、医药费的落实情况，孝感市制定了"两费"月报制度，设立了"两费"热线电话。市委、市政府为了从根本上解决离休干部"两费"拖欠问题，指示老干部局等几家涉老部门进行了深入调查，探索建立离休干部"两费"的长效保障机制。2000年，孝感市以市委办、政府办的名义下发了《关于建立市直离休干部离休费和市直企业离休干部医药费保障机制的实施意见》，全面建立了离休干部离休费、企业离休干部医药费保障机制。机制实行分类保障，分级负责，建立财政、单位供养和社会养老保险相结合的保障体系。将离休干部离休费纳入人事保障部门和劳动保险部门按时足额发放，医药费委托市职工医疗保险行政管理部门所属的市职工医疗保险基金管理中心统一管理，按规定实报实销。至2001年底，孝感市所属的7个县市区(广水市委老干部局2000年划归随州市管辖)均已按照市直的作法，建立和完善了离休干部的"两费"保障机制，为全省乃至全国建立离休干部生活待遇的保障机制提供了可供借鉴的经验，受到中组部、省委老干部局的肯定和表彰。

【老干部党支部建设与思想政治工作】 孝感市老干部党员人数已占全市党员总数的1/7。孝感市委组织部、老干部局十分注重加强老干部党支部建设工作，紧紧依靠老干部党组织做好老干部党员的教育管理工作。

一是抓规范管理。至2001年底，全市单独建立老干部党支部384个，成立老干部党小组451个。为了进一步健全老干部党组织，进行规范化管理，2001年8月，向全市转发了湖北省委组织部、省委老干部局《关于加强离退休干部党支部建设的意见》的文件，这个文件对加强老干部党支部组织建设、思想建设和制度建设都作了明确规定，使全市离退休干部党支部建设又朝着制度化、规范化方面迈进了一步。

二是抓素质培训。为了帮助支部班子成员了解不断变化的新形势，提高他们政治理论素质，使老干部党组织成为团结教育老同志坚强有力的战斗集体，全市各级老干部局三年共举办老干部党支部书记培训班27期，请党校教授和理论工作者为老干部上党课38次。1999年，在围绕批判"法轮功"、声讨北约暴行及揭批"两国论"的三场大的政治斗争中，全市老干部党支部组织老干部共召开学习会、座谈会、声讨会、揭批会共730场，6000多人次参加。2000年到2001年，认真组织老同志参加了"三讲"教育和"三个代表"的学习教育活动，听取他们的意见和建议。

三是抓总结提高。1999年，为了摸清全市老干部党员的现状及特点，对全市老干部党支部建设情况进行了一次全面调查，写出了《关于老干部党员教育管理情况的调查与思考》，并荣获全省调研文章一等奖；2000年，针对老干部思想政治工作的实际，写出了《运用"七字"法，做好老干部思想政治工作》的探索文章；2001年，及时总结出市劳保局《转变单纯养老观念，融思想政治工作于其中》的经验文章，在全省进行了交流。1999年召开了全市老干部党支部建设工作座谈会，对先进老干部党支部进行表彰，总结推广老干部党支部的先进工作经验。

【关心下一代工作】 2001年，孝感市关心下一代工作委员会办公室正式挂靠市委老干部局，全市关心下一代工作机构得到进一步加强，充实了工作人员，工作机制逐步规范化、制度化。形成了老干部局积极组织引导，以老干部为主体，相关部门配合的全市关心下一代工作体系。三年来，全市老干部、老红军为大中小学校的青少年学生作革命传统教育、爱国主义教育和共产主义信念教育报告102场，受教育的青少年学生10多万人次。扶贫帮困、救助失学儿童500多名。结对帮扶失足青少年33人。2000年，市关心下一代工作委员会被湖北省关工委评为先进集体。

【老干部宣传工作】 各级老干部工作部门坚持"抓特色、树典型、造声势、塑形象”的思路,大张旗鼓地宣传老干部发挥作用,在职领导重视老干部工作以及老干部工作者全心全意为老干部服务等方面的典型事迹,对老干部工作开展情况和老干部活动也进行了大量的报道。市委老干部局在坚持办好《孝感老干部工作》简报的基础上,1999年还在孝感电视台和孝感广播电台分别开辟了《夕阳情》、《老年之声》栏目,《夕阳情》栏目全年播发12期近700分钟,并有4期专题片在湖北电视台播出,产生了一定影响。

【老有所为】 全市继续组织和引导离退休干部为孝感市“两个文明建设”、二次创业发挥力所能及的作用,包括发挥老干部政治优势、经验优势,组织老干部为党委、政府工作进言献策,担任“纪检监督员”、“计划生育政策宣传员”、“交通秩序维护员”;引导有技术专长的老干部参与各地的抗旱防汛、农田改造、农机修理以及从事种养殖业,为农户提供技术服务等等。

【老有所乐】 孝感市各地继续开辟和改善老干部活动场所,应城、云梦重新改建了老干部活动中心,各单位在已有活动室的基础上添置了必需的硬件设施。基本上能够保障全市老同志老有所为有阵地、文体娱乐有场地、传播知识有课堂,做到了老干部门球、台球、剑术、舞蹈、书法、诗词、集邮、桥牌、花卉种植等活动能够常年开展。特别是在围绕庆祝国庆50周年、庆祝国际老年人年、迎接澳门回归以及纪念中国共产党建党80周年而组织开展的活动中,广大老干部热情参与,利用一场场方式活、形式新、内容广、效果好的广场文艺表演、老年体育竞赛以及各种座谈会、茶话会等,把这些纪念庆祝活动搞得有声有色,极大地丰富了老同志的晚年文化生活。三年来,参加活动的老同志达100多万人次。

【老有所学】 我市老年大学教育经过十多年的发展,已逐步摸索出了老年教育的基本路子,形成了一个比较完善的教育机制。全市目前有老年人大学9所,各地乡镇、街道社区建有老年人学校68所,常年开设的课程有时事政治、绘画、书法、音乐、京剧、计算机、花卉盆景等12大类20多门课程,在校老年学员1500人。三年来老年学员结集出版习作集13册,在各级报刊杂志发表作品350余篇,获得省及以上奖励100余人次。

中共孝感市委老干部工作局领导名单

局　长　张孝元(1998.6—2000.3)
　　　　周先来(2000.3—　　　)
副局长　石可夫(1996.2—　　　)
　　　　吕全东(1998.6—　　　)

(宋子恒)

档案工作

【概况】 1999年10月,成立法制科,局(馆)内设科室增至四个,档案法制建设进一步得到加强,执法主体地位得到进一步明确。2001年12月,在机构改革中定编干部职数19名,工勤人员2名,设置领导职数一正两副,中层领导干部8名,非领导职数4名。2001年年底,孝昌县成立档案局。至2001年底,全市共有档案专业干部121人,其中具有大专以上学历的80人,占66%,具有中级以上专业技术职务的25人(参照公务员管理未聘用的没有统计),占21%。自1999年以来,全市广大档案干部认真学习江泽民“三个代表”重要思想,树立服务意识,取得了新的成绩。

继续开展了机关、团体、企事业单位档案目标管理工作,并对取得目标管理证书满五年以上的单位进行了复查换证。1999～2001年,共有313家机关档案室实现了目标管理,其中省特级4家,省一级115家,省二级194家;52家企事业单位实现目标管理,其中达国家一级1家,国家二级11家,省级先进40家;复查换证323家,其中复查省一级108家,省二级215家。机关、企事业单位在“系统抓、抓系统”上取得新的突破,档案局先后与市计委、教委、信访办、文化局、国税局、卫生局等单位联合发文,促进了系统档案工作。

农业农村档案工作有新的进步。1999年年初,以孝感市委办公室、市政府办公室名义,在云梦召开了全市农业农村档案工作现场会,到云梦城关和清明河两个乡镇进行了参观学习。目前,全市120多个乡镇中,已有94%的乡镇达到了省二级以上管理水平,近60个村的档案工作达到了市级合格村标准。

加强档案库房管理。1999年3月,由市档案局组织有各县市区档案馆人员参加的检查组,对各馆库房管理工作进行了检查,通过互查互学,促进了库房管理整体水平的提高。注重档案安全保管。2001年5月,市档案局组成检查组,对各县市区和市直40多个机关事业单位的档案安全进行了执法检查。7月,孝感市档案局投资3万元,对档案馆库陈旧老化的照明线路、灯具进行了更新改造,库房内全部换上了防爆灯,库房线路安全通过了市消防支队的检查验收。

【“档案优质服务年”活动深入开展】 1999年和2000年,湖北省连续两年开展了“档案优质服务年”活动。为深入开展这一活动,孝感市档案局制订了《孝感市“优质服务年”活动实施方案》。围绕“告别二十世纪珍贵档案征集”活动,在全市范围内广泛开展了珍贵档案资料的征集工作。两年共接收档案资料3万余卷(册),各类实物400余件,声像档案100多册(盘)。孝感市档案馆征集到“千禧龙”图一幅,孝感市建市五周年展览板30余块,市政府领导人对外交流活动中获赠的纪念品10余件,祝氏宗谱一套3册。应城市征集到25位应城书画界知名人士创作的作品41件,范氏宗谱一套共24册。两年中全市综合档案馆共接待利用者1.2万人次,利用档案资料5.5万卷次,取得了较好的社会效益和经济效益。

【“档案科技年”活动成效明显】 2001年,湖北省档案局决定在全省范围内开展“档案科技年”活动。档案科技既是时代发展的要求,也是档案优质服务的前提条件。按照科教兴档的总思路,孝感市“档案科技年”活动成效明显。一方面增加投入,仅全市档案行政管理部门就投入资金10多万元,新置计算机8台、扫描仪2台、刻录仪2台、打印机2台、复印机2台、传真机1部、科怡档案管理软件3套,大大加快了档案馆现代化建设步伐;另一方面,苦练内功,档案干部科技水平得到提高。全市举办了9期档案现代化管理与基础业务知识相结合的培训班,共培训档案干部近400人,除对全市档案专业干部进行计算机操作培训外,还选派10人参加省科怡档案管理软件公司在汉举行的培训。市公安局交警系统统一购买了性能比较先进的档案管理软件,统一组织软件应用培训,率先实现了全系统文件级目录的计算机管理。

【档案馆综合管理水平居全省前列】三年来,全市档案馆综合管理水平进一步提高。1999年,汉川市档案馆晋升为省一级馆;2000年,安陆市档案馆晋升为省二级馆,云梦县档案馆进行了省三级馆复查;2001年,应城市档案馆达到省一级馆。至此,全市七个综合档案馆中,省一级馆四家,省二级馆两家,省三级馆一家,档案馆综合管理水平在全省各地市州中居前列。

【档案年检制度化】 2000年3月28日,市委办公室、市政府办公室以孝办文[2000]16号文件联合下发了“关于实行档案工作年检制度的通知”,通知规定,自2000年起,每年7月对市直各单位档案工作进行年检,从而实现了全市档案年检工作制度化。

对照档案工作年检考评标准,在市直144个受检单位中,2000年有136个单位达到合格标准,2001年有143个单位达到合格标准。档案年检制度化,促进了各单位档案工作的经常化,扭转了少数单位归档不及时的被动局面,加强了机关档案室基础业务建设,提高了市直档案管理整体水平。

【四家机关档案目标管理达省特级】1999年,湖北省重新制定了机关档案工作目标管理考评办法,该办法推出了省内机关档案目标管理最高等级——省特级。该级别在省一级的基础上,对现代化管理提出了更高要求,对整个系统内档案管理水平提出了更严格的标准。2000年底,通过省档案局验收,孝感市人民政府办公室、市法院的档案工作管理水平在全市率先达到省特级。2001年,市人民银行、应城市法院也达到省特级。至此,全市共有四家机关档案室达到省特级。

【全市举行会计档案管理工作大检查】 2000年7月,由孝感市财政局、档案局会同市直各战线档案工作领导小组,对市直副县级以上单位的会计档案管理工作进行了检查,并委托市直一级单位对所属单位的会计档案进行了检查。各县市区也相应举行了会计档案管理工作大检查。在市直193个被检查的单位中合格的176个,合格率为91%。检查后全市有51个先进集体,56名先进个人受到表彰。这是继1985年开展会计档案管理检查之后的又一次大规模全面检查,是新的《会计档案管理办法》颁布后全省最先举行的会计档案管理工作大检查。

【加强机构改革中的档案工作】 随着新一轮机构改革的全面展开,市委办公室、市政府办公室及时下发了《关于机构改革中加强档案管理有关问题的通知》。市档案局组成专班,对撤销、合并、更名、分设及新成立的31个单位的档案工作进行了及时指导,对档案归属去向按规定进行了妥善处置。市建材公司、纺织公司、化冶公司、轻工局、贸易局等改制转体单位共926卷档案移交进馆。

【1100家机关、团体、企事业单位进行档案登记】 为认真落实《湖北省档案登记办法》(省政府令196号),加强对档案工作的宏观管理与有效监控,市政府办公室印发了《关于开展全市档案登记工作的通知》(孝政办发[2001]10号)。2001年5月,市档案局开展档案登记工作执法检查,有力地推动了全市的档案登记工作。截止2001年底,市直共有195家机关、团体、企事业单位进行了档案登记,全市有1100多家进行了档案登记。

【全市档案工作“九五”表彰大会召开】 2001年3月29日,孝感市档案工作“九五”表彰大会隆重召开,市四大家领导出席会议并作了重要讲话,参加会议的有各县市区分管档案工作的副书记、副县长,各县市区档案局局长,市直机关分管档案工作的领导及档案员200余人。会上以市委办公室、市政府办公室名义表彰了一批先进单位:授予法院系统等15个系统“全市档案工作先进系统”称号;授予市人大办公室等61个单位“全市档案工作先进单位”称号;授予大悟县档案馆、汉川市档案馆“先进档案馆”称号。市人事局、市档案局还对李爱华等64名同志授予“全市档案系统先进工作者”荣誉称号。

孝感市档案局领导成员名单

局 长 陈新安

副局长 汪思明 徐泽明 严毛安

(付朝晖)

中国共产党孝感市纪律检查委员会 孝感市监察局

【概况】 1999年～2001年市纪委监察局做了大量的工作:一是深入贯彻党的十五大精神和中纪委三次、四次、五次全会精神,坚持反腐败“三项工作”格局,组织协调开展全市反腐倡廉工作;二是按照中央规定,协助党委加强党风建设,抓好党风廉政建设责任制的贯彻落实检查工作,抓好领导干部廉洁自律的自查自纠工作,制定了一系列的廉政建设规定，建立了领导干部廉政档案，开展了系列的廉洁自律清理工作，县级领导班子民主生活会质量逐步提高；三是积极受理对党组织、党员和国家行政机关、国家公务员等的举报，坚持从严执纪，严肃查处了一批党员干部违纪案件；四是优化经济发展环境，深入开展纠风治乱工作，纠正了医药购销中的不正之风，切实减轻企业和农民负担，治理公路“三乱”和中小学乱收费，狠刹了少数部门和部分领导干部中存在的一些不正之风；五是突出标本兼治，扎实推进源头治理腐败工作，推行政务、厂务、村务公开制度，会计委派、村帐站审、政府采购、行政审批制度改革等工作开始启动，积极清理预算外资金和落实“收支两条线”工作；六是积极开展执法监察工作，加强对党的路线、方针、政策和国家法律法规贯彻执行情况的监督检查，保证政令畅通；七是贯彻“三个代表”重要思想，开展多种形式的党风党纪教育活动，增强党员干部拒腐防变能力；八是加强全市纪检监察干部队伍自身建设，努力提高纪检监察干部素质。

【落实党风廉政建设责任制】　中共中央《关于实行党风廉政建设责任制的规定》下发后，全市通过下发学习文件，印发学习资料，开设《规定》课程，外出考察取经，开辟学习栏目，举行书面测试等形式，积极营造落实《规定》的舆论环境和社会氛围。一是突出领导层，“一岗双责”的责任意识更加明确。首先，强化“一把手”负总责，县、乡以上党政组织都成立了以主要领导为成员的党风廉政建设责任制领导小组，下设工作专班。仅市直成立工作专班136个。其次，把落实《规定》列入主要议事日程。市委在每年初与各县市区签订经济工作责任状时，把党风廉政建设作为重要考核内容。并且在2001年全市反腐倡廉工作会议上，市委又与7县市区和市直三个工委签订了《党风廉政建设目标管理责任书》，形成了“党委统一领导，党政齐抓共管”的工作格局。第三，加强指导，整体推动。每年召开贯彻落实《规定》的专题座谈会，回顾总结落实责任制的工作，先后推广了孝昌县周巷镇“八不准”、云梦县“五制”、市电力局廉政档案等作法和经验。二是突出基础性，配套制度更加完善。先后制定了贯彻落实责任制的考核制度及配套制度，建立了责任告知与回告制度，建立了呈报制、承办制、审理制三项制度，完善了考核的组织、标准、内容、步骤和评价体系。7个县市区还增设了“党风廉政建设室”，加大了落实《规定》的力度。三是突出针对性，责任目标体系更加完善。各地各单位根据《规定》要求，进一步完善和规范了责任制的内容。做到了班子中的正、副职和其他成员责任进一步明确，形成了上下贯通的责任网络；任务更加全面具体，使“软任务”有了“硬指标”。同时，全市把责任内容渗透到经济、业务工作之中，一起布置，一起检查，一起考核，一起兑现。四是突出规范化，责任追究更加有力。通过明确责任追究内容，明确责任追究“三制”办理程序，狠抓责任追究到位。三年来，通过实行责任追究，全市有524人受到处分和处理，其中党政纪处分263人，组织处理261人，县级干部8人，乡科级干部46人。六是抓检查考核，从奖惩上保证《规定》落实。每年年底，市委派出检查组到7个县市区、市直部门检查落实责任制情况，对工作滞后的地方和部门进行督办，并按照“考评细则”的规定进行考评，共评选出28个党风廉政建设先进单位。

【领导干部廉洁自律】　一是建立党政领导干部廉政档案。通过实地考察学习、召开座谈会、制发《关于建立党政领导干部廉政档案的实施办法》、印发《孝感市党政领导干部廉政档案登记表》，为全市18210名党政领导干部建立了廉政档案，其中县处级561人。二是清理登记党政领导干部配偶、子女及子女配偶从业、经商的情况。通过采取下发孝纪发(1999)11号文件，印发《孝感市党政机关主要领导干部配偶、子女及其子女配偶从业情况登记表》等办法，7个县市区和市直机关126名党政主要负责人填报了登记表。督促3名领导退出了兼职企业。三是清理领导干部住房的情况。结合“三讲”教育，市委制定了《关于在“三讲”教育中反映市直机关领导干部住房问题的处理意见》。2000年以来，全市清理出副科级以上干部多占住房135套，已全部退出，清理出超标准装修住房226套，补交超标准装修款142.78万元。全市停建住房14家。四是继续抓了专项治理奢侈浪费工作。首先，狠刹公款吃喝风。全市114个县级单位制定了公务接待制度，全市共出动人员760人次，车辆120台次，动用摄像机62台次，不定期地对吃喝场所进行明察暗访。其次，狠刹公车私用歪风。市纪委制订了婚丧嫁娶用车规定，对用车数量、收费标准、派车程序、监督管理都作出了明确规定。第三，狠刹公款游玩风。全市共查处公款旅游问题32起。第四，严肃处理违规配置手机，超标准报销话费问题。共清理出党政机关违规购机86部。五是关于落实领导干部不准接受礼物、礼品、礼金的情况。三年来，全市共有1812人次科级以上干部上交礼金、有价证券礼品折款317.8万元。每年元旦、春节前夕，向560余名市直部门、县市区副县级以上领导干部发放“廉政贺卡”，既祝福又警示。同时，全市抽调1950人，组成486个巡视督察组，共登记检查车辆3540台次，劝阻制止送礼行为164起。此外还对领导干部学历、住宅配备电脑、单位“小金库”和车辆进行了清理，共清理出假文凭17人，对超标准配备的13辆小汽车按有关规定进行了处理。

【查处违法违纪案件】　三年来，全市纪检监察机关共受理来信来访、举报电话10749件(次)，初步核实线索4295件，立案2564件，结案2573件，处分2785人，其中党纪处分1691人，政纪处分1432人，挽回经济损失4510万元。其中大案要案330件，县级干部案件22件，乡科级干部案件246件。一是主动出击，全力拓宽案源渠道,努力提高成案率。首先,充分发挥信访主渠道的作用,在信访日常工作管理中,推行了"每十天一汇总,每一月一小结,每两月一分析"的信访情况分析制度;在常委会工作规划中,制定了每半月进行一次信访情况集体会诊的制度。其次,及时从纠风治乱、执法监察、专项治理、责任追究等反腐倡廉工作中搜集案源。第三,通过联席会议制度、执法执纪机关案件移送制度来获取案件线索。二是突出两个重点,集中力量查处涉及"三机关一部门"违纪案件和大案要案,努力提高办案质量。首先,推行办案目标管理办法,通过层层签订责任书的形式,做到人人头上有目标,个个肩上有压力。其次,强化办案措施,充实反腐败案件协调小组力量,完善执纪执法部门在查案中协作配合的规定,确定审计开路、检察院介入、纪委组织协调的联合办案机制。第三,完善办案制度,坚持"四定一包"的办案责任制,健全了案件评优制度,鼓励多办案,办大案,办铁案。三是加大三个力度,加强办案指导和协调,努力推进办案工作平衡发展。首先,加大自办案件力度,牢牢掌握办案主动权。市、县两级自办案件同比持续上升。其次,加大直属机关办案力度,及时加强指导和协调。同时市、县两级纪委还采取从直属机关抽纪检干部参与办案的办法,边办案边学习边指导,提高办案能力。第三,加大乡镇办案力度,努力消除办案"空白"乡镇。

【纠正部门和行业不正之风】 一是抓改革,不断深化纠医工作。第一,取缔了非法药品集贸市场,查处了违法经营和行医行为,通过审查药品经营企业(户)"两证一照",核准保留了410家。第二,制发《孝感市医疗机构药品集中采购管理试行办法》,推行医务公开办法和"收支两条线"管理,中西药品零售价分别下降6.36和27.11个百分点,县及重点乡镇以上医疗机构已基本推行医务公开制。第三,查处违规违纪案件,违规收取药品生产企业新药入网费、赞助费和使用一次性输液瓶的问题得到及时查处。二是抓整治,切实优化经济发展环境。第一,深入调查研究,共走访大中型国有企业、民营企业27家和个体私营户60多人,掌握了发展环境不优的六种表现,提出了整治对策。第二,清理法规文件。先后两次共取消了515项审批和收费项目,并在《孝感日报》予以公布。第三,严肃查处三乱等违法违纪行为15起,处分25人。孝感的经济发展环境进一步净化。三是抓达标,巩固治理公路三乱成果。通过坚持联系会议制、部门承诺制、明察暗访制、行风评议制,全市共查处三乱问题和案件28起,处分违规人员34人。2001年3月,孝感市成为全省实现所有公路基本无三乱的市州之一。四是抓热点,切实减轻农民、企业和学生负担。通过开展行风评议、签订减负责任目标、加强监督检查、查处违纪典型,仅2001年全市查处了加重农民、企业和学生负担案件16件,清退乱收乱罚资金38万元。市纪委监察局查处了市直乱收费、乱罚款、乱拉赞助的6个典型,处分13人,并通报全市。

【反腐败抓源头】 一是建立行政服务中心,推进行政审批制度改革。在清理取消收费项目的基础上,对确需保留的,按照"便捷、优质、高效、廉洁"的原则,孝感市率先在全省建立了第一家"行政服务中心"。孝感市城区32个行政部门、454个行政审批项目进入行政服务中心。运行中实行"五公开",即公开服务内容、公开办事程序、公开申报材料、公开承诺时限和公开收费标准。先后受到国务院、省委、省政府有关领导的肯定。二是按照"公开、平等、竞争、择优"的原则,推进干部人事制度改革。先后制发了干部考察预告制、任前公示制、任职试用制、待岗制等4个规范性文件,加大对领导干部任前监督。到2001年底,全市已公示县科级干部32批、511人,对市直11个县级班子和126名班子成员及县级干部进行了考察预告。三是完善监督机制,推进财政制度改革。第一,"收支两条线"管理全面深化,收缴、罚缴分离率达95%,专户储存率96%。同时,围绕"六统一、一公开"的收费办法,全市建立各类收费大厅64个。第二,政府采购不断拓展。全市采购项目扩大至货物、工程、服务三大类100多个品种;采购金额2642.1万元,节约资金353.7万元,节约率达19%。第三,财会集中核算和零户统管工作作为会计委派工作的两种主要形式已在面上推行。在城区,财会集中核算推行面达41.2%,零户统管推行面已提前半年达到100%。第四,部门预算试点工作启动。印发了《孝感市市直单位综合财政预算管理办法(试行)》;同时确定农业、科学、教育、劳动就业保险4个部门先行试点。四是摸索"三三制"审计办法,推进领导干部经济责任审计工作。继1999年制发《领导干部经济责任审计暂行办法》后,又出台了《关于党政领导干部经济责任审计的实施办法》。截止2001年底,全市已实施经济责任审计的领导干部231人,其中副县级以上领导干部20人。依据审计结果,共有192名领导干部被调整。五是建立健全有形建筑市场。针对工程建设领域违法违纪案件不断上升,人民群众反映强烈的问题,全市纪检监察机关积极会同相关部门开展建立健全有形建筑市场工作。查处了报建、招标手续不全,瞒建、乱建或有质量问题的工程79项,全部按规定整改到位。同时,全市共立案查处了51起建筑领域的违纪案件,共处理违纪人员56人,挽回经济损失77.8万元。工程招投标率已达100%。六是稳步推进政务、村务、企务公开等"阳光工程"。全市纪检监察机关注意把政务、村务、企务公开,作为加强民主监督的一项重要工作,纳入议事日程。通过成立领导小组及工作专班,明确公开的内容、重点、时间、形式,加强对公开事项的监督检查,制发公开的验收和考核办法,收到了明显效果。市纪委监察局在5个国有企业和1个县进行厂务公开制度试点,制发《孝感市厂务公开试点企业验收办法》,指导试点单位的厂务公开工作。

【执法监察】 一是加强水利建设项目执法监察。通过自查自改、重点抽查、整改处理三个阶段,先后查处了三起违纪案件,有关当事人受到纪律处分。二是开展市商业银行和农金会逾期贷款清欠工作。市纪委、监察局协助市商业银行筹建办公室清收逾期贷款410万元,先后追究40名党员干部的纪律责任。三是开展国债资金管理使用情况的执法监察。市监察局会同市计委、市财政局对全市国债资金管理使用情况进行了专项检查,对少数县市挪用小额资金用于抗旱的问题及时进行了纠正,督促迟开工项目按照"四制"要求迅速开工,归还挤占挪用资金120万元。四是开展社会保障资金管理使用情况的执法监察。按照查资金来源与支出、查文件依据与标准、查资金管理与使用、查领导签字与业务经办、查资金台帐与其它手续、查人员编制与现有财产等"六查"办法,对全市的社保资金进行了全面的检查。检查出汉川市滥发奖金、私设"小金库"、隐瞒派生收入、违规开支、违规外借等问题。五是房改资金检查全面展开。2000年,湖北省将孝感市定为房改资金专项执法监察试点市。市委、市政府领导对此非常重视,多次听取汇报,研究解决检查中的问题。市纪委监察局对市房改资金检查工作中发现的有关违规借贷、私设"小金库"和违规收费等问题进行了相应处理。

【党风廉政教育】 一是充分发挥新闻媒体的导向作用,除继续在《孝感日报》、《孝感通讯》、孝感电视台开办反腐倡廉专栏外,还在孝感电视台开办"规矩与方圆"专题节目,群众称之为"孝感的焦点访谈",累计编发《规矩与方圆》专栏节目140多期,纪检监察"一报四刊"的征订做到了稳中有升。二是开展党风廉政建设主题教育,下发《邓小平论党风廉政建设和反腐败》书籍、《处分条例》电教片、成克杰、胡长清等大案要案电教片作为党员干部学习的教材,并编辑发行4000册《足迹》读本。三是请省委党校的教授到孝感作"党员、干部必须廉洁自律反对腐败"的巡回专题报告。此外还举办了反腐倡廉漫画展,有的县市区还举办了党风廉政辅导课。四是定期组织纪检监察干部进行培训,先后组织市直、县市区及乡镇纪检监察干部554人次到中纪委杭州培训中心等地进行了业务培训。全市市县两级纪检监察机关在党报党刊上上稿144篇。五是开展"宣传教育月"活动,自2000年以来,每年5月确定为"宣传教育月",通过以赛促学、以研促学、以讲促学、以案说纪和典型示范,全市集中开展了学党章学党纪条规宣传教育月活动,组织7个县级代表队和市直机关代表队参加了知识竞赛活动,下发试卷9万份,回收率98%,县处级以上党员领导干部参学率、参试率100%。组织党员干部收看《一代廉吏于成龙》和《生死抉择》,组织了3500多名科局级以上干部进行了七项清理的知识测试,组织市、县两级党员领导干部1700多人参观了全省反腐败斗争成果展。宣传了18名勤政廉政的模范党员,通报了10起违法乱纪的反面典型。

【纪检监察机构和队伍建设】 一是纪检监察机构的设置和管理更加规范,先后下发了《关于对市法院等14个市直单位派驻纪检监察机构试行以市纪委监察局管理为主领导体制的意见》、《关于加强市纪委、市监察局派驻(派出)纪检监察机构管理的意见》、《关于市直机关纪检监察机构设置和人员编制配备的意见》,使干部管理有章可循。二是加强思想建设。坚持周六政治理论学习制度,提高干部的政治素质。学习做到"三个一",即联系一个时期的思想工作实际,突出一个学习主题,切实解决一个实际问题。每年年初都制订常委班子中心学习小组学习计划、委局机关干部学习计划,重点学习邓小平理论、"三个代表"重要思想、纪检监察业务知识,以及金融、证券、房地产、建设工程和电子商务等新知识。针对全市纪检监察干部变动较多的情况,每年春集中进行以纪检监察业务知识为主的学习培训,三年来,全市培训纪检监察系统的干部1200人次。三是加强制度管理。建立了《纪检监察干部行为准则》、《办案规则》、《关于加强班子自身建设的若干意见》、《委局机关管理制度》、《关于机关干部理论业务学习制度》、《关于机关各室工作目标考核办法》等一系列工作纪律,重点围绕办案回避、抵制说情风、罚没收入管理两条线和廉洁自律定规矩。同时,委局机关还从自身做起,对机关所有干部配备的手机、寻呼机的情况进行了清理登记,分类处理。明确提出了机关干部"四不准",即不准利用工作之便,到外单位报销发票;不准向外单位搞摊派;不准打麻将、"斗地主"赌钱;不准工作时间串岗聊天。四是加强政绩导向。开展了优质大要案评比、信息工作评奖、调研论文评优等一系列"讲工作、争位次、比实绩"活动,引导干部正确处理职位和奉献、组织与个人的关系。全市纪检监察系统共提拔交流干部156人,向市、县两级直属机关和部门交流副科级以上干部57人。先后有15人到乡镇担任领导职务,23人到县(市)直部门任班子成员。

中共孝感市纪律检查委员会
领导成员名单

(以2001年底在职为准)

书　记　张新润
副书记　刘义华　杜文具　喻楚林
常　委　张新润　刘义华　杜文具　喻楚林　武长理　黄定华　张柏枝(女)　张安培　饶金洲

孝感市监察局领导成员名单

(以2001年底在职为准)

局　长　刘义华
副局长　武长理　黄定华

(李冬平)

孝感市人民代表大会

【概况】 1998年2月,孝感市第二届人民代表大会第一次会议召开,选举产生了第二届人民代表大会常务委员会，代表大会设立法制委员会、财经委员会、教科文卫委员会、城乡建设环境资源委员会、农村委员会五个专门委员会，在大会闭会期间受人大常委会领导。常委会设立办公室、人事代表工作办公室和调查研究办公室三个综合办事机构。常委会办公室下设秘书科、行政科、老干科和车队（行政事业单位）；人事代表工作办公室下设人事科、代表工作科、联络信访科；调查研究办公室下设调研科、法规科。各专门委员会下设办公室。2001年末，人大常委会机关有干部职工49人。

【孝感市第二届人民代表大会第二次会议】 1999年2月5日至2月8日孝感市第二届人民代表大会第二次会议召开。出席会议的正式代表479名、列席代表82名，会议听取和审议了市长曹世佑关于政府工作报告、市计委主任徐祖跃关于孝感市1998年国民经济和社会发展计划执行情况与1999年计划草案的报告、市财政局局长高楚元关于孝感市1998年财政预算执行情况和1999年财政预算草案的报告、市人大常委会副主任王治泉关于孝感市第二届人民代表大会常务委员会工作报告、市中级人民法院院长褚星来关于孝感市人民法院工作报告、市人民检察院检察长刘艳忠关于孝感市人民检察院工作报告，会议选举李道信为孝感市人大常委会秘书长；杨秀贵、周继松为市人大常委会委员；朱国志为市人民检察院检察长。会议决定，免去徐定章兼任的农村委员会主任委员的职务，由周继松担任。

会议要求，要按照“难中求进，好中求快”的要求，切实把经济工作的出发点、着力点和落脚点转移到提高质量和效益上来；进一步加强农业和农村工作；千方百计开拓市场；坚持以改革开放为根本动力；深入推进科教兴市和依托武汉两大战略；坚持不懈地改善和优化发展环境，确保全市改革开放和经济建设更好更快地发展。

会议收到议案21件，收到代表提出的建议、批评和意见31件，会议将21件议案作为建议、批评和意见办理。

【孝感市第二届人民代表大会第三次会议】 2000年2月22日至25日孝感市第二届人民代表大会第三次会议召开，出席会议的正式代表有478名，列席代表91名。会议听取和审议了市长曹世佑关于政府工作报告和计划、财政、人大、法院、检察院工作报告。大会通过了关于张勤任孝感市第二届人民代表大会农村委员会副主任委员，张木元任市二届人民代表大会教科文卫民宗委员会副主任委员的决定。会议强调，要按照市二届党代会的总体部署，加快推进第二次创业。突出抓好国有企业改革与发展，农业增效与农民增收，经济结构调整，科教兴市和扩大内需。加大发展环境整治力度，加大发展民营经济力度。正确处理改革、发展、稳定的关系，保证国民经济持续快速发展，促进社会全面进步。

会议收到议案17件，收到代表建议、批评和意见41件，会议将17件议案作为建议、批评和意见办理。

【孝感市第二届人民代表大会第四次会议】 2001年1月14日至17日，孝感市第二届人民代表大会第四次会议召开，出席会议的正式代表有421名，列席代表89名。会议听取和审议了市长曹世佑关于国民经济和社会发展“十五”计划纲要的报告和计划、财政、人大、法院、检察院工作报告。大会决定接受梁惠玲辞去孝感市人民政府副市长职务和罗明发辞去孝感市人民代表大会常务委员会委员职务的备案报告。会议提出，在“十五”期间，孝感市国民经济发展速度、经济增长质量和效益要超过全省平均水平，区域经济特色初步形成，社会主义市场经济体制和运行机制进一步完善，对外开放取得新的突破，社会保障与就业、城乡面貌和人民生活明显改善，物质文明和精神文明建设协调发展，为国内生产总值2008年前翻一番，全面实现第二次创业和第三步战略目标奠定坚实基础。

会议收到议案14件，收到代表建议、批评和意见41件，会议将13件议案作为建议、批评和意见办理。大会将向经涛等18名代表提出的《关于要求新建孝感市人大会议中心的议案》作为第四次代表大会的议案处理，会后，交市人大常委会提出具体办理意见。

【常务委员会会议】 1999年1月20日，市二届人大常委会第六次会议在孝感召开，会议接受张安福辞去市人民检察院检察长职务。

1月26日市二届人大常委会第七次会议在孝感召开，会议听取和审议了市人民政府关于代表建议办理情况的报告；审议和通过代表资格审查委员会关于孝感市第二届人民代表大会代表变动情况和对增选、补选代表的资格审查报告；审议和确定关于召开市二届人大二次会议的有关事项；审议和通过孝感市第二届人民代表大会常务委员会工作报告。会议决定接受周继松辞去市人大常委会秘书长职务、接受张绍刚辞去市人大常委会委员职务。

4月5日，市二届人大常委会第八次会议在孝感召开。会议听取和审议市政府关于实施《中华人民共和国防洪法》及1998年水毁工程修复情况的报告；审议通过关于推行执法责任制和错案责任追究制的决定；审议通过市人大常委会1999年度工作要点；会议对殷发胜等8位同志进行了人事任免。

6月8日，市二届人大常委会第九次会议在孝感召开。会议听取和审议市政府关于实施《中华人民共和国药品监督管理法》执行情况的报告；听取和审议市政府关于《中华人民共和国城市规划法》执行情况的报告；审议通过《关于贯彻〈中华人民共和国城市规划法〉清理孝感城区违规建设的决定》（草案）；会议对孙晓波等7位同志进行了人事任免。

8月3日，市二届人大常委会第十次会议在孝感召开。会议听取和审议市政府关于1999年国民经济和社会发展计划上半年执行情况报告；听取和审议市政府关于1998年本级财政决算和1999年财政预算上半年情况的报告；听取和审议市政府关于1998年本级财政预算执行及其他财政收支审计情况报告；会议对陈大江等13位同志进行了人事任免。

9月28日，市二届人大常委会第十一次会议在孝感召开。会议听取和审议市政府关于《湖北省农民负担管理条例》执行情况的报告；听取关于暂时停止孝感市人大代表吴德清执行代表职务并同意依法将其逮捕的报告；会议对周小白等同志进行了人事任免。

11月29日，市二届人大常委会第十二次会议在孝感召开。会议听取和审议市政府关于推行执法"两制"情况的报告；听取和审议市中级人民法院关于推行执法"两制"情况的报告；听取和审议市人民检察院关于推行执法"两制"情况的报告；听取和审议市政府关于孝感市城市总体规划修编情况的报告；听取市人大城建委关于《孝感市城市总体规划》修编初审意见的报告；通过孝感市人民代表大会常务委员会关于《孝感市城市总体规划》的决议(草案)；会议对杨广兴等4位同志进行了人事任免。

2000年1月30日，市二届人大常委会第十三次会议在孝感召开。会议听取和审议市政府关于代表建议、意见办理情况的报告；讨论通过《孝感市第二届人民代表大会常务委员会工作报告》；听取关于孝感市第二届人民代表大会代表变动情况的报告，确认补选、增选代表的资格；关于召开孝感市第二届人民代表大会第三次会议的有关事项。

2月26日，市二届人大常委会第十四次会议在孝感召开。会议讨论通过孝感市人大常委会2000年度工作要点；会议对朱祥平等18位同志进行了人事任免。

4月26日，市二届人大常委会第十五次会议在孝感召开。会议审议通过《关于依法减轻农民负担，切实保护农民合法权益的决议》(草案)；审议通过《关于解决湖北马坪纸业股份有限公司污染府河水体问题的决议》(草案)；听取和审议关于《中华人民共和国科学技术进步法》执行情况的报告；听取和审议关于孝感市"普九"达标验收以来农村教育集资审计情况的报告；会议对祁国华等25位同志进行了人事任免。

6月28日，市二届人大常委会第十六次会议在孝感召开。会议听取和审议市政府关于市直国有企业改革情况的报告；听取和审议市政府关于贯彻执行《中华人民共和国环境保护法》，落实"一控双达标"目标工作情况的报告；审议和通过关于接受梁惠玲辞去孝感市人民政府副市长职务的决定；会议对李广波等2位同志进行了人事任免。

8月24日，市二届人大常委会第十七次会议在孝感召开。会议听取和审议市政府关于2000年全市国民经济和社会发展计划上半年执行情况的报告；听取和审议市政府关于1999年市级财政决算和2000年财政预算上半年执行情况的报告；听取和审议市政府关于1999年市级财政预算执行及其他财政收支审计情况的报告；审议和通过市人大常委会关于对市直部分单位和市政府部分组成人员进行代表评议和述职评议工作的实施方案；会议对张运生等5位同志进行了人事任免。

10月30日，市二届人大常委会第十八次会议在孝感召开。会议听取对外贸易经济委员会主任、公安局局长、农业局局长的述职报告，并且进行评议；审议通过关于对计划生育委员会工作的评议意见和关于对质量技术监督局工作的评议意见。

12月25日，市二届人大常委会第十九次会议在孝感召开。会议听取和审议市政府关于"三五"普法工作情况的报告；听取和审议市政府关于办理市二届人大三次会议代表建议情况的报告。

2001年1月3日，市二届人大常委会第二十次会议在孝感召开。会议讨论通过《孝感市第二届人民代表大会常务委员会2000年工作报告》；听取关于孝感市第二届人民代表大会代表变动情况的报告；听取和决定关于召开孝感市第二届人民代表大会第四次会议的有关事项。

1月18日，市二届人大常委会第二十一次会议在孝感召开。会议讨论通过了《孝感市人大常委会2001年度工作要点》；补选张国光为湖北省第九届人民代表大会代表。

3月15日，市二届人大常委会第二十二次会议在孝感召开。会议听取和审议孝感市农业委员会关于全市农民进入农产品流通领域情况的报告；听取和审议孝感市人民检察院关于打击经济犯罪情况的报告；听取和审议孝感市中级人民法院关于审理经济犯罪案件情况的报告；会议对余绍军等12位同志进行了人事任免。

5月16日，市二届人大常委会第二十三次会议在孝感召开。会议听取和审议了市政府关于"打假"工作情况的报告；这次常委会会议增设了公民旁听席、实行"开门审议"，接受人民群众的监督。

7月18日，市二届人大常委会第二十四次会议在孝感召开。会议听取和审议市政府关于《中华人民共和国招标投标法》执行情况的报告；听取和审议市政府关于广播电视事业发展情况的报告；通过关于新建孝感市人大会议中心的决议。

8月22日，市二届人大常委会第二十五次会议在孝感召开。会议听取市政府关于机构改革方案的报告；听取和审议市政府关于2001年上半年全市国民经济和社会发展计划执行情况报告；听取和审议市政府关于孝感市2000年财政决算和2001年上半年财政预算执行情况的报告，批准孝感市2000年本级财政决算；听取和审议市政府关于2000年孝感市本级财政预算执行和其他财政收支的审议工作报告；会议对冯云乔等10位同志进行了人事任免。

9月19日，市二届人大常委会第二十六次会议在孝感召开。会议对市教育委员会进行工作评议；听取和审议市政府关于“四五”法制宣传教育工作安排意见的报告，并作出决议；审议市政府关于在招商引资、经贸洽谈活动中燃放焰火的议案，并作出决议；审议和通过罢免胡光成湖北省人民代表大会代表职务的议案；会议对张月英等10位同志进行了人事任免。

11月20日，市二届人大常委会第二十七次会议在孝感召开。会议听取和审议市政府关于全市抗旱救灾和秋播工作情况的报告；听取和审议市政府关于落实市二届人大常委会第二十四次会议关于新建孝感市人大会议中心的决议和办理市二届人大四次会议代表建议情况的报告；会议对傅乘波等3位同志进行了人事任免。

【重要活动】 1999年1月5日至6日，按照省人大办公厅“关于组织省人大代表视察的通知”精神，市人大常委会组织市直机关的9名省人大代表开展了视察活动。视察内容主要是汉川市汉江平堤整险加固达标、汉北河堤建设、民乐闸的修复；应城市汉北河南堤加固工程；孝南区的澴西堤、府北堤段整险加固，滚子河复航工程，老澴河综合治理等工程。通过这次视察，为代表在省九届人大二次会议上审议省政府工作报告，向大会提出议案、建议等做好准备。

3月21日至23日，市人大常委会副主任徐定章、农村委员会主任周继松带领检查组就《中华人民共和国森林法》实施一周年的情况在马口、桑树、高店等乡镇进行了检查，听取了县市政府和乡镇政府的汇报，并深入实地调查了解，同时听取了查处部分毁林案件情况汇报。

4月14日至16日，市人大副主任方晓莉在听取市卫生医药局关于全市灾区防疫防病工作情况后，深入到重灾地区汉川市对灾后卫生防疫工作进行调研，强调切实抓好卫生防疫工作，确保大灾之后无大疫。

6月2日，全市人大宣传工作会议在孝感宾馆召开。会议主要是传达贯彻全国人大和省人大宣传工作会议精神，总结交流孝感市人大宣传工作的经验，研究如何进一步加强人大宣传工作。

6月16日，市人大常委会组织任命的“一府两院”领导干部计42人在市委党校进行法律知识考试。

7月13日，市人大常委会办公室召开各县市区人大常委会办公室主任会议，专题听取了各县市区贯彻全市人大宣传工作会议精神的情况汇报，市人大常委会秘书长李道信，副秘书长祝大光、蔡诗宏参加了会议。会上通报了市第五届宣传人民代表大会制度好新闻评选情况。

7月30日，市人大常委会在孝感宾馆召开了全市环保执法检查动员大会。会上传达学习了江泽民总书记在中央人口资源环境工作座谈会上的有关讲话精神，蔡本训副主任传达了省人大环保法执法检查工作会议精神，并对全市环保法执法检查工作进行了部署和动员。梁惠玲副市长就如何配合人大搞好执法检查讲了话。

8月18日至19日，全市人大教科文卫、民族宗教工作座谈会在孝感召开。会上，市人大教科文卫民宗委员会副主任委员张祥诗传达了全省人大教科文卫、民宗外事工作研讨会会议精神，各县市区人大常委会作了经验交流。

9月27日，全市乡镇换届选举工作会在物资大厦召开。会上，市委副书记付明珠、市人大常委会副主任王治泉分别作了重要讲话，对全市乡镇换届工作提出了具体要求，并成立了孝感市乡镇换届选举工作领导小组。

12月16日至17日，全市人大财经工作座谈会在孝感召开。会议由市人大常委会副主任张开源主持。会上传达了省人大财经工作座谈会精神，交流了各地开展人大财经工作的经验，探讨了如何适应社会主义市场经济体制要求，进一步加强人大法律监督和工作监督，提高监督实效的问题。常委会主任王智灿到会并作了重要讲话。

2000年1月7日，市人大主任会议专题听取了市医管办关于全市职工医疗保险制度改革工作情况的汇报。会议充分肯定了三年来孝感市职工医疗保险制度改革所取得的成绩，强调医疗保险制度改革要更好地为改革发展稳定服务。

3月13日至15日，市人大常委会对全市减轻农民负担工作进行调查。调查组分别到孝南、广水听取了市、区和乡镇两级政府减负工作汇报，并到村、组、农户召开座谈会，直接听取基层干部和农民群众关于减轻农民负担，加强农民负担征收管理的意见和建议。

3月31日，全市人大环境与资源保护座谈会在孝感召开。会议总结交流环境与资源保护工作经验，研究人大加强环境与资源保护法律监督与工作监督；传达全省人大环境资源工作座谈会精神，并对99年孝感环保世纪行活动进行总结表彰。市人大及8个县市区相关领导参加了会议，并作了讲话。

4月12日至15日，全市乡镇人大主席培训班在孝感市委党校举办，为期四天。参加这次培训的有县市区人大代工委主任、乡镇人大主席（街道、办事处主任），共145人。开班时，市人大常委会副主任王治泉到会讲了话。其间，邀请省人大常委会副秘书长张绍明作了专题讲座。

4月16日至18日，在省人大副主任张忠俭的带领下，市人大常委会副主任蔡本训、城建委员会副主任委员章厚保赴河南、安徽、江苏三省进行了考察学习，主要考察淮河、巢湖、太湖流域水污染防治情况。

5月22日，在广水徐家河交通干校召开了全市人大工作现状调研碰头会。会上各县（市）区主要介绍了人大工作基本情况和典型经验，提出了人大工作中存在的问题和建议。秘书长、副秘书长及各办公室副主任参加了会议。

6月5日至10日，为了促进《中华人民共和国环境保护法》的更好实施，推动2000年“一控双达标”目标的实现，在全市开展《中华人民共和国环境保护法》执法大检查暨2000孝感环保世纪行活动。这次检查活动的重点是水污染防治。检查团到府河、汉江沿线的安陆市、云梦县、应城市、汉川市进行检查。历时4天，取得了较好的社会效应。

7月4日，全市人大机关档案工作达标创先经验交流会在云梦县召开。会议传达了省人大召开的全省人大机关档案工作创先活动会议精神，市人大、云梦县人大机关档案管理被评为“湖北省档案工作先进集体”。

7月19日，全市人大宣传工作暨好新闻评选表彰会议在孝感召开，总结1999年全市人大宣传工作，通报市第六届宣传人民代表大会制度好新闻评选情况，向获奖作品的作者颁奖。7县市区人大总结交流了宣传工作经验。

8月16日至17日，全市人大农村工作座谈会召开。会议传达了全省人大农村工作座谈会精神，通报了本届市人大农村委员会两年多以来的工作情况，各县市区人大常委会农(财)工委在会上交流了加强有关“三农”法律法规的执法检查和工作监督的经验和作法，并对在新形势下进一步开展好人大农村工作提出了意见和建议。市人大常委会副主任徐定章、各县市区人大分管农村工作的常委会领导及有关同志参加了会议。

10月25日，省人大执法检查组到孝感市检查《中华人民共和国预算法》和《中华人民共和国税收征收管理法》执法情况。检查组听取了蔡民族副市长关于孝感市“两法”执法情况报告，召开了由财政局、国税局、地税局、审计局、人民银行等单位负责人参加的座谈会。

12月5日，市人大常委会副主任方晓莉带领市人大教科文卫民宗委员会全体委员对城区部分单位食品卫生工作情况进行了视察，听取了市卫生医药局分管食品卫生工作的领导对全市食品卫生法律法规贯彻执行情况的汇报。通过视察和检查，委员们对做好今后的食品卫生工作提出了意见。

2001年4月24日至26日，全省人大农村工作座谈会在市交通干部培训中心召开。省人大常委会副主任章治文、鲍隆清，省人大常委会副秘书长宋启华等出席了座谈会。市委书记张昌尔，市人大常委会主任王智灿出席了开幕式。会议期间，各地农村委员会交流了关于开展农业执法监督工作，促进农业法律、法规贯彻实施的好经验和作法；我市人大农村委员会作了《加强农民负担执法监督，切实保护农民合法权益》的发言；省人大农村委员会副主任车光彪作了主题报告；农村委员会主任周大仁作了“学习‘三个代表’、实践‘三个代表’，努力开创农村工作的新局面”的专题讲座；省人大常委会副主任章治文作了重要讲话；代表们还考察了安陆市银杏产业基地生产建设情况。全省各市、州、直管市、神农架林区人大常委会分管农村工作的副主任、农村委主任及部分县、市、区人大常委会的负责人参加了会议。

5月11日，市人大常委会主任王智灿及部分委员视察了城区执行规划情况，听取了市规划局关于《中华人民共和国城市规划法》执法情况的汇报，并就孝感城区规划的执行情况提出了意见和建议。

5月19日至28日，市人大、市建委组团赴新疆考察乌鲁木齐市建筑市场与工程招投标情况。考察团一行七人在市人大副主任王治泉带领下，先后到乌鲁木齐市人大、自治区建设厅和新疆建工集团进行了座谈，详细了解了新疆自治区建筑市场与招投标工作情况。

6月7日至8日，市人大常委会副主任徐定章带领市人大农村委员会工作人员，到应城市对今年减轻农民负担的情况进行检查。检查组先后听取了应城市政府、郎君、东马坊减负工作汇报，并深入到村、组农户，与农村基层干部、农民进行座谈，实地了解今年农民负担的落实情况，倾听他们对减负工作的意见和建议。

6月21日，市人大常委会副主任向经涛带领法制委员会有关人员，对孝感市执行《中华人民共和国残疾人保障法》的情况进行检查，听取了市残联贯彻实施《中华人民共和国残疾人保障法》情况的汇报，到孝南区特殊教育学校、源丰纸业包装有限责任公司(福利企业)进行实地查看、调查，详细了解了残疾人的教育、就业及福利待遇、福利企业税收政策优惠的落实等方面的情况。

8月8日至9日，省人大执法检查组在省人大常委会委员鄂万友、王健、胡卫立的带领下对我市贯彻实施《湖北省资源综合利用条例》的情况进行了检查。检查组在孝感召开了市直有关部门的座谈会，并到汉川新元有限公司、汉川建力建筑材料有限责任公司、葛洲坝水泥厂荆川分厂等三家资源综合利用企业进行了检查，市人大常委会副主任蔡本训陪同检查。

10月23日至24日，省人大常委会委员、教科文卫委员会副主任委员周祖元率组来孝感市视察农村改水改厕工作，视察组一行先后听取了市政府、孝南区政府农村改水改厕工作情况的汇报。重点检查了政府和有关部门为农村改水改厕工作制定的具体优惠政策和扶持鼓励措施。

12月7日，市人大常委会办公室召开县(市)区人大常委会办公室主任会议，各县(市)区介绍了学习贯彻省委人大工作会议精神的情况。省委人大工作会议之后，孝感市各县、市、区人大常委会都及时把会议精神向同级党委作了专题汇报，提出了具体落实意见。

【代表工作】 1999年2月市二届人大二次会议期间，代表们提出了75件建议，会上建议59件，会后建议16件。这些建议中，城建环保方面的12件，占16%；工业交通方面的18件，占24%；计划财贸方面的5件，占6.7%；科教文卫体方面的13件，占17.3%；政法民政方面的4件，占5.3%；劳动人事方面的3件，占4%；农林水方面的15件，占20%；其它方面的5件，占6.7%。会上建议均按规定时间于1999年9月25日前办理回复完毕，会后建议也已全部办复，满意率和基本满意率达到98.9%。

2000年2月市二届人大三次会议期间，代表们提出了75件建议，会期建议71件，会后建议4件。城建环保方面的12件，占16%；工业交通方面的17件，占22.7%；计划财贸方面的15件，占20%；科教文卫体方面的8件，占10.7%；政法民政方面的2件，占2.7%；劳动人事方面的3件，占4%；农林水方面的14件，占18.6%；其它方面的4件，占5.3%。会期建议均在法定时间内办理回复完毕，会后建议也已全部办复，满意率和基本满意率达到98.7%。

9月15日至29日，根据市二届人大常委会第十七次会议通过的《关于对市直部分单位和市政府组成人员进行代表评议和述职评议工作的实施方案》，市人大常委会分别对市计划生育委员会、市技术监督局进行代表评议，代表评议分两个组进行。15日至21日，两个评议小组分别到2个被评单位召开评议动员会，听取被评单位负责人代表本单位作工作报告、召开座谈会。个别谈话和查阅有关资料，视察评议对象所属部门、单位；最后形成评议意见。25日，人大代表分组对被评单位的工作进行面对面的民主评议，对被评单位的工作进行综合测评。

10月19日至21日，市人大常委会分别对市对外贸易经济委员会、市公安局和市农业局主要负责同志进行述职评议。评议组分别到三个被评单位召开一般干部、离退休干部、中层干部等座谈会，到二级单位视察并听取汇报，查阅有关资料、开展调查。10月30日，在调查的基础上市二届人大常委会第十八次会议听取对外贸易经济委员会主任钟淮山、市公安局局长汪昌铁、市农业局局长喻雨林的述职报告，并且进行评议，人大常委会组成人员有26人参加测评投票。

2001年2月，市二届人大四次会议期间，代表们提出建议56件，其中城建环保方面的9件，占16.1%；工业交通方面的9件，占16.1%；计划财贸方面的6件，占10.7%；科教文卫体方面的7件，占12.5%；政法民政方面的2件，占3.6%；劳动人事方面的2件，占3.6%；农林水方面的14件，占25%；其它方面的7件，占12.5%。所有建议均按规定时间于2001年9月10日前办结，满意率达到100%。

【全国人大常委会副委员长来孝感视察】 2001年9月11日，全国人大常委会副委员长邹家华来孝感视察，先后视察了应城双环集团，云梦隔蒲大桥水质及孝感城区澴水水质情况，对孝感市贯彻《中华人民共和国水污染防治法》取得的成绩给予了充分肯定，并对今后的工作提出了重要意见。

孝感市人大常委会领导名单

主　任　王智灿
副主任　王治泉　蔡本训
　　　　方晓莉（女）
　　　　张开源　向经涛　徐定章

市人大常委会秘书长、副秘书长名单

秘书长　李道信
副秘书长　祝大光　程斌诚　蔡诗宏

市人大常委会办公室领导名单

主　任　祝大光（兼）
副主任　涂传清　孙晓波

市人大常委会人事代表工作办公室领导名单

主　任　程斌诚（兼）
副主任　朱集甦（女）

市人大常委会调查研究办公室领导名单

主　任　蔡诗宏（兼）
副主任　周小白

（孙晓波　谢丽星）

孝感市人民政府

【概况】 1999～2001年，市人民政府在省委、省政府和市委的领导下，认真贯彻落实中央和省委、省政府一系列决策部署，以“三个代表”重要思想总揽全局，紧紧围绕市二届人大二、三、四次会议确定的各项工作任务，奋力推进第二次创业，经受住了亚洲金融危机和国内买方市场形成、通货紧缩趋势加剧的严峻考验，战胜了历史上罕见的特大干旱，克服了改革发展中深层次矛盾造成的严重困难，保持了国民经济稳步发展势头，实现了“十五”计划的良好开局。

国民经济迈上新台阶，经济结构趋向合理，经济发展速度、效益和后劲同步增长。农业农村经济在大灾之年保持平稳发展，农业产业化、乡镇企业二次创业、小城镇建设顺利推进，林业绿化、扶贫攻坚、小康建设取得较好成效，农民实际负担水平有所下降，农金会二期兑付平稳进行，乡村不良债务进一步化解。工业致力于深化改革、结构调整、技术创新、市场开拓和加强管理，实现了产、销、利同步增长，高新技术产业增加值占全市工业增加值的比重不断提高。第三产业发展较快，双峰山旅游度假区正式挂牌。财源建设进一步加强，支出结构继续改善，基本保证了干部、教师基本工资的发放和机关正常运转，保证了社会保障金等重点支出。固定资产投资力度加大，基础设施建设、技术改造、房地产开发投资进一步增加，京珠高速公路孝感段以及大悟、孝昌、孝南6条联络线和316国道孝感城区复线通车运行，孝感500千伏变电所工程竣工验收，农网改造一期工程基本完成，“孝感热线”全面开通。对外开放步伐加快，市行政服务中心顺利组建。城市建设迈上新台阶，孝感人民广场、槐荫广场和青少年生态园一期工程建成开放，城站路改造一期工程、南大互通立交桥、澴河大桥建成通车，新垃圾处理场投入使用。城市绿化、美化、亮化水平有新的提高，市容市貌明显改观，社会事业全面进步。

精神文明建设和民主法制建设不断加强。以爱国主义、集体主义、社会主义为主题的宣传教育扎实推进，群众性精神文明创建活动蓬勃开展，涌现了一批国家级、省级文明单位、文明社区和省级文明卫生城市，广大市民的文明意识、卫生意识、城市意识进一步增强。农村“三个代表”学习教育活动深入进行，拥军优属、拥政爱民工作不断加强。严厉打击"法轮功"等邪教组织，坚持不懈开展以"打黑除恶"为重点的"严打"斗争，妥善处理人民内部矛盾，荣获"全国社会治安综合治理优秀集体"称号。依法行政进一步加强，基层民主政权建设有新的进展，"四五"普法全面启动。各级政府自觉接受人大的法律监督和政协的民主监督，执行人大及其常委会的决议，认真办理人大建议、政协提案。领导干部廉洁自律各项规定进一步落实，坚持治理"三乱"和纠正行业不正之风，源头治理腐败工作进一步加强。

【市政府工作指导思想及预期目标】 1999年市政府工作指导思想是：高举邓小平理论伟大旗帜，深入贯彻落实党的十五大、十五届三中全会和中央经济工作会议精神，按照市二次党代会的部署，全面开展第二次创业，坚持正确处理改革、发展、稳定三者关系，坚持速度、效益、后劲三统一，坚持财政、集体、农民三增收，深入推进两个根本性转变，大力实施科教兴市和依托武汉两大战略，进一步深化改革，扩大开放，加快经济结构调整，加强农业基础地位，加速发展民营经济，加大城市经济和城市建设力度，保持国民经济持续快速健康发展和社会全面进步。主要预期目标：国内生产总值232亿元，增长13%；财政收入14.8亿元以上，增长16%以上；固定资产投资75.1亿元，增长17.2%；社会消费品零售总额109.7亿元，增长15%；农民人平纯收入增加200元以上；社会商品零售价格涨幅2%；居民消费价格涨幅4%；人口自然增长率控制在8.2‰以内；城镇职工登记失业率控制在3.5%以内；刑事发案率控制在全省平均水平以内。

2000年市政府工作指导思想是：以邓小平理论和党的基本路线为指导，认真贯彻中央和全省经济工作会议精神，按照市二届党代会的总体部署，加快推进二次创业。突出抓好国有企业改革与发展、农业增效与农民增收、经济结构调整、科教兴市和扩大内需。加大发展环境整治力度，加大发展民营经济力度。正确处理改革、发展、稳定的关系，保证国民经济持续快速健康发展，促进社会全面进步，以优异成绩迎接新世纪。主要预期目标：国内生产总值增长10%，财政收入增长12%，全社会固定资产投资增长14%，社会消费品零售总额增长10%，农民人均可支配收入增加100元，商品零售价格和居民消费价格涨幅略高于上年；人口自然增长率控制在8‰以内，城镇职工登记失业率控制在3.5%以内，刑事发案率控制在全省平均水平以内。

2001年市政府工作指导思想是：以邓小平理论和江泽民"三个代表"重要思想为指导，认真贯彻落实党的十五届五中全会精神和中央、省委、省政府对全年工作的部署，以加快发展为主题，大力推进经济结构战略性调整，进一步强化农业基础地位，努力增加农民收入，着力推进工业优化升级，加大城市经济、民营经济、第三产业发展力度和固定资产投资力度，提高经济增长质量和效益。进一步深化国有企业改革，积极发展外向型经济，加快实施"科教兴市"战略。加快社会保障体系建设，进一步改善人民生活。切实加强社会主义精神文明建设和民主法制建设，正确处理改革发展稳定关系，推动全市经济持续快速健康发展和社会全面进步，为"十五"计划创造一个良好的开局。主要预期目标：国内生产总值增长9.5%左右，财政收入增长10.5%以上，全社会固定资产投资增长11%，社会消费品零售总额增长11%，农民人平纯收入增加80元左右，城镇居民人均可支配收入增长7%左右，居民消费价格涨幅略高于上年水平，城镇登记失业率控制在3.5%以内，人口自然增长率控制在7.5‰以内，刑事发案率控制在全省平均水平以内。

【市政府工作重点】 1999年市政府工作重点是：大力推进农业产业化，促进农业和农村经济全面发展；继续深化企业改革，从整体上搞活国有企业；扩大招商引资规模，进一步提高对外开放水平；大力发展非公有制经济，基本建立民营经济为主体的发展格局；加大固定资产投资力度，千方百计扩大内需；切实加强城市经济和城市建设，提高城市发展水平；高起点实施科教兴市战略，全面发展社会各项事业；坚持两个文明协调发展，切实加强政府自身建设。

2000年市政府工作重点是：加快调整经济结构，提高国民经济增长质量和效益；加快推进改革开放，着力从体制、机制和环境上增强经济活力；加快实施科教兴市战略，充分发挥科教对经济发展的推动作用；加强城市规划建设管理，大力推进跨世纪形象工程建设；加强社会主义精神文明建设，全面发展各项社会事业；加强民主与法制建设，树立"廉洁、勤政、务实、高效"的政府形象。

2001年市政府工作重点是：发展农业农村经济，千方百计增加农民收入；积极调整和优化产业结构，着力提高经济增长的质量和效益；深入推进体制创新，积极发展外向型经济；加快中心城市建设，增强城镇经济实力；积极促进科技进步，加速教育创新和人才培养；切实加强财政工作，进一步改善金融服务；繁荣发展社会事业，提高精神文明建设水平；加强政府自身建设，树立"廉洁、勤政、务实、高效"的政府形象。

【国民经济发展】 1999～2001年，全市国内生产总值年均增长9.8%，农业增加值年均增长2.5%，规模以上工业增加值年均增长12.4%，第三产业增加值年均增长11.9%，固定资产投资年均增长16.6%，社会消费品零售总额年均增长10.1%，财政收入年均增长12.6%，城镇居民可支配收入年均增长6.8%，农民人平纯收入年均增长1.9%，城乡居民储蓄存款年均增长11.8%，全部职工年人平工资增长12.9%。1999年经济效益目标考核居全省第1名。

【编制"十五"计划纲要】 按照国家和省的统一部署，在市委、市政府的直接领导下，1998年12月成立“十五”计划编制工作领导小组，并组建了编制工作专班。先后历经了前期调研、思路形成、《纲要》制定三个阶段。在前期调研阶段，重点围绕事关“十五”时期全市经济和发展的一些重点问题展开调查研究。主要包括：改革开放20年来经济和社会发展的经验总结，全市改革目标的实现情况和跨世纪的发展战略研究，“十五”经济发展与预期目标预测等24个研究课题，这些课题到1999年6月底全部完成。2000年5月，市“四大家”领导集中近一个月时间，就涉及全市的一些重点问题进行专题调研，还组织了赴西部、豫、鲁的考察学习。编制工作专班在充分吸收专题调研成果和外地经验的基础上，提出“十五”计划的基本思路。进入《纲要》编制阶段，市委、市政府主要领导先后多次听取编制工作汇报，就《纲要》的指导思想、主要任务和重大原则问题提出了一系列明确意见。《纲要》初稿形成后，分别征求了省里知名专家学者、各县(市)区、各民主党派、工商联负责人、无党派民主人士的意见。党的十五届五中全会和省委七届五次全体(扩大)会议后，市委及时召开了二届六次全体(扩大)会议，讨论并通过了《中共孝感市委关于制定全市国民经济和社会发展第十个五年计划的建议》。根据市委的建议，编制工作专班对《纲要》进行了全面、系统地修改，并提交市政府常务会议和市委常委会议集体讨论修改，最后提请市人大二届四次代表大会审议并通过。《纲要》形成的过程，既是贯彻群众路线、体现民主决策的过程，也是不断深化对重大问题认识与研究的过程，是集体智慧的结晶。《纲要》共分10个部分，31个方面的内容。全市“十五”时期主要经济指标的安排略高于全省“十五”计划的增幅水平，是综合分析当前孝感经济发展面临的大好机遇，有利条件和不利因素确定的，是从加速建设现代中等城市的长远大计和周边地区的竞争态势考虑的。“十五”时期是新世纪的第一个五年，制定一个切实可行而又鼓舞人心的“十五”计划，作为新世纪初经济和社会发展的行动纲领，具有十分重要的意义。

【优化发展环境】 1999～2001年，市委、市政府进一步加大优化环境力度，大力宣传优化环境与发展生产力的辩证关系，在全市上下形成了统一认识。

一是优化政策环境。市委、市政府把出台规范的政策规章和规范清理政策文件有机结合起来，形成了“三文一本”政策汇编，有效地增强了政策透明度，降低了对外开放门坎，营造了宽松灵话、规范透明的政策环境。

二是优化服务环境。首先是深入推进政府行政审批制度改革，努力提供一条龙行政服务。2001年10月，孝感市在全省率先建立行政服务中心，由市委副书记、市纪委书记担任中心工委书记，常务副市长担任中心主任，中心以“方便纳税人，服务老百姓”为宗旨，采取“三个五”的运行方式，被人民群众和外来客商誉为“政府超市”。其次是转变工作方式，努力为企业开拓市场、融通资金提供服务。组织企业参加各种展销会、订货会、洽谈会；利用政府网站为企业发布收集各种信息；积极促进银企恳谈，帮助融通资金等，着力帮助企业解决自身解决不了的困难。

三是优化法制环境。一是规范执法行为，实行政府职能部门和执法部门公开服务承诺制，推行执法收费人员行为规范准则，做到规范执法、文明执法。实行“收费明白卡”制度，重点整治“三乱”行为。2001年，市委、市政府在市区开展了机关作风集中整训活动。二是加强对企业的保护，对重点企业实行挂牌保护，同时成立了孝感市外商投资企业和非公有经济维权投诉中心，开通投诉热线，及时打击处理扰乱私营企业正常生产经营秩序的违法乱纪行为。三是实行市长接待日制度，及时有效为企业发展排忧解难。

四是优化信用环境。市委、市政府把优化信用环境作为改善经济发展环境的重中之重，大力开展信用环境专项治理工作，在全市实施了“改善金融环境，改进金融服务”的双改工程，开展了创建孝感金融安全区和整顿规范信用秩序活动，同时在全省率先推进农村信用工程建设。2001年，市委、市政府提出“发展孝感，无信不兴，努力构筑信用孝感”的目标，在全社会广泛倡导信用观念，大力开展“最佳信用县市”创建活动，在企业广泛开展“诚信企业”评比活动、合作信用公示活动，积极引导企业塑造诚实守信、注重商德的企业形象。

【完成第五次人口普查】 按照国务院的统一部署，2000年11月1日零时开展第五次人口普查。为完成好这次人口普查，孝感市从人力、物力、财力等方面给予充分的保障。成立了市人口普查领导小组，由市委常委、常务副市长任组长，各部办委主要领导任副组长，各县(市)区和乡镇也分别成立了领导小组，加强对人口普查工作的领导。第五次人口普查是市场经济环境下的首次国情国力的普查，技术性强、难度大、范围广，为了顺利地完成人口普查工作，全市3174个各级普查机构均以统计人员为主体构成，专业统计人员占所在机构人员的90%以上。全市共抽调35171名普查员、指导员，采取边培训边试点的方式提高普查员的业务水平，使3万多普查员和指导员成为普查登记的中坚力量，保证了普查登记的进度和质量。为了使人口普查工作家喻户晓，还开展了多种形式的宣传。新闻媒体进行了全方位、多层次、广覆盖的宣传，全市创编人口普查歌曲5首，小品2个，制作光盘和录相带7盘，组织街头文艺演出8场，组织多个人口普查咨询点，发送宣传单370万张，全市张贴标语3210张，拉横幅1900条，张贴宣传画19756张，印刷宣传资料381.1万份。为保证第五次人口普查质量，全市坚持精心组织每一阶段、每一环节的工作，推行网状责任目标管理，层层签订目标责任状，注重阶段工作的目标考核，把自查和交叉检查结合起来，确保各项工作的扎实推进。建立健全社会监督机制，发动群众和新闻跟踪采访，保证普查的准确性。在各级党委、政府的领导下，经过有关部门的协调配合，广大普查人员的努力工作，圆满完成了第五次人口普查工作。

【推进机构改革】　2001年3月1日，孝感市召开全市市县乡机构改革工作会议。会议确定市县乡机构改革的目标是：适应社会主义市场经济发展的要求，进一步加强和改善党的领导，巩固党的执政地位，提高党的执政水平；进一步转变政府职能，实现政企分开，理顺各方面关系；加强基层政权建设，精干公务员队伍，降低行政成本，减轻财政负担和农民负担，提高工作效率。通过改革和精简，建立廉洁高效、运转协调、行为规范的行政管理体制。围绕上述目标，在市县乡机构改革中坚持和遵循转变政府职能、实现政企分开的原则；精简、统一、效能的原则；责权一致的原则；实事求是、从实际出发的原则；依法行政的原则。根据这次机构改革的目标和原则，按照建立社会主义市场经济体制的要求转变政府职能：市一级政府的主要职能是加强对企业分离出来的社会事务的管理，改善投资环境，加强基础设施建设，维护市场秩序，搞好社区服务，充分发挥城市的辐射功能；县一级政府的主要职能是服务与协调，加强农村基层政权建设，加强小城镇建设，提高农业的专业化、市场化、现代化水平；乡镇政府的主要职能是进一步推动农业社会化服务体系的发展与完善，为乡镇企业发展创造条件，加强农村社会主义民主与法制建设，解除政府主管部门与所办经济实体和直属企业的行政隶属关系，并在人、财、物方面彻底脱钩，全面落实企业自主权，充分发挥市场在资源配置中的基础性作用。不再保留工业、商业、物资等专业经济部门，所有行政性公司一律改为经济实体，其管理职能交给政府综合经济部门承担。培育和规范中介组织，将应该由社会自我管理和调节的社会事务，转给社会中介组织。同时，深化事业单位机构、人事制度改革，强化分类管理，推进政事分开。按照中央关于“保持现有格局，体现精简原则”的要求和省里的统一规定，市政府设置机构30个，县（市）政府机构设置22个，孝南区政府设置机构20个。市县乡机关编制由现有的11553名减为8717名，减少2836名，精减24.55%。市直机关编制1856名，减为1400名，减少24.6%。在实施改革中，认真制定各单位的“三定”方案，搞好人员的定岗分流工作，贯彻中央“带职分流、定向培训、加强企业、优化结构”的原则意见，实行一次定编定员，三年分流人员的办法通盘考虑。通过制定优惠政策，鼓励人员分流，截至2001年底，已基本完成机构改革任务。

【国有企业改革】　1999年11月，孝感市国有企业改革领导小组成立，标志着全市新一轮国企改革正式启动。市委、市政府以党中央、国务院和省委、省政府“抓大放小”精神为指导，坚持从实际出发，以思想解放为先导，以产权置换为突破口，走具有自身特色的改革路子。紧紧抓住产权制度改革这个核心，坚持“放小活小”、与“集优壮大”相结合，做到了放开改革形式、放开公有产权、放开民营经济进入，实现了国家转让产权、政府转变职能、企业转换机制、职工转变身份的“四转”目标，从而构造了经济发展的体制基础，形成了以民营经济为主的区域经济格局。在改革实践中，探索出了10种改制的具体形式：集优重组；整体出售；分体剥离；先租后售，逐步转民；民营控股，主体转民；认债购买，承债转民；全员买断，民有民营；股权集中，合伙转民；资产租赁；破产拍卖等。2000年，市直神水集团破产后，市政府将原来与金龙泉合资的800万元股权一次性转让给金龙泉集团，由其独资经营，并安置原企业职工450人。2000年，独资公司运转正常，上交税金671万元。2001年，公司又投资4000多万元扩能到6万吨，当年上交税金882万元。1999年，云梦宏博集团整体上划给中国盐业总公司，总资产扩张到3.4亿元，成为中南地区最大的食盐生产企业；2001年，美国杜邦公司出资2000万美金整体收购云梦龙云植物蛋白集团，计划5年内建成亚洲最大的植物蛋白生产基地。

通过以上多种形式的改革，全市147家地方国有及国有控股工业企业中，有135户实行了不同形式的改制，改制面为91%，其中采取国有民营、民有民营、破产兼并等改制形式的有95户，2.9万人置换了国有职工身份。国企改革取得的显著成效，为我市经济社会发展作出了重要贡献。

【招商引资】　1999一2001年，市委、市政府始终坚持把对外开放、全员招商作为加快发展的重大举措，以优化环境为基础，以大型活动为载体，以全员上阵为动力，大举招商，多次举办高层次、大规模的招商洽谈活动，取得了丰硕的成果。三年共引进外商投资14036万美元，内联引资76.66亿元人民币，招商引资已成为全市经济社会发展的重要动力和现实途径。

1999年，市政府在福州举办了孝感（福州）招商洽谈会，共签约项目36个，引资额9.6亿元人民币；2000年，市政府率团参加厦门第四届中国投资贸易洽谈会，并举办“2000年孝感（厦门）招商洽谈会”，签约项目19个，引资额达6.55亿元人民币；2001年10月，市委、市政府隆重举办“第二届天仙杯奖暨招商引资经贸洽谈”大型活动，邀请了各界人士和朋友，招来了大批内外客商，并向杜邦公司、恒安集团、立马水泥厂等10个外商投资企业颁发了孝感市招商引资成就最高奖——“天仙杯奖”，活动期间，共签约项目35个，直接吸引投资8.6亿元人民币。

孝感市人民政府第二届领导名单

（以2001年底在职名单为准）

市　　长	曹世佑
副 市 长	蔡民族　魏文和　赵晓勇　李金平　李广波（2000.6—　）
市长助理	张　帆（2001.4—　）

孝感市人民政府正副秘书长名单

（到2001年底止）

秘 书 长	刘志斌

副秘书长 彭桃安 李又彭 张延臣
李开学 陈宽宏
蔡诗宏(2000.9—)
王建华(2000.8—)
万振涛(2001.9—)
(黄丽珍 吴正悝 陈述明)

市政府办公室工作

【概况】 市政府办公室是协助市政府处理日常工作的机构。1999 至 2001 年,市政府办公室在市委、市政府的正确领导下,紧紧围绕市委、市政府中心工作,深入开展形象工程质量建设活动,不断加强办公室机关建设和管理,使办公室呈现出新的精神风貌,新的工作作风,新的工作局面,各项工作取得了新成绩。

【形象工程质量建设扎实有效】 市政府办公室在调查研究、广泛讨论的基础上,于 1999 年初确定以人为本,以提高素质为核心,全面开展形象工程建设年活动。随后,制订出台了《形象工程建设总体方案》,包括"目的与意义、形象与内涵、任务与目标、内容与重点、措施与机制"等内容;成立了以市政府秘书长刘志斌任组长、其他副秘书长和办公室班子成员任副组长、各科室主要负责人为成员的形象工程建设年活动领导小组;聘请了市政府常务副市长蔡民族任主任,市委办公室、市人大常委会办公室、市政协办公室及有关市直部门负责人任副主任,各县市区政府办公室主任为成员的形象工程评议委员会;印发了《市政府办公室工作目标责任书考核办法》和《市政府办公室形象工程建设年活动诫勉办法(试行)》。同时,还制定了 7 个活动方案。2000 年,在继续坚持形象工程建设作法的同时,还对办公室工作职责进一步细化,分别制订了《拟办建议质量方案》、《公文拟写质量建设方案》、《公文运转质量建设方案》、《办公自动化质量建设方案》、《政务信息质量建设方案》、《会务质量建设方案》、《接待质量建设方案》、《环境卫生质量建设方案》和《督办协调质量建设方案》。2001 年,除继续坚持 2000 年 9 项质量建设外,还制订了《党风廉政建设方案》和《理论学习方案》,以及《市政府机关值班工作制度》。

三年来,通过扎实开展形象工程质量建设活动,市政府办公室各项工作取得了新的成绩:1999 年,市政府被省政协授予"八届省政协提案优秀承办单位"称号,市政府办公室被市直机关工委评为形象工程建设先进单位。2000 年,市政府办公室被省政府办公厅授予"全省政府系统办公自动化先进单位"和"全省政府系统督办工作先进单位"称号;1999、2000 年,市政府办公室被省政府办公厅授予"全省政府系统信息工作先进单位"称号。1999～2001 年,连续三年,市政府办公室被省政府办公厅授予"《湖北政报》宣传发行学习运用先进单位"称号。3 年间,一批个人受到省、市表彰。

【文明创建成绩突出】 1999 年,在文明卫生城市创建中,市政府办公室 12 个科室被市直机关工委评为文明科室,市政府办公室被市委、市政府授予"最佳文明单位"、"创建文明卫生城市先进单位",全市政府办公室系统被市委、市政府授予文明系统称号。2001 年,继续在全市政府办公室系统创建市级文明系统,并下发了《关于在全市政府办公室系统开展争创文明系统活动的通知》及《孝感市政府办公室系统创建文明系统活动的工作方案》,成立了以市政府秘书长刘志斌任组长,市政府副秘书长、办公室主任彭桃安任副组长,各县市区政府办公室主任为成员的创建市级文明系统领导小组,领导小组下设办公室,负责创建具体工作。经过努力,市政府办公室再次获得市级最佳文明单位,孝感市政府办公室系统获得市级文明系统称号。

【机关建设不断加强】 1999 年,制定了《市政府公文运转规则》和《市政府常务会议、市长办公会议规则》,印发了《公文处理手册》,进一步完善和明确了各项工作程序和时限要求,继续实行办理承诺制度。对办公室事务和后勤工作 12 个方面的规章制度进一步修订,增强了操作性。对科室工作实行一周反馈制度,增强了办公室工作的透明度。投资 10 多万元购置办公自动化设备,市政府领导、秘书长、主任办公室和各科室都配了现代化办公设备;投资 10 多万元对政府轻印室进行了改造、扩建。2000 年,利用高新技术建立了档案数据库和全市政府系统机关档案管理网络,机关档案工作目标管理认定为省特级,是全省政府办公厅(室)系统第一家。投资 10 多万元对政府轻印室设备进行更新,政府公文印刷质量、对外服务水平以及经济效益进一步提高。2001 年,完成了市政府上网主页的制作,并实现了试运行,加强了计算机及网络的维修维护工作,提高了办公自动化、现代化建设水平。政府轻印室按新公文印制标准要求进行了改造,技术装备水平进一步提高。

孝感市人民政府办公室领导名单
(到 2001 年底止)

主 任 彭桃安(1998.5—2001.9)
刘志斌(2001.9—)
副主任 王建华(1998.6—2000.8)
万振涛(1999.4—2001.9)
王俊生(1998.6—2000.3)
纪检组长 汪银久(1998.6—)
(郑 祯)

孝感市行政服务中心工作

【概况】 孝感市行政服务中心是孝感市委、市政府为了适应建立社会主义市场经济体制和中国加入 WTO 的新形势、新要求,于 2001 年 10 月率先在全省建立的第一家便民便商的行政服务机构。其目的旨在进一步转变政府职能、规范行政行为、推进廉政建设、优化发展环境,加快孝感的开放和社会经济发展。

孝感市行政服务中心设立党的工作委员会和管理委员会,分别作为孝感市委、市政府的工作机构和派出机构。工委书记由市纪委书记兼任,管委会主任由常务副市长兼任。行政服务中心为正县级行政单位，配备一名常务副主任(正县级)主持日常工作。

行政服务中心主要负责对孝感市直和孝南区直范围内的行政审批、审核、许可和办证、办照、收费事项的组织、协调、管理和监督，为公民、法人和其它组织提供规范、公开、便捷、高效的行政服务。

行政服务中心有工作人员120人，其中管理层工作人员12名(管理层内设办公室、综合业务处、督查处三个处室，分别负责中心的内外联系、综合协调、文秘后勤、业务督查等工作)；各窗口单位工作人员108人，分别来自市区32个部门，负责48个窗口454个项目的行政审批工作。

行政服务中心的服务宗旨是"方便纳税人，服务老百姓"；行政服务中心的服务理念是"宁可自已麻烦百次，不让群众为难一次"。其出发点和落脚点就是便民便商，为群众提供"集中"、"透明"、"规范"、"高效"的行政服务，真正做到"进一个门办好，交规定费办成，在承诺日办结"。

行政服务中心的运行模式，归纳起来就是"三个五"，即"五个公开、五制办理、五好标准"。"五个公开"，是指服务内容公开，办事程序公开，申报资料公开，承诺时限公开，收费标准公开；"五制办理"，即直接办理制，承诺办理制，联合办理制，专责办理制，明确答复制；"五好标准"，是指门好进、人好找、脸好看、话好说、事好办。

【筹建情况】　2001年8月17日，市委常委扩大会议经过充分讨论，一致同意成立孝感市行政服务中心。会议同时决定迅速成立孝感市行政服务中心筹建工作领导小组，组长由市长担任，副组长由市委一名副书记、市纪委书记、常务副市长担任，成员由市委办公室等27个市直部门以及孝南区政府主要负责人组成。领导小组下设筹建办公室。筹备组按市政府"四铁"的要求，抓好选址装修、定项选人、建设网络、拟制定规、舆论配合等五个环节，仅用45天的有限时间就完成筹建工作，确保了行政服务中心按期正式运行。

【成立典礼】　2001年10月18日上午10时，孝感市行政服务中心举行了隆重的运行典礼仪式。湖北省委常委、组织部长赵文源、省人大常委会副主任张忠俭、省政府副省长韩忠学、省政协副主席杨斌庆、驻军某部副政委应世康、法国驻武汉领事馆领事尚多礼、省纪委副书记、省监察厅厅长王宗儒、省政府发展研究中心主任尹光志、省纪委常委、秘书长陈绪国、省外经贸厅副厅长杨宝生和市四大家全体领导、市直各部办委局主要负责人、各县市区委书记、县市区长、纪委书记、常务副县市区长出席了典礼仪式。

典礼仪式由市长曹世佑主持。市委书记张昌尔发表重要讲话。市委书记张昌尔，市委常委、纪委书记张新润为"中共孝感市委行政服务中心工作委员会"揭牌，市长曹世佑，市委常委、常务副市长蔡民族为"孝感市行政服务中心管理委员会"揭牌。赵文源、张忠俭、韩忠学、杨斌庆等省领导和张昌尔、王智灿、王学远等市领导为行政服务中心正式运行剪彩。

【运行情况】　至2001年12月31日，行政服务中心共计接待前来咨询、办事的群众8万余人次，受理各类行政审批事项27215件，办结26204件，按期办结率100%。其中即时办结18939件，即时办结率为77%。行政服务中心的运行产生巨大环境效应，全市内外商投资大幅增加。截止2001年12月22日，全市新增外资、个体、私营、国有、集体企业926家，比去年同期606家增加320家，增长34.5%；注册资金和追加投资共计人民币1.699亿元，比去年同期1.1亿元增长58%。其中新增外资企业5家，注册资金620万美元，人民币400万元。行政服务中心的建立，得到了广大纳税人和老百姓的热情支持和衷心拥护，也受到了各级领导和社会各界的肯定和好评。

孝感市行政服务中心领导班子成员名单

中共孝感市委行政服务中心工委书记
张新润
孝感市行政服务中心管委会主任
蔡民族
中共孝感市委行政服务中心工委副书记、管委会常务副主任　陈金桥
孝感市行政服务中心管委会副主任
阎建华

(梁　军)

市政府研究室工作

【概况】　孝感市政府研究室是市政府办事机构，内设秘书科、综合科、政研科、发展研究科4个科室。主要职能：一是围绕市委市政府中心工作，开展调查研究；二是起草《政府工作报告》和市政府主要领导的讲话、报告、汇报材料、市政府重要政策性文件；三是负责市政府的宣传工作，办好政府刊物；四是开展政策咨询研究工作，研究全市经济、科技、社会发展和国土整治与环境保护中带全局性、综合性、战略性、长期性的问题及对策，预测前景，网络市内各智囊团、专家、学者和实际工作者开展咨询、调研和论证活动；五是承担市政府交办的其他任务。

2001年市直机构改革，孝政办[2001]95号文件批准：研究室整体并入市政府办公室，单独核编，对外挂牌。机构改革后的主要职能：一是起草《政府工作报告》，市政府领导同志在重要会议上的讲话稿，向党中央、国务院和省委、省政府的汇报文稿，市政府的重要政策性文件；二是围绕市委、市政府中心工作和改革开放、社会经济发展中的重要课题，开展调查研究，提出政策性建议；三是承担政策咨询工作。组织有关专家、学者和实际工作者，对事关全市改革开放和社会经济发展中带长期性、全局性、战略性的重大决策课题，开展咨询论证活动。承担省发展研究中心统一部署的有关业务工作；四是负责经济运行情况的综合分析。搜集整理重要信息资料，编辑内部刊物；五是承担市政府机关

刊物《发展研究》的编辑出版工作；六是完成市政府交办的其他任务。2001年底，研究室内设秘书科、综合科、发展政研科、《发展研究》编辑部4个科室，在职干部16人。

1999—2001年，研究室坚持“团结、守纪、敬业、奉献”八字室风；争创四个一流，即一流的精神面貌、一流的思想作风、一流的服务质量、一流的工作效率；弘扬五种精神，即学习钻研精神、无私奉献精神、求真务实精神、开拓创新精神、团结协作精神；力求五个突破，即力求文稿起草质量有新突破、调研工作成果有新突破、综合分析时效有新突破、刊物宣传影响有新突破、后勤保障能力有新突破。全室干部齐心协力，圆满完成了三年间的各项工作任务，受到市政府领导的好评。

【起草《政府工作报告》】　1999—2001三年的《政府工作报告》的起草，按照市政府领导的要求，集中全市各个方面的智慧，贯彻中央和省委、省政府的决策部署，体现解放思想、实事求是、与时俱进的思想路线，综合分析国内外经济社会发展环境和孝感市情，提出了每个年度政府工作的指导思想、工作思路、奋斗目标和主要措施，有效地指导了全市的工作，促进了改革开放和经济社会发展。

【起草领导讲话、政策性文件和汇报材料】　三年来，起草了领导讲话、汇报材料及政策性文件共110多篇，130多万字。主要有：曹世佑同志在市委二届二次、三次、四次、五次、六次全会，政府二届三次、四次、五次、六次、七次、八次全会上的讲话，年度述职报告，在全市经济工作会议，实施形象工程动员大会，创建文明卫生城市迎检动员暨总结表彰大会，非公有制经济工作会议，老干部形势报告会，城市规划工作会议，旅游工作会议，个体私营经济工作会议，全市国有企业改革脱困与发展现场会议，市区机关集中整训总结暨对口学习东西湖活动动员大会，转变政府职能、提高领导能力和工作水平研讨班，全省行政改革交流会上的讲话等领导讲话材料；起草了加强技术创新、加快发展高新技术产业的决定，发展素质教育深化教育改革促进教育事业发展的决定，突破性发展民营经济的有关政策性意见和操作办法，加快商业银行发展的政策性意见等一批政策性文件；起草了关于贯彻落实科技进步目标责任制情况，孝感市高新技术产业发展情况，孝感市经济工作情况的汇报以及向贾志杰、蒋祝平、邓国政、国防科工委和航天机电集团等领导同志来孝视察时的汇报材料。

【开展调查研究】　围绕市委、市政府的中心工作，三年来共组织大型调查30余次，形成30多万字的调查材料，为市委、市政府的重大决策提供了依据，发挥了重要作用。主要有：全市经济运行情况调查、市区国有企业改革调查、“双过半”情况调查、二水厂优质工程调查、新铺镇清收农村合作基金会资金调查、民营经济嫁接改造国有企业调查、云梦县实现县域经济快速发展情况调查、周巷大力推行“八不准”调查、孝南区祝站镇减员减负情况调查、孝感市利用政府外债及风险问题情况调查、对外开放情况调查、水上旅游专题调查、行政服务中心组建运作情况调查等。

【对外宣传工作】　三年来共在省以上报刊发表领导署名文章33篇，为孝感提高知名度、扩大影响力作出了贡献。主要有：在《深圳证券时报》上发表的《湖北川绳——投资者的福星》，在《城市年鉴》上发表的《湖北荆楚明珠——孝感》、《孝感市情与孝感市区现代化程度的情况》，在《中国年鉴》上发表的《孝感高新技术产业开发区简介》，《福州日报》上发表的《孝感阔步迈向新世纪》，《北京日报》上发表的《孝感建筑大军在首都建功立业》，《湖北日报》上发表的《发展经济、培植财源、保持财政收入的持续稳定增长》、《抢占发展先机》、《领导干部要过好五关》、《孝感市经济步入经济效益良性循环轨道》、《着力做好三篇文章，实现孝感经济跨越式发展》，《经济日报》上发表的《孝感市长对污染企业说不》、《这样的市长值得称赞》的文章，湖北人民广播电台播出曹世佑市长关于“坚持、体现和贯彻‘三个代表’的要求，扎扎实实抓当前各项工作”、“抢占发展先机、重在拼搏实干”、“实现跨越式发展，重在拼搏实干”、“大力调整农业结构”等专访文章；在《中国英才》第八期上发表的《不停歇的攀登怪杰——吴涛》，《湖北要情》上发表的《孝感国企改革取得阶段性成果》，《湖北社会评价》上发表的《孝感1999年经济效益》、《孝感市1999年国民经济和社会发展情况》等文章。同时，为了展示建国以来特别是改革开放以来孝感的成就，出色地完成了《中华人民共和国年鉴》的组稿工作；策划制作了曹世佑市长参加全省经济工作会议上的文字发言、多媒体发言和建市五周年招商活动多媒体制作。

【承办市政府机关刊物】　三年来共编辑出版市政府机关刊物《发展研究》18期，200余万字，体现了一流的印刷质量和编校水平。编印反映本地和外地重要改革、政策动态和经济运行情况的《领导参阅》33期、《经济月析》8期。

【加强党建和精神文明建设】　一是认真开展了领导班子“三讲”教育和创“团结、廉洁、实干”领导班子等活动，提高了班子自身素质；二是坚持以人为本，深入开展思想作风建设、学习“三个代表”和文明创建等活动，塑造了机关新形象；三是传达贯彻落实了中央关于处理和解决“法轮功”问题的决定及部署，对党员干部进行了理论、信仰教育；四是加强了支部建设和干部培养教育工作，提高了干部队伍整体素质。对原党支部进行了改选，成立了新一届党支部；按计划发展了2名党员，2名预备党员按期转正；加大了干部培养使用工作力度，提拔了2名副县级干部、1名副科级干部，选调了2名科级业务干部，先后安排了4名干部参加市委党校培训，派出1名副科级干部支援小康建设。

孝感市人民政府研究室领导名单

1999 年

主　任　李开学

副主任　程剑华　王文华　李汉斌

2000 年

主　任　李开学

副主任　程剑华　王文华

2001 年

主　任　李开学　陈金桥　程剑华

副主任　程剑华　王文华　郑伯云

（张敬文）

经济体制改革工作

【概况】 1999～2001 年孝感市经济体制改革委员会因机构调整，工作职能变动较大。1999 年 3 月 25 日，体改委归口管理的房改办移交市建委。在机构改革三定方案中，将归口管理的市医改办划归市劳动和社会保障局，将建立现代企业制度试点和组织国有企业改革的职能移交给市经贸委。机关本身更名为市人民政府经济体制改革办公室。体改办行政编制 10 人，事业编制 1 人，内设秘书科、综合调研科、产业与宏观体制科。受市政府办公室委托，管理市证券监督管理办公室（事业编制 10 人）。

市体改办主要工作是对孝感市经济体制改革带全局性、超前性的问题进行调查研究；负责企业上市工作；负责对上市公司全程管理；指导全市 6 个小城镇综合改革试点和 6 个省级、省管开发区管理工作。

三年间，单位分别获市委、市政府先进、模范单位表彰 7 次，其中 1999 年、2000 年分别获市委办公室、市政府办公室信息工作先进单位、支持农村基层建设先进单位表彰，1999 年获创建文明卫生城市先进单位表彰。

【规范运作上市公司】 上报的福星科技公司股票于 1999 年 6 月 18 日成功发行 5500 万股社会公众股票并在深圳证券交易所上市。2001 年 5 月又向省体改办上报了四四〇四厂、中包云梦薄膜厂、汈汊湖渔业、黄麦岭磷化工、湖北通达光缆股份有限公司等 8 家上市后备企业。至 2001 年全市有 39 家股份有限公司基本规范。对运作不规范的股份公司，2000 年按有关法规取消了 13 家股份有限公司的资格。

【企业改革进一步深化】 1999 年 7 月 10 日—11 日，'99 湖北孝感中小企业改革与发展研讨会在汉川举行，会议邀请了北京和省里经济改革专家和学者及有关领导出席了会议，各县市区党政一把手及分管领导，市直有关部门，重点企业负责人参加了会议。市委书记张昌尔、市长曹世佑在会上讲了话。会议交流了改革经验，研讨了深层次问题，提出了相应对策。至 2001 年，全市县市区属国有工商企业已有 757 家进行了转民，占总数的 95%。通过放小转民，盘活资产14.49亿元，安置职工 24238 人。

为了抓好资本扩张，促进支柱产业壮大，全市以 10 大企业集团为首的骨干企业收购、兼并、租赁小企业 70 多家，盘活并聚集资本 10 亿元以上。黄麦岭磷化工公司和中包云梦薄膜厂分别实施了17.4亿元和1.49亿元的债转股。

【依法破产安置职工三万余人】 2000 年，全市企业破产终结 52 家，死而后生的企业 40 家，盘活资产 6 亿多元。应城市啤酒厂"动态破产"法被省体改委作为中小企业改革典型案例向全省推广。市机床厂因严重资不抵债，2000 年 8 月 29 日，以市体改委副主任陈贻先为组长的破产清算组进驻机床厂，做了大量艰苦细致的工作，一是豁免企业债务 6193 万元；二是与港商、台商及省内外 30 余家公司洽谈，至 2002 年 10 月，完成了法律规定的各项程序，以 730 万元的价格将市机床厂生产区内的土地、房屋整体出售给了孝感鸿昌金属材料有限公司；三是按政策，完成了每个职工的安置工作；四是组建了生活区物业管理公司，并进行了房改；五是成立了九洲机床有限责任公司。全厂 700 多名职工没因企业破产而出现群体上访事件。

【开发区建设和发展再上新台阶】 抓开发区的体制创新和环境创新。全市一大四小开发区经济运行平稳，各项主要经济指标继续保持较大增幅。全市开发区 1999 年共实现国内生产总值35.4亿元，同比增长23.4%；销售收入28.1亿元，同比增长 20%；实现利润2.1亿元，同比增长 22%。2001 年实现国内生产总值40.14亿元，同比增长15.2%；实现工业总产值46.2亿元，同比增长 18%；实现工业增加值12.52亿元，同比增长26.3%；实现利税1.74亿元，同比增长 13%。招商引资成效明显。全市各开发区立足区情，确立"三结合"、"四为主"的工作思路，采取全员招商、专班招商、以商招商、网上招商等措施，共引进项目 96 个，实际利用资金6.45亿元。

【综合改革试点镇建设和发展步伐加快】 抓试点镇的综合改革和经济社会发展。全市 5 个试点镇经济发展加速，各项主要经济指标增幅较大。2001 年，全市 5 个试点镇共实现国内生产总值29.44亿元，同比增长15.6%；财政收入 6316 万元，同比增长17.2%；农民年人均纯收入 2974 元。

积极做好国家级综合改革试点镇及全省第二轮小城镇综合改革试点的申报工作。2001 年底，马口、长江埠、道桥、肖港、淅水、小河等镇已列入全省第二轮小城镇综合改革试点名单，长江埠办事处、马口镇已完成国家级综合改革试点镇的申报工作。组织完成了小城镇综合改革培训工作。先后两次组织试点镇有关人员赴广东、新疆学习培训，了解掌握全国试点工作动态，借鉴外地经验，收到良好效果。

市人民政府经济体制改革办公室领导成员名单

主　任　赵诗书

副主任　邱国新　陈贻先

（陈旭林）

住房制度改革

【概况】 1999 年～2001 年，孝感市城

镇住房制度改革工作,不断稳步推进,对社会、经济的积极影响日益显现出来,城镇居民住房消费观念发生根本转变,住房商品化、社会化意识明显增强;住房投资实现了以国家、单位投资为主向国家、单位、个人共同投资的转变,减轻了财政负担,促进了企业经营机制的转换,初步实现了住房投入产出的良性循环;住房信贷业务的开展,住房个人占有率的提高,为住房金融体系的形成和房地产市场的培育、完善,创造了良好的先决条件。住房建设的步伐加快,对相关产业和住房消费的拉动,使住房制度改革逐渐成为地方经济发展新的增长点。

1999年~2001年,全市住房制度改革工作主要是执行国发[1994]43号文件和国发[1998]23号文件,稳步提高住房租金标准,建立健全住房公积金制度,调整公积金缴交比例,出台实施《住房公积金个人住房抵押贷款暂行办法》,适时调整公房出售折扣政策,存量公房出售基本完成,停止住房实物分配,制定完善住房分配货币化政策,进一步修订和完善《孝感城区已购公有住房和经济适用住房上市交易管理办法》,全面开展以安居工程为主的经济适用住房开发建设,带动房地产业的发展。其中:公房租金标准调整到现行1.8-2.00元/m^2,约占家庭收入的12-15%,达到租金改革的预期目标,住房公积金缴纳比例由单位和个人各占职工工资总额的5%调整为各占6%,全市归集住房公积金累计为2.27亿元,参缴人数12.23万人,归集率达75%。其中市直9766.62万元,参缴人数4.02万人,归集率83%,发放个人住房公积金抵押贷款490万元。其中市直313.44万元,计143户。全市累计出售公房12万套,面积约960万平方米,盘活存量住房资金7亿元,已售公房占可售的95%以上。其中市直累计出售近3万套,近280万平方米,盘活存量住房资金2亿元。全市安居工程(经济适用住房)新开工25.22万平方米,销售21.49万平方米,完成投资16700万元。其中,市直新开工13.9万平方米,销售13.9万平方米,完成投资9300万元。

【机构设置】 根据孝感市机构编制委员会1999年3月25日印发的《关于孝感市房改办及其城镇住房资金管理中心、安居工程开发管理中心划归市建设委员会管理的通知》(孝机编办[1999]90号)精神,市城镇住房制度改革办公室及其城镇住房资金管理中心、安居工程开发管理中心于2000年元月1日起,由市经济体制改革委员会归口市建设委员会管理,撤销市经济体制改革委员会内设的房改科,其职能、人员编制全部移交城镇住房制度改革办公室,保持独立建制、合署办公,冯圣明任主任。市房改办及下属住房资金管理中心、安居工程开发管理中心、安居房地产开发有限责任公司、居安物业管理公司、世纪建筑安装工程有限公司,共有在职人员47人,其中行政编制5人,自收自支事业编制人员24人,企业编制18人。

2001年9月11日,孝感市机构编制委员会印发了《关于市直部分县级事业单位调整与设置的通知》(孝机编[2001]8号),孝感市城镇住房制度改革领导小组办公室并入市房地产管理局(挂孝感市城镇住房制度改革领导小组办公室的牌子),新组建的孝感市房地产管理局,主管全市住宅与房地产业和城镇住房制度改革工作,为直属政府管理的正县级事业单位。

【荣获"全省房改系统先进单位"称号】 近几年,房改办党支部带领全体党员和干部职工紧紧围绕市委、市政府的工作部署团结战斗,奋力拼博,为孝感二次创业和市区龙头建设作出了贡献,上级组织在肯定他们取得成绩的同时,也给予了单位集体和个人相应的荣誉。1999年度,房改办被省房改领导小组评为"全省房改系统先进单位",房改办配套经济适用房东苑小区一期、建设二期工程被市政府评为"1999年办理十件实事先进责任单位",房改办党支部被建委战线党委评为"先进基层党支部"。2000年度,东苑小区安居工程被市重点项目建设领导小组评为"重点项目建设先进单位",同时,被市政府评为"庭院绿化先进单位"。房改办被建委战线评为"党风廉政建设先进单位",房改办妇联被省妇联授予"全省妇联系统'三五'普法先进集体"称号,房改办团支部被建委战线评为"红旗团组织"。三年中,党员干部接受建委战线及以上机关的各类表彰达30多人次。

【建立健全住房公积金制度】 建立健全住房公积金制度是城镇住房制度改革工作发展的重要基础。适时地不断推进住房公积金工作,使住房公积金管理和使用不断走向规范化和制度化。一是住房公积金缴存比例由单位和个人各5%调整为各6%;二是按照国务院《住房公积金管理条例》的有关规定,出台实施了《住房公积金个人住房抵押贷款暂行办法》,三是住房公积金由手工记帐管理逐步走向了电算化管理,并在此基础上开通了职工住房公积金电话查询系统,四是按照建设部、财政部的统一要求,规范了住房公积金会计核算办法和财务管理办法,建立了一套完整的财务管理制度。2001年底,全市归集住房公积金累计为2.27亿元,参缴人数12.23万人,归集率达75%,比1998年增加1.15亿元,归集率增加5%,其中市直归集9766.62万元,参缴人数4.02万人,归集率83%,比1998年增加6712万元,参缴人数增加2.01万人,归集率增加10%。

【公有住房租金改革】 公有住房租金改革是住房制度改革的重要组成部分,也是住房制度改革的突破口,孝感市按照国家、省的有关规定,对公有住房的租金标准进行了6次调整,1999年租金标准调整为2.00元/m^2,约占职工家庭收入的13%,达到了租金改革的预期目标。对部分特定对象制定了减免政策,促进了社会稳定。

【经济适用住房开发建设】 以安居工程为主的经济适用住房的开发建设是住房制度改革工作发展的必然,也是房改工作促进房地产业发展的方向，孝感市确定为国家安居工程试点城市以来，全市上下联动，全面加大了以安居工程为主的经济适用住房的开发力度，仅由各级房改部门直接投资开发建设的小区有近10个，总投资5.5亿元，累计开发建筑面积65万余平方米。2001年全市安居工程新开工25.22万平方米，销售21.49万平方米，完成投资16700万元。其中市直新开工13.9万平方米，销售13.9万平方米，完成投资9300万元。

【加快住房分配货币化】 国务院、省政府相继下发了“深化房改、实施住房货币化分配的”政策文件，提出了停止住房实物分配、出台实施住房分配货币化方案的时间要求。市房改办经调查研究，摸底测算，起草了《孝感市城区单位职工住房分配货币化实施方案》。《方案》主要是：改革住房分配制度，变住房实物分配为货币分配，克服住房实物分配体制下分配不公和以权谋私的种种弊端。改革住房分配方式，变原来的以家庭为单位进行住房分配为面向职工个人进行住房货币补贴。实行住房分配货币化后，各单位在职工住房问题上的负担将趋于平衡，既体现了按劳分配的原则，也使单位之间的住房负担公平合理。初步实现住房消费列入工资分配的改革目标，房改的目标是实施住房的货币化工资分配，《方案》规定对无房、住房未达标和新参加工作的职工，实行货币补贴，进入职工个人住房补贴专户，使这部分职工初步进入货币工资分配的新体制。随着老职工住房问题的逐步解决，将逐步建立起孝感市的住房新体制。改变住房供应体制，促进住房市场的发育。实行住房货币化分配后，单位不再为职工购建住房，职工解决自身的住房问题将面向市场，按自身需要去选择住房，从而调整了住房的供求关系，使职工走向从过去的向单位等、靠、要住房的方式改变为向市场购、建、租住房来解决住房的途径。

在稳步推进住房商品化、社会化的同时，为了规范房改房和经济适用住房二级市场的管理，市房改办根据中央和省的有关规定，起草了《孝感城区已购公有住房和经济适用住房上市出售管理实施办法》。《办法》分别对房改房和经济适用住房的上市条件、交易程序、税费缴纳和收益分配作了明确规定。

孝感市城镇住房制度改革办公室领导成员名单

主　任　陈家奎

副主任　冯圣明　何晓波　张明文

（易　红）

法制工作

【概况】 孝感市政府法制办公室作为市政府主管全市政府法制工作的工作机构，在政府法制工作方面担负着重要职责。1999年～2001年机构改革前，市政府法制办公室为市政府直属工作机构（副县级），由市政府办公室管理；当时市政府法制办内设三个科室（综合科、行政执法监督检查科、法规科），人员编制10人，实际在编人员6人，程光辉任主任。2001年机构改革后，市政府法制办公室升格为市政府工作部门，内设三个科室（综合科、行政复议监督科、法规科），行政编制9人，实际在编6人，蔡诗宏任主任。市政府法制办公室主要职责是：承担市政府规范性文件的审查、协调、修改或组织起草工作，承办由市政府管辖的行政复议案件和市政府在行政诉讼案件中的应诉工作；承办以市政府作为赔偿义务机关的行政赔偿事务；指导、协调全市行政复议、行政赔偿工作；参与或组织检查有关法律、法规和规章的执行情况；协调行政执法机关之间在执行法律、法规和规章中的矛盾和争议；推进行政执法责任制。1999年～2001年，全市政府法制工作有很大进展。规范性文件审查质量不断提高，为行政机关依法行政提供了良好基础；行政执法活动得到规范，依法行政水平逐步提高；行政执法监督得到加强，行政复议工作抓出成效；行政执法责任制推行不断深入；法制工作队伍得到充实，素质不断提高。

【规范性文件】 规范性文件是行政机关实施行政管理活动的重要依据，各级行政机关始终把制发规范性文件，作为大事、要事来抓，从各个环节上确保规范性文件的合法性、科学性和可行性。1999年～2001年，全市各级各部门共制发规范性文件500多件。市政府法制办审查修改市政府规范性文件65份，已出台45份。这些规范性文件突出了重点，紧密结合全市改革、发展和稳定的大局，对于人民群众普遍关心的重点、热点问题，予以及时规范，既贯彻了中央政策精神和国家法律、法规规定，又体现了孝感市的一些特点。2001年底，为了适应加入WTO的需要，国家对有关的法律、法规、规章进行了清理，分别作出了废止、失效、修改和继续适用的决定，并陆续进行了公布。按照要求，孝感市对建国以来制发的规范性文件进行了全面清理，历时3个月。全市政府系统查阅文件目录一百多万条，审查文件1825件，确定废止634件，失效304件，修改141件，继续适用746件，并以不同形式分别向社会进行了公布。其中，市政府发文公布废止、失效98件。

【执法监督】 行政执法监督的目的是为了维护公民、法人和其他组织的合法权益，促进和保障行政执法机关依法行使职权。行政复议是行政机关自我纠错的一种重要层级监督制度，是防止和纠正违法行政行为的一个法定的最为有效的监督制约机制。1999年～2001年，各级行政复议机关坚持以事实为依据，以法律为准绳，依法办理了大量的行政复议案件。全市各级各部门共办理行政复议案件400多件，仅孝感市人民政府就受理并审理行政复议案件58件。有效地发挥了行政复议在行政救济和层级监督方面的作用，既保护了人民群众的合法利益，又保障了行政机关依法行使职权。各地各部门还建立了规范性文件备案审查、重大行政处罚案件备案、行政执法检查、行政执法争议协调等制度，每年都有计划、有重点地开展一些执法检查。

【执法协调】 执法协调对于理顺行政执法，优化发展环境具有重要作用。执法协调主要涉及政府部门职能分工，有些还牵涉到部门利益，因此，执法协调工作难度较大。1999年～2001年，各地各部门协调了大量的执法纠纷，为防止“多头”执法、“空头”执法做了很多工作。首先，部门之间加强了执法纠纷自我协调；其次，部门之间对执法纠纷达不成一致意见的，政府法制工作机构加强了协调工作。市政府法制办共计协调执法管辖争议11起（劳动与气象、技术监督与卫生、技术监督与农业、城建与室内装饰、城建与工商、农机与公安交警等）。

【法律培训】 法律宣传教育是提高各级行政机关执法人员依法行政和保证法律、法规、规章贯彻实施的一项重要基础性工作。各地各部门多次举办不同形式的法制讲座，共计培训行政执法人员18000人次。市政府法制办先后举办了法律培训班多次，培训执法人员5000人次。

【执法责任制】 行政执法责任制是指依法登记或确认行政执法主体资格，公示执法依据，规范执法活动，监督执法行为，追究执法违法责任，评议考核执法质量等制度的总称。推行执法责任制的目的就是要把法律法规的规定落到实处，既不缺位，也不越位。孝感市推行行政执法责任制始于1999年。1999年4月，市二届人大常委会第八次会议通过了《关于推行执法责任制和错案责任追究制的决定》之后，市政府先后三次召开市长办公会对行政执法机关推行执法“两制”工作进行专题研究。成立了以曹世佑市长任组长的推行执法“两制”工作领导小组，领导小组下设办公室，由市政府法制办具体负责推行执法“两制”的日常工作。1999年5月底至6月初，市推行执法“两制”工作领导小组组织有关人员，专程到襄樊、十堰等地进行考察学习。在借鉴外地经验和专题征求市人大领导和各专委会负责人意见的基础上，6月份，市政府印发了《孝感市市直行政部门推行执法责任制和错案责任追究制工作方案》。各县（市）区也参照市直的作法，制定了实施方案。1999年10月26日，结合贯彻全国及全省依法行政工作会议精神，召开了全市第一次依法行政暨行政机关推行执法“两制”工作会议，常务副市长蔡民族对推行执法“两制”工作进行了动员和部署，并与市直各行政执法机关签定了行政执法责任书。这期间，“两制”办公室还组织人员，对建国以来特别是党的十一届三中全会以来，全国人大及常委会、国务院和省人大常委会颁布的法律、法规，国务院各部委和省政府颁布的行政规章，以及省直厅、局和市政府制定的规范性文件，进行了分类汇总，并将目录汇编成册。同时，对全市行政执法人员执法资格也进行了清理和审查，经审查合格的执法人员，按省政府换证的有关规定，重新换发了新的行政执法证。1999年11月上旬，由市政府办公室和市政府法制办公室联合组成专班，分别到市公安局、市工商局等10个市直行政执法机关就推行执法“两制”工作进行了专题调研，征求意见。11月下旬，在市二届人大常委会第十二次会议上，常务副市长蔡民族代表市政府作了关于推行行政执法责任制和错案责任追究制的工作报告，市人大常委会进行了认真审议。根据委员们提出的意见，市长办公会研究了进一步深化的措施。随后，“两制”办公室对照有关的法律、法规，结合孝感市的实际，起草了《孝感市行政执法过错责任追究暂行办法》，经市政府常务会议讨论通过并予以印发。

2000年初，市政府继续将推行执法“两制”工作作为依法行政的重点，写进了《政府工作报告》。按市政府工作要求，“两制”办公室及时将推行执法“两制”工作的目标任务按时间进度进行了分解，分期分段制定了实施方案和完成措施。2000年5月中下旬，为了检查“两制”的整改落实情况，由市政府法制办公室抽调有关人员，再次对市技术监督局、市农业局、市规划局等14个单位推行执法“两制”工作进行了抽查。2000年9月8日，召开了孝感市行政执法机关推行执法“两制”工作经验交流会。会议全面回顾了一年多来推行执法“两制”工作情况，通报了14个单位“两制”抽查情况。市技术监督局、市规划局、市土地局、市农业局分别在会上介绍了“两制”工作的做法和体会。会后，“两制”办公室按照蔡市长在经验交流会上指出的检查、通报、谈话、查处“四步曲”的督办方式，先后两次对市直重点执法机关进行了检查督办。2000年7月12日“两制”办公室对照市政府与市直行政执法机关1999年签定执法责任书上的内容，以孝政办发[2000]56号文件下发了孝感市行政执法机关推行执法“两制”百分考核量化指标的通知。2000年12月11日至26日，在市政府推行执法“两制”工作领导小组领导下，从市政府法制办公室、市司法局、市监察局抽调部分工作人员，组成2个检查考评小组，分别对市直60个行政执法单位，推行执法“两制”工作情况进行了全面检查考评。考评结束后，按得分高低进行了排序。2001年3月，召开了全市第二次依法行政工作会议。会议通报了推行执法“两制”检查考评情况，并对下一步的“两制”工作提出了具体的强化措施。

【文件清理】 2001年下半年，随着中国加入世界贸易组织进程的加快，按照中共中央、国务院，省委、省政府的统一部署，孝感市开展了自建国以来规模最大的清理文件工作。这次文件清理工作自始至终得到市委、市政府的高度重视，主要领导都作了批示。市委、市人大、市政府分别组建了工作专班，负责抓好各级党委、人大、政府及其部门的文件清理工作。市委办公室召集了党委系统有关人员会议，具体部署和安排了党委系统文件清理工作，并成立了由市委副秘书长李咬明任组长的清理文件专班，抽调了专门工作人员集中办公。市人大参照市委、市政府的作法，认真部署了全市各级人大及其常委会作出的决定、决议及其他文件的清理工作，成立了由市人大常委会秘书长李道信任组长的清理文件领导小组，指定了专门工作人员具体负责此项工作。为了统一协调和指导全市文件清理工作，汇总全市清理结果，市政府成立了适应加入WTO进程清理规范性文件和其他政策措施领导小组，市委常委、常务副市长蔡民族任组长，市政府办公室、市政府法制办、市经贸委、市计委、市财政局、市外经局、市档案局等单位主要负责人为成员。领导小组下设办公室，从各成员单位共抽调了10名精干的工作人员，负责文件清理工作。2001年11月23日，召开了孝感市清理文件工作动员部署大会。会议着重强调加入WTO需要清理文件工作的重要性和紧迫感。进一步明确了清理文件的基本原则、范围与标准、方法与步骤，并要求各级各部门要加强协作，密切配合，共同完成清理任务。为了培训清理文件骨干，确保清理工作按时高效完成，2001年11月16日，由市政府副秘书长蔡诗宏带队，组织法制办有关工作人员，专程到省委党校听取了国务院法制办秘书行政司汪永清司长作的清理文件专题讲座；11月23日，借召开全市清理文件工作动员大会之机，专门请省政府法制办复议协调处处长陈志翔作了清理文件工作专题辅导报告。整个文件清理工作历时三个月。全市政府系统审查文件1825件，通过清理审查确定废止634件，失效304件，修改141件，继续适用746件。党委系统确定废止11件。人大系统共清理审查市、县(市)区人大及常委会作出的决定、决议1242件。其中，市人民代表大会作出决议54件，市人大常委会作出的决定、决议13件，县(市)区人大及其常委会作出的决定、决议1188件。通过清理审查，确定以上决定、决议与加入世贸组织承诺不相矛盾，可以继续执行。

孝感市政府法制办公室领导成员名单

市政府副秘书长兼法制办主任 蔡诗宏

市法制办副主任 程光辉

(程光辉 王 虎)

人事工作

【概况】 市人事局是主管全市人事工作和推行人事制度改革的市政府工作部门，综合管理国家公务员和专业技术人员，推进全市国家公务员、专业技术人员队伍建设；综合管理全市企事业单位人事制度改革，调整人才结构，促进整体性人才资源开发。市机构编制委员会办公室是市机构编制委员会的常设办事机构，负责全市行政管理体制、机构改革以及机构编制的日常管理工作，挂靠市人事局，实行两块牌子一套班子。

1999～2001年，市人事局在市委市政府的领导下，深入贯彻党的基本路线和方针政策，以经济建设为中心，紧贴市委市政府经济发展思路和工作大局，按照上级人事工作的总体要求创造性地开展工作，坚持加强干部队伍的思想政治建设和机关作风建设，深入开展文明创建活动，努力树立“团结、向上、务实、奉献、公正、廉洁”的人事干部队伍新形象。新一轮机构改革工作扎实有效，事业单位人事制度改革稳步推进，公务员管理工作逐步加强，整体性人才资源开发有了新的突破，各项人事业务工作再上新台阶，两个文明建设取得较大成绩，为我市经济建设和社会发展提供了有力的人事人才保障。1999年，市人事局被国家人事部评为人事信息工作先进单位，被省人事厅评为全省人事系统1996—1999年先进单位、全省职称改革工作先进单位、全省机关事业单位工资工考工作先进单位、全省考核任免奖惩工作先进单位、全省人事考试工作先进单位、全省人事信息宣传工作先进单位；被市委市政府命名为最佳文明单位、文明系统，评为市直机关先进单位、先进基层党组织和支持农村小康建设模范单位、计划生育齐抓共管工作先进单位。2000年，被省委省政府命名为文明单位，被省人事厅评为全省人事考试工作先进单位、人事信息宣传工作先进单位、计算机等级培训工作先进单位、工资年报统计工作先进单位；被市委市政府评为市直机关先进单位、支持小康工作先进单位、计划生育齐抓共管工作先进单位。2001年，被国务院军队转业干部安置工作小组等四组部授予全国军队转业干部安置工作先进单位，被省人事厅评为全省专业技术人员管理工作先进单位、全省职称改革工作先进单位、全省人事考试工作先进单位、全省人事信息宣传工作先进单位，被省编办评为全省编制系统宣传发行工作先进单位；被市委市政府命名为2000—2001年度文明系统、市直机关先进单位、招商引资先进单位、市直创“团结廉洁实干”领导班子活动先进单位、理论学习先进中心组、计划生育齐抓共管工作先进单位。

【机构改革】 按照机构改革的总体要求和部署，全市机构改革工作从2001年3月开始全面启动，在市委、市政府和市编委的领导下，强化措施，扎实工作，全市机构改革工作全面完成，各项工作取得了好的成效。一是精简了机构。市级党政群机关由原来的70个精简为58个，减少12个，精简17%；各部门内设机构由原来的441个精简为342个，减少99个，精简23%。7个县市区党政群机关由原平均45个精简为40个，减少5个，平均精简11%；各部门的内设机构由1519个精简为1202个，减少317个，平均精简21%。全市乡镇机关内设机构一般设置4个，即党政办公室、经济发展办公室、计划生育办公室、政法办公室。个别规模较大的乡镇，将经济发展办公室分设为农业办公室和经贸办公室，控制在5个以内。乡镇事业单位除垂直管理单位以外，其设置数控制在8—10个以内。全市乡镇事业单位由原来的1611个精简为952个，减少659个，平均精简41%。二是精简了编制。全市党政群机关行政编制由11553名精简为8717名，减少2836

名，平均精简24.55%。其中，市级党政群机关行政编制由原来的1856名精简为1400名，减少456名，精简25%；机关人员由1663人精简为1400人，减少263人，精简16%。7个县市区党政群机关行政编制由5037名精简为3709人，减少1328名，平均精简26%；机关人员由5888人精简为3709人，减少2179人，平均精简37%。全市乡镇机关行政编制由4660名精简为3608名，减少1052名，平均精简22.6%；机关人员由7001人精简为3608人，减少3393人，平均精简48%。三是分流了人员。全市市县乡三级党政群机关应分流人员5835人，已分流3413人。其中，市级机关应分流263人，已分流263人；7个县市区直机关应分流2179人，已分流980人；全市乡镇机关应分流3393人，已分流2170人。全市市县乡2422名待分流人员已纳入三年待岗分流计划。全市政法专项编制由原来的3615名精简为3407名，减少208名，平均精简5.8%。

【机构编制管理】 进一步强化了机构编制纪律，规范机构编制管理，杜绝机构编制工作政出多门、机构和人员的无序增长，给机构改革创造了有利条件。一是按照市委办公室、市政府办公室《关于各级机关停止新增人员的通知》(孝办发[2000]15号)要求，停止办理机关及有关事业单位新增人员的编制手续，并与市委组织部、市人事局联合行文，明确了市直停止新增人员单位名单。二是开展了以县乡党政机关为主的非在编人员的清退工作。根据有关精神，结合全市实际，1999年～2000年，对全市党政机关、事业单位非在编人员及村组干部进行了清退。共清退非在编人员17853人，精简村组干部4503人。

【考试录用计划调配】 在人事计划调配、考试录用工作中，始终坚持认真执行中央和省有关文件精神。一是着力增强人事宏观调控和综合管理的力度，深化用人单位计划管理工作。积极为经济建设引进急需专业大学毕业生，为建设一支高素质、宏大的专业技术队伍打下了基础。二是全面启动了争议仲裁工作。市人事争议仲裁于1999年10月正式挂牌启动，并在2000年11月，以市政府文件印发了《孝感市人事争议仲裁管理暂行办法》予以颁布实施，并促成了全市人事系统争议仲裁工作机构、人员的设立和仲裁工作的开展，共受理人事争议案件130多起，调解裁决42件。三是实现了干部调配从单纯的人员调配向以人才资源开发和人才资源的最佳配置上的转变，严格按照省委办公厅、省政府办公厅关于《从严控制机构编制管理，为新一轮机构改革创造条件》的文件精神，对国家机关进人实行冻结，对财政拨款的事业单位从严掌握，对市直与县市区及外地之间的调配，坚持顺向流动为主、逆向流动慎重的原则，把好"入口关"。

【公务员管理】 市直机关公务员过渡工作完成后，1999年起，加大了对公务员管理力度，同时为配合新一轮机构改革工作，在市直机关全面推行了竞争上岗双向选择，实施人员定岗分流工作。2001年由市委组织部、市人事局联合印发了《关于市直机关机构改革中人员定岗分流的意见》(孝组发[2001]8号)和《关于市直机关机构改革中实行竞争上岗双向选择的意见》(孝组发[2001]9号)，对竞争上岗、双向选择工作的指导思想、程序方法、范围对象、资格条件等作了统一规定，明确了分流方式和渠道，并于2001年底全面启动了市直机关的竞争上岗双向选择工作。

【年度考核】 1999年全市国家机关、事业单位应参加考核人数为114376人，实际考核人数为113390人，参考率为99.14%。考核结果是，被定为优秀等次的11505人，占10.15%，称职(合格)等次的98938人，占87.25%，基本称职(基本合格)398人，占0.35%，不称职(不合格)等次152人，占0.13%，未定等次的2379人，占2.1%。2000年全市国家机关、事业单位应参加考核人数为99132人，实际考核人数为93578人，参考率为94.4%，考核结果是，被定为优秀等次的9903人，占10.6%，称职(合格)等次的81366人，占86.9%，基本称职(基本合格)430人，占0.5%，不称职(不合格)等次141人，占0.2%，未定等次的1738人，占1.8%。2001年全市机关、事业单位应参加考核人数为99884人，实际考核人数为94882人，参考率为94.9%，考核结果是，被定为优秀等次的10037人，占10.6%，称职(合格)等次的82822人，占87.3%，基本称职(基本合格)343人，占0.4%，不称职(不合格)等次98人，占0.1%，未定等次的1522人，占1.6%。

【行政表彰奖励】 按照表彰奖励的有关要求积极配合有关部门，坚持标准，严格程序，严把计划生育、纪检监察、综合治理关，认真做好推荐表彰和联合表彰工作。1999年推荐上报省部级表彰先进集体2个，先进个人3人；地厅级表彰先进集体54个，先进个人119人；市局级联合表彰先进集体260个，先进个人490人。2000年推荐上报省部级表彰先进集体3个，先进个人7人；地厅级表彰先进集体39个，先进个人134人；市局级联合表彰先进集体189个，先进个人587人。2001年推荐上报省部级表彰先进集体2个，先进个人10人；地厅级 表彰先进集体52个，先进个人146人；市局级联合表彰先进集体199个，先进个人812人。

【工资工考】 根据鄂人薪[1999]100号文件从1999年7月1日起调整工资标准、鄂人函[1999]130号文件从1999年10月1日起正常晋升职务工资、鄂人[2001]20号文件从2001年1月1日起调整工资标准、鄂人[2001]80号文件从2001年10月1日起调整工资标准、鄂人薪[2001]79号文件从2001年10月1日起正常晋升职务工资，1999—2001年共为市直机关、事业单位14215人办理了调整工资标准三次、正常晋升职务工资审批手续两次。从2000年11月起，对市直行政机关和部分中小学校等事业单位工作人员每月工资的发放开始实行(即：编制核编、工资核标、财政核资、银行代发)"三核一代发"工资审批。根据鄂人薪[1999]102号文件组织实施1999年的机关事业单位工人技术等级考核工作，全市报名参加考试1087人，合格率为80%。根据鄂人[2001]155号文件组织实施2000年度机关事业单位工人技师资格考试评审工作，全市报名参加考试291人，合格率为82%。根据鄂人薪[2001]72号文件组织实施2001年度机关事业单位工人技术等级考核工作，全市报名参加考试共3049人，是人事部门自1995年开展这项工作以来，报名参加考试人数最多的一年。

【干部教育】 根据《国家公务员培训暂行规定》、《全国专业技术人员继续教育暂行规定》精神，全面实施依法培训、依法管理。全市初任培训684人，任职培训1311人，每年85%的单位开展公务员专门业务知识和更新知识培训。1999年市人事局出台了《国家公务员培训证书管理制度的实施办法》，在全省率先实行了国家公务员培训登记考核制度。2000年与法制办联合编写了公务员公共读本《行政法律知识与WTO知识》，对全市8所公务员培训基地进行了资格审查，开辟了境外培训基地，举办了境外培训班2期。2001年市政府办公室出台了《孝感市人民政府办公室关于贯彻〈湖北省专业技术人员继续教育暂行规定〉的意见》，加大了继续教育力度。全市每年有70000多名专业技术人员接受继续教育考核验证。其中，市直每年有120多个企、事业单位，6000多名专业技术人员接受继续教育考核验证，且脱产培训率达30%。为全面推进干部教育培训工作，2001年市人事局印发了《孝感市人事教育培训"十五"规划》，推荐评选全省"九五"期间干部教育培训先进集体、先进个人活动，评选出受省委组织部、省人事厅表彰的先进集体4个、先进个人4人。开展了"教育培训与孝感经济社会发展"征文活动，评选出优秀征文20篇。

【军转安置培训】 1999～2001年是三年裁军50万人的关键时期，2001年是军转干部安置办法改革初始之年，军转安置工作改革和地方机构改革矛盾突出，任务繁重。在各级党委和政府的重视下，孝感市采取了如下措施，一是1999年市军转工作小组、市纪委、市监察局联合下发了《关于加强军转安置工作纪律的通知》，军转安置工作有了政治纪律作保证；二是2000年市委办、市政府办联合印发了《关于认真做好2000年军队转业干部安置工作的通知》，进一步加强了军转安置工作的政治责任感；三是2001年成立了退役军官管理处，制定了自主择业军转干部服务的配套办法，并利用广播、电视、报刊等媒体宣传自主择业安置政策，引导军转干部大胆自主择业。

【退休管理】 坚持执行干部职工退休制度，对到龄应退的人员采取直接发到龄应退通知书和对应退未退人员按退休人员调整工资等办法，较好地执行了干部职工的退休制度，基本上做到了到龄即退。三年来，共审批办理了市直机关、事业单位工作人员退休493人。按照退休人员政治待遇不变、生活待遇从优的原则，把"两个待遇"的落实作为退管工作的首要任务来抓。1999年5月，对全市机关、事业单位退休人员"两费"落实情况进行了调查，三年来，5次为退休人员增加退休费，并认真处理好退休干部的来信来访，维护社会稳定。1999年3月至8月，对机关、事业单位退休人员发挥作用进行了调查，全市退休人员发挥作用的有4729人，占退休总人数的30.1%，他们在不同的部门、领域、岗位发挥余热，涌现出不少先进事迹和优秀人员。积极关心退休干部生活，每年组织退休干部赴外地健康休养。开展慰问活动及娱乐联欢。

【机关事业单位社会养老保险】 市机关事业单位社会保险管理局为市人事局所属副县级事业单位，内设综合科、基金科、财务科，主要负责全市机关事业单位社会养老保险基金的征集与管理、投保人员退休养老金的发放及管理服务工作。从1999年初至2001年底，全市机关事业单位社会养老保险工作逐步形成了以机关事业单位合同制工人参保为主体，与全员养老保险、流动人员养老保险相结合的保险模式。全市34027人参加了机关事业单位社会养老保险，其中市直3069人；全员投保单位153个，其中市直20个；全市办理流动人员养老保险39人，投保金额50多万元；及时足额为2048名离退休人员发放养老金2221万元，基金收缴每年以18%比例递增；累计资金结存1.72亿元，其中市直2300万元。

【职称评审】 狠抓职称评审工作的规范化管理，制定了8项评审管理制度。办公手段不断更新，数据库、资料库、人才库基本建立。在管理上狠抓专业技术职务的聘任管理，不断深化全市职称改革工作。三年来，全市共评审专业技术职称12000多人，其中高级1500多人，中级5500多人，初级4500多人。2001年起在全市开展专业技术人员职务水平能力测试，目前已有500多人参加了测试。

【专技管理】 制定了《关于加强人才资源开发的意见》，市农村人才开发正式启动且稳步向前推进，有7位农村能人被批准为湖北省农村乡土拔尖人才。选择和报批了20名国家、省两级专家，会同有关部门推荐了3名湖北省优秀科技工作者候选人。对首批27名享受孝感市政府津贴人员进行了考核调整，共调出9人，新增加14人，第二批计32人。对首批100名孝感市优秀中青年人才库人员进行了调整，共调出49人，新纳入44人，第二批改为省"111人才工程"第三层次人选，计95人。积极申报省"111人才工程"人员申请科研项目择优资助经费，已有1人获得此项经费1万元。组织了40位科技专家、技术骨干到国内外休假考察。参加市党政主要领导科技进步目标责任制的考核和迎检准备工作，有针对性地开展专业技术人才管理工作的调查研究。

【人事考试测评】 1999～2001年全市共组织人事类考试44场次，报考人数达17903人次，其中参加国家专业技术资格考试3180人次；参加国家各类执业（职业）资格考试1360人次；参加国家、省职称外语等级考试、专业基础理论考试13363人次；承办本市有关单位委托的考试11场，参加考试563人；组织人才测评100多人次。

【计算机培训】 进一步在全市党政群机关以及企事业单位专业技术人员和管理人员中全面开展计算机知识培训工作。市人事局和7个县市区人事局均已分别建立计算机培训基地，其中市人事局和孝南、汉川、应城、安陆、孝昌等县市区人事局还开通了湖北省人事厅计算机网上考试。全市共举办计算机初级培训班580期，培训27291人，中级培训班23期，培训844人。

【事业单位人事制度改革】 按照中组部、人事部《关于加快推进事业单位人事制度改革的意见》精神，市人事局与市委组织部联合行文，印发了《关于推进事业单位考试聘用工作人员若干问题的试行意见》，并对全市2000～2001年以来，申报事业单位用人计划的市中心医院、孝感电视台、开发区等35个单位，700多人推行了考试聘用制度，形成了从制度上规范事业单位选人用人的程序和做法，建立了公开、平等、竞争、择优、充满生机与活力的用人机制。把市直和县市区近80个事业单位作为全市事业单位人事制度改革的试点单位，从而推动了全市事业单位人事制度改革工作的有序顺利开展。

【事业单位登记】 1999年，全市按照《湖北省事业单位登记管理办法》进行事业单位法人和非法人登记、年检工作。2000年下半年按照国务院第252号令《事业单位登记管理暂行条例》，酝酿全国统一的事业单位法人登记（备案）工作，年底召开各县市区编办主任会议，对此项工作作了周密部署，对相关工作人员进行了业务培训。会后，市直和各县市区分别以“×××事业单位登记管理局”的牌子、印章或单独成立的机构对外开展工作。2001年，全国统一的事业单位法人登记（备案）工作正式启动；登记（备案）的事业单位颁发全国统一的《事业单位法人证书》，原按《湖北省事业单位登记管理办法》办理的《事业单位法人证书》、《事业单位证书》一律废止。截止2001年底，全市领取《事业单位法人证书》的事业单位有2122个，其中市直有170个。

【档案管理】 按照有关规定对干部人事档案集中进行管理，人事部门承担市直政府部门的干部人事档案管理职责。1999年年初开始接受市直政府部门的干部人事档案，按规范化要求整理干部人事档案，年底完成了档案材料的分类、目录的填写工作，转入已整档案的初审和打印目录、缝边工作。2000年6月人事局管理的干部档案整理工作全部结束，为迎接全省干部人事档案工作目标管理达标检查，市委组织部与市人事局联合下发《关于对全市干部人事档案工作进行检查并申报达标等级的通知》（孝组文[2000]56号）。2001年，对档案管理工作中的各种资料进行进一步的清查和整理。

【人才市场建设】 全市已建成了以孝感人才市场为龙头，7个县市区人才市场为骨干，40个重点乡镇人才服务站为基础的人才市场体系。人才市场软硬件建设上了一个新台阶。孝感人才市场投资近20万元新建了280平方米的人才交流大厅以及办公室、档案室和人才交流服务窗口，进入了国家三级人才市场的行列；应城、云梦、安陆等县市已建立了人才交流服务大厅，配备了计算机、传真机等现代化办公设施。人才市场信息化建设突飞猛进。孝感人才市场建立了人才网站，上网访问人数已达8000人次，人才信息的收集、发布更加快捷，网上求职、招聘变为现实，人才资源得到了全方位共享。孝感市人才服务中心与全国28个省市150家人才服务机构建立了广泛的业务联系。人才市场“两个主体”逐步到位，双向选择、自主择业的用人机制已经形成，市及县市区出台了一系列有关人才服务工作和人才市场建设的政策规章，市场运行机制逐步完善，政策法规体系逐步健全，服务水平和效率进一步提高。1999年以来，全市人才交流和服务工作快速发展。全市各级人才市场为1430家用人单位招聘各类人才3150人，为全市国有、民营、三资、乡镇企业引进各类中、高级人才850人，通过多种渠道向沿海经济发达地区输送各类人才3500人。市、县两级人才市场共接待各类流动人员19000人，登记要求流动人员8930人，办理流动手续2620人。孝感人才市场坚持每月18日举办一期固定人才集市，共举办人才集市29期，进场招聘单位450家，岗位5600个，求职人员5000人左右，共推荐就业1045人。全市人事部门充分利用人才市场优势，将整体性人才资源开发作为“重头戏”来抓，采取学历教育、委托培养、素质培训、典型示范、专家指导等多种形式开发人才智力资源。各级人才服务中心为经济建设培养各类实用人才2000余人，共举办各类培训班143期14560人。通过举办行政管理大专班，为乡镇人才服务站输送业务骨干70人。通过调查摸底、层层筛选，全市共选拔乡土拔尖人才730人，表彰市级优秀乡土拔尖人才15人，为发展农业和农村经济引进人才1600人。

【人事代理】 市、县两级人才服务中心以流动人员档案管理为突破口，以办理户粮关系挂靠手续为重点，以提供各项人事代理服务为主要内容，全方位推进人事代理工作。代理范围逐步扩大,代理领域逐步拓宽,服务内容成龙配套。大中专毕业生、企事业专业技术人员和管理人员以及各类流动人员的人事代理逐步深化,机关、事业单位人事代理全面推进。全市共接管流动人员档案 12600 份,与 310 家用人单位签订了人事代理协议,共代理 4725 人。人事代理工作已经实现了由单项的人事档案管理、户粮关系挂靠转向代管行政组织关系、办理职称评审手续、认定工龄身份、调整档案工资、代交养老保险金以及人才培训、人才素质测评等全方位服务上来,“社会人事部”的作用日益突出。

【人员信息库】 按照国家人事部和省人事厅的统一部署,从 1999 年起在全市范围内全面开展人员信息基础数据库的建立工作。截止目前,全市已采集 351 个行政机关公务员基本信息,录入 251 个单位公务员基本信息;已采集 2486 个事业单位人员的基本信息,录入 1046 个事业单位人员基本信息。

【信息宣传调研】 市人事局把深入开展信息宣传调研工作作为定思路、定措施、创一流的重要措施来抓,坚持信息工作的报送、考核、通报、奖励等多项制度,1999 年定为“素质教育年”,要求全局干部职工练好讲、写、做“三功”本领,结合人事工作实际多写多练,不断提高写作能力。2000 年以局正式文件出台了《关于进一步做好人事政务信息宣传工作的通知》,有力促进了全市人事信息宣传工作。据不完全统计,3 年来,局领导带头写稿,干部职工踊跃投稿,共有 970 余篇各种类型文章分别被各级报刊、简报、电台、电视台采用,其中国家级 96 篇,省级 288 篇;另有 46 篇经验交流文章在全省人事系统交流。人事信息工作多次受到各级的表彰。

【招商引资】 位于广场街九真村的王家窨冲沟曾被市民称为孝感的“龙须沟”,全长 1438 米,污水横流,臭气熏天,污染环境,影响市容。2000 年市政府把治理改造王家窨冲沟作为市政府的十件实事之一,安排人事局招商引资完成治理冲沟工程任务。人事局想千方,设百法,积极开展工作,招来武汉九坤工贸公司和广州市建筑设计院投资治理王家窨冲沟。整个工程预计总投资 1.2 亿元,把明沟改为暗沟,在暗沟上建设一条长 1438 米,宽 18 米的商贸步行街。市人事局作为王家窨冲沟治理工程的招商引资单位,专门成立了以局长为首的招商引资工作专班,积极主动做好协调督办工作,先后多次分别到市计委、建设局、房产局、水利局、环保局、人防办、电力局、供水系统和孝南区政府、广场街办事处、九真村委会等十多个部门和单位,主动上门协调,争取配合,为外商创造良好的投资环境,保证施工正常进行。到 2001 年底,冲沟治理工程完成工程总量为 2400 万元,比较好地完成了市政府下达的招商引资任务。2001 年被市委市政府评为招商引资工作先进单位。

【文明创建】 根据省市群众性精神文明建设工作的总体要求和全省人事部门创建文明系统活动领导小组会议精神,结合人事系统工作实际,局党组一班人以邓小平理论为指导,坚持“两手抓两手都要硬”的方针,带领全市人事部门广大干部职工深入扎实地开展文明创建活动,全市人事系统形成了浓厚的创建氛围。一是抓学习,用邓小平理论和江泽民“三个代表”重要思想武装干部职工。人事系统在开展文明创建活动过程中,坚持认真贯彻落实中共中央《关于在全党深入学习邓小平理论的通知》和中共孝感市委《关于深入学习宣传贯彻江泽民同志“三个代表”重要思想的通知》要求,以邓小平理论、党的十五大精神、江泽民“三个代表”重要思想为主要内容,坚持理论联系实际,提高了广大干部职工对精神文明建设重要性、必要性、紧迫性的认识。二是抓领导,落实“三个一”,强化“两手硬”的机制。在强化文明创建的领导机制中,实行一把手抓到底、一把尺子量到底、一个规划落实到底的“三个一”机制。在责任上明确一把手为文明创建第一责任人,对本系统文明创建工作负总责,坚持做到两个文明建设同步安排、同步考核、同步奖惩,坚持按照确定的目标和规划抓落实。三是抓教育,以人为本,努力提高干部职工的文明素质。局党组按照“内强素质、外树形象”的要求,围绕培养“四有公民”,提高广大人事干部文明素质这个目标,采取灵活多样的方法,重点抓好“三观”“三德”教育外,先后开展了“三讲”教育、机关思想作风建设、“三个代表”学习教育、党规党纪教育、党风廉政建设教育、国情形势政策教育、警示教育以及革命传统教育等活动。四是抓制度,严格管理,建立健全规范化的约束机制。把制度的落实作为检验文明创建和一切工作的标准,把严格执行各项规章制度同开展文明创建和机关日常管理结合起来,同时把人事工作置于社会监督之下。五是抓载体,拓宽渠道,加强文明细胞工程建设。把文明创建活动延伸到学习先进典型活动中去,先后开展向孔繁森、吴天祥、王贤田等先进模范人物学习的活动;把文明创建活动延伸到机关群团活动中去,发挥机关工、青、妇组织贴近群众的优势,积极组织开展文明科室、文明家庭、文明楼栋、文明庭院等文明细胞工程建设;把文明创建活动延伸到机关文化娱乐活动中去,结合节假日和重要纪念日,分别组织开展座谈会、报告会、歌咏会等文化娱乐活动,丰富机关业余文化生活,陶冶干部职工的高尚情操;把文明创建活动延伸到履行社会义务,积极完成创建双拥模范城、创建文明卫生城、抗洪救灾、扶贫攻坚、小康建设、军民共建、招商引资等工作任务。六是抓创新,明确目标,把文明创建活动不断推向新的台阶,1999 年开展“素质教育年”活动,2000 年开展“文明窗口建设年”活动,2001 年开展“纪律教育年”活动,一年确定一个创建目标,一年一个新台阶,把文明创建活动不断引向深入。

孝感市人事局领导成员名单

局　　长(党组书记)　刘　萍

副 局 长　左少文(　　　1999.6)

谭桂姣(　　　—2001.10)

陈金海　林小春　黄定一

纪检组长　李　秋

(李伯华　施双桥)

外事、侨务、侨联工作

【概况】 2001年机构改革,市政府为加强外事侨务旅游工作,在原外事侨务办公室的基础上新组建了市外事侨务旅游局。孝办发[2001]58号文件,确定市外事侨务旅游局是主管全市外事、侨务和旅游工作的政府工作部门,市归国华侨联合会与其合署办公,内设办公室、外事管理科(挂引进国外智力科牌子)、侨务侨联科、旅游发展科、旅游管理科5个科室,人员编制16人。面对新世纪的机遇与挑战,外事管理工作进一步规范,对外交往进一步扩大,引智工作有了新的突破,侨务侨联工作有了新的发展。

【强化外事归口管理】 2001年1月,印发了《市委办公室、市政府办公室关于进一步加强外事管理严明外事工作纪律规范办事程序的通知》(孝办发[2000]1号),强调了健全外事工作体制,搞好归口管理,对外交往应严格遵守的重要原则;对民营企业、私营企业、个体工商户因公出国(境)等工作作了明确的规定,使全市外事工作统一领导和归口管理进一步加强。1999年受理审核因公出国(境)来文84批172人次,下初审批件77件153人次;2000年受理审核因公出国(境)来文86批116人次,下初审批件70件96人次;2001年受理审核因公出国(境)来文63批109人次,下初审批件66件114人次;没有发生违反外事纪律的现象,受到上级主管部门好评。

【美国默市代表访问孝感】 1999年10月14日至17日,美国默夫里斯伯勒市市长委派乔治·加德勒夫妇代表默市政府和中田纳西州立大学访问孝感,就保持两市间交往与教育交流交换了意见。加德勒夫妇代表默市市长瑞夫斯先生向孝感市再次赠送了象征两市友谊的金钥匙,客人考察了孝感师专、孝感职业技术学院,并就两市教育交流签署了备忘录。赵晓勇副市长会见了美国客人。

【法国维尔重市市长考察职院、孝感学院】 2000年5月24日法国维尔重市(Vierzon)市长让·卢梭先生率7人教育代表团访问孝感,考察了孝感职业技术学院和孝感学院,与院方就感兴趣的问题进行了广泛真诚的交谈,并与孝感职业技术学院签署了教育交流合作协议,使孝感市第一次建立了直接外派留学生的渠道。

【参加鄂法合作洽谈会】 2000年6月10日,市外侨办与市开发区联合组织了5家孝感企业参加了由省政府和法国驻武汉总领事馆联合举办的"鄂法合作研讨会",孝感市企业分别与法国有关企业相互交流了情况,并与法国工商会会长进行了座谈,拓宽了孝感市企业发展的视野。

【引进国外智力　解决技术难题】 1999年10月,德国退休专家组织(SES)中国项目负责人弥莱特—布赫曼女士来黄麦岭磷化工公司、孝感机床厂考察,市外侨办向其递交专家需求项目7个。11月在国家外国专家局召开的"2000年度外国专家需求洽谈会"上,向与会的10多个国家专家组负责人提交了包括农业项目在内的外国专家需求项目11个。2000年德国"SES"组织、美国"AITECE"组织为黄麦岭磷化工公司、三环墙体材料有限公司、福星科技集团公司派遣引智专家,较好地解决了技术难题,提高了生产效率。2001年,收集整理上报了三环墙体、舒氏集团、福星科技等8个引智项目。

【引进外籍教师　促进教育发展】 1999～2001年,先后有孝感学院、孝感职业技术学院、孝感高中、英才外国语学校、应城一中、大悟职校、汉川一中、汉川双语学校、汉川实验中学等9所学校获得"聘请外国文教专家资格",在孝感市工作的外国文教专家23人次;在孝感企业工作的外国技术专家32人次。1999年云梦云台投资公司美籍华人彭为民先生获得"湖北省优秀外籍专家编钟奖";2000年在孝感高中工作的加拿大籍教师付飒爽获得"编钟奖";2001年在三江瓦力特特种车辆有限公司工作的白俄罗斯专家沃尔科夫先生获"编钟奖"。

【市第二届侨代会召开】 1999年5月24日召开了孝感市第二届归侨侨眷代表大会。大会总结了第一届侨联的工作,选举产生了新一届侨联领导机构,提出了第二届侨联今后的主要任务。到会75名代表,经过认真酝酿,选举出23名委员组成的孝感市第二届归国华侨委员会和由7名常委组成的常务委员会。这次大会进一步充实了市侨联新的力量,保持了市侨联工作的稳定性和连续性,增强了市侨联工作的活力。

【侨务工作重点转移】 1999年贯彻省两办《关于加强全省侨务工作的意见》,侨务工作重点开始转移。进一步明确了在新形势下开展侨务工作的思路,即围绕一个中心:经济建设;树立了两个观念:大侨务和侨务工作的主要对象在海外的观念;开展三个方面的工作:国内侨政工作,对外交往工作和侨务引智工作;实现四个转变:在继续做好国内侨务工作的基础上,将工作重点由国内转到国外,工作对象由以归侨侨眷和老一代华侨华人为主转到以中青年一代华侨华人和新移民为主,工作范围由做本地籍华侨华人工作转到面向海外几千万华侨华人,工作内容以落实政策为主转到侨务引资、引智上来。市外侨办组织了全市侨务系统学习贯彻。

【开展侨情普查】 1999年组织开展侨情调查，全市共有华侨、华人、港澳同胞4680人，分布在24个国家和地区，有归侨、侨眷、港澳同胞眷属3791人。

【开展为侨资企业服务行动年活动】 1999年开展“为侨资企业服务行动年”活动，对侨资企业进行普查，全市有侨资企业110家，投资总额51266.66万美元，注册资金24789.04万美元，合同利用外资11013.57万美元，并选出19家侨资企业作为联络点，保持联系，提供服务。同年对2起侵犯侨资企业权益事件进行调查处理。

【进行新移民调查】 2000年对近年来旅居美国、日本、加拿大、新加坡、英国、法国、澳大利亚、新西兰、泰国、瑞士、印尼、意大利等国家新移民102人进行了调查。这些新移民年纪轻、学历高、分布广、活力大，列入了市侨务、侨联在海外的重点工作对象和联络对象。同时，对孝感归侨侨眷高级知识分子196人基本情况进行了登记，为孝感进入武汉光谷作了必要的人才储备。

【澳门同胞捐书】 2000年5月，市外侨办参加湖北港澳同胞深圳恳谈会，澳门同胞向市图书馆捐赠了价值万元的图书，弥补了市澳门藏书的空白。

【韩照红女士聘为孝感学院荣誉教授】 2000年8月，孝感籍旅美华侨美国哥伦比亚大学教授韩照红女士回乡探亲考察，被孝感学院聘为荣誉教授。

【开展侨务联谊活动】 2001年8月，组织市科委、开发区、丹阳制药厂、云梦薄膜厂等6个项目单位，参加了省《第二届海外华侨华人专业人士回国(来华)创业成果报告及新技术项目洽谈会》，广交了朋友，捕捉了商机。9月，市外侨办参加“首届世界湖北同乡联谊会”，与海外18名孝感同乡进行了亲密接触，沟通了感情，激发了他们回乡投资兴业的热情。

【接受港台捐赠】 香港应善良基金会于2000年11月捐资援建大悟三里镇马鞍村小学，2001年11月援建孝昌县小河镇小河村小学；台湾慈心慈善基金会于2001年10月捐资援建大悟刘集镇汪寺小学、孝昌小河镇黄湖小学、孝昌周巷镇袁集小学。五所学校共受赠68万元人民币。2000年12月，香港应善良基金会向大悟县、孝昌县400名贫困老人送温暖，合计24000元。2001年12月，香港应善良基金会捐赠价值18万元的3000件寒衣，分别分发到应城、安陆、孝昌、大悟4个县市的3000名重灾户农民手中。

【开展侨务扶贫工作】 1999年—2001年争取侨务扶贫资金和扶贫贷款54000元，建立侨务扶贫致富点2个，救济贫困归侨侨眷50人次。

旅游工作

【概况】 旅游业作为朝阳产业，越来越受到各级政府和社会的广泛关注。面对新世纪的机遇与挑战，市委、市政府主要领导明确指出：外事侨务旅游局工作的重中之重是抓旅游工作。近几年来，各级政府抓旅游的力度不断加大，旅游工作的指导思想和思路更加明确；政府、部门、民营、个体及招商引资开发旅游资源的趋势逐步形成；旅游发展规划编制工作逐步展开；双峰山、观音湖、龙潭湖、汤池等风景区建设速度明显加快；旅游管理职能逐步加强；宾馆、风景名胜由过去旅游涉外定点管理转到质量标准化管理上来，全市现有星级宾馆13家，AA级景区1家。1999年全市接待游客249.4万人次，旅游总收入5.74亿元，比上年增长9.1%；2000年接待游客289.6万人次，旅游总收入9.19亿元，比上年增长60.2%；2001年接待游客218.8万人次，旅游总收入7.6亿元，比上年减少17.3%(因广水划归随州)。

【制定旅游“十五”计划及2015年规划】 1999年《孝感市旅游业“十五”计划及2015年规划》，纳入孝感市国民经济和社会发展计划，推动了旅游业的加快发展。孝感市“十五”期间旅游发展思路是：依托孝感位于武汉都市旅游圈内圈的特定区位、交通优势，把孝感旅游市场定位为武汉的后花园，作为武汉、孝感及周边城区人民群众节假日度假、休闲、避暑的主要场所。

【旅游涉外定点单位整顿】 1999年对全市22家旅游涉外定点单位进行整顿，取消了8家不够条件的涉外定点单位，同时重新申报了8家定点单位。

【开展旅游规划编制工作】 2000年，双峰山旅游总体规划在原规划的基础上，重新聘请了华中理工大学旅游规划设计院对原规划进行了修改和完善。安陆市旅游总体规划在各县市区第一个编制完成。2001年孝昌县和大悟县完成了旅游发展总体规划编制工作。

【开展旅游标准化评定】 2000年，先后评定了孝昌县阳光大酒店、广水宾馆、湖北交通干部培训中心、广水丰源酒店、孝感物资大厦、大悟泉水山庄、安陆金泉度假村、孝南龙鼎酒店8家星级宾馆，消灭了孝感市城区没有“一颗星”的状况。2001年评定了卓洲大酒店、云梦楚王城宾馆、应城宾馆、安陆德安宾馆、安陆邮政公寓、孝南御园酒店和孝感宾馆7家星级宾馆。2001年，市星级宾馆共13家，其中三星级2家，二星级8家，一星级3家；市董永公园被省评为AA级风景区，孝昌县小悟乡被省评为旅游明星乡镇。

【组织旅游从业人员培训】 1999～2001年，先后组织导游员资格考试培训，有23人获得导游员资格证书，有6人获得旅行社经理合格证书。

【进行水上旅游资源调查】 2001年4

月对全市水上旅游资源进行了调查。全市境内现有各类河流、湖泊、水库453余处，其中河流40多条，各类水库405座。根据调查，目前可供开发或待开发的水上旅游资源有澴河（澴川风景区）；孝南王母湖、野猪湖、八汊洼水库；汉川汈汊湖、白石湖、黄龙湖；应城汤池温泉、短港水库、渔子河水库；孝昌观音岩水库、滑石冲水库；安陆解放山水库；大悟芳畈水库、彭店水库等。"十五"期间水上旅游的发展思路是：依托孝感丰富的水上风光、人文景观、历史古迹和民俗风情等旅游资源，以"五区三线"为重点，合理布局，统一规划，强化功能，各有特色，建立以双峰山滑石冲水库、观音湖、彭店水库为主的山水风景区，以汈汊湖为主的湖区游览区，以解放山水库等为主的水上运动区，以汤池温泉为主的健身疗养区和以澴川风景、王母湖为主的现代都市度假区，加快建设武汉——应城汤池——京山空山洞，武汉——双峰山——孝昌观音湖和汉阳——白石湖——汈汊湖三条旅游专线，加快旅游产业结构调整，坚持走水上旅游与观光、度假、购物、展览、会议、商务、文化、体育交流相结合的协调发展道路。

孝感市外事侨务旅游局
领导班子成员名单

局　长　齐东斌
副局长　金义辉　田康平　徐国仿
　　　　韩照方

（*唐德矛*）

机关行政事务管理

【概况】 1999年～2001年，孝感市政府机关行政事务管理局坚持以邓小平理论和江泽民"三个代表"重要思想为指导，紧紧围绕市委、市政府的中心工作，把握形势发展趋向，锐意改革，与时俱进，真抓实干，圆满完成了各项后勤保障任务，保证了市委、市政府机关工作的正常运转和干部职工的正常生活。

【水电保障】 在供电方面，1999年投资60万元，改造了老配电房，新安装低压配电总柜4台，分柜15台，更换架空线路4条，新增电容1300千伏安，使机关大院的电容总量达到了3250千伏安。2000年又结合孝感城区电网改造，在大院进行了用电线路双回路改造，开设了一座开闭所，对大院正常用电提供了可靠保障。三年中，改造了机关办公用电线路，更换了中心院住宅楼老化的单元线和住户进户线，重新架设了园北、工字楼院的户外架空线，及时进行了各种日常维修工作，保证了机关办公和住户生活的正常用电。在供水方面，2000年安装了大礼堂处水井除铁除锰净水设施，进一步提高了大院的饮用水质量。三年来，改造了工商联、统战部、对台办等办公室用水设施，安装了三栋新建楼房的供水设备和院内草坪自动喷水装置，自行设计和安装了三台水泵的自动控制系统，狠抓了日常维修工作，保证了机关办公和居户生活用水的正常供应。

【改善机关办公和干部职工住房条件】

1999年在一休所处新建了两栋住宅楼，共77套10000平方米。2001年又开始新建两栋住宅楼，共87套12000平方米，当年完成了主体工程的施工。三年来，为"四大家"分别建起了老干部活动室，为5个机关单位调整和装修了办公室，对政府办公楼进行了屋面翻盖和全面外装修。同时，新建了机关大院大门楼，统一装修孝感人民广场对面的临街楼面3000平方米，统一规划制作了临街34个门面的广告牌，为孝感城区增添了新的亮点。

【提高生活服务质量】 2000年9月投资11万元，全面装修了机关大食堂，安装了全玻璃门窗，配备了彩电和空调，新增了24套96个座位的不锈钢桌椅、一辆保温车、一个电气两用柜，使用了不锈钢案板和不锈钢套餐具。三年来，投资2.5万元，对机关小餐厅进行了维修改造，配备了彩电和空调。锅炉房停烧燃煤锅炉，使用了环保型燃油锅炉。理发室配备了消毒柜，进一步严格了消毒制度。各个生活服务行业都下功夫改进服务态度，延长服务时间，增加服务项目和花色品种，不断提高服务质量。机关大食堂连续三年被评为市"卫生示范食堂"。

【安全保卫工作】 2001年5月，孝感市武警支队一个武警班进驻机关大院，执行警卫值勤任务，增强了大院的安全保卫力量。三年来，狠抓了大院综合治理，坚持了保卫人员分片包干责任制度、机关干部昼夜巡逻值班制度、小区门栋关照制度、流动人口和暂住人口审查登记制度。按要求配置了各种消防器材和设施，坚持了每年签订消防安全责任状，定期进行消防安全检查。大院连续三年被评为"综合治理先进单位"、"消防安全目标管理先进单位"。消防安全从幼儿抓起的经验被省公安厅推广，2001年，《中国机关后勤》杂志报道了行管局加强机关大院安全保卫工作的做法。

【机关幼儿园建设】 2000年投资100万元，新建了幼儿教学楼。投资40万元，新添了钢琴、电视、多功能器械、空调、计算机等设施，进一步改善了教学条件。机关幼儿园圆满完成了孝感市一运会幼儿表演任务，以优异的成绩通过了"湖北省示范幼儿园"复评。仅1999年，就有25名教师、262名幼儿在国家、省、市级各类比赛中获奖。《关于幼儿责任感的培养》课题，被中国学前教育研究会列为"十五"研究项目。机关幼儿园先后被孝感市评为"巾帼文明示范岗"、被湖北省妇联评为"优秀家长学校"、被湖北省幼教学会授予"特别贡献奖"。

【孝感礼堂管理】 2000年5月25日，根据孝感市政府[2000]14号专题会议纪要，孝感礼堂移交市文化局管理。2001年7月6日，根据市政府[2001]18号专题会议纪要，孝感礼堂再次交行管局管理。礼堂收归后，行管局整顿礼堂工作作风，清整礼堂设施，并在礼堂院内新栽230棵银杏树，进一步改善了礼堂环境，保证了“四大家”重要会议和重大活动接待任务的圆满完成。

【搞好文明卫生创建工作】　一是加大了大院绿化、硬化、美化、亮化工作力度。三年中，完成了对大院140棵法国梧桐树的嫁接改良工作，进一步提高了树木品质；完成了市委楼前整体绿化改造，新种草坪2400平方米，补种各种花树300余株；完成了政府楼前周边花坛改建，新种草坪1200平方米；在小一栋至小三栋之间植造了立体图案花坛；进行了院内零星地带绿化，新种补种大小树3200株，花树和杉树260余株。新建了两个自行车车棚，规范了自行车的停放；完成了市委办公楼前、档案局、园北五栋及市委车队、老干车队、二休院下水道的改造，彻底解决了多年渍水问题；完成了大院各主次干道的维修，在主干道划了交通线，增设了交通标志。在大院门楼新安装了软管彩灯；在大门主干道两旁、市委和市政府办公楼前安装了满天星、软管彩灯和地灯；对广场周边楼房统一进行了装修，并重新规划和装饰了底层门面广告。二是坚持开展了创建活动宣传。利用大院宣传专栏绘制了宣传标语，定期通报了创建情况，营造了创建氛围。三是坚持大院卫生责任区清扫制度。根据大院各单位变化的情况，对各单位卫生绿化责任区重新进行了划分，并按全市统一要求，坚持了定期组织大院各单位开展卫生大扫除。四是狠抓了机关大院的环境卫生管理。坚持了环境卫生管理分片分人负责制，实行了大院环境卫生的全天候检查、督办和保洁，做到了垃圾及时清扫、清运，杜绝了乱堆乱放、乱贴乱画现象。五是狠抓了本单位和责任路段的门前四包工作。指派了三人长期担任“四包员”，始终坚持了门前四包工作的“五个一”。坚持了每月组织一次干部职工到责任路段劳动。由于坚持不懈地狠抓创建工作，保证了全局创建工作始终走在全市的前列。1999年局机关被评为“全市创建工作先进单位”，大院被评为“创建工作十佳单位”。《孝感日报》、孝感电视台对此多次作了报道。

【主动招商引资】　2000年，行管局在市政府没有下达招商引资任务的情况下，自加压力，主动为孝感经济发展作贡献，克难奋进，经多方努力和老干局一起，与全国知名民营企业武汉小蓝鲸美食管理公司取得了联系，签订了在孝投资1000万元建立连锁店的协议，并于当年建成开业。几年来生意兴隆，达到了引得进、稳得住、有效益的目的，成为孝感饮食服务业的新亮点。行管局被市评为“招商引资先进单位”。

孝感市政府机关行政事务管理局领导名单

局　长　李跃念

副局长　谢三元　陈乐春

　　　　唐俊波（1999.4～　　）

（孙　玲）

人民防空

【概况】　人民防空是国防的重要组成部分，是现代城市建设的重要内容，也是一项全民性的社会公益事业，事关国家战略全局。1999—2001年，在市委、市政府、军分区的高度重视和直接领导下，孝感市人民防空工作摆上了议政、议军的议事日程。通过人防工作者的艰苦努力，全市人防工作克服重重困难，逐步走向规范化、法制化轨道，人民防空建设得到了长足的发展。全市已有各类人防地下工程27个，总建筑面积14114平方米；平战结合人防工程开发利用累计创利数十万元；城区防空警报建设发展迅速，通信警报网络建设逐步形成；有5万多人次接受了人防常识和“三防”知识教育；孝感市人防办先后6次被广州军区、省、市评为先进集体，有7人次被国家、广州军区、省、市评为先进个人。

【人防工程建设】　孝感市的人防工程建设坚持“以建为主”的原则，以“结建”为重点，推进人防工程建设的发展。从1999年到2001年，全市共新建防空地下室10个，其中孝感城区新建7个。

【人防指挥通信建设】　1999年～2001年，孝感市不断加大人防指挥通信建设的经费投入和工作力度，按照城区通信警报建设规划，投资20余万元，先后新增了电动警报器10台，车载警报器1台，防空警报器电脑无线统控中心1套（无线接收终端13部），无线电单边带电台1部，并进入省人防无线通信网。至此，孝感城区现有警报器14台（电动警报器13台，车载警报器1台），在全省率先实现了全部电动警报器电脑无线统控。2001年9月18日，首次运用无线统控进行防空警报试鸣放成功。孝感市现有的警报通信设施，战时可用于防空袭预警，平时可为突发性灾害报警服务。

【孝感市首次参加全国性人民防空会议】　经中共中央、国务院、中央军委批准，第四次全国人民防空会议于2000年11月6日至8日在北京召开。孝感市作为国家人防重点城市，市委常委、常务副市长蔡民族和人防办主任陈金桥参加了会议。江泽民、李鹏、朱镕基、胡锦涛、尉建行、李岚清、丁关根、吴邦国、迟浩田、张万年、温家宝、曾庆红、王忠禹等党政军领导人接见了与会代表并合影留念。会上表彰了全国人民防空先进城市、先进单位和先进个人，孝感市人防办汪艳春同志荣获全国人防先进个人称号。

【孝感市被确定为全国人防重点城市】　2000年11月，第四次全国人民防空会议公布孝感市被国务院、中央军委确定为全国人民防空三类重点城市。

【孝感市防空袭方案制定】　孝感市防空袭方案制定，是在市政府、军分区的直接领导下由市人防办具体操作制定的。1999年6月，成立了以市委常委、常务副市长蔡民族为组长，孝感军分区副司令员杨刚林、市政府副秘书长彭桃安、市人防办主任陈金桥为副组长，以及孝南区、市直17个有关部门为成员的制定孝感市防空袭方案领导小组。该方案的拟制从1999年7月开始，先后进行了基本情况调查(共23类503项)、保障计划的制定、基本预案的拟制、24项数据表的统计和6幅展示图的绘制。2000年12月初，完成了全套方案的制定工作。该方案全文约6万字，分三个部分：第一部分基本方案(8项)，第二部分各项保障计划(14项)，第三部分附表、附图(附表24项、附图6项)。2000年12月，市政府、孝感军分区上报湖北省政府、湖北省军区审批。2001年3月，湖北省政府、湖北省军区批复通过。

【《孝感市人民防空工程建设管理办法》出台】　根据《中华人民共和国人民防空法》、《湖北省实施〈中华人民共和国人民防空法〉办法》和《湖北省人民防空工程保护暂行规定》等法律、法规和规章的规定，市人民政府于1999年8月27日正式颁发了《孝感市人民防空工程建设管理办法》(孝政发[1999]24号)，这是孝感市人民防空工程建设迄今为止，由市政府出台的较系统、最详细、最具操作性的规范性文件。

【202人防指挥通信工程开工建设】　202人防指挥通信工程，被列入2001年、2002年两年孝感市政府”十件实事“之一。这是市人防办建设的地面、地下相结合的人防工程。2000年初，由市计委和省人防办批准立项，工程总造价300万元。2001年9月开工建设，2001年12月土建工程完工。计划2002年10月竣工。该工程将逐步建设成为具备地面人防指挥室和人防通信站与地下应急指挥所相结合的人防工程。

孝感市人民防空办公室领导名单

主　任、党组书记　侯新年
副主任、党组成员　李明清
副主任、党组成员　周国华(女)
副主任、党组成员　刘双新

(王　军)

孝感市无线电管理工作

【概况】　孝感市无线电管理处的前身是孝感市无线电管理委员会办公室，1985年12月由军队移交地方。1997年4月，孝感市无委办交湖北省，成为省无线电管理委员会办公室在孝感的派出机构。1997年9月省无委办孝感市管理处正式挂牌，其工作现由省无委办和孝感市人民政府双重管理，以省无委办管理为主。

孝感市管理处行使政府工作职能，内设综合科、频率台站管理科和无线电监测检测站，主要任务是根据授权管理辖区无线电频率资源，维护空中电波秩序。对孝感全区范围内无线电台站进行布局规划、审批，对无线电信号实施监测监督检查，对无线电干扰进行协调和处理，对无线电设备的测试和研制生产、销售进行规范管理，直接为孝感政府首脑机关、经济建设和国防建设服务。1999年—2001年，面对日益迅猛发展的无线电通信事业，随之而来的无线电管理工作也将日益繁重，为了合理、高效、安全利用无线电频率资源，维护好空中电波秩序，支持和促进全市无线电事业的快速健康发展，在省无委办和市政府的关心和支持下，努力实践江总书记“三个代表”重要思想，认真坚持“无线电管理为经济建设服务”的指导思想，开拓创新，与时俱进，加强无线频率和无线电台站的规范管理，加大无线电管理执法监督检查力度，加快无线电管理技术设施建设，不断提高无线电管理队伍的整体素质，为孝感市经济建设和社会发展提供了良好的服务保障，被誉为“空中交通警察”。

【频率台站管理工作步人良性轨道】　1999年—2001年，孝感管理处在全市范围开展了全面的电台核查工作，共核查设台单位51个，各类无线电台设备1200部，查出非法或违章设台20户，先后对其进行了处罚和补办手续的处理。通过核查收回频率30个。共审核审批新增设台单位11个，受理和处理干扰投诉8起，为设台单位提供技术咨询和维修服务75次，维修各类电台设备33台(套)。1999年，对孝感市9户无线寻呼设台单位进行了清理登记，对达到“予以登记”条件的用户准予重新登记，对违章设置寻呼站的5户，进行教育整改，限期补办了手续，净化了电磁环境。对2000年春节期间，国信寻呼台干扰孝南区闵集乡群众收看电视的干扰事件，及时组织技术力量到现场进行技术测试，发现问题后，责令寻呼台采取技术措施，排除了干扰，保障了群众的正当权益。确保了无线通信的畅通，为孝感市的经济建设，社会发展创造了一个良好的环境。

【了解电磁环境　认真监测监听】　孝感市近邻武汉，电磁环境复杂，电波相互干扰现象时有发生，在省办的统一领导下，全处投入大量资金，引进国外先进的监测设备，并组织相应的技术人员，对孝感城区及周边地区进行了多频段、全天候的监测、监听工作，基本摸清了孝感城区在用频率的数量、工作时段及其它相关参数，为无线电频率的指配，无线电干扰的分析积累了大量宝贵的第一手资料。

【加强基础设施和技术设施建设】　针对无线电管理工作中的新情况、新问题，按省办计划，投资百万余元购置无线电监测检测车及监测设备，同时，按无线电B级监测站规模进行筹建。通过加强技术设施建设，彻底改变无线电监测工作从被动的受理投诉，查找干扰，到主动开展监测，及时处置干扰，标志着孝感市无线电管理工作进入一个崭新阶段。

孝感市无线电管理处领导名单

处　长　刘富安

(王忠俭)

驻汉办事处

【概况】 1999年～2001年,孝感市人民政府驻汉办事处坚持以邓小平理论和江泽民总书记“三个代表”重要思想为指导,认真贯彻执行党的路线、方针、政策和省、市委一系列文件、指示精神,按照“依托武汉发展孝感”的战略决策和市委、市政府赋予汉办的工作职能,在招商引资、横向经济联系、汉办大楼建设、内部党务行政管理、接待服务以及为市区龙头建设等方面较好地完成工作任务,并连续三年被武汉市武昌区评为先进汉办。

【开展横向经济联系、搜集传递各类信息】 编写《城乡信息》简报36期,搜集传递各类信息136条。其中“象重视外资三资企业一样重视内资内联企业的引进与服务——武汉市设立内资内联企业联合办公中心的经验值得借鉴”、“武汉市委、市政府2000年对外开放的十五项主要活动”、“武汉市2000年把招商工作的重点放在全球500强跨国公司的引进上”、“香港贸发局武汉办事处香港汽车零配件工业协会应邀组织七家汽车零部件港商于2000年9月22日到孝感考察”、“武汉市推进国有企业改革的近况与措施”、“武汉市政府近期对国企下岗职工基本生活保障和再就业工程的几项措施”、“融入武汉经济圈发展孝感经济后劲”、“关于强化双峰山旅游开发招商工作的汇报提纲”等十九条信息,引起市委、市政府主要领导的关注并作了批示,有的由孝感市委、市政府主办的《湖北孝感重要信息》、《孝感信息》、《领导参阅》等内部刊物转载,为市委、市政府领导在决策相关工作方面提供了一定的参考依据。

【推介双峰山风景区、发展孝感旅游业】 近几年汉办在推介双峰山风景旅游区方面做了一些积极工作。为风景区在汉设立武汉办事处并在汉办挂牌。1999年5月同双峰山风景管理区联合在双峰山召开新闻发布会议,邀请武汉市十几家旅行社的老总和中央电视台驻汉记者站、湖北电视台、武汉电视台、湖北日报、长江日报、武汉晚报等多家新闻单位摄影师、记者共60余人到双峰山参会并实地考察,帮助宣传孝感双峰山旅游景点,这次会议对外界了解孝感、认识孝感、推介孝感旅游景点、发展孝感旅游业起到了一定推动作用。

【积极帮助推销本地产品】 认真组织孝感相关企业积极参与武汉市经协委组织的各类经贸洽谈会和物资交易会,利用多种供货渠道帮助推介全市生产的农副土特产品和麻糖、米酒等食品。三年来经市县(市区)两级汉办牵线搭桥共向武汉市内外销售禽蛋、鱼、猪牛羊肉、果蔬菜、粮油等物资折合人民币六亿余元。

【汉办大楼建设】 市委、市政府对建设汉办大楼历来十分重视。自1994年1月市政府办公室发文“将原孝感市驻汉办事处房地产收归孝感市管理”后,市委、市政府曾先后召开过十次书记、市长办公会议,研究汉办大楼建设中的一系列问题,有的还形成了会议纪要。尤其是在2001年3月2日市长办公会议上,确定了建设汉办大楼的原则意见:一是同意用现有土地换房产,且还建面积保证拥有6000m^{2}以上房产权;二是不要市政府拿资金,同时不得变卖目前汉口上海村5号和武昌九龙井正街6号的房地产,用什么形式与谁合作都可以。按照此次市长办公会议的精神,先后与武汉华储房地产开发公司、湖北宇济房地产开发公司进行了洽谈合作。最终与湖北宇济公司洽谈合作开发建设汉办大楼,该公司同意市政府提出的“政府不拿资金,以土地换房产,还建面积不少于6000m^{2}以上”的原则意见。在此基础上就一些原则问题基本达成共识。汉办经请示市委、市政府有关领导同意,于2001年11月1日正式同湖北宇济房地产开发公司签定了关于建设“仙女大厦”合作协议书。

【党务、政务工作】 在坚持精神文明建设和物质文明建设“两手抓”的同时,不断完善汉办系统内的各项管理制度。各县(市、区)汉办支部始终抓住思想、组织、作风建设这一环,经常对党员干部、职工进行爱国主义教育、革命传统教育和遵纪守法教育以及职业道德教育,牢固树立全心全意为人民服务的思想,开展谈认识、论理想、讲文明、树新风和热爱共产党、热爱祖国、热爱社会主义等一系列活动,收到良好的效果。三年来汉办党委共接收7名入党积极分子加入中国共产党,表彰了安陆汉办、云梦汉办、汉川汉办三个先进党支部和一批优秀共产党员。由于各项教育工作抓得紧、抓得及时,因此市、县(市、区)两级政府汉办无任何违反法纪的人或事,更没有工作人员(含家属)参与“法轮功”邪教组织。

【扶贫帮困救灾工作】 在对口支援孝昌县小悟乡叶庙村贫困户工作中,汉办在自身经费很困难的情况下,1999年出资5000余元购买了1台多功能制茶机,送到叶庙村,并请孝感市农业局专业人员去该村帮助传授制茶技术。当年制茶机发挥了精制茶叶的作用,为该村取得了一定的经济效益。此外,还分两次送去3000斤复合肥帮助该村缓解茶园缺肥的问题。在救灾帮扶工作中,三年来全市汉办系统向其所在辖区捐款捐物折合人民币48200余元,受到各汉办所在区、街的表扬。

【融资及接待服务工作】 1999～2001年为孝感市党政机关、企事业单位提供采购物资往来资金359000余元。接待孝感市各级领导及工作人员来汉出差、办事、开会和各地来宾31228人次,并帮助市领导及相关部门负责同志出行(含旅客)代购飞机、车船票438张,受到领导及部门的好评。

【其他工作】 劳务工作:孝感市驻汉劳务管理处成立后,于1999年办事处派人在武汉市劳动力市场办公,收集、传递劳务用工信息102条，编写《劳务信息》简报30期，截止2001年底先后介绍28人次到武汉市服务行业、二汽汉办等处务工就业。档案工作：基本上能按孝感市档案局的管理要求开展业务，已将1997年、1998年两年的文书档案资料清理、整理、分类、登记装订成册48个卷宗；1999年、2000年、2001年三年的材料正在分类清理、整理。另外2000年在原部分产权房改的基础上，将汉口台北二村92号职工宿舍，按属地管理原则，为十二户工作人员办理了房改土地证、房产证。同时为他们申报了自来水一户一表。2001年还将多年未办理房产证的汉口上海村5号办齐土地证及房产证。

孝感市驻汉办事处领导名单

党委书记、主任　李选建

党委副书记、副主任　谢守杰

纪委书记　施永华

（杨文建）

驻哈尔滨办事处

【概况】 国家建筑劳务基地湖北省孝感市管理处驻哈尔滨办事处，与孝感市人民政府驻哈尔滨办事处一门两牌，负责管理孝感市输入哈尔滨地区的建筑企业和务工经商人员，规范行业管理行为，为孝感市在哈建筑企业和建筑劳务人员提供服务。该办事处自1992年6月挂牌成立以来，加强孝感市在哈尔滨建筑劳务人员的统一管理，搭建与哈尔滨市的经济、技术、文化合作与交流平台，充分发挥办事处的桥梁和纽带作用，促进两市优势互补、共同发展。到2001年，主要完成以下几个方面任务。

一是加强了制度建设，使劳务管理秩序日趋规范。1、每年与在哈建筑企业、劳务队伍签订《进哈施工责任状》，对其进哈的手续、资质和信誉严格审查，对在哈施工工程质量、工期和施工安全以及社会治安管理明确规定，累计签订责任状近2000份，审核孝感市在哈施工工程项目万余项。2、制定了《办事处内部财务管理办法》、《管理考核制度》、《职业道德规范》和《文明办公制度》等一系列规章制度，规范办事处管理。3、加强法律规范知识宣传，增强劳务人员的法制观念，督促劳务人员遵纪守法、依法办事；加强对劳务人员的计划生育管理，督促落实计划生育政策；加强施工企业安全管理，每年召开2—3次专题会议，督促施工企业、劳务队伍树立“安全第一”的意识；4、加强对在哈承建的单项工程管理，逐一登记造册，逐一审核其晋级、晋升、表彰资格后申报。

二是大力实施品牌战略，着力于创精品名品。全市进哈劳务队伍每年5万人左右，完成分包哈市所有建筑工程项目的90％以上的抹灰任务，建筑劳务收入2.5亿元；办事处把抹灰分包劳务，作为每年的工作重点，常抓不懈，并积极与哈市政府、建设管理部门和机构联系，引起哈市重视，哈尔滨建管局为此专门发文《关于实行‘外埠进哈建筑劳务分包队伍许可证’管理的通知》，推动了孝感抹灰分包劳务的深入管理。在创精品、名品过程中，不断将新材料、新工艺、新技术创造性地运用到实际施工中，取得明显效果。2001年底，刘文清的劳务队伍在框架结构中率先推广使用清水泥混凝土工艺，使桥梁施工工艺在房屋建筑工程中得到应用。至2001年底，孝感在哈建筑劳务创鲁班奖5项，创哈尔滨市样板工程46项、创市优工程480项。

三是倡导良好的职业道德风范。办事处在劳务队伍中广泛宣传“以服务为中心、以客户为中心”的思想，帮助劳务人员树立建设好第二故乡哈尔滨的思想，督促劳务队伍建立开工前向业主交底，答复咨询，开工后实施工程监理，保证施工质量，竣工后建立回访制度，发现问题及时解决，涌现一大批“信得过队”、“信得过班组”，树立了孝感人的良好职业道德形象。

四是努力搞好服务，为劳务人员排忧解难。1、办事处对孝感在哈建筑企业、劳务队伍负责人建立了个人档案，对孝感在哈的车辆登记，建立车辆档案，进行统一服务和管理；2、办事处主动与孝感火车站协商，每年组织孝感开往哈尔滨的专列20～30列，解决劳务人员购票难的问题；主动帮助一些劳动人员解决生活困难，如有时发放路费，发放寒衣；对节假日不能回家的部分人员，还请到办事处食宿；3、提供法律、技术人事代理、养老保险、子女上学等服务。积极与哈市警方、司法界取得联系并与之合作，帮助劳务人员清理调解债务、处理纠纷、处理治安案件，维护劳务人员的合法权益；4、培训技术人员，开展劳务鉴定。共培训鉴定2万人次，其中项目经理100余人次；组织了1000余人的职称评审工作。

五是发挥桥梁纽带作用，密切孝感市与哈尔滨市的交流与合作。1、编发《哈尔滨信息》，每年发布包括政策法规、专家评论、经济动向、劳务供求信息、社会资讯等信息200余条；2、大力开展促销地产品活动。办事处组建孝感市北方工贸实业有限责任公司，陆续将孝感麻糖、米酒、“三环”捷弗板、磷肥等地产品推进东北市场，销量逐年增加；3、为哈市产品开展代销活动，代销的天润抗磨节能剂已在孝感市场逐步推广应用；4、大力招商引资，为吸纳哈尔滨资金投入孝感经济建设牵线搭桥，累计引进资金1600万元。

六是发挥窗口作用，做好接待服务工作。每年邀请哈尔滨市政府建设管理部门的领导和知名人士到孝感考察，做好孝感有关领导、工作人员和知名人士到哈尔滨的考察接待工作，加强两市之间的交流与合作。驻哈办被哈尔滨市政府授予2000年、2001年度“外地政府驻哈先进办事处”称号。

孝感市人民政府驻哈尔滨办事处领导名单

主　任　张万平

（陈宏树）

麻糖米酒行业管理办公室工作

【概况】 孝感麻糖、孝感米酒是孝感的特产。孝感麻糖历史有600多年，曾为宫廷贡品，有“形似玉梳白似璧，薄如蝉翼甜如蜜，难得世间一佳品，传与后人草未移”之说，是招待宾朋、馈赠亲友的上乘礼品。孝感米酒源于唐代，至今已有千年，它是利用江汉平原盛产的优质糯米、孝感本地特有的地下水及独特的酒曲菌种酿制而成，工艺独特，味道醇厚，是一种纯天然绿色食品。

在开展孝感第二次创业中，市委、市政府把发展麻糖、米酒行业作为振兴孝感经济的大事来抓，列为孝感重点扶植的四大支柱产业之一，是建设孝感食品城的重要载体。1996年成立了孝感市麻糖米酒领导小组。1997年4月16日孝感市人民政府发布了《关于加强麻糖米酒行业管理的通告》，1997年5月6日成立了“市政府麻糖米酒行业管理办公室”，代表政府行使管理麻糖米酒行业的行政职能；贯彻执行国家发展食品饮料产业的方针、政策，制定全市麻糖米酒行业发展战略和总体布局；协调麻糖米酒行业配套、协作企业的关系；探索农工贸一体化的路子，促进农业产业化；加强直属企业及归口企业的生产调度、服务工作，促进麻糖米酒行业产品开发和负责质量管理，引导企业开拓市场，实施精品名牌战略。市政府麻糖米酒行业管理办公室直辖企事业单位有市麻糖米酒行业协会、湖北孝感麻糖米酒股份公司，19家米酒生产企业和5家麻糖生产企业。1999年全行业完成工业总产值2亿元，比上年增长96.6%；销售收入2.05亿元，比上年增长154%；利税2400万元，比上年增长196.1%。2000年全行业完成工业总产值2.6亿元，比上年增长30%；销售收入2.58亿元，比上年增长24.6%；利税2002万元，比上年减少22.6%。

【加强管理规范发展】　市政府为了加强麻糖米酒行业管理，加快行业发展步伐，先后下发了《孝感市麻糖米酒行业生产经营管理暂行办法》（孝政发[1997]10号）和《孝感市人民政府关于加强麻糖米酒行业管理的通知》（孝政发[1999]23号）等地方性文件。行业办按照市委、市政府的要求，坚持“边规范、边发展”的思路，在规范中发展，在发展中不断规范，以发展民营经济为着力点，以结构调整、总量调控为手段，鼓励和扶植现有企业上规模、上档次，严格控制办新厂，行业发展初步实现从“数量扩张”到“质量提高”的转变，行业发展实现两次质的飞跃。

【完成孝感麻糖米酒股份公司改革】　由于市场环境的变化、体制障碍等多方面的原因，公司发展由原来的行业龙头到出现巨额亏损，面对严峻的形势，在市委、市政府及市经贸委的指导下，在各方面的大力支持下，行业办通过深入调查研究，协助公司领导班子拟定出具体的改革方案，从明晰产权关系入手，民主推选出新的企业法人代表，并做好各方面的协调和服务工作，顺利完成公司改革。

【大力发展民营经济】　经过几年的快速发展，民营经济比重由原来不足10%到在全行业占绝对优势，涌现出了湖北生龙酒业公司、湖北孝威食品公司、孝感正团麻糖米酒公司等几家具有较强综合实力的企业。产品也由单一的麻糖、米酒产品发展到各种类型的瓶（听）装饮料。

【申报注册证明商标】　通过到外地考察，借鉴相关行业的管理经验，从1999年开始申报注册“孝感米酒”、“孝感麻糖”证明商标，2000年国家商标总局派员到孝感进行实地考察和验收，2001年4月，“孝感米酒”证明商标予以公告，“孝感麻糖”证明商标因“孝感牌”商标不能注销而被驳回。“孝感米酒”证明商标成功注册在湖北为首例。

【成立麻糖米酒行业协会】　为了减少行业内耗，实行行业自律，做到有序竞争，1999年初开始筹备组建麻糖米酒行业协会，同年6月，完成协会章程及各项准备工作，7月经民政局批准正式成立。协会有个人会员63人，集体会员18个。

【大力推进农业产业化、完善产业链】　在组建成立湖北孝感麻糖米酒集团的基础上，1999年9月3日湖北孝感麻糖米酒公司与国营朱湖农场签订了资产合并协议，农场与企业资产合并后，整个集团资产达到5亿元以上，形成了“市场＋集团＋企业＋基地＋农户”为发展模式的贸工农一体化格局，做到利益共享，风险共担，共同争取农业产业化的优惠政策，保证了企业原材料供应，保护了农民种田积极性。1999年湖北孝感麻糖米酒有限公司被国家经贸委列为第二批贸工农一体化重点联系项目单位（国经贸贸易[1999]366号），同年，该公司和行业办被省委省政府授予“推进农业产业化进程先进单位”称号。

孝感市人民政府麻糖米酒办公室领导班子成员名单

副主任　阎建华　彭建春

（冯立华）

汽车办工作

【概况】　1999—2001年，市汽车办在市委、市政府的领导和支持下，深入贯彻“三个代表”重要思想，面对国内严峻的汽车产业发展环境，克难奋进，认真履行职能，克服自身所面临的困难，在探索中前进，创造条件积极开展工作，圆满地完成了市委、市政府交办的各项工作。

一是在市长曹世佑率领下代表孝感市参加由省政府主办，省经贸委、省汽车办具体承办的全省第四次汽车工业大会。同时积极组织孝感企业参加’99中国（湖北）国际汽车工业展，使之获得一次寻求市场发展，获取技术、信息交流的机会；把孝感的优势企业和优秀产品推到前台，展示出孝感汽车工业的水平和实力，为孝感汽车产品与用户提供直接见面的机会，大力促进孝感汽车工业的发展，提高孝感在全国的知名度。

二是积极组织企业参加省汽车产业结构调整。根据省政府“1225”工程（即通过淘汰100家，放开200家，联合重组200家,重点扶持50家,使湖北由汽车大省变为汽车强省),孝感符合要求的企业少,市汽车办积极做工作,协助企业变压力为动力,全力使孝感在全省汽车产业结构调整中调大调强。

三是注重调查研究,当好参谋,基本坚持了每月到相关企业走访调查,及时了解企业状况,结合形势发展和工作要求,有计划地变全市汽车工业发展、结构调整和加入WTO后对孝感汽车产业的影响、对策等重大问题进行了专项调查研究,按照全市"十五"发展纲要和目标,重新修订了《孝感市汽车产业"十五"发展规划》(草案),并写出了《加入WTO后对孝感汽车产业的影响及对策》等调查研究报告报送市政府及省市相关部门,积极为孝感市汽车工业发展和领导决策当好参谋,出好主意。

【塔菲克专用车改装研讨会在孝召开】 1999年3月30日,塔菲克专用车改装研讨会在孝感宾馆召开。来自全国14个省、市20家专用车、改装车厂商代表及武汉汽车工业大学专家出席会议。

【吴健民大使参观三江雷诺汽车有限公司】 1999年4月30日,中国驻法大使吴健民先生及夫人施燕华女士在省外办邵元洲副主任、乐洪处长、孝感市委书记张昌尔、副市长梁惠玲及市外办主任金幸幸的陪同下到三江雷诺汽车有限公司参观。公司董事长高文修、董事杨尔康、三江集团纪委书记严海贵、公司总经理吴安东、副总经理汪长湘陪同吴大使参观了生产线。

【三江雷诺汽车有限公司资产重组获重大进展】 在市委市政府的大力支持和协助下,经充分协商,2000年2月16日,中国航天汽车工业总公司以吴剑先生为代表、华晨集团以池冶先生为代表的联合工作组进驻三江雷诺汽车有限公司,开始资产重组的前期工作。2001年5月21日,三江雷诺汽车有限公司在北京召开第十三次董事会,决定变更中方董事,由中国航天华晨汽车有限公司总经理马良杰出任公司董事长,另任命4名中方董事,标志华晨公司正式进驻三江雷诺汽车有限公司,三江雷诺汽车有限公司资产重组获重大进展。

【塔菲克中标全省计生业务专用车政府采购】 2000年8月31日,省财政厅、省招标办领导以及副市长赵晓勇参加了在三江雷诺汽车有限公司总部举行的湖北省政府采购计划生育业务用车交车仪式。三江雷诺汽车有限公司总经理吴安东及省计划生育委员会领导在交车仪式上讲话。

【省委书记贾志杰两次视察三江雷诺汽车有限公司】 2000年5月13日,省委书记贾志杰率省市相关领导和高新技术开发区有关代表视察三江雷诺汽车有限公司。9月13日,贾志杰率省委、省政府有关部门负责人,再次来到三江雷诺视察指导工作,并对三江雷诺汽车有限公司的发展提出意见。三江雷诺董事长杨尔康、副总经理汪长湘、党委书记李左龙和中方高级职员及法方专家向来宾介绍了公司1—8月份的生产经营情况。

【国务委员吴仪视察孝感市汽车工业】 2000年11月2日,中共中央政治局候补委员、国务委员吴仪在湖北省委书记贾志杰、常务副省长邓道坤、孝感市委书记张昌尔、市长曹世佑、航天机电集团总经理助理承文以及三江集团总经理高红卫、党委书记孙梅初、副总经理杨尔康的陪同下,视察了孝感市汽车工业。吴仪参观了塔菲克车生产线并听取了三江雷诺公司生产经营情况汇报,希望中法双方通力合作,共同把这个项目做成功。在视察三江瓦力特公司时,吴仪详细地了解了该公司成立以来的运行情况、生产规模以及发展前景。吴仪说:"这个项目很好,科技含量很高,很有发展前景。希望合资双方继续友好合作,把合资企业办好。"并特别叮嘱随同前来的外经贸部领导,对该公司将要引进的产品及技术给予关注和帮助。参观完毕,吴仪在留言台前签名留念并与三江瓦力特公司的领导合影留念。

【三江瓦力特公司第100台底盘下线】 2001年9月29日,三江瓦力特公司第100台底盘下线。白俄罗斯驻华大使鲁萨凯维齐先生、明斯克轮式牵引车厂沃尔科夫先生、明斯克轮式牵引车厂驻京办事处尼基耶夫斯基先生以及科工集团副总裁花录森先生、孝感市副市长李广波、三江集团党委书记孙梅初等领导参加了下线仪式。

【省委书记俞正声视察三江瓦力特公司】 2001年11月21日,新任湖北省委书记俞正声一行视察公司。市委书记张昌尔、副市长李广波,三江集团副总经理杨尔康、三江瓦力特公司总经理王建陪同视察。

【三江瓦力特公司质量管理体系获认证】 2001年12月19日—22日,中国新时代质量体系认证中心对三江瓦力特公司质量管理体系所覆盖的部门、厂所、产品服务、过程和活动等方面进行了全面的检查和审核。审核组认为公司的质量管理体系运行正常有效,向新时代认证中心推荐注册。2002年1月18日,中国新时代质量体系认证中心为三江瓦力特公司颁发质量体系认证证书(GB/T19001—2000标准)。

孝感市汽车办领导成员名单

陈荣华 冯元庆 梅德华 田恤民

(徐继英)

中国人民政治协商会议孝感市委员会

【概况】 中国人民政治协商会议湖北省孝感市委员会自1999年始,在上级政协的指导下,在同级党委的领导和政府的支持下，认真履行政治协商、民主监督、参政议政职能，在前进中探索，在探索中前进，用成功经验指导工作，在围绕中心履行职能，参与中心完成任务，服务中心发挥优势上，作出了应有的贡献。

1999年2月23日至28日，政协孝感市第二届委员会第二次会议召开。到2001年的三年中，市政协在组织和推动政协委员学习，让委员了解全局，在政治上与党中央保持一致，在思想认识上同市委、市政府的工作要求步调一致，同心同德做好工作；抓住改革、发展和稳定中的重点、难点和热点问题，深入开展调查研究，为两个文明建设建言出力；积极探索协商监督的有效途径，为党委、政府民主决策、科学决策服务；参与中心，发挥优势，积极开展科技、文化、卫生三下乡活动和献爱心活动，尽力为群众办实事、做好事；广泛开展招商引资和联谊交友活动，为和平统一祖国，为全市对外开放、经济发展和社会稳定服务；认真办理提案，尽力发挥提案在政协履行职能中的作用等方面，都取得了明显成效。

【政协孝感市第二届委员会第二、第三、第四次全体会议】 1999年2月23日至28日，政协孝感市第二届委员会第二次全体会议在孝感礼堂举行。会议审议通过了周学伟副主席代表市政协二届委员会常务委员会所作的工作报告以及汤海如副主席代表提案委员会所作的提案工作报告；会议增补了2名政协常委，选举周仕彪担任市政协秘书长；会议期间，委员们列席了市人大二届二次会议，听取并讨论了曹世佑市长作的政府工作报告，听取了“两院”报告及其他报告。市委书记张昌尔到会作了重要讲话。会议以举手表决方式通过了大会政治决议。政协主席王学远就做好本年度的工作在闭幕会上讲了话。

2000年2月21日至24日，政协孝感市第二届委员会第三次全体会议在孝感礼堂举行。会议听取了市政协副主席吴绪坤作的政协常委会工作报告和汤海如副主席作的提案工作报告。市委书记张昌尔代表中共孝感市委向大会表示祝贺，并作了重要讲话。会议期间，委员们列席了市人大二届三次会议，听取了市长曹世佑同志作的《政府工作报告》，常务副市长蔡民族作的关于《孝感市国民经济和社会发展第九个五年计划调整方案》（草案）的说明，听取了计划、财政及“两院”工作报告。会议以委员大会发言或书面发言的形式向市委、市政府领导作了专题建言。会议期间，市委、市政府领导深入委员讨论组，面对面地与大家协商座谈，听取意见。会议通过了本次会议的政治决议，王学远主席作了闭幕讲话。

2001年1月13日至17日，政协孝感市第二届委员会第四次会议在孝感礼堂举行。会议听取了市政协副主席周学伟作的政协常委会工作报告和汤海如副主席作的提案工作报告。市委副书记、市长曹世佑代表中共孝感市委向大会表示祝贺，并作了重要讲话。会议接受了吴绪坤等两位同志因工作年限到期，辞去在市政协所任职务的请求，同时增选徐祖跃同志为本届政协副主席。会议期间，委员们列席了市人大二届四次会议，听取了市长曹世佑关于孝感市国民经济和社会发展“十五”计划纲要的报告，听取了计划、财政及“两院”工作报告。会议期间，有11名委员以大会发言的形式就孝感市两个文明建设中的重点、难点问题向市委、市政府领导专题献策。会议通过了本次会议的政治决议，王学远主席作了闭幕讲话。

【政协孝感市第二届委员会常务委员会第5次至20次会议】 1999年1月25日，市政协二届5次常委会议在孝感宾馆召开。会议听取并审议通过了市政协二届常委会工作报告、提案工作报告，并推举报告人；审议通过市政协二届二次全会议程、日程（草案）；协商大会选举和人事任免等有关事宜；审议通过市政协二届委员会关于政协委员参加政协会议和活动的意见；审议通过市政协二届委员会关于召开市政协二届二次会议的决定。会议由王学远主席主持，全体副主席及中共孝感市政协党组成员周仕彪出席了会议。

2月2日，市政协二届二次全会期间，在市物资大厦举行了市政协二届6次常委会议。市委统战部副部长肖国梁通报了关于大会选举的酝酿讨论情况。会议审议通过了市政协二届委员会提案委员会关于二届二次会议提案审查情况的报告（草案）和市政协二届三次会议《政治决议》（草案）。会议由王学远主席主持。

4月22日至23日，市政协二届7次常委会议在孝感宾馆举行。市政协主席王学远、副主席吴绪坤分别主持了会议。会议听取了市委常委、副市长魏文和关于全市农业和农村工作情况的通报，市政协调查组关于春耕备耕、农业结构调整和农村信用社支农问题的调查汇报。市政协副主席周学伟作总结讲话。

8月9日至10日，市政协二届8次常委会议在孝感举行。市政协主席王学远、副主席吴绪坤分别主持会议。市政府副市长赵晓勇向会议通报了孝感市科教兴市情况。市政协调查组汇报了汉川市抓农村成教工作、广水市落实文化经济政策、云梦县争创科技乡镇的调查情况。常委们围绕会议主题进行了讨论，并就科教兴市问题，提出了许多中肯的意见和建议。市政协副主席汤海如为本次会议作了总结讲话。副主席鲁华容、买信敬、田继林、周学伟、罗鲁祥、高瑞峰和秘书长周仕彪出席了会议。

11月9日，市政协二届9次常委会议在孝感宾馆举行。会议听取了市委副书记何秉发关于孝感市贯彻落实中共十五届四中全会精神，全面推进国有企业改革和发展情况的通报。听取了市政协调查组关于市直国企改革、民营经济发展和广水市贯彻社会保险费征缴（暂行）条例三个调查情况的汇报。常委们围绕会议主题进行了讨论，并提出了许多中肯的意见和建议。市政协主席王学远、副主席吴绪坤分别主持会议。副主席鲁华容、买信敬、汤海如、罗鲁祥、左国香、高瑞峰,秘书长周仕彪出席了会议。副主席周学伟作总结讲话。

2000年1月28日,市政协二届10次常委会议在孝感宾馆举行。会议决定:中国人民政治协商会议孝感市第二届委员会第三次会议于2月20日在孝感召开,会期5天。建议二届三次会议的主要议程为:听取审议政协孝感市第二届委员会常务委员会工作报告;听取和审议政协孝感市第二届委员会提案委员会关于二届二次会议以来提案工作情况的报告;列席孝感市二届人大三次会议,听取和讨论市政府工作报告及其他报告;通过有关决议。会议一致推举吴绪坤、汤海如为市政协二届三次会议作常委会工作报告和提案工作报告;会议听取了市委组织部负责同志关于调整市政协部分专委会领导成员的建议说明,市委统战部负责同志关于增补市政协委员的建议说明;审议通过了市政协二届三次会议分组办法及召集人名单、列席范围及人员名单、通过议案和表决方式的决定、大会秘书长和副秘书长建议名单、市政协有关专门委员会人事任免的决定。增补(以姓氏笔划为序)王大员、王淑东、刘志平、杨俊明、陈新桥、钟植云、夏育民、谭桂姣为政协孝感市二届委员会委员。会议由王学远主席主持。副主席吴绪坤、鲁华容、买信敬、田继林、汤海如、周学伟、罗鲁祥、左国香、高瑞峰,秘书长周仕彪等出席了会议。

2月23日,市政协二届11次常委会议在市物资大厦举行。市政协主席王学远,副主席吴绪坤、鲁华容、买信敬、田继林、汤海如、罗鲁祥、左国香、高瑞峰,秘书长周仕彪出席了会议。会议审议通过了市政协二届委员会提案委员会关于二届三次会议提案审查情况的报告、市政协二届三次会议《政治决议》。

4月28日,市政协二届12次常委会议在孝感宾馆举行。市政协主席王学远、副主席鲁华容分别主持会议。会议听取了市政府副秘书长李又彭代表市委常委、副市长魏文和作的关于全市当前农业、农村工作情况的通报;听取了市政协调查组关于农业结构调整、化解村级债务和农村信用社支农三个调查情况的汇报。常委们围绕会议主题进行了热烈讨论。副主席吴绪坤为本次会议作了总结。市政协副主席汤海如、罗鲁祥、左国香,秘书长周仕彪出席了会议。

8月10日,市政协二届13次常委会议在孝感宾馆举行。市政协主席王学远、副主席吴绪坤分别主持会议。会议听取了市委副书记何秉发关于实施"科教兴市"战略的情况通报,市政协调查组关于农村教育创新、国有企业技术创新两个调查情况的汇报。常委们围绕会议主题进行了讨论。副主席汤海如为会议作了总结。会议还审议通过了《政协孝感市委员会关于全会、常委会议考勤通报办法》。市政协副主席买信敬、田继林、罗鲁祥、左国香,秘书长周仕彪出席了会议。

11月9日,市政协二届14次常委会议在孝感宾馆举行。市政协主席王学远、副主席买信敬分别主持了会议。会议听取了副市长李广彼代表市政府所作的《孝感市国民经济和社会发展十五计划纲要》的说明,市政协调查组关于汉川市城关镇企业改革与发展情况的调查报告。常委们围绕会议主题进行了讨论,并提出了中肯的建议和意见。副主席吴绪坤、买信敬、周学伟、罗鲁祥、左国香,秘书长周仕彪等出席了会议。

12月28日,市政协二届15次常委会议在市物资大厦举行。会议审议通过了市政协二届常委会工作报告、市政协二届三次会议以来提案工作情况的报告,并推举了两个报告的报告人;听取关于召开市政协二届四次会议的决定,通过了市政协二届四次会议议程日程(草案),通过了市政协二届四次会议秘书长副秘书长建议名单、市政协二届四次会议列席人员范围、市政协二届四次会议通过议案和选举表决方式的决定。会议分别由主席王学远、副主席吴绪坤主持。

2001年1月12日,市政协二届16次常委会议在市物资大厦举行。会议听取了关于政协孝感市第二届委员会人事安排的说明,协商通过关于接受吴绪坤、俞启渭同志辞职请求的决定(草案),协商通过关于提名补选政协孝感市第二届委员会副主席候选人的决定(草案),协商通过政协孝感市二届四次会议选举法(草案)和选举总监票人名单(草案)。会议由市政协主席王学远主持,副主席吴绪坤、鲁华容、买信敬、田继林、汤海如、周学伟、罗鲁祥、左国香、高瑞峰,秘书长周仕彪出席了会议。

1月15日,市政协二届17次常委会议在市物资大厦举行。会议听取了各委员组对市政协二届四次会议选举有关事项酝酿情况的汇报,审议了市政协二届委员会提案委员会关于二届四次会议提案审查情况的报告,审议了市政协二届四次会议《政治决议》。会议由市政协主席王学远主持,副主席鲁华容、买信敬、田继林、汤海如、周学伟、罗鲁祥、左国香、高瑞峰,秘书长周仕彪出席了会议。

4月10日,市政协二届18次常委会议在孝感宾馆举行。会议听取了市政府关于"三农"情况的通报;听取了市政协调查组关于汉川市庙头、麻河两镇以特色抓备耕促调整,分水镇化解村级债务和孝感城区贯彻"三文一本"、优化发展环境情况的调查汇报;审议并原则通过了《中国人民政治协商会议孝感市委员会提案工作细则》(草案);会议侧重协商讨论了农业结构调整、化解村级债务等问题。市政协主席王学远主持了会议,副主席鲁华容、买信敬、田继林、汤海如、罗鲁祥、左国香、高瑞峰、徐祖跃,秘书长周仕彪出席了会议。

8月9日,市政协二届19次常委会议在孝感宾馆举行。会议听取了市委副书记何秉发关于全市实施科教兴市战略情况的通报,市政协调查组关于科技人才队伍建设,科技示范户在农业结构调整中的作用和孝感职院发展教育产业拉动经济增长的三项调查汇报,并就实施"科教兴市"战略进行了讨论,并提出了许多中肯的意见和建议。市政协主席王学远、副主席鲁华容分别主持了会议，副主席汤海如作了总结。副主席买信敬、周学伟、罗鲁祥、左国香、高瑞峰，秘书长周仕彪出席了会议。

11月8日，市政协二届20次常委会议在孝感宾馆举行。会议听取了市政府副市长赵晓勇关于全市民营经济发展情况的通报，市政协调查组关于安陆市加快民营经济产业化发展进程、孝感市商业银行调整资金投向支持民营企业发展、大悟安陆发挥养老保险作用，为国企改革服务三个调查情况的汇报。常委们围绕议题进行了讨论，并提出了很好的建议。市政协主席王学远、副主席鲁华容分别主持会议。副主席买信敬、汤海如、周学伟、罗鲁祥、左国香、高瑞峰、徐祖跃，秘书长周仕彪出席了会议。

【专门委员会工作】 学习委员会自1999年以来，以组织学习邓小平理论、江泽民"三个代表"重要思想、中共十五大精神及《政协全国委员会关于政治协商、民主监督、参政议政的规定》为重点，开展了一系列活动。共举办学习报告会6次，编发学习资料12期、4800册，赠发其它学习资料1000余册，召开专题座谈会9次，组织委员收看形势教育专题录像6次，举行反腐倡廉、抗旱救灾等情况通报会8次；组织委员开展视察4次；组织"送教下乡"活动2次；组织委员开展献爱心活动6次，扶助特困学生资金15000元。

提案委员会三年中共收到委员提案848件，经审查立案的有789件，占收到提案总数的93.62%；作意见处理的59件，占6.38%；在所立提案中，已经落实和基本落实或正在落实和列入规划落实的有593件，占75.15%；因客观条件限制而不能落实的有196件，占24.85%。几年中，就提案办理组织委员视察3次，召开提案工作座谈会15次，召开"政协提案工作创新活动"专题会1次，与市政府联合开展提案督办活动35次。还积极开展了提案工作宣传活动，产生了积极的影响。

经济委员会三年中紧扣市委、市政府工作中心，积极围绕农民、农业、农村工作，国有企业改革、民营经济发展、金融工作等方面开展了16次专题调查，形成的《要切实研究解决当前春耕备耕中存在的困难和问题》、《应城市杨河、黄滩两镇围绕农业结构调整抓备耕情况调查》、《以新的特色抓备耕促调整》等14篇调查报告被省政协《各界反映》、市委、市政府《参阅件》或《工作通报》转发。组织委员就企业发展、农田水利基本建设等方面问题进行了4次视察。组织委员对各职能部门开展民主评议9次。

教科文卫体委员会紧紧围绕"科教兴市"主题，先后组织委员进行了12次调查，形成《科技成果转化是乡镇企业发展的重要途径》、《大力繁荣农村文化，促进两个文明建设》、《发展教育产业拉动经济增长》等调查报告12篇，均被市委、市政府在《参阅件》和《政府工作通报》上进行了转发。就城区文明卫生创建工作、环卫设施建设、学校设施建设、文化设施建设、文化市场管理、医药卫生管理、广播电视普及等问题组织委员开展视察活动13次。组织技术咨询活动1次，召开情况通报会3次，组织委员对市教委、医卫、广播、文化等各职能部门开展民主评议5次。组织委员赴贫困山区、灾区开展了5次义诊活动，捐赠药品价值25000元；组织委员捐资助学献爱心活动3次，扶持特困学生资金近万元，捐赠图书1500册，组织开展"科技、文化、卫生"三下乡活动3次，送科普文化卫生资料12500册。

文史资料委员会三年中，围绕贯彻落实全国政协对文史工作提出的"两个转移"的精神，并结合孝感市的具体情况，积极开展文史征编工作。从1999年到2001年，先后出版了《外商创业在孝感》、《丰碑·孝高文史资料专辑》、《科技精英》三本文史资料，约74万字。并召开了纪念文史工作40周年座谈会，召开全市政协文史主任座谈会3次，会同有关部门摄制反映市政协围绕中心，履行职能的电视专题片一部。还积极向外地文史征编机构撰稿30多篇。

三胞联谊、民族宗教委员会连续三年多次组织委员和各界人士认真学习江泽民总书记《为促进祖国统一大业的完成而继续奋斗》的重要讲话，畅谈改革开放以来祖国的大好形势，拥护"一国两制，和平统一"的方针。还利用春节、中秋节等传统节日，组织开展一些爱国主义教育活动。先后向三胞友人寄发慰问信、贺年卡100多件，接待和走访回乡台胞30人次。组织委员就北约轰炸我驻南使馆事件、揭批李洪志及"法轮大法"、批判李登辉"两国论"召开座谈会5次。就招商引进开展视察活动2次。开展调查6次，形成《民营企业技术创新工作面临的问题与建议》、《适应市场变化要求，加快推进蔬菜无公害生产步伐》等调查报告6篇，被市委、市政府《参阅件》、《政府工作通报》转发5篇。先后3次开展扶贫助困献爱心活动，组织委员捐款7800元，资助贫困的职工和学生。

社会法制委员会三年来先后组织委员就市直国企下岗职工基本生活保障和再就业、农村五保供养及福利院建设等进行了11次调查，所形成的《加强队伍建设，优化发展环境》、《对城区市容环境管理的调查与建议》、《发挥社会保险作用，促进国有企业改革》等11篇调查报告，分别被市委、市政府《参阅件》、《孝感工作简报》、《发展研究》等刊用。围绕城区机动车辆清理整顿、创建鄂北平安大道、城区打击"四霸六强"、环境保护、公安系统硬环境建设、交通建设、残疾人保障法实施等问题组织委员开展视察活动9次；对交警、质监、城建、审计等部门开展民主评议活动11次；召开社会治安方面的情况通报会2次。

【重要活动】 1999年3月11日至13日，鄂州市政协主席钟毓安一行13人来孝感考察政协工作情况。

3月23日，市委召开常委会议，在家的市委常委专门听取市政协工作情况汇报。市委书记张昌尔对政协工作给予了充分肯定。市政协主席王学远、副主席吴绪坤、秘书长周仕彪参加了汇报活动。

5月4日至8日，市政协举办全市乡镇政协联络组长培训班。市政协主席王学远主持开学典礼，市委副书记付明珠，市委常委、组织部长程逖出席了开学和结业典礼。

5月19日，市政协机关向孝昌县小悟乡石堰村10户贫困户捐赠扶贫款3000元。

6月29日，市政府召开市直“两案”办理现场会。市委常委、常务副市长蔡民族，市人大副主任方晓莉，市政协副主席汤海如出席了会议。

7月6日至8日，省政协副主席肖谷欣带领省政协和省农工民主党联合组成的农村医疗卫生调查组，到孝感市调查。市政协副主席汤海如、周学伟陪同调查。

7月29日，市政协组织城区近万名政协委员和机关干部，举办了“依法治国，维护社会秩序”，深入揭批“法轮功”的专题讲座。

8月3日，市委召开书记办公会，专门听取市政协工作汇报。

8月19日，市政协召开领导班子和机关“三讲”教育动员大会，市政协主席王学远作动员报告，副主席吴绪坤主持会议。副主席鲁华容、买信敬、田继林、汤海如、罗鲁祥、左国香、高瑞峰，秘书长周仕彪出席了会议。

9月21日，市政协在孝感宾馆举行座谈会，纪念人民政协成立五十周年。市级各民主党派负责人和各族各界代表人士出席了会议，市政协主席王学远主持会议，市委书记张昌尔作了重要讲话。市委、市人大、市政府、市政协领导付明珠、蔡民族、方晓莉、吴绪坤、鲁华容、买信敬、田继林、汤海如、周学伟、罗鲁祥、左国香，退休老领导唐玉金、蔡绍涌、何顺玉、王守文、杨缘生等出席了座谈会。

11月2日，市政协主席王学远到孝昌县邹岗镇就农业增收增效的有关情况，进行了调查，并向市委提出了《对邹岗镇农业增收增效的跟踪调查》报告，市委书记张昌尔作了重要批示，市委以《参阅件》形式转发了此调查报告。

11月6日至7日，省政协社会法制委员会副主任毛家书等一行到孝感市就农民负担问题进行调研，市政协副主席周学伟陪同调研。

11月23日至25日，省政协副秘书长、办公厅主任杨秋萍带领部分省政协委员先后视察了孝感城区和应城等地管理工作。视察期间，市领导何秉发、付明珠、赵定炼、魏文和等陪同或看望了视察团全体成员。

12月14日，市政协机关档案管理顺利通过认定省一级的验收。

12月16日，市政协召开各界人士座谈会庆祝澳门回归。市政协副主席买信敬主持会议，副主席吴绪坤、田继林、罗鲁祥、左国香出席会议并讲话。

2000年1月3日，市政协举行第一次“主席接待日”活动，市政协主席王学远接待了来访的陈义文、舒建国、吴富安三位委员。随后，市政协直至2001年12月底，共开展这一活动23次，委员们就我市经济、社会发展和政治稳定及广大人民群众普遍关注的热点、难点问题提出建议和意见200多条，其中有150多条建议和意见引起市委、市政府主要领导高度重视，签批意见，交有关部门解决落实。

2月16日，市政协办公室主办的《各界反映》正式创刊。截止2001年12月底，出刊38期，向市委、政府领导专报社情民意44条，其中《我市未启动汽车按揭业务每年流失税费一千多万元》等25条信息受到市委、市政府领导重视，并签批意见，交有关部门办理，促进了一些社会热点、难点问题的解决。

4月14日，省政协副主席杨斌庆来孝感市调研。市委副书记何秉发、市政协主席王学远分别汇报了我市落实中央、省委文件精神情况和我市政协工作情况。副主席吴绪坤、鲁华容、买信敬、汤海如汇报时在座。

5月10日，市政协主席王学远一行到孝昌县邹岗镇指导抗旱工作，先后听取了该镇负责同志的情况汇报，到现场踏看了泵站及渠道的提水情况，并深入到水源，与当地干群商讨找水、用水对策。

5月15日，市政协科技进步促进小组成立会议召开，副主席吴绪坤任组长。

5月18日，全市政协办公室主任会议在物资大厦召开，各县市区政协办公室主任参加会议。会议听取了工作情况汇报，交流了工作经验。市政协秘书长周仕彪传达了全省政协秘书长会议精神并讲了话。

5月22日，省政协常委、经济委员会副主任熊起业、杨继录、周正心、王惠生一行来孝，重点就孝感市汽车工业如何应对加入世界贸易组织的问题进行了专题调研。

6月12日至15日，由原省政府办公厅主任孙樵声、省文化厅副厅长周济洋等省政协常委、委员组成的调查组，来孝感就农村精神文明建设情况进行了为期4天的调研。市政协副主席汤海如全程陪同调查。

6月13日至15日，全省政协信息工作会议在武汉举行。孝感政协、汉川市政协在内的10个市州政协、县政协（省政协信息直报点）发了言，所有与会单位和个人向会议递交了书面交流材料。孝感政协和市政协副主席田继林受到大会表彰。

10月20日，市政府召开座谈会，听取市政协常委和部分委员对《“十五”计划纲要》编制的意见，委员们就农业结构调整、工商企业改革、旅游产业开发等方面提出了具体的意见和建议。市政协副主席吴绪坤、买信敬、罗鲁祥、左国香出席了座谈会。

12月4日至7日，省政协副主席程运铁带部分省政协委员，对孝感公安部门开展“三项教育”情况进行了视察。视察组听取了市公安局局长汪昌铁关于公安机关开展“三项教育”工作的情况汇报，实地察看了孝南区车站派出所、安陆市交警大队一中队、汉川市城北派出所等7个基层单位开展“三项教育”的情况，并与安陆市部分民警及群众进行了座谈。市委、市政府、市政协领导曹世佑、付明珠、张文启、王学远、赵定炼、蔡民族、周学伟等陪同视察。

孝感学院

▲气势恢宏的校门

孝感学院是在高等专科学校的基础上由教育部批准成立的一所省属多科性本科院校。校园面积1000余亩，校舍面积26万平方米，设有现代教育技术中心、分析测试中心、计算机中心、计算机网络中心和教育教学实习基地、农林试验基地以及45个专业实验室，图书馆藏书55万册，校园网和因特网覆盖全校。现有专业32个、教职员工897人、全日制在校学生8300余人，近500名专任教师中有教授、副教授216人，博士硕士研究生191人。自创办大专以来，已为社会培养各类专业人才3万余人。现已成为办学条件好、层次高、规模大，师资力量强，学科门类齐全，科研实力雄厚，对外交流频繁的知名院校。近几年来，先后被中宣部、国家教委、团中央授予“社会实践活动先进单位”，被国家语委评为“全国语言文字工作先进单位”；被湖北省委、省政府评为“湖北省先进高校”、“湖北省思想政治工作先进单位”、“湖北省园林式高校”和“湖北省文明单位”。

▲党委书记刘华才（前排左一）、院长吴崇恕（前排右一）在学院揭牌庆典上

▲环境幽雅的图书馆

▲大型文艺汇演《永远跟党走》

▲新生军训总结大会

设备齐全的实验大楼

高扬的旗帜——孝感

孝感职业技术学院是经国家教育部批准建立的一所全日制高等学校，地处有着美丽动人传说的董永故里，环境优雅的澴水之滨，风景秀丽的文昌阁下。学院现有占地面积860亩，校舍面积26万平米，有现代化教学大楼、实验实训大楼、科技大楼、图书馆、标准化食堂和学生公寓。建有教育技术中心、计算机网络中心、特色实训中心、医学实验中心和100多个专业实验室，图书馆藏书52万余册，中外文期刊2000多种，拥有各专业文献电子数据库和联通国际互联网的多功能电子阅览室，实现了与国内多家大学图书馆的信息联网和文献服务。学院的附属医院、亚光医用电子技术研究所、艺术设计研究所、会计事务所、审计事务所、律师事务所等，既面向社会服务，又是师生实践的舞台，学院现设有人文艺术系、财经系、医学一系、护理系、医学二系、机电工程系、计算机科学与技术系、政法系、网络学院、医学分院、附属高中等，共开设40多个专业(方向)，在校生一万多人。学院师资力量雄厚，现有教职工986人，内有专业教师542人，其中正副教授156人，有多名教师享受国务院津贴，聘请了30多名国内外知名专家为客座教授，从大型企事业单位聘请高级技术人员200余人任兼职教师。近年来，教师出版专著30多种，在全国各类刊物发表论文1800余篇，有3项科研成果获国家科技进步奖，20余项科研成果获省级以上奖励。学院实施"学校——企业——社会"三位一体的人才培养模式，坚持严教严管方针，全面推行素质教育，培养"合格+特长"复合型人才，毕业生深受社会欢迎，初次就业率达88.33%。学院坚持对外开放办学，与美国、法国、加拿大、澳大利亚等国家和地区高校进行了交流与合作，架构起了"专升本"高等教育立交桥。在长期的办学实践中，学院形成了良好的教风、学风和校风，被国内外朋友誉为"高职高专领域的一面旗帜"。

▲院党委书记李友清陪同湖北省副省长王少阶视察校园新区，王省长说："孝感职院抢抓机遇，自加压力，真抓实干，赢得了比同类院校三至五年的宝贵时间"。

地址：湖北省孝感市玉泉南路特1号
邮编：432000
电话：0712—2858894　2826325　2827830
传真：0712—2827822　2867768
电子信箱：xgzyjsxyzb@163.com
网址：WWW.xgzy.com.cn

▶原科技部副部长韩德乾说："孝感职院与有些普通本专科院校相比，是一年干了几年的工作，几年干了几十年的工作，创造了新时期地方高校建设与发展史上的奇迹"。

▶湖北省教育厅厅长路钢说："在孝感职院，我看到了改革的硕果和创新的曙光"。

建筑面积为1.3万平米的实验实训大楼

职业技术学院

◀院长彭汉庆陪同全国高校设置委员会副主任委员、原清华大学党委书记方惠坚参观实验室，方惠坚教授说：『孝感职院在三五年的时间内发生了翻天覆地的变化，所取得的成就令同行钦佩』。

▲孝感职院建校五十周年暨新校园落成庆典于2001年5月18日在校举行，民族学生载歌载舞，欢庆盛典。

▲湖北省高等职教历史上的首次现场会于2002年10月10日至12日在孝感职院召开，省委组织部、省编办、省计委、省教育厅、省劳动和社会保障厅有关领导、各地市州分管教育领导、省直有关部门、相关行业和企业负责同志、全省高等职业学校及普通高校职院主要负责人、中央、省、市新闻单位记者等参加了会议。

▼孝感职院与美国、德国、法国、加拿大、澳大利亚、新加坡等国家和地区高校进行了广泛的交流与合作。

孝感市

妇女联合会

▲2002年3月，孝感市妇联主席徐玉琼（右一）陪同全国妇联书记处书记莫文秀考察孝感市妇联维权工作。

▲2002年3月，国家和省妇联领导来孝调研时，与孝感市领导以及妇联干部合影留念。

▲2002年3月6日，市妇联举办“庆三八、反邪教、弘美德”广场文化活动。

▲2002年5月，孝感市妇联开展妇女热线志愿者培训。

▶市妇联开展丰富多彩的“五好文明家庭”表彰暨社区文化活动。

2002年1月24日，孝感市妇联、市公安局等单位联合开展纪念《妇女权益保障法》颁布实施十周年宣传咨询活动

▲场长李生权在五届二次职代会上作报告

前进中的 孝感市中洲农场管理区 湖北省国营中洲垸农场

孝感市中洲农场管理区（湖北省国营中洲垸农场），1957年底创建于汉川、天门、应城三市交汇处的中洲湖区，总面积55.6平方公里，耕地面积5.3万亩，人口近2万人。2001年工农业总产值2.4亿元，国民生产总值7790万元，财政收入1200万元，总资产1.2亿元。境内地势平坦、土壤肥沃、气候温和、降水丰沛、水陆交通便利。

中洲湖区历史上属古云梦泽，有"四湖八垸"之称。境内"赤壁街"是古荆楚五赤壁之一。中洲湖区人民具有光荣的革命斗争传统。早在1926年，境内肖家湾就成立了农民协会。1930年，贺龙领导的红三军部队之一经常驻扎在这一带。抗日战争时期，境内各湾村都成立了抗日基干队，并在今杨林湖分场曾湾队设有抗日民主乡政府。鄂豫边区建设银行印钞第一厂和新四军五师十五旅兵工厂等后勤机关经常驻扎在境内牛角湾；张体学、王任重等革命老前辈多次带领部队在境内的毛家湾、新口河驻扎。

在各级党组织和政府的领导下，经过广大干部职工的艰苦奋斗，一个繁荣昌盛、欣欣向荣的国有农场已经镶嵌在江汉平原腹地。2002年3月，经批准设立"孝感市中洲农场管理区"，与"国营中洲垸农场"一个机构、两块牌子、一套班子。

近年来，通过开发特色农业，名、特、优产品日益增多，粮、棉、油、蔬菜、水果、种子、畜禽、水产、药材、花卉园林等十大主导产业产销两旺。"中洲鲜"牌西瓜、水果畅销省内外。年产西瓜、水果5000万斤，籽棉2000万斤，银杏干叶2000吨。年工业总产值近亿元，其中年产值过2000万元的企业3家。华光制药公司是全国最大的"三胶"（龟胶、鹿胶、阿胶）生产基地。生产的"中洲龟胶"是国家中医药管理局的优质产品，行销全国，远销东南亚各国，深受消费者欢迎。

管理区城镇建设已具规模，占地面积5.6平方公里，常住人口近1万人，商业网点319家，各类商品齐全，年交易额过亿元。近年来，广播电视和电信事业得到迅速发展，现有开路和闭路两套电视节目，电视普及率100%；程控电话普及率25%，中国电信、中国移动、中国联通均在城区设有机站，通信快捷方便。管理区生态环境优美，森林覆盖率达61%，林木总蓄积量8万立方米，到处是鸟语花香，水清、地绿、天蓝，四季清香满溢。

为了抢抓入世机遇，管理区制定了一系列招商引资优惠政策，热忱欢迎中外客商来区投资兴业，共谋发展。

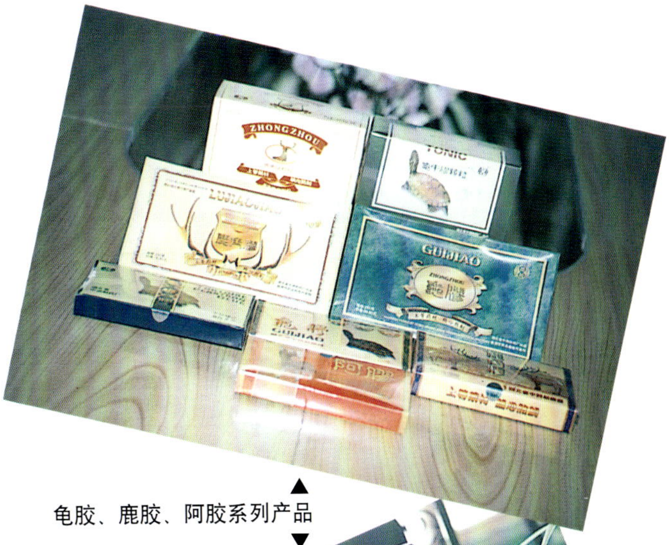

▲ 龟胶、鹿胶、阿胶系列产品 ▼

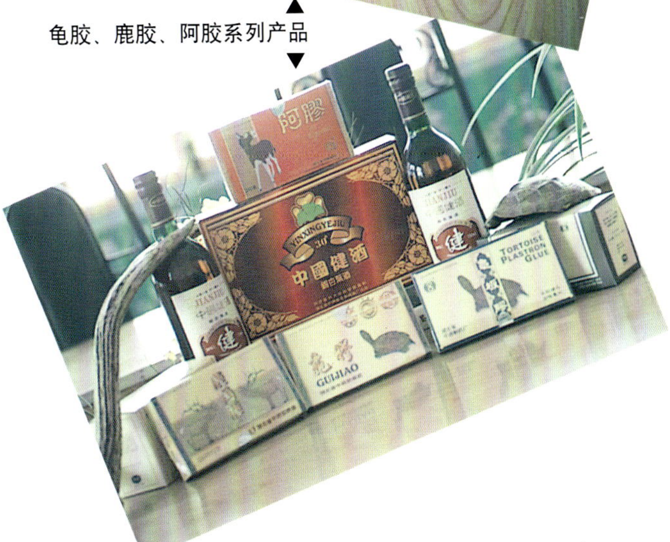

▲湖北华光制药有限责任公司办公大楼

湖北省孝感高级中学

▲孝感高中党委书记、校长　熊幼芳

▲由于竞赛成绩突出，学校被中国化学会授予“2001年全国高中学生化学竞赛暨冬令营金奖”。

湖北省孝感高级中学，是省属重点中学、湖北省普通中学示范学校、湖北省文明单位。学校教育教学成绩显著。几年里，在国家、省级举办的各类教学竞赛活动中，有18名教师获全国、省级一、二、三等奖；学校先后有13名教师受到国家和省、市表彰。近十年来，高考质量位居省重点中学前列，有300余名学生进入北大等一流学府深造；有550多人在数理化竞赛中获国家和省级一、二、三等奖，10余名学生参加国家冬令营和集训队。

新世纪，新形象。今天，占地254亩，建筑面积8万多平方米，造型新颖、环境优雅的新孝高已雄踞董永故里。依托孝高品牌创办的孝感市永新寄宿学校，布局合理，设施先进，发展迅速。明天，孝高人将努力把孝感高中建成“全国一流，全省前列，全市第一”的现代化中学，让孝感高中跻身于全国千所示范性高中行列，为孝感的发展做出新贡献！

▲孝感高中领导班子

▲学校外教（右一）被省政府授予“编钟奖”

▲行政办公楼

▲孝感市永新寄宿学校

▲学生宿舍楼

▲党委书记、校长　徐海甫

▲团结战斗的领导集体

湖北省孝感师范学校

湖北省孝感师范学校是孝感市直属的省级重点师范学校。学校于2002年5月经孝感市教育局批准成立孝感市特色高级中学。

学校倡导“文明、勤奋、求是、创新”八字校风，严谨治学，规范管理，激励竞争，确保质量。学校是湖北省校园管理先进单位，被湖北省教育厅评定为省级园林式学校，湖北省电化教育试点学校，被全国教育学会认定为全国中师书法教育实验学校，学校还是孝感市最佳文明单位。

学校校园面积180亩，建筑面积62000平方米，固定资产6000多万元。学校教学仪器设备先进，全部达到或超过部颁标准。有钢琴100台，计算机200台；有办公自动化系统、监控系统、文印系统、卫星电视接收系统、教学闭路电视系统、电教中心和信息中心；有两个图书馆（文、理分科），两个阅览室，共藏书85000册，年订期刊500多种。

学校有一支师德高尚，结构合理的教师队伍。现有教职工196人，专任教师135人，其中特级教师2人，高级讲师31人，讲师50人，研究生23人，2人获曾宪梓教育基金会中师教师奖。

97年以来，教师在各类省级以上刊物发表文章461篇，主编参编作品43部。获奖论文160篇，在全国、湖北省优质课获奖30多人次。

学校充分利用资源优势和师资优势，现有“五年一贯制”专科、“3+2”专科、“1+2”专科、三年制中师等四种学制，还开设音乐、体育、美术、计算机、英语及普通高中班，欢迎广大有志青年到校深造。

地址：湖北省孝感市南门卧龙街
电话：0712—2832335、2827615

▲功能齐全的语音室

▲现代化的计算机房

▲校乐队正在排练

▲校武术队正在训练

孝感市文昌中学

孝感市英才外国语学校

▲市文昌中学团结协作的领导班子。前排中为党委书记、校长戴旺森

▲市文昌中学运动场

▲市文昌中学主体教学楼

孝感市文昌中学及其承办的英才外国语学校，师生总数6000人，为全省中学的“航空母舰”。

文昌中学坚持“三个面向”，实施“提升质量平台，发展学校品牌”办学策略，教育质量不断提高，中考连续9年居全市首位，高考上省线人数9年增长60多倍。学校屡获“孝感市先进学校”、“高考体艺类上省线领先学校”、“孝感市最佳文明单位”等称号。

由文昌中学承办的孝感市英才外国语学校，是一所以培养新型国际型人才为目标，集小学、初中、高中为一体的12年一贯制的国有民营性质的全日制寄宿学校。学校占地120亩，建筑欧式风格，校园环境优美，教学设施一流，教育成果斐然，多次被评为“民办教育先进单位”、“孝感市中小学示范学校”等。

孝感市英才外国语学校一瞥

孝感市玉泉小学

▲副省长王少阶和市委市政府主要领导来校检查工作

▲省人大副主任张忠俭、省政协副主席杨斌庆、孝感市副市长赵晓勇来校视察

孝感市玉泉小学是市政府1997年投资新建的一所小学。在校教师85人，平均年龄26岁，大专以上学历占95%，其中特级教师1人，国家省市级骨干教师28人，获国家省市优质课一等奖47人。建校以来，学校以“全面贯彻教育方针，全面推行素质教育，全面提高教育质量；教师一专多能有特点，学生全面发展有特长，学校管理规范有特色”为办学目标，以“以人为本，以德育人，科研强校，质量立校”及“现代化、个性化、国际化”为办学理念，努力探索开放教育新途径。学校评为市最佳文明单位，湖北省少先队工作示范学校，省优秀家长学校，省社区文化先进单位，省绿色学校，省教改名校，省科技活动组织奖，被选定为北大附小远程教育示范学校、中国少年儿童信息研究基地、省市教科研基地，数次接待国家、省市领导来校视察，三次接待香港教育界同仁李思源一行来校交流。学校多次被新华日报社、人民日报(海外版)及省市电视台报道。

▲校长刘尚辉向香港友人颁发荣誉证书

▲学生在微机室上课

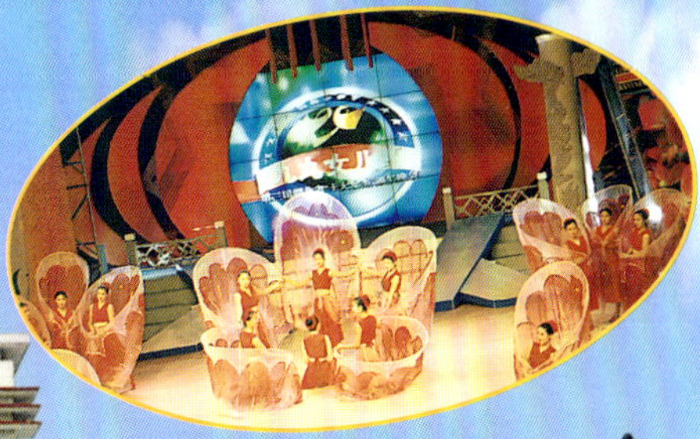

▲教师节目《木棉花开》参加省电视台《九九女儿红》颁奖晚会并现场直播

校园一景

孝感市中心医院

▲与时俱进的院领导班子

有着140年建院历史的湖北省孝感市中心医院是孝感市规模最大的一所集医疗、预防、科研、教学于一体的综合性医院；是孝感唯一的一家三级甲等医院、国际爱婴医院；是同济医科大学挂牌的教学医院和亚洲国际紧急救护中心网络医院。医院座落于市区风景秀丽的后湖公园之畔，占地面积89亩，固定资产2亿元，拥有5900平方米的门诊楼、15个病区的9层住院楼和新建的13层医技楼。医院开放病床550张，年门诊量30万人次，出院1.8万人次，担负着全市600万人民的医疗保健、卫生服务任务。现有在职职工1200余人，其中卫生技术人员950人，高级职称93人，中级职称285人，有6人享受国务院及各级政府津贴。拥有美国GE公司0.5T核磁共振、第四代螺旋全身CT、伽玛相机、1000MA大型X光机、高压氧舱等现代化医疗设备，技术力量雄厚。医院设有22个临床科室和14个医技科室。经过多年的发展，医院形成了呼吸内科、耳鼻咽喉、骨外、普外多个重点专科。呼吸内科的中药治疗弥漫性绒毛细支气管炎、骨外科的体外震波治疗骨不连和异体弘骨头置换术、耳鼻咽喉科的人工喉等技术在省内享有一定的影响力和知名度。医院的中医针灸、牵引治疗腰椎间盘突出和坐骨神经痛亦有独特优势。重度牙松动种植技术在临床上的成功应用受到省内外医疗界广泛关注。医院大力支持新科研、新技术的开发应用，改善软硬件投资环境，以人为本，提高医疗服务质量。近年来，医院有50项科研成果通过省级鉴定，分别达到国内领先水平和先进水平，其中48项成果获省、市科技成果进步奖。先后开展结肠带胃、异体半关节植移、纤支镜的临床应用及脑膜瘤显微技术切除颅底肿瘤术等280项新业务新技术。

发展中的孝感市中心医院

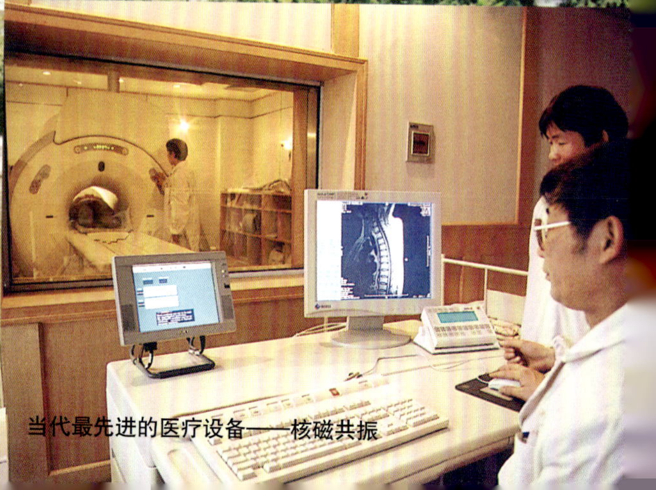

当代最先进的医疗设备——核磁共振

孝感市精神卫生中心
孝感市康复医院

孝感市精神卫生中心、孝感市康复医院是一所建院时间早，医疗设备好，技术力量强，以精神卫生为龙头，融戒毒治疗、神经康复、老年康复、心理测查与治疗、骨伤康复、泌尿疾病康复、医疗社区服务为一体的“大专科、小综合”医院。其精神疾病治疗中心坚持以病人为中心，赢得患者及其家属的广泛赞誉；药物依赖治疗中心实行自愿戒毒、脱毒“TC”康复一体化的管理治疗模式，在全国同行业誉为“孝感模式”，是湖北省模范戒毒单位；老年康复中心集养护、医疗、保健、娱乐为一体，受到社会普遍赞誉；心理测查与治疗中心运用远程心理CT测查系统和先进的治疗手段，有效解除病人心理障碍，受到患者一致好评；综合实力不断增强，位居全省同类专科医院前列。近几年来，医院相继被孝感市委、市政府授予“最佳文明单位”、“社会治安综合治理先进单位”、“庭院花园式单位”等荣誉称号。

▲党委书记、院长、主任医师　汤光宗

▲孝感市禁毒教育基地揭牌仪式

▼积极开展民主评议行风活动

孝感市康复医院

孝感市园林绿化管理局

▲孝感市园林绿化管理局局长　魏其华

近几年，在市委、市政府的高度重视下，孝感城区的园林绿化工作取得了较快发展。截止2001年底，孝感城区建成区面积2000公顷，建成区绿化总面积约734公顷，绿化覆盖率达36.7%，绿地率为32%，公共绿地面积122公顷，人均公共绿地6.7平方米，近三年城区绿地面积年均增长4.7%。

城区现有主次干道30余条，有行道树14700多株，大部分道路种植的是樟树。槐荫大道(国槐)、长征路(雪松)、玉泉路(桂花)、分丝路(合欢)、书院街(广玉兰)、长征一路(银杏)等干道则按照一街一品、一路一景的格局进行了绿化，道路绿化带面积已达65000平方米，征地面积41300平方米，先后建成了董永公园、后湖游乐园、迪士乐园、新月园、体育公园、青少年生态公园等六处林园和园林小区，以及黄陂路、文化路、西湖桥、澴川风景区、人民广场、槐荫广场、南大立交桥、河口桥头等九处绿地(广场)。城区目前的428个单位有275个单位实现庭院绿化达标，占庭院总数的64.3%，其中花园式单位44个，占庭院总数的10.28%。

▲绿草如茵、设施齐全的孝感人民广场

▲新月圆绿地一角

▲董永公园内的董永与七仙女塑像

▲槐荫广场绿地一角

中国工商银行 孝感市分行

INDUSTRIAL & COMMERCIAL BANK OF CHINA XIAOGAN BRANCH

▲工行孝感市分行行长、党委书记 王新平

自1984年以来，中国工商银行孝感市分行认真贯彻党和国家的金融方针政策，在全力支持地方经济发展、积极推进现代商业银行建设的同时，以全方位的优质服务赢得了社会各界的信赖与支持。近年来，行党委以“三个代表”重要思想为指针，按照市委市政府的统一部署，紧紧围绕孝感的二次创业和实现“富民强市”新跨越，大力弘扬“团结、实干、创新、争优”的企业精神，全面促进了两个文明建设的同步协调发展。市分行机关先后荣获孝感市“文明卫生十佳单位”、市直机关“先进单位”；“省级最佳文明单位”、“湖北省思想政治工作优秀企业”；市工行系统被中共孝感市委、孝感市人民政府命名为“市级文明系统”。

地址：孝感市园林二路2号 电话：(0712)2821529、2821526
邮编：432100 传真：(0712)2822726

中国工商银行孝感市分行领导名单及职务

王新平	行长、党委书记
李红玲	副行长、党委委员
邱世杰	副行长、党委委员
刘建高	纪委书记、党委委员
张汉明	副行长、党委委员
沈立生	正处级调研员
周显云	工会主任
周强祖	总稽核

▲中央金融工委委员、全国金融工会主席何界生同志到市工行指导两个文明建设

▲2001年10月，市长曹世佑一行到市工行检查指导工作

- 工行为您服务，旨在保值增值
- 使用一种产品，享受综合服务
- 开设一个账户，全国工行为您服务

中国工商银行孝感市分行办公大楼

中国人寿保险公司 孝感分公司
China Life Insurance Company Xiaogan Branch

▲中国人寿保险公司孝感分公司领导班子

▲中国人寿保险公司孝感分公司办公大楼

中国人寿保险公司孝感分公司是我市最大的国有独资商业性人寿保险公司，主要经营以人的生命和身体为标准的人寿保险业务。公司现辖7个展业单位，其中，6个县市支公司，59个乡镇营销服务部（营业部）。员工总人数2000多人。业务范围包括人寿保险、养老保险、人身意外伤害保险和健康保险四大系列100多个保险险种，目前已形成了门类齐全、成龙配套、覆盖城乡和人的生老病死等各个方面的服务体系，完全能够满足社会各界和人民群众的寿险需求。自1996年保险分业经营以来，中国人寿保险业务获得了长足的发展。全市系统各级公司坚持“忠诚服务，笃守信誉”的经营宗旨，以服务孝感经济建设和广大客户为中心，充分发挥人寿保险社会“稳定器”的作用，为我市经济发展、社会稳定和社会保障体系的建立作出了积极的贡献。从1996年到2001年，六年共承保459.2万人(次)，为社会提供人身风险保障751亿元，六年累计保费收入7.8亿元，给付120万人(次)，给付金额2.7亿元。通过六年来的发展，综合实力和偿付能力明显增强。2001年底，公司总资产达2.7亿元，累计责任准备金3.4亿元。随着业务处理中心和客户服务中心的建立和完善，“95519”客户服务专用电话顺利运转并得到广大客户的关爱和认同，公司各项内部管理工作和服务水平上了一个新的台阶，中国人寿保险公司孝感分公司将以崭新的面貌和良好的信誉继续为全市人民和广大客户提供优质的服务!

中国人寿保险公司孝感分公司总经理　卢新发
地址：孝感市长征路76号
电话：0712—2323506

▲中国人寿保险公司工作人员正在为客户办理有关手续

◀中国人寿“95519”客户服务专线人员正在工作

孝感市农村信用合作联社

▲孝感市农村信用联社党委书记、理事长　马圣文

▼企业文化建设开展红红火火，员工精神面貌焕然一新。图为孝感市有关领导在市联社喜庆十六大楹联书法展开幕式上同信合杯征联比赛的获奖作者在一起。

▲团结奋进、求实创新的市联社领导班子

孝感市农村信用联社成立于2002年8月8日，是一个具有独立法人地位的合作金融组织。下辖7个县级联社（即孝南区联社，大悟县联社，安陆市联社，云梦县联社，应城市联社，汉川市联社，孝昌县联社），123个信用社，146个信用分社和55个储蓄所。营业网点遍布城乡。截止2002年10月底，各项存款余额37.5亿元，各项贷款余额26.6亿，其中农业贷款占贷款总额的82%，有力地支持了农村经济的发展。近几年来，孝感市农村信用社创建农村的“信用工程”，建立农户联络员制度，得到了各级党政领导和人民银行总行、武汉分行领导的高度肯定。全国各地农村信用社纷纷到孝感市农村信用社考察取经。创建农村信用工程和农户联络员制度已成为孝感市农村信用社的工作品牌。

▲做农村经济发展后盾，当产业结构调整靠山

▲小额农贷乐万家

中国电信
CHINA TELECOM

中国电信集团湖北省电信公司 孝感市分公司

◀党组书记史銮发陪同省委常委、宣传部长张昌尔视察孝感电信

◀总经理 郑铁刚

中国电信集团湖北省电信公司孝感市分公司是在原邮电系统实行政企分开、邮电分营、寻呼剥离、移动分离后组建的国有主体电信企业。

几经风雨，才见彩虹。近几年来，由于国家对电信体制进行重大调整，孝感电信先后经历了一系列的改革与重组，面对改革带来的机遇和挑战，孝感电信坚持在发展中改革，在改革中发展的指导思想，正确处理改革发展稳定的关系，难中求成，与时俱进，走出一条有效益的快速增长，有控制的负债经营的健康发展之路，编织成联接国际国内、安全可靠、优质高效、功能齐全、快速敏捷的本地电话网，数据通信网，宽带通信网和无线市话网等现代化的通信网络。与此同时，精神文明建设也结出累累硕果。企业被授予市级文明系统和最佳文明单位，荣获湖北省文明行业先进单位，湖北省计量工作先进单位，湖北省消费者满意先进单位等多项称号。

展望未来，前景美好。孝感电信人将继续高举邓小平理论伟大旗帜，全面贯彻“三个代表”重要思想，求真务实，全面创新，努力工作，秉承“用户至上、用心服务”的理念，更好地服务于孝感的经济发展和社会进步，为全面建设小康社会，大力推进信息化作出新的更大的贡献!

▲宽带业务演示现场

▼“小灵通”社区现场受理

大地的丰收 黄麦岭的追求

黄麦岭磷化工集团公司

黄麦岭牌

黄麦岭磷化工集团公司位于湖北省大悟县，是集采选、化肥、化工于一体的国有大型一档企业，中国化工百强企业，湖北省优秀企业。

公司拥有固定资产 24.4 亿元，职工 4000 余人，其中各类专业技术人员 910 人，主要装置均引进世界先进技术和设备，在国内处于领先地位。

公司年生产 80 多万吨的磷铵、系列复合肥、过磷酸钙，产品质量优良，磷铵、过磷酸钙、复混肥同获’2001 中国国际农业博览会名牌产品称号。

黄麦岭以铸造民族化肥品牌为己任，以确保用户利益为第一要义，以大地的丰收作为企业永恒的追求。

黄麦岭，丰收的象征。

总经理：张富荣
地　址：湖北省大悟县城南
电　话：0712-7422002
传　真：0712-7422220
邮　编：432818

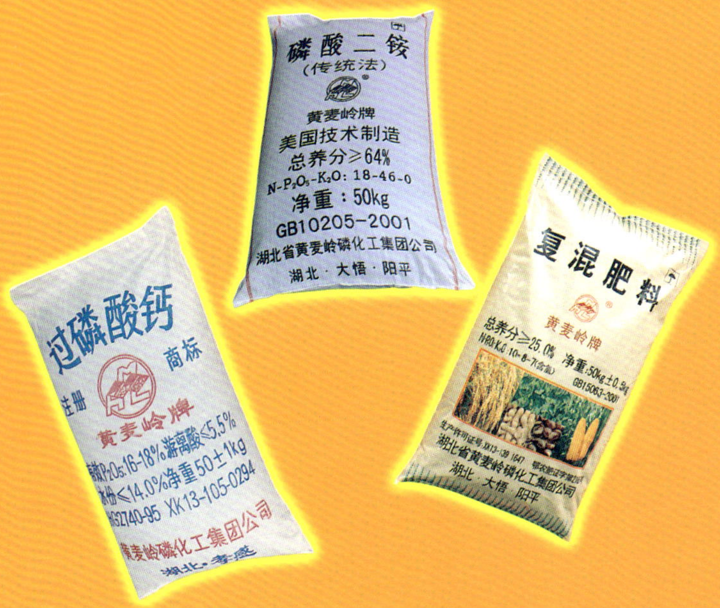

黄麦岭磷化工集团公司主要生产区

立足荆楚

▲湖北省劳动模范、鄂东北地质大队法人代表、队长李鹏章

①

① 队长李鹏章、书记徐伟在野外工地检查工作
② 优雅的小区环境
③ 武汉市军山长江大桥引桥施工现场
④ 天津巴黎现代广场地下连续墙施工
⑤ 应城化工区盐井勘查施工
⑥ 幼儿园师生载歌载舞
⑦ 职工业余体育活动
⑧ 老年人在锻炼身体

从意大利进口的R518旋挖钻机

②

③

④

⑤

再铸辉煌

——改革中前进的湖北省鄂东北地质大队

▲团结奋进、开拓创新的领导班子

湖北省鄂东北地质大队是湖北地矿局直属事业单位，位于孝感市城区中心，占地面积94540平方米，在册职工1267人，其中专业技术人员508人，高级专业技术人员69人。该队总资产1.1亿元，拥有各种大型机械施工设备、精密仪器500多台套，通过了ISO9001、GB/T19001质量体系认证。经过多年改革磨练，该队已由专业的地质勘查单位发展为拥有工程勘察、基础工程施工、地质灾害防治勘查、设计、施工、地质环境监测及地质环境评价、工程测绘、实验测试、机械加工、卫生纸制造及学校、医疗服务等多功能的综合性勘查单位。

鄂东北地质大队于一九六四年组建以来，探明了云应地区特大型膏盐矿床和发现黄麦岭大型磷矿，促进了一批大中型盐磷化工企业崛起，推动了孝感盐磷化工产业的形成和发展；查明孝感市地下水分布、水质和微量元素组成情况，为孝感城市建设和地下水的利用与保护提供了可靠资料，并持续进行着孝感市地质环境监测；还发现并探明大悟白云金矿，蛇纹岩矿，宣化、吴店萤石矿、广水稀土矿及多种非金属建材矿产，为孝感市矿业经济发展作出了贡献。

改革开放以来，该队逐步向市场化转轨，出资设立的湖北省楚鹏基础工程有限责任公司和鄂东北地质工程勘察院分别拥有地质灾害防治工程施工甲级、地基与基础工程施工二级、工程勘察乙级、工程测绘乙级等专业资质，是孝感市施工实力最强的勘察施工单位之一。实验室是孝感市唯一通过省级计量认证的实验室。该队已形成立足湖北，遍及东南沿海、华北、东北、西部地区的市场网络。该队拥有进口意大利R518无循环全液压旋挖钻机等多种大型施工设备和激光测距仪等各类精密仪器。先后参与了三峡大坝、武汉军山、白沙洲长江大桥、龙王庙险段综合治理等国家重点工程的基础施工，完成的上海科技会展中心基础工程，天津巴黎现代广场地下连续墙工程、秦沈铁路月牙河特大桥桩基工程、荆州市广播电视大楼深基坑工程等均成为当地的标志性建筑。由于成绩显著，该队多次受到国家和有关部门嘉奖，并获全国科学大会奖一项、省部级科研成果和科技进步奖十八项、优秀勘查成果奖十六项。被湖北省委、省政府授予文明单位称号。

地址：孝感市建设路62号　邮编：432100　电话：0712—2328048　E-mail:edb.115@163.com.

6

7

8

国营汉光电工厂

（四四〇四厂）

▲党委书记、厂长　周　谦

我们的事业如冉冉升腾的太阳，
朝气蓬勃，健康向上……

国营汉光电工厂（又名四四〇四厂）是生产电真空器件的国家大型企业，是军用电子元器件定点生产厂，省高新技术企业。是我国大功率速调管设计、试制、生产基地和最大的真空汽车灯制造企业。已通过GJB9001A—2001和ISO9001：2000质量体系认证。为国家二级计量单位。拥有进出口经营权。产品广泛用于雷达、通讯、电视、电力、交通、照明等领域。主要产品有：

“三工牌”汽车前灯、卤钨灯、金属卤化物灯、高压钠灯、舞台灯等电光源产品。

“汉光牌”大功率速调管、磁控管、天线开关管、真空开关管等各类电真空器件，以及真空规管、半导体放电管、配线架、氧化锌避雷器、微波应用设备等。

企业总资产2.38亿元，职工2000多人，各类专业技术人员700余人。占地350亩，建筑面积12.2万平方米。近几年，被评为“中国最大500家电子及通讯设备制造企业”、“湖北省最大100家工厂”。

工厂位于湖北省孝感市高新技术开发区，南距武汉60公里，东临武汉国际机场35公里。京广铁路和107、316国道、京珠高速公路及在建的汉十高速穿过市郊，交通方便，具有很好的投资和生产经营环境。真诚欢迎中外客商与我厂合资、合作，共图发展。

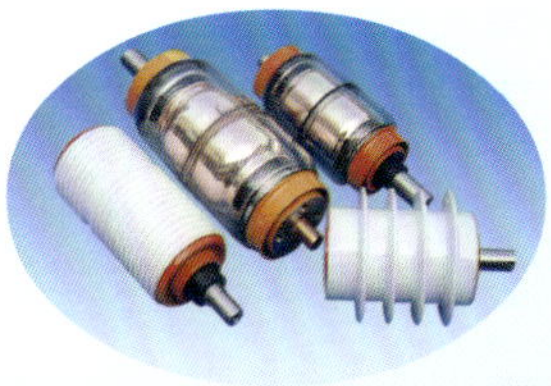

▲真空开关管及陶瓷、玻璃零部件

▲汽车卤钨灯及真空汽车前灯系列产品

▲半导体放电管系列产品

▲北京正负电子对撞机用大功率速调管系列产品

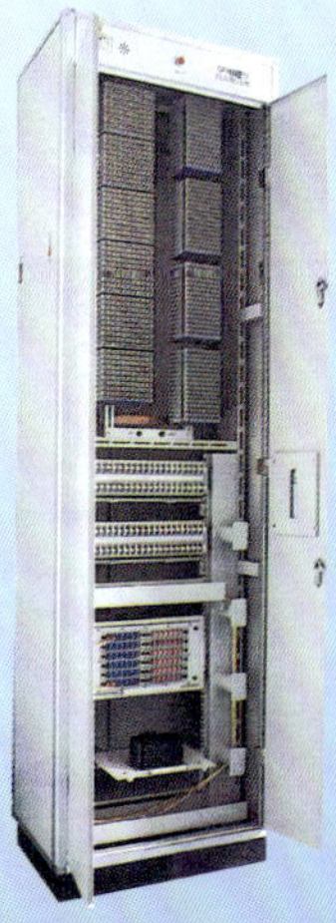

▲模拟、数字、光纤混合配线柜

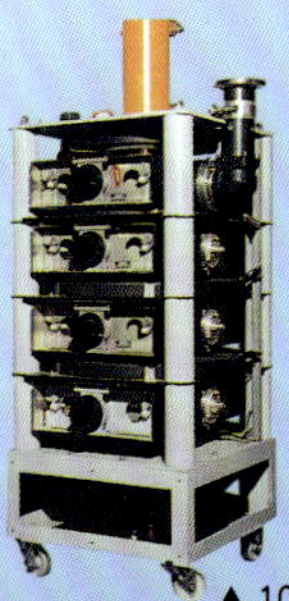

▲10KW至30KW电视发射大功率速调管

▲金属卤化物灯及PAR灯系列产品

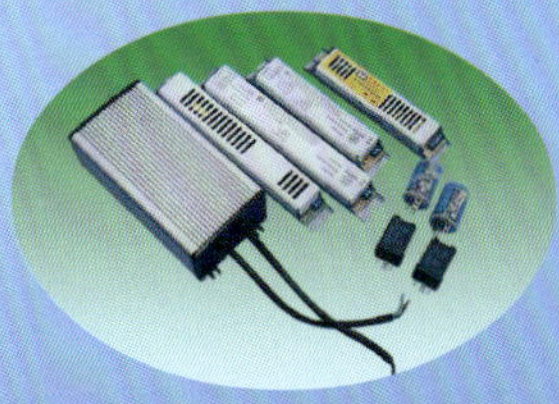

▲电子镇流器及汽车闪光器系列产品

地址：湖北省孝感市长征路257号
电话：0712—2324404
传真：0712—2323424
E-mail:xg4404hg@public.xg.hb.cn
Http://www.hanguangelectron.com

孝感供电局路灯分局

户外广告设计、发布、安装

▲团结奋进的领导班子，从左至右：工会主席丁庆成、支部书记杜申生、局长曾天元、副局长华东明、副局长高和平

▲人民广场高杆灯维修

▶高杆灯吊装速度创全省之最

▲人民广场灯光夜景

◀为客户安装路灯

滚瞿路路灯

▲公司经理　王　洁

湖北鄂能物资有限责任公司

孝感分公司

湖北鄂能物资有限责任公司孝感分公司是隶属于湖北省电力公司的物资专供企业。是孝感市唯一获得电力成套设备专业化供应电力物资的物流产业。主要负责电力系统高、中、低压电力设备、金属材料、木材、水泥、化工产品、工业控制设备、汽车配件；销售办公用品、劳保用品、汽车；汽车货物运输。

湖北鄂能孝感分公司通过了ISO9000认证。公司下设综合办、计划部、配送部、市场部。公司具有大专学历、高级职称、中专学历、中级职称的员工占80%以上。

公司按照“改革创新、稳定提高、转变作风、求实发展”的总体工作思路，不断完善创新管理机制，使企业的整个管理工作逐步迈向规范化、制度化、科学化。按照“以服务促营销，以营销增效益”的战略，建立起具有现代化管理水平的电力营销和社会服务体系，以“优质、方便、规范、真诚”的服务拉动电力市场。

公司坚持“以人为本”，把管理作为两个文明建设的最佳结合点，形成了以“追求卓越，服务真诚”的企业精神。

随着中国加入WTO，鄂能孝感分公司面临着诸多新的机遇和挑战。公司的广大员工将与时俱进，自强不息，努力建设高水平的一流企业，推动企业向更大、更高、更远的目标攀登。

公司地址：湖北省孝感市长征路249号(供电大楼16楼)
法人代表：王洁　　党支部书记：陈晥坤
电话：0712—2956164　2956162　2956163　2956165　邮编：432100

▲高质量的电力器材

孝感光源电子有限公司

▲董事长　吴绍明

孝感光源电子有限公司是由市供电局孝感光源电力集团有限责任公司联合北京福星晓程电子科技股份有限公司、宁波三星集团股份有限公司共同投资，于2001年5月8日在市高新技术开发区注册成立的一个股份制企业，总注册资本金达800万元。

公司自开业之日起到2002年5月实现产值700多万元。公司以生产全电子电能表、全电子分时电能表、单相电子式防窃电电能表、电力线载波模块、全电子电力线载波电能表以及全电子分时载波电能表为主导产品，并销售、安装电力线低压载波集中抄表用电管理系统及相关产品。公司完全按照现代化高新技术制造企业的标准进行规划。总经理办公室下设电子厂、技术部、市场部、质控部和综合部。生产车间为无尘、无污染、无干扰车间，实行封闭式管理，厂内环境幽雅、设施齐全。公司生产、技术开发条件优越、设备先进，拥有完全自动化的生产、检验、试验设备，并实现了全过程电脑控制。

公司技术力量雄厚，拥有位于北京中关村的研发基地，并已培养了一批高素质的专业技术开发人员及技术服务人员。公司有员工86人，专职技术开发和服务人员已达到公司总人数的26%以上，另外还有一批高素质的技术管理人员和技术工人。公司年生产电能表60万只，已成为湖北省电能表生产能力最大的基地，还是湖北省指定的唯一一家专业化公司，2001年公司全行业首家ISO9001质量体系认证，产品质量由中国人民保险公司承保，公司被质量技术监督部门授予“计量管理先进单位”称号，被孝感市供电局多种经营管理局授予“孝感电力多产业先进单位”。

CHUNENG 楚能

地址：孝感市环城东路146号
电话：0712—2837406/2837416
传真：0712—2837406—810
Http://www.e0712.com
E-mail:Gy@e0712.net

▲领导视察

▲开业典礼

▲调试车间全景

公司全景

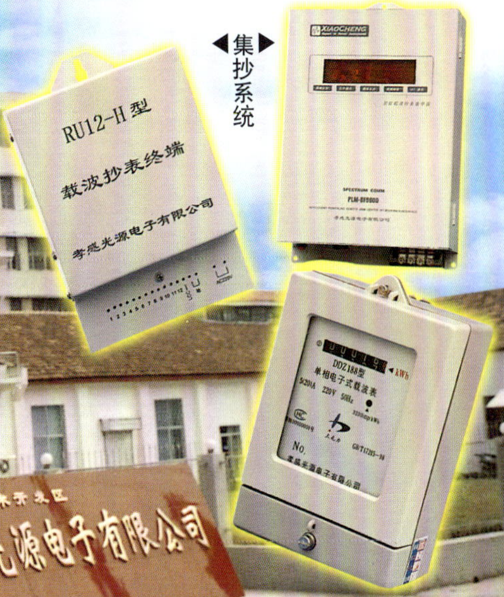

◀集抄系统▶

▲电能表

▲调度通信局局长　马思明

▲调度通信局党总支书记　邹慧芬

孝感供电局调度通信局

▲领导班子成员。左起：副局长饶思传、局长马思明、党总支书记邹慧芬、副局长黄贵州、工会主席刘劲松

孝感供电局调度通信局成立于1972年，1996年6月由原孝感地区电力调度所更为现名。现有职工109人，其中：35岁以下青年职工59名，具有大、中专以上学历74人，具备中、高级以上职称30人，是一支综合素质较高、富有朝气的员工队伍。

该局经过几十年的发展，现已成为孝感电网的运行指挥、通信、自动化管理中心，担负着全区8座220千伏变电站、24座110千伏变电站和41条输电线路的调度、远动、通信任务。实现了计算机处理数据和实时监测；建立起了覆盖全区8座220千伏变电站的微波通信，孝感城区建立了光纤通信网。更新了大容量数字程控交换机、调度总机，实现了全市供电系统通信大联网和计算机联网，为电网调度和行政指挥提供了可靠的通信保障。

该局两个文明建设硕果累累：实现连续20年安全生产新纪录，居全省同行业之首；调度电量由1976年的2.48亿千瓦时提高到29.40亿千瓦时；连续10年被孝感供电局授予“先进党组织”和“文明单位”；三次被省电力公司党委授予“先进基层党组织”；四届被孝感市委、市政府命名为“文明单位”；2002年5月，被孝感市委、市政府授予“最佳文明单位”称号。

调度通信大楼

▲电力调度室

▲微波天线安装

电力调动通信大楼

孝感供电设计院

▲院领导班子成员，右起：书记胡承发、院长熊国志、副院长周明星

孝感供电设计院成立于1900年。

全院有职工16人，下设变电、线路、土建、测量、技经等专业室。拥有电力设计丙级、建筑设计丁级资质，具备承担220千伏及以下输变电工程的设计能力。多年来完成2座220千伏变电站，27座110千伏变电站，3条220千伏线路共120公里，31条110千伏线路共585公里的工程设计，在孝感电力建设中发挥了重要作用。我院的设计作品多次获得省电力局及孝感市建委的奖励，受到客户的广泛好评，赢得了良好信誉。在长期的设计实践中，我院积累了丰富的工程经验，形成了一套科学有效的管理体制。

为了适应市场经济的需要，经注册登记，孝感供电设计院于1999年成立了孝感科先电力工程设计咨询有限责任公司，成为“自主经营，自负盈亏，自我约束，自我发展”的法人实体。在激烈的市场竞争中，我们履行“客户至上，质量第一”的经营方针，坚持以人为本，大力倡导“团结、严谨、务实、拓新”的企业精神，按照“一业为主，两头延伸”的发展思路，积极拓展新的业务，实现我院的可持续发展，为孝感电力事业再作新的贡献。

▲工程设计制图

▲野外勘测

▲办公环境

▲施工现场服务

110千伏孝昌关王变电站全景

乾坤大酒店

三星级酒店 ★★★

▲大型宴会厅

▲标准客房

▲豪华宴席厅

湖北省孝感市乾坤大酒店有限公司是孝感市知名的民营企业，是孝感市委、市政府招商引资的一个集餐饮、住宿、娱乐、商务于一体的大型商务型三星级酒店。酒店座落于城区中心地带的城站路与交通路交汇处，占地面积2538平方米，建筑面积15308平方米，投资总额达4500万元，成为孝感市旅游亮点工程和标志性建筑之一。

酒店内设餐饮豪华包房40间、多功能厅2个、乾坤豪华宴会厅1个，可容纳1500人同时进餐，主要经营湖北菜、湘菜、川菜、粤菜、上海菜、淮扬菜等菜系；客房有80多间套，设有豪华单人间、豪华标准间、有三人间、商务套房、高级豪华套房、组合豪华套房，酒店还设有地下停车场和会议中心，按星级酒店的标准提供服务。

地　址：湖北省孝感市交通西路
电　话：0712—2888888(总机)
　　　　0712—2326759(办公室)
传　真：0712—2324919
董事长：熊国金

◀会议室

接待服务大厅▶

孝南区人民法院

孝感市孝南区人民法院始建于一九四九年七月，现有在职干警197人，院级领导一正二副，内设机构有17个庭、科、室、队、处、局。辖环城、朋兴等10个基层人民法院。

建院五十三年来，全院干警在法院党组的领导下，牢记审判宗旨，团结拼搏、锐意进取，出色地完成了各项审判任务。年办案量5000件以上，并以25%的涨幅递增。队伍建设不断加强，全院干警的政治素质和业务素质明显提高。近年来，有37名干警分别被上级法院表彰为“优秀法官”和“办案能手”。有58人次分别荣立一、二、三等功，有17个单位先后被省、市法院和上级政法机关誉为“先进单位”或“先进法庭”、“人民满意政法单位”。经一庭副庭长熊远福先后被授予“湖北省见义勇为先进分子”、“湖北省优秀法官”、“湖北省十佳政法干警”、“全国优秀法官”等荣誉称号，并荣立个人一等功；法院先后被评为区级文明系统和市级文明单位，被省高院评为“最佳人民法院”、“人民满意的好法院”，荣立集体二等功。

▲孝南区人民法院院长　李光智

▲孝南法院领导班子和审委会委员在研究工作。院长李光智（中）副院长刘超（右三）、副院长宋建新（左三）、党组成员朱桂林（左一）、执行局长詹劲松（右二）、民庭庭长廖玉华（左二）、经二庭庭长涂自敏（右一）。

▲李院长与“全国优秀法官”熊远福同志（左）亲切交谈

▲孝南区人民法院刑事开庭

孝南区人民法院办公大楼

孝南区书院

书院街道党委、办事处坚持以“三个代表”重要思想为指导，坚持“两手抓、两手都要硬”的方针，带领全处上下，励精图治，开拓创新，注重加强基础设施建设，不断优化发展环境，大力发展以民营经济为主体的城郊型特色经济，千方百计招商引资，取得了两个文明建设的丰硕成果。先后被省、市、区评为先进党组织、党风廉政建设先进单位、社会治安综合治理先进单位、计划生育先进单

▲党的十六大代表、全国优秀党务工作者、全国“三八”红旗手、湖北省十佳乡镇党委书记、孝南区书院街道党委书记　李世英

引进外资1.2亿元兴建的冰晶玫瑰苑一角

青年世纪林基地

总投资250万元，建筑面积3000平方米的城西商贸楼

面貌焕然一新的向阳小区

街道办事处

位、城市文明卫生创建先进单位、第五次人口普查先进集体和“三五普法”先进单位。2002年实现乡镇企业总产值3.06亿元、工业总产值2.03亿元、全社会固定资产投资额6140万元、招商引资3180万元、村集体经济纯收入400万元、预算内财政收入370万元，农民人平纯收入达3289元。书院街道办事处竭诚欢迎各界人士前来投资兴业，共创美好的明天。

▲书院街道办事处主任　刘敬玉

◀办公大楼

引资2200万元集中开发的西大市场经营红红火火

城区新亮点，改造后的北正街步行商业街变宽、变净、变靓了，成为市民休闲购物的好去处。

▲永辉米酒公司的无菌化生产车间

追求卓越 建设一流

——创新发展中的汉川供电局

▲汉川供电局局长 方华志

▲汉川供电局党委书记 谢本彪

汉川供电局成立于1976年，隶属孝感供电局直管。下设11个供电局，7个分离单位，2个多经实体，职工总数328人，其中主业在岗人数185人。局直辖110千伏变电站4座，输电线路6条97公里；35千伏变电站11座，输电线路210公里；主变29台，变电容量287050千伏安，供电区域1663平方公里。2001年，售电量达到3.586 亿千瓦时。

从1999年开始，大规模实施农村电网建设改造，建成了高中低压相匹配，先进适用，结构合理，安全经济的电网。坚持开展“阳光电波”工程，使“三公开、四到户、五统一”得到全面落实，赢得了社会各界的高度赞誉。

汉川供电局连续安全运行2226天。荣获“省级文明单位”称号，被国家电力公司授予“电力市场整顿和优质服务年活动”先进集体。被汉川市委、市政府授予“红旗单位”荣誉称号。全局上下将继续弘扬“团结、奉献、文明、创新”的企业精神，在建设一流供电企业的征途上励精图治，再创辉煌。

先进的调度机房

汉川供电局调度大楼

汉川供电系统职工丰富多彩的文艺演出

变电站

求实创新发展中的

汉川市工商行政管理局

▲局党组书记、局长　罗继舟

汉川市工商行政管理局下设25个分局(科)，辖18023户个体工商户、4568家私营企业1084个其它经济实体。1999年以来，各项工作有了长足的发展。

以人为本，队伍素质大提高。先后有120人取得本(专)科学历、353人获省颁发的执法资格证、200人达到或超过计算机操作应用初级水平。

◀局党组班子共谋发展大计

开拓创新，各项工作大发展。在农村推行种养殖业登记制，开辟农民进入市场的“绿色通道”；率先于全国实行信用户口、信用公示、信用巡查三级联动，构筑企业信用平台，提高企业信用意识和水平，打造“信用汉川”；开展规费稽查，收罚实行阳光操作，杜绝人情费、关系费；改革经费机关科室包干制，实行“一支笔”管理。

履职尽责，市场秩序大好转。建立健全四条“12315”打假维权网络，受理各类投诉2740起，处理2680起；查处违法违章案件2756起，捣毁非法生产经营窝点96个，收缴假冒伪劣商品标值300余万元；标本兼治，突出治本，推行“打假维权满意街”，并在仙女山欢乐街试点，使经营商家销售额不断攀升。

服务宗旨，市场经济大繁荣。将管理寓于服务，推动“管理型”工商向“服务型”工商转变。实施“合同解忧工程”，使23家企业荣获“湖北省重合同守信用企业”称号，实施“精品名牌工程”，使“福星”等5个系列产品商标获“湖北省著名商标”称号；实施“中小企业帮扶工程”，及时办理改制企业登记128家。

(聂彬)

▲国家工商总局领导在汉川市市长胡功民、汉川市工商局局长罗继舟陪同下，检查企业信用公示的“汉川红盾信息网”

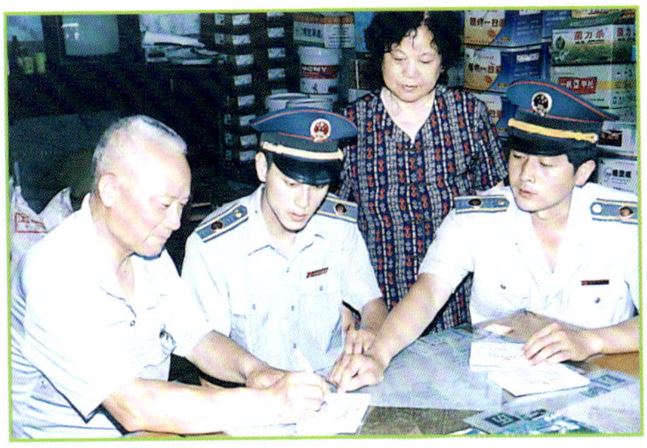

▲维护农民利益，推行《农资商品质量信誉卡》

▲冒雪发布用工信息，把温暖送给下岗职工

▲收缴劣质冰袋，整治校园周边经营秩序

应城开发区

▲应城开发区管委会主任　袁俊林

应城开发区创建于1992年0月，1996年5月被列为省管开发区，开发区紧邻中心城区，由四里棚盐业精细化工产业、河西石膏建材产业和城南高新技术产业三个小区组成，规划总面积8平方公里。目前，开发区共有人口3.2万，区内现有企业90家，其中三资企业13家。封闭管理区3.6平方公里，现有企业26家，其中三资企业3家。开发区工委、管委会代表市委、市政府管理区内各项工作。管委会下设办公室、招商局、城建土地局、经济发展局、村镇管理局。市直财政、公安、土地、工商、教育等部门在开发区设有分支机构，配合管委会为投资客商提供"一站式"服务。经过多年努力，开发区现已具备"四通一平"的条件和良好的优惠政策，已来区投资的客商都感到投资环境宽松，许多客商不断追加投资。

▲应城开发区工业园综合楼

▲台湾独资永昌石膏化工公司

建设中的大兴建材家俬城

楚天碘盐第一镇

应城市四里棚街道办事处

▲办事处党委书记　李应金

▲办事处主任　朱进军

四里棚街道办事处位于应城市中心城区以东，汉宜公路横贯其中。境内有丰富的岩盐资源，驻有湖北银光盐化有限公司、孝感市永祥制盐有限责任公司、应城市盐化公司等大中型企业，为重要的盐业化工生产基地。全处下设15个村、1个居民委员会，3.3万人；国土面积33.5平方公里。2001年，全处实现工农业总产值33744万元，其中工业总产值28344万元，农业总产值5400万元；财政收入632万元；农民人均纯收入2980元。1999年，四里棚街道办事处被评为孝感市小康乡镇。

▲栗树小学逸夫楼

▼市碘酸钾厂

▲制碘生产车间

▲栗树村计生服务室

▲财政办事处领导班子

▲财政办事处大楼

▼下新村精养鱼池

湖北省云梦县第一高级中学

▲云梦县第一高级中学校园广场

▲校长　方　斌

▲学生实验

▲开拓创新的一中领导班子。左起：副校长汪胜华、王焕林，校长方斌，副校长李厚坤、聂金桥。

▲教学楼群

▲县政府办公室副主任、房改办主任　杨志明

▲主任杨志明（中）副主任彭沛峰（左）杨秋柏（右）

云梦县住房制度改革办公室

▲县房改办全体工作人员

◀▲新建成的云梦县安居工程——梦圆小区

云梦县房地产公司

云梦县房地产公司成立于1986年4月，隶属于云梦县建设局，履行房地产行政管理和房地产开发经营等行业管理职能，是管理与经营并重发展的事业单位。

云梦县房地产公司自成立以来，坚持依法行政、科学管理和优质服务，取得了较好的社会效益和经济效益。截止2001年底，共发放房屋所有权证10000余本，房屋他项权证1100余本，实现了房地产权籍管理现代化。推进政务公开和承诺服务，实现了房产登记受理、换证、房产交易契税收缴、政策咨询等各个窗口集中办公；审核、发证、税费清收“一条龙”服务，树立了良好的部门形象。1999年被省建设厅评为“湖北省房屋安全鉴定工作先进单位”，2000年被孝感建设委员会、孝感市人事局评为“孝感市建设系统先进单位”，2001年被中共云梦县委、县政府评为“文明单位”，2001年被中共云梦县综合战线直属机关委员会评为“先进单位”。

▲高级工程师、经理　彭小芳

◀公司班子成员，左起：邱国宏、赵木松、彭小芳、王新元

▲县行政服务中心房地产服务窗口

▼云梦县房地产公司办公楼

▲档案管理微机化

▶服务咨询大厅

云梦县人民医院

▲县人民医院门诊大楼

▲云梦县人民医院院长　严继华

▶云梦县人民医院领导班子，左起：陈礼刚、丁树清、严继华、袁林生、尚泽忠

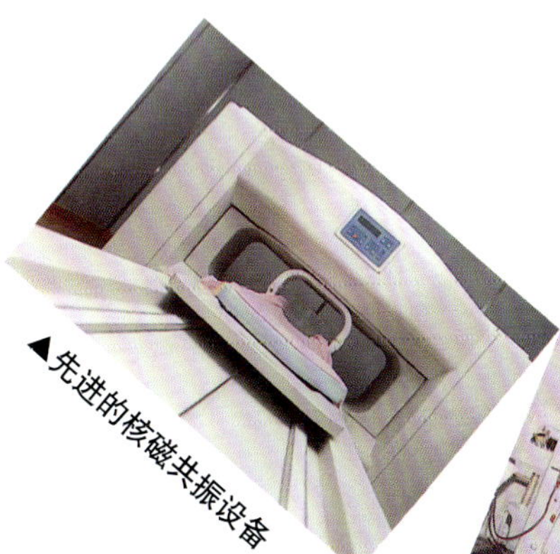

▲先进的核磁共振设备

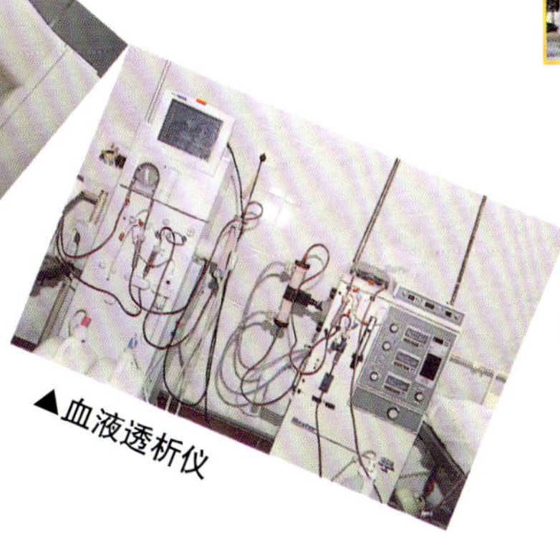

▲血液透析仪

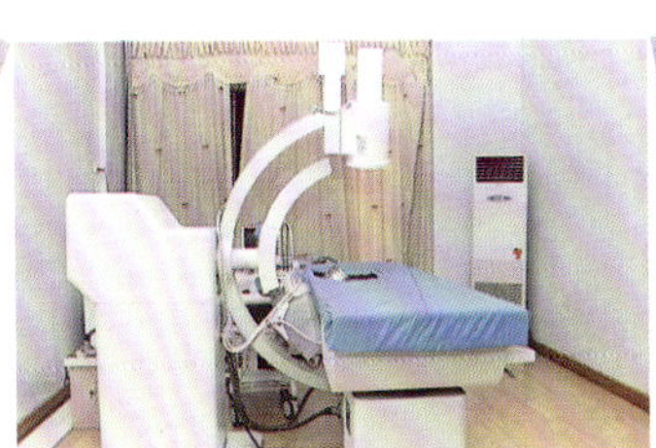

▲先进的碎石机

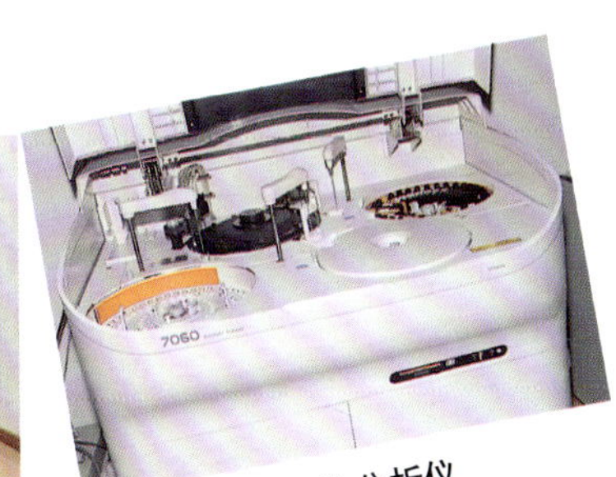

▲全自动生化分析仪

湖北省云梦玉丰集团

▲集团董事长　曾纯玉

▲总经理　曾玉奎

▲集团高级管理人员

曾纯玉，汉族，大学文化程度，中共党员，工程师，云梦玉丰集团董事长，县政协常委、县光彩事业促进会会长，麾下有玉丰建筑工程有限公司、伊云实木制品有限公司、玉丰商务大酒店有限公司、玉丰塑钢制品有限公司、玉丰工艺品有限公司等五家子公司。

云梦玉丰集团注册资本7600万元，其核心企业玉丰实业有限公司注册资本5000万元，是进行工业与民用建筑施工、装饰装潢、房地产开发；塑钢门窗、实木门、家具、铝制品、竹制品生产与销售；工艺品、五金、家电、粮食、油料、建筑材料销售；住宿、餐饮、娱乐服务、花卉、苗圃种植；汽车运输等多种经营的大型民营企业集团。

玉丰集团综合楼

朝气蓬勃的

云梦县国土资源事业

❶局长刘润祥
❷云梦县国土资源局领导班子
❸土地执法大队检查人员整装待发
❹正在进行土地执法大检查

湖北省云梦蓝天盐化厂

▲团结进取的领导班子，左起：副厂长刘保国、张传德、厂长赵少林、党委书记吉广东、副厂长张晓瑞、工会主席余运生

▲厂长　赵少林

▲优化生产管理

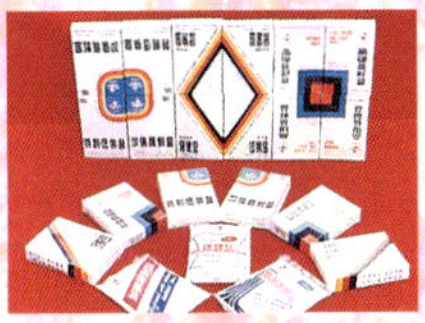

▲系列保健盐

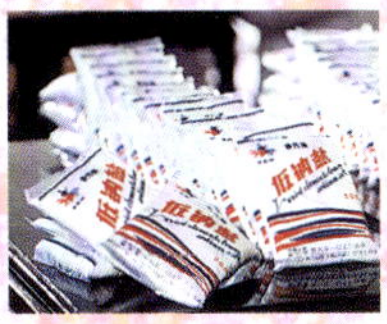

▲钙型多元素低钠盐

开拓创新的云梦报社

▲云梦报社社长　陈金泽

▲社长陈金泽（中）副社长谢云山（右）总编赵俊鹏（左）

云梦县自来水公司

云梦县自来水公司是一个担负着城区10万人生活用水和500家生产企业用水的社会服务性企业。公司自1971年至今已发展成拥有固定资产达2300余万元，职工190人的规模。目前，公司已完成了日供水能力7万吨现代化水厂的建设，建造了建筑面积达5000余M²供水大楼一座。城区管网覆盖面达6.3KM²，铺设　100mm以上管道40KM。

公司一向恪守“用户服务至上，确保供水质量”的服务宗旨，并把“发展企业，争创一流”作为供水始终追求的目标，取得了良好的经济效益和社会效益。公司1994年荣获孝感市“纠正行业不正之风先进单位”，1995年、2001年荣获孝感市“先进单位”称号，1997年、2002年分别获云梦县“先进文明单位”和“最佳文明单位”称号。

供水大楼

▲经理　沈德松

▲朝气蓬勃的公司领导班子

▲新建的日供水能力7万吨的给排水系统

▲桂花潭水厂一角

2001年5月中旬，市政协驻会各位主席，分头带员赴各县市区，看望当地政协的同志和市政协委员，并与他们进行了座谈，就做好新时期政协工作了解情况，听取意见。

5月25日，省政协副主席蒙美路、副秘书长张玉权、文史委副主任黄学东等一行到孝感市检查指导政协文史工作。

6月26日，市政协举行各界人士座谈会，隆重纪念中国共产党建党80周年。市政协副主席买信敬、田继林、罗鲁祥、左国香和市级民主党派、人民团体、无党派人士及政协相关界别的代表参加了会议。

6月27日至29日，省政协常委、省政协教科文卫体委员会副主任袁继凤一行7人，来孝感就职业技术教育问题进行了专题调研。

8月中旬，市政协主席王学远到孝昌县小悟乡指导抗旱救灾。随后，回机关动员干部职工两次捐款5735元，送到小悟受灾群众手中，机关干部职工还捐衣被214件，支援灾区群众。

9月12日，省政协副主席杨斌庆带领部分省政协委员来孝感市调查依法行政情况。市委常委、常务副市长蔡民族及有关部门负责同志汇报了有关情况，与会者就有关问题进行了探讨。

9月18日，市政协召开各界人士座谈会，隆重纪念辛亥革命90周年。市政协副主席鲁华容、买信敬、田继林、罗鲁祥、左国香及有关市级民主党派负责人出席了会议。

政协孝感市二届委员会领导名单

主　席　王学远(1999.—　　　)
副主席　吴绪坤(1999.—2001.1)
　　　　鲁华容(1999.—　　　)
　　　　买信敬(1999.—　　　)
　　　　田继林(1999.—　　　)
　　　　汤海如(1999.—　　　)
　　　　周学伟(1999.—　　　)
　　　　罗鲁祥(1999.—　　　)
　　　　左国香(1999.—　　　)
　　　　高瑞峰(1999.—　　　)
　　　　徐祖跃(2001.1—　　　)

市政协秘书长、副秘书长名单

秘书长　汤海如(兼)(1999.1—4)
　　　　周仕彪(1999.4—　　　)
副秘书长　周仕彪(1999.1—4)
　　　　夏正峰(1999.1—　　　)
　　　　周七安(1999.1—　　　)

市政协办公室领导名单

主　任　夏正峰(兼)(1999.1—　　　)
副主任　邱传荣(1999.1—　　　)
　　　　张西林(1999.1—　　　)
　　　　刘　勇(1999.5—　　　)

(夏正峰　张西林　吴福寿)

民主党派·工商联

中国国民党革命委员会孝感市委员会

【概况】 中国国民党革命委员会(以下简称民革)孝感市委员会于1997年4月10日成立,方晓莉当选为第一届市委会主委,王建明、温国斌、任汉平当选为市委会委员。1998年11月,徐志林增补为市委会委员。2001年12月10日召开民革孝感市第二次全体成员大会,选举产生了民革孝感市第二届委员会。现有市直、孝南、孝昌三个支部,党员52人,平均年龄58.8岁,其中高中级职称以上40人,占74%。在实职中担任副科级以上干部5人。市委会现有市人大副主任1人,省政协委员1人,市政协委员9人,县区政协委员7人。

【参政议政与民主监督】 市民革各级组织始终把参政议政工作摆在重要位置,联系实际进行调查研究,积极建言献策。1999—2001年,各级政协委员共撰写提案40余件。其中,市委会的提案《办好行政服务中心、为我市改革开放和经济发展服务》,《关于在孝感开发区引进一流的技术和人才的建议》等具有较高的战略眼光,引起市政府高度重视,被列为2002年重点督办件,省政协委员许志超在省政协会上提出的《绿化武汉、改善武汉火炉状况》的提案,受到省防汛抗旱指挥部的重视,并被采纳。任汉平委员在市政协二届三次会议上作了题为《增强专利意识,促进科技进步》的大会发言。市委会主委方晓莉按市委的分工安排,深入基层调查研究,近三年分别完成《灾后防疫防病不容忽视》、《关于我市贯彻实施"科技进步法"调查报告》、《关于全市中小学教师工资县级统一发放情况的调查报告》等调研成果,均被收入中共孝感市委编写的《领导调研》文集。

实行民主监督也是民主党派参政议政的具体体现,市民革党员中,任汉平、温国斌、徐志林等先后受聘担任市监察局特邀监察员,2001年参加了市地税局、技术监督局的行风评议工作。

【为改革开放和两个文明建设服务】 市委会要求在职党员努力搞好本职工作,紧紧围绕中共孝感市委和市政府的中心工作,为改革开放和两个文明建设服务。2000年4月市委会自筹价值1000余元药品,到孝昌县邹岗镇扶贫义诊。5月下旬,市委会又到市、区两级福利院为孤寡老人送医送药,送生活用品。孝昌支部自备树苗60棵,到花园镇风新小学开展植树活动,绿化美化校园。2001年孝感市遭受严重旱灾,全市民革党员积极捐钱捐物,8月上旬,市委会主委方晓莉带领市委会成员和省政协委员许志超前往旱情严重的孝南区闵集乡慰问受灾群众,并捐款3000元。

【海外联谊促进祖国统一工作】 市委会组织广大党员认真学习江泽民总书记《为促进祖国统一大业的完成而奋斗》的讲话精神,批驳李登辉、吕秀莲之流的"两国论"和"一中一台"的谬论。同时充分发挥民革党员与海外联系广泛的优势,通过写信、寄贺卡、接待海外亲友等方式,积极向海外亲友宣传"一国两制,和平统一"方针,扩大对第二、三代的联系,巩固老关系,发展新关系。市委会还组织接待回孝感探亲的台胞,向他们宣传祖国大陆和孝感改革开放的新变化,相互之间加深了解,交流感情,增进了友谊。

【切实加强自身建设】 市委会和支部领导班子认真贯彻民革中央九大精神,认真搞好新老交接,努力加强自身建设。(一)把思想政治工作摆在首位。三个支部都坚持每月一次的政治学习制度。三年来共选派2人参加了省社会主义学院民主党派骨干培训班的学习,3人参加了市社会主义学院中青年干部班的学习,有8人参加了省民革新党员培训班的学习。市委会还组织了一些社会考察活动,2000年10月组织老同志和部分党员到武昌参观中山舰。2001年9月,又组织党员到武昌参观由民革中央和省政协联合举办的纪念辛亥革命九十周年书画展,通过多种形式教育广大党员做到从思想和行动上自觉接受中国共产党的领导。(二)把组织建设作为自身建设的关键。各级领导班子按照《民革章程》的要求,紧持集体领导和分工负责相结合,多干实事。三年来共发展新党员8名,其中具有中高级职称7人,平均年龄40岁。截止2001年底,全市已有民革党员52名。经与各有关部门协商,向各级人大、政协推荐换届人选,推荐监察局特邀监察员、行风评议代表和教育督导员等。三个支部根据工作需要补选充实了支部委员。(三)加强机关建设。市民革机关根据《国家公务员管理暂行条例》的要求进行参照管理,热情为基层支部服务,为党员服务,较好地完成了各项工作任务。

2001年12月10日,民革孝感市第二次全体成员大会在孝感召开,会议选举方晓莉同志为民革孝感市第二届委员会主任委员,温国斌、任汉平、徐志林、冯雨民同志为市委会委员。

民革孝感市第二届委员会

主任委员 方晓莉

委　　员　温国斌　任汉平　徐志林
　　　　　冯雨民

（冯雨民）

中国民主同盟
孝感市委员会

【概况】 2001年12月10日，中国民主同盟（以下简称民盟）孝感市第一届委员会任期届满，按照民盟章程选举产生了民盟孝感市第二届委员会。1999年到2001年，民盟孝感市委员会紧紧围绕中共孝感市委、市政府的中心工作，积极发挥“政治协商、民主监督、参政议政”的作用，积极参加孝感两个文明建设，做出了应有的贡献。三年来，盟市委发展新成员15人，现有盟员61人，下辖市直和孝南2个支部。在年龄结构上，中青年比例不断升高，60岁以上的占31%，40岁—59岁的占40.6%，30岁—39岁的占28.4%。在学历层次上，大学以上学历的共43人，占72%，大专学历的共11人，占18%，中学、中专学历的共6人，约占10%。盟员中，从事教育工作的42人，占68.8%。通过认真严格的组织发展，盟市委组织形成了多种专业，老中青比例协调的组织结构。2000年，盟市委被民盟湖北省委授予“盟务工作先进市委会”称号，柳松山被评为全省先进盟务工作者，杨涛、张胜华被评为全省优秀盟员。

【参政议政】 盟市委担任社会职务的盟员较多，其中有省人大代表1人、省政协委员1人、市人大常委1人、市政协副主席1人、市政协常委4人、市政协委员5人；区政协常委2人、区政协委员3人；市、区特邀监察员6人。民盟孝感市委员会每年组织委员围绕市、区政府中心工作，确定中心提案，开展调查研究，向市、区政府建言。三年来，全盟共写提案75件，其中被评为优秀市、区提案18件。1999年提出“建立双峰山森林广场”的提案，引起市委、市政府高度重视，已通过招商引资动工兴建该工程。2000年，提出“关于我市农业结构调整的现状和调整措施的建议”提案，市政府以“参阅件”形式发送各县市区领导参阅。2001年提出“推进社区建设，提高服务质量”的提案，引起市政府的高度重视，得到迅速落实。为反映社情民意和社会热点，盟员向市政府主管教育的副市长反映“普通高中不要一哄而起”的建议信，副市长收信后与市教委研究对策，使不具备办“普高”的中专被及时制止。2001年，民盟孝感市委被民盟湖北省委评为“参政议政工作先进集体”称号，罗鲁祥、杨涛、柳松山被民盟湖北省委评为“参政议政先进分子”，舒新国被孝感市人大评为“市优秀人大代表”，杨涛和柳松山被孝感市政协评为“市优秀政协委员”。

【思想建设】 三年来，民盟市委组织盟员集中学习30余次，每次学习有专题、有讨论、有提高。对中共中央的重大决策，盟市委及时组织、引导盟员学习、贯彻，与中共保持高度一致。盟市委还通过组织迎澳门回归文艺活动，庆祝中华人民共和国成立50周年和人民政协成立50周年活动，纪念民盟成立60周年和庆祝中共成立80周年活动，对盟员进行爱国、爱党教育，组织大家认真学习江总书记的“七一”讲话精神，加深对“三个代表”重要思想的理解。通过抓政治理论学习，使全体盟员整体素质大有提高。盟员将学习中的亲身体会多次撰文到省、市有关刊物上发表，三年中向《湖北盟讯》发表文章15篇。盟员中，有的被孝感学院聘请为系主任，有的被学校聘任为教导主任、政教主任和教研主任，有的被区政府评定享受政府津贴的科技拔尖人才，有的被市、区教育行管部门评为“学科带头人”和市、区优秀教师。

【服务社会】 三年来，全盟积极开展服务社会活动，不少同志为社会做了不少好事，办了不少实事。舒新国兴办的舒氏粘胶带有限公司，为孝感地方经济发展，扩大就业岗位，稳定社会秩序发挥了作用，省、市、区主要领导经常去公司视察指导工作。而且他在扶贫助教中成效显著，从1999年～2001年向孝感一中贫困农村优秀毕业生捐款12000元，为清华大学一在校生三年负担学费20000元，向孝感市特校捐款3000元。盟员宋望明主持的孝感“三峡证券”公司，每年向地方交利税200余万元。孝高盟员陈瑞华多年资助大悟县数名中小学生学习费用。孝感一中不少盟员坚持每月从工资中挤出10元钱资助学校贫困生。孝南区教研室盟员管季超，利用暑期自办“幼儿美术班”，不计回报，效果明显。他们的义举，受到社会和家长的普遍赞誉。

民盟孝感市第二届委员会

主任委员　熊　熊
名誉主任委员　罗鲁祥
副主任委员　李腊生
委　　员　杨　涛　肖建海
　　　　　舒新国

（柳松山）

中国民主建国会
孝感市委员会

【概况】 中国民主建国会（以下简称民建）孝感市委员会成立于1997年4月10日。2001年12月10日召开民建孝感市第二次全体会员大会，会议选举产生了民建孝感市第二届委员会，主任委员左国香，副主任委员陈旭东，委员黄平、张金榜、黄诗洛。市委会下设孝南、市直、孝昌三个支部委员会，内设机构有办公室，企业专门委员会。左国香任企业专委会主任，舒建国任副主任，杨根鹏、池东红任委员。

民建孝感市委会现有会员49人，其中男40人，女9人。年龄结构：60岁以上9人，50—60岁9人，35—50岁20人，35岁以下11人。文化结构：研究生1人，大专以上22人，占总人数46.9%；高中、中专23人，占总人数46.9%；初中以下（含初中）3人，占总人数6%；中级职称28人，占总人数57%。担任市人大代表2人，其中市人大常委1人。市政协委员8人，其中政协副主席1人、政协常委1人;区(县)政协委员9人,其中政协常委5人。在市县二级部门担任特约监察员7人,其中市级部门5人,区(县)2人。实职安排3人,其中审计局副局长1名,孝南区副区长1名,孝南区工商联会长1名。

三年来,民建孝感市委会积极参政议政。在各级人大、政协会上提出提案议案60份,其中《关于在全市范围内开通148法律咨询电话的建议》、《关于整顿孝感市城区游戏机娱乐市场的建议》等得到市委、市政府有关部门的重视落实,受到广大市民的好评。张金榜、胡仕元、黄诗洛、舒建国分别被市委、市政府授予全市先进人大代表、先进政协委员的光荣称号。发挥党派优势,发展壮大民营企业。民建会员李冬至的宝大铜业改扩建工程完成固定资产投资达1500万元。民建会员舒建国的舒氏实业股份有限公司顺利通过了ISO国际质量标准认证。扶贫帮困,积极投入光彩事业的工作颇有成效。三年来民建市委会多次组织会员中的民营业主,向贫困地区捐款93000元,修建学校,乡村道路,资助贫困失学学生5名,安排下岗职工300名。

民建孝感市第二届委员会

主任委员 左国香
副主任委员 陈旭东
委　　员 黄　平 张金榜
黄诗洛

(张金榜)

中国农工民主党孝感市委员会

【概况】 中国农工民主党(以下简称农工党)孝感市委员会于2001年12月10日召开第二次全体党员大会,第一届委员会主委买信敬代表一届委员会作了工作报告。大会选举产生了第二届委员会,主任委员:余合桥,名誉主任委员:肖华诚、买信敬,副主任委员:刘晓三,委员:黄国洲、安楚雄、余念文、杨耀华。

到2001年底共有党员59人,其中医卫界39人占66.1%,教育界13人占22%;享受国务院专家津贴1人,高级职称21人占35.6%,中级职称30人占50.8%,中上层人士56人占94.9%;担任各级人大代表、政协委员21人,其中省人大代表2人,省政协常委1人,市人大代表(常委)1人,市政协副主席1人,市政协常委2人,委员7人,区县政协常委3人,委员4人,还有各级特邀监督员15人。在各级部门担任实职6人。

1999—2001年,农工党孝感市委会进一步加强了领导班子建设和后备干部队伍建设;坚持"三个为主"的基本方针,严格把好入口关,吸纳了一批综合素质较好、层次较高的中青年人才,充实到党员队伍中,优化了党员队伍的结构。既保持了以医卫界为主的特色,同时又吸收了不同界别的优秀同志。下辖的三个支部分别建立了适应各自实际情况的工作机制并取得了可喜的成绩。市直支部、孝昌支部先后被农工党湖北省委评为先进支部,孝南支部被农工党湖北省委评为咨询服务工作先进集体。党员中有18人次被评为优秀党员或先进个人,2人次被中共孝感市委授予优秀人大代表、优秀政协委员称号,还有9人次因本职工作表现突出,受到省、市有关部门的表彰。

【思想建设】 三年来,市委会领导班子始终把思想建设放在首位,带领广大党员开展经常性的政治理论学习。一方面组织党员认真学习邓小平理论、江泽民"三个代表"重要思想和"七·一"重要讲话,提高了全体党员的政治素质、思想道德水平,增强了党员对建设有中国特色的社会主义的信念,提高了党员接受共产党领导、贯彻基本路线和基本纲领的自觉性。使全体党员经受住了诸如1999年的"三大政治斗争"的严峻考验,坚定地与中共中央在政治上、思想上和行动上保持高度一致,真正做到了同中国共产党竭诚合作,肝胆相照,荣辱与共。另一方面结合建国五十周年、中国共产党建党八十周年、农工党建党七十周年、邓演达烈士殉难七十周年等,开展爱国主义教育、多党合作的优良传统教育,党章、党史教育,寓教育于活动之中,增强了民主党派思想政治工作的渗透力和时代感。还充分发挥党刊《前进论坛》的宣传、指导作用,坚持组织党员订阅党刊、撰写文章在党刊、《孝感日报》、《统一战线》等报刊上宣传统战政策,报道各项工作的成绩,扩大知名度,树立农工党良好形象。在各类新闻媒体发表文章60余篇。连续三年被农工党中央宣传部授予"党刊发行工作先进集体",每年被农工党湖北省委评为"宣传工作先进集体",并有9人次被评为宣传工作先进个人。

【参政议政】 市委会和各支部的主要领导人积极参加各级中共党组织举行的各种形式的政治协商活动,列席地方政府的有关会议,参与地方大政方针的制定,积极发表意见和建议。人大代表、政协委员和各级特邀监督员积极反映社情民意,实行民主监督,参与行政执法监督、行风评议、社会调查等活动。几年来,围绕市委、市政府的中心工作,积极建言献策,其中,余合桥同志提出的"在公房出售中落实对教师的优惠政策"的建议,获得市政府"十佳优秀建议";邹明星同志提出的"关于城区污染现状及对策"的提案引起市政协领导的高度重视,被指定为市政协二届三次全会大会发言材料,在大会作了发言;市直支部提出的"孝感师专至后湖的污水沟急待治理"等两份提案,引起市委、市政府领导的高度重视,责成有关单位认真办理落实,受到社会各界的称赞;医卫界成员邓少华、徐道龄、汪远峰等同志对完善医疗保险制度提了许多建议和提案,起到了协调关系、化解矛盾,促进社会稳定的积极作用,为市医改决策提供了重要参考。

【咨询服务】 农工党孝感市委会十分注意发挥医卫界成员的优势,积极开展医疗义诊、咨询服务等活动。多年来坚持到市、区两家福利院开展义诊活动，协助政协和统战部开展科技、卫生、文化三下乡活动，参加贫困地区的扶贫考察工作；与民政局共同举办“国际科学与和平周”义诊宣传活动；开展为希望工程和灾区募捐，为福利院和下岗职工献爱心活动；参加农工党中央主办的为“中国初级保健基金”、“农工世纪林”的捐助和宣传工作。近年来共开展义诊和咨询服务工作18次，参加人员近100人次，为希望工程、救灾扶贫等工作捐资1万余元，被农工党湖北省委授予咨询服务工作先进集体，还有3名党员被评为咨询服务工作先进个人。

农工党孝感市第二届委员会

主任委员　余合桥
名誉主任委员　肖华诚　买信敬
副主任委员　刘晓三
委员　黄国洲　安楚雄
余念文　杨耀华

（张　兵）

孝感市工商联

【概况】 自1999年换届至2001年，市工商联努力按照《中国工商业联合会章程》内容，围绕市委市政府的中心工作，切实发挥桥梁、助手作用，努力为发展非公有制经济服务，组织建设得到加强，服务领域不断拓展，自身活力逐步提高，争创一流工作成绩、探索职能工作特色、树立良好机关形象的发展态势已经形成。1999年被市委、市政府评为“先进单位”，被省工商联评为“先进工商联”，2000年被市委、市政府评为“招商引资先进单位”。

【宣传调研参政议政】 1999年6月10至12日，市工商联配合省政府参事室调查组，在孝感完成“我省进一步发展私营经济的有关情况”的调研活动。根据市委书记张昌尔对工商联提出的“请你们分析现状，针对存在的问题，作深入的调查研究，提一些发展思路、建议”的要求，市工商联于8月4日至20日，组织各县市区工商联干部，对全市8个县市区、一个开发区、26个乡镇办事处、8个民营经济小区、11条街和163个个体私营户进行了全面的调查和重点座谈，撰写了《抓住新一轮大发展的体系——孝感市发展个体私营经济情况的调查与建议》的调查报告，于12月24日向市委、市政府领导集体进行了专题汇报，受到肯定。2000年底，市工商联又与《孝感日报》合作，组织全市各种不同类型的知名企业家代表进行座谈，在“致富思源，富而思进”的方针指引下，共同回顾企业繁荣发展的经历，共同探讨如何加快发展，与此同时，《孝感日报》以“搏击商海，大写人生”为标题，集中报道了黄腊芝、舒新国、周仁、王永祥、江友高等人的事迹与经验，促进了我市民营企业上规模上档次上效益。此外，市工商联主要负责人撰写的“致富思源不忘党，富而思进促发展”的调研文章，在市委机关刊物和党报上发表，对在民营企业中开展的“双思”教育是一个有力的推动。

【维权服务组织建设】 过去三年中，市工商联根据民营经济发展的实际和广大会员的要求，贴近实际，突出重点，通过抓维权服务使会员组织建设得到进一步发展。维护会员企业的合法权益，一直是工商联工作的重中之重。通过“六抓”活动，即抓培训，抓考察，抓服务，抓融资，抓促销和信息咨询，使维权服务成效显著。截止2001年底，共为市区内民营企业挽回经济损失400多万元，引进项目129个，引进资金4888万元。开展维权服务，进一步增强了工商联的凝聚力，会员队伍因此而迅速发展壮大。自换届后，市工商联加大了会员组织发展的工作力度，依照“调整、巩固、充实、提高”的方针，建班子订目标，主要抓了如下四项工作：一是抓基层商会的建设；二是抓商会队伍的扩大；三是抓同业商会的发展和巩固提高；四是抓涉外商会的建设。截止2001年底，全市发展同业商会28个，企业会员741个，团体会员149个，个人会员10222个。一批公转民企业也迅速加入到商会队伍中，使商会增添了新鲜血液和活力。

【经济联络招商引资】 经济联络招商引资工作，历来是商会工作的重点之一。积极开展招商引资，促进非公有制经济的快速发展，为孝感的经济建设添砖加瓦，是工商联工作的重要职能。三年来，市工商联利用自身点多面宽覆盖广的优势，不断开拓进取，努力工作，共引进企业4个，引进资金616.8万元，超额完成了市委市政府下达的招商引资任务。此外，市工商联还多方开展联络服务，组织民营企业家赴“三国两地”考察学习，学习国外商会以及私营企业的成功经验，还组织了一批本地老板赴上海学习考察等，经济联络使非公经济代表人士开阔了眼界，增长了见识。

【企业文化建设】 关注民营企业发展，引导非公经济上台阶上等次，是工商联的工作中心之一，尤其是在加强企业文化建设、完善企业内部管理等问题上，市工商联努力在内容、形式、方法、手段等方面进行了创新和改进，谱写了企业文化建设的新篇章：一是市县两级商会一起，多种形式并举，层层组织发动，广泛开展“双思”教育。采取谈心会、座谈会、研讨会、报告会、培训班、组织参观等方式开展企业文化建设。二是与市有关单位联合召开企业座谈会和经验交流会，市委主要领导参加活动并讲话，使与会者受到很大启发和教育。三是通过抓典型事例开展教育活动。2000年，市工商联通过联合命名“光彩之星”活动，在非公经济人士中树立思源、思进、热爱商会、致富不忘回报社会的典型15名，在社会上引起了很大反响。通过一系列活动的开展，民营企业内部管理、文化建设等呈现出了新的面貌。

【重大活动】 组团参加首届民营企业昆交会。2000年12月初，市工商联组织全市30多家民营企业共56位代表，出席了全国首届民营企业昆明交易会，把孝感的民营企业和民营企业产品推向全国。此次布展活动，充分反映了孝感民营企业的风采和实力，其商贸洽谈总交易额达1.2亿元人民币，被省工商联评为“首届中国民营企业交易会优秀组织奖”。此间，市工商联还与曲靖市工商联缔结友好商会，为今后的经贸活动打下了基础。2001年，曲靖市工商联还进行了回访。另外，市工商联还组织孝感市民营企业家参加了首届民营企业长江流域交易会。

揭批“法轮功”。2001年3月中旬，市工商联组织市区工商界人士在孝感舒氏集团召开揭批“法轮功”座谈会，20多名知名企业家参加会议作了发言，表达他们拥护党中央处理“法轮功”的正确决策和声讨“法轮功”的坚定态度。

企业文化建设。2000年7月6日，在汉川与市工商银行联合召开“双思”教育暨银企合作座谈会，全市30多家知名企业代表参观了当地企业文化建设做得好的一批民营企业，市委主要领导也参加了此次活动。2001年6月上旬，市工商联与市商业银行联合召开全市民营企业文化建设暨银企合作座谈会，全市30多位民营企业家参加了此次会议，参观了安陆市企业文化建设有特色的几家民营企业，各位代表在会上介绍了加强文化建设的体会和经验，市商行负责人在会上谈了他们支持民营企业发展的作法和打算，市委副书记付明珠，市政府副主席、统战部部长鲁华容到会作了重要讲话。

组织“非公人士”参加社会主义学院培训。2001年10月市工商联组织各县市区工商联、部分乡镇场商会干部及“非公”代表共48人到省社会主义学院参加了“个体私营经济代表人士及基层商会干部培训班”培训，“孝感班”的组班人数、培训效果在全省均为第一，培训学习达到了预期的效果。

省工商联“五十”大庆暨表彰大会活动。2001年10月，省工商联召开成立五十周年庆典暨表彰大会，孝感市各级工商联为此次活动作了积极认真的准备工作，出席了此次重要活动，孝感有55家优秀会员企业、13名先进工作者受到表彰。

孝感市工商业联合会领导名单

会　　长　谭功炎（兼，1999.5—　　）
党组书记、副会长　杨俊明（1999.5—　　）
副 会 长　焦友桥（2001.9—　　）
副 会 长　詹桂芹（1996.6—2001.9）
副 会 长　李明兰（1999.5—　　）
副 会 长　罗家旺（1999.5—　　）

（刘爱华）

群众团体

孝感市总工会

【概况】 市总工会是全市各地方工会组织和市直产业、基层工会组织的领导机关,是党联系职工群众的桥梁和纽带,是国家政权的重要社会支柱,是会员和职工利益的代表。市总工会的主要工作任务是在市委和省总工会的领导下,依照《工会法》、《中国工会章程》和工会代表大会决议,围绕党的中心开展工作。市总工会内设办公室、职工技术协会办公室、组织部、宣传部、民主管理部、法律工作部、生产保护部、女职工工作部、生活保障部、财务部8部2室。直属二级单位1个:工会干部培训班。

1999年～2001年,市总工会在市委和省总工会的领导下,按照"三个最大限度"的要求,各项重点工作取得了很大进展,连续3年被省总工会授予"全省工会重点工作先进单位"荣誉称号,并受到了省总的表彰和奖励。工会组织建设不断加强,厂务公开工作全面推进,两个制度建设(职代会制度、平等协商和集体合同制度)不断完善,送温暖工程深入开展,经济技术创新工程成效显著,工会各项工作全面加强。

【工会组织建设】 三年来,市总工会根据《工会法》和《中国工会章程》的规定,按照全总"哪里有职工,哪里就有工会组织"、"最大限度地把职工组织到工会中来"的原则精神,不断建立健全工会组织,选准配齐工会干部。1999年6月,顺利召开了孝感市第二届工会代表大会,大会选举产生了市总工会新一届领导班子,大会选举市委常委、市纪委书记张新润任市总工会主席,蔡丹亚、王文发、黄文华、林春山任市总工会副主席,乐绍安同志任市总工会经费审查委员会主任。2000年3月张新润同志不再担任党组书记职务,由蔡丹亚同志任市总常务副主席、党组书记。按照鄂组通字[1998]80号文件精神,全市共有7个县市区(含广水市)落实了由县(市)委常委、纪委书记担任工会主席,安陆市由人大副主任担任,率先在全省实现了"满堂红"。并把2000年作为工会组织建设年,2001年作为"组织建设决战年",在全市开展了大规模的新建企业工会组建工作,建立了较为完备的工会组织体系。新建企业工会组建工作在市委、市政府的重视和支持下,通过成立领导小组、召开专题会议、制定下发专门文件、建立健全目标管理机制、建立台账等行之有效的措施,为新建企业工会组建工作提供了坚强有力的保障。工会组织以高度的责任感和使命感,以超常规的工作措施和工作力度,保证了新建企业目标任务的完成。从2000元月至2001年9月,全市新建企业建会4557家,新增会员25.8万人,用两年时间提前超额完成了省总工会下达的三年建会任务。并先后两次被评为全省新建企业工会组建工作先进单位,受到了省新建企业工会组建协调领导小组的表彰和奖励。

【厂务公开工作】 按照中纪委、监察部、国家经贸委、中华全国总工会的联合发文精神和省厂务公开协调领导小组的工作要求,1999年成立了市厂务公开协调领导小组。市委副书记付明珠任组长,市委常委、市总工会主席张新润、市政府副市长李金平任副组长,成员有市政府、纪委、经贸委、监察局、总工会等部门主要负责人,并设立厂务公开领导小组办公室。通过选择试点、总结经验,制定实施方案、召开会议、全面推开几个阶段,厂务公开工作得以切实、公正、顺利推进,取得明显成效。全市已有1536家企事业单位推行了厂务公开,其中,国有及其控股企业147家,非公有制企业29家,事业单位1360家(其中校务公开的1099家)。

【"两个制度"建设】 三年来,在加快新建企业工会组建步伐的同时,着力建立健全了平等协商、集体合同和职工代表大会两项制度。大多数的国有、集体企业和事业机关单位坚持和发展了职代会制度。随着建立现代企业制度的加快,公司制企业逐渐增多,全市有公司制企业391家建立了职工董事、监事制度。两个制度的建立,规范了企业的民主管理、民主参与制度,维护了职工的合法权益。在此基础上,还通过建立和完善平等协商机制,加强集体合同的监督检查,强化履约责任制度,在全市推行了9个工资协商试点,较好地发挥了平等协商、集体合同制度在协调劳动关系、维护职工合法权益中的作用。全市建立平等协商签订集体合同企业3864家,占应建数的71%,其中新建企业建制3712家,占新建企业数的82.9%。

【职工生活保障工作】 结合继续开展实施"送温暖工程"和"六个一批"(建立一批再就业基地;发展一批再就业培训和职介机构;培育一批解困贸易市场;壮大一批职工送温暖基金组织;帮扶一批困难企业和职工;办好一批职工互助互济事业),各级工会组织自觉履行"第一责任人"的职责,长年坚持为困难职工分忧解愁,奉献一片爱心。全市建立了1.7万名特困职工的档案资料库,同时全市上下建立健全了送温暖工程的机制。层层建立再就业培训中心、创办职介机构、建立再就业基地和职工解困贸易市场。自2000年起，市总工会先后开展“情系特困职工对口帮扶”、“爱心助学”、“爱心献功臣”活动，市、县（市、区）750名领导干部与特困职工结对子，各级工会组织都以各种方式开展了“爱心助学”活动。各级领导和工会干部纷纷深入基层，深入农村，给受灾群众、下岗职工、残疾人、特困户、劳动模范送去物质的帮助和精神的安慰，全市共送出帮扶资金210万元。同时，各级工会建立了劳动关系预警机制，有效维护了职工队伍和企业的稳定。

【经济技术创新工程】 围绕完成“九五”计划，各级工会组织认真贯彻省总工会《关于在全省职工中实施群众性经济技术创新工程的意见》，坚持以职工经济技术创新工程为载体，以推进“二次创业”为主线，以企业为主体，以创新为宗旨，通过开展“学习一门新技术，提出一项新建议，创造一项新成果，推广一项新工艺，刷新一项新纪录”的“五个一”活动，充分调动了广大职工为孝感经济发展作贡献的积极性。全市5万名职工参加了“经济技术创新”活动，涌现了一大批先进典型，1999年和2000年市政府各表彰了一批市级劳动模范。2000年，有5名职工获全国劳模称号（方华志、王伟珍、李金生、张宗华、魏福桥）；15名职工获省级劳模称号（徐发奎、刑文柱、黄金洲、祁双喜、王来元、舒长清、黄国新、仇仁义、严发真、李世超、郭剑敏、黄明柏、王运明、杨志发、徐德强）。市总工会还组织职工学习计算机基础知识，发放职工计算机知识普及教材200多份，举办培训班50多期，培训职工近5000名，1000多名职工参加了各级工会组织的计算机知识竞赛活动，5名选手赴省参赛并取得好成绩，市总工会获本次竞赛活动优秀组织奖。职工提合理化建议2612条，被采纳1586条，为企业创造经济效益近千万元。在此基础上，全市地方以上工会建立扭亏增盈联系点44个，通过采取定责任、帮技术、找信息、钻研“创造学”等方法，使36个企业扭亏为盈，6个企业减亏。

【工会其它工作】 各级工会组织充分发挥文化宫、俱乐部和“职工之家”等活动阵地的作用，采取多种形式，丰富职工的业余文化生活，开展庆祝建国50周年、纪念中国共产党成立80周年和“反对邪教、支持申奥、科学健身”、庆“五一”和学习、宣传、贯彻修改后的《工会法》等专题活动，有力地促进了职工思想政治素质的提高。工会女职工组织认真落实《全国总工会实施国务院〈中国妇女发展纲要〉规划》，在维护女职工的合法权益和特殊利益中发挥了积极作用。全市有万名女职工参加了”女职工权益法律知识竞赛”活动，有近千名女职工办理了重大疾病补偿保险。工会劳福事业经营领域得到拓宽，职工消费合作社，职工劳动就业服务业发展较快。工会财务坚持依法理财，经费收入保持稳步增长。同时狠抓市总工会和市财政局联合下发的《关于进一步做好经费拨交工作的通知》（孝工字[1999]47号）精神的落实，市总与各县市区工会签定了完成财务工作责任书及制发了经审工作试行办法和考核办法。工会经审工作通过“三抓三促进”，较好地发挥了监督作用。至2001年底，60%工会基层建立健全了经审组织，90%的单位对同级工会经费收管用进行了审计。

孝感市总工会领导名单

主　　席　张新润
党组书记、副主席　蔡丹亚
副 主 席　王文发　黄文华　林春山
经审会主任　乐绍安

（柯晓华　李　亮）

共青团孝感市委

【概况】 1999—2001年，团市委在市委和团省委的正确领导下，高举邓小平理论伟大旗帜，按照“三个代表”的要求，以提高青年素质、造就青年人才为目标，紧紧围绕市委工作大局，抢抓机遇，主攻重点，突出特色，创造性地开展团的各项工作，取得了显著成绩。

按照“三个代表”要求，加强青少年思想政治工作取得了新成效。以江泽民“七一”讲话为指针，认真学习党的十五届五中、六中全会精神，广泛开展青少年思想教育活动；以崇尚科学为宗旨，深入开展揭批“法轮功”邪教活动。

服务市委中心工作，投身孝感市经济建设作出了新贡献。以领办科技项目为重点，着力引导农村青年科技致富；以服务企业改革为动力，积极开展青年创业、创新创效活动；以实施可持续发展战略为出发点，进一步深化保护母亲河行动；以服务农村经济发展为目标，积极投入抗洪抗旱救灾斗争。

大力倡导文明新风，开展群众性精神文明创建活动取得了新进展。以提高创建质量为目的，认真开展青年文明号考核复查工作；以外扩影响、内增实力为思路，进一步加大希望工程的实施力度；以整合社会资源为手段，推动青年文明社区创建进一步深入。

造就青年人才大军，选树青少年典型取得了新成果。以提高青年素质，造就青年人才大军为目标，积极培植各级各类青少年典型；以优秀青年为示范，积极选树和宣传优秀青年典型；以推进素质教育为导向，大力开展社会实践活动。

依托党建带团建，加强团的基层组织建设取得了新突破。按照“继续深化，强力推进，扩大成果，形成特色”的方针，积极探索以党建带团建、抓党建促团建的工作思路，全面加强团的基层组织建设和团干部队伍建设，取得了显著成效。

【创建青年文明号活动】 “青年文明号”是以青年为主体，在生产、经营、管理和服务中创建的体现高度职业文明，创建一流工作成绩的青年集体（班、组、队），青年岗位（岗、台、车、所、店）和青年工程。全市自1994年开展创建“青年文明号”活动以来，在各级团组织的高度重视和广大青年的积极参与下，取得了显著成效，截止2001

年底，国家级青年文明号8家，省级青年文明号33家，地市级青年文明号260余家。

【青少年维权岗】 深入开展反邪教活动。一是通过组织1000余名团员青年有计划地在社区开展科普宣传、反邪教宣传，宣传国家有关打击邪教的法令法规，法轮功邪教危害人民身心健康，破坏安定团结的典型案件等，营造了社区崇尚科学、拒绝邪教的浓厚氛围，净化了社区环境，维护了社会稳定。二是在2001年9月12日新学期开学的第一周，在全市大中小学生中统一开展“校园拒绝邪教”活动，全市学生纷纷通过万人签名、演讲、召开座谈会等丰富多彩的活动深入揭批“法轮功”。

以“优秀青少年维权岗”创建活动为龙头，构筑包括家庭、学校、社会、司法在内的青少年综合保护体系。团市委联合市综治办、市人大法制委员会在孝感市公安局、检察院、法院、司法局、劳动局、工商局、广播电视局、质量技术监督局等八个系统和行业内全面开展创建优秀“青少年维权岗”活动。

开展形式多样的法制教育活动。一是联合市中级人民法院举行了“增强法制意识、争做四有新人”的法制知识讲座；二是联合市教委等单位在中小学开展向“三室一厅”告别活动；三是配合市综治办在孝感市图书馆举行预防与减少青少年犯罪大型图片展；四是结合“青年文明社区”建设，普遍创建青少年法制学校。通过开展这些大型活动，使孝感市城区数万名青少年深受教益，增强了青少年遵纪守法、自觉维护社会稳定的责任感。

动员社会力量，重点解决了两起引发青少年违法犯罪的突出问题。一是通过举行“珍惜生命、远离毒品”图片展，请吸毒青少年现身说教等活动，把全市青少年“远离毒品行动”推向高潮。二是配合文化、公安、工商等部门开展创建“青少年安全网吧”活动，推动网吧经营业主履行安全上网承诺，推广青少年文明上网。

【实施保护母亲河工程】 “保护母亲河行动”是团中央、全国绿委等部委为进一步绿化祖国、保护生态环境而推出的一项重要举措。2000年4月，团市委在全省率先超额完成“持卡建林”活动任务，筹集资金153.912万元；2000年11月30日，保护母亲河工程市级项目——孝感市老澴河项目一期工程青少年生态公园破土动工，工程占地面积54亩，总投资200万元，其中省绿色基金匹配资金65.6万元。2001年11月1日至5日，市保护母亲河行动领导小组组织专家对工程进行了检查验收。该工程是孝感市保护母亲河工程的一个标志性工程，是全市青少年生态教育的永久性基地，更是孝感市城市建设的一道靓丽的风景线，受到市委、市政府及全社会的称赞。

【实施希望工程】 团市委自1994年7月实施希望工程以来，始终把工作重点放在助教、助学、助残上，截至2001年元月底，通过实施希望工程，全市已建希望小学25所，引进资金670万元；资助12573名贫困孩子继续完成学业，下拨助学金及捐赠物资折款共计2994803.8元，其中，团市委从本级救助金中拿出344499.4元用于助学、助残。如1999年秋团市委开展的“希望工程结对献爱心”活动，就一次性结对救助学生300名，其中团市委机关干部结对救助学生10名。2001年元月15日，团市委在园林社区开展了“援助社区勤奋好学生、生活困难学生”活动，从希望工程本级基金中一次性拿出12000元，对城区40名中小学生进行救助。2001年3月，团市委在看到《湖北日报》副刊《农村新报》上关于救助应城一名身患白血病的小女孩的报道后，立即从本级基金中拿出2000元援助患者治病。2000年8月，团市委在了解到汉川市新河镇红卫村10名儿童面临失学的情况后，立即拿出2000元给予救助。2001年元月12日，团市委又一次从本级救助金中拿出近2万元，资助城区42名品学兼优、家庭特别困难的大中专学生、小学生。

【共青团孝感市第二次代表大会隆重召开】 1999年5月3日至5日，共青团孝感市第二次代表大会在孝感宾馆隆重召开，来自全市各条战线的327名代表参加了会议。本次大会全面回顾和总结了市第一次团代会以来的共青团工作，讨论研究和确定了今后五年全市共青团的工作任务；选举产生了共青团孝感市第二届委员会。市委书记张昌尔代表市委、市政府向大会表示热烈祝贺并发表重要讲话。叶华同志受共青团孝感市第一届委员会的委托向大会作了题为《高举邓小平理论伟大旗帜，肩负跨世纪历史重托，团结带领广大青年为全面推进孝感二次创业而努力奋斗》的工作报告。团省委副书记肖菊华在开幕式上发表了讲话。大会选举了共青团孝感市第二届委员会委员、常委、书记、副书记，通过选举，万缨等35名代表当选为新一届团市委委员，叶华当选为书记，蒋亚林、王洪波当选为副书记。

【基层党建带团建工作】 2000年3月13日，团市委、市委组织部联合召开了“孝感市基层党建带团建工作”会议，制定并下发了《关于进一步深化全市基层党建带团建工作的若干意见》，签订了“孝感市基层党建带团建工作目标责任书”。

孝感市基层党建带团建工作会议指出，加强基层“党建带团建”，根本在“建”，关键在“带”。在党建带团建工作实践中，团市委坚持做到了“六带”：即带班子、带队伍、带思想、带工作、带致富、带阵地。要坚持党团联动，使党建带团建工作真正落实到基层。一是要继续坚持以农村党建带团建工作为重点，切实加强农村基层团组织建设。二是大力加强机关、企事业单位的党建带团建工作，及时调整团组织设置。三是着力巩固学校党建带团建工作，强化学校团组织阵地。四是积极探索社区党建带团建工作，大力发展社区团组织。五是继续深化非公有制经济组织党建带团建工作，努力创新非公有制经济组织团建机制。目前，全市非公有制经济组织中35岁以下青年114835人，团员6985人，应建团单位715个，已建团单位506个，建团率达到70.8%，其中"五有"团支部(总支)达到50.7%。

几年来，在团的自身建设上，以争创"五四红旗团委"为总揽，促进团的基层组织建设迈上了新台阶。团市委自1998年以来，连续三年被团省委授予全省"红旗团委"称号，其中，2000年被团中央授予"全国五四红旗团委创建优秀组织单位"称号。

共青团孝感市委领导成员名单

书　记　叶　华

　　　　汪鸿雁(女，2001.8～　　)

副书记　蒋亚林　王洪波

（黄　伟）

孝感市妇女联合会

【概况】 1999—2001年，市妇联在市委的领导和省妇联的具体指导下，以邓小平理论和江总书记"三个代表"重要思想为指导，以"急党政所急，帮妇女所需，尽妇联所能"定位工作重点，坚持"一手抓发展，一手抓维权"的妇女工作方针，围绕党政中心，认真履行职责，在常规工作上求创新，在重点工作上求突破，各项工作都有新发展。1998年度被市委市政府评为先进集体，2000年全省城市妇女工作现场会在孝感召开，市妇联创建"巾帼建功"活动和构筑社会化维权工作网络等工作经验在全国妇联工作会议上介绍。1999年10月荣获第五届全国"巾帼扫盲"先进集体称号，1999年12月荣获全国妇联和全国林业局"三八"绿色优质工程奖，2000年9月被评为"湖北省巾帼建功先进协调组织"，2001年被湖北省劳动就业工作领导小组评为"促进就业先进单位"。市妇联机构设置比较健全，干部整体素质明显增强。1999年6月召开了市妇联第二次妇女代表大会，选举产生了新一届领导班子，主席：程郁萍，副主席：喻辉、杨爱琼。2001年8月领导班子调整，主席：徐玉琼，副主席：杨爱琼，机构改革定编10人，内设2室5部：办公室、妇儿工委办公室、发展部、宣传部、权益部、儿童部、组织部。妇联9名干部，其中有8名具有本科以上学历。

【"双学双比"活动不断深化】 紧紧围绕农业增效，农民增收，农村稳定的大局，深入开展"百万农家女，百项新技术"推广活动，以提高妇女科技素质为重点，以创建示范基地为突破口，大力实施"巾帼科技致富工程"。三年来，全市共举办各类实用技术培训班280多期，受训妇女2.5万人次，扫除妇女文盲2万余人，有811名妇女获农民技术职称，528名妇女获全国、全省"巾帼科技致富能手"光荣称号。创建"三八绿色工程"示范基地67个，其中争取全国妇联、国家林业部援助基地2个，资金25万元。"双学双比"活动在全市农业、农村经济发展中起到了六个方面的作用。一是在提高农村妇女素质方面起到了载体作用；二是在农业结构调整中起到了促进作用；三是在科技兴农中起到了示范带动作用；四是在拓宽农民增收渠道中起到了重要作用；五是在农业抗灾中起到了凝聚作用；六是在农村社会主义精神文明建设中起到了推动作用。

【"巾帼建功"创建活动受省政府表彰】 市妇联"巾帼建功"活动以家政社区服务为载体，积极帮助下岗女工再就业。本着"立足社区、围绕家庭、就近便民、先易后难"的原则，市妇联成立了巾帼家政服务中心，下设四个分站，开设了20多个服务项目，培训下岗女工2500余名，帮助1万余名下岗女工再就业，向深圳、广州等地输送家政服务员261名。全国妇联田淑兰副主席、国家劳动和社会保障部张左己部长曾先后到市妇联巾帼家政服务中心调查、指导工作。在广大职业妇女中广泛开展"巾帼文明示范岗"活动，全市有489个以妇女为主体的岗位参加了"巾帼文明示范岗"创建活动，12万余名女职工参加了各类岗位培训和竞赛，有94个岗位被授予市级"巾帼文明示范岗"称号，7个岗位被授予省级"巾帼文明示范岗"称号，4个岗位被国务院授予"巾帼文明示范岗"称号。市妇联被省政府评为"巾帼建功先进集体"，被省劳动就业工作领导小组授予"促进就业先进单位"称号。

【"五好文明家庭"创建活动丰富多彩】 "五好文明家庭"创建以活动为载体，大力倡导"尊老爱幼、男女平等、夫妻和睦、勤俭治家、邻里团结"为主要内容的家庭美德，涌现了一批"五好文明家庭"。市妇联表彰"五好文明家庭"1600户，其中5户特色家庭受省表彰。与此同时，还开展了"倡导文明新风，共建美好家园"、"家庭读书"、揭批"法轮功"反动本质声讨会等一系列妇女群众喜闻乐见的活动，促进了"五好文明家庭"创建活动的开展和社会主义精神文明建设。

【庆"三八"活动隆重热烈】 1999年3月8日举行了"庆'三八'命名表彰大会暨道具服饰文艺表演大赛"，13个单位参加比赛，会上表彰了31个先进妇联组织、30名优秀妇女干部、200名"三八"红旗手和400户"五好文明家庭"。2000年3月7日，举行了"庆'三八'表彰大会暨十大再就业女标兵事迹报告会"，会上授予黄海燕等"十大巾帼再就业标兵"称号，命名刘延钊等为"十佳"城区巾帼家政服务队员，并组织了"巾帼十大再就业标兵"事迹报告会。2001年3月6日举行了"庆'三八'表彰大会暨健身舞比赛"，会上表彰了55个"巾帼文明示范岗"和55户"五好文明家庭"。有15个单位参加健身舞比赛。

【全面落实"九五"妇女儿童发展纲要目标】 先后两次对全市各级政府实施两个规划情况进行了全面检查，着力解决规划达标中的重点、难点问题，收集整理了两个规划的统计数据和《孝感市妇女儿童发展规划》终期监测评估报告。在认真调查总结和广泛听取各方面意见的基础上，分析九十年代实施两个规划的经验和不足，从孝感市情和妇女儿童现状出发，成立专班编制了2001—2010年《孝感市妇女儿童发展规划》，于2001年8月中旬，经市长办公会讨论通过并颁布实施。新规划颁布后，成功地组织开展了两个规划宣传周活动，采取办专栏、召开专题会、报告会、演讲会、婚姻家庭理论研讨会，举办新《婚姻法》培训班，组织开展法律、卫生、三优知识、科技咨询等宣传方式，广泛宣传男女平等基本国策和儿童优先的原则，宣传两个规划的指导思想和意义，为新规划的顺利实施创造良好的社会环境和舆论氛围。

【培养选拔女干部工作】 1999年6月，市妇联与市委组织部联合召开了全市培养选拔女干部、发展女党员工作会议，会上提出了全市培养选拔女干部工作目标，并抓住党政班子换届的契机，与市委组织部共同建立了“双二百、双五十”女后备干部人才库，联合下发了《关于进一步做好在妇女中发展党员工作的意见》，还协助组织人事部门，每年选调80名优秀女干部到市委党校培训学习；每年选派80名优秀女干部到基层挂职锻炼或轮岗交流；每年从基层单位选调80名优秀女干部到市、县两级机关挂职锻炼或轮换岗位。在此基础上，于2001年6月11日，市妇联召开了全市女干部代表座谈会。会上，来自不同岗位的32名女干部代表交流了各自在工作实践中锻炼成长的体会，市委领导出席会议并作重要讲话。在全省招考副厅级干部和全市公开选拔副县级年轻干部中，协助组织部门做好宣传发动工作，使一批女干部走上领导岗位。2001年，全市有女干部33422人，占干部总数29.47%，市四大家班子有女领导干部5名，全市县级女干部53名，7个县市区党政领导班子中有女干部8人，全市乡镇、街办党政班子中配备女干部115人，其中正职3人，三年新发展女党员3359名。

【儿童工作】 一是广泛开展家教活动，提高家长素质。三年来，利用“六一”等节日，开展了把知识送给家长百题测试竞赛和“母婴安全”知识竞赛活动。举办了“提高父母素质，培养世纪新人”报告会和“更新家庭教育观念”家教活动。二是积极开展“爱心献春蕾”活动。1999年8月，市妇联向市直机关领导和干部发出了“给春蕾女童资助者的致谢函”，得到了36个单位和1000余名干部职工的积极响应，捐款1.3万元，三年来累计资助1.3万余名失辍学女童。争取国内外热心人士办春蕾班5个。

【社会化维权网络形成】 一是建立社会化维权工作网络，首先建立以市妇联为龙头的四级维权组织网络纵向体系。建立了以党政群机关、科教文卫事业单位妇女组织为主体的横向工作网络。其次与有关部门联合创办维权机构。与市法院联合建立了“妇儿维权合议庭”；与市司法局联合建立了“妇女援助中心”；与市检察院联合建立了“三八”维权监督岗，并在孝感城区的各个小区建立了维护妇女儿童合法权益社会支持与援助网络。全市建维权工作网络3725个，有6250名专兼职维权干部，有妇女维权志愿者209人。三年来，维权合议庭共审理50余起侵犯妇女儿童的案件，维权监督岗已行使监督权5次，援助中心为500余名妇女提供了法律援助。二是热情接待来信来访，迅速处理各类案件。三年来重点抓了领导接待日制度，信访接待分析制度，重大信访案件处理结果上报等制度，共接待来信来访3615件，结案率达95.6%。三是开展维权活动。连续三年“三八”期间，市妇联与市司法局联合开展“148”妇女维权周活动，积极配合公安局开展打击拐卖妇女儿童专项斗争和“不让毒品进我家，争创禁毒好家庭”活动，市妇联在东苑小区、大东门小区等社区开展了“建无毒社区、创五好家庭”活动。2001年结合新《婚姻法》的宣传贯彻实施，组织8个调查组，奔赴23个单位，广泛开展了婚姻家庭问题调查，共撰写调查报告42篇，解决妇女婚姻家庭中的问题80余起，向有关部门提合理化建议50余条。在总结“三五”普法的基础上，制定了市妇联“四五”普法计划，并以开展学习宣传新《婚姻法》为重点，拉开了“四五”普法序幕，全市共举办法律知识培训班37期，2.4万余人参加学习。

【反家庭暴力行动与国际接轨】 1999年4月，市妇联根据反家庭暴力的需要，探索了一条依靠有社会责任感、有爱心，愿意为妇女儿童事业服务的有识之士和组织，建立了孝感市妇女儿童家庭暴力庇护中心的新路，为受到家庭暴力伤害的妇女儿童提供免费食宿、伤情鉴定、医疗救治和心理咨询。三年来先后为37名受家庭暴力伤害的妇女提供全免费庇护，其中12名妇女在“市巾帼家政服务中心”上岗，有18名妇女的丈夫经过帮教改正了错误，有3名妇女与屡教不改的丈夫离婚。经过几年的实践，2001年11月，在原庇护中心的基础上，筹建了孝感市妇女儿童绿荫中心，中心由“妇女热线、法律援助、庇护站、维权教室”四个部分组成，全国妇联书记处书记莫文秀等领导到中心检查指导工作。妇女热线已得到北京红枫妇女心理咨询服务中心的批准和支持，并到位开办费5万元。反家庭暴力和社会性别意识培训及考察交流项目已争取香港乐施会的批准，提供培训资金103000元。真正为妇女儿童撑起了一片蓝天，使妇联的维权工作实现了三个转变：即由单纯妇联组织的小维权向社会化大协调转变，拓宽维权工作领域；由过去通过宣传调解的被动维权向直接参与执法的主动维权转变，形成维权工作合力；由人治向法治转变，实现依法维权。

【基层妇女组织建设与发展】 市妇联在深入调查的基础上，制定下发了《1999—2003年孝感市妇联基层组织建设规划》。在农村，抓住乡、村换届机遇，按照“巩固、充实、创新、调整”的整建方针，建立健全乡镇妇联和村妇代会组织，全市113个乡镇场全部配有专职妇联主席，其中65%的妇联主席进同级党委。全市2991个行政村共建村妇代会2671个，占应建的96%，全市有女村支部书记26名、副书记69名。在城市，主要根据机构改革，干部人事的变动，采取民主选举与共同协商等方法，对党政部门、科教文卫等单位妇委会成员进行了增补。全市建妇委会168个，配备专兼职女干部680人。市妇联还制发了《关于在社区建立妇女组织的通知》，并以孝感城区为试点，把原居委会中纯居民的妇代会升格为社区妇女联合会，在居民小组中建妇女小组。全市建社区妇女组织62个，配专(兼)职社区妇联主席62名。在非公有制企业中，以孝感舒氏集团公司为试点，采取公司总经理提名，召开女职工代表大会选举产生了舒氏集团妇委会，全市在非公经济领域建妇女组织45个。市妇联加强与高层知识女性、团体会员的联系，注意发展妇女协会、联谊会等横向妇女组织的作用。

孝感市妇女联合会领导名单

主　席　徐玉琼

副主席　杨爱琼

（杨爱琼）

科协工作

【概况】　1999～2001年，孝感市各级科协及所属团体，在市委、市政府的正确领导和省科协的直接指导下，高举邓小平理论伟大旗帜，努力实践“三个代表”重要思想，坚持科学技术工作必须面向经济建设的方针，团结和动员全市广大科技工作者，紧紧围绕市委提出的推进二次创业的发展目标，大力实施以提高人们科学素质为核心的“科学素质工程”；精心组织科技周活动，组织科普讲师团深入农村、企业作科普巡回报告；深入揭批“法轮功”，旗帜鲜明地同邪教组织作斗争；广泛开展以促进企业进步为目的的“金桥工程”、“百厂百会协作”活动；积极开展学术交流和决策咨询活动，为领导科学决策当好参谋；科普宣传工作和科技场馆建设有了新的起色；青少年科技活动丰富多彩、生动活泼；科协自身建设得到进一步加强，为推动农村经济发展、企业技术进步，提高人民群众科技素质和两个文明建设作出了积极贡献。

【“科学素质工程”和科普工作】　三年来，全市各级科协和所属团体，将“科学素质工程”作为“精品”、“名牌”战略抓出了成效，产生了较好的社会影响。孝感市委办、市政府办以孝办发[2000]23号文件转发了市科协《关于深入实施科学素质工程的报告》，并以孝办文[2000]28号文件印发了《关于调整孝感市科普工作领导小组成员的通知》，将市科普工作领导小组与市科学素质工程领导小组合并，充实了领导小组成员，各级科协结合当地实际制定了中长期的实施方案和逐年推进的工作目标，把科学素质工程的指标进行量化，加大实施的力度和完善激励机制。全市共创建科普示范乡镇18个、科普示范村84个、科普示范社区8个、科普示范、教育基地86个，培养农村科技示范户22217户，其中科技示范明星户500户。设立科普示范橱窗45个，总计545米，兴建科普学校77所，举办农村党员、干部培训148期，培训4.1万人次；农村适用技术培训588期，培训农民26.5万人次；办农函大培训班22个，招收农函大学员1840人。共发行科普报刊资料145种、11.4万份。与报纸、电台、电视台联办或独办科普节目与专栏495期，刊、播文章、消息1806条(篇)。成立了由市、县84名专家组成的科普报告团，组建了30个科普服务团，网络科技拔尖人才201名，科普志愿者1026人，形成了科普二作强有力的攻坚队伍和生力军。

【科技周活动】　科技周是大型综合性的科普展示、传播、推广、普及、咨询、培训和科普报告活动，内容丰富、形式多样。三年来，举办科技周4次，活动项目多达122项，规模覆盖全市8个城区90多个乡镇，组织较大规模的送科技下乡活动112次。全市科协系统共组织48家单位、60个学会、协会、研究会、10支科技服务团、10支科普志愿者服务队，300名专家、教授，15000多名科技人员，6家科技馆在市及各县市(区)城区、104个乡镇、21个街道、345个村(居委会)、21家企业、180所学校组织科技活动300余场次，举办百场科普报告会，展示科普展牌1500余块，传播科学生活、科普常识1208项、放映科技新闻、科普影片100部70场，为农村基层干部、群众义诊2万人次，赠科技图书、科普资料12000多册(份)，新农药、新肥料、新种子小包样品7000多袋，价值12000余元的医药保健药品和计生用品，有近20万人接受了科普教育。应城科技馆工作在全省县市级科技馆中处于前列，被省科协授予红旗科技馆。科技周期间，还聘请国内、省内著名专家教授李德仁、黎德扬、季卜枚、汪玉凯、郝志功等68人，开展以“领导干部作风、艺术及科技意识”、“知识经济与科教兴国”、“应对入世——农业面临的机遇、挑战及持续发展”、“优化种植模式，提高农业比较效益”……为主要内容的报告会。全市市县乡各级领导干部、科技人员和部分村支部书记3.4万人次聆听了报告。孝感市科协连续三年获全省科技周优秀组织奖，应城、安陆、汉川、云梦等县市科协获全省科技周活动奖。

【旗帜鲜明地同“法轮功”邪教组织作斗争】　全市各级科协和所属团体，按照中央、省委和市委的部署，积极组织广大科技工作者与各种愚昧迷信、伪科学和反科学行为开展了坚决的斗争，推动了人民群众科学素质的不断提高。市科协多次组织科技界的知名人士召开座谈会，在《孝感日报》发表文章，揭批“法轮功”反科学本质。汉川市科协协助610办公室积极做好“法轮功”顽固分子的转化工作，并与工会、妇联等群团组织开展万人揭批“法轮功”的签名活动。应城、云梦、安陆等县市科协利用科技馆举办大型科普展览。孝昌县科协在各乡镇巡回放映科教影视片专场，收到了良好的效果。2000年7月11日—15日，孝感市科协、市文明办联合举办“崇尚科学文明、反对迷信愚昧”大型图片展，市“四大家”领导参观了展览，市长曹世佑为展览作了“破除迷信、崇尚科学”的题词，市委副书记张文启、市政法委书记赵定炼也在留言簿上签名。市科协联合社会各界于2001年9月26日成立了"孝感市反邪教协会"组织。通过座谈会、报告会、展览会等形式,用科学思想、科学方法和大量事实揭露"法轮功"邪教的本质,增强了广大干部群众抵御邪教侵蚀的能力,对遏制迷信活动蔓延、揭露伪科学发挥了积极的作用。全市科技界组织召开了16次揭批"法轮功"邪教组织座谈会,举办大型"反对邪教、崇尚文明"科普展览10次,展出挂图、图片、展板476(块)幅,发放科普资料2000份,播放科普磁带、光碟2盘,参观展览观众达15.23万人次,解答观众提出的疑难问题100多条,接受记者采访的观众达30多人。

【科技下乡 努力实践"三个代表"】 市科协为配合"三个代表"学教活动,筹资4万元,组织力量编印了一万册集农业实用技术和现代农业技术、科学生活常识、卫生保健知识、揭批"法轮功"、反对伪科学于一体的《农家实用科技手册》,下发市级党员领导干部所联系的"三个代表"学教活动乡、镇、村。同时组织讲师团12名讲师在全市宣讲百余场,深受农村基层干部、共产党员和广大农民群众的欢迎。2001年3月9日,市科协组织市直学会、协会、厂矿科协以及农业、林业、卫生、文化等有关部门的108名专家、教授和30多名文艺工作者在云梦县伍洛镇开展了为期3天的科技、文化、卫生"三下乡"活动,为基层送去了125块科教展牌,12500册(份)科普图书资料,11000包优质复合肥料样品,一台丰富多彩的文艺节目以及科普影视片专场。专家、教授与当地干部、群众一起交流学习"三个代表"重要思想的心得体会,商讨科技强镇举措,使"三个代表"学教活动更贴近基层、贴近群众。

【开展"金桥工程"活动】 市科协在市委、市政府的领导下,利用科协系统人才密集的优势,组织动员所属团体的千余名科技工作者,以市场为导向,项目为核心,科技成果的转化和做好中介服务为主线,紧紧围绕厂矿企业生产经营中的科技创新、技术应用,以及高新产品技术产业化和传统产业的升级开展"金桥工程"活动。三年中,共完成"金桥工程"180项,其中被选入省项目库23项,选入中国科协项目库2项。云梦塑料薄膜厂科协《三层共挤双向拉伸乎丙烯薄膜生产线》项目获中国科协项目二等奖、省科协"金桥工程"项目一等奖,黄麦岭磷化工集团公司科协的"利用脱碳再生气应用技术"获省科协"金桥工程"一等奖。孝感市科协获得优秀组织奖,全市有8个单位获得不同层次的奖励,有7名科技工作者荣获全省"金桥工程"先进工作者称号。李金生同志被评为全国企业科协优秀干部。

【增强学会和企事业单位科协工作活力】 市科协根据国务院《社会团体登记管理条例》,为理顺学会管理体制,加强学会组织建设创造了条件。在学会管理方面,一是抓学会换届选举和清理整顿,促进市直学会领导班子建设和工作机构的健全。有26个学会、协会完成了法人社团登记和换届选举。二是对黄麦岭磷化工集团公司科协、汉川电厂科协、4404厂科协进行调研并指导其工作。三是将实施科学素质工程、深化厂会协作和"讲比"活动"金桥工程"纳入学会、厂矿科协的经常工作之中,使学会工作更具操作性。在学术活动方面,抓学术活动向纵深发展,推动科技进步,为经济建设服务。一是围绕本行业的工作开展学术活动,为经济建设出谋划策。二是办好学术刊物,激发广大科技人员开展活动的热情。三是利用学术交流成果,推进科技进步。三年来,市直学会、协会(研究会)、厂矿科协共举办各类学术会议92次,参加会员2677人次,交流学术论文2210篇,举办技术培训10次,培训人数357人次,开展无偿科技咨询125项,决策咨询38次,为党政领导提供决策建议20多条。组织市直7个学会和基层科协的同志参加了中国科协在西安举办的2000年学术年会,在全省学术论文评比活动中,孝感市上报学术论文达34篇,位居全省地市州第一,其中一篇获二等奖,13篇获三等奖。

【青少年科技活动丰富多彩 成果喜人】 全市各级科协组织充分依靠教委、经委、农委的支持,组织全市中小学生开展了小发明、小制作、生物百项等青少年活动。全市280多所学校,20多万名学生参加了此次活动,取得了小发明、小制作成果1200项。在25所重点学校开展了"我爱科技"有奖征文活动,共收到有价值的小发明、小制作800多件、征文2000余篇。其中有1人获国家一等奖,3人获省级奖,有21篇征文选送到省有奖征文活动组评奖,汉川市新河镇小学获国家青少年科技活动优秀奖。在开展日常科技教育和活动的同时,结合自身优势,开展特色活动,其中较大和较有影响的有:孝感市"我爱科学"绘画,征文和科技竞赛活动,全市有8000多名特长生参加,设有集体、个人、组织奖项60多个,科技竞赛还荣获省项目奖3项,集体奖2个,组织奖1个。

【加强自身建设 努力做好"建家"工作】 1999～2001年,各级科协组织在党委、政府的关心支持下,得到了较快发展,自身能力有了进一步提高。1999年6月召开了市科协第二次代表大会。选举产生了有4名专职正、副主席,4名学科带头人任兼职副主席的新一届科协领导班子,各县市区科协相继召开了换届代表大会,充实了领导力量。按照市委、市政府的统一安排和部署,市科协狠抓了领导班子建设和机关思想作风建设,在领导班子中开展"三讲"教育和"三讲"教育回头看,在干部党员中开展了"三个代表"重要思想学教活动,通过写心得、谈体会,自我剖析,使班子成员和广大干部群众在思想上、政治上、纪律上有了明显的进步,为科协工作打下了坚实的组织和思想基础。市科协在机构改革中,由于市委、市政府的高度重视,使其保证了机构的独立建制。除孝昌、孝南、安陆科协与科技局合并办公外,其他县市都已独立建制。市开发区建立了科协派出机构。孝感高中于2000年12月成功召开了校科协第一次代表大会,市中心医院、孝感职院、孝感学院正在筹建科协组织,汉川电厂科协、黄麦岭磷化工集团公司科协创办经济实体，增强了自身经济实力，为发展科协事业迈出了可喜的一步。全市科普网络有了长足发展，共建乡镇科普协会116个，村科普小组11299个，分别是乡镇、村总数的93%和40%。市县两级学会178个，街道科普协会18个，社区科协11个。基层科协专职干部也由原来的1位数上升到107名。全市共有规模较大的农村专业技术协会215个，专业种类达96种，会员总数60136人，其中，技术经济实体型协会78个。

孝感市科协领导成员名单

党组书记、主席　冯云乔
专职副主席　李建章
专职副主席　杨九明
专职副主席　魏想清(女)
兼职副主席　严发真
兼职副主席　王以强
兼职副主席　史海如
兼职副主席　程延镁

(段孝峰)

孝感市文学艺术界联合会

【概况】　1999年～2001年，孝感市文联在市委、市政府的领导下，充分发挥"联络、协调、指导、服务"的职能作用，组织引导各文艺家协(学)会，各县、市文联等团体会员，做好党和政府联系文艺工作者的纽带和桥梁，认真贯彻党的文艺方针，大力抓文艺队伍的建设，大力抓文艺精品的创作，为我市两个文明建设的发展和群众文化生活的丰富多彩，做出了一定的贡献。

这三年间，文联机关人员编制没有变化，内设机构略有调整，根据有关文件精神，撤消了经济开发部，保留了3个部室，即办公室、组织联络部、文学编辑部。所属各团体会员组织得到进一步加强，1999年成立了市戏剧家协会，2000年成立了市舞蹈家协会，2001年成立了市音乐家协会，使市文联团体会员数达到了15个(含4个县、市文联)。

三年来，市文联在江泽民同志"三个代表"重要思想的指引下，认真贯彻党的文艺方针，紧紧围绕"出人，出作品，出精品"的工作思路，在推动全市文艺事业的发展方面，取得了较好的成绩。《槐荫文学》杂志编印出版14期，刊发各类作品800余件，重点推出新人中篇小说6部，个人诗词专辑2本，反映市区龙头企业生活的报告文学作品10篇。由于办刊质量的大幅提高，《槐荫文学》被上海图书馆定为长期订阅的收藏刊物。组织辅导全市文艺作者在全国报刊和出版社出版、发表长篇小说5部、散文集7部、报告文学集4部、小说集4部、诗集8部、民间故事集2部、楹联集1部、中篇小说18部、短篇小说32篇。举办书法、美术、摄影展26次，书、画、影大赛2次。举办各种笔会、讨论会、座谈会10次。获省级以上各类文艺大奖14个，18人次作品入选国际、国家级书展、美展和摄影展。

【编印《双峰山的传说》】　为了配合市委、市政府开发双峰山旅游区的工作，市文联于2000年10月组织全市重点作者12人，赴双峰山所有的风景点，访问当地老人，勘查名胜遗迹，搜集到大量的资料和传说，经过近一年的创作、修改，最后定稿30件作品，以《双峰山的传说》为书名，于2000年10月出版，该书对双峰山悠久的人文历史和民间传说进行了系统的整理，对开发当地旅游资源起到了重要作用，市委书记张昌尔在序中予以了充分的肯定。

【编印《孝感市纪念建国50周年优秀作品选》】　1999年10月1日，是建国50周年的大喜日子。市文联认真组编了《孝感市纪念建国50周年优秀作品选》(三卷)，向国庆50周年献礼。该书汇编了建国50年来，全市作者在全国各地报刊上发表的具有较大影响的精品力作近200件，由市委书记张昌尔作序，分《小说卷》、《诗歌散文卷》、《报告文学卷》三册出版，总字数80万字。该书出版后，影响较大，被称之为全市50年文学创作的一次大检阅。

【义务送春联下乡】　为响应中央"三下乡"的号召，市文联三年来坚持组织书法家每年春节下乡为农民义务书写春联。1999年组织10名书法家在杨店、2000年组织12名书法家在三汊建增村、2001年组织10名书法家和2名画家在云梦义堂红堰村，笔墨纸砚全由市文联备好，每次书写春联均在1000幅以上，这项活动深受农民欢迎，也引起有关媒体的重视，《人民日报》连续2年以大幅图片予以报道，影响极大。

【举办八人书法展】　为了弘扬传统书法精神，推动书法艺术的发展，推举孝感市书法新人，同时纪念党的生日，市文联于2000年7月1日，在孝南工人文化宫举办为期一周的八人书法展。展览作品全为本市八个较有影响的书法家的精品，共计100幅，参观人数每日在300人次左右，产生了较大的影响。

【举办纪念建党80周年征文大赛】　2001年7月1日是中国共产党诞辰80周年纪念日，为了隆重纪念这个伟大的节日，市文联与机关工委联合举办了纪念中国共产党80周年诗歌、散文大赛，大赛征文以"我为党旗添光彩"为主题，内容以反映建党以来孝感人民在党的领导下，争取民族解放、民主自由和进行社会主义建设的题材为主，这一活动受到了广泛的支持，在三个月的征文期内，共收到500多件征文，最后评选出一等奖1名，二等奖2名，三等奖7名，优秀奖20名。

【举办作品研讨会】　举办作品研讨会是推举优秀作品，提高作者创作水平的一项基本措施。三年间，市文联举办了多次作品研讨会，如1999年10月在云梦举办的《槐荫文学》作品讨论会，对创刊10年来刊物上所发的重点作品得失进行了针对性的研讨，2000年7月和2001年12月分别在三潭和孝感举行的戏剧研讨会，2001年9月在孝感举办的胡仕奇作品《一个乡镇干部的手记》研讨会等。这些研讨会开得生动活泼，针对性强，有力地推动了全市文艺创作的发展。

孝感市文学艺术界联合会领导名单

主　席　艾天明

副主席　刘碧峰

秘书长　刘碧峰(兼)

(刘碧峰)

孝感市残疾人联合会

【概况】 1999～2001年，市残联在市委、市政府的领导下，在领导班子和领导干部中深入开展了以“讲学习、讲政治、讲正气”为主要内容的党性党风教育，在干部职工中深入开展了学习江总书记“三个代表”重要思想，认真加强思想作风建设的活动。努力实施残疾人事业“九五”、“十五”计划，全面完成了“九五”计划的各项任务，并如期完成“十五”前两年的工作任务，使1万多名残疾人得到不同程度的康复，残疾人儿童入学率和残疾人就业率均达80%以上。

【残疾人康复】 各县市区利用现有的康复服务网络，开展残疾人各项康复服务。并邀请省医疗队于2001年4～5月到孝昌、云梦、安陆做白内障复明手术。全市共完成肢残矫治手术1260人次，白内障复明手术11678例，培训聋儿630人，训练弱智儿童464人，为276名低视力患者配用助听器；建立社区康复站185个，发放残疾人用品用具7750件。

【残疾人教育】 全面贯彻《残疾人教育条例》，搞好残疾人义务教育。全市共有各类特殊教育学校8所，普校附设特教班35个，全市特校在校生460人，普通学校在校生2016人，残疾人学龄儿童入学率达80%。做好残疾人后续教育，大力开展残疾人职业技术教育，残联及社会各界共开办各类培训机构10个，共培训残疾人近1万人。

【残疾人就业】 多途径开展残疾人劳动就业工作，全市共创办福利企业45个，集中安置残疾人992人，分散按比例安置残疾人855人，帮助支持4183人个体从业，形成集中安置、分散按比例安置相结合的就业格局，使全市残疾人就业率达到80%。

【文体活动】 组队参加了省残疾人体育比赛和文艺调演，并成功举办了孝感市第一届残疾人运动会，300多名残疾人运动员参加了268块奖牌的角逐。残疾人积极参入文化、体育活动，充分展示了自强不息的精神风貌。

孝感市残疾人联合会领导班子成员名单

理 事 长　丁柏森

副理事长　邹丽华　魏忠林

(李胜民)

孝感市老区建设促进会

【概况】 1998年全市实现整体脱贫，开始进入全面建设小康社会的新时期。面对这一新形势，市老促会的工作重心由解决老区绝对贫困人口的温饱，转变为主要以促使老区“强体固本”为目的的民间扶贫活动。三年来，通过大力宣传老区，开展社会调查，积极争取党委和政府的领导，呼吁和动员社会各界支持等活动，在增强老区的基础设施建设，提高抗灾能力，改善生产和生活条件等方面，做出积极的努力，取得了一定的成效。市老促会作为民间社团组织，近三年来在民间扶贫开发上作了扎扎实实的工作，同时，在科技扶贫，向老区送温暖，以及加强基金管理等方面也做了一些工作。

【宣传老区】 宣传老区人民的巨大贡献，激发人们认识老区从而支持老区建设的积极性，是老促会一项经常性的重要工作。在全市实现整体脱贫以后，市老促会一方面向市领导反映情况，同时向市委宣传部报送《关于吁请市直新闻单位加大对革命老区宣传力度的意见》，市委宣传部随即召开市直“三台”(电视台、有线台、广播电台)“两报”(孝感日报、孝感晚报)负责人座谈，就加大老区宣传问题进行认真讨论，老促会常务副会长何顺玉同志在座谈会上对宣传老区问题提出了具体的意见和要求。会后各新闻单位以不同的形式加大了对革命老区的宣传。《湖北省扶持老区建设条例》于2001年7月21日经省人大常委会公布后，市老促会立即翻印300份，除分送市直各有关单位外，还通过县市区老促会散发到有关单位。孝感日报对《条例》作全文登载。《中华人民共和国公益事业捐赠法》于1999年6月28日公布实施，市老促会积极宣传，并且翻印500份发至市直各单位以及县市区老促会。通过对《捐赠法》的宣传，澄清了社会上一些人对募集扶贫基金的不正确认识。老促会作为省扶贫基金会的团体理事单位，以扶持老区和贫困地区为目的开展的募集扶贫基金活动，完全符合《捐赠法》的要求，是正当的、高尚的义举。这同那些乱集资、乱收费、乱摊派完全是两码事。通过对《捐赠法》的宣传，推动了扶贫募资的开展。1999至2000两年中，募集到扶贫基金近40万元。

【老区百个农户调查】 全市实现整体脱贫以后，市老促会于1999年秋季组织一次大型的社会调查活动，上十位领导同志分赴大悟、孝昌、广水、安陆、汉川五个县市的十个贫困村中，选择有代表性的一百个农户，进行家访式的调查，试图弄清老区贫困农村实实在在的脱贫状况，以期在新一轮的扶贫开发和建设小康社会中，采取有针对性的帮扶措施，同时也为市领导决策时提供一些参考情况。这次调查对老促会的工作重心转变提供了许多有价值的材料和准确的数据。调查报告受到市领导的肯定。

【促建思源开发工程】 省老促会和省扶贫基金会，提出促建思源开发工程，其目的是增强老区的基础设施建设，改善生产和生活条件。市老促会根据省“两会”的部署，在社会调查中，同云梦、汉川老促会共同促建两个“思源开发工程”。一个是云梦县沙河乡北湖垸的综合治理开发，一个是汉川市韩集乡的水利设施和村级公路建设。

北湖垸所辖五个行政村，面积26000亩。由于地势低洼，有19000

亩常年处于荒芜半荒芜状态。云梦县老促会对治理北湖垸，经过多次实地考察论证，提出高起点的治理方案。市老促会的领导同志前往察看，认为区位优势好(距孝感城关仅数公里)，开发价值大。两级老促会的共同促进，引起云梦县领导的重视和支持。云梦县委书记，县长于1999年元月27日前往北湖垸主持召开有县直相关部门负责同志参加的现场办公会。对治理开发的各项工程建设，分别落实到相关部门。三年来各方共投入建设资金321万元，其中两级老促会支持20万元。维修两座中型泵站，修筑总长2万米的9条晴雨路，架设10座机耕桥，安装剅闸8处，埋设排水管241节，疏浚渠道1800米，高压线已架至湖垸中间。生产条件的改善，政策上的优惠，本地不少农户投资挖塘养鱼，种植莲藕。仙桃、汉川等外地客户也前来投资兴业。至2001年底已建成精养鱼池1300亩，鱼稻共生鱼池1200亩，植藕3000亩。2001年北湖垸8700人，人平增收200元。乡财政收入有较大增加，偿还陈债190万元。

汉川市韩集乡是省定重点扶持的老区乡镇，是两级老促会的联系点。该乡大部分田地在海拔24米左右，抗洪排涝和村里不通公路是长期困扰该乡发展的两大难题。三年来两级老促会多次前往调查，向社会各界呼吁，得到汉川市党委政府以及汉川市各职能部门的支持，先后共投入建设资金200多万元，两级老促会共支持50余万元，新建和维修各一座泵站，修通十个村的村级公路。2001年5月，投资80万元，建成韩集泵站，在当年的特大干旱中发挥了巨大作用，使22000亩水稻得到及时灌溉，获得了大丰收。三年中共支持修通了7个村的公路，不仅产生了明显的经济效益，而且方便了群众。目前这个乡仍未从根本上解决水患，全乡38个村中仍有7个村未通公路。作为思源工程，仍在继续开发建设。

【促建小型建设项目】 市老促会的领导同志每年都到基层调查。2000年冬，老促会领导张德润、唐玉金、蔡绍涌等十位同志分头到大悟县的东新乡，孝昌县的丰山镇，汉川市的韩集乡进行调查。调查报告送交市领导以后，市长曹世佑，副书记何秉发都作出批示。并以“参阅件”形式发至县市区及市直相关部门。常务副市长蔡民族看到韩集乡受灾情况的调查材料后，于2001年1月9日赴韩集乡察看灾情，并带去救灾款15万元。汉川市委书记李巨松，市长胡功民带领市直九个部门的负责同志，前往韩集乡现场办公，部署当前救灾。为解决东新乡的交通闭塞问题，市交通局支持10万元。丰山镇盛产早蜜桃，恰逢水果淡季时上市，十分走俏。由于道路不通，遇到阴雨，桃子霉烂。老促会支持少量资金，呼吁各界帮助，修通了公路，群众十分感激。2001年遭遇特大干旱，十月末，老促会的多位领导分别到大悟县的芳畈、吕王，孝昌县的季店、陡山进行灾情调查。市委副书记张文启同志听取汇报，市水利、民政等单位负责同志参加，对调查中提出的小型水利设施建设和救灾等问题，市领导责成相关单位予以支持。在这期间，市老促会对上述乡镇挖当家塘、建村级公路，以及安陆赵棚镇修建一座小桥等，先后共资助近二十万元。

【科技扶贫】 在实施民间科技扶贫活动中，经过多年的实践，探索出依托技工学校，对老区贫困农户中有一定文化的中青年，进行短期职业技能培训的办法，使其尽快掌握适合当前市场需要的技能，以利于尽快就业。学员由乡镇推荐，县市区老促会审查，学校给予优惠，一切学习费用由老促会负担。学校开设有家电维修，摩托修理，电脑应用，缝纫，烹调，美容美发等专业，学习内容由学员自愿选择。自1999年以来共培训近500名学员。其中有近一半由技校的安置就业中心推荐到江苏、广东、上海、武汉及孝感本地的厂家就业，月工资在400—1000元之间，自己谋业或开设门店的也不在少数。据学校反馈的信息，已就业的学员，由于有一定的技能，工作较为稳定，月收入不断增高。一些乡镇和村干部反映，对贫困户送上一头猪、一群鸭，不如为他送走一个人。

【捐寒衣送温暖】 市老促会在1999和2001年，动员本会理事向老区和贫困地区捐献寒衣。两次共捐献寒衣800余件，在寒冬到来之前先后将寒衣送往大悟县河口镇的邱岗村和孝昌县的季店乡。

【争取党政领导支持】 市老促会在开展民间扶贫活动中，十分注意主动争取党委、政府的重视和支持。每年向市领导进行一至二次工作汇报。重大活动都及时向市领导请示。市老促会《关于做好1999年工作的请示》，市“两办”及时转发至各县市区党委和政府，以及市直各部、办、委、局。2000年4月3日和2001年6月21日，市委两次召开书记办公会，专题听取市老促会工作汇报，对于会上研究的问题，都以《专题会议纪要》的形式，发至市直各战线和县市区党委政府。

【扶贫基金管理】 市老促会严格按照省扶贫基金会的要求，加强基金管理，做到钱账分人管理，按时填送报表。受省扶贫基金会委托，加强对县市区的基金管理。为此，每年年初，召开县市区财务工作会议，学习有关文件，交流情况，总结经验。应城市老促会对基金管理实行建立专项档案的作法，即每支持一个小型项目，将有关的资料，包括受资助单位的申请，乡镇领导的意见，派人调查论证的报告，老促会的讨论意见，以及项目完工后的验收证明等资料，汇集成专项档案。于2001年初在应城召开现场会，推广他们的经验。并将应城的这一作法，向省推荐，省基金会全文转发。为表彰在基金财务工作中成绩优秀者，每年进行一次评比。1999～2001年三年中共评选出应城、汉川、云梦三县市五位先进工作者。市老促会财务工作人员在2000和2001年连续两次受到省基金会的表彰。 (何思恕)

军事·政法

中国人民解放军孝感军分区

【概况】 1999～2001年，孝感军分区全体官兵、职工及广大民兵预备役人员坚持以党的十五大精神为指导，高举邓小平理论伟大旗帜，坚决贯彻以江泽民同志为核心的党中央、中央军委一系列决策指示，自觉实践“三个代表”重要思想，锐意进取，艰苦奋斗，扎实工作，完成了上级赋予的各项任务，全面建设跃上新台阶。

1999年，进行民兵工作调整改革，民兵预备役建设得到进一步加强。军分区和人武部两级党委把这项工作当作全年的中心任务来抓，多次召开会议，分析形势，研究措施。按照民兵工作适应“两场”需要，围绕“一个巩固”、“两个加强”、“两个扩展”的工作目标，经过反复抓、抓反复，较好地解决了民兵组织漏建漏编、有兵无组织、有组织无兵，以及编组布局不合理的问题，民兵专业技术分队、对口专业分队、民兵应急分队三支骨干队伍组建逐步趋于合理，全区新成立8个基层武装部。

2000年，以军事斗争准备为牵引，突出抓好战备训练。为贯彻落实中央军委江泽民主席关于“科技强军，科技兴训”的指示，军分区全年共组织了4期现役干部及专武干部集训，系统学习了军事理论、动员工作、组织指挥等知识，训练了计算机操作、“四会”教学、手枪射击及部分武器装备的操作使用。在参加省军区组织的专武干部比武竞赛中，取得了团体总分第四名和个人总分第五名的好成绩。通过学习训练，参训人员的军事素养得到明显增强，军事技能得到明显提高。

2001年，积极参加抗旱斗争，为维护人民群众利益作出了突出贡献。继1999、2000两年出现旱情后，2001年，孝感地区又发生了历史上旱见的旱灾，在市委、市政府的统一部署领导下，军分区积极组织广大官兵和民兵预备役人员投入抗旱救灾斗争，成建制使用民兵130多次，出动民兵4万多人次，30余名师团职领导干部都深入到第一线组织指挥抗旱。在旱情最为严重的安陆、大悟、孝昌三个县市，组织民兵使用双37高炮进行人工增雨，作业56次，发射炮弹1508发，平均增雨138.4毫米，取得了明显的社会效益和经济效益，有力地支援了地方党委、政府的抗旱斗争。

【政治思想建设】 一是理论武装成效明显。三年共进行了20多个专题的教育，平均每名干部写心得体会36篇，做读书笔记2万多字。抓了《高中级干部理论学习三年规划》的落实，在“两个进入”上狠下功夫。每年都派师团职干部参加省军区组织的理论学习班，三年共有37人次参加了学习。二是政治教育深入扎实。三年来，分别进行了“三讲”教育、“三讲”正面教育、党员先进性教育、理想信念教育、根本职能教育和揭批“法轮功”等教育，特别是结合国庆50周年和恢复对澳门行使主权，抓了以“赞颂辉煌成就，迎接新世纪”为主题的爱国主义教育。积极组织民兵刊授教育，军分区和5个人武部分别被《中国民兵》、《民兵生活》、《国防教育报》评为先进单位。三是经常性思想工作深入细致。在反台独、反霸权、反邪教等重大政治活动中，立场坚定，旗帜鲜明，始终与党中央保持一致，政治上交出了合格答卷；在改革开放和复杂环境的考验面前，正确对待利益关系调整，自觉抵制腐朽思想侵蚀；在完成急难险重任务中，不畏艰险，勇往直前，表现出高度的政治觉悟和良好的精神状态。四是典型宣传富有成效。全区三年累计在省级以上报刊上稿2760篇，其中中央级238篇，军分区连续三年被省军区评为新闻报道工作先进单位。总结宣传了孝昌县舍己救人的基干民兵余国涛、“献身国防后备力量建设之星”杨望保和安陆市“两维”工作经验等先进典型，在军内外产生了较好的反响。三年来，全区先后有10多名同志立功受奖，30多个单位和个人分别受到解放军四总部、广州军区和省委、省政府、省军区的表彰。

【后备力量建设】 三年来，通过各级努力，后备力量建设成效明显。圆满完成了民兵高炮分队和安陆预备役营的组建任务，认真抓了参训民兵政治教育，基干民兵24课时和普通民兵二次教育落实较好。广泛组织国防潜力调查，普遍建立了退伍战士、转业干部和地方科技人才数据库。加强民兵预备役建设，深入开展“双百”调查和“两星”评比活动，基层武装部有增无减，100%的乡镇武装部落实了编制，配齐配强了专武干部。基层“两部一家”的硬件建设进一步规范，普遍做到了房子、牌子、图表统一制式规范，有的还配备了电脑。三年来，全区涌现出2名广州军区“人武之星”、4名“关心国防建设之星”和4名“献身国防后备力量建设之星”，有7个基层武装部和民兵连被省委、省政府、省军区评为民兵基层建设先进单位。

【战备、训练工作】 1999～2001年，军分区和各级人武部始终抓住战备训练这个中心，共训专武干部、民兵干部、基干民兵和专业技术兵14000余人,超额完成了训练任务。加强了敏感期和节假日形势战备教育,坚持战备值班和交接班制度,确保了指挥联络畅通。加强战备演练,组织民兵应急分队阅兵比武竞赛,有效地提高了民兵队伍快速反应和处置突发事件的能力。指导孝感市人防办制定了城市防空袭预案,并进行了防空警报试鸣演练。组织"四会"教练员、"六会"参谋业务集训和微机知识培训,提高了两级机关干部的军事素质。2001年,在参加全省民兵预备役高炮实弹射击中取得好成绩。坚持在实践中锻炼民兵队伍,积极组织民兵参加地方"严打"斗争,为维护社会稳定作出了贡献。

【正规化建设】 按照广州军区制定的《人武部建设三年规划》要求,着力抓了"四个秩序"正规化建设。各人武部按《三年规划》的要求,基本实现了阶段性目标,先后有3个人武部及分区干休所进入两级军区全面建设先进行列。在纪念江泽民主席"五句话"发表十周年活动中,安陆市人武部被广州军区表彰为全面建设先进旅团单位,成为战区460多个人武部中唯一受表彰的人武部。2000年4月,广州军区政委刘书田来孝感军分区检查工作时,把军分区全面建设概括为"三新"(新思路、新营院、新面貌)。2000年底,圆满完成广水市人武部移交给随州军分区的任务。

【服务保障工作】 三年来,按照"保障有力"的要求,军分区和各级人武部认真抓了后勤保障工作。坚持党委集体理财,认真抓了财务管理和审计工作,实施了财务管理目标现任制,对行政性、消耗性开支实行总量包干,及时对转业离任的团职主官干部进行经济责任审计,跟踪审计面达100%,提高了有限经费的使用效益,5名个人被省军区评为"好当家"、"红管家"。严格执行军队不经商的重大决策,撤销了所有生产经营单位。扎实抓了计划生育管理工作,计划生育"六率"全部达标,在上级的多次检查中均受到好评,被省政府、省军区评为"九五"期间计划生育先进单位,2000年,在广州军区组织举办的计划生育书画比赛中,安陆市人武部荣获一等奖。狠抓了后勤规范化达标建设,军分区和2个人武部被省军区评为后勤管理先进单位。

【基础设施建设】 三年来,有3个单位新建了办公楼,2个单位新建了干部宿舍楼。军分区和各县(市、区)人武部共投入150万元,用于作战室和办公自动化建设。2000年,军分区投资200余万元,改造并装修了办公楼,更新了办公设施。占地6.5公顷的孝感市民兵武器装备仓库及武装干部训练中心基本建成。全区70%以上的基层武装部硬件建设进入高档次,其中,部分县市100%乡镇硬件上高档;20%以上的村民兵连建设达到高档次;全区95%的民兵连落实了"青年民兵之家"。

【老干部工作】 注重搞好干休所环境整治,1999年,筹资70多万元,兴建一栋面积达800多平方米的多功能办公楼,并为老干部活动室添置了空调和健身器材。积极推进干休所服务管理方式改革,拓宽服务渠道,提高服务质量,想老干部之所想,急老干部之所急,服务上基本做到随叫随到。老干部心系大局,关心支持分区和干休所的全面建设,在参加社会主义精神文明建设,进行传统教育等方面做出了积极贡献。三年来,干休所连续2次被省军区评为先进干休所。

【双拥工作】 会同各级党委政府广泛开展争创"双拥模范城(县)"活动。1999至2001年,全区先后有4个县市被命名为省级"双拥模范城(县)",孝感市连续第三次被命名为"全国双拥模范城"。协调组织驻军部队和民兵预备役人员50余万人次,完成了农田改造、江河堤坝治理、抗洪抢险、抗旱救灾、光缆工程施工等急难险重任务,涌现了一批先进集体和个人。积极协助地方抓好全民国防教育,先后组织30多万人参加全国和全省国防知识竞赛,有效地增强了全民国防观念。扎实抓了联系点的扶贫工作,积极为老区和灾区群众捐款捐物。三年来,广泛开展了团以上干部"一帮一"助学活动,使30多名失学儿童重返校园;军分区和各级人武部累计为抗旱救灾捐款10余万元,为贫困户捐款捐物折合资金达20多万元。孝南区杨店镇浐川村民兵连坚持开展精神文明岗活动,被省委、省政府、省军区评为"参建扶贫红旗单位"。总结和推广了安陆兵役法庭的经验做法,走开了全区法律拥军兴武的新路子,得到了军地各级领导机关的充分肯定。

孝感军分区领导成员名单

司令员	王纪三	大校
政治委员	李新民	大校
副司令员	杨刚林	大校
参谋长	李今雄	大校
政治部主任	陈祖烈	大校
后勤部部长	方国才	上校

(陈作义 王 锐)

中国人民武装警察部队孝感市支队

【概况】 1999年~2001年,中国人民武装警察部队孝感市支队在总队党委和市委、市政府的正确领导下,坚持以江泽民总书记"三个代表"重要思想为指导,以《支队(团)落实<纲要>三十条》和新颁布和共同条令为依据,紧紧围绕"政治合格、军事过硬、作风优良、纪律严明、保障有力"的总要求,按照"外树形象、内强素质、真抓实干、创新发展"的工作思路,以密切内部关系为切入点,围绕"五个重点问题"大力加强部队思想政治建设和正规化建设,狠抓"三项经常性"工作落实,圆满完成了以执勤、处突、反恐为中心的各项任务。1998年、1999年、2000年支队连续3年被总队表彰为基层建设先进支队,2000年支队党委被总队党委表彰为先进党委,支队连续8年被武警总部表彰为预防事故案件“三无”先进单位。

【党委机关建设】 一是加强党委自身建设,“一线指挥部”作用得到充分发挥。根据总队党委的统一安排和部署,支队党委把“讲学习、讲政治、讲正气”为主要内容的党性党风教育作为加强党委机关建设的“重中之重”来抓,以“一个增强、两个确保”为目标,贯彻整风精神,认真查摆剖析问题,坚持边整边改,使制约部队发展的突出问题得到有效解决,教育取得了明显效果。按照江主席提出的“十六字”方针,运用“三评”的方法,进一步提高了党内生活的原则性、战斗性,增强了党委班子的凝聚力,促进了党委自身建设。二是坚持党委中心组每周一个学习日和机关干部周四学习日制度。学习中,党委成员带头撰写论文,其中钟华平同志撰写的《领导干部要做践行“四实”的典范》一文在《湖北社会科学》刊发后,被《人民日报》海外版《理论》周刊转载,并被收入由邵华泽主编、中央文献出版社出版的《中国现代化建设理论与实践》一书。党委成员及机关干部共写心得体会485篇,理论研讨文章90余篇,其中55篇被军内外新闻媒体刊播。三是真心实意帮基层。党委成员人均下部队75天,找官兵谈心800人次以上,帮助基层解决问题63个,解决官兵实际困难86起,指派专人到地方为官兵解困15人次。四是狠抓民主作风建设。3年发展54名党员,55名干部晋职晋衔、32名士兵改选士官、14名战士考学、12名战士学汽车驾驶,全部实行“三公开”,部队上下满意。

【政治教育】 支队始终把部队的政治思想建设放在各项工作的首位,大力加强部队思想政治建设,确保官兵政治立场坚定和思想道德纯洁。深入进行邓小平理论和十五大精神的再学习、再教育,继续深化了以“永远做党和人民的忠诚卫士”为主题的革命人生观教育、尊干爱兵教育、爱国奉献教育、艰苦奋斗教育、法律常识教育、密切内部关系教育、心理健康教育、时事政策教育、反邪教反法轮功教育。坚持每季度召开教育准备会,广泛采取领导下部队上课辅导、指导员集中上课,开展学习体会交流,参观走访等教育形式,提高了教育的效果和质量。通过开展教育大讨论,心得体会交流,时事新闻点评,战士小报,书评、影评,开展“每周一法”,“每月一星”活动,活跃了教育的氛围。通过教育,较好地解决了官兵现实思想问题,使广大官兵牢固树立了正确的世界观、人生观、价值观,自觉服从大局、拥护改革、遵纪守法。

【干部管理】 支队把加强干部队伍建设作为一项重要工程,常抓不懈。坚持把思想教育与管理、培养相结合,把无私奉献和强化管理、严明纪律相结合,按照干部工作条例和《干部管理细则》,采取轮训、以会代训的方式培养干部,坚持用好的作风选人和选作风好的人。52名干部晋升职务,36名干部晋升警衔,14名战士考入部队院校。落实思想汇报、干部述职、群众评议制度,坚持每季度考评、讲评干部,建立健全激励机制,激发干部的工作热情。基层干部配备率、受训率、称职率、在位率均达到100%。3名干部被总队选拔到部队院校深造。广开就业安置渠道,干部转业工作进展顺利,转业安置通知率和报到率均为100%。积极为干部排忧解难,随迁随调家属6户14人,为22名符合随军条件的家属办理了随军手续。干部子女入学入托工作得市教委、学校等单位的关心和照顾,在全市范围内可自由择校,较好地解决了部队子女入学入托等困难。适当提高干部的福利待遇,激发广大干部爱岗敬业的积极性。共投入“干部解困工程”资金10万余元。

【执勤战备】 认真落实《战备制度规定》和《处置突发事件规定》,加强战备值班,狠抓经常性战备教育,积极开展勤务教育整顿,严格各项勤务制度,完善执勤设施,广泛开展争当“模范哨兵”、“模范领班员”、“执勤能手”、“正规文明岗”和“执勤红旗目标杯”竞赛活动,定期组织执勤方案和“处突”预案演练,落实专勤专训,官兵战备意识不断增强,执勤秩序更加正规,圆满完成了看守、守护勤务。共执行逮捕任务630余次,累计投入兵力2310人次,配合公安机关抓获不法分子760余名;执行押解任务130余次,出动兵力760余人次,押解罪犯960余名,制止人犯脱逃事件6起,处置突发事件32次。特别在国庆50周年庆典期间,支队出兵150名官兵昼夜上街巡逻,有力地震慑了各种违法犯罪行为,为维护孝感地区的社会稳定作出了积极贡献,支队被省公安厅评为“打击车匪路霸先进单位”。支队筹措经费70余万元,为三中队、汉川市中队、应城市中队、大悟县中队安装了全天候远程查勤监控系统,为基层中队制作配发了“处突”应急警用器材,五大系统完善率达到了100%。加强观察与潜听训练、心理素质训练,把“三班四哨”基本动作训练,技术、战术训练与方案演练结合起来,提高了部队防逃、防暴狱、防袭击的能力。

【军事训练】 支队把加强军事训练作为提高部队战斗力,增强官兵执勤和处突、反恐能力的重要措施,以“四个贴近”为指导,以干部为重点,以质量为核心,坚持依法治训,按纲施训,科学组训,实施分类指导,突出打基础、抓落实、求规范、强素质,全面提高了部队执勤、处突、反恐能力,干部组训、组勤能力,以及首长机关网上指挥作战水平。一是狠抓了机关警官和基层主官集训,举办了3期警官集训和1期首长机关电脑培训,对新条令、室内战术作业、执勤方案、队列、擒敌术、军事体能、射击等科目进行了强化训练,在迎接总队的考核中,取得了优良的成绩,受到总队通报表彰。二是狠抓训练作风,严格训练标准。考核结束后,支队结合存在的问题,及时召开机关警官和基层单位主官会议,研究解决下一步训练中重点和难点问题,并对考核不过关的干部予以通报和补考。三是新兵训练和预提指挥士官集训成效显著。新兵训练取得鄂北片第一名的好成绩，预提指挥士官集训取得总评优秀的成绩。四是重点围绕有效打击暴力犯罪和处置群体性突发事件，突出抓了机动分队战术训练，提高了机动分队处突、反恐整体能力。

【行管安全】 以贯彻落实条令为主线，以武警总部《机关正规化管理若干规定》、《基层正规化管理若干规定》为依据，以“五个重点问题”为重点，以规范“四个秩序”为突破口，大力加强部队“三项经常性”工作的落实，确保部队纪律严明，秩序正规，安全稳定。支队先后3次在孝南区中队召开正规化管理现场会，采取“点先行、面跟上”、“抓典型、促全面”等措施，强化官兵正规化意识，推动了支队正规化管理工作的发展。安全工作坚持预防为主，突出“人、车、枪弹、酒、内外关系”五个重点问题，加大对小、散、远单位，身边人、外出人员和8小时以外的管理力度，建立部队、家庭、社会“三位一体”安全网络。对军械员、保密员等重要岗位上的工作人员定期进行政治审查，通过开展“首季开门红”、“百日安全无事故”、“作风纪律教育整顿”等活动，形成了时时讲安全，人人防事故的良好局面。支队连续16年安全无事故，连续8年被总部评为“三无”先进单位。

【后勤建设】 以“保障有力”的总要求为目标，不断加强管理，提高效益，坚持面向基层、服务官兵，全面提高支队后勤建设水平。一是重视后勤管理。支队标准经费管理进一步规范，支队、中队标准经费收支综合平衡率达95%，财务“三好五无”达标90%，被装管理达标95%，计生工作“六项指标”全部达标，车辆完好率达85%。二是加强后勤专业人员的培训。共举办管理员、司务长集训班6期70余人次，受训率达100%。同时还举办其他各类后勤专业集训7期，受训450余人次。组织后勤专业比武3次，有33名后勤官兵立功受奖，6个单位和个人受到总队表彰。三是重视后勤生产。支队、中队共投入经费30万元用于发展部队农副业生产，整修菜地21亩，鱼塘15亩，猪圈禽舍650平方米。8个中队达到了“人均一分地”、“三人一头猪”的指标，肉类、蔬菜自给率达到50%以上，实现了早餐人人有一个鸡蛋，中晚餐五菜一汤的要求，使战士吃到了标准加补助，官兵的生活水平不断提高。四是重视后勤应急保障。3年来完成执行保障任务12次，出动车辆110台次，后勤综合保障能力不断增强。

【一级警卫勤务】 1999年5月27日22时，中央首长乘坐的专列途经安陆市，在安陆火车站临时停车休息。支队参谋长刘三九奉令带领20名官兵担负中央首长外围武装警卫勤务。参战官兵忠实履行职责，不怕疲劳，不怕蚊虫叮咬，历时9个半小时，至28日早上7时专列离开安陆，圆满完成了中央首长的警卫任务。

【总部领导视察】 1999年5月31日，武警部队副司令员朱成友中将、副政委张钰钟中将分别视察了市武警支队安陆市中队、云梦县中队、三中队、汉川市中队等基层单位的工作。总部首长主要检查了部队学习、教育、执勤等方面的情况，对支队的工作给予了高度评价，勉励部队官兵当好党和人民的忠诚卫士，为维护社会稳定和经济繁荣做出应的的贡献。

【“三讲”教育】 根据党中央、中央军委和武警总部、总队的统一部署，从1999年7月1日至9月15日，支队利用两个半月的时间，以支队党委和班子成员为重点，深入进行了以“讲学习、讲政治、讲正气”为主要内容的党性党风教育。教育以“一个增强、两个确保”为指导思想，立足学习提高，着眼解决问题，贯彻整风精神，坚持群众路线，按照不掉一人、不少一天、不漏一篇的要求，狠抓了党委机关政治理论的学习，支队领导率先登台进行体会交流，18名机关干部上台谈学习体会，有30多篇心得体会文章参加展评。支队党委成员虚心接受群众的监督，敢于从党性的高度和世界观的深处解剖自己，主动开展思想交锋，较好地解决了支队党委机关党性党风方面存在的突出问题。“三讲”教育使支队党委机关经受了一次严格的党性锻炼和洗礼，有力地推动了党委机关的全面建设。

【正规化管理现场会】 1999年10月，武警部队副司令员朱成友中将、湖北省总队总队长司久义少将、总部机关首长、总队机关处(室)以上领导、全省各地、市、州武警支队支队长、政治委员、参谋长等一行120余人，在孝感市委常委、政法委书记赵定炼、孝感市委常委、常务副市长蔡民族等地方党政领导的陪同下，参观了大悟县中队、广水市中队正规化管理工作。总部、总队首长和参观代表高度赞扬支队在部队正规化建设方面取得的显著成就。

【党员先进性教育活动】 根据总队统一安排和部署，2001年6月，支队在全体党员干部中，广泛深入地开展了学习实践“三个代表”重要思想，保持共产党员先进性教育活动，每个党员干部都能紧密结合自身思想和工作实际，开展“四查”，认真制定做合格党员、称职干部的计划措施。教育总结期间，共上交以“四查”为内容的党员思想汇报143份；干部述职报告81份，上交率达100%。在民主评议党员、干部称职等级评定工作中，共评选出优秀党员19名，合格党员45名，基本合格党员78名，没有基本不合格党员；优秀干部6名，称职干部21名，基本称职干部53名，基本不称职干部1名。自开展教育活动以来，有104名优秀团员递交了入党申请书。汉川市中队被总队表彰为先进党支部，支队长罗殿章、汉川中队指导员曾晓明被总队表彰为“优秀共产党员”，其中罗殿章同志还被总队表彰为“优秀党务工作者”。4个基层党支部和28名党员受到支队表彰。

【重大临时勤务】 2001年8月18日、

9月15日、9月29日全国足球甲级B组联赛,9月2日全国足协杯联赛等四场足球赛在孝感市体育馆举行。支队奉命担负安全保卫任务,在参谋长刘三九同志的率领下,支队出动兵力800人次,车辆40台次,担负赛场现场安全保卫任务。由于组织严密,指挥得当,部队训练有素,圆满完成了任务,受到中国足协、省组委会、全国足球甲级B组联赛孝感赛区组委会和市委、市政府的高度评价。

【部队移交】 2001年9月14日,支队原广水市中队、二中队及所属人员、装备全部移交新成立的随州市支队。支队司令部副参谋长陶礼国同志调随州市支队任副支队长。

【严打专项斗争】 2001年,支队积极参加"严打"整治斗争,共看守罪犯1450名。执行公捕公判任务53次,处决人犯45名,出动兵力420人次;配合公安机关打黑除恶,出动兵力350人次,摧毁黑恶势力团伙15个,抓捕犯罪嫌疑人115名;城市武装巡逻300组(次),出动兵力3000人次,出动车辆150台(次);奉命协助公安机关打击车匪路霸15次,出动兵力280人次,抓获不法分子16人。

支队领导和支队部门正职领导名单

支队长	罗殿章 上校 (1999.01—2001.12)
第一政治委员	汪昌铁 (1999.01—2001.12)
政治委员	李正威 上校 (1999.01—1999.12)
	杨宏喜 上校 (2000.01—2000.12)
	钟华平 上校 (2001.01—2001.12)
副支队长	张承毅 中校 (1999.01—2000.12)
	刘家成 中校 (2001.05—2001.12)
参谋长	刘三九 中校 (1999.01—2001.12)
政治处主任	钟华平 中校 (1999.01—1999.04)
	陈金安 中校 (1999.04—2001.12)
后勤处处长	刘家成 中校 (1999.01—2001.05)
	赵正勤 中校 (2001.05—2001.12)

(梅香生 黄念军)

中国人民武装警察部队孝感市消防支队

【概况】 武警孝感市消防支队以江总书记"三个代表"重要思想和十五届六中全会精神为指针,坚持"政治立警、改革强警、科教兴警、依法治警、勤俭建警"的工作思路,扎实开展学习江泽民总书记"七一"讲话专题教育活动,不断加强部队正规化建设和规范化管理,加大消防监督力度,圆满完成了以防、灭火为中心的各项任务。1999年～2001年,全市累计发生火灾980起,死6人,伤7人,直接经济损失256.7万余元,接警出动1175次,参加社会救援357次,保护财产价值3316万元、建筑面积98720平方米,灭火成功率100%,为孝感市经济建设和改革开放创造了良好的消防安全环境。

【政治思想工作】 坚持把政治思想工作贯穿于部队的管理教育全过程。1999年开展了以"三讲"为主要内容的党性、党风教育。2000年开展了为期三个月的唯物论无神论专题教育,制作了10块专题教育宣传板报,巡回在各大、中队展览,并组织编印了《唯物论无神论教育百题知识问答》配发给官兵人手一册。另外,还深入开展了"三项教育"活动,向各基层单位印发了《征求意见表》71份,共征求到对支队党委、各部门和支队领导的意见、建议73条,向社会各单位印发《消防监督执法情况问卷调查表》100份,对消防工作满意率达100%,还开展了"三项教育"演讲、《军人道德组歌》合唱和黑板报展评等系列竞赛活动。2001年,认真学习了"三个代表"的重要思想、江总书记"七一"讲话和党的十五届六中全会精神等内容,采取理论考试、现场答题、抽查笔记作业和有关记录等形式对各大、中队学习情况进行了检查验收。

【警营文化】 1999年10月份,在安陆举行了第七届"荣誉杯"篮球赛,直属中队和安陆、大悟大队分获前三名。支队组织选手参加在黄石举行的六市消防支队第五届革命歌曲卡拉OK邀请赛,3名选手获奖。2000年,支队按照《全省消防部队文化建设三年规划》,直属、应城、云梦中队分别购回了架子鼓、电子琴、电吉它等10余种乐器。5月10日,支队在直属中队成立了"育才学校",通过与市委党校联合举办三年制法律专业函授班,探索出了一条警民共育警地两用人才的捷径。9月6日至8日,支队举办了八市消防支队篮球邀请赛,共有来自武汉、黄石、黄冈、鄂州、咸宁、襄樊、荆门和孝感八支代表队、80余名运动员参加了比赛,孝感、襄樊分获冠、亚军,武汉、荆门并列第三名。2001年6月13日至15日,支队在应城大队举行了首届乒乓球比赛,直属中队夺得冠军,汉川、安陆大队分获二、三名。9月27至28日,支队在汉川大队举行了第八届篮球比赛,汉川、支队机关、大悟代表队分获一、二、三名。

【组织建设】 1999年,支队借鉴天津消防总队"三过硬"经验,按照性格互补,年龄适当拉开的原则,调整了1个大队、2个中队的领导班子。批准改选了1个总支委员会、8个党支部、6个团支部,批准成立了开发区消防科党支部。2001年5月8日至11日,支队在云梦中队举办了一期入党积极分子培训班,发展党员18名、团员11名。7月18日,在安陆召开了全市消防部队基层党支部书记联席会议,邀请应城市委党校校长作了关于学习江泽民总书记"七一"讲话的专题辅导,各基层中队党支部和部分大队总支书记分别从不同侧面分析和研究了当前部队思想政治工作存在的问题,总结交流了队伍管理教育的经验。

【军事业务训练】 2000年8月份，支队分别组织7个公安消防队和9个企事业消防队举行了特勤器材装备竞赛，直属、汉川、安陆中队获得公安组总分前三名，双环化工集团公司、3509工厂、长江制盐厂消防队获得企业组总分前三名。

2001年3月23日至31日，支队组织全市17名公安、企业消防队长，33名执勤班长，在教导大队举办了一期执勤岗位练兵骨干培训班。6月28日，支队在汉川电厂召开全市公安、专职消防队长岗位练兵研讨会，并举行了公安、专职消防队联合灭火演习。9月22日至25日，支队对全市执勤岗位练兵情况进行了考核，参考率达到95.5%，合格率达100%，直属、汉川、应城中队分别获得总分前三名。9月底，为了备战全省消防部队执勤岗位练兵竞赛，支队挑选8名业务尖子在直属中队进行了为期一个月的封闭式集训。10月29日至30日，在全省消防部队执勤岗位练兵竞赛中，代表支队参赛的8名官兵发扬协同作战、顽强拼博的精神，取得了业务技能和理论考试总分第二名，团体总分第三名的优异成绩。同时，还获得了化工装置堵漏操作第一名，楼层综合灭火操作第三名两个单项名次，受到了各级领导的好评。孝感市委书记张昌尔闻讯后，亲自批示："辛勤耕耘，必有收获，可喜可贺。"孝感市政府党组成员、公安局局长汪昌铁也高度称赞支队取得的这一优异成绩"是历史的超越，是竞技水平的飞跃，是汗水的结晶，是智慧的凝聚。"在此次岗位练兵活动中，共有7人荣立个人三等功，8人受到嘉奖。

【抢险救援】 2000年8月11日下午17时30分，孝感市北门口天桥中央高约18米的照明灯塔顶部灯盘突然发生垮塌，3名施工人员被卡在约15米处的铁三角架内，生死未卜。直属中队接到"110"求援电话后，中队长熊典红带队，迅速赶赴现场。在无法对救援人员实施安全保护的情况下，官兵们冒着生命危险，将缓降器套索固定在被困电工身上，仅用半个小时，就成功地将3人救出，其中1人得以生还，受到了在场的市政府领导和群众的高度赞扬。

2001年6月9日，一场罕见的暴雨，使得安陆市境内雷公镇山洪暴发，流经该镇的漳水河突涨2米多高，水面宽度由平时不足3米陡增至300米。下午4时许，居住在雷公镇双河村3组的村民马正菊和两个正读小学的女儿被汹涌而至的洪水围困在了自家的楼顶。险情就是命令。下午5时30分，安陆市消防中队接到市公安局"110"指挥中心救援命令，在大队长陈铁鹰、副教导员何重斌的带领下，由10余名官兵组成的抢险突击队迅速赶赴现场。经过近30分钟的艰难营救，母女三人通过生命之"桥"全部被营救上来，整个救援工作历时1个多小时。

【消防监督】 1999年～2001年，支队开展大型检查100余次，填写消防监督检查记录3067份，发现火灾隐患9459处，整改9169处。下达《隐患整改通知书》1311份，责令停产停业49家，实现了孝感城区连续四年无重、特大火灾事故。2000年4至6月，公安、工商、文化等部门人员132人，组成24个检查小组，对公共娱乐场所进行了专项治理整顿。全市共检查公共场所862家，发现各类火灾隐患3217处，督促整改3034处，责令停业整改29家，投入隐患整改资金94万元。全市共对140个小加油站、134个液化气代灌点进行了整治，取缔不具备消防安全条件和非法经营的液化气代灌点73个，小加油站16个。2000年支队查处火灾事故385起，拘留1人，警告167人，批评教育243人次，罚款21750元，火灾事故查处率达95%。2001年4月，全市广泛开展了商、市场消防安全专项治理。对孝感城区学校、幼儿园、商场、市场、公共娱乐场所进行了检查和治理。安陆、孝昌、大悟、云梦等地积极开展了易燃易爆场所专项治理，并对经营业主进行了消防培训。整顿期间，全市共组织检查组66个，检查各类公众聚集场所3167家，发现火灾隐患1393处，下发各类法律文书487份，督促整改1236处，处罚单位(个人)13人次，责令停产停业44家，依法取缔违法违规经营场所104家。

【消防宣传培训】 1999年4月份，支队举办了一期一、二级重点单位法人代表、防火负责人消防培训班，对《消防法》等法律法规和一般火灾预防及扑救等消防安全知识进行了学习，培训人员160人，办理《湖北消防安全培训证》160个。11月5日，支队在市体育中心举办"119世纪火凤"大型演唱会，市委常委、政法委书记赵定炼，市委常委、副市长蔡民族，市人大副主任王治泉等领导同志和近5000名群众一同观看了演出，产生了积极的社会影响。2000年11月7日，在各地层层预赛的基础上，支队与市妇联联合举办了有9个代表队，36名妇女少儿参加的孝感市"天仙杯"消防知识竞赛，约700余名观众观看了比赛，受到了各级领导的好评。11月9日至15日，市文化局与市公安局联合组织孝感城区40个重点防火单位和32个娱乐、餐饮、易燃易爆场所的1800余名干部职工观看了《隐患在你身边》警示宣传片。

2001年"六一"前后，直属、安陆、云梦等中队分别面向社会开放了消防站，共有1600名师生和群众参观了消防站。直属中队挂牌成立了"孝感市消防素质教育基地"。"十一"前后及"119"活动期间，应城、汉川等地也结合本地实际，先后开放了消防站，收到了良好的社会效应。1999年至2001年的"119"期间，全市共有32名政府、公安局和消防机构领导接受了电视台关于消防工作的采访，在省、市电视台播发消防新闻85条，在街上拉挂横幅标语3314条，举办消防橱窗93期，设立消防咨询点77个，赠送消防资料57000余册，在各类报刊、电视台、电台发表消防新闻350余篇。

【献爱心活动】 1999年，市政府组织

的“爱心献功臣”募捐活动中，支队机关和直属中队共捐款2260元，受到了市委、市政府的表彰，支队被市政府评为“爱心杯”双拥工作先进单位。夏天，广水中队为遭受旱灾特别严重的7个乡镇、17个自然村义务运送饮用水，共出动车辆73台次，送水200余吨，中队被省总队记集体三等功一次。2001年，应城、安陆大队先后出资建立了“贫困学生消防扶助资金”，并资助了数名贫困学生。当年，孝感市遇到了“百年不遇”的旱灾，全市消防部队官兵积极投身到“抗旱保丰收，抗灾保稳定”的战斗中，累计出动消防车1200余台次，出动官兵4200余人次，为28个乡镇，86个村，10余万灾民运送饮用水5500余吨，并先后为灾区群众捐款、捐物总价值达万余元，受到了各级领导和群众的一致好评。直属中队和应城大队分别被当地政府评为抗旱工作“先进单位”。

武警孝感市消防支队领导成员名单

（以2001年底在职为准）

职务	姓名	军衔
支队长	田中凯	上校
政治委员	李如胜	上校
副支队长	吴敬荣	中校
副支队长	徐真品	中校
参谋长	王向阳	中校
政治处主任	周　杰	中校
后勤处处长	孙益贵	中校
防火处处长	姚长安	中校

（练世春）

公安工作

【概况】 孝感市各级公安机关在编民警共3627人，职工292人。其中，市公安局机关在编民警565人，职工41人。市公安局在1997年5月机构改革中，设置了9个支队31个科、所、队、室，2个直管派出所。1999年1月28日，市公安局增设禁毒工作科，同年8月13日，市公安局直管朱湖派出所因朱湖农场管理体制发生变化移交孝南公安分局管理。2000年7月，广水市公安局因行政区域调整变化移交随州市公安局。至2001年底，市公安局辖应城、安陆、汉川三个市公安局，云梦、孝昌、大悟三个县公安局和孝南、开发两个区公安分局。其中，开发区公安分局为市公安局直管分局。

加强领导班子建设，促进治安秩序好转。1999年，全市各级公安机关紧密结合公安工作实际，大力开展创“团结、廉洁、实干”领导班子活动，使各级领导班子更加团结，驾驭治安大局和带队伍的能力进一步提高。市辖城区治安防范和控制格局初显实效。市局认真分析研究了社会治安状况，确定在全市周边和城区重点进出口设立32个卡点，三年来，累计投入警力7万余人次，常年累月坚持进行登记、盘查，严把入境关、出城关、出境关，有效地遏制了城区车匪路霸、抢劫等重特大刑事案件的发生；派出所组织机关、内保单位人员、街道治保会、保安队员、经济民警和治安积极分子加强对党政机关、内部单位及居民区等重点单位和部位的治安巡逻，减少了可防性案件的发生。在城区形成了以110报警服务台为龙头，以严把“三关”为重点，巡警、派出所快速反应，群众自防，警民携手联防保平安的治安控管格局，有效地优化了城区治安秩序。维护社会政治稳定卓有成效。全市共搜集情报信息531条，破获“中国人民党”等现行案件5起，妥善处置东西汉湖等群体性事件6起，查处邪教案件10起，防止各类闹事苗头42起。尤其是对“法轮功”斗争取得了决定性胜利，逐步摸底掌握了全市“法轮功”组织分布情况和人员底数。全力防范、处置因清理整顿农金会引发的群体性事件，确保全市群众声讨美国北约暴行活动、“六四”敏感期间、建国50周年大庆和澳门回归期间的社会政治稳定，圆满完成了对江泽民、尉建行等中央领导人警卫任务26批次。严厉打击、严密防范各类违法犯罪活动。全市各级公安机关先后组织开展了春季集中严打、打击盗抢机动车、预防和打击车匪路霸、“追逃”、冬季破案战役、打击“四霸六强”、禁毒等严打专项斗争，共破获各类刑事案件6804起，抓获犯罪嫌疑人3370名，摧毁各类犯罪团伙298个、成员1161名，有效地遏制了刑事犯罪上升势头。同时还加大了重点整治、治安管理和防控力度，收枪治爆、禁赌禁娼、扫黄打非和大中专学校及企业周边治安秩序整治取得明显成效。查处治安案件6787起，收缴炸药21593公斤、枪支591支、子弹13013发。收缴淫秽书刊、音像制品218346件。查处卖淫嫖娼、赌博人员6024名。

狠抓“三大工程”建设，维护全市治安大局的持续稳定。2000年，公安队伍的整体素质和民警个体素质显著提高。突出表现在抓特色工程（三大工程建设），确保一方平安。狠抓节庆稳定工程建设，出色地完成了农金会兑付和市一运会等重大节庆活动的安全保卫任务。全市公安机关和广大民警发扬不怕疲劳、连续作战的精神，全力以赴，全警投入，狠抓了以预防和控制为重点的各项安全保卫工作，先后圆满完成了春节、农金会兑付、“五一”、国庆节、市一运会和全省第二届楚剧艺术节暨全省科技文化卫生“三下乡”等重大节庆期间的安全保卫任务，确保了全市政治稳定、治安秩序良好。尤其是农金会兑付和市一运会安全保卫工作先后受到了市长曹世佑的充分肯定和高度评价。全市各级公安机关把同“法轮功”等邪教组织的斗争作为维护节庆政治稳定的头等大事，常抓不懈，全面落实对“法轮功”人员的查控、打击和教育转化工作，有效地防范“法轮功”人员进京滋事，确保了全市政治稳定。继续抓基层强基础，大力加强派出所工程建设。全市公安机关按照省厅“突出特色抓示范、突出管理抓规范”的工作思路，积极在派出所工程建设深化上动脑筋、优化上下功夫、强化上做文章。全市派出所工程建设实现了从抓示范所往全体派出所延伸，从抓派出所工程往交警中队、刑警中队延伸，从抓派出所工程往治保会、内保组织延伸，使公安基础工作得到了进一步加强，控制社会面的能力进一步提高，有效地预防和减少了可防性案件的发生。80%的派出所实现了“发案少、秩序好、社会稳定、群众满意”的工作目标,97%的派出所警务运行机制良好,75%的派出所达到了规范化建设标准,60%的派出所辖区六类案件比上年有所下降,60%的派出所辖区可防性案件明显下降。在全市范围内,初步培育出了“孝车人管”、“川城帮教”、“府城民考”等有鲜明特色的典型,并在全省、全市产生了示范效应。加快科教兴警工程建设步伐,努力增加公安工作科技含量,进一步提高了公安工作现代化水平。全市共投入资金1207万元,初步完成了与省厅签订的2000年度科教兴警工程建设的15项责任目标。其中超额完成建成了全市刑侦综合信息数据库,并与省厅联网;市局和汉川、应城、安陆、云梦、孝南5个县市区在全省领先开通了计算机综合信息网并制作了局域网主页;有80个派出所开通拨号入网,对信息通信网进行了扩容改造,使全市公安工作现代化的基础设施初具规模。与此同时,还狠抓了民警教育培训和在职学历教育,广大民警业务素质和警事技能有了进一步提高。

狠抓民警思想作风建设,求真务实抓治安,全面加强稳定工作,构筑安全防范网络。2001年,市局广泛开展了学习“三个代表”重要思想活动,不断加强民警思想作风建设。采取抓项目示范,抓总结推广,抓配套完善等措施,初步形成了以云梦目标管理为示范的绩效考核机制,以安陆民考为示范的等级化管理机制,以汉川民警8小时外管理为示范的监督制约机制,以应城末位调整和双选双聘为示范的竞争激励机制,以大悟全员培训为示范的教育培训机制。许多作法受到公安部、省公安厅的肯定和赞扬。市公安局实行的队伍管理工作目标责任制被省厅确定为示范项目。在此基础上,全市公安机关从实战能力,快速反应的实际需要出发,充分利用市人民警察培训学校及各县市训练基地,狠抓了民警警事技能培训和实战演练活动,抓紧岗位练兵,较快地提高了民警政治、业务素质。在工作实践中,积极探索、发展、完善城区治安防范体制,以点带面坚持严防、严管、严治,全面构筑城乡安全防范网络。一是以治安卡口为防控堡垒,严把入境关、出境关和出城关三重关口,强化“点”的控制;二是以交通干道为防控屏障,建立交警机动巡防、派出所快速反应、警民联防三种机制,强化“线”的控制;三是以社区为防控阵地,强化“面”的控制。全市公安机关在城乡设防布控的基础上,抓住有利战机,深入开展“严打”整治斗争,在全市范围内摆开四条战线,坚持严打、严管、严防、严治、多管齐下,全警动员,全线出击,全力以赴,扎实开展规模大、声势大、影响大的严打整治斗争,取得了第一、二、三、四战役的全面胜利。为全面加强稳定工作,全市公安机关坚持开展反邪教斗争,以摧毁其组织体系为重点,坚决取缔“法轮功”等邪教组织,进一步加强节庆稳定工程,防范和妥善处置各类群体性事件,确保了全市政治稳定,做到了社会基础好,群众基础好,治安秩序好。

【政治思想工作】 全市公安机关坚持从严治警方针,不断加强民警思想政治工作。一是注重特色教育,激发民警思想活力。1999年在领导班子成员中开展了“三讲教育”,2000年对全体民警进行了“三项教育”,2001年广泛开展学习“三个代表”重要思想活动,积极探索队伍管理长效机制建设,倡导并实行民警部分职位竞争上岗和末位培训制度。二是开展立功创模活动。全市公安机关认真开展“争创人民满意”单位(民警)活动,263个单位405名民警被评为省、市级先进集体和二、三等功。9名民警被授予“全国优秀人民警察”称号,1名民警被授予“湖北省十大杰出青年”称号。三是加强公安宣传工作。全市公安机关积极开展公安业务工作和队伍建设中的典型宣传,共上稿9140篇。其中中央级报刊新闻媒体用稿308篇,省级媒体用稿2752篇,市级媒体用稿6080篇。四是档案管理上台阶。人事干部档案管理逐步从手工抄写向微机操作,粗放型向精细型,传统原始管理向现代化管理方向转变,多次受到省、市组织人事部门的赞扬。五是老干部工作和教育培训工作有新起色。老干部工作部门认真细致地做好老干部工作,经常组织开展各种健身娱乐、体育比赛活动,使离退休民警安享晚年。民警教育培训工作针对实际,不断创新,保证教学质量。通过系列培训,提高了广大民警的政治、业务素质。六是争创文明单位热情高。全局民警积极行动,讲文明,树新风;讲卫生、创佳绩。坚持办公室文明、卫生、整洁;保持办公楼、宿舍区环境优雅;自觉主动负责责任区卫生清扫。努力做到争创文明卫生先进单位不松劲。1999年,市局成功争创市级文明单位;2000—2001年,又成功争创市级最佳文明单位。市委、市政府两次授牌。

【纪检监(督)察审计工作】 全市公安纪检监(督)察审计工作不断加大教育、监督、督察管理力度,抓源头治理腐败,查处案件,有力地推进了公安队伍建设朝着健康方向发展。一、切实实行党风廉政建设责任制。市公安局按照市纪委要求,结合自身特点建立了“一把手”负总责,分管领导各负其责的组织领导机制,制订了《孝感市公安局党风廉政建设目标管理考评细则》,签订了《党风廉政建设责任书》,加强党组建设,县级领导干部廉洁自律工作。联系公安工作实际,狠抓源头治腐,立足标本兼治,大力推进警务公开,建立内外监督机制,加强纠风治乱,开展专项清理,全市实现无公路“三乱”。加强对刑讯逼供、滥用枪支、滥用强制措施等问题进行专项治理,在“严管”上加力度,主要领导亲自抓,分管领导负责抓,单位领导具体抓,纪检、督察、法制、政工部门督促抓,建立健全各项台帐。二、严肃查处违法违纪案件。全市查处违法违纪案件66起88人。运用典型案例,对广大民警进行警示教育,举一反三,引以为戒。三、认真开展各项审计工作。结合实际,突出重点,切实履行审计职责,加强了审计监督,有效地维护了财经纪律,促进了民警廉洁自律,从源头上狠抓了财务制度的落实,并取得实效。

四、加强警务督察。三年来，共出动督察警力8000余人次，行程11万多公里，督察科、所、队、设卡点800多个次，督察民警1800多人次，共受理人民群众投诉145起，警务督察队直接受理138起，发《督察专报》48期，有力地促进了各项业务的开展。

【维护社会政治稳定】 全市公安机关以打击"法轮功"等邪教组织为重点，进一步加强节庆稳定工程，防范和妥善处置各类群体性事件，确保了全市的政治稳定。一是坚持反对邪教，坚决取缔"法轮功"等邪教组织。三年来，全市共破"法轮功"案件113起，打掉团伙6个，摧毁窝点10个，打击处理违法犯罪人员646人，其中判刑7人，逮捕58人，劳教69人，取保候审17人，刑拘268人，治安拘留490人次，收缴宣传品6万余份。取得了同"法轮功"斗争的决定性胜利。此外，依法查处其他邪教——"全范围教会"12起，"旷野窄门"4起，"灵灵教"1起，"华南教会"6起，打击处理顽固分子78名，抓获批捕在逃的邪教骨干3名。二是积极防范和妥善处置各类群体性事件。全市各级公安机关组织广大民警深入企业、社区、农村，及时发现和掌握各类不安定因素，对各类群体性闹事苗头，做好教育劝阻，控制局势，化解矛盾，对已经发生的群体性事件做到快速反应，控制得当，防止事态扩大。三是扎实开展各类重大节庆活动的安全保卫工作。先后圆满完成了春节、五一、十一、全国甲B足球联赛、农金会兑付和第二届"天仙杯"奖暨招商引资经贸洽淡等重大节庆活动安全保卫工作任务。四是圆满完成一、二、三级警卫任务79批次，其它保卫任务12批次，确保了绝对安全。

【刑(经)侦工作】 1999年元至2月，根据省厅统一部署，组织开展了全市打击走私、盗抢机动车和打击车匪路霸专项斗争，成效突出，受到省厅通报表彰。同时，经侦工作强劲有力，抓出了特色，抓出了实效。7至9月组织全市开展全国追逃专项斗争，共抓获各类逃犯1650名，其中网上逃犯1304名(本地967名，外地337名)，其他逃犯223名，抓获三级督捕逃犯25名(其中部督1名，省督3名，市督21名)。本地上网的1250逃犯已抓回967名，追逃率达79%，追逃战绩名列全省第三名并受到公安部的表彰。2000年开展为期四个月的"打拐"专项斗争中，全市共打掉拐卖妇女儿童团伙95个，涉案成员387人，成绩居全省第三，刑警支队被评为全省打拐专项斗争先进集体。2001年是中央决定开展为期二年的严打整治斗争的第一年，全市公安机关精心组织和全力投入严打整治斗争的四个战役，取得了阶段性胜利。一是开展"打黑除恶"专项斗争。全市共摧毁黑恶团伙139个，抓获涉案成员667名。二是开展"追逃专项行动"，实行"网上追逃"。9至11月为期三个月的全国统一"追逃"专项行动，全市共抓获网上逃犯1061名，协外抓获逃犯118名，其中抓获部督逃犯1名，省督逃犯8名、市督逃犯17名。追逃责任落实、工作稳健扎实的追逃特色被公安部《"追逃"专项行动简报》总结推广。追逃绝对数在全省列第二位，追逃率列第四位，受到省公安厅嘉奖，并被公安部授予全国"追逃"专项行动先进单位。

【治安管理工作】 全市各级公安机关治安部门一是始终将维护社会稳定放在工作首位，妥善处置了汉川、应城边界纠纷、广水铁合金厂工人堵塞京广铁路等多起群体性事件，圆满完成了"3.28"农金会兑付、城区出租车清理整顿工作、市一运会暨省第五届啤酒节、甲B联赛和足协杯赛事以及天仙杯奖暨招商经贸活动、京珠高速公路孝感段建设等一系列重大活动的安全保卫工作，确保了全市社会政治的持续稳定。二是积极参与严打整治斗争，进一步强化各项治安管理工作力度。大力开展收枪治爆工作，三年来共收缴各类非法枪支6099支，其中军用枪43支，子弹37357发，炸药54吨，雷管62409枚，导火索71302米，烟花爆竹9.4亿响，取缔烟花爆竹地下作坊152个，没收销毁生产设备142台(套)，消除了一批治安隐患；认真开展娱乐服务场所专项整治行动，共清理整治娱乐服务场所1984家，压减1040家，压减率52.4%；积极开展扫黄打非专项行动，三年来共查处各类涉黄涉非案件200余起，共收缴盗版、淫秽、反动政治性书刊、音像制品32万余件。三是夯实基础，大力加强派出所工程建设。三年来全市各级公安机关共组织开展派出所民警培训班300余次，培训民警2383人次；大力加强了基层治保组织以及保安服务业的建设；狠抓了金融系统的安全防范工作，全市绝大部分金融网点、金库都实现了与110报警联网，三年来全市金融系统未发生一起盗抢案件；全面推行"五个一"工作机制，大打社会主义市场经济保卫战，取得显著成果。四是狠抓户政管理工作，圆满完成各项工作任务。大力开展了清理整顿出租屋和刑释解教人员的排查专项行动，共清理暂住人口10万余人次，取缔非法出租户219家，排查刑释解教人员2363人，破获案件128起，抓获犯罪嫌疑人38名；致力科技兴警，不断完善人口信息警务建设，常住人口、暂住人口、出租屋的录入率均达到了95%以上。五是严格履行"四有四必"的承诺，争创人民满意的巡警队伍。三年来，全市公安机关巡警部门共接出处警8万余起，调解各类纠纷16000余起，抓获各类违法犯罪人员1万余人，做好人好事6000余件，收到群众送来感谢信、锦旗等500余面(封)，受到了群众的普遍赞誉。

【110报警服务台】 110报警服务台在做好接处警工作的同时，注意从群众的报警中捕捉反映社会政治稳定和治安情况的信息，提请相关部门关注。以实际行动做到"有警必接、有险必救、有难必帮、有求必应"，全力为人民群众提供优质服务。有效接处警14283起，接受群众投诉19起，收集上报各类动态信息978条，利用网络向省厅传递信息412条，为局领导提

供接处警情况分析材料24份。新建金融报警网点94个，上门维护检修报警设备696次，制止各类群体事件等项工作指挥调度任务56次。尤其是在重大接处警活动中，进一步体现了110报警服务台的快速反应机制，服务宗旨，服务职能和服务方向。

【公安法制工作】 1999年法制科共受理劳动教养346人，批准劳教210人，受理少年收容教养案件4件，批准4人，审核治安、行政案件192件，办理行政复议案件31件，审核规范性文件6件。8月至9月组织开展了全市公安机关执法检查。12月下旬组织开展了1999年度县级公安机关执法质量考评工作。2000年共受理劳动教养案件347人，批准劳教243人，审核治安、行政复议案件33人，审核规范性文件8件。4月至9月组织开展了对1997年至1999年全市公安机关取保候审和保外就医案件专项检查及对1999年所有案件进行评查，即“两查”工作。10月中旬市公安局制发了《关于当前加强执法工作的若干意见》，规范了案件内部审核制度。11月下旬至12月中旬开展了2000年度执法质量考评工作。2001年共受理劳动教养案件和少年收容教养案件560人，批准劳教420人，少年收容教养11人，审核刑事拘留案件59人，取保候审34人，监视居住3人，审理治安、行政处罚案件238人，办理治安、行政复议案件31人，办理国家赔偿复议案件2件，审核规范性文件9件。3月，市公安局制发了《孝感市公安局执法责任制》和《孝感市公安局人民警察执法过错责任制》。4月至8月对2000年“四不”(不依法立案、不依法报捕、不依法移送起诉、不依法审判)刑事案件开展了专项执法检查。10月下旬至12月中旬组织开展了2001年度执法质量考评工作。

【民警教育培训】 一是警察培训学校的正规化培训。市人民警察培训学校经过创立、打基础阶段，不断创新发展，求真务实抓培训，集中精力抓管理，有计划、有目的、分班次地举办不同类型的培训班。三年间共进行了16期20个班次的各种培训，包括司晋督培训、新民警培训、科所队长培训、治保主任培训、下派基层锻炼民警培训、竞争上岗任职民警培训、理论辅导员培训、中年民警培训、刑(经)侦民警培训、业务骨干培训等，共计培训民警2001人次。通过抓学习——抓好警校工作人员的自身学习，激发政治责任感和工作责任感；抓计划——制订每期教育培训计划，落实培训任务；抓教学——突出重点抓教学，把握教育培训进展情况；抓落实——突出教育抓管理，确保学习效果；抓调研——加强调查研究，不断摸索教育培训规律；抓总结——注重开学动员、结业总结工作，扬长避短，不断创新提高。实行这些好的公安教学方法，取得了教育培训的实效。二是全市公安民警的自学考试教育。全市民警参加本科自修班313人，专科自修班987人，通过国家规定的自学考试课程，已取得大专毕业证书946人。从而使全市具有大专以上学历的民警占民警总数的比例由1997的32%上升为49.71%。三是各县市区公安机关的岗位练兵。全市县市区公安机关根据工作任务需要，举办小型、分散、短暂、应急的岗位练兵班106个、培训3246人次，多数以会代训、以训促练、以练促学，出现了“在什么岗位练什么兵，是什么警种学什么业务”的热潮。四是基层所队学以致用的自我训练。全市各警种基层单位抓紧学习及工作间隙休整的机会，定期不定期地采取“官教兵，兵教兵”的学习方法，理论联系实际地进行自我训练，互相促进，共同提高。

【公安监管工作】 一是落实各项制度，确保监所安全无事故。各级监管部门坚持“一查、两整、三防、四会”工作制度。即每日安全检查；整治监管秩序，整改安全隐患；强化人防、巩固物防、发挥技防；每日集体交接班会，每周狱情分析会，每月联席会，定期经验交流会，大大加强了“全时制、全方位、全人员”的安全防控措施，受到了上级主管部门的充分肯定。二是实行规范化管理，促进了监所秩序稳定。全市监管部门按照规范化管理的要求，努力将民警执勤行为，在押人员一日活动，台帐档案管理，监所设施环境，制定出一整套规范化操作程序和管理制度，初步形成了工作程序化、管理规范化、教育社会化、环境园林化的格局。三是加大深挖犯罪力度，破获了一大批刑事案件。全市监管部门结合“严打”斗争实际，抓住新收人员多，心理防线弱的有利时机，充分发挥法律和政策威力，不失时机地在收押人员中开展“坦白检举、立功赎罪”活动。仅2001年，全市监管场所共获取各类违法犯罪线索932条，查破刑事案件164起，其中重大案件42起，缴获赃款赃物折款51万余元，追缴自制枪支13支。查处治安案件50起，处罚金额3.8万元。摧毁抢劫、盗窃犯罪团伙15个，成员115人。抓获犯罪嫌疑人57名，其中批捕在逃5名。有力地配合了“严打整治”战役向纵深发展，促进了监所管理水平上新台阶。

【公安消防工作】 全市消防部队不断加大消防装备建设和业务训练力度，狠抓公共场所消防专项治理，确保了队伍和火灾的稳定。三年来，全市累计发生火灾980起，死6人，伤7人，直接经济损失256.7万余元。共接警出动1175次；参加社会救援357次，保护财产价值3316万元、建筑面积98720平方米，灭火成功率100%，实现了孝感城区连续五年，全市连续四年无重、特大火灾事故的目标。加强社会消防监督和消防宣传，开展大型检查100余次，填写消防监督检查记录3067份，发现火灾隐患9459处，整改9169处，下达《隐患整改通知书》1311份，责令停产停业49家。三年“119”期间，全市共有政府、公安局和消防机构32名领导接受了电视台关于消防工作的采访，在省、市电视台播发消防新闻85条，在马路街道拉挂横幅标语3314条，举办消防橱窗93期，设立消防咨询点77个，赠送消防资料57000余册，在各类报刊、电视台、电台发表消防新闻350余篇。1999年11月5日在市体育中心举办了“119世纪火凤”大型演唱会。2000年11月7日,消防支队与市妇联联合举办了“天仙杯”消防知识竞赛。2001年“六一”前后,各县(市)消防中队分别面向社会开放了消防站。这些活动受到各级领导和广大群众的好评。在全省消防部队执勤岗位练兵竞赛中,孝感支队代表队取得了业务技能和理论考试总分第二名,团体总分第三名的优异成绩。共有7人荣立个人三等功,8人受到嘉奖。

【交警工作】 全市公安交警部门以江泽民总书记的题词“严格执法,热情服务”为指针,狠抓队伍的教育管理,扎实创建“鄂北平安大道”,实施地市“畅通工程”。一是民警素质普遍提高。全市9个交警大队(2001年7月,广水市交警大队业务正式移交新成立的随州市交警支队管理)共有公安交通民警620名,其中大专以上学历民警423名,占总数的68.2%。三年来,全市公安交警部门认真贯彻落实公安部加强队伍建设的12条措施,严格执行公安部五条禁令,在全体民警中扎实开展了“双素质考试”和“三项教育”活动。通过强化教育,民警素质普遍提高,队伍形象明显好转。全市公安交警系统荣立个人三等功以上的民警22名,有3个单位荣获公安部、公安厅表彰;辖区无公路“三乱”现象。二是平安大道创建成绩显著。自1999年4月份开始,全市公安交警部门以辖区107、316国道为重点,扎实地开展了以“交通安全畅通,治安秩序良好,执法公正文明,警务保障有力,人民群众满意”为主要内容的创建“鄂北平安大道”活动。1999年,广水交警中队被公安部授予全国创建平安大道“模范中队”,荣立“集体一等功”;孝昌县公安局被公安部授予全国创建平安大道“组织奖”,交警支队、广水交警大队主要领导被公安部授予全国创建平安大道“先进个人”;2001年,孝感市公安局交警支队直属二大队肖港中队被公安部授予创建平安大道先进集体。三是“畅通工程”建设成效突出。2000年初,公安部、建设部提出在全国部门大中城市实施以“交通有序畅通,管理科学高效,执法严格文明,服务热情规范,宣传广泛深入,设施齐全有效”为建设目标的城市“畅通工程”活动,受到孝感市各级党政领导的高度重视,形成了“政府抓全面,公安抓路面,城建抓街面,工商抓门面”的综合治理格局。2000年、2001年,应城市“畅通工程”先后被评定为“三等”和“二等”管理水平,孝感城区被评定为“四等”管理水平。应城市是全国为数不多、全省唯一一个“畅通工程”达到“二等”管理水平的县级市。

【开发区公安工作】 开发区公安分局针对辖区治安状况,重点抓了如下工作:一是以节庆稳定工程为重点,全力维护社会政治稳定。狠抓“法轮功”的控管、教育、转化工作,做到平常时期经常抓,重要时期重点抓,强化措施,落实责任,得到省市610办公室的充分肯定;狠抓矛盾纠纷排查工作,做到抓早抓小,争取主动,把矛盾解决在基层,解决在萌芽状态。二是以派出所工程建设为载体,积极探索新形势下治安管理工作的新路子。加强治(内)保组织建设,建立健全各项规章制度,增强治(内)保人员素质,强化责任。将派出所管理、服务的职能延伸到治(内)保组织,实行民警和治(内)保组织合署办公制度,使管理更加规范到位、服务更加便利快捷。加强群防群治网络建设,形成齐抓共管的局面。通过抓典型、抓宣传、抓建设,开发区辖区已形成群众自防、单位协防的群防群治网络,内部单位“三防”措施落实到位。加大安全文明小区的创建力度,成效明显,得到省、市委和上级公安机关的充分肯定。三是以企业周边环境整治为切入点,强化打击,立足于建设,为开发区的改革开放和经济发展创造了良好的治安环境。适时打击影响发展环境的“四霸六强”行为和扰乱企业生产经营秩序的经济犯罪;重点整治企业周边环境,组织开展清查行动,遣送“三无”人员,为企业的发展营造良好的治安环境;开展企地、警企共建活动,实行企地、警企联防,共创安全文明社区。

孝感市公安局领导成员名单

(以2001年底任职为准)

局　长　汪昌铁
　　　　廖祥政
　　　　(兼,2002.1.18—　　)
副局长　汪　海　桂荣军　邹如升
　　　　赵建刚　章建宁
局党组成员、政治处主任　刘宗祥

(杨其明)

检察院

【概况】 1999年~2001年,孝感市检察机关全面履行法律监督职能,各项工作取得了新成绩。在查办职务犯罪方面,共受理职务犯罪案件线索1473件,立案侦查405件575人,使325人受到刑罚制裁,为国家挽回直接经济损失5000余万元。在打击刑事犯罪方面,共受理公安机关提请批捕犯罪嫌疑人4970名,批准逮捕4248名,受理公安机关移送起诉犯罪嫌疑人4363名,提起公诉3303名,批捕、起诉准确率达到99%,在法定时限内结案率达到100%。在诉讼监督方面,共纠正公安机关该立不立的案件57件,纠正侦查中的违法行为86次,对判决畸轻畸重的刑事判决提出抗诉21件,对认为确有错误的民事判决裁定提出抗诉59件、提请抗诉121件,对监管机关违法监管的情况提出纠正意见26人次。在队伍建设方面,认真开展“三讲”教育和各项专项教育整顿活动,实施“固基壮检、育人兴检、改革活检”战略,大力开展教育培训,鼓励干部自学,加强作风建设,检察队伍整体素质进一步提高。

【大案要案】 三年共查办贪污贿赂5万元以上、挪用公款10万元以上的大案114件,占立案总数的28.1%。查办发生在“三机关一部门”中的职务犯罪案172人,占立案总数的29.9%。查办县处级干部犯罪要案3件3人。

比较典型的案件有:孝南区地税局原局长刘胜佳贪污受贿35万余元案,孝昌县工商局原局长魏火成受贿13万余元案,市财政局原纪检组长崔家荣(副县级)玩忽职守、受贿和该局干部陈亮挪用公款1388万元案,市国税局稽查局原局长明文凯(副县级)贪污案,云梦县烟草专卖局原局长柯镜民393万余元巨额财产来源不明案等。

【百日办案战役】 1999年8月18日至11月26日,市院针对职务犯罪案立案数下滑严重、办案工作局面沉闷的情况,在全市范围内组织开展了一次大规模的"百日办案战役"。这是全市检察机关第一次以战役的形式开展办案工作。在战役中,全市检察机关共立案侦查贪污贿赂案65件、渎职案6件,占全年立案总数的41%,把反贪斗争推向了高潮。湖北卫视台《焦点透视》栏目连续3天对全市的"百日办案战役"进行了报道,对腐败分子起到了强大的震慑作用,有4名贪污贿赂分子慑于法律威严到检察机关投案自首。

【打击法轮功邪教组织犯罪活动】 全市检察机关依照法律政策,认真慎重地办理法轮功邪教组织犯罪案件,3年共批捕57人,起诉14人,做到了不枉不纵,准确打击。

【为国企改革发展服务】 全市检察机关认真贯彻中共十五届四中全会精神,紧紧围绕国企改革发展的大局,纷纷出台了一些服务措施,受到党委、政府的肯定。三年共为国企清除"蛀虫"295名,为国企挽回直接经济损失3000余万元;对各类危害国企改革和生产经营的刑事犯罪活动,依法从快批捕起诉;加强了对国企执法活动的法律监督,维护企业合法权益;积极在国企中开展职务犯罪预防工作,共发出检察建议291份,进行法律知识讲座58场次,听众达4000余人。

【固基工程】 全市检察机关计划从1999年起,用3年的时间,实施以争创"班子建设好、队伍素质好、工作业绩好、管理机制好、社会形象好"为主要内容,以所有基层院达到"五好"为目标的"固基工程"。在工作中,市院实行领导挂点、部门包项、派出工作组具体指导的方法,帮助基层院加强自身建设。各基层院围绕"五好"要求,内强素质,外树形象,深入开展各种争先创优活动,通过三年的努力,基层院建设明显加强,全市7个基层院全部达到"五好"标准,其中:1个基层院被评为"全国人民满意检察院",4个基层院被评为"全省人民满意检察院",2个基层院被评为"五好检察院"。

【检察改革】 深化检务公开,实行检察职能、受案范围、立案标准、办案程序、办案纪律公开,大部分检察院在公共场所设置了检务公开橱窗,在报刊上开辟了检务公开专栏,公布了检察人员违法违纪举报电话,聘请了执法监督员。通过检务公开,促进了司法公正。全面推行主诉检察官办案责任制,首次确认了21名主诉检察官,审查起诉工作效率进一步提高。积极探索主办检察官办案责任制,为主办制度的完善积累了一些经验。改进检察委员会的工作,设置了专职检委和检委会秘书,检委会工作程序进一步规范。

【打击"四霸六强"犯罪活动】 全市检察机关积极参与党委、政府整治发展软环境活动,在2000年的打击"四霸六强"专项斗争中,共批捕"四霸六强"性质的犯罪嫌疑人139名,起诉32名。

【打黑除恶与整顿规范市场经济秩序】 全国社会治安工作会议、整顿和规范市场经济秩序工作会议召开后,全市检察机关将贯彻这两个会议精神作为第一要务,2001年4月至12月,共批捕犯罪嫌疑人1385人,同比上升90%,其中带黑社会性质犯罪案26人、恶势力犯罪案84人、破坏市场经济秩序犯罪案63人;共起诉犯罪嫌疑人1152人,同比上升153.7%。

【刑事立案监督】 2000年,全市检察机关共办理刑事立案监督案21件24人,数量是上年的4倍。2001年要求公安机关说明不立案理由33件,上升175%,通知公安机关立案21件,上升135.7%。刑事立案监督工作取得突破性进展。

【"141工程"工作思路的确立】 2001年1月16日,在市二届人大四次会议上,市检察院向大会报告了"二十四"字检察工作思路,即:办案立检、固基壮检、预防扬检、改革活检、科技强检、育人兴检。这一思路得人大代表的广泛好评并在会议上通过。2001年2月26日,全市检察长工作会议对这一思路进行了完善,正式提出了"抓住一个发展根本——办案立检,实施四项发展战略——育人兴检、固基壮检、科技强检、改革活检,拓展一个发展空间——预防扬检,努力实现全市检察工作快速健康发展,为孝感经济跨越式发展提供有力的服务和保障"这一工作思路,简称"141工程"。"141工程"是市院在认真分析新世纪的新形势和广泛调查研究的基础之上提出的新思路。通过落实"141工程",全市检察工作在新世纪初呈现快速、全面发展的好势头。

【教育培训】 1999年,高检院提出了"用三年的时间把检察干警轮训一遍"的工作规划。根据这一规划,市检察院在三年的时间内,举办各种类型的培训班6个,对全市452名检察干警进行了培训,占干警总人数的52%。通过培训既提高了干警的业务素质,又改善了队伍的文化结构,至2001年底,全市869名在职干警中,有法律专业职称的757名,占91.7%;具有研究生学历的2名、大本116名、大专531名,具有大专以上文化程度的占总人数的74.7%。

孝感市人民检察院领导名单

检 察 长 朱国志
副检察长 古 峰 傅乘波 余祖光
纪检组长 乐平坤

(田俊明)

人民法院

【概况】 截至2001年12月，全市法院系统共设有1个中级人民法院、7个基层人民法院、61个基层人民法庭，共有干警1260人。其中，市中级人民法院下设20个科室，共有干警173名。1999年～2001年，全市法院共受理各类案件69948件，审结66605件，审结率为95.2%。三年来，全市两级法院在党委领导、人大监督、社会各界的大力支持下，继续围绕"公正与效率"的主题，坚持抓"三创"、搞改革、促审判、保廉洁，忠实履行宪法和法律赋予的审判职责，审判工作和其他各项工作取得了新的进展，为维护社会稳定，促进经济发展和孝感二次创业作出了积极贡献。

【刑事审判】 全市法院高度重视维护稳定工作，不断强化审判职能作用，严惩严重刑事犯罪。1999年～2001年共审结一审刑事案件3567件，其中判处五年以上有期徒刑至死刑的罪犯分子有882名，有力地震慑了犯罪分子，增强了人民群众的安全感。1999年开展了"春季集中严打"斗争，配合公安机关"追逃"行动，惩处了一批犯罪分子。2000年开展了春季严打、冬季反盗防盗、打拐、反窃电以及反制售假冒伪劣商品的斗争。2001年落实中央的统一部署，组织开展"严打"整治斗争，突出打黑除恶重点，掀起四次"严打"整治高潮，取得阶段性成果。三年共审结贪污、贿赂、挪用公款等职务犯罪案件235件283人，涉及国家机关工作人员163人，推进了反腐败斗争。运用全国人大常委会有关取缔邪教组织的决定和"两高"司法解释，依法审理一批涉"法轮功"刑事案件。

【民商事审判】 民商事审判工作准确运用新《合同法》和《婚姻法》的规定，审结各类民商事案件57881件，涉案诉讼标的总额达15亿余元。1999年和2000年，经济审判工作贯彻落实十五届四中全会精神，围绕经济建设这个中心，为国企改革和市区经济发展提供法律服务和法律保障，审理了一大批企业租赁、承包经营、知识产权、借贷、证券、企业破产等纠纷案件。主动服务京珠高速公路建设，积极参与农村合作基金会清理整顿工作，完成了首期兑付和二期兑付工作。民事审判工作为形成团结和谐的社会氛围、促进社会主义精神文明建设发挥了积极作用。2001年，法院审判工作围绕构建"大民事"审判格局，积极探索新的工作思路，按照市委、市政府"优化发展环境年"的总体部署，积极开展审判工作，审理了一大批民商事案件。重点组织开展了"四大维权"工作，切实维护了军人军属、妇女儿童、老年人和残疾人的合法权益，促进了社会文明和进步。

【行政审判和国家赔偿工作】 行政审判工作不断拓宽受案范围，充分行使司法审查权，有力地支持和监督了行政机关依法行政，保护了行政行为相对人的合法权益。3年来共受理各类一审行政案件2194件，审结2159件。1999年，经安陆市人大常委会和安陆市编委批准，安陆市法院成立了全省第一个"兵役法庭"，具体协调军地关系，积极维护国防利益和军人军属合法权益，此后一年内，各基层法院相继成立相应机构，"两维"工作成为孝感两级法院行政审判工作的一大亮点，得到广州军区、省军区和省法院的充分肯定。全市法院严格执行《国家赔偿法》，3年中依法审理国家赔偿案件18件，积极理赔，使被国家司法机关错误追究责任的公民得到合理赔偿。

【执行工作】 全市法院认真贯彻中央精神，不断壮大执行声势，努力解决"执行难"问题，成果显著，初步实现了"四个突破"的工作目标：一是营造执行工作良好氛围，在争取支持上取得新突破。3年里积极向社会宣传法院执行工作，争取全社会支持，通过召开新闻发布会和答记者问，介绍执行工作情况和进展，鼓舞了执行工作的士气。二是增强了稳定意识，在规范执行上取得新突破。全市法院首先从解决"执行乱"入手，理顺执行工作机制，申报成立执行工作局，健全执行工作规范，坚持文明执行，执行案件年年攀升，未发生一起执行违纪案件。全市法院执行工作的受案数、执结数、执结率和执行标的额等四项指标，在全省位居前列。三是积累和推广先进工作经验，在执行方式上取得新突破。全市法院采取执行会战、专项执行、新闻媒体曝光、召开债务人催执大会等方式加大执行力度，执行手段明显丰富。四是排除种种干扰，在执行效果上取得新突破。针对执行工作"被执行人难找，执行财产难寻、协助执行难求、被执行财产难动"的状况采取提级执行、委托执行、交叉执行等办法，坚持做过细的工作，克服重重困难，严惩暴力抗法，社会影响很好。孝感中级人民法院赴贵州安顺执行一案在中央电视台"焦点访谈"栏目播出后，执行人员不畏艰险的精神风貌受到社会普遍赞誉。

【队伍建设】 全市法院坚持从严治院、从严治长、从严治警的工作方针，加强队伍建设。1999年以"三讲"教育为龙头，深入开展创建"团结、廉洁、实干"领导班子活动，抓班子、带队伍，争创"满意"活动取得明显成绩。2000年以"三讲"回头看、"三个代表"重要思想学习教育、党员警示教育和机关思想作风建设贯穿始终，认真开展树"一把手形象"、"班子形象"、"干警形象"三大形象建设，促进了广大干警政治素质和道德品质的提高。2001年以"四教育三整顿"活动为主线，广泛开展以信念宗旨教育、纪律作风教育、公正执法教育、职业道德教育和整顿领导班子、整顿审判纪律、整顿审判作风为主要内容的教育整顿活动，全市法院争先创优蔚然成风，干警精神面貌和法院整体形象焕然一新。一批先进单位和个人受到省高院、市委、市政府和市委政法委的表彰。1999年，汉川市人民法院被最高人民法院记集体一等功。

【法院“三项活动”取得显著成效】 1999年，全国法院开展“审判质量年”、“执行年”、“争创人民满意的好法院，争当人民满意的好法官”三项活动。市和各县、市、区法院结合自己的工作实际，分别制定了“三项活动”实施方案。通过开展“审判质量年”活动，提高了审判效率，解决了案件超审限和质量不高的问题。通过开展“执行年”活动，集中组织执行大会战，有效缓解了“执行难”。通过开展“创满意”活动，加强了法院队伍建设，提高了队伍素质，树立了队伍形象。“三项活动”的深入开展，促进两级法院不断提高了司法水平。

【法院改革】 围绕实现“公正与效率”这一主题，全市法院加快了改革的步伐，加大了机制与制度创新的力度，法院工作呈现出整体推进、重点突破、全面发展的良好局面。一是积极开展人事制度改革。1999年，市中院实行干警末位待岗考试考核制度，确定了6名干警待岗，其中有2名中层副职干部，初步形成了优胜劣汰的竞争机制。2000年，两级法院在党委、人大、组织人事部门的监督指导下，普遍开展了轮岗、竞岗活动，调动了干警的工作积极性，激发了工作活力。二是深化审判方式改革，提高公开审判水平。各法院坚持以公开保公正，积极探索实现“阳光审判”的新途径，重点对民事证据庭前交换和刑事证据庭前展示制度改革进行了研讨。坚持庭审公开、举证公开、质证公开、辩论公开、宣判公开，严格按照程序法的规定，规范庭审活动，倡导简便、快捷的办案方式。三是推行审判长和独任审判员选任制，强化合议庭职责。2001年全市法院严格选任程序，从审判员、助审员中指定了61名审判长(执行长)和独任审判员，使合议庭运作程序趋于合理，理顺了审与判的关系，实现了审判权责的统一。四是实施审判流程管理，增强审判工作效能。推行统一立案、排期开庭、审限跟踪、繁简分流等措施，进一步规范了立案、审判、监督“三分立”，降低了诉讼成本，提高了工作效率，保障了当事人的知情权，对案件质量和效率的内部监督落到实处。

【基层基础建设】 全市法院在各级各部门领导的大力支持下，量力而行搞建设，严格要求抓管理，机关逐步实行了办公区、审判区、接待区、生活区“四区分开”，大部分人民法庭达到规范化建设标准，显著地改善了执法条件，进一步规范了审判和工作秩序。

【法制宣传和社会治安综合治理】 全市法院立足审判工作，广泛开展法制宣传教育，增强公民法律意识和与犯罪作斗争的能力，通过公开审判、送法上门、青少年维权岗等项工作，达到“审结一案、教育一片”的社会效果。法院的监管教育、少年法庭和减刑假释工作，坚持宽严相济、寓教于审的刑事政策，教育和挽救了一批违法犯罪人员。1999年5月中旬，省高级人民法院、市中院、孝南区法院与楚天广播电台在孝感城区合办“楚天法官”现场直播活动，现场解答法律疑难问题，收到良好的社会效果。全市法院系统还发挥第一道防线作用，积极推进基层创安工作，安排部署了创建安全文明小区(单位)和重点整治活动。信访接待工作发挥“窗口”作用，热情接待、及时答复群众来信来访，认真排查社会矛盾纠纷，劝阻群体性上访和闹事事件，用疏导的方法、民主的方法化解矛盾，为维护市县两级的社会稳定作出了积极贡献。

【积极落实“执法两制”】 1999年4月，市二届人大常委会通过《关于推行执法责任制和错案责任追究制的决定》后，市中院和各县、市、区人民法院采取切实有效措施，积极推进“执法两制”工作，组织开展了案件大评查和“两保”专项执法检查，重点查处下达“创收”指标、重罪轻判、争管辖收案、超审限、超执行期限结案以及乱拉赞助、超标准收费等问题，深刻分析了原因，制定了整改措施。在市人大的有力监督下，对艾小东故意杀人案和丁子威抢劫案，认真复查后予以改判，对违法审判的责任人进行了依法查处。

【最高人民法院副院长祝铭山视察孝感法院】 1999年11月3日至4日，最高人民法院常务副院长祝铭山在省高院院长吴家友，市委副书记、市长曹世佑，市委副书记付明珠、张文启，市委常委、政法委书记赵定炼和市人大常委会主任王智灿等领导的陪同下，先后视察了大悟县法院、孝南区法院和市中院。他在视察过程中充分肯定了市县两级法院的工作成绩，重点就法院工作如何应对新世纪和“入世”的挑战提出了新要求。

孝感市中级人民法院领导成员名单

院　长	褚星来(1998.3—　　)
副院长	胡进安(1991.2—　　)
	胡耀明(1996.6—　　)
	张伟民(1998.4—　　)
	杨广兴(1999.12—　　)
	陈大江(1999.8—　　)
院党组成员、政治部主任	李先平

(万鸿青)

司法行政

【概况】 孝感市司法局内设办公室、政治处、劳动教养管理科、法制宣传科(市普法依法治市办公室)、律师公证管理科、基层工作管理科(市刑释解教人员安置帮教工作办公室)、法规教育科(市面向社会服务司法鉴定办公室)7个职能科室。另设孝感市公证处，为局直属公证机关。下设市劳动教养管理所，为副县级单位。至2001年底，全市司法行政机关在职人数为314人，其中干部273人，占87%；党、团员213人，占68%；大专以上文化程度160人，占51%。有公证人员35人，专职律师126人，乡、镇(街道)司法助理员134人，基层法律工作者408人，调解人员32905人。

其主要职能有：拟订司法行政工作的规范性文件，编制司法行政工作的中长期规划、年度工作要点并监督实施；制订全市法制宣传教育和普及法律常识规划并组织实施；指导各县、市、区和各行业的依法治理工作；指导、监督全市的律师、法律顾问、法律援助工作；综合管理社会法律服务机构；指导、监督全市公证机构和公证业务活动；指导、管理全市律师协会、公证员协会；指导全市司法行政机关管理人民调解工作及司法助理员、基层司法所和基层法律服务、刑释解教人员安置帮教工作；参与社会治安综合治理工作；指导、管理全市司法行政系统的法制工作；负责地方司法行政规范性文件的起草、清理、汇编工作；指导面向社会服务的司法鉴定工作；监督劳教所国有资产的保值增值；管理直属单位的国有资产；组织、实施全市司法考试的报考、授予、撤销的审查工作；指导管理全市司法行政系统的计划、财务及服装、车辆和武器装备；负责全市司法行政系统的思想政治工作、党的建设和干警队伍建设；管理局机关和直属单位的干部人事工作；指导、管理全市司法行政系统的警务、警衔评授工作。

【法制宣传工作】 1999～2001年，全市各级各部门密切配合，广大人民群众积极参与，高举依法治国大旗，努力在提高全民法律素质上下功夫，在整体推进依法治理上作文章，在促进两个文明建设上见成效，圆满完成了360万人的普法任务。全市7县、市、区，125个乡镇，2977个村全面开展了依法治理工作，初步形成了以基层依法治理为基础，以地方依法治理为主体，以行业依法治理为支柱的依法治市网络体系。广泛深入的普法依法治理工作，不仅提高了全民的法律素质，而且有力地促进了两个文明建设和各项社会事业的全面发展。具体体现在以下五个方面。一是公民的法律意识普遍提高，学法、守法、用法、护法蔚然成风。二是各级领导干部学法用法的自觉性不断增强，依法决策、依法管理、依法办事的能力和水平明显提高。三是司法人员、行政执法人员的法律素质进一步增强，公正司法、严格执法的自觉性进一步提高。四是坚持学用结合，普治并举，依法治理工作整体推进。五是普法依法治理工作逐步走上制度化、规范化、法制化轨道。“三五”普法期间，全市涌现出了一大批普法依法治理的先进集体和先进个人。应城市被评为全国“三五”普法先进单位，孝感市司法局局长彭国雄被评为全国“三五”普法先进个人，受到中央表彰；市依法治市（普法）领导小组办公室等13个单位，应城市市长聂元清等21名先进个人受到全省表彰；同时，市依法治市（普法）领导小组还表彰了全市46个先进集体和61个先进个人。各县、市、区也对本地“三五”普法依法治理的先进集体和先进个人进行了大力的表彰。

【律师工作】 1999～2001年，根据司法部进一步深化律师改革的要求，对全市律师事务所进行脱钩改制。律师事务所由单一的国资模式发展为国资所、合作所、合伙所并存，国资所仍为事业单位，合作所、合伙所成为社会中介组织，其律师不再具备国家工作人员身份。律师工作在深化改革中，不断拓展业务领域，优化服务质量，日益赢得社会的赞誉和信赖。三年期间，全市律师共办理刑事诉讼案件2154件，民事诉讼案件6606件，经济诉讼案件4771件，行政诉讼案件325件，非诉讼法律事务7766件，解答法律咨询问题42775件，代写法律事务文书9189份。

【公证工作】 孝感市共有8个公证处，分别直属于市司法局及7个县、市、区司法局。其中办理涉外公证业务的有市直、孝南、汉川三个公证处。共有执业公证员35人，其中办理涉外公证业务的有6人。全市公证机关从1999年开始进行了内部管理机制的改革，落实主任负责制，完善岗位目标责任制，并引入竞争激励机制，公证业务在稳定中不断发展。1998年～2001年，全市公证机关共办理经济公证17864件，办理民事公证18248件，办理涉外及港、澳、台公证1687件，办理经济公证事项涉及金额81546.9万元，拒绝不合法或不够条件的公证事项185件，为公证对象提供司法建议91条。

【基层工作】 基层工作主要包含人民调解、基层法律服务、刑释解教人员安置帮教和“148”法律服务等业务。在人民调解方面，至2001年，全市已建人民调解组织5171个，其中，村民调委会3506个，居民调委会122个，企事业调委会1353个。分类统计，一类调委会3456个，二类调委会1477个，三类调委会198个，分别占67.6%、28.6%和3.8%，调解人员已达32905名。1999年～2001年，全市共调解各类纠纷59076件，调解成功56454件，成功率达95.6%。防止可能发生非正常死亡474件507人。防止民转刑案件579件875人，制止群众性械斗395件，防止群体性上访261件2652人。各县市区还大力开展创“四无”乡镇（街道）、村（居）活动，全市有55个乡镇实现了“四无”。全市125个乡、镇、场、街全部建立了司法调解中心，形成了以司法所为主体、各方共同参与、集中接访、分工负责、配套联动的“大调解”格局。已调解民间纠纷2390件，调处成功2323件，调处群体性纠纷57件1231人（次）。基层法律服务：至2001年，全市基层法律服务所有116个，法律服务工作者有408人，其中大专以上学历已占50%。在乡镇法律服务所的基础上，还积极筹建司法所，实行一套人马两块牌子，由司法助理员任所长，作为县司法局的派出机构或乡镇政府（街道办事处）的内设机构，实行县司法局和乡镇政府双重领导。有的逐步实行两所分离。1999年～2001年，全市基层法律服务机构共调解各类纠纷10464件，协办公证、办理见证34320件，，民事代理13839件，提供法律援助601件，代写法律文书15194份，解答法律咨询219381次，挽回经济损失15178.42万元。在安置帮教刑释解教人员方面，市县两级已全部建立了刑释解教人员安置帮教协调领导小组及其办公室，并逐渐向基层延伸，一些县市在乡镇建立了安置帮教站，一些乡镇在村（居）委会建立了安置帮教点。各地安置帮教机构不断拓宽安置渠道，妥善解决释解人员的基本生活问题，作好耐心的思想教育工作。1999年～2001年，全市共有释解人员1417人，通过自我安置、对口安置、推荐安置、创办过渡性经济实体安置等途径，已安置1134人，安置率80%；已帮教释解人员1417人，帮教率为100%。在"148"法律服务方面，1998年，孝感市率先在全省开通了"148"法律服务专线电话，至2001年底，通过"148"专用电话接答各种法律咨询15889人次，接待群众来访9451人次。委托律师、公证和基层法律服务组织承办各类法律事务6169件，其中提供上门服务11151次，提供法律援助622件。通过"148"掌握的信息，基层司法行政部门和民调组织共调处各类疑难、突发性纠纷和群体性事件3640件，协调或移送有关部门处理群众来访案件1761件，避免和挽回经济损失4392.2万元。"148"成为人民群众的"连心桥"，为全市的社会稳定、经济发展作出了贡献。

【劳教工作】 孝感市劳动教养管理所于1995年设立，为副县级单位，建有办公综合楼、劳教人员宿舍楼、劳教人员食堂和厂房，建筑总面积达6400余平方米。安装了可供800人饮用的自动供水系统和一台200千伏安的变压器，硬化了1800余平方米的水泥路面，安装了24门所内电话交换机，购置了必要的办公设备。自1998年1月正式收教以来，遵循"教育、感化、挽救"的劳教工作方针，先后收容劳教人员760余名，通过多形式、多渠道的教育转化工作，使劳教人员转变了思想、矫正了恶习、成为社会有用之人。

孝感市司法局领导名单

局　　长　彭国雄
副 局 长　刘仁甫　冀文侠　徐平
纪检组长　刘赵霞

（李万斌）

综合经济管理

发展计划

【概况】 孝感市发展计划委员会是市政府负责研究提出全市国民经济和社会发展战略、规划、总量平衡、结构调整的综合经济部门。根据孝政办发[2001]128号文件精神，孝感市计划委员会更名为孝感市发展计划委员会。其主要职能有：①研究提出全市国民经济和社会发展战略、中长期规划、区域规划，衔接、平衡各主要行业的行业规划；②提出全市社会总需求和总供给等重要经济总量平衡、发展速度和结构调整的目标及区域经济调节的政策措施建议；③进行全市经济的监测、预测和预警；④提出全市全社会固定资产投资总量和资金投向及相关政策措施建议，衔接平衡各种资金来源，并对建设项目招标投标及投资中介市场进行监督管理；⑤负责各类借用国外贷款项目和境外投资项目的计划管理；⑥提出全市科技、教育等社会发展战略和规划等。市计委直管孝感市工程咨询公司(副县级)、孝感市经济信息中心(正科级)2个事业单位；内设办公室、政策法规科、综合科、投资科、财贸外经科、地区经济发展科、农村经济发展科、农业资源区划办公室、工业与基础产业发展科、高技术产业发展科、社会发展科、经济技术协作科、人事教育科13个职能科室。市国民经济动员办公室、市交通战备办公室、市南水北调中线工程领导小组办公室、市重大项目稽查特派员办公室、市利用世界银行贷款项目办公室均设在计委。市计委机关行政编制42名，现有人员44名，其中具有大专以上文化程度的占行政人员总数的87%。

【宏观经济研究和制定“十五”计划纲要】 1998年12月市政府成立了“十五”计划编制工作领导小组，领导小组下设办公室，同市计委合署办公。按照领导小组的工作计划，市计委通过对市情和国内外宏观经济环境的研究分析，在对改革开放20年来全市经济社会发展的经验、改革目标实现情况的调查研究和跨世纪发展战略研究的基础上，于1999年6月底完成了“十五”经济发展与预期目标预测等24个课题研究的工作，提出了“十五”计划的基本思路。2000年上半年，“十五”计划初稿形成后，分别征求了省内知名专家学者、各县市区、各民主党派、工商联负责人、无党派民主人士的意见，2000年11月4日在召开的市委二届六次全体会议上，讨论并通过了《中共孝感市委关于制定全市国民经济和社会发展第十个五年计划的建议》。2001年1月17日在孝感市第二届人民代表大会第四次会议上通过了《孝感市国民经济和社会发展第十个五年计划纲要》。2001年6月将5个综合规划、10个专题规划、7个县市区规划集结编辑成《孝感“十五”发展纲要》一书向全市有关单位发行。它是一部跨入新世纪、建设新孝感的行动纲领。

【全局性重大问题的调查研究】 1999年计委集中力量对启动消费、住宅、教育、医疗、工业品销售、农产品消费、外贸出口、房地产开发、农业结构调整等方面进行了12个专题的深入调查研究。其中，《关于孝感市住宅市场的现状及对策》、《依托区位优势，发展区域特色经济》等文章被湖北省《计划与市场》刊登；《培育风险投资，发展知识经济》一文被市委宣传部评为一等奖；《孝感五十年投资与建设》、《孝感城市建设回顾与展望》被省计委采纳编印。2000年，针对农业、农村经济增长缓慢，以及加入WTO、西部大开发等重大问题作了10个专题调研，其中，《构筑孝感21世纪初特色农业新格局》一文收编到《湖北21世纪论坛》论文集，《孝感市跨世纪人才发展战略研究》、《深化市情认识，构筑区域经济特色》分别获全省计委科技成果三等奖和成果奖。2001年，主要围绕经济发展综合分析、“三农”问题以及加强依托武汉、发展高新技术产业、应对WTO挑战进行了15个专题调查研究，对全市经济结构调整起到了积极的推动作用。

【年度计划管理　提高计划工作质量效果】 认真编制年度发展计划，开展季度、半年调研活动，抓好年终发展计划工作总结，确保年度发展计划目标的实现。①围绕农业增效、农民增收、农村稳定的总要求，以市场为导向，积极调整和优化农业产业结构，努力促进农村经济的全面发展。一是一批农田水利设施项目如东山头船闸，郑家河、徐家河水库整险配套，府澴河、汉北河综合治理，安陆解放山水利枢纽配套工程，汉川分水泵站、民乐闸、庙头低闸，云梦府南泵站，相继建成受益。二是农业科技推广步伐加快。全市推广农业优质高产良种70多个，农作物良种覆盖率达90%以上。三是顺利推进了农业产业化经营，突出抓了粮油、畜禽、水产、林果、蔬菜五大产业，舞活了孝感麻糖米酒、汉川水产、安陆银杏三条龙，完成了十大产业化项目。四是乡镇企业持续稳步发展。全市1724家乡镇办工业企业中，实行较为规范的股份制企业673家，组建各类企业集团46家，总资产17.8亿元，乡镇企业机制日益完善，投资逐步多元化，效益不断提高。②改进宏观计划调控手段，促进工业生产健康发展。一是加大了协调服务力度。二是加快国企改革步伐，三年脱困目标基本实现。全市已有135家国有中小企业退出国有国营行列，32家股份有限公司和97家股份有限责任公司在股权多元化和建立现代企业制度上迈出了新步伐。三是市区龙头工业建设步伐加快。通过引进“三线”和“三资”企业，初步形成了以国有大中型“三线”企业为主体，以汽车及配套产业为主导，以机电光一体化和新型建材产业为两翼的产业格局。③加强计划监督检查。坚持年度计划半年和年终检查，建立年度目标考核体系，签订目标考核责任书，促进任务和责任的落实。④及时进行全市经济形势的分析和预测。

【狠抓两个文明建设　增强机关的整体战斗力】　一是领导班子团结、廉洁、实干、战斗力强。委党组一班人，严格实行主任办公会、党组会、委务会制度，按照民主集中制的原则，形成了一套“先调研、再决策、后严格执行”的工作方法，较好地发挥了计委“出大主意、抓大项目、搞大服务”的职能。二是狠抓机关作风廉政建设。建立和完善了“三公开一监督”的工作制度，1999年，结合“三讲”教育，组织了“五一”井岗山革命传统教育、“十一”建国五十周年座谈会和迎千禧、庆回归等活动；2000年、2001年结合“三讲”回头看和“三个代表”的学习，组织全委干部职工观看电影《生死抉择》、电视剧《一代廉吏于成龙》和成克杰、胡长清、焦俊贤系列案例警示片，从而促进了机关作风的明显改进。2001年，省纪委、省电视台为此作了专题采访和报道。三是不断加大政策理论和专业知识的学习力度。始终坚持党组中心学习小组和周六机关理论学习制度，学习党的十五届六中全会和中央、省市委有关文件精神。三年来，每年都举办全市计委系统主任、科级干部研讨班。还选派9名干部参加省计委组织的WTO与外经知识和行政执法培训。四是坚持标准，加强了自身建设。市计委连续三年被评为省计委系统先进集体，9人被省计委评为先进个人，9人被评为市计委系统先进工作者。连续二年被市委、市政府授予支持农建工作的模范单位、文明卫生先进单位、计划生育先进单位。2001年被市委评为“团结、廉洁、实干”领导班子，2000～2001年被市直机关工委评为先进党支部，1999年、2000年被团市委评为“五四红旗”团委。

（钟儒华　陈海波）

【加大投入力度加快重点建设】　1999年～2000年，市计委狠抓项目和资金争取工作，建立健全了重点项目建设目标考核制度，促进了重点项目建设，保持了固定资产投资持续、快速增长。一是固定资产投资快速增长。三年来，全市固定资产投资完成227.74亿元，年均增长16.5%。其中，1999年，固定资产投资完成65.2亿元，比上年增长17.5%；2000年，固定资产投资完成74.5亿元，比上年增长14.2%；2001年固定资产投资完成88.04亿元，比上年增长17.9%。二是项目和资金的争取工作取得较大成效。三年累计争取国家和省新批总投资1000万元以上的项目共135个，项目总投资62.93亿元，农业、工业、交通、城建、商贸、社会发展等方面累计争取国家和省投资72.68亿元。三是重点项目建设顺利。自1999年开始，市政府每年召开高规格的重点项目建设工作会议，与重点项目单位负责人签订项目投资目标责任书，强化了项目单位及法人的工程质量意识和责任意识，加快了重点项目建设步伐。安陆解放山水利枢纽配套工程，云梦县节水灌溉，汉川新沟闸整险加固，大悟生态环境综合治理，农网改造一期工程，云梦塑料薄膜三期工程，川绳子午轮胎钢帘线，316、107国道孝感城区复线工程，汉川汉北河大桥，大悟、孝昌、安陆、应城一中迁建工程，孝感职院扩建一期工程，孝感日报社搬迁，孝感人民广场，安陆三水厂一期工程，大悟城区排水工程，孝感城区垃圾处理场，孝感东苑小区经济适用房二期工程等一大批重点骨干项目的出台建设，有力地拉动了全市经济快速健康的发展。

（徐学政）

【孝感市国家大型优质稻米生产基地建设】　总投资6000万元，其中中央财政预算内基本建设投资4000万元，地方配套投资2000万元。基地建设规模为兴建优质稻原原种、原种试验田750亩，良种繁育基地1.5万亩，优质稻生产基地45万亩。基地建设地点为市农科所、双峰山以及孝南区、孝昌县、云梦县、安陆市、应城市、汉川市、大悟县等七个县市区的23个乡镇场。基地的主栽品种为中国香稻，以及全省推广的鉴真2号、杨稻6号、两优培九、湘晚籼9号和本市获省优的云梦三岗糯、孝南杨辐糯4号、孝南早籼164、孝昌早籼浙982、应城早籼舟903、汉川中育香3号、孝南孝子牌太子玉竹中籼8836(无芒)、孝昌步牛氏牌太子玉竹中籼8836(有芒)等优质稻品种。基地主要建设内容为兴建55KW和75KW排灌泵站76座，硬化渠道52公里，修建涵闸588座、机耕路53公里、机耕桥158座、水泥晒场4.15万平方米，开挖当家塘179口、抗旱机井20眼，购置农产品无公害安全检测、土壤监测、优质稻植保、种子质量等监测仪器设备236台套，以及各类农机具机械设备564台套。项目建成后，年繁育优质稻良种1300万斤，年产优质稻3.6亿斤，实现优质稻产值2.5亿元以上，新增产值2600万元以上。同时，通过对基地项目区内农田水利基础设施的配套建设，基本能形成排灌自如、旱涝保收的格局，有利于促进全市农业的可持续发展。

（吴良生　袁友清）

【全市农网改造工程】　农村电网的“两改一同价(改革电力管理体制，改造电力设施，实现城乡电力同价)”是党中央、国务院为应对东南亚金融危机而采取的一项重大决策，是减轻农村市场，拉动内需，繁荣农村经济，提高农民生活水平具有十分重要的意义，其中农村电网建设与改造是基础。农网改造工程自1998年启动以来，市计委会同市物价局和供电局在充分调查研究的基础上提出并上报了全市农网改造工程项目可研报告，省计委先后审批孝感市农网改造工程资金总规模约10亿元，整个工程分二期进行。农网改造工程是政府为农民办实事的一项德政民心工程，也是建国以来供电部门投资额比较大的一项基础工程，因此市委、市政府非常重视，成立了专门的项目领导小组，办公室设在市计委，整个项目按基本建设的要求，实行了招投标制、监理制和合同制。第一期工程从1998年开工至2002年3月竣工，总投资7.55亿元；第二期工程总投资2.45亿元，主要是对遗漏的小水电、农场、中省大企业转供区等中低压工程进行改造。（刘家爽）

【以工代赈工程】 市计委积极申报扶贫项目，努力争取资金，取得明显成效。从1999年～2001年，省计委安排孝感市以工代赈资金4303万元，其中大悟2047万元、孝昌1916万元、安陆150万元、孝南60万元、云梦80万元、双峰40万元、市直10万元。用于完成片区开发及小流域综合治理12处、单项骨干工程207处，完成坡改梯8200亩，修复水毁农田2200亩，改造基本农田2000亩，修泵站29处，退耕还林1.46万亩，建以工代赈示范项目2个，改扩建道路670.1公里、桥涵6处1450延米，挖水塘70口，解决8万多人和3万多头牲畜饮水困难问题。（赵世琼）

孝感市计划委员会领导成员名单

主　任　徐祖跃

副主任　何明富　熊云洪　王良辉　孙斌昌　阳明军

机关战线党委专职副书记　张开宏

纪检组长　邓道伟

（叶　青）

（总撰稿人：孙斌昌　钟儒华）

统计工作

【概况】 2001年11月，根据市人民政府批准的《孝感市统计局职能配置内设机构和人员编制规定》，市统计局顺利完成机构改革工作。局内设7个职能科（室）、3个调查队和1个中心，即办公室（挂人事教育科和统计设计管理与法规检查科牌子）、综合核算科、目标考核科、科技与社会发展科、工业交通科、农村统计科、投资与贸易科、国家统计局孝感市企业调查队（中央级事业编制）、孝感市农村社会经济调查队、孝感市城市社会经济调查队（省级事业编制）、孝感市统计局计算中心（市级事业编制）。共有干部职工54人（含退休人员）。

孝感市统计局是市政府的一个重要职能部门，业务上受省统计局指导，承担着对本市国民经济和社会发展情况进行统计调查、统计分析、提供统计资料和统计咨询意见、实行统计监督的重要职能。随着改革开放的逐步深入和社会主义市场经济体制的加快建立，统计工作不断加强，整体水平显著提高。1999～2001年，市统计局认真贯彻落实党的十五大和十五届五中、六中全会精神，自觉实践“三个代表”的重要思想，紧紧围绕全市经济工作中心，充分发挥统计“信息、咨询、监督”职能作用，求真务实，团结拼搏，在统计业务工作、统计队伍建设和精神文明创建方面取得了明显成效。

【1999年主要统计工作】 充分发挥统计监督作用。年初，向市委、市政府提供了上年经济效益目标考核结果，拟定1999年考核方案，满足了市委、市政府的需要。对全市考核情况按季在《孝感日报》、孝感电视台公布，年终被评为全省经济效益目标考核工作先进单位，较好完成了1998年科教兴鄂统计监测年报，积极配合搞好全省年度人口与计划生育前十名与后十名县市（区）的考核工作，圆满完成了对县、市（区）和乡镇场经济发展排位进档工作。此外，按时并高质量完成国家局和省局布置的一系列一次性调查任务，如《现有房屋及土地占用情况调查》、《城镇住户基本情况抽样调查》、《商品交易市场调查》等。

深入贯彻中央“两办”通知精神，坚决反对和制止统计违法行为。通过执法检查，对有统计违法行为的17个单位按不同情况分别给予了经济处罚和通报批评；开展普法教育，大力宣传《统计法》，全市近2千人参加了《统计法》函授学习。经市政府同意，受政府委托，市统计局对各县市（区）及乡镇政府分管领导进行了一次统计业务和统计法律法规培训，参加培训的有160余人；认真落实省政府166号令，搞好统计人员上岗培训和换证工作，全市400名新上岗统计人员全部参加了上岗培训。

开展优质服务，全面推进各项统计改革进程。市统计局全年撰写分析报告、信息等共110篇，采用篇次率比上年提高了50个百分点，其中被国家级报刊和领导批示的有15篇次，被省级报刊采用和领导批示的有68篇次，被市级报刊采用和领导批示的有119篇次。《当前农村经济运行中值得关注的几个问题》被国家统计局转发后，又得到了温家宝副总理批示，中央农村工作领导小组办公室以《农村要情》转发全国各地，该篇文章被评为全省优秀统计分析一等奖。为庆祝建国50周年，市局花大气力组编了《孝感50年》大型历史资料书，该书由中国统计出版社出版，编印形式及质量属全省一流水平。市统计局在全省率先开展规模以下工业企业抽样调查试点；规模以上工业企业顺利实现了超级汇总；乡级抽样调查按全省统一方案进一步规范；固定资产投资建立了1000万元以上项目的直报制度，对重点项目实行建档立制、跟踪调查；小型商业抽样调查工作进一步完善。以上统计改革工作得到省局的充分肯定和认可。

圆满完成了第五次全国人口普查前期准备工作。成立了领导小组和普查机构，制定了初步方案，落实了部分经费，进行了人口普查专项试点，为正式普查登记积累了有益的经验。1999年是首次全国农业普查的最后一年，市统计局善始善终地完成了普查的后期工作，市农普办被评为国家级先进集体。

当年，市统计局被评为省人事厅、省统计局联合表彰的全省统计系统先进集体，市农调队被评为全省农调系统红旗单位，市企调队被评为全省先进企调系统第二名。

【2000年主要统计工作】 2000年，市统计局肩负着艰巨的第五次人口普查方案的具体实施和繁重的统计改革双重任务。市局以高度的政治责任感和使命感，统筹兼顾，合理安排，调动一切积极因素，任劳任怨地努力工作，实现了人口普查和统计改革双丰收的目标。

第五次人口普查工作取得阶段性成果。这次人口普查是在市场经济条件下开展的首次重大国情国力调查，指标之多，范围之广，任务之大，情况之复杂是前所未有的。为了完成这一光荣而艰巨的普查任务，市统计局党组一班人统一思想，把人口普查工作作为全局全年统计工作的重中之重来抓，严格按全国统一方案，各项工作做到了一环扣一环，环环紧扣。一是层层组建了强有力的领导班子和普查机构，市县乡政府都是一把手挂帅。普查办公室抽调得力人员工作，市局在人员十分短缺的情况下，抽调了八名业务骨干到普查办公室工作，保证了普查办公室的人员力量和工作质量。二是进行了大规模深入广泛的宣传发动，仅城区市区两级悬挂横幅标语近300条，还进行其它多种形式的宣传，有的宣传形式在中央电视台进行了报道。三是绘制了近4万份普查区和普查小区地图，为普查登记提供了完整的基础性资料。四是挑选培训了3万多名普查员和普查指导员。五是落实了普查经费和物资，全市仅市县两级普查办公室落实普查资金共600多万元。六是加强检查督办，促进全市普查工作整体平衡推进，在短短的两个多月的时间内，市局到县市区巡回检查、指导督办8次，个别县市区专程检查达10次之多。七是狠抓普查登记质量，层层建立登记质量责任制，把登记误差控制在允许范围内。经国家和省两级普查办公室来孝感抽查，其结果，全市总人口的误差率为3.6‰。大大低于全省6.2‰的误差水平，其它指标也符合国家规定的要求。八是普查手工快速汇总一次成功，逻辑关系，平衡关系都符合要求，没有受到查询，更没有返工，省普查办公室很满意。

统计改革与建设取得新成绩。统计业务和统计改革工作也是2000年统计部门的一项十分繁重的工作任务，是省局对各地统计部门年度考核的重要内容。市统计局根据国家局和省局的统一部署和要求，围绕市委、市政府的工作中心，发挥统计信息、咨询、监督的职能作用，突出工作重点，做了大量艰苦细致的工作，并取得了成效。一是统计数据质量得到综合治理，主要统计指标数字反映了客观实际。二是各项统计改革取得了新成果，如规模以下工业抽样调查、汉川的信息自动化建设、云梦县限额以下商贸饮食企业抽样调查、大悟县农村调查工作等几项工作在全省进行推广。三是统计基层基础(双基)工作有良好起步，市统计局在荆门“双基”工作现场会和在全省统计工作会议上书面介绍了经验。四是市局统计信息现代化工作上了新台阶，借人口普查契机建成了局域网，为地方经济发展和统计事业的发展发挥作用。五是统计职能得到充分发挥，市局全年撰写统计分析报告和统计政务信息材料共102篇，采用率超过90%，其中市以上采用篇数近一半，有一篇被周坚卫副省长签批。市局还撰写了《情况反映》20多份，圆满完成和协助有关部门完成了经济效益考核，对党政一把手科技进步考核，县市综合实力评价，乡镇综合实力排序等各项考核工作任务，为市委、市政府科学决策起到了很好的参谋作用。

年终，市统计局被湖北省统计局授予“全省统计系统先进集体”荣誉称号，被市直机关工委评为政治理论学习先进单位，被孝南区综治委评为综合治理先进单位。

【2001年主要统计工作】 市统计局充分发挥自身优势，为党政领导和社会提供优质服务，在三个方面有了重大突破。一是由被动服务向主动服务突破，真正做到想领导所想，急社会公众所急，敏锐捕捉各种经济信息。市局全年撰写统计分析和统计信息文章232篇，采用179篇，采用率达71%，有的被市委、市政府领导批示，扩大了统计部门的影响；有的被市委、市政府的信息刊物、党报采用，取得了较好的社会效果。如市企调队为配合市委、市政府招商引资经贸洽谈会，及时开展了外商企业发展环境调查。撰写的《投资环境有所改善，存在问题不容忽视》，被市委书记和常务副市长批示，后又被《孝感日报》头版头条采用，在社会上反响很好。二是由事后服务向超前服务突破，注重信息发布的时效性，强化对经济运行情况的监测。市局撰写的《工业生产稳步增长，四大支柱产业增速减缓》的分析，反映了全市工业经济运行中存在的突出问题，引起了市委领导的高度重视，市委书记和分管经济工作的市委副书记分别作了重要批示，市政府专题开会研究，及时采取措施解决。三是由单向服务向综合服务突破，提高统计服务的系统性。2001年，市统计局发挥群体优势，集中力量专题攻关，提供了一批综合性的调研文章，为领导当好参谋。如市局组织有关科队撰写的论文《我市农民收入增长制约因素及对策研究》，不仅受到市委、市政府领导的重视，而且被省统计学会评为全省招标课题二等奖。

统计“双基”工作是2001年的一项重点工作。为了使这项工作有序开展，市局制定了《孝感市统计“双基”工作实施方案》，并按方案抓落实。年底实现了“统计机构网络化，统计管理规范化”的“双基”建设目标。一是抓综合档案整理，做到档案齐全、分类科学、组卷合理、编目规范。经市档案局代省验收,市局档案管理达到省二级标准。二是加强信息网络建设,拓宽服务领域。市局在已建成的局域网上开办了信息主网页,局内各科队都建成了各有特色的科室主页,开辟了"统计快讯"、"统计分析"、"统计数据"等十余个栏目,为统计服务社会开辟了新的途径。三是巩固和稳定乡镇统计站,确保基层统计队伍不削弱。2001年乡镇机构改革力度大,精减人员多,为了稳定基层统计队伍,市统计局主动同各县市区党政领导协商,沟通思想,交换意见,使全市乡镇级统计人员基本上保持了稳定。

市统计局克服困难,集中人力、物力,出色完成了各项重大国情国力调查工作。一是切实做好第二次基本单位普查各项准备工作,展开"拉网式"的普查登记。二是积极做好人口普查后期工作,不断巩固和扩大人口普查阶段性成果。继续把人口普查作为市局统计工作的重中之重,高质量地完成了人口普查的编码、光电录入、快速汇总资料的编印和公布等工作任务,并利用快速汇总资料撰写分析报告50多篇,确保了全市人口普查在全省的领先地位。孝感市被国务院人口普查办公室评为先进单位。三是完成R&D清查工作,受到省清查办的表彰。

市统计局以全国统计执法大检查活动为契机,认真宣传贯彻《统计法》和《湖北省统计管理条例》,依法查处统计违法案件,努力维护统计数据的真实性。一是加大《统计法》的宣传力度,增强各级领导干部、统计人员以及全社会的法律意识。举办了各种类型的统计法律法规知识培训班,在广播、电视等新闻媒体上开展了统计执法大检查宣传活动,印发宣传材料,悬挂宣传横幅。二是加大执法力度,严肃查处统计违法行为。对查出的统计违法行为,视其情节轻重分别给予了严肃处理,全市给予行政处分的单位责任人有6人,给予经济处罚的企业有18家,有12家企业受到通报批评,从而维护了《统计法》的严肃性,提高了统计数据质量。

2001年,市统计局高质量地完成了各种定期报表的上报工作。按照省统计局和市委、市政府的要求,继续开展了各县市区经济效益目标考核,县市区综合经济实力排位和综合经济实力"十强乡镇"评价工作。小型工业、商贸抽样调查、投资、商贸统计超级汇总、消费品定基价格指数等统计方法制度改革取得明显成效。市局还积极深入地开展了机关精神文明创建活动,年底,被市委、市政府授予文明单位称号。

孝感市统计局领导成员名单

局长、党组书记　李仁平
副 局 长　涂顺生　余柏青　王一鸣
纪检组长　喻金云
企调队长　张　伟

(梅飞雪)

国土资源管理

【概况】 2001年9月,按照孝感市机构改革的统一部署,孝感市国土资源局在原孝感市土地管理局和孝感市地质矿产局的基础上组建,是主管全市土地资源、矿产资源的规划、管理、保护与合理开发利用的政府工作部门。内设机构有:办公室、规划科、财务科、耕地保护科、地籍管理科、土地利用科、矿产开发管理科、矿产资源储量科、地质环境科、执法监察科、老干部工作科等12个科和纪检监察1个派驻机构。

孝感市国土资源局在市委、市政府的领导下,紧紧围绕经济建设中心,认真贯彻落实国土资源管理法规、政策,以加快发展为主题,以调整国土资源开发利用结构为重点,以科技创新和制度创新为动力,以服务经济和社会发展为宗旨,解放思想,团结协作,开拓创新,与时俱进,不断加大国土资源保护、开发利用、土地使用制度改革、国土资源执法、精神文明和干部职工队伍建设力度,积极优化发展环境,被市委、市政府评为"最佳文明单位"。

【耕地保护成效显著】 按照"土地供给和制约需求"的原则,编制了市、县、乡三级土地利用总体规划,并落实到了地块,严格界定了土地的用途、方向和范围,有效地保护了耕地。全市共编制三级规划129个,其中孝感市和各县市以及较大的建制镇共19个,于1999年11月经省人民政府批准实施,2000年5月28日,110个乡镇规划经市人民政府批准实施。2001年对57个乡镇的土地利用总体规划进行了修编。规划编制成果获省厅规划成果一等奖,汉川市规划编制成果获国土资源部规划成果奖。这些都为耕地保护提供了科学性、可操作性的依据。根据土地利用总体规划,重新调整全市基本农田保护面积347661.6公顷,保护片块21228片(块),使全市82.5%的耕地得到了有效保护,并落实到各乡(镇)、村的规划公示牌上,让人民群众监督。认真执行农用地转用制度,严格按照土地利用总体规划和土地利用年度计划,坚持按计划供地,严格控制农用地转用。凡非农建设,只要占用农用地的一律报市、省人民政府进行农用地转用审批,按照"占一补一"的原则,严格实行占用耕地补偿制度。三年来,全市共批准转用农用地142.29公顷,其中耕地120.08公顷,全部进行了补充,确保了全市耕地总量动态平衡目标的实现。

【土地开发整理】 开展土地开发整理是增加耕地面积的有效措施。全市以土地利用总体规划为依据,在保护生态环境的前提下,调查编制土地开发整理专项规划和土地整理项目规划设计,实施储备补充耕地开发整理项目15个,储备补充耕地132公顷;实施政府责任性土地开发整理项目1个,净增耕地21.2公顷;开展了为建设用地补充耕地的土地整理,提供耕地44公顷。三年来,全市共开发复垦整理用于建设占补增加耕地536.91公顷。

【加快行政审批制度改革】 在机构改

【加快行政审批制度改革】 在机构改革的同时,进行了行政审批制度改革,涉及国土资源方面的23项审批、审核、核准、备案事项中,取消了9项、下放了3项,转备案1项,达到了精减50%的目标;为适应入世需要,还进行了清理规范性文件工作,国土资源方面列入清理文件目录的80份文件,已失效23份,需废止17份,需修改10份,仍继续适用的有30份,通过清理确保了国土资源方面的规范性文件和部门文件符合国家现行的法律法规和世贸组织规则的规定。这些都为营造优化的发展环境打下了良好的基础。并按照市委、市政府的要求,将建设用地、土地登记、矿产管理等三大项十六个审批项目全部纳入了孝感市行政服务中心,实行"阳光操作",进一步提高了办事效率。

【保障重点建设项目用地】 严把用地现场勘察关、预审关、定额关和会审关,实行上下协作,进一步减少用地审批资料,提高服务效能,对国家电网工程汉孝线、龙政线、维达纸业(湖北)有限公司、大悟县一中、孝感高级中学、孝感学院、军分区武器储备库、八六〇七基地、孝感市垃圾处理场、市农业高科技示范园、三江雷诺汽车公司和各县市国家粮食库等项目的征地,采取特事特办、急事急办的工作方法,主动上门服务,现场办公,帮助其排忧解难,积极融通对上关系,加快了征地进程,保障了用地供给,得到了用地单位的好评。对全市招商引资项目和市政府十大重点工程,采取组建专班、现场服务的办法,在充分调查论证的基础上,积极向市政府提供决策依据,及时保证了重点工程用地,受到了市政府的好评。三年来,为省、市重点工程和招商引资提供建设用地面积159.39公顷。

【盘活土地存量 支持国企改革】 在企业改制中,因地制宜,合理确定了不同企业土地资产的处置方式,并坚持主动上门为企业提供政策咨询,为企业改制创造了宽松的土地资产处置环境。〇六六湖北航天汽车公司资不抵债,已宣布破产。为了盘活该公司土地资产,解决下岗职工出路,市局积极配合出主意、找出路,将其4146.4平方米土地转让给险峰机械厂,1565.9平方米土地转让给红峰厂,既解决了职工安置困难,又解决了两企业的生产用地需求。积极为市政府当参谋,对市直重点的转民企业市棉纺厂、市试验机厂、市丹粮机械厂,采取协议出让缩短出让年限的方式,降低土地出让金额,实现土地资产变现,完成了企业的分体转民,得到了市政府的肯定。全市改制企业291家,用地194.9公顷,经处置,划拨用地80.18公顷,租赁用地25.13公顷,租金26万元,出让用地125.2公顷,收取出让金696万元。与此同时,还积极消化利用闲置土地4.91公顷,消化利用率达100%。

【清理整顿土地市场和矿产资源管理秩序】 国务院15号文件《关于加强国有土地资产管理的通知》和国土资源部《关于整顿和规范土地市场秩序的通知》下发后,成立了以局长雷照金任组长的清理整顿土地市场秩序领导小组和孝感市矿产资源管理秩序治理整顿领导小组,抽调工作人员956人。7月24日至26日组成4个检查组分赴7个县、市、区进行检查督办。整顿规范土地市场本着边清边改边建的原则,着重建立健全6种基本制度,即"一个渠道进水、一个池子蓄水、一个龙头放水"的建设用地供应总量控制制度、"五统一"的城市建设用地集中供应制度、土地使用权公开交易制度、基准地价定期更新和公布制度、土地登记可查询制度以及集体决策制度。矿产资源管理秩序治理整顿,采取全面排查与重点整治相结合、整顿大矿与治理小矿相结合、治标与治本相结合、严格执法与热情服务相结合的方法,积极开展清理采矿许可证,取缔无证开采,制止乱采滥挖行为,至2001年成11月底,向省厅全部上交了部、省颁发的5个采矿许可证正副本,收回市发15个采矿许可证正副本,重新划定了5处矿界,补办了2家矿山企业延期开采手续,注销了1个过期采矿许可证,取缔了19家无证个体季节性采矿,查处土地违法案件98起,结案89起,查处率和结案率分别为100%和90%,矿产违法案件35起,结案30起,查处率和结案率分别为100%和86%。通过狠抓各类国土资源违法案件的查处,遏制国土资源违法占用势头,规范国土资源管理秩序,确保了国土资源治本之策的贯彻落实。

【推行新的矿产资源储量分类标准】 新的《固体矿产资源/储量分类》标准于1999年12月1日实施,作为全省两个试点市之一,成立了"孝感市矿产资源储量登记统计改革与贯彻新分类标准试点工作领导小组",组建工作专班,制定试点方案,组织培训和业务指导,至2001年1月12日,各项工作全面完成,全市对应城、云梦、大悟等6个县市的39个矿区、59个上表单元、19家矿山企业进行了储量占用登记、统计,基本达到试点方案的预期结果。

【地质环境保护和监督管理】 针对孝感市地质环境灾害现状,编制了《孝感市地质灾害防灾预案》,建立了应急调查专班,协助政府做好防灾减灾工作,并以市政府名义下发《加强汛期地质灾害防治工作的通知》,将地质灾害防治列入各级政府责任目标考核内容,逐级签订责任书,确定了全市16个地质灾害重点监测区(点),提出了各类地质灾害的防治措施,为全市地质灾害防治工作奠定了良好的基础。积极开展了地质灾害隐患点现场踏勘调查及全市地质灾害防治工作大检查,提交的《孝感市汤池镇地质灾害调查报告》、《应城市四里棚地面塌陷地质灾害跟踪调查报告》等调查报告,为应城市治理地质灾害提供了科学的依据。向省厅申报了地质灾害防治及生态环境恢复治理项目10个和省科技计划项目2个。

【土地使用制度改革取得突破性进展】 坚持土地资源与土地资产并重管

理，积极推进土地使用制度改革，土地有偿使用取得了较好效果。全市新增建设用地2206公顷，有偿使用332公顷，存量土地逐步盘活，全市以出让方式供地152.49公顷，以租赁方式供地29公顷，有偿使用收入3022万元。2001年，市土地使用制度改革工作更有突破性进展，当年7月20日，全市使用制度改革现场会在应城召开，应城率先敲响全市土地有偿使用拍卖第一槌，成功拍卖6宗土地，获取土地出让金67.3万元，为全市树立了榜样。随后各县市区相继开展了土地拍卖工作，云梦、应城、汉川还把土地招标拍卖工作延伸到乡镇。目前为止，全市共拍卖、招标土地使用权39宗，收取土地出让金443.2万元。全市已初步形成整体推进的局面。

【国土资源法制建设】 为了使《土地管理法》、《矿产资源法》家喻户晓，增强人们依法利用开发、保护国土资源的法制观念，利用广播、电视、报纸等新闻媒体和学校开展了声势浩大的宣传教育活动。通过与新闻单位联办《土地经纬》和《金土地》，利用“4.22”世界地球日和“6.25”全国土地日等重要时机，将“三五”普法教育与国土资源法律法规宣传结合起来，大力宣传全市贯彻执行两法服务经济建设的好典型，使广大人民群众真正了解国土资源管理工作是强国富民安天下的大事，只能加强，不能削弱。根据“预防为主、预防与查处相结合”的国土资源监察方针，着力监察预防机制建设，强化全程监督管理。深入开展创建“土地执法模范县(市)”和“土地执法模范乡(镇)”活动。汉川市被省政府命名为“土地执法模范市”，全市有45个乡镇达到了“土地执法模范乡”标准。实行动态巡查责任制，有效地遏制了各类土地违法行为的发生，取得了良好的效果。对信访薄弱地区加强了检查、指导和督办，用“领导下访”的办法，解决群众上访的问题。1999年1月至2001年6月，全市共受理土地信访案件149起(其中上级交办65起)，已处理136起，回复率100%，结案率91.3%，做到了事事有着落、件件有回音，为维护社会稳定作出了积极贡献。

【精神文明建设再创佳绩】 坚持“两手抓、两手硬”的工作方针，把文明单位创建活动作为提高干部职工素质、调动干部职工积极性、改进机关作风、优化执法环境、推动国土资源管理工作全面发展的有力举措，加大创建力度，做到思想认识到位，舆论宣传到位，创建主题和目标措施落实到位；深化创建内容，狠抓“三个代表”学习教育和公民道德建设，多层次、多形式开展业务技能培训，不断提高队伍的管理水平、专业水平和整体素质，更好地履行国土资源管理职责，以良好的行风服务于社会，维护国土资源部门的形象；拓展创建空间，把创建活动与机关思想作风建设相结合，与年度责任目标相结合，与党群工作相结合，积极服务经济建设，促进国土资源管理事业发展。2000年市国土资源局被评为市直机关先进文明单位、计划生育目标管理一等奖、九五全市档案工作先进系统、支持农村基层建设模范单位、全市政务信息先进单位，2001年被评为全省“信访文明接待室”、全省“三五”普法教育先进单位、市直机关2000～2001年度最佳文明单位。

孝感市国土资源局领导成员名单

党组书记、局　长　雷照金

党组成员、副局长　彭华东　杨福凯　谢祥君　徐继文　姚世华

党组成员、纪检组长　田新高

（陈国平）

物价管理

【概况】 1999年～2001年，孝感市物价部门紧紧围绕市委市政府工作大局，牢牢抓住运用价格杠杆促进经济增长和强化收费管理、优化发展环境这两大中心任务，在稳定市场物价、深化价格改革，改善价格管理，规范收费秩序，加强价格执法以及成本调查、价格监测、价格认证、机关建设等方面，做了大量工作，为促进全市经济持续健康发展作出了贡献。孝感市物价局1999年被评为市级文明单位，2001年被评为市级最佳文明单位。

2001年12月，市政府批准局机关机构改革方案，确定市物价局为市发展计划委员会管理的主管全市价格工作的行政机构，并明确正局级级别不变、行政执法主体不变、直接对市政府负责不变。核准行政编制16人，内设5个科室，即：办公室、政策法制科、工农业产品及能源交通价格管理科、收费管理科、房地产及服务价格管理科。局下设物价检查所、产品成本调查队、价格认证中心等事业单位。至2001年底，全市物价系统有在职干部职工464人，其中市物价局及直属单位在职干部职工55人。

【推行“两证一卡一书”制度取得成效】 对行政事业性收费实行《收费许可证》、《收费员证》、《企业交费登记卡》和“进重点企业收费批准通知书”(简称“两证一卡一书”)制度是保护企业合法权益，抵制乱收费的一项切实有效措施。孝感市自1998年开始在全省率先推行这一制度，1999年至2001年的三年时间内，收费管理制度得到进一步完善和规范。至2001年底，全市经审验核发《收费许可证》3808个；对全市行政事业单位的4000余名收费人员分16批(次)进行了培训，并对培训合格人员发放了《收费员证》。全市有3960名收费人员经考试合格持证收费；共向企业发放《企业交费登记卡》3100余份。三年来，共拒开《进重点企业收费核准通知书》183份，直接帮助企业抵制乱收费金额75万余元。在规范收费管理，减轻企业负担上还采取了对重点企业实行制止乱收费挂牌保护办法，全市共有174家企业受到物价部门的重点挂牌保护。另外全市物价部门还向70多家企事业单位派驻物价联络员，帮助他们抵制乱收费，落实“两证一卡一书”制度，并提供价格服务和指导。“两证一卡一书”制

单位合法的“通行证”，抵制乱收费的“曝光卡”。“无证不得收费”、“持证收费”的概念已深入人心。

【清理汇编行政事业性收费项目标准】 2000年，市物价局认真贯彻市委关于优化发展环境的指示精神，对1994年来制发的600余份文件和批复进行了认真清理，及时停止了不规范批复的收费项目18个，降低标准12个；在清理的基础上，对照国家和省现行收费政策编印了《孝感市行政事业性收费及基金、集资项目和标准汇编》(简称《收费文本》)。《收费文本》共列出55个行政事业性收费单位(部门)的收费项目392项；列出九个行业的中介机构收费共68项；各类专项基金、集资共31项。2001年按照取消和降低的“四个一律”原则，对《收费文本》进行了全面补充完善，编印了《孝感市收费文本修订手册》，共取消了78个收费项目，降低19个收费标准，暂不开征39个收费项目，新增32个收费项目，提高13个收费标准，使“收费门槛”得到进一步降低。市物价局共编印《收费文本》和《收费修订手册》3800余册发到全市各单位、各部门和企业及个体工商户，把收费政策交给企业和群众，增强收费政策的透明度。据初步推算，仅市区每年可减轻企业和社会负担980余万元。对整治“乱收费”，优化发展环境起到了十分重要的作用。

【推行“涉农收费公示”制度】 推行“涉农收费公示”制度是农村税费改革的一项重要配套措施。自2001年开始，孝感市把推行实施“涉农收费公示制”作为物价工作的重要内容，工作的出发点放在切实减轻农民负担上。全市物价部门共组成工作专班36个，抽调112人，通过召开现场会以点带面、整体推进的工作方式，有力地推动了全市涉农收费公示制工作的开展。孝昌、安陆、云梦、汉川、大悟等县市党委政府将这项工作作为农村税费改革的重要措施，专门作出部署安排。应城、安陆市把涉农收费部门、收费项目、标准在当地报纸上进行了全面刊登；孝昌、应城统一印制了公示牌，发放到各乡镇、村，把国家的收费政策交给群众，切实减轻了农民负担。至2001年底，全市涉农公示制工作已全面铺开，乡镇公示面已达到80%以上，村级公示面达到50%以上。

【农村电价专项治理工作初见成效】 1999年～2001年，市物价部门按照中央的决策，积极配合有关部门认真做好改革农村电力管理体制、改造农村电网、实现城乡用电同网同价(简称“两改一同价”)工作，并发挥十分重要的综合协调作用。通过对农村电价的治理整顿，取消价外加价，规范电价管理，适时实行农村分类综合电价，取消差价还息，落实农村电价、电量、电费“三公开”制度和农村电价公示制度，使得农村电价水平与改革前相比有了较大幅度的降低。截止2001年底，全市农村居民生活照明电价控制在每千瓦时0.75元以下，比1998年下降0.30元左右，农民的实际电费负担有了明显减轻。全市农村电网改造后，农村电价下降给全市农民减轻电费负担三年累计达1.87亿元，户平201.6元。市县两级物价部门还积极参与农网建设和改造工作，对农网改造项目的设备材料招投标履行价格监管职能，制定具体的价格管理办法，加强对工程设备材料价格、工程取费标准和劳务费用的管理，明确农网改造中由农民出资购买的材料收费标准；加大了对农村电价和农网改造中收费执行情况的协调处理、监督检查工作力度，为顺利实施城乡用电同网同价工作打下了坚实的基础。

【首次价格听证会取得成功】 2000年10月26日，市物价局在孝感宾馆就孝感市城区自来水价格调整举行了价格听证会，这在全市价格管理工作中尚属首次。出席这次听证会的有市政府、市人大、市政协有关领导和市政府有关部门负责人，有自来水用户代表、新闻单位以及涉及自来水价格调整利益关系的有关单位代表，入会人员30多人。各位听证代表就市自来水公司调价申请报告和市物价局成本审核情况及价格调整拟定意见展开了热烈讨论，气氛活跃。会议达成了一致共识，认为市物价局的成本审核和水价调整拟定意见符合国家政策和孝感城区实际，既考虑了解决现行价格与成本倒挂的问题，又充分考虑了广大消费者的承受能力。听证会同意调整水价，同时对自来水公司也提出了加强内部管理，提高服务质量，提高水质、水压等合理化建议，会议取得了圆满成功。这次价格听证会的成功举行，标志着孝感市价格行政管理进一步走向规范化和法制化轨道，体现了价格决策的公开、民主、科学原则，同时也为我市政府价格决策的科学化、民主化提供了宝贵的经验和有益的探索。

【成本调查与价格监测有了新突破】 1999年至2001年，全市农产品成本调查、成本预测分析、成本信息发布工作，调查点(户)选择、调查方法等都有了新突破。全市落实农业调查点7个，调查户207户，调查方法由过去的常规调查改为成熟一个品种调查一个品种。开展了棉花、粮食、生猪等主要农产品生产成本预测与发布，指导农业结构调整。1999年市成本调查队发布的《猪肉价格下跌对孝感农村经济影响》成本信息，被国家计委《宏观决策信息》刊用。2001年全市成本调查工作由农产品单一成本调查转向商品和服务价格大成本调查，为开展医疗服务收费、城市供水、农网改造等成本调查做了大量基础性工作。成本预审制度成为政府调整定价机制的一项重要工作环节。全市价格监测网络于2000年开始建设，2001年进入市政府网络工程主页上网运行，同省价格监测网络联结，实现了网上电子邮件信息传输。截止2001年底，全市建价格监测点140个，监测品种336个，建立了商品和服务价格监测月报、旬报信息发布制度，准确、及时地向政府、社会、企业发布价格信息，为企业发展和政府宏观决策提供服务。

【价格认证工作领域不断拓宽】 孝感市物价局价格认证中心的前身是孝感市价格事务所，是2001年经市编委批准更名，专门为司法机关、行政执法机关和仲裁机构的涉案物品进行价格鉴证的事业单位。三年来价格认证(事务)工作在开展价格鉴证、资产评估、拍卖等方面职能不断延伸和拓展，为促进物价部门转变职能，发挥专业优势，服务地方经济发展作出了应有的贡献。1999年至2001年，价格认证中心(事务所)共从事价格鉴证181起，鉴证金额为4517万元。举办各种形式和规模的拍卖会34场(次)，拍卖成交标的额2766万元。1999年4月，对孝感市城区第一轮出租车经营权举办了两场大型拍卖会，拍卖成交金额395万元，成功地解决了城区出租车整顿和总量控制中的难题。2001年对湖北钢窗厂23个门面的拍卖，成交金额248万元，为厂方企业改制，安置职工提供了有力的支持。2001年经与有关部门协商，将京珠高速公路(孝感路段)车损、物损、路损的评估工作纳入了价格认证中心的工作内容，拓展了价格工作领域。价格认证中心现有较强的专业技术优势，有各类专业人员12人，其中：中国注册资产评估师2人、注册拍卖师3人、注册土地评估师1人、注册房地产评估师2人、注册价格鉴证师2人、注册旧机动车鉴定估价师2人，配备了微机办公自动化设备。

【价格检查工作实行规范化管理】 1999年～2001年，全市价格监督检查工作以"清费治乱减负"为核心，以整顿规范市场价格秩序为重点，努力加大执法力度，严肃查处价格违法案件。同时注重依法行政，规范价格执法行为，在发挥价格监督检查职能，服务地方经济发展方面起到了积极作用。三年来，全市开展了对电信、电力、石油、房改、粮食、交通、公安、土地、教育、医疗、劳动等重点行业和部门价格、收费的监督检查，累计立案查处违法案件785件，查处违法金额17716万元，督促退还用户6691万元，收缴财政2066万元，有效的遏制了乱收费、乱涨价行为。全市设置价格举报中心8个，配备专职人员29名，开通了"12358"价格举报电话，形成了价格举报网络。三年共受理价格举报1050件，其中立案查处310件，较好地维护了消费者和企业的合法权益。为了提高价格执法的透明度，开展了价格执法政务公开活动，将价格行政处罚的原则、程序、具体规定以及各种管理制度，工作职责对内对外全面公示。按照"坚持标准，逐步推进，严格考核，加强管理"的要求，开展了创建规范化物价检查所活动，汉川、应城、云梦物价检查所已达到国家级规范化检查所标准，安陆、大悟、孝南物价检查所已达到省级规范化检查所标准。价格执法规范化管理使价格检查工作硬件、软件两个方面的建设得到加强，起到了内强素质、外树形象，提高执法水平的良好效果。2001年，市物价检查所被评为市政府表彰的先进单位并获得省价格检查案卷质量考评优秀奖和统计工作先进单位称号。

孝感市物价局领导名单

局　长　夏秀安

副局长　汪顺芝

　　　　李仁平(　　—2001.8)

　　　　周仕刚

(邹德尚)

审计工作

【概况】 2000年～2001年，全市审计机关在市委市政府和省审计厅的领导下，共审计单位1081个，查出违规行为金额12.57亿元，应交财政2189万元，应归还原渠道资金金额12954万元，已交财政1760万元，向司法机关移送案件8件，建议行政处分11人，提交审计工作报告、信息被批示采用1346篇，全面超额完成全市审计计划和市政府工作报告规定的目标任务。全市审计工作在整顿和规范市场经济秩序，加强党风廉政建设，促进提高资金使用效益，服务宏观经济管理等方面发挥了明显作用。

【机构设置】 2001年底，市审计局根据"三定"方案，内设11个科室，即办公室、综合科、人事教育科、法制科、财政审计科、固定资产投资审计科、行政事业审计科、农林水审计科、金融外资审计科、经贸审计科和纪检监察室。核定行政编制33名(局长1名、副局长3名、纪检组长1名、正科10名、副科10名)，另外核定工勤编制3名、离退休服务编制1名；同时，批准设立孝感市经济责任审计局。市经济责任审计局为市审计局管理的副县级事业单位，经委托承担全市经济责任审计工作，内设科室有审计一科、审计二科、审计三科和综合科，核定事业编制17名(其中局长1名、副局长1名、正科4名、副科2名)。

【财政审计】 市审计局按照建立社会主义公共财政框架体系的要求，结合孝感实际，全面实行综合财政审计，有效深化了财政审计工作，较好地促进了区域经济发展。一是高质量地完成了同级财政预算执行审计，为人大批准财政决算、政府进一步管好用好财政资金提供了真实依据。如2001年，市直财政预算执行审计以细化财政支出、盘活财政资金为目标，查出了收入不实、支出不规范、专项资金管理不严格等违规违纪问题，有针对性地提出了加强财政专项资金管理、加强财政周转金清收、盘活财政存量资产的建议，并将财政局一名严重违法人员移交司法机关进行了处理；市委常委、副市长蔡民族专门到市审计局听取了财政审计情况汇报，并批示对有关问题进行了跟踪审计；财政预算执行审计实施结束后，受市政府委托在市二届人大25次常委会上作了专题报告，受到人大常委会的充分肯定。各县市区的财政预算执行审计也在强化县级财政管理、公平财政资金分配方面取得了明显成效。二是较好地完成了对大悟、安陆2个县市的财政决算审计。通过对2个县市财政决算审计，共查出空转预算收支、改变财政专项资金用途，滞留财政专款等有问题资金1500多万元，对严重违纪违规问题进行了处理，有针对性地向县市政府提出了培植财源、消除隐形赤字、盘活财政资金、防范财政风险的建议，强化了《预算法》的贯彻落实，促进了区域经济发展。各县市区的乡镇财政决算审计，也有效规范了乡镇财政管理，增强乡镇财政经济实力。三是按时完成了对全市税收政策执行情况及财务收支审计和税务部门手续费提取使用情况专题调查，查处了滥开政策口子、虚列财政支出、混淆入库级次、违规提高费用标准等违规行为，有针对性地提出了规范经费来源，严格支出管理的建议，税务部门采纳后收到明显效果。

【重点建设项目审计】 2001年，市审计局组织对全市农村电网改造工程进行审计，减轻了农民负担，维护了农民利益。审计整个农村电网改造工程总投资金额4.85亿元，直接审计台区525个，审计调查农户15.75万户，查清了我市全部农网改造工程投资管理、工程管理的情况和问题，查出转移、挪用、挤列、违规收费、多结工程价款、漏提漏交税收和私设"小金库"资金2300多万元，责令及时向参改农户清退违规收费432.18万元，有针对性地提出了加强工程质量和资金管理的建议，有效服务了农村经济发展。与此同时，还对孝感市职业技术学院一期工程、孝感城区垃圾处理场、孝感经济实用房进行了审计，查处了基建工程项目管理和建设资金管理使用中的问题，服务了市区基础设施建设。

【专项资金审计】 一是坚持开展对全市企业职工养老保险基金审计，保障专项资金安全完整，维护社会稳定。通过审计，查清了1999～2000年度全市企业职工基本养老保险基金各项收入支出情况，并对12个欠缴户进行了延伸调查，弄清了企业职工基本养老保险基金的管理现状，查出以各种形式挤占挪用、隐瞒转移等有问题资金1510多万元，责令对挪用资金尽快追回，并客观分析了目前职工基本养老保险基金支付能力和潜在风险，提出了进一步规范基金管理的具体措施，维护职工利益。二是对孝感市中心医院1999～2000年度财务收支及基建投资情况进行了审计，查出医院虚高定价、无依据和超标准收费900多万元，责令停止违规行为，维护患者利益。三是对全市普教经费进行审计，严厉查处乱收费，促进科教兴市。直接审计普教资金6.42亿元，共查出各项乱收费716.12万元、违规筹措教育集资24.12万元、挪用普教经费544.57万元以及私设"小金库"、违规列支等问题资金460多万元；责令停止乱收费，追回挪用专项资金205.97万元；全面分析了全市教育投入和资金管理上存在的问题，引起市政府主要领导的高度重视，市委市政府领导曹世佑、蔡民族、赵晓勇都进行了专门批示，有关部门认真整改，取得明显成效。四是认真开展农业综合开发、支农扶贫资金和救灾资金审计，促进专款专用，服务农村经济发展。共审计单位39个，审计三类涉农专项资金1.5亿元，查出资金未安排、未及时拨付、挤占挪用、违规实行有偿等有问题资金3009万元，对严重违纪问题进行了处理，督促归还侵占挪用资金549万元，督促拨付272万元。

【外资审计】 全市审计机关坚持开展世界银行贷款项目资金审计，客观出具审计报告，有力服务了招商引资，维护了"诚信孝感"形象。2000～2001年，全市审计机关坚持每年对疾病预防、两病控制、长江水资源、紧急粮食援助、长江水灾恢复5类33个世界银行援贷款项目进行审计，审计单位48个，审计资金2623万元，查处配套资金不落实、挪用等违规行为，按照国际惯例客观出具了审计意见，保证了世行资金的及时拨付到位。

【企业审计】 2000～2001年，市审计局组织开展对全市电力系统、国营汉光电工厂等重点国有企业进行审计，在规范国有资产管理、促进企业扭亏增盈和提高经济效益方面发挥了积极作用。一是认真组织开展电力系统财务收支审计。2001年，全市电力部门财务收支审计，共查出挤列成本费用隐瞒收入利润、截留收入、违规收费、挤占挪用截留专项资金、漏提漏交地方税收、设置帐外资金共7大类问题，违规行为金额4929.9万元，对存在的问题，审计机关依法依规进行了处理，并向电力部门提出了加强财务核算管理的建议，维护了地方利益，促使电力系统加强管理，提高效益。二是对部分国有企业进行了资产负债审计，全面核实了企业的各项资产负债，在会计信息打假上取得明显效果。

【金融审计】 2001年，市审计局对全市人寿保险公司及其分支机构1999～2000年资产负债及损益情况进行了审计。通过审计，全面核实了人保公司系统资产负债及利润收支情况，专题分析了人保公司资产质量，查出收入不实、支出不实、资产不实、违规经营、资产不良等问题，如实向市政府领导反映了人保公司系统资产质量管理的现状，有针对性地向人保公司提出了完善核赔制度、防范经营风险、规范会计核算的建议，人保公司予以了采纳。

【经济责任审计】 2000年以来，市审计局认真贯彻全国、全省经济责任审计工作会议精神，加大了经济责任审计力度，经济责任审计在促进加强干部管理和党风廉政建设方面发挥了积极作用。一是加大了经济责任审计基础建设力度。2001年5月，成立了全市经济责任审计领导小组，建立健全了经济责任审计联席会议制度，规范了经济责任审计工作质量管理；2001年7月17日，召开了全市经济责任审计工作会议；2001年底，市编委批准成立了市经济责任审计局。二是加大了经济责任审计力度。2000～2001年，全市审计机关共对232名党政领导干部进行了经济责任审计，查出违纪违规问题金额35367万元，合理界定了被审计对象的经济责任，客观向组织部门出具了审计结果报告，被审计的232名干部，有95人平调、14人晋升、4人降职、44人免职、3人撤职、1人受到党纪政纪处理，并将4名严重违纪人员移交纪检司法机关进行了处理。三是制订了对县市长任期经济责任审计方案，拟着手准备实施。

【内部审计】 2000～2001年，全市审计机关坚持开展了对企业等单位内部审计指导工作。全市279个内审机构，共审计单位1764个，纠正违规行为金额15437万元，查出损失浪费1694万元，促进增收节支17546万元，建议对66人给予行政处分，向司法机关移送案件18件，30人被移送司法机关处理。

【"人法技"建设取得了新的进展】 2000年以来，全市各级审计机关坚持以"三个代表"重要思想和十五届六中全会精神为指导，以作风建设为重点，大力加强"人法技"建设，为完成好各项任务提供了有力保证。一是狠抓了作风建设和学习培训。2001年，市县两级审计机关根据党委政府的安排，认真组织开展了"三个代表"的学习教育和作风建设，顺利完成了审计机构改革，提高了审计干部的整体素质。全市184名审计干部参加了四本书的学习与考试，A级考试合格率达95%，B级考试合格率100%。二是加强了法制建设，狠抓了审计复核，制定实行了审计公示制、执法责任追究制，进一步规范了审计行为，提高了审计质量。全市审计机关没有发生一起行政复议诉讼案件。三是大力推进审计信息化建设进程。截至2001年底，全市审计机关共配备计算机67台，建立局域网2个，45岁以下干部98%通过了审计署计算机应用水平考试，8个审计机关全部开通了与省厅的远程通讯，在部分重点项目中有效开展了计算机辅助审计，为实现审计自动化、办公无纸化奠定了较好基础。

【文明创建】 2000年以来，市审计局坚持文明创建"三延伸"的创建方式，即：从系统向社会延伸、从工作时间向休闲时间延伸、从干部职工向家庭延伸，既促进了审计工作顺利开展，陶冶了审计干部职工的情操，在社会上树立了良好的审计形象。在2001年3月29日召开的湖北省文明创建工作命名表彰大会上，市审计局、应城审计局连续第3次荣获全省最佳文明单位称号。安陆审计局荣获省级文明单位称号。孝南、汉川、云梦、大悟、孝昌县(市、区)审计局获市级文明单位称号。

孝感市审计局领导班子成员名单

党组书记、局　长　钟淮山

党组成员、副局长　付益珊　田卫民　金正谋

副 局 长　左国香

党组成员、市经济责任审计局局长　梁和平

(蔡忠海)

工商行政管理

【概况】 1999年～2001年，孝感市工商行政管理工作坚持以邓小平理论和江泽民总书记"三个代表"重要思想为指导，以工商体制改革为重点，以"三讲"教育为动力，全面加强领导班子建设、干部队伍建设和业务建设，与时俱进，克难奋进，各项工作取得明显成效，为维护市场经济秩序，推进孝感经济发展做出了应有的贡献。

【工商体制改革顺利完成】 1998年7月16日，党中央、国务院作出了省以下工商行政管理机关实行垂直管理的决定。为贯彻落实好党中央、国务院的决定，孝感市工商局在市委、市政府和省工商局党组的直接领导下，按照《省政府关于批转〈省工商局关于工商行政管理体制改革实施方案〉的通知》要求，认真宣传发动，周密安排部署，稳妥组织实施。1999年2月2日至4日，市政府召开了全市工商体改工作会议，各县(市)区政府的分管领导和组织、人事、编办、财政、工商等部门的负责同志参加了会议。会上，副市长李金平就如何落实省政府工商体制改革实施方案，按时、保质完成工商体改工作任务提出了明确要求，市工商局局长吴水明对全市工商体改工作进行了整体安排部署。

市工商局根据省工商局的统一部署，制订了《孝感市工商行政管理系统机构编制调整方案》和《孝感市工商系统人员分流安置工作实施细则》，采取统一领导、上下联动、精心组织、稳妥实施的方法，经过系统上下共同努力，全市工商体改任务如期完成。体改期间，共清退临时工、协管员444名，分流安置人员2051名。按照新审批的机构编制方案，全系统撤并工商所51个，新设立基层工商分局24个，各县市工商局统一设置登记注册分局、公平交易分局和专业市场管理所。全系统共拿出18个副科级以上职位和156个副股级以上职位，实行竞争上岗。并按工作岗位实行双向选择和优化组合，共有1824名干部实现了公务员定岗定位。孝感市工商局被省工商局评为工商体改先进单位。

【市场办管脱钩基本到位】 1999年，孝感市工商局按照省政府办公厅《关于转发省工商局工商系统市场办管脱钩具体实施意见的通知》要求，将市场办管脱钩作为工商体制改革的重要内容和安置富余人员的重要途径之一，积极稳妥地推进市场办管脱钩工作，基本完成了机构、职责、财务、人员"四分离"的工作任务。并受当地政府委托，各级工商行政管理机关代管市场开发服务中心。全市共成立了10个市场开发服务中心和57个市场服务站，703名工作人员分流到市场中心。至此，全市所有自办市场在管理与经营上实行分线运作，做到了责任明确、各司其职、各行其责，为市场办管彻底脱钩打下坚实的基础。

2001年11月29日，市政府召开常务会议，对全市市场办管脱钩工作进行了专题研究，并形成会议纪要。在各级政府的高度重视和统一领导下，按照分级负责和"债随市交、人随

市走”及“先移交、后清算、再处理”的基本原则，精心组织，稳妥实施。为确保市场开发服务中心平稳交接，各级分别成立了领导小组和工作专班，制订了实施方案。12月2日，在孝昌县政府和孝感市工商局的主持下，孝昌县工商局率先与县经贸局正式签订了市场移交协议。随后，市直和其他县(市)区加紧工作，分别于12月5日前与当地政府指定的部门办理了市场开发服务中心的移交手续，提前5天完成了移交任务。全市共移交市场115个，人员640人，资产9000多万元，债务2654万元。同时，有326名富余人员得到妥善安置，实现了平稳交接。其中，开发性经营安置31人，买断工龄154人，退休退职137人，离职学习4人。

【实施“五项工程”卓有成效】 一是合同解忧工程。主要是运用合同鉴证、合同示范、动产抵押登记、行政调解等手段，通过建立合同解忧目标责任制，帮助企业完善合同签订与履行制度，妥善处理合同纠纷，深入开展“重合同、守信用”活动等十项帮扶举措，积极为企业排忧解难，促进发展。到2001年底，全系统合同帮扶企业扩大到78家，为企业培训合同管理人员952人，鉴证合同31387份，发放合同示范文本67360份；调解合同纠纷76件，为企业挽回经济损失1342万元；动产抵押登记267件，为企业融资10.5亿元。有188家企业被孝感市工商局认定为“重合同、守信用”企业，其中被省工商局认定的有73家，被省政府认定的有2家。

二是精品名牌工程。2001年，市政府批转了工商局《关于进一步加强商标工作的报告》，公开了申请注册商标的“六项承诺”，积极开展“创名牌、树形象、兴孝感”活动，组织全市著名商标持有企业参加湖北省著名商标“楚天行”活动，为发展壮大名牌营造了良好的社会氛围。自1999年以来，全市共注册商标366件，累计总数达到1729件，其中有11件被评为全省著名商标。

三是帮扶企业解困工程。全市工商系统与80家国有中小企业建立了帮扶联系点，实行“定人、定点、定时”服务责任制。通过一窗式对外、一厅式办证、一条龙服务，为改制企业策划、论证、释疑，并及时办理登记注册。仅2001年，就为30家改制企业和365家新办企业办理了登记注册手续，全市企业发展到10008户。同时，还积极开展招商引资工作，市工商局拿出3万元，设立招商引资贡献奖，调动了干部职工招商引资的积极性。2001年，仅市直工商部门便完成招商项目6个，引资339万元，占全年任务的113%。

四是调头工程。主动支持和服务“公退民进”，鼓励个体私营经济参与公有制改革，与100家私营企业建立了联系点，实行重点帮扶。着力培植私营大户，成立了孝感市个私维权举报中心，在市委党校为80名个私业主举办了市场经济知识培训班，协调组织12家市直部门公布了支持个私经济发展承诺，协助市委、市政府筹备召开了全市民营经济工作会议，掀起了大力发展民营经济的新热潮。至2001年底，全市累计发展个体和私营企业21.02万户，从业人数达到79.17万人，非公有经济实现GDP 165.9亿元，占全市GDP总额的57.5%；实现税收5.49亿元，占全市工商税收总额的57.2%。

五是帮扶下岗职工再就业工程。积极引导下岗职工转变择业观念，并采取优惠办理证照、优先安排摊位和减半收取管理费的“两优一减”举措，鼓励和支持下岗职工从事个体经营。仅2000年，全市工商系统共帮助15万余名下岗职工实现了再就业，占省工商局下达任务的150%。

【系统法制工作日臻完善】 1999年，工商体制改革后，全市工商系统法制建设进一步加强，各项执法的规章制度进一步健全和完善，执法行为不断规范，执法水平显著提高，法制工作取得了可喜成绩。一是顺利通过“三五”普法验收。为了充分做好迎检准备，市局组成专班，把五年普法教育情况通过文字和画面反映出来，编撰摄制了《三五普法专题纪录片》，制作了19个版面的图片展，清理汇编了22册普法文件资料，2000年7月通过了市政府普法办的验收，11月份代表孝感市直单位接受并通过了省政府普法办的检查验收。2001年7月，市局被省委、省政府授予“行业依法治理十佳单位”。在全市法制宣传教育工作总结会上，局长吴水明介绍了依法治理工作经验。二是认真组织行政执法资格考试。2000年10月，省工商局关于《核发工商行政管理执法证件的通知》和《湖北省工商行政管理系统执法资格考试实施方案的通知》下发后，市局迅速成立了行政执法考试委员会及其办事机构，并召开专题会议，对复习备考工作进行了安排部署。全市系统以此为契机，深入开展“一月一法、一训一考”和送法下基层活动，认真抓好干部法律法规学习教育。2001年2月至5月，全市工商系统分三批进行了正式考试，应试的公务员共1798人，及格人数1725人，占96%，平均成绩78.6分，其中90分以上的133人，总评成绩居全省17个市州中的第7位。三是坚持案件审核制度。对行政违法行为的查办，坚持做到重事实、重证据；核审在先，领导签批；重大案件集体审查，主要领导参与。并实行一案一核，一案一审，严格按程序办事。到2001年底，全市工商系统核审一般程序案件3025件，其中由市工商局直接核审的有159件，核审率达100%。受理行政复议案件35件，行政诉讼应诉案件10件，行政处罚案件听证21件，均未发生行政诉讼败诉和行政赔偿。

【维护经济秩序成绩斐然】 1999年，市工商局在云梦县局召开了全市公平交易工作现场会，迅速实现工作重心转移。全市各级工商行政管理部门以打假治劣、查处违法经营、反不正当竞争为重点，积极革新传统管理模式，大力推行集中办案和所所办案，不断拓宽监管领域，切实加大执法力度，先后开展了“整顿队伍作风，整顿市场秩序”、整顿和规范市场经济秩序等专项活动，较好地维护了消费者合法权益和市场经济秩序。一是打击假冒伪劣。按照“铲除窝点、严打惯犯、冲破保护伞”的原则，采取普遍检查和重点检查相结合的方法，认真开展打假保春耕、打假保节日、打假保健康等专项打假活动，严厉打击制售假冒伪劣行为。3年来，全市共查处制假售假案件1067起，案值达1076万元，捣毁制假窝点235个，查获假劣种子、化肥、农药2198.1吨，过期劣质食品、营养保健品45吨。积极开展“创建打假维权、消费者满意街”和“百家企业打假维权”活动，创建国家和省级“消费者满意街”3条，选择了22家企业进入全省和全国“百家企业打假维权”网络，实行了案件排查、备案、专访和反馈制度，形成了与企业联合打假的合力。二是查处非法经营。1999年以来，对无照经营、假冒商标、虚假广告、合同欺诈、强买强卖、以劣充优、哄抬物价、传销或变相传销等违法经营行为进行了重点治理。全市共查处各类违法经营案件3358件，罚没金额2265.9万元。同时，继续加强了对粮食市场的专项整顿，共清理取缔不符合条件的粮食收购单位493家，查处粮食案件727起，没收非法经营粮食5372.4吨，为513家粮食收购企业和个体户进行了资格认定，进一步完善了四方联保责任制、运销查验制和台帐制，规范了粮食市场经营行为。2000年，全市受国家工商局表彰的粮食市场管理先进单位2个，先进个人3人；受省工商局表彰的先进单位3个，先进个人9人。三是维护合法权益。建立健全了12315消费者申投诉举报服务网络。将申诉举报点拓展延伸到72个大型市场、主要商贸街和社区，完善了“一个中心、三级执法”的消费者权益保护机制，有效地提高了快速反应能力、申投诉处理率和办结案件准确率。至2001年底，全市共办理消费者申投诉案件11057件，解决10843件，解决率达98%，为消费者挽回经济损失697万元。四是反不正当竞争。从1999年开始，市工商局依照国家和省工商局关于开展反垄断、反行政壁垒的指示精神和统一部署，在全市范围内进行了公用企业限制竞争、行政壁垒和药品购销中收受商业贿赂行为的专项整治。3年来，共查处公用企业强制维修、强制储蓄、强制保险、强制销售等不正当竞争案件53起，行政壁垒行为8起，立案查处4起，商业贿赂案件152件。对此，市工商局均依法下达了改正通知书，作出了没收非法所得和罚款的行政处罚。

【开展“三讲”教育效果明显】 1999年9月，按照省局党组和市委的统一部署安排，市工商局领导班子和县级干部，集中一个月的时间，分四个阶段，认真开展了“三讲”教育。通过大会动员、集中学习、征求意见、自我剖析、召开民主生活会和认真整改，局领导班子和县级干部从思想深处查找了在党性党风方面存在的问题，建立完善了六项规章制度，明确了今后努力的方向。在此基础上，局党组因势利导，按照既坚持“三讲”标准，又简化程序的原则，采取先局机关科级干部，后县(市)局领导班子的方法，分别集中10天的时间，开展了“三讲”学习教育活动。同时，局党组把“三讲”教育与干部考核结合起来，对县(市)局领导班子和科级干部进行了一次全面考察。根据考察的情况，按照干部管理规定和任免程序，报请省局同意后，及时对县(市)局领导班子进行调整、充实和加强。2000年，又进行了一次“三讲”教育回头看，巩固了“三讲”教育成果。

【自身建设气象更新】 狠抓了干部队伍思想作风的整顿，切实加强了基层建设、廉政建设、业务建设和文明创建，工商形象大为改观。

一是扎实开展作风整训。根据省局和市委、市政府的安排部署，市工商局坚持把开展思想作风建设和整顿队伍作风有机结合起来，从学习理论、武装思想、提高素质入手，采取集中举办学习班、召开不同层次的座谈会、向社会发放公开信和征求意见书等有效措施，组织全体干部职工认真学习理论，深入自查自纠，狠刹吃喝玩乐、抹牌赌博、公款送礼、评头论足和不干实事等五股歪风，切实解决不廉洁执法、不公正执法、不文明执法和违反财经纪律等方面的问题。坚持从严治局、以规治局的方针，狠抓了党风廉政建设责任制的落实，建立和完善了干部廉政档案和规章制度。实施工商稽查和责任追究制，加大违纪案件的查处力度，1999年至2001年，全市工商系统共查处违法违纪案件72件，结案56件，有48人受到党纪政纪处分。

二是着力加强基层建设。深入开展“联局帮所”活动，切实做到领导精力、青年骨干、工作重心和办公经费向基层倾斜，按照“抓基层、打基础、强职能、树权威、促规范、塑形象”的总体工作思路和“硬件建设要硬、软件建设要强”的工作要求，采取先试点、后推广的办法，以点代面，促均衡发展。1999年～2001年，全市工商系统累计投资590万元，兴建和改扩建办公楼18栋，装备办案车37辆，购置微机138台，使大部分工商所(分局)实现了办公有楼房、办事有大厅、办案有专车、管理有微机、通讯有设备、后勤有食堂的“六有”标准。

三是深化文明创建活动。全市工商系统坚持把文明创建活动作为实践“三个代表”的有效载体和促进各项工作开展的有效措施来抓，先后制定了《孝感市工商系统1999年～2000年精神文明建设规划》和《形象工程建设规划》，继续深入开展“创文明系统、树工商形象”活动，通过抓班子、带队伍，抓教育、促提高，抓服务、促发展，抓典型、促全面等举措，深入扎实地开展文明创建活动，干部的精神面貌出现了可喜变化，涌现出了爱岗敬业、热忱服务、务实进取的全国工商系统先进个人吴望山；奉献基层、秉公执法、开拓创新的湖北“十佳”青年卫士徐幺华；舍生忘死、以身护法、英勇献身的英模黄建中；团结务实、大胆改革、勇攀高峰的全国工商系统先进集体云梦县工商局等一大批先进英模人物和先进集体。达到了内强素质、外树形象的目的。市工商局连续三届被市委、市政府表彰为文明系统，并被省委、省政府表彰为1999～2000年度文明单位。2个单位被评为2000～2001年度市级最佳文明单位，15个单位被评为2000年～2001年度市级文明单位。

孝感市工商行政管理局领导成员名单

局　　长　吴水明
　　　　　(1999年1月—　　)
副 局 长　廖鹏程
　　　　　(1999年1月—　　)
　　　　　肖　斌
　　　　　(1999年1月—　　)
　　　　　吴启友
　　　　　(1999年1月—11月)
　　　　　陈恺珍
　　　　　(1999年1月—12月)
　　　　　柳慈清
　　　　　(2000年5月—　　)
　　　　　熊幺祥
　　　　　(2000年5月—　　)
纪检组长　谢秀光
　　　　　(1999年1月—　　)

（唐家治）

质量技术监督

【概况】 根据国务院关于质量技术监督部门实行省以下垂直管理的有关文件精神，1999年12月全市质量技术监督系统实行垂直管理体制，原"孝感市技术监督局"更名为"孝感市质量技术监督局"。2000年11月，原劳动部门锅炉、压力容器、压力管道、特种设备安全监察职能划转至质量技术监督部门。该局主要负责全市标准化、计量、质量工作的综合管理，履行对生产、流通领域的质量技术监督行政执法及安全监察职能。现下辖孝南区、汉川市、应城市、云梦县、安陆市、大悟县、孝昌县七个县级局；下设孝感市质量技术监督局稽查分局和孝感市计量检定测试所、孝感市产品质量监督检验所、孝感市纤维检验所、孝感市标准信息所、孝感市标准计量技术开发研究所、孝感市锅炉压力容器检验研究所、孝感市特种设备检测检验所七个直属单位；内设标准化科、计量科、质量监督科、质量管理科、锅炉压力容器安全监察科、计划财务科学技术科、人事劳动科、纪检监察室、办公室九个科室；主管市质量管理协会、市标准化协会、市计量协会三个社团组织。自1995年起，市政府打假治劣领导小组办公室和市政府质量振兴领导小组办公室相继设在市质量技术监督局。

全市质量技术监督系统现有干部职工809人，总资产1927.22万元，其中各类检测设备净值366.15万元。

孝感市质量技术监督局现有人员195人，其中：机关32人，稽查分局27人，事业单位110人，退休26人；专业技术人员81人。现有党员89人，团员52人；设党组1个，总支1个，支部6个，团支部1个，并设有工会委员会。孝感市局2001年底总资产698.80万元，其中仪器设备112.88万元。

【推行采用国际标准和国外先进标准】 质量技术监督部门积极推行、大力引导、热情鼓励企业采用国际标准或国外先进标准，以此促进企业产品内在质量和效益的提高。1999～2001年，全市共有35项产品通过了采用国际标准验收，累计208项产品通过了采用国际标准验收。

【大力开展消灭无标生产工作】 按照国家1995年提出的用五年的时间，以县市为单位，在全国对生产企业普遍开展消灭无标生产工作的要求，孝感市质量技术监督局组织专门力量、花大力狠抓了这项工作，全市七个县市(区)消灭无标生产工作于1999年底通过了省质量技术监督局组织的检查验收。在此基础上，全市质量技术监督系统加强了对消灭无标生产工作的动态管理，努力做好巩固提高工作，通过帮助企业制定标准，鼓励引导企业采用国际国内先进标准，近三年来全市产品标准覆盖率普遍稳定在96%以上，较1998年底的90.9%提高了5.1个百分点。

【商品条码迅速发展】 商品条形码是用于识别商品的自动化信息标识。为适应建立和发展社会主义市场经济的需要，全市质量技术监督部门积极推行商品条形码工作。1999～2001年全市新增商品条形码系统成员单位109家，累计注册256家，居全省第一位。目前全市已有2300个产品使用商品条形码。

2001年，中国物品编码中心主办的《条码与信息系统》杂志第46期上发表了《牢记服务宗旨，做好条码工作》的文章，介绍了孝感市条码工作经验。

2000年度、2001年度，省质量技术监督局授予孝感市标准信息研究所为"全省条码工作先进单位"称号。

【组织机构统一代码管理应用】 组织机构统一代码是根据国家有关代码规则编制，赋于国家机关、企事业单位、社会团体及其它组织机构在全国范围内唯一的、法定代码标识。1999～2001年全市新增发组织机构统一代码证4760家；2001年底全市已累计办证15391家。组织机构统一代码在银行、财政、工商、税务、统计、劳动人事、公安、国有资产管理等部门得到了广泛应用。

2000年5月15日，市政府印发《市人民政府办公室转发市质量技术监督局关于在全市推行组织机构代码证集成电路卡副本制度意见的通知》(孝政办发[2000]39号)，在孝感市直和孝南区进行试点推行组织机构代码证集成电路卡(也称公共信息卡或IC卡)，该卡在银行信贷管理中首先得到较好应用。到2001年底全市已发行了组织机构代码证集成电路卡1013张。

【计量器具强制检定】 计量器具强制检定是《计量法》赋予质量技术监督部门的一项重要职能。自1994年开始，孝感市所辖各县(市、区)政府都把计量器具的受检率列入对部门的考核目标之一。计量器具强制检定工作由全市各级计量检定测试所承担。1999

年全市强检计量器具44713台(件),2000年为52729台(件),2001年为87304台(件)。三年末应检计量器具受检率均达98%以上,合格率均在90%以上,圆满完成了市政府下达的考核目标。

【计量合格确认】 市质量技术监督局继续加强工业企业计量管理,积极深入企业宣传计量法规,组织贯彻GB19022标准,帮助企业建立与完善计量检测体系,对其进行计量合格确认。2001年底全市共有207家中小型和乡镇企业取得计量合格确认证书。

【推进实施光明工程】 市质量技术监督局大力实施"提高眼镜配装质量,维护广大消费者视力健康"的光明工程。1999年市质量技术监督局和汉川市局分别成立了眼镜质量检测中心,全市所有的眼镜店都已纳入有效的监督管理。2000年4月对全市各眼镜店从业人员进行了资质培训,随后定期对眼镜行业进行专项检查,帮助有问题的企业进行整改,鼓励条件较好的眼镜店申报"湖北省配装眼镜一类经营门店",2001年全市有三家眼镜店通过了省一类门店的考核评审,另有8家眼镜店经考核为二类门店。

"六月六"是国际爱眼日,1999—2001年,市计量协会每年都组织市眼镜质量检测中心走上街头,深入校园,开展义务检测和咨询服务,三年来义务检测眼镜700多副,接待咨询3200人次,发放宣传资料6000余份。

【产品质量监督检验】 产(商)品及服务质量监督是质量技术监督部门重要职能之一。孝感市产品质量监督检验所是依法设置的公正检验机构,承担辖区内产(商)品质量的监督检验、委托检验、仲裁检验及其它技术咨询服务,于1994年、1998年分别通过省级计量评审和机构审查验收,是目前孝感市唯一获得"二合一"评审资格的综合性质量技术检验机构。现已具有粮食及其制品、饮料、酒类、副食品、乳制品、调味品、饲料及部分食品添加剂、工业化工、日用化工、农药、化肥、建材、金属材料、部分机电及低压电器、电线电缆、手机电池及充电器等211个产品、66个参数的承检能力。1999—2001年实施产(商)品质量监督检验2979批次,涉及企业1100多家,三年来的产(商)品质量合格率分别为98.3%、85.4%、86.4%。配合完成省监督检查256批次,全市产(商)品质量合格率为96.9%,略高于全省水平;配合完成国家监督抽查42批次,全市产(商)品质量合格率为95.2%。

近几年来,市质检所还根据国家粮食流通领域改革的要求,多次完成了省局安排的省级陈化粮鉴定工作,并取得了较高的质量信誉。

【推进企业创建精品名牌】 市质量技术监督局积极推进企业争创省级精品名牌,通过帮助企业建立完善质量管理体系、鼓励采用国际标准、提高计量测控水平,帮助企业申报省精品名牌并进行分类指导,在1999—2001年,全市共有17家18个产品被确认为省精品名牌,获省精品名牌数列全省第六位。

【推荐"质量信得过单位"】 通过开展"质量信得过"活动,共向社会推荐"孝感市'九五'期间质量信得过单位"38家,其中有孝感市三环印务有限责任公司等20家工业企业、湖北双环机械有限责任公司等6家工程建设单位、湖北孝商集团有限公司等12家商业贸易服务单位。

【推进"质量体系认证"】 质量体系认证是企业必由之路,是企业走向市场的通行证,被形象地称为企业的第二营业执照。1999—2001年在企业自愿的基础上,市质量技术监督局帮助中国人民解放军第3509工厂等23家企业认真贯彻ISO9000族标准,建立健全企业质量管理体系,通过质量认证审核,取得了质量体系认证证书。

【规范实施生产许可证】 国家要求对涉及人身财产健康安全的产品实行生产许可证管理。市质量技术监督局通过规范企业实施生产许可证的生产经营行为,三年来帮助指导孝感市宇济楚天塑钢门窗有限责任公司和湖北金龙神水啤酒有限公司等29家工业企业正式取得了全国工业产品生产许可证和湖北省工业产品生产许可证,涉及啤酒、塑料门窗、葡萄酒、棉花加工、钢筋、输电线路铁塔、压力锅、钢丝绳、磷肥、纯净水、电线等产品。

【质量教育培训】 市质量技术监督局每年定期组织相关企业,进行质量教育培训,帮助企业规范了管理,提高整体质量水平。2000—2001年,组织湖北金龙神水啤酒有限公司等41家企业的538名干部职工开展了质量管理基础知识教育培训,其中516人考试成绩合格,取得证书。

【引导企业走质量效益型道路】 市质量技术监督局根据《孝感市质量振兴实施方案》,鼓励和推动企业走质量效益型发展道路。三年来共培育出孝感日报印刷厂等40家质量效益型先进企业,其中孝感市惠民房地产开发有限责任公司和孝感舒氏(集团)有限公司被命名为"湖北省质量效益型先进企业"。湖北福星科技股份有限公司获得"湖北省质量效益型先进企业特别奖"。

【开展"用户满意活动"】 市质量管理协会鼓励和引导企业开展创建"用户满意企业、用户满意产品(工程)和用户满意服务"活动。三年来全市已有20家企业21个产品和7个服务单位获得命名,其中湖北省孝感市建筑工程总公司被命名为湖北省用户满意企业,湖北永和安门业有限公司生产的永和安牌防盗安全门被命名为全国用户满意产品。

【纤维检验】 孝感市纤维检验所是依法设置的纤维检验机构,隶属于市质量技术监督局管理,业务上接受湖北省纤维检验局的领导和指导，负责辖区内纤维及其制品、皮革的质量检验和生产销售监督管理及行政执法，具备对棉、麻、毛、丝、化五大纤维进行科学检验的能力。1999—2001年，开展棉花公正检验1874批，共计57993吨；受理纤维制品的成分（含量）检测500余批次；开展纤维及纤维制品监督检查1000余次500余家；立案查处棉花、服装、棉絮违法案件50余起，为企业和消费者挽回经济损失200余万元。三年来举办纤维法规宣传6期，发放宣传资料2050份；帮助棉纺企业、棉花收购加工企业和服装经销户建立质量管理体系，培训人员，为他们义务服务200多次。

【锅炉、压力容器、特种设备安全监察】 2000年11月，原劳动部门的锅炉、压力容器、特种设备安全监察职能划转至质量技术监督系统。市质量技术监督局现负责综合管理全市锅炉、压力容器、电梯、防爆电器等特种设备的安全监察监督工作，行使行政执法监督职能；对设计、制造、安装、使用、检验、修理、改造锅容管特设备等七个环节进行监督检查，及时纠正每个环节可能出现的违法违规行为；组织有关单位的锅容管特等设备的操作工进行技术培训和考核，做到持证上岗，杜绝无证操作；参加锅容管特等设备的事故调查、处理。

与锅容管特安全监察相适应的锅炉压力容器检验研究所和特种设备检测检验所是锅容管特安全监察机构的技术力量支撑。1999—2001年，完成锅炉检验967台次、压力容器检验850台次、石油液化气钢瓶检验11660只、压力管道检验965米、锅炉产品安全性能监督检验409台、压力容器安全性能监督检验270台；完成电梯检测398台次、起重机械1299台次、厂内机动车辆542辆次，较好地保证了全市的安全生产。

【查处假冒伪劣商品】 1996年9月市质量技术监督局成立孝感市质量技术监督稽查大队，履行辖区内质量技术监督综合行政执法职能。1999—2001年共办理行政案件12343起，其中立案查处4768起，端掉制假窝点456个，查获假冒伪劣商品82635件，标值2630.80万元。

根据国务院下发《国务院关于开展严厉打击制售假冒伪劣商品违法犯罪活动联合行动的通知》，2000年10月24日起质量技术监督部门联合公安、武警、工商、卫生医药、电视台、报社等部门，开展打假联合行动，重点查处假冒伪劣农药、复混肥、种子、建筑用钢材、汽车配件、卷烟、药品、一次性输液器、化妆品等9类商品，严厉打击区域性、集团性、规模性、屡打屡犯的制假活动，捣毁了一批制假售假窝点，较好地控制了假冒伪劣活动的蔓延。市质量技术监督稽查大队在工作中积极推行执法责任制和错案责任追究制，狠抓行风建设。三年来，行政案件结案率达100%，办案合格率达99%，连续三年被共青团孝感市委授予共青团文明号荣誉称号，2001年通过省级文明执法单位考核验收。

【质量技术监督法制宣传】 全市各级质量技术监督部门以每年“3·15”为重点，向社会广泛开展多种形式的法制宣传。1999—2001年共举办咨询、展览72场次，展出图片800多张、实物10000多件，接待参观者30多万人；印发各种宣传资料17万份；组织企业有关人员进行标准、计量、质量、安全监察知识教育培训58次，培训人员8260人次；通过报纸、电视、广播等新闻媒体播发稿件300多篇，为增强人民群众的法制意识、推进社会法制化管理作出了积极贡献。

【精神文明创建活动】 市质量技术监督局始终坚持“高起点、高标准、严要求”的指导思想，从抓宣传学习入手，不断强化领导班子建设、干部职工的思想作风建设、制度建设和环境建设，积极营造浓厚的创建氛围，努力塑造良好的单位形象。1996—1997年、1998—1999年先后被市委、市政府评为市级文明单位和市级最佳文明单位。2000年度被省政府授予“全省系统打假工作先进单位”、被省质量技术监督局授予“全省系统双文明建设先进单位”和“全省系统党风廉政建设先进单位”。

2000年9月18日、11月28日，孝感市人大、政协组织部分委员分别对该局进行了工作评议，满意率均为100%。2001年3月20日，市委组织部派调查组对该局的创建活动进行了实地调查，经过“听”、“看”、“谈”、“问”，对该局班子两年来的创建活动给予了很高的评价，问卷调查的满意率也为100%。2001年该局还被列为全市民主评议行风的三个重点单位之一，8月14日民主评议行风测评大会上，该局获得全体34票“合格”顺利通过。

孝感市质量技术监督局领导名单

局　长	陈晓春
副局长	杨成平　陈汉群　杜洪顺
纪检组长	杨毓民
总工程师	刘红英

（陈炼纯）

劳动管理与社会保障

【概况】 2001年9月9日，中共孝感市委、孝感市人民政府以孝文[2001]15号文件明确“在劳动局基础上组建劳动和社会保障局。”2001年9月10日孝感市机构编制委员会以孝机编[2001]8号文《关于市直部分县级事业单位调整与设置的通知》决定：“孝感市职工医疗保险管理办公室改为市劳动和社会保障局管理的正县级事业单位”。“孝感市劳动就业局、孝感市劳动保险局、孝感市机关事业单位社会保险管理局、孝感市职工医疗保险基金管理中心为市劳动和社会保障局管理的副县级事业单位”。2000年9月30日孝感市机构编制委员会孝机编[2000]8号文《关于市劳动局锅炉、压力容器、电梯、防爆电器等特种设备的安全监察监督管理职能及机构、人员编制划转问题的通知》决定：“将市劳动局的内设机构锅炉压力容器安全监察科、职业安全卫生监察科和市锅炉压力容器检验研究所、职业安全卫生检测站成建制划至市质量技术监督局管理”。调整后的市劳动和社会保障局内设10个职能科室：办公室、规划财务监督科、劳动法制和监察科、劳动工资科、培训科、养老保险科、失业保险和就业科、医疗保险科、劳动争议仲裁科(市劳动争议仲裁委员会办公室)、人事教育科。局直属7个事业单位。干部职工总数183人(其中离退休11人,离岗退养1人)。

1999—2001年,全市劳动和社会保障工作,依照中央、省、市的战略部署,围绕经济发展和社会稳定中心,坚持不懈地巩固“两个确保”(确保国有企业下岗职工基本生活,确保离退休人员养老金按时足额发放),加快完善社会保障体系,多渠道扩大就业再就业,全面深化劳动管理与社会保障领域的各项改革,积极完成了各项工作目标任务。一些重点、难点工作取得了新的突破。

【工作目标责任管理】 在总结过去成功作法的基础上,把劳动和社会保障工作目标尽量细化、量化,加强责任。每年市政府与各县、市、区政府签订了《劳动就业和社会保障工作目标责任书》及《安全生产目标责任书》,市劳动和社会保障局与各县、市、区劳动和社会保障局签订整体工作目标责任状,并将再就业、社会保障工作目标管理延伸到乡镇,安全生产工作目标管理延伸到车间、班组和行政村。通过有计划、有步骤的目标检查,督办落实,保证了目标任务的圆满完成。

【劳动就业再就业】 1999年,孝感市劳动力市场作为全国100家“三化”(科学化、规范化、现代化)建设试点城市达标之后,大力推进实施劳动就业再就业工程,步伐加快,信息敏捷,服务优质。2000年汉川市、应城市、云梦县、安陆市、孝昌县的劳动力市场建设基本达到省级标准。2001年全市共建立再就业培训基地40个,筹集免费培训经费320万元。积极开展下岗职工免费培训,1999年培训13469人,占年计划12000人的112%;2000年培训16000人,2001年培训14620人,分别占年计划的118%、104%。实现安置和介绍城镇失业人员再就业三年共125760人。其中失业再就业人员,1999年达15600人,2000年达15725人,2001年达20198人,分别占年计划的101%、108%、116%。有序组织农村剩余劳动力输出三年共128113人。特别是2001年,深入开展再就业援助行动,建立了对特困户的走访慰问制度。通过各种服务,帮助实现再就业2100多人,孝感市委、人大、政府、政协四大家领导还一人“承包”一特困户,把党和政府的关怀送到了下岗职工家中,颇受社会赞扬。

【社会保障】 依据党中央、国务院提出的“两个确保”、“三个不变”(目标不变、政策不变、工作要求不变)的决策,全市劳动和社会保障部门把“两个确保”作为首要任务,认真抓落实。一是确保国有企业下岗职工基本生活。全市按“三三制”(财政资金、社会筹集、企业自筹各占三分之一)的筹资原则,三年来共为28.1万人次下岗职工发放基本生活保障金。1999年发放1742.72万元、2000年发放5014.1万元、2001年发放4243万元。二是抓好社会保险费的征收工作。1999年以来,省级统筹进入实运转。完成社会登记11.37万人,占省下达计划10.88万人的104.5%。征收养老、工伤、生育保险金,1999年达1.67亿元,2000年达1.86亿元,2001年达1.5亿元;征收失业保险金,1999年达1210万元,2000年达1500万元,2001年达1165.79万元;征收医疗保险费,2001年达5319.8万元,占年计划的91.6%。三是确保企业离退休人员养老金按时足额发放。三年来,继续巩固社会保险机构直接发放、银行代发和邮寄等多种社会化发放形式,实行全市银行“通存通兑”、统一结算的办法,脚踏实地的方便离退休人员就近就地领取养老金。市劳动和社会保障局把工作着力点放在规范发放上,做到了“四个规范”,即:规范数据库资料、规范业务流程、规范稽核办法、规范发放职责。确保全市4.4万人的养老金的社会化发放率达到100%。孝感市养老金社会化发放和参保服务的情况在中央电视台多次播放,受到了上级领导的肯定和社会的强烈反响。四是抓住社会保险费征缴机制和企业改制契机“剥离”、清欠。2001年7月1日全市社会保险费移交地税部门征收前,深入开展社会保险金专项监察,使漏报、瞒报的25000多名职工补办了保险手续,少数“钉子户”也缴了社会保险金,直接摧缴社会保险费594万元。五是进一步完善医疗保险“两定”(定点医疗机构、定购药品目录)和“三统一”(处方、发票、病历)的管理制度。2001年9月24日市医疗保险办事机构划转市劳动和社会保障局管理后,重点加大难点医疗保险力度,严把慢性病住院准入控制关,严格审核,内控外调,跟踪管理,有效解决了慢性病门诊医疗费用面过宽,负担过重的问题。孝感市居全省第一,积极推进医疗保险与社会保障改革一体,同步发展,受到省劳动和社会保障厅的表彰。

【职业技能培训和鉴定】 1999年以来,全市形成了以劳动力市场需求为导向,以推行职业培训制度和职业资格证书制度为重点的职业技能开发体系。市直和各县、市、区都出台了劳动预备制度实施办法,与有关部门联合制发了关于社会力量办学的规定。1999年开展企业经营管理资格评审1018人,社会力量办学对660人进行了职业技能培训;2000年审批社会力量办学机构31家,培训各类职业人员4156人,劳动预备制度登记24980人;2001年重点对国家规定的技术岗位的从业人员实行《职业资格证书》制度。经执法检查,岗位验收,技术工种从业人员持证上岗率,国有企业达到90%,社会从业人员达到30%以上。中专、技校及各类职业学校普遍实行了“两证”制度,此项工作正向大专院校延伸。开展社会化职业技能培训和鉴定考核,1999年达17771人,2000

年达16086人,2001年达30650人,分别占年计划的118%、103%、104%;鉴定发证率都达到100%。

【劳动工资总额宏观调控】 1999—2001年,重点突破和完善三条:一是建立了劳动力市场工资指导价位,以市政府名义出台了企业工资指导线实施办法。2000年全市发布90个工种工资指导价位后,2001年又深入调查、论证和测算,对70余家企业13000余职工进行核实,有效指导价位达到120个工种岗位。二是继续试行企业经营者年薪制度。全市分年度对147户经营者年薪制进行了结算兑现,并指导企业向职工分配按月兑现。三是继续完善企业"工效挂钩"和"总额包干"办法。1999年,对全市1012户"工效挂钩"和"总额包干"企业进行结算和续挂续包;2000年,又对全市2177户企业的250260名职工进行了统计核岗,引导企业工资向指导线制度过渡。2001年,重点指导企业完善"工资集体协商、生产要素与效益分配"制度的正常运转功能。同时,调整提高了全市在册企业职工最低工资标准。2001年底,孝昌县、大悟县人平月工资240元,安陆市、云梦县、应城市、汉川市、孝南区和市直人平月工资280元,达到了省定标准。

【劳动执法和安全生产监察】 依据《劳动法》,三年来针对"两个确保"、"两金收缴"、"劳动力市场秩序"等重点、难点工作,开展了强有力的劳动执法与专项监察活动。第一、依法行政。受理和处理劳动争议仲裁案件694件(其中集体劳动争议48件),时效内结案率达到100%。劳动年检4320家,涉及职工36.32万人,围绕技术工种持证上岗、社会保险费征缴等开展了专项结硬帐监察,立案查处各类劳动违法案件332件,其中申请法院强制执行50件,结案率达到95%以上。第二,安全生产监察。1999—2000年,组织大规模安全生产宣传教育7次和省、市级安全生产大检查9次,促使各类安全事故得到有效遏制,做到了"安全第一,警钟常鸣"。依法安全监察和专项技术检测检验,完成了200台电梯、420辆行车、270台起重设备、264台锅炉、14500只液化气钢瓶、112台压力容器的定期复检、年检任务。同时,对373个工业岗位进行了检测和卫生分级,有效保障了安全生产。2001年的特种设备安全监察和专项技术检测检验的年度总结工作移交到市质量技术监督局。

【文明创建】 局机关认真贯彻市委、市政府转变作风、优化环境和创建省级文明卫生城市的会议精神,深入学习并不断实践江泽民总书记"三个代表"重要思想,不断加强自身建设,巩固和发展文明创建成果。1999—2001年,突出抓了"三优"(优美环境、优良作风、优质服务)文明窗口建设,大力推进和塑造了市劳动和社会保障部门的良好形象。第一,大力加强党风廉政建设。每年制发《市劳动局关于加强党风廉政建设的实施意见》,建立健全了财务管理制度、学习制度、奖惩制度、"三会一课"制度,落实了一系列规章制度的考核验收目标。局党总支与局属各党支部签订了党风廉政建设责任制,严格实行责任追究。劳动保障部门的党风廉政建设在思想认识、各项制度、具体行动、实际效果上都得到社会的一致好评。第二,大力加强机关思想作风建设。组织机关工作人员学习邓小平理论、江泽民总书记"三个代表"重要思想和市委、市政府关于"孝感城区整顿作风、优化环境、扩大开放、全员招商、发展经济、建设孝感"的会议精神,使他们增强了依法行政、文明执法、优质服务、高效工作的紧迫感、责任感和信心。第三,大力加强文明系统建设。2001年全市劳动保障系统以"跨入新世纪,创造新生活,再上新台阶"为主题,以奉献社会、服务职工群众为目标,坚持不懈地开展"创文明单位,树劳动新风"活动。到2001年底,全市劳动保障系统规定的"三优"建设窗口达标90%以上,创建意识更加浓厚,创建档次稳步提高。继1998年孝感市劳动局和应城市、孝昌县、安陆市劳动局被授予省级文明单位称号后,2000年汉川市劳动局、大悟县劳动保险局又被授予省级文明单位称号。1999—2001年,孝感市劳动和社会保障局连续三年被市委、市政府授予先进单位称号。

孝感市劳动和社会保障局领导成员名单

局　长 刘国建
副局长 傅　岩　彭邦俊　刘昌清　张永国
纪检组长 黄建光

(周耀芳)

工业经济

经贸工作

【概况】 1999～2001年,是从20世纪跨入新的21世纪的历史性阶段,也是孝感完成"九五"计划进入"十五"计划的转折时期。孝感工业经济在基本完成企业改革、资产重组、强化软环境建设和技术进步后,实现了经济平稳快速增长、经济效益不断提高。1999年实现工业增加值48.7亿元,2001年61.32亿元,比上年增长14.6%,1999年产销率达到97.8%,2001年达到98.6%,1999年实现利税14.1亿元,其中利润4.4亿元,2001年实现利税15.77亿元,其中利润6.26亿元,为孝感经济的强劲发展奠定了基础。

科技进步和技术创新。全市共实施技改项目504项,完成技改投资37.3亿元,有427项竣工投产。属于省"615"工程计划项目有68项,国家专项16项。开发市级以上新产品753项。其中省级以上283项,推广新技术50项,新产品产值率达到16.4%。依托武汉密集的高等院校和科研机构寻求技术合作,共同开发新产品29项,技术合作人员达412人,共建技术开发机构10个,合建股份公司4家,企业与院校及科研单位签订技术合作项目28个。

支柱产业和集团建设。主要是抓四大支柱产业和十大企业集团。1999年,川绳年产1.8万吨PC钢锭线引进项目、广水彩印六色胶印及自动横切生产线项目、龙云蛋白1万吨大豆分离项目已竣工投产。全市投资过千万元的项目达11个。

市场营销和商业网点。以经销为龙头,积极推广现代营销方式,组织50家重点企业进入"金企网"和"英特网"开拓网上营销市场。帮助企业聘请专家进行营销策划,加大重点企业的广告宣传。组织企业参加全国性的交易会。评选和表彰了10个经销红旗单位、10名经销明星和一批先进集体及个人。1999年,全市经贸出口创汇占全市外贸出口创汇的50%以上,开口企业出口2990万美元,增长47%;"三资"企业出口1665万美元,增长19%;机电产品出口完成15450万美元,居全省第二。新增自营出口企业5家,累计达27家。

强化安全生产。建立健全安全生产检查制度,每季组织一次安全检查,查堵事故隐患,杜绝重特大事故的发生。仅2000年查出事故隐患96处,及时提出整改意见100余条,消除了90起事故隐患。

强化学习全面提升。经贸委组织干部认真、全面、系统和连续学习"三讲"、"三个代表"和江泽民总书记的"七一"重要讲话。经贸委的工作也得到各级领导机关的肯定,1999年、2000年被评为市直先进单位,2001年评为市级文明单位,被省经贸委授予工业经济效益先进单位,被市委、市政府评为发展民营经济工作先进单位。1999年～2001年间,经济运行科、交通科、科技科被省经贸委评为先进科室。清理整顿小炼油厂,规范原油成品流通秩序工作专班被省政府授予先进集体。机电产品出口方面,孝感被省机电产品出口工作领导小组、省经贸委授予出口先进市称号,交通科连续三年被省春运领导小组评为先进单位。

【行政机构改革进展顺利】 根据孝感市委[2001]15号(通知)和《市直机关机构改革方案》,经贸委归口的33个单位、2个行业办公室中撤销贸易局、机械电子工业公司、轻工业总公司、纺织工业公司、建筑材料管理公司、化冶工业公司。撤销汽车产业领导小组办公室、麻糖米酒行业管理办公室。新组建信息产业局(事业)。改革后的归口单位29个:供电局、邮政局、电信局、技术监督局、外经局、交通局、国税局、地税局、工商局、人民保险、人寿保险、财政局、粮食局、供销社、石油公司、烟草公司、人民银行、中国银行、农业银行、农发行、建设银行、工商银行、商业银行、信用合作社、移动通信公司、联通公司、药品监督局、信息产业局、乡镇企业管理局;12个直属事业单位:孝感市安全生产监督管理局、孝感市经济贸易委员会老干部管理中心、孝感市酒类专卖管理办公室、孝感城区牲畜定点屠宰管理办公室、孝感市墙体材料革新办公室、孝感市散装水泥办公室、孝感市建材产品质量监督检验中心站、孝感市室内装饰行业管理办公室、孝感市工业学校、孝感市第一技校、孝感市商务贸易学校、孝感市财贸幼儿园;1个直属代管单位,市场服务中心。

【基本完成工业企业改革】 全市工业企业改革顺利进行,突出公退民进,充分发挥政策在改革中的引导和规范作用,通过深入企业调查研究,总结推广了8种放小转民模式,为市委、市政府起草了《认真贯彻落实十五届四中全会精神,加快国有企业改革步伐的实施意见》和《关于市直国有企业放小转民若干具体问题的指导意见》,就国有企业转民的目标、主要形式、步骤、债务处理、资产处置、环境优化等提出详尽的实施方案和意见,为指导和推广全市工业企业全方位整体公退民进工作提供了政策依据。2000年,市直国有企业8家基本完成转民工作,到

2001年,市直17家工业企业中,黄麦岭、市盐碱厂、市水泥厂进行了股份制改造。机床厂、神水集团按政策实施了破产,天仙啤酒厂实施股权转让后,由中外合资企业金龙泉公司收购设立了金龙泉啤酒(孝感)有限公司。福星科技股份有限公司兼并柴油机厂,设立了金属五环公司,关停天隆化肥厂。棉纺厂、试验机厂、钢窗厂、三环印刷厂、宏业电子厂、宝大铜业、麻糖米酒、鑫贸广场、佳奇粮机厂、宏汇食品等10户企业完成了转民。

全市147户地方国有及国有控股工业企业中,有134户实行了各种形式的改制,有85家实现了放小转民,有45家进行了破产,销债10余亿元,7.9万人置换了职工身份,妥善安置了1.4万余人。

【商贸企业改革基本到位】 商贸企业改革取得了实质性进展,强化流通企业转换机制。落实中央和省市文件精神,实施"四分开、三到位、两不准"的棉花体制改革,棉花企业通过实施"关、停、并、转",收缩战线,已剥离、改组困难企业10家,兼并联合6家,全市棉花系统分流了46.7%的富余人员。实现了主副业务、资金资产、财务核算、经营人员"四分开"。在国家放开棉花购销价格情况下,实现了平稳过渡。

实施了"两交、三分、一完善"和敞开收购、顺价销售、资金封闭运行的粮食流通体制改革,粮食企业按照"减灶、减人、减官"要求,精减富余人员810人,28家托管的粮食工贸企业全部与购销企业脱钩,基本确定了新的运行体制。

按照"五统一"(配置、调运、价格、结算、市场管理)的要求,成品油流通体制实施了"集中批发、规范零售、统一市场"的改革方法,巩固了主渠道地位,效果明显。

到2001年,全市672家商贸企业有550家采取"售、剥、破、股、租、并、转"等形式进行了改革,其中76家转为民营,撤并38个扭亏无望的商贸网点。

加强商业网点建设,全市商品市场重点建设项目160个,总投资36638万元,落实资金27480万元,建成各类专业市场453个。按市场规模划分,过亿元的3个,过5000万元的13个,过3000万的65个,过500万元的234个,500万元以下的138个。

全市商贸企业改革带动了个体民营经济的快速发展,全市私营个体注册登记达21.02万户,从业人员79.17万人,产值营业额125亿元,其中孝感城区个体私营经济注册登记1.19万户,从业人员5.11万人。产值营业额达17.95亿元。

【资产重组加快企业发展】 突出抓大企业和壮大企业,充分发挥大企业在全市经济中的支撑和带头作用。充分利用产权交易盘活资产存量,组织企业参与本市及外地的产权交易推介会,推介项目达1000个,签约项目280个,签约资金12.2亿,到位资金8.5亿,其中国有企业产权转让占30%。

以改革、引进和改造相结合,拓宽企业融资渠道。即以现有企业存量资产为基础,以项目为载体进行招商引资上项目,以企业改革融资上项目。应城啤酒厂引进青岛啤酒,安陆窗纱厂卖给浙江爱仕达电器有限公司,云梦蛋白厂出售给美国杜邦公司,四四〇四、德国西门子合资设立爱普科斯公司,三江航天集团与白俄罗斯合资设立三江瓦力特公司。

汉川钢丝绳股份有限公司在公司制改造完成后成功上市,筹集股金2.8亿元,新上1.45亿元子午轮胎钢帘线项目,企业成为全国同行业骨干大型企业。黄麦岭磷化工集团公司实施国家债转股计划,转股金额达到17.4亿元。中包云梦薄膜塑料厂签订了债转股9800万元的框架协议,投资2亿元引进BOPP薄膜生产线顺利投产,综合实力已跃居全国包装企业第二强。促进和鼓励大企业、大集团实施低成本扩张,有10大集团已收购兼并、租赁小企业40户,盘活资产4亿元,网络企业45家,总资产已达70亿元,销售收入达到76亿元,2001年,工业产值过亿的有23家。中省7家:安陆棉纺、省铝厂、云梦纺织、双环、三五〇九、汉元发电、汉新发电;市直8家:黄麦岭磷矿、孝棉集团、汉光电子、三江瓦力特、万峰厂、红林厂;地方重点企业9家:大悟卷烟厂、宏博集团、云梦薄膜厂、应城神风、应城裕隆粮油、汉川钢管、福星科技、汉川回龙钢铁、汉川帘子布厂。

【经济环境建设初见成效】 基础建设速度加快,经济环境不断改善。三年间,全市交通完成基础建设投资11亿元,电信完成业务收入7.9亿元,移动通讯完成业务收入3.2亿元,电力完成售电量78.12亿度。

创造了良好的经济发展环境,参与制定了《关于切实减轻企业负担的若干规定》等,会同公安等执法部门对全市国企周边环境进行集中整顿,直接协调处理了双环集团等企业与周边的关系,为企业的发展创造宽松的环境。1999年以来,清理市直35家收费部门涉企收费项目744项,先后三次公布取消不合理收费项目86项,降低收费标准18项,全市每年可为企业减负上亿元。

企业的软环境建设卓有成效,市"减负办"成立以来,查处违法金额9100万元,给予党纪政纪处分110人,公安机关行政拘留9人,清退执收执罚人员95人,撤销站卡95处,整顿规范收费、检查站卡23个,清理违纪金额5916万元,清出"小金库"资金203万元。按照市委、市政府部署,经贸委牵头在全市开展了大规模的市场整顿和规范工作。查出假冒伪劣产品总值7653万元,端掉制假窝点213个,查获注水牛肉646公斤,过期劣质保健品31680件,收缴了452个品规的假劣药品和医疗器械,查处无照经营1040户,"三无"企业220家,立案查处174件。捣毁了两家地下"黑烟厂",收缴假冒劣质卷烟8648件,处理违法经营烟叶244吨,查处非法收购粮食65万余公斤,收缴过期失效农药38吨,劣质化肥9207吨,处理违规套购成品油3起,查处劣质油品260吨。

打击了流通领域中各种非法行为，为全市经济发展创造了良好的环境。

孝感市经贸委领导班子成员名单

朱志祥　中共孝感市委经贸工委书记
　　　　孝感市经贸委主任
谭立冰　孝感市经贸委副主任
陈荣华　孝感市经贸委副主任
吴桂森　孝感市经贸委副主任
刘　刚　孝感市经贸委副主任
熊银祥　孝感市经贸委副主任
刘　勇　孝感市经贸工委副书记
戴晓清　中共孝感市委经贸工委纪工委书记

（陈文敏　管惠芳）

纺织工业

【概况】　1999年～2001年，纺织系统紧紧围绕完成“九五”计划和实施“十五”计划，以抓住三年解困扭亏为突破口，实施多元化产权制度改革三大目标任务，在市委市政府的坚强领导下，以“三改一加强”为手段，努力实现两个根本性转变，在全行业处在前所未有的大改革、大突破、大提速的时期，取得了经济运行的较好成效，保持了改革发展的较好态势。

2001年全行业工业总产值、销售收入、利润总额、实现利税分别达到6.98亿元、6.18亿元、1900万元、2052万元，三年平均增幅分别为5.34％、5.82％、1.27％、6.13％，其中市直企业（孝棉）这四项主要经济指标分别为1.66亿元、2.22亿元、411万元、1406万元，三年平均增幅分别为6.93％、4.31％、9.81％、12.18％。市纺织行业经过20多年的发展，现有环定纺14.8万锭，气流纺5072头，年产各类纱线2.8万吨。有各类纺机2134台，年产各类坯布5000万米；有毛巾织机276台，年产毛巾2000余万条。全部固定资产达4.7亿元，净值3.2亿元。具有纺纱、织布、针织、服装、麻纺、制线、无纺布、工业用布、纺织配件等生产能力，基本上形成门类比较完整的纺织工业体系。由于经济体制改革的需要，市纺织工业公司撤销，其职能并入市经贸委。

【改革并举成效显著】　三年来，纺织行业以“公转民”产权制度改革为契机，大力推进国有经济战略性调整和国有企业战略性改组，分阶段、有步骤地对国有企业进行了全方位、多形式的改制，盘活了存量资产，增强了发展后劲。全市列入纺织财务统计的14家企业，分别进行了转民、出售、租赁、破产、转让等方式的改制。孝棉集团是唯一的一家纺织市直企业，也是市直第一家“公转民”企业，该企业1995年被列入全省100家和全市仅有的两家“特困企业”。2000年7月顺利地完成了改制，改制时，涉及资产2.1亿元，负债1.8亿元，买断职工国有企业身份的3758人。经过周密部署和精心运作，达到了买断职工的资金来源有着落，银行债权不落空、企业的债权不遗漏、国有资产不流失的目的。汉川的川大公司、川宇集团实行先期租赁、后期动态破产；应城棉纺厂实行转民；市纱拨站实行破产。这些企业，在实施改制的同时，利用新机制，采取新办法，从强化企业内部管理入手，焕发出了更多的生机与活力。孝棉集团转民后，改变了原总厂——分厂的管理模式，撤销了总厂，每年节约资金300多万元，管理人员由原128人精减到了30多人，一线职工压缩30％，保持了整体转民的平稳过渡，当年主导产品纱线、坯布产量分别比上年增长15.92％和17.5％，实现工业总产值1.66亿元、销售收入2.22亿元，分别增长9.06％和7.5％，上交税金550万元，是孝棉历史上上交税金最多的一年，保持了生产经营的稳步增长和较好的发展势头。

【狠抓技改猛促发展】　加入WTO后，国际纺织市场虽然看好，但竞争仍然激烈，主要是装备水平、人工及原料成本的竞争。为保持竞争优势，三年来，孝棉公司把技术创新作为企业发展的长远之计，不断对原落后生产线进行高起点、深层次的技术升级改造，先后投入2000多万元，对1.5万纱锭进行了牵伸部件改造，对部分花条机进行了更新，同时完成了2.5万锭精梳能力和气流纺的技术改造。购置的意大利萨维奥ESPERO自动络筒机达到国际先进水平，还对空调、除尘设备进行了系统更新，企业生产规模扩大2/3，产品质量和档次日益提升，尤其是系列精梳纱线，以质量好、利润丰，成为市场抢手货。为寻求更大发展，按国家产业升级的政策要求，该企业于2001年完成了四万绽新厂的扩能技改，项目的立项和动工，总投资8000余万元，采用国家纺织行业重点推广的清梳联、精梳机、并条机、自动络筒机、全自动精梳机等国际最新设备，项目建成后，实现产品的升级换代，年产40支～60支无结头精梳纱4000吨（大部分出口），年新增销售收入1亿元，新增利税2000多万元，实现产品由中低档次向高档次的飞跃，形成用工少、各项成本低、利润最大化、产品具有国际市场竞争力的优势。与此同时，该企业实施滚动发展战略，进一步融资，在前期项目的基础上，继续投入购进最新喷气纱机，利用纳米等高新技术形成高档服装面料和防辐射等多功能服装生产规模，年新增销售收入约2亿元，新增税金1100万元，新增利润2300万元，新增出口创汇1700万美元，为建成国内一流的纺织企业集团奠定了基础。

【舞活销售“龙头”拓展市场空间】　1999年～2001年，全国纺织市场滑坡严重，主要原因是受国际大气候的影响，出口不畅，国内市场需求总量过剩，导致产品价格直线下滑，企业销售压力很大，为扭转不利局面，孝棉公司审时度势，巧抓机遇，确立了“销售围绕市场转，生产围绕销售转”的“大经营”营销策略，以优质的产品拓展了国内外两大市场。2001年适时调整产品结构，开发生产的$38^s/2\times19^s$高密细帆布，迅速占领广东、浙江市场，生产的OEC10^sD和OEC12^sD等新产品，实现了该公司坯布产品首次成功进入“牛仔”布系列市场行列的突破。在稳定老客户的基础上，该公司对市场信息和销售渠道“三不放过”，在原有营销办事处的基础上，建立了汕头、常熟、绍兴、广州坪地等新的销售办事处，基本做到了设立一个办事处，抓住一批客户，辐射一片地区，占领一片市场，培养和锻炼了一批优秀的营销人员。2000年经国家外经贸部审批，该公司成为全市仅有的拥有自营产品进出口权的企业，利用此条件，直接与外商交易，缩短了供货期，减少了销售成本，当年出口创汇300多万美元，为产品更早、更直接打入国际市场奠定了基础条件。连续几年产销率、回款率均为百分之百。

【夯实基础管理促进效益增长】 三年来全行业狠抓基础管理工作，尤其是部分转民企业，按“新机制、新观念、新标准、新起点”要求，夯实五大基础管理不放松。孝棉改制后，面对设备状况欠佳，老工人流失较多、新工人操作水平差，配棉难度大等困难，首先强化了设备基础管理工作，建立了一套较高起点的技术规范和考核制度；吸收“华茂”、“七棉”、“3542”、“海尔”等企业先进的管理模式，从基层轮班抓起，促进了干部职工的思想变革和管理水平上台阶；加强员工尤其是新工人的操作技能培训，通过开展新工人理论培训，操作比武，安全知识竞赛等系列活动，员工技能普遍提高；强化质量管理，实施名牌战略。2000年孝棉公司“天仙配”牌系列纱线获“湖北省最畅销地产品”荣誉；强化成本管理。根据行业特点，孝棉公司于1999年成功探索并实施了节能降耗，增收节支八条挖潜措施，实施目标管理，主导产品吨纱降低成本220元，百米坯布降低成本近10元，当年挖潜1700多万元，部分生产技术指标已达国内先进水平。由于加强了基础管理工作，企业生产经营指标明显上升，社会贡献也日益增大，2001年，孝棉上交税金811万元，在原市直企业中排名第一。再次突破上缴税金之最。

孝感市纺织工业公司领导成员名单

党委书记　汪柏清

党委成员兼公司副经理　叶方新

张方成

（纺　织）

轻工业

【概况】 孝感市轻工业在全市工业的地位，素有“三分天下有其一”的说法。2001年全市轻工业总产值约40亿元。随着改革的深入，全市轻工业系统1996—2001年6年间，完成了从缩小管理范围和管理权限、弱化管理职能，到自动退出历史舞台的改革进程。2001年10月，孝感市轻工业局撤销，全市轻工业管理系统已不复存在。

【湖北神水集团破产】 湖北神水（集团）公司的前身是孝感市啤酒厂，该厂于1981年开始立项筹建，1984年建成投产。初期规模为5000吨，1992年生产能力扩大到20000吨，1994年，在政府和银行的支持下，公司申报了扩大到5万吨啤酒生产规模的扩改方案，并得到较为优越的资金扶持，新增贷款5766万元。由于投资控制和经营管理不善，投资效益不大，以后亏损逐年增加，1996年亏损额达到1840万元（虚报盈利51万元）。1997年初，银行停止了贷款，企业已无法运转。年底，在市政府和主管部门的策划下，进行资产重组，以3000万元有效资产组建天仙公司。同时与湖北金龙泉公司联合组建湖北金龙神水公司。但经营第一年就亏损了360万元，第二年开局也不好。为了避免继续损失，神水（集团）公司于1999年5月出让了3000万元股权。此时，神水（集团）公司帐面资产为14403万元，帐面负债20000万元，实际资产负债率为900%。离退休人员养老金靠财政借款发放，职工长期下岗，公司到了非破产不可的时候。2000年3月10日，该公司召开职工代表会，一致同意破产清算，经孝感市中级人民法院裁定，公司于2000年4月3日正式宣告破产。神水（集团）公司的破产清算工作，得到孝感市人民政府的妥善处理，广大债权人也给予了理解和宽容。市政府从财政拨款800万元，为神水（集团）公司职工以及划拨到天仙公司去的下岗职工按《劳动法》的规定，补交了历年欠缴的劳动保险，清偿了职工的集资款68万元，补发应付工资以及医疗费74万元。给解除劳动合同的职工发放了安置费或补偿金，让职工吃了定心丸。

【啤酒厂走出困境重现生机】 1998年进行资产重组后，企业进行了一系列的改革，成立天仙公司，与金龙泉联合组建湖北金龙神水有限责任公司，2000年1月，在市政府的直接协调下，又将天仙公司股权转让给金龙泉公司。金龙泉公司当年投资4000万元，进行了10万吨一期工程扩改，2001年7月投入使用，年生产能力达到6万吨，同时，工厂完全按照金龙泉公司的模式管理，推行ISO9002工质管理，产量大幅攀升，效益明显提高。1999～2001年实现产量分别为21048吨、27143吨、33697吨；工业总产值分别为2526万元、3233万元、4014万元；实现销售收入分别为2592万元、3733万元、4579万元；实现税金分别为718万元、963万元、1234万元；上交税金分别为351万元、665万元、887万元；实现利润总额为227万元、1471万元、1434万元；净利润为－491万元、508万元和200万元。

孝感市轻工业局领导班子成员

（1999～2001）

局　长　陈家奎

副局长　杨和荣　肖圣清　喻水生

总工程师　李建中

（肖圣清　夏　智）

供　电

【概况】 为了适应社会主义市场经济、电力体制改革和创一流供电企业的需要，1999年3月，孝感供电局精减机构和人员，将原19个科室重新设置为12个部室，即生产部、经营部、规划发展部、安保部、人力资源部、财务部、政治部、办公室、监察室、审计处、信息中心和离退休工作管理局，新成立用电稽查分局，各县市局和直属二级单位也相应精减调整了机构。2001年，恢复成立农电工作部，新设电力计量分局。三年来，在上级领导和地方政府的支持下，通过全局职工的共同努力，围绕改革、创一流、"两改一同价"和整顿电力市场优质服务等中心工作，确保安全、稳定、持续供电，较好地完成了各项任务。全局1999年完成售电量25.66亿千瓦时，同比增长3.04%；2000年售电24.76亿千瓦时，因湖北铁合金厂、湖北铝厂停产而少用电2.8亿千瓦时；2001年售电27.69亿千瓦时，同比增长11.88%。

【电力建设成绩显著】 为了完善电网结构，更好地满足全市工农业生产和人民生活用电需要，全市电网建设又有新的发展。1999年6月，大悟县上庙220千伏变电站建成投入运行，为孝感市北部山区提供了强大电源；9月孝南区西城110千伏变电站建成送电，缓解了市区供电压力，完善了电网结构。2000年12月，孝南区严桥110千伏变电站扩建增容。2001年8月，云梦县梦泽220千伏变电站竣工送电，也使全市所辖七县市区形成220千伏电网联网；12月与三峡水电站外送电源配套的孝感八汉洼500千伏变电站及向姚家冲和梦泽两条220千伏输电线路同时竣工送电，八汉洼变电站是孝感境内的第一座500千伏变电站，一期工程主变压器容量为75万千伏安，隶属湖北省超高压局管理。三年中，全市还新建35千伏变电站数座，增容改造了一批110千伏和35千伏变电站。

【"两改一同价"工作全面展开】 1998年底，国务院、国家计委、国电公司先后发文，提出力争用3年时间改造农村电网改革农电管理体制，实现城乡同网同价的任务。改造农村电网、改革农电管理体制，实现城乡同网同价，是降低农村电价、减轻农民负担的重要举措，对提高农民生活水平，开拓农村市场，繁荣农村经济具有十分重要的意义。1999年初，孝感供电局抓住全面建设和改造电网的机遇，成立了"两改一同价"工作领导小组和办公室，在当地人民政府领导下，由县(市、区)计委、电力(供电)局负责制订实施方案。孝感供电局负责组织对农网和城网建设改造的初步设计及施工设计。全市获得电网建设和改造资金贷款。到2001年底，全市农网改造累计完成投资7.59亿元，占国家批复投资计划的88.1%，已有5个(县、市、区)中低压工程竣工，通过了正式验收。城网改造累计完成投资8648万元，占总计划80%，主干环网及支线改造工程基本完工，低压及通信工程也进入施工高峰。三年来，新建110千伏变电站1座、改造15座，新建110千伏线路2条39公里、改造1条5.5公里；新建35千伏变电站7座、改造54座，新建35千伏线路10条163.1公里、改造27条228.4公里；新建10千伏线路651条1380.8公里、改造968条3777.406公里；新建低压380伏线路5631.54公里、220伏线路6828.22公里；改造低压380伏线路3790.275公里、220伏线路4880.46公里。农电体制改革，全市乡镇电管站已纳入供电营业所或改为供电营业所挂牌营运的共87个，招聘农电工3462名，精减村电工1872名。全市共有7988个农村低压台区，电费直抄到户5591个，占总数的70%；直抄到户农户数62.46万户，占农户总数的68.23%。全市农村生活用电平均到户电价已由原来的每千瓦时0.83元降至0.73元。

【创一流供电企业】 在连续三年"双达标"合格后，孝感供电局于1997年初，在全市电力工作会议上发出争创一流供电企业的总动员，成立领导小组和办公室，使这项工作全面展开。经过三年艰苦奋战，按照国家一流供电企业标准，建设和改造了6座110千伏变电站，29座35千伏变电站，实现无人值班。调度自动化微机系统、办公自动化MIS系统等，分别通过湖北电力公司验收，经过建设和改造电网，加强供电企业管理，1999年全局供电可靠率达到99.98%，电压合格率达98.31%，线损率降至5.87%，供电K值为0.007464。创1000天安全运行历史最高记录，再次受到网、省电力公司嘉奖。精减机构和人员，市局机关管理岗位职数由98个减少到82个，科级干部由51名减少到26名，分流、下派、内退人员共65人。全局创建一流供电企业工作受到省委、网省电力公司、市委市政府领导的好评。2000年1月、3月和8月，先后通过省、华中和国家电力公司领导和专家的正式验收。同年9月国家电力公司授予孝感供电局"国家一流供电企业"奖牌。

【整顿电力市场优质服务年活动】 2001年，孝感供电局按照国家电力公司和省电力公司的统一要求，在全局范围内掀起了开展"电力市场整顿和优质服务年"活动的热潮。广大干部职工围绕落实供电服务"优质、方便、规范、真诚"八字方针和全面兑现供电服务九项承诺，扎扎实实地开展工作，干出了实效。各级相应成立了以行政一把手为组长，分管用电局长和纪委书记为副组长的"服务年"活动领导小组暨办公室。制订出认真组织好"电力市场整顿和优质服务年"宣传日活动，突出建章立制自我规范，着重抓好供电服务投诉举报的调查、处理、回复、反馈工作，搞好检查评比工作的四阶段的活动方案。建立首位应诉服务责任制，不论何岗位，谁第一个接受客户咨询，谁就负责一杆子全程服务到底。开通24小时投诉值班电话。提升检修服务功能，扩建了专业检修队伍，加强专业技术培训和事故预想演练，装备检修队。一年来，全局系统共处理事故抢修3800余次，出动抢修人员13102余人次，城区到达事故现场的时间控制在30分钟以内，农村除少数偏远山区外，都保证了90分钟内赶到事故现场。抓好示范窗口建设，每个营业窗口都配备了微机、推行了无笔化办公；县(市、区)城区客户服务中心实行无周休日制度；服务承诺、服务程序、电价标准、收费项目和收费依据都公开上墙；营业窗口的职工统一着装，佩戴工作牌，仪表端正，讲普通话，使用文明用语；用户报装推行了“一口对外，内转外不转”做法，用户工程设计做到了“三统一”：统一设计标准、统一收费标准、统一设计标签；严格了停送电的调度管理，在保证安全的前提下，尽可能缩短停电时间。

狠抓电力市场整顿，规范供用电秩序。推行电务公开，减轻农民负担，严格执行《农村电价管理办法》、《农村分类综合电价》的规定，坚持做到“三公开、四到户、五统一”，严禁超标准向农民收费。实行农村电工聘用制，推行竞争上岗，解聘不合格的农村电工，杜绝了过去村委会、村电工擅自定价，层层加码，加重农民负担现象。打击窃电，制止违章用电行为，各供电单位相继成立了反窃电队伍，同时还聘请地方公安部门共同打击窃电行为，全年全局系统共检查52万户(次)，追缴电量269万千瓦时。规范内部用电管理，严格按省公司《关于加强企业自用电管理的规定》和《对违反自用电有关规定追究行政责任办法》，对全局系统的职工用电和多经企业用电全部实行按销售目录电价抄表收费。开展电力市场整顿和优质服务年活动以来，全局接到各种咨询投诉举报188件，都能及时检查，弄清情况，正确解决，迅速反馈。7月上旬，市局对58件投诉的处理情况进行了复核，满意率达100%。全市8县(市、区)城区供电所、84个乡镇营业所建立起通畅、高效、快速，并被客户接受与欢迎的服务体系。在“电力市场整顿和优质服务年”活动中，应城长江埠供电所、安陆杨新供电所被国家电力公司命名为文明示范窗口；汉川供电局被国电公司评为优质服务先进单位；孝南区供电局优质服务得到了省电力公司的表彰。

【多经产业开拓发展】 孝感供电局的多种经营产业，经历了近二十年的艰苦创业，已从无到有、由小到大，形成电力企业的“半壁江山”。特别是近三年来，在孝感供电局、多种经营管理局和光源电力(集团)有限责任公司的领导与全公司职工的共同努力下，依靠政策，强化管理，广筹资金，多开门路，抓住“两网改造”契机，及时调整经营策略，孝电多经向外向型转变，不断开拓市场，取得了较好成绩。1999年开始，孝感电力建筑装饰公司先后完成变电分局、输电分局、鄂东北地质大队、孝南区人武部等单位的宿舍楼工程，以及观音湖电力培训中心建设。2000年，孝感恒源电力有限责任公司劣质油处理剂系统，在大亚湾核电站1、2号主变油处理工程中中标，使处理后的进口变压器油全部指标重新达到运行油标准，受到国内外专家好评。电力修造厂研制的S_9型配电变压器继续保持产、销两旺的好势头。2001年5月，孝感供电局光源电子有限责任公司成立，是孝感电力光源(有限)责任公司与北京福星晓程电子技术股份公司、宁波三星集团股份有限公司三方参股的高科技企业，生产新开发的全电子集抄分时载波电能表等产品，技术先进，市场广阔看好。7月观音湖电力培训中心开业后，对内对外营业，获得较好经营效益。8月由孝感电力光源(集团)有限责任公司安装公司承建的云梦梦泽220千伏变电站安装工程竣工，并获得湖北大冶农网新建改造及黄石城网改造的承建合同。现在全局多经产业的经营范围是：220千伏及以下输、变、配电工程设计、新建、安装；电力设备制造、修试、销售、科技开发、电量抄表收费和建筑；印刷以及餐饮、宾馆等服务业。年总收入达3.29亿元，实现利润总额2010万元。为主业减人增效、安全文明生产双达标和创一流供电企业作出了重大贡献。

孝感市供电局领导成员名单

(1999—2001年)

局　长	梁志斌
党委书记	邹西庚　梁志斌(兼)　熊东川
副局长	许焕新　张维川　涂　琦　贺少云　王立德　周先平　鲁秀斌
总经济师	许焕新
总工程师	熊贻盛
副书记	鲁秀斌　张维川
纪委书记	鲁秀斌(兼)　汪仁清
工会主席	朱爱文

(赵　纯　冀鲜平)

化学冶金

【概况】 世纪之交的1999年～2001年，化学冶金系统在市委、市政府的领导下，坚持以提高经济效益为中心，以市场为导向，进一步深化改革，正确处理好改革、发展、稳定的关系，突出重点，围绕抓好本级，指导、服务好市直龙头企业的工作思路，扎实地开展全行业各项工作。2001年全行业工业总产值、销售收入、利润总额、实现利税分别达到125960万元、138280万元、12562万元、15204万元，三年平均增长幅度分别为6.4%、5.6%、6.9%、2.9%。其中市直企业这四项主要经济指标分别达到34130万元、32294万元、1188万元、1221万元，三年平均增幅分别为15.5%、11.2%、18.1%、10.1%。化学冶金作为孝感市支柱产业之一，为孝感国民经济的发展作出了应有的贡献。由于市场经济体制逐步完善及机构改革的需要，市化学冶金工业公司作为行业管理部门于2001年底被整体撤销，其职能并入市经贸委。

【深化企业改革增活力】 三年来，化学冶金行业按照“抓大放小、逐步转民”的改革发展思路，通过债转股、企业改制、放小转民等不同方式，达到盘活存量资产，增强企业活力。黄麦岭磷化工集团公司依靠国企三年改革脱困的政策支持，抢抓债转股机遇，经过坚持不懈的努力，1999年被列入全国第一批108家债转股试点企业；2000年5月与中国信达资产管理公司签订了17.4亿元的债转股协议，11月债转股方案通过国家经贸委审批。债转股后，公司资产负债率从98.7%下降到22.6%，债务负担过重的问题得到根本解决；2001年公司资产审计评估报告已经中国信达资产管理公司确认。蓝光燃气总公司针对人员负担较重、债务包袱沉重、经营资金缺乏、严重资不抵债,在原有模式下经营将难以为继的实际情况,为适应市场经济的要求,搞活企业,公司依照孝发[2000]5号文件精神,于2001年7月对企业进行了改制。公司原有职工112人,以2001年4月30日为基准日对资产进行评估,总资产为1113万元,总负债为1651万元。新组建的蓝光燃气有限责任公司收购原企业有效资产803.7万元,同时接收原企业无形资产的经营使用权,承担债务1111.7万元。原公司保留309.3万元的资产承担原企业750万元的债务。在职工安置上取消固定身份,买断工龄和工作关系,新公司根据择优优先原则聘用原企业员工,公司现有员工54人。大悟县几家化工冶金企业三年来已逐步实现公退民进。福星科技股份有限公司经过努力,于1999年成功实现股票上市,成为全市在证券市场直接融资的首家上市公司。

【技改扩能添后劲】 黄麦岭矿肥结合项目于1999年通过国家验收后,由于国内部分磷复肥企业实施扩能改造,生产能力提高较快,公司为了增强竞争能力,针对生产中的薄弱环节,加快技改步伐。2001年,对磷酸磷铵装置进行了系列挖潜扩能改造,并配套进行合成氨"四改六"、乳化炸药混装生产线、100吨N—02项目、磷铵散料包装等改造,到年底,整个系统已达到24万吨/年的磷铵生产能力,比原项目设计能力新增6万吨/年。孝感宝大铜业公司原是一个生产能力仅800吨的铜材加工企业,总厂在孝感市区,孝南区杨店镇有一分厂,销售点主要设在武汉。由于生产经营的分散给管理带来诸多不便,为谋求一个更大的发展空间,公司一直在寻求机遇。2000年公司收购了厂区面积有40多亩的原孝南复兴轧钢厂,2001年搬迁厂址同时改进工艺,更新部分设备,新添熔炼炉和成品退火炉,迁址后生产能力超过2000吨/年,总固定资产达2800万元,实现了低成本扩张。

【狠抓销售拓市场】 三年内,为扭转市场疲软,货款回收难的被动局面,全行业努力寻找应变对策,加强对销售工作的领导,充实销售队伍,积极开拓市场。黄麦岭磷铵产品问世后,正值化肥市场疲软,且进口磷铵占领国内市场达20余年。公司通过几年摸索,总结出了一套适应市场要求的营销策略和方法,1999年采取经销、促销、宣传三管齐下的方法,开拓河北市场,实现秋季磷铵销量突破3万吨,创造了"河北销售模式";2000年通过开展与进口二铵的对比试验示范工作,采取与经销商负责到底的联合销售方式,打破了东北地区"迷信"进口二铵的用肥习惯,开拓了东北市场,并实现春季销肥4万吨。一系列成功的销售树立了产品形象,开拓并巩固了市场,连续三年实现产销率、货款回收率两个百分之百。企业在开拓、巩固国内市场的同时,还积极打开国际市场,黄麦岭的磷铵、氟硅酸钠产品已销往日本、越南等国,福星科技的钢丝绳系列产品出口到美国、日本、东南亚等十多个国家。

【加强企业管理出效益】 三年来,全行业狠抓基础管理工作,特别是2000年市政府在黄麦岭召开全市企业管理现场会后,更进一步增添了加强企业管理的动力。一是注重安全生产,处理好安全与生产的辩证关系。针对化工行业高温、高压、易燃、易爆、有毒的特点,广泛开展安全宣传教育活动,提高全行业干部职工的安全意识和安全素质,并以每年开展一次的"安全生产周"活动为契机,开展对重点企业、重点部位的安全生产大检查,及时发现并整改隐患,保证了企业安全、稳定、长周期进行。二是加强现场管理。1999年黄麦岭被省经贸委授予"现场管理示范工程样板企业"称号。三是加强质量管理,争创名牌。黄麦岭于2000年通过了ISO9002国际质量体系认证。黄麦岭磷铵产品和福星科技的钢丝绳产品获省级精品名牌称号;黄麦岭的磷铵、普钙、复混肥于1999、2001年两度获中国国际农业博览会名牌产品称号。四是加强成本管理。黄麦岭在成本管理上,学习邯钢经验,模拟市场核算,实行成本否决的办法,从1999年起,制定了赶超国内外同行业产品工艺指标、消耗指标、经济技术指标先进水平的目标,实行目标管理。主导产品磷铵成本从1998年的1629元/吨降到2000年的1161元/吨,已达到国内先进水平。由于加强了基础管理工作,企业各方面取得了很大的进步,黄麦岭磷化工集团公司三年来分别荣获全国"化工双文明单位"、"模范职工之家"、"十佳矿山企业"称号。

孝感市化学冶金工业公司
领导成员名单

经　　理　张富荣
副 经 理　熊立新　吴传文
总工程师　程慧源

（张家尧）

机电工业

【概况】 1999年全市机电工业归口统计企业30户,共有职工9309人,完成工业总产值76508万元,实现销售收入33750万元,实现利润391万元,实现工业增加值15332万元。2000年全市机电工业归口统计企业27户,共有职工8395人,完成工业总产值97332万元,实现销售收入40667万元,实现利润568万元,实现工业增加值16810万元。2001年全市机电工业归口统计企业20户,共有职工5730人,完成工业总产值101425万元,实现销售收入34832万元,实现利润661万元,实现工业增加值19512万元。三年来工业总产值年均增长达23.77%,工业增加值年均增长18.42%,整个行业不仅扭转了多年亏损的局面,逐年以较大幅度实现利润增长。

【调整产业组织结构】 按照市委、市政府的统一部署,全市机电工业坚持"县域经济以民营经济为主"的改革导向，抓住改革契机，实施“企业转变机制，职工转变身份”为特征的“放小转民”、“公退民进”工程，通过置换国有资产股权，加速民营化的进程；买断职工国有身份，建立新的用人机制；改变债权关系，确保债权部门利益；实行政企分离，转换企业经营机制；盘活资产存量，挖掘企业生产潜力等措施，增强了企业活力，部分资产存量得以发挥效益，企业经营环境得以改善。截至2000年底，全市机电企业40户，已规范改制3户，国有转民25户，破产10户。市直10家机电企业，分别采取出售国有资产、分体转民、转让国有企业整体转民、承债式兼并模拟民营、依法破产拍卖、职工购买民营、组建混合制公司合资经营等形式，改革有了重大的突破，机电工业由过去以国有经济占绝对主导地位，逐步转变为国有骨干企业为支柱，多种所有制经济共同发展的局面，产业组织结构得到改善，企业经营机制注入了新的活力。

【实施产品结构调整】 根据国家宏观政策结合本市机电工业的实际，认真研究并制定了《全市机电行业“十五”发展规划》。确立了总的发展目标和工作思路，明确了发展重点和工作措施。研究并制定了《全市机电工业科技创新实施意见》，就科技创新目标、指导思想、机制创新、产业升级、科研开发、科技人员鼓励办法都拿出了具体指导意见。在资金、技术力量都非常缺乏的情况下，机电企业千方百计筹措资金，集中科技力量搞产品开发。开发出的一批新产品如摩托车发动机、摩托车整车、轮对式平衡机、放电管等电子新元器件系列相继投产，拓展了企业的产品市场，促进了企业的发展。

【培植重点形成行业支柱】 随着经济的发展和产业格局的变化，在“放小”的同时，通过改革的办法，采取兼并、收购、租赁等一系列措施抓骨干企业的发展，扶强壮大，培植行业支柱企业，一批企业脱颖而出。湖北神风机械工业股份有限公司以专业生产摩托车燃油箱起步，始终抓住市场的走向，向多元化的产品结构发展，并通过兼并、收购、租赁等途径，适时进行低成本扩张，已从专业化的油箱生产厂发展成为生产摩托车发动机、车架、离合器及摩托车整车的综合型企业。国营汉光电工厂在自身不断发展的同时，通过与德国西门子合资新建爱普科斯电子(孝感)分公司，把专业技术优势与国外资本和产品市场开发优势结合起来。该公司三年来以年均44%的速度发展，成为产值近亿元的企业。汉川民营企业如通达电缆有限公司、江南电缆厂等在电缆、光缆及电子通讯器材生产领域逐步发展壮大，开始形成一定规模的产业集群。

【综合治理抓效益实现扭亏增盈】 一是在进行企业组织结构调整时，注重与扭亏增盈工作有机的结合起来，对一些长期亏损、经营陷入困境且扭亏无望的企业实行破产、兼并重组。二是建立从上到下的扭亏增盈责任制，把扭亏增盈工作纳入目标考核，调动了各方面对扭亏增盈工作的大力支持。三是在产品开发、市场营销、经营方式等方面，积极引入民营企业的运营机制，以灵活多样的方式拓展业务，增强企业的市场竞争力。四是加强企业管理。先后开展学邯钢成本倒算、学亚星比价采购、实行厂务公开以及开展管理年等活动。通过采取以上措施，全行业实现了扭亏为盈，利润逐年增长。

【市机械电子工业局(总公司)撤销】 长期以来，机电工业实行的是自上而下的行业管理体制，强调的是行业对口，条块分割。随着改革的逐步深入，市场经济彻底打破了过去计划经济的格局，特别是推行现代企业制度后，政企分开成为体制改革的一个重要课题，过去那种行业管理模式已不能适应现代经济生活的要求。2001年10月，全市机构改革中，撤销了机电工业行业管理部门——市机械电子工业局(总公司)，相关行政职能并入经济综合管理部门。

市机械电子工业总公司领导班子名单

经　理、党委书记	吴桂森
副经理、党委委员	蒋在斌
	魏兰琪
	程三海
党委委员、纪检书记	王正春

(杨　庆)

建材工业

【概况】 1999年～2001年，全市建材系统认真贯彻“由大变强，靠新出强”的发展战略和“控制总量，调整结构，淘汰落后，加快发展”的工作方针，抓住国家加快基础设施建设和灾后重建的机遇，建材工业快速发展，产业结构调整步伐明显加快，建材企业改革不断深化，行业经济运行质量和效益显著提高，全市建材工业已形成以水泥及制品、轻质建材、石膏及制品、建筑塑料、铝合金装饰装修材料、玻璃纤维及制品等为主体的生产经营体系。全市规模以上建材企业1999年实现工业增加值28239万元，实现工业总产值95029万元(不变价)，实现利税8564万元。2000年实现工业增加值32651万元，实现工业总产值106865万元，实现利税10128万元，分别比1999年增长15.62%，12.46%和18.26%。

【建材企业改革稳步推进】 全市建材系统认真贯彻放小活小政策，以促进企业脱困盘活为目标，加快企业改革步伐。至2001年，全市95%以上的建材企业采取兼并重组、租赁、转民等多种形式，进行了企业改革改制工作。云梦县水泥厂由于历史包袱沉重，多年来生产经营十分困难。1999年9月，云梦县水泥厂与浙江个体老板达成协议，由浙江个体老板租赁经营该厂。9月1—6日，云梦县水泥厂与浙江个体老板完成生产交接，9月7日正式生产，当月生产水泥5000吨。应城市水泥厂、汉川市水泥厂等企业也相继采取租赁经营方式，使企业走出困境。孝昌双连水泥公司剥离出有效资产，组建孝昌龙腾水泥公司，由四人合伙经营。孝感凤凰水泥公司在1996年改革的基础上，2000年提出剥离附属精干主体整体盘活的工作思路。明确以普通水泥厂作为主体，特种水泥分厂、机修分厂、纸袋分厂从主体中剥离出来，单独核算，成为一个相对独立的实体。每年向公司交纳一定的管理费和利润。同时，将公司汽车运输队进行了拍卖，彻底消除以往公司对汽车运输队的补贴。

【淘汰小水泥工作成效显著】 1999年，全市共有水泥企业30家，年生产能力约180万吨。其中无生产许可证企业15家，生产能力约25万吨。这些无生产许可证的企业，大多由乡镇、集体或个人集资兴建，生产规模在2.2万吨/年以下，不符合国家产业政策和技术政策，属于低水平重复建设，浪费资源，污染环境。这些企业没有质量检验和计量检测能力，采用国家明令淘汰的设备，工艺极不完善，管理混乱，不具备生产条件。有的还低价倾销劣质水泥，甚至明目张胆地制假售假，扰乱了正常的市场竞争秩序，严重威胁着人民群众的生命财产安全。1999年5月，根据《湖北省人民政府关于对全省小钢厂小水泥厂进行综合质量整治的通知》（鄂政发[1999]21号）精神，市政府成立了孝感市“二小”整治综合领导小组，要求从讲政治的高度，顾全大局，抓好“二小”整治工作，该关的坚决关，决不含糊。经过广泛宣传、调查摸底、综合整治、检查验收四个阶段，市经贸委、技术监督局、工商局、环保局、供电局、税务局等部门联合行动，对应关闭的企业采取吊销营业执照、不发放排污许可证、停止供电、停止提供税票等手段进行治理，到1999年10月，全市共关闭小型水泥企业15家，淘汰小型立窑生产线3条。2000年全市又组织了一次对关闭企业的复查，防止关闭企业死灰复燃。

【加强技术改造 增强发展后劲】 1999年～2001年，一批水泥技改项目建成投产，提高了全市水泥产品的质量和档次。1999年8月，汉川荆川水泥有限公司20万吨水泥粉磨站项目开工建设，同年12月建成投产。该项目由葛洲坝水泥集团与汉川电厂合资兴建，总投资2000万元。2000年9月，应城荆双水泥公司年产20万吨粉磨站建成投产，该项目总投资2100万元。荆川荆双两个水泥粉磨站建成后，每年可向全市提供优质旋窑水泥40万吨，缓解全市高标号水泥供不应求的矛盾。同时充分利用当地废渣资源，每年可消化汉川电厂、双环化工集团排放的粉煤灰、煤渣20万吨，具有很高的经济效益和社会效益。2001年4月，浙江立马水泥股份公司与大悟县水泥厂签订了整体收购大悟县水泥厂经营性资产的协议，成立了大悟立马水泥有限责任公司。5月8日，大悟立马水泥公司技改工程动工兴建，12月28日建成投产，总投资2400万元。技改完成后，立马公司形成年产水泥30万吨的生产能力。立马公司已摆脱了原大悟水泥厂停产半停产的困境，出现了产销两旺的好势头。

【水泥新老标准顺利过渡】 国家质量技术监督局、国家建材局决定，淘汰1992年发布的六大通用水泥国家标准，采用修订后的新标准（GB175—1999，GB1344—1999，B12958—1999）。1999年12月1日至2001年4月1日为新老标准的过渡期，2001年4月1日以后正式采用新标准。新修订的水泥国家标准，等同采用了国际标准，水泥实物质量普遍提高了一个档次。对水泥企业生产、检验提出了更高的要求。为了搞好新标准的实施工作，全市各主管部门、各水泥企业本着“早准备、早实施、早主动”的思想，做了大量的准备工作。一是加强领导。市建材行业管理办公室成立了以张百凯副经理任组长的贯标领导小组，加大督办力度。二是广泛宣传水泥新标准。市建材行业管理办公室、市技术监督局组织水泥新标准培训四期，参加学习的企业管理人员技术人员200多人次。三是督促企业改进工艺，完善检验设施。水泥企业用于技术改造，购置设备资金累计达600余万元。四是组织化验室验收。2000年底，全市12家水泥企业一次通过了省建材协会组织的化验室验收。2001年6月，市经贸委、市质量技术监督局、市建材行业管理办公室对全市水泥企业执行新标准情况进行了检查。检查结果表明，全市规模内水泥企业执行新标准情况良好。

孝感市建材管理公司领导成员名单

经　　理 王木生
副 经 理 张百凯　李自强　耿复本
纪委书记 王衍步

（栾东海）

乡镇企业

【概况】 1999～2001年，孝感市乡镇企业在市委、市政府的正确领导下，进一步深化改革、扩大开放、优化配置、调整结构、强化管理，企业生产经营继续保持了稳步健康的发展势头。一是企业总体实力增强。截止2001年底，全市乡镇企业总资产已达170.82亿元，其中固定资产净值76.49亿元，流动资产91.52亿元，资产负债率为55.47%。全市营业收入过500万元的乡镇企业达481家，其中工业企业377家，规模企业实现营业收入122.2亿元，占乡镇企业总量的21.8%。二是社会贡献突出。2001年，全市乡镇企业新增职工29916人，其中吸纳城镇下岗职工9675人，实现工资总额52.76亿元，为农民提供人均纯收入1349元，占农民人平纯收入2356元的57.25%。实交税金50467万元，占全市财政收入15.13亿元的33.3%，实现增加值133.62亿元，占全市GDP的46.4%。乡镇企业每增长2.2个百分点，即带动全市经济增长1个百分点。三是乡镇企业产权制度改革进一步深入。截止2001年底，全市1440家乡办工业企业中，规范化运作的股份有限公司和有限责任公司92家，总资本3.4亿元，改制较彻底的股份合作制企业581家，落实股本金2.99亿元，已拍卖和兼并企业276家，资产成交额3892万元。四是乡镇企业产业和布局结构日趋合理。三年来，全市乡镇企业围绕“三大战略扭在一起抓”和自然资源开发利用、高新技术企业的嫁接引进，努力调整产业结构，促进产业升级换代，初步形成了农副产品加工、建筑建材、纺织、金属制品、精细化工、采矿等6大支柱产业；在调整产业结构的同时，围绕提高乡镇企业聚集度，大力发展乡镇企业工业园区。截止2001年底，全市共有各类乡镇企业小区33个，其中经省以上批准的有4个，小区国土面积达155平方公里，基本实现了水、电、路三通。

【个体私营企业成为乡镇企业主体】 1999～2001年，随着乡镇企业产权制度改革的不断深入，个体私营企业得到了较快的发展，涌现出了华云门窗、赛孚科技、舒氏粘胶带、宝大铜业等一批省内甚至国内市场有一定影响的私营企业。2001年，全市个体、私营企业达60040家，其中，营业收入过5000万元或出口交货值过1000万元的私营企业达22家，个体私营企业从业人员达475393人，总资产85.77亿元，实现营业收入332.13亿元，占全口径乡镇企业总量的58%，已成为孝感市乡镇企业的主体力量。

【乡镇企业参与农业产业化经营势头强劲】 1999年来，全市乡镇企业围绕“农”字做文章，大力发展农副产品加工业和储藏、保鲜、运销业，突出深加工项目的延伸。截止2001年底，全市乡镇企业共有农副产品加工企业1658家，年实现营业收入44.56亿元，其中规模以上农产品加工企业达121家。初步形成了云梦蔬菜、大悟板栗、孝昌太子米、安陆银杏、汉川达利食品等10个农业产业化龙头企业。

【乡镇企业积极参与“西部大开发”】 三年来，孝感市乡镇企业抓住“西部大开发”的机遇，充分利用湖北地处东西结合部的优势，积极做好“东联西进”的桥梁纽带作用，已有120多家企业主动利用展销会、博览会、联谊会等活动到西部寻找产品销售市场，建立销售办事处50多个。孝感市的乡镇建筑企业，在稳定传统建筑市场的同时，积极打入西部市场，截止2001年底，常年在新疆从事建筑业的孝感民工达3万人，年创建安产值10亿元。

【福星科技公司股票在深圳挂牌上市】 福星科技公司是孝感市最大的乡镇企业，拥有员工3700余人，总资产6亿多元，年实现营业收入近10亿元。1999年5月，该公司的钢丝绳股票A股在深圳证券交易所挂牌上市，共发行股票5500万股，成为孝感市乡镇企业的第一家上市公司。

孝感市乡镇企业局领导成员名单

局　长　方昌慧

副局长　侯向南　陈新荀

（杨　博）

农业·水利

农业和农村经济

【概况】 1999年～2001年，是孝感市农业农村经济在新阶段艰苦爬坡的三年。全市各级紧紧围绕农业增效、农民增收、农村稳定三大目标，大力推进农业结构战略性调整，采取切实有效措施，保护和调动农民的生产积极性，战胜了1999、2000、2001年连续三年的特大干旱，克服了农产品市场持续疲软造成的困难，实现了农业农村经济逆境中稳步发展。2001年与1998年相比，农业总产值由57.14亿元(90年不变价，下同)，增加到68.46亿元，增长19.8%，年均增长6.6%；农业增加值由69.6亿元，增加到72.8亿元，增长4.6%，年均增长1.5%。主要农产品产量呈调整性增减变化，表现为“两减四增”。“两减”，粮食总产33.98亿斤，比1998年减少14.36亿斤，棉花总产55.2万担，减少26.9万担。“四增”：油料总产280.5万担，增加41.4万担；蔬菜(含瓜类)总产61.1亿斤，增加7.8亿斤；生猪出栏197.5万头，增加60.1万头；水产品产量4.97亿斤，增加5800万斤，生猪、蔬菜、水产品创历史最好水平。农民人平纯收入有所增加。2001年全市农民人平纯收入达到2356元，增加129元，年均增加43元。农业科技水平不断提高，科技在农业增长中的贡献率达到51%，比1998年提高6个百分点；农产品综合优质率达到55%，提高20个百分点。

因机构改革，市委、市政府农业委员会于2001年9月撤销，同时成立市委市政府农村工作领导小组办公室。

【农业结构战略性调整顺利推进】 1999年以来，为了加速推进全市农业结构战略性调整，市委、市政府制定了《全市三年农业结构战略性调整规划》，确立了建设大城郊型市场农业的调整方向，按照开发大基地、发展大品种、形成大产业的总体部署，大力发展畜牧、水产、蔬菜三大产业，稳定提高林果、粮油两大产业；重点加大沿交通干道和主要流域七条种养示范带、十大种养基地的调整开发力度，农业结构调整取得显著成效，初步建立起城郊型市场农业框架。全市形成了沿316国道、荷沙线两条20万亩蔬菜带，沿京珠高速公路10万亩早蜜桃带，沿大悟三宣、悟宣线50万亩板栗带，沿安京线30万亩银杏带，沿汉北河、府河流域的20万亩水产带和20万亩水生蔬菜带。培植出了一批在省内有一定影响的主导产品。2001年，全市蔬菜总产61.1亿斤，居全省第三位，其中莲藕8.8亿斤，居第一位；家禽出笼5950万只，居第一位；早蜜桃总产9000万斤，居第二位；水产品4.97亿斤，居第四位。板栗总产1900万斤，居第二位；银杏果120万斤，居第二位。畜牧、水产、蔬菜、林果等劳动密集型产业规模不断壮大。2001年，畜牧业产值达到21.5亿元(90年不变价)，比1998年增加5.1亿元，占农业总产值的比重31.4%，提高2.7个百分点；渔业12.6亿元，增加2.9亿元，占18.4%，提高1.5个百分点；蔬菜业11.9亿元，增加3.3亿元，占17.3%，提高2.3个百分点；林果特6.3亿元，增加1.9亿元，占9.2%，提高2.4个百分点；而粮油产值12.5亿元，减少3.7亿元，占18.2%，下降4.7个百分点。尤其是蔬菜产值在2001年首次超过粮食产值，成为孝感市的第一大作物。

【农业产业化经营成效明显】 1998年汉川会议以后，全市各级把推进农业产业化经营，作为促进农村经济的重大举措来抓，取得了明显的成效。龙头企业规模不断壮大，全市相继组建了孝感麻糖米酒、汉川汈汊湖水产畜禽、安陆银杏、云梦龙云、孝南南大、应粮实业、安陆牧工商、孝昌太子米8家企业集团。在2001年全省公布的68家省级重点龙头企业中，孝感市占了7家，居全省第二位。各地围绕龙头企业建设了一批特色鲜明的生产基地。到2001年，全市农业产业化经营网络蔬菜基地50万亩，板栗基地55万亩，银杏基地30万亩，莲藕基地20万亩，水产基地85万亩，早蜜桃基地10万亩。同时，各龙头企业从保护农民利益，调动生产积极性出发，探索出多种形式的利益连接机制。如安陆牧工商的“四提供一回收”，云梦龙云、孝昌太子米、应粮实业的“订单农业”等。其中孝昌太子米的订单面积达到20万亩，应粮实业的订单面积达到8万亩。到2001年，全市农业产业化13大集团(项目)的资产总额达到20.8亿元，产值(销售收入)达到46.1亿元，实现利润2.1亿元，上交税收6390万元，网络基地185万亩，分别比1998年增长52.7%、57.1%、50.1%、66.3%和106%。

【农业现代化试点】 1999年5月，按照鄂发[1999]4号文件精神，市委、市政府下发了《关于坚持三大战略举措一起抓，推进农业农村现代化的实施意见》，并选定了三级农业现代化试点，共36个乡镇、90个村。其中省级试点为云梦县，具体抓了3个乡镇、26个村，市级试点市开发区和5个乡镇、35个村，县级试点29个乡镇、29个村。三年中，各试点以城镇为载体，以乡镇企业为支撑，以农业产业化经营为纽带，加强农业基础设施建设，取得了良好的成绩，促进了农村经济发展和城乡一体化进展。共投入资金13490万个，投工1420万个，完成土石方1648万方，兴修了农田道路780公里，开挖沟渠1080千米，新建完善标准化农田11.9万亩，形成了以市开发区高新技术农业园、云梦伍洛、安陆七里河畈、汉川洪南垸、应城喻夏垸、孝南万里畈、孝昌富民畈、大悟城关农业科技园等为代表的一批农业现代化经济园区，为推进全市农业现代化建设树立了好的样板。

【农村基层建设】 1999年初，市委、市政府作出决定，从市直机关抽调干部组成农村基层建设工作队，进点驻村帮助基层工作。到2001年底，全市共组派25个工作队、55个工作组、281名工作队员。农村基层建设工作队按照市委、市政府的统一部署，认真履行"指导、帮助、督促、服务"的职责，紧紧围绕"农业增效、农民增收、农村稳定"的中心任务，求真务实，扎实工作，取得了良好成绩。三年中，市直工作队共筹措资金603.5万元，帮助驻地新建和改造多种经营基地4760亩，建畜禽渔养殖场34个，兴办和改造企业75家，兴修水利178处，修路121公里，修桥闸49座，打水井1343口，改造电路177千米，维修学校15所，扶持贫困户348户。还广泛开展了送科技、医药、法律、文艺、电影、图书下乡活动，促进了农村两个文明建设，深受农民群众的欢迎。

【减轻农民负担】 1999年～2001年，市委、市政府认真贯彻落实中央、省农民合理负担"一定三年不变"、"一项制度、八个禁止"的规定和鄂发[2001]16号文件精神，始终把减轻农民负担作为农村工作中的大事、要事，采取了一系列措施狠抓农民负担监督管理工作。三年中，市委、市政府和市"两办"共下发减负专题文件16份；每年组织两次减负执法大检查；在负担卡发放和关键环节开展明察暗访；对农村中小学、农村用电、农民建房乱收费和报刊摊派等"三乱"行为开展专项治理；对负担重、信访多、隐患大和上年度发生涉农突出问题的乡镇实行直接重点监控；2001年建立了由市委、市政府分管领导牵头，市农办、减负办、信访办、监察局负责同志参加的农民负担信访联席会议制度，并启动农民负担预警机制。通过三年努力，全市农民实际负担下降2.58亿元，人平下降66元；农民负担信访量下降了64.2%；农民负担规范化管理水平也有一定程度提高。

【清理整顿农村合作基金会】 从1999年开始，孝感市按照国办发[1999]3号、鄂办发[1999]23号文件精神，开展了化解农村金融风险、清理整顿农村合作基金会工作。成立了由市委副记张文启任组长的清理整顿农村合作基金会工作领导小组，分准备、清产核资、分类处置及债权债务清收清退、总结检查四个步骤开展工作。经过紧张有效的工作，全市农村合作基金会统一于1999年7月28日开始停业整顿，分别于2000年3月28日、2001年3月28日开展了一、二期兑付。由于组织领导得力，安排部署周密，宣传发动深入，资金筹措到位，全市清理整顿农村合作基金会工作取得全面胜利，得到省委、省政府领导的充分肯定。全市共收回原基金会各类欠款4.6亿元，占应收欠款总额的60%；全市136家农村合作基金会，45家并入农村信用社，并入负债1.74亿元；总的兑付金额达到9.01亿元，占停业整顿前股金规模的92.3%。其中清收冲抵存单3.87亿元，并入负债由信用社兑付1.74亿元，清盘关闭基金会首期兑付现金1.45亿元，后期兑付1.95亿元。整个清理整顿工作期间，全市没有股民集体上访，没有发生挤兑、聚众闹事、阻塞交通、惊动省委、省政府和市委、市政府的重大事件，达到了化解农村金融风险、保持农村社会稳定，把"风险日"变成"平安日"的工作目标。

【推行农村财务管理】 按照全市源头治理腐败工程的统一部署，市农委成立了由主任任组长、分管副主任和经管局长任副组长的"村帐站审"工作领导小组，2000年4—7月在云梦县开展了试点，提出了"四审一公开"，由经管站代表镇政府审批村级年度收支预算，由村民理财小组审查收支凭证，由乡镇经管站和村会计定期审核入帐，由镇经管站（审计站）对帐务及各村财务进行年度审计、专项审计；定期不定期对村级财务进行公开。2001年，各县市区都在试点的基础上进行全面推广，安陆、汉川、云梦等县市还在"村帐站审"的基础上，推行了"会计代理"制度，即由乡镇建立"村级会计代理中心"，选聘专业会计，各村与会计代理中心签定会计委托代理协议书，取消村会计，由专业会计代理村级计帐。到2001年底全市实行村帐站审的村达到90%，比较规范的乡镇、村达到2/3以上。通过完善制度、规范程序、统一帐据，村级财务管理工作得到明显加强，非生产性支出得到有效控制。2001年，全市村级管理费支出比1999年下降5900万元，村平下降近2万元。

孝感市农委（农办）领导班子名单

（2001年12月底）

主　任　刘继贤（1998.4—　　）
副主任　唐长运（1998.4—　　）
　　　　杨国仕（2001.8—　　）
　　　　廖桂洲（2001.9—　　）

（冯志明）

种植业

【概况】 1999～2001年，全市立足农业增效、农民增收和农村稳定，依靠科技进步，突出本地特色，进一步调整农业结构，战胜了百年不遇的特大旱灾，市场农业、特色农业、产业化经营水平进一步提高，农业生产进入了一个发展的新阶段。

结构调整取得显著成效。一是经济作物面积增加。粮经作物面积比由1998年的64.5∶35.5调整到2001年的50.7∶49.3。二是主要农产品优质率大幅提高。全市抓住实施农业"四优"工程的契机，大力发展优质农产品生产。2001年，全市优质稻谷总产12.69亿斤，占水稻总产量的46%；双低油菜籽产量199万担，占油菜籽总产量的97.3%，基本实现了双低化；获得绿色食品标识的产品达到23个，占全省的22.8%，居全省各市州首位。三是调整效益稳步提高。2001年，全市农民人均纯收入达到2356元，高于全省平均水平。

建成了一批具有相当规模和档次的农产品生产基地。1999年，全市按照"大基地、大品种、大产业"的开发思路，在107、316国道和京珠高速公路孝感段路域分段建设了以莲藕、早蜜桃、蔬菜为主的果蔬景观农业走廊，初步发展形成30万亩高效农业示范带基地；在府河、澴河、汉北河和汉江流域建设以水生蔬菜(茭白、菱角)、早熟易收农作物为主的种植走廊，初步形成了20万亩避灾减灾农业示范基地；在南部四县(市、区)发展双低油菜，北部三县发展优质中筋小麦，初步发展形成了南部百万亩优质油菜，北部80万亩中筋小麦两大板块基地。

农产品流通体系不断健全。一是市场网络逐步完善。到2001年底，全市建有各类农产品专业批发市场130多个，集贸市场400多个，季节性的贸易货栈1000多个，逐步形成了比较完善的市场网络。省级南大水果批发市场年瓜果交易量80万吨以上，交易额在8亿元以上。二是农产品中介组织和农村经纪人队伍不断发展壮大，形成了以农民为主体的农产品流通大军。到2001年底，全市参与和服务农产品流通的农民达42万人，占农业劳动力的23%。其中，各类农产品经销大户6580户，经销联合体2170家，年经销额在10万元以上规模的1.5万人。

农业科技含量不断提高。1999～2001年，全市投资近亿元，先后建设成功安陆七里河、应城东马坊、汉川新河、云梦伍洛、市开发区农业园等5个市级高新技术农业园，8个县级农业园，100个乡级农业园，总面积2万亩。各级农业园积极推广应用农作物新品种、新技术，成为最新农业科技成果的转化基地和全市农业结构调整的示范基地。迷你黄瓜、樱桃蕃茄、名优花卉苗木等新品种，无土栽培、苗木克隆、微灌滴灌、大棚烟熏等新技术得到广泛应用。2001年，全市农业科技贡献率达到47.9%。

产业化经营初具规模。到2001年底，全市纳入产业化经营农户58.83万户，耕地190.6万亩，建成连片基地426个，面积159.8万亩。产业化龙头企业发展到256个，龙头企业总产值达到25.4亿元。其中，年产值过亿元的龙头企业5个，5000万～1亿元的龙头企业6个。孝感麻糖米酒集团、应城(粮食)实业集团、孝南南大集团、杜邦云梦龙云蛋白集团、大悟齐天花生集团等企业在国内的知名度日渐提高，共有18个产品获得农业部颁发的绿色食品认证标识，成为走向国际市场的通行证。

1999年～2001年，全市农牧业成果累累，先后获得省部级成果奖25项。其中省级科技进步奖7项，省级丰收计划奖12项(一等奖1项、二等奖5项、三等奖6项)，部级农业技术推广奖5项(二等奖2项、三等奖3项)，省政府星火奖1项(四等奖)。

【粮食生产】 全市粮食生产在面积和总产上呈逐年递减的趋势。1999年粮食面积568.92万亩，总产46.67亿斤；2000年粮食面积调减为469.26万亩，总产39.53亿斤；2001年粮食面积424.44万亩，总产33.89亿斤。

水稻是孝感市粮食生产的支柱，种植面积占粮食总面积的60%左右，稻谷产量占粮食作物总产量的80%左右。1999年全市水稻面积347.46万亩，其中早稻94.5万亩，中稻143.24万亩，晚稻109.23万亩，稻谷总产38.26亿斤；2000年水稻面积273.23万亩，其中早稻53.52万亩，中稻151.32万亩，晚稻68.39万亩，稻谷总产31.47亿斤；2001年，全市水稻面积265.32万亩，其中早稻50.78万亩，中稻164.43万亩，晚稻50.12万亩，稻谷总产27.6亿斤。全市水稻生产的特点是总面积逐年调减，特别是劣质早籼稻面积调减幅度较大，而优质中稻面积逐年扩大，水稻生产更好地适应了市场需求。1999年，省委、省政府决定实施优质稻米工程，孝感市优质水稻生产发展较快。2000年，在全省首届优质稻米评审活动中，孝感共有8个品种(系)分获一、二、三级优质稻米，占全部21个获评品种(系)的38.1%，居全省各地市州首位。到2001年，全市优质稻面积发展到142万亩，占水稻总面积的53.5%。小麦生产仅次于水稻。1999—2001年，全市小麦面积和总产逐年调减。1999年小麦面积168.93万亩，总产5.64亿斤；2000年面积131.75万亩，总产4.61亿斤；2001年面积调减为100.89万亩，总产3.99亿斤。孝感杂粮主要有大麦、蚕豌豆、荞麦、红薯、玉米、高粱等。1999—2001年，全市杂粮生产适应市场需求，面积和产量呈迅速扩大趋势。1999年杂粮面积52.53万亩，总产2.8亿斤；2001年虽然遭受了百年不遇的特大干旱，杂粮面积58.23万亩，总产仍然达到2.3亿斤。

【棉花生产】 1999—2001年，全市棉花生产在调整中围绕"三个转移一个稳定"做文章，即由山坡岗地向正田正地转移，由单一种植向间作套种转移，由零星分散向集中连片转移，稳定集中高产棉区。1999年，棉花种植面积32.46万亩，总产50.03万担；2000年，棉花面积33.7万亩，总产50.49万担；2001年棉花面积35.46万亩，总产55.22万担。三年来，全市始终把优化棉田布局，推广优良品种和高新技术，实施"棉田增效工程"、棉花"丰收计划"等工作放在首位，努力增加棉农收入。实施"棉田增效工程"，为棉区棉农年人均增收80元以上。2000年在汉川实施棉花丰收计划，推广"棉田高产高效模式栽培技术"应用面积10.7万亩，平均亩产皮棉151斤，较常规植棉亩平增产11.2斤，合计增产119.04万斤，增收476.16万元。

【油料生产】 1999年～2001年，全市油料作物面积逐年扩大。1999年，油料作物面积113.745万亩，油料总产243.87万担；2000年，油料作物面积150.675万亩，总产324.73万担，总产超历史；2001年，油料作物面积152.085万亩，虽然遭遇了历史罕见的特大旱灾，油料总产仍然达到了280.486万担。

油菜是孝感主要的油料作物。1999～2001年，全市油菜面积逐年扩大，单产、总产逐年提高。2001年，全市油菜面积达到119.13万亩，占油料作物总面积的78%；油菜籽总产204.5万担，占油料总产量的72.9%。三年来，全市大力实施“优质油菜工程”，油菜生产基本实现双低化。全市农业部门积极开展优质油菜种子生产，大力推广集中连片规模种植，秋冬实施栽培、配方施肥、必施硼肥等高产保优栽培技术，促进了全市双低油菜生产的发展。

花生是孝感平均单产最高的油料作物。1999年，花生面积18.495万亩，平均单产479.33斤，总产9004.8万斤；2000年，花生面积22.2万亩，平均单产482.53斤，总产10713万斤；2001年，花生面积22.71万亩，由于受到了历史罕见的特大干旱影响，平均单产只有261.73斤，总产5942万斤。近几年，积极推广地膜花生覆盖栽培及花生施钼技术，地膜花生比露地花生亩平增产200斤，增收200元。

【果树生产】 1999～2001年，孝感果树生产发展较快，新技术不断推广应用，新品种不断试种成功，果农效益稳步提高。2001年，全市果园面积13.335万亩，水果产量462853吨。近几年推广的新技术，一是果树的高接换种技术。2001年，全市果园高接换种面积25000亩，主要在银杏、梨树、葡萄、柑桔等水果上进行；二是果实套袋。2001年，梨树套果面积达到1200亩；三是水果设施栽培。全市设施栽培草莓500亩，主要分布在安陆市和孝南区，选用日本丰香品种，利用塑料大棚栽培草莓，每亩获利1.2万元。(1)桃：桃子一直是孝感市水果的拳头产品。到2001年，全市桃子面积发展到9万亩，占果树总面积的70%以上。其中孝昌县达到6万亩，成为早熟蜜桃第一大县。(2)银杏：2001年，全市银杏面积25万亩，安陆市为银杏主产县，面积达到20万亩，安陆市政府将银杏树定为该市的市树。1999年，安陆市开始开发银杏产业，在国内外中医、营养、保健等多方面的专家的指导下，研究出“太白银杏茶”、“银杏香枕”等系列产品，都取得了较好的效益。(3)板栗：2001年，全市板栗总面积33.5万亩。大悟县是主产区，2001年达到30万亩，集中产区在宣化、高店、丰店、东新、三里一带，每年外销板栗2000万斤。宣化镇建起了全省唯一的板栗市场。

【茶叶生产】 2001年，全市茶园面积9.114万亩，茶叶产量1171吨，主要分布在大悟县和孝昌县。2001年，两县茶园面积分别为3.78万亩和3.48万亩。1999～2001年，在抓好低产茶园改造的同时，还抓了新技术的推广和应用。一是推广名优茶机械制作技术，引进杀青机、多用机系列，振动理茶机、炒锅等机械，使全市制茶质量和效益提高到一个新的水平。二是推广茶叶良种无性系繁育技术，先后引进福鼎大白茶、龙井43、大白毫等优良无性茶树良种。到2001年，全市无性系良种繁育500万株。三是引进茶叶冷冻保鲜技术。大悟金鼓茶厂、万寿春茶厂等先后引进了设备，每年5月份就把没有销售完的高档茶放入冷库中，到11月份再拿出来销售，茶叶色泽翠绿，商品价值高，每斤可增值30元。四是推广有机茶生产技术，应对入世挑战。2001年，大悟、孝昌等地已建立有机茶生产基地500亩。2000年，大悟县黄站镇万寿春茶场，孝南区杨店镇泸川茶场被省农业厅授予“湖北十大名茶厂”，“大悟寿眉”、“泸川龙剑”、“凤凰龙井”等被评为“湖北省名优茶”，“鄂茶杯”第3届金奖、银奖，中国第二届农业博览会金奖、银奖，被第三届农业博览会认定为湖北省地方名牌产品。

【蔬菜生产】 1999—2001年，全市蔬菜生产实现了蔬菜生产由季节性供应到周年均衡供应，冬菜夏吃，夏菜冬吃，蔬菜供应无淡季的转变；实现了农民种菜由家庭副业向多经主业的转变；实现了蔬菜生产由完全依赖自然气候向设施化栽培的转变；实现了蔬菜的产量、产值占农作物小头向农作物大头的转变。2001年，全市蔬菜种植面积(含菜用瓜)155.22万亩，总产量61亿斤，种植面积是1986年14.23万亩的近11倍，产量居全省第二位，仅次于武汉市。2001年人均蔬菜占有量达到1200斤。新技术、新材料、新品种在生产上应用的面积逐步扩大。2001年，全市无公害蔬菜生产面积55万亩，大棚设施栽培面积8.5万亩，遮阳网覆盖面积240万平方米，还在孝感市高新技术农业园建成一座4000平方米的全自动智能温棚并投入使用。2001年，云梦县被农业部确定为全国55个无公害蔬菜生产示范基地县之一。蔬菜生产上的科技贡献率由1986年的28%提高到2001年的58%。突出特色品牌，壮大基地规模，到2001年，全市建成孝南、云梦沿汉宜线的10万亩莲藕基地，孝南肖港的万亩香葱生产基地，汉川庙头的万亩黄花生产基地，安陆巡店的万亩白花菜、万亩南乡萝卜基地，云梦的十万亩时令蔬菜、万亩土豆、万亩包菜基地；孝昌花园的万亩白皮莴苣，大悟的野生山味菜生产基地，为蔬菜产业化发展奠定了基础，产生了巨大的经济效益。加工转化能力逐步提高。全市有蔬菜加工企业65家，全年加工蔬菜1.8亿公斤，创产值2亿元。孝南区毛陈镇年加工盐渍藕800吨，大悟县年加工香菇500吨，这些产品不仅国内俏销，还远销日本、菲律宾、东南亚和港澳地区，实现出口创汇。珍稀、菇菌类蔬菜引起消费者青睐。2001年，全市珍稀菜产量达到11.2万吨，食用菌产量达1万吨，这些蔬菜生长在空气新鲜的林地环境中，没有受到废气、污水、农药、化肥和浮尘等有害物质的污染，被誉为健康食品，深受消费者欢迎。

【植物保护与检疫】 在农作物病虫监测与防治中,继续推行农作物病虫综合防治责任目标管理,全面推广植保"三化"技术,即农作物病虫预测网络化、农作物病虫预报可视化、农作物病虫治理无害化。大大提高了病虫预报的准确率,病虫情报准确率达到95%。2001年将农作物病虫电视预报推向社会,受到了广大农民的欢迎和好评。在农作物病虫无害化治理中,大力实施稻田无螟害、蔬菜无公害、农田无草害和棉田无虫害工程,实现了有效控害,确保安全的目标。植保工作受到部、省、市的肯定。1999年被农业部定为全国农作物病虫测报网孝感区域站并投资80万元建站,2000年被湖北省农业厅和孝感市委、市政府评为先进单位。2001年被农业部农技推广中心评为全国测报先进单位。1999—2001年植物检疫工作积极适应孝感市农业结构调整需要和主动应对我国加入WTO的挑战,全面开展有害生物的疫情普查,做到摸清家底,科学监测,有效控制,广泛宣传《植物检疫条例》等相关法规,提高全社会的法律意识,大力开展植物及植物产品市场检疫,调运检疫和产地检疫,有效杜绝了新疫情的传入,控制了疫情的进一步蔓延。三年来共计检疫种子、种苗及农副产品2575批次,13347吨,为确保全市农业生产安全作出了贡献。

【农村能源】 1999～2001年,根据党中央有关"退耕还林后要解决好农民的生活用能问题和治理与改善生态环境"的精神,孝感市农村能源做了如下四方面的工作:在大悟、孝昌县组织实施完成了国家下达的"生态家园富民工程示范项目",实现了农户"家居生活清洁化、农业生产无害化、庭院经济高效化"的目标。实施"阳光工程",推广高效节能新产品——太阳能热水器。全市安装使用太阳能热水器达1.7万平方米,节能(标准煤)达0.68万吨,经济效益达156.4万元。实施农村能源基本建设工程。按照农村(户)生产、生活、厕所、养殖于一体的"四位一体"模式,共建设完成猪沼果(菜、粮、渔)等模式的沼气池2700多口,达3.21万立方米,促进了全市高效生态庭院经济的发展。依法加强了节能产品的生产、经营的许可证管理,规范了全市节能产品生产和经营的市场秩序。

【农村环境保护】 市政府颁发了《孝感市农业环境保护暂行办法》,全市各县市区政府均出台了地方性的农业环保政策法规,促进了全市农业环保事业的发展。三年来,全市依法调处农业环境污染事故106起,为受害农户索赔直接经济损失41.8万元,避免造成的农业间接经济损失达1.37亿元,保护和发展了农业生产。开展了全市农业污灌区面积的调查和工业"三废"对农业环境污染的治理。设立府河、澴河、大富水三大农用灌溉水系的水质、大气、土壤长期定位监测点172个,获得监测数据4200多个,为农业环境管理和治理及农业生产提供了科学的依据。开展以蔬菜为主的农产品中农药残留率的市场检测,共检测各类农产品中农残、重金属和亚硝酸盐含量样品1740个,获得检测数据4560多个,指导了居民的安全消费和无公害农产品生产的发展。市农业局和市工商局联合下发了《关于加强保护青蛙的通知》,全市在市集贸市场、餐馆、宾馆和酒店等场所悬挂"保护青蛙、人人有责"等内容的警示牌7600余块。查处捕杀、贩卖农业有益生物案件86件,放生青蛙6800公斤,蛇类3200多条。加强生态农业建设。全市共举办不同模式、不同规模和特色的生态农业试点44个,试点面积113.2万亩,实施面积97.5万亩,取得较好的经济、生态和社会效益,促进了社会、经济的可持续发展。

【绿色食品工作】 1999～2001年,在大力发展绿色食品工作方面,通过争取各级政府领导的重视,营造了良好的绿色食品发展环境。一是加强宣传培训工作,提高了全社会的绿色食品发展意识。二是加强调研与协作,注重做好绿色食品发展的技术服务工作。三年来,全市已有14家企业的23个品牌获准绿色食品和无公害食品标志(其中A级绿色食品有21个、AA级产品一个、无公害食品一个),年总产量12.23万吨,年总产值5.34亿元。绿色食品生产基地面积达24.1万亩和40万只(头)畜禽养殖基地规模。促进了农业和农产品生产结构的战略性调整,提高了农产品质量,增强了农产品的市场竞争力,实现了创汇农业的发展,工作在全省名列第一位。同时,依法加强了绿色食品标志使用和规范市场行为的执法管理,树立了绿色食品的产品形象。还办理人大、政协委员有关"发展绿色食品、加强农产品质量安全检测管理"等方面的提案、议案和建议共13件。抽检市场蔬菜农残样品1320个,为发展无公害农产品生产提供了科学的决策依据。

【农业信息】 农业信息一直作为孝感市农业局的重要职能工作。1999年以来,农业信息工作在争创一流中不断取得新的进步,已连续多年跻身于全省农业信息、全市党委信息、全市政务信息工作的先进行列。到2001年,全市市县两级从事农业信息工作的骨干人员有24人,具有大专以上学历的占90%以上。服务内容由单一的种植业向宏观的市场经济大农业转变,由单一的抓生产技术向生产、加工、流通、管理、品牌、创汇等农业产业化方向拓展。信息收集发布由被动型、滞后性、单向传递向主动型、及时型、多向互动的服务方式转变。服务对象由过去主要面向领导和生产者转变到经营、加工、中介、外商等服务主体。信息传递由过去7天纸质发展到1天电子网络。把农业信息的网络向下延伸到基地、公司、乡、村、户。加强横向联系,加强与有关兄弟单位的信息交流,以部《农产品市场周刊》、省《农业信息快报》、市《农业信息》为载体,聘请有关涉农部门和各类农产品市场人员为农业信息员,努力扩大信息采集的来源。市农业局农业信息常年采集发布50余期300余条,加上综合材料信息，共计400余条。每年均有150余条次被国办、省厅和省市领导亲自签批，进入高层领导的决策，取得了良好的社会效益。市农业局连续多年被评为全省农业信息先进单位，连续三年被评为市委办、市政府办信息先进单位，多人被评为先进个人。

【农业项目建设】 孝感市农业基本建设投入资金稳步增长，重点项目得到了顺利实施。1999年～2001年，农业专项项目投资总额达6540.5万元，其中：中央投资4110万元，省投资1105万元，地方财政配套1018万元，自筹307.5万元。项目的实施，促进了农业的发展。

农业技术推广综合服务，项目下达计划总投资90万元。其中：农业部投入无偿资金25万元，地方财政配套资金65万元。实际完成投资118万元。购买孝感城区北京路土地12.6亩。实施国家大型优质商品粮基地建设项目。2001年，经市农业局三年多的不懈努力，国家大型商品粮基地建设项目终获国家计委批准落户孝感。项目总投资6000万元，其中国家无偿投资4000万元，该项目是孝感市种植业建国以来一次性争取国家投资最多、规模最大的建设项目，为全市粮食生产的发展带来了前所未有的好机遇。

孝感市农业局领导成员名单

局　　长　喻雨林

副 局 长　高福初　马云波

纪检组长　肖继林

（郭少明）

水 产 业

【概况】 1999年，全市水产业持续快速健康发展。放养面积94.54万亩，比上年增加2.6万亩；繁殖鱼苗44.48亿尾，比上年增加4.61亿尾；投放鱼种4348万公斤，比上年增长15.8%；水产品总产量2.56亿公斤，渔业总产值14亿元，分别比上年增长8.2%和6.6%；渔民人均收入达3000元。狠抓品种结构调整，名特优生产发展较快。养殖甲鱼1.2万亩，投种212吨，产商品甲鱼132万公斤，其中温室养甲鱼13.67万平方米，出池幼甲194万只；河蟹放养6.84万亩，投扣蟹1.28万公斤，出售河蟹35.6万公斤；鳜鱼放养12.71万亩，产鳜鱼21.5万公斤。名特优水产品放养总面积30.6万亩，总产量0.48万吨，总产值8.4亿元。开展渔业基本建设，培植发展后劲。新建鱼池配套全，标准高。全市共完成"三改一建"面积10.8万亩，其中新建精养鱼池2.5万亩，改造老池3.1万亩、塘堰3.2万亩、小湖库2万亩。全力抗灾保渔。进入七月份后，旱情发展严重，全市上下紧急行动，积极研究对策，提出了"一捕、二防、三管、四补、五扶"的救灾措施，并加强对渔业抗旱的指导，做好渔农用水的协调，夺取了渔业抗旱的胜利。加大渔业执法力度。共收缴电捕鱼器2000余台套，放生青蛙3万余斤，查处偷毒炸抢渔事案件1240起，核发养殖水面使用证面积23万亩，捕捞许可证3381本。

2000年，放养水面82.9万亩，投放鱼种4294万公斤，水产品总产量24.2万吨，产值12.2亿元；渔业"三改一建"面积11.96万亩。因地制宜开展结构调整。名特优养殖品种增加，面积扩大，鳖、龟、河蟹、鳜、银鱼、黑鱼、黄颡鱼、黄鳝等放养面积41.7万亩，比上年增长55.5%；依据地域特点连片发展特色品种，南部的汉川、孝南、应城三区市积极发展拦网养蟹，龟鳖养殖；观赏渔业、垂钓渔业、休闲渔业都有了一定发展。多条途径招商引资，筹集发展资金。先后引进辽宁、江苏等省及本省的武汉、仙桃等地客商12个，全年引资5000万元，开发水面3万亩。推广普及水产技术。通过报纸、电视宣传稻田养鱼、名特优养殖、庭院水产养殖等实用技术；举办水产技术培训班培训人员8万多人次；向养鱼户及时提供生产技术、市场销售、苗种供应等信息服务；派人员、带资金到农村兴办技术示范点38处，面积5000亩。重视水产流通工作。相继成立了县市区水产流通协会，搞好市场策划，组织水产品销售；完善市场设施建设，加强市场管理，突出抓南大水产品市场、汉川水产品大市场的建设与管理工作；鼓励水产经销大户拓宽经营渠道，扩大经营范围，对成绩突出者给予奖励。加强渔政队伍自身建设，努力提高业务素质。组织开展全市渔政执法人员业务，坚持培训上岗，共培训3期186人次；制定了《孝感市渔政执法人员行为规范》，严肃执法纪律，规范执法行为；认真学习宣传修订后的《渔业法》。

2001年，水产业稳步发展，各项指标继续增长。放养水面84.5万亩，比上年增长1.6万亩；投放鱼种4607万公斤，比上年增长7%；水产品总产量24.83万吨，比上年增长2.7%；渔业产值12.58亿元，比上年增长3%；渔业产值占大农业比重18.2%，比上年提高0.2个百分点。继续优化渔业结构。名特优水产品养殖面积扩大到37.3万亩，占总放养面积的44%，其中河蟹10.6万亩，鳜鱼9.4万亩，甲鱼7305亩（控温养甲17.5平方米），鳝鱼3687亩。形成了以南部湖区为主的10万亩河蟹养殖基地，以应城汤池、孝南杨店、汉川华严三乡镇为主的5000亩甲鱼养殖基地，以汉川汈汊湖、刘隔、新堰，云梦下辛店，应城郎君等乡镇为主的2000亩黄鳝养殖基地。发展渔畜禽、渔林果等生态渔业养殖面积3万亩，稻田养蟹、罗非鱼面积1.78万亩。建成了以孝南区朱湖农场、云梦郑家湖渔场为代表的一批休闲垂钓渔业基地。以多种形式扩大对外招商，引进资金盘活国有养殖场，开发建设精养鱼池，招商引资额达8000万元，比上年增长50%。组织科技人员送技术下乡，培训人员6万人次。面对历史上罕见的旱灾，全力开展抗旱保渔，各地积极协调渔农用水，组织捕鱼转塘，强化后期喂养，努力夺取全年渔业丰收。严厉打击渔业违法活动，保护水产资源，维护生产者和消费者的合法权益，共取缔不合法的"迷魂阵"1059个，拦河大网2部，没收电捕鱼器300台套，查处各类渔事案件1232起。

【机关文明创建】 1999年12月，孝感市水产局被孝感市委、市政府授予市级文明单位，2001 年底被授予市级最佳文明单位。自 1996 年开展机关文明创建工作以来，全局上下高度重视，常抓不懈，坚持四个到位（领导到位、责任奖惩到位、目标措施到位、资金投入到位），不断加大工作力度，努力提高创建水平，进一步加强社会主义精神文明建设，改善办公条件，营造浓厚的文明创建氛围，取得了良好的效果。

【渔业现代化试点】 1999 年，配合全市农业农村现代化建设工作，确定汉川新河镇、云梦伍洛镇、应城东马坊镇、安陆洑水镇、孝南朋兴乡五个乡镇为孝感市渔业现代化试点单位。以渔业增效、渔民增收为中心，综合利用水域，主攻名特优水产品养殖，着力推进鱼池改造标准化，养殖品种优良化，生产管理机械化，综合经营规范化，起到示范推广作用。规划到 2005 年，鱼池标准化程度达到84.8%，渔业养殖机械化程度达到75.8%，水产良种覆盖率94.8%，渔业产值占大农业比重17%。

【发展休闲渔业】 休闲渔业是渔业产业结构调整中的重要内容，代表着现代渔业的发展方向。近些年，孝感市水产局抢抓全市农业结构调整机遇，以市场为导向，合理调整渔业结构，充分利用现有养殖水面发展休闲渔业。到 2001 底，全市建成集水产观光、垂钓于一体的休闲渔业基地 4 万亩。标准较高的有汉川汈汊湖养殖场、孝南朱湖农场、云梦郑家湖渔场、应城市水产技术推广站等基地。

【《渔业法》宣传】 新修订的《渔业法》于 2000 年 10 月 31 日经全国人大常委会通过颁布实施后，全市水产部门把宣传新《渔业法》作为开展水产工作的一项重要内容。2001 年 3 月下旬，由孝感市人大法律工作委员会主持召开了孝感市贯彻实施新《渔业法》座谈会，参加单位有法院、农委、公安、司法、工商、环保、监察、水产、渔政等十余家，市新闻单位进行了广泛报道，社会反响强烈。同时，市渔政船检港管理处组织各县市区渔政部门，利用报纸、电视、广播等媒体宣传 12 次，刷写固定标语 4800 条，挂横幅 197 条，散发资料 3900 份，还派出宣传车深入湖区、库区、水产市场等地巡回宣传。

【技术推广】 1999 年至 2001 年，全市采取多种形式开展水产科技普及工作，积极推广新品种、新技术、新模式，有力推动水产技术的推广应用。在传统的报纸宣传、资料散发、现场指导基础上，还采用 VCD 机播放、赶渔业科技集等新形式进行宣传。重要活动有：2000 年，在汉川新河镇兴办稻田试验养殖南方大口鲶 100 亩，在应城郎君镇兴办稻田试验养殖罗非鱼 50 亩，取得了鱼稻双丰收；2001 年，组织部分县市水产局局长到苏皖考察学习稻田养殖新模式，并制作了光盘，分发到各县市区播放学习，又多次组织科技人员深入乡镇场送科技下乡，请水产养殖、经销先进户现身说法，传授经验。

【局属企业改制】 三年内，孝感市水产局按照上级要求，坚持政企分开和国有资产保值增值的原则，采取多种形式，认真开展下属企业的改革工作。一是成功地把生产生活条件恶劣、多年亏损严重的童家湖渔场产权对外出让，期限 50 年；二是由水产局承担全部债权债务，接收现有资产，将经营难以为继的湖光大厦关闭，筹资 70 万元妥善安置 30 余名职工；三是按照现代企业制度要求，对原丰业、久昌、水产三家公司实行改制转民；四是把计划经济时代遗留下的经营无望的小公司关闭。一番改革后，这些企业脱胎换骨，焕然一新，为本地区经济发展作出了新贡献。

孝感市水产局领导成员名单

局　　长	阳捍中
副 局 长	王云平　付学坤　罗瑞甫
纪检组长	李德辉

（魏　英　赵春红）

农业机械化管理

【概况】 2001 年市直机关机构改革，明确市农业机械管理局是主管全市农业机械化发展的正县级事业单位。其主要职责是：负责研究制定全市农机化发展战略和中、长期规划，协调组织规划实施。贯彻执行党和国家有关农机化的方针、政策、法律法规；结合实际拟定本市农机化具体的管理制度、标准、办法，并督促检查落实。对农业机械使用管理、安全监理、科研推广、教育培训、试验鉴定、质量监督、农机修造、农机供应等工作实行行业管理；参与有关农业机械的技术质量监督、安全监督管理和农业机械设备的更新改造；引导农机、牧机和植保机械产品结构调整。负责农机化项目的立项审查、申请、实施和检查、验收；农机专项资金、基金的申请、分配和使用管理；农机抗灾物资的申请、分配、储备和管理。管理归口机电泵站，组织农业机械投入抗灾救灾。指导全市农机服务体系建设和系统信息网络建设，负责农机社会化服务，维护农机经营者的合法权益，鼓励和引导农民增加农机投入，促进全市农业机械化水平不断提高。局机关内设办公室、规划财务科、监督管理科、科教推广科和人事监察科 5 个科室。核定事业编制 16 名。其中：局长 1 名，副局长 2 名；科级领导职数 7 名（正科 5 名、副科 2 名）；工勤人员 1 名，离退休服务人员 1 名。

在世纪交替的 1999 年～2001 年，全市农机化工作开创了一年一大步、三年大发展的新局面。农机管理日益规范，管理水平不断提高。采取多种有效形式，运用各种宣传媒介，大力宣传农机化政策和法律法规，提高机手法律意识，增强群众法制观念，营造农机管理优良环境；实行外训和内训相结合，分期分批培训农机管理干部、技术人员、行政执法人员和机手，狠抓队伍整体素质提高，三年共培训各类人员 16000 余人（次）；坚持依法行政，文明执法，普遍推行执法“两制”，努力理顺关系，全面落实管理职能，狠抓农机安全生产。2001年，全市农机安全列管率、检验率和检验合格率均比1998年提高4—5个百分点，分别达到91%、93%和98%，农机事故死亡率1999年控制在1‰以内，2000～2001年为零。有力保障了人民生命财产及生产安全。科技推广力度加大，工作成效十分显著。重点围绕农业结构调整和生产实际抓推广，三年全市累计争取和实施部、省农机化科技推广项目21个，大力推广了农业节本增效、水稻生产、粮食收获及精加工、秸秆还田和设施农业等机械化技术及机具，把推广的范围扩大到了农业的产前、产中和产后，延伸到了渔业、林业和多种经营等大农业领域，为发展全市"一优两高"农业起到了积极促进作用。服务体系不断壮大，服务活动广泛开展。通过树立县市区加强乡镇农机管理服务站基础设施建设，大力发展农机协会和农机作业服务队等先进典型，以点带面，加强全市农机服务体系建设。同时，结合农时季节，充分发挥各级农机服务组织的骨干作用，每年坚持抓好归口机电泵站维修管理，农机闹春耕和夏、秋机械抢收抢种，并连续三年组织机械抗旱救灾，充分显示了机械的威力，发挥了农机部门的重要作用。装备水平明显改善，作业水平继续提高。2001年底，全市农机总动力达到116.19万千瓦，在广水市划归随州市以后，仍然在原有基础上增加了4.63万千瓦；机耕、机播、机收三项主要农田作业机械化水平依次达到170.4、11.41和57.9千公顷，分别比1998年增加60.37、2.77和25.79千公顷；农田排灌、植保、运输和农副产品加工等已基本实现机械化的项目，机械化水平进一步提高；农业综合机械化水平比1998年增长5个百分点，提高到51%。学教活动深入扎实，文明创建硕果累累。三年中，按照市委、市政府的统一部署，相继认真进行了"三讲"教育、"三个代表"学习教育和党员、干部警示教育，坚持开展了创建"团结、廉洁、实干"领导班子活动、机关思想作风建设、形象工程建设、文明单位和文明卫生城市创建活动，由于领导重视，组织严密，工作到位，均取得了好的效果。1999年，市农机局被市委、市政府评为"创建文明卫生城市先进单位"；被市直机关工委评为"机关形象工程建设先进单位"。1999年和2000年，分别被省农机化管理办公室、农业厅评为"全省农机化工作先进单位"。2000～2001年度，被市委、市政府授予"文明单位"称号；机关党支部被市直机关工委评为"先进基层党组织"。（黄祥仿）

【归口管理固定机电泵站登记建卡】 从2001年8月中旬开始，市农机局组织有关人员，集中近两个月时间，对全市范围内归口管理的40千瓦(60马力)以上固定机电泵站进行了全面调查摸底和登记、建卡工作，并及时向市政府呈送了专题调查报告，为领导决策和提高抗灾装备使用、管理水平提供了第一手有价值的资料。到2001年底，全市归口农机部门管理的40千瓦(60马力)以上固定机电泵站569处，装机818台，58432千瓦，受益面积94.75千公顷，其中灌溉面积57.37千公顷，受益村1058个。泵站设备技术状况好的有612台(套)，可运行的有171台(套)，不能运行的有35台(套)，分别占装机总数的75%、21%、4%。在569处泵站中，有柴油机泵站29处，占总处数的5%，装机29台，1738千瓦，受益面积1.69千公顷，其中灌溉面积1.23千公顷。按泵站作用分类：有排渍站130处，占总处数的23%，装机228台，19550千瓦，受益面积25.79千公顷；有抗旱站390处，占总处数的69%，装机491台，31753千瓦，受益面积52.31千公顷；有抗旱、排渍双作用泵站49处，占总处数的8%，装机99台，7129千瓦，受益面积16.65千公顷，其中灌溉面积5.05千公顷。按建站时间分类：1970年前建站283处，占总处数的50%，装机410台，32919千瓦，受益面积53.44千公顷，其中灌溉面积31.89千公顷；1980年～1989年建站177处，占总处数的31%，装机254台，16417千瓦，受益面积25.37千公顷，其中灌溉面积16.13千公顷；1990年以来建站109处，占总处数的19%，装机154台，9096千瓦，受益面积15.94千公顷，其中灌溉面积9.35千公顷。（胡建朝）

【分期分批培训农机管理执法人员】 一是送出去培训。1999～2001年，市农机系统累计派出参加全国、全省各类培训达100余人次。二是组织集中培训。培训时，既请法规专家、有丰富教学经验的教师讲课，又派局机关业务骨干参加教学，同时还聘请基层农机管理执法人员交流实际工作经验，使每期培训都收到了预期的效果。1999年，市农机局集中2个月时间，在原机电工程学校连续举办了3期农机管理干部培训班。主要讲授邓小平理论，党的十五大精神，农机化发展与前景，文明窗口建设的有关问题，农机政策法规，农机化新技术，新机具推广应用，农机统计知识，以及乡镇农机站改革与发展等有关内容。共培训乡镇农机站长、县市区农机局管理股长、推广站站长、监理站站长和农机学校校长等农机管理干部125人。2000年7月，市农机局又组织全市142名农机监理员在孝感军分区集训，并举行了上岗达标考试。有力促进了农机行政执法质量和水平的提高。（黄祥仿）

【安全生产警钟长鸣】 一是大力开展农机监理法规和安全生产知识宣传教育。三年里全市农机部门共出动宣传车813台次，刷写宣传标语11000张(条)，拉横幅283条，印发宣传资料16000余份(册)，培训农机管理人员和农机手12000多人次。二是2000年6月至8月，以"落实安全生产制度，强化安全防范措施，确保农机安全生产"为主题，在全市范围统一组织开展了"农机百日安全竞赛活动"，得到省农机监理总站的充分肯定。三是加大执法力度，强化农机安全整治，在全市形成农机安全生产监管的高压态势。2001年7月，市农机局与市交警支队直属一大队、市交通局、市技术监督局联合开展了以"无牌无证、假牌假证、擅自拼装老旧破损车辆"为重点的专项清查行动，共查出“三无”农用机车1500多台/人，消除事故隐患800多起，使全市农机挂牌率、持证率达到90%以上，检审率达到93%。2000年、2001年连续两年实现全市农机安全无事故。（李文斌）

【安陆市农机监理站成为全国示范窗口单位】 2000年12月，农业部下发农（机）发［2000］6号文件，授予安陆市农机监理站“全国‘文明监理、优质服务’示范窗口单位”称号。（李文斌）

【农机化科技推广项目不断增多】 1999～2001年，全市农机部门通过各种途径共争取农机化科技推广项目21个。其中农业部下达的项目5个，省农机化管理办公室下达的项目16个。项目经费逾200万元。项目内容主要是：水稻机械化生产示范县建设、农作物秸秆机械化还田示范工程建设、水稻机械收获及稻米精加工技术、农机装备更新改造及节种、节肥、节水等节本增效机械化技术。这些项目均在2001年底前实施并被部、省验收合格。（夏新华）

【机械收获迅速发展】 机械收获是农机服务农业生产的重要环节。1999～2001年，全市机械收获得到了迅速发展。在小麦、水稻收获季节，农机部门立足实际，采取分段收割与联合收割相结合，充分发挥本地机械作用与引进外地机械相结合，新机具推广与服务相结合的方式，认真抓好机械收割作业，不断提高机械收割作业比重。2001年夏收，全市共投入割晒机607台，联合收割机265台，其中引进外地联合收割机104台，完成机收作业面积23.29千公顷，占播种面积的22.9%。水稻收割投入割晒机850台，联合收割机382台，其中引进联合收割机179台，完成水稻机收作业面积34.61千公顷，占播种面积的19.6%。2001年12月，省农机化管理办公室授予市农机局“全省跨区机收小麦工作先进单位”光荣称号；省农业厅和全国跨区机收小麦工作领导小组通报表彰市农机局、市公安局交通警察支队直属一大队为“2000～2001年度全国跨区机收工作先进单位”，通报表彰市农机局曹转运、孝昌县公安局交通警察大队潘剑华为“2000～2001年度全国跨区机收工作先进工作者”。（胡建朝）

【农作物秸秆机械化还田项目验收评为优秀】 2000年，农业部下达孝感市实施“重点地区农作物秸秆机械化还田示范工程建设”项目。市农机推广站与孝南区农机推广站合作，在闵集乡、祝站镇、三汊镇、毛陈镇示范、推广。实施面积10.2万亩，当年见效面积4万亩，新增总产量124万千克，新增总产值111.6万元，新增纯收入80.6万元，取得了良好的经济效益。同时，实施机械化秸秆还田，改善了土壤结构及保水、透气等性能，避免了焚烧秸秆所造成的环境污染，保护了农业生态环境，社会效益及经济效益显著。项目验收时被专家评为优秀。（张正雄）

【成功进行种子带播种技术试验示范】 1999年，市农机推广站在孝南区新华街沙沟村进行种子带播种技术试验示范，试验品种为“特早30豇豆王”和“长红一号萝卜”。该项目由农业部农机推广总站下达。此次试验与传统播种方式比较，种子带播种萝卜亩耗种600克，节种70%；亩产量2525千克，增产129.5%，而且可提早7天上市。种子带播种豇豆，亩耗时4小时，节约工时80%。试验结果表明：种子带播种技术有良好推广前景。（张正雄）

【农机化科技推广开始向设施农业延伸】 2001年，市农机局按照市政府统一部署和要求，组织农机推广站技术人员，在市开发区高新农业科技园安装了7亩高规格温室大棚，并且推广了适宜大棚生产的微喷、渗灌等配套机械化技术，为发展设施农业起到了积极促进作用。（张正雄）

【三年抗大旱农机显威力】 1999年～2001年连续三年全市均遭受严重旱灾。面对严峻旱情，全市农机部门通过抓突击维修，确保抗旱设备正常运行；抓物资供应，确保抗旱必需；抓临时泵站建设，与水源打阵地战、游击战；充分发挥部门技术力量雄厚的优势，挖掘农业装备潜力，服务于抗旱保丰收、保稳定、保发展不动摇。2001年，建临时泵站62处，装机750台（套）、总容量达6870千瓦。在八汊洼水库、界牌水库边，汉北河、滚子河畔，冲口湾泵站、黄岗闸旁，到处都有农机部门组织的提水机群作业。2001年全市投入机械5万台（套），52.6万千瓦；投入农机人员5.1万人，其中干部500人，技术人员300人；农机系统投入物资、资金计125万元；修理机械设备6100台（套），其中抢修泵站设备280台（套）；累计提水1.3亿方，抗旱面积188.67千公顷；生产自救、改种、补种完成机械耕整作业面积10.27千公顷，有效减轻了灾情损失。

（胡建朝）

孝感市农机局领导成员名单

局党组书记、局长	朱建国
局党组成员、副局长	张小平
	曹转运

（黄祥仿）

林　　业

【概况】 1999～2001年，是孝感林业发展的重要时期。全市大力调整优化林业结构，实施大布局，建设大基地，培育大品种，造林绿化取得了明显成效。三年来，全市共完成成片造林78.4万亩，四旁植树5000余万株，封山育林170万亩。基地开发形成规模。全市狠抓了以“三条高效经济林种植带”为主的大基地建设。即孝南至孝昌京珠高速公路沿线优质桃带，大悟三里至宣化板栗带，安陆至京山公路沿线银杏带。基地建设面积达30万亩，建成连片千亩以上基地28处。绿色通道建设重点突出。2001年，孝感市主抓了107国道绿色通道建设，基本实现了107国道孝感段

75.4公里全线贯通。平原绿化再上新台阶。汉川、应城、云梦、孝南、安陆5个县市区的12个乡镇作为平原绿化试点乡镇，到2001年，12个乡镇均达到了省定标准。全市累计投资1200万元，农田林网植树135万株，绿化渠堤150公里，城镇绿化1743亩。长防林工程建设稳步推进。2001年孝昌、应城两县市纳入第二期长防护林建设的第一批县市，当年完成1.6万亩的工程任务。封山育林措施过硬。采取"五个一"，即一批护林员上岗，一批护林哨所上山，一批护林标牌上路，一套管理制度上墙，打击一批毁林犯罪分子。同时，在封山育林采取补植、补播等营林措施，保证封育成效。

【义务植树】 2001年是全民义务植树运动开展20周年，在纪念全民义务植树开展20周年的活动中，全市建义务植树基地99个，面积达2.7万亩。20年来，全市累计有6000万余人次参加了义务植树活动，义务植树共计42877万株。

【种苗生产】 2000年，国家批准孝感市建设4个中心示范苗圃。共投资330万元，建设面积1055亩。其中，投资100万元，建设孝感市中心苗圃，建设面积375亩；投资100万元，建设大悟邓畈苗圃，面积300亩；投资70万元，建设应城北垸中心苗圃，面积330亩；投资60万元，建设安陆五一苗圃，面积150亩。全市种苗生产呈现新的生机。孝昌县在花园镇万花园建苗圃1500亩，苗木、花卉品种达300多个。安陆市林业局在316国道旁建苗圃250亩，引进绿化树种20余个。至2001年，全市中心、示范、骨干苗圃发展到9个，面积达3000余亩。

【森林旅游】 自1999年以来，市政府加大了双峰山森林旅游的开发力度，市直有关部门采取扶持措施，加快建设步伐。安陆市政府把白兆山森林公园开发建设列为市十大工程之一。孝昌县加大观音湖风景区的建设力度。全市森林旅游业发展突飞猛进，取得了显著成就：一是基础设施建设卓有成效。孝感市供电局投资60万元，架设通电线路。市交通局铺设了青龙洞至剥岸9公里水泥路面，通车里程达35公里，生活区和景点区之间初步形成了交通网络。市邮电局投资60万元，开通216门程控电话。市建委投资26万元建排污工程等。安陆政府投资200万元新修白兆山森林公园旅游公路6公里、旅游步道4公里、门楼一座、水库一个等。二是景点建设有进展。双峰山开发建设了青龙洞景点，洞内拉长300米，安装了照明灯，开辟了停车场，初步具备了旅游条件。安陆白兆山开发了白云泉、摩崖石刻、洗笔池等景点。三是接待设施初具规模。双峰山新建了隆泉谷山庄、滴翠园，增加床位200个。孝昌观音湖新建山庄2个，增加床位150个。

【花卉博览交易会】 2000年9月27日至10月1日，省林业局举办了2000年湖北（武汉）全国花卉博览交易会。市林业局和7个县市区林业局都参加了此次博览交易会，会上充分展示了孝感市林业部门的良好形象，加强了市林业局与各地花卉业界的交流与合作，取得了良好的社会和经济效益，受到了省林业局的好评。市林业局组织的银杏、榧木、榕树、红枫、柏树、白腊、山石等盆景和膏雕、观赏鸟等各具特色，参观者络绎不绝，购买者踊跃，成交额达20余万元。孝感市林业局荣获组委会颁发的最高奖——组织一等奖，同时，市林业局和云梦县林业局还荣获布展三等奖。2001年9月28日至10月7日，中国花卉协会和广东省人民政府在广东省顺德市陈村花卉世界联合举办了第五届中国花卉博览会和第三届中国花卉交易会。市林业局组织了6件作品参加了此次博览交易会，其中有1件作品荣获优秀奖。

【森林资源调查】 孝感市森林资源调查工作于1999年1月启动，至1999年12月外业调查和内业资料汇总工作结束。据调查资料显示，全市林地面积265.5万亩，其中有林地面积197.6万亩、疏林地面积3万亩、灌木林面积26.3万亩、园林地面积0.7万亩、无立木林地37.2万亩、苗圃地0.7万亩；活立木总蓄积579.1万立方米，其中人工林蓄积187.1万立方米，天然林蓄积266.7万立方米、四旁林等蓄积125.3万立方米。森林覆盖率为20.4%。森林资源调查为准确地掌握森林资源的消长变化，为全市生态环境建设保护事业提供可靠依据，为国民经济可持续发展摸清了家底。全市森调队员发扬特别能吃苦、特别能战斗的精神，在调查启动上求早，在调查进度上求快，在调查质量上求好，在工作标准上从高，在纪律要求上从严，在生活待遇上从俭，严格按照上级要求和技术规程进行工作，如期完成了森林资源调查的各项工作任务。森林资源调查任务结束后，孝感市林业局被评为全省先进单位。

【森林分类经营】 按照国务院在全国推进森林分类经营改革的决定，孝感市森林分类经营区划界定工作从2001年7月9日正式启动，市委常委、副市长魏文和任森林分类经营领导小组组长。全市开展森林分类经营工作，一是广泛宣传，提高认识。二是明确要求，完善方案。三是突出重点，强化措施。按照统一规划，分步实施和事权划分，分级管理的原则，把已规划的生态公益林和商品林的林业用地，按林种类型落实到山头地块，并同所有权（或使用权）单位和个人签订界定书，做到权属、地类清楚，经营主体明确。经严格科学区划，并经专家论证，全市确定生态公益林面积为94599.3公顷，其中国家生态公益林71813.8公顷，地方生态公益林面积为22785.5公顷。

【编制"十五"采伐限额】 1999年7月开始编制"十五"期间年森林采伐限额的工作，各县（市）区按要求于2000年1月完成基础数据的测算工作，经各县（市）区人民政府审定后，各县（市）区人民政府以政府的文件上报到市人民政府，市林业局经过汇总初审，于2000年3月报市人民政府审定，同月，市人民政府以孝政文[2000]5号文件上报省政府审定。省政府报经国务院批准后，于2001年7月26日以鄂政发[2001]39号文件，批准孝感市“十五”期间年森林采伐限额为208100立方米，其中：商品材36200立方米、农民自用材69500立方米、烧材59600立方米。

【保护森林资源三号行动】 按照国家和省局部署，孝感市“保护森林资源三号行动”从2000年8月份开始，全市森林公安、林政执法、野生动物保护等各类执法机构全部参与，整体出击，重点打击了破坏林木、林地和野生动物资源的违法犯罪行为。全市各级各类林业执法人员，以集中力量查处乱砍滥伐林木、乱捕滥猎野生动物、乱收滥购木材、乱征滥占林地以及毁林开垦、非法运输、经营、加工木材案件为重点，集中力量，全线整体出击。在“三号行动”中，全市共查处各类森林案件230余件，其中盗伐林木案15起，滥伐林木案43起，违法征占用林地案9起，违法购销加工木材案82起，其他案件81起，没收违法所得10.8万元，收缴木材2789立方米，野生动物782只，受行政处罚人数251人（次），罚款27.3万元；查处大要案2件，刑事拘留3人。“三号行动”结束后，孝感市林业局受到国家林业局通报表彰。

【森林防火】 截止2001年底，全市共有县级、乡级森林防火指挥部124个，日常办事机构124个；森林防火工作人员372人，其中市级领导6人，县级领导38人，科级干部109人，科级以下工作人员219人；专业半专业扑火队35支，430人；季节性义务扑火队384支，9414人；专职护林人员849人，兼职护林人员3024人，初步形成了森林防火网络。1999年11月1日，市护林防火指挥部办公室以孝护防办[1999]4号文，批准成立“周、丰、双”地区护林防火联防指挥部，对孝昌县周巷镇、丰山镇及双峰林场总场森林防火实行联防联治，统一指挥。1999年～2001年，全市共发生森林火灾138起，其中火警80起，一般火灾58起，过火面积037公顷，受害面积241公顷，损失林木505立方米，幼树58490株，年均受害率0.05‰。

【林业严打一号行动】 2001年6月1日至8月28日，市林业局按照上级统一部署，在全市组织开展了“林业严打一号行动”。在本次行动中，共查处各类森林案件85起，其中：刑事案件8起，治安案件3起，林业行政处罚案件74起；处理各类违法犯罪人员93人，其中：逮捕8人，治安处罚11人，林业行政处罚74人；收缴木材252立方米，野生动物585头（只），为国家挽回经济损失18.3万元。

【保护野生动物“猎鹰行动”】 2001年12月5日至12月25日，市林业局在孝感市区组织了以“严厉打击破坏野生动物资源违法犯罪活动”为主题的保护野生动物“猎鹰行动”。本次行动中，共清理整顿酒店、餐馆、排档、宾馆121家，经营市场9个，野生动物及其制品经营户43家，野生动物栖息地4处。共收缴乱捕滥猎、非法经营的野生动物及其制品2063只（件），种类包括雉鸡、野鸭、黄鼬、鹿、蛇、麻雀、斑鸠、草兔等20余种，处理各类违法人员56人（次），其中警告37人（次），林业行政罚款18人（次），刑事拘留1人。

【陆生野生动物调查】 1999～2000年，全市开展了建国以来首次陆生野生动物调查。调查以系统抽样调查为基础，辅之以访问调查和专项调查。全市设置调查样带253条，样带长4至8公里，宽度200米，样带内每公里设一个200×200米的样方，实际调查总长度1330公里，抽样调查面积266平方公里，占全市行政总面积的2.3%，抽样强度大于技术规程所要求。调查结果表明，全市记录到的野生动物共4纲26目58科约138种。属于国家一级保护的有白鹳；二级保护的有大鲵、虎纹蛙、豺、水獭、豹、大灵猫、獐、斑羚、穿山甲、黄嘴白鹭、小天鹅、灰鹤、小杓鹬、苍鹰、雀鹰、白腹鹞、红隼、雕鸮、纵纹腹小鸮、普通角鸮、长尾雉等21种。列入《濒危野生动植物种国际贸易公约》附录Ⅰ、Ⅱ的有狼、豹猫等7种动物。被国际自然和自然资源保护联盟定为易危种的有3种。属于中国与日本、澳大利亚保护候鸟及其栖息环境协定中指名种的有牛背鹭、大白鹭、中白鹭、大麻鳽、鸿雁、豆雁、赤麻鸭、绿头鸭、普通秋沙鸭、普通秧鸡、董鸡、凤头麦鸡、大杜鹃、小杜鹃、家燕、白鹡鸰、虎纹伯劳、红尾伯劳、黑尾蜡嘴雀等19种。

【森林病虫害防治管理】 1998～1999年，全市用2年的时间，完成松材线虫病、松孢锈病、杉双条天牛、板栗疫病、柑橘溃疡病等5个森林植物检疫对象普查，涉及松、杉、柏、板栗、柑橘等6种寄主植物，面积近19万公顷。

3年来，全市年均森林病虫害发生面积17.92万亩，防治面积15.89万亩。以市森防站作为主要协作单位，参加完成的“孝感地区栗疫病发生规律及综合防治研究”成果，2000年11月，通过市科委主持的专家组鉴定。

2000年，市森防站在连续几年圆满完成森防责任目标管理考核的基础上，成为国家林业局首批授予的287个“森林病虫害防治检疫标准站”成员之一。

2001年，市森防站被纳入“国家级森林病虫害中心测报点”，是全国189个马尾松毛虫监测点的网络成员，国家划拨一批先进的仪器设备，充实了市站建设。

【林业科技推广】 1999年11月，国家林业局批准《美洲黑杨新无性系NL－80351等杨树新品种推广》项目在孝感实施。2000年3月上旬，市林业科技推广中心从南京林业大学引进美洲黑杨新无性系NL－80351和74两个杨树新品种2000株，与应城市有名店林场建立示范苗圃，育苗2万株，年末出圃优质壮苗1.8万株，苗木平均胸径2.5厘米，平均高420厘米，比现有杨树主栽品种优势明显。2001年该品种分别引往孝昌、大悟、武汉市、随州市,并营造示范林300亩,出圃苗10万株。1999年12月,市林业科学研究所从安徽农业大学、郑州果树研究所引进早蜜桃品种7个,银杏品种2个,板栗品种3个,建立母本园4亩。3年来,全市重点推广板栗新品种腰子栗、宣化红;油桃新品种曙光、华光、艳光;中低产茶园改造;油茶优良高产品种亚林4号,湘林5号引进推广;五岳山马褂木优良种源扩繁;银杏授粉等速生丰产综合配套技术,提高了单位面积产量,改善了品种质量,农民得到了实惠。2000年12月,市林业科技推广中心被省林业局授予"十佳林业科技单位"称号。2001年12月市林业局林科所示范苗圃被省林业局授予"十强苗圃"称号。

孝感市林业局领导班子名单

局　长　叶　华

副局长　陈乾堂　方顺星　徐银云

纪检组长　王春芳

（徐洪洲）

水　利

【**概况**】 1999年～2001年,是孝感水利在'98特大洪水之后投入多、规模大、建设快的三年。三年中,水利基建投资11504万元,其中中央专项资金5408万元,省财政投入6069万元,完成了民乐闸、汉川闸改建和庙头低闸重建、新沟闸闸门更新加固,继续进行徐家河水库灌区配套、郑家河水库枢纽除险、以及分水泵站续建和夹河沟泵站更新改造等一批重点工程建设。农田水利建设以提高抗灾能力为目的,实行分类指导,突出重点,标本兼治、综合治理,采取"小型大规模"施工形式,共完成各类水利工程40453处,土石方13762万方,其中修复水毁6463处,加固堤防236公里,疏浚河道88公里;整险加固病险水库97座,其中大中型水库5座;新建扩建塘堰20789口,增加蓄水能力7704万方;改造中低产田33万亩,新增节水面积12万亩;治理水土流失面积149平方公里。水利建设规模和效益受到省政府、国家水利部的充分肯定,在连续5年获全省水利建设先进单位后,2000年又受到省政府特别表彰,并被评为全国农村水利先进单位。

【**战胜特大干旱**】 1999年到2001年,全市连续三年遭受干旱,而2001年的旱情最为严重。1—9月,全市降雨同比偏少3—6成,梅雨期出现"空梅"。7月份基本无雨,8月份只有局部地方出现小降雨,9月份直到21日以后才有少数地方降了零星小雨。由于上年暖冬连暖春,盛夏酷热,7月份气温较历年同期高2.3℃。蒸发量也较历年同期大,7、8、9三个月总蒸发量达666.9毫米,超过1978年同期。长时间高温少雨,造成蓄水严重不足,水源奇缺,境内中小河流全部断流,南部的汉北河、府河、大富水等主要河流只能靠汉川泵站从汉江提水补充,全市405座大中小型水库有四分之三水位在死水以下,其中170余座小水库干涸。旱情从6月份开始由北向南迅速发展蔓延,全市受旱面积达394万亩,因灾绝收54万亩;55个乡镇33万人、16万头牲畜饮水出现困难,大悟、孝昌等地城区供水受到严重影响。

面对严重旱情,市委、市政府明确提出全市上下必须牢固树立抗大旱和抗长旱的思想不动摇,坚持"抗旱保农民增收,保农业增效、保社会稳定"的目标不动摇,把抗大旱作为压倒一切的中心工作,集中精力、集中人力、集中财力和物力,全面动员,精心组织,实行面对面领导。市"四大家"领导按责任分工深入基层,到抗旱第一线和发生人畜饮水困难的地方检查指导,协调矛盾、解决问题;市县两级派出100多个工作组到旱区协助抗旱。对30多个困难突出的乡镇,市直30多个部门实行对口扶持,送钱送机械,帮助打井,组织多级提水,解决饮水困难。根据水源状况,因地制宜组织抗旱。水源充足的地方,坚持统筹兼顾,搞好水量分配,做到全抗全保;水源不足的地方,算好水帐,搞好计划用水,能保的坚决保,将旱灾损失降低到最低限度;严重缺水的地方,积极寻找水源,确保人畜饮水和城镇居民生活用水。市指挥部把一站两库(汉川泵站、徐家河、郑家河水库)牢牢抓在手里,搬大水抗大旱。开启汉川二站实施南水北调、实施低水高走大动作;对两大水库坚持科学调度,合理分配流量,派驻工作队调处上下游用水矛盾。各地充分发动群众,组织千军万马,全力以赴抗大旱,只要有水源的地方,采取放水、引水、架机提水,甚至人挑车拉和人工降雨等办法,千方百计保农田灌溉,保人畜饮水和城镇居民生活用水。整个抗旱期间,全市投入抗旱劳力91.4万人,机械7.57万台套33.1万千瓦,抗旱用电7260万度,柴油4610吨,投入抗旱资金1.6亿元,通过引、放、提等多种方式共为抗旱供水14.88亿方,抗灌面积285万亩次。经过全市上下团结一心,奋力拼搏,实现了"一抗三保"目标,战胜了百年未遇大旱。

【**组织徐家河水库跨灌区调水**】 从上年秋季开始直至2000年初夏的持续干旱,使境内府澴河、汉北河等300多条河流断流,汉江出现了历史最低水位,中小水库蓄水严重不足,塘堰干涸,沿湖泵站无水可抽,抗旱水源出现前所未有的困难。孝南区请求从徐家河水库调水入王母湖,解决毛陈、闵集、三汊等乡镇早稻抢插水源。

徐家河水库灌区在府河与澴河之间,渠道灌溉最远只能到达孝南陡岗,而毛陈等乡镇在其灌区之外的澴东地区,要从徐家河水库调水,必须泄水入府河,经安陆解放山、云梦,通过鲢鱼地闸进入滚子河,流程长达110多公里。像这样跨灌区、长距离调水,在孝感市抗旱历史上还是第一次。经过综合考虑权衡,指挥部专题会议研究,确定5月9日下午3时起徐家河总干渠开启三个泄洪闸,以30个流量向府河泄流,安陆解放山电站同时同流量泄流,云梦公路口土坝同时拆除提前排污，孝南鲢鱼地土坝在水头到达前加宽加高。在指挥部下达命令的同时，市水利局派出4个工作组进入徐家河水库、解放山电站和云梦等地，日夜督查沿途站点，协调矛盾，处理临时发生的问题，保证"西水东调"顺利实施。

从5月9日下午3时正式启动，到18日下午7时徐家河水库下闸断流，前后10天共从徐家河水库调水1983万方，其中孝南实际用水900万方，较好地解决了沿线五个县市区50万亩农田、50万人、五大企业的生产生活用水，取得显著经济社会效益。

【实施"南水北调"保证抗旱水源】 2001年全市发生百年未遇大旱，解决抗旱水源是夺取抗旱胜利的关键。进入7月中旬，汉江水位虽一直低于汉北河水位，但汉川泵站仍可开机提水，为确保孝南、应城、云梦等南部地区抗旱水源，市水利局及时向市指挥部领导提出建议，抓住有利时机，开启汉川泵站提水，实施"南水北调"。汉川二站7月23日开机后，经民乐闸，进入汉北河的流量达97秒立米，然后分东西两个流向：向西，进入大富水直达应城城关；向东，经沦河过朱湖入府河，再引入滚子河，调水里程总长200多公里，实现了汉北河、府河、大富水与汉江相连的三河连江，使沿河的龙赛湖、夹河沟、老府河、东西汊、王母湖、野猪湖等闸站都可以开闸引水，开机提水。到8月15日，南水北调总水量8500万方，解决了孝南、云梦、应城、汉川等地80万亩农田抗旱水源，并保证了孝感和应城城区工业生产和居民生活用水。

【节水灌溉进一步发展】 近三年来，全市对节水灌溉高度重视，将节水作为一项革命性的措施来抓，充分调动群众积极性，因地制宜，突出重点，采用各类节水新技术，分别在各县市建成了高标准节水灌溉示范基地，其中云梦万亩现代农业综合示范基地、汉川新河、华严、孝昌富民畈、孝南肖港等示范项目被列为国家节水灌溉示范项目，大悟、孝昌被列入全国300个节水增效重点县，徐家河水库灌区列入了国家大型灌区节水改造项目，这些项目区均保质保量完成了工选的建设任务，起到了较好的示范带动作用。至2001年底，全市共完成各类节水控制面积52万亩，其中发展微、滴灌面积2万亩，喷灌4万亩，低压管灌3万亩，渠道防渗控制面积43万亩，渠系水利用系数提高了10%。

【水土流失治理明显加快】 三年来，市水土保持项目借助国债专项资金支持，水土流失治理步伐明显加快。除国债项目实施的9条小流域外，还自筹资金完成了4条示范小流域的治理，全市共完成水土流失治理面积149平方公里，兴建小型水利水保工程372处，经检查验收，孝昌陈庙河、安陆柱子冲流域被命名为全国水土保持示范小流域，大悟县被命名为全国水土保持示范县，该县同时被列为全国水土保持生态环境建设重点县。

在抓好治理工作的同时，水土保持预防监督工作也得到明显加强，市县两级政府先后分别出台了《孝感市水土保持管理办法》等政策法规性文件，使全市水土保持监督执法工作步入法制轨道，人为水土流失现象得到有效遏制。1999年度市水利局被评为湖北省水土保持先进集体，2000年度被评为全国水土保持工作先进单位。

【大规模整险加固堤防】 三年来，加培干支民堤总长236公里，完成土方1413万方；整治险工险段20处，完成石方10.24万方，砼3840方。新增堤防达标长度104公里，全市累计达标堤长290公里，占全市干支堤防总长的70%。

【民乐闸修复改建】 1998年8月8日，该闸发生重大险情，造成悬臂闸门扭曲变形，功能失效。汛情过后，国家投资1000万元，对该闸进行修复改建，将原一孔改建为三孔，闸门由悬臂式改为钢板闸门，并对闸室、启闭台、消能设施等水工建筑物进行了加固改造，修复改建工程于1999年4月完工。

【重建庙头低闸】 庙头低闸建于1966年，建成后基础沉陷，闸室出现倾斜，其险情直接威胁汉江干堤安全。1999年，国家投资750万元，将老闸封闭，在原闸下游340米处重建新闸，2000年4月按计划完成工程建设。

【改建汉川涵闸】 该闸建于1953年，位于汉江干堤汉川城关下游，是汈汊湖流域直接向汉江排水的重点涵闸。由于建设年代早，涵闸运用工况发生变化，闸身、闸墩、底板出现多条贯穿性裂缝，钢闸门锈蚀，部分止水失效，胸墙严重漏水，难以防御汉江较高洪水位。1999年国家投资600万元，对该闸进行改建，将其3孔中的2孔封闭，对其保留的1孔底板加固，洞身接长，更换闸门，改造启闭台，加高防洪墙，成为单孔涵洞式涵闸。

【徐家河灌区续建配套】 该灌区担负着五县市区57万亩农田灌溉任务，经历三十多年运行，建筑物严重老化失修，灌溉面积出现萎缩，被水利部评定为一级老损灌区，列入国家大型水库灌区续建配套项目。近几年，已投资2000万元，其中国家投资1000万元，完成4座渡槽加固，2部泄洪闸配套，7处台渠防渗衬砌，以及北干泵站机电设备更新等工程建设。

【郑家河水库枢纽除险加固】 郑家河水库地处京山、随州交界处，总库容1.7亿立方米。由于溢洪道未衬砌，主坝山体渗漏，主副坝迎水坡砌石风化，输水涵管多处裂缝，闸门锈蚀穿孔，启闭设施老化变形以及白蚁危害等严重问题，被省厅鉴定为三类病险水库，并报水利部列为大型水库除险项目，从1999年起，已投资1760万元，其中中央专项资金1000万元，省水利建设专项资金670万元，到2001年底完成了溢洪道二级陡坡、消力池、海漫消能工程，更换泄洪闸门，灌浆灭蚁等，2002年将继续完成主副坝迎水面护砌。

孝感市水利局领导班子成员名单

局　　长　张汉平

副 局 长　耿成舫　张海洲

防办副主任　张俊珊

（张友生）

徐家河水库管理局

【概况】 徐家河水库位于湖北省孝感市北部广水市境内，属府河流域治本工程之一，是一个以灌溉为主，结合防洪、发电、养鱼、航运等综合利用的水利工程。水库承雨面积 749 平方公里，多年平均来水量2.7亿立米，水库按百年一遇洪水设计，千年一遇洪水校核，总库容7.78亿立米，兴利库容2.99亿立米，设计灌溉面积64.3万亩。

水库于 1958 年 9 月动工，1959 年 3 月完成大坝工程并开始蓄水。1959 年夏天转入总干渠施工，1960 年初渠道沟通并试渠，当年灌溉 3 万亩农田。此后经逐步扩大、配套，于 1967 年达到灌溉面积。水库枢纽工程由大坝、副坝、正常溢洪道、非常溢洪道、渠首水闸及闸后电站等建筑物组成。灌区跨广水、安陆、云梦、孝昌、孝南五个县（市、区），总干渠全长61.5公里，沿渠有大型渡槽 6 座、水闸 21 座、涵洞 19 座、挡坝 24 处，建有东、西、南、北、中及总干一分干共 6 条干渠，干渠共长117.37公里。

灌区运行 40 年来，共提供灌溉水量 46 亿立方，累计支持受益地区增产粮食 64 亿公斤、棉花 5400 万公斤、油料 7056 万公斤。为保证灌区国民经济发展和社会稳定，发挥了巨大的作用。

【连续三年抗御了百年大旱】 1999 年～2001 年三年，水库出闸水量共计2.97亿立方，其中灌区抗旱放水2.19亿立方。在抗旱中，水库管理局干部职工服从大局，听取指挥，顶烈日、战酷暑，为确保大流量安全送水，奋战在 60 多公里长的总干渠上巡逻、查险、开剅、堵漏，为灌区百年大旱夺丰收作出了贡献。2000 年 5 月 9 日—18 日，管理局执行市防指关于西水东调，向府河供水的命令，共向府河放水 2100 万方。解决了沿途 5 大企业、50 万亩农田、5 万人口的生产生活用水。

【工程建设成效显著】 灌区续建配套整险与节水改造工程完成陈家咀、尹家湾、张家洼及方家湾 4 座渡槽；2 座泄洪闸；9 座水闸；3 座涵洞的整险加固；4 处挡坝的衬砌、灌浆；7 处台渠防渗护砌、路面整治；13 处涵管的改造；以及微波塔安装和北干泵站更新改造等工程。工程完成投资额 2300 万元。其中：国家补助 1000 万元，地方自筹 1300 万元。完成工程量为土石方32.96万方，砼3.05万方，浆砌石1.35万方，灌浆进尺 4610 米，泥结石路面 7 公里，安装电动机 8 台套，更换泵站高低压柜 9 台套，投劳15.5万个等。两期续建配套建设项目的实施，使总干渠的过流能力提高了近 25%，全程输水时间缩短了 8 小时，总干渠水量损失减少近 40%，年增产粮食 300 万公斤、棉花约 15 万公斤、小麦 100 万公斤，年增效益 650 万元。

孝感市徐家河水库管理局领导名单

局　长　林毓华

郑家河水库管理局

【概况】 郑家河水库座落在大洪山东南麓，坝址在涢水支流漳河上游，京山与随州两县市交界处的汪家咀，东经 113°08′—113°45′，北纬 30°56′—31°21′。水库于 1965 年 9 月动工兴建，1966 年 4 月竣工，并开始蓄水。水库灌溉面积 31 万亩，其中：安陆市14.6万亩，应城市10.4万亩，京山县5.9万亩，随州0.1万亩。可养殖水面 1.3 万亩。枢纽工程主要由大坝、东西输水管、底孔、正常溢洪道、非常溢洪道组成。郑家河水库是一座大（二）型水库，承雨面积 243 平方公里，库容1.71亿立米，其中：兴利库容 1.1260 亿立米，防洪库容 0.5130 亿立米，死库容 0.0708 亿立米。水库设计洪水位 103.89米，洪水设计标准为百年一遇；校核洪水位104.78米，校核标准为二千年一遇；正常高水位100.3米。水库大坝为粘土心墙坝，长 667 米，最大坝高 31 米，坝顶海拔高程104.6米；东西输水管底板高程85.0米，底孔底板高程75.0米；正常溢洪道溢流堰宽80.0米，溢洪道堰顶高程100.3米，设计最大泄洪流量 877 秒立米；非常溢洪道溢流堰宽150.0米，溢洪道堰顶高程 99.0米，设计最大泄洪流量 1900 秒立米。水库有东西两条干渠，东干渠长 45 公里，西干渠长 87 公里，干渠设计过水流量 15 秒立米。

【灌溉与防洪】 郑家河水库以灌溉、防洪为主，1999 年开闸放水 102 天，向灌区供水 5796 万立米；2000 年开闸放水 109 天，供水 7367 万立米；2001 年开闸放水 134 天，供水 9568 万立米。2001 年是百年未遇的大旱年，郑家河水库充分发挥了大型骨干水利工程的作用，确保了灌区人畜饮水和农业用水。从建库至今，累计为灌区供水19.8亿立米，灌溉面积 810 万亩次，灌区累计净增产粮食 5600 万公斤。

2001 年既是旱灾年，又是水灾年。6月8日 5时至 9 日 8 时郑家河水库降水 414.9毫米，洪峰流量达 2811M^3/S。遭受此次砣子雨袭击的有安陆以西及漳河上游的刘畈、三阳、罗店、建国、洛阳、坪坝、王义贞、双河等乡镇。暴雨过后，山洪暴发，沿河两岸灾情严重。特别是坪坝镇和双河镇，有的楼房被淹被冲倒，人畜被洪水卷走。郑家河水库充分发挥了拦蓄洪水的作用，使漳河沿岸人民的生命财产免受更大损失，2001 年拦蓄洪水 6000 万立米。从 1998 年至 2001 年郑家河水库共拦蓄洪水2.1亿立米。

【枢纽除险加固工程】 郑家河水库自建成运行以来，虽然防洪和灌溉都取得了巨大的社会效益，但已建枢纽工程不配套，而且老损严重，经专家鉴定为三类病险水库，急需进行除险加固。在上级领导的关心和大力支持下，经过管理局领导多年锲而不舍地努力，郑家河水库枢纽除险加固工程终于在2000年通过长江流域规划委员会评审立项，2001年获得国家批准。除险加固工程项目获准工程概算3170万元，施工总工期为3年，除险加固工程已于2001年正式启动。2001年已完成土石方5.92万方，浇筑砼0.6万方，浆砌块石0.13万方，共完投资495万元。

【机构设置与管理体制】 郑家河水库管理局属正县级国有事业单位，建库后由省水利厅直辖管理，后由孝感市管理，现在由孝感市水利局直接管理。郑家河水库管理局设有工程灌溉科、计划财务科、人事监察科、多种经营科、办公室以及六个渠道理段、四个公司，现有干部职工124人，其中离退休人员46人。从1982年开始管理局与财政脱钩，实行事业单位企业化管理、自负盈亏的管理体制。

【综合经营】 郑家河水库在自负盈亏的管理体制下，实行以水为主，综合经营的经营模式。在水费收入极为有限的情况下，大力发展综合经营，三年共投入综合经营用于更新改造基础设施的资金达95万元。1999年全局综合经营产值300万元，2000年产值350万元，2001年产值500万元。

【荣获奖励】 1999年和2001年被评为省水利行业先进管理单位，2000年被评为孝感市事业管理先进单位，2001年被评为孝感市防汛抗旱先进单位。

郑家河水库管理局领导名单

党委书记、局　长　余建伟

党委委员、副局长　叶家三　吴承平

（徐晓明）

水文水资源

【概况】 1999～2001年，孝感水文以"工作创一流，生活奔小康"为奋斗目标，走思路创新、科技创新、管理创新之路，进一步解放思想，更新观念，改革创新，与时俱进，各项工作取得了长足的进步，迎来了历史上较好的发展时期。

在业务工作上，建立了以水情测报、水资源评价、水环境监测为重点的服务机制；在现代化建设方面，购置了原子吸收仪、气象色谱仪、全站仪等较先进的技术设备，并自行设计和研究出孝感市水情、雨情自动测报系统；在经营创收和科技咨询方面，根据孝感水文的现状，成立了水文科技开发中心，先后对外承接了汉十高速公路跨孝感市境内各条河流的大桥桥位的水文设计、公路放样测量，应城市大富水航道的测量监理以及多处高精度的地形测量，完成了孝感市城区地下水质动态监测评价工作，完成了孝感市《水功能区划及水资源保护规划》的编制工作，完成了孝感市县级水资源评价信供需分析任务等；在机构改革方面，先后对组织机构、干部人事制度及分配制度进行改革和调整，采用聘用制，对中层干部全面实行竞争上岗。通过业务改革，摒弃了原始传统的单一水文测验模式，形成了融驻测、巡测、调查于一体的综合测验模式，减少了劳动量，提高了工作效率。

1999年～2001年，局领导班子顺利实现了新老交替，班子平均年龄由49.3岁降至43.2岁；班子成员由7人调整为5人，其中高级工程师1人、工程师4人，真正实现了领导班子知识化、专业化、年轻化。截止2001年底，全局在职职工总人数97人，其中专业技术人员42人，具备高中级技术职称的有22人。新的班子成立后提出了"孝感水文二次创业方案"，并围绕着"立足根本求发展，团结奋斗创一流，依托周边富水文，群策群力奔小康"的发展思路，努力实现孝感水文的腾飞。

【水文站网与测验】 孝感市水文局下辖13个水文站、10个辅助水文站、50个雨量站、14个水位站、3个工程水文站。它们分布于孝感市境内的江河湖泊，对水雨情势实施定时的动态观测，能满足孝感市经济建设和社会发展的需要。从建站之初至2001年，共收集了657站年的水位资料，120站年的悬移质泥沙资料，138站年的水温资料，255站年的水质资料及246站年的地下水质资料，49站年的地下水位资料及2823站年的降水量资料。这些水文资料和历史特大洪水调查资料为各项工程设计和城市建设及防汛抗旱的决策提供了准确、科学的依据。在测验手段上，随着我国科学技术水平的提高，测验设备不断进步，自动化程度越来越高。雨量观测除人工雨量器外，大部分站都配备了自动雨量计；水位观测以直立式水尺为主，部分站配备了自记水位计或远传式自记水位计；流量测验由过去的划桨抛锚发展为现在的电动缆道岸上操作，部分站还配备了桥测车。

【水文情报预报】 全市主要河流有府河、澴河、汉江汉川段、汉北河及其最大支流大富水，总长度为651.5公里，控制流域面积17372平方公里，防汛任务十分繁重。至2001年，共设报汛站49处，其中：专职站14处、委托站13处、水库站22处，预报河段9处。目前，市局拥有报汛专用电台23部，数据传输通讯已与国家防总、省防办、长委、黄委直接联网。

水文情报预报，是水文服务防汛减灾最直接的手段，是防汛决策最根本的科学依据。为提高情报传递效率和预报的准确性，水文科技人员在计算机应用开发上作了不懈努力。首先，研制出了"孝感市水文情报处理系统"。该系统具有较强的报文识别能力，对不同渠道的报文进行自动翻译后，自动进入数据库，从数据库中能进行报文自动提取转发、分区和综合水情统计，对错报能进行初步分析，可进行语音录入，同时具备文本图形等多种资料查询方式和完备的表格输出功能；通过该系统可与市防办的"孝感市防汛抗旱信息系统"进行良好的通讯，并为其系统提供强大的后台支持。总之，"情报处理系统"的开发成功，有效降低了情报差错率，提高了水情电报的处理速度，并为下一步联机预报打

下了基础。

其次是编制了“孝感市水文资料管理及预报分析系统”。该系统结合水文资料整编成果，将历史洪水资料进行转换加工，以图文并茂的形式将历史洪水信息展示给预报员，并与现实情况进行综合分析。该系统的完成，使预报分析手段得到极大改善。经校核预报，成果精度进一步提高。

其三是编制孝感市水情网页。市局充分利用局域网的功能，编制了水情网页，将每日最新的水情信息综合予以发布。该网页的自动刷新功能使水情信息及时反馈到局域网上，便于领导和相关人员了解当前水情形势，受到大家的普遍欢迎，已成为了解水情信息的主要渠道之一。为配合形势分析的需要，还在该网页上对河道、水库涵闸等处的雨量、特征水位、当前水情进行单站综合发布，使领导全方位、多视角地掌握水情形势，作出正确决策。

【孝感市水资源现状】 水资源是人类赖以生存的宝贵资源，是国民经济和社会发展的重要支柱。孝感市多年平均水资源总量46.05亿 m^3，居全省第8位；人均占有水资源量 817m^3，居全省15位；亩均占有水资源量 1050m^3，居全省第 12 位，属水资源较匮乏的地区。

孝感市多年平均降水量为 1126mm，降水量分布一般是由东南向西北递减，相差约 250mm；降水在时间上分布很不均，造成水资源的时空分布极不均匀，水资量的地区分布与全市人口和国民经济发展很不适应。

孝感市地表水受污染的程度较为严重，2001 年的监测评价结果表明，在境内 465 公里的评价河段中，Ⅲ类河长有 30 公里，Ⅳ类河长 159 公里，Ⅴ类河长 78 公里，超五类河长达 199 公里。其中以涢水和澴水的污染最为严重，府澴河次之。地下水在某些地域也受到不同程度的污染，个别地方水质受化肥制造业、工业及农业和生活排污的影响较为严重，主要表现为氟化物超标、氨氮超标和铁、锰及亚硝酸盐等参数超标。

【水文科技咨询】 水文行业作为公益性纯事业单位，在目前格局下，本身经济发展比较缓慢，已与社会的整体发展速度不同步。为适应新的发展形势，在保证公益性服务的前提下，市水文局树立“一业为主，综合经营，全面发展”的新效益观，充分利用自身的人力资源和技术优势，扩大服务面，向市场要效益，以弥补事业费不足和职工政策性内的工资待遇。经过不懈努力，终于初步打开局面，在市场中占有一席之地。1999～2001 年，市局先后完成省交通厅委托的汉十高速公路孝感境内的涢水、澴水、滚子河三座大桥设计的水文分析计算；省铁路设计院委托的沦河、清明河的跨河铁路桥设计的水文分析计算；孝感市航务局委托的大富水河道疏浚的土方测量、施工验收及工程监理，汉北河航道测量等，取得一定的经济效益和社会效益。

孝感市水文局领导成员名单

党委书记　陈汉安
局　　长　方　祯
党委副书记　周世才
副 局 长　陈汉安　周登新
　　　　　郭保明

（周金平）

国内贸易·对外贸易

国有商业

【概况】 1999～2001年,全市国有商业系统面对市场需求不旺,消费品供过于求,市场占有份额逐年下降,企业自身改革矛盾多等困难,广大干部职工大力弘扬"艰苦创业,开拓创新,突破创收,文明创优"的商业精神,正确处理"改革、发展、稳定"三者关系,深化改革,克难奋进,取得了较好成绩。1999年实现商品销售总额106272万元,完成市政府目标任务的100.4%;实现利润104万元,占目标任务104%;缴纳国家税金2164万元。其中:市直企业实现利润40万元,完成市政府目标任务的222%,上缴国家税金263万元。2000年完成商品销售额89947万元,实现利润61万元,缴纳税金1694万元。其中:市直商贸企业实现利润19万元,税金97万元。2001年商品销售额84500万元,实现利润15万元,税金比上年略有下降。全市商贸企业连续三年实现全行业整体盈利,为孝感经济发展作出了贡献。但是,随着改革的不断深入以及多种经济成份进入流通领域,国有商业企业商品销售额占社会消费品零售总额的比重呈逐年下降趋势,国有商业生存与发展的环境仍很艰难。

三年来,市贸易局突出重点抓改革,加强对市直企业的指导和服务,按照市委、市政府的总体部署,如期完成以产权转民为核心的企业改制任务。大力推进机关职能的转变,履行政府赋予的职能,加强行业管理,实现由管理直属企业向管理社会商业的转化。2000年,局长王新胜被国家内贸局授予内贸系统"先进工作者"称号。

【国有商业企业改革】 2001年底,孝感市国有商业系统已成功实行"转换机制,产权转民"为核心的企业改制工作。各县(市)区商业部门按照县域经济民营化的总要求,采取"包、租、股、卖、破"等形式,已基本完成民营化进程。市贸易局按照市委、市政府着力抓好本级工作的要求,认真贯彻落实孝发[2000]5号文件精神,大员上阵,抓好市直企业改革,至2001年底,市直七家商贸企业已有5家完成改制。

市金贸商场和肉联总厂是市委、市政府确定的8家转民改革试点单位的两家。市委、市政府和经贸委领导多次指导企业改革,市贸易局派出工作组进驻企业帮助工作。在保留老企业作为承债主体的情况下,通过剥离有效资产,按等额有效资产承担等额债务的原则,采取承债式出售给个人的办法,转让国有企业有效资产,实行民营化经营,通过给予一次性安置费和经济补偿金的方式,买断职工国有身份。改制后,金贸商场新成立的企业总负债由9188万元降为1148.17万元,从企业有效资产中逐步切块变现629.8万元用于退还职工集资款和安置职工,分流半数以上人员。市肉联总厂改制后的新企业承债107.25万元,从有效资产中切块变现378.45万元用于安置职工。市正源糖酒公司和市医药公司采取和上述两企业相同的方式进行了改制。市百纺公司则采取整体出售给金贸商场的形式完成了改制。基本上达到了转换企业机制,企业自主经营,主营业务突出,职工生活稳定的目的。

【生猪定点屠宰工作】 全市七县(市)区和孝感城区认真贯彻国务院《生猪屠宰管理条例》,屠宰秩序明显好转,肉品质量明显提高,国家税费明显增加。仅孝感城区三年来共定点屠宰生猪12.7万头,共检验检疫出病害猪2457头,种公母猪7头,全部进行了无害化处理。市场查出病害猪肉12.8吨,全部焚烧深埋。全市共取缔私屠乱宰窝点59个,市民基本上吃上了"放心肉"。三年累计收取屠宰税、工商费、检疫费1185万元,比实行定点屠宰前有大幅增长。同时,国有食品企业发挥设施优势,深化企业改革,努力搞活购销,平抑市场肉价,企业自身也获得了一定发展。

【酒类专卖管理】 孝感市酒类专卖管理局设在市贸易局内,除孝昌县外,其余各县(市)区相继成立了酒类专卖管理机构。三年来,市、县两级酒类专卖管理部门认真贯彻落实《湖北省酒类专卖管理办法》精神,加强管理,文明执法,取得了一定成绩。一是加强源头管理,对全市酒类批发、经营企业依法实行许可证管理,对不符合《办法》规定条件的经营者依法予以取缔。三年来,共审核发放《酒类经营许可证》540余个,授予委托批发企业80家,初步建立了较为规范的酒类商品流通经营秩序。二是重点查处制假售假行为,维护消费者利益,共处理各类制假售假案件120余起,涉案金额42万元。其中:万元以上大案4起。对没收的假酒全部予以公开销毁,有效维护了消费者身心健康。三是积极扶持地方名、优产品的发展,帮助孝感金龙泉啤酒在各县市建立经销点,扩大市场占有率,2000年金龙泉啤酒的销量达到历史最好水平。市酒类专卖局2000年度被省贸易物资行业管理办公室评为"先进单位"。

【拍卖业管理】 按照《拍卖法》的有关规定,市贸易局督促孝感市拍卖行等

3家拍卖企业健全拍卖条件，严格拍卖程序，规范拍卖行为，促进拍卖行业发展。已累计举办不同形式的拍卖会25场次，成交金额2310万元，较好的发挥了拍卖行业对社会经济生活的促进作用。

【招商引资资本营运有新进展】 市贸易局机关引进武汉客商租赁经营商都超市，引资92万元；市五金公司引进TCL集团租赁经营五金商场创办专卖店和办事处，引资142.5万元；市商贸学校将部分校舍租赁给私立学校办学，开辟了新的财源；市食品公司将背街的办公用房与中房公司临街门面进行产权置换，扩大了营业规模。通过多种途径有效地盘活企业资产，提高经济效益。

【积极参与行政服务中心组建】 市贸易局响应市委、市政府“转变职能，优化发展环境”的号召，将原机关不同科室管理的《化学危险物品经营许可证》、《饮服经营许可证》、《酒类经管许可证》在行政服务中心设立1个窗口对外办理，公开办理条件、办事程序和收费标准，方便了企业和群众。

【服从改革大局平稳交接】 2001年8月，因药品管理体制的变化，将药品生产、经营企业的管理职能移交新成立的药品监督管理局。年底，按市直机关机构改革不再设立市贸易局的要求，局机关妥善做好干部职工的思想工作和清产核资工作，将资产和有关职能移交市经贸委管理。机关人员另行安排工作。

孝感市贸易局领导成员名单

局　　长	王新胜(　　　～2001.9)
副局长	余柏青　费德智　李贵平
纪检组长	陈怀清

(张建平)

粮食购销

【概况】 1999～2001年的三年，是粮食流通体制改革迈大步的三年，更是国有粮食企业改革向纵深推进、克难攻坚的三年。三年来，全市粮食部门紧紧依靠各级党委、政府领导，突出“改革、管理、发展”主题，以改革总揽全局，以效益为中心，以管理为着力点，克服粮食体制变化大，粮食市场持续疲软，粮食顺价销售难启动等多种困难，知难而进，迎难而上，扎实工作，圆满完成了每一年度的粮食工作任务。

【粮食收购】 1999年以来的三年，粮食收购工作一直面临着粮食市场疲软、粮价低迷、库存积压严重、仓容紧缺等一系列的困难和问题，农民增产难以增收的矛盾日益突出。在这种情况下，全市粮食部门从促进农业生产和农村经济、社会稳定的大局出发，牢固树立“力争多购”的指导思想，认真执行国家粮食收购政策，积极按保护价敞开收购农民余粮。1999年，全市国有粮食购销企业累计入库贸易粮11.54亿斤，在全省累计减购20亿斤，全市夏粮因灾减购2.2亿斤的情况下，粮食收购总量只比上年同期少购1.2亿斤。2000年，按照省政府统一部署，将粮食定购价与保护价调到同价，同时将小麦、玉米、早籼稻等三个品种退出保护价，全市粮食收购总量较1999年有所减少，累计入库贸易粮8.08亿斤。2001年，全市继续对中晚籼稻实行保护价收购，其它品种按市场经济运作。在粮食因灾减产、保护价收购范围缩小、收购渠道拓宽、资金供应从紧的情况下，全市国有粮食购销企业累计收购贸易粮减到7.61亿斤。

【粮食企业改革】 1999年以来的三年，是国有粮食企业改革向纵深推进、克难攻坚的三年。全市粮食企业在1998年成功推进以“三分”即政企分开、主附营业务分离、人员分流为主要内容的粮食流通体制改革后，新的企业运行机制已经初步形成。1999年，全省粮食企业在上年基本完成“三分”改革任务的基础上，开始把着眼点放在完善粮改，理顺关系上，全市一举将28个粮改初期附营业务暂由购销企业托管的粮食附营企业与购销企业割断，使这些附营企业真正成为“四自”独立法人单位。2000年、2001年两年，根据全省统一部署，又把企业改革的重点转到大力推进产权制度改革方面来。一是对粮食购销企业，按照“减灶、减官、减人”的要求，积极深化粮食购销企业改革。截至2001年12月底，全市粮食购销企业已减到72家，比粮改前1997年底的126家减少54家，减幅42.9%；企业在职领导减到222人，比1997年底的387人减少165人，减幅42.6%；在职职工同时减到6311人，比1997年底的10972人减少4661人，比1999年底减少606人，在2000年底基础上又减少483人。二是对粮食附营企业，按照十五届四中、五中全会精神，积极推进“公退民进、国有民营、放小转民”等改革，按照保一批，死一批，靠一批，破一批的“四个一批”办法，从产权制度上对企业进行了改制。到2001年12月底，全市共有181个粮食附营企业进行了改制，其中整体出售7家，转民营3家，破产1家，有限责任公司35家，改制面96%以上；企业在职职工减到9008人，比1999年底的14748人减少5740人，在2000年底的基础上又减少2533人。

【订单农业】 这是在粮食购销逐步市场化的新形势下，国有粮食企业服务“三农”、网络粮源的一个新尝试，是湖北省在2000年提出来的。孝感市按照省里的安排，开展了一些试点工作，积累了一些经验，2001年在全市范围内逐步推开。至年底，全市共有72家粮食企业与31.1万农户签订了粮油收购订单，订单种植面积78.1万亩，订单粮食收购量37490万斤，订单油料收购量5000万斤。订单粮油中，以优质粮油品种居多，这对引导全市调整粮食种植结构产生了积极而深远的影响。

孝感市粮食局领导成员名单

局　　长　张清元

副局长 李珊新 王振华 余庆耀
纪检组长 杨观胜

(胡江辉)

供销社

【概况】 1999～2001年，是孝感市供销社系统适应政策调整、全面走向市场的重要时期，在市委、市政府和上级社的正确领导下，全市供销社广大干部职工以改革创新为动力，以发展为主题，以结构调整为主线，突出抓好“两转”改革和参与农业产业化经营，各项工作取得了新的成绩。

“两转”改革全面推进，为创新发展奠定了基础。2000年初，全市供销社进一步解放思想，转变观念，结合本社实际，以多种形式推进了以企业转体制、职工转身份的“两转”改革。通过改革，组建股份制、股份合作制企业40家，歇业、转让9家，依法破产企业4家，重组5家；基层社按经济区划建立中心社29个，按农民合作经济组织原则新建12个，综合服务站226个。通过多种形式、多种渠道减员分流，在岗职工已由1998年以前的2.4万人减至1.3万人，减少1.1万人。其中在册职工通过一次性经济补偿解除劳动关系和转民、划转、移交、调动、除名等途径，减少0.8万人。近两年来全系统性的“两转”改革是供销社史无前例的深层次改革，虽然政策性强，涉及面广，工作难度大，各种矛盾多，但是在各级供销社的坚强领导和各级党委政府的大力支持下，得以平稳推进。通过改革、转机建制、减人减债，为供销社扭亏增盈和轻装上阵、创新发展创造了条件。

积极参与农业产业化经营，助农增收取得可喜进展。一部分市县供销社积极探索龙头企业带专业社(基地)连农户的产业化经营模式，发展订单农业，引导农民进入市场，探索了新的经验。不少地方依托当地资源优势，建立了一批农副产品生产、经营、加工的龙头企业。全系统已兴办各类专业合作社21个，农副产品专业基地34个，各类市场19个，年交易额5亿元。依托供销社营销网络，三年间，帮助组织农副产品购销达3亿元，直接为农民增收2000万元以上。

自觉维护市场经济秩序，努力扩大业务经营。按照市委、市政府的统一部署，市县两级联社成立专班，采取措施，积极主动地参与市场经济秩序整顿，狠抓棉花、农资专项“打假”、烟花爆竹安全经营管理、再生资源市场整顿等工作，与公安、工商、质检、技监等部门紧密协调配合，自查自纠，塑造良好形象，净化经营市场，维护农民利益，各地继续深化棉花、农资流通体制改革，在棉花、农资价格持续低迷的情况下，始终坚持为农服务宗旨，在新棉收购和农资供应上发挥了主渠道作用。供销社棉花企业认真贯彻落实《国务院关于进一步深化棉花流通体制改革的意见》，按照“一放、二分、三加强、走产业化经营的路子”的要求，积极推进棉花企业改革；新棉上市后千方百计克服困难做好新棉收购工作，做到了不掺杂使假，不压级压价，不给农民打白条，2001年共收购新棉23.2万担，总值9330万元，为棉农增收作出了实际贡献。供销社农资企业供应化肥32.45万吨，农药1604吨，农膜319吨，满足了工农业生产的需要。

坚持“两手抓两手硬”，精神面貌有较大改观。全系统认真学习贯彻江总书记“三个代表”重要思想和党的十五届六中全会精神，狠抓“两转”改革中的思想政治工作和安全稳定工作；狠抓班子创五好和领导干部的党风廉政建设；狠抓文明创先活动和干部队伍建设。在涉及几百个单位、上万名职工切身利益的“两转”改革中，保证了改革顺利推进，近万名职工转变身份平稳到位。

【连续两年获全省系统经济效益优胜单位称号】 三年来，全市供销社系统狠抓企业管理，促进经济效益的增长。一是一如既往地狠抓了扭亏增盈工作，对盈利企业，加大扶持力度，拓展其经营，完善其管理，推广其经验，进一步提高经济效益；对亏损企业，认真进行调查和解剖分析，查找原因，分类排队，跟踪检查，加强指导，促其尽快减亏。二是热情诚恳地解决好企业热点难点问题，制定改革脱困的思路和措施，逐个突破，成效明显。三是自始至终地强化监控督查职能，切实抓好各项基础管理，建立和完善各项违章制度，特别是强化资金管理，加强对企业的财务监控，提高了管理水平。在2000年全系统一举扭亏为盈的基础上，2001年又实现利润63万元，连续两年被评为全省供销系统经济效益优胜单位(获二等奖)。

【全面推进体制创新“两转”改革力度大】 截至2001年，全市供销社系统实行“两转”改革的企业达87家，改制面达到51%。通过“两转”改革，给供销社经济结构带来了新的变化。一是产权结构产生了新的变化。过去社有企业产权主体单一，社企职能不分，联社负无限责任。通过改革，原来人、财、物均由联社直接管理转为由联社间接管理或实行社会化管理，联社主要通过委派出资人代表，体现联社拥有出资人地位，行使出资人职能，享有出资人权益。二是产业结构发生了新的变化。过去小而全的产业格局被打破，社有资产退出了一部分企业，退出了一些经营领域，同时又拓展了一部分企业和新的经营领域，如各类专业市场、旅游服务、加盟连锁店、配送中心等。归口经营的鞭炮、医药、课本等一些新业务不断拓展。特别在农业产业化上，全系统迈出了新的步伐，大悟的花生、乌桕、安陆的银杏等专业合作社(组织)获得了新的发展。三是人员结构发生了新的变化。全系统减员分流达到46%。

【积极发展现代经营业态扩大市场经营份额】 全系统以农资、棉花、烟花爆竹、再生资源、中药材等骨干企业为重点，通过资本市场对资源的有效整合，发展现代经营方式，引进新的业态，已组建归口经营有限责任公司23家，农资连锁店14家，联办大型超市9家，初步形成了归口经营、品牌经营和农业产业化经营网络的新格局，全面提升了供销社为农服务实力和市场竞争力，扩大了规模经营和效益。市社总公司、农资公司分别与湖南岳阳中农集团、华升集团公司实行了总经销、总代理的经营方式，均已取得了明显效益。

【以招商引进为手段大力实施资产优化经营重组】 基于供销社资产存量较多的现状，全系统解放思想，摒弃死守摊子、守死资产的思维定势，充分挖掘潜力，以资产换老板、换市场、换增量，大力推进招商引进，实施“嫁接”重组，使外部资金和生产要素介入企业，加速自身的市场培植和提高资产效益。2001 年云梦县依托城隍庙发挥集合的整体优势，引资 720 万元，使市场规模由原来的 1 亿元增加到 1.8 亿元。应城市社在资产存量上做文章，在“两转”改革中盘活资产 758 万元。三年来全市供销系统招商引资额达 2600 万元，盘活资产存量达 1908 万元。

【烟花爆竹专营和安全生产管理力度加大】 省政府[2001]81 号《关于进一步加强烟花爆竹生产和经营安全管理的通知》文件下发后，全系统迅速行动起来，积极与相关部门配合，用足用活现有政策，投入大量人力、物力，狠抓烟花爆竹的归口经营，确立经营主体，规范销售网点，打击假冒伪劣，整顿市场秩序，使这项工作搞出了声势，抓出了成效。目前，七个县市区烟花爆竹业务已全部恢复起来，市社也成立了一个鞭炮专营公司，并在双峰山设立了批发点，这项业务已成为供销社新的效益源。鞭炮销售额由 1999 年 1200 万元增加到 2001 年的 2500 万元，增长 108%。

【推进社会化统筹确保一方平安】 各级供销社在抓好“两转”改革的同时，千方百计筹措资金，积极稳定地推进“两保”工作(劳保和医保)，解决了干部职工的后顾之忧，在很大程度上消除了不稳定因素，基本上确保了一方平安。全系统参加社会化养老保险统筹的人数累计达 19210 人，占系统总人数的 81%。在企业改制中，各级社及改制企业充分考虑职工的合法权益和实际利益，落实各级政府出台的相关政策，没有出现影响社会的群众上访事件。市社直属的生活、土产两公司的改制，保证了包括离退人员在内的干部职工算断资金到位，养老政策落实，成为市直 2001 年度操作过得硬的 36 家改制企业之一。

孝感市供销社领导名单

主　任　王新胜(2001.9～　　)

副主任　方志伟

(夏正红　丁　杰)

烟草专卖

【概况】 市烟草专卖局(分公司)下属 7 个县(市)区局(公司)。至 2001 年底，全市烟草系统有总资产2.2亿元，在岗职工 1250 人。市局(分公司)在岗职工 46 人，下设办公室、专卖办、政工人事科、调拨站、销售管理科、财务科、行政科、监审科 8 个科室。1999～2001 年，全市烟草系统在市委、市政府和上级主管部门的正确领导下，在有关执法部门的支持配合下，认真贯彻落实党的十五届五中、六中全会精神和全国、全省烟草工作会议精神，坚持以效益为中心，以改革创新为动力，以规范为基础，以卷烟市场整顿为重点，以结构调整为主线，以“三网”建设为突破口，以作风建设为切入点，确保了物质文明和精神文明的协调健康发展。三年来，全市共销售卷烟 392140 箱，实现税利 10040 万元，与上三年比分别上升39.46%、69.11%。

【市场专卖管理】 三年来，全市烟草系统积极争取政府支持和有关执法部门的配合，形成合力整顿卷烟草市场。一个由政府牵头负责、部门密切配合、烟草全员上阵的烟草市场整顿格局初步形成。坚持在专卖举措上求创新、求突破，推行了县乡烟草税收分成，实施了专卖户籍化动态管理，组建了 24 个专卖稽查中队，不断创新完善专卖管理目标责任制，市场整顿工作取得了突破性进展。三年来，全市共查处违法案件 4370 起，查扣各类违法卷烟 9970 件，行政、刑事拘留 351 人，追究刑事责任 5 人，有力地打击了不法烟贩的嚣张气焰，较好地遏制了非法“三烟”的泛滥势头。到 2001 年底，全市烟草市场净化率达到 90%。

【网络建设全面加强】 为积极迎接入世挑战，从 1999 年开始，市烟草局(分公司)自加压力，不断创新完善经营模式，努力推动卷烟经营体制由政策性垄断向经营性垄断过渡。三年来，以卷烟销售网络建设为突破口，不断改革创新，敢闯敢干。2000 年推出“城网访送分离、农网二级配送”的现代化商品物流配送体系。2001 年在全省率先推出卷烟批零“一价制”销售，牢固树立了市场经济观念和为经营户高效优质服务的经营理念，形成了烟草、经营户新的利益共同体；全面加强了信息化建设，在全市烟草系统内部建立了数据上传下达、信息初步共享的广域网，提高了网络运行的现代化管理水平。三年来，全市烟草系统专卖、销售、财务、信息“四网”建设累计投入资金近 2000 万元，初步形成了商流、物流、资金流、信息流“四流”分离的现代化的卷烟流通体制。

【品牌结构调整成效显著】 近年来，市烟草系统坚持突出效益中心，突出品牌结构调整主线，坚定不移地推进高效品牌战略。通过强化市场调控和品牌市场科学定位，卷烟单箱效益逐年提高。三年来，全市卷烟综合毛利率平均每年以 1.5 个百分点递增。2001 年，全市卷烟综合毛利率达到 14.67%，比 1998 年上升近 5 个百分点。自 2000 年开始，全市烟草经济运行呈现出良好的发展态势，经营效益两年迈出两大步，2001 年实现利税是以往最高年份的2.5倍。

【地产烟销售大幅度上升】 三年来，局(公司)认真贯彻落实市委、市政府要求，坚持抓好地产烟(大悟烟)销售，为地方经济的发展做出了积极贡献。认真组织大悟烟！搞好品牌改造、开发和市场科学定位，烟厂产品结构逐年改善，生产经营效益逐步进入良性循环，每年为当地上交税收2000万元左右；每年坚持争取由政府主持召开地产烟销售专题会议，将大悟烟销售纳入全市卷烟销售计划，层层分解地产烟任务，层层建立销售目标管理责任制，每月一考核一通报，实行地产烟销售流动红旗奖。大悟烟销售从1998年年销量不足2000箱，增加到2001年全市销售11552箱，上升4.78倍。

【企业内部改革进展顺利】 近年来，我市烟草系统全面加大了企业内部三项制度改革的力度。在干部人事制度改革上，全面推行了民主测评、竞争上岗、优胜劣汰。2000年全市烟草系统对10名副科(局)级干部进行了调整，其中2名被解职；2001年通过竞争上岗，7个县(市)区局10余名中层干部被降职或免职，2名临时工走上稽查中队长岗位，在行业上下产生了强烈反响，受到省烟草局的高度评价。在劳动用工制度改革上，按照上级主管部门要求，推行了全员劳动合同制，逐步打破了正式工与临时工的身份界限。在收入分配制度改革上，不断改革创新，完善经济责任制，基层单位取消了档案工资，实行了联管联销计件工资制度，彻底打破了“大锅饭”、“二锅饭”，逐年提高临时工待遇，缩小正式工与临时工的收入差距，较好地调动了行业上下方方面面的工作积极性，促进了行业各项改革的顺利推进。

孝感市烟草专卖局(分公司)
领导成员名单

党组书记、局　长、经　理	宁康明
党组成员、副局长、副经理	吕寿雄
	黄家国
	任菊清
	严继松
	马秋耘

(李爱堂)

石　油

【概况】 1999年～2001年，孝感石油分公司在省石油公司和市委、市政府的正确领导与大力支持下，面对经营和改革的重重压力，紧紧抓住改革和发展的主旋律，迎难而上，克难奋进，深化企业内部改革，转变思想观念，积极开拓市场，基本实现了企业与社会同步发展，物质文明与精神文明协调进步的目标。

全市系统销量三年迈出三大步，2001年销量比1998年增长66%。其中：1999年销售11.46万吨，比上年增长38%；2000年销售12.42万吨，比上年增长8.4%；2001年销售13.76万吨，比上年增长10.7%，年均增长22%。2001年资产负债率为82.66%，比1998年降低了46%，其中本级为75.93%，降低了102.37%；共新建加油站10座、收购48座、改建9座、建农网6座，加油站数量达到94座，比1998年增加213%，其中：三星级加油站1座，达标站12座，加上分布在全市各县市的7座油库，已基本形成比较完善的销售网络。三年来，通过减员分流，全市系统现有正式职工628人，比1998年末人数下降291%。1999年长征路等8个加油站被省公司授予“红旗加油站”荣誉称号；2000年孝感分公司被省公司党委授予“湖北省石油销售系统政治工作先进单位”荣誉称号；2000年分公司团委被省公司团委授予“五四红旗团委”荣誉称号。

【机构设置】 2000年4月成立“中国石油化工股份有限公司湖北孝感石油分公司”，实行主辅业分离，市分公司本部、汉川分公司、安陆分公司成为上市公司。2001年9月孝感分公司实行市县公司一体化管理，下辖汉川、安陆、应城、云梦、大悟、孝昌6个经营部，城区、孝南、孝昌3个零售部，润滑油公司、批发配送中心、结算中心、孝感油库、花园油库等直属单位；机关内设经理办公室、政工办公室、财务科、审计监管科、计划业务科、安全储运科、零售管理科7个职能科室。

【经营管理精细化】 2000年8月，孝感分公司为理顺现金结算程序，彻底堵塞赊欠和价格管理上的漏洞，加大促销力度，对业务机构和结算流程进行重组，将原计划业务科一分为三，分设了业务科、结算中心、批发配送中心，实现了经营与管理、财与物两分离，理顺了环节，初步建立起监管机制。

【财务管理制度化】 孝感分公司在财务管理方面，从大处着眼、小处入手，建立起了财务机构健全、资金管理集中、费用权限明晰、财务监控到位的财务管理体系，细化、强化了资金的收支两条线管理，大力压缩了各种费用。2000年全公司管理费用540万元，比上年同期降低182%；2001年全公司管理费用303万元，比上年同期降低56%。

【减员分流规范化】 根据省公司的改革政策，孝感分公司在减员分流过程中，始终坚持“公平、公正、公开”的原则，采取考试考核、竞争上岗的方式，按照“下岗无情，操作有情”的要求，做到既积极又稳妥。三年共减员分流人员1829人，在全省系统率先完成“十五”期间减员分流目标，年降低人工成本525.36万元。

【市县公司管理一体化】 2001年9月，孝感石油分公司根据省公司统一部署，在所辖的市县公司设立经营部，经营部负责其主营业务经营管理，作为市分公司的一个部门纳入整体，严格实行收支两条线管理。县市公司不再拥有独立企业所享有的经营自主权，其日常经营活动由市分公司直接控制运作。经营部的设立，使分公司建立起了决策高度集中、机构精简、垂直管理的市县公司一体化经营模式，全市6个县市公司内设机构由原来的32个减少到18个，机关人员由原来的105人减少到61人。

【加油站管理区域化】 2001年8月，孝感石油分公司将直管的25个加油站实行分片管理，设立了城区、孝南、孝昌3个零售部。把协调地方事务等综合性工作统一归口到零售部，尽力减轻加油站负担，将原来的25个作业面转变成3个管理平台，使加油站轻装上阵，一心一意创效益。

【数质量管理科学化】 孝感石油分公司对油品的数质量实行责任到人、奖惩严明。统一了进货渠道，严把进货关；每年定期对加油站、油库的油罐进行全面清洗，三年共投入清洗费用350万元，确保了油品数质量；增添运输车12辆，彻底解决了汽、柴、煤油混装运输的问题；同时购置专用检测设备，定期对油品进行化验。采取上述措施后，油品数质量问题基本杜绝，维护了企业声誉，又提高了经济效益。

【安全管理标准化】 三年来，孝感石油分公司认真贯彻"安全第一，预防为主，全员动手，综合治理"的安全生产方针，健全安全网络，完善管理制度，狠抓宣传教育，加大安全投入，扎实整改隐患，严格奖惩兑现。累计投入资金310万元，共整改重大隐患24处，一般安全隐患86处；组织职工参加安全培训24批次，印发安全手册1850份。通过组织培训和及时整改隐患，职工的安全技能得到了提高，杜绝了各类事故的发生，保持了安全事故年年为零的良好局面。

孝感石油分公司在职领导成员名单

（截止2001年底）

经　理、党委书记　吴泽斌
副经理　蒋沛林
副经理　刘宣传
副经理　廖友安
副书记、纪委书记、工会主席　余锦华

（石　油）

对外贸易经济

【概况】 2001年机构改革中，孝感市对外贸易经济委员会更名为孝感市对外贸易经济合作局，加挂孝感市招商局的牌子，撤销了孝感市利用外资管理委员会办公室，其职能及人员并入新设的外经贸局(招商局)。内设机构撤销了外资管理科、仓储运输科、进出口商品检验科，新设投资促进科和外资审批管理科，计划基地科更名为计划发展科，其他科室不变。1999～2001年，全市累计直接利用外资1.4亿美元，是1996～1998年的1.21倍，其中2001年超额完成省下达的任务，得到省政府的奖励；累计内联引资91.2亿元。先后引进了美国杜邦、香港华晨、汾煌集团、马来西亚金狮集团、浙江爱仕达、广东麦科特、青岛啤酒等国内外知名企业和品牌。全市累计外贸出口1.17亿美元，其中开口生产企业出口2333万美元，三资企业出口2761万美元，外贸公司出口6615万美元。由于受外贸公司外采货源出口业务的影响，出口额逐年下降，但开口生产企业和三资企业出口增长较快，2001年全市开口生产企业和三资企业出口2142万美元，是1999年的1.4倍，占全市出口总额的比重从1999年的25%提高到2001年的86%，实现了从以外贸公司出口为主向以生产性企业出口为主的根本性转变。

【外向型企业】 1999～2001年，全市共申报登记自营出口生产企业21家；批准外商投资项目50个，合同外资5958万美元。2001年底，全市在册三资企业121家，其中中外合资企业80家，中外合作企业6家，外商独资企业35家；有进出口权的流通企业10家，开口生产企业34家，出口创汇型三资企业12家，实际开展进出口业务的企业30家，其中年出口额过百万美元的生产性企业7家(按三年中出口额最多年份统计)。1999～2001年，全市三资企业共上缴税金4.54亿元，占同期工商税收总额的13.6%，其中2001年1.78亿元，占17.4%。

【出口产品及出口市场】 主要出口产品有电子元件、汽车配件、钢丝绳等机电产品，钢木家具、童车、锁具、油漆刷、塑料制品等轻工产品，棉纺织及服装产品，盐、纯碱、磷肥等化工产品，蜂蜜等农产品，新型建材等工业产品。出口市场涉及港澳台、东盟、日本、韩国及欧美、非洲、大洋洲的37个国家和地区，各市场所占份额为：亚洲61.8%、欧洲24.2%、美洲10.3%、非洲3.5%、大洋洲0.2%。

【招商机制与招商方式】 三年来，市委、市政府大力推进"一把手"工程，努力营造全员招商氛围，建立健全了目标责任制、考核奖励机制、对内对外联系机制、督办落实机制、外商投诉协调处理机制等。主要招商方式：走出去与请进来相结合，通过开展活动招商、寻找代理招商、设立窗口招商、推行网上招商等。

【招商项目库建设及对外宣传资料】 根据国家产业发展政策和孝感的实际，以国有企业改革、基础设施建设、农业产业化、能源、旅游、环保等项目为重点，先后编印了《孝感市利用外资项目》和《孝感市招商项目》。此外，还组织编印了《孝感投资指南》、《外商创业在孝感》、《利用外资基础知识百问》以及孝感对外经贸发展历史丛书《孝感对外经济贸易》等。

【投资软环境建设】 市委、市政府每年用一定的时间对投资软环境进行专项整治，成立了市区"转变作风、优化环境"工作专班，专门抓执法环境、服务环境和政策环境，大大改善了投资软环境。结合机构改革，精简机构，减少审批。2000年，对撤地建市以来出台的119份地方性文件，逐一进行了清理、修订，废除了一部分"土政策"，并对市区两级执法部门的管理范围、有关职能进行重新划分，有效地解决了多头管理、交叉收费、重复收费的问题。对原没有优惠政策，涉及改革、开放、环境的三个重点领域，制订出台了《关于支持市直国有企业放小转民若干具体问题的意见(试行)》、《孝感市区鼓励客商投资的若干规定(试行)》、《关于切实减轻企业负担的若干规定》三个政策性文件，编制了行政事业性收费文本，简称"三文一本"。2001年，为适应入世，对所有行政性审批事项重新审验清理，共清理行政审批收费事项1350个，取消行政审批事项515个，取消收费项目78项，降低收费项目标准19个，并将审验后的审批收费项目汇编成《收费文本修订手册》，公之于众。69个具有行政事业性审批收费职能的部门向社会公开承诺行政执法、审批、收费、服务和廉政建设等方面的管理规定和举报电话，推行挂牌上岗、领导负责、限时审批、投诉管理和廉洁自律制度，提高了审批效率，规范了收费行为。在全省率先组建了行政服务中心，市区32个单位选派108名窗口工作人员，提供344个项目的"一站式"服务。

【大型招商活动】 1999年5月，孝感市组织参加福州招商月活动，举办了"99孝感(福州)招商洽谈会"，共签约36个项目，总引资额9.6亿元。同年9月，在厦门第三届中国投资贸易洽谈会上，共签约8个项目，引资3.54亿元。2000年9月，组织参加厦门第四届中国投资贸易洽谈会，并举办"2000年孝感(厦门)招商洽谈会"，共签约19个项目，合同引资6.55亿元。

2001年10月，市委、市政府在孝感城区举办"孝感市第二届'天仙杯'奖暨招商引资经贸洽谈"活动，邀请了来自美国、白俄罗斯、法国、德国、西班牙、澳大利亚、意大利、荷兰、英国、日本、南非以及港澳台、国内的实业界人士共300余人参会，取得了丰硕成果。共签订项目合同35个，总投资10.2亿元，总引资8.6亿元。其中工业项目25个，占引资额的74%；外资项目16个，占引资额的57%；过亿元的项目2个，过3000万元的项目15个；高新技术项目9个。此外，在活动期间还签订商品成交合同金额3600万元，现场销售额达330万元。

【国际经济技术合作】 1999～2001年，全市通过各种形式和渠道向日本、俄罗斯、扎伊尔、新加坡、阿尔及利亚等国家和地区外派建筑、机械、医疗卫生等劳务合作人员201人次。汉川福星科技股份有限公司被列入"国家重点扶持70家企业赴境外办厂开展带料加工装配业务"的行列。

【进出口商品检验】 三年来，湖北省进出口商品检验检疫局孝感办事处共检验纺织服装、进口设备等各类进出口商品，价值2480万美元。

【外贸企业改革】 市直外贸公司通过出让闲置资产，筹集了部分资金，按照国家、省市有关政策对市直外贸企业职工进行了一次性买断安置，同时对有进出口权、能运营的公司实行了转民改制。孝南区外贸公司通过破产程序，安置了离退休人员和下岗职工。其他县市分别通过转让有形和无形资产经营权、转让闲置土地、进行房产开发等途径，积极筹措资金，办理退休职工的养老保险和对职工的一次性安置。

孝感市外经贸局(招商局)
领导成员名单

(以2001年底在职为准)

局　　长　费仁平
副 局 长　夏以春　汪尧中　周金发
纪检组长　宋春潮

(汪玉平)

财税·金融·保险

财　　政

财政管理

【概况】 1999年～2001年,全市宏观经济形势偏紧,组织收入难度大,政策性支出压力大,全市广大财政干部职工在各级党委政府的正确领导下,团结开拓,克难奋进,扎实工作,圆满地完成了各项财政工作任务。1999年,全市完成财政收入(不含广水市,下同)123048万元,占预算100%,比上年增长16%,其中市级财政收入完成14066万元,占预算101.9%,比上年增长20.1%;财政支出159151万元,比上年增长22.2%,其中:市级财政支出14810万元,为预算的103.7%,比上年增长13.2%;全市财政收支相抵,当年平衡,略有结余,其中:市级财政结余23万元。2000年,全市财政收入完成137766万元,为预算的100.1%,比上年增长12%,其中:市级财政收入完成16170万元,为预算的100.4%,比上年增长14.6%。全市财政支出138830万元,为预算的102.1%,比上年增长15%,其中:市级财政支出17952万元,为预算的102.4%,比上年增长10%。全市财政收支当年平衡,略有结余,其中:市级财政当年结余68万元。2001年,全市财政收入完成151305万元,为预算的99.4%,比上年增长9.8%。考虑农业税灾歉减免因素,实际完成预算102.4%,增长12.8%,其中,市级财政收入完成18199万元,为预算的101.1%,比上年增长12.6%;全市财政支出173381万元,为预算的114.1%,比上年增长23%。其中:市级财政支出完成22427万元,为预算的119.8%(超预算较多的主要原因是中央两次增加行政事业单位干部职工工资),比上年增长17.1%;全市财政收支相抵,当年平衡,略有结余,其中:市级财政当年结余69万元。

【国有资产管理取得新突破】 一是大力推进企业改革。按照市委、市政府统一部署,市财政部门在新一轮国企改革中,坚持"以放为主、整体搞活"的工作方针,积极推行产权人格化、投资多元化、机制民营化,解放思想,正确处理好国有经济进与退、静与动、保全与流失的关系,大力推进公退民进、放小转民工作和实施企业兼并重组。通过改制改组,使4000万元国有资产从一般竞争性行业安全退出。二是初步构建新型国有资产管理框架。成立了孝感市国有资产管理委员会,构建了国资委——经营公司——企业三个层次的国有资产管理体制框架,逐步建立和完善国有资本出资人制度,明晰国资委——经营公司——企业三个层次的责权关系和国资办与企业的授权委托关系。同时,认真开展企业效绩评价试点工作,全市选定18家企业开展效绩评价试点,市直选择黄麦岭磷化工集团公司和四四〇四厂进行了企业效绩评价试点。通过试点,为建立新的国有资产有效监控机制积累了经验。三是规范产权市场,扩大产权交易范围。组织各县市区先后参加了"世博会"、汕头产权交易会和湖北高新技术产权交易会。同时,还举办了其他不同形式的产权交易活动。1999以来,共举办大型产权交易活动7次,推介项目630个,交易项目410个,交易额9.3亿元,盘活资产15.2亿元。四是深入开展资产评估工作。对评估立项、评估结果确认的方式和方法进行了改革,统一规范了立项、确认的内容、方式和方法。对全市资产评估机构进行了清理整顿,4家乡镇企业资产评估机构顺利实现了行业归并,资产评估业实现了行业统一管理。全市已有资产评估机构10家,注册评估师34人,评估从业人员173人。1999年以来,市直累计办理资产评估立项64项,其中验证确认56项,验证确认资产7.5亿元。

【财政监督工作走在全省前列】 1999年成立财政监督局,明确了机构职责,理顺了内部监督关系。2000年,率先在全省推出"统一协调、归口管理、一头对外"财政监督模式,即在市财政局的领导下,由财政监督局负责具体组织协调并统一以财政监督的名义依法实施各项财政监督检查,局内各科室、单位不再单独对外实施监督检查。2001年,在全省率先制订《财政内部监督检查暂行办法》,规定:每年在审计部门审计之前,财政监督局必须对财政内部进行例行检查,并根据情况适时组织专项检查,检查情况将作为对单位和个人考核、奖惩、任免的重要依据。凡发现有严重违纪违规问题的,取消当年评优、评先和有关奖励资格,实行监督检查"一票否决",得到了省财政厅的充分肯定。

【借源头治理腐败力量加强和改善财政管理】 一是加强预算外资金管理,落实"收支两条线"规定。开展清费治乱,取消了78个收费项目,降低了19项收费标准,暂停39个收费项目。对银行代收户、收费、罚款项目等进行了清理和规范。开展经常性地专项检查,规范执收执罚行为。实行专管员管户制度,完善代收点操作办法。编印和修订《孝感市行政事业性收费及基金、集资项目和标准汇编》。重新修订印发了《孝感市市直单位行政事业性收费和罚没收入收缴管理暂行办法》(孝政发[2001]16号)和《孝感市市直单位综合财政预算管理办法(试行)》(孝政发[2001]17号文件)。二是大力宣传新《会计法》,强化会计监管。通过举办《会计法》知识竞赛,在《孝感日报》上开辟专版,在城区主干道、临街建筑物上悬挂横幅,设立政策咨询点,请领导发表电视讲话,举办会计培训等形式,广泛宣传新《会计法》,保证新《会计法》在全市顺利实施。加大会计委派力度,全市委派单位167个,委派会计366人。三是推行政府采购。成立政府采购办,出台《市直机关事业单位试行政府采购制度的通知》及《实施细则》,对车辆购置、定点维修、会议接待等支出实行采购招标。2001年,全市政府采购达4013万元,资金节约率13%。四是全面推行乡镇"零户统管"工作。2001年底,除汉川市的部分乡镇外,全市其他乡镇都全面实行了零户统管制度。

【落实积极财政政策】 一方面积极争取国债和基本建设项目投资,三年累计争取投入33674万元,其中:1999年争取15552万元,2000年争取6243万元,2001年争取11879万元。加上地方配套资金,三年投资总额近7亿元。另一方面,认真贯彻落实调整收入分配政策,提高中低收入者收入。1999年,争取工资转移支付和"三条社会保障线"转移支付资金10963万元,转移支付系数达到71.1%。2001年,市对各县市区各项转移支付资金达到33014万元,比上年增长1.59倍。其中:工资转移支付资金30724万元,增长1.72倍,有力地促进了各地工资兑现,缓解了各地财政压力。

【确保干部教师工资发放】 1999年以来,特别是2001年,拖欠干部教师工资现象时有发生,引起了各级党委、政府高度重视。财政部门为了确保干部教师工资的及时足额发放,做了大量工作:一是签订《干部教师工资发放目标责任书》。加强了各地工资发放的责任。二是全力推进农村中小学教师工资上收县级财政统发。三是健立工资专户。市、县、乡三级财政均按要求建立了工资专户,市级财政调度资金、工资转移支付资金等全额纳入专户管理,确保工资资金专款专用。四是严格执行工资政策。五是坚持工资兑现月报制度。六是成立工资兑现和督导专班,深入县乡机关、学校进行检查督办。七是加强预算资金调度。积极争取省厅支持,及时对各县市区调度资金,对困难县区进行重点倾斜。2001年市局向各县市区调度资金6.2亿元。八是加大转移支付力度。认真落实中央转移支付资金,为全市工资发放创造宽松环境。

【实行奖励粮食销售政策】 2000年,市财政局在深入调查和学习外地的基础上,结合本地实际,提出了奖励粮食顺价销售政策,市政府转发了市财政局等部门提出的《关于对全市国有粮食购销企业实行销售奖励暂行办法》。决定从2000年7月1日起,建立市级奖励和县(市、区)级奖励机制,采取市级奖励和县(市、区)奖励补贴相结合方式,促进国有粮食购销企业扩大销售。市级奖励对县(市、区),县(市、区)级奖励补贴对国有粮食购销企业。市对县(市、区)的奖励,以县(市、区)为单位,按全年顺价销售数量、等量对冲数量、年末库存周转粮比1999年末库存和1998年末库存减少数量四个项目给予奖励。具体标准是:每顺价销售1000万斤周转粮(贸易粮),奖励2万元;每等量对冲1000万斤周转粮,奖励1万元;年末库存周转粮比1999年末减少1000万斤,奖励3万元;比1998年末减少1000万斤,奖励6万元。按库存减量的奖励不重复计算,标准就高不就低。奖励资金的来源从包干给各地的粮食风险基金中解决。奖励资金的用途,市对县(市、区)的奖励,主要用于补充县(市、区)粮食销售的奖励资金和奖励粮食销售先进单位和有功人员。县(市、区)对国有粮食购销企业的奖励补贴,全部用于弥补周转粮顺价销售的价差和合理费用。上述奖励办法的实施,有效地促进了全市粮食销售,为提高粮食资金使用效益,减少粮食企业亏损起到了重要作用。

【"一创带三创"成为文明创建模式】 1999年,孝感市各类创建活动丰富。市财政局结合实际,抓住关键,实行"一创带三创"做法,被广泛推广。《中国财经报》、《孝感日报》等媒体作了专题报道。"一创带三创"的主要内容是:以创建"团结、廉洁、实干"领导班子为龙头,带动形象工程建设、省级卫生城市创建、文明单位创建。坚持几个创建一起抓,有机结合,相互促进,推动财政任务的完成。在班子创建上,重点解决现任班子和成员中存在的群众最关心、反映最强烈的问题。在创建省级卫生城市上,拨出专项资金支持市区硬件建设、开展系列活动、创绿色庭院、文明卫生机关。在文明系统创建上,根据"改结果管理为过程管理,变静态管理为动态管理"的要求,提出"从零开始,再掀高潮,向更高目标冲刺"。1999年,全市财政系统文明创建面达96.5%。在形象工程建设上,推进了"抓形象工程"八条措施,树立财政干部"团结开拓,服务兴财"的形象。

【开展"财政调研月"活动】 1999年~2001年,市财政局坚持将每年7月份作为"财政调研月",针对财政工作中的难点热点问题,多角度、多视野的开展了调查研究,形成了一大批有一定实践价值的调研论文。1999年,提交论文23篇,并在《发展研究》、《孝感财政》上结集交流。2000年,举办了财政调研成果汇报会,会议共收到论文28篇,会上汇报交流20篇。会后,邀请省市有关专家对论文进行评比,对获奖论文进行表彰,并在《孝感财政》上结集交流。2001年,由市财政局领导带头,各县(市)区财政局长,局内各科室、二级单位负责人及全体财政干部职工参加,开展全员调研活动。共收到调研论文65篇,经过认真筛选,将其中34篇在《湖北财税》结集刊出。此活动得到省财政厅、市委、市政府领导的充分肯定。

孝感市财政局领导名单

党组书记、局　长　嵩楚元
党组副书记、副局长　陈新桥
党组成员、副局长　王淑华
党组成员、副局长　严建华
党组成员、副局长、总会计师　谈自然
党组成员、纪检组长　丁昌俊

（张　晓）

亚洲证券孝感营业部

【概况】 亚洲证券孝感营业部的前身是1996年成立的三峡证券孝感营业部。在6年的发展历程中，亚洲证券孝感营业部适时抓住机遇，在机构规模、业务范围上都实现了发展中的一次又一次飞跃。

亚洲证券孝感营业部秉承了“亚洲证券、诚信永远”的经营理念，自始至终默默无闻为孝感的发展做贡献。从1996年至今，累计交易量已达百亿元以上，实现利税1000多万元。孝感营业部为目前孝感地区唯一的合法证券经营机构，不仅为孝感投资者提供了良好的投资环境，还提供了多样、全面地投资选择，并依托亚洲证券公司这个强大的投资与咨询力量为繁荣孝感经济、活跃孝感资本市场服务。

服务上市公司也是孝感营业部在孝感经济发展中一大亮点。湖北双环科技、福星科技是孝感市内的两家上市公司，孝感营业部不仅是它们内部职工股的托管券商，成功完成了两家上市公司的内部职工股上市工作，而且在投资与咨询方面为它们出谋划策，在长期合作中结成了战略伙伴。

亚洲证券孝感营业部本着“以人为本”的原则，严格要求和关心每位员工，大力倡导“忠诚企业，荣辱与共，与时俱时，开拓创新，追求卓越”的企业文化，并经常对员工进行业务培训、思想培训，并致力于标准化管理和客户关系管理。正是因为亚洲证券人辛勤地耕耘和不懈地努力，亚洲证券孝感营业部被评为1999年度、2001年度总公司先进集体，1998年度、1999年度、2000年度孝感市纳税先进集体，2000年被武汉证券业协会评为湖北省“十佳”优秀证券营业部。

（赵昌涛　张　茵）

税　务

国家税务

【概况】 孝感市国家税务局下辖7个正科级市县区国税局，直管2个市直分局和1个稽查局等3个副处级单位，市局机关内设出口退税和涉外税收管理等2个分局，9个科室以及4个事业单位，全系统共有副科级征收分局36个，干部职工2172人，担负着全市29726家企业和个体工商业户的税收征管任务。主要负责全市增值税、消费税、中央营业税、企业所得税、涉外企业所得税、个人储蓄利息所得税等的征收管理工作。

【组织收入】 1999年，全市国税系统共组织征收入库税款70704万元（含广水），占年计划的102.47%，比上年同期增长7.28%；2000年共组织征收入库税款67447万元（不含广水），占年计划的116.01%，比上年收入实绩增长20.54%；2001年共组织入库税款69649万元，占年计划的98.39%，比上年同期增长3.27。

【队伍建设】 到2001年为止，全市共建成最佳省级文明单位2个，建成省级文明单位5个，建成省级文明创建工作先进单位1个，全市国税系统建成市级文明系统1个，建成全国青年文明号1个，建成省级青年文明号6个，市级48个。

一是抓班子建设，市局制定了县市区局及各分局《领导班子岗位责任制》；抓制度建设。进一步严肃工作纪律；抓廉政建设，制定了《党风廉政建设责任书》，细化了考核指标，强化了奖惩措施，并层层签订了责任状。2001年，全市各级国税领导干部有56人次上交礼金、礼品，折合金额11.8万元；共受理群众来信来访和举报42件，调查核实违纪线索19件，转结案6件。

二是抓文明创建。开展了丰富多彩的创建活动，如开展“三优一树”、窗口行业文明创建活动；开展卡拉OK、棋类、各类知识竞赛；“三八”期间，组织女同志联欢、游览；“七一”前夕，开展党史知识竞赛；开展优秀青年和优秀公务员评选表彰活动；开展文明单位“暗访”活动；开展扶危助困、捐献救灾活动，全市国税系统资助贫困学生30多人，资助贫困家庭20余户，捐献衣被等3000余件，捐款折合人民币数万元。全局系统的“文明单位暗访”、“应城市局税嫂8小时外监督”、“孝南区局送税法进军营”等3项活动获全省国税系统精神文明建设优秀项目奖。

三是抓思想教育。抓“三个代表”教育。继市局机关“三个代表”学教活动之后，把活动推进到了县市区及乡镇一级国税部门；抓革命传统教育。坚持各种形式的革命传统教育，如请上甘岭特等功臣赵毛臣来市局讲党的光荣传统；抓党史知识教育。以庆祝建党80周年为契机，大力开展党的80年奋斗史的教育；抓揭批法轮功教育，组织干部职工学习了新华社评论员文章《残害生命，罪大恶极》等文章，深入揭批“法轮功”邪教本质。此外，还组织了《公民道德建设实施纲要》的学习。

四是抓内务管理。抓经费内部审计，把资金纳入统一管理；抓银行账户清理，堵住了银行账户管理漏洞；抓固定资产管理，将全系统固定资产全部纳入微机管理，有效防止了固定资产流失；抓基建管理，坚持基建审批制度；抓档案管理，全市系统被市委、市政府办评为全市十五期间档案管理先进系统；抓后勤管理，被有关单位给予表彰奖励；进一步规范了接待审批报销制度、办公用品、大宗商品采买制度等。抓其他工作。通过共青团、妇女、工会等组织，全系统狠抓了青年、工会、计划生育和流动人口管理等工作，得到有关部门的充分肯定。

【征管、机构、人事改革】 经过“征管、机构、人事”三位一体改革，至2001年底全市机关原有内设机构119个，现设机构97个，收缩机构22个；原有分局65个，现设分局38个，收缩分局27个；原有中层干部706人，现有中层干部486人，落岗268人，新提拔73人；全市2001年应分流227人，实际分流300人。

【金税工程】 在2001年6月16日至19日顺利进行了金税工程市县两级模拟运行，6月23日至26日顺利完成了全国22省市金税工程联调，7月1日准时开通了金税工程。

一是抓基础工作，确保金税工程顺利起步。

市局投资22.5万元，改造主机房，安装了静电地板、工作台、防雷设施、恒温恒湿精密空调等设备，各县市区局、直属分局、开发区分局相应对各自的机房进行了改造。全市共安装调试、配置小型机1台，服务器14台，路由器10台，光端机1台，通讯用DTU10台，备份服务器RAS10台，调制解调器45台、工作站93台。抓培训到位。2001年，共参加总局、省局组织的培训班10期，参训人员81人次。市局举办培训班5期，培训人数近百人次，并经过竞赛评选出全市10名计算机能手。

二是抓网络管理，提高信息传报反馈质量。对金税网实行严格监控，发现问题，及时解决。抓网络连通监控。市局计算机中心组织专业人员，成功开发出金税网络连通监测软件。

三是抓微机应用，确保办公自动化的推进。制定了《税收信息化工作“十五”规划》，确定了目标；2001年对已实施办公自动化的县市的公文处理系统进一步严格规范，对市县两级公文处理系统进行了升级；对应城、孝昌两县市加快工作进度，实现了办公自动化系统的正常运转。

【服务经济】 一是抓管理，营造公平的竞争环境。加强户籍管理，建立了与工商部门联络制度，同时完善了责任追究制度，集中力量开展了漏征漏管户清理；加强定税管理，对“双定户”实行公开评税；加强普通发票管理，严格查处发票违章；加强出口退税管理，追缴退税款716.5万元，追缴入库和抵扣税款672.3万元；2001年全市共办理出口退税2500万元；为12户外资企业减免企业所得税835万元，减免地方所得税138.46万元；为7户外商投资企业免抵税244万元，退税141万元；此外，还狠抓了税务代理管理、涉外税收管理、监管企业税收管理等。

二是抓服务，创造良好的纳税环境。加强服务意识。在办税服务大厅继续推行“微笑服务”、“限时服务”、“承诺服务”等服务形式；开展政策服务，如举办纳税人各类政策培训班近20期，培训1000多人，印发政策宣传小册子10000多册，提供政策咨询1000多人次；抓挂点服务。市局印发了《关于支持市直国有企业放小转民的措施》，局机关16名科长挂点联系16家市直企业，受到改制企业的欢迎。解决办税快捷问题。积极推行邮寄申报、电子申报、定时定点征收、按季征收等征收方式，方便纳税人申报纳税。坚持公开办税。把税收政策、办税程序、税收纪律公之于众，使纳税人既知道怎样履行义务，又知道怎样监督税务工作人员。狠压涉税负担。禁止向纳税人搞各种摊派，如强行推销书刊等；明确稽查人员稽查纪律，杜绝随意稽查，严格执行检查计划制度，为纳税人减轻了负担。

三是抓规范，创造法制的税收环境。把好执法监督检查关，2001年，及时转发了总局和省局的《执法过错追究办法》，加大执法力度，对各市县区局进行了执法抽查，合格率为81.8%。把好涉税政策关，仅市局回复政府规范性文件征求意见7件，对提案给予满意答复；参与涉税案件调查处理3件，保障程序、证据、处罚合法。把好行政复议关；制定了行政复议案件和应诉案件报告制度，对行政复议和应诉工作进行规范。把好新征管法宣传贯彻关，新征管法颁实施后，组织编印学习宣传材料2000余册送给各级党政领导、纳税人，对新征管法进行了重点宣传，收到良好效果。

孝感市国家税务局领导成员名单

(2001)

局　长	程友安		
副局长	孙水安	李晶文	张保国
	翟家凯	戴毅敏	
纪检组长	王再想		
总经济师	徐志国		
总会计师	付立波		

(办公室)

地方税务

【概况】 截止2001年底，全市地税系统共有干部职工1886人，其中副县级以上干部12人，副科级以上干部174人。市局内设14个科室(其中事业单位4个)，辖3个直属单位、7个县市区局和55个基层分局，担负全市32424家纳税户的地方税收征管工作，具体负责营业税、企业所得税、个人所得税、城建税、资源税、城镇土地使用税、印花税、房产税、车船使用税、土地增值税、屠宰税等11个税种和社保费、堤防维护费、地方教育发展费、文化事业建设费、教育费附加等费种的征收管理。2000年1月起，停征固定资产投资方向调节税。2001年7月1日起，社会保险费(包括基本养老保险费、医疗保险费、失业保险费、生育保险费、工伤保险费)改由地税部门征收。2000年3月，市局领导班子正常调整，现任领导班子成员5人。

【收入规模明显扩大】 1999年度，全市入库地方各税47619万元，同比增长29.76%，增收10920万元，占省分计划42392万元的117%。2000年，全市入库地方各税46857万元(不含广水)，同比增长13.66%，增收5630万元，占市分计划46247万元的101.32%。2001年，全市入库地方各税52777万元，同比增长18.88%，增收 8381 万元,占市分计划 49054 万元的107.59%。地税收入连续七年取得超计划、超同期、超历史的佳绩;收入规模是 1994 年 10788 万元的4.89倍;收入年均递增速度达25.46%,排在全省各市州前列。一是强化税源管理,狠抓计划落实。二是强化征管质量和收入质量考核,确保收入均衡入库。三是加大税法宣传力度,增强全社会依法纳税和护税协税意识。四是强化税务稽查和日常清理检查,加大清欠和违税处罚力度。五是加快税收征管信息化建设步伐,不断提高税收征管的科技含量。六是全面推行文明办税"八公开",认真落实执法"两制",提高税收征管工作的透明度。

【保费征收明显规范】 省政府[2001]30 号文件规定,从 2001 年 7 月 1 日起,将养老、医疗、失业、生育、工伤等五项社会保险费统一改由地税机关征收。2001 年 7 至 12 月,全市地税共征收社会保险费 6161 万元,其中基本养老保险费 4261 万元,医疗保险费 1707 万元,失业保险费 184 万元,生育保险费 5 万元,工伤保险费 4 万元,使老百姓的"养命钱"有了一个放心的缴纳渠道。

【干部素质明显提高】 1999～2001 年,通过深入开展"三讲"教育、"三个代表"学习教育和机关思想作风整顿活动,加强和改进思想政治工作,深化干部人事制度改革,加大政治业务及现代科技知识学习培训力度,干部队伍的政治素质、业务素质、文化素质和执法水平有了明显的提高,涌现出了以省劳模史毅、以身护法的烈士赵彦兵为代表的一大批先进典型。三年来,全市地税举办各类培训班 500 余期,培训 6000 余人次。

【税收环境明显改善】 一是争取党政部门的支持,优化依法治税的政治环境。各级党政机关加大了对地税工作特别是组织收入工作的领导力度,落实了政府一把手负责制,协调解决税收征管难题,强化了税收执法的司法保障,为税收工作提供了一个宽松的政治环境。二是注重税收宣传,优化依法治税的社会环境。通过坚持不懈地开展各种形式的税收宣传活动,全社会的依法纳税意识有了一定程度的提高,税收征管范围不断扩大,税收流失现象得到有效遏制,为推进依法治税起到了鸣锣开道的作用。三是加强税收执法管理,优化依法治税的法制环境。通过全面推行执法公示制、错案追究制和政务公开,实行税务案件查处分离制度,巩固税务行政处罚听证、复议、诉讼工作,开展经常性的税收执法检查和重点稽查,避免了税收执法的随意性和盲目性,税收执法行为明显规范。三年来,全市地税没有发生税务行政诉讼败诉案件。

【改革进程明显加快】 在征管改革方面,实行了征、管、查三分离制度,推广应用了大型数据库征管软件,加强了征管"七率"考核力度,促进了征管质量的提高。在经费财务管理制度改革方面,落实了收支两条线规定,全面推行了经费预决算制、报帐制和内部审计制度,取消了"小金库",规范了收支行为。在人事机构改革方面,清退各类临时人员 159 人,精简机构 30 个,分流人员 704 人。

【反腐倡廉明显深入】 一是加强廉政教育,开展了"党风廉政建设教育宣传月"和"以案说纪"演讲报告会活动,在系统内外引起了较大反响。二是落实了党风廉政建设责任制,加强了"两权"监督,开展了七项清理工作,加大了案件查处力度。三是推行了文明办税"八公开"和内部管理"三公开",注重从源头上预防和治理腐败。四是加强行风建设,狠抓纠风整纪。在 2001 年开展的行风评议活动中,全市地税系统 8 个参评单位均以 96%以上的满意率一次性通过了检查验收。市局多次荣获"党风廉政建设先进单位"。

【文明创建明显进步】 1999～2001 年,全市地税系统第三次被市委、市政府命名为"文明系统",市局机关、大悟和云梦县局、汉川市局荣获省级"文明单位",全系统文明单位创建率达 91.3%,进档提高率达1.8%,已命名的文明单位和青年文明号无一摘牌。

孝感市地方税务局领导名单

局　　长　陈其安
副 局 长　黄知勤　陈燕超
纪检组长　徐怀德
总经济师　万水平

（周宗登　黄鸿章）

金　融

中国人民银行孝感市中心支行

【概况】 1999 年 1 月,中国人民银行孝感市分行更名为中国人民银行孝感市中心支行。中国人民银行孝感市中心支行是中国人民银行的派出机构,根据中国人民银行的授权、传导和贯彻落实货币政策、负责辖区的金融监督管理,为地方经济和金融机构提供服务,促进经济金融持续、快速、健康发展。

至 2001 年底,全市金融机构各项存款余额175.73亿元,比 1998 年底增加37.92亿元,增长27.52%;各项贷款余额184.52亿元,因资产剥离、核销贷款呆帐等因素影响,比 1998 年底减少 18.65 亿元,减少 9.18%;存贷比 105%,比 1998 年底下降42.47个百分点(若剔除农发行政策性贷款,存贷比则为77.47%,比 1998 年底下降9.96个百分点)。

【基础货币管理】 1999 年全市累计投放现金392.53亿元,累计回笼现金366.55亿元,收支相抵净投放现金25.98亿元。2000 年全市累计投放现金460.09亿元,累计回笼现金438.86亿元,收支相抵净投放现金21.23亿元。2001 年全市累计投放现金463.84亿元,累计回笼现金449.37亿元,收支相抵净投放现金14.47亿元,基本上满足了全市工农业生产对用现的需求。

【金融监管】 1999年~2001年,出台了《中国人民银行孝感市中心支行“四位一体”监管体系实施办法》、《中国人民银行孝感市中心支行金融监管责任制暂行办法》,成立了孝感市银行同业公会,聘请了社会监督员,构建了以机构内控为基础、以行业自律为纽带、以央行监管为主体、以社会监督为补充的监管体系。建立和完善了信贷登记咨询系统,与市技术监督局联手实施了组织机构代码和信贷登记咨询系统联动管理,加强对信贷资产的全面监控。抓好督促国有商业银行降低不良贷款比例工作,制定了考核实施细则,建立报送不良贷款清单制度、重点机构直接监测制度,将不良贷款管理纳入金融机构高管人员任职考核。抓好农村信用社综合治理工作,促使农村信用社基本摆脱支付风险,转向化解资产风险的主战场。抓好城市商业银行建立法人治理结构和转换经营机制工作,稳步实施对用工、任用和分配制度的改革,争取政府对商业银行实行财政资金存款倾斜等多项优惠政策,营造良好的外部发展环境。

【开展创建金融安全区活动】 2000年,在全市范围内全面启动了创建孝感金融安全区活动,成立了由政府领导挂帅、人民银行牵头的创安工作领导小组,市政府转发了《创建孝感金融安全区活动实施方案》,同各县市签定了创安责任书,在大悟支行进行了创建金融安全区活动试点。2001年,市政府行文转发了《2001年孝感市创建金融安全区活动工作意见》,明确了地方政府和部门、金融机构、政法部门、企事业单位、创安办等5个层面在深化创安活动中的职责要求,召开了县市区创安工作座谈会、政法金融部门座谈会,将创安活动纳入到全市社会综合治理工作中。搞好创安活动的细胞工程建设,在各县市区开展创建“金融安全小区”的试点16个。在全市农村开展创建“信用工程”活动,推行农户联络员制度,在云梦建立了农户担保中心试点,至2001年底,全市共评出信用户41万户,信用村151个,信用乡镇7个,聘请农户联络员2090名,初步理顺了农村信用关系,缓解了农民贷款难问题,促进了全市农业产业结构调整和农业产业化发展。

【农村合作基金会清理整顿】 到1999年底,已积极稳妥地协助政府清理整顿了全市154个农村合作基金会,清查帐面负债9.07亿元,清查帐面资产7.61亿元,清收基金会各类借款3.41亿元,按程序和条件归并51家基金会到农村信用社,受到人行武汉分行肯定,并在湖北省清理整顿农村合作基金会工作会议上介绍经验。

【孝感市商业银行挂牌】 通过争取地方党委政府的重视和支持,组织制定了《孝感市商业银行组建方案》和《清产核资及股权评估方案》,在清产核资和评估的基础上,将拟组建商业银行的4家城市信用社与组建单位脱钩,经人行武汉分行验收,孝感市商业银行于1999年12月18日挂牌。

【孝感市农村信用联社挂牌】 在全市按合作制原则规范县级联社和农村信用社的基础上,积极做好孝感市信用联社的迁址、变更注册资本金和负责人的申报工作。2000年8月,经人总行和武汉分行同意,孝感市农村信用联社正式挂牌成立,完善了农村信用社自律组织。

【城市信用社风险处置】 2000年,对县级城市信用社进行了清理整顿,确定2家更名归口农村信用社,3家退出市场,2001年7月28日实施停业整顿,经过清产核资之后,平稳地按有关程序退出市场。

【外汇管理】 完善外汇指定银行内控体系和涉外企业内控体系,加大外汇政策和法规的宣传力度,加强对逾期未核销单的清理工作,加大外汇检查和逃汇、骗购汇打击力度,规范外汇市场主体的经营行为,净化外汇市场环境。同时加快企业进出口收付汇核销速度,支持企业出口创汇和进口用汇。至2001年底,全市金融机构外汇存款2659万美元,比1998年底减少547万美元;外汇贷款6530万美元,比1998年底增加30万美元。

【支付结算电子化建设】 至2001年底,已开通了武汉、孝感、仙桃等18个地市间跨地区票据交换业务,促进了区域经济往来。完善孝感城区同城电子支付系统,实现了孝感城区同城清算、电子联行、财税资金汇划三块业务的联机处理,全市有21个网点加入了该网络,平均每天通过该系统办理的各类结算业务达300多笔,金额约500多万元。加快电子联行业务到县建设,在安陆、广水、大悟、云梦、孝昌等5个支行开通电子联行业务,加快了异地资金汇划速度。

【双文明单位创建】 1999年、2001年被武汉分行评为“先进单位”,2001年被武汉分行评为“文明单位”、“三五普法先进单位”、“机关档案目标管理工作省特级单位”。

中国人民银行孝感市中心支行领导名单

行　　长　杨成平
副 行 长　刘　俊(女)　杨生平
　　　　　程春峰
纪委书记　左文烈
工会主席　陈楚清

(肖学员)

中国工商银行孝感市分行

【概况】 中国工商银行孝感市分行下辖1个营业部,孝南区、汉川市、应城市、安陆市等4个市区支行,云梦、大悟、长征、城东、文化路等5个直属分理处以及1个管理处。截止2001年底,全行在册员工1390人,其中,中共党员822人,大专以上文化程度908人,中高级专业技术人员368人。分行机关辖办公室、管理信息科、计划财务科、资金营运科、零售业务科、筹资科、工商信贷科、项目信贷科、稽核监督科、会计出纳科、技术保障科、人事科、教育科、监察室、保卫科、工会、机关党总支、核算中心、生活服务中心、中心业务库等部门,并设有国际业务、住房信贷业务、银行卡业务部门三个直属单位。

2001年末,全行各项人民币存款余额32.52亿元,在本地区四大国有商业银行中同业占比29.24%,各项贷款余额39.81亿元,同业占比38.57%。

1999—2001年是中国工商银行孝感市分行加快改革发展步伐、大力推进现代商业银行建设、各项工作取得显著成效的三年。在市委市政府的统一部署及人民银行等部门的大力支持下,工行孝感市分行紧紧围绕孝感的二次创业,大力弘扬"团结、实干、创新、争优"的企业精神,坚持从严治行的方针,以质量效益为中心,依法合规经营,强化内部管理,加快科技创新步伐,加大业务营销力度,在支持地方重点企业和服务经济建设的同时,全面促进了两个文明建设的同步协调发展。三年来,工行市分行在全市金融系统存贷款增量均居前列,在全省工行系统综合考核排名靠前,分行机关先后被评为孝感市"文明卫生十佳单位"、"社会综合治理安全文明单位、"花园式单位"、市直机关"先进单位";"省级最佳文明单位"、"湖北省思想政治工作优秀企业";市工行系统被中共孝感市委、孝感市人民政府命名为"2000—2001年度市级文明系统",所属的应城市支行被评为"省级文明单位",孝南区支行、云梦分理处、安陆市支行、市分行营业部被命名为"市级最佳文明单位"。

【整合资源优势 全方位组织资金来源】 一是牢固树立大筹资观念,通过完善筹资工作机制、推进分配制度改革及实施柜员制等工作,建立起大存款大筹资的工作格局,全方位组织资金来源,三年来平均存款增量近4亿元。二是在整合资源优势上下功夫,深化筹资工作"巨人工程"、"精品工程",加大业务网点的整合力度,共精简20多个幅射重叠、效益低下的营业网点,提高资源的利用率。2000年3月,孝南区支行中心储蓄所存款率先突破亿元大关,成为全市第一个亿元储蓄所。到2001年末,亿元以上分理处和储蓄大所已达12个,居全省市州行前列。三是强化业务营销工作,每年举办新产品推介会、上门征求客户意见、存款百日增存竞赛等活动,为支持地方经济建设提供雄厚的资金保障。

【强化市场营销支持地方经济发展】 牢固树立"经济活、金融活","企业发展、银行发展"的经营理念,把强化信贷营销作为业务发展的主要切入点,全力支持地方重点企业发展。一是抓紧企业的信用评级工作,全力争取"上线"。到2001年末,A级以上优质客户近百家。二是建立营销激励机制,服务地方经济新的增长点。积极利用优质客户载体鼓励信贷员深入客户寻找贷款市场;结合孝感经济调头的实际,出台了《非公有制企业金融服务指导意见》,服务民营经济发展。三是积极支持地方重点工程项目建设,培植新的发展后劲。三年累计投入项目贷款8亿元,先后支持京珠高速公路湖北北段、双环化工集团20万吨合成氨原料油改煤工程、316国道孝感城区复线工程,并储备了汉十高速公路孝襄段等项目。四是坚持"有进有退"的原则,大力压缩不良资产。开展了资产质量攻坚活动,做好呆坏帐核销工作,提高银行再贷款能力,不良贷款呈逐年下降趋势并控制在上级行计划以内。

【创新信贷工作思路扩大优质客户市场】 全行按照"发展才是硬道理"的要求,紧紧抓住地方经济环境趋好的契机,坚持流动资金贷款、项目贷款、个人信贷业务"三驾马车"并驾齐驱的信贷营销思路,协助优质客户落实贷款条件,并在增加信贷品种和投入总量上做文章,大力拓展多元化的信贷市场。在信贷资金和规模"双紧"这一现实环境下,加快资金调度频率,年累计各项信贷投入均在10亿元以上且年增长额达10%左右。积极增加新的信贷业务品种,利用银行承况汇票、信用证、保函和信贷承诺等载体,拓宽企业融资渠道,对特殊服务的企业开辟信贷"绿色通道",简化手续,特事特办,全力满足企业合理资金需求。

【加快科技创新步伐提升综合竞争实力】 大力实施科技整合创新战略,充分利用自身的网络优势、结算优势、信誉优势、资金优势,以先进的科学技术为支撑,不断提升金融服务的科技含量和效率。继成功解决计算机2000年问题之后,该行先后推出95588电话银行、企业银行、网上银行、银证转帐等电子银行新业务后,全力打造综合业务整合版系统,并逐步形成了以网上银行、电话银行等为主要构成的电子银行体系。2000年12月在孝感市金融系统率先投产网上银行业务,已发展重点客户19家。在巩固传统的行政事业收费、企业行政单位代发工资等业务的基础上,积极做好金融同业代理业务、集团网络结算、资金汇划、出国留学、招投标、资信证明等业务,目前代理业务超过35种,代理额达8亿元以上。

【加速业务发展进程 积极拓展银行卡、住房信贷、国际业务】 到2001年末,全市银行卡发卡量已突破10万张,并先后推出牡丹医保卡、牡丹贷记卡等业务品种,在孝感城区繁华地段和部分县市重点商业区设立POS机90多台、ATM机12台,为城区居民提供"全天候"金融服务。结合扩大内需、刺激消费的实际情况,加大对东苑小区社区经济适用房、城市商品房开发项目及孝感学院、三江航天集团成员分厂等单位个人住房贷款的市场开发力度,住房贷款余额达6000万元。在全市金融系统率先开通了先进的PCC－CONNECT国际结算系统,开办了代理证券公司B股资金交易划转和因私购汇业务，扩大外向型企业信用证和信贷承诺业务量，国际结算量和结售汇额同比大幅增长；外汇资金划拨快捷迅速，对港澳地区汇款实现24小时到账，并与200多家银行建立了代理行关系；三年来共实现国际业务利润1100万元人民币，2001年6月被人行武汉分行评为孝感市境内唯一的一家“外汇风险防范信誉银行”。

【加强党建和思想政治工作两个文明建设同步协调发展】 一是认真组织市县两级行领导班子深入学习、全面贯彻“三个代表”重要思想，并请来省委、市委党校教授作辅导报告，增强领导班子的党性观念。二是以金融规章制度和法规法纪学习教育为主线，深入开展依法合规大检查、职业道德教育、普法教育，认真落实安全保卫和案件防范工作责任制，实现三年安全经营无事故无案件。三是结合金融改革发展实际，系统开展了“三讲”教育；隆重开展了以“八个一”活动为主题的纪念建党八十周年活动，认真组织市县两级班子加强党的作风建设；适时召开了全系统思想政治工作会议，为业务发展保驾护航。四是为地方经济发展创造唯美环境，投资450多万元重点加快亿元处所建设步伐，向30多家大中型企业派驻客户经理提供“一站式”服务，扎实推进“优质文明服务推进月”活动，出台《二线为一线服务方案》。五是加大文明创建力度，广泛深入开展争创“文明单位”、“文明窗口”、“五好班子”、“青年文明号”及机关作风整训等活动，并做好支农、向老区捐赠等公益活动。六是加快干部人事制度改革步伐，在机关推行中层干部和员工“末位淘汰制”、在支行公开竞聘副行长等改革措施；对机关科室负责人轮岗交流，并选派优秀人才到基层挂职锻炼；启动“百名人才工程”，为长远发展提供智力支持和人才保障。七是加强培训教育学习，按党委中心组、各支行和机关干部、业务一线员工三个层次，积极开展WTO知识培训和新业务知识培训，提升全员综合素质。八是始终坚持“两手抓，两手都要硬的工作方针，精心打造了“团结、实干、创新、争优”的孝感工行企业精神，树立和宣传了全国金融“五一劳动奖章”获得者李云霞、湖北省工行系统“十佳”杰出青年郭志刚等一批先进典型。

中国工商银行孝感市分行
领导成员名单

（以2001年12月底在职为准）

行　　长、党委书记　王新平
副 行 长、党委副书记　沈立生
副 行 长、党委委员　李红玲
副 行 长、党委委员　邱世杰
纪委书记、党委委员　刘建高
副 行 长、党委委员　张汉明
工会主任　周显云
总 稽 核　周强祖

（宋先彦　曾超雄）

中国农业银行孝感市分行

【概况】 为了贯彻国有商业银行的经营原则，从1997年开始，中国农业银行孝感市分行进行了一系列的机构改革和重组。1998年，全行撤并机构45个。1999年，市分行组建清收盘活工作办公室，成立“中国农业银行湖北省孝感市分行资产保全清收部”，专司经营和管理市分行各直属单位的不良资产。同年，市分行各直属经营单位重组。2000年全行撤并低效营业网点43个。是年，广水市并入随州市后，广水市支行划归随州市支行管辖。到2001年底，中国农业银行孝感市分行内设机构15个，即办公室、人事教育科、监察室、保卫科、信贷管理科、专项贷款科、风险监管科、资金计划科、财务会计科、总稽核室、客户经理部、个人金融业务科、科技科、机关服务中心、工会工作委员会。直接管辖营业部、资产保全清收部、城站路分理处、吉安分理处4个直属经营单位，1个干部培训学校，下辖孝南区、孝昌县、大悟县、安陆市、云梦县、应城市、汉川市7个支行，104个分理处，28个储蓄所。全市农行系统员工总数2072人。其中大专以上文化程度696人。拥有高级职称6人，中级职称207人，初级职称699人。

【存款业务】 1999年，市分行加大三个力度，即加大宣传力度，提高服务质量；加大公关力度，运用科技手段；加大考核力度，完善激励机制，并通过建立储蓄、市场开发、银行卡三位一体的资金组织新格局，确保资金组织工作取得成效。到年末，各项存款余额达343166万元。面对资金分流加剧，金融竞争激烈，2000年，市分行以“三大市场”为主攻目标，着力开展资金组织工作。即对公存款市场、储蓄存款市场、银行卡和个人金融业务市场，实施“龙型”开发战略、全员工程策略、品牌创新策略，促进存款稳步增长。2001年，为了实现“三高两创”资金组织工作措施和目标，即高标准构筑存款“一把手”工程，高效率开发存款市场、高水平满足客户需要，创同业最佳成绩，创历史最好水平，着力在资金组织工作上狠抓了三个举措。一是改进考核办法，在机制上做文章；二是强化营销宣传，在服务上做文章；三是突出客户重点，在抢占市场上做文章，全行资金组织工作取得显著成效。截止2001年末，全行各项存款余额达392763万元，比1999年末净增49597万元。其中储蓄存款余额达286223万元，比1999年末净增39601万元，储蓄存款总量和增量市场份额均居同业首位，市场占有率分别达37.1%和37.3%，分别较上年提高4.6和6.6个百分点。

【贷款业务】 1999年，为了适应稳健货币政策要求，市分行从实际出发，确立了“三大战略”工作思路，通过调整结构，收旧贷新，既保证了增量投入，又较好地防范了贷款风险。一是坚持“双优战略”，优化信贷增量。全行推行“622”信贷增量比例管理办法，即将贷款增量的60%用于支持“双优”客户，20%用于小额质押贷款，20%用于银行承兑汇票的贴现，集中资金支持了地方经济发展。此外，市分行净投放专项贷款4892万元,其中扶贫贷款投放3586万元,重点支持了孝昌太子米公司等30个项目。二是实施“双活”战略,活化信贷存量。组建清收盘活机构,全面实施分账经营;分层推进,实施“十点百家万户”工程,到年末,盘活企业资产16845万元,保全资产10264万元。三是推行“双全”战略,防范化解信贷风险。即推行信贷规范管理和实行贷款全程跟踪管理。2000年,市分行以风险防范为主线,着力调整信贷结构,一是实施授信管理,优化信贷增量。全面推出了客户综合授信管理,共评出AAA级企业52户,并确定了优良、一般、限制、淘汰类法人客户名单。二是奋力清收盘活,活化存量资产。继续坚持实施领导层“十点百家工程”、专业层分账经营专业盘活、个人层的责任贷款清收盘活,均取得成效。到年末,全行不良资产余额较年初净压9298万元。三是团结协作,积极剥离不良资产。市分行成立专班,集中精力,积极协调,寻求支持,及时剥离不良资产155456万元,为改善全行信贷资产质量奠定了基础。2001年,结合孝感经济发展实际,市分行重点实施了“五个一批”的信贷支持战略。一是调整贷款的产业结构,支持一批高新技术及基础产业类的优良客户;二是调整贷款区域结构,发展一批低风险地区的集约化经营项目及农业产业化龙头类优良客户;三是调整贷款的企业结构,巩固一批现有骨干企业类的优良客户;四是调整贷款的所有制结构,扶持一批成熟的民营企业类客户;五是调整贷款的品牌结构,拓展一批低风险类的优良客户。围绕“五个一批”,市分行全年累放贷款68473万元,有力地支持了地方经济发展。为了确保金融债权完整,市分行将2001年确定为“资产保全年”,以“三个层面”为主线,加大清收盘活工作力度。到2001年末,全行“两呆”贷款比年初下降15500万元,其中盘活15053万元,保全资产43389万元,清收不良贷款本息9432万元。

【科技水平再上新台阶】 2001年相继开通与三峡证券公司、电脑厂商、电信局三方合作的银证转账和代收固定电话费电脑应用系统,实现了微机处理代收代付业务的新突破。通过把国际业务应用处理系统并入综合业务网,全面开展外币储蓄业务,做到本外币一体化操作,为国际业务发展拓展了空间。通过建立和完善内部网站和综合查询系统,同时集中科技力量保证网络运行,促进两卡一网三通工程效益明显提高。到年末,全行储蓄联机网点达129个,对公联机网点29个,联网网点业务增长迅速。

【银行卡业务】 近几年,为适应金融竞争新的形势,市分行以银行卡为拳头,举全行之力,对内着力营造全行办卡氛围,对外加大市场营销力度,努力展现银行卡业务特色,取得了明显成效。截止2001年末,全行共累计发卡137,994张,比1998年末增10万张,卡存款余额达到3.3亿元,比1998年末净增3亿多元,累计实现代收代付10.5亿元,累计实现消费额1350万元,卡业务的综合排名居全省第五名,主要作法是:一是创新机制,营造“以卡兴行”的浓厚氛围。通过强化领导机制,形成齐抓共管的整体合力;健全运作机制,培育精明强干的发卡队伍;完善投入机制,强化科技力量的技术支撑;引入激励机制,营造全行办卡的浓厚氛围,促进了农行银行卡快速、稳健发展。二是注重营销,大力塑造“以卡兴业”的品牌形象。市分行坚持以市场为导向,以客户为中心,以品牌为手段,着力开展市场营销。为“爱我农行、兴我金穗”,着力以“抢占卡市场、畅通卡环境、拓展卡领域”,在全市城乡推出了以“农行品牌大展示”为主题,以突出银行卡品牌和科技含量为内容的大型营销宣传活动,在全市产生了强烈的反响和轰动效应,大大提升了农行的形象和金穗卡品牌的知名度。三是展现功能,大力开拓“以卡增效”的特色效应。充分利用银行卡的功能优势,努力开拓创利来源,实现综合效益。并根据社会资金流向流量的特点,不断研究客户的心理和市场需求,积极开发适销对路的金穗卡新品种,先后推出了“金穗万事顺”保险代理卡、银证转账卡、劳务输出卡、学生通汇卡以及全国联网的世纪通宝卡等专用卡,组织了大量的低成本资金,实现了一张小卡片,敲开大市场,创造高效益的佳绩。

【外汇业务】 近三年来,市分行坚持“以业务经营为中心,以内部管理为重点”,从“抓客户、抓调整、抓管理、抓特色”入手,推动外汇业务不断发展、管理逐步规范。外汇存款从1999年初近20万美元猛增至2001年末的134万美元,国际结算量分别达到2000万美元、3012万美元、2620万美元,在全省农行系统中排名前五位。通过大力开展国际结算业务,全行外汇业务收入在经营总收入的比重不断增加,从1998年不足四分之一增长至2001年末的50%。在此期间,大力调整外汇业务结构,业务范围由单纯的代理出口结汇发展进口信用证开证、出口议付、票据托收、外汇汇入汇出款等多种实单业务。外汇业务客户分布孝感各县市区。

【系统党建取得成效】 1999年,系统党委成立后,市分行紧紧围绕业务中心做好党建工作。一是以“两先一优”为目标,加强党的基层组织建设。组建党委9个,党总支5个,党支部153个。二是以“三讲”教育为契机,加强各级领导班子建设。三是以反腐倡廉为内容,加强党风廉政建设。2000年,围绕加强班子党性党风教育,扎实开展了“三讲”教育“回头看”和警示教育活动。为了弘扬正气,鼓舞士气,在《孝感日报》开辟专栏“孝感农行人”,大力宣传农行先进个人、先进单位,并在系统内开展“双先”事迹巡回报告活动。2001年,市分行以江泽民总书记关于“三个代表”的重要思想为指导,以隆重庆祝建党80周年活动为契机,坚持以人为本,着力抓好党建工作。截止2001年末,全行有3个单位被授予农总行级“青年文明号”,有23个单位被授予省分行级“青年文明号”，有45个单位被授予市分行级“青年文明号”。有23名员工被授予省分行级“青年岗位能手”，有123名员工被授予市分行级“青年岗位能手”。1999至2001年，市分行连续三年被市政府评为“支持农村基层建设模范单位”。2000年，被市直机关工委评为“理论学习先进单位”。2001年，被中共孝感市委、市人民政府授予“全市扶贫开发先进单位”。市分行相关科室分别被湖北省分行授予“优秀稽核单位”、“统计先进单位”、“保卫工作先进单位”、“清收盘活先进单位”、“红旗办公室”。市分行被孝感市委组织部、市人事局联合授予“孝感市军队转业干部安置工作先进单位”，被孝感市委、市政府授予“最佳文明单位”，市分行工会被孝感市总工会授予“工会工作先进单位”。

中国农业银行孝感市分行领导名单

行　　长　徐勤德

副 行 长　彭达胜　龚武安　袁金柏　胡昌平

纪委书记　柯树发

（陈　红）

中国农业发展银行孝感市分行

【概况】 中国农业发展银行孝感市分行作为孝感市唯一一家政策性金融机构，自1996年11月成立以来，经过了业务农行代理，基本自营，封闭运行三个阶段的发展，完成了上级行交给的各时期阶段性的工作任务，为服务孝感市“三农”经济的发展作出了应有的贡献。认真贯彻国务院“三项政策、一项改革”的方针政策，积极支持粮棉流通体制改革，正确执行粮棉购销政策，确保收购资金平稳供应，实现了收购资金持续稳定封闭运行。市农发行下辖6个县（市）支行、1个分行营业部，分行机关内设办公室、计划信贷科、财务会计科、信息电脑科、人事教育科、稽核科、监察室（纪检）、保卫科等8个科室和1个机关服务中心，至2001年末全市农发行有干部职工194人，各项贷款余额408744万元。

1999～2001年，孝感市农发行坚持“严格把握政策，提高队伍素质、强化内部管理、依法规范经营”的办行宗旨，围绕收购资金持续稳定封闭管理这一工作中心，在“改善经营、改善监管、改善服务和提高人员素质、提高工作质效”上下功夫，加力度，不断改进工作作风，夯实各项管理制度和基础，振奋精神，团结拼搏，严格执行“收购一斤粮食，发放一斤粮食的贷款；销售一斤粮食，收回一斤粮食的贷款”的保护价粮食敞开收购政策，和“以销定贷、以效定贷”的非保护价粮棉油收购政策，同时寓服务于监管之中，积极支持并全程参与企业改革改制，帮助企业减员增效，扩大销售，实现了银企双赢目标，确保了收购资金持续稳定封闭运行，有力地支持了农村和农业经济健康稳定发展，也为农发行在市场经济条件下开创新局面进行了一些有益的探索。

【收购资金平稳供应】 1999～2001年，按照“收购一斤粮食，发放一斤粮食的贷款”的敞开收购保护价粮食和“以销定贷、以效定贷”的非保护价粮棉油收购资金供应政策，积极支持企业常年挂牌收购农民手中的余粮，已累计投放保护价收购贷款24.68亿元，支持购销企业收购粮食31.52亿斤，油脂0.08亿斤，棉花79.4万担，没有因农发行资金不到位而出现向农民打“白条”的现象，保护了农民的利益，做到了政府、企业、农民三满意。

【封闭运行持续稳定】 按照规范、合理、提高的要求，围绕持续、稳定的封闭运行管理工作目标，孝感市农发行以精细管理为着力点，对封闭运行的制度、办法、操作流程和管理措施不断进行修订和完善，进一步强化了“贷款发放、库存监管、收贷收息”三个环节的监管和“收购码单、库存仓单、资金分割单”三单的监管，全面推行以制度建设、基础管理、操作程序、资金监管、巡库查库、违规处罚和内控监督为主要内容的信贷等级行管理。财政、粮食、监察、农发行共同签订了《收购资金封闭管理责任书》，构建了封闭管理分级分部门共管责任制；强化了信贷员管户责任制，形成封闭管理内外两大屏障，有力促进了收购资金封闭管理各项制度的贯彻落实，业务操作程序日趋规范，台帐报表质量不断提高，当年新发放贷款与新实现收购值均实现了100%。

【深入开展清资核贷】 根据国务院的统一部署，从2001年4月开始，孝感市农发行抽调人员96人，组成了8个专班，积极参与粮食清仓查库工作。历时45天，对全市89个国有粮食购销企业，409个存粮库堆进行了清仓查库。随后，部署人员，落实责任，对清查出的银企帐务差异粮食6793万公斤，进行了深入细致的清资核贷工作。至2001年8月底，圆满完成清资核贷工作任务，收回资金6066万元，并于9月份通过了省分行的全面验收。

【支持粮棉企业改革】 1999年，按国务院《继续深化粮棉流通体制改革的决定》精神，孝感市农发行紧紧抓住收购资金封闭管理这个“牛鼻子”，积极向地方党、政领导汇报企业改革情况，提出建议，全程参与制订与实施“行政机关定编、购销企业定员，政企分开、主附营分离、人员分流，完善配套政策”的“两定三分一配套”改革方案，抓督办、抓完善、抓落实，着力推进企业进一步转换经营机制，实施减员增效，下岗分流。截止2001年底，粮食购销企业由126家减少到77家，企业员工由14898人减少到9452人；企业大量减亏，云梦与汉川更是实现了整体扭亏增盈；棉花企业数量21家，现有人员4429人。

【力促银企双赢】 努力改进信贷服务，寓服务于监管之中，积极参与到粮食企业经营管理中去，为企业提供全方位的服务。通过印发粮食、棉花价格信息简报，每10天发布一次，为企业购销活动提供了参考和决策依据；和粮棉主管部门一道努力探索市场经济条件下粮棉购销企业新的组织模式，根据企业经营管理的实际，采取股份制或自愿重组的办法进行优化组合，改变过去只管购不管销，或只销售原粮，不销售成品粮的做法，促进企业降低成本，再加工转化增值获利。同时，支持企业构建统一的市场营销体系，拓宽渠道，多法并举抓促销，1999—2001年累计销售粮食134992万公斤、油脂399万公斤、棉花64.1万担，实现了企业压库降成本，银行收贷收息目标。

【全面推进办公自动化】 至2001年末，孝感市农发行有在岗员工194人，已配备微机131台套，人均微机占有率68%。从1998年的X.25专线到2001年11月的DDN光纤接入，建立了业务信息资源系统，实现了数据共享，将建行以来的公文存贮于公文档案管理数据库中，实现了公文档案管理电子化，文档报表传递无纸化，行领导、分支行、各部门可通过局域网直接查询、检索。

【规范管理稳步推进】 实施了信贷工作准会计化管理，把规范管理和科学管理不断引向深入。围绕规范管理不断完善内控制度，细化量化了会计信贷档案操作规程，全市农发行分支机构全部达标，有6个行达省二级，2个行达省一级。通过建立督办制度和行长再监督制度，按《会计法》要求合规合法经营，推行经费报帐制和票据会审制，有效抵制了违规违纪事件。

【完成银行信贷咨询系统】 2000年3月，孝感市分行系统所辖8个分支行，将113个企业、504个企业站点，贷款余额50多亿元的信贷数据准确无误地通过网络并入了市人行的信贷登记咨询系统数据库，市人行、省分行以简报的形式介绍了经验和做法。2000年12月，按严格标准、规范操作的原则，对每个企业贷款逐笔进行了严格认真的审定，完成了贷款五级分类工作，提高了信贷资产管理水平。

【劳动人事制度改革引向深入】 2001年着力推进实施了干部考核任命制、中层干部竞聘上岗制、职工双向择岗制三项改革措施和按岗取酬、绩效挂钩的工资分配办法。经过开展"定人、定岗、定编"三定工作，原中层干部48人中有21人重新竞聘上岗，有10名职工经过竞聘成为中层干部，调整支行"一把手"4人，副行长2人，充实中层干部7人，异地交流8人，交流面达50%以上。

【精神文明建设全面发展】 1999—2001年间，深入系统地开展了"讲学习、讲政治、讲正气"为主要内容的"三讲教育"和"爱岗敬业、廉洁从业、艰苦创业、建功立业"为主要内容的职业道德教育，以及江泽民"三个代表"重要思想和《公民道德教育实施纲要》的学习教育活动，注重了系统文明单位创建与系统党建工作，全行的文明创建有组织、有规划、有方案、有步骤、有成效，有1个行被评为"省级文明单位"，有2个行被评为"市级最佳文明单位"，2000年、2001年分行连续两年被市委、市政府评为市级最佳文明单位，全市农发行系统文明系统。狠抓思想政治工作和调查研究，连续3年被省分行评为宣传调研先进单位，有1人被总行评为宣传调研先进个人。规范了党风廉政建设责任制，制定了《廉洁自律十不准》，树立了"严格、规范、谨慎、诚信、创新"的孝感市农发行新形象。

孝感市农发行领导成员名单

行　长　王炎发(　　—2000.6)
　　　　刘建新(2000.6—　　)
副行长　肖望生　黄松林

（艾利宏　陈柏成）

中国建设银行孝感市分行

【概况】 1999年～2001年是中国建设银行孝感市分行大改革、大发展、大丰收的三年。全行干部职工以效益为中心，以改革为动力，围绕目标抓机制，围绕客户抓增存。围绕资产抓收息，围绕效益抓财务，围绕内控抓管理，存款新增绝对额、市场占比和发展速度取得了前所未有的好成绩。截止2001年底，全口径存款余额28亿元，比三年前新增5.4亿元，超额完成省行计划；发展速度为14%，高于全省平均水平。在信贷工作中响应市委、市政府关于"改善金融环境，改进金融服务"的号召，大力开展创建金融安全区和压缩不良贷款活动，积极向上级行争取政策，扩大信贷投放。2001年底信贷资金贷款余额为17.22亿元，比三年前下降6.25亿元。但考虑剥离不良贷款11亿元，剥离呆帐贷款2.7亿元，核销呆帐贷款8000万元，实行债转股5000万元等因素，贷款总量实际新增了8.75亿元。此外还通过发展承兑汇票业务、再贴现业务、授信业务增加信用投放，既推动了全市"调头工程"，又促进了银企双赢。全行效益连年好转，三年减亏1.86亿元，在全省建行系统综合实力考核排名中由三年前的末尾提升到第四位，由D类行跳跃上升为B类行，并被评为2001年度扭亏增盈先进单位。

市建行下辖11个支行，4个科级分理处，76个营业网点。市分行机关内设办公室、计财部、会计部、人教及组织部、个人业务部、公司业务部、委托代理业务部、信贷委员会办公室、信贷风险管理部、资产保全部、科技部、监察室、保卫部、宣传部、机关党委、工会共16个部门。市分行直辖四个分理处（北门分理处、商城分理处、恒信分理处、文城分理处）和三个二级单位（物业中心、审价咨询部、不良贷款清收办公室）。全市建行系统有干部职工1358人，其中大专以上文化程度688人，拥有高级职称、中级职称和初级职称分别为7人、155人和325人。

【加大信贷投人　服务地方经济】 1999年—2001年是市建行历史上信贷投放较多的一个时期，三年累计信用投放50亿元,其中发放贷款24.6亿元,签发银行承兑汇票20.4亿元,办理再贴现3.6亿元,发放个人住房贷款2.1亿元,有力地支持了市基础设施建设、国有重点工业企业和个体民营企业发展。仅2001年度,投放基础设施2.7亿元,用于316国道孝感城区复线工程、电信设备增容扩建等项目;投放国有重点工业企业3.6亿元,如:汉川电厂、双环集团、云梦薄膜等;投放基础教育7500万元,如:孝感职院,孝感高中等;投放民营企业7亿元,如:联谊公司、福星科技等。此外,我行还通过债转股、剥离不良资产、剥离呆帐贷款、核销呆坏帐等形式,为企业减轻债务。

【健全干部管理机制】 市建行积极探索新的干部人事管理机制。推行领导干部引咎辞职制度,基层行处领导集体或领导个人因工作不力未能完成工作任务、或工作中出现过失等原因,不能继续履行职务职责的,应向市分行主动申请辞职。推行中层干部竞聘上岗制度,2001年元月份,组织了市分行公司业务部、个人银行业务部、保全部、信委办四个部门正职以及部分部门副职的竞聘上岗。通过竞聘,共有16名德才兼备的年轻干部走上了新的领导岗位。实行一般员工下岗待业制度,由市分行按3%的比例给各单位下达下岗人员指标,对少数后进员工起到了较大的鞭策作用。

【试行"扁平"化架构管理】 将"市分行→支行→营业网点"的管理架构简化为市分行直接经营,减少管理的中间环节。市分行机关原"三部"改为直营分理处,即:房地产信贷部、国际业务部、信用卡部分别更名为北门分理处、商城分理处、恒信分理处,增加了直接创收单位。市分行设直接经营信贷存量资产的保全部,并将城区各支行的不良资产实行"四集中":集中人员、集中帐务、集中考核、集中管理,并设"城区"和"异地"清收组,专班专责清收不良资产。市分行个人业务部对全系统76个网点实行榜排管理,考核排名直接到所柜。

【改善服务　提升形象】 首先是健全了优质服务责任机构。2001年初,市分行宣传部设立优质服务督导中心,负责对各网点、各行处优质服务日常检查、督导和评比工作;市分行个人部设立客户投诉中心,负责答复客户咨询,处理客户投诉。其次是完善了一系列优质服务规章制度。先后制定了《优质服务规范管理办法》、《建行客户投诉管理细则》、《优质服务检查考核办法》和《工作人员违反服务规范投诉和处罚细则》等四项制度,明确了客户服务"首问负责制",做到服务有规范,要求有标准,投诉有接待,处罚有依据。同时加大了优质服务检查处罚的力度,市分行优质服务督导中心和客户服务投诉中心分工合作,密切配合,做到优质服务月月有检查、季度有评比,咨询投诉件件有登记、有回复、有处理。开展"开门评店"活动,请政协委员、客户代表、新闻界朋友到各营业点明查暗访,参与考评。全行先后评出优质服务先进网点16个,明星网点15个,优质服务标兵20人,仅孝感城区就有5个网点被授予"市级文明示范窗口"。

【强化内部管理　构筑安全屏障】 全行开展了内控专项治理工程,成立了内控监督管理办公室,重新明确了有关职能部门的管理职责,完善了内控责任报表的报送办法和业务操作管理、监督、检查的规定,按章操作和防范风险成为全行员工的共识。全行加大信贷风险管理力度,加强信贷项目的贷前调查评估,严把项目申报关。加强贷中审批制度的落实,实行专职和集体审批,提高了信贷决策水平。加强贷后管理和风险监测,由信贷风险管理部门定期进行检查、分析、预警,防范风险发生。该行还加大会计基础管理力度,实施五种新的会计工作方法:实行内部往来勾对"岗位责任制",将勾对审签与经办人员、网点主管、会计储蓄业务辅导员、会计科长、储蓄科长、分管行长的岗位责任联系起来,形成责任明确,层层监控,多管齐下,相互制约的工作格局;实行重要空白凭证的"环节管理制",从领用、审签、对帐、消帐各个环节建立管理制度;实行帐务调整"三审制",对帐务调整必须经过网点主管、支行会计部门、市分行会计部门审核盖章;实行现金备付"跟踪管理制",每天监控各网点的库存现金,确保合理库存;实行操作员代码的"分级管理制",对前台操作员代码、复核员操作代码、前台主管会计操作代码、后台操作员代码实行分级管理,赋予相应的业务处理权,从而有效地防范了会计风险。

【加强企业文化建设】 组织全行员工认真学习"三个代表"重要思想。市分行党委宣传部组织机关党委和基层行处总支、支部中心组每月集中半天时间进行学习,其他员工每周星期四下午学习。每次学习做到了有考勤、有笔记、有发言、有讨论记录。同时,该行还把"三个代表"重要思想落实到具体行动中,先后在全行开展了比发展速度、比优质服务、比奉献大小的实践活动,切实做到学以致用。千方百计做好员工的思想工作,在全行开展爱行爱岗教育、军人作风教育、艰苦奋斗教育和党员宗旨教育。通过召开离退休老干部座谈会、职工代表大会、员工代表恳谈会等形式,引导全行员工认清形势,统一思想,坚定信心,艰苦创业,促进了队伍稳定和业务发展。探索有孝感建行特色的企业文化建设,2001年实施了"十个一"工程。即组织一场"无私奉献,艰苦奋斗"演讲报告会,给每位员工送一张生日贺卡,重点帮扶一个特困户,每位党员与一名普通员工交朋友,每位员工提一条合理化建议,举办一台春节文艺晚会,开展一次军民共建活动,举办了一期建党80周年书画作品展,召开一次先进表彰会。通过活动载体,把"严格、规范、谨慎、诚信、创新"的十字行训落到实处。

中国建设银行孝感市分行
领导成员名单

行　　长　张绍恩(1999.11—　　)

副 行 长　胡承定　徐汉丹　傅烈培
纪委书记　刘从发

（徐石清）

中国银行孝感市分行

【概况】 1999～2001年，中国银行孝感市分行围绕建立良好的公司治理机制，加快了人事制度、考核体系、风险控制管理等方面的改革，取得了一定的成效；业务经营突出了核心指标——效益，并较好地实现了资金的自我平衡，有关业务指标市场份额有所提升，其中存款增幅连续三年在全省中行系统位居前位。通过清收盘活、剥离、核销呆坏帐，不良资产占比大幅度下降，经营效益明显好转。截止2001年底，各项人民币存款余额122744万元，比1998年底增加28567万元，其中储蓄存款余额84232万元，比1998年底增加16561万元，企业存款余额38512万元，比1998年底增加12006万元；外汇存款余额1576万美元，比1998年底减少895万美元。人民币贷款余额为86841万元，比1998年底减少13379万元，外汇贷款余额6339万美元，比1998年底减少1500万美元；不良资产余额由1998年底的120947万元降至68000万元。国际结算三年结售汇3960万美元，市场份额32%，累计对外开证2290万美元，办理押汇138万美元。近三年，中国银行孝感市分行积极响应孝感市委开展第二次创业的决定，累计投放资金81535.2万元，重点支持了中包云梦塑料薄膜厂、云梦宏博集团、孝棉集团、青啤集团应城分公司、二三八厂、孝感高中、大悟一中等重点企业和项目。同时，对发展前景看好，信誉度高的民营企业给予了大力扶持，三年累计放款1.8亿元，占全部投放的30%，签发银行承兑汇票2.8亿元，占签发总量的80%，为地方经济建设作出了应有贡献。

三年来，中国银行孝感市分行按照“三个代表”的要求，坚持两手抓，在全行认真开展了各项文明创建活动，取得了较好成绩，连续三年被市委、市政府授予“市级文明单位”、支持农村基层建设“模范单位”称号，在2000年全市“爱心献功臣”行动中被市双拥工作领导小组评为“先进单位”。

【建立良好的公司治理机制】 中国银行孝感市分行自2000年开始，按照中总行的要求，围绕建立良好的公司治理机制、实现资本市场化目标，进行了人事、工资、考核体系、风险控制体系的改革，加大了科技和新金融产品的开发和应用工作的力度，提前介入了管理构架、业务流程的整合准备工作，在经营上通过清收、剥离、核销呆坏帐，不良资产大幅下降，并于2001年较好实现了资金的自我平衡。

【不良资产剥离和呆坏帐核销】 为减轻国有商业银行负担，改善银行授信资产，提高经营效益和参与国际金融市场竞争能力，国务院批准成立中国东方资产管理公司接受中国银行不良资产。1999年～2001年，中国银行孝感市分行向中国东方资产公司剥离不良资产39486万元，占总资产的28%。同时按财政部和人总行的有关政策规定，该行2001年核销呆坏帐6892万元，占总资产的6%。通过剥离和核呆，该行不良资产下降了28.3个百分点。

【减员增效和四个留人】 按照中总行的有关精神，中国银行孝感市分行实行了员工内部退养和一次性补偿买断工龄、解除劳动合同的精减人员政策。本着个人自愿和有关规定相结合的原则，1999年～2001年，全行共办理内部退养手续23人，一次性补偿买断工龄104人，其中正式工45人，代办员59人。同时为实现可持续发展，该行采取了感情留人、事业留人、培训留人、待遇留人的办法挽留和吸收专业人才，增强竞争优势。

【电子网络建设】 业务发展需要科技支撑，近三年来，中国银行孝感市分行加快了电子网络建设步伐，提升了科技含量水平。一是分三阶段实行数据大集中，实现电子应用、数据、科技管理的集中和共享。1999年7月完成各支行数据上收市分行中心，2001年7月完成数据上收省分行中心，并已于2002年7月完成数据上收华南中心。二是为解决网络故障引发的死机问题，改造了市分行至省分行的DDN线路，由64K升速至128K，避免网络梗阻现象发生。三是开发开通了95566电话银行系统、银证转帐业务、个人因私购汇系统，孝感城区网点代收话费业务以及在汉川白云酒店、乾坤大酒店、小蓝鲸孝感连锁店等大型饮食购物场所安装POS机，实现信用卡联机消费、取现和自动授权。

【形象工程建设】 按照中总行的形象规范和孝感城区文明卫生城市创建活动的要求，中国银行孝感市分行近3年投入1200万元，一是完成了全辖所有网点装修改造工作，统一了门楣标识，安装了防弹玻璃。二是全辖员工统一了职业着装并要求配戴工号牌上岗。三是于1999年12月市分行机关由长征路14号迁址到经改造装修后的长征路92号中国银行孝南支行办公大楼办公。

中国银行孝感市分行领导成员名单

行　　长　俞金鸣（1997.8—2000.7）
　　　　　胡继前（2000.7—　　）
副 行 长　吕忠玉　杨新国
纪委书记　游东明
工会主席　李琳华
总 稽 核　龚巧云

（陈列希　张开新）

孝感市商业银行

【概况】 1998年，依照中国人民银行《关于批准聊城等六个城市开展城市商业银行组建工作的通知》文件精神，经孝感市委、市政府研究决定，在孝感市城市信用合作社中心社、孝感市董永城市信用合作社、孝感市丹阳城市信用合作社、孝感市孝南区松鹤城市信用合作社、孝感市信托投资股份有限公司的基础上组建孝感市商业银行。1999年8月，经人行武汉分行检查验收，批准孝感市商业银行转入筹建阶段。1999年9月24日召开创立大会及股东大会、董事会、监事会，通过了《孝感市商业银行章程》等文件。1999年12月18日，经人行武汉分行批准(武银复[1999]537号)孝感市商业银行股份有限公司正式挂牌开业。孝感市商业银行下设7个支行，即董永支行、玉泉路支行、三里棚支行、天仙支行、开发区支行、槐荫支行、丹阳支行，总部设8部1室，即营业部、财务部、科技开发部、人力资源部、公司金融部、个人金融部、稽核部、资产保全清收部和办公室。全行在册职工233人，拥有各类技术职称49人，其中高级职称2人，中级技术职称21人，初级技术职称26人。全行共建有7个党支部，有党员52名，建有团支部9个，有团员98名，建工会小组8个。

到1999年12月31日，全行各项存款余额达45041万元，占年计划的237%，比年初净增8475万元，增长幅度居全市金融机构之首；各项贷款余额为29180万元，比年初净增1863万元；清收不良贷款5067万元，占年计划的237%；全行实现各项收入1619万元，比上年同期增加309万元；各项支出2377万元，比同期减少支出407万元；全行帐面亏损759万元，比上年减亏714万元。2001年末，全行各项存款达53892万元，比年初净增8852万元，增幅为19.65%，比全市金融机构存款平均增幅14.6%高5.1个百分点。全行2001年各项贷款余额36273万元，比年初增加7041万元。全年实现各项收入2521万元，比上年增收902万元。全年帐面亏损695万元，比上年减亏63万元，亏损单位由上年8个减少到3个，4个单位当年扭亏为盈。

【召开创立大会及股东大会、董事会、监事会】 1999年9月24日，市商业银行召开创立大会及股东大会、董事会、监事会，通过了《孝感市商业银行章程》、《孝感市商业银行经营方针及目标》、《孝感市商业银行管理制度》，签订了孝感市商业银行发起人协议书。按照法律程序，选举产生和推荐了董事长、行长等高层管理人员。经市委同意，何霞江任董事长，孙德培、高楚元、郝章新任副董事长，甘永德任行长，李少平、周松林任副行长，彭桃安任监事长。同时成立中共孝感市商业银行委员会，孙德培任书记，甘永德任副书记，李少平、周松林、刘传德、吴改桥为委员。1999年12月18日，孝感市商业银行股份有限公司正式挂牌开业。

【内控机制进一步完善】 商行把2001年确立为"管理年"，狠抓基础管理工作，进一步健全完善了党群、行政综合、财务、科技、人事、信贷储蓄、资产保全等8大类50余个长效管理制度，依法合规经营意识大为增强；强化会计基础工作，实现了全城储蓄通存通兑，开展了信贷规范整顿，使全行信贷管理水平有了新的提高；强化了稽核监督，加大了人事管理力度和安全保卫力度，全行各经营网点均被公安部门授予"安全防护设施达标单位"称号。2001年5月25日，市公安局在商行召开现场会。加大了廉政建设力度，在全行开展党风廉政建设宣传月活动，全行基本上做到规范化管理，合规性经营，保证了一级法人体制的顺利进行。

【进一步加大支持地方经济发展力度】 2001年，全行累计发放贷款25585万元，比上年同期多放5000多万元。其中为民营经济和个体工商户累计发放1000多笔近7000多万元，解决了一大批个体工商户及城镇居民的资金需求；累计向30多家民营企业发放贷款5000多万元，签发银行承兑汇票145笔，金额3781万元，在支持民营企业的同时，加大了对优势产业的支持，累计向交通、教育、烟草、孝感日报社等发放贷款9000多万元，有力支持了重点项目建设；此外积极解决了一批国有中小企业的资金需求，累计为中小骨干企业发放流动资金贷款2700多万元。

【全员凝聚力进一步增强】 从加强领导班子建设入手，先后开展了"三个代表"学习，四个层次的民主生活会等活动，使班子的战斗力大为增强。从提高全员素质入手，先后举办了公文写作、网络知识讲座、安全形势讲座、稽核、客户经理、资产保全、普通话、礼仪知识、防范职务犯罪等专题培训讲座，受训人员近1000人次，使全员整体素质有了提高；从强化思想政治工作入手，通过召开全行思想政治工作会议、组织人员参加反腐败图片展、开展一系列建党80周年活动等，使全员思想进一步统一到一级法人体制上来，全员凝聚力进一步增强，为完成全年各项工作任务提供了组织和思想保证。

【文明创建初见成效】 牢固树立了宣传树形象，形象出效益的思想，全方位地开展了形象宣传活动。强化业务宣传，先后开展了储蓄通存通兑、反假货币宣传周等专题宣传，建立信息网络，明确专职信息员，2001年，在中央、省、市各级用稿80多篇。大力开展了文明创建活动。有4个单位被授予各种文明称号，其中槐荫支行被评为市级青年文明号，天仙、三里支行被评为巾帼文明示范岗；大力开展企业文化建设活动。派员参加了市直"党在我心中"演讲、女子健美操、乒乓球比赛等活动，并获得好名次。还与市委办公室联合举办了春节联欢晚会，市委书记张昌尔等市级领导及人行领导应邀参加了联欢。大力开展了临柜优质文明服务，让广大客户切实感受到形象在商行、满意在商行。

【努力改善商行发展环境】 积极争取市委、市政府的重视和支持。市政府主要领导多次来行现场调研，并就商行发展作出了重要指示，市政府先后4次听取了商行的专题汇报，并于2001年11月份由分管副市长带队赴荆州、宜昌学习考察支持城市商业银行发展的办法，市政府并出台《纪要》，支持商行发展壮大。市委、市政府主要领导出席商行行庆二周年联谊会并作了重要讲话,分别为商行题词予以勉励,增强了全体员工做好工作的决心和信心。争取了人行及各部门的支持,人行给予了2000万元再贷款。

【法人治理结构初步完善】 2001年,召开了首届董事会二次会议。审议通过了2000年工作报告及关于变更董事长、股权转让、机构迁址、调整内设机构、转变经营机制、深化劳动人事、分配等改革的议案,并形成了有关决议。明确了内审部门为监事会日常工作机构,明确了"三会"之间、"三会"与经营管理层,董事长与行长的关系及各自职责,初步形成了一种相互制约、管理科学的机制。

孝感市商业银行领导班子成员名单

董事长	孙德培
行长	甘永德
副行长	李绍平　周松林　晏运祥
党委书记	孙德培
副书记	甘永德
委员	李绍平　周松林　刘传德　吴改桥　晏运祥

（胡登胜）

孝感市农村信用合作社联合社

【概况】 2000年7月17日,经中国人民银行批准,成立孝感市农村信用合作社联合社,并于8月8日对外挂牌。孝感市联社实行民主管理,坚持为农村、农业和农民服务的宗旨和经营思路,是具有独立法人地位的、自负盈亏、自担风险、自我约束的合作金融组织。孝感市联社由辖内农村信用合作社县级联合社(社员社)按照平等互利的原则自愿出资入股组成,主要履行对社员社的行业管理和服务职能,不对居民和企业办理存贷款等金融业务。社员大会是市联社权力机构,理事会是社员大会常设执行机构,监事会是监督机构。市联社实行理事会领导下的主任负责制,指导社员社和农村信用社制定内部管理制度办法,对社员社和农村信用社的业务经营、财务活动、劳动用工、社会保障及内部管理进行辅导和稽核,组织职工培训教育,办理或代理社员社的资金清算和结算业务。孝感市联社由孝南区、大悟县、安陆市、云梦县、应城市、汉川市、孝昌县等7家农村信用合作社联合社为社员社组成。

孝感市联社成立一年多来,坚持为"三农"服务的宗旨,坚持改革创新,在全市农村信用社系统进行了劳动、分配、干部制度和法人治理结构四项改革,实行了不良资产分帐管理,创建了农村信用工程,推行了农户联络员制度。为构筑"信用孝感"奠定了基础,促进了信用社各项业务飞速发展。

一是各项存款及股金大幅度增长。截至2001年底,全市农村信用社各项存款余额为352795万元,比联社成立前净增了37190万元,增幅达12%;股金余额为6861万元,比联社成立前净增521万元,增幅达8%。

二是各项贷款增长较快,有力地支持了地方经济发展。截至2001年底,全市农村信用社各项贷款余额为242131万元,比联社成立前净增15359万元,其中"三农"贷款累放64339万元,净增19424万元,有力地支持了农业增效、农民增收和农村经济发展。

三是资产质量逐步提高。孝感市联社根据信用社资产质量差、历年包袱重的现状,创造性地提出了不良贷款分帐管理。2001年不良贷款降额17010万元,下降额在湖北、湖南、江西三省农村信用社中排名第一。

【抓"四项改革" 转换经营机制】 为全面贯彻落实朱镕基总理关于"农村信用社要加强内部整顿,转换经营机制,改革管理,精简机构,精简人员,努力提高服务质量和经济效益"的指示精神,孝感市联社在全辖系统开展了劳动用工制度、分配制度、干部制度和法人治理结构"四项改革"工作。

一是改革干部制度,实行干部公开竞聘上岗。孝感市联社从2000年11月份起,对县级联社副主任级干部实行竞聘上岗,先后有9名优秀人才通过公开条件,个人申请、资格审查、竞聘演讲、民主测评、任前公示等程序,走上了县级联社领导岗位。2001年元月份,对县级联社机关中层干部和信用社社主任公开竞聘上岗,182名年富力强、素质高、群众基础好的同志被委以重任,优化了机关人员和基层班子的结构。

二是改革分配制度,全面推行绩效挂钩。为了打破分配制度上的"大锅饭"、"铁饭碗",孝感市联社实行"工资总额控制、按劳取酬、以收定支、梯次考核、绩效挂钩"的办法,对员工个人工资按基本工资、岗位工资、效益工资三块构成考核兑现。通过推行绩效挂钩,按岗定酬,以绩取酬,拉开了员工工资档次与收入差距,打破了分配上的平均主义,真正体现多劳多得、多效多得的经营原则,充分调动了广大员工工作的积极性和创造性。

三是改革劳动用工制度,实行员工竞争上岗。各县级联社统一按五科一室定编,基层信用社和营业部严格按区域状况和业务量定岗位、定人员、实行竞岗,并将"三定"与人员分流紧密结合起来,通过多种方式和渠道实施减员分流。

四是改革法人治理结构。主要是按照现代企业制度的要求,坚持完善"三会"制度,进一步明确社员代表大会、理事会、监事会及主任的职责、权利和义务,形成各司其责,协调一致,相互监督的制度。在此基础上,针对信用社多级法人体制的弊端,充分征求和采纳了广大社员代表、理事、监事的意见和建议,对重大问题进行集体研究和召开"三会"公开表决,对全市信用社内部法人结构进行了适度的调整,并实行了县级联社统一经营核算、统一费用管理、统一行使法人纳税义务,加强了风险防范和行业自律。

【抓信用工程创建 改善经营环境】 为密切社农关系,实现社农双赢,把农村信用社办成"最好的联系农民的金融纽带和新形势下农村金融主力军",

进一步解决农民贷款难问题和提高农民的信用意识。孝感市联社制定了创建"信用工程"工作方案,及时向市委市政府汇报,引起了市委市政府的高度重视,2001年3至5月,市委副书记张文启、市委常委、副市长魏文和及市政协副主席周学伟等市领导先后在"信用工程"试点乡镇——孝昌县邹岗镇、云梦县道桥镇进行实地调查,认为这一活动开展得非常好,符合农村实际和广大农户意愿,是学习"三个代表"的具体体现,值得大力推广。张文启副书记和魏文和副市长还多次召集市人民银行、市农村信用联社负责人商议全面开展"农村信用工程"创建活动,专门研究创建的方法、内容、步骤等,市委对此印发了专题会议纪要,市政府以孝政办发[2001]65号文件转发了《中国人民银行孝感市中心支行、孝感市农村信用合作社联合社关于在全市开展创建"信用工程"活动意见》,在全市农村付诸实施。"信用工程"创建的主要特点一是夯实创建"信用工程"立足点,争取最广泛的支持,构建具有特色的、先进的信用文化载体。2000年以来,全市农村信用社紧扣新时期农村工作主旋律,探索支农工作新模式,培植农村信用载体,组织力量在全市一些乡镇走村串户,调查了解各个农户的主要经营项目、经济状况和信用状况,在此基础上,建立健全农户档案,动员广大农民通过"自愿申报、组织评定、量化考核"等活动来评定信用等级,同时在辖内每个乡镇培植一个信用村,每个县市培植一个乡镇,以突出典型作用和示范效应,受到地方党政和广大农户的普遍欢迎。二是把握创建"信用工程"结合点,牢固树立服务意识,切实推进农业结构调整,促进社会生产力发展。全市信用社紧密围绕孝感市委、市政府农业产业结构调整发展战略,按照"为农业产业化做些什么"、"为农民增收做些什么"的工作要求,进一步端正经营思想,牢固树立为"三农"服务的宗旨,切实改进和加强信贷支农服务,在"农村信用工程"创建过程中累计投放"三农"贷款64339万元,其中用于农业产业化调整的贷款达24800万元。与此同时,全市农信社还不遗余力地支持了各地具有地方特色的农业,其中重点支持了孝南杨店早蜜桃、大悟地膜花生,应城汤池甲鱼,安陆银杏和汉川汈汊湖水产养殖,推动各县市区建设自己拳头农业项目,促进板块的形成和升级,以及集约化经营。三是找准创建"信用工程"根本点,大力改善农村金融环境,努力维护广大农民的根本利益。把创建"信用工程"与提高农户信用意识,改善农村信用环境,改进内部管理,提高服务水平紧密联系起来,通过对信用等级评定,公开发放支农贷款,兑现承诺,服务到位,从很大程度上找到了解决信用农户和信用金融互存共荣、建立农村信用体系的有效途径。在创建中,按照评定信用等级标准,规范贷款证管理,把贷款证办成信用农户的活期存折,让信用农户得到实惠。对从事种、养、加或产、供、销申请大额贷款的信用农户,实行5户以上信用户组成联保小组提供联保、互保或担保贷款,根据"等级核定,随用随贷,余额控制,周转使用"的原则发放贷款证,现场为农户放贷,做到贷款条件、利率、用途、姓名公开。同时,为信用户提供全方位的金融服务,包括信用等级的评定,授予贷款证,为农户送科技信息,致富书籍,为外出务工人员汇款等。此外,在发放贷款时,充分尊重农户的意愿,不搞任何形式的截留、代扣、捆绑、搭车放贷,将贷款以全额现金的方式发送到农户手中,极大地调动了农户参与创建"信用工程"的积极性,改变了农村、农户信用缺失的现象。截至2001年底,全市共创建信用村151个,信用乡(镇)9个,即孝南区闵集乡,汉川市分水镇,应城田店镇,云梦道桥镇、沙河乡,安陆市孛畈镇,大悟县大新镇,孝昌县丰山镇、周巷镇。全市93万农户中,有41万户经过信用等级评定,成为信用户,核发放贷款证40万本(户),对农户贷款授信近10亿元,农民凭贷款证在信用社随用随贷,同活期存折一样方便。信用社通过贷款证直接发放农户小额信用贷款6.4亿元。中国人民银行向全国转发了孝感市联社创建信用工程的工作经验。

【抓"三农"服务　健全服务网络】 普及小额农贷,创建农村信用工程联系千家万户,惠及千家万户,涉及面广,工作量大,为改进和加强"三农"服务,孝感市联社一是创新和推广了农户联络员制度,充分利用这个载体,架起了信用社服务"三农"的纽带和桥梁,全市聘用农户联络员1945人,占行政村数的66%,服务面达90%。农户联络员在"三不"原则下(即不刻公章、不领凭证、不设置报表帐簿),对农户和农村集体经济组织开展"四联"、"三送"、"二化"、"一防"金融服务,完善和健全了支农服务网络。孝感市联社在支农服务中,把能否得到农民的信任,能否满足农民的需求,能否解决农民贷款难的问题作为衡量支农服务工作的标准。市联社成立后,全市信用社累计发放农业贷款64339万元,支农贷款占全部贷款的92%。二是拓展服务"三农"的内涵和外延。孝感市联社在普及小额农贷中,从培育农民的诚信意识抓起,严格农户信用等级评定,规范农户贷款证管理,消灭了小额农贷空白村,使守信农户得实惠。同时积极探索农业产业化大户大额贷款担保机制,推行了农户联保互保贷款小组,引导、指导农民自愿组成贷款联保互保小组2980个,发放联保互保贷款近4000万元。试点了云梦沙河乡"三农贷款担保服务中心",较好地解决了农业大户和信用等外户"一大一小"贷款难的问题。三是建立干部挂点支农制度。市联社领导班子成员都建立了各自的支农联系点,深入村组、农户,与农民广交朋友,出主意、想办法,为村组和农民当好产业结构调整和发家致富的参谋。截至2001年底,全市共建立了31个支农联系点,联系农户总数为69722户。通过领导挂点支农,信用社增强了支农服务意识,提高了支农服务水平,有力地促进了支农工作的开展。

孝感市农村信用合作社联合社
领导成员名单

理事长　马圣文
主　任　何小改

副主任 高家普 钟 亮

（沈华明）

保 险

中国人民保险公司孝感分公司

【概况】 1999年1月18日，经国务院批准，中保财产保险有限公司更名为中国人民保险公司（简称人保公司）。原中保财产保险有限公司孝感分公司也相应更名为中国人民保险公司孝感分公司。人保孝感分公司主要经营企业财产、家庭财产、机动车辆、货运船舶、工程保险、责任保险、信用保证、农业保险等100多个险种，业务范围覆盖全市非寿险市场的所有领域。因行政区划变化，2001年4月，所辖广水市支公司划归随州市管理。至2001年末，公司下辖汉川、应城、云梦、安陆、大悟、孝昌6个县市支公司和1个直属营业部，市分公司机关内设科室8个，全市人保系统干部职工264人。

1999年～2001年，人保孝感分公司逐步确立了“以市场为导向，以客户为中心”的经营指导思想，紧紧围绕改革与发展主题，进一步转变思想观念，深化保险改革，加快业务发展，严格经营管理，加强队伍建设，连续三年圆满完成了省公司下达的各项任务计划指标。1999年，全市人保系统累计实现保费收入9101.9万元，占年计划的100%，比上年增长8.3%；2000年，全市完成保费收入9401.4万元，占年计划的100%，同比增长3.3%；2001年，全市累计实现保费收入8672.6万元（2001年广水市划归随州，故当年保费统计数据中剔除广水市，下同），占年计划101%，同比增长6.7%。三年里，面对企业生产不景气，开展业务难、收费难的客观情况，各级人保公司加大了公关开展业务的力度，在稳住续保阵地，搞好挖潜增值的基础上，注重抓好大企业、大项目保险，以及各种分散性和新险业务的发展，财产险业务在千方百计巩固企业财产保险业务的同时，突出发展家庭财产保险和责任保险，以及各种新险业务，促进了财产保险的持续快速发展。家庭财产保险在连续两年滑坡的情况下，2001年抓住“金锁”家庭财产保险新产品上市的契机，实现保费收入336.2万元，同比增长197%；责任保险面对连续两年的低速增长，2001年下大气力发展医疗责任、校方责任、供电责任和现金保险等业务，实现保费收入356.2万元，较上年增长68%。整个财产保险业务三年里的增幅分别为5.5%、5.2%、12.6%。机动车辆保险业务通过加强与各级公安交警部门配合，积极在附加险上做文章，努力提高台平保费，并大力发展摩托车保险业务，促进了机动车辆保险的平稳发展，机动车辆保险业务三年里分别完成保费收入5375.5万元、5509.7万元、4919.9万元，增速分别为10.4%、2.5%、2.76%。其中，2001年摩托车险保费收入达到215.4万元，同比增长69%，扭转了上年该险业务下滑的被动局面。货运保险业务在努力稳住铁路和水路货运阵地的同时，积极发展公路预约保险业务，保证了货运险业务的持续发展，三年分别完成保费收入558.8万元、558.6万元、499万元，增幅分别为4.1%、-0.04%、8.4%。

【积极发挥保险经济补偿职能作用】 1999年～2001年，人保孝感分公司共支付各类保险赔款1.3亿多元，其中企业财产保险赔款2944.2万元，家庭财产保险赔款380万元，机动车辆保险赔款7981.2万元，农村种植业、养殖业保险赔款124万元，为促进孝感经济建设和安定人民群众生活发挥了积极的作用。1999年4月，孝感城区遭受罕见的强飑线袭击，人保孝感分公司迅速组织人员查勘定损，及时向孝感商场、孝感市棉纺厂等受灾单位支付赔款110多万元，有力地帮助了受灾企业恢复生产。

【实行同城人保机构合并和分公司机关改革】 遵照国务院关于保险业整顿与改革的指示精神和人保总、省公司的统一部署，人保孝感分公司于2000年3月底实施了同城人保机构合并改革，将原中国人民保险公司孝感市孝南区支公司、分公司营业部和开发区办事处三家机构合并，组建成立了新的人保孝感分公司营业部，实现了城区人保“一体化”，理顺了城区人保业务关系，提高了城区业务竞争能力。同年10月下旬，人保孝感分公司进行机关改革，本着精简、统一、高效的原则，将机关原有10个内设科室压缩到6个，新设立了业务处理中心，实行定人、定岗、定责，采取竞聘上岗、双向选择的方法，将机关干部职工由60人精减到34人，20多名中层干部仅聘用了8名，真正体现了干部能上能下，职工能进能出，树立了崭新的人保孝感分公司机关形象。

【全市人保系统减员增效取得突破】 根据上级有关政策和文件要求，人保孝感分公司于2000年下半年在全市系统推行了减员增效，通过层层贯彻学习、层层制定方案、层层动员发动，采取过错性解除劳动合同、自愿解除劳动合同，以及末位淘汰等办法，使减员增效工作取得突破性进展，当年累计减员137人，其中在编干部职工79人，占在编总人数的21%；非编干部职工58人，占非编总人数的97%。

【新险种开发推广效果明显】 人保孝感分公司在业务发展过程中，十分注重新险种业务的开发推广，借以培植业务发展后劲。特别是从2000年到2001年，先后在全市范围内推广了供电责任保险、医疗责任保险、校（园）方责任保险、“金锁”家庭财产保险、现金保险、旅行社责任保险、汽车消费信贷保险、机动车辆救助特约保险等新险业务，受到了社会各界的普遍欢迎，新增保费近千万元。2001年新推出的“金锁”家庭财产保险，一经上市就赢得了城乡居民的青睐，当年实现保费336.2万元，较上年净增保费220余万元；医疗责任保险通过反复公关宣传，得到了各级卫生部门和医疗单位的重视，共有24家医院参加了保险，投保责任限额达到1730多万元，实现保费收入66万余元。

【保险电子化建设迈上新台阶】 近几年，人保孝感分公司电子化建设步伐明显加快，2000年5月1日正式设立了24小时全国统一保险服务专线电话——95518，功能主要包括受理保险报案、咨询、投诉、举报，组织客户救援和查勘定损，提供专业化保险服务等；建立了市县间二级网络，实现保险业务数据集中管理；财产、车辆、货运等主要险种业务全部电脑出单，保险人员直接运用手提电脑进行保险事故查勘定损工作；业务核保核赔软件和财务收付费软件全面启用，为客户服务中心、业务处理中心和财务中心等“三个中心”的建立奠定了基础；办公自动化管理软件在全市人保系统逐步应用，全面推行无纸化办公和系统内部电子公文互传，基本实现了办公自动化。

【专项教育和学习培训得到加强】 三年来，人保孝感分公司先后开展了“三讲”、员工行为准则、“三讲”教育“回头看”、机关思想作风建设、警示教育、“三个代表”学习等专项教育活动，组织举办了一期市县两级班子成员党纪法规知识培训班和30余期业务、财务培训班。通过组织培训学习，进一步提高了各级领导班子的政治素质和决策水平，以及全体干部职工的业务素质和工作能力。

【大悟县支公司推行导保导赔】 2001年初，人保大悟县支公司在全市系统率先推行导保导赔新举措，设立了“导保导赔”服务室，制定了“导保导赔”值班制度，规范了“导保导赔”服务规范，积极为客户提供业务咨询、指导投保、受理报案和理赔查询，以及协助客户办理理赔手续等服务，受到了社会各界和广大客户的一致好评。

中国人民保险公司孝感分公司领导名单

总 经 理　张爱国
副总经理　邹培发　蔡书平
纪委书记　李汉舟
工会主任　冯汉明

（肖　杨）

中国人寿保险公司孝感分公司

【概况】 1999年6月8日，中保人寿保险有限公司孝感分公司更名改建为中国人寿保险公司孝感分公司，内设办公室、业务管理科、代理科、人事科、计财科、监审科、资金运用部七个职能科室，下设孝南区、孝昌县、大悟县、广水市、安陆市、云梦县、应城市、汉川市8个支公司、1个市分公司营业部和1个开发区办事处，共10个二级单位，103个乡镇办事处（保险站）。2000年底，由于行政区划的变更，广水市支公司划归随州分公司管辖，加上孝感城区机构合并改革，原孝南区支公司、营业部、开发区办事处合并为一个营业部，中国人寿保险公司孝感分公司实辖一个市分公司营业部，孝昌、大悟、安陆、云梦、应城、汉川6个县市支公司。2001年12月，市分公司实行“三定”及全市系统减员增效改革后，机关内部职能科室重新进行调整，设办公室、人力资源部、团体业务部、个人业务部、计划财务部、稽核监察部、工会办公室、信息技术中心、业务处理中心、客户服务中心和机关服务中心11个部、室、中心。

1999年～2001年，是中国人寿保险公司孝感分公司各项业务持续健康发展的稳健经营时期。各级寿险公司继续坚持以业务发展为中心，加大三项制度改革力度，强化内部经营管理，不断开展各种劳动竞赛活动，加强人寿保险的社会宣传，有效改善了寿险业发展的内、外部环境。全市上下团结一心，负重拼搏，克服了宏观经济紧缩、七次利率下调、寿险条款变更和自然灾害频发的不利影响，圆满完成了三年的各项经营目标，充分发挥了人寿保险社会“稳定器”的作用，为经济发展、社会稳定和社会保障体系的建立作出了积极的贡献。

【寿险业务持续健康发展】 三年来，各级寿险公司坚持团体业务、意外险业务和个人代理业务并重的指导思想，在保持业务一定发展速度的同时，将工作重点放在了调整和优化险种结构上，出台了一系列的直、营销新险种，业务发展开始从速度型向效益型转变。2001年11月13日，根据中国保监会保监复（2001）407号文件《关于中国人寿保险公司扩大分红产品销售范围的批复》，国寿千禧理财两全保险（分红型）、国寿鸿寿养老年金保险（分红型）、国寿鸿运少儿两全保险（分红型）等九个分红险种正式上市，受到了社会各界的热烈欢迎。从各块的业务看，城市业务在巩固挖潜的基础上，得到进一步拓展；农村业务按照上级公司的要求，对农村机构进行了撤并和重组，精简数量，提高质量，内部管理得到加强，经营效益进一步提高。意外险业务重点发展学生平安保险，加大了宣传和优质服务力度，该险种的承保率和保障程度逐年提高，为减轻政府、学校和学生家长负担，保持社会稳定作出了贡献。在发展学平险的同时，积极培育意外险新的增长点，大力发展团体人身保险、团体人身意外伤害保险、旅游意外险、农村户主平安险、全家福保险、司乘人员意外伤害险和兼业代理业务，促进了意外险业务的稳步增长。个人代理业务加大了增员和培训力度，通过开展各阶段的劳动竞赛活动，不断对个人代理人进行业务推动和政策激励，统一实施新的《基本法》，保持了个人代理人旺盛的展业热情和市场的常热不冷，使个人代理业务在寿险业务中的占比不断提高，促进了整个业务的持续健康发展。1999年，全市共承保80万人，保险金额407亿元，实现保费收入16890万元，同比增长8.6%，其中，意外险保费2703万元，营销业务保费8146万元。五项主要经济指标中，寿险深度

0.82%，寿险密度28.54元，保费占居民储蓄的比重1.76%，员工人均保费82万元。2000年，全市共承保65.1万人，保险金额119亿元，实现保费收入18736万元，同比增长10.9%，其中，意外险保费2603万元，长险业务保费16114万元。寿险深度0.69%，寿险密度31.35元，保费占居民储蓄的比重1.75%，员工人均保费89.6万元。2001年，全市共承保54.7万人，保险金额132亿元，实现保费收入17999万元，其中，意外险保费2333万元，长险业务保费15549万元。寿险深度0.69%，寿险密度35.43，保费占居民储蓄的比重2.18%，员工人均保费97.3万元。

【精神文明建设取得丰硕成果】 各级寿险公司继续坚持"两手抓"、"两手都要硬"的指导思想，在保持业务持续健康发展的同时，加强了社会主义精神文明建设。1999年5月，中国人寿保险公司孝感分公司成立党委，实现了对各县市公司党的关系的垂直领导。全市系统建立健全了各级工青妇组织，制定了党委(党总支)"中心组"和全员的理论学习计划，相继开展了创建"团结、廉洁、勤政"领导班子建设活动、"三讲"教育、"三个代表"学教活动和职业道德教育，增强了各级领导的廉洁自律意识和员工的爱岗敬业、遵纪守法意识，"二次创业"的精神得到进一步发扬，工作效率进一步提高，有力促进了业务的发展。三年来，创建"文明单位"、"青年文明号"、"青年岗位能手"、"先进基层党组织"和"优秀共产党员"的活动在全公司蓬勃开展，结合各种劳动竞赛、歌咏比赛、演讲比赛和书画、摄影比赛活动，形成了一种你追我赶、抢前争先的工作氛围，"创新、奋进、务实、高效"的中国人寿精神进一步发扬光大，企业文化建设取得了明显的成绩。从1999年到2001年，全市先后有1个单位被评为总公司先进单位，5个单位被评为省级先进单位，有9人(次)获总公司表彰，37人(次)获省公司表彰。市分公司连续三年被市委、市政府评为"文明单位"，"社会治安综合治理先进单位"和"消防工作先进单位"，全市系统5个县市支公司连续三年被当地党委、政府评为"文明单位"和"先进单位"。

【经济补偿职能得到充分体现】 三年来，各级寿险公司坚持"笃守信誉，忠诚服务"的企业宗旨和"主动、迅速、准确、合理"的理赔原则，在发展业务的同时，不断加强和改进理赔给付工作，完善各项服务措施，增强理赔的时效性，接受全社会和广大人民群众的监督，取得了较好的社会效果。各展业单位相继出台了各项理赔服务承诺制度，通过新闻媒体和其它宣传手段，向社会公开理赔时限和实务手续，严格遵守"小案不出周，中案不出旬，大案不出月"的承诺制，简化理赔手续，加快办案速度，提高服务质量。实行首问负责制，加强上门理赔服务，定期、不定期地将一段时间的赔案在新闻媒体和各公司理赔公开栏中进行公布，增强了赔款的透明度。通过理赔给付工作，充分体现了人寿保险在社会保障体系中"减压阀"和"稳定器"的作用，人寿保险公司的社会形象和企业信誉进一步提高。1999年，累计给付支出5572万元，综合给付率33%，同比下降4.6%，其中，意外险给付966万元，长期人身险死伤医疗给付213万元，满期给付3829万元。2000年，累计给付支出5815万元，综合给付率31%，同比下降1.9%，其中，意外险给付1111万元，死伤医疗给付1414万元，满期给付4401万元。2001年，累计给付支出9860万元，综合给付率54.8%，同比上升24.5%，其中，意外险给付927万元，死伤医疗给付1467万元，满期给付8393万元。

【经营管理工作逐步加强】 各级寿险公司一手抓业务发展，一手抓内部管理，从制度建设入手，下大力气抓了各项管理制度的建立、完善和落实，进一步加强了业务、财务管理和内控制度建设，使各项管理工作逐步科学化、制度化、规范化。1999年4月8日，中保人寿保险有限公司开始实行统一法人授权经营管理。市人寿保险公司在省公司转授权书规定的范围内开展各项经营活动。三年来，全市系统加强了"两基"(基层、基础)管理工作，认真进行了单证清理和有效保单的清理，制定了《核保核赔责任追究制》，严格把好承保理赔质量关；出台了加强资金管理和费用管理的办法，严格执行周转金和收支两条线制度，增强了各级的核算意识和效益观念。2000年，在全市10个二级单位营销部推广个人代理人"两个规范"。2001年，顺利完成了个人代理人转制工作，实施新的《基本法》，使个人代理人的管理工作纳入市场经济轨道。从1999年开始，连续三年组织对个人代理人进行资格考试，实行持证上岗，同时，加强了培训工作，个人代理人的综合素质有了新的提高。针对不同时期的业务经营情况，开展了保险市场清理整顿、秩序整规和业务财务质量大检查活动，加强了内部稽核审计工作，有效防范和化解了经营风险。三年中，全市系统共有6个单位档案目标管理达标，其中，达到省一级的三个，省二级的三个。2001年9月，市分公司成立了业务处理中心和客户服务中心，县市支公司同时成立客户服务部，实现了全市业务的集中统一管理，同时，开通了"95519"客户服务专用电话，加强了客户咨询、投诉和理赔服务工作，公司各项内部管理工作和服务水平上了一个新的台阶。

【寿险宣传深入人心】 各级寿险公司结合当地实际，加大宣传投入，采取形象宣传与实务宣传、户外宣传与媒体宣传、常规宣传与随机宣传相结合的方法，开展了内容丰富、形式多样的宣传活动，进一步增强了人民群众的寿险意识。一是积极组织开展大型宣传活动。抓住重要节假日和公司举办的各种活动，广设宣传咨询点，印发宣传资料，接受客户咨询，配合业务员上门拜访、制作广告牌、刷写油漆标语、悬挂横(条)幅、召开客户联谊会、创业说明会和产品说明会等多种形式，宣传人寿保险知识和公司的优质服务，产生了良好的社会效应。二是加大了新闻宣传力度。与电视台、电台、报社紧密协作，签订长年宣传协议，利用点播电视剧、制作专题节目、开辟专栏、答记者问等形式进行宣传，做到了广播上有声、电视上有影、报纸上有文，使中国人寿的形象家喻户晓。三是聘请保险法律督察员。市人寿保险公司聘请市人大、政府、政协、纪委、经贸委、公、检、法、教委、工商、物价、审计、国税、地税、城建委、交警支队、纠风办共17个单位和部门的领导为人寿保险法律督察员，监督各级寿险公司工作，维护保险人和被保险人双方的合法权益，为人寿保险的发展创造了较为宽松的社会环境。

【内部改革力度加大】 三年来，市人寿保险各级公司着眼于业务发展和公司建设的长远需要，以三项制度改革为切入点，大刀阔斧地进行了机构调整、班子配备、中层干部竞聘上岗、员工优化组合、机关"三定"和全市系统减员增效等各项内部改革，通过抓班子，带队伍，增强了全体人员的责任感和忧患意识，有力促进了业务的发展。一是加大了人事制度改革的力度。对县市支公司班子实行聘任制，改原有的二年一聘为一年一聘，缩短聘期，加大考核力度。市分公司和各县市支公司中层干部实行竞聘上岗，优胜劣汰，同时，打破身份界限，从临时工、代办员和营销员中选拔人才，充实到各级领导岗位，有效激发了各级各类人员的进取心和献身寿险的热情。二是加大了用工制度改革的力度。在全员中继续实行合同制，一方面，加强对现有人员的合同管理，另一方面，对新进人员，一律签订用工合同，交纳风险抵押金。对不履行合同义务、工作表现较差的员工，按照合同制管理的有关规定，实行待岗和末位淘汰，增强了员工的危机感。三是加大了分配制度改革的力度。对各县市支公司经副理实行绩效挂钩工资制，改过去各单位分散发放为市分公司统一按月考核发放，增强了每个经理室成员的责任心。一线展业人员，个人收入与业绩全挂全浮，上不封顶，下不保底，拉开了分配档次；内勤人员，将个人收入与岗位工作和自办业务任务挂钩，按月考核兑现，打破了"大锅饭"。通过三年的改革实践，适应社会主义市场经济要求和寿险行业特点的内部管理机制已在全市系统基本形成。

【电子化建设实现新跨越】 各级寿险公司积极适应业务发展的需要，加大资金投入和软、硬件建设，经过三年来的努力，全市系统7个县市公司均配齐了电脑，配备了专职电脑人员。市分公司成立了信息技术中心，2001年实现了与省公司和各县市公司之间的电脑联网，长险业务全部实现了电脑出单，自复业以来的寿险业务全部纳入电脑管理，完成了CBPS7.0版的升级，大大提高了工作效率和客户咨询、查询的速度。2001年，市分公司与省公司之间开通了办公自动化系统，实现了收发文的网络传输。与三年前相比，全市系统的电子化建设跃上了新的水平，实现了新的跨越。

中国人寿保险公司孝感分公司领导班子名单

总 经 理 卢新发
副总经理 汪钻桥 黄革非
纪委书记 钟毅敏

（黄汉桥）

交通·信息产业

交　通

公路、水路交通

【概况】 孝感市交通局是主管全市公路和水路交通行业的市政府工作部门,下辖孝南、汉川、云梦、应城、安陆、孝昌、大悟7个县(市)区交通局,有副县级直属二级事业单位5家,即孝感市公路总段、孝感市公路规费征收稽查处、孝感市公路运输管理处、孝感市航务局(港监处)、湖北省交通干部培训中心,副县级企业单位2家,即孝感市客运总公司、孝感市合力运输总公司。直属科级单位两家,即孝感市公路工程设计室、孝感市交通工程质量监督站。截至2001年底,全市交通系统共有行政机关、企事业单位181家,干部职工14316人。

1999年~2001年,在国家实施扩大内需政策支持下,全市交通建设规模、工程质量、安全生产等工作(或指标)连续创历史最好水平,国有运输企业改革和运输经济结构调整取得了突破性进展,行业管理法制化和规范化建设的力度进一步加大,交通事业呈现快速、健康的强劲发展态势。一是交通基础设施建设步入快速健康发展轨道。三年共完成养建投资10.49亿元,新建和改建二级公路路基230公里,二级公路路面145.24公里,新建公路大桥21座5444.66延米。截至2001年,全市公路通车里程达到4375公里,公路密度每百平方公里达到49.1公里,等级公路达到4258公里,其中一级公路28公里,二级公路545公里,等级公路比重达到97.3%。有桥梁648座25117延米。干线公路基本形成路网主骨架,农村公路网建设全面启动,路网技术等级得到显著提高。全市100%的乡镇通了油路,96.5%的行政村通了公路。新建二级客运站2个、三级客运站1个,完善配套客运站5个,新建货场1个,完善了站场配套设施,提高了服务功能。全市有通航里程542公里,其中五级航道84公里,六级航道265.5公里。新建港口泊位3个,船闸1座,新增航道里程6.2公里,完成航道养护625.5公里。二是运输能力加强和经营结构调整加快,运输企业产权制度改革有实质性进展。2001年4月,由全市10家运输企业加盟,成功组建了孝感客运集团,取得了国家二级企业资质。各地运输企业结合自己的实际,以建立现代企业制度为目标,以提高企业效益为核心,实行了一系列改革,充分盘活固定资产存量,用先进的运力和优质的服务抢占市场,使国有运输企业活力进一步增强。运管部门还不断加强对运输市场的监管和调控,以打击非法营运为突破口,大力开展道路运输市场整顿,建立网络管理机制,使交通运输市场管理日趋规范。三是克难求进,不断加大交通规费征稽力度。四是交通安全工作常抓不懈。各级领导把安全工作放在重中之重,实行安全工作一把手负责制,形成主要领导亲自抓,相关科室配合抓的工作机制,营造了"安全工作人人有责"的良好氛围。每年都扎扎实实开展"安全生产周"和反"三违月"以及"水上交通安全管理年"等活动,组织定期或不定期的联合检查行动,宣传安全工作,消除不安全隐患。陆上运输企业不断完善安全管理新机制,水上运输全面落实乡镇船舶安全管理责任制,不断打击"三无"船舶,使交通安全形势保持平稳态势。水上没有发生一起上报事故,海事安全四指数为零,陆上运输四指数均在省控目标以内,全市交通系统无一起火灾和重大责任事故。五是"两个文明"建设协调发展。交通系统精神文明建设以邓小平理论和江泽民总书记"三个代表"重要思想为指导,以加强领导班子建设为重点,以提高干部职工队伍素质为根本,以"三讲"和"三学一创"(学理论、学科技、学先进,创行业新风)以及机关作风整训等活动为载体,按照"主题不变、充实内容、一抓到底、抓出成效"的工作要求,唱响主旋律,打好主动仗,认真开展了文明创建工作。三年来,不断加强干部、职工思想政治教育,加强时事政治学习,提高政策理论水平。并进一步转变职能,按照市委、市政府的统一部署,以"市区联动、整体推进"的方式,用整风的精神和"三讲"的办法,认真开展机关作风整训活动,各单位干部、职工对照要求,联系实际、查找问题、开展批评与自我批评,使机关工作作风不断好转。2001年,市交通局被市委授予创"团结、廉洁、实干"领导班子先进单位。全系统有138个单位被各级党委、政府命名为文明单位,其中:省级文明单位4家(市交通局、市公路总段、市运管处、市征稽处),市级文明系统3个,市级文明单位39家,文明示范窗口21个。80%以上单位都是县级或县级以上文明单位。全面推行了政务公开,对市直交通各管理单位承担的72项审批事项和所有收费项目进行清理,减少行政审批、审核、备案项目40%,并全部向社会公示,把主要的行政审批项目纳入市行政服务中心,服务老百姓,方便纳税人。

【公路建设】 三年来,交通基础设施建设实现良性循环,步入快速发展轨道。尤其是用活用足政策,不断拓宽筹资渠道,完善了"交通为主、多方支持"的筹资机制,形成了全社会共同筹资办交通的新格局。1999年,全市完成养建投资2.06亿元;2000年3.89亿元;2001年4.54亿元,三年达到10.49亿元。

1999年,开工建设了316国道孝感城区复线和京珠316国道联线工程,开工建设了汉川汉北河大桥,完成了宋应线广水十里河段10.47公里水泥砼路面改造工程,完成了大悟中心客运站主体工程建设任务。

2000年,制定了"十五"期间干线公路网、农村公路网建设的宏伟规划,建设投资规模达24亿元。国道干线公路网规划主要是"四线八路十二桥",改造二级公路近400公里,所谓四线即孝感城区绕城线、市域循环线、市县辐射线、高速公路联络线;八路即黄土、宋应、大安、平洑、花盛、汉宜、分王、蔡城公路改扩建;十二桥即澴水河大桥、滚子河大桥、南大立交桥、107高架桥、新河汉北河大桥、垌冢大桥、隔蒲潭大桥、桂花潭大桥、花园二桥、大悟河口二桥、金墩大桥、宣化大桥。农村路网建设要新铺县乡油路180公里,要解决300多个行政村不通公路的问题。2000年,完成全长83公里的大悟三华油路建设工程,该路属国债项目,国家计委批准投资3900万元,其中国债2000万元,其余为自筹;完成汉川汉北河大桥及接线工程,共计完成货币工程量3047万元;完成云应线货币工程量1619万元;完成孝天线12公里水泥砼路面工程,完成投资1485万元;花园公铁立交桥同年建成通车。

2001年,完成316国道城区复线和京珠316国道联络线工程,该工程被市政府列入2000年和2001年"十件实事",是孝感市的形象工程。完成投资1.64亿元,基本实现了107、316两条国道通过城区外环联通。同时还建成了一批诸如南大立交桥、澴水河大桥、长湖收费站等标志性工程;完成了京珠高速公路孝感、孝昌、大悟三条联络线建设工程;完成汉川汽车客运站的建设工程。

2000年~2001年的路网建设累计完成投资7.1亿元,"十五"干线公路路网建设规划的"四线八路十二桥"中的改造公路全面开工,完成路基工程230公里、路面工程73.8公里。规划中的桥梁建设完成了5座(南大立交桥、澴水河大桥、滚子河大桥、汉北河大桥、隔蒲潭大桥),开工5座。农村公路网建设全面启动,2001年新铺油路74公里,公路上等升级改造160公里。三年中,开展了交通建设市场秩序整顿,加强工程建设质量管理,按照省厅关于开展基本建设市场秩序整顿活动的要求,制定了《活动实施方案》,进一步健全了组织机构,规范了基本建设程序,进一步完善了"企业自检、社会监理、政府监督"的三级质量管理体系。市局质量监督站对重点工程监督覆盖率达到100%,一般工程监督覆盖率达85%以上。

【京珠高速公路建设】 京珠高速公路是国家确定的"二纵二横"国道干线主骨架的重要组成部分,在孝感市境内从大悟县三里镇九里关入境,纵贯大悟、孝昌、孝南三县区,在孝南区东山头原种场跨沦河进入武汉市,正线全长121.12公里。在京珠高速公路建设全过程中,市交通部门认真贯彻落实孝政发[1998]90号文件精神,继续坚持"五个到位"(领导到位、责任到位、宣传到位、政策到位、协调督办到位),深入施工现场抓好协调。工程于1998年10月开工,有18家中标单位进入施工,共投入各种大中型机械800余台套,8000多名专业技术人员、管理人员和建设工人参加了建设,永久性征用土地13375亩,挖填土石方近1000万方,累计完成投资40亿元。2001年5月,孝感段沥青摊铺工作全面完成,经世行专家代表团检查,工程质量均达到优良等级,同年10月竣工通车。主线建有3座特大桥,14座中桥,其中孝感府河大桥全长6公里,桥长为京珠高速公路湖北段之最。京珠高速公路全线还设有大悟县大新和大悟、孝昌县小河和花园、孝南区杨店和孝感六个互通式立交,并设三条联络线将大悟互通、花园互通、孝感互通与107国道连接起来,分别称为大悟联络线、孝昌联络线和孝感联络线,三线总长30.65公里。

【港航建设】 完成湖北省"八五"跨"九五"计划重点交通基础设施建设工程鲢鱼地船闸建设任务,新增航道里程6.2公里,并完成鲢鱼地船闸公路桥建设工程,桥长49米,宽5米,通过能力为汽10吨,履50吨,共完成投资1612.09万元,完成土方、砼工程量46.5万立方米。完成汉川六合路件杂货码头、云梦彭李港卤水码头建设工程,新建汉川沉湖万福综合码头泊位1个,年吞吐量20万吨,工程投资150.61万元。2000年,制订了"十五"江汉平原航道网(大富水、汉北河)疏浚规划,疏浚航道62.2公里。2001年,完成大富水航道疏浚工程中应城城关一桥至天鹅21公里的航道疏浚任务,完成土方工程量106万立方米,护岸工程250米,完成货币工程量1800万元。

【交通规费征稽】 各级交通、征稽、航务、通行费征收部门严肃政策,认真整治费收环境,克难求进,努力开展交通规费征收稽查工作。一是加大了宣传力度,充分利用报纸、电视等多种媒体向社会和业主广泛宣传交通规费、通行费征收秩序整顿的有关精神,让依法缴费变成业主们的自觉意识。二是继续落实责任制,严格执行规费征收目标考核办法。三是严肃政策,采取超常措施堵漏、清欠、挖潜。四是充分调动基层交管站的征费积极性,树立良好的执法形象,全面落实省厅关于"四小车"代征的政策。五是全面贯彻省政府42号文件精神,堵塞人情车、特权车免缴通行费的漏洞,做到通行费应征不漏,稳步增长。三年中,全市完成交通规费5.14亿元,其中,陆上"三费"(养路费、客附费、货附费)2.49亿元;拖养费5638万元;通行费1.73亿元;水上"四费"533.46万元。

【运输市场管理】 全市运输市场运输能力和经营结构调整加快，至2001年，全市共有民用车辆21914辆，其中载客汽车13563辆，载货汽车8531辆。有营运车辆8389辆，其中载客汽车1993辆（含个体1447辆），载货汽车5884辆（含个体1567辆），民用车辆稳步增长，载客汽车增幅较大。客运线路跨省17条，跨地300条，跨县139条，县内191条。截至2001年底，全社会公路客运量5892万人次，其中个体客运量2578万人次，旅客周转量22.98亿人公里，其中个体周转量10.41亿人公里。货运量2753万吨，个体1558万吨，货物周转量20.18亿吨公里，其中个体9.03亿吨公里。全市10家国有运输企业全年完成营业收入1.1亿元，经济效益有较大提高。全社会完成水路货物起运量99.3万吨，其中交通部门完成30.8万吨，货物周转量21276万吨公里，其中交通部门完成4169万吨公里。拥有社会运输船舶355艘，45727净载重吨。

全市交通运输企业和市场管理，围绕“五个重点”深化改革。一是通过资产重组，组建了孝感市客运集团。2000年，借交通部对道路客运企业进行资质评审的时机，在深入调查研究和充分论证的基础上，作出了对国有客运企业实施资产重组的改革决定，各县市10家企业在自愿加盟的基础上，成功组建了跨行政区域的孝感汽车客运集团，取得了国家二级企业资质。二是解决了孝感到武汉线路的市场管理问题，以高档“佳丽安”车型淘汰了“依维柯”车型，以股份制取代了单车租赁制，率先在全省作出了线路改制的尝试。三是以孝感城区及各县市城区为重点进一步规范客运市场，对客运班车，始终坚持始发签证制度，狠抓了客运线路、班次的清理，开展了营运热线的专项整顿；对出租车大力开展优质服务活动，加强了对服务质量投诉案件的处理。将各县市区交通运输市场上集体、社会、个体等600多台客运车辆、1115个班次、65条线路全部纳入市中心客运站统一管理，实现了“一城一站”的客运经营管理体制。四是以打击“三黑”（黑车、黑厂、黑站）、“三无”（无船籍港、无船名号、无船舶证书）为重点，依法整顿全市交通运输市场秩序。五是认真落实交通行政执法“四制”，强化执法监督检查，努力塑造交通执法队伍的良好形象，坚持依法行政，政务公开，做到在执法全过程中持证上岗、文明执法，做到办案执法程序化，填制文书规范化，事实认定合法化，处理结果合理化。

孝感市交通局领导名单

党组书记、局长 胡金火
副 局 长 夏望远
副 局 长 郑先运
副 局 长 袁华江
纪检组长 胡广清

（乐浩明 毛卫民）

武汉铁路分局
孝感车务段

【概况】 孝感车务段位于孝感市孝南区城站路109号，段辖车站分布于武汉市黄陂区、孝感市孝南区、孝昌县、随州市广水市、麻城市、红安县。

全段管辖21个车站和1个乘务室，其中：三等站7个（广水、花园、孝感、横店、滠口、黄陂、红安），四等站14个（孝子店、东篁店、杨家寨、陈家河、王家店、卫家店、陆家山、萧家港、三汊埠、祝家湾、祁家湾、甘露山、宋埠），共管辖里程260.433KM，其中，京广线孝子店K1028＋000至滠口K1178＋770，计150.77KM，为双线四显示自动闭塞、电气化区段，采用6502电气集中联锁。卫安线半自动闭塞区段，采用电锁器联锁。麻武线麻城K4＋000至横店K80＋745，计76.745KM，为单线半自动闭塞，采用微机集中联锁。

车务段机关内设行政办（含计划、总务、汽车班）、劳人室、财务室、安技教室（含职教中心）、营销办、多经办；党办、工会、纪检室（与人武部、综治办合署办公）、团委。

至2001年底，全段干部职工1316人。其中：大专以上86人（本科8人），高中（含中专、技校）763人，初中及以下467人；35岁及以下609人，36—45岁568人，46岁及以上139人；全段技术工人97人，初级工7人，中级工87人，技师3人。

干部141人。其中：大本8人，大专48人，中专16人，高中53人，技校1人，初中15人；35岁及以下32人，36—45岁86人，46岁以上23人（50岁以上11人）。

正式干部73人。其中：大本7人，大专29人，中专9人，高中25人，初中以下3人；35岁以下7人，36—45岁50人，46岁以上16人（50岁以上8人）；有技术职称干部27人（其中专业技术干部3人）。

段聘干部46人。其中：大本1人，大专14个，中专6人，高中16人，技校1人，初中8人；35岁以下15人，36—45岁26人，46岁以上5人（50岁以上3人）。

按工人管理干部22人。其中：大专5人，中专1人，高中12人，初中4人；35岁以下10人，36—45岁10人，46岁以上2人。

工人1175人。其中大专以上30人，高中（中专、技校693人，初中452人；35岁以下577人，36—45岁以上116人。

【安全生产与运输生产】 截至2001年12月31日止，无重大、大事故9168天；无险性事故4567天；无一般事故3878天；无职工死亡事故6577天；无多人伤亡事故6740天；无职工轻（重）伤事故2539天。

【客货运业务】 全段有7站1室办理客运业务：广水、花园、孝感、横店、黄陂、红安、宋埠、乘务室；有16个车站办理货运业务：孝子店、东篁店陆家山、孝感、祝家湾、横店、滠口、黄陂、红安、宋埠。

2001年生产任务完成情况一览表

内容 \ 项目	装车数（车）	发送吨（万吨）	静载重（吨）	卸车数（车）	停时（小时）	发送人（万人）	运输进款（万元）
计划	12410	70.0	57.4	43800	46.5	125.0	9820
实际	13493	76.7	56.8	61135	36.3	125.8	10166.2
完成%	108.7	109.6	99.0	139.6	128.1	100.6	103.5

孝感车务段领导成员名单

段　　长　王国林
副 段 长　魏银州　邓辉圣
　　　　　邓君毅
党委书记　罗育元
党委副书记　寇继无（兼纪委书记）
工会主席　周万明
团委书记　李　明

（车务段）

信息产业

【概况】 根据《中共孝感市委、孝感市人民政府关于印发〈市直机关机构改革方案〉的通知》（孝文[2001]15号）和《孝感市政府办公室关于市信息产业局职能配置和人员编制规定的通知》（孝政办发[2001]100号）精神，于2001年12月组建的市信息产业局，是主管全市信息产品制造业、软件业和通信业，推进国民经济和社会信息化的市政府的管理部门。内设办公室、综合规划科（市电信管理办公室）、科学技术与经济运行科、信息化推进科（市信息化领导小组办公室）共4个职能科室。2001年底全市信息产业总产值（总收入）15.67亿元，其中信息产品制造业24户，职工人数6225人，完成工业总产值9.97亿元，实现工业增加值1.87亿元，销售7.66亿元，实现税金2300万元；通信业有邮政局、电信公司、移动公司和联通公司4家，职工人数2364人，完成营业收入0.42亿元。同时，全市国民经济和社会信息化工作也正在起步推广。全市已投入信息化网络建设的资金达8.3亿元，已拥有计算机3.3万台（套），其他终端设备0.8万台（套），通过因特网拨号上网用户达3.49万户。

孝感市信息产业局领导成员名单

局　长　吴桂森（兼）
副局长　蒋在斌

（黄超学）

邮　　政

【概况】 1998年底，按照国家机构改革的精神和部、省局关于邮电分营的部署，孝感市邮电部门自下而上进行了邮电分营，汉川、应城、云梦、安陆、广水、大悟、孝昌等七县（市）局于10月底完成邮电分营工作，市邮政局于1998年12月16日举行挂牌仪式，正式宣告成立。独立运行后的孝感市邮政局下辖汉川、应城、云梦、安陆、广水、大悟、孝昌七县市邮政局，内设10个职能管理科室和10个专业公司（局）。其中，广水市邮政局于2000年6月份划归随州市邮政局管辖。到2001年末，全市邮政职工1100人，固定资产原值12603万元，现有邮政营业网点135处，邮路42条，邮路总长度1597公里，农村投递路线总长度14266公里。

1999年到2001年，孝感市邮政局是全面开创孝感市邮政通信事业新局面的关键阶段，也是邮政系统全面实施三年扭亏战略的攻坚阶段。全市邮政部门在孝感市委、市政府和省邮政局的直接领导下，始终坚持以经营为中心，努力加快发展步伐，突出重点，全面发展，在发展中不断调整和优化业务结构；积极深化企业改革，强化企业管理，提高邮政通信服务能力和水平，通过全市邮政干部职工的团结拼搏，艰苦奋斗，较好的完成了市委、市政府和上级主管部门下达的各项工作任务，在2001年底顺利实现了全市邮政行业整体扭亏目标。

邮政综合通信能力进一步提高，服务质量进一步改善。1999年～2001年共完成通信建设投资3011.8万元。完成了电子邮政综合网一期工程，建成绿卡网点33个；新建大悟邮政综合楼，孝感北正街邮政广场，实施形象工程，对三里棚营业厅及各县（市）部分支局营业场所进行了装修改造；全市新增邮政生产用地23497平方米，新增邮运汽车13辆，新增办公、生产用微机273台（套），到2000年底，全市共设置邮政报刊亭60个，安装户箱4.2万户，设立邮政委代办点1427个。邮政科技含量明显提高，全市邮政综合通信能力进一步增强。全市邮政部门还积极开展树创活动，按照国家邮政局公布的十项服务目标，抓好规范化服务工作。通过进一步完善内外结合的监督机制，对营业窗口实行记分考核办法，加强服务检查和考核工作，使全市邮政通信服务质量有了进一步改善，邮政服务综合满意率始终保持在90%左右。

邮政业务发展迅速，量收同步增长，企业效益有所提高。邮政独立运行三年来，邮政业务发展迅速，邮政业务总量从1998年的3509万元增长到2001年的10335.2万元，年均增长6.27%（排除2001年不变单价变动因素）。邮政业务收入也从5330万元增长到8580万元，年均增长17.2%。2001年，全市共完成邮政业务收入8580万元，基本实现收支差为零，三年共扭亏625万元。其中邮政储蓄汇兑实现收入2905万元，集邮收入完成2689万元，函件收入完成635万元，报刊收入完成895万元，特快收入完成743万元,包件收入完成362万元。

企业精神文明建设有明显成效。全市邮政部门积极开展以"树行业新风.创优质服务"为主题的文明单位创建活动,人悟、孝昌等县(市)局分别建成市级文明单位,云梦局建成省级文明单位,其中,云梦西大路邮政广场还被评为"省级文明示范窗口"。

【完成邮电分营体制改革工作 建立独立运行的孝感邮政新体制】 1998年,按照国家机构改革的精神和部、省局关于邮电分营的部署,孝感市自下而上进行了邮电分营,县(市)局于10月底完成邮电分营工作,市邮政局于11月24日从市邮电局分出来,正式宣告成立。新的邮政局领导班子成员为:局长孙树林,副局长赵典、喻泽康、荣卫东。市邮政局的成立,标志着全市邮电分营工作全面顺利结束,宣告了孝感邮政独立运行的正式开始。邮电分营后,全市邮政部门职工人数为1320人,邮政总资产为1.8503亿元,资产负债率为23.8%。全市邮电分营工作,基本上贯彻了"公平、公正、公开"的原则,同时也使邮政干部职工更新了观念,提高了认识,增强了紧迫感、危机感,为全市邮政的发展奠定了较好的基础。

【孝感市邮政局挂牌】 1998年12月16日,新成立的孝感市邮政局在五楼大会议室举行了挂牌庆典,市"四大家"领导,市直相关部门、各县市邮政局等单位负责人参加了庆典,市政府李金平副市长参加庆典并讲话。

【孝昌邮政发展经验在全省推广】 1999年8月14日,孝感市邮政局在孝昌召开"全市邮政部门学孝昌促发展动员大会",省邮政局林汉城副局长、公众服务处冯士林处长出席会议并讲话。孝昌局作经验交流发言,各县市局领导及相关人员参加了会议,孝昌业务发展经验受到了省局领导重视,在全省范围内得到推广介绍。

【乌统全局长在孝感市调研】 1999年10月27日,湖北省邮政局乌统全局长带领省局相关处室负责人在孝感开展调研,听取了孝感局1999年元至10月工作汇报,对孝感局工作给予充分肯定,并针对后期工作作了重要讲话,要求全市邮政干部职工坚定信心,加快发展,确保完成各项工作任务。

【市政府就加快邮政事业发展召开市长办公会】 2000年元月28日,孝感市市长曹世佑主持召开市长办公会,听取了市邮政局关于加快邮政发展几个问题的汇报。市长办公会就"户籍工程"、街头报刊亭建设以及减免邮政车辆费用等具体问题形成决定。

【市局开发的集邮纪念册作为拥军礼品选送进京】 2000年7月30日,孝感市委常委、常务副市长蔡民族向首都国旗护卫班赠送《军旅岁月》集邮纪念册。该纪念册由原中央军委常委、军委副主席刘华清上将题名。

【孝感邮政实施邮政投递体制改革】 2000年8月15日,孝感市邮政投递分局成立。邮政投递分局是在市局统一领导下,实行公司化经营的国有独资企业,在人、财、物上享有一定的自主权,承担传统业务的代办经营及新业务和社会业务的自主开发经营,相对独立、自负盈亏的经济实体。8月25日,孝感市邮政局在云梦局召开全市邮政投递体制改革座谈会。会议总结交流了投递体制的试点经验,讨论落实了加快投递体制改革的措施。到10月底,各县(市)投递体制改革基本完成,为全市邮政行业深入挖掘市场潜力,进军物流业奠定了基础。

【计算机网络技术在邮政行业得到广泛应用】 邮政独立运行三年来,全市邮政行业加大投资力度,努力提高业务科技含量,计算机网络技术在邮政系统得到广泛应用。1999年7月1日,在孝感首批建成开通5个绿卡网点。此后,又建成市邮政综合网一期工程,并相继集成了函件名址库远程查询系统、速递查询系统等一批业务功能系统。20001年底,又建成了电子汇兑系统一期工程。开通10个电子汇兑网点,7个县市电子汇兑中心。三年来,共建成绿卡网点33个,新增邮政生产办公用微机273台(套)。同时,以计算机网络技术为支撑,邮政行业开办了电子汇兑、绿卡异地存取、存款通存通兑等一批新型邮政业务,提高了邮件、汇款的传递速度,方便了人民群众使用邮政业务。

【孝感市邮政行业管理办公室挂牌成立】 2001年8月13日,孝感市机构编制委员会批准设立"孝感市邮政行业管理办公室"。办公室主任由喻泽康同志兼任;副主任由尹银乐同志担任。同时为充实邮政行业执法力量,成立了"湖北省邮政执法大队孝感市执法队"。

孝感市邮政局领导班子名单

(至2001年底)

局　　长　孙树林

副 局 长　赵　典　喻泽康　荣卫东

纪检组长　赵　典(兼)

工会主席　喻泽康(兼)

(游　正)

湖北省电信公司孝感市分公司

【概况】 1999～2001年,是国家对电信体制进行重大调整,电信市场竞争环境和竞争格局发生重大变化的时期。三年来,全市电信企业始终坚持在发展中改革,在改革中发展的指导方针,正确处理改革、发展和稳定的关系,初步走出了一条"有效益的快速增长和有控制的负债经营"的健康发展之路。

经济效益稳步提高。在中国电信整体效益趋缓,固定电话业务收入自改革开放以来首次低于GDP增幅的背景下,孝感电信仍保持了较快的增长势头。2001年全市电信业务收入完成26559万元,同比增长9.18%,高于全国平均水平3.4个百分点。

电信业务稳步增长。三年中,全

市新增固定电话用户159914户，达到403516户；互联网拨号用户新增34206户，达到34937户。公用电话新增468部，达到3521部。全市电话普及率达到7.48%，城市电话普及率达到26.93%，通电话的行政村比重达到91.8%。

综合通信能力明显增强。三年中，全市电信固定资产投资完成4.08亿元，新增本地网电话交换机181348门，总容量达到484428门；新增长途自动交换机2000路端，达到8000路端；新增长途电路6277路，达到11410路；全市光缆线路长度达到3095.8公里；新建IP网端口6030个，宽带网端口38个，光纤接入网24384线。

电信改革顺利推进。1999年完成了移动通信分离工作；2000年完成了电信政企分开，实现了公司化改制；2001年实施了电信主辅、主附分离，推进了机制和管理创新。

【移动通信实行分离】 根据国务院通过的中国电信重组方案，按照信息产业部和省邮电管理局的统一部署，全市移动通信业务从电信部门分离，实行公司化改制，组建湖北移动通信公司孝感分公司。分离工作于1999年6月顺利完成，同年7月1日正式运行。

【电信资费下调】 根据国家计委、信息产业部、财政部有关文件通知，1999年3月，全市电信资费进行调整。同年10月，再次对电信资费进行调整。

【孝感市出席全国百座城市政府上网经验交流会】 1999年4月，市政府出席全国百座城市政府上网经验交流会。此次会议由国家经贸委、贸易促进会和中国电信集团联合发起并在北京举办。

【孝感市电信分公司成立】 根据国务院批转信息产业部关于地方电信管理机构组建方案，2000年8月，经湖北省邮电管理局批复同意，撤销孝感市电信局，组建中国电信集团湖北省电信公司孝感市分公司，不再具有行政管理职能。至此，全市电信管理体制已实行政企分开和公司化改制。同年8月18日，中国电信集团湖北省电信公司孝感市分公司正式挂牌成立，史銮发任分公司党组书记、总经理。

【全市七个县（市）区全部开通无线市话业务】 2000年11月，全市无线市话（PHS）接入网工程顺利建成并投产，首期开通无线市话2.6万门。全市七个县（市）区均可使用无线市话（小灵通）业务。

【“九五”期间全市电信发展成就辉煌】

2000年是“九五”计划的最后一年，回眸“九五”，这期间是孝感电信发展速度最快的5年。最为显著的标志是：（一）全市固定电话网络容量初具规模。“八五”末，全市公用网程控交换机总容量不足17万门，到2000年底突破40万门，达到42.9万门，五年翻了1.26番；（二）全市公用网电话用户发展迅速。“八五”末，全市固定电话用户不足10万户，5年中新增28.9万户，达到39万户，比“八五”末增长了3倍；（三）全市“信息高速公路”骨干框架基本形成。经过5年大建设，到2000年底，全市光缆总长度达到2770公里，乡镇以上全部实现传输光缆化。通达全国的“八纵八横”光缆网有3条途经孝感市，托起了孝感与国内、国际先进水平接轨的信息高速公路！

【京汉广国家一级光缆骨干传输通信干线工程（孝感段）建成投产】 2001年3月，京汉广国家一级光缆骨干传输通信干线工程（孝感段）开工建设。该工程由北向南，纵贯大悟、孝昌、孝感城区和孝南，在境内全长157公里，全部采用当今最先进的通信技术，同时埋设2条96芯G.655光缆，于6月底顺利建成。

【全市取消电话初装费】 2001年7月，国家取消电话初装费、邮电附加费等政府性基金。据此，孝感市停止执行国家出台的初装费政策，装电话不再收取初装费。

【全市开通ADSL宽带业务】 2001年10月，全市开通ADSL宽带业务。

【黄陂路万门模块局开通】 2001年11月，孝感市黄陂路万门模块局顺利开通。至此，孝感城区市话交换机总容量达到7万门。

【分公司领导班子调整】 2001年12月，湖北省电信公司对孝感市分公司领导班子进行调整。史銮发任党组书记，郑铁刚出任总经理。

孝感市分公司领导名单

党组书记 史銮发
总 经 理 郑铁刚
副总经理兼总工程师 杨汉明
副总经理、纪检组长、工会主席 傅治政

（王奎章）

湖北省移动通信公司孝感分公司

【概况】 1999年7月1日，根据国务院电信重组方案，中国移动通信正式从电信分离出来。1999年10月18日湖北移动通信公司孝感分公司正式揭牌成立，为国有特大型中国移动集团湖北移动通信公司所属非独立核算分公司，从事移动通信电话业务、数据业务、网络建设、维护、移动通信终端营销等工作，成立之初有正式员工280人，聘用工35人。内设党群工作部、综合办公室、财务部、市场部、网络运行部、工程建设部五部一室，下辖汉川、应城、云梦、安陆、广水、大悟、孝昌七个分公司。2000年8月，广水分公司划归随州管辖。

2001年底，移动通信网络拥有西门子数字交换机2部，总容量达到31.1万门，HLR容量达到34万门，数字移动通信基站达175座，两个关口局，无线载波达到1076个，拥有7469

个信道。

传输网络从2000年开始大规模建设孝感移动通信本地传输网，已建成北环、南环、孝感城域网三大骨干传输网络和汉川、大悟、孝南三大支线传输网络，同时国家一干和省级二干传输网络都贯穿孝感。目前孝感境内传输线路总计为4万多芯长公里，基本形成一个四通八达的传输网络。2001年底，全市移动通信电话用户达15万多户，主要都是使用移动话音业务。从2001年开始，公司在大力发展传统话音业务的同时，积极开拓移动数据业务和增值业务市场，大力发展短消息、手机证券、专网互联、WAP及GPRS业务，确保在移动通信新业务市场的领先地位。

全市移动通信系统已全部建成市级文明单位，大悟分公司为省级文明单位，市分公司和云梦、应城分公司被省消协评为"1999～2000年度全省消费者满意单位"，1860中心被评为市级文明集体，全市移动通信系统两个文明建设得到长足发展。

【思想理论教育和业务技术学习】 1999～2001年，全市移动通信系统坚持政治学习、理论学习和业务技术学习不动摇。针对分营后人员素质相对较低的状况，每周六安排机关人员学政治、学政策、学法律、学业务、学管理，每周一晚安排生产技术人员学政治、学业务、学技术，做到学习有计划、有检查、有实效。同时，按照省公司和市委市政府文明创建和树行业新风的要求，把规范企业内部管理、提高客户服务质量、树立行业新风作为一项重要学习内容，组织全体员工进行讨论，结合工作实际贯彻执行。

【企业内部管理】 从制度建设入手，规范企业管理行为。三年来，公司结合分营后的实际工作要求，按照省公司的安排部署，从行政综合管理、廉政建设、网络运行、工程建设、业务管理、经营管理、财务内控管理等方面出发，制定和完善了150多种生产流程和管理制度，其中一部分已汇编成书，发到每位员工学习执行，做到各项工作有章可循，有制可依。三年来，全市移动通信系统未发生一例违法违纪案件，树立了移动公司在社会上的崭新形象。

【窗口服务和树行业新风】 三年来，分公司建设完善了1860/1861客户服务系统、BOSS计费账务系统、银行联网收费系统，开展窗口服务形象工程，抓好营业场所绿化、美化、亮化及硬件设施达标工作。持之以恒地抓好营业人员的培训上岗工作，定期不定期地对各营业厅进行明查暗访，检查服务质量，每季度评选星级服务营业厅、星级营业员和最差营业员，奖优罚劣。组织全体营业员学习"全国青年文明号"荆州移动通信广场营业厅和武汉邮政局航空路营业厅好的作法和经验，促进服务质量和行风建设水平稳步提高。

【通信建设和业务发展工作】 三年来，公司新增和扩容GSM交换机28万门，新增和扩容HLR31万门，新增和扩容数字移动通信基站151座，新增无线载波696个，建成覆盖孝感全市的移动通信本地传输网，总长度为4万多芯公里；新增网上通话用户13万多户，推出了神州行、智慧卡、短信息、WAP上网、移动数据、移动秘书、全球呼、GPRS等新业务。全市移动通信网络服务能力和服务水平进一步提高。

【加强教育培训 增强整体素质】 三年来，公司先后举办过11期窗口营业员及营业管理人员培训班，共培训营业员及营业管理人员279人次，营业员通过培训考核后持证上岗。通过送培、委培、以会代训、代培等多种形式，共培训员工577人次。同时安排业务和技术骨干带薪学习，攻读高学位，市分公司已有2人获硕士学位。通过教育培训，员工队伍整体素质大幅度提高。全市移动通信系统有大专以上学历的39人，本科以上学历的45人，中高级技术职称的25人，人员平均年龄30岁，员工队伍数量和结构进一步优化。

【以优质服务创品牌拓市场】 三年来，公司从人力、物力、财力等多方面对客户服务工作给予了大量投入，围绕实施"服务领先战略"，促进客户服务方式多样化和手段更新，从普遍服务、亲情化服务到一对一、面对面的个性化服务，不断追求新的服务理念，新的服务实效，使客户服务工作达到一个新的水平。

孝感分公司领导班子成员名单

党委书记、总经理 庄鸿彦

副总经理 万里鹏 蔡葛明

工会主席、纪委书记 付秀莲

（潘国勇 冯 辉）

中国联通孝感分公司

【概况】 中国联通孝感分公司是2000年8月在原湖北国信通信有限公司孝感分公司基础上组建的联通地市级公司。1998年5月，因邮电经营体制改革，原孝感市邮电局将无线寻呼从其它邮电业务中剥离，成立专营公司进行股份制改造。同年底，湖北国信寻呼有限公司孝感分公司正式对外挂牌并独立运营。2000年，按照国务院将国信寻呼成建制划拨给中国联通的决定，原湖北国信通信有限公司与中国联通湖北分公司自上而下进行了整体融合，中国联通有限公司孝感分公司在此背景下应运而生。中国联通进入孝感，坚持通信技术高起点、通信设备高层次、通信建设高效率、通信服务高标准的方针，着力推进高效、跨越式发展，在短短的一年半时间里，先后实施了GSM一、二期工程、CDMA一期工程、长征路通信枢纽楼建设工程等大型建设工程，建成4个光缆自愈环路、光纤传输长达960公里，GSM移动基站83座，乡镇覆盖率达80%，移动通信网络容量达10.3万门，长途传输318条路端，形成了以孝感为中心辐射全市各乡镇的中国联通孝感国家公众通信网络。作为国家政策支持的具体体现,公司2001年底在全市率先建成全新的数字移动通信网络——133CDMA移动通信网,以其辐射小、通话质量高、数据通信承载能力强的优势,为平稳过渡至3G移动通信时代铺设了一条坦途。在业务发展上,在继续经营无线寻呼业务的同时,随着联通公众通信网的逐步建成和健全,130GSM数字蜂窝移动电话、193长途电话、17910/17911IP电话、165互联网业务也相继推出。中国联通进入孝感,以用户利益为中心,以高质量低价格为目标,努力提供综合、便利、有特色的通信服务,使广大市民在电信消费上拥有前所未有的自由选择空间,打破了本地电信市场的传统经营格局,为促进孝感电信业的共同繁荣与发展作出了应有的贡献。与此同时,公司自身也得到了发展壮大,作为拳头产品的130移动通信业务在投入市场不到一年的时间里就抢占了近20%的市场份额。全市联通电信业务用户达9.6万户,成功地实现了由单一寻呼业务运营商到综合电信业务运营商的转变,开辟了更为广阔的发展空间。

【寻呼改制拓新境】 1999年为配合寻呼剥离的经营体制变革,湖北国信通信有限公司孝感分公司用了近一年的时间在全市范围内推行无线寻呼收费改制。寻呼剥离前,无线寻呼收费实行主叫付费方式,即用户每呼叫一次收取服务费0.15元,漫游登记、留言、提取留言亦按此标准执行。寻呼剥离后,又实行新的资费政策,即数字机服务费15元/月,中文机24元/月,具备联网功能的寻呼机每月加收6元。寻呼资费的变更,直接涉及到全市近8万名寻呼用户的切身利益,社会反应甚为强烈,有部分用户由于对资费变更不理解,采取了一些过激行为。是年元月11日,中央电视台“焦点访谈”节目对湖北国信寻呼孝感分公司进行了长达40分钟的专题采访。2至6月份,孝感所辖八个县市区就有七个县市形成了集团诉讼,法院立案的有广水、大悟、孝感等地。公司通过耐心细致的工作,积极争取孝感市政法委、孝感市中级人民法院、孝感市消协、安陆市委、广水市人大、汉川华严农场党委、大悟县法院等单位的理解和支持,并与用户进行面对面地沟通,圆满地化解了各种矛盾,平息了种种不安定因素,稳定了市场秩序。新资费政策的平稳推行,当年就实现主营业务收入1024.5万元,为国信寻呼的健康、持续发展奠定了良好的经济基础。2000年国信寻呼孝感分公司又实施国网、上星、补点三大工程,在全市引入198、199国网寻呼系统,寻呼网络漫游从省内漫游跃升到全国漫游,使得无线寻呼覆盖率进一步提高,服务能力提升到一个新的层次。全市寻呼用户累计达54708户,当年实现主营业务收入1653万元,创孝感无线寻呼业务发展的历史最高水平。

【强强融合求双赢】 按照国务院将国信寻呼成建制拨划给中国联通的决定,原湖北国信通信有限公司与中国联通湖北分公司于2000年8月自上而下开始了整体融合,从而实现了省内最大的寻呼业务运营商和唯一的综合电信业务运营商的优势互补与资源最优配置。以湖北国信通信有限公司孝感分公司为基础,孝感业务区按照“精简、统一、效能”的原则完成了机构设置、人员调配等工作。新组建的联通孝感分公司下辖11个部室,有员工64人,其中新分配大中专毕业生2人,邮电系统调入人员12人,原国信寻呼职工48人,安置转业干部2人。由于本次融合基本上贯彻了积极稳妥的方针,面对企业体制重大变革,孝感分公司全体员工始终情绪稳定,精神饱满。新的机构成立后,迅速开始了正常运转,避免了管理真空的产生,推动企业各工作步入正轨。

【协调会议揭序幕】 2000年8月,孝感业务区GSM一期工程正式启动。8月中旬,孝感市人民政府办公室发文成立了以李金平副市长为组长,各县市区人民政府分管工业领导、市直各部门相关负责人为成员的中国联通孝感通信建设协调领导小组。8月29日,市人民政府陈宽宏副秘书长主持召开了协调领导小组成员会议,孝感分公司黄立钧副总经理向大会作了工作汇报,李金平副市长在会上发表重要讲话,要求各级各部门要切实重视和支持联通通信建设。《人民邮电》、《湖北邮电报》、《孝感日报》等媒体纷纷予以报道,在社会上引起较大反响,为工程建设营造了良好的社会舆论环境。

【三大工程建新网】 2000年8月至2001年10月,中国联通孝感分公司先后实施了GSM一期、二期工程和CDMA一期工程,用1年的时间走完了传统电信运营商5-8年才能走完的路,初步建成了覆盖城乡、结构合理、技术先进、运行稳定的公众通信网。其中GSM一期工程自2000年8月份启动,到2001年3月27日完工。工程共建成本地网传输杆路334.7公里,铺设直埋光缆96沟长公里。拟建的33个GSM基站全部如期建成并投入运营,进度名列全省联通系统第三名,为中国联通在孝感的成功登陆举行了一个漂亮的奠基礼。在GSM一期工程建设中,为抢时间,抓进度,在尽可能短的时间里建成一个较为完善的覆盖网络,孝感联通人充分发挥企业运行机制灵活的优势,在工程启动伊始就打破常规,与中国移动孝感分公司开展既是竞争对手,又是合作伙伴的双赢合作。两家联合建设孝感市和云梦、安陆、应城、汉川四县市城区通信管道108.4管程公里,合计336.2管孔公里,开创了国内通信运营商在通信建设合作上的先河,被业内人士传为佳话。在工程建设中,该公司根据通信建设投资大、战线长的实际,采取“能租赁的就租赁,能附挂的就附挂”的工作方针,利用自身的网络资源,与广电、电力部门开展互惠互利租赁通信杆路的友好合作。即一方无偿地将自建的通信杆路租给另一方使用的同时,也享有附挂对方通信杆路的权力,实行等量互换、互不收费。通过此方式,公司共附挂广电杆路92.8杆程公里、供电杆路近4公里,不仅有效地解决了广水、应城、大悟等县市因施工难度大而产生的传输建设瓶颈问题,而且也成功地实现了在不花钱或少花钱的前提下加快通信建设步伐的初衷,确保了工程建设的优质高效。在GSM一期工程进入尾声的同时,GSM二期工程于2001年3月20日启动,到11月20日止,共建成本地网传输杆路417杆程公里,开通基站55处。本期工程完成后,孝感联通GSM网络在乡镇由重点覆盖提升为一般覆盖,网络结构合理性和覆盖水平实现了质的变化。CDMA是第三代移动通信的主流技术,2001年6月以来,按照联通总部建设精品网络的要求,孝感分公司与设备厂家密切配合,高质量地做好设备调测工作,C网一期工程拟建的21个基站和3万门容量的CDMA交换机于同年10月30日建成开通,并通过了全国联调,为新业务投入商用打下了坚实的网络基础。

【市场鏖战创辉煌】 2001年1月12日,随着GSM一期工程基站陆续建成开通,孝感业务区正式对外开展聘请客户测试网络活动,以此为标志,中国联通130业务开始逐鹿孝感移动通信市场。2月22日16时,经过较长时间艰苦细致的工作,中国联通孝感分公司与湖北省电信公司孝感分公司签订了互联互通协议;2月27日21时,双方互联端口实现了互联互通。4月27日,130数字移动通信网与中国移动公众通信网实现了互联互通,为迎接130移动通信业务的营销高潮创造了良好条件。4月下旬,以首届'联通杯'孝感市直老年棋类比赛的成功举办为契机,130数字移动电话、193长途电话、17910/17911IP电话、165互联网业务开始全面走进孝感市场。8月1日,在《湖北省邮政局和中国联通湖北分公司战略合作框架协议》精神指导下,孝感市邮政局和中国联通孝感分公司双方授权代表就业务代办合作实施细则达成一致意见,正式启动了孝感业务区内联通与邮政的合作。9月20日,以加快业务发展步伐,确保完成全年计划为目的的中国联通湖北分公司'百日大战'打响。在从9月21日至12月31日的100天的时间里,孝感分公司共完成GSM放号14873号,全年累计发展用户47855户,占年计划的106%,市场占有率达20%,完成主营业务收入2497万元,为全省"百日大战"的胜利落幕划上了一个圆满的句号。

中国联通孝感分公司

总 经 理 黄立钧

副总经理 董代普

（姜国春）

城乡建设·环境保护

城市建设

【概况】 2001年9月9日，《市直机关机构改革方案》(孝文[2001]15号)规定，孝感市建设委员会更名为孝感市建设局，保留孝感市规划局；9月10日，《市编委关于市直部分县级事业单位调整与设置的通知》(孝机编[2001]8号)规定："孝感市城镇住房制度改革领导小组办公室并入市房地产管理局，为市建设局管理的正县级事业单位，保留孝感市城镇住房制度改革领导小组办公室牌子"。

1999～2001年，孝感市以创建省级文明卫生城市和夺全省城镇规划建设管理"楚天杯"为契机，大力加强城市基础设施建设，城建工作取得丰硕成果。孝感城区建成区面积已达24平方公里，人口36万人(含农业人口)，现已形成"八横四纵"的道路网络，道路总面积301万平方米，人均拥有道路面积13.57平方米，主次干道道路硬化率96.61%以上；新建、改造了一批给排水工程，排水管网总长165公里，排水覆盖率89%；自来水普及率100%，日人均生活用水量286.26升；新建、添置了一批环卫设施，城区垃圾无害化处理率、粪便无害化处理率、污水处理率分别达到90%、70%和51%；气化率98.1%；城市绿地率32%，绿化覆盖率36.8%，人均拥有公共绿地面积6.1平方米。中等城市的框架基本形成。孝感市被评为"省级卫生城市"、"全国第三次城市环境综合整治先进城市"、"第二届湖北省城镇规划建设管理'楚天杯'创建先进城市"，市建委被评为"市级最佳文明单位"、"省级文明单位"、"全省建设系统精神文明建设先进单位"，连续两年被评为"市直机关先进单位"。

【实施净化工程】 2000年8月18日在孝南区新铺镇范杨村征地225亩，投资2646万元，开工新建孝感市垃圾无害化处理场，工程于2001年5月竣工并投入使用，日处理能力300吨。三年来，初步治理了"一河两沟"，其中对老澴河上游3.7公里(河口大桥至沙沟坝)进行干河清淤、清除垃圾，后湖冲沟(永兴桥至槐荫大道段220米治理开发)地上、地下工程全部完工；王家窖冲沟治理开发(文化路至槐荫大道段1000米)地下工程已经完成，地上开发抓紧实施。粪便处理采取三格化粪池的办法进行无害化处理，处理率70%。新建埋地式无动力生活污水处理装置300个。新建改造水冲式公厕62座，其中独立式便器一类以上标准6座，占总数的10%。新建、改建密闭式中转站22座。同时，积极推广垃圾袋装化，垃圾袋装收集率达到10%以上。安装不锈钢果皮箱500个以及其它各类美观、卫生、耐用果皮箱2000个，极大地方便了群众，改善了城区环境卫生。

【实施硬化工程】 1999～2001年，孝感城区道路建设以完善、配套为主，新、改、扩建交通路、北京路、玉泉路、城站路等28条道路，总长23.9公里，面积40.52万平方米，形成了"八横四纵"的主干道网络。同时，城区主次干道的人行道铺设彩色地面砖近10万平方米。完成了城站路(北门口——建设路口)第一期改造工程，城站路、槐荫大道安装护栏18公里，拉开了中等城市的框架。

【实施供排水工程】 城区新增供水管网26.7公里，日供水能力达15万吨(含自备源7万吨)，供水普及率达100%。实施了二期排水工程，新建、改造北京路等17处排水工程，新增排水管网44.5公里，形成了排水体系。

【实施绿化工程】 专业绿化、社会绿化的力度进一步加大，庭院绿化达标竞赛高潮迭起。新建了孝感人民广场。该广场集人文景观、喷泉彩灯、休闲娱乐、繁花绿草为一体，占地2.3万平方米，其中绿化面积1万平方米。城区新植、补植、改植和配套长征路、北京路等30多处，增植各种树木2万余株，改造、新建了新月园绿地、翟家湾槐荫广场、西入口青少年生态公园、西湖桥三角区绿地、园林小区绿地等近10万平方米。实施了玉泉北路拆墙透绿工程。2001年6月6日，孝感市玉泉北路拆墙透绿工程全面完工，工程总投资150万元，其中拆除封闭式围墙1020米，安装通透式栅栏1020米，安装庭园灯262盏，铺设彩色地面砖11400平方米，植行道桂花树264棵，修建花坛264个，植草坪2450平方米，使玉泉北路成为孝感城区"绿化景观示范路"。市法院、市交警支队、孝感职院、孝南区一中等单位同步规划、同步建设、同步峻工，达到花园式单位标准。城区514家有庭院的单位已有80%以上为庭院绿化达标单位、花园式单位。同时，园林绿化部门对城区13处绿地、8.31万平方米绿化带、16610棵行道树进行了全面修剪，加强了管理，做到了"三无一齐"(即无杂草、无垃圾、无死树枯枝，修剪整齐)。

城市管理

【概况】 城市管理由"重建设、轻管理"向建管并重转变，在抓经常性管理的同时，大力实施“经营不占道、垃圾不落地”工程，大力开展以环境卫生、占道经营、市容市貌、公交秩序、建筑市场秩序为主要内容的市容市貌整治工作，使城市市容市貌、环境卫生明显改观，人居环境进一步改善。根据孝机编[2000]1号文件精神，组建了孝感市城建管理监察支队和孝感市环境卫生管理处，理顺了孝感城区城市管理和环境卫生管理体制。狠抓城市长效管理，对城管执法队员和环卫工人实行“五定”责任制，即定人、定岗、定责、定路段、定奖惩，设置流动“红旗”、“黄旗”，定期不定期地进行检查评比，把工作质量和工资待遇挂钩，调动了职工的积极性。狠抓《湖北省城市建设监察条例》等法律、法规的宣传贯彻工作，认真开展机关作风建设，切实做到用制度管人，按程序办事，依法规行政，树立了建设队伍依法行政、文明执法的新形象。

【落实门前四包　夯实创建基础】 市城建管理监察支队与城区主次干道各责任单位、门店签订了“门前四包”责任状，明确了门前“四包员”的工作责任，建立了路段长责任制、门前四包通报制，在城区主次干道竖起了133个路段长责任牌，在孝感市文昌中学门口竖立了“门前四包”落实情况公布牌，接受群众监督。

【整治占道经营　实现还道于民】 市城建管理监察支队采取突击整治与日常管理相结合、定段管理与巡查管理相结合的办法，对城区主次干道占道经营进行了集中整治。收缴违章占道物品43156件，拆除不规范棚亭、遮阳蓬11568个，取缔违章占道摊点33889个，搬迁违章占道公用电话亭192个，坚持做到13条允许占道经营的街路不下坎经营，其它主次干道一律不准占道经营；取缔游商游贩，禁止菜摊向市场外蔓延，规范夜市大排档，实现行商归点，坐商归店，划行归市，文明经营。

【整治市容市貌　保持整洁美观】 一是市城建管理监察支队集中整治“牛皮癣”，捣毁乱贴乱画窝点20处，收缴非法广告30万份。整治破旧横幅12000余条，更新招牌2112块，刷新标牌1389块，拆除超规划立杆广告招牌3110块。二是坚持实行“三合一”（车行道、人行道、绿化带）全天候保洁制度，垃圾做到日产日清，及时清运出城；三是加强施工现场管理，在建工程全部按要求搭设安全立网封闭作业，严禁在围墙外乱堆乱放建筑材料。

【整治城市“拉链工程”　确保道路完整】 为了解决城市道路“修了挖，挖了修”的“拉链工程”，市建委、市规划局、市公安局联合印发了《孝感市城区道路挖掘管理规定》（孝建文[2001]48号），规定指出：“孝感城区新建、扩建、改建的城市道路交付使用5年内，大修的城市道路竣工后3年内，不得挖掘；确需挖掘的由市建委上报市人民政府批准”，并建立了联单审批制。在城站路一期改造工程中，第一次在城区道路建设中采用新技术，埋设综合管线共同沟9处，电力、电信、交警、给水等各类管线均从共同沟通过。

【整治公交秩序　树立“窗口”形象】 2001年8月编制了孝感城区第一个《城区公共交通专业规划》。三年间，投资150万元新建了占地6600多平方米的停车场，投资6万元维修公交站台6座，投资5.4万元，修建不锈钢站名牌18个，投资350万元购置45辆成都牌公交车投入营运；制作统一线路牌262块，补印头牌、腰牌、尾牌196块，印制了文明、卫生及优待军人、残疾人、老年人标志标牌等共917处；开通了孝感学院至孝感职院6路公交线路，方便了市民出行；对公交车乱停、乱靠、乱掉头和“慢车病”、“疯牛病”等现象进行了集中整治，加强司售人员、调度员的职业道德培训，做到了文明服务，安全营运。

【加强燃气管理　规范燃气市场】 2000年9月8日，市政府出台了《孝感市燃气管理办法》（孝政发[2000]23号），根据文件精神，孝感市建设委员会成立燃气管理办公室，负责孝感城区燃气行业的管理工作。2000年6月，湖北省第一家地市级燃气协会—孝感市燃气协会成立，两年来，市燃气办对城区6家燃气企业的消防安全及器材配备、燃气设施运行、安全制度和措施等资质资格进行了检查、审核，对城区燃气管道工程进行了检查、整顿，对城区52家燃气器具经销点进行检查整顿，核发《准销证》32家、限期整改14家、取缔6家；对城区代灌代送燃气站点、送气市场进行了清理整顿，城区燃气市场初步形成竞争有序、规范合理的局面。

建筑业

【概况】 面对新旧世纪交替和中国加入WTO，孝感市建筑业以发展为主题，以结构调整为主线，全面深化行业改革，整顿和规范建筑市场秩序，强化招投标管理，狠抓工程质量和安全生产，全市建筑业有了长足的发展，为孝感“二次创业”起到了积极的推进作用。

【调整和优化建筑行业结构】 孝感市现有注册建筑施工企业151家，其中一级公路企业1家，二级施工总承包企业28家、三级59家、四级63家，全市建筑与建筑劳务从业人员近30万人，建筑施工企业积极拓展业务、参与市场竞争，建筑劳务大军遍及北京、天津、海南、新疆、哈尔滨、沈阳等一百多个大中城市，带动和促进了全市经济的大发展，成为孝感经济的支柱产业之一。三年间，全市建筑施工企业完成的建安总产值由1999年的16.8亿元增长到2001年的34.2亿元，完成建筑业增加值7.42亿元，全员劳动生产率44018元/人，年递增率为52.14%。完成施工总面积1620万平方米，实现利润1.36亿元。2001年，全市建筑施工企业按照“大的要强、小的要专”的目标和新资质标准重新就位，淘汰了30多家不符合标准、企业经营状况差、社会信誉低、市场行为不规范的皮包公司和空壳企业,促进了一批骨干企业、龙头企业的形成。

【规范和净化建筑市场环境】 2001年底,孝感市及孝南、汉川、应城、云梦、安陆、孝昌等县市区先后成立了建设工程招投标交易中心。市招投标交易中心筹资150万元购置微机48套,高级投影仪一台,计算机自动查询台一部,设置交易席位38个,实现了与全国建设工程信息网联网。近三年进入孝感市建设工程招投标的项目共计187项,总建筑面积108.76万平方米,总投资6.32亿元,全市招投标率逐年提高,1999年应招标工程的招标率为79.8%,2000年应招标工程的招标率达到98.5%;2001年全市应招标工程的招标率和应公开招标工程的公开招标率均达100%;应实行监理的工程监理率达100%;应办理施工许可证的工程办证率达100%;应进行工程质量监督的质监覆盖率达100%,工程质量稳步提高,质量合格率100%,优良率33.45%。

【健全和强化质量与安全管理】 一是制定并实施了新的质量监督程序和竣工验收备案制度,开展了"创建无质量通病住宅"和"创建优质结构工程"活动。市直自2001年元月1日起,各县市区从7月1日起全部实行了竣工验收备案制,备案工程42项,建筑面积10.54万平方米。三年内创建筑工程"楚天杯"奖12项,市优良样板工程116项,优良率都在30%以上。二是深入贯彻《建筑施工企业安全检查标准JGJ59—99》标准,开展了"安全生产周"和"省市级文明施工现场"的评比活动,创省级安全文明施工现场36项。创办了《安全网站》,开展了一系列安全宣传月和文明施工现场观摩等活动,全市安全生产水平有了较大幅度提高,未发生三级以上重大安全事故,建筑职工死亡率控制在万分之一以内。三是强化了工程质量检测管理工作。制定了房屋建筑工程和市政基础设施工程见证取样和送检的管理措施和办法,对涉及结构安全和砼试块、试件及建筑材料,采取了见证取样和"双控"的原则,对施工现场使用的材料进行随机抽查的办法,杜绝了不合格材料的使用。四是加强了工程造价管理工作。2001年完成了工程造价咨询机构的脱钩改制工作,全市脱钩后实行规范化管理的咨询机构4家,撤销了不符合条件的咨询单位12家。五是强化城建档案管理工作。全市现有城建档案馆5个,城建档案室3个,库房总面积2020平方米,馆藏案卷近3万卷,底图8489张,声像资料164盘,照片6477张,专业技术管理人员41人,持证上岗率达100%;管理上,推行"一书一证",即《建设工程项目档案报送责任书》和《建设工程档案合格证》,开展工程竣工档案验收和预验收工作,确保城建档案资料进馆真实、准确、完整;运用微机进行信息化、网络化管理,使城建档案管理科学化、现代化;提供咨询利用,为城市建设服务。现提供利用档案588卷,利用达1210人次,创社会经济效益300多万元。

【加强和深化建筑业协会工作】 一是积极开展工程建设QC成果评选活动,2001年上报3项QC成果,新科建筑公司"孝感学院污水河改造QC小组淤泥挖孔桩安全控制"获湖北省QC成果三等奖,另二项获优秀奖。二是推进施工企业质量体系认证步伐,帮助全市14家二级以上施工企业通过了ISO9000质量体系认证,其中新科建筑公司和扬子江建筑公司在全省率先通过了ISO9000系列2000年新版的质量体系认证。三是认真开展建筑行业"三优"评选活动,全市有23家企业获湖北省先进建筑业企业、15家企业经理获湖北省优秀建筑业企业经理、40名项目经理获湖北省优秀项目经理等荣誉称号。荣获孝感市先进建筑企业37家,优秀企业家34名,优秀项目经理77名,行业管理先进单位20家,行业管理先进个人48名。四是每年编辑发行二期《孝感建筑》,发行量达300多份,为会员企业列支征订《建筑时报》120份、《长江建设》90份,多渠道、全方位地宣传行业政策,树立行业新风,传递建设信息,交流改革与管理经验。

勘察设计咨询业

【概况】 1999～2001年,勘察设计单位及管理人员认真学习《建筑法》、《工程建设质量管理条例》、《建设工程勘察设计管理条例》、《湖北省建设工程勘察设计管理办法》、《建设工程标准强制性条文》等法律、法规和规范文件,勘察设计队伍整体素质逐年提高,勘察设计水平上了新台阶。

【资质管理】 完成了全市30家勘察设计单位资质年检和换证工作,其中吊销了5家勘察设计单位资质,缩小营业范围1家;新增园林设计资质1家。对违反勘察设计市场行为和超资质承揽勘察设计业务,出图章、执业章不规范的行为进行了查处。

【工程质量】 2000年10月按省建设厅要求,组建了孝感市建筑工程施工图文件审查委员会(经省建设厅批准为乙级资质审查机构),18名专业技术人员获得审查资格,建立了各项审查制度,进一步规范全市勘察设计审查工作程序。自开展施工图设计文件审查工作以来,共受理完成建筑工程审查214项,建筑面积达66.4万平方米;为业主提出合理化建议35项,节约建设资金1300余万元;查出违反强制性条文的问题1615条,并对违反强制性条文和存在结构安全隐患、消防隐患、挂靠设计的问题及时予以纠正。

【人员培训】 三年内,积极开展注册建筑师、结构师、岩土师的报名、培训、考试及资格注册申报工作,其中69人取得注册建筑师资格,37人取得注册结构师资格,组织133人参加《工程建设标准强制性条文》培训,组织103人参加省建设厅举办的继续教育和考试培训,进一步增强了勘察设计单位技术水平。

【科技勘察设计协会】 1999年7月,

成立"孝感市科技勘察设计协会",共有43个会员单位和个人。协会成立以后,一是审查登记合同,监督勘察设计咨询单位履行行规公约,规范市场行为;二是协助会员单位应用CAD技术,提高技术装备水平;三是搜集和整理国内外勘察设计技术信息,及时提供给会员单位;四是组织开展创优评优活动,提高勘察设计水平,共评出优秀建设工程设计项目44个,市科技勘察设计协会被评为"全省先进集体协会"。

村镇建设

【概况】 1999～2001年,村镇建设按照"小城镇,大战略"的方针,紧紧围绕市委、市政府的重大决策,坚持把"农业产业化经营、乡镇企业二次创业和小城镇建设"三大战略捆在一起抓,以突出1个省际口子镇(宣化店镇),6个市际口子镇(河口镇、汤池镇、杨店镇、马口镇、田二河镇、洑水镇)为重点,着力抓好20个中心镇、88个中心试点村建设,加快乡村城市化、城乡一体化进程。2001年,为了加大"口子镇"建设力度,展示孝感"窗口"形象,市建委选派7名优秀科级干部,支持宣化店等7个省际、市际"口子镇"建设,投入扶持资金(含物资)87万元,并从技术上给予大力帮助,为"口子镇"建设作出了贡献。1999年,汉川市田二河镇被评为第一届湖北省城镇规划建设管理"楚天杯"奖小城镇;2001年,汉川市马口镇被评为第二届湖北省城镇规划建设管理"楚天杯"奖小城镇,汉川市田二河镇被评为第二届湖北省城镇规划建设管理"楚天杯"创建先进小城镇;孝南区毛陈镇、杨店镇,汉川市马口镇、田二河镇,应城市东马坊办事处,云梦县隔蒲潭镇、胡金店镇,安陆市洑水镇、大悟县宣化店镇、孝昌县白沙镇等10个镇被评为孝感市第二届小城镇规划建设管理"天仙杯"奖城镇。

【村镇规划】 三年间,市建委针对各地规划技术力量薄弱、规划滞后等问题,成立了村镇规划修编工作领导小组,加强对规划修编的指导,建立了村镇规划评审机制,凡未经孝感市村镇规划评审小组评审的规划不能报批,确保了规划的质量,全市115个乡镇场总体规划的修编达到了高起点、高标准、高水平,体现了科学性、合理性、超前性。应城市所有乡镇场采取政府出一点、主管部门扶持一点、集体出一点的办法,筹措规划经费,聘请省规划院的技术人员编制总体规划、详细规划和近期建设计划,并适时进行修编。孝昌县小河镇抓住京珠高速公路和安大公路开工建设机遇,重新编制了总体规划和建设详细规划,为集镇的快速、健康发展奠定了基础。

【村镇建设】 1999～2001年,全市各级党委政府按照市场经济原理,积极动员全社会力量投入小城镇建设,改过去单一由政府部门投资,转变为社会化多元化的投资,初步形成了"政府投资打基础,农民建镇为主体,经营城镇挖潜力,其它投资作补充"的筹资建设格局,全市投入小城镇建设资金达3.2亿元,完成道路硬化57.24万平方米,铺设下水道61.89公里,新改扩建集贸市场36个,延伸供水管道33.2公里,新改建公厕272座,安装路灯2132盏,新增绿化面积24.692万平方米,栽种行道树11.39万株,加快了小城镇基础设施配套建设,吸引了农村剩余劳动力进城务工经商,活跃了农村经济。如汉川市麻河镇采取"六个一点"办法,即政府搭台筹一点、农民进城出一点、部门配合帮一点、招商引资引一点、争取项目贷一点、多方参与投一点,仅1999年就筹资1600万元,使城镇面貌一年大变样。安陆市 水镇采取四种办法,即政府和部门筹资搞配套设施建设,拆旧开发建设小商品市场,开发土地建居住小区,招商引进私营老板办产业,筹资1430万元,用于各项基础设施和配套工程建设。大悟县大新镇政府采取直接向农民拍卖土地升值的办法,一年就建成两条新街,集镇中心区地价升至每平方米800元,商业贸易十分活跃,年增税收50万元。

【村镇管理】 三年内,各乡镇场严格执行小城镇规划建设管理方面的法津法规,一是坚持"规划一张图,审批一支笔,建设一盘棋,管理一个法"的原则,严格执行"一书两证"(村镇规划选址意见书、建设用地规划许可证、建设工程规划许可证),加强了小城镇规划管理。二是相继成立城管监察、环卫队伍,积极探索长效管理机制,加强镇容镇貌的管理。如应城市东马坊办事处实行"路段清扫、保洁、清运包干买断制",既降低了环卫费用,确保了街道清洁,提高了城镇的人居环境,有效地拉动了农村经济的快速增长。三是积极开展"楚天杯"、"天仙杯"创建活动,彻底整治城镇环境,彻底解决"脏、乱、差"。如汉川市田二河镇积极开展创建"楚天杯"活动,做到有专班、有计划、有活动、有效果,镇区卫生、整洁、优美,做到了无垃圾死角、无白色垃圾,为招商引资和集镇的快速发展创造了良好的环境。

建设教育

【概况】 1999～2001年,市建设委员会把建设教育事业放在优先发展的战略地位,大力实施科教兴业战略和"1511"人才培训工程,建设教育工作取得突破性进展。2000年元月,市建委与市人事局、市劳动局、共青团市委联合举办了首届全市建设行业迎新春"建设杯"职业技能竞赛。2001年,召开了"全市建设教育工作会议",会议总结了"九五"时期建设教育工作,安排部署了"十五"时期及2001年建设教育工作;与各县市区建委(建设局)、建工局及有关单位签订了《二〇〇一年度建设教育目标管理责任书》,印发了《孝感市建设教育"十五"计划》。同时,建立了五本建设教育台帐,即建设类专门人才花名册、项目经理花名册、"五大员"花名册、职业技能岗位鉴定人员花名册、专业技术人员花名册,使建设教育工作步入了规范化、科学化轨道,市建委被评为"湖北省'九五'时期建设教育先进单位”、“全省建设系统‘三五’普法依法治理先进单位”、“市直理论学习先进单位”和“孝感市计算机等级知识培训工作先进单位”。

【依法治教】 成立了以党组书记、主任周明祖任主任委员、党组副书记、副主任左少文任副主任委员，有关职能部门负责人为成员的“孝感市建设教育委员会”，加强对建设教育工作的领导。把建设教育工作纳入各级领导班子任期目标管理考核，坚持做到“三同步”、“四统一”，即：建设教育工作与业务工作同步安排布置、与建设系统目标管理考核工作同步考核检查、与建设系统全面工作同步总结表彰；统一申报培训计划，统一使用规定的教材，统一由具备办学资质的单位承担教学工作任务，统一核发上级部门印发的有效证书。

【继续教育】 三年来，国家公务员和专业技术人员继续教育做到了“三个一”，即人手一套学习教材，一个专用《学习笔记本》，每年一万字以上学习笔记，并建立健全了《学习考勤制度》、《学习笔记调阅制度》、《述学、评学、考学制度》等各项管理制度，使市直建设系统国家公务员和专业技术人员继续教育率达到100%、验证合格率达到100%。三年来，全市建设系统国家公务员和专业技术人员中有182人被评为先进个人，在报刊、杂志上发表论文376篇；200多人取得注册监理工程师、注册造价师、注册建筑师、注册结构师、注册岩土师、注册会计师等执业资格；658人取得计算机知识培训合格证；国家公务员和专业技术人员参加大专以上学历教育的257人，其中研究生16人，大学本科生52人，大学专科生189人，建设类专门人才拥有率已达23.6%，市建筑勘察设计院、市建设工程质量监督站、市建筑工程质量检测站、市建筑市场管理站、市建设工程招标投标交易中心等9个单位的专门人才拥有率已达到100%。

【“三五”普法】 在“三五”普法期间，市建委狠抓“三个落实”(领导落实，专班落实，经费落实)，坚持“四个结合”(把学习共同法和专业法结合起来，把普法培训与岗位培训结合起来，把学法知法与用法执法结合起来，把普法与建章立制结合起来)，做到“五个规范”(规范领导决策，规范城市规划，规范城市管理，规范建设市场，规范收费行为)，取得了阶段性成果，市直建设系统参加“三五”普法学习的干部职工2948人，普法率达99%，经考试，获得“三五”普法合格证书的2717人，合格率达92%。通过“三五”普法，执法管理人员持证上岗率达100%，行业依法治理面达98%以上。

【岗位培训】 三年来，共培训各类人员1.8万人。其中，培训建委主任、建设局长17人，建筑施工企业项目经理和“五大员”4986人，项目经理和“五大员”继续教育683人，村镇建设助理员420人，建筑业与房地产企业领导干部180人，工长岗位培训2400人，规划、园林、环卫、城建监察、市政、供水、质量监督、安全监督等岗位培训8573人，工人职业技能岗位培训鉴定1.3万人，持证上岗率达到78%以上，形成了以管理促鉴定，以鉴定促培训，以培训促人才素质的提高，以人才素质提高促建设工程质量提高的良性循环格局。三年共表彰建设教育先进单位38个，建设教育先进工作者37人。

孝感市建设委员会(局)
领导班子成员名单

党组书记、主任(局长) 周明祖
党组副书记、副主任(副局长) 左少文
副主任(副局长) 严宗敏 华 宁 李洪新
纪检组长 程胜祥

(孙家琪 黄鹏程 陈卫东)

城市规划

【概况】 1999～2001年，孝感市城市规划工作取得长足发展，为适应市场经济的需要，经孝机编[1999]8号文件批准，市规划设计院于1999年10月12日升格为副县级事业单位。同时经孝机编办[2000]12号文件批准，于2000年10月8日成立正科级事业单位市规划报建咨询中心，为市规划局直属二级单位，具体负责受理建设项目申请，组织工程方案论证和规划方案评审，提供规划咨询服务。

【规划编制工作】 为改变全市规划滞后的现状，经过湖北省规划设计院和市规划部门一年多的共同努力，完成了《孝感市城市总体规划》修编工作，1999年12月29日，经湖北省人民政府批复，正式付诸实施。

《孝感市城市总体规划(1999—2020年)》确定孝感城区性质为：鄂东经济区中心城市和交通枢纽之一，市域政治、经济、文化中心，以发展汽车、食品工业以及高新技术产业为主的水乡园林城市。城市规划区范围为：孝南区行政管辖地域，下辖18个乡、镇、场和街道办事处，总面积946.2平方公里。城市规模为：到2005年和2020年，城市实际居住人口分别控制在28万人和45万人内，用地规模分别控制在25平方公里和43平方公里内。城区发展方向为：以向东跨越滚子河为主，控制向西北部机场方向发展。1999年以来，依据新的总体规模，加大了城市规划的编制力度。先后协助、督促有关部门完成了园林绿化、环卫、消防、环保、道路、给排水、公交、燃气、防洪等专业规划的编制工作，完成了工业园区、高新农业园和南大市场8平方公里分区规划和东苑小区一期二期工程、虹苑小区等小区规划，完成了南大1.5平方公里、澴川风景区5.6平方公里、王家窖冲沟、后湖冲沟治理、人民广场、槐荫广场、城站路改造、玉泉路街景整治等130多项详细规划的编制，使市区详规覆盖率由50%提高到2001年的85%，还组织完成了市域六个县市区的总体规划修编评审工作，编制了全市“口子镇”的建设规划；同时对县市及建制乡镇、村庄规划试点工作加强了管理。

【规划审批工作】 市规划局从严把好

规划方案评审关，加强建设工程日常报建审批工作。一是成立了三级规划设计方案评审机构，按照有关程序规范运作，实行两个以上设计方案严格筛选；二是成立了市规划报建咨询中心，热情为建设单位开展咨询服务，提供技术指导，提出科学规划方案，为下一步的项目评审做好前期准备工作；三是在市行政服务中心设置规划“窗口”，并研究制定了相关的工作原则和操作程序。近三年来，共办理单位建设用地规划许可证101份，用地面积32.2万平方米；单位建设工程规划许可证297份，建筑面积79.1万平方米；个人建设工程许可证593份，建筑面积14.94万平方米；市政工程建设许可证37份。

【规划管理工作】　三年间，完善了现场管理网络，加大了现场管理力度。对城区建设项目实行全天全程巡查，实施严格的批后跟踪管理，依法查处违法违章建设；并聘请了社会规划监督员，实行内外结合的有效监督，提高了执法人员依法行政、文明执法的意识和水平。加强了城区规划的集中统一管理，对开发区实施了归口管理，对南大市场、城市节点、重要出入口周围的建设进行了有效控制。同时，利用每年四月份规划宣传月的时机，持之以恒地开展了规划宣传活动，大大增强了广大市民的城市规划意识和依法办事的意识。利用每年开展的城市规划执法大检查活动，对城区规划区域内建设项目进行拉网式检查，推动了全市违法违章建设的查处，促进了城市总体规划的顺利实施。

【测绘管理工作】　三年间，为城区建设工程提供准确的地形图、放线等服务，为航测市区1/1000作好了前期准备工作，完成了每年全市测绘单位的资格证书复核换证工作，补测了城东、城南、城西等多处测绘现状图。

孝感市规划局领导成员名单

局　　长　田继林

党组书记、副局长　陈学主

副 局 长　刘永才

（梅育华）

房地产与物业管理

【概况】　1999年～2001年，市房地产管理局认真贯彻落实中央关于扩大内需、拉动经济增长的战略决策，坚持一手抓有效需求，一手抓有效供给，通过政策拉动、房改带动、金融助动、市场启动的共同作用，大力发展房地产业和住宅建设的工作思路，强化管理，规范服务，保持了全市房地产业和住宅建设持续、快速、健康的发展，取得了不平凡的业绩，使这一时期成为改革开放以来发展最快最好的时期。

一是房地产开发发展迅速。随着二次创业和经济建设的发展，孝感城区房地产开发，发展迅速。截止2001年底，孝感城区共有房地产开发企业34家，注册资金2.58亿元，比1998年增加了0.88亿元；1999年～2001年的三年间，房地产开发年投资金额达2.4亿元以上，比1998年增加了1.45亿元；商品房年均施工面积达43.4万平方米以上，竣工面积达26.5万平方米以上，分别比1998年增加了22.3万平方米和14.3万平方米。孝感城区各类房屋总面积从1998年的569.5万平方米增加到2001年底的822.5万平方米，年均以84.3万平方米的速度递增。

二是开发行为逐步规范。由于孝感城区的房地产开发企业大多是从建筑企业转变而来的，对房地产管理的法律法规不太熟悉，有的开发企业在实施房地产开发经营的过程中不按程序操作，开发行为不规范，严重扰乱了房地产开发市场的正常秩序。对此，孝感市房地产管理局依据有关法律法规的规定，对房地产开发市场实行强制性管理。通过对商品房预售、竣工综合验收等环节的管理和执行《住宅质量保证书和住宅使用说明书》制度，逐步规范房地产开发行为。从1999年～2001年共发放《商品房预售许可证》37本，批准预售商品房面积73万平方米，并对东苑小区一期工程、宇济商贸城一期工程、宇济城中城等开发项目进行了综合验收。

三是住宅建设成就喜人。孝感市历来把加快住宅建设作为一件大事来抓，并取得了可喜的成就。1999年～2001年孝感城区住宅（含经济适用住房）竣工总面积约为65.8万平方米，年均以21.9万平方米的速度递增。截止2001年底，孝感城区住宅总建筑面积从1998年的331.71万平方米增加到514.43平方米，成套率从55%提高到78.6%，人均住宅建筑面积从1998年的16.05平方米提高到20.56平方米，比全国平均水平高出0.06平方米，这标志着孝感城区的住宅水平已进入了“温饱型”。孝感城区在加快住宅建设的同时，以提高工程质量、功能质量、环境质量为重点，狠抓住宅小区建设，先后建成了东苑小区（一期工程）、冰晶玫瑰苑、航天花园、电力小区、宇济城中城、三〇九小区等一批规划合理、功能齐全、质量优良、环境优美的住宅小区。这些小区的建成，提高了城区住宅小区建设的整体水平，树立了具有孝感特色的住宅小区样板。

四是房地产市场日趋活跃。随着房地产开发和住宅建设的发展，孝感城区的房地产市场日趋活跃。从1999年～2001年间，城区房地产转让的总面积为46.74万平方米，成交金额达72.3亿元；房地产抵押面积为42.49万平方米，抵押金额为5.71亿元；评估房地产面积为68.9万平方米，评估金额为6.1亿元；发放各类房屋权属证书30507本；实施房屋白蚁防治面积56.4万平方米；对68.45万平方米的危旧房屋进行了安全鉴定。

五是物业管理全面推进。物业管理自1996年在孝感城区启动以来，发展较快，特别是1999年～2001年间，孝感市房地产管理局从抓物业管理从业人员培训和资质管理入手，加大物业管理的推行力度，使物业管理进入了发展的“快车道”，社会化、专业化的物业管理体制已初步形成，并取得了明显成效：获得物业管理资质的企业已有10家，从业人员600余人；新建住宅小区已基本上实行了物业管理。

六是文明创建硕果累累。为响应

市委、市政府提出的创建“文明卫生城市”、“文明窗口行业”的号召，孝感市房地产管理局把文明创建工作纳入年度责任目标，与其他工作一起部署，一起检查，一起落实，一起奖惩，在局系统掀起了以“外塑形象，内强素质”为鲜明主题，以创建“市级最佳文明单位”为明确目标的文明创建热潮。先后印发了《孝感市房地产管理局文明创建活动目标》、《孝感市房地产管理局创建市级最佳文明单位工作方案》等文件。以创建活动为载体，推动各项工作的全面发展，有计划、有组织的开展文明创建活动，使创建工作和业务工作都取得了丰硕的成果：1999 年 2 月被市委、市政府授予“市级文明单位”的称号。至此，市房地产管理局已连续三届获得“市级文明单位”的殊荣；1999 年 3 月被省建设厅评为“全省房地产管理先进单位”；1999 年、2000 年连续两年被孝南区综治委评为“安全文明单位”；2000 年被市委、市政府授予“市直企事业先进单位”的称号，同时被市直机关工委授予“市直机关理论学习先进单位”的称号；2001 年被列为“市级最佳文明单位”评选对象，并接受了市文明委的检查验收。

【单位主要领导的变更】 根据上级党组织的安排，孝感市房地产管理局原局长王大华同志因年龄原因离岗休息，从 1999 年 5 月 31 日起，由副局长张明文同志主持全面工作。

【成功举办首届住房展示交易会】 根据省建设厅的统一部署，2000 年 6 月 8 日到 6 月 11 日，市房地产管理局在老体育馆成功地举办了全省联动的“湖北省 2000 年住房展示交易大会孝感市展示会”，来自孝感城区影响较大，实力较强的 20 多家房地产开发企业共带来 3000 多套面积不等的商品住宅图进入展区，供广大市民选购。

【开展全市住宅产业发展状况调研活动】 根据省建设厅的统一安排，孝感市房地产管理局于 2001 年 5 月至 7 月组织开展了全市住宅产业发展状况调研活动，基本摸清了全市住宅产业发展的状况、影响住宅产业发展的主要矛盾和问题、产生问题的根本原因等情况，并提出了关于推进孝感市住宅产业发展的建议。

【开展危旧房屋安全大检查】 根据省建设厅《关于转发建设部〈关于组织开展危旧房屋安全大检查加强房屋安全管理的紧急通知〉的通知》精神和市政府的统一部署，孝感市房地产管理局抽调精兵强将，与市公安消防支队、市经贸委、市教委、市文化局等部门组成专班，从 2001 年 5 月至 7 月在全市范围内开展了一次规模空前的危旧房屋安全大检查，重点对全市的文化娱乐场所、学校、体育场馆及老城区住宅等进行检查，共检查危旧房屋 4890 余幢，建筑面积752.15万平方米，发现三级危房 404 幢、四级危房 257 幢，并针对不同情况，对 257 幢危房下达了整体拆除通知书，对 197 幢危房下达了停止使用书，对 404 幢危房下达了局部加固维修通知书。通过这次危旧房屋安全大检查，清除了一些危及人民生命财产安全的隐患，防止了房屋倒塌等重大安全事故的发生，增强了广大人民群众房屋安全防范的意识，促进了房屋安全管理工作的深入开展。

【完成物业管理行业一次性调查工作】 为贯彻落实建设部《关于开展物业管理行业一次性调查的通知》精神，孝感市房地产管理局从 2001 年 7 月至 8 月对全市物业管理行业进行了调查摸底。这次调查以 2001 年 6 月 30 日为调查时点，对全市所有从事物业管理业务的企业（包括经营物业管理的房地产开发企业或其他企业、房管所转制的物业管理企业、机关和事业单位后勤服务部门转制的物业管理企业等）的管理规模、从业人员、经营状况、项目分包工程合同金额、代管的维修基金、业主委员会数量等六个方面的情况进行了调查，并将调查情况制成软盘上报省建设厅。

【孝感市房地产交易中心落成庆典】 为改变孝感城区房地产交易有市无场的局面，孝感市房地产管理局多方筹集资金 200 多万元，建成了 1300 平方米的集房地产权属登记管理、房地产交易、房地产中介、房地产信息、房地产服务于一体的房地产交易中心，并于 2001 年 8 月 16 日举行了隆重的落成典礼。省建设厅领导、市“四大家”领导，各市、州房地产管理部门及市直有关部门的领导参加了落成典礼。交易中心配备了 15 台电脑及大型电子显示屏等现代化设备，使用由建设部开发的房地产权属登记网络，这标志着孝感城区房地产市场管理进入了快捷、规范、健康有序的管理新机制，实现了国家建设部关于交易权属管理一体化的目标。

【航天花园被评为全省物业管理优秀住宅小区】 孝感市房地产管理局在大力推进物业管理工作的同时，积极组织开展住宅小区物业管理创优达标活动，在 2001 年的创优达标活动中，航天花园在孝感众多的住宅小区中一枝独秀，被省建设厅评为全省物业管理优秀住宅小区，这标志着孝感城区的物业管理工作迈上了一个新台阶。

【组建新的孝感市房地产管理局】 根据孝感市机构编制委员会 2001 年 9 月 11 日印发的《关于市直部分县级事业单位调整与设置的通知》（孝机编[2001]8 号）精神，将孝感市城镇住房制度改革领导小组办公室并入市房地产管理局，组建新的孝感市房地产管理局。新组建的孝感市房地产管理局为主管全市住宅与房地产业和城镇住房制度改革工作的正县级事业单位。2001 年 11 月 21 日，中共孝感市委任命陈家奎同志为新组建的孝感市房地产管理局局长、党组书记；2001 年 9 月 25 日，中共孝感市委组织部任命冯圣明、何晓波、张明文三位同志为新组建的孝感市房地产管理局副局长、党组成员；2001 年 11 月 29 日，中共孝感市委组织部任命赵晓平同志为新组建的孝感市房地产管理局纪检组长、党组成员。至此，孝感市房地产管理局组建完毕。2001 年 11 月 27 日，房地产管理局领导班子成员全部到位，并迅速开展工作。

孝感市房地产管理局领导成员名单

局　　长　陈家奎

副 局 长　冯呈明　何晓波　张明义

纪检组长　赵晓平

（吴界明）

环境保护

【概况】 1999年～2001年，孝感市环境保护工作在结合创建文明卫生城市及城市环境目标综合考核的基础上，全面开展环境质量建设。截止2001年底，已建成生活垃圾场一座，生活垃圾处理率可达100%；大气环境质量基本符合国家环境质量二级标准；主要饮用水源水质达到国家地面水水质二类标准，符合饮用水源水质要求；城市交通干线噪声69.8分贝，区域环境噪声平均值62.5分贝；但全市河流污染依然严重，流经城区的河段部分断面水质未能达到地面水环境质量三类标准。

2001年，全市废水排放总量（统计范围内，下同）为13829.65万吨，比上年增加0.36%，其中工业废水排放量5799.65万吨，生活污水排放量8030.0万吨。废水中COD排放总量2.78万吨，其中工业废水中COD排放量1.03万吨，生活污水COD排放量1.75万吨。工业废水中主要有毒有害污染物排放量均比上年有所降低。全市废气中二氧化硫总量3.6万吨，全市烟尘排放总量2.55万吨，其中工业烟尘排放量2.48万吨，生活烟尘排放量685吨。工业粉尘排放量3万吨，比上年下降了4.99%。全市工业固体废物产生量247.12万吨。工业固体废物综合利用量217.04万吨，工业固体废物排放量2.42万吨，比上年降低了3.2%。

2001年，全市环境污染治理投资2.99亿元，比上年增长39.2%，占当年国内生产总值的1.0%。

【环境保护目标责任制】 市委、市政府坚持环境保护基本国策，把环保工作纳入重要议事日程，每年都对各县、市、区委、政府环保目标进行检查；对全市重点污染工业企业下达限期治理通知书，明确责任人、治理项目及治理资金，对环保工作先进单位予以表彰。2000年受市委市政府表彰的环境保护先进县市是应城市，先进单位是黄麦磷化工公司。2001年受市委市政府表彰的环境保护先进县市是应城市，先进单位是国营四四〇四厂。

【排污收费】 三年间，积极征收排污费，严格排污费管理。在加大工业污染企业排污费征收力度的同时，狠抓了第三产业、建筑噪声超标排污费征收工作，全市征收排污费达到569万元，超额完成省局下达的收费任务。全市环保系统将排污费纳入了财政预算，作为专项资金管理，做到了严格执行收支两条线规定，按规定比例落实上缴、下拨任务，按规定比例使用排污费。

【城市环境综合整治】 到2001年底，全市已建成13个环境噪声达标区和10个烟尘控制区，面积分别达到92.2平方公里和95.2平方公里，分别占全市建成区面积的96.6%和100%。

全市各城区城市环境综合整治都取得了较明显成效。孝感城区加强了城市环境基础设施建设，截止2001年底，先后投资完成了后湖冲沟、王家窑冲沟两条排污沟治理，建成12个绿色广场，老澴河综合整治初见成效。

【建设项目环境管理】 坚持以预防为主的方针，贯彻“先评价，后建设”的原则，对新、扩、改项目的建设严格把关。2001年，共对156个项目执行“环评”，包括福星科技投资1.2亿元的年产6000吨钢帘线项目、投资1.6亿元的年产1万吨无松驰钢丝绳项目、投资4千万元的年产4000吨肝宝项目，“环评”执行率达到95%。37个项目完成“三同时”，“三同时”执行率达到94.6%以上。

【环境执法检查】 2001年5月23日，国家四部委召开“在全国开展严肃查处环境违法行为专项行动电视电话会议”以后，市政府十分重视，成立了以李广波同志为组长的查处环境违法行为专项行动领导小组。市局组成了3个督查专班，分别到市直企业和7个县（市）区进行了现场检查，全市共检查企业110家。对检查中发现的大悟县白云金矿土法炼金、停产治理期间擅自恢复生产的沉湖造纸厂及影响府河、大富水饮用水源的马坪造纸厂超标排污的违法行为依法进行了严肃处理。

2001年9月，全国人大常委会副委员长邹家华到孝感市对《水污染防治法》执行情况进行了检查，查看了府河、澴河、沦河水质及湖北双环化工集团公司环保工作情况。

【工业污染防治】 1999～2001年，以巩固和提高“一控双达标”成果为重点，抓好工业污染防治工作。对重点工业企业，实行分类指导和监督管理，做到了污染物排放全面稳定达标；对“15小”企业特别是小造纸厂，采取了强力措施予以取缔。重点做了以下三项工作：一是加强新建项目环境影响评价和“三同时”管理，严把项目审批关和验收关，严格落实建设项目特别是大中型建设项目总量控制要求，建立了总量审批制度，防止新污染源的产生和生态破坏现象的发生，做到增产不增污；二是依法淘汰能耗物耗高、污染严重的落后工艺、设备和产品，关闭污染严重的企业，推行工业企业全面达标排放；三是实施清洁生产，推进ISO14000环境管理体系和环境标志产品认证工作。

【水环境保护】 三年间，以改善饮水质量为重点，加强了水污染防治。通过对云梦、应城10家盐化企业实施治理，这些企业工业废水基本实现零排放，使应城、云梦、孝感城区居民告别了喝咸水的历史；通过报请省政府、省环保局，关闭了影响安陆、应城两地饮用水源的马坪、马店两家造纸厂。全市饮用水源地都划分了保护区域，设有明显的饮用水源保护标志和地理界线，严禁在饮用水源保护区内新建有污染的项目，使各城区饮用水源水质全部达到国家标准。

突出重点，搞好流域（“三河一水一江”即府河、澴河、老澴河、大富水、汉江）水污染防治和区域（“三市”即孝感市、汉川市、应城市）污染防治。对“三河一水一江”沿线污染企业实行分类管理，巩固达标成果，支持城市基础设施市场化建设步伐，促进城市污水处理厂建设。

【自然生态保护】 市委、市政府十分重视生态环境保护工作，采取了以植树造林为基础，以发展生态农业为先导，以治理水土流失为重点的生态环境方针，积极开展生态环境保护工作。到2001年底，建成生态农业试点43个，面积达8.8万亩，自然保护区56平方公里，占全市国土面积的0.48%。全市共完成水土流失治理面积1556.5平方公里，对36个流域进行了综合治理，营造水土保持林366.4平方公里，修建水平梯田36万亩，林草覆盖率由27%提高到58.6%，土壤侵蚀模数由4100吨/平方公里下降到2911吨/平方公里，初步形成了生物、工程和耕作措施相结合的生态环境治理体系的雏型。

【环境宣传教育】 1999～2001年，环境宣传教育工作以推进环保事业发展、增强人们环境意识及法制观念为目的，围绕环保中心工作，突出环境警示教育，面向社会，突出重点。一是开展世界环境日系列宣传活动。每年世界环境日向全社会发布《孝感市环境质量状况公报》。组织了2000年省环保局世纪行“好新闻”作品的评选推荐工作，孝感市选送的作品《孝感市长痛斥环境污染》获省二等奖，3件作品获省优秀奖。组织参加了全省“迎奥运”环保广告设计比赛，共征集作品40多件，其中一件作品获三等奖。二是积极开展了环境法制宣传。市环保局、孝南区环保局结合全国法制宣传日，在市区联合开展了法制宣传活动，制作了展板，印制了环境法律知识传单，出动宣传车，设立环境法律咨询台和环境法律投诉台，向市民宣传环境知识，接受群众的咨询、投诉。三是加强中小学生环境教育。推荐的东马坊小学被省局授予“绿色学校”称号。四是市委党校、行政学院在干部培训时，开展了环境保护知识教育，对提高领导干部环保意识起到积极作用。

【环境监测与科研】 全市环境科研监测坚持服务于经济建设和环境管理，强化为环境管理和决策服务的能力。市环境监测站积极开展地面水环境质量监测，按枯、丰、平三期进行，每期2次；加强污染源监督监测，2001年共完成171份污染治理监测报告，圆满完成上级交办的监测任务。

完成了“十五”环保规划修编报批工作，完成了孝感市南水北调环保规划撰写工作，完成全市环保相关产业基本情况调查、氨氮排放水平调查、秸杆禁烧执法检查工作。认真落实汉江水质监测计划，按照省局关于汉江水质监测的要求，做到每年监测6次，并及时上报了监测数据到省环境监测中心站。

开展实施市级重点污染源自动监控系统。孝感市级负责的17家企业自动监控系统已在省双环化工、黄麦岭磷化工、4404厂、长江制盐厂等4家企业完成实施工作。

【群众来信来访】 为了加强对县、市（区）环境信访工作的指导，市局制定下发了《环境信访工作制度》和《2001年度环境信访工作要点》，同时把环境信访工作纳入县、市（区）环保工作目标内容进行统一考核。

每年市局承办的人大代表建议、政协委员提案都在15件左右，对建议提案采取领导亲自办，专班具体抓的办理方式，做到了与代表委员的见面率100%，回复率100%，代表委员的满意率95%以上。2001年，共受理有关环境问题的投诉615件，其中省转8件、信访办3件，做到件件有登记，事事到现场处理，及时解除污染危害，化解矛盾纠纷。几年来，没有发生一起因环境污染问题引发的群体上访事件，促进了社会的安定团结。

【党风廉政建设和精神文明建设】 认真开展创“团结、廉洁、实干”领导班子活动，通过提高认识，建立了学习、财务管理、议事等制度，严格执行党风廉政建设责任制，使局领导班子切实做到了“团结、廉洁、实干”。领导班子好作风推动了机关作风转变，在2001年市委市政府组织的民主评议行风活动中，市环保局以97%的合格率通过了评议。

加强政治业务学习，提高干部职工的政治业务水平。在干部职工中开展了江总书记“三个代表”和“七·一”重要讲话及十五届六中全会的《决定》学习教育活动。局机关还狠抓了干部职工的业务学习，集中开展法制学习，并要求全局干部职工三年内必须全部达到大专以上学历。在孝南、安陆开展政务公开试点的基础上，将孝南、安陆政务公开的作法、经验在全市环保系统推行，使环保政务实现了全面公开。

1999～2001年，全局以创建市级文明单位为目标，坚持“两手抓，两手都要硬”工作方针，以具有环保自身特色的“四个一”活动为载体，全方位开展以“抓文明单位建设，促环保事业发展”为主题的文明创建活动，通过抓认识，增强创建意识；抓学习，提高干部队伍素质；抓管理，加强作风建设；抓活动，增强创建活力，使全局文明创建活动有声有色地开展起来，推进了两个文明建设发展。2001年，孝感市环保局及应城市、安陆市环保局获孝感市级文明单位称号。

孝感市环保局领导班子成员名单

党组书记、局　长　汪柏清
党组成员、副局长　曾楚卿　叶春意　丁永生
党组成员、纪检组长　陈作炳

（郧启明　文仲环）

开放开发

孝感市高新技术开发区

【概况】 孝感高新技术产业开发区规划面积38.5平方公里。其中重点开发区域面积由9.8平方公里增至15平方公里。2001年年末总人口为5.31万人,辖11个村、3个居委会。拥有以三江航天集团公司、汉光电工厂和华中精密仪器厂等为主的19家大中型三线调迁企业及中法合资三江雷诺汽车公司、中德日合资爱普科斯电子有限公司、中白合资三江瓦力特特种车辆有限公司、鄂港合资高新纺织有限公司等重点三资企业。1999～2001年,高新区国民经济始终保持持续快速增长,高新技术产品产值含量不断提高,综合经济实力快速增强,招商引进工作不断取得新的进展,固定资产投资逐年增加,重点项目建设进展顺利,"两园一中心"建设全面启动,"三讲"和"三个代表"学习教育活动扎实有效,机关作风建设明显好转,文明卫生城市创建、集中整治发展环境等市区阶段性重点工作取得了突出成效,教育、计划生育、民政优抚等社会事业不断进步,社会治安环境不断改善。高新区的工作主要有以下六个特点:

一是坚持高起点,统筹规划,突出了一个"高"字。高新区"两园一中心"按照"高起点规划,高标准建设,高规格运行"的要求扎实稳步推进;高新区把"三高"(高科技含量、高附加值、高效益)作为工作的出发点和落脚点,成功引进了一批"三高"项目。在重点项目跟踪协调服务工作中,领导班子高度重视、高位推进,开创了工作局面。

二是全员招商,实干兴区,突出了一个"实"字。空谈误国,实干兴邦。实干是高新区的职能要求,也是高新区工作中最显著的特点。在招商工作中,领导干部多次带队亲赴外地招商、考察和接洽。全体机关干部分成若干招商工作组,扎扎实实地开展工作,在引进项目上坚持能多则多,能大则大,重在求实。

三是重点工作,专班推动,突出了一个"专"字。在三江雷诺资产重组、汉光电子筹备上市、高档纺织项目协调、"两园一中心"规划建设和区域环境整顿工作中,工委、管委会分别组建了领导小组和工作专班,强化责任,明确分工,排出进度,集中精力,按序推进。

四是立足自身,巧借外力,突出了一个"巧"字。为了求得高新区的发展,工委、管委会通过做好自身的基础性工作,争取上级和市直部门的支持。在具体工作中,注意处理和协调好与市直部门的关系,争取他们对高新区的建设发展给予实质性帮助支持。

五是讲求效率,快速发展,突出了一个"快"字。在工作中,工委、管委会一再强调要把"快"作为高新区人工作的起码要求。研究工作讲究快,捕捉信息讲究快,项目协调讲究快,办理手续讲究快,解决问题更要讲究快。

六是打破常规,开拓创新,突出了一个"新"字。创新是高新区的灵魂与生命。高新区三年来取得的成绩,归根到底在于创新。工委、管委会非常重视制度创新,在坚持原有制度的基础上,建立了大事要事公开制度和群众公议制度、农村工作座谈会制度、现场办公会议制度、领导班子成员调研制度和外出活动汇报制度。引进和完善了竞争机制、激励机制、制约机制、督办机制和考评机制。在项目管理服务上,形成了"一人式"、"一站式"、"一条龙"管理形式和服务方式。形成了领导挂帅、部门配合、专班推动、特事特办的工作方法。初步形成了"团结协作、艰苦创业、不怕吃苦、敢于打硬仗","想事、干事、干成事"的优良作风和"开拓、进取、求实、创新"的高新区精神,形成了"管理就是服务"、"人人都是投资环境"的新理念和"敢冒风险、勇于创新、鼓励成功、宽容失败"为核心的、具有浓郁创新特色和现代意识的高新区文化。

【机构设置及人员编制】 根据《市委办公室、市政府办公室关于印发孝感市开发区工委、管委会职能配置、内设机构和人员编制方案的通知》(孝办发[1997]48号)精神,设立中共孝感市委高新区工作委员会、孝感高新区管理委员会,分别为中共孝感市委、孝感市人民政府的派出机构。工委、管委会下设党政办公室、招商局、经济发展局、城建土地局、劳动人事局、社会管理局6个副县级办、局。各办、局共内设9个科室。另外,市直有关部门在高新区设立相应分支机构16个,高新区直属事业单位4个。到2001年底,工委、管委会机关干部59人,其中副县级领导干部11人,副科级以上干部36人。

【高新区重点区域拓展】 2000年8月28日,"市人民政府关于拓展开发区近期重点开发区域的批复"孝政函[2000]30号,同意将孝南区新铺镇所辖的胡邱村、庙李村、七垸村等3个村的建制划归市高新区管辖,面积5.25平方公里。

【国民经济保持持续快速增长】 1999～2001年,高新区国内生产总值分别完成5.4亿元、5.7亿元和6.9亿元,平均年增长14.7%。规模以上工业分别完成工业总产值(不变价)9.8亿元、8.7亿元和12.8亿元,平均年增长15.1%;高新技术产品产值(当年价)分别完成8.1亿元、8.6亿元和8.3亿元,平均年增长8.0%。工业产品销售收入分别完成7.1亿元、7.3亿元和8.3亿元,平均年增长6.3%。财政收入分别完成4439万元,5338万元和5861万元,平均年增长15.5%。农民人均纯收入分别为2950元、3008元和2887元。

【招商引进不断取得新的进展】 1999~2001年,高新区组织参加大型招商活动10多次,共引进资金5.4亿元,其中外资1469万美元,内资4.2亿元。洽谈项目70多个,签约项目23个,办成项目19个。其中包括香港富华国际实业有限公司与238厂合作兴办湖北富华精密仪器光电有限公司,香港航科集团与4404厂合作生产加油机税控装置生产项目,香港金利裕港公司独资兴办脆一郎食品有限公司,4404厂与上海电光源材料总厂合作兴办光学玻璃生产项目,孝棉集团与香港成达、香港时福公司合资生产高档纺织品生产项目等。

【固定资产投资逐年增加】 1999~2001年,高新区全社会固定资产投资分别为22556万元、23110万元、26582万元。其中基本建设投资分别为8182万元、13161万元、16957万元;技术改造投资分别为5231万元、1096万元、3830万元;房地产投资分别为6030万元、5159万元、3424万元;其它投资分别为3113万元、3694万元、2371万元。

【重点项目建设进展顺利】 核工业309地质大队整体调迁项目全面完工,到2001年底,完成投资5330万元,竣工面积26600平方米。三江瓦力特特种车辆有限公司建成投产,总投资5220万元。三江雷诺汽车公司焊接、涂装、总装生产线技改项目建成投产,1999年当年完成投资4309万元,累计完成投资3.5亿元,年生产能力达到1.5万辆。三江航天集团调迁项目建设进展顺利。险峰机器厂住宅、厂房建设全面开工,总建筑面积4万多平方米,到2001年底累计完成投资3392万元;红阳厂、万山厂整体调迁建设全面启动,到2001年底,累计分别完成投资2268万元、1667万元;江河厂到2001年底累计完成投资4132万元,其中橡塑公司投资2950万元,厂房建筑面积1万多平方米,形成年产2万套汽车内饰件加工能力。孝感市安居工程重点项目东苑小区,1999~2001年分别完成投资5710万元、5159万元和3190万元。

【"两园一中心"建设全面启动】 2001年年初,市委、市政府批准高新区设立高新技术工业园、高新技术农业园和高新技术创业服务中心(以下简称"两园一中心")。高新技术工业园位于高新区东区,规划占地面积4平方公里。园区规划了5个区域,分别是"创业服务中心孵化区"、"汽车工业区"、"光机电工业区"、"新材料工业区"、"民营科技工业区"。第一期起步区为孝天路1.8至2.8公里段北侧,南北宽1公里的1平方公里区域。规划通过5—10年的开发建设,建成4平方公里高新技术工业园,实现销售收入100亿元目标。2001年6月20日,高新区管委会成立了高新技术工业园建设指挥部,管委会主任万文涛任政委,管委会副主任江伟坚任指挥长。到2001年底,工业园完成了园区总体规划,并通过了初步评审,完成了1#路基础建设和叶家井16户民房的拆迁工作,引进汉江公司对高新技术工业园1#路进行业主开发,首家入驻企业高新纺织公司已开工建设。2001年1月4日,《市人民政府办公室关于建立市开发区高新技术农业园的通知》(孝政办发[2001]2号文件),明确市委、市政府同意在高新区西区设立高新技术农业园,规划占地面积1000亩。规划建设高科技农业观光区、高效农业示范区、观赏休闲农业旅游区、现代农业种植区、农业市场信息区。2001年6月28日,高新区管委会成立了高新技术农业园建设指挥部,管委会主任万文涛任政委,管委会副主任鲍春安任指挥长。农业园自2000年12月6日破土动工,到2001年底,共计完成投资1210万元。完成了农业园整体规划和节水灌溉项目的规划设计;建成占地6亩的智能温室和占地8亩的日光大棚;铺设电缆6公里;铺设光缆8公里;硬化道路870米,修建主次干道路基18.2公里;兴建主次排灌渠36.4公里;绿化道路植树3.5公里。2001年2月20日,市机构编制委员会批准高新区设立高新技术创业服务中心,该中心为副县级事业单位,由高新区管委会主管,市科技局协助管理。创业服务中心也称企业孵化器,是以促进科术成果转化、培育高新技术企业和企业家为宗旨的社会公益型科技服务机构。到2001年底,创业服务中心引进入驻企业8家,引进了光源电子、天安电子、汉光电子科技、吉明利照明科技、捷能特种光源照明器具、华中电测技术、利德电器等8家公司。转化省级以上科技成果7项,完成总投资1320万元,实现工业总产值1700万元,实现销售收入1600万元。

【文明卫生城市创建成效卓著】 1999~2001年,高新区始终把文明卫生城市创建作为改善高新区投资环境的重要契机,持续不断地下气力、加力度。抓投入,完善基础设施配套;抓整治,规范市容市貌;抓管理,落实长效管理机制;抓教育,提高市民文明卫生意识。1999~2001年,高新区创建投入分别为668万元、660万元、540万元。其中硬化主干道及居民小区道路56条,全长16800米;修建下水道74条,全长12000米;兴建公厕8座;建封闭式垃圾屋48个;绿化植树28800多棵,植草坪及绿化带5000多平方米,拆墙透绿3000多米。开展集中整治20多次,拆除乱搭乱建摊棚3000多平方米;整治乱堆乱放、垃圾死角、垃圾塘1000多处;清除“牛皮癣”5000多处。创建宣传资料分发入户共计10000多份,兴办市民教育学校9所,培训市民10000多人次。建立健全了各村民小区清扫队伍,建立健全了检查督办、评比通报以及奖惩激励机制,长效管理走上了规范化管理轨道。经过几年的创建活动,辖区环境面貌有了根本改观,群众的文明卫生意识大大提高。开发区管委会、309、航天新村、航天花园、万峰、红峰、4404、同升、群声、桂桥、富康小区等一批单位先后被评为市级“文明小区”,航天花园被评为省级文明小区。

【集中整治发展环境成效显著】 按照市委、市政府“关于在孝感城区开展发展环境集中整治通知”的统一部署,从2000年元月开始,高新区开展了历时半年的发展环境集中整治活动。在这次活动中,高新区打击“四霸六强”嫌疑人27人,其中判刑7人、劳教5人,行政拘留15人;清理不合理协议20多个,涉及金额42万元;废除强揽工程、强装强卸、强行推销的建筑、物资、装卸公司6个;清理查处索要资金的“四霸六强”案件21件,涉及违法资金38.7万元,依法清退资金、清缴不合法欠条款共计37.5万元,清缴率达97%。集中打击处理之后,高新区与有关单位和部门建立了“不发生‘四霸六强’行为四级承诺责任书”,各村制定了“优化发展环境村级责任承诺书”,集中整治活动的有效开展,从根本上转变了高新区发展环境。

【国务委员吴仪视察高新区】 1999年11月1日,中央政治局候补委员、国务委员吴仪,在省委书记贾志杰、常务副省长邓道坤和市委书记张昌尔、市长曹世佑等领导陪同下,视察了高新区西门子真空电子有限公司、三江雷诺汽车有限公司、三江瓦力特特种车辆底盘有限公司。

【省委书记贾志杰视察高新区】 1999年9月13日,省委书记贾志杰带领省直有关部门的负责同志视察了高新区三环墙体材料有限公司、西门子真空电子元器件公司、红林机械厂、三江雷诺汽车有限公司、三江瓦力特公司、江河汽车内饰件厂,听取了孝感高新区情况汇报。贾志杰对孝感高新区的发展变化、科技创新给予了充分肯定,要求高新区要引进更多的高新技术企业、科研单位到高新区创业。市领导张昌尔、曹世佑、何秉发、梁惠玲陪同视察。

【省长蒋祝平视察高新区】 1999年11月10日,省委副书记、省长蒋祝平带领省政府有关部门的负责同志视察了西门子真空电子元器件有限公司微型放电管生产线、红林机械厂加工生产线、三江雷诺汽车有限公司“塔菲克”汽车焊装、涂装、总装生产线、三江瓦力特特种车辆底盘生产线、江河化工厂汽车内饰件生产线。市领导张昌尔、曹世佑、何秉发、梁惠玲陪同视察。

【航天科工集团总经理夏国洪视察三江航天集团】 2001年8月27日,航天科工集团总经理夏国洪视察了三江航天集团在孝企业万峰厂、险峰厂、万山厂、三江瓦力特、三江雷诺和红阳厂调迁建设施工现场,与孝感市委、市政府领导在孝感宾馆举行了座谈。市委书记张昌尔向夏国洪总经理介绍了孝感市经济社会发展情况及三江调迁建设和三江雷诺资产重组进展情况。夏国洪充分肯定了孝感和三江的巨大变化,表明了支持三江发展的态度,双方还就积极推进三江雷诺资产重组问题交换了意见。市委书记张昌尔、副书记何秉发、付明珠、副市长李广波、三江航天集团总经理高红卫、副总经理杨尔康等领导陪同视察并参加了座谈。

【省委书记俞正声视察高新区】 2001年12月21日,省委书记俞正声视察了孝感高新区管委会展示厅及爱普科斯、三江瓦力特、三江雷诺、红林等企业。市委书记张昌尔、市长曹世佑、三江航天科工集团副总经理方向明等领导陪同视察。

【孝感高新纺织有限公司举行项目开工仪式】 2001年12月6日,孝感高新纺织有限公司在高新技术工业园举行项目开工仪式。该公司是孝棉集团与香港达成公司合资兴办的高档纺织项目,于2001年11月24日正式签约。项目占地223亩,总投资12000万元。一期工程总投资8000万元,全部采用进口及国产最新纺织设备,项目建成后,具有年产高档无结头精梳纱4500吨规模,年销售收入可达1亿元,年缴税金可达500万元左右。出口创汇可达350万美元以上。市委副书记付明珠、副市长李金平、李广波,高新区管委会主任万文涛及市直部门负责人出席了开工仪式。高新纺织有限公司董事长孙应安、香港达成公司董事长陈达时分别代表孝方、港方讲话,副市长李广波代表市委、市政府、高新区工委、管委会致辞。

【市“天仙杯”招商引资活动高新区喜结硕果】 2001年10月17日至19日,高新区参加了“孝感市‘天仙杯’招商引资经贸洽谈活动”并举办高新区招商项目签约仪式,共邀请客商80余人,签约项目13个,签约金额18046万元,取得丰硕成果。10月18日,市政府举行招商项目签约仪式,高新区高新农业园开发项目、光纤接头合作开发项目、重型民用越野车底盘合作项目、汽车灯具合作项目等四个项目参与签约,签约金额1.4亿元。10月19日,高新区举行招商项目签约仪式,来自法国、日本、白俄罗斯、新加坡、马来西亚及港澳台地区和国内各方面80多位客商参加了签约仪式,武汉东湖高新区和武汉中国光谷管理办公室等友好单位的负责人应邀参加了活动。市委副书记付明珠、副市长李广波出席了签约仪式,副市长李广波、高新区管委会主任万文涛在签约仪式上分别作讲话和致辞。现场签订招商项目9个,签约资金4046万元。中昊商业园开发项目、工业园1号路建设项目、安防智能化控制系统开发项目、双面牙刷项目、金太子酒业、华阳玻璃工艺品扩建项目、宝肾茶生产项目、数据采集分析平台系列产品开发项目、空调无积水节能装置开发项目等九个项目在签字仪式上签约。出席市以及高新区招商活动的嘉宾还参观了高新区产品展示厅、高新技术工业园、高新技术农业园及部分企业。

孝感市高新区领导班子成员名单

工委书记　梁惠玲　1998年4月—2000年6月
李广波　2000年6月—2002年2月
工委副书记、管委会主任　张延臣　1998年4月—2001年2月
工委副书记、管委会主任　万文涛　2001年2月—
工委副书记、管委会副主任　钱银芝　1998年12月—
工委副书记、管委会副主任　鲍春安　1996年6月—
工委副书记、管委会副主任　周　谦　1998年6月—
工委副书记、管委会副主任　王庆洲　1999年5月—
工委副书记、管委会副主任　江伟坚　2001年2月—
工委委员、纪工委书记　陈年旺　1999年8月—
工委委员、管委会委员、经济发展局局长　杨继超　1996年6月—
工委委员、管委会委员、城建土地局局长　鲁华山　1996年6月—
工委委员、管委会委员、党政办公室主任　汪望勋　1999年6月—
工委委员、管委会委员、招商局局长　袁益林　1999年6月—

（汪望勋　肖继林）

双峰山管委会工作

【概况】 双峰山旅游度假区工委、管委会是市委、市政府派出的副县级行政机构。成立于2001年4月，至年底，辖9个行政村、1个国有林场，内设一办三局4个正科级部门。

双峰山旅游度假区位于孝感市东北部，距孝感市区29公里，离武汉天河国际机场50公里，距京珠高速公路李集互通9公里，距浐川互通15公里，107国道、汉十高速公路、京广铁路纵横相邻，擦境而过。

双峰山是国家森林公园，境内群山连绵，其峻岭横屏、宝镜平湖、飞瀑流泉、飘虹垂练、双峰托日、书院听琴、回龙晨钟、林海听涛、古寨烽烟、白云晓月、万兽朝圣、沧海泛舟等12大景区蔚为壮观。

双峰山的历史文化渊远流长，以白云寨古战场遗址为中心的古寨群落，相传为唐末农民起义领袖黄巢、王仙芝，元末红巾军、明末李自成军、清末太平军与朝廷军队的征战之地。

二十四孝之一的孟宗哭竹的故事发生在双峰山脚下的哭竹港。清初山水画家程正揆讲学的双峰书院遗址尚存，此地还有蒋纬国结发之妻石静宜女士的旧居。这里，更留下了徐向前、李先念等革命先辈英勇奋斗的足迹。

【双峰山旅游度假区建设和发展问题现场办公会】 2001年6月，市委书记张昌尔主持召开市委、市政府双峰山旅游度假区现场办公会议，会议听取了双峰山旅游度假区工委、管委会的工作汇报，就加快双峰山的旅游度假区建设和发展的有关问题进行了认真研究，会议认为，以双峰山全面开放为龙头，发展面向武汉、孝感等大中城市及周边县市的旅游度假休闲业，带动全市经济的发展，前景广阔，会议确立了鄂东北生态旅游品牌概念，将双峰山、孝南桃花、孝昌观音湖、大悟芳畈水库及“红色”旅游等一线串珠，包装成鄂东北生态旅游线路进行营销推介。会议确定了双峰山旅游度假区的管理体制和运行机制，还就有关具体问题明确了原则意见。参加这次会议的市领导有：曹世佑、何秉发、付明珠、张文启、王智灿、蔡民族、魏文和、赵汝望、梁惠玲、周学伟、张帆、刘志斌、万忠鑫，市直有关部门负责人参加了会议。

【双峰山旅游度假区总体规划编修完善】 2000年夏，聘请华中科技大学景观设计专家，对双峰山旅游度假区总体规划进行了修编完善，《总规》对客源市场的发展趋势进行了科学预测，并以此为依据，在旅游发展战略、市场定位、旅游资源开发与产品设计、支持与保障体系建设等方面提出了具有前瞻性和创新意识的战略构想和设计方案，《总规》已经省计委、省旅游局评审批准。

【双峰山旅游度假区成立庆典、项目签约、广场奠基活动】 2001年10月19日，度假区举办了成立授牌、项目签约、广场奠基和文化、特产展示等一系列活动，参加这次活动的有省旅游局负责人、市“四大家”领导、省内外客商30名、新闻媒体记者40余人。参加此次活动的干部群众总人数超过5000人。活动共接洽了23家客商，向社会推出了20个招商项目，正式签约5个，引资4350万元。

【两线、四园、九基地建设】 2001年秋冬制定的农业结构调整目标，总面积1350亩。两线：迎宾路（王杨线入口至森林广场），仙女路（官塘至仙人洞）两条线。四园：双峰桃花园、双峰苗圃园、双峰桔香园、双峰有机茶示范园。九基地：全区九个村，每村一个基地。

【旅游路与石材运输路分离】 2001年7—8月间，度假区管委会发动群众，整修开通了丰滑（丰山至滑石）、肖红（肖李至红旗）公路，共13公里，作为石材运输的专用路。迎宾路、仙女路成为旅游专用路，度假区主通道环境得以改善。

【联通、移动两座通信基站建成】 2001年10月1日开始，中国联通、湖北移动两个通信公司分别在度假区山

下和山上建成了两座通讯基站，全区无线通讯信号覆盖率达到95%以上，彻底解决了通信难问题。

【茅庵、双乳峰、洋泗沟供电专线建成】 茅庵、双乳峰、洋泗沟是双峰山旅游度假区主要景区、景点，2001年7、8月间，架设了5.5公里的供电线路，兴建了3个变电台区，改善了景区供电条件。

【洋泗沟水库建成】 洋泗沟水库位于洋泗峡谷上方，2000年开始兴建，2001年8月建成蓄水，总库容2万方，基本解决了回龙景区的供水。

【战胜百年未遇特大干旱】 2001年4月份以来，度假区遭受了历史上罕见的旱灾，塘堰干涸，田地龟裂，林木枯死，人畜饮水困难，直接经济损失达150万元。旱灾发生后，度假区干群全力以赴投入抗旱救灾中，将损失降低到了最低程度。

孝感市双峰山旅游度假区管理委员会领导名单

市政府副秘书长、工委书记、管委会主任 陈宽宏

工委副书记、管委会副主任 鲁军辉

工委委员、管委会副主任 石家辉

（马安家 杨金华）

教育·科技

孝感教育

【概况】 1999～2001年，根据全国教育工作会议、全国基础教育工作会议、全省教育创新工作会议和全省基础教育工作会议精神，按照“优化教育结构，优化资源配置，优化管理机制，优化教师队伍，提高‘两基’水平，提高办学效益”的教育发展思路和“日常工作无漏洞，重点工作创特色，特色工作争位次”的总体要求，加强了对重点工作的领导，通过责任到位、督办检查、典型引路、活动推动等方法措施，保证了各项任务的落实与完成。三年来，全市教育工作取得了显著成绩。全省“512工程”、“农科教结合”两次现场会在孝感市召开，扫盲工作、贫九工程、基础教育工作等方面获得了国家和省级表彰。截止2001年底，有各级各类学校2145所，在校学生991163人。其中普通高校2所，在校生14353人。成人高校1所，在校生527人。普通中专7所，在校生10153人。成人中专11所，在校生1895人。普通高中37所，在校生56064人。职业高中9所，在校生2154人。普通初中227所，在校生238952人。职业初中8所，在校生6818人。小学1734所，在校生623577人。特教学校7所，在校生680人。幼儿园102所，在园儿童35990人。有教职工55036人，其中专任教师39525人。

【“两基”成果全面巩固】 到1998年底，全市7个县市区的“普九”和“扫盲”工作分别通过省政府和教育部验收。“两基”完成后，为了巩固“两基”成果，采取了一系列措施。一是大力调整中小学布局，积极改善办学条件。根据低生育带来的小学入学儿童减少的现状，全市先后调减小学177所，既减轻了农民负担，又发挥了规模效益。在调整布局的同时，积极改善办学条件。三年来，完成了二期“贫九”工程的全部项目；投入资金7000多万元，改造薄弱初中110所、薄弱小学422所；投入资金1894.8万元，维修改造校舍危房8.33万平方米；投入资金5000多万元，加强教育技术装备，全市中小学配备微机5500台，有215所中小学配备了计算机局域网，开办多媒体电教实验班100个。二是采取有效措施，千方百计提高义务教育普及程度。各地、各学校均成立了控流专班，认真落实入学通知书制度、流失生报告制度和控流工作一票否决制度；实行划片包干，责任到人，层层签定责任目标，确保辖区内学生按时入学；采取行政的、法律的、经济的手段，积极做好辍学生的劝返工作；有组织地开展“手拉手、献爱心”活动，对困难学生实行经济帮扶，坚持“收费服从入学”的原则，对经济困难的学生实行“减、免、缓”，最大限度地减少学生辍学。特别是春、秋开学之际，市县两级教委采取查记载、点人头、找师生座谈、个别访问等办法，对所属学校进行“拉网式”检查，对发现的问题及时通报，限期整改。由于措施得力，较好地遏制了中小学生流失，义务教育的普及程度逐步提高。截止2001年底，全市小学适龄儿童入学率、辍学率，初中适龄少年入学率，三类残疾儿童入学率，15周岁人口初等教育、17周岁人口初级中等教育完成率基本符合国家控制的标准。初中生的辍学率80％的地方达到了控制标准，全市平均辍学率下降到3.18％，低于全省平均辍学率。三是继续抓好扫盲工作。根据新时期扫盲工作的特点，采取扫盲学习与抵义务工挂钩、学文化与学技术相结合等办法，调动了学员的积极性，提高了扫盲效果。三年来，全市共扫除青壮年文盲22090人，青壮年非文盲率达到99.63％；巩固提高30565人，脱盲学员巩固率达到99.4％。

【素质教育的实施不断向纵深推进】 1999年，主要是办好试点，由试点逐渐向区域推进。先后确定了1个省级试验区(应城市)、9所省级试点校、29所市级试点校和12个市级试点乡镇。以全面贯彻教育方针，开齐课程，开足课时，大量开展兴趣班、活动课为突破口，认真实施素质教育。编辑出版了《孝感市素质教育优秀论文集》，先后召开了以市实验小学为现场的试点学校现场会，以应城市为现场的试验区现场会，以汉川马口为现场的试点乡镇现场会，以广水市为现场的课堂教学改革现场会。1999年下半年，全国第三次教育工作会议和省市两级教育创新会议以后，市教委提出了以加强德育工作，优化课程结构，改革教学内容，改进教学方法，注重薄弱学科教学，面向全体学生，促进学生全面发展为中心，全面实施素质教育。2000年下发了《加强和改进德育工作的意见》，注重德育队伍和德育基地的建设，按照知行统一的原则，改进德育工作，把德育贯穿于各学科教学之中。同时，联系实际，开展丰富多采的德育活动。每年表彰一批德智体全面发展的三好学生和优秀学生干部。会同市公安局和综治办开展了创建安全文明校园活动，对31所学校进行了表彰，有力地推动了德育工作。充分发挥中考的导向作用，在命题思想、考试科目、考试内容、评价方法上进行了大胆的改革，较好地指导了教学内容、教学方法的改革和薄弱学科的教学。同时，制定了“中心小学素质教育目标”和“初中素质教育评价方案”，推广了应城市小学生素质教育评价的作法与经验，全市小学全部实行了“合格加特长”的学生评价制度，推动了素质教育的全面实施。2000年底，在安陆召开了“全面实施素质教育现场暨经验交流会”，举办了“孝感市素质教育成果展览”，不失时机地提出把素质教育的重心转移到课堂主阵地上来，将孝感市素质教育推向更深的层面。围绕课堂教学改革，加强了教学过程视导，以听课、评课为中心，以评教、评学、评管为重点，探索教改新路，有力地强化了课堂主阵地的地位和作用。2001年，执行国家新一轮课程计划。从秋季开始，全市高中起始年级一律按新课程计划实施教学，城镇小学三年级开设英语课，所有高中、部分初中小学开设信息技术课。

【普通高中教育迅猛发展】 由于受办学条件限制，1998年以前，全市普通高中(含广水)招生一直在1万人左右徘徊，占全省招生总数的7.5%(应占10%)左右，形成教育的“瓶颈”现象。根据1999年全国教育工作会提出的“两高”(高中、高校)扩招精神，迅速拿出了解决高中“瓶颈”问题的工作方案。一是增加高中校点，充分利用现有教育资源，扩大招生规模。三年来，全市新增高中校点17个，招生规模以平均每年3000人左右的速度递增，2001年达到22000人，占全省招生总数的8.4%，实现了高中招生规模达到全省平均水平的目标。二是加快重点高中建设步伐。为了提升普通高中教育档次，尽快跻身于全国重点行列，各级政府对重点高中建设非常重视，多方筹措资金，实行整体迁建。截止2001年底，汉川一中、云梦一中、孝南一中的迁建工作已经完成。三是努力提高高中教育质量。采取优化生源质量、优化师资队伍、优化课堂结构等办法，提高课堂教学质量。同时，加强教学管理，每年对全市高中进行一次教学视导，分学科召开一次研讨会，抓住薄弱环节，及时指导，收到了较好效果。全市1999年～2001年高考上省线人数分别为4822、8398、8561人(不含广水)，占全省上线人数的比例分别为8.11%、8.34%、7.56%(不含广水)。

【职成教育在改革中得到进一步发展】 一是积极推进“512工程”。按照先行试点、稳步推进的方针率先在全省实施“512工程”。采取市场调节与行政调控相结合，将辖区内的各种中等职业学校合并，组建融职前、职后教育于一体的多层次、多形式的中等职业技术学校。截止2001年底，有六个县市区已顺利实施了“512工程”。其中安陆、大悟、应城、云梦、汉川五县(市)的中等职业学校达到省“512工程”标准。二是加强职成教育体系建设。针对职成教育体系不够完善的状况，狠抓了龙头工程、重点学校和基础设施三大建设。适时组建高等职业技术学院，先后将孝感工业学校、安陆职业学校建成国家级重点学校，填补了国家级重点学校的空白。孝感师范学校、大悟和孝感中等职业技术学校先后达到省部级重点学校标准。三年来，中等职业教育办学实力大为增强。各乡镇都建起了融技术培训、文化教育、党员教育、人口教育于一体的成人文化技术学校。其中达到国家级的示范成校一所，省级示范成校14所，重点骨干学校和综合办学水平均处于全省前列。三是职业教育改革办学模式，实行普职融通、中高职沟通。为了适应市场需要，满足人民群众多层次文化需求，增强办学功能，积极改革中等职业教育办学模式，率先在中等职业学校开办综合高中。三年来，开办综合高中10所，招收综合高中生7000多人。同时，积极对综合高中生和中职生进行分流，以满足职业类学生继续升学深造的需要。各中等职业学校在“内扩”(开办综合高中、职业中专)的同时，积极拓展“外联”工作，与武汉普通高等院校、成教学院和自学助考单位及远程网络教育联合办学，将中职与高等教育结合起来，给学生架设升学深造的立交桥。2001年参加全国统一高考的中职毕业生1975人，升入本科院校的达258人，专科院校的1027人。四是积极服务经济建设，大力开展“教育兴农”示范县(市)创建活动。为了使教育更进一步贴近经济，更好地为经济建设服务，在普通初中开设必要的职业技术课，对初中生渗透职业技术教育，实施学校—乡镇、学校—企业合作计划，广泛进行农村实用技术培训。以乡镇成校为阵地，大力开展农村实用科技转化与推广工作，摸索出一种“示、训、推”，“产、加、销”的农村成人教育新模式，取得了很好经验。1999年12月中旬，全省农科教结合经验交流现场会在汉川市召开，省委副书记王生铁、副省长王少阶、省教委主任余风盛在大会上总结并肯定了孝感发展农村成人教育的工作经验，市教委主任叶茂在大会上介绍了经验。2000年7月8日至9日，中央电视台连续播发了反映孝感教育兴农情况的专题片。

【民办教育健康发展】 按照“积极鼓励，大力支持，正确引导，加强管理”的十六字方针，恰当处理鼓励支持、正确引导与规范管理的关系，做了大量工作，促进了民办教育的健康发展。一是规范社会力量办学行为。在各社会力量办学机构自查的基础上，市县两级会同有关部门分别组织专班对辖区内社会力量办学单位进行年审和财务审计，重点对办学许可证、收费收支、教学管理、办学条件、发展规划进行评估检查，并在报纸上公告检查合格的社会力量办学机构。二是加大了社会力量办学管理工作的力度。下发了孝政办发[1999]15号《关于加强社会力量办学管理工作的通知》，市教委专门成立了“社会力量办学管理办公室”，负责民办教育的日常管理工作。三是逐步建立起自我发展、自我约束、自我完善的民办教育运行机制。1999年11月筹备成立了孝感市民办教育协会，这在全省是第一家，标志着全市民办教育进入到一个新的阶段。四是对社会力量办学单位实行奖优罚劣。对经过评估认定办学条件好、教育教学管理比较规范的私立学校，市教委发文进行了表彰并颁发铜牌，给民办学校以极大的鼓舞和鞭策。同时，市教委会同公安部门，加强教育行政执法，对办学行为不规范的私立学校下达限期整改通知书，对逾期不能整改达标的，则吊销办学执照。

【教师队伍素质全面提高】 一是加强师德建设，不断提高教师的思想政治素质。在狠抓经常性师德教育的基础上，下发了《关于在中小学开展师德教育活动月的通知》，每年5月份在全市开展以教师日常行为规范为重点的师德教育活动。普遍开展师德师风对照检查。汉川、应城率先组织师德师风先进事迹报告团，对中小学教师进行师德教育。二是引入竞争机制，全面推行教职员工全员聘任制。1999年6月，下发了《关于在全市普通中小学推行全员聘任制的意见》。截止2001年底，7个县市区全部实行了全员聘任制，实施学校1930所，占全部学校的88.7%；参加竞争上岗的校长1162人，其中落聘179人；参与聘任的教师42942人，其中落聘1506人。全员聘任制的推行，形成了能者上、庸者让、劣者下的竞争机制，增强了教师队伍的活力。三是择优录用大中专师范毕业生，大力清退临时代课教师。全市共安排师范类大中专毕业生2205人；清退临时代课教师10571人。精减非教学人员1414人，清理占编人员1021人。既优化了教师队伍，又减轻了农民负担。四是积极开展继续教育培训。认真实施《孝感市1998—2002年中小学教师继续教育培训计划》，组建了孝感市中小学教师继续教育中心，成立了孝感市初中教师继续教育讲师团和各县市区小学教师继续教育讲师团。全市各级教育部门采取多种途径开办师训和干训班，培训了大量教师和管理干部。全市35000名教师参加了公共必修课继续教育，测试合格率达99.6%；3423名中小学教师参加学历教育；6688名中小学校长参加岗位培训，参训率达97.28%。2000年，市教委与湖北大学首次联合开办了研究生班，在读96人。全市小学、初中和高中教师学历达标率分别从1998年的91.8%、83.8%和72.5%提高到2001年的95.5%、87.3%和75.6%。截止2001年底，全市小学教师专科学历、初中教师本科学历分别达到24.77%和18.89%。五是建立激励机制，注重评优开作。普遍开展优质课、优秀教案、优秀论文、优秀课件评比，取得了明显效果。其中，全市获国家级优质课奖3节，优秀论文奖92人。获省级优秀课89节，优秀教案67个，优秀论文286篇，优秀课件21个。1999年以来，全市评选全国模范教师9人，优秀教师17人，优秀教育工作者3人。湖北省优秀教师91人，优秀教育工作者9人。共表彰孝感市优秀教师330名，优秀教育工作者39名，学科带头人386名。2000年还首次评选并表彰了10名名校长和10名名教师。

【中小学教师工资发放得到落实】 截止2001年12月底，各县市区都召开了基础教育工作会议或落实中小学教师工资县级财政统筹发放专题工作会议。全市基础教育管理"以县为主"的新体制已经确立，各县市区政府切实履行统筹中小学规划建设、工资发放、教师管理、教育指导等各项职能。各县市区教师工资发放体制都上收到县，按"编办核编、人事核标、财政核资、银行代发"的机制运作，教师凭信用卡或存折到银行(信用社)储蓄网点领取工资。实行中小学教师工资县级财政统筹发放后，全市加强了调查和监管工作，发现问题，及时解决，促进教师工资和发放机制落实到位。

【教育科研硕果累累】 截止2001年底，已有汉川、应城、大悟、云梦、孝南五县(市、区)成立了教科所，67所学校成立了教科室，31所学校被命名为"孝感市教育科学研究实验(基地)学校"(其中省级4所)。2001年，在全省"教育科研5强县市、10强院所、50强学校、100佳个人"的评选活动中，应城教研室夏竞文等4人被省教育厅授予"100佳"个人，孝感高中等3所学校被授予"50强"学校，汉川市教科所被授予"10强"院所。全市层层确立教育科研带头人，建立教育科研骨干队伍，广泛发动教师参与科研，确定教育科研带头人960人，近5000名教师参与了各种不同层次的课题研究，初步形成了四级教育科研网络。以教育如何为经济服务、素质教育怎样向纵深推进、"两基"任务完成后教育如何进一步发展、教育的热点难点问题怎样解决为重点，制定了科研计划。先后确定45个市级研究课题和28个学科研究专题，并承担10个国家级研究课题、18个省级研究课题。为确保科研质量，成立了"孝感市教育科研规划领导小组"，加强对教育科研的规划和领导；成立了"孝感市科研评审委员会"，负责对科研成果的评审；制定下发了《孝感市教育科学研究管理条例》等文件，加强对教育科研的管理；先后举办了三次教育科研骨干培训班，培训600人次。不少地方将科研经费列入预算，切实保障教育科研必要的经费，对重点研究课题，加大扶持力度。三年来，先后表彰了教育科研先进县市2个，先进学校22所，先进教师64人，先进工作者43人。2001年底召开了"九·五"期间教育科研总结表彰及其成果展示大会，对全市教育科研工作给予了充分肯定。会上展示科研成果80余件，表彰先进单位20个，先进课题组17个，先进个人58位。"思想品德课情感教育"、"物理教学中的STS(科学·技术·社会)教育"等七个专题研究，在全省同行中享有较高位次，多次受到省教育厅领导和专家的好评。在1999年"湖北省第五届黄鹤美育节"优质课比赛中，孝感市实验小学孙丽琴老师执教的音乐课《春天来了》获第一名，代表湖北省参加中南六省好课比赛获金奖。2000年，在全国第二届中小学素质教育与创新意识研讨会上，孝南区实验小学吴显敏老师执教的小学语文课《林海》，代表湖北省参加竞赛，获一等奖。2001年，全市获省一等奖以上的优秀论文29篇(其中获国家级奖2篇)、优秀教案7

篇、优秀课件10件套,优质课13节。云梦城关二小张新华老师的美术课《树叶拼贴》代表湖北省参加中南六省、区美术教学研讨评优会,荣获一等奖;孝感市玉泉小学马丹老师的英语课获省一等奖;市教研室郑同庆撰写的《关于考试的一些论题的思辩》一文在中国教育学会考试专业委员会第八届年会上被评为二等奖。

【中小学办学行为得到进一步规范】 全面实行中小学收费"一把手"负责制,并层层签订了责任书。各县市区建立了"收费登记制度"、"收费公开制度"、"收费财务制度"和"社区协管员制度",全面实行一校一册(学校收费价目册)和一生一卡(学生交费明白卡)制,加强了内部财务监督和审计工作,并在各级教育行政部门设立了举报接待处,认真处理群众反映的问题。将全市中小学收费标准下调了10－15%。通过上述措施,较好地规范了中小学收费行为。校务公开工作有了新的进展。继2000年12月在应城召开"全市教育系统民主管理现场会"后,2001年1月5日,在市实验小学召开了"孝感市直学校校务公开工作现场会"。两个现场会后,全市大部分学校将本校的招生、收费、财务支出、岗位聘任、职称评定、基建招投标等广大教职工和社会普遍关注的热点问题,定期陈列在学校校务公开栏进行公示,受到了群众的欢迎。

【切实减轻学生过重的课业负担】 2000年初,市教委成立了"减负"领导小组,下发了《关于切实减轻义务教育阶段学生过重负担的意见》,对减轻学生过重课业负担制订了九条具体规定和八条管理措施,把减轻书包、减轻学生心理压力、减少作业量、减少考试科目和次数,还学生自由活动、自主学习时间("四减一还")作为重要内容来抓。还设立举报电话,接受群众监督,对反映出的违规问题,一经查实,坚决处理。先后处理了云梦城关中学、汉川实验小学等多起违规的责任人。每年春、秋季开学,各县市区教委对学生用书、学校开课等情况进行普查,市教委组织专班进行抽查,并利用节假日对学校补课等情况进行暗访,发现问题,及时处理。通过以上措施,促进了"减负"工作的落实,学生课业负担过重的状况有了好转。

【教育执法力度明显加大】 市教委会同有关部门在全市教育系统认真开展了以教育法律法规为重点的"三五"普法教育。特别注重抓好教委机关干部的学习,每年安排1—2次专题讲座,并进行法律法规知识测试。充分利用广播、电视、报纸等新闻媒体,广泛宣传教育法律法规。在《教育法》、《义务教育法》、《职业教育法》、《教师法》颁布的周年之际,集中组织大规模宣传活动。开动宣传车、组织宣传队、张贴标语口号,进行各种宣传。通过学习、宣传,增强了法制观念,促进了教育法律法规的贯彻实施。在全面贯彻教育法律法规的同时,结合孝感教育的实际,重点抓了《义务教育法》、《残疾人保护法》、《社会力量办学条例》等教育法律法规和相关法律的实施。对未受完九年义务教育的童工,责令清退。成立义务教育执法小组,对流失生的家长进行劝告,用行政和法律手段督促其子女入学。"学生不到校,家长成被告"已广为人知。在贯彻实施《残疾人保护法》时,实行智力扶残,采取减免杂费、补助生活费等办法,支持智残儿童少年随班就读,聋哑儿童少年进特校就读,把学文化与学技术结合起来,使残疾儿童少年进得来,留得住。同时,按照《督导条例》的规定,对下级政府、各级各类学校贯彻实施教育法律法规进行经常性检查督导,促进下级政府落实教育优先发展地位,督促各级各类学校规范办学行为。

【市本级教育工作取得显著成绩】 按照市委市政府抓好本级、带动全市的要求,市教育局针对城区教育存在的学校条件差、结构不合理、办学档次不高的问题,在认真拟订孝感城区教育发展规划的基础上,形成了以改善办学条件为突破口,以加强体系建设、重点建设、薄弱学校建设为主要内容的发展思路。一是加速发展高等教育。在市委、市政府领导下,经过艰苦努力,孝感学院和孝感职业技术学院于1999年和1998年经教育部批准成立,填补了本市本科和高等职业教育的空白。孝感电大2000年11月挂靠华中科技大学开办网络分院,已在教育、银行、水利三个系统开展远程本科教育,在华中科技大学6所网络分院中处于领先地位;孝感师范学校开办"3+2"高等师范专科班起步顺利,超计划完成了招生任务。二是切实抓好中专改革解困工作。为了帮助中专学校摆脱困境,以大教育的观念作指导,积极主动地做好中专学校的改革解困工作。首先,以农校为试点,指导中专学校抓好以"人员分流、后勤社会化和四制改革"为主要内容的内部改革,引入竞争机制,减轻经济负担。同时,还给中专学校以积极的政策扶持,拓宽学校办学路子。指导学校在办好普通中专的基础上实行内扩外联(与高校联合办学),1999年—2000年,先后在工校、农校、一技校开办了综合高中,几年来三校共招综合高中生4000多人。几所学校已初步走出困境,步入良性发展轨道。三是大力加强中小学建设。在认真调查研究和充分论证的基础上,拟订市直学校发展规划,形成孝高迁建、玉泉小学建设、文昌和楚澴中学改造的实施方案。及时指导和帮助学校进行整体设计、经费筹措、质量监督、基建审计等工作,促进了各校建设的顺利进行。在经费不足的情况下,各学校克服困难,节约支出,筹措资金,滚动建设。孝感高中异地建设工作按计划有序进行,至2001年底,超额完成了主体工程50%的预定建设任务。行政楼(图书楼、办公楼)、三栋教学楼、四栋学生宿舍楼已经封顶。已经进行主体验收的三个栋号均达到主体优良标准。玉泉小学三期工程体育艺术楼主体工程已经封顶。文昌中学投资400余万元修建了一栋8900平方米的教学楼,投资近百万元修建了标准塑胶跑道,设立了校园雕塑。楚澴中学完成了拆墙透绿工程和学校大门改造工程。市教育研究中心主体工程已经封顶，外部装饰基本完工。同时，以楚濞、玉泉小学为试点，深入进行素质教育改革，不断增强市区学校的骨干示范作用。通过几年的努力，城区已初步建立起从幼儿教育到本科教育，从普通教育到职业教育，从学历教育到成人培训，各类教育协调发展的教育体系，市直学校的龙头作用初步显现出来。

【教委自身建设得到进一步加强】 1999年以来，狠抓了班子建设、干部队伍建设和文明系统创建。一是开展专题教育、集中教育和经常性学习教育活动，奠定自身建设的思想基础。按照市委统一部署，市教委认真开展领导干部"三讲"集中教育、机关思想作风建设、"三讲"教育"回头看"、"三个代表"学习教育、警示教育、"党风廉政建设宣传教育月"和"转变作风优化环境集中整训"等活动。1999年至2001年先后开展了"团结奋进，争先创优"、"适应新形势、争创新优势"和"认清新形势、开创新局面"的学习周活动。对委机关经常性学习，每周都安排相对固定的时间，组织干部学习政治理论和业务知识。二是狠抓领导班子建设。积极开展创"团结、廉洁、实干"领导班子活动。认真执行民主集中制的原则，坚持集体领导与个人分工负责相结合的制度。制订了领导班子议事和办事规则，坚持重要事项提交领导班子集体研究。定期开好民主生活会，广泛开展交心谈心。认真贯彻落实党风廉政建设责任制。在公务员考核中，1999年度领导班子成员优秀票全部超过半数。2000年度领导班子成员全部在80分以上，最高达到97.5分。三是狠抓干部队伍建设。通过健全规章制度、实行岗位目标管理、开展经常性检查督办，规范了机关干部的工作纪律和办事程序，提高了机关的办事效率，增强了干部职工服务基层、服务学校、服务社会的自觉性。四是狠抓文明单位创建。确立了争创文明单位、最佳文明单位、文明系统的奋斗目标。在委机关内部开展文明科室创建活动。同时，狠抓直属学校(单位)和各县市区教委的创建活动。市教委及5个直属学校(单位)被评为市级文明单位，市师范学校被评为市级最佳文明单位，孝感高中被评为省级文明单位。7个县市区教委，有2个被评为同级文明单位，一个被评为同级最佳文明单位，一个被评为省级文明单位。在全省百佳特色家庭评比中，委机关黄艳清、陈腊梅一家因敬老爱幼，当选"全省百佳特色家庭"。

【贯彻全国、全省基础教育工作会议精神】 孝感市委、市政府高度重视基础教育工作。先后在2001年7月16日和11月1日两次市长办公会上听取全国、全省基础教育工作会议精神的汇报，研究贯彻落实意见，10月23日召开了各县(市)区政府及有关部门主要负责人参加的专题会议，市长曹世佑全面部署了全市基础教育改革与发展工作。12月30日，市政府主持召开市直、三区基础教育工作会议，对市直、三区基础教育改革与发展工作进行了部署。各县市区党委政府采取了一系列得力措施，积极贯彻全国、全省基础教育工作会议精神。各地都相继召开了县市区常委会议或四大家联席会议，重点研究实施方案中带全局性的问题；还召开了部门协调会议，明确部门职责和分工。七县市区成立了由政府分管领导或常务副县市区长任组长，政府办公室、教委(教育局)、人事局、编办、财政局等单位相关领导为成员的领导小组。各县市区教委(教育局)、财政、人事等单位，对乡镇中小学校教师的人数、工资结构、收费情况进行了全面摸底，对财政统发的四项基本工资的需求进行了测算。

【全市教育创新大会】 第三次全国教育工作会议和全省教育创新大会召开后，1999年10月29日，全市教育创新大会隆重召开，市长曹世佑同志作主题报告；市委书记张昌尔作总结讲话，省教委副主任张继年到会讲了话。会前出台了《孝感市委、市政府关于深化教育改革全面推进素质教育的决定》。

【圆满完成了人大对教育工作的评议】 2001年，按照省人大上下联动评议教育工作的要求，市人大决定对孝感市教育工作进行评议。9月3日，市人大常委会召开工作评议动员会后，市教委认真做好接受评价的各项工作。一是认真对评议工作进行部署。全市上下按照"统一好、部署好、协调好"的工作思路，全面总结近几年的教育工作，既充分肯定成绩，又不回避矛盾和问题，争取人大对教育工作的理解和支持。二是积极配合人大搞好各项调查工作。认真向人大客观报告教育工作情况，切实帮助做好座谈会、个别走访和查阅资料的协调工作，有效地保证了人大评议工作的顺利进行。三是本着以评促改的原则，认真研究落实人大对教育工作的意见和建议。召开党组专题会议，认真研究人大提出的依法治教、教育内部管理、城区教育发展宏观管理、教师队伍建设等问题，制定了整改方案。经过一个月的上下评议，教育工作的人大常委通过率达到100%，人大代表满意率达到100%。

【顺利进行了局机关机构改革工作】 2001年底局机关机构改革按照宣传发动、民主推荐、公开报名、资格审查、述职答辩、组织考核、任前公示、决定任命等几个步骤进行，做到了竞争范围的全面性、竞争程序的规范性和竞争方式的公开性。由于部署周密，操作审慎，局机关机构改革十分顺利。从召开竞争上岗动员大会到全体人员到岗定位，只用了13天时间，秩序井然，各项工作正常运转。通过机构改革，进一步明确了职能，理顺了关系，精简了机构，优化了干部队伍结构，增强了机关干部的竞争意识和紧迫感。

【认真做好招生考试工作】 市教委本着为考生负责、为社会负责的态度，在招生考试中，严格规范操作程序和行为，真正做到公正、公平，尽量让考生、家长和社会满意。广泛宣传招生政策，增强招生工作的透明度。严肃招生纪律，逐级签订考风考纪责任书，实行监考人员持证上岗制度，对违纪考生和招生人员严肃查处，保证考试面前人人平等。成立招生监察办公室，加大监管力度，保证考务工作和录取工作的严肃性。同时，加强招生工作规范化建设。从1998年开始，在中考中增加客观题量，实行机读阅卷。从2000年起，全市中考主观题实行统一阅卷，公开查分。在招生录取中，严格按考生志愿从高分到低分投档，保证了录取工作的公正性。由于措施得力，三年来，在招生考试中没有出现重大违纪泄密和漏录、错录问题。

【扎扎实实做好毕业生就业工作】 一是建立健全机构。经省教委批准，1999年成立了孝感市大中专毕业生就业市场，由过去按计划分配为主转向以市场引导就业为主。1999年12月，《孝感市就业向导报》创刊。二是"内扩外联"，拓宽就业渠道。每年在挖掘市内就业潜力的同时，坚持"拓宽渠道、打开通道、积极向外、服务就业"的方针，通过向沿海经济发达地区、省内大型企业、市内合资企业、民营企业和私立学校输送毕业生等途径，安置了大量的毕业生。三年来，每年向外地输送毕业生1500多人。其中2001年，通过江苏昆山市等地就业跟踪服务站向外输送毕业生就业达1174人。三是对在外地就业的学生实行跟踪服务。在就业学生较多的江苏昆山市建立了毕业生就业跟踪服务站，给毕业生提供全程服务。通过上述措施，毕业生就业率有了明显提高。1999年～2001年，全市研究生、本科生、专科生和中专生就业率分别为100%、95%、72%和58%。

【超额完成了勤工俭学的目标任务】 全市创勤工俭学总产值101566万元，实现纯收入20236万元。纯收入达到百万元的乡镇12个、学校4个、企业2个。

【圆满完成了"逸夫工程"建设任务】 第十二批逸夫工程项目杨店三块碑中学被教育部表彰，安陆市实验小学受到省教育厅表彰，第十三批逸夫工程项目大悟县实验中学教学楼、应城市四里棚栗树村逸夫小学逸夫楼受到教育部表彰。

【教委机关赢得多项荣誉】 三年来，教委机关全体干部职工齐心协力，真抓实干，强化责任，狠抓落实，推动了教育事业的快速发展和教育工作的顺利开展，取得了明显的成绩，使教委赢得了不少荣誉。2001年被教育部授予"全国基础教育先进单位"，2000年被教育部授予第五届"中华扫盲奖"，1999年被教育部、卫生部、国家体育总局评为"全国学校体育卫生工作先进单位"。1999年被省人事厅、省教委评为"湖北省教育先进单位"，被省考试院评为"湖北省考风考纪年先进单位"，2000年被省妇联、省教育厅评为"家庭教育工作先进单位"，被省教育厅评为"湖北省毕业生就业工作先进集体"，被省考试院、广州军区评为"空军招飞工作先进单位"。1999年被市委市政府授予文明单位称号。连续三年被市委市政府授予目标考核先进单位，还先后被市委市政府评为文明卫生城市创建活动先进单位、农村基层建设工作先进单位和计划生育工作先进单位。

孝感市教育委员会领导成员名单

主　　任　叶　茂

副 主 任　熊　熊　韩传银　李博文

　　　　　万里翔(1999.4～　　)

纪检组长　任青云(1999.4～　　)

(任建元)

孝感学院

【概况】 孝感学院是经教育部批准设置的综合性普通本科院校，位于孝感市文化西路。至2001年，学院占地面积857亩，校舍总建筑面积26万平方米，全日制在校生7538人，在职教职员工851人，其中教师483人，教授、副教授177人，在职攻读和已具有博士、硕士学位的教师156人。有16个教学系(部)，17个本科专业，28个专科专业，学科涵盖文、法、理、工、农、经济、教育、管理八大门类。拥有较为完善的、现代化程度高的教学、科研设施设备。设有现代教育技术中心、计算机中心、电子阅览室及45个专业实验室，图书馆藏书55万余册，还拥有标准运动场及完善的体育设施。近几年来，学院共承担省级以上科研项目34项，获政府科技进步奖7项，获国家和省级优秀教学成果奖6项，国家专利8项，出版专著、主编教材150多部，发表学术论文2600余篇。国内公开发行的刊物《孝感学院学报》是"全国百强社科学报"，已升格为核心期刊。学院坚持对外交流，加强国际合作办学，不断派遣教师出国学习、讲学，聘请外籍专家来校讲学和任教，已与美、英、法等国的有关大学建立了友好合作关系。学院两个文明建设成果显著。1999年被湖北省委组织部评为"党建和思想政治工作先进高校"，被孝感市委、市政府评为"创建文明卫生城市先进单位"，2000年被省教委评为"园林式学校"，被孝感市委、市政府评为"最佳文明单位"，2001年被省委、省政府评为"文明单位"。

【并校顺利　升本成功】 1999年3月，市委召开书记办公会议，听取了孝感师专关于申办孝感师范学院的情况汇报，会议决定举全市之力，对申办工作予以支持，圆孝感本科之梦。孝感师专、孝感建工学校与孝感市签定协议，同意两校合并。4月，孝感市政府致函省教委，提出将孝感市建工学校整体并入孝感师专，以扩大孝感师专办学规模。5月，孝感市委、市政府成立孝感师范学院筹建工作领导小组。7月，孝感市政府、湖北省教委签定了将孝感市建筑工程学校整体并入孝感师范高等专科学校的协议，孝感市建工学校开始清产核资工作。8月，省教委、省计委同意将孝感市建筑工程学校整体并入孝感师专。9月，市政府召开专题会议明确表示行政划拨100亩土地给孝感师专，解决申办过程中办学条件尚存在的问题。11月，市委书记张昌尔、市长曹世佑到学校现场办公，对迎接教育部高校设置评审委员会专家组考察的工作进行全方位的检查、布置。11 月 13～14 日，部专家组来校对申本情况检查评估。2000 年 3 月，教育部批准成立孝感学院。6 月，省政府通知建立孝感学院，启用“孝感学院”印章。接着，学院开始实施“五统一”(规划、领导、管理、人事、财务)，完成清产核资等工作。9 月 1 日，两校顺利完成实质性合并，各项工作开始统一运作。2000 年 12 月孝感学院领导班子成立。

【育人为本　质量兴院】 学院在办学过程中，正确处理规模、质量、结构、效益的关系，从四个方面牢牢把握教育质量生命线：一是采取有效措施，强化本科意识。深入开展“学校上本科，我们怎么办”的教育思想大讨论，强化本科意识。确立了立足孝感，服务湖北，面向全国，主动为地方经济建设、社会发展和基础教育改革服务的方向。更加突出教学在学院工作中的中心地位。明确了“达标、争优、创特色”的教学工作思路。二是狠抓教学常规，建立本科教学秩序。严格规范“两张表”(作息时间表、课程表)、“三种计划”(专业教学计划、教学工作进度计划、课时计划)、“六个环节”(备、教、改、考、辅、实验实习)的教学常规管理。建立了院系两级的教学督导制以及《本科毕业论文(设计)工作条例》等一系列本科教学的规章制度，迅速构建了本科教育的教学体系。严格规范的教学秩序确保了学院的教学质量。学院学生获全国大学生数学建模竞赛二等奖，获全省一等奖和二等奖，获全国大学生电子设计竞赛湖北赛区二等奖，获全国大学生英语竞赛一、二、三等奖，计算机、英语等级考试通过率在省属高校中位居前列。三是苦练内功，夯实本科基础。学院加大教学经费投入，1999 年投入 580 万元，2000 年投入 771 万元，2001 年投入 1400 万元。“升本”后每年教学经费的投入占全年总决算经费的 20%以上，超过教育部有关文件规定的比例。学院扎扎实实抓好教学十大基本建设，即学科专业建设，课程建设，教材建设，师资队伍建设，实验室和实习基地建设，图书资料建设，教风学风建设，教学制度建设，教学档案建设，教学组织建设。以学科建设为龙头，全面修订专业教学计划和培养方案，优化课程结构，加强重点学科专业建设。狠抓师资队伍建设这个关键，实施“名师工程”，聘请武汉大学、华中科技大学等重点大学教授来校任教，支持鼓励教师攻读硕士、博士学位，返聘退休教授继续担任教学科研工作，大力引进“三高”人才充实师资队伍。四是面向基层，形成办学的地方特色。努力打造“地方品牌”的学科专业，为孝感“十五”发展规划和基层经济建设、社会发展服务。开展了“孝文化”研究及特级优质稻孝感太子米品质形成的机理开发研究，与孝感市共同投资 200 多万元开发高新农业园智能温室，进行茄果类蔬菜无虫害高产栽培技术和高档花卉栽培的研究，在孝感市所辖县市开展了板栗、猕猴桃等果树品种改良嫁接、防虫治病、贮藏保鲜等技术的推广工作，积极参与市小城镇建设，对重点镇、中心试点村进行规划设计等，取得了良好的经济效益和社会效益。

【依托名校　稳步发展】 学院积极探索办学的新模式。2001 年 11 月 18 日，举行了“孝感学院揭牌庆典暨与武汉大学联合办学签字仪式”，以此次庆典活动为契机，与武汉大学签定了《武汉大学与孝感学院校际合作协议书》，武汉大学在教学管理、学科专业、师资培训、学术交流、学生培养等方面对学院提供帮助与支持。学院与武汉大学、华中师范大学联合举办硕士研究生课程班，经常邀请武汉大学、华中科技大学、华中农业大学等重点大学的教授、专家来校作学术报告。这些活动大大加快学院自身的建设发展。

【深化改革　内激活力】 为适应本科教育管理体制与运行机制的需要，2001 年，学院全面推进内部改革。圆满完成了机构和干部人事制度的改革，分别进行了正处级干部、副处级干部、科级干部及管理人员的竞聘上岗。经过改革，党政机构由原 16 个精简为 12 个，机关工作人员由 105 人精简为 72 人。干部队伍的素质结构体现了年轻化、知识化、专业化的要求。大力推进内部分配制度的改革。打破常规，拉大分配差距，使分配向教学、教师倾斜，向三高人员(高学历、高职称、高水平)倾斜。深化教学改革，进行专业重组，把原土木工程系、城建系、交通工程系整合成土木工程系和城建系。顺利组建了后勤产业集团。认真贯彻国家和省关于高校后勤社会化改革的精神，把原科教办以及从机关分离出去的部门组建成后勤产业集团，实行企事分开，进行资产清理，明确了所有权和经营权，初步建立了自主经营、自负盈亏的管理经营模式，完成了后勤社会化改革的既定目标。

【规模扩大　校貌巨变】 学院在校生规模迅速扩大。1999 年普通招生 1838 人，在校生 3737 人，2000 年普通招生 3093 人，在校生 7456 人，2001 年普通招生 2200 人，在校生 7538 人，在校生规模比 1999 年翻一番多。成人教育迅速发展，办学形式丰富，办学规模扩大，形成了成人本科、专科、自考函授、脱产、业余及成职教并举的格局，2001 年，成人学历教育招生 1500 人，非学历教育 400 多人。校园面积和校舍建筑面积增加。校园面积由 1998 年的 502 亩扩大到 2001 年的 857 亩，校舍建筑面积由 1998 年的 22 万平方米增加到 2001 年的 25 万平方米。校园西、北新区与老区连成一片，主次干道贯通，形成了南北出入的大通道。基本建设资金三年累计投入 4800 余万元。校园环境焕然一新。绿化、美化、净化、亮化工作力度大，整个校园花团锦簇，四季常青，整洁亮丽。学院发展规划科学合理。制定了《孝感学院“二定一”发展计划》、《孝感学院 2001——2005 年教育事业发展规划》，明确了 2000 年后五年和十年的办学指导思想、发展目标与任务，确立了办学的近期规模为在校生 10000 人，远期规模为 15000 人，在校硕士研究生规模为300人,校园总体规划用地1500亩,学院已请上海同济大学城市规划设计研究院进行高水平的校园总体规划,经省教育厅和孝感市规划专家组评审通过,已报孝感市政府批准实施。

【精神文明建设深入 创建工作上台阶】 学院党建和思想政治工作进一步改进和加强。集中精力,扎扎实实开展了"三讲"教育。2000年10月12日至12月20日完成了学院领导班子"三讲"教育,2000年11月27日至2001年1月15日完成了学院中层党员领导干部"三讲"教育。基层党总支在思想、组织、作风建设方面不断深入,凝聚力、战斗力、工作活力显著增强。党员的教育发展工作活跃,三年来在青年教师和学生中发展党员302名。学院加强政工队伍建设,充实政工人员力量,着力建设一支人员足、能力强、作风硬的政工队伍。以"两课"教育为主渠道、主阵地,大力推进邓小平理论和江泽民"三个代表"的学习活动,在全省高校"两课"评估中,学院社科部被评为优秀社科部。大力通过校园文化建设推动素质教育,促进学生综合素质与能力的提高,开展了丰富多彩的职业技能大赛、科技文化节、社会实践等活动。2001年,学院物理系学生服务队被团中央授予"全国百个青年服务先进集体"。积极走民主办学、依法办学之路。2001年6月召开了教代会、工代会,通过聚人心、集民智,谋求学院的大发展。文明创建工作取得新突破。学院文明创建氛围浓厚,常抓不懈,深入扎实。以"十星"为内容的创建活动,开展得有声有色,形成了丰富的创建工作经验,取得了可喜的创建成果。创建工作继1998年、2000年连续两届被孝感市委、市政府评为"最佳文明单位"后,于2001年3月被湖北省委、省政府评为"文明单位"。

孝感学院领导班子成员

(2001年)

党委书记 刘华才
院　　长 吴崇恕
副 院 长 赵文正
副 院 长 陈丁堂
纪委书记 李四芬

(胡社华)

孝感职业技术学院

【概况】 孝感职业技术学院是由国家教委于1998年3月9日批准成立的,是全国首批14所职业技术学院之一。职业技术学院由原孝感教育学院、孝感市卫生学校、孝感市财贸学校、孝感市机电工程学校合并组建,1999年5月18日举行挂牌仪式。

学院占地860亩,校园总建筑面积26万平方米,拥有现代化电子计算机网络系统、电教中心、实训基地、课件制作中心、附属医院以及亚光医用电子研究所、艺术设计研究所、会计事务所、审计事务所、律师事务所,拥有计算机1500余台,图书馆藏书50万册。学院师资力量雄厚,现有专职教师586人,其中正、副教授156人,讲师273人。有9名教师享受国务院、省政府特殊津贴,聘请了中国科学院院士、博士生导师杨叔子教授等客座教授26人,从大型企事业单位聘请高级技术员、专家70余人任兼职教师。

学院现设有人文艺术系、财经系、医学一系、护理系、机电工程系、医学二系、计算机科学与技术系、政法系共26个专业,在校大中专学生13000余人,形成了以大专教育为主,兼办中专和成人教育的办学格局。

自1999年5月18日挂牌至2001年,学院完成了如下奠基性工作。

一、完成一期工程建设。一期工程建设是孝感市委、市政府1999年所确定的市属十大工程之一,是学校上档升级所必备的硬件条件,总建筑面积7.5万平米,投资1亿元。整个工程包括绿化、美化、亮化、硬化等配套工程全部竣工并投入使用。

二、统一思想,确定思路,推进合并进程。学院组建后,四校发展极不平衡,思想难统一,中专招生大幅度萎缩,学院一期工程建设没有资金,中专向大专转轨,人才素质难适应大专教学要求,教职工吃"大锅饭"、平均主义思想根深蒂固。学院党委一班人通过深入调查研究,正确分析形势,狠抓思想教育和观念转变,在教职员工中广泛深入开展"职院建设需要我,我为职院做什么"的大讨论,形成了《解放思想、转变观念、团结拼搏、开拓创新,为建设全国示范性学院而奋斗》的纲领性文件,确立了"靠质量立院、靠人才发展、靠管理增效益、靠专业显特色"和"以德为魂、以能为本、以勤为径、以创为先"的治校育人方针。按培养学生能力和技术为中心的指导思想,确立了"高质、强能、实用"的人才培养目标、"学校－企业－社会"相结合的整体人才培养模式、"双证、双师、双纲、双材、双教、双基"的六双教育教学改革目标。按这套办学理念,有效顺利地推进了四校实质性合并。

三、坚持以教学为中心,狠抓教学质量。围绕学院既定的人才培养目标和"六双"要求,深入进行教育观念、教师观念、教学观念、课堂观念、教学模式的研究与改革。两年多来,共选送出50名优秀教师攻读硕士研究生,根据专业需要选送了40余名教师到相关高校进行学习,并要求所有教师不断"充电",提高学历层次。引进了35名应届本科毕业生和研究生,外聘40余名具有高级专业技术职称的人员到学院任教,聘请15位国内外知名教授和博士生导师为学院兼职教授。每年学院还分期分批安排教师到对口的企事业单位进行为期二个月的实训,促进教师向"双师型"转轨,全院已有三分之一的教师已取得了双职称。

通过社会调查、专业设置委员会评议、邀请省内外高校专家论证,共设置专业26个,共出台教学方面的管理制度40余项,制定和修订了符合高职特色的大专教学计划45个。

目前,学院在校外建立了挂牌的实习基地100多个,校内建起了120个总面积2.2万平方米的实验(实训)室,投资2000万元一次性配备了实验实训设备,形成了特色鲜明的医学类、机电类、计算机和艺术类实验实训体系,使学生能够受到严格的专业技能训练和职业素质训导。根据专业与学科发展规划,学院加强了重点专业和重点课程建设,包括高级护理、汽车检测与维修、临床医学、口腔医学、会计电算化、广告设计艺术、商务英语、电子商务、网络工程等。其中,高级护理已被评为省级重点专业,已申报国家级重点专业(正待评审)。争取到2005年省级重点专业达到3个,国家级重点专业达到2个。2005年重点建成10门省级优质课程,25门院级优质课程。

学院始终坚持教学质量第一的观念,建立了教学系、督导室、教务处的三级监控和学生评议的考核体系,严把质量关。几年来,学院在全省组织的"专升本"、英语等级等多种考试中均名列前茅。

四、深化内部管理体制改革,基本确立新机制。按照中央、省市文件精神,结合该院实际,实行了全员聘任制度,建立了末位淘汰制度,经过8轮22批次的竞争上岗,共有1600多人次报名参加竞岗。同时进行了分配制度改革,学院坚持以岗定薪、按劳分配、优劳优酬、效率优先"的原则,推行岗位系数工资制。后勤部门进行了社会化改革。按照"一次剥离,有效重组,严格监管,适当扶持"的基本原则,初步建立了一个具有"自主经营,自我约束,自我发展"特征的后勤总公司,形成了一种新型的高校后勤保障体系。

五、搞好招生工作,疏通毕业生就业渠道,确保"出口"畅通。几年来,该院加大了招生工作力度,圆满完成省厅下达的招生计划。并组建了毕业生就业指导中心,先后在全国6个省市建立了就业指导站,每年组织一批用人单位到学院举办供需见面会,大大疏通了毕业生就业渠道,提高了毕业生一次就业率。2001年该院大专毕业生291人,到国有企事业单位就业的87人,到非国有企业就业的123人,毕业生一次就业率达72.5%。2002年毕业生2200人,一次就业率达74.5%。

六、拓宽办学渠道,谋求多条生存发展之路。学院立足孝感,放眼全国,面向世界,走联合办学之路。一是服务地方区域经济,为提高孝感整体素质,架构中职与高职、中学与高职、高职与本科的立交桥。二是拓深办学层次,与武大、华中科大、华师大等高校合办成教本科、网络本科、专升本及研究生教育。三是向海外延伸,与法国、美国合作办学,去年学院已向法国维尔重市布里松学校派出了3名留学生。今年11月,学院派人参加了省厅举办的中英高教研讨会,已与英国8所高校签订了初步合作协议。

1999年、2000年学院被市委、市政府授予"先进单位"和"团结、廉洁、实干"领导班子称号,2001年被省委、省政府授予"文明单位"称号。

【组建孝感职院】 1998年3月9日,国家教委批准建立孝感职业技术学院。1998年8月26日,孝感职业技术学院建设项目列入省重点建设预备项目。1999年3月24日,湖北省副省长王少阶来学院检查指导工作。4月8日,市委书记张昌尔主持召开常委会议,听取组建孝感职业技术学院的情况汇报。4月27日,市长曹世佑、副市长赵晓勇来学院听取职院建设有关问题的情况汇报。5月6日,市委组织部同意成立中共孝感职业技术学院委员会,任命李友清为学院党委书记,程德华为学院党委副书记兼纪委书记。5月7日,市委任命李友清为学院常务副院长、李本初、汤光宗为副院长。5月18日,孝感职业技术学院挂牌奠基。5月20日,学院任命万由祥为教育分院院长、党委书记;任命江森为财经分院院长、党委副书记;袁顺先为党委书记;任命柯连安为医学分院院长、党委副书记,任命张莲珍为党委书记;夏俊炜为机电分院院长、党委书记。6月3日,市委书记张昌尔主持召开市委常委会议,听取组建孝感职业技术学院的情况汇报。6月5日,学院召开"合并组建新学院"动员大会。11月19日,学院举行一期建设工程招投标仪式。2000年2月24日,孝感职业技术学院提前建设玉泉南路部分路段。4月20日,孝感职业技术学院与湖北省航天工业学校签订教育分院房地产转让合同。

【部、省及市委、市政府对学院发展的指导】 2001年3月28日,党委书记李友清带队,向湖北省有关领导汇报孝感职业技术学院建设特色学院的情况。4月18日,市委、市政府主要领导张昌尔、曹世佑等率孝南区、市直有关部门负责人来学院听取孝感职院建设与发展情况汇报,并进行现场办公。原教育部副部长邹时炎在省教育厅有关领导陪同下,来学院检查指导工作。5月16日,清华大学党委书记方惠坚、原科技部副部长韩德乾来院视察;5月17日,教育部职成教司副司长王继平、职成教司高职高专处处长王伟来院视察。5月25日,省委常委、省委秘书长宋育英来院视察。2001年6月13日,省委副书记王生铁一行来学院检查指导工作。6月27日,省政协领导来学院考察工作,全市部分正县级调研员来学院参观。7月12日,市委书记张昌尔、市长曹世佑率市委、市政府、各县市区党委、政府主要负责人来学院参观,倡导孝感职院团结拼搏、艰苦创业的精神。7月24日,省政府研究室领导一行来学院进行职业教育调研。9月12日,省人大副主任张忠俭来院视察。10月24日,省教育厅"两课"检查组来学院检查"两课"情况。11月16日,省政协副主席杨斌庆来学院考察工作。11月17日,王少阶副省长一行来学院检查指导工作。11月18日,省教育厅路刚厅长率厅有关部门领导来学院检查指导工作,孝感市委书记张昌尔、市长曹世佑陪同。2001年12月1日,全省职业技术学院后勤社会化改革工作研讨会在学院召开。12月14日省职教中心主任杨明义来学院考察工作。2002年1月13日,王少阶副省长、教育厅陈传德副厅长一行来学院进行职业技术学院办学调研。

【国内外办学交流】 1999年10月16

日,美国田纳西州州立大学来学院参观考察。2000年1月8日,学院与华中理工大学举行研究生培训点暨劳动技能鉴定所揭牌仪式。2000年5月24日,法国维尔重市市长让·卢梭先生率领七人代表团访问学院。院党委书记、常务副院长李友清与维尔重亨利·布里松学校校长让·克德罗先生代表双方学校签订了教育交流与合作协议。2000年5月25日,孝感职业技术学院在市直和各县、市医院建立教学医院。2001年3月29日,江苏昆山台光电子有限责任公司来学院应用技术分院召开供需见面会。2001年4月2日,华中科技大学网络学院院长一行来学院考察联系工作。2001年6月16日,华中师范大学网络学院领导一行来学院考察参观。2001年11月6日,李友清、万由祥带队参加中英职业教育交流会。2001年12月5日,李友清随湖北代表团赴西安参加全国高校后勤社会化改革第三次工作会议。

【重大事件及大型活动】 2000年9月10日,孝感职业技术学院成立学术委员会。2000年9月13日,孝感职业技术学院成立"三讲"教育领导小组。2000年9月15日,孝感职业技术学院开始兴建学生公寓、教育超市。2000年12月27日市委任命彭汉庆为孝感职业技术学院院长。2001年4月4日,分院党委、系党总支、各党支部进行学院首届党代会代表选举。2001年5月18日,学院建校50周年挂牌2周年暨新校区落成庆典活动隆重举行。2001年6月8日,学院首届党代会开幕。2001年6月15日,武汉大学会计学博士廖洪教授来学院讲学。学院学生在全市纪念建党80周年演讲比赛中荣获一等奖。2001年6月20日,计科系首届技能节开幕。2001年6月28日,纪念建党80周年大会及歌咏比赛在学院大礼堂举行。学院被孝感市委授予"团结、廉洁、实干"领导班子称号。2001年11月8日,湖北卫视就班子建设来学院拍摄宣传电视片。2001年11月30日,全省职业技术学院后勤社会化改革研讨会在孝感职院召开。2001年12月11日,湖北省医学职业技术教育研讨会暨2001年年会在学院召开。2002年1月12日,学院吴茂堂同志作为全国12个正式代表之一、湖北省唯一的代表到北京参加国家计委举行的铁路价格听证会。2002年1月20日,李友清、吴先娥参加孝感市第三次党代会、彭汉庆同志列席参加,李友清被选举为中共孝感第三届市委委员。

孝感职业技术学院领导班子名单

党委书记 李友清
党委副书记、院长 彭汉庆
党委副书记兼纪委书记 程德华
党委委员、副院长 李本初
党委委员、副院长 万由祥
党委委员、副院长 李旭东
党委委员、医学分院院长 柯连安

(晏培玉)

湖北省孝感师范学校

1951年秋,县文教科在儒学巷(现孝南区实验小学)开办"孝感县短期师资培训班"。

1952年春,在县一中附设初级师范,命名为"孝感县第一初级中学师范部"。

1958年,县人民政府在城关孟家窑恢复建立初级师范。

1971年9月,孝感县政府决定恢复"孝感县师范学校"。

1974年,学校迁移到花园镇河西五里棚。

1981年秋,学校正式招收初中毕业生,学制3年,1984年撤销孝感县成立孝感市,学校随即更名为"孝感市师范学校"。

由于校址过于偏僻,交通不便,环境、生活条件差,不利于学校的生存和发展,1985年原孝感市政府(市政府1985年1号文件)决定将孝感师范学校整体搬迁至孝感城关南门外原卧龙高中旧址,经过三年征地扩建,校园面积达36亩,建筑面积达3850平方米,建有教学楼,学生宿舍及基本设施。

1993年地改市,撤销了原孝感地区,成立了孝感市。第一任孝感市委书记张忠俭来校视察后,充分肯定了孝感师范学校两个文明建设的成就,高度评价孝师人"自强不息,艰苦创业"的拼搏精神。9月,学校收为孝感市市直单位,由市教委直接管理,学校办学经费(包括教职工工资)由市财政局列入预算。学校设行政办公室,由张幸峰任办公室主任。

1994年10月,熊幼芳任党总支书记兼校长,1995年10月,熊幼芳在任时,学校举办过建校25周年暨科技实验楼峻工庆典活动。1995年11月,季云堂调入学校接任党总支书记兼校长。1997年,市委、市政府批准学校为副县级。

1998年9月,中共孝感师范第一届委员会和纪律委员会成立,季云堂任党委书记,余明俊任副书记兼纪委书记。

2001年10月徐海甫同志调任孝感师范学校任党委书记兼校长,学校工作出现重大转机。

湖北省孝感师范学校是孝感市直属的省级重点师范学校,是湖北省教育厅确定的,实行"3+2"或五年一贯制高等师范教育小学教师培养基地。

学校有教职工196人,专任教师135人,其中高级讲师50人,研究生23人。中师在校生2000多人,本专科函授在籍和普通专科在校生1010人。校园面积180亩,建筑面积62000平方米,固定资产6000万元。学校建有教学楼、科技实验楼、艺术楼、音乐楼、学生公寓(六栋)、办公楼、礼堂、食堂、学生浴室和半圆式400米田径场;建立了理、化、生、劳技实验室和微机教室、语音实验室、多媒体教室、电子实验室、电钢琴教室,有钢琴100台,计算机200台;有办公自动化系统,监控系统、文印系统、卫星电视接收系统、教学闭路电视系统、电教中心和信息中心;有两个图书馆(文、理分科),两个阅览室,共藏书85000册,年定期刊500多种,教学仪器设备先进,全部达到或超过部颁标准。学校还建有教工宿舍区占地36亩,现代化教师公寓

4栋共150余套。校园内高楼林立,场地开阔,繁花似锦,绿草如茵。三园、四路、八景交相辉映,是师生教学和生活的理想场所。

学校倡导文明、勤奋、求是、创新八字校风,严谨治学、规范管理、激励竞争、确保质量。毕业生受到用人单位的普遍欢迎。学校的办学条件是省、市最好的学校之一,是湖北省校园管理先进单位。学校还被湖北省教育厅评定为省级园林式学校,湖北省中师办学水平优秀学校,湖北省电化教学试点学校。学校是全国教育学会认定的全国中师书法教育实验学校,学校还是孝感市最佳文明单位。

学校面向全国招收应届初中毕业生,实行五年一贯制的办学模式,学校现设专业有汉语言文学教育、数学教育、教育技术、音乐教育、美术教育、英语教育、普师、幼师、体育、电子技术。2002年学校又由市教育局挂牌开办"孝感市特色高级中学"。实行高中教育,学校采取五种模式办学。

一、五年一贯制高等师范教育。对应届初中毕业生实行一次考试,一次招生,一个教学计划,学生在校学习五年,成绩合格,颁发孝感学院普通专科毕业文凭和就业报到证。

二、三年制师范教育(中专)。开设普师、幼师、体育、音乐、美术、英语、信息技术、电子技术专业,招收应届初中毕业生,学生在校学习三年,成绩合格颁发中师毕业证和就业报到证。

三、"3+2"分段制高等师范教育。招收应届初中毕业生,学生在校学习三年中师毕业后,可办理中师毕业相关手续,又可直接升入孝感学院师范专科部学习二年,获得普通专科毕业文凭和就业报到证。

四、"1+2"分段制高等师范教育,招收高中毕业生或非师范类中专毕业生,学生在校学习一年中师教育,成绩合格后,颁发中师毕业证,又可再接受两年的专科教育,颁发普通专科文凭就业报到证。

五、特色高中教育。招收应届初中毕业生,全面按高中教学计划组织教学,学生在校可取得普通高等学校统一考试,亦可根据学生意愿,按师范院校毕业生就业政策办理就业手续,还可取得"3+2"五年制师范专科资格,直接升入师范专科学校继续学习两年,成绩合格,取得普通师范专科文凭和就业报到证。

孝感师范学校正面临着一场重大的转机与挑战,孝师人决心与时俱进,以自强不息,奋力拼搏的精神,努力开创新的未来。

湖北省孝感师范学校
党委书记、校长 徐海甫

科学技术

【概况】 1999~2001年,是孝感市实施科技发展"九五"计划的最后三年。至2001年底,全市登记注册的科研机构34家,各类科技人员达到88138人,比三年前增长7.4%。科技工作政策指导力度不断加大,先后出台了《关于加强技术创新,加快发展高新技术产业的决定》、《大力推进产学研结合,加速科技成果转化,促进技术创新的决定》、《孝感市科技成果奖励办法》等政策文件。6个县(市、区)进入全国科技进步合格县市行列,云梦县、应城市被省科技厅推荐为全国科技进步先进县市,市及7个县(市、区)顺利通过党政领导科技进步目标责任制考核。三年来,共组织实施国家和省级各类科技计划项目139项,推广应用技术成果5项,登记省级以上重大科技成果65项,获国家、省级科技进步奖5项,申请专利232项。福星科技股份有限公司、云梦塑料薄膜厂、安陆午时药业股份有限公司、应城长江赛孚化工科技有限公司等7家企业被认定为国家和省级高新技术企业,全市高新技术产品生产企业51家,高新技术产品81种,高新技术产业产值28.95亿元,比三年前增长31.6%。2001年,全市科技进步对经济增长的贡献率达到49.5%,比1998年提高7.5个百分点。

(夏新国 邓 俭)

【乡镇科技创先活动】 为促进科教兴市战略落实到农村基层,推动农村科技进步,自1999年以来,市委、市政府在全市组织开展了争创科技进步先进乡镇活动。1999年3月,市委办公室、市政府办公室下发了《关于印发〈争创全市科技工作先进乡镇活动的实施方案〉的通知》(孝办发[1999]22号),提出了科技工作先进乡镇的具体标准和申报验收办法。1999~2001年,已有肖港镇、新铺镇等38个乡镇被市委、市政府评为全市科技进步先进乡镇,有力地推动了全市农村科技进步。孝感市开展的"争创科技工作先进乡镇"活动,在全省尚属首次。

(夏新国 邓 俭)

【电化学氟化法合成全氟三丁胺】 全氟三丁胺是应城市长江有机化学合成厂与武汉化工研究所联合研制的一种有机化工产品,它具有高度的化学稳定性,良好的润滑性及优良的电绝缘性等特点,广泛应用于仪器、仪表的抗腐蚀传动液介电绝缘液,化学反应的稳定剂,稀释剂和特殊溶剂,导热冷却剂,氟碳乳剂人造血,电子元器件的检泼液等,是航天航空、军事武器、电子、化工医疗等领域不可缺少的重要原材料,国内外市场供不应求。电化学氟化法合成全氟三丁胺的大规模工业化试验生产于2001年2月取得成功,生产能力达到了年产20吨,产品质量达到Q/WHYLO-1999标准,生产能力和产品质量均具国内领先水平。同年通过了省级科技成果鉴定。该产品被评为1999年度~2001年度孝感市科技进步一等奖。年增销售收入2800万元,创利润555万元,交纳税金140万元,提供了130个就业机会。

(熊劲松 郑俊杰)

【优质三元猪品种改良示范】 "优质三元猪品种改良示范"是2000年市畜牧局承担的市级科技攻关项目。在项目实施过程中,狠抓"三群一站"的管理和建设。即:县市建立核心群,乡镇建立繁殖群,农户建立生产群。2001年底,全市核心群饲养母猪410头,繁殖群饲养母猪4000头，生产群母猪13万头，良种公猪242头，建立和完善了7个县级人工授精中心站、57个乡镇级人工授精点和由480人组成的专业人工授精网络。2001年完成人工授精配种20万头次。到2002年上半年，全市优质三元猪出栏头数达到65万头，杂交率占出栏总数的50.5%，比项目实施前的1999年提高了15个百分点。（熊劲松　郑俊杰）

【优质天然香稻引种试验示范】 中稻香稻（中香一号）具有米粒外观好、品质优、香味浓等特点，从禾苗期起就具有一种清香味，品质按“国标”综合评定为65分，属一级优质米，作中稻或一季晚栽培，产量约为450公斤。孝感市国营原种场承担了市科技局下达的“优质天然香稻引种试验示范”科研课题。2000年3月起，从中国水稻研究所，浙江、江苏和本省有关农业科研院所等单位共引进了11个优质稻种，筛选出黄梅天然香稻、中香一号和HQ989晚籼香稻三个具有天然香型的优质香稻品种，在不同地形、不同水肥条件的田块完成栽培试验近200亩，基本上掌握了中国香稻的特征特性和栽培技术要点，向朱湖、东山头、卧龙、朋兴4个乡镇的近2400个农户提供香稻品种9000公斤，推广示范面积5000余亩。当年大面积测产，亩产370公斤左右。（熊劲松　郑俊杰）

【高强度、低松弛混凝土预应力钢绞线】 该产品是湖北福星科技股份有限公司引进国外一流设备生产的。原材料的表面处理采用硫酸除磷、中温磷化和润滑载体涂层，使用特制的载体液处理，既改变以往国内普遍应用的石灰中和液，减少环境污染，又能省略烘干工序的能耗。它可由高温钢丝自身挥发水分，直至烘干钢丝，达到节能目的。自1999年6月正式投产以来，产品质量达到美国ASMA416—90a标准，经国家建筑钢材质量监督检验中心检测达到标准水平等级为Y级（即国际先进水平级）。项目总投资3328万元。2001年实现产量27080吨，销售收入11387万元，利润3643.8万元，税收1935.8万元。

（熊劲松　郑俊杰）

【真空镀氧化硅高阻透薄膜】 该新型高阻透性包装材料是中包云梦薄膜厂以等离子体化学气相淀积为基础，在幅度为0.6M的国产真空铝机上，将SiOx制成棒状，用激光电子束加热而研制成功的一种高阻透性包装材料。该生产方法解决蒸发源不能连续供料，高温高真空涂覆SiOx的难题，大大提高了生产效率。经湖北省科技厅组织专家鉴定，该产品填补了国内空白，产品生产技术在国内处于领先水平，产品性能与德国的接近，略超过美国和日本产品。该产品具有阻隔性能优良，耐腐蚀，无折叠，无污染，便于回收利用等优点。该产品广泛应用于医疗、肉食品、饮料、日用化工产品等领域的包装。该项目被列为2000年国家火炬计划项目。（熊劲松　郑俊杰）

孝感市科学技术委员会（科学技术局）领导名单

主　　任　田绪伦（1998.4—2001.4）

主　　任（局长）　冯云乔（2001.8—2002.9）

副 主 任（副局长）　安康太　黄火廷　王文华

纪检组长　余平安

（夏新国　邓　俭）

气象工作

【概况】 2001年底，经机构改革后，市气象局机关设：办公室、人事教育科、业务管理科。局直属事业单位：市气象台、市气象信息服务中心、市声像制作中心、市气象科技产业中心、市防雷中心。2001年末，市局在职干部职工58人，其中本科学历8人，大专学历18人，高级工程师3人，工程师20人。

1999～2001年，全市气象部门不断深化事业结构调整，加大了人员分流力度，全市气象部门分流人员比例在50%以上。气象业务、服务质量一直保持全省先进水平，气象科技产业不断壮大，地方气象事业稳步发展，文明创建工作硕果累累。1999年，市气象局被省气象局评定为全省气象部门年度综合目标考核“优秀达标单位”；2000年2月，市气象局被市委市政府授予“文明系统”、“最佳文明单位”，应城、汉川气象局被孝感市委市政府授予“文明单位”，安陆市气象局连续三届被省委省政府授予“文明单位”称号。

【气象业务】 1999～2001年，全市气象业务现代化发展迅速。基本气象业务包括气象测报、天气预报、气候资料、农业气象、气象通信、气象服务和业务管理等。七项业务质量考核均达到全省目标考核“A”档标准，并连续三年获全省气象业务“优秀达标奖”，基础业务质量一直位居全省前列。

【气象现代化】 市气象卫星综合应用业务系统（9210工程）VSAT地面站全面竣工并投入业务运行，各县（市）新建了气象卫星广播接收系统PCVSAT单收站，从而实现了与国家气象中心、武汉区域中心的气象信息资源共享，使市、县两级气象台站都能及时获取大量的气象卫星云图、各类天气图、数值预报等资料，极大地提高了气象资料的信息量和实时性。在此基础上，市、县两级改造完善了市、县计算机网络系统、开通了省、市分组交换网同步专线，使气象基本资料上行传输及时率达99%以上。

市气象台组织了以MICAPS系统本地化为主体的新一代天气预报业务流程的开发与应用，同时开发与应用了市级天气预报会商系统、决策气象服务系统和人工影响天气指挥系统等一系列应用软件。孝感市气象台、安陆市气象站建成Ⅱ型遥测自动气象站以及闪电定位系统，各县级气象站全部建成高标准的一体化业务室，使全市气象基本业务现代化水平大大提高。

气象服务终端、气象影视、“121”电话答询以及传真、网页服务等构成较广泛的气象信息服务网。全市气象服务终端用户已发展到20多个。市、县气象局均以非线性编辑系统制作电视天气预报节目，并实现节目的多台多套。市气象台主持开发了新一代数字化“121”电话气象信息答询系统，增设、改进了“121”分信箱内容，“121”电话拨打率不断增加。

【气象服务】 全市气象部门紧紧围绕市委市政府的中心工作开展气象服务，气象服务在地方防灾抗灾、农业生产、大型活动等方面发挥了重要而独特的指导参谋作用，取得了显著的社会效益和经济效益。

在抗旱减灾服务方面。1999年4月底，市气象台向市防办等领导部门发布的汛期长期天气预报中指出：“预计本市1999年汛期降水略偏少”；“盛夏降水偏少，气温偏高，大部分地区有一定程度的干旱发生”，并建议“各地要注意蓄水保水，做好抗旱准备”。7月中旬末气象台又作出了“本市已转入晴热少雨阶段”的转折预报。7月下旬气象台又及时发布了“8～9月长期天气趋势”，明确指出“8～9月总降水量较常年同期偏少，气温偏高”，建议“北部地区要抓住有利天气时机，适时开展人工降雨作业”。这些预报准确及时，时效提前，服务主动，为各地组织部署抗旱工作提供了可靠的决策依据。

2001年1月，气象台发布的“孝感市2001年3～9月长期天气趋势预报”中指出：汛期“有旱重于涝的趋势”。4月底气象台发布的汛期(5～9月)长期天气预报中又指出：“预计本市今年汛期总降水量偏少”；同时建议“要注意蓄水保水，做好抗旱的准备”，特别是6月底，又及时发布了“孝感市2001年7～8月天气预报”，再次指出：“预计今年7—8月总降水量偏少，其中7月份降水明显偏少，本市大部分地区有干旱发生”，“建议各地及有关部门做好蓄水、保水、引水工作，以备农业生产所需用水”，“北部地区要做好人工增雨各项准备工作，抓住有利天气，适时开展人工增雨作业”。上述预报意见，为市委市政府提前组织各地抢引抢灌、增加抗旱水源、节约抗旱资金作出了突出贡献。7月下旬，根据江河水位不断下降和旱情日益发展的实际，以及市气象台提供的“7月下旬至8月总降雨量仍然偏少，7月下旬降水仅为20毫米左右”的气象信息，市委市政府组织实施了“三河连江南水北调工程”、“徐家河水库扩大灌区调水工程”等。气象服务为这些重大举措提供了科学可靠的决策依据。

在农业生产服务方面。市气象台根据农业生产关键期和农作物生育期，开展了农业专题预报服务工作，在春播关键期、小麦扬花灌浆期、晚稻扬花关键期、秋播期等都提前制作和发布长期天气预报，并提出相应农事建议和防灾措施，科学指导农业生产。为适应全市农业经济结构战略性调整的需要，增强气象为农业服务的能力，市气象台及时调整服务思路，主动适应农业产业化发展的需求，在搞好为传统农业服务的同时，大力加强为特色农业服务的力度，对全市果特业、优质粮油、特种水产养殖等农业产业化基地开展了针对性、专业性的气象服务，适时向相关农业产业化基地发布《农业产业化气象服务专辑》服务材料，使气象服务在农业结构调整中发挥了积极有效的推动作用。

在大型活动服务方面。1999～2001年，气象台为2000年10月孝感市第一届运动会、湖北省第五届(金龙泉)啤酒节和2001年“孝感市招商引资经贸洽谈活动”等大型活动的成功举办提供了准确优质的气象服务。2000年10月9日市一运会和啤酒节开幕式在孝感城区举行。从10月1日开始，气象台每天滚动向组委会办公室报告后期天气情况。10月7日下午在孝感体育中心召开的市第一届运动会和省第五届啤酒节组委会工作会议上，市气象局负责同志向组委会领导汇报了开幕式的天气情况：“预计9日开幕式天气晴到多云，天气对开幕式较有利，10－12日受较强冷空气影响，有一次较明显的降温、降水、大风天气过程。”10月9日，天气晴好，开幕式如期举行。开幕式准确及时的天气预报和主动周到的气象服务，受到市领导和人民群众的一致好评。

【实施人工影响天气服务】 近三年孝感市出现了历史少见的严重干旱，干旱给农业生产和人民生活带来极大影响。市气象部门依靠科技进步，适时开展人工影响天气作业，充分利用空中水资源，缓解旱情。1999～2001年，大悟、安陆、孝昌三县市运用的人工影响天气设施，共动用人工降雨高炮9门，累计作业160次，发射人工增雨炮弹5400余发，受益面积5100平方公里，产生农业生产效益近3000万元，为全市抗旱减灾做出了突出贡献。

孝感市气象局领导成员名单

局　长　童恒元

副局长　肖维宗(兼任纪检组长)

　　　　陈家忠

(刘绍方　周宏杰　邓兴旺)

文化·体育·出版·广播电视

文化、新闻出版

【概况】 1999年～2001年，全市文化、新闻出版工作认真贯彻学习邓小平理论和“三个代表”重要思想，以建设先进文化为己任，努力开拓、扎实工作，取得了显著成绩。专业和业余文艺创作在全国、全省得奖的等级和次数逐渐增多，文化活动在群众中的影响进一步扩大，市直文化设施建设档次逐步提高，文化（新闻出版）法制建设日益完善和规范，文化产业得到较快发展。1999年10月，经市编委批准，成立了“孝感市版权局”，与市文化局和新闻出版局合署办公。

至2001年底，全市共有文化机构67个，干部职工总人数1942人。其中专业艺术表演团体8个（楚剧团5个、文工团1个、歌舞团1个、京剧团1个），群艺馆1个、文化馆8个、乡镇（场、街道办事处）文化站109个，博物馆8个，公共图书馆8个，艺术中专学校1所，电影公司8个，新华书店8个。艺术创作研究所、演出管理中心、文化综合服务公司各1个。

【《中原突围》、《披肩》获中宣部“五个一工程奖”】 大悟县创作并演出的革命历史楚剧《中原突围》晋京演出后，在1999年4月湖北省“万国杯”第六届戏剧展演中，获新剧目奖、优秀演出奖、导演、作曲、舞美及演员奖等6项奖励。该剧经过加工修改后送京评选，荣获中宣部第七届“五个一工程奖”。另外，应城市业余作者丁伊莉改编创作的广播剧《披肩》同获“五个一工程奖”。两部作品的获奖标志孝感市在该项国家级大奖中取得突破。

【成功承办全省第二届楚剧艺术节】 2000年12月28日～2001年1月4日，由省文化厅、孝感市人民政府、武汉市文化局、武烟集团主办，孝感市文化局等单位承办的全省第二届楚剧艺术节在孝感隆重举行，全省11个楚剧院团的13个创作剧节目组成的7台晚会参赛，省楚剧界艺术家应邀参加并作精彩表演，盛况空前。其间，省委书记贾志杰，副书记王生铁，省委常委、宣传部长缪合林等领导亲临艺术节会场，看望演职员并致辞颁奖。孝感市参赛作品云梦县的大戏《民选村官》获二等奖，孝南区的《娃娃县官上任》、应城市的《义马河传奇》2个小戏获三等奖，汉川市的《皮筲箕送礼》、大悟县的《花大妈挑花》2个小戏获演出奖。全市5个参演剧目共获8个单项奖，展示了全市近年来戏剧艺术创作成果。

【文化大楼（图书馆、博物馆）改扩建工程竣工】 1999年，在市委、市政府扶持下，文化大楼改扩建工程克服重重困难开工建设，市政府拨款150万元，文体系统自筹部分资金，经过两年多的紧张施工，2001年上半年全部完工，市图书馆新增面积2000多平方米，整个大楼内外重新装修一新对外开放。市图书馆和市博物馆同时达到国家二级馆的标准，常年开展图书借阅、互联网上网和各类培训，举办文物及各类文艺展览，成为广大市民学习、娱乐和休闲的重要场所。

【群众性文化活动丰富多彩、获奖作品增多】 1999年市直文化部门组织开展了“三迎”（迎建国50周年、迎澳门回归、迎接新世纪）系列文化活动，2000年举办了庆祝建党80周年系列文化活动，特别是其中的广场文化更体现了群众的参与性与广泛性，掀起了群众文化活动的高潮。近年来，积极配合市委、市政府中心工作，常年开展节假日文化活动，不断满足广大群众日益增长的文化生活需求。群众文化活动的质量和水平不断提高，涌现了以获全国农民歌手大赛一等奖的余景明为代表的一批文艺人才。美术作品多次参加全国、全省美展并获奖，一批作品在省楚天群星奖、省蒲公英奖、省社区文体节、省百花书会等比赛和评奖活动中获得好成绩。

【应城门板湾考古重大发现】 2001年7月，国务院公布了第5批全国重点文物保护单位名单，应城门板湾遗址榜上有名。门板湾遗址是市文物工作者继1980年首次发掘后，于1998年～1999年间，配合长（江埠）荆（门）铁路工程建设时再次发掘的。它属新石器时代的屈家岭文化的古建筑遗址，占地115.3平方米。通过此次发掘，首次发现它有较完整的走廊、门、窗、围墙及通风、取暖和排水设施，规模较大、结构完整，为国内同时期古房屋建筑遗址中所罕见，是考古学上的又一项重大发现，对研究我国古建筑史和文明史都有极高的价值。

【以电子游戏机为重点的文化市场整顿】 先后组织开展了歌舞娱乐场所、书报刊市场、电子游戏机场所、音像市场、网吧和校园周边文化环境等多项专项整顿活动，有力打击了各类违法经营，规范了文化市场秩序。特别是2000年国务院部署的电子游戏机压缩整顿工作取得重大成果。全市共清查电子游戏室365家，除保留45家外，其它全部取缔，压缩比率达89%，受到社会各界一致好评，市文化局被省文化厅评为全省整顿压缩十佳先进单位。2001年市局获得省厅音像市场整顿先进单位称号。

【澳门基金总会向孝感市图书馆赠书】 2000年8月,孝感市图书馆主动与澳门特别行政区设立的慈善机构——澳门基金总会联系,该基金会向市图书馆捐赠100多种价值人民币1万余元珍贵图书,图书内容丰富,涵盖澳门文化、社会、历史、经济等各个方面,为孝感读者了解澳门,促进两地文化交流起到积极作用。同时填补了市图书馆所藏澳门图书的空白,丰富了馆藏资源。

【加强法规宣传教育　搞好专项治理工作】 市新闻出版局在出版物市场管理和印刷行业管理工作中,注重新闻出版法规的宣传教育,坚持举办新闻出版管理人员和从业人员培训班,上街举办《著作权法》和反盗版万人签名等宣传活动,还公布举报电话,汇编法规书籍,印制上墙宣传牌和各种传单,通过电视、广播、报纸宣传,每年都在10次以上,争取了人民群众对出版物市场管理工作的极大支持。同时,狠抓了新闻出版专项治理工作,有力促进了出版物市场规范发展。1999年～2001年,先后对教材、教辅市场集中专项治理5次,印刷业专项治理4次,对小报小刊、内部资料性出版物专项治理6次,出版物市场专项治理17次。对法轮功、有害气功和政治性非法出版物进行专项收缴25次。

【强化政治责任意识　开展"扫黄""打非"斗争】 市文化局从讲政治、讲大局、讲稳定的高度出发,坚持开展了规模性"扫黄""打非"斗争。1999年,调整充实了"扫黄""打非"工作小组成员,加强了对"扫黄""打非"工作的领导;2001年成立了市"扫黄""打非"办公室,配事业编制人员2人,加强了"扫黄""打非"工作机构建设。在各级党委、政府的统一领导和相关职能部门的配合下,自1999年以来,全市开展"扫黄""打非"集中行动825次,出动车辆1264台(次),出动检查人员7173人(次),收缴各类非法出版物426968件。其中政治性非法出版物17652件,淫秽色情出版物59251件,其他非法出版物350065件。查处违法违规案件53起,判刑3人,劳教3人,刑拘7人,取缔非法点83个,行政处罚110家,有力打击了不法分子和遏制了违法行为。

孝感市文化局领导名单

局　　长　彭经纬(1998—　　)
副 局 长　李伟业　李云霓　付林森　汪兴田
纪检组长　闵高潮

(王朝晖　陈发山)

体　　育

【概况】 1999～2001年,全市体育工作以邓小平理论和江泽民总书记"三个代表"重要思想为指导,以服务全市经济建设为中心,以迎战省十运会和主办孝感市第一届运动会为重点,不断加大各项体育改革力度,深入贯彻《体育法》,全面落实《全民健身计划纲要》和《奥运争光计划》,认真实施《湖北省体育市场管理条例》,坚持群众体育、竞技体育、体育产业协调发展,努力推进全市体育事业全面进步。

群众体育逐步摆脱了计划经济体制下形成的政府给钱体育部门办活动的模式,坚持生活化、普遍化、社会化、科学化、产业化和法制化的"六化"发展轨道,面向市场、依托社会、贴近生活、服务群众,大力推进管办分离新模式。充分发挥各类协会作用和利用社会力量办体育,积极探索社区体育、学校体育和乡镇体育发展的新路子,发挥孝感场馆较多的优势,搞好开放,服务群众。几年来,市体育中心组织大型比赛和群体活动30多次,每年接纳健身群众30余万人次。体委机关与市直机关工委、教委、妇联、公安、地税、城委等部门合作,组织大型活动70余次。体总与各类协会联办、协办、自办各类较大型的活动每年30次以上。逐步探索出在市场经济条件下,群众体育工作发展的新路子、新方法,推进了全民健身活动的深入和普及。全市1000多个晨晚练习点,把成千上万的群众引导到健身上来,有效抵制了邪教组织法轮功的侵蚀和影响。孝感城区每年的迎春长跑、篮球比赛、足球比赛、棋类比赛、信鸽竞翔赛、钓鱼比赛等10多项较大型群体竞赛活动已形成制度化,活动的规模越来越大,效果越来越好。各乡镇成立文体站之后,农村体育得到快速发展。建立健全了全市国民体质检测体系,免费为3400多人进行了体质测试,超额完成了国民体质检测工作任务。除孝昌县因体育基础设施不够完善没有进入全国先进县行列外,全市其它六个县市区均为"全国体育先进县市"。

竞技体育工作以市体校为龙头,以参加省级比赛为契机,全市一盘棋,不断强化业余训练的竞争和生存意识。1999年,组织了14支代表队,223名运动员参加了业余训练类11个项目的比赛,夺得金牌17枚、银牌15枚、铜牌20枚,4至8名80个,总分787分,其中柔道项目取得团体总分、奖牌总数和金牌数三个第一名,参加比赛的全体队员人人都拿到了名次,得到省体育局的肯定。随后组成孝感女子柔道队,代表湖北省参加了全国女子青少年柔道锦标赛,取得湖北省历年来少年女子柔道的最好成绩。2000年,组队参加全省青少年年度体育比赛,获得总分751分。2001年,组队参加了全省10个项目的青少年年度比赛,其中柔道项目取得"4金2银4铜"和团体第3名的好成绩。几年来,先后成功承办了全国女篮附加赛、全国男子足球甲B联赛、足协杯半决赛等一系列高水平的体育赛事。中央电视台、香港凤凰卫视、湖北电视台等多家电视台进行了直播,极大地提高了孝感的知名度。

配合市委、市政府中心工作,圆满完成了老体育中心的拆迁,在市体育中心内以高规格、高质量、高标准建成了一栋7700多平方米的市体育艺术学校教学综合大楼,完成了市体校的整体搬迁,顺利实现了市体校与市艺校的合并，组建了孝感市体育艺术学校。

以发行中国电脑体育彩票为重点的体育产业稳步发展。为弥补体育经费的不足，增强体育事业发展后劲，2000年2月，孝感成功发行中国电脑体育彩票，实现年总销售量2367.6万元，公益金收入达到177.6万元，平均单机销量居全省第一。当年全市产生2个百万富翁，4个10万元以上大户，2人免费去悉尼观奥运，为社会提供了116个再就业岗位，为孝感增加税收60余万元。2001年，实现销量4300多万元，比2000年净增2000多万元，总销量居全省第四位，单机平均销量居全省第二位，发行工作一直走在全省前列。

按照市委、市政府的总体部署和要求，2001年9月，孝感市体委与孝感市文化局合并，成立孝感市文化体育局，原市体委二级单位全部归属市文化体育局管理，市文化体育局内设群众体育科和训练竞赛科负责管理全市群众体育和训练竞赛工作。

【参加湖北省第十届运动会】 1999年10月，全省本世纪最后一届大型综合体育盛会暨湖北省第十届运动会在咸宁市举行。比赛共设业训类、学校类、农民类、职工类、残疾人类等5大类57个项目。全省33个代表团9000多名运动员参加了比赛。孝感市举全市之力，积极组队参加了省十运会，共组织52支代表队，663名运动员参加了5大类37个项目的角逐，共夺得金牌42枚，银牌40枚，铜牌45枚，奖牌总数排全省第八位，团体总分列全省第九位，分别比省九运会上升4位、2位，超额完成了市政府预定的目标任务。1999年12月，孝感市委、市政府召开了全市参加省十运会表彰大会，对参加省十运会作出突出贡献和取得优异成绩的单位、教练员、运动员及工作人员进行了表彰，对成绩特别突出的单位和个人给予了共计20万元的物质奖励。

【成功举办孝感市第一届运动会】 2000年，为了全面贯彻实施《全民建身计划纲要》和《奥运争光计划》，提高人民群众健康水平，培养和输送高水平的体育后备人才，加快体育事业发展步伐。孝感市委宣传部、市直机关工委、市体委、市文化局、市农业局、市残联等单位联合举办了孝感市第一届运动会，一运会比赛从2000年6月1日起至10月13日止，主会场设在孝感市体育中心，全市7个县市区均设有分赛场，10月9日下午在孝感市体育中心举行了热烈、精彩的开幕式，有近3万名观众参与。10月14日晚在孝感市大礼堂举办了隆重的闭幕式，市委、市政府有关领导到会颁奖。市一运会比赛设有六个类别：青少年类、职工类、农民类、残疾人类、老年人类、大中专类共计43项竞赛项目。全市7个县市区和市直分别组团参加了比赛，参加竞赛总人数达6000余人，其中领队、教练员、运动员4600多人，裁判及工作人员1400多人，参加比赛年龄最小的幼儿基本体操运动员仅6岁，年龄最大的钓鱼运动员73岁。市一运会共设竞赛总分6342.5分，设奖牌1383枚，其中：金、银、铜牌各461枚，经过紧张激烈的争夺，汉川市、应城市、云梦县、安陆市、孝南区、孝昌县分获综合团体总分、奖牌总数前六名，孝南区、孝昌县、大悟县代表团荣获体育道德风尚奖。孝昌县、市老干活动中心、云梦县被评为最佳赛区，356名运动员获体育道德风尚奖运动员，62名裁判员获体育道德风尚奖裁判员。其竞赛规模、参赛人数，为孝感体育史前所未有。

孝感市体委领导名单

主　任　盛发清（1996.3—2001.9）

副主任　骆继明　李胜伟　张碧陶

（刘金林）

报业·广播电视

孝感日报社

【概况】 中共孝感市委机关报《孝感日报》，坚持以“三讲”和“三个代表”重要思想指导新时期的新闻工作，牢牢把握正确的舆论导向，坚持团结稳定鼓劲的宣传方针，积极为市委、市政府的工作大局服务，充分反映人民群众的意愿和心声，与时俱进，努力创新，对市委、市政府各时期、各阶段的中心工作，组织了一系列的战役性报道；并通过抓重大活动、重大工程、重大主题和重大典型的新闻宣传，精心策划，主动参与，圆满完成了新闻宣传任务，为加快孝感发展提供了强有力的舆论支持。

1999～2001年，《孝感日报》还着重抓了新闻改革、创办《孝感晚报》和报社整体搬迁工程。报社先后派员赴外地考察学习，就新时期新闻事业的繁荣和发展、与时俱进创新和繁荣报道、调整运行机制、提高工作效能和新闻宣传质量进行了深入的研究，由此对机构设置、报道结构等以及分配模式作了改革。同时，为开拓新闻宣传的领域，拓展事业发展新的增长点，通过考察学习和研讨，孝感日报社积极筹组创办《孝感晚报》。1999年，孝感日报社谋划报社整体搬迁工程，并争取将此项工程列为孝感市政府2000年度十件实事之一，孝感日报社及印刷厂选址孝感城区黄陂西路，分别建设社区和厂区。2000年四、五月份，报社和印刷厂分别开工建设。2001年春，印刷厂新厂区建成并迁入投产；11月，孝感日报社搬迁新址。

【唱响主旋律　打好主动仗】 《孝感日报》始终坚持新闻工作的党性原则，坚持正确的舆论导向，着眼办有特色的地方党报，报纸新闻宣传围绕中心，服务大局，突出重点，引导有力，圆满完成了各项新闻宣传任务。在政治思想上同党中央和市委保持高度一致，深入持久地宣传了全市深入开展的“三讲”教育，宣传了全市各地广泛深入学习、贯彻、实践“三个代表”重要思想的活动和先进典型；对建国50周年、建党80周年等重大活动，组织了大规模的、影响大、效果好的新闻宣传战役。与此同时，《孝感日报》增强政治鉴别力和政治敏锐性，增强政治责任感，对国际国内的重大时政新闻作了及时、准确报道。其中对揭批“法轮功”邪教组织的报道作了及时的刊载。

《孝感日报》紧扣市委、市政府的中心工作，对市委、市政府的重大决策、重要活动等，展开了丰富多彩的新闻宣传。报纸对优化环境，加快发展，对孝感城区创建文明卫生城市，对孝感城区亮点工程等，组织了有声势、有力度的报道。报纸抓住全市扩大开放、全员招商的宣传主题，先后组织了孝南区招商模式解析、汉川市招商引进实录等一系列招商引进典型的宣传，并开展了对口学习东西湖的报道。2000年～2001年，全市遭受百年未遇的特大干旱，报社社长、总编带队，组织专班，全力以赴投入抗旱第一线。2000年5月，先后组织了西水东调和南水北调等一系列报道。次年，《孝感日报》又率先启动，持续对孝感全市人民抗旱的英雄壮举作了深入、持久的新闻宣传，报道对鼓舞人民群众团结一心、勇于克服困难，并及时指导抗灾发挥了强有力的新闻宣传作用。报纸在报道深化改革、扩大开放、加快发展的同时，对农业结构调整，增加农民收入等方面作了深入的调研。其中，在2000年上半年组织了《田头看调整》系列报道，下半年由总编带队组织了报道孝感市农民进入流通的《刮目看中介》系列通讯。《孝感日报》坚持重大典型的宣传，推出了云梦县道桥镇作好农民思想政治工作的典型《民主治村，——前南村夜话》，孝南区书院街党委书记李世英的典型事迹的长篇通讯等，由此宣传了一大批有影响、有感召力的先进个人和群体。

《孝感日报》坚持实施精品名牌战略，加强新闻策划，在精心经营要闻版的同时，形成了《三农报道》、《产经新闻》、《生活》、《学习》等各专刊的特色和风格，《科教周刊》和《周末》专刊也深受读者欢迎。1999年～2001年，《孝感日报》年均有50件作品分别获得湖北省市州报新闻奖，湖北新闻奖，全国大中城市党报新闻奖，中国地市报新闻奖等。

【《孝感晚报》创刊】 经精心筹组，并获湖北省新闻出版局、国家新闻出版总署批准，由孝感日报社主办的《孝感晚报》2000年10月1日正式创刊，报纸为四开八版，后为十六版，周六刊。《孝感晚报》的创刊，填补了孝感市无晚报的空白，为孝感新闻事业的繁荣和发展增添了一支生力军。

《孝感晚报》坚持唱响主旋律，打好主动仗，关注国家大事，广集奇闻趣事，服务百姓家事，调节民众心事，以家庭居民为主要读者对象，服务大众生活。版面设置主要有：要闻、地方新闻、服务信息、体育新闻、环球博览、特别报道、华夏传真、晚报在线、学生时代、银发岁月、荧屏导视、连载精选、美容服饰、七色人生、社会新闻、书画影苑、生活幽默、精彩校园、旅游休闲、谈情说爱、健康乐园、美食广场、谈经论股、房产周刊等。

《孝感晚报》坚持正确的舆论导向，积极主动地介入社会生活，策划、组织、实施了一系列战役性报道。这些报道有《踏着新五师足迹》、《身边有雷锋》、《我能再见阳光吗》、《记者与民工同行》、《夏夜孝感》、《生活百家行》等。这些报道或采用系列报道形式，或使用多报道形式组合，或进行新闻追踪等，关注社会热点，贴近市民生活，深受读者的好评。在力求形成《孝感晚报》特色和风格的同时，报纸同时关注老百姓疑难事，以服务老百姓为己任，积极参与，介入百姓生活，为老百姓排忧解难，“有事找晚报”，成为市民的心声。《孝感晚报》创刊后，有45件作品分别获得湖北省市州报新闻奖、湖北省新闻奖、中国地方报新闻奖。

【孝感日报社搬迁新址】 2001年11月，孝感日报社搬迁至孝感城区黄陂西路的新社址。上世纪七十年代初，孝感报社社址自行署大院迁出，定置于现孝感城区城站路与文化路交汇处。1999年，孝感日报社整体搬迁工程被列为孝感市政府十件实事之一、全市宣传文化事业重点项目。工程包括建设新闻采编大楼、印刷厂及配套工程，占地总面积近80亩，建筑面积20800平方米，总投资3600万元。孝感日报社新址是报社整体搬迁工程的主体部分，占地34.7亩，2000年4月1日开工，经过一年多的施工，完成新闻采编大楼、宿舍楼、综合楼等工程建设，报社同时添置设备，建立编采局域网、宽带高速光纤传输系统等，孝感日报社编采办公设施得到改善。

【孝感日报社印刷厂搬迁扩能】 始建于1971年12月的孝感日报社印刷厂，是一家以书、报刊印刷为主，包装装璜印刷为辅的中型省级书刊印刷定点企业。2000年印刷厂列入孝感日报社整体搬迁工程，迁址孝感城区黄陂西路孝感日报社西侧。工程投资1800万元，主车间2000年5月16日破土动工，同年11月9日竣工验收，电脑中心改扩建工程2000年11月30日动工加固，次年7月2日竣工验收。印刷厂占地18590平方米，建成建筑面积8000平方米的现代化、花园式厂房。印前设备拥有远程信息传版卫星地面接收系统，进口日本全自动电脑照排机，彩色桌面分色系统和书、报刊排版系统等。印刷设备有先进的日本三菱双色机，北人四色机，上海高斯彩色报纸高速印刷机等。还引进了上海紫光生产的平装胶订自动线，实现装订自动化，形成了一套完整的印前、印刷和印后加工生产体系。目前，孝感日报社印刷厂已发展到拥有近200名职工、固定资产2000多万元，年生产能力达15万令纸，设备先进、功能齐全的现代化印刷企业。印刷厂获得1999年度湖北省报业协会报纸印刷质量评比第三名，并被省新闻出版局、省报纸行业经营管理协会授予湖北省报业经营管理先进集体称号。印刷厂注重员工的学习培养，已培养各类专业技术、管理人员38人，现有本、专科学历30多人。近几年来，有30多个品种被新闻出版署认定为署优产品，有100多种产品被评定为省优产品。

孝感日报社领导名单

社　长　余章明　季云堂
总　编　黄自堂

副总编 晏乐安 张海堂
副社长 黄承嵩 曾忠安

（管 淳）

广播电视

【概况】 1999年11月18日，孝感广播电视新闻中心大楼建成正式投入使用，孝感市广播电视局于同日从原办公地点市长征路13号搬至长征路106号新闻中心大楼内办公。在新闻中心大楼内办公的还有孝感电视台、孝感有线电视台、孝感广播电视报社、孝感市视野传输有限责任公司、万声寻呼公司等5个单位的干部职工，共计340余人。2001年12月14日孝感市人民政府以孝政办发[2001]108号文《市人民政府办公室关于印发市广播电视局职能配置内设机构和人员编制规定的通知》，核定市广播电视局为主管全市广播电视宣传和广播电视事业的市政府直属正县级事业单位，设置职能科（室）6个：办公室、宣传科、人事教育科、计划财务科、科技科、社会管理科，事业编制28名。其中，局长1名，副局长2名，纪检组长1名，总工程师1名，科级领导职数10名（正科6名，副科4名），机关工勤人员2名。

1999年至2001年，孝感市广播电视局坚持"改革注活力、创新添动力、管理聚内力、发展壮实力"的工作思路，广播电视事业稳步发展，共投入建设资金6527万元，完成了新闻中心大楼、"村村通广播电视"工程、全市广播电视光纤干线网及城区有线电视光纤改造四大工程建设。同时，市局"三台"加快了设备更新换代与改造升级步伐，投入资金400万元购置了一批采、编、播设备，技术设备日趋先进，节目制作日趋精良。截止2001年底，共办有2套广播节目、5套电视节目，每天共播出115小时。有线电视网络实现了部、省、市、县四级联网，拥有城区用户近6万户，共传输30套节目。全市广播覆盖率达到100%，电视覆盖率达到96%，综合覆盖率达到98%。

三年来，孝感市广播电视局紧紧围绕市委市政府的中心工作，坚持把握正确的舆论导向，坚持团结、稳定、鼓劲和以正面宣传为主的方针，唱响主旋律，打好主动仗，广播电视宣传取得了巨大成绩。一是严肃宣传纪律，坚持编委会制度、视听评议制度、好稿评审制度和安全运行管理制度，严把播出关，无一例宣传责任事故和播出事故发生；二是加大精品创作力度，制作了一批深受群众喜爱的名牌栏目，如《孝感新闻》、《今日孝感》、《规矩与方圆》、《警方行动》、《文明之光》、《少儿天地》、《午间新干线》、《孝感故事》等；三是加大了对内对外的宣传力度。三年间孝感市广播电视局直属"三台一报"共播（刊）发新闻30000余条，摄制专题片200余部，其中上中央台新闻50余条，上省台新闻2504条、专题片70部，有1件作品获全国优秀奖，100余件作品分别获省一、二、三等奖。其中，摄制的《市委书记张昌尔痛斥"小金库"》、《道桥镇通过与"三种农户"交朋友实践"三个代表"》、《安陆市党员家庭技校成为"三个代表"典范》、《与时俱进看孝感》、《无声的丰碑》、《汉川四万干群抗旱魔》等节目被中央台和省台采用，有力地促进了中心工作的顺利开展，扩大了孝感的影响力，提高了孝感的知名度。

1999年～2001年，市广播电视局配合公安、工商、国安等部门，依法对音像市场和卫星地面设施进行了清理和整顿。共开展5次"扫黄、打非"集中行动，收缴非法音像制品21531盘（张），查处非法经营户3户，有1人移交司法机关处理。对全市326座卫星地面设施进行了3次大清查，共查出非法接收境外电视节目单位55家，依法查处5家，收缴违规接收设施5套，补办有关手续及证照71家，关闭违规户46家。

三年间，市广播电视局结合"三讲"教育、机关思想作风整顿、"三个代表"重要思想学习教育、警示教育、党风廉政建设教育和文明创建等活动，在局系统广泛开展了"班子创五好、机关创文明、工作创一流"的"三创"活动，全面提升干部职工的整体素质，机关作风不断改进，工作效率不断提高，各项工作都取得了好成绩。孝感市广播电视局先后被孝感市委、孝感市人民政府评为"市直机关先进单位"、"文明单位"、"兴办十件实事先进单位"、"招商引进先进单位"、"计划生育先进单位"、"社会治安综合治理先进单位"、"廉政建设先进单位"、"'九五'全市档案工作先进单位"、"全市'爱心献功臣'行动先进单位"、"建议提案办理工作先进单位"等，被省广播电视局评为"全省卫星电视管理先进单位"、"全省广播电视系统'三五'普法宣传教育先进集体"、"宣传工作先进单位"、"计财工作先进单位"、"音像管理工作先进单位"等，被市直机关工委评为"党务工作先进单位"、"先进基层党组织"、"市直机关理论学习先进单位"等。

【孝感人民广播电台】 1998年元月1日正式开播，自办节目1套，每天播出14小时，使用频率927千赫，发射功率1000瓦。1999年至2001年，孝感人民广播电台坚持"新闻立台"的原则，全面实现目标责任量化管理的工作举措，艰苦奋斗，真抓实干，工作一年一个台阶。1999年，电台播出新闻稿件3800条，上中央台新闻2条，其中1条在《新闻和报纸摘要》节目中播出，上省台新闻98条，制作的公益广告获全国优秀奖、省一等奖、省三等奖各1条，有10篇作品分获省新闻和社教节目一、二、三等奖；2000年，上中央台新闻5条，上省台新闻300多条；2001年，上中央台新闻5条，上省台200余条。2000～2001年，孝感人民广播电台连续两年在省台用稿居全省市州台第一名，连续两年被湖北人民广播电台表彰为全省集体记者用稿优胜单位。

【新闻中心大楼建设】 作为孝感市"形象工程"的孝感广播电视新闻中心及多功能演播厅曾于1998、1999年连续两年被市政府列为"为民兴办十件实事"之一，大楼主体高19层，总建筑面积10080平方米，总投资2000万元。为确保工程进度和工程质量，孝感市广播电视局专门成立了基建专班,精心组织、精心施工,严把质量关,工程建设如期完成,于1999年11月18日正式投入使用。两项工程的交付使用,结束了孝感没有标准化广播电视演播厅的历史,极大地改善了办公条件,改善了孝感作为中等城市对外宣传的形象。

【"村村通广播电视"工程】 国家广电总局于1998年提出"在本世纪末全国基本实现村村通广播电视"的任务,要求每个村能收听收看到1套广播电视节目。市广电局提出了确保每个村能收听收看到5—10套广播电视节目的高标准建设目标。为此,成立了建设专班,并就实现"村村通"的重要意义、目标任务、方法步骤、资金筹措和使用管理、组织领导和制度保证等作了明确规定,在全市掀起了建设高潮。截止2000年6月底,孝感市除配套的227万元资金全部落实到位外,还多元化筹集农村有线电视建设资金2000余万元,共建成乡镇有线电视系统142个,村级有线电视小片网426个,发展农村有线电视用户近10万户,完成了359个盲点村的"村村通"建设任务。至此,全市3601个行政村全部实现了"村村通"。孝感市的"村村通"工作由于起步早、进展快、方法活、质量高,得到了国家广电总局领导的充分肯定,将孝感市《建管结合促发展、努力实现"村村通"》经验编成《广播影视简报》上报中办、国办、中央宣传思想工作领导小组和中宣部,并向全国推广,产生了一定的影响。

【广播电视光纤干线网工程】 三年间,孝感市广播电视局共引资2000余万元用于光纤干线网的建设,共铺设光纤630余公里,连通了全市七县市(包括广水市)的广播电视光纤网,完成了光纤机房的建设,并与省、部级的光纤干线网实现了互联互通,下传了4套省台节目。丰富了广大人民群众的业余文化生活,实现了全市县市一级光纤联网,为开发网上新业务打下了基础。

【孝感城区有线电视光纤改造工程】 孝感城区有线电视光纤改造工程,是市政府2000年为民兴办的十件实事之一。孝感市广播电视局党组对该工程十分重视,主要领导亲自挂帅成立了工程建设领导小组,制定了详细的实施方案。在施工过程中,紧抓工程质量和资金筹措两个中心环节,做到了组织、措施、技术、资金四个到位,保证了工程建设的顺利进行。整个工程建设共投入资金300余万元,架设主支干线光纤55公里,开通光节点61个,建成信号回传点1个。该工程的顺利完工为今后的光纤入户、开展网络多功能服务打下了基础。

孝感市广播电视局领导成员名单

局　　长　李家振
副 局 长　马升平　杨洪雄　刘厚雄
纪检组长　乐言平

（徐　军）

孝感电视台

【概况】 孝感电视台于1989年4月28日,经国家广电部批准正式成立。

孝感地理优越,区位、交通、资源优势明显,为孝感电视台的发展提供了广阔的空间。十多年来,孝感电视台建成一支作风过硬,能征善战的职工队伍。职工人数由建台时的30多人发展到130多人,大专以上学历人员占总人数的60%,构成硕士、本科、专科科技人员梯次结构。内部机构设置顺应电视事业发展需要,日臻完善。形成台、办公室、总编室、新闻部、社教部、广告部、节目部、财务部、技术部、孝南记者站的管理体系。孝感电视发射塔高180米,成为孝感的标志性建筑。发射功率强劲,覆盖周边10多个县市,近千万人口。孝感电视台坚持正确舆论导向,紧密结合中心工作,充分发挥喉舌功能,使两个频道的资源得到合理开发。电视台创收工作成为各项工作开展的有力支撑。1997年起,创收保持良好发展势头,连续两年实现翻番。把优秀的节目诉诸荧屏,把精美的精神食粮奉献给观众,是孝感电视台的一贯追求。按照有所为,有所不为、量力而行、精办节目的思路,孝感电视台在办好节目,提高节目质量,提高收视率方面作了不懈的努力。以《孝感新闻》、《规矩与方圆》、《警方行动》为龙头的新闻、社教两大板块栏目,构筑了孝感电视台栏目的中坚。其他栏目如《孝感故事》、《先锋》、《健康聚焦》、《娱乐现场》、《世界军事报道》、《传奇》、《电视剧场》等一批栏目各显特色,使孝感电视台荧屏精彩纷呈,成为孝感电视观众的收视热点。

为保证宣传工作顺利开展,重塑荧屏形象,近几年,孝感电视台致力于设备更新、技术改造、技术开发,先后投资500多万元,用于采编设备的更新和演播厅的建设,使采编设备档次上升到新的水平,实现了摄像设备的数字化和编辑设备的非线性化。广告节目实现了硬盘播出,节目的编辑、制作、播出水平显著提高。微机软件的开发运用,推动了技术开发的快速进步,技术开发的水平和能力处于同级台的前列。

孝感电视台以宣传工作为己任,以经济建设为中心,唱响主旋律,打好主动仗,牢牢把握正确的舆论导向,在孝感两个文明建设中发挥了积极的舆论支持作用,受到了上级领导和广大观众的肯定。近四年来,先后被孝感市委、市政府授予文明单位,最佳文明单位称号,连续三年被评为市直企事业先进单位,多次被省广播电视局评为电视新闻宣传先进单位,三年来共获奖牌20多块。

孝感电视台台长　汤大才

卫生·社会生活

卫　生

【概况】 孝感市卫生医药局到2001年恢复原名孝感市卫生局。2001年底,全市有卫生机构452个,其中卫生部门180个,工业及其他部门62个,集体所有制卫生所144个,私人开业66个。按机构类型划分:县及县以上综合医院27个(含厂矿职工医院16个),中医医院6个,专科医院(精神病院)1个,乡镇卫生院117个,门诊部(所)、卫生所254个,卫生防疫站8个,专科防治所6个,妇幼保健院(所)8个,卫生学校(院)3个,卫生进修学校5个,血站1个,其他卫生机构8个,全市病床总数7945张,其中卫生部门7232张,县及县以上医院3737张,卫生院2513张。在职卫生工作人员18331人,其中卫生部门16542人,卫生技术人员13106人,高级职称703人,占5.4%,中级职称3714人,占28.3%,学历分类:大学本科以上占4.3%,专科占16.6%,中专占55%,其他占24.1%。全市每千人拥有医生1.2人,较1998年增长6%,全市卫生部门固定资产63768万元,专业设备16222万元,实际拥有净资产56466万元,比1998年增加7097元,增长14%。

全市卫生部门县及县以上医院1999年(含广水)、2000年、2001年依次完成门诊量198.8万人次、152.2万人次、160.1万人次,出院人数三年依次为100328人、87444人、87067人。

农村卫生院1999年(含广水)、2000年、2001年分别完成门诊量273万人次、248万人次、326万人次,出院人数三年分别为73131人、61185人、67414人。

1999～2001年,全面推行"病人选择医生"、住院患者费用清单制和门诊病人收费查询制——"一选二制"制度。全市投资200多万元配备医院信息管理系统和收费查询系统,方便患者查询,同时将"病人选择医生"与人事、分配制度挂钩,让患者信得过的医生在专业技术职务晋升、经济利益上得到实惠。

针对过去医院药品采购存在的不少弊端,从2000年开始,全市首先在市直和四个县(市)区55.5%的二级以上医疗机构中实行药品集中招标采购,截止2001年底,集中招标采购药品额达1690万元。招标采购药品比老办法采购的药品,零售价格平均下降20%左右,减轻患者负担240多万元。

对医疗机构分类管理工作,实行"四个结合"、做到"三个坚持":将医疗机构分类管理与医疗机构治理整顿有机结合,与区域卫生规划和卫生资源配置标准有机结合,与卫生全行业管理有机结合,与贯彻其他医疗卫生法律法规有机结合;坚持核定原则,坚持把握重点,坚持依法行政。这项改革工作到2001年6月基本完成。全市共有232家医疗机构申报核定性质,其中上报省卫生厅10家,报市卫生局核定的54家,报各县(市)区卫生局核定的168家。经按权限范围审查,核定为政府举办的非营利性医疗机构59家,非政府举办的非营利性医疗机构138家,营利性医疗机构35家。2000年,市卫生医药局着手对市直卫生资源,本着合理利用,提高效率的原则,组织市直医疗卫生单位结对子,开展以大带小,以强帮弱活动,如中心医院帮结防所、康复医院帮血防所等,走优势互补,共同提高的道路。

对社区卫生服务改革,孝南、应城、汉川等地城区全面铺开,基本运作方式是朝着1999年7月国家14部委联合下发的《关于城市社区卫生服务的若干意见》指定的方向迈进,实现以基层卫生机构为主体,全科医生为骨干,合理使用社区资源和适宜技术,以人的健康为中心,家庭为单位,社区为范围,需求为导向,以妇女、儿童、老年人、慢性病人、残疾人等为重点,以解决社区主要卫生问题、满足基本卫生服务为目的,融预防、医疗、保健、康复、健康教育、计划生育技术服务为一体的,有效、经济、方便、综合、连续的基层卫生服务。

人事制度改革在市中心医院、康复医院和一部分县(市)区医院进行,改革的共同特点是精减职能重叠的科室和富余人员,中层干部竞争上岗,并实行聘任制。全市24家县以上医院通过这项改革,行政科室由原来的520多个减少到415个,减少科室设置20%,人员由原1100人减少到762人,精减率为30.73%。精减的338人,充实到了业务科室,达到了精减机构,理顺职能,减员增效的目的。

【依法行政　强化卫生管理】 三年内对食品卫生、公共场所卫生、学校卫生、放射卫生等方面,开展经常性的执法监督。在2001年全国性的整顿和规范市场经济秩序活动中,孝感市卫生打假端掉了6个在米粉中掺入"雕白石"(有害物质,可增白)的违法生产经营窝点,另外取缔2家无证食品生产经营户,查封不符合卫生要求的原料、成品11000公斤,对4家违反《食品卫生法》的经营户罚款9000元。9月份,孝感城区率先对"假、冒、伪、劣"食品进行了整治,共收缴"假、冒、伪、劣"食品106个品种共4吨,标值12万元,予以集中展示后销毁。

《执业医师法》自1999年5月1日实施，依据《医师资格考试暂行办法》规定，组织了首次医师资格考试，全市共有372名报考执业医师，1009名报考执业助理医师，考试合格率分别为69.6%、59.5%。

2001年对全市非法行医按照《执业医师法》、《医疗机构管理条例》等法律法规，开展了长达5个月的专项治理整顿，处罚违规医疗机构18家，非法行医人员201人，取缔非法行医112家，罚款12.3万元，没收药品药械价值7万多元，清理非法医疗广告16家。

【农村医疗卫生工作】 1999年～2001年，农村卫生工作围绕初级卫生保健、卫生管理体制、服务体系建设，乡镇卫生院改革、农民健康保障办法以及药品管理等方面进行。建立了较为完善的农村卫生服务网络，除每个县(市)区县级医院、中医院、防疫站和妇幼保健院，每个乡镇至少有一所卫生院外，村卫生室覆盖率达到90%以上，整个农村实现了有医有药能防能治；疾病防治工作取得明显成效，农村医疗保健状况得到了较大改善，全市甲、乙类传染病报告发病率，孕产妇死亡率和5岁以下儿童死亡率都有较大幅度下降，尤其是在近几年的防病救灾工作中，农村卫生工作为确保“大灾之后无大疫”目标的实现，发挥了举足轻重的作用。具体措施是乡村卫生组织实施了一体化管理模式，工作方法上实行了六个统一，统一设置标准，统一聘用人员，统一核发工资，统一调拨药品，统一管理财务，统一安排防保工作。

乡村卫生组织一体化管理，加快了农村卫生事业发展，净化医药市场，彻底解决了农村存在的“滥办医”、“办医乱”的问题。农村预防保健网络得到完善，防保水平明显提高。强化了传染病的登记，报告制度，把孕产妇的跟踪服务和儿童保健纳入村卫生室的工作任务进行安排和考核，提高了妇幼保健工作水平。乡镇卫生院服务功能得到加强，业务收入逐年增加，乡镇卫生院逐步走出困境。

【保障妇女儿童的健康】 1999～2001年，由于贯彻实施国务院妇女儿童发展纲要，妇幼卫生工作得到加强，到2001年底，新生儿访视率达85.35%，保健管理为66.61%。对发育不良、体弱儿童建立专档跟踪管理。由于儿童保健工作的加强和广泛深入的优生、优育、优教和营养膳食等卫生科学知识的宣传，科学孕育知识得到很大普及，做到预防为主，防治结合，2001年底，新生儿死亡率为9.67‰，5岁以下儿童死亡率为17‰，婴儿死亡率为14.69‰。

首先是抓好婚前医疗检查，2001年底，婚前检查率达到28.28%，疾病检出率11.85%，其中指定传染病(性病)检出率占疾病检出率的44.01%。对155609名妇女进行了妇科病普查，查出各类妇科病患者45212人，患病率为29.06%，随即对这些患者进行了必要的治疗。其次是抓孕产妇分娩管理。由妇幼保健院和各级医院妇产科协作完成，2001年底，全市孕妇产前检查率为93.78%，早期检查率为87.02%，产后访视率为85.93%，系统管理率为80.02%，住院分娩率为84.84%，新法接生率为98.51%，孕产妇死亡率为46.91/10万，围产儿死亡率为8.83‰。第三是开展母婴安全活动，主要内容是规范县、乡、村三级保健机构及人员的职责和任务，统一资料模式，建立孕产妇急救中心和转诊程序，落实保健人员和产科骨干培训系统，明确助产技术人员必须持证上岗，提高产科服务质量。

【坚持“预防为主”的卫生工作方针】 1999年～2001年底，全市发生乙类传染病17类，总发病人数为28040例，年均发病9347例，比1998年发病10458例下降了10.62%。

围绕“大灾无大疫”作好各项预防工作。继1998年特大洪涝灾害后，2000年、2001年又遭历史罕见的持续干旱，面对灾害频繁的局面，在预防工作上，主要突出抓好“三早一落实”，即早预测，早部署，早行动，全面落实灾区饮水消毒、食品卫生管理、疫病防治。每年初都制定详细的抗灾防病预案，从领导力量、防治机构、技术人员调度，药品器械，资金筹备，防治措施，宣传教育等诸多方面作出部署安排，千方百计做到有备无患。全市到2001年底，共发生各类传染病7228例，比1998年同期的10458例减少了3230例，下降率为31%。2001年市卫生局荣获市委、市政府“抗旱救灾先进集体”称号。

计划免疫和免费治疗结核病。计划免疫年均运转4次，三年全市共接种麻疹疫苗93924人份，脊髓灰质炎268701人份，“百白破”270363人份，使得相应疾病2001年底同1998年底相比，麻疹下降0.81%，脊灰持平，新生儿破伤风上升0.02%，百日咳上升0.79%，白喉持平，肺结核上升6.44%。

开展结核病流行病学调查。2000年3月根据全国统一部署，按照随机抽样的原则，完成了孝昌县卫店镇南新村为期7天的第四次结核病流行病学调查，对1391人进行了PPD接种，同时进行了X光胸部透视、胸部拍片、查痰等工作，发现活动性肺结核8例，患病率696/10万，涂阳患病率261/10万，为今后制定结核病防治方案，提供了实际依据。

【血吸虫病防治】 三年查螺1661230亩，查出有螺面积2001年底为140729亩，有螺面积主要分布在汉北河、沦河、府河等三条水系。对有螺面积进行药物灭螺23578亩，结合水利工程灭螺3809亩，河滩翻耕种植灭螺60069亩。三年累计查病1241840人，查出病人37445例，全部进行了治疗，扩大化疗308151人。耕牛累计查87768头，查出病牛1243头，治疗1240头。全市晚期血吸虫病人由1999年的331人减少到2001年的200人，由于防治措施的加强，患病率从1999年的3.22%，下降到2001年的2.78%。耕牛患病率从1999年的1.91%下降到2001年的1.09%。除了药物灭螺、工程灭螺外，采取的综合措施之一是结合农业种植结构调整消灭钉螺。对冷浸田之类的进行水改旱450亩,开挖精养鱼池、植藕等743亩。其二是督导各地对血防规划的落实。2000年对云梦、应城两县、市按照血吸虫病传播控制标准进行严格检查,根据各类数据衡量,这两个县市达到了规定的标准。汉川、孝南未达标,市血防办帮助他们分析了原因并拟定了达标计划和措施,起到了较好的推动作用。其三是根据实际情况调整工作部署,如2001年旱情严重,为了防止因调汉江水抗旱通过疫区,将钉螺带到非疫区,市血防办公室及时组织有关县(市)区开展了血吸虫尾蚴搜寻和小白鼠疫水实验工作,为防治实践提供依据。

【碘缺乏病防治】 经过几年的防治努力,主要抓合格碘盐覆盖率,三年时间里,对生产、储存、批发食盐的单位进行食盐含碘监测355批,合格的352批,合格率99.16%,分析居民盐样13940份,合格的13420份,合格率96.27%。查病方面,调查8~10岁小学生3380名,查出甲状腺肿大的125名,肿大率3.7%,检测尿样805份,尿碘中位数298.95微克升。尤其是实施省试点工作,全市甲状腺肿大率由1998年前的22.54%,降至2000年底的4.68%,下降79.23%,克汀病患病率由3.1%降至零。2000年3月通过了湖北省的阶段性目标评估,实现了"九五"规划的阶段性目标。同时,大悟县作为全省四个试点县之一,接受了国家考核组的检查,检查考核结果,达到了消除碘缺乏病的阶段性目标,试点工作的全过程,受到考核组的充分肯定,各项指标完成名列全省第一。

【爱国卫生工作】 孝感市城区1999年被授予"湖北省卫生城市"荣誉称号后,通过2000年复查,不但保持荣誉,而且在软、硬环境建设上又有新的突破。应城、汉川、云梦在获得省级卫生城市(县城)称号后,不断向更高层次迈进。孝感市委办公室、市政府办公室等24个先进单位荣膺"湖北省卫生先进单位"称号,一大批先进个人受到各级政府和爱卫会的表彰。

农村改水改厕:三年新增饮水改良项目19367处,受益人口36万人,占农村总人口的8.49%。新增自来水项目567处,31.74万人受益,占7.49%。到2001年底,全市409.85万人饮上了清洁卫生水,占农村总人口的96.68%。其中自来水受益人口144.93万人,占农村总人口的34.19%。

三年中新建改良卫生厕所19.86万座,77.84万人受益。其中无害化厕所2.99万座,11.56万人受益。到2001年底,全市累计改厕62.57万户,占农村总户数的62.14%。

除四害不断取得新成果。三年内把灭四害纳入创建文明卫生城市的重要组成部分,采取环境防治、化学防治、物理防治等综合措施,每年春秋进行两次灭害大行动。孝感城区到2001年底鼠、蟑密度连续三年保持达到相关标准。蚊、蝇密度大幅下降。2000年省爱卫会灭害达标复查组对孝感、应城、云梦三市、县(市)进行了复查,结果显示,孝感、应城两城区均保持鼠、蟑两项达标和两灭先进城区称号,云梦获得"灭蟑先进县城"荣誉称号。

健康教育取得成果。对农村,按照全国九亿农民健康教育行动计划,播映了医疗、卫生、预防、保健的系列专题讲座片20部,同时在报刊上发表健康教育文章1440多篇次。在城区,设立健康教育学校,定期开展卫生知识培训1320期,累计培训365万人次。学校健康教育开课率100%,学生健康知识知晓率和健康行为形成率分别达89.3%和88.6%。

【突出"科教兴卫"战略】 1999~2001年,办好3所普通中等专业卫生学校、5所成人中等专业卫生学校的医学教育,此外,还将高等学历自学考试纳入医学教育的重要内容,1999年共组织778人次、2300科次的报名和自考辅导,考试合格率达80%以上。孝感医学分院和汉川卫校高等学历自学考试助学辅导站通过了省卫生厅组织的助学辅导站考核评估。对全市乡村医生系统培训作出统一部署和安排,成立了"孝感市乡村医生培训站"。第一期培训920人,逐项培训241人;中专水平培训679人,培训质量均达到有关要求。1999年~2001年共组织34项科研成果鉴定,17项获国内领先水平,8项获国内先进水平,获其他等次的9项。2000年孝感市人民政府对全市各战线科研项目评奖,卫生系统获一等奖3项,二等奖7项,三等奖13项,获奖项目占全市获奖项目总数的33.3%,同时获省卫生厅科技进步二等奖2项,三等奖1项。

三年共举办省级学术活动1次,市级学术活动8次,交流学术论文800余篇。组织学术讲座5次,使相应的新技术得到推广应用。

【加强中医建设】 到2001年底,全市县级以上中医医疗机构6家。95%的县级以上综合医疗机构、专科医疗机构、乡镇卫生院均设有中医科或配备有中医专业人员。中医(中西结合)病床695张,中医药从业人员1258人,全市中医医院房屋建筑面积6.75万平方米,年门诊量达35.7万人次,出院达1.2万人次。三年来,通过开展示范中医院创建、加强专病专科、放心药房、中医急诊科、检验科标准化建设和推进中医院整体护理工作,使医疗质量、服务水平、管理水平大为提高。

中医"三名"(即名医生、名专家、名医院)建设促进了中医的发展。云梦县中医院痔病医疗中心被省卫生厅批准为"湖北省中医专科专病中心建设单位",建设周期三年。1999年12月,经各地申报、市卫生医药局组织评审,推荐汉川市中医院、云梦县中医院作为省级示范中医院建设单位。6家中医院药房被省卫生厅批准为"放心药房",省厅批准全市5家中医院的供应室、检验科分别为"合格供应室"和"合格检验科"。

【发扬红十字精神 扶危济困 赈灾救难】 孝感市红十字会成立于1986年。名誉会长曹世佑,会长赵晓勇,周新安等5人为副会长,市直各有关委、局、事业单位负责人及各县(市)区分管领导为理事。市红十字会下设办公室,挂靠在市卫生局。全市有基层红十字会180个,还有148个团体会员单位,市实验小学、玉泉小学等学校建立了红十字青少年工作委员会。在国道及重要交通路口设立了26个红十字急救站,全市红十字会员达57696人。孝感市区建立了"999"红十字急救救援中心,初步形成了一定规模的红十字会工作网络。三年来积极贯彻实施《红十字法》,以保护人的生命和健康,发扬人道主义精神,促进和平进步事业为己任,对特困户、孤寡老人、残疾人、聋哑学生、社会弱势群体以及老红军等,共发放救济金112000元,向汉川、孝南、应城等地遭受严重洪涝和龙卷风袭击地区投放救灾物资价值20万元。

2000年底,市红十字会率先在市直开展市民捐献闲置物和扶危济困捐款活动,即"城市减肥工程"。随之在各县(市)区推开,募捐了一批款物,如数支援了灾区。

无偿献血:自1998年10月1日《中华人民共和国献血法》颁布实施后,使沿用几十年的有偿献血制度转变为无偿献血。2000年6月出台了《孝感市献血管理办法》,由此,全市无偿献血走上法制化轨道。三年来共采集并为临床提供血液1447.76万毫升。2001年,孝感市中心血站在孝感市城区新建业务楼工程项目被国家计委、卫生部确定为国债投资项目,下达投资计划519.76万元,其中设备投资71.6万元,业务楼投资448万元(含地方配套231万元),建设规模2800m^2。

【市卫生局办公环境条件得到根本改善】 局办公大楼1999年12月动工,2000年12月竣工。总建筑面积4556m^2,投资400万元。其中住宅12套,与办公楼连成一体。另外配套设施投资32.5万元,其中有办公设备、健身房器材、会议室(歌舞厅)设备、羽毛球场等。

另投资23万多元种草栽花,面积675m^2,安装彩色霓虹灯多处,实现了春有花、夏有荫、秋有果、冬有青的环境效果。

【药物依赖治疗工作】 孝感市药物依赖治疗中心成立于1996年,2000年7月,引进美国"集体治疗康复模式"成立"戒毒TC康复部"(孝感市药物依赖治疗中心),开展了对戒毒病人的心理治疗、行为矫正、社会回归和身体康复等工作。其规模居全国第二,仅次于云南省戒毒所。

2001年4月,湖北省禁毒办以"孝感市药物依赖治疗中心"的医疗程式、护理常规、管理制度、医疗文书书写格式为蓝本编印《湖北省戒毒场所诊疗、管理常规》在全省戒毒机构中使用。6月建立了"孝感市禁毒教育基地",开展了戒毒、禁毒的宣传、教育。

在湖北省禁毒办对全省戒毒机构进行的检查验收活动中,该"中心"综合得分连续三年位居全省第一,先后被湖北省禁毒办授予"全省戒毒管理工作先进单位"、"甲级戒毒所"等荣誉称号。

世界卫生组织药物依赖问题专家、中国药物依赖研究所所长蔡志基曾专程来"中心"视察指导工作,并为"中心"题词:"加强戒毒研究,严格管理制度,创造好经验,向全国交流。""中心"1999年～2001年三年共收治吸毒人员6000余人,临床脱毒成功率达到98.7%。

孝感市卫生局领导成员名单

局　　长	周新安(1998.4—　　)
副 局 长	徐光才(1996.6—2000.2)
	李锦文(1998.6—　　)
	王太平(2000.2—　　)
	郭剑敏(2001.9—　　)
纪检组长	丁　毅(1994.3—　　)

(陈道喜　熊彦柏　熊京桥)

药品监督

【概况】 2001年6月5日,孝感市委决定成立孝感市药品监督管理局党组(孝发干[2001]9号);7月4日,孝感市药品监督管理局领导班子正式宣布组建成立;7月12日,湖北省药品监督管理局下发关于成立孝感市药品监督管理局的机构设立通知(鄂药管党[2001]52号);9月10日,孝感市药品监督管理局在孝感市交通中路6号举行了挂牌仪式,省药品监督管理局副局长宋克勤、孝感市委副书记何秉发、孝感市副市长赵晓勇参加了挂牌仪式。新机构的建立,结束了孝感市药品监督管理长期存在的多头分散、政出多门的旧体制,揭开了全市药品统一监督管理的新篇章。

孝感市药品监督管理局作为湖北省药品监督管理局的垂直机构,是孝感市实施药品监督管理的执法主体(孝资审第1号)。主要职能是负责对全市药品的研究、生产、流通、使用进行行政监督和技术监督的管理工作,并将孝感市卫生局原承担的药政药检职能,孝感市贸易局原承担的生化药品市场监督职能和孝感市供销社原承担的中药材监督职能划转给孝感市药品监督管理局。孝感市药品监督管理局归并集中药政、药检职能,生化药品市场监督职能,药品生产、流通管理及中药监督职能,统一对全市药品的研究、生产、流通和使用进行行政监督和技术监督。

孝感市药品监督管理局组建后的半年时间内,坚持以"三个代表"重要思想为指导,以监督为中心,监、帮、促相结合,以"执法公正、监管有力、行为规范、办事高效"为工作准则,积极加强日常监管,整顿规范药品市场秩序,开展行政监督与技术监督。

【法制教育和队伍建设】 从组建之日起,开办行风建设宣传栏,设立假劣药品、医疗器械举报电话、举报箱,并请市法制办同志到局机关讲授《行政诉讼法》、《行政复议法》及相关法制知识;同时,每个星期六上午都坚持组织机关全体工作人员学习业务知识,提高队伍素质。

【培训与管理】 2001年,孝感市药品监督管理局在药品零售企业的培训与管理、药品分类管理的宣传培训、核换发药品生产经营企业许可证的准备工作等方面都较好的实现了预期目标。先后开办了药品零售企业许可证审查员、零售企业负责人换证、医疗机构制剂室许可证换证、药品从业人员上岗资格等培训班共计11期,培训总人数约1770人。

【生产企业及医疗单位制剂注册】 2001年,孝感市药品监督管理局对全市药品生产企业注册登记335个品种,医疗单位制剂按制剂规范新的标准全面准备,计划注册登记500个品规。

【市场监督】 换发医药法人批发企业《药品经营企业许可证》12家,分公司4家。医药零售企业《药品经营企业许可证》390家。8月17日组织全市药监部门在市无公害垃圾处理场一次性销毁420个品规,总标值58万余元的假劣药品。疏散孝感城区环西路药品集中经营地12家经营户,合理布局了孝感城区药品经营点,规范了药品市场经营秩序。

【安全监管】 2001年,孝感市药品监督管理局积极贯彻省局会议精神,按照总体工作部署,完成了5家药品生产企业换证收尾工作,验收并通过了新开办的1家医用氧药品生产企业,完成了15家医疗机构制剂室的换证工作,同时新增2家麻醉药品供应点。

【医疗器械监督管理】 2001年,在全市范围内共核发《医疗器械经营企业许可证》(零售)329家;申报省局《医疗器械经营企业许可证》8家,使全市的医疗器械批发企业增至21家;申报布点,审批医疗器械生产企业5家,使医疗器械生产企业增至11家。

【市场稽查】 2001年,孝感市药品监督管理局对全市范围内的药品生产企业、药品经营企业及医疗机构定期组织了全面督查。2001年共立案153起,涉案单位171家,结案129起,结案率84.3%;共查处过期失效药品1500个品规,计115.8万元。

【新《药品管理法》宣传】 2001年11月30日至12月1日,在全市范围内开展了为期2天的新《药品管理法》宣传活动。共出动8辆彩车,在全市悬挂宣传条幅、横幅430余条,放置宣传氢气球16个,设立假劣药品展示台、药品法规、知识宣传台27处,发放宣传资料51300余份,接受群众咨询20000人次。

【县市区药监机构组建】 2001年10月9日至12月9日,完成了对各县、市、区药品监督管理局领导班子的考核工作,并于12月10日在市药品监督管理局召开各县、市、区药品监督管理局局长会议,宣读任职通知,启用县、市、区药监局行政公章,同时研究全市药监机构机关工作人员考核录用工作。

孝感市药品监督管理局领导班子成员名单

局　　长、党组书记　李传汉
副 局 长、党组成员　李贵平
副 局 长、党组成员　姚少威
纪检组长、党组成员　潘建华

(周　一)

民　　政

【概况】 1999～2001年,孝感市民政工作城乡社会保障体制不断完善。救灾救济体制健全,基本建立起救灾工作分级负责、救灾款分级负担的体制,"1704"科目预算逐年增加,确保了灾民生活和灾区社会稳定。农村五保供养工作进一步加强,城市居民最低生活保障体制已经建立,城乡弱势群体及困难群众的生活得到较好保障,其合法权益得到维护。

优抚、安置、军休政策得到落实。优抚经费做到了及时足额发放。退伍军人安置采取安置就业、扶持就业、自谋职业相结合的办法,较好地完成了安置任务。如期完成了第三、四批军休干部的接收安置工作,政策落实较好。群众性的双拥创建活动蓬勃开展,广泛深入地开展了"爱心献功臣行动",较好地解决了重点优抚对象生活、住房、医疗方面的突出困难。军民共建成效显著,军政军民关系融洽,截止2001年,孝感市连续4次被授予全省"双拥模范城"称号,连续3次被授予全国"双拥模范城"称号。

各项社会行政事务管理工作稳步发展。民间组织管理工作进一步规范,对民间组织实行登记管理机关和业务主管单位双重管理的体制得到落实,建立了业务主管单位联络员制度,完成了民办非企业单位的复查登记工作,加大了查处非法民间组织和民间组织的非法活动的工作力度,维护了社会稳定。按照"实事求是、顾全大局、互谅互让"的原则和依法勘界的要求,完成了勘界工作任务,结束了市行政区域界线无法定界线的历史。根据省委、省政府《关于乡村体制改革实施意见》,圆满完成了乡村体制改革和区划调整工作,全市由原来的115个乡镇街调整为107个,使全市行政区划更趋合理。婚姻登记程序逐步规范,管理水平不断提高,婚姻登记率、登记合格率、档案完好率均达到99%以上。加大了查处违法婚姻的工作力度,基本杜绝了婚姻登记中搭车收费和乱收费的现象。殡葬管理工作上了一个新的台阶,截止2001年,全市7个县市区都建有殡仪馆;除大悟县少数偏远山区乡镇外,全部划为遗体火化区。2001年全年火化遗体达21324具,火化区内火化率达到97%以上,创历史最好水平。殡葬服务基础设施建设不断加强,服务质量有了较大提高。

基层政权建设得到加强。全面推进村民自治,1999年圆满完成了全市第四次村委会换届选举工作;村务公开民主管理工作深入开展,全市2978个村建立了村务公开栏、成立了"两会一组",完善了有关制度。社区建设试点工作扎实推进,取得了成功经验,社区建设在全市广泛深入开展。

文明创建工作取得突出成绩。2000年,市民政局连续第3次被市委、市政府评为“最佳文明单位”,市民政系统被评为市级“文明系统”。市军休所等6个单位被省民政厅评为全省民政系统“行风建设省级示范窗口单位”。1999年～2001年,市民政局连续3年被市委、市政府评为“先进单位”。（宋汉波　娄志华）

【城市最低生活保障】 至1998年底,市直及7个县(市)区城区全部建立和实施了城市居民最低生活保障制度。截止2001年12月底,全市已享受城市居民最低生活保障的对象有41860人,占非农业人口总数的3.7%,年发放保障资金2090万元。1999年～2001年是城市低保工作发展的重要阶段。2000年8月中下旬、2001年10月中旬,结合国有企业改制、人员下岗分流及进入托管中心期满等情况,先后两次对企业困难职工生活情况组织了大规模的调查摸底活动,基本掌握了全市城镇困难居民的生活底数。三年来,市县两级财政低保资金投入不断增加,1999年市县列支420万元,2000年市县列支655万元,2001年市县列支793万元;积极争取中央省里的低保专项资金支持,三年共争取中央省里资金1642万元,其中1999年163万元,2000年372万元,2001年1107万元;不断扩大低保覆盖面,实现了低保对象由初期的只保城市“三无”对象,过渡到基本应保尽保、全员纳入的新跨越;同时,不断加强低保档案管理、资金管理、微机管理,基本实现了低保工作的规范化、制度化、信息化。（曹春齐　魏杉林）

【救灾救济工作】 1999年～2001年,孝感市连年受灾,尤其是旱灾极为严重。1999年,南部县市区相继遭受了强飑线、大暴雨袭击,北部县市(含广水市)出现了“四季连环旱”,造成直接经济损失11.4亿元。2000年,旱灾、风雹、洪涝、病虫害等自然灾害接连发生,造成直接经济损失10.2亿元。2001年,连续发生了风雹、干旱、病虫害等灾害。特别是继前两年干旱以后,又遭受了历史上罕见的特大旱灾。旱情持续之长、程度之深、危害之重,超过了特大干旱的1978年,也是有气象资料记载以来最重的旱情。这场旱灾共造成全市直接经济损失15.2亿元,其中农业直接经济损失13.4亿元。特大旱灾发生后,全市各级党委、政府高度重视救灾工作,坚持一手抓经济社会发展,一手抓灾区群众生活安排,救灾工作的开展卓有成效。一是深入灾区查灾核灾。全市各级相继成立了救灾工作专班,并派出100多个工作组、840多名干部,深入灾区开展核灾救灾工作。二是多途径解决灾民口粮困难。各地因地制宜,采取灾民互助互济、政府借粮、民政救济等方法,解决灾区群众缺口粮问题。共组织灾民相互调剂口粮2460万斤,政府借粮2600万斤,民政部门救济口粮1200万斤。三是及时足额下拨救灾资金。2001年度,共下拨救灾资金2475万元,救助灾民18.6万户、75.6万人。四是落实灾区重灾户、贫困户税费减免工作。按照“重灾多减、特重灾全免”的原则,共减免农业税费4485万元。五是扎实开展救灾捐赠活动。特大旱灾发生后,全市上下开展了声势浩大的赈灾捐赠活动,截止2001年底,共募集并发放赈灾资金780万元,各类物资折款416.5万元。（曹春齐　亢晓勤）

【农村五保供养】 1999年～2001年,全市共投入资金1940万元,新建、改、扩建农村福利院49所。各乡镇都建立了农村福利院,集中供养五保对象3445人。1999年,全市8所农村福利院被评为全省“百强福利院”,获160万元扶持奖励资金。2000年10月30日至11月4日,举办了全市第2期农村福利院院长培训班,对67名乡镇福利院院长和民政办主任进行了系统培训。2001年,分散和集中供养的五保对象年供养标准分别超过1100元和1400元。2001年7月1日,孝南区肖港镇福利院院长胡裕民被湖北省委评为“优秀共产党员”。（洪　卫）

【社会福利事业】 1999年～2001年,福利事业单位基础设施建设步伐加快,市直、汉川、安陆、应城等社会福利院,各自高起点、高标准新建并配套完善了综合型多功能老年公寓,总投资1000余万元,总建筑面积达8700平方米,大大改善了福利院的设施条件和服务水平。大力推进社会福利社会化进程,2000年建成全市第1个民办养老福利机构:汉川汈东长乐老年公寓。全市12所城市社会福利机构,共收养老人、残疾人、孤儿872人,其中自费代养老人295人,自费代养率达到33.8%。完成了全市133所城乡社会福利机构的审批和发证工作。到2001年底,市直、孝南区、汉川市、安陆市、云梦县、大悟县等6所社会福利院达到省二级院,应城市社会福利院达到省三级院。（金申明　艾红春）

【社会福利生产】 加快企业改革、改组、改制步伐,建立了现代企业管理制度,积极吸收社会力量兴办社会福利企业,至2001年底,全市共有福利企业46家,年销售收入1.63亿元,实现利税1390万元,减免税金368.5万元,安置残疾人585名,做到经济、社会两个效益同步提高。完成了全市46家福利企业《社会福利企业证书》换发工作。2000年3月,福利企业恒安(孝感)卫生用品有限公司被市人民政府评为“1999年度十强三资企业”。（金申明　艾红春）

【殡葬管理】 全市有殡仪馆7家,经省厅批准的合法经营性公墓4家,2001年火化遗体达到21324具,火化数以8%逐年递增,汉川、应城、孝南、云梦、安陆等地火化率均已接近100%。加大殡葬设施硬件建设力度,1999年～2001年,全市共投入资金1000余万元,用于殡仪馆、公墓建设。孝昌于1999年集资新建殡仪馆,已于2001年10月建成投入使用。省民政厅1999年～2001年连续3年对孝感市殡葬管理工作及部分殡葬服务单位予以通报表彰。2001年全市6个殡葬改革先进单位和8个殡葬改革先进个人受到省人事厅、省民政厅表彰。

（金申明　艾红春）

【双拥工作】 1999年以来，每年春节和“八一”期间，市委、市人大、市政府、市政协、军分区主要领导带领市民政局等有关部门负责人走访慰问驻孝部队。1999年7月9日，市委、市政府、军分区和95829部队组织考察团赴十堰市考察双拥工作。1999年7月，孝感市、汉川市、大悟县、孝昌县被省委、省政府、省军区授予双拥模范城（县）称号。1999年9月，市委、市政府、军分区组建三创全国双拥模范城办公室，市委常委、常务副市长蔡民族任“三创办”主任。1999年10月9日，受全国双拥工作领导小组委托，省民政厅厅长张牢生率组检查市双拥模范城创建工作。2000年1月12日，孝感市连续第三次被国家民政部、解放军总政治部命名为双拥模范城。2000年10月25日，市委、市政府、军分区联合召开了纪念中国人民志愿军抗美援朝出国作战50周年座谈会，走访慰问了抗美援朝志愿军老战士代表。2001年7月16日，市双拥工作领导小组召开全体会议。2001年8月7日，孝感市应邀参加国家双拥办主办的首届全国双拥工作成果展。2001年8月21日，驻孝空降兵部队向孝昌县小悟乡胡庙村捐赠10000元现金，解决灾民饮水困难。

（饶德仁　陈　路）

【优抚工作】 “爱心献功臣行动”成效显著。通过“爱心献功臣行动”，全市共接受社会各界捐款292万元；从统筹优待金拿出380余万元，优待重点优抚对象8100多户；开展“爱心献功臣光荣安居”活动，投入资金、物资折合人民币600多万元，组织义务工23万多个，累计解决1000多户革命功臣的住房难问题；开展“爱心献功臣医疗服务”活动，落实二等乙级以上革命伤残军人公费医疗981人，核销医药费90余万元，组织医疗队66个、342名医务人员为革命功臣义诊10000多人次，送药经费达66万余元。解决了全市2万多户优抚对象的生活难、住房难、医疗难问题。认真落实优抚政策，加大优抚保障力度，优抚对象的生活待遇得到明显改善。1999年～2001年，国家先后4次提高部分优抚对象抚恤补助标准。革命烈士、因公牺牲、病故军人家属定期抚恤标准平均达到145元/月以上；在乡退伍红军老战士、在乡西路军红军老战士、在乡红军失散人员、在乡老复员军人定补标准分别达到600元/月、450元/月、120元/月、76元/月，达到政策规定水平；革命伤残军人各等级的抚恤标准每年都有较大幅度提高。全市群众优待工作继续健康发展，优待标准不断提高。农村义务兵家属户平优待标准每年达1300元，城镇义务兵和其它优抚对象也在一定程度上享受了优待。2001年全市全面开展了优抚对象普查工作。民政、财政两部门密切配合，圆满完成了78000多名重点优抚对象的普查任务。通过普查，加强了优抚部门的基础设施建设，建立了重点优抚对象信息数据库，为优抚工作规范化、科学化管理打下了基础。优抚事业单位建设得到加强。2000年，大悟、孝昌、汉川、云梦四县市光荣院和大悟鄂豫边区革命烈士陵园获得省政府表彰。经省人民政府批准，追认汉川周国光、张建荣，孝昌袁木平等三位同志为革命烈士。

（刘晓洲）

【退伍军人安置】 1999年～2001年，全市共接收退役士兵11287人，其中农村义务兵6101人，城镇义务兵4306人，转业士官880人。符合政策应安排工作5186人，占接收总数的45.9%。全市通过“按系统分配任务，包干安置”、政府统筹安置、自主择业、自谋职业等形式安排退役士兵就业4939人，占应安排工作总数的95.2%。同时，在农村大力开发使用军地两用人才，开发使用率达到82.5%。

（冯　云　万学军）

【军队离退休干部安置】 三年来，共接收安置第四批军队离退休干部38人、第五批军队离退休干部16人、伤残志愿兵10人。军休政策落实，解决了第四批、第五批军休干部的建房问题。98套军产住房按房改政策实行了房改。全市除离休干部之外的所有军休对象，实行了地方医疗保险。市直无军籍职工地方性补贴得到圆满解决。对全市军休情况进行了全面普查。截止2000年底，建立军休所6个，总建筑面积20126平方米，共有军休人员364人、工作人员46人、住房202套。应城、安陆、云梦、大悟、汉川军休所先后跨入了“文明单位”行列。市直军休所、应城市军休所党支部被省军休办评为先进单位。

（胡春鸣）

【行政区划　地名管理】 1999年～2001年，勘定市内14条县级行政区域界线634.64公里，勘定市州界线734.007公里，勘定省界295公里。2000年，颁布《孝感市地名管理办法》。2001年，根据省委、省政府《关于乡村体制改革实施意见》，进行了乡、镇、场、街的体制改革和区划调整工作，全市由115个行政建制的乡镇街撤并为107个。其中，乡由29个撤并为23个，镇由74个撤并为72个，街道办事处12个更名1个，农场、林场、原种场等各类场由10个撤并为6个，更名1个。

（赵　平　李园园）

【婚姻登记管理】 1999年～2001年，全市共办理结婚登记95917对，离婚登记2951对，婚姻登记合格率、档案完好率均达到100%。1999年，举办了全市婚姻登记员培训班，持证上岗率达到100%。积极开展了婚姻登记体制改革试点，指导云梦县、大悟县实行了以县为单位进行婚姻集中登记。建立了完整的婚姻管理信息网络，推行婚姻登记规范化管理，实行政务公开，接受群众监督，制止搭车收费和乱收费。坚持“自愿、便民”原则，开展了婚姻系列化服务。依法开展收养登记管理，1999年～2001年，全市共办理国内收养登记279例。

（李寒冰　黄喜清）

【基层政权建设】 1999年，全面完成了全市3519个村（含广水市）的第四届村委会换届选举工作，选举产生村委会干部16266人。孝感市、应城市被省政府命名为“村民委员会选举先进市”。积极开展村务公开民主管理工作，全市2978个村全部建立了村务公开栏，成立了“两会一组”（村民议事会、监事会、理财小组），完善了有关制度，23个乡镇被市政府命名为“村民自治模范单位”，孝南区被省政府命名为“村民自治模范区”。社区建设试点工作取得了成功经验，2001年9月，市政府召开了全市社区建设工作会议，全市共办社区建设试点12个。

（季寒冰　吴耀武）

【民间组织管理】 1999年7月，落实中发[1999]13号和中办发[1999]19号文件精神，取缔孝感市境内“法轮功”非法组织。2000年成立了孝感市民办非企业单位复查登记工作领导小组，下发了《关于做好民办非企业单位归口管理和复查登记的通知》。全市有571个民办非企业申请复查登记，经过审查合格发证171个，其中，教育85个、卫生38个、科技2个、劳动41个、民政5个。2001年，对农村专业协会进行了调查，市农业技术协会以种植、养殖、畜牧业为主，经核准登记有110个，拥有会员5000余户。民间组织党建工作得到加强，在需要设立党组织的民间组织，都经过有关部门批准建立了党组织，并且理顺了隶属关系。截止2001年底，在全市各级民间组织登记机关登记的各类民间组织527个，其中社会团体356个，民办非企业单位171个。（黄高潮）

【慈善工作】 孝感慈善总会1999年募集资金4.75万元，扶持贫困中小学生120名；2000年募集资金3.5万元，扶持贫困中小学生95名；2001年募集资金4.51万元，扶持贫困大学生9名、中小学生100名。积极开展了“微笑列车”活动，由美籍华人王嘉廉先生出资，免费为唇腭裂患者进行康复手术的“微笑列车”活动，深受广大患者的欢迎。孝感被确定为湖北省四个医疗点之一，1999年完成手术200例，2000年完成手术230例，2001年完成手术160例，三年共获资助资金118万元。2000年3月2日，中华慈善总会在北京人民大会堂举行唇腭裂手术康复新闻发布会，孝感市选派了二名腭裂手术康复后的小患者及家属参加了大会。小患者“落落”手术前后的一组巨幅照片被选为主题宣传图片。三名患者代表及家属还受到了美国前总统乔治·布什和“微笑列车”组织发起人王嘉廉先生的接见。积极筹集慈善资金、物资，扶持社会弱势群体。2000年3月29日，总会召开慈善募捐座谈会，向社会各界筹集慈善资金。来自各单位的负责人及部分总会理事共20余人参加了座谈会，捐赠资金12万元、衣物2000多件。2000年～2001年，慈善总会共投入11万元资金，帮助安陆市王义贞镇福利院、孝昌县小悟乡福利院建设发展，改善在院老人和孤儿的生活条件，帮助肖港福利院发展生产项目。对23户特困户进行重点扶持，帮助其解决生产、生活等方面的困难。两年来还先后拿出2万多元，对市自来水厂烧伤病人、朋兴、陡岗等地的特残困难病人进行了扶持。2001年11月份，争取瑞典“希望之星”项目款15万元，用于市福利院设施改造。（王成立　褚式伟）

【计划财务工作】 孝感市地方财政安排民政事业费预算逐年稳步增长（不含广水），1999年为2131万元，2000年为2472万元，比1999年增长16%，2001年为2818万元，比2000年增长14%。中央省级下达孝感市各类民政专项经费也有较大幅度的增长，1999年为2446万元，2000年为3036万元，2001年为4359万元。2000年底，市直及7个县、市、区民政局会计电算化工作全部通过财政部门评审，孝感市民政局被评为全省民政系统会计电算化工作先进单位。（郭振兴）

【收容遣送工作】 1999年～2001年，孝感市收容遣送站共收容遣送“三无”流浪乞讨人员14393人，其中1999年收容遣送6597人，2000年收容遣送5712人，2001年收容遣送2084人。先后协助公安部门网上抓获逃犯19人，解救被拐妇女儿童36人，清理犯罪嫌疑人1348人。（楚登峰）

【有奖募捐】 2000年4月，在孝感开通“楚天风采”电脑福利彩票销售市场，2000年全市销售电脑福利彩票1103万元、筹集福利金221万元，2001年销售电脑福利彩1630万元、筹集福利金171万元。2001年8月，湖北省福利彩票发行中心到孝感开展了“楚天风采”户外现场开奖及大型文娱活动。截止2001年12月，全市电脑福利彩票投注机共达到79台，为社会提供了近三百个再就业机会。2000年孝感市被省福利彩票发行管理中心评为全省“先进单位”。同时，全市从1999年至2001年销售即开型福利彩票630万元，筹集福利金126万元。福利金使用合理、有效，全市三年间共投入使用福利金近300万元，仅市直在2000年就拿出6万元资助全市部分特困大学生入学，又先后资助市区福利院建设82万元，各县市区福利设施建设也得到了不同程度的资助，有力地推动了全市福利事业的发展。

（雷胜虎　江　丹）

孝感市民政局领导成员名单

局　长	刘洪海
	（1998年4月—2001年8月）
	程郁萍
	（2001年8月—　）
副局长	丁建石
	杨再新
	王正心
	（　—2001年11月）
	毛家瑞
	蒋亚林
	（2001年8月—　）
纪检组长	吴俊章
	（　—1999年4月）

（娄志华）

老龄工作

【概况】 1999年～2001年，孝感市老

龄办坚持以邓小平理论为指导，认真贯彻“三讲”、“三个代表”、“以德治国”、“依法治国”的重要思想和国务院副总理李岚清关于老龄工作的重要讲话及《中共中央、国务院关于加强老龄工作的决定》的精神，坚持贯彻执行《中华人民共和国老年人权益保障法》和《湖北省实施〈中华人民共和国老年人权益保障法〉办法》及湖北省人民政府第181号令，强化宣传了敬老、养老的优良传统美德，大力弘扬了孝文化精神，为全市两个文明建设作出了积极的贡献，使孝感市老龄工作在全省老龄系统中处于靠前位次。

【开展十大孝子、孝文化系列活动】 孝感市首届十大孝子的评选活动及十大孝子的感人事迹享誉海内外，十大孝子之一的周玉兰1999年被评为全国敬老好儿女，受到了全国老龄委的表彰，并作为孝感市孝子代表到北京受到了党中央、国务院领导的接见。为弘扬全市尊老、敬老的传统美德，光大孝感市十大孝子精神，1999年，市老龄办特将首届十大孝子的感人事迹整理成册，编印了《孝子新篇》一书。2000年，中央电视台国际部记者韩冰等人慕名来到孝感对市委书记张昌尔进行了专题采访，张昌尔回答了记者提出关于如何开发孝感市孝文化的问题。随后，记者又采访了孝感市十大孝子代表周玉兰、吴厚礼，并制作了孝感孝文化的专题节目。

【国际老年人年的宣传庆祝活动】 1999年是联合国确定的“国际老年人年”（每年的十月一日为“国际老年人节”），市老龄办大力开展了以“建立不分年龄，人人共享的社会”为主题的国际老年人年的宣传，并利用孝感日报、市广播电台分别宣传了“国际老年人年”的目标、原则、由来及中共中央政治局常委、国家副主席胡锦涛向全国发表的电视讲话等内容。发放“国际老年人年”资料汇编2900本，“国际老年人年”纪念章1000套。1999年10月1日，市委、市政府隆重举办了“国际老年人年”的庆祝大会和老年人活动月开幕式活动。老、中、青、少一千多人共聚一堂，观看了老年歌舞团、市艺校、玉泉小学等单位和团体演出的文艺节目，真正营造出了一种“不分年龄、人人共享的社会”的大会氛围，老年人活动月开幕式活动气氛热烈。

【表彰老龄工作先进单位和个人】 1999年，市老龄委评出了全市老龄工作先进集体和个人，在庆祝“国际老年人年”大会上，市政府以孝政发[1999]39号文件对全市26个老龄工作先进集体、30名老龄工作先进个人和11个老有所为先进集体及16名老有所为先进个人进行了通报表彰。其中，市老龄办主任付子德同志获国家人事部、民政部、老龄委颁发的重视老龄工作功勋奖，省人事厅和省老龄委授予他先进工作者称号；市老龄办干部吴小华被评为全市老龄工作先进个人并受到表彰；此外，市老龄办、孝南区等3个先进集体和7名个人获省老龄委的“双先”表彰；市委常委、常务副市长、市老龄委主任蔡民族同志获省老龄委“重视老龄工作功勋奖”。

【颁发《湖北省老年人优待证》】 1999年10月1日，“湖北省人民政府第181号令”（即《湖北省关于老年人享受优待服务的规定》）颁布施行后，市政府即于同年11月印发了孝政发[1999]41号文件，即市人民政府《关于认真贯彻实施〈湖北省关于老年人享受优待服务的规定〉的通知》，要求全市相关单位制定具体措施，认真组织实施，并先后召开了三次相关部门和县市区协调兑现会，组织了两次落实省政府第181号令的百分制执法检查，并将检查结果在全市进行了通报，省政府执法检查组对孝感市政府部门挂牌明示、兑现承诺的优待服务作法作了充分肯定。为加大落实省政府第181号令力度，市政府又采取了三项硬措施：一是市委常委、常务副市长蔡民族同志代表市政府与各县市区政府分管领导、市开发区、双峰山及市直优待服务部门负责人签订了《贯彻落实省政府第181号令目标管理责任书》；二是依据《湖北省关于老年人享受优待服务的规定》，减免农村老年人的“三提五统”，涉及到哪一级收取的，由哪一级减免；三是把免除农村老年人义务工和劳动积累工、老年人集资、减免“三提五统”三项内容纳入减轻老年农民负担进行考核。此外，省、市宣传媒体也加大宣传力度，加大舆论监督，对各优待服务窗口进行跟踪报道，并公布了办理《湖北省老年人优待证》的地点、条件、办证程序、联系电话及投诉电话。全市老年人办证踊跃，老年人对市政府和各窗口单位及服务行业为老年人提供的优待服务给予了高度的赞誉。

【组织老年人揭批“法轮功”】 2001年2月1日，市老龄委印发了《关于组织老年人深入揭批“法轮功”邪教本质的通知》（孝老字[2001]4号）。随后，市老龄办召开了老年界人士深入揭批“法轮功”邪教本质座谈会，老同志们愤怒声讨了“法轮功”邪教组织制造的天安门自焚事件、残害生命、祸国殃民的滔天罪行；老同志们表示坚决拥护党中央取缔“法轮功”邪教组织的英明决策，坚决与“法轮功”邪教组织划清界线，并与李洪志及其“法轮功”邪教组织作坚决的斗争，老同志在学习了孝老字[2001]4号文件后纷纷表示：要开展有益身心健康的文体活动，用文明、向上、健康的文娱活动占领老年活动的阵地，丰富老年人的精神文化生活。

【人口老龄化进程加快】 孝感市“第五次人口普查”数据显示：2000年底，0—14岁少年人口为128.99万人，占总人口比重为28.54%，比十年前下降了4.94%；而65岁以上的老年人口为28.36万人，占总人口的5.68%，比十年前上升了0.63%，这表明孝感市人口年龄结构发生了重大变化，总人口增长过快的势头已得到有效控制，而人口老龄化进程却在加快。

【2001年重阳节庆祝活动】 2001年10月22日～26日孝感市隆重举办了

一系列丰富多彩、内容广泛的重阳敬老、庆祝、慰问活动。一是隆重召开了重阳节庆祝大会。会上,市委常委、常务副市长蔡民族代表市委、市政府作了热情洋溢的讲话。二是召开了全市健康老人表彰大会,对 20 位年过 80 岁的老年人授予了"健康老人"称号,并颁发了《荣誉证书》。三是举办了敬老活动周,开展了老年人运动会及文艺晚会。四是市老龄办主任付子德在《孝感日报》上发表了《致全市老年朋友的慰问信》。

孝感市老龄工作委员会办公室领导名单

主　任　付子德

副主任　陈贤清(2001.9—　　　)

（吴小华　张慧凤）

民族宗教工作

【概况】 1999～2001 年,孝感市民族宗教工作坚持贯彻民族"团结进步、发展稳定"和宗教"团结、服务、稳定"的工作方针,紧紧围绕市委、市政府的中心工作,突出民族宗教工作特点,深入开展调查研究,认真贯彻落实中央民族工作会议精神、《城市民族工作条例》和《湖北省散居民族工作条例》,发展民族经济,增进了民族团结。宗教工作中,以江总书记关于宗教工作"三句话"的指示精神为指针,促进了宗教领域里的稳定。

【民族政策宣传】 一是认真传达学习贯彻中央第二次民族工作会议精神。1999 年 9 月底,中央第二次全国民族工作会议结束后,市局及时下发了《关于学习宣传中央民族工作会议精神的通知》;利用简报宣传了民族工作先进典型。二是深入宣传贯彻《城市民族工作条例》和《湖北省散居少数民族工作条例》。翻印《条例》和《宣传提纲》2500 份,下发到乡镇干部和与民族工作有关的部门。举办民族政策法规学习班,3 年来共举办三期培训班,参训 198 人次,提高了广大干部贯彻执行民族政策的自觉性。撰写的民族工作文章,被省民宗委主办的《湖北省民族宗教工作信息》和《孝感日报》刊用。三是开展法律法规检查,促进《条例》的贯彻落实。1999 年 4 月,配合市人大对全市贯彻民族工作《条例》的情况进行了一次大检查。

【抓民族经济发展】 在城市,抓民族企业的开拓发展创新。1999 年,对全市原有的 11 家民族企业的情况进行了认真分析,结合全市经济工作会议精神,从中筛选了汉川民族帽厂、汉川民族织毯厂、广水民族贸易公司和广水民族化工公司作为全市民族企业骨干。帮助他们寻求技改资金,加强了管理,提高了产品质量,扩大销路,使企业的路子越走越宽,规模越来越大,获得较好的经济效益和社会效益。广水民族化工公司 1999 年争取到省民宗委 100 万元技改资金后,又在北京的少数民族和民族地区名优产品博览会中引资1.2亿元,成为了全省少数民族的骨干企业。10 月份,向国家民委推荐了 2 名民族企业家,作为全国少数民族企业家协会的成员。在农村,加大了对少数民族扶贫力度。3 年来,全市共建立少数民族扶贫点 93 个,提供贷款2.3万元,提供致富信息 102 条,联系劳务输出 198 人次,全市大部分少数民族贫困户已脱贫。

【送温暖　促进民族团结】 三年中,一是生活上关心。元旦、春节期间,走访慰问少数民族代表人士和特困户 68 家次,送去慰问金3.6万元,把党的温暖送到了少数民族手中;举办少数民族代表人士迎春茶话会,向他们通报社会变化,经济发展和民族工作情况,进一步增进共识,庆祝建国 50 周年之时,邀请少数民族代表人士参加市委、市政府举办的庆国庆招待会,充分体现了全市各民族的大团结。安陆市壮族老人廖国伦在建国五十周年和迎澳门回归期间,代表少数民族群众送给安陆市委、市政府 4 个大红灯笼,表达了少数民族群众对党和政府、对祖国的深切感激和祝愿之情。二是政治上平等。积极认真地配合党委组织、统战部门培养推荐少数民族优秀骨干。全市少数民族担任省、市、县三级人大代表 4 名,政协委员 7 名,2000 年向市委统战部推荐了 9 名少数民族人士作为人大代表、政协委员的后备人才。三是习俗上尊重。为满足禁猪民族的生活习惯,坚持了市区的牛羊清真屠宰,满足了回族土葬习俗。四是认真落实民族政策,救助失学儿童。3 年来,共为 46 名少数民族考生出据证明,办理有关手续,其中有 23 名考生享受到了优惠政策。为救助少数民族失学子女,投入资金 3896 元,反映协调有关关系,减免少数民族学生学杂费 8000 多元。五是认真做好信访工作,及时化解民族矛盾,增进民族团结。3 年来,共接待少数民族来访 105 人次,及时化解了纠纷,融洽了民族关系。

【贯彻落实宗教法规政策】 1999 年 10 月 25 日,市委常委会议听取了全省天主教工作会议精神的汇报之后,市委书记张昌尔在会议上要求做好全市天主教工作,落实好会议精神,保证中央的战略决策顺利实施。11 月 3 日,在双峰山召开了天主教工作会议。会后,各县市区相继调整和成立了宗教工作领导小组,加强了党和政府对宗教工作的领导。同时积极落实天主教的房产政策工作,对条件基本成熟的地方,适当增加宗教活动点,全市共增加天主教活动场所 5 处,由临时转为正式活动场所 15 处。为帮助教会做好调整教区的工作,全市各县市区都成立了天主教工作专班,开展了政策宣传,主动与天主教教职人员谈心交心,做思想转化和稳定工作,使天主教神职人员在教区的调整中,拥护省政府和省"两会"的工作安排,积极参加教区调整工作;2000 年 9 月底,召开了全市统战部长、公安局长、民宗局长会议,传达了全省天主教工作会议精神,部署安排了反对梵蒂冈反华"封圣"活动工作。各县市区根据会议精神,做了大量的思想稳定工作,确保了全市天主教的稳定。2001年10月，为防止天主教人士赴罗马参加利玛窦研讨会，市局与公安、外事、侨务、旅游等部门一起分析研究，逐个排查，使工作做到万无一失，有效地防止了天主教地下势力的渗透。为了认真抓贯彻《条例》，依法抓管理，按照《湖北省宗教事务管理条例》，依法开展对宗教活动场所和教职人员的登记、备案、年检工作，使宗教逐步走向了法制化、规范化管理。翻印了《条例》800多份，编印《宗教知识》读本800份，下发到有关人员手中。

【加强对宗教教职人员的培训管理工作】 三年来，先后选派了3名天主教神甫参加了两次全省天主教神职人员培训班，选派了2名阿訇参加了省伊协举办的中青年教职人员培训班。通过培训提高了他们的政策水平和管理能力，增强了贯彻执行党的宗教政策和爱国爱教的自觉性。2001年3月，配合中央五部委联合调查组，深入到汉川、应城市农村开展调研，提出了农村宗教工作存在的问题和建议，得到了各级领导的肯定。三年来，重点调查了全市基督教、天主教、佛教的情况，并撰写了调查报告，有的报告被上级刊物刊用。

【打击非法宗教活动】 在保护正常合法宗教的同时，对非法宗教进行了打击和取缔。三年来，依法取缔8处非法宗教活动场所，巩固了专项治理成果。对应城、大悟等地打着宗教旗号的邪教组织，配合公安部门进行取缔，处理了当事人，教育了受骗群众，净化了社会环境。

【宗教管理机关文明建设】 三年来，对全市12个创"五好"先进场所进行了通报表彰。2001年，汉川仙女的天主堂，云梦下辛店基督教堂、安陆天符庵三个宗教活动场所被评为省"五好"宗教活动场所，使广大教职人员和信教群众受到了鼓舞。在云梦县信教群众中开展争当"三好"(爱国爱教好、遵纪守法好、勤劳致富好)教徒活动试点工作。广大信教群众积极参与这一活动，使他们认识到，不仅要当好一名好信徒，还要当好一名好公民。组织宗教界人士开展了对"法轮功"邪教罪恶本质的批判。引导宗教界积极参加抗灾救灾工作。三年来，宗教界人士为受灾群众捐款3.2万元，并通过教缘关系，从香港慈善协会引得60多万元的捐赠救灾物品。推荐了2名政治思想好、业务素质较高的佛教教职人员参加了省佛协第六届代表大会，使孝感市爱国爱教的神职人员受到了很大的鼓舞。同时，推荐了3名宗教界人士作为市政协后备人员，为宗教人士参政议政提供了条件。

孝感市民族宗教事务局领导名单

局　长　孙中炎(2001.9—　　)
副局长　叶　建(1999.5—2001.9)
副局长　梁志鹏(2001.9—　　)

(邹德松)

人口与计划生育

【概况】 1999年～2001年，全市计划生育工作按照"完善格局、夯实基础、创造特色、提高水平"的整体思路，在继续稳定低生育水平的同时，以人的全面发展为中心，在综合解决人口问题、提高育龄群众生殖健康水平、加强流动人口管理等方面取得了新的突破，连续三年圆满完成了省下达的人口与计划生育责任指标，1999年、2000年获省计划生育工作达标奖，2001年获省计划生育工作二等奖。

进一步加大对计生工作的领导力度。一是强化领导责任，形成齐抓共管氛围。全市各级始终坚持计生工作目标管理，层层结硬帐，切实做到党政一把手亲自抓、负总责；二是严格执行计生工作例会制度，主要领导坚持定期听取计生工作情况汇报，及时研究解决计生工作中实际困难和问题，坚持每年召开1－2次全市计生工作会议，落实全国、全省计生工作会议精神，按中央《决定》要求，制定有利于计生工作的政策和措施；三是领导办联系点，率先垂范。在抓好行政干部包计生工作联系点的同时，各级党政主要领导深入基层调查研究，带头抓好联系点工作。全市在"党政线"考核中，建立了一把手抓一把手，一把手考核一把手，一级抓一级的工作机制。四是依据孝感实际，调整工作思路。市委、市政府把1999年确定为计划生育质量巩固年；2000年确定为计划生育质量提高年，全市计划生育工作基本实现"三为主"；2001年全市开展计划生育婚育合同管理和优质服务，推行村民自治。五是明确各级计生机构地位，落实了人员、编制。各地按照省规定逐年加大经费投入，并优先落实计生事业经费，2001年全省计生经费考核，各县市区计生事业费按人平3.84元，市计生委事业费按全市总人口人平0.58元落实，到位率为100%，确保了计生事业人、财、物投入。

进一步加大婚育新风工作力度。全市围绕转变群众婚育观念这一核心，坚持以宣传教育为先导，强化宣传教育的创新和改革意识，广泛深入地开展婚育新风进万家活动。各地兴建了一大批计划生育漫画长廊和品位较高的"国策街"、"国策门"、"国策牌"，并制作了大型计生宣传牌、灯箱广告等。充分发挥各种宣传媒体的作用，坚持开展多形式、多层次的社会化宣传活动，在广播、电视、报刊上开辟宣传专栏，突出婚育新风这一主题，定期向群众宣传计生政策和计生科普知识，群众旧的婚育观念与现行生育政策的差距逐步缩小，实行计划生育的自觉性逐步增强，到2001年底，全市共有9100多户家庭放弃或推迟二孩生育指标。2000年12月25日至27日，全省计划生育宣传教育工作会议在汉川召开，推广了汉川及有关地市经验。2001年孝感市开展的"婚育新风进万家"活动被省计生委授予特别贡献荣誉称号，应城市、汉川市被授予先进单位称号。

进一步加大推进计划生育优质服务工作力度。全市把为群众提供优质服务摆到人口与计划生育工作的突出位置，加强了计划生育服务体系的规范化建设，95%的乡镇建成了集宣传教育、技术服务、依法行政、信息管理于一体的计划生育服务站，服务站的综合服务功能进一步得到加强。一是按照依法执业，持证上岗的要求，对全市各级计生服务机构和人员进行了全面考核换证，促进了服务站的规范化管理。二是启动了计划生育避孕节育措施“知情选择”、出生缺陷干预、生殖道感染干预“三大工程”，全市29个村办了“知情选择”试点，涉及3.5万人口，8650名已婚育龄妇女，为全市大面积推广和辐射提供了经验。三是各地按照市委、市政府提出的规范服务要求，广泛开展计划生育避孕节育全程服务和生殖保健服务，建立服务档案，跟踪随访服务率达70%。四是各县市区广泛开展义诊、咨询、随访及查病治病活动，派医疗小组进村入户服务，受到群众和社会好评，群众对计划生育服务工作满意率达到87%。2000年安陆市计划生育服务站荣获全省创等达标技术服务“十佳服务站”荣誉称号。2001年市委、市政府在应城召开了优质服务现场会，总结推广了应城优质服务“一书(册)、二卡、三查、四随访、五知情、六到位、七不准、十承诺”的工作经验，应城市被省委、省政府授予2001年度优质服务先进县市称号。

进一步加大计划生育依法管理工作力度。全市坚持把依法行政、依法管理作为推动计生工作上水平、上质量的总体要求，认真贯彻执行中共中央、国务院《关于加强人口与计划生育工作稳定低生育水平的决定》，采取多种形式宣传《中华人民共和国人口与计划生育法》、《计划生育技术服务管理条例》、《湖北省人口与计划生育条例》和《流动人口计划生育工作管理办法》及相关法律法规，认真执行“七个不准”的规定，落实计划生育行政执法责任制和执法过错追究制，完善了计划生育行政执法规范化管理和民主监督制度。全面推行了计划生育政(村)务公开，村村建立户外公布栏，设立举报电话，层层聘请信息员，设立举报奖。对已婚育龄妇女本着“分类管理、因村施策、整体提高”指导思想，把推行婚育合同管理作为加强基层基础，提高整体水平的一项重要工作来抓，全市95%以上的村开展了婚育合同管理，已婚育龄妇女合同签订率达80%以上。

进一步加大城市和流动人口计划生育管理工作力度。针对城市计划生育工作中出现的新情况、新问题，出台了《关于加强孝感城区人口与计划生育管理的意见》，进一步理顺了离岗、下岗职工计划生育管理关系，落实了管理责任。为加强流动人口等特殊人群的计划生育管理，全市认真贯彻国务院《流动人口计划生育工作管理办法》，修订了地方法规，出台了《孝感市流动人口计划生育工作管理办法》，并建立了“政府牵头、计生为主、多方参与、综合治理”的管理机制。坚持“谁用工谁负责，谁的地盘谁管理，谁受益谁结帐”的原则，狠抓流动人口管理措施到位，全市流动人口办证44.3万人，办证率92.09%，流动人口验证2.57万人，验证率为96.96%。

进一步加大基层基础建设工作力度。全市在基本实现“三为主”的基础上，全面深化计划生育合格村创建活动，狠抓基层人员、职责、报酬“三落实”，加快基层计划生育协会、计划生育服务站、人口学校和计算机推广步伐。全市计划生育网络系统硬件基本建成，硬件设备全部到位，育龄妇女管理信息系统进一步完善，完成了育龄妇女信息网络版的编制工作。2001年5月，全省计划生育信息管理工作现场会在云梦召开，全省推广了云梦对育龄夫妇信息化管理工作经验。2001年底，全市有2/3以上的行政村达到了省定的计划生育合格村建设标准，已有40个乡镇服务站达到了省定乙级站标准，有30个乡镇服务站达到了甲级站标准。

进一步加大计生干部队伍建设力度。全市按照“三严四自”的要求，内练素质，外塑形象，全面加强了计生干部队伍建设。一是全市在机构改革中，县乡计生机构得以保留，人员编制得以落实，全员实行了竞争上岗。二是为提高计生干部队伍素质，全市对计生系统干部、职工组织培训，培训率达95%以上；2001年孝感市计生委组织了计生系统9位英模到各县市区进行了巡回演讲，带动了全系统“争做新时期最可爱的人”活动的开展。三是以深入学习“三个代表”为契机，强化机关思想政治工作，营造出团结、开拓、向上、风正、气顺的良好机关氛围。孝感市计生委对各县(市)计生委进行连续3年问卷调查的结果表明，各地对市计生委机关及干部满意和基本满意率达到98%以上。四是把机关思想政治工作同机关文明创建有机结合，制定了《孝感市计生委机关工作人员诫勉办法》和《争创市级最佳文明单位和文明系统实施方案》，动员全体干部职工积极参与创建活动，形成创建合力，促进计生工作上档升级。全市计生系统涌现出二个县级十佳公仆，100多人被评为全国、全省、全市先进工作者；孝感市计生委被市委、市政府授予市级最佳文明单位称号，计生系统被授予文明系统称号。

近三年来，全市计生工作水平明显提高，但人口形势依然严峻。一方面，全市人口将长期处于低增长率与高增长量并存的状况，面临人口总量、劳动就业人口总量、老龄人口总量“三大高峰”的压力。另一方面，由于传统的生育观念根深蒂固，部分群众的生育意愿与现行的计划生育政策还存在较大的差距。

【人口与计划生育数据】 孝感市统计局人口公报，1999年末全市总人口597.72万人，出生人数为4.67万人，出生率7.86‰，死亡人口2.34万人，自然增长率3.93‰，1999年计划生育率为98.88%；2000年末全市总人口499.56万人(广水市划出)，出生人数为4.53万人，出生率9.01‰，死亡人口2.5万人，自然增长率4.04‰，2000年计划生育率为99.34%；2001年末全市总人口501.81万人，出生人数为3.74万人，出生率7.47‰，死亡人口1.98万人，自然增长率3.52‰，2001

年计划生育率为98.86%。到2001年9月30日止,全市共有已婚育龄妇女93.9万人,其中已落实节育措施86.17万人,综合节育率为91.77%,全市育龄家庭中,一孩家庭独生子女领证19.76万人,领证率为21.05%。

【认真落实“一票否决”】 全市在评定先进、晋升晋级等方面,严格实行“一票否决”。2001年,对8个乡镇,62个后进单位实行了不评先、不调动、不提拔政策,查处了计划外生育干部54人,其中科局级干部7人,股级干部5人,一般干部6人,村干部36人。

【全国计划生育“收支两条线”试点工作汇报会在应城召开】 2000年12月1日至2日,全国计划生育收支两条线试点工作汇报会在应城召开。国家计生委副主任赵炳礼、湖北省委副书记王生铁、省计生委主任施中传、副主任林光生、孝感市委副书记张文启、副市长赵晓勇以及国家计生委计财司、监察局、全国10个省计生委分管财务的副主任、监察室主任及试点县(市)负责人共60多人参加了会议。

【张昌尔提出计生工作要解决好四个问题】 1999年3月2日,在全市计划生育工作座谈会上,市委书记张昌尔提出计划生育工作要注意解决好四个问题:第一,坚持以宣传教育工作为先导,解决群众生育观念问题。第二,以基层基础工作为重点,解决好计划生育工作的出路问题。第三,以提高工作质量为目的,解决好作风和方法问题。第四,以提高素质为基础,解决好计生干部队伍建设问题。

【市人大代表评议计生工作】 2000年9月18日至26日,按照孝感市第二届人大常务委员会第十七次会议安排,市人大副主任张开源率领人大代表一行9人采取听汇报、实地调查座谈、查阅资料、征求基层计生部门意见等方式,对市计生委近三年来学习、执法、工作、廉政建设等情况进行了调查和评议。

【省计生委主任施中传来孝考察计生工作】 2000年12月14日—15日,省计生委主任施中传、科技处处长杨富建等在孝感市委副书记张文启、副市长赵晓勇及市计生委主任柳育儒陪同下,分别对汉川市新河镇、庙头镇计生服务站,大悟县水利局、县计生服务站、大新镇计生办及服务站,孝南区新铺镇计生办及服务站进行了考察。

【驻北京流动人口计划生育服务站正式挂牌服务】 为进一步加强流动人口计划生育管理,减轻外流人员负担。大悟县计生委经请示孝感市计生委同意,由大悟县政府、县编委批准,大悟县计生服务站与大悟县驻北京办事处联合在北京组建“孝感市驻北京计划生育服务站”,并于1999年6月16日正式挂牌服务。

【对工作人员实行诫勉制】 孝感市计生委从2000年4月1日起对全体干部、职工实行诫勉制。制度规定对以下行为予以诫勉:连续3次违反机关上下班制度的;到基层单位报销应由个人支付的费用或索要财物的;参与赌博行为的;连续3次无故不参加单位集体活动的;连续3次上班时间串岗、在院内闲谈聊天的;泄私愤、图报复的;接传电话语言粗俗、发生争执,影响机关形象,贻误工作的。诫勉的时间为:一般的诫勉期15天,严重的为30天,特别严重的为60天。诫勉期内当月无岗位津贴,并取消当年优秀等次的评选资格。一年内连续2次被诫勉的,停职、停薪,听候处理。诫勉的确定或解除,以诫勉领导小组通知为准,根据诫勉本人表现,经组织与群众评议,确定提前解除、按时解除或继续诫勉。

【市主要领导到市计生委现场办公】 2000年元月6日,孝感市委书记张昌尔,市长曹世佑,市委副书记张文启,市委常委、常务副市长蔡民族,市委常委、市委秘书长赵汝望,副市长赵晓勇等市领导到市计生委调研。调研的中心内容是:正确分析计生严峻形势,研究计生质量提高年目标,确定新一年工作重点,解决计生工作实际问题。

【大力开展创建活动】 2001年是全市文明创建工作表彰命名年,孝感市计生委狠抓争创市级最佳文明单位和文明系统活动,出台了《创建“团结、廉洁、实干”领导班子实施方案》、《创市级最佳文明单位和文明系统实施方案》、《市计生委治腐败抓源头实施方案》等。致力塑造机关形象,开展了以“七个一”活动为载体的创建活动,即拍摄了一部反映文明创建专题片、请市委宣传部作了一次创建专题讲座,请市委党校教师上了一堂关于理想信念的党课,对全体委站干部职工及家属发了一份创建最佳文明单位调查问卷,召开了一次民主生活扩大会,组织了一次乒乓球、羽毛球比赛和一次由9名计生系统英模组成的先进事迹巡回报告。通过一系列活动,使干部职工工作作风和精神面貌发生了较大变化,市计生委被授予2000年～2001年度市级最佳文明单位、文明系统荣誉称号。

【张昌尔到计生工作联系点调研】 2001年10月30日,市委书记张昌尔、副书记张文启深入到汉川计生工作联系点庙头镇坛湾村,围绕“三个代表”学教活动及计划生育工作进行调研。

【应城市掀起婚育新风进万家活动高潮】 1999年3月8日,应城市为100多对新人举办了集体婚礼,这是该市开展“婚育新风进万家”活动以来举行的首次集体婚礼。应城市把开展婚育新风进万家活动与精神文明建设结合起来,紧扣育龄群众生产、生活、生育需求,在进字上做文章,在新字上下功夫,在巩固中求发展,有效地推动了计划生育工作上水平。应城市晚婚晚育率达到50%以上,有2300多对育龄夫妇主动放弃二孩生育指标，基本杜绝了计划外多胎生育。

【市委中心学习组专题学习《决定》】 2000年6月26日，孝感市委中心学习组专题学习了《中共中央、国务院关于加强人口与计划生育工作稳定低生育水平的决定》。市委、市人大、市政府、市政协领导及市直战线主要负责人共20多人参加了学习。

【应城市被省委、省政府授予2001年度计划生育优质服务先进县市称号】 2001年，全市在基本实现计划生育"三为主"工作目标的基础上，积极开展争创省级计划生育优质服务先进县(市、区)活动，应城市以低生育水平稳定、计划生育服务质量高，被省委、省政府授予2001年度计划生育优质服务先进县(市、区)荣誉称号。

孝感市计划生育委员会领导名单

主　任　柳育儒
副主任　赵培春　戴凤兰　徐光才　李继才
纪检组长　张瑞林

（黄振华）

市辖县(市、区)·乡镇场街道

孝南区

【概况】 2001年,孝南区辖8镇4街3乡2场和1个经济开发区,共有行政村468个。国土面积1020平方公里。总人口82.92万人,比上年增加0.82万人,增长1.0%。年内出生人口5998人,人口出生率7.27‰,比上年下降0.53个千分点;人口自然增长率3.45‰,比上年提高0.8个千分点。计生率达98.83%,比上年提高0.36个百分点。杨店镇被评为计划生育"全国婚育新风进万家"活动先进单位。

全区国内生产总值268000万元(现价,下同),比上年增长9.9%;工农业总产值522129万元,比上年增长10.40%。实现农业总产值121904万元,比上年下降3.85%,其中:农业产值71347万元,比上年下降4.91%;林业产值542万元,比上年下降15.32%;牧业产值25129万元,比上年增长4.59%;渔业产值24886万元,比上年下降6.90%。在农业总产值中:粮棉油产值22692万元,比上年下降22.12%;多种经营产值99212万元,比上年增长1.53%。粮棉油产值占农业总产值的比重由上年的22.68%下降到18.44%;多种经营产值所占比重由上年的77.32%提高到81.56%。全区粮食总产量176499吨,比上年下降24.06%;完成造林面积3900亩,比上年下降61.49%。生猪出栏16.54万头,比上年增长7.54%;耕牛出栏4749头,比上年下降26.05%;家禽出笼363.19万只,比上年增长4.63%。全区肉产量18008吨,鲜蛋产量10922吨,分别比上年增长10.44%、2.57%。全年水产品产量37500吨,比上年增长2.23%;淡水养殖面积144000亩,比上年增长1.52%;全区全力以赴抗大旱、抗长旱,组织劳力16.5万人,各类抗旱机械1万多台套,引水提水送水共计11000万方,经过6个月的艰苦奋战,取得了抗旱斗争的重大胜利。灾后各乡镇狠抓农田水利建设,开挖塘堰420多口,清理渠系200多公里。各地围绕六大农业经济板块,重点开发"三路"、"三河"、"三湖"、"三岗",大力发展避灾农业,加快农业结构调整步伐,全区新开发高效特色农业基地5.25万亩。新铺镇徐山村实行农业综合开发,建立现代化农业示范基地,高标准连片种植"中国香稻"近千亩,获得了较好效益。三汊、闵集、朱湖等地注重创新基地开发机制,新开发精养鱼池均在千亩以上。

全区完成工业总产值400225万元,比上年增长16.02%,其中:国有、集体、私营、个体、股份制工业企业总产值分别占2860万元、93058万元、128732万元、141686万元、10764万元,分别比上年增长145.70%、4.72%、34.35%、117.01%、9.47%;外商及港澳台合资合作工业企业总产值18531万元,比上年增长29.45%。全区以产权制度改革为核心,狠抓了企业转化和破产消号。对经营形势较好的企业实行整体出售转民,或退出国家、集体股份转民,全年出售资产5000多万元。有14家企业进入了破产法律程序,8家企业实现了破产终结。经贸委系统顺利撤销了4个经济主管部门。全区规模以上工业产值增长15.7%,产销率提高0.6个百分点,利润增长20.3%。商贸6家销售额增长4.3%,利润增长1.3倍,税金增长29.7%。优势企业不断发展壮大,销售额过亿元的商业企业有电力、孝商、烟草、鸿昌4家,销售收入过5000万元的工业企业有恒安、维达、钢赢3家,上交税金过100万元的企业12家,重点企业对全区经济增长起到了强有力的支撑作用。全区招商引资55000万元,其中外资835万美元,投资过1000万元的项目8个。实现外贸出口创汇额686万美元,比上年同期增长2.75倍。加强了与东南沿海和北京、成都等地经济技术协作,成立了驻京劳务办事机构和四川工商联湖北孝感地区分会。全区7个重点项目共计完成投资26100万元。工业技改力度加大,共实施技改项目29项,完成技改投资8470万元,增长13.5%。南大开发区基础设施建设投资2000多万元,集贸市场成交额突破70000万元。实现社会消费品零售额132123万元,比上年增长10.50%。居民消费价格总指数99.1%。固定资产投资完成额67933万元,比上年增长11.94%。全区实现财政收入15202万元,比上年增长12.52%。财政支出19228万元,比上年增长21.27%。年末各项贷款余额217257万元,比上年下降2.52%。年末各项存款余额213472万元,比上年下降21.63%。

全区拥有营运车辆911辆,比上年增加76辆;客运量290.3万人次,比上年增长1.33%;客运周转量5279万人公里,比上年增长2.15%;货运量294.4万吨,比上年增长2.76%;货运周转量9540万吨公里,比上年增长1.36%;实现利税192万元,比上年增长52.38%。公路通车里程822.84公里。完成了京珠高速公路孝感联络线、316复线、107外迁线和南大互通主体交通网络;改造乡镇油路和碎石路54公里,王杨线杨店段提档升级工程顺利实施。全区售电量35147万度,比上年增长10.03%。共有变电站14个,比上年增加1个;变压器容量达190550千伏安,比上年增容5150千伏安。新建开闭所6座。农村电网改造一期工程如期完成。全区完成技改项目29项,共投资8200万元;实施科学素质工程,引进新品种15个,推广新技术21项,科技进步对经济增长的贡献率提高到51%。全国科技工作先进区顺利通过复查,肖港镇获全市科技工作先进乡镇称号。全区推广应用农业新技术、新品种60项,比上年增加20项,推广覆盖率95%。实施科教兴区战略,全区拥有普通中学32所,在校学生41408人,比上年增加5944人;普通小学214所,比上年减少16所,在校学生95093人,比上年减少5495人;学龄儿童入学率99.80%;初中学生入学率95.70%;小学、中学学生辍学率分别为0.23%、4.20%;参加成人高等教育自学考试人数11202人,获大专毕业证310人;参加技术培训人数33825人,比上年减少2175人;全区已达到基本无文盲县市区标准。全区拥有电影院8个,电影放映队17个,共放映电影2700场次,观众达345.5万人次,比上年增加0.5万人次;歌剧和戏剧表演380场,比上年增加10场,观众16.2万人次。全区拥有乡镇文化站18个,图书馆、博物馆各1座;图书馆藏书13万册,比上年增加0.1万册。全区达到国家体育锻炼标准人数72万人,达标率90%,比上年提高2个百分点。拥有卫生机构40个;病床床位1216张;传染病发病率120.81/10万,比上年提高23.71/10万;年末在岗职工33995人,比上年减少2322人;在岗职工工资总额23253万元,比上年增长2.64%;实现农民人均纯收入2640元,比上年基本持平。新增下岗职工9029人,比上年减少7252人;进入再就业服务中心7864人,比上年增加3241人。职工及离退休人员保险福利费用6491万元,比上年增长8.29%。全区各类福利院15个,收养人数658人,比上年增加35人;全区获国家救济人员3.8万人次,比上年增加2.19万人次;建立社会保险网络18个,参保人数1.52万人。加快建立和完善社会保障体系,社会覆盖面进一步扩大,"两个确保"得到较好落实。开展结对帮扶活动,春节期间区直筹措解困资金近100万元。全年减免农业税1139万元,减免各项规费550多万元,农民人均负担减少14.39元。全区工业废水排放总量131.3万吨,比上年减少168.7%;工业废水处理率75%,比上年持平;工业废气排放总量10273万标立方米,比上年下降0.42%;工业废气处理率85%,比上年提高5个百分点;固体废弃物370吨,比上年下降7.50%。

孝南区四大家领导任职名单

(截止2001年底)

区委书记 陈德学
(续,1999.1—2001.12)

副书记 龙良文
(续,1999.1—2001.12)
徐登志
(续,1999.1—2001.12)
丁孝国
(续,1999.1—2001.12)
肖翠平
(女,2001.9—2001.12)

常委 陈德学
(续,1999.1—2001.12)
龙良文
(续,1999.1—2001.12)
徐登志
(续,1999.1—2001.12)
丁孝国
(续,1999.1—2001.12)
张砚峰
(续,1999.1—2001.12)
刘功义
(续,1999.1—2001.12)
杨国焱
(续,1999.1—2001.12)
郝章新
(续,1999.1—2001.12)
朱少平
(续,1999.1—2001.12)
周国平
(续,1999.1—2001.12)
刘有年
(续,1999.1—2001.12)
刘厚根
(续,1999.1—2000.8)
严毛安
(2000.8—2001.12)
李护平
(2000.2 2001.12)
肖翠平
(女,2001.9-2001.12)

人大常委会主任 邱肖凡
(1999.1—2001.12)

副主任 石兆年
(1999.1—2001.12)
汪文卿
(1999.1—2001.12)
陈金洲
(1999.1—2001.12)
程秀兰
(女,1999.1—2001.12)
刘厚根
(2000.8—2001.12)

区长 龙良文
(续,1999.1—2001.12)

副区长 郝章新
(续,1999.1—2001.12)
易火成
(续,1999.1—2001.12)
肖翠平
(续,女,1999.1—2000.9)
何新生
(续,1999.1—2000.6)
陈旭东
(1999.1—2001.12)
乔道艳
(2001.9—2001.12)
刘强
(2000.7—2001.12)

政协主席 刘洪斌
(1999.1—2001.12)

副主席 刘文学
(1999.1—2001.12)
罗祥超
(1999.1—2001.12)
金小平
(无党派,1999.1—2001.12)

孝感市孝南区区直单位主要负责人名单

孝南区委办公室 主任 朱少平
信访办 主任 郭良忠
农办 主任 刘德清
文史档案局 局长 胡宝华
经管局 局长 彭照明

组织部　部长　刘有年
老干局　局长　刘所生
宣传部　部长　周国平
文体局　局长　汤楚豪
统战部　部长　罗祥超
纪　委　书记　刘功义
监察局　局长　待定
政法委　书记　张砚峰
610办公室　主任　彭建军
法院　院长　李光智
检察院　检察长　匡远群
公安分局　局长　张志强
司法局　局长　王保华
人大办公室　主任　王成星
政协办公室　主任　周庆华
总工会　主席　晏福平
团　委　书记　待定
妇　联　主席　姚惠平
工商联　主委　黄　平
党　校　常务副校长　陈海喜
区政府办公室　主任　陈顺新
经协外侨办　主任　江林山
体改办　主任　殷国华
接待处　主任　谢　英
机关事务局　局长　李炳桥
环境保护局　局长　王新华
企管局　局长　周坤儒
水产局　局长　鲁　祥
汉　办　主任　魏华新
发展计划局　局长　田建华
物价局　局长　张新春
经贸局　局长　黄汉桥
教育局　局长　徐银松
科学技术局　局长　杨子江
民政局　局长　程金堂
残　联　主席　付国清
老龄办　主任　丁银清
财政局　局长　李十周
人事局(编办)　局长(主任)　彭继芳
劳动和社会保障局　局长　方毓云
国土资源局　局长　杜昌群
建设局　局长　陈昌顺
交通局　局长　杨东升
农业局　局长　刘继华
水务局　局长　唐汉奎
卫生局　局长　夏华堂
计生局　局长　张利雄
审计局　局长　丁相如
统计局　局长　汪建烛
粮食局　局长　陈建辉
供销合作社　主任　高绍宏
供电局　局长　陈少明
技术监督局　局长　童国亿
商贸总公司　总经理　汪兆国
医药总公司　总经理　曾国芳
工商分局　局长　杨　鹰
药监局　局长　邱海群
国税局　局长　吴发章
地税局　局长　李耀明
烟草专卖局　局长　赵国建
工商银行　行长　朱光意
农业银行　行长　季玉海
信用联社　主任　殷华贵
建设银行孝南办事处　主任　刘少川
中国银行　行长　李明

孝南区乡镇领导名录

朋兴乡

党委书记　余红松
人大主席　余红松
乡　长　胡旭初
政协组长　(缺)

新铺镇

党委书记　刘华田
人大主席　刘华田
镇　长　殷金华
政协组长　万如意(副)

西河镇

党委书记　钟楚华
人大主席　胡时松
镇　长　魏金洲
政协组长　王大述

杨店镇

党委书记　方毓云
人大主席　方毓云
镇　长　魏志农
政协组长　黄明波

陡岗镇

党委书记　邱海群
人大主席　邱海群
镇　长　黄祥文
政协组长　池云增

肖港镇

党委书记　朱玉华
人大主席　朱玉华
镇　长　郑寿平
政协组长　胡灼清(副)

卧龙乡

党委书记　谢东安
人大主席　谢东安
乡　长　晏再征
政协组长　方建国(副)

毛陈镇

党委书记　杨军安
人大主席　周春芳
镇　长　高宏发
政协组长　余保中(副)

三汊镇

党委书记　张新春
人大主席　张新春
镇　长　杨宣云
政协组长　李火清

祝站镇

党委书记　丁贵清
人大主席　丁贵清
镇　长　王建章
政协组长　黄国华

闵集乡

党委书记　张忠胜
人大主席　张忠胜
乡　长　沈硕明
政协组长　邓正浩(副)

朱湖农场

党委书记　唐民华
人大主席　李双元
场　长　徐梓清
政协组长　万金安

东山头原种场

党委书记　李春珍
人大主席　夏同望(副)
场　长　丁忠训
政协组长　魏双清(副)

书院街

党委书记　李世英
人大主席　刘贵洲

主　　任　刘敬玉
政协组长　伍海堂

新华街

党委书记　陈小华
人大主席　王孝忠
主　　任　张新洲
政协组长　祝晏群

广场街

党委书记　黄跃文
人大主席　贺金桥
主　　任　万海鹏
政协组长　胡运林

车站街

党委书记　张新春
人大主席　黄明高
主　　任　翟新斌
政协组长　李文静

南大开发区

工委书记　李护平
主　　任　周汉明

孝南区乡镇2001年基本情况一览表

(所有数据来源于区统计局)

乡　镇	国土面积(平方公里)	耕地面积(亩)	年末总人口(人)	工农业总产值(现价:万元)	财政收入(万元)
朋　兴	52	33800	49264	33025	833
新　铺	86	38148	54536	75318	928
西　河	50	27279	29829	18127	377
杨　店	96	59654	71940	63388	1286
陡　岗	57	29290	49448	11105	814
肖　港	108	57518	101095	58745	955
卧　龙	61	31078	48012	46061	1010
毛　陈	146	47055	58495	35689	1695
三　汊	72	43833	54556	21445	1380
祝　站	56	31665	43778	11168	727
闵　集	91	28006	27264	7957	390
朱　湖	43	33426	23025	10908	355
东山头	26	13151	9790	12282	321
书　院	11	632	46632	19087	439
新　华	7	1378	53382	20149	466
广　场	12	588	85770	25785	494
车　站	3	362	18537	12764	515
南　大	8	964	3851	195	200
其　他	2.2	1860			

(孝南区委史志办)

汉 川 市

【概况】 汉川市位于汉水下游,江汉平原腹地,居湖北省中部,孝感市南隅。地处东经113°22′—113°57′,北纬30°23′—30°52′。东依武汉市,西连天门市,南邻仙桃市,北接应城市、云梦县、孝南区。东西长55.5公里,南北宽53.2公里,国土面积1662.9平方公里。2000年4月3日,汉川市在乡镇机构改革中,对全市乡、镇(场)行政区划进行了调整。全市辖1个街道办事处,14个镇、6个乡、2个国营农(养殖)场。2001年全市耕地面积为63245.87公顷,其中水田33348.13公顷,旱地29897.73公顷。年末总人口106.57万人,非农业人口17.56万人,人口出生率为6.6‰,自然增长率为4‰。

1999～2001年,全市国民经济稳步发展,经济增长速度和综合经济效益保持了较好的发展势头。农村经济在调整中稳定运行,工业生产在提高科技含量中持续壮大,效益显著提高。城乡市场繁荣,固定资产投资增加,财政金融运行平稳,居民收入有所提高,社会事业全面进步,城乡面貌焕然一新。全市国内生产总值(产值、增加值除注明外均以1990年不变价计算,下同)依次为69.95亿元、73.40亿元、80.70亿元,年增长率为10.3%、

8.1%、9.1%,三年平均增长率为9.2%。三次产业中第一产业增加值依次为15.32亿元、15.87亿元、16.57亿元,年增长率为11.8%、2.9%、5.6%;第二产业增加值为30.76亿元、31.84亿元、35.46亿元,年增长率为8.7%、9.0%、9.7%;第三产业增加值为23.87亿元、25.69亿元、28.38亿元,年增长率为12.5%、10.3%、10.5%。

农林牧渔业在全市各项经济活动中占有重要位置。1999~2001年,全市坚持以市场为导向,大力发展特色农业、订单农业,加速扶持农业结构调整,按照"稳粮减棉增菜扩油兴特"的思路进行综合开发,不断提高水产、畜牧、蔬菜三大支柱产业的规模化、优质化水平。虽然粮棉油在连遭两年罕见的旱、虫灾害后不同程度减产,但经过全市上下共同努力,其品种、品质得到较大改善,农业综合效益和综合生产能力仍有转折性的提高。全市农林牧渔总产值依次为13.42亿元、14.20亿元、15.38亿元,年增长10.1%、5.8%、8.3%;其中粮棉油产值3.95亿元、3.67亿元、3.69亿元,年增长11.6%、-7.2%、0.6%;多种经营产值9.46亿元、10.53亿元、11.69亿元,年增长9.5%、11.2%、11.0%。在总产值中,种植业产值为6.72亿元、7.13亿元、7.77亿元,年增长12.1%、6.1%、8.9%;牧业产值为3.11亿元、3.42亿元、3.66亿元,年增长4.8%、9.7%、7.0%;渔业产值为3.47亿元、3.51亿元、3.83亿元,年增长11.7%、1.1%、9.1%;林业产值为0.11亿元、0.14亿元、0.13亿元,年增长3.2%、2.5%、-8.9%。粮食总产量为41.47万吨、33.66万吨、30.93万吨,年增长11.4%、-18.8%、-8.1%;棉花总产1.48万吨、1.40万吨、1.72万吨,年增长18.8%、-5.8%、23.4%;油料总产2.68万吨、4.21万吨、4.15万吨,年增长8.24%、57%、-1.4%;生猪存栏33.62万头、31.05万头、31.66万头,年增长-4.3%、-7.6%、1.95%;生猪出栏33.15万头、37.05万头、37.45万头,年增长-1.4%、11.8%、1.06%;水产品总量8.088万吨、8.011万吨、8.433万吨,年增长9.8%、-0.1%、5.27%。农业机械化进程加快,农业生产条件进一步得到改善。三年来全市拥有农业机械总动力30.1万千瓦、31.07万千瓦、31.66万千瓦,大中型拖拉机729台、722台、734台,农用载重汽车272辆、302辆、287辆,化肥施用量(折纯)42450吨、48217吨、46363吨,农村用电量12259万度、12745万度、6430万度。乡镇企业总产值102.14亿元、112.78亿元、126.85亿元(现价),年增长20.3%、10.4%、12.5%。

汉川市工业不断壮大。以钢丝绳、汽车零配件、冶金、医药化工、饲料加工、塑料制品、电缆、包装、服装、食品、轻纺、建材等支柱产业为骨干,形成了结构渐趋合理,门类比较齐全的工业体系。1999~2001年,全市积极改善工业经济运行质量,努力克服资金短缺、市场疲软等困难,狠抓企业改制、内部管理和技术改造,着力开拓产品市场,以支柱产业带动经济大发展;立足高起点、抓引进、上项目,把培植启动作为经济建设的重中之重,加大引进外来资金力度,扶持开发区建设,工业经济保持了稳定持续的增长。其中农村工业仍是全市工业中一支重要力量;集体企业、股份合作企业和外商及港澳台投资企业发展也很迅猛;轻工业加速发展,重工业也在调整转型中提高。大打品牌战略与精品战略,扶持一批叫得响的知名产品。福星科技、环福塑料、分水橡胶等企业完成技改扩能工作,产销利润大幅增长;"永和安"、"通达源"等13家企业通过ISO9000国际体系认证;"福星"、"山乡"等商标被评为湖北省著名商标;"福星"钢丝绳、"汉马"通讯电缆被评为"湖北省精品名牌"产品;"童霸"童车、"新兴"包装、"川宇"巾被、"山乡"酱醋、"娇丽"卫生纸等名优产品产销两旺;食品、医药、酒业等也待上马投产,为全市新一轮经济发展增添了后劲。企业改制顺利进行。全市18家国有企业有17家实行破产重组;汉川市制药厂、化肥厂、油泵油咀厂、陶瓷厂等9家企业变现盘活,改制面达到96.6%,分流安置人员7681人;乡镇集体企业改制面达70%以上。招商引资取得新的发展,引进了福建达利、晋江福源、新源无纺布等12个投资过千万元的项目,环福、康乐定等5家企业获得自营出口权。全市工业产值三年依次为65.75亿元、72.45亿元(不变价)、108.51亿元(现价),其中省、孝感市属工业产值5.8466亿元(不变价)、13.6708亿元、15.2432亿元(现价),市属工业产值32.92亿元、37.36亿元、43.27亿元(现价)。工业产品结构调整取得进展。主要原材料产品保持稳定增长,工业产值衔接状况进一步好转,全市完成工业销售产值依次为51.23亿元、55.78亿元、57.85亿元,年增长7.0%、8.9%、3.7%。

1999~2001年,全市建筑业平稳发展,改革步伐加快,招投标制度进一步完善,建筑市场加强规范化管理。全市完成建筑业产值三年依次为6.72亿元、7.12亿元、7.68亿元。抓住国家开发大西北战略结构调整的机遇,进一步加大固定资产投资力度。加强投资结构调整,集中力量抓好基础设施、农村水利和对全市经济布局有重大影响的重点项目。城区"五路贯通"工程、紫云街配套工程顺利完工,10条小街小巷完成改造,新增城区绿化面积2.8万平方米。全市建筑业完成增加值三年依次为1.72亿元、1.81亿元、2.04亿元,年增长10.7%、5.4%、12.3%。小城镇建设成效显著,马口、分水、麻河、田二河等14个重点镇和沉湖福星村、仙女山办事处北桥村等中心样板村建设全面启动,并设计推广了27套优秀户型。田二河镇被授予"创建全国文明小城镇示范点",马口镇小城镇建设荣获省"楚天杯"奖。汉北河公路大桥、沉湖110KV变电站全面完工。汉川新长途车站、小商品批发市场及特色批发街建设顺利。全社会固定资产投资依次为9.79亿元、11.05亿元、12.44亿元,年增长-5.1%、12.9%、12.6%。市属投资8.86亿元、9.01亿元、11.09亿元,其中全民基建投资完成2.75亿元、2.21亿元、2.15亿元,城镇集体、私人完成投资1.17亿元、1.55亿元、2.18亿元，农村集体、私人完成投资3.65亿元、2.86亿元、3.23亿元。投资项目中，房地产开发完成0.51亿元、0.64亿元、0.96亿元，技术改造完成0.78亿元、1.75亿元、2.56亿元。加大农林水利、交通运输、邮电通讯、工业技改等产业结构的调整，基础设施进一步得到加强。全市交通运输、邮电通讯迅猛发展。三年依次完成增加值6.16亿元、7.05亿元、8.41亿元，按可比价格计算年增长15.6%、8.9%、12.5%，占国内生产总值比重为9.5%、9.6%、10.4%。全社会客运周转量44888万人公里、55333万人公里、69261万人公里，年增长12.3%、18.5%、8.0%；货运周转量52332万吨公里、68800万吨公里、64716万吨公里，年增长8.9%、5.6%、-5.9%；邮电业务总量0.67亿元、0.74亿元、0.82亿元，年增长3.5%、9.45、10.5%；移动通讯迅速发展，移动电话用户为7345户、17603户、27823户。

全市社会消费品零售总额三年依次为24.4亿元、26.8亿元、29.7亿元，年增长7.7%、9.9%、10.7%；外贸出口依次为3.86亿元、4.11亿元、0.33亿元，实际利用外资分别为2130.4万美元、2355.2万美元、2923.6万美元，外商投资转向基础产业、基础设施、支柱产业及资金、技术密集型项目。

加大财政增收节支力度及财税管理。全市三年依次完成财政收入2.58亿元、2.82亿元、2.87亿元，年增长13.6%、9.1%、1.9%；严格支出预算，对支出审批加大管理力度，财政支出2.24亿元、2.53亿元、3.07亿元，年增长18.3%、13%、21.2%，收支基本上保持平衡。金融形势稳定，存款增加。年末各项存款余额三年依次为22.31亿元、23.45亿元、26.46亿元，年增长14.3%、5.1%、12.8%；其中居民储蓄存款1.43亿元、1.72亿元、1.96亿元，年末各项贷款余额36.52亿元、35.69亿元、40.33亿元，年增长5.8%、-2.3%、13%。保险事业得到进一步发展，全民保险意识进一步增强，全市中保来源财资和寿险三年承保金额依次为0.388亿元、0.403亿元、0.474亿元，年增长0.4%、3.4%、17.5%；赔款支出0.1亿元、0.161亿元、0.137亿元。

大力实施“科教兴市”战略。1999～2001年，加快科技成果向现实生产力转化步伐，三年共获得省部级以上认定重大科技成果9项，农业、工业项目科技技术进步明显提高。其中2001年共申报各类科技计划项目13项，1个项目被列入2001年国家级火炬计划。全市各类专业技术人员三年依次为29159人、30074人、30096人，年增长4.4%、3.1%、——，其中自然科技人员9070人、9251人、9251人，年增长2.3%、2.0%，——。教育事业稳步发展，教育布局进一步调整，教育资源得到合理运用，全市基础教育不断扩大，学校在校生三年依次为211412人、203715人、198417人，其中小学在校学生达142787人、135233人、122505人，学龄儿童入学率为99.9%、99.9%、99.6%，初中毕业升学人数及升学比例均居孝感各县(市)区首位。教育条件得到进一步改善，教学质量普遍提高，被评为湖北省首批“教育兴农示范县(市)”。

全市有文化馆(站)29个，博物馆1个，公共图书馆1个，档案馆1个，报社1个，影剧院1个，电影公司1个，基层电影院16个，文工团1个，电视台和有线电视台各1个，广播电台1个，新华书店7个。三年来，全市放映电影依次为4589场次、2600场次、2840场次，观众达30万人次。发行图书2508万册、2460万册、2529万册，举办文艺演出140次、167次、184次，艺术展览6次、18次、15次。拥有各类卫生医疗机构53个、45个、34个，卫生技术人员2771人、2363人、2886人，其中中高级技术人员2243人、2145人、1672人。病床1440张、1337张、1224张。环境保护工作受到高受重视，取缔了“15小”企业，通过大力治理和宣传，环境质量有了明显提高。三年依次举办体育运动会58次、200次、200次，群众性体育活动也蓬勃开展。在省十运会上获金牌4枚、银牌7枚、铜牌7枚；在孝感市首运会上获金牌83枚、银牌70枚、铜牌43枚，取得了团体总分、奖牌总数、金牌总数三项第一。

社会保障事业进一步发展。“两个确保”和“三条保障线”得到落实完善，城市“低保”从城区向乡镇扩展。三年开展转业、转岗培训1500人、2650人、8270人，实现下岗职工再就业4740人、5900人、2800人，安置1500人、2220人、3560人，组织劳务输出3900人、4230人、4300人。城乡农民收入稳步提高。全市农民人均纯收入三年依次为2540元、2547元、2625元，年增长4.8%、0.3%、3.1%；从业人员人均货币工资5310元、5461元、5987元，年增长5.7%、2.8%、8.6%。

坚决依法治市，深入开展法制宣传教育，全社会法制意识不断增强。积极推进政府机构改革，认真实施国家公务员制度。加强执法监督检查，开展反腐倡廉活动，有效地推进了党风、政风和社会风气的进一步好转，两个文明建设取得了丰硕的成果。

(雷长华　周德平)

【华严农场划归汉川市管理】 1994年以来，华严农场由孝感市农垦公司直接管理。几年来经济实力不断提高，主要农副产品持续增长，财税收入增加，经济实力逐年增强，各项社会事业同步发展。但从运营情况看也存在体制不利于干部交流，地方、部门关系难以理顺，在一定程度上制约了区域经济和社会事业发展的实际情况。1999年，孝感市委常委会议决定，将华严农场整体下放，划归汉川市管理。孝感市农垦公司继续对华严农场行使业务指导职能，场直部门的隶属关系，原则上恢复到1993年的管理体制；华严农场保持原有性质不变，即政企合一的事业单位。

【川绳公司被评为全省高科技产业十优企业】 湖北省汉川钢丝绳股份有限公司实施技术创新战略，努力营造技术优势，创造了良好的经济效益，1999年被评为全省“高科技产业十优企业”。建厂10多年来,湖北省汉川钢丝绳股份有限公司坚持走科技兴业之路,不断提高产品科技含量,研制开发、生产的回火轮胎钢丝、航空钢丝绳、超细晶粒高强钢丝等产品被省科委评定为具有高科技含量、高附加值的新材料,其中回火轮胎钢丝荣获全国第三届新科技成果奖。高科技的注入使该公司实力不断壮大,经济实力增长强劲,成为全国知名企业。1999年5月26日,川绳股票在深圳证券交易所上网发行。

【分水镇新农村被授予“村级党组织十面红旗”称号】 1999年6月23日,在全省农村基层组织建设经验交流暨表彰电视电话会上,分水镇新农村党总支等10个单位被授予全省第三轮“村级党组织十面红旗”称号。近几年来,新农村党总支围绕经济抓党建,抓好党建促发展,两个文明建设取得了令人瞩目的成就,该村连续12年被省委、省政府授予文明单位称号,综合经济实力连续12年雄踞孝感十强村之首,成为闻名遐迩的“孝感第一村”。全省“村级党组织十面红旗”评选每4年进行一次,在全省3万多个村级党组织中开展评选,新农村党总支是孝感市唯一获此殊荣的村级党组织。

【汉川市荣获“湖北省卫生城市”称号】

汉川市在1995年通过省级卫生县城检查后,市委、市政府坚持把创建卫生城市纳入经济和社会发展的总体规划,不断探索和拓宽创建工作的新路子,深入开展创建卫生城市活动,特别是1997年撤县建市后,明确提出把创建省级卫生城市作为树立汉川形象、优化投资环境、推动经济发展、提高人民生活质量的一项重要工作来抓,制定了建设城市、管理城市、经营城市总体目标,城市基础卫生设施建设和城市管理水平跨上新台阶。1999年9月,汉川市被授予“湖北省卫生城市”称号。

【汉川市举行首届“精品名牌”评比】 1999年11月3日,汉川市举办了首届精品名牌评比,评出了属于自己的“精品名牌”。系马牌香油、巨隆达黄花、山乡牌酱醋、川宁毛巾被被评为一等奖。川大内衣被评为二等奖,汈汊湖无铅皮蛋、三星垸板鸭被评为三等奖。

【国务委员吴仪考察汉川】 1999年11月1日,中共中央政治局候补委员、国务委员吴仪一行来汉川考察。省委书记贾志杰、常务副省长邓道坤,孝感市委书记张昌尔、市长曹世佑等领导陪同考察。在考察期间,吴仪听取了汉川市委书记李巨松、市长胡功民关于汉川建市以来经济建设和社会发展等方面工作的情况汇报。她对汉川的工作给予了高度评价,同时提出了更高的要求,寄予了厚望。随后,吴仪兴致勃勃地登上白云大酒店楼顶,俯视汉江和新老城区。她说,汉川城镇建设搞得不错!人气很旺,汉川人精明能干,市场经济意识强烈,而且发展前景可观。结束考察时,吴仪高兴地与大家合影留念。

【湖北汉川政府信息网开通】 1999年11月8日,汉川市政府信息网正式开通,网址是:www.hbhanchuan.gow.cn,设置有汉川概况、招商引资、政府部门、汉川乡镇、企业风采、商务天地、同乡联谊、市长信箱,请您留言等10个栏目,除介绍汉川的自然资源、风土人情、经济贸易等方面信息外,还将广泛接收各界人士为市委、市政府提出合理化建议和意见。汉川是孝感市率先完成“政府上网工程”的县市。

【张雁获“全国文化先进工作者”称号】

2000年2月16日,在北京召开的全国文化先进县、先进集体、先进工作者表彰会上,市图书馆馆长张雁被文化部、人事部授予“全国文化先进工作者”称号,她是孝感唯一获此殊荣者。

【张建荣获“武汉市见义勇为先进分子”称号】 1999年9月15日凌晨,张建荣在汉口协和医院安全值班时,4名歹徒翻窗入室进行盗窃,他只身一人与手持凶器的歹徒进行了殊死搏斗,在身体受伤50余处的情况下,刺死一名歹徒。但终因寡不敌众,伤势过重,献出了42岁的生命。为表彰张建荣的英勇行为,武汉市综治委、武汉市见义勇为基金会追授张建荣同志为“武汉市见义勇为先进分子”荣誉称号。张建荣为汉川市分水镇东方红村人。

【汉川市举行招商引资洽谈会】 2000年3月30日,来自全国各地的30多名客商云集汉川,参加汉川招商引资洽谈会。通过洽谈,有5名客商寻求到合作项目,签约资金1.025亿元。

【泵站引水渠疏挖工程告捷】 2000年汉川市出现罕见的旱灾。为缓解旱情,汉川市投入19个乡镇场民工4万人,对泵站引水渠进行了疏挖。拓宽泵站引水渠10米,挖深1米,施工长度1340米,累计土方达4.5万方。疏挖工程从13日6时40分开挖至次日18时全面竣工,使停机达80小时的汉川泵站二站重新开机提水,汉江水以平均23立方米每秒的流量注入汈汊湖流域,80万亩农田的旱情和孝感城区饮水问题由此得到明显缓解。

【罕见龙卷风突袭汉川市麻河镇】

2000年6月24日下午5时许,由西向东的特大龙卷风中心刮过麻河镇三元、娘望、顺河三村长约2000米、宽约150米的地带,虽仅持续5分钟,却造成三村505间房屋损坏,其中彻底倒塌320间;19人受伤,其中6人重伤;1500亩农田受灾,90多根电杆和1000多株树木刮倒,交通、供电、通讯全部中断,直接经济损失412.12万元。龙卷风速度之快,强度之大为历年罕见。

【福星再获全省乡镇企业“十强”称号】

2000年7月17日,在全省1999年度经济综合实力十强县(市)、经济效益十佳市县、乡镇企业“十强、十佳”表彰会上,汉川福星科技股份有限公司获得“十强”乡镇企业称号,这是该公司第二次获此殊荣。同时,该公司董事长兼总经理谭功炎还获得“十佳”乡镇企业厂长的称号。

【汉川市与山东即墨市结为友好城市】 2000年8月12～21日,汉川市赴山东考察团与即墨市签订了友好城市协议书。即墨市位于山东半岛南部,属青岛市代管,素有“青岛后院”之称。全市建有各类集贸市场130处,在服装批发市场中,目前有180多户汉川人在此经商。

【汉川市城区禁鞭】 2000年10月1日,汉川市城区正式禁止燃放烟花爆竹。

【汉川市在孝感一运会上创佳绩】 在孝感市第一届运动会上,汉川市以83枚金牌、70枚银牌、43枚铜牌的优秀成绩荣获金牌、团体总分和奖牌总数三项第一。

【城区新北桥通车】 2000年11月28日,汉川市城区新北桥正式通车。旧北桥是汉川城区的一座旧桥,座落在连接汈汊湖流域与汉江相连的涵闸河上,始建于1953年,原为青石墩木面桥,1971年改建为5跨双拱桥,长90米,宽5.3米。随着汉川经济发展,城区面积扩大,人流、车流增加,旧北桥不能适应形势的需要,成了连接新城区的“瓶颈”。1999年,市委、市政府将北桥改建工程列为“十件实事”之一,投资496万元,于2000年4月4日正式动工,历时7个月,改建完成了新北桥。该桥长90米,宽18.5米,为4车道、4跨直线型钢筋混凝土结构。

【汉川一中高考创佳绩】 2001年度全国统一高考,汉川一中再创佳绩。1005名学生参考,其中上省线达832人,上线率达82.8%,上省线人数遥居孝感市各重点高中之首(含孝高)。清华、北大、人大等重点大学,该校都有学生中榜。

【汉川市荣获全省“乡镇企业工作先进县市”称号】 在2001年5月30日结束的全省乡镇企业工作会议上,汉川被省委、省政府授予“乡镇企业工作先进县市”称号。上市公司福星科技股份有限公司也同时荣膺全省“乡镇企业首强”称号,这已是该企业连续4年获得此殊荣。汉川拥有乡镇企业57581家,其中销售收入在500万元以上(新口径工业企业)达145家,乡镇企业人数达12.86万人,全市已涌现5个过10亿元的乡镇,15个超亿元村、1个超亿元企业。

【外籍教师在汉川任教】 2001年3月8日,城关中学师生迎来了外籍英语教师贝罗和奥列夫。学校聘请外籍教师任教,其主要目的是营造一种学英语的良好环境,促进学生学英语、用英语的能力。

【田二河镇被授予“创建全国文明小城镇示范点”称号】 2001年9月,汉川市田二河镇被中宣部等五部委推荐为“创建全国文明小城镇示范点”,是汉川市唯一获此殊荣的乡镇。1996年以来,该镇把小城镇建设作为沟通城乡的桥梁,繁荣经济的载体和倡导精神文明的窗口,全镇共投入建设资金8380万元,建成银河大道、春秋大道、车站路、振兴路等19条水泥硬化道路,采取见土插绿,见缝播绿的方式,植树5000多株,植草面积7000多平方米。小城镇的建设带动了经济的发展,其经济实力已跻身全市前列。

【总后沉湖基地顺利移交汉川市管理】 2001年9月10日至15日,根据中央军委精神,驻汉川市沉湖部队撤离,总后沉湖基地移交地方管理。汉川市接管土地面积52454亩,资产6155万元,人员67人。35年来,总后沉湖基地一批批官兵在这里披荆斩棘,战天斗地,把昔日的一片荒湖变成了流光溢彩的聚宝盆,为保障部队供给、加强部队建设作出了巨大贡献。同时,他们还在汉川市经济建设的主战场和抗御各种自然灾害的斗争中,以及维护社会稳定等方面,与汉川人民一道通力合作,风雨同舟,为汉川市两个文明建设立下了汗马功劳。汉川市为配合部队搞好建设,视军人为亲人,心系基地,情系官兵,积极为部队排忧解难,军地之间架起了一座军政军民鱼水情的金桥,曾被省政府命名为“全省双拥模范城”。

【汉川市被评为全国婚育新风进万家活动先进县(市)】 2001年12月1日,汉川市在“婚育新风进万家”活动中,被中宣部、国家计生委授予“全国婚育新风进万家活动先进县(市)”。近几年来,汉川市把开展“婚育新风进万家”活动作为计生工作的重要工作内容来抓,全市建立和完善了600多所乡村人口学校,一方面利用人口学校宣传科学、文明、进步的婚育风尚,引导群众转变婚育观念;另一方面在人口学校开展科技培训,带动11000余计生贫困户走上脱贫致富之路,使全市涌现出少生快富模范户2136户。

汉川市委、人大、政府、政协领导成员名单

(截止2002年6月)

市委书记 李巨松

副书记 胡功民 文茂志 丁国琰 王建刚

常委 李巨松 胡功民 文茂志 丁国琰 王建刚 黄修平 张志敏 关祥先 胡茂书 肖千川 李良同 高本祥 肖梅芳(女) 段世平

人大常委会主任 邓汉廷

副主任 徐善弼 彭习美 刘荣华 张祥生

市长 胡功民

副市长 肖千川 高本祥 陈新平 胡腊兵 王发传 张艳(女) 熊桉

政协主席 李显昌

副主席 王中亨 李爱萍(女) 邹崇汉 邹谊友 程体华

汉川市市直部办委局负责人名单
(排名顺序:市委部门、市人大、市政府、市政协、人武部、法院、检察院、群团、垂直部门和经济合作部门)
市纪律检查委员会 书记 关祥先
市委办公室 主任 黄修平
市委组织部 部长 张志敏
市委宣传部 部长 李良同
市统一战线工作部 部长 邹谊友
市委政法委员会 书记 胡茂书
市直机关工作委员会 书记 胡振环
市委、市政府农村工作领导小组办公室 主任 肖述长
市委、市政府信访办公室 主任 刘正稳
市委610办公室 主任 王双喜
市委台湾工作办公室(汉川市政府台湾事务办公室) 主任 雷全生
市委党校(汉川市行政学校) 常务副校长 张国华
汉川报社 社长 陈健兵
市档案局 局长 程灿文
市广播电视局 局长 李光军
市委、市政府接待处 副主任 程明发
市党史方志办公室 主任 胡必发
市人大办公室 主任 樊春香
市政府办公室 主任 邹德品
市政协办公室 主任 成尚城
市人民武装部 部长 李小平
市法院 院长 刘援朝
市检察院 院长 张银木
市发展计划局 局长 骆义发
市经济贸易局 局长 田德林
市教育局 局长 钱继斌
市科学技术局 局长 李平安
市公安局 局长 徐同炳
市监察局 局长 杨大银
市民政局 局长 张卫雄
市司法局 局长 卢汉桥
市财政局 局长 李汉林
市人事局 局长 刘荒年
市劳动和社会保障局 局长 郭望君
市国土资源局 局长 陈文斌
市建设局 局长 陈栋梁
市交通局 局长 张铁雄
市农业局 局长 陈木清
市水利局 局长 余水山
市文化体育局 局长 陈新才
市卫生局 局长 何雄武
市计划生育局 局长 王小平
市审计局 局长 王绍文
市统计局 局长 何东平
市粮食局 局长 聂国琼
市乡镇企业管理局 局长 胡长炎
市人民政府扶贫开发办公室 主任 王刚
市对外贸易经济合作局 局长 林广泉
市物价局 局长 韩毅
市林业局 局长 李国荣
市环境保护局 局长 张先平
市机关行政事务管理局 局长 胡昌勇
市畜牧局 局长 陈彦山
市农业机械管理局 局长 韩本早
市水产局 局长 易明金
市农村经济经营管理局 局长 丁正雄
市老龄工作委员会办公室 主任 吴厚明
市房地产管理局 局长 徐少国
市外事侨务旅游局 局长 黄又才
市经济开发区 主任 田水欣
市政府驻武汉办事处 主任 蒋再海
市政府驻广州办事处 主任 杨新祥
市政府驻北京办事处 主任 张新华
市政府驻上海办事处 主任 傅国琴
市总工会 常务副主席 叶四明
共青团汉川市委 书记 鞠鹏程
市妇女联合会 主席 高再仙
市科学技术协会 主席 黄正来
市工商业联合会 会长 成雪晴
市电信公司 经理 尹述超
市邮政局 局长 明忠清
市移动公司 经理 徐汉明
市供电局 局长 方华志
市质量技术监督局 局长 肖志明
市气象局 局长 周建祥
市工商行政管理局 局长 罗继舟
市国税局 局长 邓爱国
市地税局 局长 李秀秀
中国人民银行汉川市支行 行长 冯艾林
中国银行汉川市支行 行长 郭自清
中国工商银行汉川市支行 行长 周中旺
中国农业银行汉川市支行 行长 李家建
中国农业发展银行汉川市支行 行长 席德平
中国建设银行汉川市支行 行长 郭远绍
市农村信用联社 主任 孙培坤
市人保公司 经理 段绍成
市寿保公司 经理 尹选民
市烟草局 局长 聂新
市石油公司 经理 黄继红
市药品监督局 局长 李显莫
市医药总公司 经理 邓潜江
市商业总公司 经理 蒋新民
市物资总公司 经理 汪少木
市外贸总公司 经理 李进
市供销合作社 主任 李德俊
市棉花公司 经理 黄传扬
市铁路货场 主任 王运才

乡、镇(场)简介

【仙女山街道办事处】 位于市境东部,汉江北岸,西靠仙女山,东接新河镇,北邻刘家隔镇,原为城关镇,是汉川市政治、经济、文化、交通中心。2001年改为仙女山街道办事处。全处辖汈东农场1个,华一、华二、国光、徐家口、涵闸、田家、七里、北桥、霍城、西门桥、山后湾、仙女山、港堤、刘家台、官备塘、泵站河16个行政村,东街、西街、南街、北街、欢乐街、棉纺厂、西湖路、陈家湾、段家湾、斧头坝、覆龙山、六合、北桥(居委会)、广场路14个居委会。国土面积63平方公里,人口136806人。2001年实现乡镇企业总产值23.1亿元,地方财政收入2047万元,农民人均纯收入3733元。

仙女山街道办事处以经济建设为中心,以招商引资为手段,以改善发展环境为根本措施,大力实施企业民营化、农业产业化、城乡一体化、经济外向化发展战略,从蔬菜、水产、畜禽三大支柱产业入手进行农业调整,农业结构渐趋合理。培育了永和安门业、童霸童车、新兴包装等一批支柱骨干企业,形成了建材、儿童用品、服装包

装、糖果食品、金属加工、通讯电子六大产业群体,创国优和省、部优品牌30个,产品远销东南亚、欧、美等地。同时兴建了霍城建材批发市场、汉川市小商品批发市场、贺富店农贸市场、北街副食烟酒批发一条街、欢乐街服装鞋帽批发一条街、东街布匹批发一条街等五大市场、十条特色街。文、体、卫生事业发展迅速,全处有中小学17所,在校生16629人。以处卫生院为主体,诊所、血防、防疫连成一片。市体育馆规模宏大,设施齐备,为汉川体育事业发展作出贡献。处北霍城有古文化遗址,处西隅仙女山公园,风光秀丽,山上建有汉川电视台和高频站。从山顶鸟瞰全镇,全景尽收眼底,一目了然。

仙女山街道办事处为全省"楚天明星乡镇"、连续几年综合经济实力蝉联孝感之冠。

办事处党委书记　郑　翔
办 事 处 主 任　魏辛甫
人大联络组组长　郑　翔(兼)
政协联络组组长　龚继才

【马口镇】　位于市境南,东邻武汉市、西接庙头镇、南濒仙桃市、北依汉江,是江汉平原重要的物资集散地和襄南政治、经济、文化中心,素有"金马"和"小汉口"的美誉。2001年4月在乡镇机构改革中与原丁集乡合并。全镇现辖1个街道办事处,37个行政村,272个村民小组,4个居民委员会。国土面积64.2平方公里,总人口75573人。

马口镇因地制宜进行农业开发,已建成新北——蔡城线的疏菜基地9000亩;桐木湖、白石湖、上色湖等水产养殖基地3600亩;丁集畜禽养殖基地专养区年产鹌鹑1000万只;高庙——高山林果茶基地建成果茶园1200亩。白石湖、梅子洞已纳入旅游观光开发区。全镇拥有乡镇企业540个,个体私营企业3082家。初步形成纺纱制线、电缆光纤、建材陶瓷、针织服装、轻工机械、五金化工为主的六大支柱产业,其中纺纱制线、电缆光纤已成为工业的龙头产业,产品科技含量高,远销国内外,年度税收占计划的50%以上。传统产品如潘同春豆瓣、合丰酱菜、马口小麻油、工艺陶瓷闻名遐迩。2001年,全镇引进项目17个,引进资金6665万元,2001年实现乡镇企业总产值185200万元,财政收入1013万元,农民人均纯收入2993元。争创文明卫生城镇,优化投资环境,实现城乡一体化。镇区三条主干道贯穿东西,25条街道四通八达。初步建成3509工业园区、邱子科技园区、朝阳路商品一条街、金河现代农业生态园。全镇有中小学25所,教师队伍770人。以市二医院和镇卫生院为主体的医疗、防疫已成网络。文、体、卫事业全面发展,素有"乒乓之乡"的美称。

马口镇为"湖北省综合经济实力五十强乡镇"、全省"楚天明星乡镇"。

镇委书记　邓义成
镇　　长　谢昆明
人大主席团主席　王传松(副)
政协联络组组长　刘炎华(副)

【脉旺镇】　位于汉川市境西南,东与杨林沟镇毗连,南与仙桃市大伏乡抵界,西和沉湖镇、回龙镇接壤,北与分水镇、里潭乡为邻。2001年全镇辖20个行政村和5个街道居委会。国土面积48.73平方公里,总人口42591人。脉旺镇大力推进农业结构调整,已建成荷沙公路和三八河沿线万亩水旱蔬菜基地,以桃花、直形等村为主的2000亩棉田套种高效种植基地,以荷沙线10村为主的1.5万亩双低油菜生产基地,8000亩优质棉生产基地,以200万只温氏养鸡为主的畜禽养殖基地。拥有乡镇企业437家,镇办工业企业18家,已初步形成纺织、塑料、化工、轻工产品四大系列。小太阳童车童床、众恒织布、华裕纺织等一批民营企业日益壮大,产品畅销国内外;横当铁业长廊、桃闸塑业密集区迅速扩展,拥有个体私营企业425家。工业经济形成镇区为主、两区为翼的发展格局,2001年实现工农业总产值108117万元,农民人均纯收入2695元。

积极实施小城镇发展战略,加快城乡一体化步伐。2001年先后启动了"改Ⅲ"、移民建镇等工程,整修了脉沔公路、环城公路,加快城区低矮房屋改造和小街小巷整治步伐,完成城乡电网改造,加快电信、电视事业发展,城镇基础设施加强,城镇环境改善,城镇功能提升。文教卫生事业发展迅速,全镇有中小学17所,在校生8978人;卫生医疗、防疫网络健全,城乡卫生一体化格局初步形成。

镇委书记　高俊涛
镇　　长　赵炎华
人大主席团主席　高俊涛(兼)
政协联络组组长　李继权(副)

【城隍镇】　地处汉川市城区西大门,南依汉水,北邻汈汊湖,东与汉川城区接壤,距汉川市中心5公里。2001年全镇辖45个行政村,1个街道办事处。国土面积72平方公里,总人口51425人。

城隍镇水陆交通便利,荷沙公路横贯全境,汉江环抱全镇直通长江。境内新北公路、汉川汉江大桥连通107国道及宜黄高速公路。

城隍镇农业生产特色明显,是汉川、武汉等地蔬菜、畜禽和水产品供应基地,初步形成了城郊型农业经济的特点,在此基础上采取"一稳二减三增四发展"措施,建立了沿荷沙线、新北线连片蔬菜生产基地13000亩,平均年产蔬菜33127吨;南干渠水产基地6000亩,平均年产2420吨;荷沙线、汉江沿线畜禽产业基地,平均年产23万只(头),其中黄鸡12万只;汉江沿线、南干渠、幸福渠、八古渠、新北公路、荷沙公路建立林木产业基地6267亩。全镇拥有民营企业1680个,已形成服装、塑料、食品、建材、童车、卫生材料加工等六大支柱产业。2001年实现企业总产值3.705亿元,农民人均纯收入2693元。

近几年来,通过一系列经济发展战略的实施,全镇农业产业化基地建设和乡镇企业发展迅猛,小城镇建设已初见成效,邮电、通讯发达,水电供应充足,医疗卫生、科技教育、广播电视、文体娱乐等一应俱全,设施完善。

镇委书记　高水平

镇　　长　张水华
人大主席团主席　高水平(兼)
政协联络组组长　王安清(副)

【分水镇】　位于汉江北岸，距汉川市区20公里，国土面积66.6平方公里，总人口66233人，其中城区面积2.7平方公里，下辖24个行政村和2个居民委员会。

分水素有“鱼米之乡”的美誉，水陆交通条件得天独厚。省级干道荷沙公路穿境12公里。水路货船可上抵丹江口，下达长江，是汉川市的农业大镇、商贸重镇、经济强镇，是方圆百里重要的商品集散中心。2001年实现工农业总产值76516万元；财政收入997.83万元；农民人均纯收入2733元。

全镇已形成建材、竹木、果瓜类批发、服装和小商品、文化电器、中心集贸、副食批发七大市场。规划占地15亩、摊位200个的新农大市场也即将投入使用。全镇工业形成了医药及医药包装、冶金、养殖三大支柱产业。有企业100多家，其中规模较大的企业有5家。湖北汉川药用玻璃总厂是孝感市首家产值过亿元的村办企业，也是湖北乃至中南地区最大的药用玻璃生产中心；白莲医药是全国唯一专业性生产药用橡胶瓶塞的企业；银华药用包装迅速崛起；电工器材厂是国家经贸委定点生产厂家；温氏家禽的“公司+农户”模式迅速带动了大批农民致富。镇内还建有1000亩现代农业示范园区。工业名牌精品“沪宝”牌抗生素瓶驰名全国，“白莲”牌橡胶瓶塞俏销海内外。全镇六十多种产品远销欧美等20多个国家。

文教、卫生事业迅速发展，全镇有4所中学、21所小学。以镇中心卫生院为主体，诊所、血防、防疫连成一片，形成卫生医疗、防疫网络。全球通移动通讯、中文寻呼台站相继投入使用，镇建有11万伏变电站、分水泵站、自来水公司等大型建设项目。

分水镇1997～2001年多次被评为“孝感市综合经济实力十强乡镇”。

镇委书记　胡新运
镇　　长　胡志刚
人大主席团主席　胡新运(兼)
政协联络组组长　周树清(副)

【沉湖镇】　位于汉川市南端，与仙桃市城区隔河相望，西与天门市毗邻，东北距市中心44公里。2001年，全镇辖17个行政村，国土面积69.53平方公里，总人口57743人。

沉湖镇水网密布，沟渠纵横，复万、杜万公路在镇中心交汇，省级干道荷沙公路穿域而过，水陆交通十分便利。该镇依托自身实际，目前已建成10000亩优质稻生产基地、20000亩优质棉生产基地、20000亩优质油菜生产基地、5000亩精养鱼池，成为汉川重要的商品粮、优质棉、商品鱼、速生林和农业综合开发基地。乡镇企业突飞猛进，民营经济快速发展。全镇现有各类工业企业219家，境内有国家大型企业、上市公司——福星科技股份有限公司，拥有自营出口权、产品全部外销的创汇企业——环福塑料制品有限公司。形成了铁业、塑业、化工、家俱建材四大亿元支柱产业。大力发展小城镇建设，改造了万福集镇，投资2000万元新建了万福大道与致富路，形成了集贸市场、小商品市场、农资市场等专业市场。2001年，全镇实现工农业总产值157929万元，农民人均纯收入2631元。

全镇有中、小学、成人学校共22所，中小学在校学生10671人。镇设有卫生院1所，保健室26个，病床58张，各类医护人员76人。建有文化站、礼堂、图书馆、电视差转台、有线电视台、广播台、广播室等文化场所。

沉湖镇从1996年起一直被评为“孝感市综合经济实力十强乡镇”。2000年6月中共沉湖镇委被省委授予“六好乡镇党委”称号。

镇委书记　蔡双山
镇　　长　邓旺祥
人大主席团主席　蔡双山(兼)
政协联络组组长　刘才茂(副)

【田二河镇】　地处江汉平原腹地，东邻武汉，西接荆沙，南濒汉江，水陆交通便利。省级干线荷沙公路穿镇而过，是汉川的西大门，处于天、汉、沔三市交界地区。2001年，全镇下辖25个行政村，1个居委会。国土面积83.47平方公里，总人口40599人。

田二河镇盛产粮棉油鱼，素有“银河”之美誉。农业生产改变传统的种植模式，建有3000亩水产基地；在田中公路边建3000亩蔬菜基地，平均每年产蔬菜1500万公斤；新建2万亩优质稻基地。现已形成水产、蔬菜、优质稻、农产品加工等六个基地，农业产业化初具雏形。工业生产向着企业化经营，招商引资壮大盘活，规模化联营的方向改革，构筑了无纺布、金门神、铝制品、木工机械等四个企业“小巨人”。形成了无纺布、门业、铝制品、酒业、压延、木工机械、化工、建材等八大产品系列，1000多个品种。小商品市场琳琅满目，交通、通讯迅速发展，文教卫、血防设施日趋完善，综合实力不断增强。2001年实现工农业总产值6.8亿元，农民人平纯收入2700元。

1999年以来，田二河镇投入城镇建设资金近2000万元，建成了“一区二城三场四街五园”，即：经济开发区，娱乐城、商城，小商品市场、集贸市场和仔猪交易市场，农民一条街、民营经济一条街、小商品一条街和饮食一条街，工业经济园、商业经济园、个体私营经济园、高效农业示范园和娱乐休闲园，先后建成银河大道、春秋大道、车站路、振兴路、万家路等19条水泥硬化道路，已构成三横三坚的“田”字型新城区框架。完善了水、电、绿化、亮化工程及变电站、程控电话、电视差转台等基础设施。恢复并重建了“春秋阁”公园，新建了楹联一条街。

田二河镇1999年荣获“湖北省文明乡镇”称号，同年9月夺取湖北省小城镇规划建设管理“楚天杯”，2001年被列为“全国文明小城镇示范点乡镇”。

镇委书记　李铁新
镇　　长　李绍斌
人大主席团主席　李铁新(兼)
政协联络组组长　王银成(副)

【回龙镇】 东北距县城49公里,西北紧邻田二河镇,省级干线荷沙公路纵贯而过。2001年全镇辖22个行政村,国土面积64.53平方公里,总人口36342人。

回龙镇境内沟渠纵横,水秀土沃,资源丰富。近年来,在稳定粮棉油生产的同时,狠抓农业产业结构调整,建成以鲤鱼湖为主体的2000亩水产养殖基地;以回池线、茶棚村为中心建成温氏养鸡基地;以北围渠、杜庙为中心建成千亩养虾基地。加强农业综合开发,建成果林基地1000亩,蔬菜基地7000亩。乡镇企业、民营经济在全镇经济中发挥着主力作用,全镇拥有乡镇企业283个,企业坚持以效益为中心,盘活与发展为主题,形成钢铁、化工、纸箱包装、砖瓦制造、渔业、畜禽养殖、精米加工等多种行业并举的局面,产值过千万元的茶棚钢铁集团,以及纸箱厂、塑料厂得到持续发展。2001年,全镇工农业总产值达23087万元,农民人均纯收入2490元。

镇内茶棚经济开发区基本建成,形成基础设施完备,服务功能齐全的新兴城镇。全镇已实现医疗卫生一体化,农网改造已全面完工,有线电视和移动电话微波站已建成使用,开通程控电话1634门。全镇有中小学校20所,在校学生6980人,适龄儿童入学率达100%。

镇委书记 袁长祥
镇　　长 傅文才
人大主席团主席 袁长祥(兼)
政协联络组组长 谢迁移

【新堰镇】 位于汉川西北,西毗天门市,北抵应城市,南接中洲垸农场,东连韩集乡,距汉川市区42公里,是汉川西北政治、经济、文化、交通中心。2001年,全镇辖30个行政村和1个居委会。国土面积94.8平方公里,总人口40291人。

新堰镇盛产粮、棉、油、鱼,是汉川市四大粮仓之一。近几年来,全镇制定了"在短期内跻身汉川十强乡镇"的发展战略,大力实施"吨粮田、双百棉、三担油"农业产业化工程,初步建成了甲鱼、鳝鱼、毛蟹、鸭业、莲藕、果林六大多种经营基地,年均产粮4000万公斤,棉花175万公斤,油料200万公斤,各类鲜鱼150万公斤。鳝鱼、毛蟹、温室甲鱼等特色水产闻名遐迩,腌制板鸭风味独特。注重工业强镇战略,乡镇企业异军突起,形成了木业、食品、建筑、建材四大支柱产业。2001年,实现工农业总产值15350万元,财政收入475万元,农民人平纯收入2810元。

镇内分王公路由东南向西北穿境而过,与荷沙干道、107国道、汉沙公路相连,汉北河直入汉水,中支河连接天门河,水陆交通发达。电力设施齐全,村村电网全部实现低改,供电供水充足。通讯便捷,千门程控电话直拨海内外。镇区五条街道的路面全部硬化、亮化、绿化;境内商贸活跃,市场繁荣;医疗卫生、广播电视、科技教育、文体娱乐等服务设施齐全,社会事业蓬勃发展。

新堰镇为"孝感市小康乡镇"。

镇委书记 李志勇
镇　　长 吴五洲
人大主席团主席 李志勇(兼)
政协联络组组长 谢社东

【垌冢镇】 地处汉川市西北部,东、北两面与应城市交界,西面与天门市相邻。2001年,全镇下辖16个行政村。国土面积27.67平方公里,总人口20956人。

垌冢镇南临汉北河,北枕(武)汉宜(昌)公路,市干线分王公路在王畈村与汉宜公路相接,交通十分便捷。汉北河开挖后与汈汊湖水系隔开,形成独立水系。农业基础设施进一步完善,修建了兴隆抗旱渠及老鹳湖整险加固,抗灾能力不断增强。优化产业结构,集中发展优质粮油、鱼虾、螃蟹、黄鳝、莲藕、板鸭、水果、荸荠等名特优农产品,现已初步形成沿分王公路平畈冲地优质粮油区,北部丘陵岗地水果经济林区,南部边湖水面水产畜禽养殖区的区域规模经营格局。乡镇企业在原有基础上不断发展,已形成粮油加工、机械、建材、轻工四大工业体系;优质弹簧享誉市外,柏木香粉远销港台;粮油食品加工企业发展迅速,开辟王畈经济园区,扩大招商引资,民营经济快速发展;草袋编织为传统手工业,年产草袋600万条左右,在分王公路沿线形成中南地区最大的草袋市场。商贸活跃、市场繁荣、粮油、水果、草袋幅射面广,交易活跃。该镇历来为汉川、天门、应城三市交界处主要农副产品集散地和商贸中心。2001年,全镇工农业总产值达到22291万元,实现财政税收210.44万元,农民人均纯收入2010元。

全镇有12所中小学,普及小学九年义务教育。建有文体站、影剧院、电视差转台、有线电视网、老年人文化活动中心等文化体育场所,有卫生医疗机构4个,文教卫生事业发展迅速。垌冢镇为孝感市文化先进乡镇。

镇委书记 黎国祥
镇　　长 马贵兵
人大主席团主席 黎国祥(兼)
政协联络组组长 蔡木海(副)

【麻河镇】 地处汉川市北隅,东接云梦县,北邻应城市,距市区25公里,离汉丹铁路干线7公里。2001年,全镇辖28个行政村,209个村民小组,1个街道办事处。国土面积58.33平方公里,总人口36323人。

麻河镇是一个典型的农业镇,近年来积极调整农业结构,加大特色农业发展速度,农业围绕六大支柱产业加快发展,积极实施兴建"水产强镇,莲藕重镇和畜禽养殖大镇"的发展战略,规划集中连片、区域布局、规模发展,大兴莲藕产业。全镇莲藕总面积逾3万亩,种植新品种32个,推广新栽培技术4项,建有莲藕专业批发市场24个,建成省内外销售窗口33处。麻河牌"富硒"莲藕畅销全国各地,麻河已成为名副其实的"莲藕之乡"。甲鱼、螃蟹、鳜鱼、银鲫等名优产品风味独特。2001年,全镇实现工农业总产值16975万元,农民人均纯收入2607元。

境内油路成网,交通十分便畅。镇内六街、三区、一园具有湖乡特色的水乡园林初具规模，规划形成占地2平方公里，集镇人口达1万人的“井”字框架雏形。商贸活跃，市场繁荣，医疗卫生、科技教育、广播电视、文化娱乐等服务设施日臻完善。

2000年3月，小城镇建设获“仙女杯”奖励。

镇委书记 (空缺)
镇　　长 黄祥平
人大主席团主席 (空缺)
政协联络组组长 钟国友(副)

【刘家隔镇】 位于汉川市境北端，南距城区11公里，西邻应城市，北毗云梦县，与麻河镇隔汉北河相望。2001年4月在乡镇机构改革中与原杨水湖乡合并为现在的刘家隔镇。现辖40个行政村、2个街道办事处和2个渔场。国土面积119平方公里，总人口46580人。

刘家隔镇是传统的水稻种植区，是全市“四大粮库”之一；盛产七星莲藕，全菊花心红胡萝卜等，鲜鱼、河虾、莲籽、茭白、荸荠、菱角等风味独特。近年来，该镇大力倡导结构调整，在虾三公路沿线建成了全市最大的莲藕基地，形成了跨度21公里，涉及37个村，网络6000多植藕户的优质莲藕带；依托水资源优势，开发精养鱼池7000亩；因地制宜，发展了网箱养鳝、澳洲淡水鲈鱼、胭脂鱼、大棚反季蔬菜、无籽西瓜等小、特、精种植模式。随着莲藕加工厂的建成和汈北垸国家优质商品粮基地的立项，形成了农业产业化、集约化、基地化格局。镇内工业化进程不断加快，形成了纺织、精米加工、家俱、建筑建材、莲藕深加工、农产品营销、印刷等七大支柱产业，产品行销全国。2001年，全镇实现工农业总产值41885万元，农民人均纯收入2373元。

镇内水陆连网，交通发达，境内公路村村相连，汉北河、民乐渠、北干渠水网交织。基础设施日臻完善，35KV变电站与汉川电厂贺富店变电站并网，杨水湖变电站的兴建，使镇内电力更加充足。中、小学星罗棋布，布局合理。医疗卫生防疫体系日益完善，一体化管理模式初具成效。

刘家隔镇是孝感市“文化先进乡镇”。

镇委书记 邵长发
镇　　长 刘宏才
人大主席团主席 邵长发(兼、副)
政协联络组组长 李国清(副)

【新河镇】 位于汉川东部，素有汉川东大门之称。东南临汉水，西北抵云梦县、孝感市。与武汉市新沟镇仅一桥之隔，距武汉市中心43公里，距汉川城区13公里。2001年4月在乡镇机构改革中与原民乐乡合并。合并后的新河镇下辖43个行政村。国土面积143.3平方公里，总人口60168人。

新河是一个以粮、棉、菜为主的农业镇，近几年随着农业产业化的调整，农业结构渐趋合理，基本上形成粮、棉、菜、鱼四大基地。其中蔬菜更是拳头产品，全镇有8个蔬菜专业村，6个粮菜、棉菜村，建塑料大棚6500个，面积达2000亩。进一步完善了洪北垸现代化示范园区，开挖疏浚支渠5000米，硬化渠道1000米，建“U”型槽1500米，铺田间道路3200米，使园区内6000亩面积连成一片。乡镇企业发展迅猛，逐渐形成新河经济开发区雏形。境内建有120万千瓦的火力电厂——汉川电厂；建有占地9.6平方公里的湖北省电厂经济开发区。全镇工业形成建筑、建材、制鞋、服装四大支柱产业。利用电厂粉煤灰资源建年产20万吨的水泥厂2个。2001年，全镇实现乡镇企业总产值57900万元，农民人均纯收入2592元。

新河有“建材之乡”、“蔬菜之乡”的称号。

镇委书记 高银学
镇　　长 许运贵
人大主席团主席 高银学(兼)
政协联络组组长 周治金

【庙头镇】 位于汉川市西南，东连马口镇、西靠湾潭乡、南邻南河乡，交通便捷，是连接汉川汉江大桥、新北公路、庙江公路、蔡城公路的枢纽。2001年，全镇辖24个行政村。国土面积56.53平方公里，总人口36957人。

庙头镇是全省闻名的“三花(黄花、白兰花、茉莉花)之乡”，拥有黄花24000亩、白兰花500亩、茉莉花200亩，“三花”面积占总耕地面积的78.4%，农民每亩黄花(含花套菜)收入逾3000元。黄花产业化发展迅猛，兴建黄花产业化加工龙头企业——汉川巨龙实业有限公司，生产的“巨龙达”牌精制黄花在1999年和2001年中国(国际)农业博览会上被评定为“精品名牌产品”，被农业部绿色食品中心授予“绿色食品”称号。庙头黄花行销海内外。全镇形成以永利化工硅胶，雷祖、黄家纸板纸箱包装，杂姓弹簧、拖鞋加工，金家台塑料，兴隆寺铸造，长堤服装为主的乡镇企业发展格局。2001年，全镇实现工农业总产值28228万元，农民人均纯收入3011元。

基础设施健全，建有平章街、新街和市场街，全日供水的自来水厂，十一万伏变电站，村村开通程控电话，拥有有线电视台、影剧院等文化娱乐场所。教育事业稳步推进，全镇有1所中学，12所小学，在校中小学生5500人，庙头中学被授予“孝感市示范学校”，镇成人学校被授予“省级示范成校”。

2001年，庙头镇为“全国计划生育婚育新风进万家活动先进镇”、“湖北省计划生育先进镇”、“孝感市社会治安综合治理先进镇”。

镇委书记 王望姣
镇　　长 (空缺)
人大主席团主席 郑砚坤
政协联络组组长 邓树海(兼、副)

【杨林沟镇】 位于汉川城区西南部，汉江南岸，东靠湾潭乡，东南与南河乡相接，南与西江乡毗邻，西与脉旺镇和仙桃市大福镇接壤。2001年全镇下辖30个行政村，1个街道居委会。国土面积67.93平方公里，总人口为46563人。

杨林沟镇根据地形特点和种植习惯，沿庙成线连片建成优质棉花套种基地7000亩，蔬菜基地1000亩，优质芋头基地2000亩，在刘家湖建成湘莲基地1000亩,开挖精养鱼池1000亩,产品主要销往武汉、仙桃等地。近年来,杨林沟镇乡镇企业异军突起,成为杨林经济发展的主要支柱,初步形成了以皮鞋制造、酿酒、建筑等为主的格局,2001年,全镇的工农业总产值达到27170万元,农民人均纯收入2641元。

大力发展文化卫生事业,小城镇建设再上新台阶。全镇实现了村村通公路、通电话,镇广播电视差转台覆盖全镇,为全镇经济发展创造了良好的外部环境。文化、卫生事业发展迅速,全镇共有中小学14所,在校生7031人。以镇卫生院为主体,形成卫生医疗、防疫网络。

镇委书记 杨齐强
镇　　长 孙祥松
人大主席团主席 罗新生
政协联络组组长 周环先(副)

【西江乡】 位于汉川市最南端,东与武汉市接壤,西与仙桃市毗邻,距汉川市中心35公里,在新北公路、宜黄公路、318国道交汇处,是汉川市境内"西气东送"唯一必经之地。2001年全乡辖31个行政村,243个村民小组。国土面积78平方公里,总人口48690人。

西江乡盛产粮、棉、油、鱼、莲,素有襄南"鱼米之乡"美誉,形成了以粮棉为主体,水产、蔬菜、畜禽、养殖多业并举的经济格局。已建成"双百棉"基地2万亩;"吨粮田"基地2万亩,万亩水产基地和万头生猪养殖基地。年产棉花5万担,粮食2300多万公斤,鲜鱼300万公斤,莲籽30万公斤,生猪出栏2万头,蔬菜2000万公斤。工业生产形成了油脂、精米加工、塑料制品、建材等格局。2001年,全乡国民生产总值为18059万元,农民人均纯收入2613元。

以经济建设为中心,实现城乡一体化,创文明卫生乡镇。全乡建有江集、西江、绿化三大集贸市场,集市贸易走向规模化。文卫事业蓬勃发展,全乡有中小学24所,在校生7880名;以乡卫生院为主体,诊所、血防、防疫连成一片,形成卫生医疗、防疫网络。

2001年2月,西江乡被评为孝感市小康乡镇。

乡党委书记 杨金安
乡　　长 姚树林
人大主席团主席 杨金安(兼)
政协联络组组长 陈长华(副)

【湾潭乡】 位于汉川市腹地,濒临汉江,东与庙头镇接壤,西与杨林沟镇毗邻,南与南河乡呼应,北与分水镇隔河相望。2001年,全乡辖21个行政村。国土面积49.87平方公里,总人口26459人。

湾潭乡原为传统农业乡,以麦棉种植为主。为发展农村经济,积极调整农业结构,现已形成以夏新河为界的"南杂北菜,中间一条果林带"的多种经营生产格局:建有果林基地1128亩,水产基地2595亩,反季大棚蔬菜1200亩,"双低油菜"制种基地19484亩,产品远销省内外。湾潭乡拥有乡镇企业806个,湾潭工业园区有合资兴办的"康泰药业有限公司",其生产的"孚仰聆"、"鼎龙红花油"系列外用药品在国内外市场享有一定声誉。此外,还与"江南磷肥厂"、"潭洲胶合板厂"组成了湾潭乡工业支柱企业。2001年全乡工农业总产值18150万元,农民人均纯收入2712元。

湾潭乡1999年被评为"孝感市社会治安综合治理模范乡(镇)"、2000年被评为"孝感市党风廉政建设先进单位"。

乡党委书记 黄正辉
乡　　长 曾耀华
人大主席团主席 黄正辉(兼)
政协联络组组长 刘德安(副)

【南河乡】 位于市境南部,与武汉市蔡甸区侏儒镇相邻,北距市区23公里。2001年,全乡辖27个行政村和1个居民委员会,185个村民小组。国土面积74.33平方公里,总人口41272人。

粮食、棉花、水产品是本乡拳头产品和传统优势。境内可养水面达5000多亩,甲鱼、鳜鱼、牛蛙等为优质水产品,莲藕种植面积达到3000多亩。乡内有石灰石、硅石等资源可供开发,全省第一家硅质耐火材料厂就建在该乡。建材、服装、五金、运输、饮食加工为乡镇企业的主体。2001年全乡实现工农业总产值17820万元,农民人均纯收入2851元。

乡办有中小学校,卫生机构及电影院等。古太子墓、南河古渡、观音泉和大安寺林区风景优美,为人们游览、歇憩的理想之地。

乡党委书记 邹春仿
乡　　长 肖祥汉
人大主席团主席 邹春仿(兼)
政协联络组组长 王汉书

【马鞍乡】 位于汉川以东,东接武汉市蔡甸区,西邻马口镇,北与汉川电厂经济开发区隔江相望,2001年全乡辖30个行政村。国土面积59.20平方公里,总人口37119人。

马鞍乡根据其地理位置及地势特点,产业结构特色明显,建成13000亩蔬菜基地,平均年产蔬菜3543万公斤;建成5000余亩水产基地,其中精养鱼池1000亩;白兰花、茉莉花500亩,产品销往省内外。2001年全乡399家民营企业创产值29500万元,从业人员6000多人,其中服装企业133家,从业人员2860人,创产值19000万元,马鞍乡云鹤服装厂是国家保安服定点生产厂家之一;五金建材、铸造、清花、交通运输及其它行业分别创产值1100万元、2500万元、3000万元、1000万元、2900万元,从业人员3200多人。2001年,全乡工农业总产值40770万元,农民人均纯收入2707元。

乡内兴建榔头工业经济园区、马鞍集贸市场,文、体、卫生事业迅速发展。全乡有中小学校16所,在校生4959人。有健全的乡村卫生网络。有线电视差转站、移动通讯机站覆盖全乡。

风景迷人的黄龙湖畔位于马鞍乡境内,东与武汉市野生动物园和嵩阳山庄相邻,西与汉江相通,水面面积约5000亩,湖渠在3—5米之间,是可人工调蓄的野生天然湖,湖面开阔,湖汊纵横,资源丰富。

乡党委书记 李文华
乡　　　长 林成儒
人大主席团主席 李文华(兼)
政协联络组组长 刘图德(副)

【里潭乡】 地处汉川腹地,与回龙镇、二河镇、分水镇、韩集乡接壤,距汉川城区35公里。2001年,全乡辖22个行政村。国土面积48.07平方公里,总人口28300人。

里潭乡是一个典型的湖区乡镇,以农业为主,以种养加工见长。该乡在原有农业模式基础上,积极调整产业结构,推广优势农业。建立吨粮田2万亩、三担油1万亩、多种经营作物8000亩,新型农业取得明显效益。近几年,该乡结构调整初见规模,招商引资成绩显著,村级集体经济实力明显增强。建筑装璜为该乡民营经济主体,位列全省50强。草包、草绳、草棒加工业发展迅速,特色明显,在此基础上大力实施二次创业,在"特"、"活"上下功夫,狠抓民营经济扩张,取得一定效果。2001年,全乡实现工农业总产值5859万元,农民人均纯收入2564元。

里潭乡现有初级中学一所,教学楼、科技楼为学生提供了良好的学习条件,有甲等乙级卫生门诊大楼1栋,卫生医疗事业健全,有线、无线电视、移动通讯网络覆盖全乡。

2001年里潭乡被授予"小康乡镇"。

乡党委书记 高中原
乡　　　长 成官新
人大主席团主席 高中原(兼)
政协联络组组长 何学平(兼、副)

【韩集乡】 北与应城市接壤,东、西、南与汈汊湖、新堰镇、中洲农场、里潭乡毗邻。2001年全乡辖38个行政村。国土面积76.67平方公里,总人口43361人。

韩集乡根据自然特点,已逐步形成水稻、水产、畜禽三大产业。2001年粮食总产2429.77万公斤(其中优质稻750万公斤,生产面积约10000亩);水产品总产300万公斤,鲜鱼放养水面5849亩,其中精养鱼池3852亩;生猪出栏14780头,年末存栏15200头;家禽出笼35.92万只。集镇建设初具规模,兴建了凤凰街私营经济园区,中心集贸市场,街道水电、下水道等配套设施日趋完善,新街与老街的环形集镇框架已经形成,街道环境正逐步向美化、净化、亮化发展;2001年,实现国内生产总值14075万元,财政收入199.82万元,农民人平纯收入1575元。

文教、卫生事业发展迅速。2001年全乡有中小学28所,在校学生8532人,其中初中生1797人,小学生6735人。以乡卫生院为主体,村级卫生室、血防、防疫连成一片,形成了卫生医疗、防疫网络。文化、广播机构健全。

乡党委书记 曹汉斌
乡　　　长 田艾平
人大主席团主席 曹汉斌(兼)
政协联络组组长 张德树(副)

【湖北省国营华严农场】 位于汉江北岸,汈汊湖南部,东邻城隍镇,西接分水镇,荷沙线穿境而过。2001年全场辖景湾、蚌湖、马桥3个分场、1个水产公司,14个大队。总面积26.53平方公里,总人口13568人。

农场地势平坦,一般在海拔25米左右,地势由南向北倾斜,经过多年兴修水利,现有南北支渠3条;东西沟渠4条;总长约45.7公里,建成了能排能灌能蓄的水利体系。农业生产特色明显,形成马桥分场优质稻、早春作物生产基地,蚌湖分场蔬菜生产基地,景湾分场优质棉和林果生产基地,以水产公司为龙头的水产品生产基地。拥有工商企业30余家,形成了以童车、糖果饮料食品、印刷三个产业为主的产业群,创立了"康乐宝"、"山乡"、"金达"等系列省、市著名商标。2001年,乡镇企业总产值1397万元,工农业生产总值8132万元,农民人均纯收入2328元。

农场城建、教育、文化、卫生等公益事业不断发展。有硬化华丰一路、华丰二路、防汛路、中心大道4条8公里;有晴雨路8条15.6公里,建设了陈湾民营经济园区、职工新村和工业新村居民小区。拥有中学1所、完全小学4所、教学点2个,在校中小学生2151人。农场建有覆盖全场的有线电视转播台。农场已形成职工医院、血防所、诊所互为补充的卫生保障体制,有医务人员80余人。

场党委书记 张汉乔
场　　　长 胡征国
政协联络组组长 向志华(兼、副)

【汈汊湖渔工商实业总公司】 位于市境西北部,毗邻天门、应城、云梦等县市。是湖北省五大淡水湖泊之一。原有水面达1000平方公里,后治理为内湖,周围辟为垦区,现是一个东西长16公里,南北宽6公里的长方形全封闭式人工养殖湖。2001年辖4个分场,16个行政村及16个国营养殖队。国土面积94.27平方公里,人口11071人。

汈汊湖渔业股份有限公司有渔、农面积10.8万亩(其中含精养鱼池2.5万亩),目前公司已形成渔工贸一体化、产供销一条龙的生产经营格局,渔业以养殖四大家鱼为主(青、草、鲢、鳙),突破性发展甲鱼、乌龟、螃蟹、泥鳅、鳝鱼、鳜鱼、乌鳢、武昌鱼等名特优水产品,汈莲、富硒藕、芡实、茭白等水生植物更是闻名遐迩。工业主要有水产品加工、饲料、磷肥、服装、被服、建筑安装等产业。2001年实现工农业总值26310万元,农民人均纯收入2805元。

湖区有中小学14所,并设有医疗机构10所,有电视差转台、游乐园等。

汈汊湖是全国渔业经济体制改革试验区、全国水产品产业化示范区,是全省水产行业综合经济实力第一湖,是湖北省、孝感市、汉川市农业产业化重点龙头企业。

党委书记 李祥斌
总 经 理 张华明
政协联络组组长 李杰成(兼、副)

(周德平)

应城市

【概况】 应城市位于湖北省中部偏东,孝感市西南。地跨东经113°19′—113°45′,北纬30°43′—31°8′。属江汉平原与鄂中丘陵过渡地带,全境地势较为平坦,以低岗为主,兼有平原、湖区。东临漳、涢水与云梦县为界,东北与安陆市毗连,西与天门市、京山县接壤,南与汉川市为邻。中心城区东距武汉市91公里,孝感市50公里。境域东西宽43公里,南北长48公里;国土面积1103.38平方公里。现有耕地38068.6公顷,其中水田29833.4公顷,旱地8235.2公顷;淡水养殖面积9813公顷。全市现辖城中、城北、四里棚、东马坊、长江埠5个街道办事处,田店、杨河、三合、郎君、黄滩、天鹅、义和、陈河、杨岭、汤池10个镇,1个南垸良种场,1个经济技术开发区(省管);417个村(居)委会,3257个村(居)民小组;总户数177417户,其中农业户102557户;总人口669364人,其中农业人口536487人,非农业人口132877人。2001年,人口出生率7.09‰,人口自然增长率2.41‰,计划生育率99.41%。

1999~2001年,全市人民围绕市第四次党代会确立的"四大战略"和"三大目标",坚持以经济建设为中心,以加快发展为主题,以经济结构战略性调整为主线,以改革开放和技术进步为动力,加大农业结构调整、工业结构优化升级、发展民营经济、培植经济后劲、改善发展环境的工作力度,发挥优势,突出特色,全力克服通货紧缩、市场疲软、连年干旱,以及改革向纵深推进过程中出现的深层次矛盾所带来的重重困难,努力提高城乡居民收入、地方财政收入和社会保障水平,全面完成了"九五"计划的各项目标任务,实现了"十五"计划的良好开局,为应城新世纪的发展奠定了坚实基础。三年间,全市实现国内生产总值依次为34.06亿元、37.71亿元(以上为1990年不变价)、67.76亿元(2000年可比价),年增长分别为10.4%、11.6%、11.4%;三次产业所占比重依次为22.0:48.9:29.1、21.0:49.7:29.3、20.2:47.4:32.4;完成工农业总产值分别为84.93亿元、95.93亿元、102.75亿元,年增长为4.05%、12.95%、7.1%;自1999年起,应城市经济综合实力连续位居全省"十强";2001年,经济效益目标考核进入全省"十佳"行列。

加快农业结构调整,进一步夯实农业基础。按照"实施大布局、建设大基地、培育大品种"的思路,引导农民面向市场抓调整,增加油料、瓜菜等经济作物种植面积,扩大西瓜、葡萄、食用菌、毛蟹、甲鱼、速生林、莲藕、芋头、荸荠等特色产品种养规模;建设10万亩香稻基地、2万亩蔬菜基地、3万亩莲藕基地、7万亩用材林基地、3万亩果园基地、1万亩茶叶基地、5000亩甲鱼基地、10万亩特种水产基地,初步形成粮棉油、林果瓜菜茶、畜禽、水产"四大板块";完成杨河古峰畈、东马坊喻夏垸、郎君知府畈等农业综合开发建设项目,开发松林岗建成全省金水梨示范基地;实施优质品种工程,提高粮棉、畜禽等农产品优质率,其中优质稻、优质棉、优质三元杂交猪的比例分别达到98%、100%和76%;发挥品牌优势,培植白玉面条、豪丰大米、黄滩酱油、龙湖皮蛋、三结豆皮、聂山茶叶、杨河油条、白湖莲藕、城台西瓜、临江芋头、人和荸荠、汤池甲鱼、赛湖螃蟹等特色农产品。改善农业生产条件,实施渔子河水库、夹河沟泵站以及府河、漳河、老鹳湖面堤整险加固工程;农田水利基本建设开工682处,完成土方600万方,新增蓄水能力1000万方,新增来水能力1000万方;增强农业抗御自然灾害能力,连续三年先后战胜持续干旱、特大干旱、历史罕见旱灾,农业生产仍获较好收成。1999~2001年,全市农业总产值依次为11.80亿元、12.89亿元、13.87亿元,年增长12.54%、9.22%、7.57%;其中农业产值55913万元、58903万元、61130万元,林业产值2198万元、2287万元、2425万元,牧业产值35946万元、39394万元、44315万元,渔业产值23957万元、28311万元、30784万元;农业总产值中多种经营产值所占比重分别达到70.67%、76.25%、78.38%。粮食总产42.58万吨、37.34万吨、36.08万吨,棉花总产5028吨、5366吨、5595吨,油料总产1.65万吨、2.44万吨、2.43万吨;生猪出栏25.17万头、29.43万头、31.07万头,家禽出笼845.41万只、924.37万只、1045.12万只,禽蛋4.38万吨、4.65万吨、5.39万吨,蔬菜、瓜果40.99万吨、46.93万吨、49.57万吨,水产品4.15万吨、4.34万吨、4.71万吨。农村减负工作常抓不懈,基本实现"三控一保目标";稳定家庭承包经营责任制,发展农业大户和家庭农庄,全市有贺朝武千亩种植粮食大户、徐江平种植葡萄专业户等种养大户850多户;加快农村劳动力转移,支持农民外出务工经商,拓宽农民增收渠道;大力推进乡镇企业二次创业,增强镇村经济综合实力,城中、东马坊等4个办事处跨入孝感市"十强"乡镇行列。

工业整体素质逐步提高,经济运行质量明显改善,发展后劲持续增强。全市有工业企业5356个,其中国有工业19个、集体工业1183个、股份合作工业18个、股份制工业28个、私营工业1316个、联营经济16个、个体工业2771个、外资工业3个、其他工业2个。全市乡镇企业基本完成转民改制;神风公司实行股权集中,扩大生产能力,"金鹰"摩托车进入国家产品目录;新组建月圆公司等2家股份公司;市啤酒厂成功实施动态破产;市塑料助剂厂、市工业用呢厂、城中电线厂等9家企业实施破产重组,实现民有民营;市棉纺厂、长城公司等困难企业实行租赁经营;怡禾、金龙、恒天等转民企业扩产增效,民营机制优势开始显现;开元公司、佐宝公司等企业生产经营好转。大力发展特色工业,盐业化工、机械制造、石膏建材、食品饲料、纺织塑料五大支柱产业进一步壮大。全市实施100万元以上的技改项目96个,完成投资3.6亿元。神风公司开发摩托车发动机数字点火装置获国家专利,长江赛孚化工科技股份有限公司成为全市首家民营高新技术企业,恒天药业公司丁基橡胶瓶塞项目建成投产,青岛啤酒(应城)有限公司6万吨啤酒扩产项目顺利完成;“白玉”面条、“豪丰”大米分别获国家级、省级名牌称号;“应星”牌粘胶被评为“全国土工膜胶十佳产品”。开展“企业管理年”,强化扭亏增盈措施,企业经营效益明显提高。1999～2001年,全市工业总产值依次为73.13亿元、83.04亿元、88.89亿元,年增长2.80%、13.55%、7.01%;全部工业企业中,国有和非国有年产品销售收入在500万元以上工业企业,实现工业总产值34.49亿元、40.57亿元、45.48亿元,年增长30.12%、17.60%、12.11%;工业经济效益综合指数为105.71%、103.58%、113.70%,产品销售率为98.51%、95.98%、98.71%,全员劳动生产率30944元/人,29124元/人,43556元/人。主要工业产品产量有所提高。三年生产原盐172.71万吨、171.39万吨、184.42万吨,石膏45.53万吨、50.72万吨、51.86万吨,合成氨16.46万吨、18.91万吨、19.32万吨,纯碱45.55万吨、52.58万吨、55.16万吨,塑料制品6638吨、7695吨、9570吨,啤酒3879吨、8962吨、11976吨,配混合饲料5.71万吨、4.96万吨、11.01万吨;摩托车2.94万辆、3.61万辆、4.01万辆,摩托车燃油箱108.86万只、116.36万只、119.27万只。全方位开放招商引资。组织参与产权交易活动,成交项目306个,产权交易额5.13亿元;雄峰膏业公司、香港特士洁集团等企业落户应城;青啤(应城)有限公司、神风玉河公司、丰云公司、华雄公司、永昌公司等引进企业顺利投产运营;引进湖北商业发展有限公司开发建设短港水库风景区港湾山庄、市政府大院被外来客商整体收购进行综合开发等重点项目建设进展较快;神风摩托车发动机、丰达公司三层共挤膜、永昌公司二期扩建、黄滩酱油1.2万吨扩批、荆双公司综合利用粉磨废渣工程、赛孚科技园、裕隆公司日产50吨高级烹调油等项目建成投产;全市直接利用外资达4388万美元,内联引资18.1亿元。运用市场机制,强化协调服务,保证重点项目建设顺利进行。地质灾害综合防治、优质商品粮基地建设等项目纳入国家计划,国家粮食储备库续建工程通过验收,长荆铁路应城段完成辅轨任务。民营经济加快发展,光明大市场、肖巷小区等建成投入运营,广达公司等企业规模进一步壮大,年纳税过50万元、100万元的民营企业分别达到6家和4家。全市乡村企业发展到14777个,其中工业企业4613个;从业人数13.93万人,占农村劳动力的48.6%;年完成企业总产值121.14亿元,占全市农村社会总产值的84.6%;完成工业产值76.6亿元,占全市工农业总产值的56.9%;实现企业总收入111.43亿元。

加强基础设施建设,改善城乡发展环境。城市建设按“南区抓骨架、北区抓配套”的整体思路,投资7350万元,完成城南新区“三纵一横”道路及配套设施建设,规划建成面积6.1平方公里,新城区主体框架基本形成。先后完成蒲阳大道亮化美化、汉宜大道城区段绿化、古城大道北端亮化等工程,建成占地80000平方米的应城广场,改造和新建主街道13条,修复人行步砖及破损路面8000多平方米,新增道路面积70.3万平方米,人均拥有道路面积12.1平方米;投资1400万元完成自来水取水口上移工程,结束了城区居民长期饮用咸水的历史。新建、改造公厕、垃圾中转站等环卫设施,投资1300万元完成四里棚盐化工业区治污工程,改善了城区空气质量;新建会堂绿地、广场绿地、杨家台绿地、育才路绿地,中心城区新增绿地面积近10万平方米;建高标准绿化带35公里,达标庭院153个,绿化面积298公顷,绿化覆盖率30.4%,绿地率26.8%,人均拥有公共绿地面积6.45平方米;花卉品种达568个,树木品种达1000个类别。城区基本形成“春有花、夏有荫、秋有果、冬有青”的特色。开辟6条公汽营运线路,万人拥有公交车辆7.5标台;实施主街主道城市“亮点”工程,新安装15处礼花灯、20处霓虹灯、29块大型灯箱广告,52处高大建筑物安装轮廓灯和射灯。加强摊点摊群、市容环卫、交通秩序三大管理;2000年11月成功实施中心城区禁止燃放烟花爆竹;城市“畅通工程”通过国家验收获二等管理殊荣;完成城市园林绿化、应城广场环境、城区东入口景点环境、东景花园和汉宜大道绿化等规划;完成东马坊等7地的总体规划修编、汉宜公路沿线7个小区的建设规划、田店柘陈等4个中心村和汤池度假村建设规划,启动四里棚梦园、杨岭肖巷、汤池大孔等12个民营小区和15个中心村建设;连续两次夺得全省城市规划、建设、管理“楚天杯”;被列为全省土地管理综合试点县(市),开展土地开发“迁村腾地”整理示范工程,整理高标准耕地1100多亩,获“全国基本农田保护先进单位”称号。环境保护坚持以预防为主,重点加强工业污染防治,完成废水、噪声、粉尘、锅炉烟尘等大气、水常规监测数据6万余个,调处环保污染纠纷50余起;投入污染治理资金1.3亿元,完成治理项目40余项。全市工业污染源主要污染物基本实现达标排放,环评率和“三同时”执行率达95%以上。建筑市场日趋规范,建设工程招投标率达74.84%,建筑工程监督覆盖率达98%,工程优良率25%,安全生产伤亡率减至2‰;创建安产值4.5亿元。房地产业完善股份制、规范产权制,开展房屋产权产籍的发放与管理和房屋租赁,三年共完成房地产开发投资1.56亿元,完成开发面积11.65万平方米,竣工面积24.52万平方米。

1999～2001年,完成固定资产投资分别为10.3亿元、12.2亿元、13.6亿元,年增长16.74%、11.47%、12.23%;按经济类型分:国有经济投资5.8亿元、5.9亿元、7.3亿元,集体经济投资1.3亿元、1.7亿元、2.1亿元,其他经济投资1.2亿元、2.2亿元、2.1亿元,个体经济投资2.1亿元、2.3亿元、2.7亿元;按投资项目分:基本建设投资3.1亿元、3.5亿元、3.6亿元,技术改造投资3.1亿元、3.4亿元、3.6亿元,房地产投资0.6亿元、0.4亿元、0.6亿元;

三年全部施工项目270余个。交通基础设施着力提高市乡公路等级，先后完成长化公路续建、云化公路曹大段改造、应黄公路城区段改线、汉宜公路应城西段拓宽改造和东段硬化，以及烟应线应城段21公里路基土方工程、巡短线、赤沈线、应黄线等公路改建工程；筹资2000多万元，历时4个多月，完成大富水航道疏浚整治，达省3级航道标准；2001年，完成客运量1507万人次，客运周转量45136万人公里；货运量488万吨，货运周转量28865万吨公里。邮政业务独立运营，开设速递礼仪、报刊零售、集邮、信函广告、营运、邮购等专业化公司，新开办特快送款、广告专送等专递业务，邮政服务综合用户满意度88.6分；组开干线邮路12条，邮路里程总长239公里；新建绿卡网点2个，实现业务处理电子化；三年共完成业务收入2901.0万元。电信通讯能力增强。全市电信固定资产总值2.3亿元；电话交换机总容量78040门，其中市话32000门，农话46040门；长途交换电路3000终端，长途业务电路2640条；农村通电话面100%，全市电话普及率8.9%，其中市话普及率28.1%，农话普及率5.8%；完成孝感至应城光中继传输系统改造工程，建成6座数字移动电话基站；公众多媒体、分组交换、可视图文、电子信箱、虚拟交换等手段和业务得以广泛应用；开通应城市政府"公众信息网"；累计完成业务收入10865万元。推进电力管理体制改革。组建16个供电所，长江供电所成为全国文明示范窗口；完成长江、新河110千伏安变电站无人值班改造，电网管理改造村356个，改造率88%；农网改造通过验收，"两改一同价"工作进展顺利，城乡电网改造加快。三年共投资25360万元，新建和改造110千伏变电站2座、35千伏变电站3座，新架、改造各类线路总长5900公里，新建、改造台区1800座，新增配电变压器390台/2777千伏安；完成售电量4.46亿千瓦时，实现主网安全生产无事故长周期记录3585天。

城乡市场购销两旺，消费水平发生较大变化。1999～2001年，全市实现社会消费品零售额为158709万元、175862万元、194195万元，年增长10.44%、10.81%、12.0%；其中市零售额94007万元、104085万元、115533万元，年增长10.66%、10.72%、12.4%；市以下零售额为64702万元、71777万元、78627万元，年增长10.11%、10.93%、11.5%；社会消费品零售总额中，食品类占37.76%，衣着类占21.52%，生活日用品类占12.99%，文化娱乐类16.0%，房屋类7.01%，医疗保健类占2.2%，燃料类占2.31%。市场物价总水平持续"低位"运行，略呈回升趋势，回落幅度减缓。商品零售价格总指数为96.0、99.0、99.9，居民消费价格总指数97.3、98.8、100.1；农业生产资料价格指数96.5、96.4、98.7。城乡人民生活水平稳步提高。全市在岗职工年均工资为5610元、5863元、6542元，年增长8.16%、4.51%、11.6%；城镇居民人均可支配收入5316.38元、5552.40元、5864.95元，年增长3.75%、4.44%、5.6%；农民人平纯收入2698元、2767元、2863元，年增长4.57%、2.56%、3.5%。劳动保障工作加大力度，养老保险覆盖范围扩大到私营企业和个体经济，失业保险实现事业单位全覆盖。2001年，全市征缴基本养老、工伤、生育保险费1632万元，征缴率95%，发放2169万元，发放率100%；机关事业单位参保职工3488人，征缴保险费580万元，发放退休待遇344.94万元，发放率100%；基本医疗保险参保单位354个，参保率77%，参保职工32008人，参保率64%，征缴保险费721.2万元，增长20%，征缴率98%以上；筹措再就业生活保险金409.6万元，发放407.2万元，发放率100%，代缴社会保险费73.4万元，安排城镇人员就业、下岗职工再就业4732人，劳务输出1987人，分流安置下岗职工2719人；城市居民最低生活保障落实低保1000余人；成立市老年人大学，城镇老年公寓正式运营；五保供养标准提高，享受救济困难户24500人次；安置残疾人就业6219人，占15.2%；完成白内障复明手术、小儿麻痹症手术等119例。筹措资金为烈属、伤残军人等优抚对象解决生活难、住房难、治病难，被授予"全国爱心献功臣行动先进县市"称号。

财政工作全面实行乡镇财政"零户统管"，严格执行收支两条线，积极推行政府采购制度，实行会计委派试点，加强税收统管，规范专项资金，强化预算支出，确保工资发放到位和重点建设支出。财政收入继1998年达到2亿元之后，2001年突破3亿元。1999～2001年，完成财政收入分别为24027.5万元、26908.8万元、30172.0万元，年增长14.26%、11.99%、12.13%；财政支出17392.6万元、19750.0万元、24073.0万元，年增长22.5%、13.55%、21.89%。金融秩序得到改善，着力推行主办银行制度，理顺银企关系；切实整顿农村合作基金会，确保平稳兑付。年底各项存款余额为196010万元、220276万元、252313万元，年增长6.61%、12.38%、14.5%，其中居民储蓄存款余额152946万元、175595万元、196013万元，年增长0.56%、14.81%、11.6%；各项贷款余额276930万元、264575万元、277490万元，年增长10.36%、-4.46%、4.9%，其中工业贷款59637万元、55402万元、55570万元，年增长1.18%、-7.10%、6.3%，农业贷款25304万元、27617万元、29209万元，年增长-6.04%、9.14%、5.8%。保险事业效益提高。累计完成保额297737万元、449749万元、511049万元，年增长-24.21%、51.06%、13.63%；保费收入3673万元、3771万元、3845万元，年增长16.65%、2.67%、2.0%；赔付率29.06%、21.92%、25.6%。外贸出口呈逐年下降趋势，年出口创汇1403万美元、610.84万美元、347.57万美元，其中三资企业出口创汇449万美元、250万美元、82万美元。科技工作继续实施"科教兴市"战略。开办《科技之光》专栏，科普宣传遍及城乡；全市各类协会、学会、专业技术研究会发展到125家，拥有各类科技人员15222人，建立科技示范户15300户。近年开发有机硅、有机氟、摩托车电子点火装置等高新技术产品，以及"反交鸡"、优质三元杂交猪等新成果，创办生态农业、立体农业、名特优产品示范基地，无公害生产、平衡施肥、病虫害综合防治等农业新技术得到广泛应用，全市科技成果转化率80%以上，科技进步对经济增长的贡献份额达46.8%以上。被评为1999～2000年度"全国科技进步先进市"；2001年，开发工业高新技术产品3个，投资27765万元实施工业技改项目、农业新技术、新成果100余项；投入科技三项经费130万元，确立市级科技项目12项，申报国家级1项，省级7项，攻关2项，新成果24项。教育工作坚持"素质教育"，推进教学创新。全市现有各类学校235所，在校学生113908人，专任教师4320名，"两基"建设控制流失学生1000余名，小学入学率100%，巩固率99.5%；初中入学率95%，巩固率97%；"普九"复查合格；市二中、实验小学被命名为全省"教育科研实验基地示范学校"，市一中、实验中学等6所学校被确定为全省"教改实验基地学校"；办学条件进一步改善。市一中迁建工程进展顺利，投资200多万元扩建市二中，筹资46万元整体搬迁市特殊教育学校，四里棚栗树小学逸夫楼圆满竣工；农村撤销小学76所、教学点60个；先后投资4800多万元，新建、扩建校舍6.2万平方米，改造学校近40所，消除危房3.3万平方米；增拨资金540万元，建成4所中小学多媒体电教室、添置微机610台。郎君成人学校通过省级示范乡镇成校验收；全市青壮年文盲率控制在1%以内，复盲率控制在5%以内；市中等职业技术学校被评定为全省"512"工程合格学校；应城市被孝感评为"教科研工作先进市"。文化体育事业抓特色显职能。文化"三下乡"活跃，举办大型文艺活动11次，为边远乡村送戏140余场、送书2万余册、送电影1800多场；开展歌咏比赛、文艺踩街、文艺晚会、环城长跑、成就展览，以及编印《应城人民革命史》、《应城风物志》、《膏都盐海》等书刊、画(邮)册，隆重庆祝中国共产党建党80周年和应城撤县建市15周年。群众文艺创作作品720余篇(幅)，其中省级以上发表近400篇(幅)，获奖140多篇(幅)；广播剧《披肩》获全国第七届"五个一工程"奖，小品《诙谐》入围全国曹禺戏剧文学奖；《应城年鉴》(第二卷)出版发行；《应城日报》获全国统一刊号；文艺刊物《蒲阳花》复刊；市诗词楹联学会编辑出版《应城诗联》一、二辑；图书馆实行全开架开放式借阅，年接待读者6.7万人次；市新华书店荣获1999～2000年度中国书刊发行行业双优单位；修复完善周恩来总理纪念馆、文峰公园；门板湾遗址被列入全国重点文物保护单位；文化市场查收非法出版物21200册(盘)，查处违规经营户160余家，收缴电脑73台、电路板89块。"全民健身"活动逐步普及。组织大型赛事60余次，参加孝感市一运会获奖牌178枚，名列第二名；成功承办全国八省市"育星杯"青年排球赛；体育中心新建网球场1处；体校开办少儿体操班招收学员30名；再次被评为全省"体育综合实力十强县(市)"。1999～2001年，电台、电视台播发新闻稿件29400多篇(条)，上送3600余篇(条)，用稿量居全省十强行列；摄制专题片42部，开辟常年固定栏目、专栏60个。累计投资800万元，完成750MHZ光纤混合网改造工程，开通4个二次加密付费频道及视频点播、应城会堂现场直播，改造网络13.5公里，铺设光缆34公里，安装光发射机6台、光接收机10台，实现东片6个处镇、4家企业光纤联网，有线电视新增节目8套，城乡有线电视用户21910户；广播人口覆盖率100%，电视人口覆盖率85%。全市有卫生机构30个，医院病床1274张，卫生技术人员2271人，其中医师817人。卫生事业着力创建全国卫生城市，各项指标达到国家标准，顺利通过全省卫生城市复查。农村卫生工作重点加强乡镇卫生院扶贫解困，12个医疗单位对口支援，下派技术人员200多人次，无偿提供技术力量140多人次，设备23台套，解决技术难题42个。实行药品收支两条线、推选病人选医生、住院费用一日清单、"春风送暖"部分免费和优惠等制度。市人民医院获全国首批"百姓放心医院"殊荣。加强市药品监督管理，开展医药市场整顿，校验证件442家，查封、取缔非法点35家，行政处罚10处。卫生防疫巩固初保成果，被国家卫生部评为"全国牙防先进县市"。开展疫情监测、检查、疫报制度。传染病发病率同比下降0.4%，计划免疫"四苗"全程覆盖率90%以上，"四苗"单种接种率保持在92%以上；妇幼保健孕妇死亡率和婴幼儿死亡率控制在国家标准内；医疗网点消毒监测覆盖率100%；食品卫生监测"五病"调离率100%，农村改水受益率97.03%，鼠密度、蟑密度分别控制0.47%和1.65只/房以内。血吸虫病防治查螺5.07万亩次，药物灭螺3.56万亩次，汉北河滩毁芦5500亩次，河滩垦种灭螺1.3万亩；人群粪检17.73万人次，耕牛粪检1082头次；达到"基本消灭血吸虫病传播控制县市"标准，计划生育工作坚持"三不变"，落实"三为主"，推行"三结合"，全国计生系统收支两条线试点工作汇报会在应城召开；被评为"全国婚育新风进万家活动先进市"和"湖北省计划生育'三为主'先进市"，跻身全省"计划生育十强县(市)"。

继续保持全市社会治安形势平稳，集中整治经济发展环境，重点保护企业合法权益，制止"三乱"，妥善处理农民负担、"法轮功"、农村金融风险等问题；高度重视信访工作，及时化解各种矛盾，维护社会政治稳定，被评为"全国信访系统优秀集体"；全面开展法制宣传教育和依法治理工作，完成"三五"普法教育，被评为"全国法制宣传教育先进市"；坚持"打防并举，标本兼治"，扎实开展打击车匪路霸、打黑除恶、"追逃"等专项斗争，开通"148"法律服务专线，促进了社会稳定，再次被评为"全国社会治安综合治理先进单位"。市第一看守所被公安部授予"一级看守所"称号，并荣立集体二等功。广泛开展群众性文明创建活动，贯彻落实《公民道德建设实施纲要》，加强社会道德、职业道德、家庭美德和个人品德建设，市民文明素质显著提高；再次被评为省级文明城市，东马坊办事处跨入“全国创建文明村镇工作先进单位”行列，月圆小区被评为“全国优秀住宅小区”；市审计局被评为全省最佳文明单位，市劳动局等7个单位被评为省级文明单位；“英雄船长”李征明被团省委授予“新长征突击手”称号；在全市开展评选“十佳白求恩式的医务工作者”、“十佳检察官”、“十佳公仆”、“十大杰出青年”等活动，广泛宣传雷菊秀等一批先进典型；深入开展“三个代表”重要思想学教活动，加强基层党组织建设和干部队伍建设，鼓励国家干部到村任职或下乡创业；从严治党，落实党风廉政建设责任制和领导干部经济责任审计制度，推行政府采购、公开招标等治本办法，从源头治理腐败，严肃查处贪污贿赂、失职渎职、腐化堕落等违纪违法案件；做好镇村集体化债、撤区(管理区)并村、清理编外人员工作，巩固乡镇机构改革成果，完成市直机构改革任务；适应入世要求，进一步转变政府职能，规范行政行为，树立“勤政、务实、高效、廉洁”的形象，促进全市社会事业全面发展。

【'99应城(武汉)招商引资会圆满成功】 1999年4月28日，'99应城(武汉)招商引资联谊会在武汉蓝天宾馆举行。省人大常委会副主任张忠俭等领导，中、省、市18家新闻单位近100名记者，以及400多位客商出席联谊会。招商引资、产权交易、地产品展销为这次联谊会的三大主题。招商引资工作以引外商独资大项目、发展民营经济小区、提高招商项目科技含量为重点，实行“招商主体”、“招商方式”、“投资来源”、“投资领域”四个多元化，共签订招商引进项目16个，合同金额14130万元，引进资金12198万元；来自港台和北京、上海、浙江、广东、福建、海南等地客商参加了产权交易活动。产权出售合同4份，交易资产1008万元，租赁合同12份，交易资产9563万元，租期3—20年。联谊会上，本市展出的膏雕、石膏装饰材料、黄滩酱油、白玉面条、汤池乡银丝米粉等10个系列、近百种名特优地产品，倍受客商青睐，地产品订货额达22000万元。

【湖北神风(集团)公司获市政府重奖】 湖北神风(集团)公司是以摩托车燃油箱生产为龙头，打破地域、行业界限，通过兼并联合、股份制改造、委托经营等多种资金运营方式形成的企业集团。该公司以市场为导向，依靠技术进步，实施规模扩建，使原来一个小型的摩托车制造厂，发展成为全国规模最大的、品种最多的摩托车油箱专业化生产厂家和湖北省最大的摩托车整车生产企业。公司现拥有6个子公司，1个整车合资公司，专业设备300多台套，6条燃油箱生产线，4条车架生产线，3条油漆生产线，1条离合器生产线，可生产10个系列32种摩托车燃油箱，5个品种的车架，3个品种的离合器，为意大利地亚乔、济南轻骑、重庆建设、天津本田等48家摩托车整车生产企业定点配套，其中建设60型大规格油箱等品种为国内独家生产，产品供不应求。1999年，该公司完成工业总产值4.18亿元，销售收入2.4亿元，上交税金1001.5万元，成为本年度应城市税收贡献大户。市人民政府特为湖北神风(集团)公司颁发奖金25.0375万元。

【应城啤酒厂成功实施动态破产重组】 应城市啤酒厂于1982年建厂，原设计年生产能力5000吨。该厂生产的“行吟阁”应城啤酒、特制10度“三宝”啤酒曾分别荣获'94中国公认最佳明星啤酒、'97首届香港国际名酒评比金奖等荣誉。近年来，由于规模小，加上经营机制不活，企业年年亏损，陷入困境。市委、市政府按照“振兴资源工业，壮大骨干企业，燎原知名品牌”的思路，充分运用现有存量资产，实施工业结构的战略重组，对啤酒厂进行依法破产，将资产整体转让给青岛啤酒集团，成立青岛啤酒(应城)有限公司。该公司依靠青岛啤酒集团雄厚的资金实力，利用青岛啤酒集团先进的技术优势和丰富的管理经验，引进先进设备，逐渐形成年产青岛啤酒系列产品10万吨的生产能力，成为啤酒行业自动化程度高、控制手段先进的青岛啤酒外埠现代化啤酒生产基地之一。1999年8月24日，青岛啤酒系列产品——“三宝2000”啤酒隆重上市。

【东马坊办事处荣膺“全国创建文明村镇先进单位”称号】 近几年来，应城市东马坊街道办事处以精神文明创建为工作重点，坚持高起点规划、高水平建设、高标准创建、高品位管理，多元化投入，两个文明建设呈现出蓬勃发展态势。先后获省部级奖励13次，连续三年被评为“孝感市综合经济实力十强乡镇”，连续四年被孝感市委、市政府授予“红旗单位”，1998年被命名为孝感市“小康乡镇”。1999年9月16日，在中央文明委召开的全国精神文明创建工作会议上，该办事处荣获“全国创建文明村镇先进单位”称号，成为孝感市唯一受表彰的乡镇。

【“白玉”面条跻身“中国名牌产品”行列】 1999年11月30日，在第五届中国国际食品博览会暨交易会上，应城市裕隆粮油食品股份有限公司生产的“白玉”挂面荣获“中国名牌产品”称号。该产品具有20多年的生产历史，现已形成了3类包装、6种规格、12个品种，曾在1998年获国内贸易部“质量信誉商品”称号。此次交易会上，“白玉”面条以其过硬的质量、精美的包装和良好的信誉，受到来自国内20多个省、市与会客户的青睐。有12家单位签订了1000多吨面条销售合同。2000年11月，“白玉”面条销往马来西亚，成为湖北省首宗对外出口面条业务。

【全省土地管理综合试点现场会在应城召开】 1999年是国家新的《土地法》实施的第一年。根据省政府安排部署，应城市被列为全省土地管理综合试点城市。自7月份试点工作全面展开以来,按照“重点突破、整体推进”的思路,重点抓好迁村腾地、搞好土地开发整理示范工程。经过3个月的努力,试点工作取得一定进展。其中,示范工程共搬迁农户319户、房屋293栋;迁移坟墓592座;清理土方量15万立方米;新建高标准农田848亩,净增耕地774亩,超额完成全年耕地占补平衡任务。10月21日,出席全省土地管理综合试点现场会的各地、市、州分管土地工作的政府秘书长、土管局长,各县、市、区分管土地工作的副县、市、区长一行参观了城中办事处范河村、城北办事处龚河村两村土地整理示范工程,并观看了土地管理电视专题片。省人大常委会副主任张忠俭等领导对应城市土地管理综合试点工作给予了“决心大,工作细,标准高,效果好”的评价。

【应城市百名国家干部当选“村官”】 为切实解决部分农村党支部战斗力不强、文化程度偏低、带领群众致富意识不强、能力不大等问题,中共应城市委决定选派一批年富力强的国家干部到村任职。按照“国家干部自荐,群众和组织推荐相结合”的办法,共挑选200余名优秀国家干部为选派对象。通过村党支部换届选举,全市共有102名国家干部当选“村官”,其中当选村党支部书记的有58人,当选副书记的44人。这些“村官”工作能力强,创业干劲大,带领群众建强村、走富路,村级经济快速发展,农民收入不断增加。有88%的村被评为先进单位,95%的“村官”被评为先进工作者。国家干部当“村官”既减少了村干部职数和农民负担,又提高了村干部的整体素质和办事效率,同时也加强了村级党组织建设和乡镇干部队伍建设。

【应城市荣膺全国“爱心献功臣行动”先进县市称号】 自1999年起,应城市组织开展多种形式的“爱心献功臣行动”,民政、妇联等市直部门和单位率先向烈属、伤残军人等重点优抚对象捐款献爱心,市政府专门出台实施方案,突出抓了解决烈属、伤残军人、在乡老复员军人的生活难、住房难、治病难等10项工作,特别是拿出资金为部分优抚对象翻建、维修住房,在社会上引起了良好反响。2000年4月,全国双拥工作领导小组、国家民政部授予应城市全国“爱心献功臣行动”先进县市称号。

【美籍华人学者李天培先生回应城寻根访亲】 2000年11月26日,美籍华人李天培先生在孝感市有关领导陪同下,回到应城老家寻根访亲。现年67岁的李天培祖籍湖北应城,其父李基鸿早年参加过辛亥革命,曾任“国民政府”湖北省财政厅厅长、南京特别市财政局长等职,1949年去台。李天培先生在美从事光电子研究30多年,现为美国科学院院士、美国光电子学协会副会长、中国工程院外籍院士,并任“武汉·中国光谷”科技园顾问。

【全国计生系统收支两条线试点工作汇报会在应城召开】 2000年12月1~2日,全国计生系统收支两条线试点工作汇报会在应城市召开。国家计生委副主任赵炳礼、湖北省委副书记王生铁等领导出席会议,国家计生委计财司、监察局以及河北、江苏、安徽、福建、山东、湖南、湖北、河南、广东、四川等10省计生部门负责人参加了会议。会上,应城市长聂元清介绍了应城市计划生育收费实行“收支两条线”的做法和经验,即坚持“两条线”(计划生育收费实行“收支两条线”管理);“三分离”(征收实行征缴分离、票款分离、征管分离);“四审查”(收费项目、收费标准、收费票据、收费帐户);“五统一”(记帐方法、会计科目、记帐凭证、会计帐簿、编报时间);“六公开”(收费资格、收费票据、收费项目、收费标准、收费程序、收费人员)。与会代表对应城的做法给予充分肯定,并表示要认真推广应城的经验,从而推进各地的计生工作上水平、上台阶。

【罗干在应城视察】 2001年5月13日,中共中央政治局委员、中央政法委书记罗干一行来应城视察“严打”整治及综合治理工作。在听取了应城市委书记何霞江的工作汇报后,罗干高兴地说:应城市委、市政府在重视经济发展的同时,重视社会发展;重视物质文明建设的同时,重视精神文明建设,实现了本地经济和社会的协调发展。作为全省经济综合实力十强县市之一的应城,坚持“两手抓,两手都要硬”,在发展经济的同时,重视社会治安综合治理,重视稳定工作,把稳定作为压倒一切的中心来抓,这符合中央的要求。罗干一行还深入到湖北双环化工集团公司、应城市月圆小区、市公安局、城中街道办事处、新河村和城中派出所视察。每到一处,他都亲切询问了开展社会治安综合治理工作的情况,并就综治工作中出现的一些热点问题,与基层同志进行了积极探讨。

【隆重庆祝应城建市15周年】 2001年6月30日上午,应城市在市体育馆隆重举行建市15周年庆祝大会。省人大常委会副主任邓国政、孝感市委、市人大、市政府、市政协、军分区的有关领导,建市后曾担任过应城党政领导的省、孝感市有关部门领导,应城籍在外地工作的部分领导,驻应中省企业的领导,在应投资兴业的实业家及在外的客商代表;应城市“四大家”领导和离任的老同志,各办事处、镇、场、市直部门负责人及社会各界人士参加庆祝大会;应城籍4位将军分别发回了贺信和贺电。

庆祝大会由市长聂元清主持。市委书记何霞江的致辞全面回顾总结了应城建市15年取得的巨大成就及基本经验,并号召全市人民坚定不移地走以优促特、以特制胜的发展路子,团结一心,埋头实干,共创应城更加美好的明天。孝感市市长曹世佑代表孝感市委、市政府,向应城建市15周年表示热烈的祝贺。

参加庆祝大会的全体人员兴致勃勃地观看了团体操表演、跳伞表演,应城建市15年成就展。下午,举行庆祝建市15周年投资贸易洽谈暨项目签约仪式,并在应城会堂广场进行了地产品展销。晚上,在新建成的应城广场举办了首届啤酒节和大型焰火晚会,并在应城会堂举办了一场精彩的文艺晚会。

【战胜历史罕见大旱】 2001年发生的春夏连旱和伏秋连旱,其强度之大、来势之猛、持续时间之长为历史所罕见。全市受旱农作物面积50.2万亩,严重受旱面积23.3万亩,部分农作物因旱绝收;渔业受旱面积5.3万亩,85%的放养水面受到严重威胁;境内88座水库有86座全部低于死水位,11190口塘堰干涸,港沟断流;22个村人畜饮水出现困难。

4月下旬旱象刚一露头,应城市委、市政府就采取措施,及时调度境内水库、塘堰开闸放水,同时积极筹措资金到境外郑家河、高关、惠亭水库搬水。至6月上旬,全市抗春旱投入劳力4.5万人、机械1456台套、资金860万元,共计提引放水8961万方,确保了早稻搭水、中稻抢插。6月中旬以后,旱情继续恶化,全市立足于全抗全保,制定了内引外提、南引北调的调水方案,充分利用水库、泵站、涵闸,做到能引则引,能提则提,能放则放。远处不惜代价到境外水库搬水抗旱,近处则拦河打坝、架机刮塘、清淤疏渠,引水灌田。截止8月下旬,累计抗伏旱投劳15.6万人,资金2600多万元,机械2130台套、32450千瓦,提引放水1.074亿方,其中境外搬水3641万方,境内水库、塘堰放水2638.3万方,涵闸引水520万方,机站提水3943万方,最大限度地缓解了旱情。

抗旱期间,全市共向重旱区捐款56万元,调运抗旱机械1000余台套,有力地支援了抗旱斗争。

【邹家华在应城视察环保工作】 2001年9月11日,全国人大常委会副委员长邹家华在全国人大常委会委员贾志杰、省人大常委会副主任张洪祥和孝感市、应城市领导及湖北双环公司负责人的陪同下,在应城市视察环境保护工作。邹家华副委员长一行先后来到双环集团环境监测站、污水排放口及煤灰处理车间,仔细询问了污水粉尘处理转化工艺流程,了解排放物的排放总量和环保指标,并听取了应城市贯彻落实《水污染防治法》的工作汇报。邹家华指出,环保工作是关系子孙后代的大事,水资源更是人类赖以生存的宝贵资源,加强环保工作,搞好水污染治理是各级政府和企业义不容辞的责任。各地要进一步加大污染治理的投入力度,广泛开展创清洁、文明、无公害化工厂活动。邹家华对应城市及双环集团公司近年来加大资金投入,狠抓污染治理的做法予以充分肯定。

【"金鹰"摩托车发动机DCDT数字点火装置获国家专利】 DCDT数字点火装置是继"有触点机械点火"、"无触点电子点火(CDI)"之后的第三代发动机点火装置。该装置克服了CDI点火提前角范围小、不能随发动机工况变化而变化的缺陷,其原理是将发动机转速、负荷等参数输入微处理器,利用数字技术处理后,点火提前角能随工况的变化自行调整到最佳状态,使燃烧更充分、合理,从而大幅度降低燃油耗量和污染物排量;又由于点火提前角的优化,极大地改善了发动机起动性能,在环境温度低达-20℃时,也能轻易起动。经权威机构检测,平均耗油量比国家标准值降低25%以上,排放碳氢化合物下降69%,排放一氧化碳下降71%,且怠速稳定,是达到国际标准的环保型产品,极具社会价值。2001年11月,由湖北神风公司与华中科技大学合作研制的"金鹰"摩托车发动机数字点火装置(即一种数字模块控制汽油发动机工况的装置)获得国家专利。12月,该公司又在国家知识产权局申请加入国家《专利合作条约》(PCT),将专利权延伸到世界80多个国家和地区。

【兴建全省首家石膏工业园】 应城市素有"膏都盐海"之称,而城北街道办事处又称之为"膏都之都"。近年来,该办事处石膏工业迅猛发展,全处年产石膏20余万吨,年膏粉加工量10万多吨,石膏工业年产值逾亿元。为进一步将资源优势转变为经济优势,城北办事处于2001年7月正式兴建"白杨石膏工业园区"。工业园区规划面积3平方公里,园内有石膏加工骨干企业7家,膏粉年加工量6万余吨,产值4500万元,有各类小型石膏制品专业户10多家,其他类型企业12家,二、三产业专业户百余家,社会产值1.05亿元。

【近百名国家干部下乡创业】 近来年,应城市委、市政府着力实施转变领导方式,转变工作作风,推进农业产业化和农村现代化的"两转一推"工程,鼓励国家干部下乡创业;并对到农村去兴办基地、领办项目、创办实体的干部,优先办理征地手续、经营证照,帮助解决发展资金。市政协委员、市植保站副站长肖爱金主动到田店镇肖黄村承包30亩耕地种植"中国香稻",年创收入3.6万元;杨河镇妇联主任魏翠芳承包500亩土地,连片种植薄荷和高产黄豆"豫豆2号",成为致富一方的女能人。全市82名国家干部到农村从事农业生产、开发、经营,共创办经营实体71个,承包耕地、山场、水面2.13万亩,年创产值9200多万元,利税630多万元。

【全国首例医生夫妇同时遇害惨案在应城发生】 应城市某单位职工易传忠因患非淋菌性尿道炎、前列腺炎等病,多方就诊。后经人介绍来到应城市人民医院求治于治疗前列腺炎的权威专家、泌尿科副主任医师魏大山。因一直没有治愈而对魏医生怀恨在心,遂于2001年9月26日下午3时许,易携刀寻至市人民医院宿舍区魏的家中,朝魏妻、该院副主任医师徐贤玉疯狂连砍13刀;随后,易又窜至市医院泌尿外科专家门诊室,对魏大山医生连刺2刀,魏当即倒在血泊中。虽经医院全力抢救,终因伤势过重,魏大山、徐贤玉夫妇不幸逝世。应城市委、市政府及孝感市政法部门十分重视此案。11月20日,孝感市中级人民法院作出公开宣判,制造全国罕见的患者将医生夫妻同时残杀的"9.26"

血案凶手易传忠,被判处死刑,剥夺政治权利终身,并赔偿受害人经济损失54986元。2002年1月22日,凶手易传忠在应城被处以极刑。

应城市委、人大、政府、政协及市直部办委局领导名单

(2001年底在职为准)

中国共产党应城市委员会

书　记　何霞江

副书记　聂元清　涂少维　吴未安　胡益荣

常　委　何霞江　聂元清　涂少维　吴未安　舒企春　刘纯明　李明芳(女)　陈宗俊　胡益荣　刘义德　汪继芳　杨望保　张诗勤

应城市人民代表大会常务委员会

主　任　孙国庆

副主任　吕杰生　杨元兆　李杰元　廖生发　韩瑞峰

应城市人民政府

市　长　聂元清

副市长　张诗勤　陈茂林　林　涛　席国爱　黎　虹(女)　郑竟成

市长助理　张长明　何　文

中国人民政治协商会议应城市委员会

主　席　朱木森

副主席　阳德润　陈元海　汪新年　邓国华　陈重明

党群战线

市委办公室主任　汪继芳

党史办主任　魏三庭

信访办主任　邹芳筠(女)

市委党校常务副校长　张思伟

接待处主任　黄金想

档案局局长　朱忠发

纪委书记　李明芳(女)

监察局局长　杨德忠

组织部部长　刘义德

市直机关工委书记　田亦斌

老干局局长　舒幼芳(女)

统战部部长　阳德润

民宗局局长　胡　琳

台办主任　谷应祥

工商联主任委员　吴庄年

团市委书记　黄建军

妇联主席　谢应霞(女)

科协主席　陈新华

总工会常务副主席　何玉华(女)

政府综合战线

政府办公室主任　张新平

外侨办主任　(缺)

扶贫开发办主任　李建安

驻汉办事处主任　韩耀华

驻京联络处主任　杨运清

体改办主任　范功林

地方志办主任　董建军

老龄办主任　谢义普

房改办主任　陈木香

招商局局长　丁　毅

汤池温泉风景管理处主任　丁阳春

科学技术局局长　唐伏生

民政局局长　许家忠

市残联理事长　桂春苟

人事局局长　叶双喜

劳动和社会保障局局长　万汉宗

国土资源局局长　刘家斌

审计局局长　卢晓雷

政法战线

政法委书记　刘纯明

公安局局长　周尚志

法院院长　刘润生

检察院检察长　余绍军

司法局局长　尹胜利

宣教战线

宣传部部长　舒企春

应城日报社社长　熊正旺

广播电视局局长　张建国

教育局局长　张　锋

文化体育局局长　杨青元

卫生局局长　曾桂平

计划生育局局长　张水想

药品监督管理局局长　祁双全

计划战线

发展计划局局长　钟想传

人民防空办主任　万中林

物价局局长　余泉涌

统计局局长　石应忠

物资总公司总经理　肖祥发

工交战线

经济贸易局局长　李生超

交通局局长　谢小平

企管局局长　陈元亮

纺织工业总公司总经理　(缺)

机电工业总公司总经理　王富文

轻工业总公司总经理　杨雨田

建材工业总公司总经理　丁安元

盐业化工公司总经理　张先平

质量技术监督局局长　陈树华

电力局局长　褚昕平

电信局局长　胡介林

邮政局局长　李清明

移动通信公司经理　华凤英(女)

财贸战线

财办主任　熊建国

财政局局长　张俊华

粮食局局长　丁新阳

供销社主任　王春旺

商业总公司总经理　谭明宇

外贸总公司总经理　庾伟涛

国税局局长　罗新春

地税局局长　俞桂安

工商局局长　吴望山

烟草专卖局局长　邹跃进

人行行长　孙治彦

工行行长　何国元

农行行长　吕福涛

农发行行长　董　谦

信用联社主任　王爱明

建行行长　刘　坚

中行行长　陈又新

人民保险公司经理　余汉勇

人寿保险公司经理　廖忠明

石油公司经理　刘春元

农业战线

农办主任　吴火祥

经管局局长　杨忠祥

农业局局长　艾元生

水利局局长　田国清

农机局局长　胡昌林

畜牧局局长　万崇青

林业局局长　龚传东
水产局局长　郑朝阳
气象局局长　张大平

建设战线

建设局局长　祁金城
环保局局长　向继春
建筑工程管理公司经理　王孝喜
市政工程管理公司经理　柴国辉
公用事业管理公司经理　肖水元
中房集团公司总经理　汪琼霞(女)

市经济技术开发区

管委会主任　袁俊林

街道办事处、镇、场简介

【城中街道办事处】 地处应城市中心城区,为市人民政府所在地。现辖范河、保丰、肖湾、国光、周陈、碾屋、光明、长湖、古城、新河10个村,工农路、三眼井、古城台、汪家台、光明街5个居民委员会;人口8.8万人,国土面积24平方公里,其中耕地524.8公顷。2001年,全处实现工农业总产值95213万元(1990年不变价),财政收入360万元;全处经济综合实力名列孝感市各乡镇第二位、应城市第一位;办事处党委先后被中共湖北省委授予"全省先进基层党组织"、全省基层组织建设"六好乡镇党委"等称号。

农业生产成绩显著。坚持发展市场农业和效益农业,改善农业生产条件,切实减轻农民负担,注重调整优化农业种植结构,改变传统种植模式;发展适度规模经营和产业化经营。投资6600万元,建成占地10万平方米、拥有经营面积8万平方米的光明大市场。成为内联农户、外联全国、辐射带动力极强的产业化龙头企业,解决了农民的销售难问题。2001年,全处实现农业产值4092万元,其中多种经营产值3923万元;农民人平纯收入3447元。

乡镇企业发展迅速。全处工业形成膏粉、机械加工、医用包装等支柱产业。玉兰牌石膏粉、圣童牌石膏工艺品等5个产品获省优、部优称号。恒天药业包装有限公司研制开发丁基橡胶瓶塞,引进具有国际先进水平的PP胶塞专利。全处工业企业达532家,完成工业产值9.2亿元。私营经济异军突起。先后建成城中私营经济小区、城隍庙商贸城、光明大市场,总占地面积18.2万平方米,总投资10850万元,可吸纳客商1000余户进场经营,年产值(营业额)近3亿元。全处个体私营户达到2018家,其中私营企业1054家,实现产值5.5亿元。

人民生活水平显著提高,社会各项事业全面进步。累计投资400多万元用于小街小巷改造、路面硬化、修建厕所、铺设下水道、绿化亮化等。初步实现水、电、路配套,居民生活环境大为改观。农村城镇化顺利推进。抓好范河中心村建设,推进肖湾、国光、周陈3农村城镇化建设。投资650万元建成长5080米、宽16米的肖湾路,通过连片开发和业主招商,建设高标准住宅小区和玉兰工业园。不断加大教育投入,投资1000多万元,先后兴建了2所初中,12所小学,中、小学生入学率均达到100%。卫生事业稳步发展,健康水平逐步提高。2001年全处人均期望寿命达80岁。计生国策全面落实,人口控制成效显著。人口出生率逐年下降,人口自然增长率1.5‰,多次被评为省和孝感市计生工作先进单位。

办事处党委书记　陈国生
人大联络处副主任　李晓阳
办事处主任　王　拓
政协联络组组长　陈幺华

【城北街道办事处】 紧邻中心城区,西与杨岭镇毗邻,北与杨河镇交界,东靠四里棚工业区。境内石膏资源丰富,总储量5.1亿方,素称"膏都之都"。国土面积78.7平方公里,耕地面积2910.3公顷,现辖33个村(居)委会,人口5.8万人。2001年全处实现工农业总产值75094万元,其中农业总产值8867万元,工业总产值66227万元,财政收入852万元,农民人平纯收入2900元,综合经济实力进入孝感市"十强乡镇",综合目标考核获全市第四名,社会治安综合治理目标考核位于全市第一名。

稳定农业基础。突出抓好优质稻、优质油、优质林果、优质猪、优质鱼工程和绿色蔬菜工程,巩固白杨树杂交稻制种基地,发展优质稻3万亩、优质油2.3万亩、优质林果3000亩、优质猪2.5万头、精养鱼池6000亩,1万亩绿色蔬菜。培植规模种植面积50亩、养殖面积50亩、养禽500只、养猪50头、年加工农产品产值50万元以上的大户各100家。以发展外向型农业为突破口,加快农业劳动力向非农产业转移,促进农村二、三产业发展和农村土地规模经营,拓宽农民增收空间。全处农业招商户数达200家,转移农村剩余劳力1万个。

舞活石膏龙头。李咀石膏矿筹资350万元新开"二号井",投产后石膏开采能力由年产10万吨提高到18万吨。先后兴办华雄石膏制品有限公司、和昌石膏制品厂、联成石膏制品厂、雷山膏矿、聂坡膏矿等石膏加工、开采民营企业,年产值达2亿元。实施精品、名牌战略,"膏都"牌精选膏、"777"牌、"晶天"牌、"玉环"牌膏粉成为石膏产品市场上的名牌。2001年,全处年石膏开采能力达到20万吨,石膏加工能力达到15万吨,石膏工业产值超过3亿,成为全处的支柱产业和龙头企业。

发挥城郊优势。充分利用区位、资源、民营、人才四大优势,加强载体建设,促进特色经济小区形成。设立了占地面积34000平方米的城北个体私营经济开发区,并完成开发区3条主街道、建筑面积16000平方米的建设,投资200万元完成"三通一平"工程;引进民营经济户80余家,引进资金近1000万元。2001年7月,正式兴建规划面积为3平方公里的"白杨石膏工业园区"。

打造城北形象。树立求真务实,脚踏实地,团结拼搏,克难进取的精神。认真抓好农村基层党组织建设和党风廉政建设,以"三个代表"重要思想学习教育为动力,按"六好乡镇党委"要求,抓好党委班子自身建设,按

"五好党支部"目标,提高农村党支部战斗力;以培养"四有"新人为目标,加强社会公德、职业道德、家庭美德的社会主义精神文明建设。1999年,先后被评为孝感市社会治安综合治理先进单位、应城市"计生三为主先进乡镇"和"招商引进项目工作先进单位"。2000年,荣获孝感市"科技工作先进乡镇"、应城市"党风廉政建设先进单位"。

办事处党委书记 阎金鹏
人大联络处副主任 阎桂生
办事处主任 李宗兴
政协联络组组长 田银金

【四里棚街道办事处】 地处应城中心城区东郊,为重要的盐业化工基地。国土面积33.5平方公里,耕地面积1234.9公顷;辖16个村(居)委会,人口3.3万人。2001年,全处实现工农业总产值33744万元,其中农业总产值5400万元,工业总产值28344万元;财政收入632万元;农民人均纯收入2980元。进入孝感市"小康乡镇"行列。

推行农业产业化经营,千方百计增加农民收入。以汉宜公路为轴线,调整粮棉油等主要农作物,减少早稻种植面积,推广中杂配双低油菜,形成北片双晚、南片中稻配夏粮、东片中杂配双低油菜三大种植区;以养猪、养鸡、养鱼为主攻方向,兴建3个林果茶基地、2个千头猪场、2个万只鸡场、7个水产基地、5个无籽西瓜示范区、500个种养大户。以梦园小区、刘杨街、沙岗商品房开发为基础,加快农贸市场建设,建立3个农副产品交易市场;开发"三荒",将光辉、复兴、东十、艾庙等村的荒山荒坡、闲置水面实行租赁拍卖,形成年出栏生猪1.8万头、家禽49万只、水产品2000吨、蔬菜林果综合开发的农业产业化经营格局。

加快工业结构优化升级,提高工业经济运行质量。壮大医药化工、组建膏粉集团、巩固砖瓦水泥,不断提高工业经济运行质量。碘酸钾厂实行产品结构调整,开发新产品,实现第二次飞跃。塑料包装工业以盐海塑料包装厂为基础,加快精制碘盐小包装建设,启动两条生产线生产,形成年产塑料小包装2000吨,年创产值2500万元的塑料包装专业厂家。建材工业已初步形成石膏制粉、水泥制品、砖瓦制造三大集团。建成宏兴、宏昌、泰昌等具有一定生产规模的石膏制粉企业。实施"退二进三"战略,大力发展民营经济,加快公退民进步伐。2001年,刘杨、张杨、沙岗、孙熊等4个砖瓦厂、三五水泥厂、塑料包装厂、村级小型加工厂等企业从产权制度改革入手,实施一步转私或拍卖买断,全部实行民营化。全处村以上工商企业民营面达到90%以上。

结合农村城镇化发展民营经济。以刘杨、栗树、张杨、下新、沙岗、大田等中心村为依托,加快载体建设,兴办2个集贸市场,为个体工商户提供良好的经营场所;结合境内大中型企业发展民营经济。规范完善盐海大厦小商品批发一条街和盐矿集贸市场,为大中型企业提供生产生活服务;结合盘活闲置厂房、场地发展民营经济。采取租赁、拍卖的方法,吸引个体私营业主投资兴业,创办实体;结合农业产业化经营发展民营经济。大力发展养殖业,全处私营企业和个体工商户达1780户,提供税收165万元。

办事处党委书记 李应金
人大联络处副主任 陈智敏
办事处主任 朱进军
政协联络组副组长 邓力平

【东马坊街道办事处】 位于市境东部,汉宜公路与汉丹铁路交汇处。现辖22个村(居)委会,人口4.7万人;国土面积29.38平方公里,耕地面积1023公顷。2001年,全处实现工农业总产值92636万元,其中农业总产值4967万元,工业总产值87669万元;完成财政收入1666万元;农民人平纯收入3351元。连续7年荣获孝感市综合经济实力十强乡镇;1999年,被评为"全国创建文明村镇先进单位",并跻身全省文明乡镇行列。

优化农业结构,引导农民增收。调整农业结构,改善种植模式,改原来"油稻稻"模式为"中杂配'双低'油菜"模式,改植面积7000亩,建成双低油菜种植带;发展"早、鲜、特"精细蔬菜种植3000亩,其中大棚蔬菜500亩;构建现代农业特色产业群,建成10亩高标准科技栽培园、10亩籽粒苋饲料种植园、10亩果木花卉圃园、10亩稻田套养毛蟹示范园;投资3000多万元,改善喻李、夏庙、程西等8村、6000亩农田的农业生产条件,整修开挖干支渠33处、7500米,建桥、涵、闸150多处。建成喻夏垸高效农业示范区。

深化企业改革,促进民营经济大发展。利用本地盐碱资源优势,引导有实力的民营企业发展精细化工企业。先后建成12家化工企业,共创产值1.9亿元,占全处工业总产值的28%,成为办事处工业经济的支柱产业。广达实业有限责任公司通过整体租赁滕湾化工厂,部分收购纺织配件厂,投资400多万元兴建1460平方米的厂房,添置20台套新设备,年生产能力由2万吨增加到5万吨,成为中南地区最大的精制氯化铵生产基地,并成为办事处年创产值5000万元、税金过200万元的最大的民营企业;原塑料编织袋厂实行卖断转民,组建湖北双菱塑料股份有限公司,年创产值3500万元,上缴税金198万元;全处的砖瓦厂和预制厂以承债式租赁方式转为民营,年可偿还15%—20%的债务,净增税收25万元。办事处民营经济户达1765户,其中产值过1000万元的10家,过500万元的26家;民营企业完成产值9.32亿元,实现税收占全处财政收入的74.4%。

加快小城镇建设,增强经济发展活力。投资20万元完成城区总体规划,编制了城区给排水、电力电讯、园林绿化等5个专业规划和长化路、汉宜路的详细规划;建成占地面积20000平方米、建筑面积25000平方米的东景花园住宅区,形成汪前东景民营经济小区;投入500万元改造曹大道口至东塔汉宜大道,建成应城东入口形象标志街;启动隔蒲桥头二期拆迁改造,建立木材家具市场。先后投资4700万元,拓宽道路17320米,维修、硬化滕西路、沿渠路人行道4500米,并修建花坛、安装路灯;改建两条城区街道、装饰沿街房屋560栋(间);完善城区9条道路、70000平方米的环卫工作;城区道路硬化率100%,街道亮化率98%,绿化覆盖率35%。

办事处党委书记 胡 瑛
人大联络处副主任 石金轩
办事处主任 邹 虹(女)
政协联络组副组长 钟佑权

【长江埠街道办事处】 位于市境东南部,地处应城、云梦、汉川三县市交界处。现辖17个村(居)委会,人口2.8万人,全处国土面积18.6平方公里,其中耕地600公顷。2001年,全处实现工农业总产值76132万元,其中农业总产值2849万元,工业总产值73283万元,完成财政收入2720万元,农民人均纯收入3251元。

以"调整、减负"为重点,在农业增效、农民增收上有新的发展。围绕建"无粮示范乡镇",逐年减少粮食种植面积,调整发展种植莲藕5000亩、精养鱼池3000亩、精细蔬菜2000亩。重点抓好长化公路沿线精养水产基地、程余路沿线莲藕种植基地和府河沿线精细蔬菜基地。办好大棚莲藕、精养鱼池和大棚蔬菜示范片,建成程余路十里优质莲藕观赏农业走廊。加快发展农村二、三产业。利用集体资产存量和资源,把发展壮大村级集体经济与发展民营经济、企业改制结合起来,立足现有基础,壮大龚杨莲藕、黄窑手套、上莫棉纱、左家精米、九屋电杆等"一村一品"特色产业。加大减负工作力度,全面推行村务公开、民主管理制度,增加村级工作透明度。

以"壮大、转民"为重点,在深化改革、壮大特色产业上有新的发展。长江埠是个工业老镇,处办企业多,资产存量大。围绕特色产业的发展、存量资产的盘活、集体企业的转民,大力培植骨干企业,加快转民步伐,促进工业经济迅速发展壮大,提升工业运行质量和效益。组建长江赛孚化工科技股份有限公司,发展有机氟、有机硅、化工中间体等高新技术产业化和新材料重点拳头产品,成为孝感市内民营企业的第一家上市公司,并以其为龙头,网络10余家精细化工企业,壮大产业规模,建成闻名全国的"精细化工城"。粘合剂厂"应星"牌粘合剂系列产品享誉全国,制线厂"湖光"牌高档涤纶制线系列产品成为全国知名品牌。激活存量资产,引导和协调服装制线、电线电缆、食品饮料等传统产业实行引进嫁接和技术改造,逐步盘活。

以"依规、建管"为重点,在推进农村城镇化、提高人民生活质量上有新的发展。一手抓旧城区改造,一手抓新城区拓展,实施"两纵两横"、"办好六件实事"。改造车站路,装饰大普私营经济一条街;贯通大普新街,完善长西路部分地段的配套建设。建设雷岑、九屋两个中心村,加快长江埠、东马坊两大组团的对接。完成长化公路立交桥建设及配套工程;硬化大普至余上、经藏寺至石灰窑的道路;新打一口机井,启用自来水塔,提高供水质量;完成城区部分路段的护栏建设工程;建设中心绿化岛,包装改造永安路破旧低矮房屋,提高城市品位;改造城区下水道和公厕,完善城区亮化、美化、净化、绿化工程。深入开展文明城镇创建活动,为经济社会发展创造良好的环境。

办事处党委书记 熊德琪
人大联络处副主任 李海廷
办事处主任 席平安
政协联络组副组长 王小宝

【田店镇】 位于市境西北部,与京山县接壤。全镇辖22个村(居)委会,人口2.3万人;国土面积63.46平方公里,其中耕地2285.5公顷。2001年,全镇实现工农业总产值22289万元,其中农业总产值6890万元,工业总产值15399万元;完成财政收入369万元;农民人平纯收入2478元。

加快农业结构调整,发展"两高一优"农业。按照"种植模式化、生产基地化、经营一体化"的要求,建成以思棚茶场为中心的万亩果茶基地,开发店坡山、曹庙山、大徐山,建成1000亩砂梨基地,"思棚春露"、"蒲阳雪绿"等优质春茶年创产值达100多万元;以曾李畈为轴心建设千亩高产优质示范棉花基地和柘陈—店坡万亩优质粮油基地,扩大种植"中国香稻"8000亩,粮食品种优质率达98%以上;调整、建设随应线田店段500亩莲藕种植、大富水沿岸千亩蔬菜基地。兴办以千头猪场、万只鸡场为龙头的养殖基地,扶持、培育出一批邓春生式的种植大户和董元松、王丽华式的养殖大户等种养殖大户。全镇年出栏生猪1.7万头,牛、羊800只,出笼家禽95余万只。

加强基础设施建设,改善经济发展环境。投工15万个、投资近200万元有计划地开发了冷浸渍害严重的田魏畈、曾河畈、洞王畈;投资80多万元对鸭港水库、马皮堰水库进行护坡加固,新建刘河、张河、何桥等电机站25处;投资300余万元疏通河道、扩建改造八斗山水电站,新增4台160千瓦机组并网发电;实施电网改造,实现村村通电、通电话、晴雨通车。投资200万元硬化镇区新大街、集贸市场等两纵两横主街道,安装路灯,开通了有线电视;改造修建服装一条街,兴建柘陈、店坡两处集贸市场,镇区商品贸易活跃,全镇约有5000名务工经商者。招商引资工作势头强劲。相继引资50万元开发肖黄村百亩精养鱼池,引资60万元盘活柘陈砖瓦厂,镇属思棚茶场整体承包给个人经营,生产经营日益红火。积极发展订单农业,先后与市豪丰公司签订1.5万亩优质稻购销合同,与京山县良种棉加工厂签订棉花"四包"合同。全镇有个体、私营户760多户,产值1.86亿元。

精神文明建设成果丰硕。开展以"十星级文明农户"、"文明单位"、"文明村镇"为重点的文明创建,村级规范化管理达标,社会治安综合治理成绩显著,被孝感市命名为"安全文明乡镇"。学校校园规范,教学质量良好,连续三年被市教委评为"先进单位",并获全市万人平升学第一名,顺利通过"扫盲迎国检"验收。镇卫生院被评为"乙级甲等医院",计划生育工作再获市"先进单位"称号。

党委书记 钟建华

人大主席团副主席 夏祥宗

镇　　长 万建明

政协联络组组长 (缺)

【杨河镇】 地处应城西北边缘,为应城、京山、安陆、云梦四(县)市交汇处。全镇国土面积113.73平方公里,耕地面积4914公顷,现辖39个村(居)委会,人口5.2万人。农业资源丰富,享有"应城粮仓"的美誉,为全省农业百强乡镇之一。先后被省人民政府评为"楚天明星乡镇"、孝感市"小康乡镇",连续两届荣获全省小城镇建设竞赛评比"三等奖"。2001年,全镇实现工农业总产值31749万元,其中农业总产值17038万元,工业总产值14711万元;财政收入626万元;农民人平纯收入2751元。

农村经济稳步发展,综合经济实力明显提高。以农业经济结构调整为重点,改变传统农业低效的局面,实施"精品名牌"战略,生产市场适销产品,进一步扩大"白花菜"、"萝卜"、"杨河千张"等特色产品的种植,生产规模。利用"应城粮仓"优势,建成巡检、合阜、短港为中心万亩优质稻生产基地;做好全镇2.2万亩山场和9200亩可养水面的文章。以巡检为中心,建设万头三元杂交猪养殖基地;以高李、洪山、张巷为中心,建设万亩茶果基地;以中小型水库为依托,建设万亩水产基地。"三强"养猪场"三元杂交猪"养殖规模在全市名列榜首,张巷、洪山、高李等一批林果基地相继开发投产,"畜禽公司"、"粮食加工集团"等一批龙头企业初具规模;以除险保安和治理抗旱死角为重点的农田水利基本建设成效显著,相继完成漳河堤防治理、古峰畈低产田改造等重点工程。

确立民营经济在镇域经济中的主体地位,集中精力抓民营经济发展,实现公有企业和镇域经济民营化。以巡检为依托,发展壮大巡检各类粮食加工厂,建立巡检粮食加工小区;以上杨周边的张巷林果基地为依托,逐步建立短港旅游、休闲娱乐小区。充分发挥杨河地处四县要塞的独特区位优势,以推行租赁和拍卖及"公退民进"为重点,引进外地客商投资兴办短港美植源休闲娱乐中心、果园、养殖基地等项目;实施"以外引外"、"回归工程",兴办旅游开发、养鱼、养蟹等项目。

基础设施建设成绩显著,镇村面貌焕然一新。完成杨河镇总体规划进行论证和修编。筹资600多万元兴建杨河民营经济一条街,以及农贸街、服装一条街,集镇绿化、美化工程进度加快,路面硬化、排污沟封砌、邮电大楼及移动基站的建成,改善了集镇面貌。1999年,荣获全省"楚天杯"小城镇建设三等奖,并被孝感市列为小城镇建设试点镇。

精神文明建设和社会各项事业全面进步。大力开展文明创建活动,全镇有10多个单位分别被孝感市、应城市授予文明单位。加大科技教育投入,九年制义务教育全面普及;科技创先工作被国家农业部授予"全国农技推广先进单位"称号。群众性文体活动蓬勃发展;计划生育常抓不懈,计生综合水平不断提高;依法治镇取得进展,人民群众法制意识不断增强,综合治理取得新成果。

党委书记 兰小幺

人大主席团副主席 叶　青

镇　　长 张天佑

政协联络组组长 杨小运

【三合镇】 地处应城东北边陲,府河、漳河水穿境而过。国土面积81.11平方公里,耕地2766.3公顷,现辖33个村(居)委会,人口4.1万人。2001年,全镇实现工农业总产值24773万元,其中农业总产值11345万元,工业总产值13428万元;财政收入516万元;农民人平纯收入2940元。

特色农业初具规模。立足自身资源,调整农业结构,构筑特色农业。以盐三线畜禽养殖走廊为轴心,依托聂景山养殖基地,辐射10个专业村(户平养殖10头猪以上或养禽200只以上)、20个专业场(千头猪场或万只禽场)、300个专业户(户平30头猪或1000只禽);组建盐三线畜禽养殖服务总公司,形成"公司+基地+农户"的养殖格局。农业结构调整着眼于西瓜大镇建设,实行"春提前"和"秋延后"的种植方式,推广无籽、嫁接、吊蔓、大棚四大种植技术,全镇种植西瓜达1万亩,并依靠大专院校和农科院开发出"城台西瓜汁",实现西瓜转化增值。利用山水资源,建设聂山、伍山两大茶叶基地,开发茶园3000亩;组建"三合茶叶集团",打响"聂山龙井"品牌。完善农业基础设施。投资近800万元,开挖干、支渠52条、248公里,建桥涵闸162处,新建排灌站4座,实施"百口塘堰工程",新增改善排涝面积13万亩,新增改善灌溉面积2.7万亩。全镇基本形成伍毛、三两线万亩油稻板块,盐三线、三双线万亩瓜稻板块,三合两河两垸万亩菜棉板块,聂山、伍山、吕卢山万亩林果茶基地的四大区域性农业。

乡镇工业稳步发展。形成以机械制造、粮食加工、建筑材料为主的工业支柱产业。布机厂开发剑杆布机配件100余件,年增产值300余万元,创利税30万元。粮食加工以开发生产豆皮为重点,组建三结豆皮有限责任公司,网络1000农户,年生产商品豆皮1000万斤,为农民增收500万元;产品远销北京、哈尔滨、广州等地,1999年北京世界农副产品博览会上获金奖。伍山、双墩、城台砖瓦厂年产红砖5000万块。三合建筑公司依靠自身技术和资源优势,打入武汉、哈尔滨等地建筑市场,年组织富余劳动力8000余人,每年增收4000万元。

集镇建设日臻完善,社会事业全面进步。建成三合民营经济一条街,兴建小商品和集贸两大市场;投入资金150万元修建自来水塔,日供水能力达5000吨;投资260万元兴建35千伏输变电站,实现电网改造;投资50万元建成液化气站,改善镇区居民用水、用电和用气条件。硬化、绿化、亮化北正街、南正街、桥头街、小学路四条主干道。投资600万元,相继铺设应三、三两、三双、三化4条公路,实现晴雨通车;开通程控电话1400部,架设微波接收站3座,开通有线电视网,投资兴建辐射半径20公里的移动通讯基站1座;全镇现有学校20所,在校学生近6000人,适龄儿童入学率达100%,劳动力受教育程度较高,各中学、中心小学均建有电脑室、语音室;中心卫生院2个,卫生所25所,建成防疫、保健、医疗一体化的综合卫生服务楼。

党委书记 吴晓敏
人大主席团副主席 王国伢
镇　　长 陈晓明
政协联络组副组长 蒋松涛

【郎君镇】 位于市境东南,与汉川市接壤。长应公路纵贯全境,汉丹铁路、长荆铁路穿境而过。全镇现辖40个村(居)委会,人口6.3万人,国土面积80.65平方公里,其中耕地2715公顷。2001年,全镇实现工农业总产值55980万元,其中农业总产值8678万元,工业总产值47302万元;财政收入756万元;农民人平纯收入3260元。被孝感市授予"小康乡镇"称号,综合经济实力位居孝感市乡镇第11位。

发挥优势,突出特色争发展。在现代农业综合开发上,投资80万元,投劳5.4万个,开发知府、破港、胡家、袁集、郎君等村"旱包子"、"水袋子"低产田6000亩,形成"田成方、渠成网、树成行、路相通、桥涵站配套"的农田网格局,建成知府畈农业综合开发示范基地。在莲藕发展上,打造"白湖莲藕"品牌,建成土桥至白湖沿公路段的十里荷花长廊,实现莲藕面积2.5万亩,年产莲藕4500万公斤。在水特产养殖上,着力构造万亩名特优水产基地。大力发展袁集毛蟹养殖,养殖面积扩大到1万亩,养殖100亩以上的大户达100户。

解放思想,围绕盘活求发展。按照与农业产业化经营相结合,与加快小城镇建设相结合的路子,引导乡镇企业调整发展方向。乡镇企业发展突出食品、建材、塑化、纺织四大产业,狠抓体制创新、结构创新、管理创新,实现质量和效益的提高,达到盘活增效的目的。采用让利盘活、引进盘活、奉送盘活等办法,一批濒临停产和半停产的企业重获新生。全镇12家砖瓦厂推行新一轮租赁承包,舒达公司改制一步转私,镇麻纺厂租赁承包后呈现出产销两旺的势头。

优化环境,招商引进图发展。改善人文环境,开展"做一个文明友好的郎君人"的争创活动;改善税费环境,规范行政收费行为,落实公平税赋政策,促进不同所有制经济、不同行业间的平等竞争。改善集镇环境,实施老集镇至老虎山的对接工程,开展"百户建房优惠年"活动;改善周边环境,对重点企业实行挂牌保护,打击"四霸六强",保持企业安定的外部环境。

镇区基础设施建设加强,城镇化水平日益提高。坚持"一主两翼"、"四线四区"的发展战略,不断加大美化、亮化、绿化工程建设力度,镇容镇貌焕然一新。农村电网改造全部完成,邮政、通讯、广播事业有长足发展。人民生活水平显著改善,农民人均纯收入逐年提高,衣食住行明显改观,医疗卫生得到有效保障,民政福利等社会保障能力不断增强。

党委书记 龙　晖
人大主席团副主席 万林发
镇　　长 程新旗
政协联络组副组长 田华轩

【黄滩镇】 地处富水河畔,北接汉宜公路和长荆铁路,应天公路纵贯全境,距中心城区5公里。全镇现辖29个村(居)委会,人口5.1万人,国土面积67.6平方公里,耕地面积2926.7公顷。2001年,全镇实现工农业总产值50724万元,其中农业总产值10220万元,工业总产值40504万元;财政收入622万元;农民人平纯收入3085元。

农业基础日臻巩固,农业经济持续增长。依托资源优势和土地资源优势,实施路域、流域、区域农业综合开发,建成同岭粮畜果、临江棉渔、肖畈棉菜"三大"特色农业经济带。加大农技推广应用力度,建成罗家湖千亩农业高效示范区、临江生态农业示范园和千亩转基因抗虫棉制种基地等高科技农业项目。农田水利基本建设,修建蓄水塘堰,兴修堤防水库,东旱、西涝的自然生产条件得到根本改观。发挥棉花、蔬菜、畜禽渔产业优势,植棉水平整体提高,皮棉单产达204公斤,居全省前列;名特稀优水产品养殖和鸡、鸭、猪、渔立体养殖初具规模,传统特色产品开发种植规模扩大,临江农贸批发、黄滩农产品市场等农产品流通市场发展壮大。

实施精品名牌战略,传统产品优势逐步转化为支柱经济。黄滩粉笔集团公司网络全镇3000多家粉笔专业户,研制开发出微尘粉笔、模具粉笔、六角粉笔等3个系列8个品种24个花色,产品直销俄罗斯、蒙古、意大利、韩国等国外市场,粉笔年产值过亿元,成为全国粉笔生产第一镇。黄滩酱品厂酿造的黄滩酱油荣获湖北工业精品名牌消费品展览会金奖。黄滩橡胶厂研制开发的新型耐油、酸、高湿型绝缘橡胶制品获省科委立项。竹器编织业开发风筝、竹包装等生活工艺品,杨林风筝在山东潍坊风筝节上大展风采,产品销往全国各地。

农村城镇化稳妥推进,集镇品位逐步提高。重新修编和完善集镇建设总体方案,着力"五网"建设,狠抓民营载体,扩建临江批发大市场,改建石桥商贸小区,兴建刘垸粉笔一条街。基础配套设施建设日趋完备,形成应天路、黄石路、黄喻路、黄杨路为骨干道的镇级公路网,村村实现通晴雨路;完成农村低压电网改造;全镇程控电话总装机2000多门,移动通信基站投入运行;有线电视开通20多个频道,用户近千户;投资20万元兴建日供水能力达2000吨的自来水厂,集镇居民生活用水条件得到改善;改造集镇老区,兴建新区,先后进行麻纺厂、城南商场、电影院开发改造,兴建商品房1.2万平方米;投资50万元硬化集镇主要街道,筹资28万元实施应天公路集镇段绿化亮化工程。

科教兴镇成效显著,社会事业全面进步。文化、教育、卫生事业长足发展。九年义务教育全面普及,教育质量不断提高;镇、村卫生保健网络不断完善;计划生育工作迈上规范化管理轨道;精神文明建设“三创”活动常抓不懈,文明乡镇创建成绩斐然,全面推行了以政务公开、村务公开为主的基层民主建设;依法治镇成果显著,人民群众法制观念进一步增强;两个文明建设协调发展。

党委书记 周汉辉

人大主席团副主席 孙东颖

镇　　长 胡国星

政协联络组组长 雷金喜

【天鹅镇】 地处市境南部湖区。东濒西汉湖,南抵汉北河,西临大富水,北接杨家滩,四面环水,水资源丰富。全镇辖23个村(居)委会,人口3.5万人;国土面积70.65平方公里,其中耕地2155.5公顷。2001年,实现工农业总产值25553万元,其中农业总产值7868万元,工业总产值17685万元;财政收入404万元;农民人平纯收入2591元。

发展特色经济。形成以棉、渔、林、菇支撑的镇域特色经济板块。全镇棉花种植面积达11000亩,总产达1000多吨,跃居全市植棉大镇行列,成为全省万亩棉花丰产示范基地。水产养殖以特制胜,11000多亩可养水面基本实现精养、围养、套养和立体养殖,名贵鱼种和毛蟹大规模发展。林业生产以速生林和成片造林为主,建成5块成片造林基地、4片林网绿化、3条绿色通道、2条林带,植树180多万株。食用菌生产培育真姬菇、茶薪菇、鸡腿菇等珍稀菌种,市场潜力大,经济效益可观。发展药材种植,芦荟、薄荷、半枝莲等药材种植面积300多亩。畜牧业以基地带农户、分散喂养与集中发展相结合的方式,大力繁养市场俏销的七彩山鸡、鹌鹑、豚鸟等珍禽、珍稀动物。

提高农业基础。抓住江汉平原农业综合开发契机,分别对牧牛场,肖家垸、北咀畈、八里畈4处26000多亩中低产田进行改造;投资50多万元,更新新集泵站设备,对六处主要机泵站分别进行维护、扩建、增容,达到旱涝排灌自如,改善农业生产条件。

集镇设施改观。投入建设资金1500多万元,改善镇区道路交通、电力设施及邮电通信。其中,投资250多万元,铺设应天公路天鹅段,应西公路牛西段近10公里长的黑色路面;村级主道全部铺设砂石,实现晴雨通车;投资近300万元,开通天鹅、沈铺两地程控交换机,达到村村通电话;1999年投资100多万元架设无线通信传输塔。改造农村低压电网,规范农村用电。动工兴建天鹅街道民营经济小区,挂口集贸市场已交付使用。沈铺集镇建成鲜活产品批发市场、农贸交易市场和服务一条街,活跃和繁荣了当地经济。

社会事业进步。全镇精神文明建设成果丰硕,农村社会秩序稳定。“普九”教育成绩喜人,教学条件大为改善,修建7所学校教学楼,兴建天鹅镇宁夏共青城希望小学;基本消灭危房,全镇适龄儿童全部入学就读;教师队伍稳定,教育质量明显提高。血吸虫病防治工作取得成绩。疫区村民改水改厕,打压把井1800多口,建瓮式卫生厕1500个,对垸内有螺地带进行翻耕、深埋药物防治;河滩进行毁芦、翻耕灭螺,实现了基本消灭血吸虫病的目标。

党委书记 徐金钟

人大主席团副主席 肖桂生

镇　　长 李双金

政协联络组副组长 徐福喜

【义和镇】 位于市境西南,东靠大富水,南濒汉北河,西踞老鹳湖,北抵龙赛湖,为典型的湖区农业乡镇。全镇辖21个村(居)委会,人口2.5万人;国土面积90.68平方公里,其中耕地面积2044.3公顷,水面1334公顷。2001年,全镇实现工农业总产值19648万元,其中农业总产值7093万元。工业总产值1255万元;完成财政收入382万元;农民人平纯收入2850元。

推进农业产业化。实施粮、棉、油、水产品“四优工程”;种粮大户贺朝武试种成功“巴西陆稻”,规模扩至2000亩;做好粮食转化增值文章,全镇培植销售粮食100万斤以上的经销大户10家。围绕建设水产大镇、林业大镇、畜牧强镇,充分发挥资源优势,加快产业结构调整,发展特色农业。发挥水面资源优势,通过解决抛荒田、改造现有鱼池等途径,扩大养殖规模,新增养殖面积5000亩;发展网箱养殖、套养、混养、专养等先进养殖模式,网箱养鳝面积500亩、2000网箱,年产黄鳝80万斤;河蟹养殖面积2100亩;龙虾养殖面积10亩;四大家鱼与鲑鱼、乌鳢(才鱼)、黄颡鱼(黄古丁)、甲鱼等套养面积达2180亩。全镇养殖水面积扩大到1.5万亩,水产品年产量达5600吨以上,初步形成淡水养殖为特色的区域经济。发挥林业资源优势,相继开发肖畈垸2000亩低湖田、茫洞湖林场1000亩林地,栽种三年生速生丰产意杨。全镇现有林地面积13750亩,林木总数37.3万株。发挥河滩资源优势,利用镇区河湖多,滩涂、堤坡面积大的有利条件,发展鸭、鹅、牛、羊等特种养殖,全镇野鸭养殖规模可达20000只,商品牛饲养规模达1000头,养牛专业户10家。

推进镇域经济民营化,加快公退民进。全镇乡镇企业转民率100%。招商引进办项目,打绿色牌,开展毕汉湖、老鹳湖特色养殖招商和镇区低产田成片莲藕种植招商;调整农民就业结构,发展打工经济,全镇外出务工经商者占总劳力的50%以上,外出务工人员人均收入占农民人平纯收入的50%以上。

推进农村城镇化。改造义和、李集、季伟三个中心集镇,完善配套设施;完成李集、季伟市场晴雨棚建设;兴建李集、季伟自来水工程;引导乡镇企业向集镇集中,住宅向居住小区集中,扩大镇区规模;编制柴咀、徐邓两个中心村规划,规范雷新线、李季线道路两边建筑。

党委书记 黄恩新

人大主席团副主席 李正社

镇　　长 柴望想

政协联络组副组长 陈小舟

【陈河镇】 地处应城西南,紧邻汉宜线,西与天门市接壤。境内湖垸众多,水系纵横。现辖45个村(居)委会,人口6.1万人;国土面积132平方公里,其中耕地4938.9公顷。2001年,全镇实现工农业总产值46098万元;财政收入801万元;农民人平纯收入2610元。

农业生产稳步发展,农村经济持续增长。大力发展现代化农业,优化种植结构,推进农业产业化。采用"高岗退耕、低田还湖"的方式,围绕"避灾农业"抓调整,立足特色产品作文章。不断增加投入,改造"旱包子、水袋子",发展"粮棉油、荸荠、草制品、畜禽、水产、林果"等特色产业,实现农业增效、农民增收。2001年全镇实现农业总产值1.1亿元,其中多种经营产值达8000万元,粮食总产4.2万吨,棉花总产210吨,油料总产2400吨。

乡镇企业发展迅速,招商引进卓有成效。深化乡镇企业产权制度改革,企业改制率达95.5%以上。全镇形成阀门、纸箱、铝制品、建材、水产养殖、精米加工、林果、荸荠销售、印刷、草制品等名特优产业。注重抓好招商引进,改善投资环境,引入资金、技术、设备,共引资2500万元,新上石灰厂、制漆厂等16个项目。2001年全镇完成工业总产值3.5亿元。

城镇建设步伐加快,民营经济方兴未艾。坚持高起点规划、高标准建设,达到了村村通电、通公路、通邮、通电话,有线电视及自来水覆盖面不断扩大;镇区街面全部硬化,下水道配套;相继建成中心小学、卫生院、信用社、财政、税务等大楼,引资420万元建成陈河无线通讯站,改善了投资环境。加强民营载体建设。投资6万元修建陈河第二集贸市场;投资800万元开发兴建陈河小商品市场一条街,发展民营经济户100户;投资70万元启动南街民营经济小区;投资200多万元建成汪集开发小区;投资120多万元,建设雷湾开发区;全镇民营经济户达1812户,完成产值6.82亿元,经营收入6.2亿元,利税1000万元。

精神文明成效显著,社会事业全面发展。开展精神文明创建活动,涌现出7个应城市文明单位、2个孝感市文明单位和一批"文明家庭"、"十星级文明户"、"文明企业"。创建科技先进乡镇,累计投入400多万元,培训技术骨干、改善技术设备,引进科技兴农技术11项。加大教育投入,先后投入800多万元,建教学楼4栋,建小学9所,义务教育全面普及。投资150万元,建设一级甲等医院,农村卫生和预防保健网络健全农村医疗卫生水平明显提高。计划生育常抓不懈,镇民主政治建设不断推进,"村务公开、民主管理"大力推行。

党委书记 祁腊发
人大主席团副主席 李海洪
镇　　长 魏星海
政协联络组副组长 张先平

【杨岭镇】 位于市境西北部,北与京山县接壤。长荆铁路、汉宜公路、应汤公路横贯全境。全镇现辖30个村(居)委会,人口4.0万人;国土面积124.12平方公里。耕地面积4439.7公顷。2001年,工农业总产值36406万元。其中农业总产值10377万元,工业总产值26029万元;财政收入450万元,农民人平纯收入2800元。综合经济实力跻身孝感市前列。

优质粮油快速发展。在实现吨粮田、吨粮户、吨粮村、吨粮镇的基础上,实施种子、技术、种植改革,调减早稻、小麦面积,增加油、菜、瓜、果等经济作物面积,建成5万亩"龙玉米"系列优质米基地。全镇有种田大户100多家。2001年,粮食总产5.2万吨,油料2012吨。多种经营形成特色产业。发展"岗上植果、冲田种粮、低洼养鱼、院里喂猪、院外养鸡、成片开发、整体推进"的板块特色农业,重点抓瘦肉型猪的饲养,被外贸单位定为供港出口基地;积极推广本地鸡优质化,江汉杂交鸡被列为全省"丰收计划"三大试点之一;狠抓水库综合开发,发展高产精养鱼池。先后建成松林岗、金铺林果场、卡房姜家山、耀兴等10多个特色林果场。明光葡萄形成近3000亩的规模,产品畅销九江、洛阳、天门、宜昌等地市场。杨岭镇被誉为"楚天葡萄重镇",明光村被全国绿化委员会评为"绿色致富千佳村"、孝感市个体私营经济"专业村"。

石膏资源形成优势产业。兴办3家镇办石膏矿,龙集矿被省政府授予省级先进企业、孝感市十强乡镇企业;赵畈矿被民营业主租赁,齐王矿实施资产重组;引进内资兴办团山石膏矿业发展有限公司,年创税收60万元;引进外资兴办鑫达石膏公司。

基础设施建设步伐加快,城镇化水平进一步提高。实施农村城镇同网、同价,改造低压基础设施,改善用电环境;投资10万元安装高标准的中心集镇路灯,实施亮化美化工程,建成邮政大楼、电信大楼,新建中国移动和联通数字直放机站,实现村村通电话。加大村级公路等级建设力度,实施汉宜公路硬化工程和应汤公路、杨肖公路、景杨公路及墩子山街、杨王岭街油化工程。兴建肖巷民营小区、龙王集石膏工业区、杨岭综合经营小区;投资1000万元建成肖巷市场;完成全镇总体规划修编和龙集、潘集、祝墩、雷湾小集镇和伍份、祝墩、联丰等中心村规划。

精神文明取得新成就,社会事业全面发展。先后被省、孝感授予"先进文化站"、"先进文化乡镇"、"先进体育乡镇"。推进联村并校,巩固普九成果。兴建高标准、多功能的高中、初中、小学教学大楼、实验楼、学生宿舍楼、园丁楼,建成设施配套齐全的教育小区。广播电视形成广播、有线电视、多路微波传输的格局。全镇医疗条件进一步改善,建成中心卫生院门诊大楼,全镇计划免疫覆盖率超过98%;计划生育狠抓基层基础工作,有效控制人口过快增长,加强流动人口管理。加强精神文明建设,党风、民风、社会风气逐渐好转,法律意识普遍增强。

党委书记 胡想明
人大主席团副主席 余荣华
镇　　长 郑　鹏
政协联络组副组长 张培忠

【汤池镇】 地处市境西部边陲,与京山、汉川、天门三县(市)接壤。以玉女温泉和革命老区闻名。现辖18个村

(居)委会,人口1.7万人;国土面积50平方公里,耕地2157公顷。2001年,全镇实现工农业总产值26111万元,其中农业总产值5902万元,工业总产值20209万元,财政收入185万元,农民人平纯收入2785万元。被授予孝感市“小康乡镇”称号。

农业生产稳步发展,综合实力显著增强。树立地域小镇、农业大镇、经济强镇的观念,调整优化农业品类、品种、品质结构,提高农业生产力水平。发挥山水资源优势,调优品种,推广优质稻;稳定粮食面积,扩大多种经营面积,发展林果茶、水生蔬菜种植和鱼蟹水产养殖;大力发展避灾农业,降低生产成本,提高生产效益。围绕资源优势发展甲鱼特种养殖业和果茶特色种植业。初步形成养殖面积2000亩、年繁仔甲400万只、年产成甲300万斤的甲鱼养殖规模,建成“繁养一体、全省一流”的甲鱼基地。2001年,甲鱼、果茶等多种经营产值4244万元,占全镇农业产值的72%。

民营经济异军突起,招商引进卓有成效。坚持把发展民营经济与小城镇建设、财源建设和招商引进相结合,推动民营经济大发展。建成大孔经济小区、集镇商贸一条街以及甲鱼基地等民营经济载体。相继引进京山、天门等邻近县(市)养殖能人开发甲鱼基地800多亩;引进外地果树专业户开发林果基地1000多亩;引进全省知名茶叶专家开发精品茶叶基地50亩;引进毛蟹、罗非鱼、蝎子等名、特、优养殖新品种,面积达2000亩。全镇民营经济户数达1089家,实现产值19800万元。

基础设施日趋完善,集镇品位不断提高。先后完成镇区硬化、绿化、亮化、净化工程和基础设施建设,集镇功能逐步增强,城镇品位大大提高,被市委、市政府评为推进农村城镇化三等奖。实施“旅游兴镇”战略,加快集镇规划、环境改造、道路建设、旧房改造、电力通讯设施建设以及旅游景点建设改造,着力塑造良好的旅游环境。被列为“全省旅游明星乡镇”创建单位。

社会事业全面进步,精神文明健康向上。全镇两个文明协调发展。教育事业向前发展,教师队伍不断优化;卫生医疗网络逐步健全,服务和医疗水平不断提高;计生国策全面落实,人口控制成效显著;社会治安逐年好转,人民群众安居乐业;党风廉政建设、干部队伍建设和基层组织建设不断加强。先后被授予孝感市“村民自治模范单位”、应城市“社会治安综合治理先进单位”、“党风廉政建设工作先进单位”等称号。

党委书记 邱显春
人大主席团副主席 夏志洪
镇　　长 张　欣
政协联络组副组长 戴　俊

【南垸良种场】 地处应城南部湖区,南与汉川市相邻。全场下设5个分场,辖3个村。人口0.7万人。国土面积17.21平方公里,耕地面积1021.6公顷。2001年,全场实现工农业总产值5584万元,其中农业总产值2727万元,工业总产值2857万元;财政收入70万元。先后被省农业厅、财政厅评为“湖北省农业重点三场”;被孝感市委、市政府评为“小康乡镇”,被市委、市政府授予“党风廉政建设先进单位”、“社会治安综合治理优胜单位”、“农田水利建设先进单位”、“计划生育工作先进单位”等荣誉称号。

经济建设取得突破性进展。围绕水稻、棉花、水产和林特四大支柱产业,实施农业结构“753工程”,即:建设一分场、二分场、梅港村、河岭村7000亩优质棉生产基地,其中棉花原种生产基地面积1000亩;建设三分场、四分场、五分场5000亩优质中杂基地,其中种子生产基地面积1000亩;建设3000亩多种经营基地,其中构建南堤1020亩养殖场、改造汉北堤沿线500亩鱼池、引资改造河岭村、木剅村500亩速生林和蜜桃基地及五分场100亩低洼池。不断改善生产条件,建成高效排灌体系,全场耕地面积排灌率达100%,旱涝保收率达95%以上。扶持木剅村家庭养蝎业,建成养蝎专业村;粮食、棉花、水产、林果四大基地初具规模,组建农副产品经销公司、河滩开发公司、水产品开发公司三大服务公司,启动民营经济一条街和农副产品市场两人载体建设。民营经济在经济总量中的比重达74.37%。

经济发展环境不断优化。实施“三通工程”。一是村村晴雨通路,汉北河码头、河滩公路、垸内中心公路向自然湾及周边乡镇延伸的公路,全部实施了砂石硬化;汉北河渡口新置一艘额定载重50吨的轮渡,日渡客货车100余辆。二是村村通信、通话,全场安装程控电话500余部,平均每3户村民拥有1部电话。三是村村通电,全场农村用电率100%。

各类社会事业蓬勃发展。兴建文化站、广播站、青年文化室、老干部活动室;全场适龄儿童入学率在90%以上,“普九达标”活动、扫盲工作通过国家验收;血防综合试点通过国家复检;土管工作连续五年被评为“三无乡镇”;林业管护连续三年被评为“绿化达标单位”;计划生育国策深入人心;社会养老保险、职工医疗保险、住房基金等配套改革稳步推进。人民生活水平逐步提高。2001年,全场人平纯收入达2699元,人均消费支出达2000余元,人均住房面积38平方米。

以“三个代表”学教活动为契机,以双层双目标管理为手段,以双带标兵为纽带,以争创“六好”乡镇党委和“五好”村支部活动为标准,充分发挥党组织的战斗堡垒作用和党员的先锋模范作用,涌现出一批先进基层党组织和优秀共产党员。

党委书记 胡振安
场　　长 王志伟

(董建军　李兴梅　张　丽)

云梦县

【概况】 云梦县辖9镇3乡,278个行政村,21个居委会,2329个村民小组,143个居民小组,1617个自然村。国土面积604平方公里。耕地面积37.2万亩,总人口57.8万人。是全省版土面积最小,人口密度最大的县。

县境东邻孝南区,西界应城市,北接安陆市,南连汉川市。316国道、汉渝铁路纵贯南北,汉宜公路横穿东西,正在建设之中的汉十高速公路将从县境经过。涢水、漳河、汉北河通汉水、达长江,县城距武汉天河国际机场仅60公里,形成了水、陆、空立体交通网络,是武汉经济辐射圈内的卫星城。

云梦是一座历史悠久的文化古城。城关有我国历史上周、秦、汉三代沿袭使用的重要城邑故址——"楚王城"遗址,有出土秦简的睡虎地遗址,有珍珠坡、木匠坟、大坟头等一批城郊古墓群和具有明清风格的古代建筑——儒学大成殿,城外有好石桥、凤凰台、龚家寨等新石器时代的文化遗址,九子墩等古墓群和梁代建筑——泗洲寺。境内出土文物云梦秦简已被国家文物局列为建国五十年全国十大考古发现,东汉陶楼模型图片作为文物珍品载入中学历史教科书。

云梦沃野平川,物产富饶。主产粮食、棉花、油料、蔬菜、水产和畜禽六大系列农产品,素有"鱼米之乡"的称誉,地下蕴藏丰富的盐、硝、膏等矿产资源。

三年来,云梦县大力实施"三三"战略,扎实推进二次创业,国民经济持续快速发展,社会事业全面进步。1998~2000年,云梦县连续3年被评为全省经济效益"十佳"(市)县。全县综合经济实力居孝感市前3强,湖北省20强,先后荣获全国科技进步先进县、全国体育工作先进县、全省小康县、全省广播电视先进县、全省农业产业化先进县、全省农民增收先进县等荣誉称号,初步实现了由地域小县向经济强县的历史跨越。2001年,云梦县经济再次步入全省县域经济前列。全年实现国内生产总值35.16亿元(当年价格),其中第一产业完成增加值9.81亿元,第二产业完成增加值14.97亿元。完成财政收入18206万元。各项经济指标的增长速度均高于全省平均增长水平。

农业以结构调整为主线,大力推进产业化经营,着力区域开发和路域开发,推进农业现代化建设,县委、县政府实施了三大举措:

全力提升三大产业。培植龙头,建设全国一流的蛋白产业。以县植物蛋白这一大豆加工企业为龙头,带动全县大豆基地建设,实行企业契约到乡镇,乡镇合同到农户的方式,帮助农户调优品种,规模种植,使大豆种植面积扩大到6万亩,初步形成了龙头带基地,基地联农户的产业链;打造品牌,建设全省优质的蔬菜产业。着力推广新品种、新模式、新技术,成功引进试种了美国红提、日本雅智苞菜,墨西哥食用仙人掌等20多种市场俏销品种,建立起10多种高产高效的种植模式。同时,抢抓创建全国无公害蔬菜生产示范县的机遇,加快名优瓜菜基地建设,培育出"天梦"牌花菜等六大优势品牌,使蔬菜产业走在全省前列;突现特色,建设全省领先的畜禽产业。在发展传统畜禽养殖的同时,通过培植示范户,技术跟踪服务等办法,大力发展了白凤乌鸡、笼养蛋鸡、相思鹦鹉、澳洲长颈鹿等10多种特种禽畜。仅白凤乌鸡一项,年出笼300万只,远销香港、东南亚地区。2001年被列为全省养禽示范县。

致力实施三大开发。实施区域开发。依托区域优势,建立起南部水乡水生菜,北部林果药材,中部名优瓜菜,西部避灾农业四大特色板块;实施路域开发。充分发挥主干道物流快捷、示范作用强的优势,以推广设施农业技术为重要手段,大力开发路域经济,兴建了一个高标准的现代农业科技园,建成了9个高新技术项目,在316国道沿线建成了现代农业示范带,在云应公路沿线建成了保温农业示范带,在汉宜公路沿线建成了立体农业示范带;实施基地开发。通过县、乡、村三级农业综合开发,建造特色基地,发挥规模效应,形成了万亩果药、万亩土豆、万亩花菜、万亩莲藕、万亩大豆、万亩优质稻米、百万只笼养鸡、万亩名优水产养殖等八大特色种养基地。

着力发展三大经济。发展农庄经济。加快土地流转步伐,鼓励本地能人创办农庄,扶持种养能手领办农庄,引进外地老板兴办农庄。2001年,全县经营面积在20亩以上的农户共有2300户;发展打工经济。云梦县是湖北省著名的建筑之乡和建筑劳务输出大户,能工巧匠多,全县常年劳务输出人数在10万人以上,劳务收入4亿元以上;发展运销经济。以县流通协会为阵地,大力发展农村中介组织和运销大户,全县各类农产品中介组织335户,从业人员3万余人,他们销在田头,卖向全国,年经销农产品35万多吨,经销额3亿多元,初步实现了小农户与大市场的对接。

这些举措的实施,云梦县初步形成了"一园、三带、四大板块、八大基地"的农业新格局,加快了农村经济的发展,促进了农民收入的稳定增长,成为全国优质稻米基地、全省笼养鸡基地、全省大豆蛋白加工基地和武汉市的菜蓝子。1999~2001年,农业总产值由7.68亿元增长到8.84亿元。多种经营产值由5.94亿元增长到7.28亿元。多种经营产值占农业总产值比重由77.5%增长到82.4%。蔬菜产量由39.21万吨增长到57.06万吨。森林覆盖率由16.9%增长到17.2%。水产品产量由1.96万吨增长到2.35万吨。肉类产量由3.4万吨增长到3.96万吨。生猪年内出栏由25.33万头增长到30.03万头。家禽出笼由886.9万只增长到1058万只,禽蛋产量由3万吨增长到3.43万吨。

云梦县工业企业按照"四创新一配套"的改革模式,坚持"抓大壮大,放小活小"的经营策略,抓改革,保增长,重质量,促效益,不断加大科技创新力度,实现了速度与效益同步增长,逐步建立了以塑料、盐化、轻纺、机电、建材、食品等六大支柱产业为骨干的工业体系。2001年,全县完成工业总产值71.2亿元,比上年增长13%,其中全部国有和非国有销售收入在500万元以上的工业企业完成产值29.87亿元,国有工业企业首次整体无亏损。新包装材料、盐化医药、绿色食品三大产业保持了良好的发展态势,现代工业体系正在逐步形成。薄膜厂、宏博集团、杜邦公司三家重点骨干企业发展势头强劲,有力地拉动了工业经济的增长。推进企业开放性重组和民营化改造,基本实现了“重点企业为大为强,中小企业盘活盘化”的改革目标。薄膜厂发展成为中原地区规模最大,效益最好的包装企业,宏博集团发展成为全省规模最大,效益最好的盐化企业,龙云集团发展成为全国规模最大、市场占有率最高的大豆蛋白生产企业。继续推进中小企业退公转民,全县国有集体企业转民率达到96%。以构造大企业、组建大集团、攀附大公司三种方式,构筑产业支撑,使龙头企业实现了“三级跳”。宏博集团理顺母子公司关系,对2家子公司进行民营改造,企业股权向多元化方面发展,被省委、省政府评为全省国有企业改革与发展先进企业。新上的白碳黑生产线、调味盐生产线、硫酸钾项目已被省政府列为重点项目。1998年元月,云梦塑料薄膜厂整体上划给中国包装总公司,2000年10月,宏博集团整体上划给中国盐业总公司,2001年6月,美国杜邦公司整体收购县龙云蛋白公司,实现了云梦对外开放历史性突破。项目建设取得实质性进展。2001年,新建扩建项目78个,总投资7.6亿元。宏博集团制盐工艺改造和调料扩能,楚嘉利食品有限公司扩能等20多个重点项目投产见效。真空镀铝膜、奥贝轮开发等一批后劲项目正在积极兴建。高新技术产业发展加快,研制实施了19个高新技术产品。

云梦县抓住国家增大投资、扩大内需、刺激经济发展的机遇,积极争取、筹措建设资金,加大固定资产投资力度,加快固定资产投资步伐,三年共完成固定资产投资211619万元。完成了府河治理、节水灌溉、蛋白二期工程、薄膜三期工程、农村电网改造、冰晶大酒店及广场、曲湖路、建设东路、人工湖护坡、公墓、人民广场、隔蒲潭大桥、经济适用住房建设等工程项目。全县人民期盼已久的桂花潭大桥正式开工建设,长期制约云安垸发展的“瓶颈”问题即将得到解决。220千伏变电站投入运行,“两改一同价”一期工程全面竣工。

交通运输、邮电通讯业继续发展,基础设施进一步完善。2001年,全县通车里程438.45公里,其中等级公路432.45公里。乡村道路建设及乡村道路中非列养路的养护全面铺开。全县拥有民用车辆1739辆。全年公路、水上运输完成货运量300万吨,货物周转量19927万吨/公里。客运量291万人次,旅客周转量23023万人/公里。通讯设施建设力度加大,移动通讯实现全县无缝隙覆盖。2001年,全年完成邮电业务总量4930万元,固定电话新增交换机容量3000门,市话用户2.3万户,农话用户2.3万户,移动电话用户2.32万户。数据通讯、多媒休通信、IC卡电话等已为人们所熟识使用。

商业饮食业继续做好拉动内需文章,营业额继续保持强劲增长势头,市场物价趋稳。2001年,全年社会消费品零售总额13.81万元,比上年增长13.4%,全年居民消费价格指数101.4,比上年提高1.9个百分点。商品零售物价总指数100.3,比上年提高0.8个百分点。农业生产资料价格指数102.3,比上年提高6个百分点。

三年来,财政收入稳定增长,金融业形势稳定,保险业运转正常。财政收入由1999年的14551.5万元增长到2001年的18206万元。2001年,全县金融机构年末各项存款余额16.98亿元,其中,储蓄存款余额13.98亿元。全县金融机构年末各项贷款余额18.53亿元,三年来累计财产保险费收入3058万元,人寿保险费收入3895万元。

社会事业全面发展。“科技素质工程”、“金桥工程”取得良好效果。云梦县跨入全国科技进步示范县行列,薄膜厂成为全市唯一一家国家高新技术企业。城关、伍洛、清明河、曾店4乡镇推广应用高新技术有新突破,伍洛镇被确定为“全省科学素质工程示范镇”。三年来,共计新增各类技术人员2265人,其中高级技术人员162人,中级技术人员809人。教育事业不断发展。梦泽高中顺利组建,隆重举行了云梦一中建校60周年庆典活动。教育系统实行了全员聘任制。2001年,输送大中专学生1078人,高考万人比继续在全市领先。县实验小学被评为“湖北省少先队工作示范学校”。全县拥有普通高中3所,普通初中18所,小学206所,幼儿园25所。年末教职员工4655人。群众文化活动蓬勃开展,广场文化、乡村文化、社区文化极大地丰富了人民生活。大型楚剧《民选村官》获全省第二届楚剧艺术节二等奖。成功地举办了庆祝国庆五十周年等系列大型文艺活动。吴铺、曾店、倒店、道桥、隔蒲潭等乡镇步入孝感市文化先进乡镇行列。广播电台、电视台集体记者用稿继续处于全省十强行列。全县有11个乡镇建立了广播电视站,其中建有有线电视站9个,城区架设有有线电视主干线,实现了与全省有线电视光纤联网。云梦被授予全省广播电视先进县。2001年,全县有艺术表演团体1个,文化馆(站)12个,电影放映单位18个,图书馆1个,电视转播台及广播电台1个。城乡有线电视用户2万户,广播、电视人口覆盖率100%。体育顺利通过全国体育先进县复查验收。体育竞赛活动蓬勃开展,全民健身运动形成热潮。三年来,参加地区以上比赛841人次,获奖牌168块,其中金牌64块。全县举办各类运动会81次,参加人数14000人次,向市以上输送运动员23人。卫生医疗技术水平显著提高。县人民医院、中医院均为国家二级甲等医院。乡镇卫生院和村级卫生室建设走在全省、全市前列。截至2001年,全县拥有卫生医疗机构25个,其中县直医疗卫生机构11个。病床910张,卫生从业人员1916人。计划生育工作保持全省计划生育“三为主”合格县称号,流动人口管理经验在全省推广,计划生育管理信息系统建设在全省处于领先地位。城关镇作为“全国”婚育新风进万家活动先进单位受到中宣部和国家计生委表彰。社区建设扎实推进,中心城区11个社区和3个试点乡镇社区组建工作基本完成。城市建设与管理力度不断加大,夺得全省城镇规划建设管理“楚天杯”。通过了省爱委会检查验收,获省级卫生县城荣誉称号。

城乡居民收入稳定,生活水平进一步提高。2001年全年城镇居民人均可支配收入5084元,比1999年增长942元,城镇居民人均生活消费支出4627元,比1999年增长1521元,农民人均纯收入2829元,比1999年增长182元。农民人均生活消费支出1950元,比1999年增长133元。2001年全县机关、企事业单位拥有从业人员3.92万人,在岗职工3.81万人,从业人员工资总额2.59亿元,在岗职工工资总额2.56亿元,从业人员年人均工资6759元,在岗职工人均工资6895元。全县社会保险人数1.84万人,医疗保险人数1.95万人,全年征收劳动保险基金1712万元,失业保险基金82万元,养老保险基金1656万元,医疗保险基金452万元,再就业率为60%。全县救灾救济发放到户率、城镇居民最低生活保障金发放到户率、社会保障网络覆盖率均为100%。城镇人均公共绿化面积4.3平方米,全县工业废水排放处理率85%,工业废气处理率100%,工业固体废物综合利用率98%。

【大力推进民营经济】 近年来,云梦县大力推进县域经济民营化,采取"三个一批"的举措,使民营经济在县域经济中的比重提高到68%,成为云梦县经济中最具活力的经济成分。一是盘活改制企业壮大一批。利用产权制度改革,大力推进企业退公转民,通过多种形式使全县90%的县直中小企业和所有乡镇企业实现了退公转民,同时引导转民企业走招商嫁接之路,让企业重现生机。伍洛镇企业一步转民后,从1999年起先后引进台湾、广东、福州等地10多个老板,嫁接壮大了转民企业。短短的三年时间,规模以上民营企业发展到12家。二是加强载体建设一批。重点实施"三五工程",高起点、高标准建设民营经济专业市场和小区。兴建了五条特色街、五大专业市场、五大民营小区,建成了南门河商贸一条街、建材批发市场、城隍庙民乐城等5个产值营业额过亿元的民营街市,通过载体的辐射和吸纳,全县发展个体经营户3.9万户。三是优化环境吸引一批。把营造环境的重点放在优质服务上,实行了领导联系制度、部门服务制度、明白卡制度、治安承诺制度。优良的环境加快了发展的势头,目前全县民营企业产值、营业额过5000万元的5家,过1000万元的30多家。

【招商引资 实现外向型经济新突破】 近年来,以创新机制、优化环境为重点,全力推进了"一个窗口对外"、"一站式办公"、"一条龙服务"的办事机制,在全县建立了领导"三个一"(联系一个外商老板,提供一条招商信息,引进一个外资项目)的招商引资责任制。利用乡情、亲情、友情,大力实施"回归工程"。把招商引资作为壮大县域经济的着力点,实行多途并举,高位推进,取得了明显成效。成功引进了世界500强企业排名第55位的美国杜邦公司,整体收购了龙云蛋白公司。在全省首开世界大公司、大财团与县域企业嫁接的先河,把云梦的对外开放提高到一个新水平。成功地举办了福州、珠海引资洽谈会和云梦十月招商引资洽谈会,开展了赴东北、东南沿海等地的招商活动,与广州天河区结成了经济技术协作友好区县,圆满地召开了在粤、在汉、在京同乡联谊会,联络了"三情",提高了云梦的知名度。与此同时,充分发挥在云梦投资的外商、外侨的作用,开展以商招商,在全县形成落户一家企业,带来一群老板的局面。大展钢铁公司落户云梦后,公司老板先后介绍10多位在香港、广州、深圳经商的亲朋好友到云梦投资办厂15家,形成了云梦的广东揭阳企业群。

【农业现代化试点建设】 1999年2月云梦县被省委、省政府列为全省首批农业现代化建设试点县之一后,县委、县政府在全市率先出台了《关于加快农业现代化建设的意见》,确定伍洛、义堂、隔蒲潭、道桥四镇为农业现代化建设试点乡镇,伍洛镇四合村、道桥镇共星村等12个村为中心村建设试点村。按照农业产业化经营、乡镇企业二次创业、小城镇建设三大战略扭在一起抓不动摇的总体工作思路,科学规划、精心部署、强力推进。一是加强农业基础设施建设,着力搞好农田的沟、渠、路硬化和配套建设,改造中低产田,完善农田设施,建设高标准农田。二是加强农业科技示范园建设。全县先后建成万亩现代农业节水灌溉综合示范园、百亩现代农业科技园、百亩种子工程科研示范园和百亩名特花卉种植园等各类农业科技园区40个,初步形成了一个集农业新品种、新技术试验示范,名特农产品生产与加工,农业高技术培训三位一体的现代农业综合示范区,并多次受到国家部委和省市领导的高度评价。三是加快中心村和小城镇建设。按照总体设计和要求,四合、三湖、三赵、共星四个中心村建设初具雏形。四是加快乡镇企业二次创业步伐。坚持把乡镇企业二次创业与农业产业化经营结合起来,以调整产品结构,加快技术改造为突破口,加快引技引资步伐,乡镇企业实现了由小到大,由弱到强的转变。

【"双带工程"及流动党员管理工作】 县委组织部将"双带"工作定位于全县农村经济发展的总体格局中,科学规划、合理布局、因地制宜、突出特色,一手抓农民党员的实用技术培训,一手抓示范村、户建设,建成了一批高标准的"双带"示范基地,树立了一批"双带"标兵,其中省级示范基地1个,受省市表彰的"双带"标兵13人。建立健全了"双带工程"的工作责任机制、教育培训机制、综合服务机制、竞争激励机制和典型示范机制。通过强化基地的示范、服务、辐射、带动功能,有力地推动了云梦县农业现代化进程和农村经济的全面发展。1999年,云梦县委组织部被省委组织部授予"双带工程"先进组织部。2000年,云梦县被省委组织部授予全省农村党员"双带工程"建设先进县。云梦县在外常年务工经商的劳力有10万人之多,流动党员教育管理工作尤为重要。一方面,注重抓好驻外党组织建设,建有驻外党总支3个,党支部36个,党小组68个。另一方面,通过采取各种活动,增强流动党员的宗旨观念和服务意识,充分发挥流动党员的作用,在流动党员中实施了建立五个目标、完善五项制度和争当五个模范的"三五"工程,开展了学习好、劳动好、技能好、守法好、帮带好的"五好"创建活动,制发了流动党员"六要六不准"行为准则,规范流动党员言行,受到了中央、省委组织部的肯定。1998年、1999年摄制了13部优秀流动党员先进事迹专题片,在流动党员中巡回播放。2000年,以驻外党支部为单位对外出流动党员集中开展了"三个代表"的学习活动和以"双思"促"双带"活动。探索出外出党员互联网远程教育新模式,建立了"流动党员之家"网站,通过互联网向外出党员宣传党的政策和县情,推介家乡各种商品,引导流动党员对家乡作贡献。

【云梦在全省率先推行选拔乡局级领导干部任前公示制】 县委组织部根据《云梦县乡局级领导干部任前公示暂行办法》的规定,于1999年3月29日通过《孝感日报·云梦版》,云梦电视台发布公告,首批公示了87名拟任乡局级领导干部,在全省率先推行了选拔乡局级干部任前公示制试点工作。11月27日又公示了30名拟提拔担任乡镇党政领导班子成员的同志,将他们推到社会的监督之中,两次公示产生了良好的社会效果,共选拔任用干部110名。2000年,将公示对象由拟任副局级干部扩大到拟任正、副局级干部。

【源头治腐工作】 2001年4月,云梦县被孝感市列为源头治腐工作的综合试点县,同年5月,源头治腐"6+3"(落实收支两条线、零户统管、村帐站审、会计委派、有形建筑市场、政府采购加政务公开、厂务公开、村务公开)工作全面开始运行。伍洛镇、沙河乡、城关镇、人事局等几个试点单位工作以点带面,整体联动,重点抓住了加强对权力的监督和资金、资产营运监控管理的关键环节,使源头治腐"6+3"工作取得了明显的成效。10月25日,省纪委副书记、监察厅厅长王宗儒到云梦检查源头治腐工作,特别就"乡镇会计核算中心"的作法给予了充分肯定,认为这种作法在乡财政管理上是一种创新,值得总结推广。12月25日,全市反腐败抓源头工作汇报会在云梦召开,市领导充分肯定并推广了云梦反腐败抓源头的工作作法和经验。2001年,在抓好"6+3"工作的基础上着力抓了"三改一审"(改革行政审批制度、改革财政管理制度、改革干部人事制度、领导干部任期责任审计)工作,其工作作法受到了中纪委的肯定。

【党风廉政建设深化"五制"实施"四一"】 中共云梦县委党风廉政建设领导小组办公室在继续推行1999年3月"五制"(定期报告制、领导述廉制、劝诫谈话制、责任追究制、考评否决制)的基础上,于2000年3月全面实施"四一"(一岗双责、一案双查、一档双效、一差双否)措施,其工作经验在全市党风廉政建设工作会上作了交流。2000年底,省委、省政府对云梦县创造性地开展党风廉政建设工作给予了充分肯定和通报表彰。

【综治创安活动】 自1996年起,云梦县以争创"全国社会治安综合治理模范县"为目标,广泛开展了"三位一体"村级规范化管理和安全文明村(单位)、安全文明小区、安全文明乡镇的创建活动。1999年又全面实施"创安六百工程"即办一百所无青少年违法犯罪学校、建一百个"八无"(无治安案件、无刑事案件、无人员犯罪、无毒赌黄、无非法组织活动、无重大治安灾害事故、无5人以上集体越级上访、无宗族房头械斗)村、扬一百家"四无"(无治安灾害事故、无群体上访、无治安案件、无刑事案件)企业、创一百个最佳安全文明单位、帮一百名刑释解教人员守法致富,不断将全县的综治创安活动向纵深推进。1999年10月,《湖北法制报》、《治安纵横》杂志和湖北电视台"午间视野"栏目先后刊播推广了云梦县的典型经验作法。2000年,在全县全面开展"五联五防"(在农村推行农户联学、联防、联帮、联治、联富,在城镇构筑公安机关主动防、联防队伍协助防、单位内部积极防、楼院门栋关照防、人民群众自觉防的防范体系)和"十户五联五防自治"工作。2000年6月,省综治委、省综治办领导在市县领导的陪同下,来云梦进行调研指导,充分肯定了云梦县综治创安"五联五防"工作成绩。年底,云梦县的创安"五联五防"工作作法受到了中央综治委的肯定。

【文明卫生城创建】 文明卫生城创建活动始于1997年。创建卫生城以塑造洁美的城市新形象为目标,抓好城市的净化、绿化、美化和基础设施配套建设,营造优美环境、优良秩序。县创建文明卫生城指挥部在创建工作中,通过广泛深入地宣传发动群众,增强广大市民参与城市文明创建的积极性,实行领导目标责任制,坚持"以人为本,标本兼治",切实加大综合治理力度,开展以社会公德、职业道德、家庭美德等为主要内容的教育活动,评出首届"十佳母亲"、"十佳教师"、"十佳职工"、"十佳营业员"、"十佳职业道德标兵"、"十佳职工信得过的厂长、经理"、"十佳工会主席"、"青年职工计算机技术能手"、"十佳市民"、"十佳少年"、"十大孝子"等,给全体市民崇尚文明树立了学习的榜样。同时着重抓好形象工程建设,整顿公共秩序。省级文明卫生城创建工作取得良好的成效。1999年5月,经省爱卫会检查验收,一举夺得省级卫生县城的称号。2000年,县委、县政府又确立了巩固省级卫生城市创建成果,进一步提高创建质量和创建水平的工作思路。2000年9月,通过了省爱卫会组织的复查。2001年,围绕创建省级文明城市的目标,制定了《云梦县创建省级文明城工作方案》,细化责任,量化目标,组织职能部门和各相关单位各司其职,齐抓共管,各项创建的软件、硬件工作,齐头并进,协调发展。全县共涌现出1个省级文明乡镇,2个市级文明乡镇,3个市级文明村,15户市级义明农户,1个省级最佳文明单位,6个省级文明单位,6个市级最佳文明单位,55个市级文明单位和一大批县级文明单位、文明系统和文明窗口。

【云梦县被授予“湖北省小康县”】 1998年,云梦县农村小康水平综合实现程度为95.9%,农民人均纯收入达到2523元,吉尼系数29.9%,恩格尔系数47.3%,人均每日蛋白质摄入量为64.9克,人均衣着消费支出65.5元,钢砖木结构住房比重89.2%,服务消费支出比重14.6%,劳动力平均受教育程度7.8年,人口平均预期寿命72.5岁,万人刑事案件立案数10.6件,电视机普及率、已通公路的村比重、安全卫生用水普及率、用电户比重、已通电话的村比重、享受社会保障人口比重均达100%,基本达到小康县标准。1999年3月,湖北省委、省政府授予云梦县“湖北省小康县”称号。

【《云梦报》创刊】 1998年12月1日省新闻出版局发文,同意中共云梦县委创办并主管、主办《孝感日报·云梦版》。1999年1月1日,《孝感日报·云梦版》正式创刊,1月4日云梦县委在云梦宾馆举行首发式。2000年8月22日,省新闻出版局批准《孝感日报·云梦版》由周二刊增为周四刊。2001年2月1日,《孝感日报·云梦版》更名为《云梦报》。

【云梦县文联第一次代表大会召开】 1999年6月22日,云梦县文学艺术界联合会第一次代表大会在云梦宾馆隆重举行。云梦县文联于5月中旬成立,恢复和重建了作家协会等6个文艺家协会组织,发展会员340多人,为云梦县文学艺术的繁荣奠定了良好的基础。云梦县文艺创作特别是诗歌创作在全国及港台产生了一定的影响;大戏、小品创作在全市名列前茅,在全省屡获大奖;民间艺术长青不衰。被省文化厅授予“皮影艺术之乡”的称号。

【强飑线袭击云梦】 1999年4月23日晚8时—9时30分,云梦县出现了强飑线天气,平均风力17—20米/秒,最大风力达25米/秒,其间雷电交加,暴雨滂沱,造成部分人员伤亡,农房倒塌,农作物大面积受灾。受灾涉及全县12个乡镇,尤以沙河、隔蒲潭、倒店、伍洛、道桥、下辛店、吴铺等乡镇受灾严重。据统计,遭受此次强飑线袭击,全县房屋受损7897户,14216间,其中倒塌1734户,2294间,倒光106户,336间。人员伤亡544人,其中重伤72人,死亡2人,直接经济损失4426.5万元。灾情发生后,孝感市及云梦县领导亲临指挥救灾,处理善后工作。

【云梦县百万巨奖促发展】 云梦县委、县政府不断强化激励措施,先后出台了《推动城乡经济发展的若干意见》、《云梦县后劲项目奖惩办法》、《云梦县乡镇与县直部门责任目标考核办法》等一系列激励政策,2000年2月13日,在县四级干部大会上,县委、县政府为对全县经济和社会发展作出贡献的12个乡镇、29个经济部门、15个社会部门和14个企业颁奖,兑现奖金总额达112万元。

【张平获团中央“全国青年志愿者服务奖”】 2000年3月25日,33岁的张平继1999年8月被评为“湖北省十大杰出青年志愿者”后,又荣获团中央“全国青年志愿者服务奖”。张平是全国政法系统唯一获此殊荣的人。

【云梦文物摄入《中华文明》】 2000年9月7日,由中央电视台、国家文物局组织拍摄的大型电视专题片《中华文明》的摄制组到云梦县博物馆拍摄文物。共拍摄秦代竹简、铜器、陶器、漆木器等文物二十余件。

【皮影画册《汉孝子黄香》出版】 2001年元旦,云梦县委宣传部组织编制的皮影画册《汉孝子黄香》由湖北美术出版社正式出版发行。云梦是二十四孝子之一黄香的出生地,该画册讲述了黄香自幼勤奋好学,热爱劳动,孝敬父母,长大后成为国家栋梁,从而尽忠国家,爱护百姓,为官清廉的故事。

【俞正声来云梦调研】 2001年12月21日,省委书记俞正声来云梦调研。他在市县领导的陪同下,视察了云梦县万亩农业现代化示范区、龙云植物蛋白公司(杜邦云梦蛋白有限公司)、中包云梦塑料薄膜厂等地,对云梦工农业生产所取得的成绩给予了充分肯定。

【强强联手　中西合璧】 美国杜邦公司整体收购云梦龙云蛋白公司,成立杜邦云梦蛋白有限公司仪式于2001年6月12日上午在武汉香格里拉饭店隆重举行。整体收购的成功,标志着云梦对外开放进入了一个全新阶段。在全省首开世界大公司、大财团与县域企业嫁接的先河。

【黄湖村纳入《中国百村调查》】 国家社会科学规划办重大科研项目《中国百村调查》作为一项国家级的科研项目,是在全国范围内选取100个具有代表性的村,对其经济、社会、政治、文化等方面进行全面、深入、系统的调查研究,并形成一套具有重要科研价值的原始资料整理编纂成书,为国家研究国情、实行宏观决策提供理论依据。云梦县城关镇黄湖村被纳入其中,成为全省五个调查点之一。

云梦县委、县人大、县政府、县政协领导成员名单

(截止2001年12月)

云梦县委书记　马国宪

云梦县委副书记　刘义明　胡水庆　李春元

云梦县委常委　马国宪　刘义明　胡水庆　李春元　周金安　聂治洲　王建强　蔡　胜　黄永红　熊富华　高乔明　何　燕(女)

县人大常委会主任　张学敏

县人大常委会副主任　孙高家
彭翠兰(女)
张官生
彭水明
县人民政府县长　刘义明
县人民政府副县长　王建强　黄永红
张弘强　高运桥
刘　昕　肖伟池
李子明
政协云梦县委员会主席　(缺)
政协云梦县委员会副主席　张国哨
戴水泉
李厚坤

县直各单位主要负责人名单

县纪律检查委员会书记　周金安
县政法委书记　聂治洲
县委办公室主任　高乔明
县委政策研究室主任　(缺)
县委督查室主任　丁小炎
县委组织部部长　蔡　胜
县委宣传部部长　何　燕(女)
云梦县精神文明建设办公室主任　吴建斌
县委统战部部长　张国哨
机要保密局局长　(缺)
县委党政史办公室主任　(缺)
信访办公室主任　彭金望
台湾工作办公室主任　肖双强
老干部工作局局长　程华明
县委党校常务副校长　陈新发
农村经济经营管理局局长　鄢水华
云梦报社社长　汪梦霞
社会治安综合治理办公室主任　蔡火林
监察局局长　刘谋文
县人大常委会办公室主任　方绍宗
县人民政府办公室主任　周晓飞
县人民法院院长　龚望清
县人民检察院院长　梁志涛
政协云梦县委员会办公室主任　万孝田
县人民武装部部长　邓海涛
县经济委员会主任　朱小双
县农业委员会主任　(缺)
县人民政府财贸办公室主任　孙启德
县计划委员会主任　兰泓毅
县计划生育委员会主任　黄黑山
县教育委员会主任　魏凤书
县科学技术委员会主任　陈大运
县科学技术协会主席　李传良
县经济协作办公室主任　朱大双
县体制改革办公室主任　江亮平
县住房制度改革办公室主任　杨志明
县公费医疗管理办公室主任　陈木桂(女)
县档案局局长　刘建泽
县后勤服务总公司总经理　程　琳
县接待办公室主任　(缺)
县公安局局长　刘新俊
县司法局局长　张丽萍(女)
县反贪污贿赂工作局局长　戴炎清
县卫生局局长　贺水华
县人民医院院长　严继华
县老龄工作委员会办公室主任　陈德华
县民政局局长　吴望发
县人事局局长　汪定尧
县劳动局局长　纪必成
县建设局局长　邓双成
县土地局局长　刘润祥
县审计局局长　张立山
县体育中心主任　池少军
县一中校长　方　斌
县驻汉总公司总经理　张四梅
县交通局局长　王书凯
县电力局局长　叶俊明
县电信局局长　罗金芳
县邮政局局长　张绍东
移动通信分公司经理　孙永卫
县工业局局长　江华协
县轻纺工业局局长　陈润明
县乡镇企业管理局局长　李彩清
县财政局局长　蔡喜明
县国家税务局局长　彭　刚
县地方税务局局长　徐　峰
人民银行云梦县支行行长　李群华
中国银行云梦县支行行长　刘汉桥
农业银行云梦县支行行长　吴长发
农业发展银行云梦县支行行长　彭学年
县农村信用合作社联合社主任　杨德义
工商银行孝感市分行云梦分理处主任　潘国安
建设银行云梦县支行行长　汪少翔
人民保险公司云梦县支公司经理　丁峰斌
人寿保险公司云梦县支公司经理　张丽华(女)
县工商行政管理局局长　张治安
县对外贸易经济合作局局长　褚林康
县商业总公司总经理　戴应响
县粮食局局长　刘友斌
县供销合作联合社主任　徐奇满
县烟草专卖局局长　罗华文
湖北省石油总公司云梦县公司经理　朱少华
县农业局局长　游建明
县畜牧总公司总经理　李天喜
县农业机械管理局局长　许春元
县林业总公司总经理　许德耀
县水利局局长　丁三海
县防汛抗旱指挥部办公室主任　丁三海
县水产总公司总经理　刘平鸽
县气象局局长　陈燕云
县统计局局长　于小克
县物价局局长　刘金杰
县物资总公司总经理　喻春发
县质量技术监督局局长　龚三明
县药品监督管理局局长　张　红(女)

【义堂镇】 义堂镇地处云梦腹地，接云梦、连应城、通安陆，南北间距10公里，东西间距6公里，东依三岗，西临府河，三垸相连，三港迂回，地势东高西低，汉丹铁路、316国道纵贯全境，府河绕境蜿蜒20公里，全镇国土面积63平方公里，辖29个行政村，总人口5.3万人。

义堂是座历史古镇，是春秋令尹子文、汉孝子黄香的故里。义堂物产丰富，盛产水稻、棉花、油菜，特产有荸荠、莲藕、白花菜、罗汉白萝卜。2001年10月，义堂镇被省、市计委确定为国家大型商品粮食基地——云梦县优质稻米生产基地示范区。义堂自然资源丰富，盛产“黄金沙”，“黄金沙”远销全省二十多个县市。义堂还是“养殖之乡”，年养鸡规模达120万只。2001年实现国内生产总值2.26亿元，工农业总产值4.5亿元，财政收入535万元，农民人均纯收入2943元。

发展环境逐步优化。完成了镇南5000亩农业开发区建设，加快了2.5万亩优质稻基地的沟、渠、路、桥、林配套建设，多方筹资、融资完成了新陈路、胡蔡路等村级公路的硬化。组织劳力开展以“清渠系、挖塘堰、建泵站”为主的小型大规模农田水利建设，增强了农业抗灾能力。完成了有线电视、1500门程控电话、移动、联通基站、35千伏变电站、福利院、公墓等基础设施建设;完成了车站路、农贸街的拓宽、硬化、绿化、亮化工程。主动搞好对民营企业的服务工作,保证水、电、邮、路的畅通;落实引进企业"零收费"的政策,形成了民营经济发展的良好氛围。

调整步伐明显加快。先后成功建成万亩优质稻、镇南农业开发区千亩名优瓜果菜和曾滕、汪湖垸万亩大豆、蔬菜三个基地,小型农庄经济达到30多家,以曾滕百万只养鸡基地为龙头,辐射十里小区,联动全镇养鸡业,形成蛋鸡育雏、喂养、饲料加工、销售一条龙,年养鸡量突破120万只;以"梦泽特种水产养殖场"为龙头,发展水产业,府河沿线及东方、好石、双龙等村精养鱼池面积达5000多亩;以汪湖、曾滕两垸蔬菜生产为龙头,推进5000亩无公害蔬菜生产基地建设,产业结构日趋合理,农业农村经济稳步发展。

民营经济蓬勃发展。几年来,引资额超过1亿元,先后有金兰饲料等10多家企业落户义堂。采取招商嫁接、开放重组等方式稳步推进企业改制,全镇企业转民率达100%;通过规范商贸街、农贸街及"三区、两街、一路"的建设管理,全镇个体经营户达到2500多家,年实现销售收入2亿元,成为镇域经济的核心。组建运输公司,规范劳务输出市场,培植镇域经济新的增长点。同时强化对引进企业的服务,引导金堂、银丰公司等企业进行技改扩能,走持续发展之路。

社会事业全面推进。深入开展了文明乡镇、文明单位、文明小区、"十星级文明工商户"、"十星级文明农户"创建活动,全面提高了公民的文明素质;扎实开展了"婚育新风进万家"、计划生育优质服务等活动;深入开展了以打击"四霸六强"为重点的专项治理,316国道、汉丹铁路"平安大道"工程和"十户五联五防"工作,维护了社会稳定;文化、教育、卫生等各项事业全面进步,近三年,中考万人比、升学率位居全县前茅。镇有线电视差转台频道增至22个,稳步推进有线电视台村村通工程,镇卫生院、村卫生室基础设施进一步完善,医务人员素质明显提高。

镇委书记 万火清
人大主席 万火清(兼) 张国峰(副)
镇　　长 李贵雄
政协联络组组长 张金山(副)

【倒店乡】 倒店乡地处云梦县北部,南距云梦县城23公里,西北距安陆市城区约9公里,东与孝昌县接壤,316国道、汉丹铁路、徐家河总干渠、滚子河纵贯全境,乡村道路四通八达。倒店乡国土面积48平方公里,耕地面积3.02万亩,辖20个行政村,总人口2.9万人。农业以水稻、棉花、油菜为主,特产有药材、西瓜、桃、梨、荸荠、莲藕、菱角,水产以鲤、鲫、鲢、虾为主。全乡森林覆盖率为18.5%。

认真落实党在农村的各项方针政策,狠抓农业结构调整,扩大西瓜、大豆、药材、林果等特色品种种植面积,全乡建立了316国道、操界公路沿线等五大特色高效农业示范基地,即界牌至高铺林果基地,倒店村药材基地,滚子河优质稻米基地,操祝庙王优质西瓜基地等。在养殖业上,以仔猪批发市场为龙头,吸引仔猪经销商贩进入市场经营,同时乡政府在福利院建立百头生猪饲养基地,为发展生猪生产起到了拉动作用,形成倒店乡养殖一大特色产业。家禽和养鱼也得到了发展,全乡家禽饲养量达50多万只,成鱼产量135吨。倒店乡现有各类企业186家,骨干企业12家,主要产品有纺织、建材、饲料、水产等8个行业12大类,近250个品种。

集镇建设步伐加快,先后建成了民营经济一条街、农副产品批发市场、仔猪批发市场、农贸市场,对老街路面进行了硬化、绿化。建成了移动基站。2001年又新建了观音大道,使集镇面积扩大一倍。全乡集镇民营户增加到364户。

社会事业进一步繁荣。倒店群众文化创作全市领先,自编戏曲、小品、民间文艺作品100多篇在省、市、县刊物上发表。2000年,中央电视台专程采访倒店群众文化活动并制成专题片。倒店福利院分有生活区、休闲区和生产区,休闲区建有凉亭、花坛、草坪、环境优美,风景宜人。生产区有鱼塘、菜地、冬蜜桃、养猪场等。福利院走以院养院的良性循环道路,被省民政厅授予"农村百强福利院"。

党委书记 柳福田
人大主席 柳福田(兼) 张海生(副)
乡　　长 聂进华(女)
政协联络组组长 陈银安(副)

【曾店镇】 地处云梦县东北部,距云梦城关10公里,云魏公路穿境而过。全镇辖22个村委会,251个村民小组,179个自然村。国土面积62平方公里,总人口4.1万人,耕地面积3.7万亩。

几年来,镇委、镇政府带领全镇人民高举发展大旗,走建设经济强镇之路,取得可喜成绩。2001年,全镇实现国内生产总值17274万元,工农业总产值2.8亿元,农民人均纯收入2675元,财政收入464万元。

农业创造新业绩。先后在石山创办大豆基地,在新王创办西瓜、玉米基地,在街南农业示范基地建成了千亩地膜大豆—西瓜—玉米基地,在大冯路西边建成了百亩优质香稻基地。通过基地示范引导全镇良种覆盖率达90%以上。

招商工作增添新活力。通过招商引进项目,建起了肉牛、梅花鹿养殖基地,万只养鸡厂,百头猪场,百亩鱼池,形成了曾店镇第一家种养良性循环的农庄。同时,建有笼养蛋鸭、皮蛋加工综合场,轮胎抗磨剂厂,城关液化气站。盘活了下张窑场、梦泽酒厂等,为曾店培植了新的经济增长点,增强了发展后劲。

精神文明建设取得新成绩。实施了"普九"配套工程,扩建了曾店中学,完成了桃花山中学的配套建设,建起了教师住宅楼,校园实现了美化、绿化。通过开展季度"三查两补"工作,进一步转变了群众的计划生育观念。开展了"严打"斗争和普法教育活动,加大了安全文明村的创建力度,综治工作受到了县委的表彰。

基础建设发生新变化。对曾白

路、桃刘路、曾刘路进行了硬化,更新了枫梓岗、余楼泵站的抽水设备,建起了一纵两横新型曾店集镇,开通了有线电视,建成了微波通讯塔。农田水利建设受到了县委的表彰,得到了市、县领导的肯定。

镇委书记 王胜元
人大主席 王胜元(兼) 张琼明(副)
镇　　长 蔡九零
政协联络组组长 张春田(副)

【吴铺镇】 吴铺镇地处云梦东部,东邻孝南区陡岗镇,南连伍洛镇,西接云梦县城区,北接曾店镇。距云梦县城4公里,距“九省通衢”的武汉市80公里。境内有三湖、女儿港、徐家河、军民港4大水系。还有郑家湖、安家湖、曲湖3个小湖区。吴铺镇下辖24个行政村,144个村民小组。国土面积69平方公里,人口4.2万人。吴铺镇委、镇政府在深入调查、集思广益的基础上,紧扣镇情,确立了“强基、兴工、壮民、固本”的“八字”工作思路。

2001年,采取市场引导、服务配套、基地带动等措施,使“三岗糯”种植面积调升到3万亩,基本实现中稻“三岗糯”化。该镇三湖渠紧邻云梦公园,以云梦公园建设为契机,以杨坝现代农业示范区为龙头,拉动三湖渠沿线休闲观赏农业的开发和建设。按照“池相连、路相通、林成荫”的要求,对三湖渠周边进行改造,计划用二年时间,建成以观赏农业为主体,集观赏、垂钓为一体的休闲中心。该镇农业已基本形成了“一带、二基、三区”的框架。“一带”即三湖渠沿线养殖带。“二基”即镇南千亩“三岗糯”基地和王桥千亩大豆基地。“三区”即杨坝现代农业示范区、七屋林果示范区、长塘“毛豆一蔬菜”套种示范区。突出区位优势招商。在紧邻云梦公园的三湖渠东岸,进行整体规划,综合开发,大搞招商引进,兴建以休闲娱乐为主的民营小区。抓住汉十高速公路途经杨店、七吴、长塘三村机遇,实行路域开发,在沿线规划招商园区,吸引客商建设批发市场,兴办农副产品加工企业。突出产业优势招商。利用已经形成的农副产品加工、建材、包装、化工、轻纺五大产业的优势,引进资金、技术等,不断扩能改造,参与市场竞争。突出品牌优势招商。福量油脂厂生产的“长翅牌”小磨麻油以其色泽清亮、气味浓香、纯正爽口,1991年被农业部授予“金杯奖”,远销全国及东南亚、欧美等地。2001年,在“吴铺招商引进座谈会”上,向客商介绍“长翅”牌麻油的历史,分析其商场前景,浙江老板被这一品牌所吸引,共投资150万元作为技改和流动资金,使福量油脂厂重新焕发了生机。

各项事业全面发展。进一步建立、健全了科技推广体系,加快了科技成果向现实生产力的转化步伐。大力推行素质教育,成功举办了云梦县2001年中学生田径运动会。扎实开展了“婚育新风进万家”活动,认真实施了计生优质服务和微机管理两大工程。切实加强了“一控双达标”工作,有效保护了珍贵的土地资源。文化事业不断繁荣,丰富多彩的群众文化活动蓬勃开展。以“讲文明、树新风”和“十星级文明农户”、“五好家庭”为主题,深入开展了群众性的文明创建活动。民主法制建设水平提高,进一步推行和完善了村务、厂务、政务公开,加快了依法治镇、依法治村步伐。

镇委书记 许新华
人大主席 许新华(兼) 邹水旺(副)
镇　　长 黄金林
政协联络组组长 邹桂英(女)

【伍洛镇】 伍洛镇下辖27个行政村,217个村民小组和4个居民小组,141个自然村,国土面积44平方公里,总人口4.2万人,总耕地面积2.9万亩。2001年,全镇实现国内生产总值21957万元,财政收入完成495万元,农民人均纯收入2747元。是孝感市农业农村现代化试点乡镇和小康乡镇。

伍洛镇农业基础牢固,结构布局合理,初步形成了东粮、中油、西菜的格局。在农业结构调整中,坚持以市场需求为导向,以质量调优、产量调高、效益调好、经济调活、农民调富为目标,立足伍洛特色,着力发展了以西洋南瓜、台湾金瓜、精品西瓜为主的名优瓜果,以双孢青豆、西葫芦为主的特色蔬菜,以河蟹、青虾为主的珍稀水产品,努力实现规模经营,推动了农村经济的发展。1999年初,伍洛镇委、镇政府积极按照县委、县政府关于农业现代化建设的总体要求,成立专班深入农村基层认真调查研究,形成了伍洛镇《坚持三大战略扭在一起抓,推进农业农村现代化建设的实施方案》,决定把农业现代化示范基地和试点中心村建设作为整体推进农业农村现代化的重点和突破口,农业农村现代化建设全面展开。已开发建成的千亩水生基地、千亩鱼藕共生基地、千亩名优瓜菜基地、千亩大棚蔬菜基地、百亩科技示范园等五大示范基地,形成了以反季节蔬菜、名优瓜果、水生蔬菜三大产业为特色的现代农业新格局,在示范基地按照“田成方,渠硬化,林成网,灌配套”的标准,开挖土方50万方,兴修高标准防渗渠10000米,铺设灌溉管道15000米,应用喷灌和低压管灌两种灌溉技术。采取统一供种、统一育苗、统一技术指导、统一灌溉、统一销售、分户经营的种植方式,获得可观的经济效益。

致力招商引资,发展乡镇企业。镇直企业1998年一步转私后,该镇大力营造优质的基础环境、稳定的社会环境和健康的人文环境,制定了相应的优惠办法,采取一系列的配套措施,吸引外商到伍洛投资兴业。先后办起了酱油厂、卫生巾厂等,逐步壮大乡镇企业块头,镇域经济呈现良好的发展态势。

教育事业长足发展。全镇教育投资加大,新建教学楼2栋,现有中小学25所,升学率在全县名列前茅。被省教委、省人事厅评为全省教育先进单位。全镇卫生状况明显改善。医疗水平显著提高。抓好科学素质工程,培养农村科技队伍,多层次培训“乡土人才”。成功承办了市政协、市科协联合举办的科技活动周,在子胥大道和伍子胥集贸市场组织了科技赶集活动,开展了科普知识竞赛活动。这些活动的开展,强化了农民的科技意识,掀起了学科技、用科技的热潮,增强了农民致富的本领,促进了科技与生产的结合。省委宣传部、省科协授予伍洛镇省科普工作先进集体称号。生产示范基地被省科协确定为全省科普示范基地。乡村文化繁荣,举办了文艺演出、体育比赛、知识竞赛等丰富多彩的文娱活动,丰富了农村文化生活,伍洛传统节目三节龙在全县春节文艺汇演中获得好评。加快了四合、新发两个中心村建设,各项配套设施逐步启动,形成了一道美丽的景观。

镇委书记 丁财庆

人大主席 丁财庆(兼) 林伟堂(副)

镇　　长 操焰平

政协联络组组长 商维忠

【沙河乡】 沙河乡,南抵府河,北接伍洛镇,西邻隔蒲潭,东与孝南区毗邻,距孝感市城区仅6公里,是云梦县的东大门。316国道穿境而过,境内"三三"公路和"渔泵"公路呈十字型交汇,交通十分便利,全乡国土面积48平方公里。下辖21个行政村,241个村民小组,总人口4.1万。

沙河乡是名副其实的"鱼米之乡",境内地势平坦,土地肥沃,河渠纵横交错,湖塘星罗棋布,田园风光如画。农产品主要有粮食、棉花、油料、水产、畜禽、蔬菜六大系列。2001年,工农业总产值16461万元,财政收入372万元,农民人均纯收入2590元。

沙河乡利用丰富的自然优势,大力推进农业产业化。在农业结构调整中利用水资源,做足水文章。建立起三大高产高效基地,即"一垸一路一畈"。一垸就是北湖垸水特色的综合开发。共投资321万元,开发1万亩精养鱼池,8000亩莲藕,2000亩林网绿化带,6000亩高产稳产粮田,使之成为集种、养、垂钓、休闲、旅游于一体的现代化农业示范区。一路指的是"三三"路沿线的优质莲藕基地开发,通过招商引进种植大户开发2000亩,同时带动本地农户开发1000亩。一畈是指湖田村调整旱地种植结构,建成1000亩毛豆示范基地。加强品种改良,增加生产效益。全乡推广水稻优良品种"珍糯"、"荆糯六号"、"鄂粳杂"和广黑珍珠黄豆,农作物良种覆盖率达95%,提高了产量和品质。

乡镇工业在原有的钢木家俱、卫生用品等基础上又增加塑料制品和精制面粉两大系列。狠抓招商引进,壮大了产业规模,调整了产业结构,提高了经济运行质量和效益。同时,围绕完善路、渠、水、电、邮电等方面大力加强基础设施建设,新修了4公里长的"渔泵"公路,兴建了一条V型硬化渠,120座机耕桥,300处闸,3座抽水泵站,完成了乡邮电大楼建设,千门程控电话投入使用,沙兴街和沙兴市场全面竣工并投入运营,辛安寺开发小区和黄渡中心村建设也初具规模。

党委书记 彭山川

人大主席 彭山川(兼) 谭育田(副)

乡　　长 李三明

政协联络组组长 黄春田

【下辛店镇】 位于云梦县最南端,与汉川市和孝南区朱湖农场接壤;境内水资源丰富,湖泊密布,河渠纵横。辖42个行政村,260个村民小组,206个自然村,全镇6.6万人,国土面积81平方公里。长江两条支流汉北河、府河穿境而过,总长达15公里,流域面积5平方公里。全镇经济和社会各项事业实现跨越式发展,2001年国内生产总值达2.6亿元,财政收入达754万元,农民人均纯收入达2791元。

围绕湖乡特色抓调整。坚持"突出特色、壮大基地,增强辐射"的调整方针,按照"市场导向、因地制宜、规模调整、特色鲜明、科技增效、农民增收"的农业发展思路,全镇基本形成以丘湖垸、新旧汉宜公路、张杨大棚为基地的莲藕种植带;以六合、龙洋湖为基地的渔业发展带;以台湖千亩畈、汉北河两岸为基地的蔬菜生产带;以三阳林场为基地的万亩林网带。坚持"强化调整服务,提高经济效益"的调整方向,为广大农户提供生产和销售环节的综合服务。下辛店的水生蔬菜远销省内外,已打造出一系列特色鲜明的绿色无公害品牌;鱼类因水肥、鱼美、口感好、无污染扬名省内外;水稻、水禽因品种优良而销路良好。农业结构的调整,提高了经济效益,农民得到了实惠,改善了生活。同时农庄经济、流通经济、打工经济蓬勃发展成为农民增收的新亮点,全镇外出打工经商人数达3万人。"两高一优"农业得到大力发展,新技术、新品种得到进一步推广,全镇良种覆盖率达98%以上。

围绕招商引资促发展。用优惠的政策激励全社会共同参与的工作思路渐趋成熟,工业、农业、服务业三头并进,互为补充。民营经济集镇"三区一园"发展格局十分突出,北正街小商品区市场繁荣、正街两端工业区门面布局合理、西正街餐饮服务区管理规范、汉宜沿线苗木花卉园品种丰富。民营企业发展到19家,个体工商户发展到1762家,民营大型承包种养业发展到31家。结合农业结构调整,加大农业招商力度,引进承包大户,发展养殖业和种植业,从而带动相关区域产业的结构调整和经济发展,其辐射效益明显扩展,有效增加农民收入。2001年止,全镇民营经济户达4200家,从业人数达14500多人,年增纯收入达1.5亿元。

围绕社会各项事业促进步。基础设施进一步完善,主干道维修、高低压整改、正街西北角门面兴建、集贸市场改造和规范化管理、中心村建设规模正在扩大,整个集镇面貌焕然一新,集镇档次明显上升;基础教育和素质教育逐步强化,投资200多万元的多功能镇中学教学楼投入使用,小学布局趋向合理,教师全员聘任制逐步完善,教师待遇逐步得到落实,教育质量显著提高。兴建了计划生育大楼,计生信息实现了微机化管理,并被省计生委定为"信息微机化管理试点乡镇",血吸虫防治达国家验收标准,镇卫生院被卫生部、联合国儿童基金会授予"国际爱婴卫生院",被省卫生厅评为最佳文明单位。

镇委书记 王玉锁

人大主席 王玉锁(兼) 褚志祥(副)

镇　　长 陈德志

政协联络组组长 聂德泉(副)

【道桥镇】 该镇地处云梦县南端的府河侧畔，位于云梦、应城、汉川三县(市)的交界处。护道公路贯穿南北，汉渝铁路横卧其中，汉宜公路穿境而过。全镇辖18个行政村，3个居委会，56个自然村，国土面积32平方公里，总人口3.1万人。是湖北省"楚天明星乡镇"，湖北省小城镇综合试点乡镇，湖北省星火技术密集区，孝感市重点乡镇。

突出农业结构调整，提高农村经济整体素质。种植业上形成了黑泥湖莲藕、韩国白玉春萝卜、黑龙江"克山303"地膜土豆、优质川蒜、名优瓜果等5大品牌，养殖业上形成了彭岗养鸭、新河养牛、共星网箱养鳝三大特色。区域特色形成了一村一品的布局模式，建成了洋湖、彭岗、联护、共星、联合优质高产莲藕基地；福兴、彭村、新堤、胜东优质夏粮夏油基地。汉宜路、护道路等主要干道沿线逐步发展成为无公害绿色农业示范带。农庄经济、流通经济、打工经济蓬勃发展，成为农民增收的亮点。

镇域工业经济实力得到了新加强。全镇规模以上工业总资产贡献率达36%。服装、玩具、轧钢、纸业等四大产业保持了良好的发展态势，现代工业体系正在逐步形成。工贸玩具厂、振琪钢铁公司、金泰纸业、大地纸业4家重点骨干企业发展势头强劲，有力地拉动了工业经济的增长。工贸玩具厂积极引进先进的管理经验和生产工艺，为跻身于国际玩具市场奠定了坚实的基础。焕然实业、淀粉筛片等民营企业发展明显增强。大地纸业、金泰纸业等外资企业生产经营水平不断提高。

改善发展环境，繁荣社会事业。千方百计筹措资金进行基础建设，扩建了1000门程控电话，新建了移动通讯基站，铺设了镇区柏油路面，全镇农网改造工程全部竣工，移动通讯实现了全镇无缝隙覆盖。新建了道桥、护镇民营经济小区，配套了开发区排水工程。对镇自来水塔及泵房进行了改造，并着手对中心小学实施整体搬迁。围绕创造文明卫生集镇的总目标，着力实施"洁、亮、美"工程，镇区绿化、净化、美化、亮化水平跃上新台阶。科教事业蒸蒸日上，全镇共组织近万名农民学员接受了28期科普培训，专家组团送科技下乡6次，各种农业技术推广普及率达80%以上；教育系统继续实行了全员聘任制和联村办学，各校积极推行了校务公开，青少年素质教育不断加强，护子潭小学被县评为"示范学校"；文化广播电视发展迅速，兴办了道桥、护镇两个有线电视台；共星村成功地施行了"知情选择，村民自治"的试点，2000年，全省(微机联网)计划生育现场会在该村召开，受到省、市领导的好评，共星村因此被省计生委授予"全省计划生育合格村"。镇委、镇政府强调干部要牢固树立"一切为了群众，一切依靠群众"的观念，明确规定每个驻村干部必须与3个以上有代表性的农民交朋友，即与"三户"(上访户、特困户、专业户)交朋友，要求党员干部多做群众的思想政治工作，有的放矢地解决各种矛盾和问题，促进农村社会稳定。这一作法得到了省市县各级领导的充分肯定，并作为样板在全市推广。

镇委书记 夏敏乔
人大主席 夏敏乔(兼) 施双照(副)
镇　　长 黄　喻
政协联络组组长 张耀元(副)

【隔蒲潭镇】 位于云梦南部府河东岸，距县城10公里，辖32个村委会和1个居委会，255个村民小组，总人口6.5万人，国土面积62平方公里。汉渝铁路纵贯其境，与铁路平行的新云应公路，北连县城，与316国道相接，南抵应城曹大商业城，与新汉宜公路相通，是鄂东北鄂西南交通的必经之地。

该镇境内平川沃野，是典型的平原河畈区，农业主产粮、棉、油、菜。棉花种植一度闻名全国，是湖北省商品棉的重要产地。蔬菜生产近几年发展迅猛，常种面积已达3万亩，被誉为"武汉大菜园"。地下蕴藏丰富的岩盐、芒硝和石膏资源，湖北蓝天盐化厂和云梦宏博集团赖以生产的卤水皆由隔蒲潭附近地下汲取。

隔蒲潭实施"产业立镇，科教兴镇，民营弘镇，依法治镇"的战略。突出农业产业化、招商引进、民营经济、小城镇建设四个重点，连续三年被市政府评为"经济发展效益、速度双佳乡镇"。初步实现了由农业大镇向经济强镇，由"棉花红旗"向"蔬菜大镇"的历史跨越。基本建成了以菜业加工、畜禽养殖、化工、建筑四大产业为支柱的现代工业体系，以蔬菜、禽鸟、竹篾三大产业为支柱的现代农业体系，被评为全市农业产业化先进乡镇。

农业农村经济呈现新活力，全镇农业品种实现了由小而全向大而专的转变。种植业上形成"雅智包菜"、"白玉春"萝卜、"龙丰牌"花菜、"紫龙"茄子、地膜土豆、"万斤红"果用薯六大品牌，养殖业上形成"金潭"鲜蛋，"恒大"鹌鹑两大品牌，加工业上形成"金坛子"泡菜，"郑坛子"腌菜、"余家作坊"鱼面三大品牌。区域特色形成了一村一品的布局模式，建成了以大余村地膜土豆，黄江村花菜等为典型代表的六大示范畈，路域开发成效显著，云应路、隔黄路、三潭路、西大路等主干道沿线逐步发展成为无公害绿色农业、地膜保温农业、大棚高效农业、禽业养殖四条经济带。农业现代化也有新的进展，建立了么屋、前进两个千亩农业现代化示范区，围绕创建无公害蔬菜生产示范乡镇，在全县首批引进灯防技术，建立无公害生产基地3处1.2万亩，并作为典型在全县现场会上交流推广。农业产业化形成"公司+基地+农户"、"中介组织+农户"的经营格局。

全镇工业企业通过加强调整，技改扩能，开拓市场，速度效益同步增长。"金坛子"系列加工菜被评为"湖北省第六届消费者满意产品"，1999年2月应邀进京参展；恒升蔬菜深加工、纸箱厂EPS包装材料、塑钢生产线等招商项目，填补了该镇民营企业无高科技的空白，被县政府评定为全县招商引进先进乡镇。

各项事业蓬勃发展。无公害蔬菜生产技术推广普及率达80%以上，被评为全市科技工作先进乡镇。教育改革不断深入，继续实行了全员聘任制和联村办学。计划生育工作迈上新台阶。广泛开展了"十进家十服务"活动。建成了省级甲等计生服务站，成功举办了全省计生信息工作现场会，被省委宣传部、计生委评为"婚育新风进万家"先进单位。"五联五防"、"群防群治"活动家喻户晓，通过了省、市、县检查，被评为综治工作先进乡镇。争创"楚天杯"、"天仙杯"工作扎实开展，搬迁了教育组，新建了电信大楼、卫生大楼、烟草大楼，并出台优惠政策，鼓励农民进镇造城，新建了金潭房地产开发小区。相继建成了移动基站、联通基站、互联网站，改造了街区下水道，道路亮化成景，府堤绿化、镇村居民"四旁"植树，提高了全镇森林覆盖率，林业考核居全县第一，受到市绿委会表彰。

镇委书记 刘宝明
人大主席 刘宝明(兼) 戴天齐(副)
镇　　长 滕见灵
政协联络组组长 柯四庆

【胡金店镇】 云梦县西北部重镇，东临府河，西傍漳河，人工湖穿境而过，俗称"夹河"地区，系云梦、安陆、应城三县(市)边区人民的政治、经济、文化中心。境内地势平坦、土地肥沃、气候适宜、特产丰富。全镇辖16个村委会，146个村民小组，总人口3.7万人，总耕地面积1.8万亩，国土面积30平方公里。

三年来，该镇确立了以加快发展为主题，以经济结构调整为主线，以改革和科技进步为动力的指导思想，把增收减负作为农业农村工作的出发点和落脚点，大力实施特色农业、打工经济、民营经济和小城镇建设四大战略，实现了胡金店经济和社会发展的新跨越。2001年全镇国内生产总值1.99亿元；乡镇工农业总产值6.02亿元，财政收入518万元，农民人均纯收入2886元，综合经济实力跻身全市三十强。

农业结构调整进程加快，区域特色更趋明显。胡金店镇坚持以市场为导向，立足本地实际，实施产业结构调整，一改传统的棉花种植模式，主要抓了种植、畜禽、河砂三大产业的建设。形成了以金义、金清公路为纽带的新生、盛砦地膜土豆示范畈；宋店、龚砦无公害大蒜示范畈；易棚、万民大豆连片示范畈；龚砦百亩柳条推广试点畈；以府、漳两河外滩农田为主体，逐步形成两合、龚砦避灾作物丰产畈。以金粮万头猪场、盛华清万只鸡场、人工湖千亩渔场为龙头，网络全镇百余家养猪、养鸡、养鱼专业大户的养殖基地。以府河资源为依托，镇河砂公司为龙头，网络沿河各河砂站点及数家建材制品专业户的河砂建材基地。

"打工经济"发展迅猛，"农庄经济"悄然兴起。胡金店镇素有"建筑之乡"的美誉，大量青壮年劳力有长年外出务工经商的传统。该镇坚持以优化服务为重点，把"打工经济"作为农民增收的重要途径来抓。在劳务输出相对集中的东北三省设立"东北建筑劳务管理处"，成立了1个党总支，下设了7个党支部，通过健全领导和服务机构，实行规划管理；并在政策上予以倾斜，采取了"四优先四不准"等优惠政策，鼓励发展打工经济。2001年全镇劳务输出约1万余人。年创收入1亿余元。"打工经济"的发展也为该镇"农庄经济"的兴起创造了条件，该镇通过"稳制活田"的土地流转机制，对境内闲散、抛荒地采取用农业招商和大户承包、租赁等形式，进行集中连片种植，发展"农庄经济"。2001年，全镇已招引农庄主18人，承包租赁土地1000余亩。

投资环境进一步优化，招商引资成效显著。通过开展内联外引、委托招商、代理招商等形式，先后招来一批仁人志士到胡金店办厂兴业。广东老板投资200万元兴办的鄂云燃具铸造厂年创产值680余万元，创利税100余万元。镇金粮万头猪场"三元杂交"优良瘦肉型商品猪畅销武汉、广东、深圳、香港等地。

小城镇建设步伐明显加快，城镇综合功能明显增强。三年来，胡金店镇委、镇政府按照建一个城镇、活一片经济、兴一带产业、富一方群众的思路，先后筹资近2000余万元，改造了镇区内下水道工程、修建了镇财政所综合大楼、地税分局综合大楼等。拓宽、硬化2000余米镇区街道；完成了集镇低压电网整改等等，使集镇"脏、乱、差"现象得到了有效整治，集镇环境、交通秩序大为改观。全面启动三赵中心村建设。修建了一条宽8米、长2500米的环镇开放开发大道，并以开放开发大道为轴线，通过引进外资、吸引民资、挖掘内资的办法，积极引导民营企业和个体经营户建房置业达60余家，扩大了集镇面积0.8平方公里，初步形成了设施配套、功能齐全、环境优美的云梦西部明星城镇。先后被全国绿化委员会评为"全国百佳"绿化乡镇，被省委、省政府评为"普及九年义务教育、扫除青壮年文盲先进乡镇"，被市委、市政府授予小康乡镇等荣誉称号。

党委书记 刘寿田
人大主席 刘寿田(兼) 杨福华(副)
乡　　长 田绪海
政协联络组组长 方火清(副)

【清明河乡】 位于云梦县城西郊云安垸南端，东临府河，西靠漳河。俗称"夹河"。乡境总面积33平方公里，地势为冲积平原，全乡辖16个村，130个村民小组，总人口3.5万人。

清明河乡是孝感市40个重点乡镇之一，农业基础雄厚，工业发展迅速，第三产业活跃，历来有"棉花之乡"、"制绳之乡"、"建筑之乡"的雅称，被孝感市委树为红旗乡镇，被湖北省人民政府命名为楚天明星乡镇、小康乡镇。清明河乡自然资源丰富。据勘察，地下蕴藏着丰富的纤维石膏，河沙储量约1000—2000万吨。乡境东、南、西三面环水，年均降雨量1069毫米。人工湖横穿腹部，全乡可养鱼水面3000多亩，盛产府河鳜鱼、沙泥鳅、白条鱼、漳河麻鱼。清明河拥有众多的泥、木、瓦、厨等匠人，其中仿古园林建筑技术在全省独树一帜。全乡土质属沙质油性土，地力肥沃，适宜种植旱庄稼、药材、林果等。位于府河桂花潭渡口的桂花潭风景区,潭碧如玉,流水潺潺,河沙泛金,河两岸长堤安卧、绿柳如茵,是古云梦泽八景之一。

现代农业建设迈出新步伐。先后完成了三合垸农业综合开发工程。云金公路沿河——清明河段现代农业示范基地建设,兴建了官渡民垸、人工湖围垸,改造了府、漳河堤防14处涵闸,探索了以地膜土豆——花生为主的种植模式,推广了以双低油菜,早熟土豆和白凤乌鸡、杜长大良种猪为代表的优良品种,改革麦棉耕作模式,初步建立了以白花菜、林果、蔬菜、畜禽为特色的现代农业体系。

乡镇企业整体素质明显提高。建筑施工、畜禽养殖、农副产品加工三大骨干产业保持了良好的发展态势,完成了白花菜加工、良种猪饲养、制绳扩能等5个工业项目,壮大了建筑施工,麻塑制绳,畜禽养殖、蔬菜加工四大产业,形成了以四建公司、清云制绳厂、恒兴公司、七里桥良种猪场为龙头的乡镇企业体系。

全面开展了争创"文明单位"、"文明户"、"文明小区"、"示范村"活动,先后涌现出"文明村5个",示范小区11个。乡集镇已形成,所有街道全部实现硬化、绿化、亮化配套。商贸活跃,农贸、小商品、服务、运输分区经营。普及九年义务教育成绩显著,有全市第一家农村市级示范中学。群众体育运动蓬勃发展,被全国体育总局评为开展群众体育运动先进乡镇。建有全县最大的乡镇文化中心。治安环境稳定,在全县率先推行税费明白卡制度和"五联五防"创安活动。2000、2001年社会治安综合治理工作蝉联全县第一。

党委书记 李先乔
人大主席 李先乔(兼) 夏昌华(副)
乡　　长 詹建军
政协联络组组长 邓国兵

【城关镇】 城关镇是全县的政治、经济、文化中心,东临武汉80公里,316国道、汉渝铁路穿境而过,东去20公里即接京广铁路,入107国道,连汉宜公路。国土面积32平方公里,耕地1.68万亩,辖11个社区,11个行政村,总人口9.7万人。2001年,全镇完成国内生产总值4.3亿元,完成财政收入1786万元,农民人均纯收入3180元。经济发展速度高于、经济效益好于全县全市平均水平,乡镇综合经济实力考核多年位居全县第一,连续两年跻身全市"六强"、全省"五十强"乡镇之列。

农业农村经济稳步发展,农业内部结构调整步伐加快。该镇积极引导农民大力调整和不断优化农业内部结构,致力发展现代农业,成立了蔬菜种植和经销协会,负责提供信息发布、技术指导、产品销售等产前产中产后服务,充分发挥科协组织作用,建立詹桥猕猴桃、和平西瓜、周田水产等"三新"推广示范基地10处。前湖现代农业示范畈成为全县基地建设的样板。探索出了花生+花菜的"双花"高效种植新模式,建成无公害蔬菜生产基地和花(苞)菜种植基地。农庄经济蓬勃兴起,涌现出有一定规模和特色的现代农庄15个。以黄湖乌鸡、三湖水产、邱聂山羊、周田奶牛为代表的养殖业稳步发展。

招商引进成效显著。在不断优化招商环境的同时,修订了招商引进优惠政策和激励办法,制作招商专题片,印发了招商指南。坚持全员上阵,先后在伊春、广州、台州等地举办了规模不一的招商联谊活动。激发了群众招商热情。狠抓村街招商,实行了以招商为主要考核内容的激励工资制,严格落实招商"三个一"责任制。仅2001年,镇村两级共引进金叶包装、迪普实业等各类项目28个,引资额6170万元,呈现出投资规模大、工业项目多、科技含量高、市场前景好的新特点,有效地增强了镇域经济发展的后劲。

企业改革全面推进。三年来,按照因企制宜、一厂一法的原则,采取破产、租赁、拍卖、股份制改造等形式,先后完成了涤纶花厂、泰丰公司、农房预制厂等30多家镇直企业和所有村办企业的转制工作。通过加大扶持服务力度,逐步培植了一批以华昌化工、启明食品、红城娱乐为代表的民营骨干企业。广厦建筑集团,鹜驰运输公司逐步建立现代企业制度,增强了市场竞争力和经济效益。玉丰集团坚持建筑、商务、建材多业并举,跻身全市十大民营企业之列。

大力实施"民营兴镇"战略,营造突破性发展民营经济的良好气候。316国道、新云应路和南北环路沿线的梦泽、曙光、黄湖、建新等村街,充分发挥地域优势,依托城区,建成特色鲜明的民营经济群,着力盘活南门河民营商贸城,兴建和扩建了水果、服装、文具、副食等五条专业街,以服务居民为主体的小区第三产业逐渐兴起。2001年,民营经济创产值过10亿元,真正成为镇域经济的主体。

社会各项事业不断进步,计划生育工作再创佳绩。城关镇作为全国婚育新风进万家活动先进乡镇,受到中宣部、国家计生委的表彰。社会治安综合治理进一步加强,矛盾纠纷调处成功率达95%以上。九年义务教育基本普及,投资千万元,建筑面积1.28万平方米的园丁新村和城关四小已投入使用。城关三小被评定为市级示范小学。"两基"成果得到巩固,素质教育全面推进,城关医院装修一新,镇村医疗条件和服务质量明显提高。

镇委书记 潘国明
人大主席 潘国明(兼) 朱连生(副)
镇　　长 栾桂海
政协联络组组长 王双华(女)

(倪虹丹)

安陆市

【概况】 安陆市位于湖北省东北部,涢水中游,跨东经113°19′—113°57′,北纬31°04′—31°29′。东邻孝昌,南接云梦,西连京山,北交广水。东西长61公里,南北宽46公里,国土面积1355平方公里。市区距省会武汉市110公里,距孝感市区50公里。

全市现辖陈店、辛榨、木梓、接官

4个乡,赵棚、李店、巡店、棠棣、雷公、王义贞、烟店、孛畈、洑水9个镇,府城、南城2个办事处。共有431个村民委员会,3230个村民小组。2001年末总人口61.51万人,其中农业人口50.33万人,非农业人口11.18万人。社会从业人员3.5万人,其中第一产业0.07万人,第二产业1.4万人。第三产业2.03万人。全市职工人数2.69万人,其中国有经济2.02万人,城镇集体经济0.4万人,其他0.27万人。2001年出生人口4610人,出生率7.51‰。全年死亡人口2651人,死亡率4.32‰,自然增长率3.19‰。

安陆地处江汉平原北缘和大洪山、桐柏山延伸的低山丘陵交会地带,气候温和,雨量充沛,日照充足,土地肥沃,物产丰富,具有发展农业生产和多种经营的有利条件。全市有耕地面积49.6万亩。农作物主要有粮食作物稻、麦等,油料作物有油菜、芝麻等,经济作物有棉花等。

1999年~2001年,安陆市委、市政府解放思路,开拓创新,经济效益一步一步提高,经济实力进一步增强,国民经济保持较好的发展态势。1999年,全市国内生产总值(90年不变价,下同)15.5亿元,比上年增长10.8%,其中,第一产业增加值5.9亿元;第二产业增加值5.8亿元;第三产业增加值3.8亿元;分别比上年增长13.3%、8.7%、10.3%。一、二、三产业的结构比例为38.2:37.3:24.5。全市人均国内生产总值2525元,比上年增加232元,同比增长10.1%。人均工农业总产值7165元,比上年增加722元,同比增长11.2%。

2000年,全市国内生产总值为16.8亿元,比上年增长8.38%,其中,第一产业增加值5.9亿元;第二产业增加值6.4亿元;第三产业增加值4.5亿元;分别比上年增长-0.09%、10.9%、17.7%。一、二、三产业的结构比例为35.2:38.1:26.7。与上年相比,第一产业的比重下降3.2个百分点,第二产业的比重增加0.8个百分点,第三产业的比重增加2.2个百分点。全市人均国内生产总值4295元,人均工农业总产值10770元。

2001年,国民经济继续稳定增长。全年实现现价国内生产总值28.80亿元,按可比价格计算比上年增长8.23%,其中,第一产业增加值9.47亿元,增长0.47%;第二产业增加值10.79亿元,增长12.76%;第三产业增加值8.54亿元,增长12.37%。人均国内生产总值4646元,比上年增长8.17%。一、二、三次产业的结构比例为32.9:37.5:29.6。

国民经济和社会发展中存在的主要问题是:经济发展总体水平不高,整体素质和经济效益不高;社会需求仍显不足,经济结构不合理的矛盾依然突出;特色经济和地方拳头产品亟待加强;农业抗灾能力弱,农民收入增长缓慢;下岗职工增多,社会就业压力增大。

【农业】 农业生产以"农业增效,农民增收"为主线,不断加大结构调整力度,积极发展市场农业。虽受市场和旱灾等因素的影响,农业生产仍呈现快速增长态势。

1999年全市实现农林牧渔业总产值9.8亿元,同比增长13.7%,其中,农业总产值3.94亿元,林业总产值0.75亿元,牧业总产值3.88亿元,渔业总产值1.24亿元,同比分别增长0.49%、9.63%、33.78%、10.60%。在农林牧渔业总产值中,粮棉油产值2.59亿元,同比下降6.63%,多种经营产值7.23亿元,同比增长23.65%。多种经营产值占农林牧渔业总产值比重为73.7%,同比提高了5.9个百分点。农林牧渔业结构为40.2:7.6:39.6:12.6,与上年45.5:7.9:33.6:13.0的结构相比,农业比重下降5.3个百分点,林业比重下降0.3个百分点,牧业比重上升6个百分点,渔业比重下降0.4个百分点。在主要农产品中,全年粮食总产365890吨,同比减少10.9%,其中夏粮59068吨,同比减少42.5%,秋粮306822吨,同比减少0.3%。在夏粮中,小麦总产56801吨;在秋粮中,稻谷总产294111吨,其中中稻总产273277吨。全年棉花总产698吨,同比增长14.1%,全年油料总产15626吨,同比增长3.0%。全年水果总产14723吨,同比增长50.7%。林业生产快速发展,林产品的产值3586万元,营林产值885万元。1999年全市造林面积2705公倾,同比增长7.6%。当年零星植树396万株,同比增长5.6%。在主要林产品中,银杏产量200吨,同比增长26.6%,银杏叶1443吨。香菇11吨,板栗288吨。油桐籽224吨,木子1909吨。牧业在农业生产中份额接近种植业,是农民收入的主要来源之一。1999年,全年肉猪出栏32.36万头,增长1.31万头,增长4.22%;年末生猪存栏23.0万头,同比增加2.14万头,增长10.21%;年末牛存栏12.66万头,同比增长35.5%。年末家禽存笼450.88万只。同比减少0.31%;年内出笼家禽710.28万只,同比增长12.1%;禽蛋产量27650吨,比上年增加4165吨,增长17.73%。渔业生产呈高增长态势。1999年,全市水产品养殖面积6110公顷,同比增长220公顷,增长3.74%,水产品总量为26590吨,同比增加1085吨,增长4.25%,其中养殖量为21311吨,比重为80.15%,同比提高0.2个百分点。水产品中鱼类产量为25273吨,占整个水产品的比重为95.05%,同比上升1.07个百分点。水产业生产主要问题是水产品的结构不尽合理,鱼类比重偏高。农业生产基础设施及生产环境得到加强和改善。农业机械总动力达到16.5万千瓦,同比持平。其中大中型拖拉机1179台,小型拖拉机685台,农用汽车659辆,推土机71台,拖拉机配套农机具1675部。农业有效灌溉面积为28.52千公顷,比上年增长7.6%,占耕地面积的86.22%,同比增长6.03个百分点。农用化肥施用量为23648吨(折纯量),同比增长0.8%。农用塑料薄膜用量176吨,其中地膜107吨,占60.8%,比上年提高3.9个百分点。

2000年全市实现农林牧渔业总产值9.82亿元,同比增长0.21%。其中,农业总产值3.72亿元,林业总产值0.77亿元,牧业总产值4.02亿元,渔业总产值1.32亿元,同比分别增长-5.7%、3.27%、3.63%、6.24%。在农林牧渔业总产值中,粮棉油产值2.22亿元,同比下降4.3%,多种经营产值7.60亿元,同比增长5.12%。多种经营产值占农林牧渔业总产值的比重为77.4%,同比提高了3.7个百分点。农林牧渔业结构为37.8:7.8:41.0:13.4,与上年40.2:7.6:39.6:12.6的结构相比,农业比重下降2.4个百分点,林业比重增加0.2个百分点,牧业比重增加0.4个百分点,渔业比重增加0.8个百分点。在主要农产品中,全年粮食总产279582吨,同比减少23.6%。其中夏粮48220吨,同比减少18.4%,秋粮231362吨,同比减少24.6%。在夏粮中,小麦总产45737吨;在秋粮中,稻谷总产193271吨,其中中稻总产184207吨。全年棉花总产1566吨,同比增长124.4%,全年油料总产23000吨,同比增长47.2%。全年蔬菜总产271553吨,同比减少7.4%。全年水果总产14904吨,同比增长1.3%。林业生产狠抓造林绿化,加强林果基地建设,稳步推进银杏产业,林产品的产值3752万元,同比增长4.6%。营林产值932万元,同比增长5.3%。2000年全市造林面积2743公顷,同比增长1.4%。当年零星植树396万株。在主要林产品中,银杏产量200吨,同比增长26.6%。香菇67吨,同比增长509.1%,板栗288吨。油桐籽300吨,同比增长33.9%。牧业在农业生产中份额首次超过种植业,是农民收入的主要来源之一。牧业按照"主攻质量,优化结构,大力发展黄牛,积极发展猪、禽,突破性发展特种畜禽,推进畜牧产业化经营,提高综合效益"的思路开展工作。2000年,全年肉猪出栏35.96万头,同比增加3.60万头,增长11.1%;年末生猪存栏26.92万头,同比增加3.83万头,增长16.59%;年末牛存栏13.22万头,同比增长4.42%,年末家禽存笼448.30万只,减少0.57%;年内出笼家禽801.28万只,同比增长12.8%;禽蛋产量30864吨,比上年增加3214吨,增长11.62%。渔业生产在大灾之年保持了稳步发展态势。"科技兴渔为先导,提高效益为中心,加快水库综合开发"的工作思路取得了成功。2000年,全市水产品养殖面积为6140公顷,同比增加30公顷,增长0.49%,水产品总量为27488吨,同比增加898吨,增长3.38%,其中养殖量为21873吨,比重为79.57%,同比下降0.58个百分点。水产品中鱼类产量为27419吨,占整个水产品的比重为99.75%,同比上升4.7个百分点。水产业生产主要问题是水产品的结构不尽合理,鱼类比重偏高。农业生产基础设施及生产环境得到加强和改善。农业机械总动力达到16.5万千瓦,同比持平,其中大中型拖拉机1179台,小型拖拉机685台,农用汽车659辆,推土机71台。拖拉机配套农机具1675部。农业有效灌溉面积为28.52千公顷,比去年增长7.6%,占耕地面积的86.22%,同比下降6.03个百分点。农用化肥施用量为23530吨(折纯量),同比下降0.5%。农用塑料薄膜使用量179吨,同比增长1.7%,其中地膜138吨,同比增长29.0%,占77.1%,比去年提高16.3个百分点。

2001年,全市加快农业结构调整步伐,扩大名特优洋新稀农产品生产规模,提高优质农产品市场份额。在种植结构调整上,加快实施优质粮、优质菜、优质果"三优工程";在养殖业结构调整上,主攻品种改良,狠抓棠棣生猪、李店仔猪、南城家禽养殖基地和白兆山、槎山、府河沿浅等10万头黄牛养殖基地及153座水库生态养殖基地建设;在农村劳动力结构调整上,提高劳动力输出的组织化程序,建成东部沿海、东北、北京和西部四大劳务输出基地,全年全市劳务输出达10万人,比上年增加1.5万人。农业产业化经营向纵深发展。午时药业GMP改造、与东湖高新合作开发畜牧产业进展顺利,全市围绕农副产品加工新上了一批加工企业。中介组织有了新发展,全市从事农产品经营组织发展到400多个,经销人员2万余人。富丽农产品批发市场投入经营,成立了农产品信息中心和农产品流通协会。

2001年全市实现农业牧渔业总产值9.84亿元,同比增长0.2%。其中,农业总产值3.72亿元,林业总产值0.77亿元,牧业总产值4.10亿元,渔业总产值1.25亿元,同比分别增长0.3%、0.1%、1.8%、-5.1%。在农林牧渔业总产值中,粮棉油产值2.08亿元,同比下降6.3%,多种经营产值7.76亿元,同比增长2.1%。多种经营产值占农林牧渔业总产值的比重为78.8%,同比提高了1.4个百分点。农林牧渔业结构为40.8:4.7:44.6:9.9,与上年44.7:3.7:41.4:10.2的结构相比,农业比重下降3.9个百分点,林业比重增加1.0个百分点,牧业比重增加3.2个百分点,渔业比重下降0.3个百分点。林业生产狠抓造林绿化,加强基地管理升级,稳定推进银杏基地建设。林产品的产值4937万元,同比增长3.9%。营林产值648万元,同比下降30.5%。2001年全市造林面积926公顷,同比下降66.2%。当年零星植树257万株。在主要林产品中,银杏产量218吨,同比增长3.6%。板栗221吨,同比下降23.3%。油桐籽80吨,同比下降73.3%。畜牧业稳定增长。全市上下狠抓品种改良,实施优质"三元猪"工程、优质黄牛工程,使全年畜禽产量比上年明显提高。全年肉猪存栏26.14万头,同比减少0.78万头,下降2.90%;年末牛存栏12.47万头,同比下降5.67%。年末家禽存笼427万只,下降4.69%;年内出笼家禽830万只,同比增长3.62%;禽蛋产量31808吨,比上年增加944吨,增长3.06%。渔业生产因旱灾基本持平。水产养殖上半年形势较好,下半年因旱减产,全年水产品总产量26181吨,同比减少1307吨,下降4.8%。农业生产基础设施及生产环境得到加强和改善。农业机械总动力达到17.3万千瓦,同比增长4.8%。其中大中型拖拉机1125台,小型拖拉机571台,农用汽车668辆,推土机71台。拖拉机配套农机具4388部。农业有效灌溉面积为28.25千公顷,比上年减少0.9%,占耕地面积的85.42%,同比下降0.8个百分点。农用化肥施用量为28615

吨(折纯量),同比增长21.6%。农用塑料薄膜使用量147吨,同比下降17.9%,其中地膜74吨,同比下降46.4%。

【工业】 1999年,全市工业生产持续增长,经济效益较上年有所提高。全年实现工业总产值34.2亿元,同比增长11.4%。全部国有和非国有年销售收入500万元以上企业实现工业总产值11.5亿元,同比增长10.2%。其中驻市工业4.02亿元,同比下降4.4%,市属工业7.47亿元,同比增长20.1%。在市属工业总产值7.47亿元中,工口工业1.52亿元,占20.35%,份额上升0.35个百分点;财口工业0.82亿元,占11%,份额上升0.3个百分点;城建委工业0.05亿元,占6.7%;农口工业0.97亿元,占12.98%,份额下降0.91个百分点,其乡属工业3.81亿元,占51.0%,份额上升0.3个百分点,其它口工业0.29亿元,占3.9%。在主要工业产品产量中,电解铝18674吨,同比减少0.1%;铝型材2722吨,同比减少28.8%;棉纱10978吨,同比增长15.6%;水泥16.77万吨,同比减少2.9%;水泥预制构件26323立方米,同比增长19.3%;粮食机械1078台,同比减少27.7%;毛线207吨,同比减少12.7%;机制纸5096吨,同比增长12.3%,塑料制品152吨,同比增长4.1%;发电量949万千瓦小时,同比减少44.9%;自来水21145吨,同比增长17.0%;大米19079吨,同比增长2.3%;配混合饲料30731吨,同比增长7.8%。1999年,全市全部国有工业企业及年销售收入在500万元以上非国有工业企业的主要经济指标完成好于上年。成本费用利润率0.2%,同比上升2.8个百分点;资本保值增值率122.5%,同比上升0.6个百分点;流动资产周转率1.7次,同比上升0.2个百分点;资产负债率59.3%,同比上升3.8个百分点;工业产品销售率98.6%,同比上升3.4个百分点。国有企业扭亏额完成2060万元。

2000年,全年工业总产值36.7亿元,同比增长7.3%。其中,全部国有和非国有年销售收入500万元以上工业企业实现工业总产值13.25亿元,按可比口径计算,增长4.3%。其中驻市工业3.80亿元,同比下降22.6%,市属工业9.45亿元,同比增长17.3%。

在市属工业总产值中,工口工业1.92亿元,占20.28%,份额下降0.07个百分点;财口工业0.94亿元,占10.0%,份额下降1个百分点;城建委工业0.11亿元,占1.18%,份额下降5.52百分点;农口工业1.34亿元,占51.2%,份额上升0.2个百分点;其它口工业0.29亿元,占3.1%,份额下降0.8个百分点。全年全部国有和非国有年销售收入500万元以上工业企业实现工业销售产值13.07亿元,其中驻市工业3.83亿元,市属工业9.23亿元。在主要工业产品产量中,电解铝6436吨,同比减少65.5%;铝型材847吨,同比减少68.9%;棉纱12612吨,同比增长14.9%;布3596万米,同比增长4.69%;农用化学肥料12063吨(折纯量),同比下降15.72%;水泥21.95万吨,同比增长22.63%;水泥预制构件16028立方米,同比下降37.27%;砖(折标)879万块,同比增长10.84%;粮食机械1927台,同比增长78.76%;毛线103吨,同比减少50.24%;机制纸4203吨,同比下降12.36%;中成药4185吨,同比增长34.57%;塑料制品141吨,同比下降7.24%;发电量1302万千瓦小时,同比增长37.2%;自来水1400万吨,同比下降26.81%;大米15664吨,同比下降5.47%;配混合饲料25860吨,同比增长4.8%,食用植物油2090吨。同比增长14.46%。饮料酒3077吨,同比增长20.38%。2000年,全市全部国有工业及年销售收入在500万元以上非国有工业企业的主要经济指标完成好于上年。工业经济综合效益指数82.7%,同比提高3.2个百分点;全年实现总资产贡献率4.28%,同比下降0.32个百分点;资本保值增值率129.4%,同比上升6.9个百分点;流动资产周转率1.76次,同比上升0.06个百分点;资产负债率57.4%,同比下降1.9个百分点;工业产品销售率98.6%,与上年持平。2000年,全市完成供电量1.65亿KWH(不含安棉、铝厂用电),完成售电量1.52亿KWH,线损率7.89%。网改中,新建10KV线路97公里,改造10KV线路170公里,新建低压线路1220公里,改造低压线路830多公里。

2001年,工业经济呈现良好发展态势。经过近几年坚持不懈地进行民营化改革,全市工业已由解困盘活进入到发展提高阶段,运行质量和效益明显提高。全市全部工业增加值95082万元,同比增长12.38%。其中,规模以上工业企业完成增加值44710万元,增长11.9%;其中驻市工业13639万元,增长12.6%;市属工业31071万元,增长11.6%;计委口工业388万元,增长42.0%;乡属工业14071万元,增长12.6%。全年规模以上工业企业实现产品销售收入117804万元,比上年增长14.6%;工业产品销售率达98.3%,比上年下降了0.3个百分点;实现利税5303万元,增长207.9%。其中:实现利润1159万元,同比增加3135万元。工业经济综合效益指数89.7%,比上年提高了7.1个百分点。国有工业企业扭亏取得显著成效。国有亏损企业亏损额801.4万元,扭亏1954.8万元。2001年,全市完成供电量1.80亿KWH(不含安棉、铝厂用电),完成售电量1.67亿KWH。网改中,新建10KV线路13439公里,改造10KV线路313.5公里;新建台区116个,改造台区570个;新建低压线路608公里,改造低压线路668公里,新建高压线路1449公里,改造高压线路415公里。

【固定资产投资】 1999年,全市完成固定资产投资额为84210万元,同比增加13506万元,增长19.1%。固定资产投资中,中央省属投资10856万元,其中基本建设投资3206万元,技改投资7650万元。固定资产投资额中,地方投资73354万元。其中国有及混合经济的基本建设投资27491万元,技改投资5960万元,房地产投资2670万元,零星投资4000万元,其它投资2300万元。集体投资11133万元,个体私人投资19800万元。

2000年,全市完成固定资产投资额9.57亿元,同比增加11081万元,增长13.1%。固定资产投资额中,国有及混合经济的基本建设投资43653万元,同比增长40.2%;技改投资9522万元,同比增长-30.0%;其他投资2946万元,同比增长28.1%;商品房投资3220万元,同比增长20.1%;全民零星投资5000万元,同比增长25.0%;城镇集体投资770万元,同比增长98.3%;农村集体投资9630万元,同比增长10.7%;城镇私人投资6500万元,同比增长12.0%;农村私人投资14500万元,同比增长3.6%。

2001年,固定资产投资快速增长。全年完成固定资产投资为10.36亿元,比上年增长14.1%。按经济类型划分,国有及混合经济基本建设投资47849万元,增长9.6%;技改投资12295万元,增长29.1%;其他投资500万元,同比下降83.0%;房地产开发投资4280万元,增长32.9%;全民零星投资5050万元,增长1.0%;城镇集体投资865万元,增长12.3%;农村集体投资11962万元,增长24.2%;城乡个体投资15861万元,下降24.5%。重点项目建设力度加大。全市投资过1000万元的项目18个,分别是三水厂、农网改造、金秋大道、午时药业GMP改造、安陆一中、桂竹庄园、永祥粮机再扩能、液化气管网改造、顺昌粮机再扩能、华通电缆、康正药业改造、兽药厂扩能、预培阳极糊、移动通讯、精品一条街、金泉二级泵站续建、城市防洪工程、碧涢山庄。

【交通·邮电】 1999年,全市公路通车里程662公里,其中等级公路434公里。市交通局系统全年共完成货运量4.6万吨,货物周转量17万吨公里,完成客运量619万人次,旅客周转量13235万人公里。1999年,完成邮政业务总量545万元。信函发送量为307万件,同比增长22.3%;报刊发行量为1218.4万份,杂志发行量38.5万份。

2000年,全市公路通车里程759公里,同比增长14.7%。其中等级公路691公里,同比增长32.1%。公路桥梁89座,同比增长3.5%。全年共完成货运量738万吨,货物周转量62086万吨公里;完成客运量963万人次,旅客周转量21117万人公里。完成邮政业务总量595万元,同比增长9.2%。报刊流转额470万元,同比下降21%。完成集邮收入362万元,同比增长12.0%。完成电信业务总量2754万元,完成固定电话放号8300部,发展多媒体用户1560户,安装IC卡式电话机65部。完成本地网接通率83.7%,长话来话接通率62.2%,长话去话接通率56.6%。固定电话用户43809户,其中农话17467部。电话普及率7.86部/百人,其中市话普及率29.26部/百人,农话普及率3.39部/百人。全年完成移动放号5832部,完成业务收入1100万元。

2001年,全市公路通车里程818公里,同比增长7.77%。其中等级公路766公里,同比增长10.9%。公路桥梁89座。全年共完成货运量697万吨,货物周转量27741万人公里。完成邮政业务总量1282万元,同比增长154.6%。报刊流转额327万元,同比下降30.4%。2001年,完成电信业务总量3000万元,同比增长10%。完成电话放号8500部,发展多媒体用户2244户。全市已通话行政村达423个。新建小灵通基站40个,使全市无线电话基站总数达到82个。安装IC卡式电话机66部。全市电话普及率达到8.29部/百人,其中市话用户32840户,普及率32.15部/百人,农话18586户,农话普及率4.22部/百人。长途电话接通率63.05%,长途去话接通率54.7%,中继电路接通率61.5%。全年完成移动放号9168部,完成业务收入1800万元。

【贸易·物价】 1999年,全市实现社会消费品零售总额为12.01亿元,同比增长11.1%。其中,国有商业零售额为3.01亿元,同比增长6.0%,集体商业零售额为1.57亿元,同比增长13.77%,其它商业零售额为7.43亿元,同比增长12.74%。工商部门贯彻粮食流通体制改革政策,切实加强对粮食市场的监管。全年查处各类违法经营粮食案件40余件,取缔非法粮食收购网点15处,没收非法经营粮食200吨。农资市场整治进一步加强,取缔无证经营农资产品2家,查获假种子7000公斤、农地膜5吨、农药1000公斤、化肥90吨。查处经销盗版光盘行为16起,收缴盗版光盘11635张。全年共查获假冒伪劣香烟2000条、食品500箱、饮料400箱、调味品300箱、酒20000瓶。1999年,全市商品物价指数为97.9%,(以上年为100.0,下同)同比回落3.3个百分点;全市居民消费品价格指数为100.3%,比去年回落1.9个百分点;全市农业生产资料价格指数为99.6%,同比增加3.9个百分点。1999年,招商工作着重打好“盘活存量利用外资”、“依托驻市企业,加强经济合作”两张牌。全年共引进各类技术、管理人才360余人,引进知名品牌2个,5000万元以上项目2个。引进外资1296万美元,内资54043万元。分别比上年增长37.2%、31.8%。外贸工作克服种种困难,全年完成出口交货值3.15亿元,同比增长22.6%,出口创汇1364万美元,同比增长4.8%。

2000年全市实现社会消费品零售总额为13.21亿元,同比增长10.0%。其中,城市社会消费品零售总额为8.38亿元,同比增长11.75%。农村社会消费品零售总额为4.83亿元,同比增长7.11%。批发零售业社会消费品零售总额7.51亿元,同比增长7.4%。餐饮业零售总额2.13亿元,同比增长22.78%。工商部门严厉打击制售假冒伪劣行为,打击商标侵权和虚假广告为重点。全年查处各类违法经营案件100多件,捣毁制假窝点4处。检查农资经营单位146家,取缔无照经营5家,查办农资案件12起。对全市13家医疗和18家药品经营广告主管单位进行了清理整顿,对违法情节严重的7家企业责令暂停户外广告发布并立案查处。2000年,全市商品零售物价总指数为96.6%，同比回落1.3个百分点；全市居民消费品价格指数为97.3%，比上年回落3.0个百分点；全市农业生产资料价格指数为95.7%，同比回落3.9个百分点。2000年，共引进各类技术、管理人才932人，各类技术86项。引进项目157个，其中外资项目7个，利用外资1385万美元。内联资金5.1亿元。在引进项目中，投资过3000万元的项目7个，投资过1000万元的项目16个。全年完成出口交货值3.50亿元，同比增长11.1%，出口创汇为565万美元，同比下降59.6%。

2001年，市场消费稳中趋活，假日经济效益明显。实现社会消费品零售总额14.11亿元，比上年增长10.2%。其中，城市社会消费品零售总额9.09亿元，增长10.6%，农村社会消费品零售总额5.02亿元，增长9.4%；批发零售贸易业与上年持平，餐饮业增长35.8%。市场物价稳中趋升。全年商品零售物价总指数为10.4%，同比上升3.8个百分点；全市居民消费品价格指数为101.2%，比上年上升3.9个百分点；全市农业生产资料价格指数为100.2%，同比回落4.5个百分点。全市引进项目126个，新批外资项目4个，直接利用外资670万美元，引进内联资金31267万元。在引进项目中，投资过3000万元的项目7个，投资过1000万元的项目16个。外贸出口有所下滑，全年完成出口交货值3.90亿元，同比增长11.4%，出口创汇311万美元，同比下降32.8%。市场监督管理得到加强。工商、技术监督、卫生等部门开展了打击制售假冒伪劣商品、查处偷逃骗税、整顿规范建筑市场、整顿文化市场、治理安全隐患和规范金融秩序等六大专项整治。通过整治和清理，市场秩序和环境进一步好转。

【财政·金融·保险】 1999年，全市预算内财政收入13373万元，同比增加1950万元，增长17.1%。地方财政收入9719万元，同比增长24.1%。财政支出16018万元，其中地方财政支出14259万元，同比分别增长32.1%和29.8%。全市金融系统1999年末各项存款余额为13.2亿元，比年初增长4.94%。年末各项贷款余额25.18亿元。比年初增长5.05%。居民储蓄存款余额10.71亿元，比年初增长4.9%，国家银行现金净投放2.86亿元，比上年减少21.86%。1999年，中国人寿保险公司安陆支公司全年承保金额期末有效数23557万元，保费收入实现1467万元，综合给付率为32.0%。中国人民保险公司安陆支公司实现保费收入960万元。已理赔案1344件，赔付金额490万元。

2000年，全市预算内财政收入14806万元，同比增加1433万元，增长10.7%。地方财政收入11242万元，同比增长15.67%。全市金融系统年末各项存款余额为14.8亿元，比年初增长11.6%。其中，居民储蓄存款余额12.19亿元，比年初增长13.8%。年末各项贷款余额23.74亿元，比年初减少4.4%。2000年，保险实现保费收入2300万元。

2001年，财政部门按照效益财政的要求，不断深化改革，强化财政管理，优化收支结构，努力构建公共财政框架。全市预算内财政收入16319万元，同比增长13.45%。金融市场加强监管，规范金融市场运作，取得了较好的成效。全市金融系统年末各项存款余额为17.48亿元，比年初增长17.97%。其中，居民储蓄存余额为14.39亿元，比年初增长17.97%。年末各项贷款余额25.15亿元，比年初增长5.93%。金融系统共支持双优客户36家，累放贷款10294万元，办理贴现2933万元，办理承兑汇票5641万元。全年投入支农贷款4800万元，支农救灾贷款150万元，支持高新农业贷款430万元。2001年，保险事业健康发展。人寿保险和人民保险部门共实现保费收入3084万元，同比增长34.09%。

【科技·教育】 1999年，《安陆报》开办“科技潮”专栏，电台推出“科学与生活”栏目，电视台开办“科技之窗”节目。编印了《安陆科技》月刊等形式，加大宣传力度，增强人民的科技意识，提高他们的科技素质。向省科委申报科技项目3项：省级攻关计划，银杏叶医药开发链研究；省级星火基金：YJYG—150型油料干式挤压机、家用多功能节能炉。在科技成果上，申报了98年度省级科技进步奖1项，申报了97—98年度孝感市科技进步奖6项，评审和奖励了95—97年度科技进步奖12项。推广、试验、示范优质抗病中稻新品种“97—3”1万亩。引进“日本宫奇红红薯、徐薯18”两个新品种，重点推广小麦“麦王503”新品系。建起了食用菌生产试验示范基地200亩，花卉繁育基地20亩，塑料大棚蔬菜基地100亩，建起了“七里河现代化农业示范区”。培植出2个省级科技示范乡镇，科技示范村10个，农民科技示范户15700户。1999年，教育事业以巩固提高“两基”成果为重点，认真落实全国教育工作会议精神，积极开展素质教育，促进全市教育事业的健康发展。全市有“十星级文明学校”20所，市级示范学校22所，孝感市示范学校5所。普通中学在校学生人数2.88万人，初中学龄人口入学率93.6%，同比提高5.5个百分点。小学276所，教学点95个，小学在校学生人数8.03万人，小学学龄儿童入学率99.31%，同比提高5.66个百分点。

2000年，科技工作重点抓好科普，保观念创新。成功举办安陆市科技周，广泛开展科技宣传，搞好贫困村科技扶贫培训。邀请了省30多家科研院所、大专院校的50名专家教授来安陆，举办技术培训15场次，开展科技下乡活动。科技工作着重抓好引进推广，促品种结构创新。一年来，共引进名优经济作物10多项，试种新特种苗近30种。科技申报5项。一是国家级星火项目太白银红茶；二是省级星火项目特禽养殖与深加工；三是国家科技型中小企业创新基金项目铝塑复合板新材料；四是省级高新技术企业认定湖北午时药业公司；五是星火示范企业湖北农腾公司。国家科技部正式批准安陆市为“全国工作科技先进县市”。完成了乡镇办事处科技进步目标责任制考核。促进了农业新技术新品种的推广普及。全市有“十星级文明学校”20所，市级示范学校22所，孝感市示范学校5所。普通中学30所，普通中学在校学生人数3.32万人，同比增长15.3%。初中学龄人口入学率96.8%，同比提高3.2个百分点。初中生入学巩固率达96.8%。小学225所，比上年减少51所，教学点87个，比上年减少8个。小学在校学生人数7.85万人，同比下降2.2%。小学学龄儿童入学率99.9%，同比提高0.59个百分点，小学生入学巩固率达99.72%。

2001年，狠抓了科技创新，推动产学研相结合，加快科技成果转化工作。全年引进开发新产品34个，申报认定高新技术企业1个，高新产品5个，实施各类计划13项。高新技术产值12019万元，同比增长21.8%；高新科技企业实现增加值4087万元，同比增长18.4%。高新技术增加值比重比上年提高了1.02个百分点。教育事业健康发展。全市小学、初中入学率分别达到100%和97.5%，顺利通过全省“普九”复查验收。调整了中小学布局，实施危房改造工程，消除危房1.3万平方米，办学条件进一步改善。投资7000万元的新一中基本建成并正式招生。加强教师队伍建设，教学水平进一步提高，高考万人上线率居孝感前三位。被评为全省“教育兴农”示范县市。普通中学32所，普通中学在校学生人数3.82万人，同比增长14.9%，初中生入学巩固率达100%。小学188所，比上年减少37所，教学点55个，比上年减少32个。小学在校学生人数7.13万人，同比下降9.2%。小学学龄儿童入学率100%，小学生入学巩固率达100%。

【文化·卫生·体育】 1999年，文化工作坚持“二为”方向和“双百”方针，全年放映电影3562场，观众12万人次，博物馆有文物藏品4457件，其中一级品5件。艺术表演团体一个，拥有座席1212个，全年共演出44场，观众人数达26万人次。市图书馆有藏书9.15万册，发放借书证4970个，每周开馆52小时，全年借阅书刊4万册次。市文化馆组织文艺活动2次，举办各类培训班2次。新华书店全年发行图书达350万册，发行总额1400万元，同比增长10.55%。“全省少儿书画作品竞赛”报送参展作品63件，获奖31件；“全国九届美展”和“全国农民艺术大展”，参展作品12件获奖；“湖北省创作优秀歌曲评奖”和“全国第九届群星奖”，获省奖3件。文化市场管理加强，全年共收缴黄色、非法出版书刊813册(套)，收缴非法音像制品265盘，反动音像制品3盘。1999年，全市共有卫生机构49个，卫生系统拥有病床1018张。各类卫生技术人员1588人，其中中医师128人，西医师379人，护师299人。群体工作日趋活跃。成功地组织了清明节万人登山活动，篮球赛、足球赛、象棋赛、门球赛接连不断。少年足球队获省十届运动会业余训练类第三名。

2000年，放映电影4880场，同比增长37.0%，观众50万人次，同比增长2.5倍。艺术表演团体一个，拥有座席1212个，接待观众人数达5万人次，同比增长92.3%。市图书馆有藏书9.15万册，每周开馆52小时。全年借阅书刊1.56万人次。新华书店全年销售各类图书码洋1400万元。博物馆迁建工程开工，建成了3800平方米的办公库房及儒学大成殿主体工程，完成了古建彩绘工程。第四届全省少儿美术书法作品竞赛，有22件作品获奖；206件漫画作品在国内外各类报刊发表，并获大赛奖。《邓小平理论诗画》、《交通安全漫画集》在全国产生了影响。文化市场管理加强。取缔歌舞娱乐场所16家，取缔电脑、电子游戏厅(室)42家，取缔录像厅9家，收缴黄色书刊780册(套)，收缴非法音像制品590盘，非法出版物1000余册(套)。2000年，全市共有卫生机构36个，拥有病床987张。各类卫生技术人员1753人，其中中医师137人，西医师404人，护师342人。全年接待诊疗58.9万人次，入院病人2.7万人次，住院病人手术2270人次。群众体育工作日趋活跃，组织464名运动员组成安陆市体育代表团，参加了孝感市第一届运动会五大类37大项的比赛，共夺得28枚金牌、26枚银牌、40枚铜牌，有2个队、53名运动员荣获体育道德风尚奖。继续开展清明节万人登山活动和第八届“新世纪杯”老年门球赛等活动。

2001年放映电影3210场，同比下降34.2%，观众18.8万人次，同比下降37.3%。艺术表演团体一个，拥有座席1212个，接待观众人数达5.5万人次，同比增长10.0%。市图书馆有藏书9.19万册，每周开馆52小时，全年借阅书刊4.3万人次。新华书店全年销售各类图书码洋1287万元。博物馆二期工程正式启动。群众性的漫画创作日趋活跃。全年共发表、展览漫画作品83件，6件作品获奖。“人民防空专题漫画”得到了《国防教育报》的好评，安陆漫画编入由省教委审定的小学教材《可爱的孝感》一书。全市拥有卫星地面接收站23座，电视发射功率1千瓦，广播人口覆盖率99%，电视人口覆盖99%，基本实现了村村通广播电视。卫生体制改革有了新进展。2001年，在城区建立了7个社区卫生服务站，完成了城区医疗机构以分类管理的前期工作，在市直部分医院积极推行了“病人选择医生”的制度。全市共有卫生机构84个，病床983张。各类卫生技术人员1806人，其中中医师123人，西医师477人，护师421人。全年接待诊疗26万人次，入院病人1.5万人次，住院病人手术5000人次。

【人口与就业】 1999年，全市年末实有人口616567人，其中农业人口492786人，非农业人口123781人。在总人口中，男性人口313189人，女性人口303378人，性别比(女性为100.0)为100.0∶103.2。全年出生人口为5011人，人口出生率为8.16‰，全年死亡人口为2778人，死亡率为4.52‰，人口净增率为3.64‰。计生工作坚持高标准、重创新、抓落实、促平衡,严厉打击为胎儿鉴定性别行为。全市计划生育率为99.72%,有已婚育龄妇女11.72万人,本年实施各种节育术 5174 例,累计节育率为92.76%,独生子女领证率21.24%。1999 年,全市国有及城镇集体所有制从业人员3.82万人,其中在岗职工3.69万人,企业从业人员2.30万人,机关事业单位从业人员1.52万人。农村年末实有劳动力21.26万人,其中农业从业人员13.84万人,同比下降9.19%,工业和建筑业从业人员2.62万人,同比下降5.1%,第三产业从业人员4.8万人,同比增长24.0%。1999 年,全市离退休人数有 6644 人。再就业中心托管下岗职工 2052 人,发放基本生活费 356 万元。全年累计收缴社会保险费 2471 万元,比上年增长 149 万元,增长6.03%,支付社会保险金 2400 万元,同比增长28.5%。

2000 年,全市年末实有人口 618564 人,其中农业人口 506537 人,非农业人口 112027 人。全年出生人口为 5015 人,人口出生率为8.12‰,全年死亡人口为 2959 人,死亡率为4.79‰,人口净增率为3.33‰。全市计划生育率为99.71%。有已婚育龄妇女11.56万人。当年出生一孩妇女上环率82.25%,当年出生二孩妇女结扎率 86.79%。一孩妇女积存率 41.17%,比 1998 年上升了4.57个百分点。全市各类单位从业人员合计3.78万人,同比减少1.05%。其中在岗职工3.64万人,同比减少1.05%。企业从业人员为 22439 人,同比减少2.6%。机关事业单位从业人员 15396 人,同比增长1.4%。全市有离退休人员 7416 人,人均离退休费 5599 元。全年为 1678 名国有企业下岗职工发放基本生活保障金 413 万元,安置下岗职工 2718 人,安置城镇待业人员 2010 人,开展就业前培训 1179 人。全年累计收缴社会保险费 2740 万元,比上年增加 269 万元,增长10.9%,支付社会保障金 2614 万元,同比下降3.19%。

2001 年,全市计划生育率为 99.79%。出生人口中,一孩率 74.57%,上升3.37个百分点;二孩 25.11%,下降了3.49个百分点。一孩妇女积存率42.54%,比上年上升了1.37个百分点。全市各类单位从业人员3.50人,同比减少7.41%。其中在岗职工3.36万人,同比减少7.69%。企业从业人员为 19910 人,同比减少 11.27%。机关事业单位从业人员 15092 人,同比减少1.97%。农村年末实有劳动力21.4万人,其中农业从业人员13.48万人,同比减少2.60%,工业和建筑从业人员2.92万人,同比增长11.03%,第三产业从业人员 5 万人,同比增长4.38%。全市安置下岗职工 2760 人,安置城镇待业人员 2120 人,组织劳务输出 2015 人,组织下岗职工转岗培训 2210 人,开展就业前培训 1210 人,农村劳动力培训 4020 人。

【人民生活】 1999 年,全市农村人均纯收入 2156 元,同比减少 14 元,下降 0.65%,农村人平生活费支出 1418 元,比上年增长33.5%。全市从业人员劳动报酬 19045 万元,其中在岗职工劳动报酬 18649 万元。全市从业人员年人平工资 4984 元,在岗职工年人平工资 5130 元,在岗职工年人均工资同比增长5.32%。初步建立和实施了城乡居民最低生活保障制度,两个“低保”制度正在走向规范。全市有城镇居民保障对象 3052 人,“五保”对象 1373 户,1810 人。全市农村福利院建设总投入 300 万元,赵棚福利院进入省百强农村福利院行列。1999 年,城市建设步伐加快,着力实施硬化、绿化、美化、净化、亮化五大工程,完成了碧涢路改造、太白广场建设、火车站改造续建等城市建设配套工程。全市累计完成混凝土路面 4 万余平方米,沥清路面 3000 平方米,改造下水道 3 万米,延伸改造自来水管网 2000 米,更换彩色步砖2.3万平方米,城市公共绿化植树 12 万株,植草 2 万平方米,新增城市绿化面积 3 万平方米。新建公厕 2 座,新增垃圾容器 500 多个。广播电视频道增加到 19 套,16 个乡镇有线电视网络得到加强,有近 300 个村可实现“村村通”目标。全市环境质量总体保持稳定。工业废水排放量比上年减少2.4%,二氧化硫排放量减少5%,烟尘排放量减少了3.1%,工业粉尘排放量减少6.3%;工业废水处理率和排放达标率达到82.5%和 91%。1999 年,公安工作开展了“严打”等一系列专项斗争,为人民生活营造了良好的治安环境。取缔 11 个“法轮功”练功点,对 500 余名“法轮功”练功者实行“双线、双位包保责任制”,教育转化了一批“法轮功”人员。破获各类刑事案件 746 起,查处各类治安案件 554 件,处理违法人员 1399 人。

2000 年,全市农村人均纯收入 2120 元,同比减少 36 元,下降 1.67%。农民人均可支配收入 2005 元。农村居民人平生活费支出 1221 元,比上年下降13.9%。全市从业人员劳动报酬 20207 万元,其中在岗职工劳动报酬 19792 万元,全市从业人员年人平工资 5299 元,同比增长 6.38%。在岗职工年人平工资 5399 元,同比增长5.24%。初步建立城乡居民最低生活保障制度。城镇居民最低生活保障对象 5137 户。11337 人。争取城市低保资金 64 万元。全市有“五保”对象 1750 户、1835 人,集中供养 414 户,432 人,分散供养 1336 户、1043 人,落实“五保”经费 217 万元。全市有一类福利院 2 所,二类福利院 3 所。2000 年,城市建设按照“改造配套老城区,拓展建设新城区,绿化美化全市区”的指导思想开展工作。一是完成了太白大道十里长街拓宽配套、公园南路建设、汉丹市场北路改造等工程,累计完成砼路面 6 万平方米。二是完成了城区三期排水治理工程,延伸改造排水管网 5000 米。三是铺设供水管网 6000 米。四是完成城区公共植树6.5万株,植草1.5万平方米,庭院绿化达标率 85%。五是新建公厕中转站 2 座,新增垃圾容器 30 多个。2000 年,环保工作全力打好“一控双达标”攻坚战,全市环境质量总体保持稳定。工业废水排放量比上年减少 23.8%,二氧化硫排放量减少 0.1%,烟尘排放量减少了24.3%,工业固体废物产生量和排放量比去年略有下降。2000年,公安工作开展了"严打"等一系列专项斗争,为人民生活营造了良好的治安环境。依法打击"法轮功"顽固分子50人,按照"双线、双位包保责任制"教育转化了一批"法轮功"人员。破获各类刑事案件641起。成功解救被拐妇女675人、被拐儿童27名。查处各类治安案件440件,处理违法人员866人。

2001年,城乡居民收入稳定增长,生活水平逐年提高。农村人均纯收入2154元,比上年增加34元,增长1.60%,农民人均可支配收入2128元。农村居民人平生活费支出1049元,比上年下降14.09%。全市从业人员劳动报酬21153万元,其中在岗职工劳动报酬20534万元。全市从业人员年人平工资6020元,同比增长13.61%;在岗职工人平工资6095元,同比增长12.89%。社会保险覆盖面进一步扩大。2001年,全市为3001名国有企业下岗职工发放基本生活保障金836万元,累计征收社会保险费2394万元,发放社会保险金2783万元。社会化发放率达100%。城镇居民最低生活保障对象338户,649人。全市有"五保"对象1613户、1659人,集中供养408户,分散供养1251人。全市有一类福利院2所,二类福利院3所。城市基础建设进一步完善,市容市貌有较大改观。完成了环城路、汉丹中路、车站路改造和车站站前广场拆迁工程;完成平洑线路基建设;对海子河上游进行了综合治理,对老城区12条下水道进行了清淤。环保工作取得新成效。全市共投入污染治理资金250万元,工业废水排放量比上年增加5.1%,二氧化硫排放量增加10.2%,烟尘排放量减少32.0%,工业固体废物产生量和排放量分别增长了15.4%。2001年,政法部门狠抓了维护稳定、严打整治、社会治安综合治理等各项工作,为经济建设和社会发展创造了良好的社会治安环境。全年共破获"法轮功"案件31件,破获各类刑事案件1499起。成功破获了"1.30"特大抢夺案、"4.26"特大杀人案、"8.6"重大抢劫出租车案等。摧毁各类恶势力团伙53个,其中黑恶势力团伙21个。

【举办文化旅游月活动】 1999年,市委、市政府把旅游业作为新的经济增长点来抓,成立了旅游产业领导小组,组织专班开展旅游资源调查,形成了《安陆文化旅游发展方案》。市政府筹措资金重点进行了白兆山国家森林公园和钱冲银杏旅游风景区的建设。在白兆山修立了山门,恢复了白云泉、绀珠泉景观,建立了山顶小游园,拉通了联系各景点的步道。市委、市政府在9月份成功地举办了"文化旅游月"活动,9月7日召开了动员大会。文化旅游月期间,国内外有近万名游客云集安陆。由政协文史委组织编写的《安陆风情》一书在文化旅游月期间面世。

【建立太白广场】 太白广场位于繁华市区中心,占地面积约1.2万平方米。广场内分布有常青草坪,摆放有四季花卉,绿地率达36.5%,铺设有火烧花岗岩道路4073平方米。广场中央设有隐形彩灯音乐喷泉,是一座集市场健身、休闲、小型集会、观光、游览于一体的多功能、高标准、开放型、绿地式音乐广场。在全省为第二个,在县级市尚属首例。

【安陆市被评为"全国银杏之乡"】 2000年3月,经国家林业局批准,安陆市被评为"全国银杏之乡",是湖北省唯一获此称号的县市。

【安陆市被确定为"全国经济林示范县"】 2000年8月,安陆市被国家林业局确定为"全国经济林示范县",为全省获此殊荣的3个县(市、区)之一。

【安陆市城区禁止燃放烟花爆竹】 安陆市人民政府于2001年7月17日发出《通告》,在市城区全面禁止燃放烟花爆竹。城区禁鞭区域:以老城区为中心,东至金秋大道中心线,东北至安丰达公司;西至府河;南至一中南路——安卫铁路——河沙铁路,西南至涢水大道——虹桥;北至解放大道北面的临街门面——316国道樣山河桥。《通告》自2001年10月1日起施行。

【安陆市第一高级中学迁建】 安陆市委、市政府于1999年3月正式决定迁建一中。按照45个教学班、2500名学生的办学规模进行规划。新建的安陆一中位于316国道旁边,占地面积286亩,校内总建筑面积5.5万平方米,整个工程的投资7000万元左右。迁建工程于2000年3月动工,同年5月8日举行迁建工程奠基仪式,于2001年10月竣工。

【市残联荣获全国残疾人扶贫先进单位称号】 1998年至2001年间,安陆市残疾人联合会先后投资兴建了市益智泉饮品制造厂,年产值110万元,安残人数21人;丰华彩印公司,年产值74万元,安残人数19人;白云棉业,年产值36万元,安残人数16人。"九五"时期,在市城区可就业的残疾人约1450人,通过各种方式解决了1130名残疾人的就业问题,占安置对象的80%左右,其中分散按比例就业92人,集中就业190人,城镇个体就业848人,收缴残疾人就业保障金96万元。为此,市残联被国务院扶贫开发领导小组、财政部评为全国残疾人扶贫先进单位。

安陆市委、市人大、市政府、市政协领导成员名单

市委书记 栾春海

市委副书记 吴方成 阎春文 沈章银 胡长春 张光勇

市委常委 栾春海 吴方成 阎春文 沈章银 胡长春 张光勇 高家启 王东明 张金国 刘建明 李超群 罗万生 龙方银

市人大主任 苏 进

市人大副主任 王绍法 徐国屏 吴克超 李家郢 薛智勇

市　　长　吴方成
副 市 长　张光勇　刘建明　钱波东
　　　　　范庆亮　夏义武　喻　辉
　　　　　周又生(市长助理)
政协主席　涂文和
政协副主席　胡奠基　王忠新
　　　　　季家清　施大顺
　　　　　施方青

安陆市直部办委局负责人名单

一、政府组成部门

市政府办公室　刘从国
市国土资源局　赵显毅
市建设局　孙瑞杰
市交通局　周宗德
市教育局　涂友明
市财政局　余小林
市经贸局　杨晓林
市科学技术局　周申俊
市劳动和社会保障局　严世安
市民政局　刘爱萍
市农业局　杨兴元
市人事局　周俊萍
市审计局　张德安
市水利局　张耀明
市司法局　胡国生
市统计局　万立学
市卫生局　涂国安
市文体局　曹成海
市计划生育局　彦文奇
市发展计划局　樊　承
市粮食局　殷道国
市公安局　杨少荣

二、市委工作部门

市委办公室　李超群
市委组织部　高家启
市纪委　王东明
市委宣传部　罗万生
市委政法委员会　胡茂书
市委统战部　季家清

三、安陆市人大、政协

市人大办　魏春林
市政协办　蒋家宏

四、安陆市群团组织

市总工会　薛智勇(兼)
市妇联　段春梅
市团委　朱丽玲
市残联　杨新见
市工商联　王勇强
市文联　宋中俊
市科协　肖家文

五、政法机关

市检察院　胡国想
市法院　黄世华

六、议事协调机构

市编办　李冬桥
市人防办　李正富

七、市委、市政府直属事业单位及部门管理事业单位

市环保局　董身波
市林业局　秦仁宗
市企业局　魏国安
市经管局　陈大勋
市广电局　潘水平
市畜牧局　秦应波
市招商局　徐落成
市旅游局　邹红平
市档案局　王清林
市行管局　董修润
市水产局　吴　强
市农机局　刘登爱
市驻汉办事处　张开华
市老龄委　刘伯平
市委党校　沈章银(兼)
市党史方志办　汪　洋
安陆日报社　田晓耀(兼)
市经协办　柳有才
市投资管理公司　高在胜
市供销社　徐高文

八、部门管理机构

市物价局　方光海
市委老干部工作局　施春明

九、其他机构

市外贸局　金锡炼
市农村工作领导小组办公室　苏长华
市“610”办公室　李绵楚
市扶贫办　黄金洲
市房改办　刘国强

十、国家直属部门

邮政局　施厚明
电信局　程增安
电力局　左　军
工商局　胡国平
国税局　廖光明
地税局　宋天庆
烟草局　张书贵
石油公司　寇泽安
人　行　孙治彦
工　行　黄乐年
农　行　熊俊文
建　行　段琼玺
农发行　杨菊堂
联　社　罗来运
中　行　杨义太
财　保　徐爱国
寿　保　谢朝华
移　动　滕五毛
国家粮食储库　甘家栋
气象局　汪天国
技术监督局　廖　鸣

【府城办事处】 府城办事处总面积13.6平方公里,下辖7条街道,5个行政村,34个村民小组,共有人口92224人,其中农业人口3573人,总耕地558.6亩。2000年,全处实现社会总产值99582万元,实现财政收入1003.6万元,村级集体纯收入726万元,农民人均纯收入2383元。府城经济以工业为主,粮食机械制造、五金线路器材制造、造纸和编织纺织是府城四大支柱产业。1999年来,处党委大力实施“以工强处”战略,立足优势抓招商引进,两年共引资金10310万元。2000年全处共有企业609家,实现企业总产值99273万元,利润3801万元,税金1000万元,其中集体企业实现产值48643万元,私营企业实现产值18265万元,个体企业实现产值32365万元。处党委围绕农民增收,发展效益农业,减少粮食种植面积,扩大蔬菜种植面积。河西村发展大棚蔬菜200亩,凤凰村投资近200万元改造冷浸田100余亩。2000年全处实现农业总产值309万元,其中多种经营275万元。全年粮食产量391吨,

生猪出栏1683头。全处基础设施建设得到大发展,村村实现了通水、通电、通路。有2所初级中学,6所小学,学校教学楼、综合楼及实验器材配套齐全,在校学生7413人,专职教师432人,适龄儿童入学率100%。2000年,府城党委被湖北省委组织部评为"六好乡镇党委"。1999～2000年连续两年被孝感市委、市政府评为"社会治安综合治理先进单位",被安陆市委、市政府评为计划生育工作先进单位",人口出生率8.81‰,计划生育率100%。2000年被孝感市政府评为"村民自治模范单位"。

2001年4月2日,原府城办事处和原北城办事处合并,组建新的府城办事处。新的府城办事处国土面积31.6平方公里,下辖16个村民委员会,115个村民小组,人口119290人,其中农业人口16946人,总耕地4416.37亩。2001年,全处实现社会总产值155959万元,财政收入1413万元,村级集体纯收入1720万元,农民人平纯收入2509元。2001年共引进项目64个,到位资金9787万元,完成永祥粮机扩能、碧山粮机扩能、长安管形铁塔、桂竹庄园、六福庄园、太白美食娱乐城骨干项目。企业改制上,通过租赁、破产重组、买断等多种形式,使处直43家企业盘活面达90%以上,企业改制面超过70%,永祥粮机、碧山粮机、四方集团、白涢化工,鑫鑫机电等一批重点民营企业规模不断扩大。全处2001年实现企业总产值154001万元,税金1621万元,其中集体企业总产值76154万元,民营企业总产值77847万元。农业发展上继续推进农村经济结构调整,围绕"减粮、降油、扩菜、兴特"八字方针,全年粮食面积比上年调减1000亩,蔬菜、药材、草莓、林果等经济作物面积调增1000亩,养猪、养鸭、养兔、养鱼等养殖业逐渐形成规模。2001年,全处实现农业总产值1958万元,其中多种经营1785万元。全年粮食产量2267吨,生猪出栏6510头,肉牛189头,兔300只,家禽出笼26900只,其中鸡18100只,鸭6800只,鹌鹑2000只。有中学3所,小学12所,在校学生10134人,专职教师572人。2001年3所初中共向高一级学校输送892名合格新生,中小学学生参加各项竞赛获奖800余人次。府城党委被孝感市委、市政府评为2001年度"全市农村'三个代表'重要思想学习教育活动先进单位"。计划生育工作被安陆市委市政府评为"先进单位",人口出生率9.20‰,计划生育率为99.9%。社会治安综合治理工作取得进步,被安陆市委、市政府评为"社会治安综合治理先进单位"。

党委书记 陈三宝

主　　任 周新明

【南城办事处】 南城办事处是安陆市的南大门,316国道、汉丹铁路及已开工建设的"汉十"公路纵贯全境,交通十分便利。全处国土面积44平方公里,耕地面积19472亩,下辖19个行政村,总人口20551人。境内粘土、玄武岩、河砂储量大,农业资源丰富,是安陆特产"南乡萝卜"的主产地,年种植面积6000亩,总产量15000吨。畜禽养殖独具特色,西部沿府河一线是黄牛养殖的集中地,全处养殖黄牛2000头,蛋鸡、肉鸭养殖已形成规模,蛋鸡存笼量40万只,肉鸭年养殖总量45万只。近年来,党委、办事处加大招商引进力度,从本地和外地引进了鑫鹏铝业公司、南城砖瓦厂、精灰厂、金煌琉璃瓦有限公司等一批骨干企业,在316国道沿线已基本形成建筑建材一条街。全处19个村已实现村村组组通电话、通有线电视。有2所中学,13所小学,学生在校人数4000人,专职教师200多人。有文化活动中心1个、卫生院1所、卫生所3个。1999年、2000年、2001年连续三年被市委、市政府授予社会治安综合治理先进单位。

党委书记 刘宗铭

主　　任 胡分洪

【棠棣镇】 棠棣镇有国土面积83平方公里,耕地面积34590亩,其中水田26890亩,旱地7700亩。全镇辖30个行政村,217个村民小组,总人口30144人,其中非农业人口3296人,境内有安袁、周天、花盛3条省县级公路纵横交错,市2、3路公共汽车在东部十余村开通,交通十分便利,即将兴建的"汉十"高速公路穿全境。境内土地肥沃,物产丰富。银杏,猪禽渔羊,庭院种植等农业产业基地已形成规模,银杏系列产品享誉省内外,银杏叶出口欧美,府河沿岸河砂取之不尽。新兴达彩瓦厂、长生树有限责任公司、园星实业有限公司等支柱乡镇企业蒸蒸日上,带动全镇40多家民营企业发展。境内11万伏变电站,电力充足。通讯设施完备,安装了装机容量1300门的数字程控电话,境内建有3处手机信号接收站。2000年,全镇设立中学2所,小学13所,幼儿园1所,在职教师296人,学生4500余人,全镇九年义务教育普及率达100%。2001年,实现了农村医疗"一体化办医",进一步改善了办医条件。社会治安环境良好,计划生育率达到100%。2001年,全镇完成农业总产值9455万元,其中多种经营产值6880万元,全年粮食总产21360吨,油料总产1439吨,生猪出栏22572头,家禽出笼55万只,成鱼产量1700吨,实现工业总产值9195万元,财政收入323.8万元。2001年底被安陆市委、市政府评为先进乡镇。

党委书记 刘小贵

镇　　长 梅德华

【雷公镇】 2001年4月,原雷公镇与原双河镇合并,成立新的雷公镇。新雷公镇地处安陆市西部,国土面积120.2平方公里,全镇34个行政村,1个居民委员会,279个村民小组,10381户,农业人口36492人,总耕地面积40166亩,其中水田32800亩,旱地7366亩,现有小Ⅰ型水库5座,小Ⅱ型水库7座。境内资源丰富,北部以山区为主,森林覆盖率达50%以上,年生产石灰50吨。南部以丘陵为主。1999年,党委政府大力开展农业结构调整,形成了生猪饲养、地产酒酿造加工、银杏种植、瓜果栽培、鲜鱼生产等产业格局。即西部形成长冲村、柏桥村酿酒基地、生猪饲养基地,西南部形成庙岗、祖寺等村银杏叶园基地,马庙、汤阳等村为主的瓜果基地,以兔子坡水库、长冲水库、陡坡水库为主的鲜鱼生产基地。实现年产白酒 200 吨,银杏干叶 15 吨,生猪出栏4.5万头,瓜果 30 万公斤,鲜鱼 20 万公斤。通过租赁,拍卖等方式,转换企业经营机制,组建了水泥厂、禾米精米厂、茶叶集团公司、马庙红砖厂、雷公红砖厂、双河酿酒厂、屋宇银杏健品公司、安奇纺配厂,就业人员 500 多人,带动 2000 个农户创收致富。2001 年,人均纯收入 2500 元。交通邮电事业发展迅速,主要公路黑色化。全镇村村实现程控电话,装机 800 部,移动通信发展较快,建移动网站 2 座,联通网站 1 座,农网整改完成 80%。教育事业蒸蒸日上,全镇 2 所中学,19 所小学。学校教学楼、综合楼及实验器材配套齐全。计划生育工作名列全市前茅,人口出生率 4.30‰,计划生育率 100%。积极开展文明村镇创建活动,2001 年地税所、信用社被评为市级“双文明单位”,财政所被孝感市评为“双文明单位”。有 5 个村,3 个部门被市综合治理委员会命名为安全文明村,安全文明单位。

党委书记 何国万

镇　　长 樊勤德

【烟店镇】 烟店镇位于安陆的西北部,国土面积110.35平方公里,40 个行政村,272 个村民小组,4.3万人,4.4万亩耕地,是个人多田少的农业乡镇。

近几年,镇委围绕农业增效、农民增收、财政增收的要求,充分利用畈、山、丘三大地形特点,实施调整一产业,提高二产业,壮大三产业的富镇强民战略,收到明显效果。调整一产业,即稳定粮食生产,在畈区和丘陵区兴办白店、程巷两个万亩优质稻生产示范畈。在畈区带扩大大棚种菜面积 2000 亩。发展药草种植面积 2000 亩。在丘陵带推行牲畜良种、良料、良法的“三良”养殖法,大力发展养猪业,年循环饲养量达到5.5万头,人平养猪达到1.1头。提高二产业即利用丘陵带粮食充足的优势,发展粮食加工业,兴办粮食加工厂 5 个,组织农户兴办打豆腐、做油面、榨油家庭小作坊 800 个,竹木器、绣花、根雕等工艺生产点 200 个,同时利用山大石头多的优势,开山炸石,发展片石场 20 个,碎石场 3 个,石灰窑 15 条。壮大三产业即一是抓住“汉十”公路过境烟店的机遇,动员和组织群众参与汉十公路建设的同时,狠抓服务建设,在车辆运输、餐饮、山石沙等资源开发上大做文章;二是发挥烟店在外打工工头多、时间长、战线广等优势,利用乡情、亲情和感情关系,发展打工经济,人数由 1998 年的 5000 人增加到 2002 年的 8000 人,人平年均创收 1200 元。

2000 年,被省科技素质工程领导小组授予科普示范乡镇称号,同年,孝感市委市政府授予烟店镇科技先进乡称号。粮食收储公司、经管站、兽医站、民政办、卫生院 5 个单位分别被有关部委表彰。基础教育扎实,2000 年被授予“红旗单位”称号。程控电话受话 2400 门,移动和联通相继在烟店建站,孝襄公路建设已开工,白兆山已作为安陆旅游业重要景点进行开发。

党委书记 殷道国

镇　　长 郑亚洲

【孛畈镇】 位于安陆市西北部,国土面积 116 平方公里,人口 37022 人,8842 户,耕地面积2.61万亩,山场面积 12 万亩,全镇辖 31 个行政村,1 个街道居委会。2001 年工农业总产值 1728.5万元,村平集体经济纯收入 789 万元,财政收入 330 万元,农民人平收入 2101 元。党委政府围绕“农村、农业、农民”大力推进农业产业化进程,发展种畜、食用菌生产,实施绿色致富工程;发展小城镇建设。在全镇,形成各具特色的四大区域经济。三里成为以食用菌为龙头,板栗、柿子、银杏等林果特为重点的林果经济区,每年外销柿子、板栗、鲜香菇、银杏在 4000 吨以上。孛畈形成以运输业为龙头,商业饮服为重点的二、三产业区。青龙形成以优质稻、皇竹草为龙头,以养鸡、养鸭、养猪、养羊、养鱼为重点的经济区;张畈发展成为以早、鲜、嫩蔬菜为龙头,棉花,豆类油料为重点的多种经营区。2001 年,全镇计划生育率 100%,人口出生率8.1‰,自然增长率1.5‰。“文明创建”活动深入开展,全镇刑事发案率低于 0.7‰,治安模范村、模范单位达 90%。街道绿化率 30%。“十星级文明户”创建工作开展顺利,100%的村 95%的农户挂上十星牌。2001 年,粮食产量 17362 吨,油料205.4吨,蔬菜 3104 吨,柿子135.2吨,板栗24.7吨,银杏6.5吨,食用菌11.6吨,多种经营产值达 5360 万元。从 1999 年开始,全镇每年人均栽植 10 棵果树,用 5 年时间实现人平拥有 50 棵果树,发展经济林 2 万亩。2001 年生产食用菌 250 万袋,创产值 2500 万元。创办种草养羊基地,种植皇竹草,发展养羊业,使种草养羊成为孛畈镇支柱产业。积极引导农民进集镇经商,投资 100 万元对三里集镇进行了改造建设,建成了长 1000 米、宽 25 米的商贸街和长 200 米、宽 25 米的林果特集贸市场,年成交林果产品 4000 吨,交易额达 2500 万元,成为周边 3 县市 5 乡镇方圆百里的板栗、柿子、食用菌、药材集散地。孛畈集镇经过 3 年发展,安装了路灯,浆砌了花坛,栽植了樟树,做到亮化、绿化、美化。境内交通发达,公路总长 300 余公里,形成全镇公路大循环。镇内中巴客车 65 台,每三分钟有一辆中巴客车从孛畈开往安陆市城区。私人拥有运输车 180 台。全镇年用电总量 300 万千瓦时,拥有程控电话 1200 门。文教卫事业迅猛发展,建成孛畈无线电视台,开通三里、孛畈两个集镇的有线电视。电影放映送到农家,全镇有中小学 26 所,成人文化学校 1 所,在校学生 6120 人,教职工 210 人,其中高级职称 7 人,中级职称 106 人。有镇卫生院 1 所,中心卫生所 4 所,农村卫生所 4 所,农村卫生人员 110 人。

党委书记 胡亚雄

镇　　长 吴以安

【洑水镇】 洑水镇位于安陆市北部，距市区7公里。境内汉丹铁路、平洑公路、安花公路、316国道纵横交错，交通十分便利，区位优势明显。

全镇国土面积117.2平方公里，其中镇区3.5平方公里，总人口4.4万人，耕地3.8万亩，辖1个居委会，32个行政村，是国家建设部小城镇建设试点镇，湖北省第一轮、第二轮小城镇综合改革试点镇，孝感市第二届小城镇规划建设管理“天仙”奖城镇。

洑水镇经济发展具有良好基础，有各类民营企业46家，其中投资过百万元的企业12家，过300万元的企业3家。主导产品有金佛手茶酒、钓鱼王鱼饵、砖瓦河沙、豪华家俱、精制面粉等。中心集镇有占地5000平方米的商品市场，固定摊位180个，门店120家，商贸繁荣，市场活跃。境内有七里河农业现代化试验区，初步形成四大基地，以中国香稻为主的优质商品粮基地，以青梅、金水梨、冬枣为主的林果基地，以三合水库、乱石河渔场为主的渔业基地，以黄牛、优质三元杂交猪为主的养殖基地，2001年全镇实现工农业总产值3.5亿元，乡镇企业产值5.8亿元，预算内财政收入444万元。

洑水镇基础设施日臻完善。拥有35KVA变电站两座，邮电、通讯实施了交换程控化，传输数字化。村村安装了程控电话，装机容量达到3000门，移动通讯、无线寻呼网络齐全，国际联系方便快捷。基本实现了主要公路黑色化。村组公路晴雨化。中心集镇由1.8平方公里扩展到3.5平方公里，道路硬化率100%，给排水设施齐全。

洑水镇文化教育事业蒸蒸日上。有1所高中，2所初中，19所小学，学校教学楼，综合楼及实验器材配套齐全。有广播电视差转站1个，有线电视用户达450户，文化体育活动中心1处，电影院1座，卫生院1所，农村医疗室设备完善。镇连续3年被安陆市委、市政府授予“先进乡镇”称号。

党委书记 严世安
镇　　长 陈　强

【赵棚镇】 赵棚镇位于安陆市东北边陲，吉阳山南。农产品有大中蒜、中药材、花生、桃李、板栗、银杏、芝麻、红苕。特别是吉阳大蒜皮白、瓣大、色美、味鲜，具有极高的食用、药用价值，具有除脂、降血压功效。中药材薄荷、板兰根种植面积达5000亩，具有较高的经济价值。该镇国土面积112.4平方公里，辖40个行政村，307个村民小组，8301户，4.2万人，耕地面积37163亩，可养水面6000亩，有小Ⅰ Ⅱ型水库21座，山场面积64800亩，是典型的农业大镇。该镇大力实施农业结构调整，以崔沟百亩药材基地为龙头带动全镇药材产业的发展，以陶庙等村千亩大蒜基地为龙头带动崔兴万亩大蒜基地建设。全镇完成工农业总产值38532万元，常年生猪出栏4万头，肉牛出栏3000头，家禽出笼58万只，肉兔出笼30万只。工业发展迅速，全镇工业企业14家，已形成塑料制品厂，建筑机制厂，饲料加工厂，食品加工厂等骨干的企业群体，镇骨干企业吉阳大蒜制品有限公司年生产能力可达50万公斤，创产值200万元，其主要产品有吉阳甜蒜、蒜粉、蒜蓉辣酱，深受消费者青睐，远销省内外沿海大中城市。招商引进每年有新的突破，年引资额达千万元以上。赵棚镇基础设施日趋完善，自来水厂消毒设备完善，集镇建设得到加强，继续巩固了东大街建设，新建了南大街(工业一条街)，同时新建了杨兴、陶庙、施湾、吉阳等中心村，新修了北十村循环公路，升级了西五村公路，实现了全镇公路四通八达，晴雨通车。开通程控电话1315部，村村通了电。文化教育、卫生迅猛发展。全面实施九年义务教育，公民的文化知识普遍提高。

党委书记 崔军义
镇　　长 熊村清

【木梓乡】 木梓乡是安陆西南的边缘乡镇，辖23个行政村，1个场，204个村民小组，5300个农户，23500人，10700个劳动力，版图面积86平方公里，耕地面积3.7万亩，其中水田3万亩。

近几年，全乡农业结构调整步伐加快，发展“高产、高质、高效”农业的优势明显增强，初步建成了3000亩桑蚕基地，2000亩茶叶基地，1000亩大棚西甜瓜基地，其中以“黄鹤冲”绿茶、“碧云仙”牌野生茶为代表的蚕茧、茶叶、西甜瓜等特色品牌产品远销内地及沿海大中城市市场。全乡10余座中小型水库实现综合开发。常年母猪存栏5000头，年销仔猪10万头，是安陆的“生猪大乡”。以红砖厂、制茶厂、精制石灰厂、建材公司、粮油贸易公司为代表的乡办企业实力不断增强，发展势头强劲。全乡招商引进工作每年都有新的突破。全乡基础设施完备，以5条乡级公路为骨架，实现了乡级公路黑色化，村组公路晴雨化，基地公路循环化，自然湾公路网络化。村村完成了低压整改，开通了程控电话。科技、教育、文化、卫生、广播电视事业发达，投资500万元，建成了20座教学大楼，全面实施了九年义务教育；公民的文化知识普遍得到提高，卫生保健已经达标；乡建立了有线电视转播站，极大地丰富了人民群众的文化生活。2001年实现农民人平纯收入2400元，实现工农业总产值2.1亿元，其中工业产值1.1亿元，农业产值1亿元，实现商业产值8000万元，年上交国家财政任务350万元。1999年被中共孝感市委、孝感市人民政府授予“小康乡镇”荣誉称号。

党委书记 梅明波
乡　　长 孙长保

【接官乡】 地处安陆市东北部、北抵随州的广水市，是安陆市的口子乡镇，孝感市的北大门。属典型的丘陵地区，南北长11公里，东西宽10公里，版图是不规则平行四边行，国土面积101平方公里，省道平洑公路纵穿全境。辖26行政村，172个村民小组，6644个农村住户，总人口29116人，其中农业人口27791人，当年人口出生率为6.6‰，人口净增率2‰。总耕地面积27581亩，其中水田25655亩，林地面积84478亩，森林覆盖率52.4%，水域面积6963亩。境内农业资源丰富,近几年通过农业结构调整,全乡种植优质西瓜近万亩,2000年被湖北省西甜瓜协会命名为"甜西瓜明星乡镇",享有"西瓜之乡"的美誉。2001年在百年未遇的旱魔面前,全年实现工农业总产值21560万元,其中农业产值6263万元,多种经营产值占农业总产值的84.4%。财政收入278.9万元,农民人均纯收入2182元。近年来,乡党委、政府对乡镇企业通过租赁、拍卖等形式、转换企业经营机制,招商引资579万元,狠抓了接官挡风玻璃厂技改扩能,组建了粮食加工集团,带动了民营经济的发展。2001年乡镇企业总产值实现了1.9亿元,比上年增长14.8%。交通条件进一步改善,乡村循环公路普遍升级,基本实现晴雨通车。邮电事业发展迅速,邮政储蓄突破300万元,程控电话装机容量3000门,装机1263部,移动通讯网络覆盖全乡,移动电话用户达300多户。用电条件得到改善,全乡已完成农电低压整改工程,全年用电量达320万度。文化教育事业蓬勃发展,全乡有线电视差转站2座,有线电视用户达600多户,电影放影队2个,文化书刊门市部3家。全乡3所中学,15所小学,1处成人教育中心,学校教学楼、综合楼及实验器材配套齐全,素质教育得到了强化,中考升学率居全市农村中学榜首,保持了教育强乡的光荣称号,"普九"工作顺利地通过了省、国家检查验收,并被评为市级科技先进乡镇。

党委书记 高清平
乡　　长 朱光锋

【辛榨乡】 辛榨乡位于安陆最南端,地处安陆、云梦、应城三县市交界处,距安陆城关19公里。有国土面积49平方公里。下辖19个行政村,162个村民小组,总人口37924人。全乡耕地面积2.6万亩,可养水面3000亩。1999~2001年,该乡以劳务输出、小城镇建设、结构调整、招商引进多轮驱动促进全乡经济和社会全面进步。3年来,全乡每年劳务输出都在1.2万人以上。初步形成了以辛榨中心集镇为主,以高店、牌楼、孙汪、西河4个小集镇为辅的集镇分布格局,5个集镇总面积按照高起点规划,高标准施工,实现了硬化、亮化、美化,集镇总面积达到6平方公里。全乡已经形成以养殖、棉花、蔬菜、花卉、瓜果为主的内府河东面产业带。以粮食、油料为主的内府河西面产业带。根据加入世界贸易组织后的农业走向,按照趋利避害的原则,全乡多法并举加快畜牧业发展步伐,发展了养鸡大户56户,其中养鸡达5000只以上的大户有7户;养猪、养牛、养羊大户达57户。全乡3年来粮食总产2.1万吨,棉花总产2000吨,家禽出笼275万只。在招商引进方面,3年来共引资2400万元,建成了液化气站、石膏厂、塑编厂、砖厂、花卉苗圃基地,改造了辛榨预制集团公司和辛榨河砂公司,为经济发展注入了活力和增添了后劲。3年来,全乡工农业总产值分别达到4.3亿、4.5亿、4.7亿元,全乡财税收入分别达到255.4、267.4、280万元。全乡开通数字程控电话总容量3000门,装机1200部,分别开通了中国移动和中国联通的移动通信信号插转传输器,两家移动通信公司的信号可覆盖全乡。

经过教育体制改革后,全乡设立幼儿园1所,小学9所,其中完全小学4所,初小4所,高小1所,初中1所,学生在校人数5000人,教师220人。有广播电视差转站1个,能自办各类电视节目,广播电视覆盖全乡。有文化活动中心1处,有电影院1座。全乡于2001年7月实行医疗体制改革,实现"一体化"办医,设立卫生所9个和1个门诊部,全乡初级卫生保健实现了新突破。

党委书记 刘发平
乡　　长 蒋　峰

【李店镇】 李店镇地处安陆市东郊。全镇共辖28个行政村,国土面积64.1平方公里。人口3.5万。1999年、2000年、2001年的农业总产值分别为5815万元、6218万元、6266万元,工业总产值分别为21649万元、15200万元、18061万元,财政收入分别为324万元、321万元、352万元,人均纯收入分别为2141元、2116元2119元。李店镇是近几年崛起在316国道旁的明星乡镇,连续3年被市委、市政府评为村镇建设先进单位。

李店镇河渠纵横,排灌泵站、水库、塘堰星罗棋布,水资源丰富。大量的优质粘土,使镇内的四大砖厂的红砖供不应求。"碧涢牌"、"中国香米"等优质米光洁纯净,米质精良。基础设施,日臻完善,二座22万10KV高压专线的拉通使李店成为全市唯一的不夜镇。数字式程控电话直拨海内外。医疗卫生、科技教育文化、广播、娱乐等服务设施发展迅速。70米宽的碧涢大道延伸该镇,为李店楚跃小区的开放开发奠定了基础。市委、市政府已批准建设的楚跃民营经济园区已实现"四通一平",发展势头良好。

在经济建设方面,李店镇党政一班人,抢抓机遇,乘势而上,展绘强镇富民宏图,围绕五大支柱产业,实施"以农稳镇,以工强镇,以商活镇,科教兴镇,民营富镇"的发展战略,初步形成了以汉水化工高级电焊剂为龙头的化学工业体系,以砖厂、预制厂、铸造厂为龙头的建材工业体系,以富丽水产品批发市场为龙头的水产品集散基地,以王店水库为龙头的鱼、禽、猪立体养殖体系。拳头产品铝粉、铝粒、铝豆、电焊剂、金桥饲料、铸造配件等倍受用户亲睐,销售网点辐射全国。

镇党委书记 涂文保
镇　　长 李　昶

【王义贞镇】 地处安陆、京山、随州三县市交界处。安(陆)坪(坝)公路从境内穿过。镇治所在地王义贞镇集镇距安陆城关35公里。全镇总面积为134.34平方公里。版图呈现蝴蝶形。下辖3个管理区28个行政村和一个街道居委会,198个村民小组,总人口33159人,其中非农业人口4898(含自理粮人口)。全镇耕地面积38216亩,其中水田29827亩,坡地8389亩,水田3.4万余亩。

王义贞是一个光荣的革命老区镇。抗日战争时期李先念曾在此战斗过三个春秋,新四军五师1941年在此诞生。1999年、2001年镇党委两次被中共湖北省委命名为“先进基层党组织”;2001年7月1日中共中央组织部命名王义贞镇为“全国先进基层党组织”。

王义贞镇以银杏生产年代久、规模大、技术新、发展快的特色饮誉中华大地,享有“中华银杏第一镇”的美誉。境内有华中地区乃至全国最大的古银杏群落,群落区面积达60多平方公里,千年以上古银杏48株,500年以上1180株,100年以上达4370余株。其中钱冲古银杏树龄2000多年,六人合抱,至今苍劲葱茏,生机勃勃。1984年,中科院武汉植物所来此考察认为,“该地区群落之大、数量之多、年代之古老,在华中乃至全国实属罕见。”90年代以后,新开发建成了银杏大基地、银杏小庭院5万余亩,定植银杏300余万株。

王义贞镇按照把银杏加工、银杏旅游、银杏科技、银杏商贸、银杏苗木当产业来开发的思路,加速实施“主打银杏牌,建设银杏镇”的银杏特色经济发展战略。已开发银杏香枕、银杏叶茶系列产品,曾荣获省政府湖北工业精品名牌展销会金奖、农业部科技进步奖、省政府优秀新产品奖,市场前景广阔。与华中农业大学合作研制开发出银杏膨化食品、速溶食品、方便菜肴等系列食品,项目倍受投资者青睐。银杏生态旅游区开发建设已按照规划,全面展开交通、通信、景点及服务设施建设。部分投资者已捷足先登,开始投资建设配套服务设施,一个以“千年银杏,万种风情,生态旅游,自由世界”为特色和主题的钱冲生态旅游区,正在开发建设中。

全镇2001年工农业总产值1.2亿元。全镇开通程控电话总容量为2000门,装机1000部,实现了传输光纤化、通信程控化、数据信息化。有达标的中小学16所,学生6000余名,教师280余人。全镇儿童入学率为100%。有广播电视差转台一座,能自办各类电视节目,广播电视覆盖率为80%,有卫生院1所,卫生所15个,全镇初级卫生保健已达标。

党委书记 黎清海
镇　　长 蔡家俊

【巡店镇】 巡店镇地处安陆市西南部,2001年4月原巡店镇、桑树乡区划合并为巡店镇。有国土面积101平方公里,其中镇区面积4.5平方公里,下辖34个村,2个村级林场,244个村民小组,10539户,总人口15349人,其中农业人口30376人,总耕地面积40383亩,其中水田29600亩,是一个典型的农业乡镇。

巡店镇境内资源丰富,商贸繁荣,素有“小汉口”、“安陆粮仓”之美誉。1998年以来,镇委、政府立足资源优势,加快农业结构调整步伐,形成了具有本地特色的支柱产业。先后开发府河、漳河河滩意杨基地3000亩,兴办甘聂银花基地1000亩,改造老林果园6500亩,兴建柚桃基地1000亩,蔬菜种植面积发展到5000亩。王银水百头良种母猪繁殖基地、李志福万只鸡场等有效带动和促进了全镇养殖业的发展。1999年实现农业总产值11037万元,粮食总产35504吨,棉花总产60吨,油料总产2015吨。2000年实现农业总产值11234万元,粮食总产30729吨,棉花总产190吨,油料2602吨。2001年全镇完成农业总产值17905万元,其中多种经营产值14346万元,占农业总产值的80%。粮食总产达到27164吨,棉花总产154吨,油料总产1842吨,水产品产量3241吨,生猪出栏3.8万头,禽蛋产量1638吨,蔬菜产量27660吨,果品产量2140吨。全镇招商引进成效显著,1999～2001年,全镇招商引资额达到5000万元,河沙开发、建筑劳务输出、蔬菜加工、砖瓦建材业已成为支柱企业。全镇乡镇企业总产值1999年完成27346万元,2000年完成39258万元,2001年完成48527万元。全镇财政收入1999年完成373万元,2000年完成375万元,2001年完成480.6万元。农民人均纯收入1999年达到2316元,2000年达到2328元,2001年达到2569元。

基础设施建设不断完善,服务功能进一步增强。到2001年底,全镇有巡店、桑树、洪山三大集镇,水、电、路、路灯、花坛、下水道等设施均配套到位。对11万伏变电站设备进行了更新,供电能力,安全性得到增强。程控电话装机容量扩大到3000门,中国电信、中国移动、中国联通分别在镇区建有信号差转台。投资1000万元,日供水能力700吨的镇第二自来水厂正在筹建中。

文教卫生事业蓬勃发展,社会政治稳定。到2001年底,全镇有中学2所,小学18所,幼儿园1所,有在校学生7122人,教职员工400余人。投资50余万元的镇文体中心文体活动不断,镇广播电视服务站自办各类电视节目,极大地丰富了居民的文化生活。镇中心医院、桑树卫生院及农村14个卫生所不断提高服务质量,全镇初级卫生保健成果得到巩固。计划生育从“控制数量”向“优质服务”转变,全镇计划生育率达到100%,人口出生率控制在6.8‰以内。安全文明镇、安全文明村、安全文明单位创建工作深入开展,社会治安综合治理效果明显。2000年被省综治委授予“全省社会治安综合治理先进单位”。

党委书记 艾德斌
镇　　长 胡明刚

(李传芬)

大悟县

【概况】 1999年,全县辖5乡14镇,国土面积1985平方公里,耕地面积38.5万亩,全县年末总人口620494人,其中:农业人口535607人,非农业人口84887人,分别占总人口的86.3%和13.7%。全年出生人口5446人,人口出生率为8.82‰,全年死亡人口3363人,死亡率为5.45‰。人口自然增长率3.37‰,人口净增长率4.9‰。2000年,全县总人口数602439人,其中:农业人口515166人,非农业人口87273人,分别占总人口的85.5%和14.5%。全年出生人口5080人,人口出生率为8.4‰。全年死亡人口3747人,死亡率为6.2‰。2001年4月,经省人民政府同意,大悟县乡镇行政区划作了部分调整,撤二郎乡、姚畈乡,分别并入城关镇、宣化店镇。年底全县辖3乡14镇,259村,年末总人口605833人,其中:农业人口513420人,非农业人口92413人,分别占总人口的84.7%和15.2%。全年出生人口4369人,人口出生率为8.85‰。全年死亡人口2217人,死亡率为5.92‰。人口自然增长率2.93‰。

国民经济健康发展,综合实力稳步增长。2001年,全县实现国内总产值29.18亿元(1990年不变价计算,下同)。1999~2001年三年增长率分别为11.2%、11.4%、8.4%。其中:第一、二、三产业实现增加值分别达到7.35亿元、12.8亿元和9.65亿元,分别比上年增长15.9%、12.6%和9.7%,第一、二、三产业结构比例调整为25.2:41.7:33.1。全年工农业总产值41.99亿元,三年增长率分别为25.34%、17.50%、8.3%。全年人平国内生产总值达到4829元,比上年增长9.7%。全年城镇人口可支配收入均达5541元,比上年增长0.7%,人均消费支出为4085元。农民人均纯收入为1519元,主要是因为长期旱灾,农产品产量下降,价格降低、抗旱投入增加,使农民人均纯收入比上年降低5元,下降0.33%,农民人均生活费支出1403元,比上年增长1.7%。

农业生产遭受了历史罕见的特大旱灾,但全县人民克服困难、奋力抗灾、生产自救,使灾害损失降到了最低限度。2001年,全县农业总产值10.82亿元,1999~2001年三年增长率分别为10.61%、4.9%和-3.6%。在农业总产值中,种植业5.10亿元,比上年减少11.9%;林业1.06亿元,比上年减少13.8%;牧业3.79亿元,比上年增长18.3%;渔业8731万元,比上年增长3.1%。粮棉油三项总产值1.51亿元,比上年减少26.8%;多种经营总产值4.55亿元,比上年增长6.8%。全年粮食总产量20.44万吨,1999~2001年减少率分别为0.6%、0.65%、24.1%;棉花总产量225吨,比上年减少38.9%;油粮料总产量1.45万吨,比上年减少37.6%;烟叶总产量249吨,比上年增长19.9%。在主要林业产品中,板栗产量7886吨,比上年减少28.6%;白果产量376吨,比上年减少13.0%;茶子产量323吨,比上年减少16.8%;油桐籽产量683吨,比上年减少16.7%;乌桕产量3500吨,比上年减少16.7%;茶叶产量430吨,比上年减少20%;水果产量3734吨,比上年减少12.2%。全县大牲畜年末存栏24.8万头,比上年增长7.7%,当年出栏24.5万头,比上年增长5.6%;山羊存栏2.13万只,比上年增长28.3%,山羊出栏1.8万只、比上年增长17.6%。年末养兔1.5万只,蜂蜜产量8.6吨,全县猪、牛、羊肉总产量达3.05万吨,比上年增长1.3%,水果品产量1.40万吨,比上年下降6.3%。年末全县拥有农业机械总动力达11.01万千瓦,比上年增长12.2%,大中型农用机械967台,小型农用机械1551台,比上年同期都有较大增长,化肥施用量11216吨,农药施用量241吨,农村用电量5420万千瓦时,比上年增长26.3%,有效灌溉面积达16.42千公顷。

工业生产较快发展,经济效益明显提高。2001年,全县全部工业实现现价产值31.16亿元,1999~2001年增长率分别为15.6%、12.6%、11.9%。在工业产值中,乡及乡以上工业产值14.69亿元(按1990年价计算为14.81亿元),比上年增长1.7%,村及村以下完成16.47亿元(按1990年价计算为13.67亿元),比上年增长22.8%。全部工业现价增加值实现10.51亿元,比上年同期增长14.4%,按1990年变价计算,实现增加值6.95亿元,比上年增长11.38%。主要工业产品产量:磷矿石27.86万吨,比上年减少6.33%;白酒3787吨,比上年增长2.24%;卷烟2.18万箱,比上年减少4.5%;棉布173万米,比上年增长13.82%;服装27.6万件,硫酸27.32万吨,比上年增长24.21%;农用氧、磷、钾肥1.51吨,比上年减少10.4%;水泥6.53万吨,比上年增长14.56%;水泥预制构件6.71万立方米,比上年增长18.62%;砖3441万吨,比上年增长27.5%;自来水479.9万吨,比上年增长14.02%;大理石板材5.45万立方米,比上年增长42.7%;花岗石板材300万平方米,比上年增长42.9%。全县国有及非国有年销售收入500万元以上工业企业产品销售收入达7.86亿元,比去年同期增长3.9%,利润总额达2234万元,比上年同期增长32.1%。

固定资产投资快速增长,基本设施日趋完善。1999年,全县固定资产投资额5.17亿元,比上年同期增长33.24%。其中:全民所有制单位占5221万元,私人建房占8599万元,农村私人生产性固定资产投资占3234万元,房地产投资完成额1180万元。2000年,全县社会固定资产投资总额5.96亿元,比上年同期增长15.28%,其中:全民所有制单位完成3.59亿元,集体所有制单位占9355万元,私人建房占1.07亿元,农村私人生产性固定资产投资占3552万元。在全民所有制单位中:基本建设完成2.54亿元,技术改造完成7025万元,国有零星占3500万元。2001年,全县社会固定资产投资额6.96亿元,比上年同期增长16.84%,其中:全民所有制单位占4.14亿元,集体所有制单位占1.22亿元,私人建房占1.22亿元,农村和城镇私人生产性固定资产投资分别占960万元、2810万元,在全民所有制单位中,基本建设占2.87亿元,技术改造占8193万元,国有零星占4500万元。

电力、交通和邮政通信迅猛发展。"两改一同价"工作全面启动,城网方面已完成220KV站6条10KV出线架设、调整10KV线路10KM,投资近200万元。农网方面完成68个村镇集装改造、整改1.4万余户、新建和改造低压线路148KM,改造台区78台,完成投资1900万元。完成供电量2.47亿度,售电量2.33亿度。京珠高速公路大悟段已完成土建工程总量的82%,累计完成货币量1.8亿元。完成新建油路56.5公里，公路养护完成干支线平均好路率63.7%。全县公路通车里程1169公里，其中：二级公路54公里，三级公路80公里，四级公路740公里。完成客运量555万人次，旅客周转量5.44亿人/公里；货运量331万吨，货物周转量2.92亿吨/公里。全县邮电业务收入2518万元，比上年增长22%，业务收入完成3028万元，两话数量完成4851户，其中：市话数完成2252户、农话数完成2599户。1999年，投入技改资金近2000万元，更新NEC数字交换机。数据通信完成27户，多媒体通信完成101户。移动通信发展1360部，邮政储蓄余额达7600万元，比上年增长40%，特快专递完成1.1万件，报刊流转额完成365万元，比上年增长24.6%，函件完成128万件，比上年增长28.8%，包件完成1.67万件，汇票出口2.3万张。2000年，全县完成售电量2.48亿度，比上年增长6.4%。新建10KV线路101公里，新建低压线路72.8公里，改造10KV线路77公里，改造低压线路133.33公里，新建台区51座、改造台区452座，集装改造用户53987户，直抄农户10324户。全县新建油路18.15公里，路基改造47.09公里。城关中心客运站主体工程竣工。运输企业完成生产营运收入910万元。全县公路通车里程1169公里，其中：二级公路54公里，三级公路80公里，四级公路740公里。完成客运量615万人次，旅客周转量6.29亿人/公里；货运量完成2744万元，比上年增长9.0%。邮政储蓄余额达1亿元，比上年增长42.9%；集邮完成290万元，比上年增长13.3%；特快传递完成1.54万件；报刊流转额完成330万元；函件完成131万件。全县入网电话数量6800户，数字数据通信完成15户，多媒体通信完成890户，BP机完成3125部，IC卡完成21户，来电显示176户，语音信箱完成162户。新增移动机站8个，新增载波数16个，新增信道128个，新增移动电话发展用户4395部。全县共有固定电话2.8万部，移动电话7300部。2001年，全县完成供电量2.49亿度，售电量2.36亿度，比上年增长3.04%。县城区内首次开通公汽。黄土、宋应线路网改造工程已在进行之中。新建三华公路油路47.1公里，京珠高速公路大悟段已于12月5日投入使用，完成优等路10公里，标准路基320公里。全县公路通车里程达1273公里，其中：二级公路109公里，三级公路118公里，四级公路1046公里。完成客运流量621万人次，旅客周转量64951万人/公里，货运量261万吨，货运周转量23845万吨/公里。全县完成邮政业务总量1070万元，比上年增长35%，邮政储蓄余额达1.52亿元；完成集邮290万元，特快传递2.9万件，报刊流转额260万元，函件140万件，包件3万件，汇票收入12万元。通信设施明显改善，新建315个电话村，60个无线市话基站和10个移动通信数字基站。年末，电信本地交投机容量完成43264门，其中实占容量36466门。移动电话用户达12000户。

财政、金融、保险业稳步发展。1999年，全县财政收入1.21亿元，比上年增长16.9%，支出1.35亿元，比上年增长12.7%。社会商品零售总额7.49亿元，比上年增长10.9%。市场物价稳中有降，居民消费品价格指数99%；零售物价指数97.2%，农业生产资料零售价格指数为96.8%。年末全县金融机构各项存款余额为9.56亿元，比年初增长1.10亿元，增长12.94%，各项贷款余额11.03亿元，比年初降低4.18亿元，下降27.5%。全年保险收入达2008万元，比上年增长41.6%。其中：财产保险收入711万元，比上年增长15%，赔付率49%；人寿保险收入1297万元，比上年增长62.1%，赔付率45%。2000年，全县财政收入1.38亿元，比上年增长14.5%，支出1.72亿元，比上年增长13.8%。全年社会商品零售额8.34亿元，比上年增长11.4%。市场物价水平稳中有降，居民消费品价格指数为99.4%，零售物价指数为98.2%，农业生产资料价格指数为97.7%。年末全县金融机构各项存款余额为10.9亿元，比年初增加1.18亿元，增长12.1%；银行存款余额9.45亿元，比年初增加1.32亿元，增长16.3%；各项贷款余额10.11亿元，比年初减少9113万元，下降8.27%。全年保险收入2130万元，比上年增长6.1%，其中：财产保险收入780万元，比上年增长9.7%，赔付率38.8%；人寿保险收入1350万元，比上年增长4.1%，赔付率54%。2001年，全年财政收入1.56亿元，比上年增长12.66%，支出2.11亿元，比上年增长22.7%。全年社会商品零售额9.49亿元，比上年增长13.7%。市场物价水平稳中有降，居民消费品价格总指数为99.4%，零售物价总指数为98.9%。年末全县金融机构各项存款余额为13.48亿元，比年初增加2.58亿元，增长23.7%；银行存款余额11.27亿元，比年初增加1.81亿元，增长19.3%，各项贷款余额12.01亿元，比年初增加7679万元，增长18.7%。全年保险收入4734万元，比上年增长14.1%，赔付率达50.8%；人寿保险收入1843万元，比上年增长36%，赔付率达50.5%。

科技工作不断进步，全面实施科技兴县、大力促进科技与经济相结合。1999年，申报国家、省、市科技项目8个，总投资960万元，建立农业科技项目示范基地5个。全县普通高中在校学生5533人，比上年增长1172人；普通初中在校学生26170人，比去年增加1825人；小学在校学生89756人，比去年增加1298人。适龄儿童入学率为99.88%，适龄少年入学率为95.63%。残疾少儿入学率为88.43%。小学在校学生辍学率为0.05%，初中在校学生辍学率为1.76%，15周岁人口文盲率为零，15周岁人口中初等教育完成率为99.5%，17周岁人口中初级中等教育完成率为94.5%。全县拥有卫生机构62个，病床床位786张，卫生技术人员1798人。2000年，全县高新技术产业增加值1187万元，占规模以上工业企业增加值的4.3%，比上年同期增长2.08个百分点。全县普通高中在校学生7121人，比上年增加1588人；普通初中在校学生29530人，比上年增加3360人，小学在校学生89287人，比上年减少469人。在园幼儿数11370人。全县各类学校教职工人数6615人，在校专职教师5645人。适龄儿童入学率99.92%，适龄少年入学率为97.75%，残疾儿童入学率为88.5%，小学在校学生辍学率为0.05%，初中在校学生辍学率为1.75%，15周岁人口文盲率为零，15周岁人口中初等教育完成率为99.6%，17周岁人口中初级中等教育完成率为95.0%。全县广播电视已基本实现“村村通”；组组通已达42%，无线电视覆盖率76%；无线广播覆盖率62%，有线电视覆盖率67%。全县拥有卫生机构69个，病床床位693张，卫生技术人员1466人。2001年，经专家鉴定验收，全县工业、农业、卫生共创科技成果20项。其中，省登记认定5项，展示产品15项，技术交易额700多万元。大悟进入全国科技合格县行列。全县教育教学质量稳中有升，高考上线人数首次突破千人大关。普通高中在校学生8101人，比上年增加980人，普通初中在校学生31125人，比上年增加1595人，小学在校学生84476人，比上年减少4811人，职业中学在校学生3207人，比上年增加1421人，在园幼儿4882人。全县各类学校教职工人数5801人。大悟一中迁建工程全面启动。全年“三下乡”服务中，送戏30场，送图书12次900余册，送电影4200多场次。编送《科技文摘》50多种1000多份。广播率99%，县电视台开办了《政务聚焦》20期，《党建新苑》10期，上送省台用稿156条，市台用稿320条。同时抓好“村村通工程”，新装有线电视用户3000多户，完成了城关用户“一户一线一盒”网改工程。全县卫生机构69个，病床床位701张，卫生技术人员1479人。

劳动、社会福利事业稳步发展。1999年，全县大力实现和推进再就业工程，安置城镇就业人员1560人，对外输出劳力4400人，征集社会保险基金1051万元，支付社会保险基金903万元。全县从业人员3.25万人，从业人员工资总额1.94亿元，人平年工资总额5999元，比上年增加682元，增长12.8%。全县优抚对象5100人，发放优抚定补抚恤费340万元，赈灾救灾2万人次，救灾款200万元，优待统筹133万元。2000年，全县共为2148人次下岗职工发放基本生活费150万元。实现城镇失业人员就业、下岗职工再就业3220人；组织下岗职工培训1100人，开展职业技能培训、考核、鉴定1739人；受理劳动争议案件15件，结案13件。全县从业人员3.23万人，在岗职工3.14万人，从业人员工资总额2.03亿元，人平年工资总额6344元，比上年增加345元，增长5.57%。全年各类优抚对象4.9万人，发放优抚定补抚恤费600万元，赈灾救灾8万人次，救灾款200万元，优待统筹133万元。2001年，全县指导城镇失业人员就业1656人，实现下岗职工再就业1861人，全县城镇登记失业率为3.35%，发放2342名离退休人员养老金1044万元，发放率100%，受理劳动争议案件15件，结案13件，时效内结案率100%。全县从业人员2.98万人，在岗职工2.9万人，从业人员工资总额1.98亿元，人平年工资总额6575元，比上年增加231元，增长3.6%。全年各类优抚对象5.1万人，发放优抚定补抚恤费6.20万元，赈灾救灾16万人次，救灾款438万元，优待统筹133万元。

【任质斌同志的骨灰撒放大悟】 1999年1月10日上午，县委、县政府、县人大、县政协领导李海华、张杰、陈义万、杨余家、陈春田等同部分离、退休老干部、县直有关部门负责同志在烈士陵园沉痛地为已故中国共产党优秀党员，久经考验的忠诚的共产主义战士，我军杰出的政治工作领导者，原中共中央顾问委员会委员，国家文物局原党组书记、局长任质斌同志举行骨灰撒放仪式，并遵照任老生前遗嘱，同他的亲属一道将其骨灰分别撒在“大悟革命烈士陵园”、“中原突围烈士纪念碑”旁和五岳山上。

【电视剧《徐海东大将》在北京首映】 1999年5月29日上午9时，八集电视连续剧《徐海东大将》首映式在北京人民大会堂广东厅隆重举行。刘华清、李铁映、王光美、任建新、张思卿、万国权、马文瑞等同志出席了首映式。湖北省政府副省长王少阶、孝感市政府副市长赵晓勇和受县委、县政府委托的县委办公室副主任郭瑞平、县政府办公室副主任贺常新也出席了首映式。

【大将遗物归故里】 1999年6月26日，徐海东大将的128件遗物运回县博物馆珍藏，大悟县人民迎来了一份珍贵的精神食粮。

【《中原突围》荣获“五个一”工程奖】 1999年9月15日，第七届精神文明建设“五个一”工程奖在北京正式揭晓，由大悟县楚剧团创作、演出的《中原突围》入选戏剧奖。

【大悟县三个投资项目挤进国家笼子】 1999年，大悟县三个投资总额达到5190万元的重点项目，首次挤进国家笼子。三个投资项目及额度分别是：大悟县城区排水工程，投资2090万元；大别山腹地公路，投资2000万元；大悟县生态环境建设综合治理项目，投资1100万元。

【国务院农负检查组来大悟县检查】 2000年1月15日，由国务院纠风办、减负办、农业部经管司、国家计委物价司组成的国务院农负检查组来大悟县检查农民负担工作。历时三天，不仅听取了县委、县政府关于农负管理工作汇报，而且深入农村认真调查研究，并向县委、县政府提出整改意见。

【大悟县与河南边界线勘定】 大悟县与河南边界线实际距离165公里。边界范围涉及大悟县黄站、宣化店、姚畈、三里4个乡镇，共计26个行政村。经勘界工作人员2个月努力，截至2000年3月27日，大悟县与河南信阳市师阳河区、罗山县、新县边界的实地踏勘工作结束。几处争议地段经双方联合实地踏勘核定,整个线路全部贯通。

【大悟县在北京举办新四军第五师老首长及后代联谊会】 2000年7月29日,由中共大悟县委、县人民政府举办的革命老区大悟县与新四军第五师(简称新五师)老首长及其后代联谊会在北京隆重召开。这次以"重上大别山、畅叙战地情"为主题的联谊会,邀请了新五师老首长、老同志顾大椿、栗秀真、萧剑、王定烈、须浩凤、蒲云、胡志学、夏菲、吴道英以及一批新五师后代何界生、任全胜、陈卫平、李紫阳等。新四军第五师师长,原国家主席李先念夫人林佳楣也专程出席了会议。与会人员在"重上大别山"卷轴上签名;并集中观看了大悟县制作的《春风又绿大悟山》专题片,阅览了《大悟画册》和《大悟招商引资项目推介》。会议由大悟县人民政府县长张杰主持,县委书记李海华首先向到会的老首长、老同志介绍了大悟县的基本情况,着重回忆了战争年代发生在大悟县境内革命战争的光辉事迹,同时汇报了建国50年来大悟县经济建设和社会发展所取得的成绩和进步,最后诚恳邀请新五师老首长及后代重返大悟县寻访先辈的战斗足迹,并希望他们为老区建设和发展出主意、当高参、提供信息服务、当好桥梁纽带。

10月2日至4日,新五师后代任全胜、冯高潮等18人组成的代表团,踏访革命老区大悟山白果树湾、宣化店等地追寻先辈光辉战斗足迹,深入农村、工厂考察,并对大悟经济发展提出可行性建议。

【抗大旱　赈灾民】 继1998~2000年三年连旱之后,2001年,大悟又遭受百年未遇的特大干旱,旱灾持续长、范围广、损失重均为历史罕见。全县大小河流断流,大部分塘堰龟裂,小(二)、(三)型水库干涸、中型水库活水放完抽死水抗旱。榜田、沙土田的中稻枯萎,坡地、岗地的花生绝收。低山、高丘贫瘠处的松杉干死。板栗、白果、乌桕、茶叶等林特产品受损,部分地区人畜饮水十分困难。全县受灾人口56.82万人,旱情造成农业直接经济损失达2.6亿元。灾情引起了国家、省市领导极大关注,国家民政部、省委、省政府和省直有关部门领导多次到大悟指导抗旱。省、市民政、财政部门支援抗灾救灾资金778万元。为确保灾民生活,省、市向灾民发放救灾款物,向重灾户开仓借粮、减免农业税。至年末,全县已向灾民发放救济粮240万公斤,向乡镇借出粮食750万公斤,借粮户4.26万元,农民人平减负9.5元。除此,县直100个部门单位对口帮扶全县76个重灾村,广大干部职工踊跃捐款捐物,向对口帮扶村送去捐款28万元、大米26.3万斤、棉衣、棉被3.5万件(床),及时帮助农民解决了吃饭、穿衣等生活困难。大灾之年保持了社会稳定。

【县人民医院门诊大楼落成】 投资680万元的门诊大楼于1999年3月8日动工,2001年4月8日竣工,高七层,建筑面积5648平方米。4月23日举行落成仪式。原国家主席李先念的夫人林佳楣,中央金融工委委员、工会主席何界生,孝感市委书记张昌尔,省药品监督管理局,解放军301医院领导、专家等100多家有关单位前来参加庆典。县人民医院是集医疗、科研、教学、预防保健为一体的三级甲等医院。

【鄂豫边区革命烈士陵园改造工程竣工】 此陵园是全国百家爱国主义教育基地之一,为适应发展需要,共投资260余万元对陵园进行改造。工程于2000年5月动工,2001年10月完工,改建工程共1.5万平方米,其中园内广场9800平方米,门楼、挡土墙5200余平方米,改建后,园内广场宽敞明亮,环境清静幽雅,建筑物庄严肃穆。

【滨河广场竣工开放】 2001年10月1日,滨河广场举行竣工庆典仪式。广场位于城区澴河西岸,东连沿河大道,南濒澴河一桥西端,北抵滨河新村,西靠府前街居民建筑群,总面积3.9万平方米。该工程是县委、县政府向群众承诺的实事工程之一。6月28日开工,仅用3个月的时间完工,共投资280余万元。广场分南、北、中、西四区。中区1.8万平方米。外方内圆。该广场的建成开放,为城区居民提供了休闲、娱乐、锻炼身体的场所。

【大悟县被授予全国经济林建设先进县和中国板栗之乡称号】 大悟依托丰富的自然资源,坚持调整农业产业、品种和区域结构,大力发展板栗、银杏、乌桕、茶叶等经济林,取得了良好成果和经济效益,被国家林业局授予全国经济林建设先进县和中国板栗之乡。

【大悟县被授予全国地籍管理工作先进县称号】 土地管理局认真贯彻执行国家法律,法规,研究地籍管理中出现的新情况、新问题,在地籍管理上建立了科学的管理体系和严格的管理制度,为社会和县域经济发展发挥了重要作用,被国土资源部授予全国地籍管理工作先进县。

【大悟县被国家列入新一轮扶贫开发工作重点县】 大悟县是全国著名的革命老区、山区和贫困县,国家、省、市一直关心和扶持,2001年被国家列入新一轮扶贫开发工作重点县。

大悟县委、人大、政府、政协
领导成员名单

县委书记	李海华(1998.5—　　)
副书记	张　杰(1998.12—　　)
	龚少波(1998.12—　　)
	艾世民(1998.12—　　)
	魏少清(2001.8—　　)
常　委	谈荣耕　沈德恩　魏少清
	戴传亮　林树文　陈义万
	方明才　陈年旺　胡　俊
	陈　东

县人大常委会

主　任	黄新初(1999.1—　　)
副主任	杨余家(1994.1—　　)
	郑福凯(1994.1—　　)

刘东山(1994.1—)
王志明(1999.1—2000.8)

县政府

县　　长　张　杰(1999.1—)
副 县 长　魏少清(1995.3—2001.8)
曹　松(1999.1—)
黄少平(女,1996.1)
陈　东(1997.12—2001.8)
武荣楚(1999.1—)
方明才(2001.8—)
县长助理　左意诚(1999.1—)

县政协

主　　席　黄金波(1999.1—)
副 主 席　孙芳圆(1999.1—)
甘炎海(1999.1—)
王守金(女,1994.1—)

大悟县部、办、委、局领导人名单

县委办公室主任　陈义万(1998.12—)
纪委书记　谈荣耕(1998.12—)
组织部长　林树文(1998.12—)
宣传部长　沈德恩(1999.12—)
统战部长　孙芳圆(1999.1—)
政法委书记　戴传亮(1998.12—)
人大办公室主任　彭启鹏(1994.4—)
政协办公室主任　黄明昌(1996.5—)
人武部政委　胡　俊(1999.3—)
人武部部长　杨国富(1996.4—)
机关工委书记　肖　玲(女,1999.3—)
老干部工作局局长　黄国英(女,1996.4—)
信访办主任　周桂梅(女,1999.3—)
对台办主任　刘洪文(1999.3—)
民宗局长　高　峰(1996.5—)
史志办主任　张社初(2000.9—)
档案局长　李桂双(女,1994.3—)
县委党校常务副校长　李晓东(1996.5—)
大悟报社社长　谈华健(1995.8—)
工会主席　张贞栋(1994.4—)
团委书记　陈建军(2001.1—)
妇联主任　王　瑛(女,2001.1—)
科协主席　李仁华(1994.1—)
工商联会长　张宗良(1996.5—)
县政府办公室主任　伍运刚(1999.1—)
体改招商办主任　左意诚(1999.3—)
残联理事长　盛运球(1999.3—)
民政局长　万长水(1995.8—)
人事局长　张建楚(1999.3)
劳动局长　蔡运友(1999.3—)
建设局长　任水生(1997.8—)
监察局长　沈道琦(2001.1—)
计生委主任　钱世荣(1996.5—)
审计局长　严少林(1998.7—)
土管局长　王仁朝(1999.3 -)
医管办主任　张国安(1999.3—)
开发办主任　陈江新(1996.5—)
房改办主任　沈宗略(2001.1—)
物价局长　宁彩霞(1996.4—)
行管局长　雒国民(2000.12—)
老龄委主任　周崇娣(女,1999.3—)
华大总经理　彭启超(1998.8—)
驻沈阳办副主任　周绪华(1994.10—)
驻宜昌办副主任　段卫平(1994.2—)
驻北京联络处主任　贺常新(1998.7—)
驻武汉办副主任　魏　刚(2000.9—)
计委主任　胡凡明(1999.3—)
地矿局长　李　志(1999.3—)
统计局长　杨仁顺(1999.3—)
物资总公司经理　张建鹏(1999.3—)
财办主任　钱运富(1999.3—)
财政局长　卢美胜(1999.3—)
粮食局长　万焕坤(2000.12—)
商业总公司经理　李先可(1999.12—)
供销社主任　胡仲明(1993.8—)
县卷烟厂厂长　唐剑放(2000.9—)
国税局长　王　福(1999.8—)
地税局长　吴幼清(1999.8—)
工商局长　郑国宽(1994.3—)
烟草局长　王章本(1999.8—2002.1)
张运华(2002.1—)
医药总公司总经理　段芳生(1999.12—2001.12)
谈怀忠(2001.12—)
药品监督管理局长　段芳生(2001.12—)
外贸总公司总经理　吴大国(1999.3—)
石油公司总经理　夏志耘(1995.8—)
人民银行行长　高家普(1998.7—)
工商银行行长　孙　春(1998.2—)
农业银行行长　胡清华(1999.1—)
建设银行行长　田　耕(1999.8—)
中国银行行长　程　胜(1999.3—)
农发行行长　夏荣华(2001.3 代—)
信用联社主任　鄢华贵(1999.10—2001.10)
王礼刚(2001.10 代—)
财产保险公司经理　彭彰洪(1999.8—)
人寿保险公司经理　宗映红(2001.1—)
经委主任　邓　刚(1994.3—)
交通局长　严燕木(1999.3—)
电力局长　曾　烽(2001.1—)
电信局长　黄宏斌(2001.8—)
邮政局长　孙公意(2000.1—)
移动公司总经理　耿显和(1999.7—)
技术监督局长　余文涛(1996.5—)
工业总公司经理　胡德伟(1996.5—)
轻工业总公司经理　汪柏平(1999.3—)
建材总公司经理　刘必华(1999.4—)
农委主任　蔡伦朝(1999.1—)
绿色办副主任　王　晔(1999.3—)
农业局长　沈宗超(1994.3—)
水利局长　陈　锋(1993.8—)
林业局长　周军华(1999.1—)
企管局长　乐孝南(1999.3—)
经管局长　殷绍富(1994.4—)
畜牧局长　严金火(1996.1—)
气象局长　包　涛(1997.5—)
水产总公司经理　戴保明(1999.3—)
农机总公司经理　熊教育(1999.8—)
科委主任　幸发堂(1999.3—)
文体局长　雷雨田(1999.3—)
卫生局长　黄显发(2000.12—)
广电局长　郭胜林(1999.3—)
人民医院院长　刘文治(1998.5—)
公安局长　徐祖旺(2000.3—)
检察院检察长　肖和平(1999.1—)
法院院长　刘文飞(1998.12—)
司法局长　曾琼英(1999.3—)
教委主任　石传明(2000.12—)
县一中校长　付友明(1999.3—)
中等职校副校长　赵圣华(1999.5—)

乡、镇简介

【城关镇】 2001 年 4 月,经省人民政府同意,大悟县乡镇行政区划作了部分调整,撤二郎乡,并入城关镇。全镇辖19个村委会,6个居委会,179个村民小组,总人口由1999年的61325人增至2001年的93656人,其中,非农业人口由33642人增至60478人,耕地面积由1999年初的2957亩增至17923亩。

全镇工农业生产稳步发展,国民经济及人平纯收入不断增长。1999～2001年三年工农业总产值分别为11.3亿元、7.06亿元、5.8亿元(1990年不变价,下同)。2001年工业产值达49510万元、农业3750万元,分别比上年增长-5.15%、63.83%。多种经营产值3110万元,占农业产值的82.93%。财政收入三年分别为800万元、876万元、1158.03万元,年均增长率20.85%。农民年人均纯收入三年分别为2800元、2964元、2599元。1999～2001年,人口出生率分别为12.16‰、15.25‰、10.1‰,人口自然增长率为5.13‰、8.7‰、3.81‰,计划生育率为100%、99.44%、99.47%。

2001年,全镇有工商企业1906个,产值(1990年不变,下同)11.07亿元,其中农业类2个,产值6090万元;工业类428个,产值57570万元;建筑业类129个,产值19950万元;交通运输类120个,产值6090万元;商品流通业584个,产值13638万元;旅游服务业625个,产值7380万元。有学校19所,其中小学16所、中学3所,适龄儿童入学率100%。

镇党委、政府在实施十五计划,实现县委、县政府提出"三个两"经济发展战略的同时,按照"三个代表"重要思想要求,以中央、省、市、县经济工作会议精神为指导,以发展民营经济为主体,以农村结构战略性为主线,以改革开放、科技创新和落实政策为动力,切实加强党员干部作风建设,加大招商引资力度,推动城区经济发展。坚持以市场为导向,以提高农业综合效益为中心,按照市场牵龙头,龙头带基地,基地联农户的方式,优化组合各种生产要素,对城区内主导产业实行专业化生产、一体化加工、企业化管理、社会化服务,逐步形成产加销、贸工农、经科教一体化的生产经营体系。

镇党委书记 刘　苏(1999.1—　　)
人大主席 刘　苏(2000.1—　　)
镇　长 付晓波(2000.12—　　)
政协组长 卢建华(1999.12—　　)

原二郎乡

党委书记 华玉祥(1999.3—2001.3)
人大主席 华玉祥(1999.3—2001.3)
乡　长 刘从明(2000.3—2001.4)

【阳平镇】 阳平镇辖16个村民委员会,151个村民小组,耕地面积13246亩。总人口21901人,其中农业人口19148人。现有学校15所,其中小学14所、中学1所,适龄儿童入学率100%。1999～2001年,人口出生率分别为6.98‰、9.21‰、7.74‰,人口自然增长率为1.24‰、2.66‰、1.74‰,计划生育率为99.34%、99%、100%。

阳平镇充分利用地材资源、黄麦岭尾沙资源以及金、磷矿石资源招商引资710万元,兴办大小各类工矿企业30余家。该镇加大农业产业化结构调整力度,积极推进农业产业化经营,引导全镇农民突出发展青茶、油茶、蔬菜、香菇四个特色骨干品种;重点建设白云青茶、中秋油茶、阳平蔬菜、尚寺香菇等四个特色带,调整山场5000余亩。面对今年历史罕见的特大旱灾,全镇广大干群不等不靠,以抗旱救灾为中心,全力抗灾夺丰收,全镇实现工农业产值1.17亿元,1999～2001年,工农业总产值(1990年不变价,下同)三年增长率分别为23.6%、70.7%、-23.56%。2001年工农业总产值1.17亿元,其中工业总产值9718万元,农业总产值1979万元。各种经营产值1551万元,占农业产值的78.37%。财政收入三年分别为380万元、327.4万元、373万元。农民年人平纯收入三年分别为2050元、2082元、1986元。全镇有工商企业188个,产值(现价,下同)22230万元,其中:农业类10个,产值1195万元;工业类67个,产值11300万元;建筑业11个,产值3911万元;交通运输业44个,产值1695万元;商品流通业46个,产值2391万元;其他10个,产值1738万元。

镇委书记 李宗富(1999.1—　　)
人大主席 李宗富(1999.1—　　)
镇　长 张毓成(1999.1—　　)
政协组长 夏汉堂(　　—1999.12)

【芳畈镇】 芳畈镇辖20个村民委员会,263个村民小组,总人口33386人,其中农业人口30888人。耕地面积由1999年的24682亩减至24322亩。1999～2001年,人口出生率分别为8.20‰、7.78‰、6.8‰;人口自然增长率分别为3.37‰、2.97‰、2.99‰;计划生育率为98.65%、99.6%、100%。2001年,有学校22所,其中小学20所、中学2所,适龄儿童入学率99.96%。

芳畈镇旅游资源丰富,大力发展旅游产业,开发悟峰旅游风景区,把资源优势转化为经济优势;以芳畈水库、大悟山、新五师革命旧址为重点,把悟峰作为疗养度假、登山参佛、接受传统教育的综合旅游区。该镇依托区域优势、资源优势、政治优势,进一步加大招商引进力度。2000年共引进资金720万元,引进项目8个,引进企业3家。在坚持巩固农业的基础上,继续加大基地建设、开发和管理,加大京珠沿线的油茶基地建设与管理,同时加大该镇的板栗、茶叶、香椿、药材、玉皇李和山味绿色食品基地。1999～2001年工农业总产值(1990年不变价,下同),分别为31609万元、28561万元、17048万元;财政收入分别为376万元、470万元、620万元;农民年人平纯收入分别为2050元、2200元、2262元。2001年工业总产值12272万元、农业总产值4776万元,分别比上年增长-22.03%、4.17%。多种经营产值3950万元,占农业产值的82.71%。全镇工商企业267个、产值(现价,下同)27440万元,其中农业类25个,产值1510万元;工业类126个,产值14270万元;建筑业22个,产值4940万元;交通运输业46个,产值1510万元;商品流通业26个,产值2803万元;其他22个,产值2407万元。

镇委书记 张晓鹏(2000.12—)
人大主席 张晓鹏(2000.12)
镇　　长 姜从金(2000.12—)

【新城镇】 新城镇辖25个村民委员会,291个村民小组,耕地面积28756亩,总人口40210人,其中农业人口38626人。1999～2001年,人口出生率分别为10.32‰、9.99‰、9.43‰;人口自然增长率为3.8‰、2.51‰、2.51‰;计划生育率为98%、98.63%、99.24%。2001年有学校24所,其中小学22所,中学2所,适龄儿童入学率100%。

新城镇党委、政府结合镇情,面向市场,以促进农民增收、农业增效、农村稳定为目标,按照"结构调优、特色调明、市场调活、效益调高、农民调富"的原则,以花生为龙头,因势利导,合理布局,注重引导,强化服务,深入推进全镇农业结构调整。一是发挥科技优势抓调整。新城镇是全县的花生大镇之一,近年来试验成功了具有一省(工)、两早(播种、上市)、三增(产量、收入、效益)、四保(肥、墒、土、温)等十大好处的地膜栽培模式,使地膜花生种植面积达到2.5万亩。二是发挥资源优势抓调整。新城镇先后开挖了以宋应公路沿线万亩绿色经济长廊为主的各类经济林基地近4万亩,为全镇经济的发展培植了骨干财源基地。三是发挥规模优势抓调整。规模就是效益。多年来,该镇坚持实施"百千万"养殖工程,大力推广雷道富、雷祖宏等规模养殖大户经验,推广立体开发、链式养殖经营模式,鼓励农民群众发展肉兔、山羊等特色养殖,并通过引进优良品种,逐步扩大养殖业比重。四是发挥品牌优势抓调整。茶叶作为新城镇一大优势产业,天岗、七里岗、杨山和长岭四大茶场的总面积在6000亩以上。2001年全镇有各类企业181个,总产值(现价,下同)15740万元。其中:农业类34个,产值865万元;工业类90个,产值8190万元;建筑业类8个,产值2830万元;交通运输业19个,产值865万元;商品流通业19个,产值2090万元;其他11个,产值900万元。

社会不断进步,促使经济不断发展。1999～2001年,全镇工农业总产值(1990年不变价,下同)分别为3.05亿元、2.76亿元、1.12亿元。2001年工业总产值7043万元、农业总产值4141万元,分别比上年增长16.5%、36.7%;多种经营产值2725万元,占农业产值的65.81%;财政收入472万元,比上年增加6.31%;农民年人平纯收入2262元,因旱灾比上年减少20元。

镇党委书记 周立波(2000.12—)
人 大 主 席 周立波(2000.12—)
镇　　　长 徐　佩(2000.12—)
政 协 组 长 付久才(—2001.10)

【彭店乡】 彭店乡辖21个村民委员会,222个村民小组,耕地面积21488亩,总人口31591人。其中,农业人口30387人。1999～2001年人口出生率分别为10.23‰、8.63‰、9.98‰,人口自然增长率分别为3.58‰、1.31‰、3.8‰。计划生育率分别为98.73%、99.62%、98.03%。2001年,全乡有学校21所,其中小学18所、中学3所,适龄儿童入学率100%。

彭店乡地处山区,自然资源丰富,利用自然优势大力发展茶叶、烟叶、养殖三大板块,巩固开发板栗和石材加工两个经济带,开发青松岭旅游风景区,建设山味绿色食品产业,加大了板栗、银杏、茶叶、马齿苋、珍珠花、干豇豆、香椿、干南瓜等山味绿色食品的开发与发展。该乡围绕孔雀绿大理石资源优势,向省内外招商引进张友浩和尹维海等石材大户开发石材,全乡已发展石材加工企业18户,同时引进浙江立马集团在乳山投资30万元建立水泥生产线,带动了全乡民营经济发展,年实现产值1100万元。新增养殖大户68户,加工经济大户39户,种植大户146户,形成了余河、桥店、彭店三个民营经济小市场,促使该乡经济迅速发展,综合实力不断加强。1999～2001年,全镇工农业总产值(1990年不变价,下同)分别为9751万元、10256万元、7767万元。2001年,工业产值4764万元、农业产值3003万元,分别比上年减少67.36%、1.06%,多种经营产值1982万元,占农业产值的66%,财政收入388.8万元,比上年增长7.2%,农民年人平纯收入1976元,比上年减少67元。全镇有工商企业124个,产值(现价,下同)12580元,其中:农业类15个,产值690万元;工业类60个,产值6540万元;建筑业9个,产值2260万元;交通运输业15个,产值690万元;商品流通业25个,产值2400万元。

为了使经济快速发展,镇党委、政府不断加大基础设施建设力度。以电力、交通、邮电为主的基本建设投资630万元,实现"村村通工程",开通了彭店、桥店、余河三片的程控电话。有100%的村实现电网改造,65%的村安装了闭路电视,公路沿线新老基地进行彻底改造,投资100多万元对学校进行高标准的维修,学校"六配套"建设得到进一步改善。

党委书记 聂清波(2001.10—)
人大主席 聂清波(2001.10—)
乡　　长 熊主煌(2001.10—)
政协组长 张高升(—1999.12)

【夏店镇】 夏店镇辖19个村民委员会,198个村民小组,耕地面积20484亩,总人口31845人,其中,农业人口30046人。1999～2001年,人口出生率分别为9.69‰、11.6‰、11‰;人口自然增长率分别为3.61‰、4.85‰、4.55‰,计划生育率分别为98.32%、98.29%、99.09%。2001年有学校18所,其中小学16所、中学2所,适龄儿童入学率100%。

夏店镇位于大悟县东部,与新城、四姑、刘集、孝昌县毗邻,交通便利。该镇尽管遭遇百年未遇的特大旱灾,但在各方面仍取得较好成绩。镇党委、政府着力一线抓二柱,突出四个重点,发展经济,即将宋应线夏店段建成现代经济园,狠抓药材和石材开发两个支柱产业,继续抓好地域经济,搞好调整产业化。利用地理、自然优势,发展地膜花生,突出农业产业化、民营经济、城镇经济、招商引资四个重点。对二畈、松林、高河、蔡畈、黄桥几个老基地进行补植，共投资3万余元，植苗6万余株，重点在杜畈建起320余亩的杜仲苗圃基地。利用丰富的花岗岩资源，开发花色品种丰富的建筑装饰材料。农业产业化和乡镇企业的发展，有效的促进了整体经济的稳步发展。1999～2001年，全镇工农业总产值(1990年不变价，下同)分别为11250万元、12121万元、9818万元。2001年，工业产值6493万元、农业产值3325万元；多种经营产值2486万元，占农业产值的74.77%；财政收入398万元，比上年增长5.29%；农民年人平纯收入1895元，比上年减少85万。全镇工商企业发展到246个，产值(现价，下同)14520元，其中：农业类39个，产值800万元；工业类73个，产值7550万元；建筑业8个，产值2620万元；交通运输业37个，产值800万元；商品流通业70个，产值1295万元；其他19个，产值1455万元。

镇党委书记 曾献奇(2000.12—)
人大主席 曾献奇(2000.12—)
镇长 吴嗣善(2000.12—)

【刘集镇】 刘集镇辖15个村民委员会，211个村民小组，耕地面积17128亩，总人口30568人，其中，农业人口29640人。1999～2001年，人口出生率分别为6.58‰、8.25‰、7.89‰；人口自然增长率分别为-0.58‰、1.09‰、2.09‰；计划生育率分别为98.53%、98.05%、98.78%。2001年，全镇有学校15所，其中小学13所、中学2所，适龄儿童入学率100%。

实施“稳定农业生产，发展多种经营，壮大工业规模，实施名牌战略”的方针，充分利用山场优势，以发展茶叶为主导，调优茶树品种，调大基地规模。该镇到福建省福鼎市引进福鼎大白、福鼎大毫等六个新茶品种，引进碧螺春、铁观音等制茶工艺，加大品牌宣传力度，扩大“金鼓露毫”品牌的知名度。利用现代通信手段上网销售，上网发布促销信息，与河南省焦作市政府一次性恰谈成功，取得经济效益10.5万元；“左右逢源”酒以其“无色清香、甘醇爽口”之特色赢得市场，年产达到250吨，实现销售收入1456万元。花岗石储量达1.31亿立方米，品种齐、质量好，便于开采，年开采量达1.3万立方米，产值325万元，花岗岩的开采加工发展成为该镇又一兴镇富民的支柱产业。1999～2001年，工农业总产值(1990年不变价，下同)分别为9224万元、10455万元、8949万元。2001年，工业产值6261万元、农业产值2688万元；多种经营产值1936万元，占农业产值的72.02%；财政收入341万元，比上年增长4.28%；农民年人平纯收入1941元，比上年减少48元。全镇有工商企业139个，产值13950万元，其中：农业类3个，产值770万元；工业类38个，产值7260万元；建筑业22个，产值2500万元；交通运输业24个，产值770万元；商品流通业52个，产值2650万元。

镇委书记 方忠建(1999.1—)
人大主席 方忠建(1999.1—)
镇长 严书高(1999.12—)
政协组长 陈传刚(—1999.12)

【河口镇】 河口镇辖11个村民委员会，5个居民委员会，136个村民小组，总耕地面积由1999年初的11577亩减至11319亩，总人口24217人，其中，农业人口20497人。1999～2001年，人口出生率分别为7.47‰、8.16‰、6.84‰；人口自然增长率分别为0.92‰、2.23‰、0.25‰；计划生育率分别为99.44%、100%、100%。2001年，全镇有学校12所，其中小学11所、中学1所，适龄儿童入学率100%。

河口镇党委、政府以“农业稳镇、工业兴镇、商贸活镇、科技立镇、城建强镇”为总体思路，加大农业、工业、商业和招商引资工作力度，使社会各业全面发展。农业实行“产业调整、高位推进”。积极推进了“经济体制和经济增长方式”两个转变，明确了“农业产业化、城镇建设、企业改制”三大主题，促使农田向种田能手集中、资产向能人集中。农村富余劳力向非农产业转移、工业实行“改革、盘活、强镇联合”，促进企业转体改制，现已形成建材、副食加工、服饰三大企业集团。商业和招商引资以“优惠政策、优质服务、优良经营环境”吸引远近客商。三年来，先后引进资金2750余万元，民营经济也得到快速发展，1999～2001年，工农业总产值分别为34290万元、36714万元，30094万元；财政收入分别为345万元、496万元、532万元；农民年人平纯收入分别为2378元、2500元、2550元；2001年，多种经营产值1621万元，占农业产值的42.32%。全镇有工商企业949个，产值(现价，下同)62309万元。其中：农业类14个，产值3440万元；工业类214个，产值32319万元；建筑业57个，产值11250万元；交通运输业112个，产值3420万元；商品流通业433个，产值8840万元；其他113个，产值2880万元。

镇委书记 吴元生(1999.1—)
人大主席 吴元生(1999.1—)
镇长 张驰(2000.12—)
政协组长 吴从启(—1999.12)

【四姑镇】 四姑镇辖14个村民委员会，181个村民小组，耕地面积13243亩，总人口24913人，其中，农业人口24201人。1999～2001年，人口出生率分别为9.8‰、8.71‰、10.1‰，人口自然增长率分别为3.87‰、3.14‰、-7.6‰；计划生育率分别为98.06%、99.13%、98.88%。2001年，全镇有学校15所，其中小学14所、中学1所，适龄儿童入学率100%。

四姑镇地处丘陵，矿产资源丰富，有丰富的石灰石、水泥石、粘土资源、建材资源等，现已开采的有大理石和石英石，大理石中以汉白玉、虎皮、墨绿为主。镇党委、政府引导群众合理开发，加大对龙头企业丛岗石灰厂的引导，扩大碎石、优质石灰及袋装石灰的生产、销售渠道，使石灰厂效益大增。改造更新了城镇街道和12个村组电力增容设施，加快通信建设步伐，装机总量1000多门，居全县乡镇榜首，移动通信网站已全面开通。1999

~2001年工农业总产值(1990年不变,下同)分别为7854万元、8100万元、6758万元。2001年,工业总产值4541万元,农业总产值2217万元,分别比上年减少28.25%、4.29%;多种经营产值1649万元,占农业产值的74.38%;财政收入286万元,比上年增长1.42%;农民年人平纯收入1875元,比上年减少260元。全镇有工商企业169个,产值(现价,下同)10150元。其中:农业类7个,产值565万元;工业类56个,产值5280万元;建筑业18个,产值1830万元;交通运输业23个,产值565万元;商品流通业60个,产值1895万元;其他5个,产值15万元。

镇党委书记 李清平(2000.12—)
人大主席 李清平(2000.12—)
镇长 刘海华(2000.12—)
政协组长 黎文铁(—1999.12)

【吕王镇】 吕王镇辖19个村民委员会,161个村民小组,耕地面积14190亩,总人口27391人,其中,农业人口25420人。1999~2001年,人口出生率分别为11.10‰、10.26‰、10.2‰;人口自然增长率分别为5.71‰、4.41‰、7.4‰;计划生育率分别为78.7%、95.77%、98.89%。2001年,全镇有学校17所,其中小学16所、中学1所,适龄儿童入学率100%。

镇党委、政府坚持以经济建设为中心,以兴镇富民为突破口,大力调整产业结构,加大招商引进力度,努力发展支柱产业和特色经济,农业生产由传统农业向现代农业迈进,小农业向大农业转化,搞好以板栗、青茶、油茶、水果、银杏为主的名特优林果和以杉木为主的速生林基地开发。大力发展中介组织,建立健全信息服务网络,开拓培育市场,发展订单农业,努力提高农副产品的商品率和变现率。在盘活现有企业的基础上,利用资源优势,加大招商引进力度,利用石材资源优势,三年来引进外资3800余万元,有力地促进了该镇工商企业的发展,培植了新的财源增长点。农、工、商"三轮并驱",使该镇经济迅速发展。1999~2001年,工农业总产值(1990年不变价,下同)分别为11409万元、11857万元、9715万元。2001年,工业产值6424万元,农业产值3291万元,分别比上年增长-36.98%、7.65%;多种经营产值2616万元,占农业产值的79.49%;财政收入316万元,比上年增长4.64%;农民年人平纯收入1851元,比上年减少87元。全镇有工商企业203个,产值(现价,下同)14360万元。其中农业类7个,产值790万元;工业类78个,产值7470万元;建筑业类6个,产值2590万元;交通运输业50个,产值790万元;商品流通业62个,产值2720万元。

镇委书记 胡火山(1999.1—)
人大主席 胡火山(1999.1—)
镇长 陈土朝(2000.8—)

【黄站镇】 黄站镇辖11个村民委员会,108个村民小组,耕地面积8441亩,总人口15639人,其中,农业人口14599人。1999~2001年,人口出生率分别为12.49‰、10.4‰、10.3‰,人口自然增长率分别为5.77‰、2.93‰、-1‰,计划生育率分别为98.08%、98.85%、97.85%;2001年,全镇有学校11所,其中小学10所、中学1所,适龄儿童入学率100%。

黄站镇建镇时间较短,基础设施差,经济底子薄,地理位置差,自然资源缺乏。鉴于这一实际,镇党委、政府制定"稳定发展农业,突出发展工商业"的总体规划,围绕总体规划,突出特色,本着"打精品牌、念茶叶经、闯市场关、走致富路"的指导思想,依托大悟寿眉茶的名牌效应,突出本地特色,力争把茶叶经念好,把茶叶生意做大,逐步形成规模效应,壮大支柱产业。另外还制定优惠政策,加大招商引进力度,借助外来力量发展新的工商企业,鼓励本镇农民联营办企业,到2001年,引进回归工程9项,资金1800余万元。1999~2001年,工农业总产值(1990年不变价,下同)分别为7487万元、7598万元、5913万元。2001年,工业产值达4274万元、农业产值1643万元,分别比上年减少36.69%、6.88%;多种经营产值1234万元,占农业产值的75.11%;财政收入235万元,比上年增长6.82%;农民年人平纯收入1896元,比上年减少42元。

全镇有工商企业98家,产值(现价、下同)9560万元,其中:农业类6个,产值520万元;工业类20个,产值4970万元;建筑业3个,产值1720万元;交通运输业25个,产值520万元;商品流通商业44个,产值1830万元。

镇委书记 黄华旭(2000.9—)
人大主席 黄华旭(2000.9—)
镇长 刘从明(2000.10—)

【宣化店镇】 2001年4月,经省人民政府同意,大悟县乡镇行政区划作了部分调整,撤姚畈乡并入宣化店镇。宣化店镇辖40个村民委员会,1个居民委员会,417个村民小组,耕地面积为47182亩,总人口61250人,其中,农业人口55215人。1999~2001年,人口出生率分别为8.42‰、9.23‰、8.41‰;人口自然增长率分别为3.23‰、1.83‰、2.29‰;计划生育率分别为95.66%、98.69%、99.07%。2001年,全镇有学校39所,其中小学36所、中学3所,适龄儿童入学率100%。

宣化店是全省25个重点建设口子镇之一,镇党委、政府抢抓口子镇建设机遇,弘扬老区精神,充分发挥该镇政治、区位、资源三大优势,突出农业基地、城镇市场、民营经济三大特色,努力争取国家和省、市、县对口子镇建设的投入,用活用足有关优惠政策,鼓励发展民营经济大户。粮油生产稳步增长,多种经营快速发展,已形成以板栗、银杏为主的多种经营基地,年创产值达3000余万元,人平栗杏收入700元,为建成"全国板栗第一镇"迈出了可喜的一步。会馆村11亩"鸡口田"灵芝菇基地,种植出的灵芝菇每亩纯收入达到1.5万元,该镇灵芝菇生产迎来了全市农业现场会与会的县(市)委书记参观,并称赞"宣化店镇灵芝菇是新科技示范"。充分利用该镇资源优势,把乡镇企业作为新的经济增长点,大力开发萤石、石英石、云母石,并且加大了招商引资力度。近三年来,实现招商引资总额6400万元,促进了该镇经济的快速发展。1999～2001年,工农业总产值(1990年不变价,下同)分别为31267万元、32089万元、28715万元。2001年,工业产值达20270万元、农业产值8445万元,分别比上年增长-23.14%、18.46%;多种经营产值6773万元,占农业总产值的80.22%;财政收入882万元,比上年增长36.74%;农民年人平纯收入2210元,比上年减少55元。全镇有工商企业1954个,产值(现价,下同)54160万元,其中:农业类158个,产值3020万元;工业类647个,产值28570万元;建筑业12个,产值9890万元;交通运输业415个,产值3020万元;商品流通业541个,产值6066万元;其他181个,产值4394万元。

镇委书记 吴　凌(1999.1—　　)
人大主席 吴　凌(1999.1—　　)
镇　　长 刘　志(2001.3—　　)
政协组长 查时高(1999.12—2001.3)

原姚畈乡

党委书记 刘　志(2000.12—2001.3)
人大主席 刘　志(2000.12—2001.3)
乡　　长 李伦泽(2000.12—2001.3)

【丰店镇】 丰店镇辖26个村民委员会,250个村民小组,耕地面积31708亩,总人口32493人,其中,农业人口30980人。1999～2001年,人口出生率分别为8.91‰、8.21‰、9.36‰;人口自然增长率分别为3.11‰、1.68‰、3.97‰;计划生育率分别为99.68%、99.65%、99.05%。2001年,全镇有学校24所,其中小学23所、中学1所,适龄儿童入学率100%。

丰店镇党委、政府利用优越的地理条件和丰富的资源优势,围绕龙头产业和支柱产业,加大石材、松脂业的开发,全镇有石材加工厂13个,以松脂厂为龙头,利用松树资源搞松脂开发,全镇已有采脂专业户500余户,三年来创利税57万余元。与台湾老板合作开发孔雀绿大理石工艺品加工厂,已投资200万元建成工艺品生产车间,样品已打入市场,前景可观。成立了山野味、绿色食品有限公司,建起以林特、矿产、粮油、畜禽为主的经济小区。全镇引进资金2600万元。同时,加强基础设施建设,投资150万元安装了14个村的程控电话,对20个村的电网进行改造,增加了7个村的有线电视。投资3万元改建了广播电视站。1999～2001年,工农业总产值(1990年不变价,下同)分别为13188万元、13433万元、11438万元。2001年,工业总产值7602万元、农业总产值3836万元,分别比上年减少20.39%、11.60%;多种经营产值3001万元,占农业总产值的78.23%;财政收入401万元,比上年增长6.65%;农民年人平纯收入1950元,比上年增加38元。全镇有工商企业230个,产值(现价,下同)16980万元,其中:农业类31个,产值934万元;工业类80个,产值8840万元;建筑业28个,产值3056万元;交通运输业23个,产值934万元;商品流通业41个,产值1930万元;其他27个,产值1286万元。

镇委书记 严启波(2000.12—　　)
人大主席 严启波(2000.12—　　)
镇　　长 刘继新(2000.12—　　)

【高店乡】 高店乡辖25个村民委员会,272个村民小组,耕地面积由1999年的29077亩减少至28475亩,总人口42812人,其中,农业人口41540人。1999～2001年,人口出生率分别为8.51‰、9.39‰、8.9‰;人口自然增长率分别为2.59‰、0.55‰、2.2‰;计划生育率分别为97.51%、99.75%、99.47%;2001年,全镇有学校26所,其中小学25所、中学1所,适龄儿童入学率100%。

高店乡地理位置独特,山场岗地多,盛产花生,花生产量居全县首位。乡党委、政府利用山场岗地,带领全乡人民以基地为龙头,大力推广荒山板栗和油茶、坎边药材和黄花的种植,对已建成的40里环形板栗带,加强了老基地管理,扩建"新河至凉亭"、"忠和至瑜汀"两条绿色长廊,大力发展杂交油茶、大棚蔬菜、地膜花生等一批销路好、品质优、价格高的经济作物。工业、民营经济发展势头较好。招商引进政策优惠,制漆厂成功引进了硕士研究生罗爱明进行承包经营,生产高档油漆,使经济效益不断提高,生产规模日益扩大,产品远销福建、广东等省,相继打开南北市场。年引进项目5个,引资800余万,有力地促进了乡镇经济快速发展,人民生活水平逐年提高。1999～2001年,工农业总产值(1990年不变价,下同)分别为13665万元、13186万元、12327万元。2001年,工业产值8403万元、农业产值3824万元,分别比上年增长18.81%、-7.08%;多种经营产值2606万元,占农业产值的66.41%;财政收入397万元,比上年增长5.03%;农民年人平纯收入2050元。全镇有工商企业315个,产值(现价,下同)18805万元,其中:农业类36个,产值1030万元;工业类129个,产值9771万元;建筑业2个,产值3380万元;交通运输业23个,产值1031万元;商贸业85个,产值1882万元;其他40个,产值7380万元。

党委书记 廖和发(1999.1—　　)
人大主席 廖和发(1999.1—　　)
乡　　长 李精华(1999.1—　　)

【大新镇】 大新镇辖24个村民委员会,224个村民小组,耕地面积由1999年初的22396亩减至21904亩,总人口34180人,其中,农业人口32455人。1999～2001年,人口出生率分别为8.93‰、10.45‰、10‰;人口自然增长率分别为3.09‰、5.76‰、6.55‰;计划生育率分别为96.96%、99.19%、97.99%。2001年,全镇有学校20所,其中小学19所、中学1所,适龄儿童入学率100%。

大新镇党委、政府充分发挥"团结、拼搏、务实、创新"的精神,紧紧围绕"两保"、"三抓"、"四突破"的工作思路,重点搞好三大建设:一是围绕抗旱保丰收、调整结构、确保稳定,加强农业基础设施建设。对万亩渠网化粮油产业基地和干渠进行清理整修。扩大板栗、银杏、油茶为主体的林特产业基地。在抓种植的同时,通过资金扶持、税收优惠、技术指导等方式发展养殖业和以多种经营为重点的养殖基地,以塑料大棚为重点的蔬菜基地,以“黄花”、“湘南”为主的优质果品基地。二是加强基础设施建设,先后对交通、城区电网、学校、集贸市场、镇容街貌进行整治改善。三是加大招商引进力度,促进经济发展,先后引进资金2275万元,新上项目7个,开发的青龙寺天然优质水厂经省、县两级技术监督局化验水质合格率达到100%,可生产菠萝、桔子、桃子、可乐、雪碧、芬达等14个系列饮品。三年来,全镇工农业生产稳步发展,特别是百年不遇的大旱之年确保了社会稳定、人心稳定,国民经济和人民生活有较大的好转。1999~2001年,工农业总产值(1990年不变价,下同)分别为11775万元、12177万元、9364万元。2001年工业产值6493万元、农业产值2871万元,分别比上年减少35.53%、17.62%;多种经营产值1886万元,占农业产值的65.69%;财政收入418万元,比上年增长8.29%;农民年人平纯收入1593元,比上年减少80元。全镇有工商企业256个,产值(现价,下同)14530万元,其中:农业类23个,产值800万元;工业类100个,产值7550万元;建筑业27个,产值2620万元;交通运输业31个,产值1031万元;商品流通业49个,产值2110万元;其他26个,产值650万元。

镇委书记 高卫东(1999.12—)
人大主席 高卫东(1999.12—)
镇　　长 杜成略(1999.12—)

【东新乡】 东新乡辖31个村民委员会,248个村民小组,耕地面积由1999年初的28775亩减至28715亩,总人口33201人,其中,农业人口31974人。1999~2001年,人口出生率分别为7.85‰、8.3‰、7.86‰;人口自然增长率分别为3.47‰、4.88‰、2.07‰;计划生育率分别为97.84%、99.32%、98.15%。2001年,有学校25所,其中小学24所、中学1所,适龄儿童入学率100%。

东新乡地处大悟县西边边陲,交通不便,经济发展困难,乡党委、政府结合本地实际,按照“以农业内部调整为动力,以农业产业化经营为手段”的指导思想,在稳定全乡粮食生产的前提下,形成一条绿色长廊,即京珠高速公路沿线油茶板栗经济林示范带;二大科技产业即1000亩黄花、湘兰梨,500亩大棚蔬菜;三大经济群,即牲畜养殖经济群、禽业养殖经济群和名特优养殖经济群;四大区域基地,即姚店花生、板栗,东新油茶花生,太平山味绿色食品,三河线万亩林特基地。加大农业结构调整力度,大力发展优势产业,主攻特色种植、特色养殖、特色林果、特色蔬菜;新建姚店移动基站一座,新增通电话村8个;新建自来水厂一座;完成三合线8公里公路黑色化;完成15个村的电网改建工程;疏通1000米地下排水通道;开发一个农副产品集贸市场。同时进一步优化投资环境,完善基础设施,加大招商引资力度,先后投进资金1900万元,有力促进了全乡经济的全面发展。1999~2001年,全乡工农业总产值(1990年不变价,下同)分别为10399万元、11073万元、9440万元;2001年工业产值5629万元,农业产值3811万元,分别比上年减少25.64%、4.99%;多种经营产值2889万元,占农业产值的75.81%;财政收入330万元,比上年增长2.48%;农民年人平纯收入2191元,比上年增加131元。全镇有工商企业268个,产值(现价,下同)12586万元,其中:农业类8个,产值692万元;工业类98个,产值6545万元;建筑业6个,产值2265万元;交通运输业50个,产值692万元;商品流通业77个,产值1637万元;其他29个,产值755万元。

党委书记 冷裕煌(2000.12—)
人大主席 冷裕煌(2000.12—)
乡　　长 刘保春(1999.1—)
政协组长 万美友(—1999.12)

【三里城镇】 三里城镇辖20个村民委员会,1个居民委员会,192个村民小组,耕地面积由1999年初的22011亩减至21415亩,总人口26580人,其中,农业人口24626人。1999~2001年,人口出生率分别为8.18‰、8.05‰、6.82‰,人口自然增长率分别为2.09‰、2.14‰、1.16‰;计划生育率分别为98.71%、100%、98.94%。2001年,全镇有学校20所,其中:小学19所、中学1所,适龄儿童入学率100%。

三里城镇地处大悟县西北边陲,地理位置优越,新建京珠高速公路纵贯全境,交通便利,信息畅通,俗有“三里城出米仁”之称。近年来,镇党委、政府克服市场疲软、特大旱灾等困难,结合本地实际,制定了以加快发展为主题,以结构调整为主线,以改革开放和科技进步为动力,突破性发展民营经济,实施“三个五”发展战略,为民兴办八件事,增加农民收入,保持社会稳定和发展。瞄准市场,调优品种和布局,做到山上抓板栗,岗地抓花生,养殖抓特色,劳力抓转移。重点实施“三个五”工程,即发展板栗5000亩、地膜花生5000亩、多种经营5000亩(无公害大棚蔬菜1000亩,黄龙寺茶叶1000亩,优质水果1000亩,退耕还林1000亩,瓜类山味1000亩),形成大界线水果蔬菜带,三宣线板栗杉树带。具体办好八件事,即硬化、亮化、美化希望街;打通文昌街,连通大界路至粮管所;完善、硬化建新街,拆建护城沿河大道,整治护城河;新建国、地、财三幢纳税大楼;新开发天棚岗连片板栗基地3000亩;新建黄龙寺1000亩茶场;新修杨林河口大桥,修通沿堤大道。利用该镇资源优势,加大招商引进力度,促进经济发展,先后引进资金1400万元。1999~2001年,全镇工农业总产值(1990年不变价,下同)分别为11754万元、12073万元、10157万元。2001年,工业产值6648万元、农业产值3509万元,分别比上年减少27.56%、2.39%;多种经营产值2432万元,占农业产值的69.31%;财政收入418万元,比上年增长7.73%;农民年人平纯收入1930元。全镇工商企业发展到174个,产值(现价,下同)

14850万元，其中：农业类21个，产值2660万元；工业类79个，产值7730万元；建筑业21个，产值2660万元；交通运输业8个，产值810万元；商品流通业38个，产值2840万元。

该镇名牌柏园青茶打入省城，并荣获湖北省茶叶学会名优茶评比"陆羽杯"金奖。

镇委书记　刘和平(2000.12—　)
人大主席　刘和平(2000.12—　)
镇　　长　刘圣堂(2000.12—　)
政协组长　夏良家(　—1999.12)

(钟修芳)

孝昌县

【概况】　全县共有12个乡镇，455个行政村(居民委员会)。国土面积1193平方公里，2001年末耕地面积30324公顷。2001年年末总人口数63.21万人。1999～2001年人口出生率分别为8.5‰、7.81‰、8.73‰；死亡率分别为2.8‰、2.76‰、3.99‰；人口自然增长率分别为5.7‰、5.05‰、4.73‰。

1999～2001年，全县国内生产总值分别为12.54亿元(1990年不变价)、22.65亿元(2000年不变价，下同)、23.25亿元，分别比上年增长9.5%、8.6%、2.8%。一、二、三产业结构分别为40.6∶28.9∶30.5、36.8∶31.9∶31.3、32.7∶34.3∶33.0。2001年，实现现价人均国内生产总值3693元。

1999年，全县农业接连受到了冬春干旱、病虫害的袭击。县委、县政府通过调查、研究、决策，发出了"一抗五补夺丰收，结构调整超规划"的号召，并加大了对农业的各项投入，使农业和农村经济取得了较理想的成绩。农林牧渔业总产值为71370万元，比1998年增长7.2%，其中种植业产值为38790万元，同比增长5.4%；林业产值为1920万元，同比增长2.8%；牧业产值为22320万元，同比增长8.9%。农产品中除粮食产量与1998年略减、棉花由于结构调整产量下降外，其余均呈增长态势。粮食332648吨，棉花841吨，分别比上年下降2.5%和29.5%；油料19251吨，蔬菜236991吨，茶叶489吨，水果17367吨，分别比上年增长1.2%、16.2%、10.4%、8.0%。2000年，共完成农林牧渔业总产值77253万元，同比增长2.6%。其中，农业、林业和渔业产值分别为41608万元、1915万元和7110万元，同上年相比略有下降；牧业产值26620万元，与去年同期相比增长18.8%。由于旱灾影响，粮食产量为267629吨，比上年下降19.5%；棉花1597吨，油菜21284吨，蔬菜282677吨，茶叶560吨，水果18672吨，比上年增长89.9%、10.6%、19.3%、14.3%、7.5%。2001年，孝昌县经历了历史罕见的特大干旱，农业农村经济受到重大影响。共完成农、林、牧、渔业增加值76048万元，按可比价计算，较上年下降7.2%。其中，农业、林业和渔业增加值分别为42641万元、1445万元和3544万元，较上年分别下降9.1%、36.9%和23.7%；牧业增加值为28418万元，同比增长1.9%。粮食176647吨、棉花330吨、油料14760吨、分别比上年下降34.0%、79.3%、30.6%；蔬菜284254吨，水果30350吨，分别比上年增长0.6%、62.5%。

1999年，全县造林面积1771公顷，当年育林面积471公顷；迹地更新面积677公顷。主要林产品板栗产量2262吨，白、黑木耳产量1765公斤，比1998年分别增长2.3%、5.1%。2000年，造林面积为2252公顷，比1999年增加481公顷，增长27.2%；板栗、木耳产量分别为2300吨和1700公斤，同比持平略增。2001年，完成造林面积1573公顷，成林抚育面积3751公顷，幼林抚育面积2058公顷。主要林产品板栗853吨，比上年下降62.9%；黑白木耳2000吨，增长17.6%。

1999年，全县生猪出栏达到16.25万头，家禽出笼690.69万只，畜禽肉产量28535吨，禽蛋产量16718吨，比1998年分别增长7.2%、10.5%、12.2%、10.8%。此外，梅花鹿、银狐和鸵鸟等特种养殖已初具规模。2000年，生猪出栏数18.2万头，家禽出笼745.87万只，畜禽肉产量为30304吨，禽蛋产量为16854吨，同比分别增长12%、8%、6.2%、0.8%。2001年，生猪出栏18.77万头，生猪存栏17.96万头，家禽出笼834.27万只，同比分别增长3.1%、4.4%、4.8%。

1999年，全县水产品养殖面积达到4750公顷，比1998年增长1.6%；水产品产品产量达到17800吨，同比增长15.1%。水产品产量中，鲜鱼产量达到17370吨，同比增长12.4%。渔业生产的快速发展，推动了农村经济的稳步发展。2000年，水产品养殖虽然受到旱灾的影响，但水产品产量仍然达到了17120吨，同比仅下降了3.8%。2001年，水产品产量为14717吨，较上年下降14.0%。

1999年，全县年末农用化肥施用量(以折纯法计算，下同)22020吨，比上年增长10.2%；农村用电量1925万千瓦时，比上年增长1.3%；有效灌溉面积2.21万公顷，机电排灌面积1.08万公顷，分别比上年增长8.3%和18.7%。2000年，年末化肥施用量为23775吨，同比增长8.0%；农村用电量为2493.41万千瓦时，同比增长29.6%；农田有效灌溉面积和机电排灌面积分别为2.21万公顷和1.1万公顷，与上年相比持平略增。2001年，农用化肥施用量(折纯)2.19万吨，与上年持平；由于农电网改造，农村用电量达到2850.35万千瓦时，比上年增长575万千瓦时，增长25.3%。

1999～2001年全县完成工业总产值分别为271570万元(90年不变价，下同)、295925万元、369796万元。其中，全部国有及500万元以上非国有工业企业总产值分别为16682万元、15735万元、17058万元；农村工业总产值分别为9670万元、9298万元、9139万元；500万元以下非国有工业企业工业总产值分别为254888万元、280189万元、199213万元；集体企业工业总产值分别为125416万元、137805万元、

85226万元;私营企业总产值分别为48033万元、53899万元、43279万元。1999~2001年主要工业产品产量分别为:大米9414吨、9877吨、9976吨;水泥10.4万吨、7.60万吨、8.10万吨;砖(折标准砖)14879万块、14297万块、13561万块;饲料5067吨、5316吨、5369吨;塑料制品103吨、105吨、300吨;大理石板材1280平方米、1995平方米、2030平方米。

1999年,全县完成固定资产投资额60211万元,比1998年增长11711万元,增长24.1%。2000年,累计完成固定资产投资额67716万元,比1999年增加投资7638万元,同比增长12.8%。2001年,完成固定资产投资额70020万元,比上年增长3.4%。在投资总额中,国有及混合经济投资29800万元,同比增长5.4%;中省投资6323万元,地方投资63697万元。在国有及混合经济投资中,基本建设投资23722万元,增长0.7%;更新改造投资3328万元,增长128.7%;房地产开发投资1080万元,是上年的11.7倍;其它投资完成1530万元。国有和城镇集体经济累计施工项目102个,其中基建项目80个,技改项目9个。全年新开工项目84个,投产项目84个。

1999年,全县投资826万元建成了花园京广线下穿式立交桥,畅通了孝昌城区干道及安大公路;投资500万元的城区主干道,投资300万元的孝昌文图大楼,投资2200万元的防洪工程,改善和提高了孝昌人民的工作、生活环境。随着京珠高速公路的建设,贯穿全县的较高等级公路网络已初具规模,交通运输业也得到了长足的发展。全县公路客运量为494万人次,客运周转量为11753万人/公里;货运量达到400万吨,货物周转量达到15692万吨/公里,分别比上年增长了23.5%和0.23%。2000年,随着京珠公路的建设,交通运输得到了较快的发展。公路客运量达到512万人次,同比增长3.6%,客运周转量达到10079万人/公里;货运量为378万吨,货物周转量为9472万吨/公里。2001年,京珠高速公路孝昌段胜利竣工全面交付使用,周丰、王杨、观湖等公路建设项目相继开工和竣工,孝昌县交通运输业进入了一个新的阶段。公路客运量为457万人次,客运周转量为9394万人/公里;货运量为288万吨,货物周转量为8663万吨/公里。

1999年,全县邮电及信息产业部门继续以"发展、改革、管理、效益"为主线,邮政、电信、寻呼和移动通讯事业得到了快速的发展。1999年,邮电业务总量达到2473万元,比1998年增长21.2%。其中邮政业务总量319万元,电信业务总量1183万元,同比分别增长23.0%和15.3%。年末交换机总容量达到24765门,同比增长53.8%;年末电话达到户15811门,同比增长38.8%。电信部门还开通163、169等电子邮局系统,为孝昌人民步入"信息高速公路"架起了桥梁。报纸订销份数达到688.8万份,同比增长了5.1%;杂志订销份数达到17.6万份。集邮业务继续发展,达到179万枚,同比增长24%。2000年,邮政、电信部门进一步以"改革、发展、管理、效益"为主线,大力发展邮政、电信、移动、寻呼、传输事业,推动了全县邮电事业的快速发展。电信业务总量合计达到1598万元,同比增长35.1%;邮政业务总量合计为381万元户,同比增长19.4%;电信局用交换机已装容量为26756门,同比增长8.0%;集邮业务达到223.68万枚,同比增长24.3%。2001年,完成电信业务收入1710万元,比上年增长7.2%;电信局用交换机已装容量30756门,比上年增加1000门,增长3.4%;局用交换机实占容量为24802门,比上年增加3291门,增长15.3%;农村电话用户达到14255户,较上年增加1600户,增长12.6%;电话拨号上网用户数2846户,较上年增加1745户,增长158.5%;申请网吧数26家。邮政方面,2001年完成邮政业务总量合计910万元,增长8.3%;邮路总长度为2595公里,增长6.9%;订销报纸590万份,较上年下降11.8%;邮政储蓄平均余额为8561万元,比年初增加2065万元。

1999年,全县实现社会消费品零售额71002万元,比1998年增长10.6%。居民消费价格指数为99.3%(以上年为100,下同),比上年上升0.1个百分点;消费品零售价格指数为98.8%,比上年上升1.0个百分点;农资价格指数为97.2%,比上年上升0.3个百分点。2000年,全县累计实现社会消费品零售总额74639万元,同比增长9%。社会商品零售物价指数为98.59%,较上年下降了1.41个百分点;居民消费价格指数为99.10%,比1999年下降0.9个百分点。2001年,全年社会消费品零售额77674万元,比上年增长3.2%。城市消费品零售额39013万元,较上年增长7.0%;县及县以下消费品零售额38661万元,与上年基本持平。批发零售业零售额为56504万元,增长3.9%,餐饮业零售额为7459万元,增长1.5%。消费市场商品零售价格指数为99.9%(以2000年指数为100%,下同),其价格水平比上年下降0.1个百分点;居民消费价格指数为100.98%,比上年提高0.98个百分点;农资价格总指数为101.3%,比上年上升1.3个百分点。

1999年,全县共完成财政收入7026万元,比1998年增长23.2%。财政收入占国内生产总值比重达到3.38%,完成市分目标任务的159.3%。2000年,全县财政收入8016万元,同比增长14.1%;财政支出为10399万元,同比增长18.4%。财政收入占GDP比重为3.34%;税收占财政收比重为71.5%,同比下降5.1个百分点。2001年,实现财政收入8933万元,比上年增长11.4%。完成各项税收5908万元,同比增长3.1%。财政收入占GDP的比重为3.8%,比上年提高了0.3个百分点。在财政收入中,国税收入完成1404.2万元,增长8.3%;地税完成收入3297.0万元,增长31.4%,农业"四税"1206.3万元,比上年下降37.3%。全年财政支出16518万元,增长27.5%。

1999年,全县金融机构根据国家政策,先后对金融存、贷款利率进行了调整,并加强金融政策法规的落实,金融秩序井然。各金融机构年末各项存款余额为57399万元,比年初增加1634万元;城乡居民储蓄存款达到51091万元,比年初增加1994万元;各项贷款85455万元,比年初增加5357万元。贷款周转资数达到0.37次,完成考核目标102.8%。2000年,国家银行年末各项存款余额为69409万元,比年初增加了10962万元;其中城乡居民储蓄存款余额为60977万元,较年初增加9963万元;各项贷款余额为81636万元,较年初下降了3799万元;2000年,中保和寿险公司业务得到了进一步拓展,财产、人寿保险业务发展平稳。2001年末,各金融机构各项存款余额为82232万元,比年初增加13823万元。其中城乡居民储蓄存款为72504万元,比年初增加11527万元。各项贷款余额85189万元,比年初增长3552万元。人寿保险公司孝昌县支公司实现保费收入939.94万元,比上年增长3.4%;综合给付率49.0%。人民保险公司孝昌县支公司共实现保费收入464.26万元,同比增长5.0%;共处理赔案471件,赔款支出246.57万元,赔付率53.1%。

1999年,全县进一步巩固"普九"成果,全面推进素质教育,使全县教育工作又上了新台阶。全县教师总数达到6239人,其中大专以上教师数2311人,比上年增加332人。在校学生120692人,其中高中学生为2655人,较上年增长47.1%。考入大专以上学校学生数为360人,比上年增长16.1%。校舍危房率为零。1999年,投资科技经费36.1万元,比1998年增长6.5%。有4家企业被确定为全市高新技术企业,高新技术产业增加值占工业增加值的比重达到7.1%,超出目标任务的160%。2000年,全县进一步推进了素质教育,加大了教育事业投入,促进了教育事业的不断发展进步。教师人数为5219人,同比增长5.4%,其中大专以上学历教师达1695人,同比增长9.5%;幼儿园数为35所,同比增长25%;在校学生人数为125772人,同比增长2%,其中高中学生为2832人,同比增长16.6%;当年考入大专以上学校学生数为560人,同比增长50.5%。2000年,全县进一步加大了"科教兴县"战略的实施力度,努力推进技术创新,发展高新技术,推进了科技事业的进一步发展。从事科技活动人员数为1927人,同比增长21.4%;科技活动经费总支出为41万元,同比增长13.6%;新技术开发数达到37个,同比增长8.8%。2001年,从事科技活动人员达到1986人,比上年增加59人,增长3.1%;科技活动总经费支出达到52万元,同比增长26.8%;新技术开发数为43个,较上年增加5个,增长16.2%。地方财政教育拨款为23998万元,是2000的13.6倍。教育活动经费总支出为7212万元,比上年增长4.6%。各类学校数为351个,其中高中2所,初中28所,小学321所。教师人数达6884人,比上年减少26人。其中大专及以上学历教师达3126人,增长9.3%。在校学生数为134001人,比上年下降1.8%。其中高中生为3831人,比上年增长5.6%;初中生为31728人,比上年增长6.6%;小学生为88549人,比上年下降5.0%;当年考入大专及以上学校学生数为601人,较上年增加98人,增长19.5%。

1999年,县一医院新门诊大楼落成并投入使用,标志着全县卫生事业又上了一个新台阶。全县经卫生行政管理部门认定的卫生机构(含门、部、所)为81个;卫生从业人员为1313人,同比增长5.7%;医生拥有数达到452人,同比增长10.2%。卫生经费达到166万元,较上年增加11万元。2000年,卫生从业人员达到1453人,其中医生人数为489人。婴儿死亡率为12.78‰,比上年下降6个千分点。急性传染病发病率为1.46‰,比上年下降22.8%。卫生机构和病床合计数分别为92个和600张,同比分别增长13.6%和2.7%。2001年,卫生从业人员为1337人,其中:卫生技术人员1108人,管理人员160人,其它人员69人。卫生机构病床数为554张。

1999年,全县文体经费达到62万元,比1998年增长51.2%;广播电视覆盖率达到88%,较1998年提高12个百分点;电影放映达到1500场次,是1998年的4.3倍。2000年,文化广播站为12个,文化艺术表演达60场次;全县广播人口覆盖率达到95%,比上年提高12个百分点,电视人口覆盖率为96%,同比提高16个百分点;艺术表演观众人数达4.2万人,同比增长30%。2001年,共有文化馆1个,博物馆1个,艺术表演达18场次,组织举办文体活动27次。广播人口覆盖率96.0%,电视人口覆盖率97.0%,基本实现了村村通广播电视。

1999年,体育运动参加人数达到4200人,是1998年的2.3倍;体育达标人数达到5.8万人,同比增长16.0%。2000年,体育场地数达到36个,同比增长20%;参加县以上体育运动会人数为1480人,是1999年的两倍。2001年,参加县以上体育运动人数270人,比上年增加60人;体育达标人数33695人,比上年增加1500人。

1999年,全县城镇单位职工和其他从业人员数为20666人。城镇登记失业率仅为1.99%。全县各种福利院床位427张,比1998年增长9.5%;福利企业职工人数为164人,社会救济对象为118人。全县城镇职工年平均收入5052元,比1998年净增438元,增长9.5%。全县农民人均纯收入达到1689元,比1998年净增69元,增长4.2%;农民人均纯收入中,现金纯收入比重达到63.1%,较1998年提高3.1个百分点。2000年,城镇职工年平均工资为5659元,比1999年增加530元,增长10.33%;农民人均可支配收为1464元。2001年,全部在岗职工人平工资为5970元,比上年增加529元,增长9.7%。其中国有控股单位人平4789元,比上年增加692元,增长16.9%。全年农民人均纯收入1451元,由于特大旱灾比上年减少32元,其中农民现金纯收入比重为59.8%,比上年提高0.8个百分点。

孝昌县委、县人大、县政府、县政协领导成员组成名单

县委书记 曾昭荣

副书记　戴永红(女)　李传友　梁庆国　程贞义　徐长水
县委常委　刘望平　刘建军　刘　杰　张振东　王超群　黄　骏
县人大主任　万少安
副主任　汪文骏　张海清　祝心敏　李世刚
政府县长　戴永红(女)
副县长　刘建军　王超群　熊竹寒　程　华　邹忠安　马健红
县长助理　张亮吾　王学文　程　涛
县政协主席　兰惠民
副主任　王建东　熊竹寒　黄东波

孝昌县直部门主要负责人名单

县纪律检查委员会书记　徐长水
县委组织部部长(县直机关工委书记)　刘　杰
县委宣传部部长　黄　骏
县委统一战线工作部部长　黄东波
县委政法委员会书记　刘望平
县人武部部长　邓海亮
县监察局局长　任富东
县委开发区工委书记、管委会主任　韩建东
县委党校、县行政学校常务副校长　罗绍玉
县人民检察院检察长　许志耕
县人民法院院长　张水学
县总工会常务副主席　郭幼华
团县委书记　阳淑娥(女)
县妇联副主席　汪新萍(女)
县残联理事长　李世刚
县行政服务中心主任　胡光权
县发展计划局局长　向德运
县经济贸易局局长　李德华
县教育局局长　汪昌平
县科技局局长　樊星涛
县公安局局长　陈　显
县司法局局长　蔡曙东
县民政局局长　张建普
县财政局局长　刘哲明
县人事局局长(编委办公室主任)　黄金洲
县劳动和社会保障局局长　李毅敏
县国土资源局局长　张华英
县建设局局长　付望平
县交通局局长　黄成钢
县农业局局长　郭华桥
县水务局局长　朱富如
县文化体育局局长　艾文杰
县卫生局局长　唐少珍
县计划生育局局长　蔡秀云(女)
县审计局局长　丁汉春
县统计局局长　胡柏桥
县粮食局局长　舒长清
县物价局局长　彭京成
县扶贫开发办公室主任　李伯文
县委老干部工作局局长　向宏福
县林业局局长　黄　政
县乡镇企业管理局局长　张建初
县广播电视局局长　朱志清
县旅游局局长　宁卫平
县环境保护局局长　张国艳
县档案局副局长、县史志办副主任　周桂清
县招商引进办公室主任　万大兵
县供销社主任　万子国
县驻京联络处主任　曹子波
县驻汉办事处　杨先高
县驻孝办事处　万　骏
县工商局局长　彭兆军
县国税局局长　刘云发
县地税局局长　杨国如
县烟草局局长(烟草公司经理)　范　军
县石油公司经理　卢彦卿
县供电局局长　陈沙沙
县邮政局局长　李胜发
县电信局局长　李建端
移动通信孝昌分公司经理　丁汉青
县人行行长　刘洪军
县农行行长　左胜明
县农发行行长　褚景明
县信用联社主任　陈国志
县建行行长　彭维斌
县人民保险公司经理　王国民
县人寿保险公司经理　范国新
县气象局局长　李水清
县质量技术监督局局长　朱江华
县药品监督管理局局长　石吉明
县盐业管理局局长、盐业公司经理　黄世武

(汪丽娜)

【机构改革　精简机构】　2001年，县委设6个工作部门，县政府设23个工作部门和3个部门管理机构，全县行政机构共减少10个，精简比例为29.4%，全县乡镇党政机构设“五大办”，事业站组所减少82个，精简比例为41.8%。全县党政群内设机构共减少46个，精简比例为22.7%；县乡行政编制减少297名，精简比例为24.5%，其中县直行政编制减少189名，精简比例为28.2%，乡镇行政编制减少108人，精简比例为20%；政法专项编制减少17人，精简比例为5.8%。县直局级领导职数减少37名，精简比例为25.3%，中层领导职数减少98名，精简比例为33.2%。乡镇领导职数减少21名，精简比例为11.7%。按照“脱钩、分类、放权、搞活”的原则，改变用管理党政机关工作人员办法管理事业单位人员的作法，出台了《关于加快推进事业单位人事制度改革实施意见》的通知，选择了10个不同类型事业单位作为事业单位人事制度改革试点，大力开展竞争上岗，全面推行合同聘用制，共签订了聘用合同1320份，解聘46人。

【农村基层组织建设“三级争创”活动】

1999～2001年，在全县坚持开展了争创农村基层组织建设先进县、争创“六好”乡镇党委和争创“五好”村党支部的“三级争创”活动。适应农村经济发展新阶段的要求，不断深化“转变工作作风、转变工作方式、推进农业产业化”的“两转一推”活动，积极探索新的农村工作运行机制，促进基层干部由行政命令型向示范服务型转变，提高了领导水平和服务水平，推动了农业产业结构调整和农村经济的发展。全面实施了村干部队伍建设“素质工程”，选好配强村支部班子，选派了一批优秀国家干部到村任职，对村级主职干部普遍进行了一次轮训，强化了村干部队伍的规范化、制度化建设，村干部持证上岗，实行职级工资制，增设“优秀村干部单独管理序列”，从而解决村级组织“有人办事、有钱办事、有章理事”问题。几年来，通过广泛开展“三级争创”活动，涌现出了一批先进典型。同时，积极探索非公组织党建工作新路子,出台《孝昌县非公有制经济组织党组织工作规则》,全面加强非公组织党组织建设。

【打好新闻宣传战役】 1999～2001年,牢牢把握正确的舆论导向,围绕经济建设中心,服务县委、县政府工作大局,县委宣传工作立足打好新闻宣传战役。在县及县以上报、刊、台等新闻媒体上造声势,出影响,鼓实劲,1999年和2000年连续两年被《湖北日报》评为全省新闻报道先进集体和发行工作先进单位。1999年,典型报道突出报道了英雄余国涛舍己求人的事迹,通过《解放军报》、《中央人民广播电台》、《国防教育报》、《湖北日报》、《孝感日报》等多家新闻媒体广泛宣传。余国涛英雄事迹报告团,在县直和各乡镇巡回报告13场,赴市直和各县市区巡回报告8次。在建党80周年的新闻宣传战役中,拍摄了全景式展现孝昌建县8年来取得辉煌成就的综合记录片《孝昌的曙光》,分战线、分系统拍摄了电视专题片,展现了城建、金融、公安、卫生、教育等战线建县8年所走过的艰辛历程,县电视台开辟了"三个代表"学教窗、《身边的共产党人》等专栏。

【加强文明创建工作的部署和指导】 1999～2001年,县委宣传部从创建规划到创建活动,从创建要求到创建措施,整个过程指导具体,服务及时,创建工作成效显著。三年间,创建省级文明单位5个,市级最佳文明单位4个,市级文明单位22个,县级文明单位114个。全县农村"创十"工作扎实开展,评出了一批最佳"十星级文明农户",花园罗畈村被授予市级文明村称号。文明办协同有关部门集中精力,集中时间,狠抓了城区形象工程建设,对市容市貌、环境卫生、交通秩序和市场秩序进行了重点整治,城区"脏、乱、差"的状况得到较大改观。

【领导干部廉洁自律】 三年来全县廉政巡视督察活动共发现处理问题150余起,各级领导干部登记上交礼金40余万元,礼品折合人民币20余万元,拒收礼金、礼品、"红包"9万余元。共计69余万。二是突出重点,开展专项清理。1999年,全县清房专项工作中,12名乡(局)级干部补交各种款项7万余元,清房工作成效显著,孝昌县被评为全市清房工作先进单位。2001年,在开展的七项专项清理中,没有发现违规违纪现象。通过抓领导干部廉洁自律工作,有力地推动了我县的党风廉政建设。1999～2001年,孝昌县连续三年被市委、市政府评为党风廉政建设先进单位。

【纠正行业不正之风和执法监察工作】 三年间,各级纪检监察机关会同有关部门重点做好五个方面的工作:一是治理公路"三乱"。查处公路"三乱"案件1件,给予党政纪处分1人,辞退临时工、合同工3人,没收乱罚款的款项2万元。全县境内公路特别是国道和省道基本畅通,执收、执罚行为逐步规范。二是纠正中小学乱收费歪风。各级纪检监察机关对中小学春秋两季入学收费情况普遍进行了检查,共取消、停止执行、降低收费项目8个,制止向学生摊派、搭售商品金额24万元,减轻学生负担800万元。同时还对一些严重违纪规定乱收费的学校及责任人进行了纪律处分和通报批评。三是对重点企业和私营企业建立负担观测点制度,为企业减负。清理违规收费项目14个,共为全县35家企业减轻负担200多万元。四是切实减轻农民负担。清理涉农文件6份,共减轻农民负担2860万元,查处涉农负担案件,处分违纪人员17人。五是组织协助有关部门从源头治理腐败现象的发生,推行政务公开、政府采购、零户统管等措施。采取重点抽查与整治违纪、建章立制与督促整改同时并举的方法,共清理预算外违规资金120万元,清理"小金库"38万元,查处违规案件1件,给予1人党政纪纪律处分。

【扎实推进综合治理】 1999～2001年分别在媒体开辟了《社会治安大家谈》栏目,印发告人民群众书和综治小常识等形式多样的宣传活动,达到了宣传进村入户到人的宣传效果。2000年创造性提出并实施了"一、十、百"工程。组织实施了"为了明天行动"活动,对校园周边环境进行了重点整治,减少和预防青少年违法犯罪,提出"四个三"的矛盾纠纷排查调处工作机制。综治工作综合排名位列全市第三,被市委、市政府评为社会治安综合治理先进县。2001年继续深化各项措施的落实,对刑释解教人员的安置帮教工作提出了"一查、两保、三帮、四加强"的工作要求,实现了三年来刑释解教人员重新犯罪接近零目标,受到省、市综治委的充分肯定。流动人口管理做到严把"三关"、"三到位",全年综治工作综合排名列全市第二名,再次被市委、市政府评为社会治安综合治理先进县。

【检察工作强化执法监督】 三年间,在侦查监督工作中重点纠正有案不立、有罪不究、以罚代刑问题。建议公安机关侦查案件6件,对侦查活动中的违法情况提出意见5件次。针对重罪轻判、有罪判无罪等问题,加强抗诉工作,对确有错误的刑事判决、裁定,依法提出抗诉2件2人。认真查处侵犯公民民主权利、人身权利犯罪和渎职犯罪案件。三年共查办徇私舞弊案1件1人、非法拘禁案1件2人。认真执行《监狱法》,纠正不依法交付执行以及减刑、假释、保外就医等工作中出现的违法情况。对不符合保外就医条件和保外就医条件消失的人犯建议收监15人。对监管改造活动中的违法情况提出书面纠正意见57件次。积极受理民事行政申诉案件,三年共受理各类民事行政申诉案件25件,立案13件,建议提请抗诉6件,提请抗诉8件,息诉11件,改判1件,提检察意见12件次。三年来,共受理各类技术案件161件,提供技术服务26次,其中法医检验鉴定65件,司法会计检验鉴定24件,文检15件,视听资料57件。接待来信来访417件次,对举报的231件进行了审查处理,分送其他部门62件。

【法制宣传教育工作深入开展　法律服务工作全面发展】　1999～2001年,全县司法行政系统始终把普法、依法治理作为一项主要职能来抓,加强协调,强化措施,因地制宜,形式多样,保质保量地圆满完成了“三五”普法任务。全县43.03万名普法对象接受了系统的法律常识教育,以地方依法治理为主体的依法治县新格局基本形成。全县法律服务机构把法律服务的触角不断向社会各个层面渗透、延伸,促进了法律服务工作的全面发展。三年来,法律服务机构共担任法律顾问1075家,办理各类案件4755件,办理各类公证1250件,为企事业单位和公民个人挽回经济损失5000余万元,产生了良好的社会效益和经济效益。

【注重调查研究　当好政策参谋】　1999～2001年,计划部门在认真制定国民经济和社会发展年度计划,切实搞好经济预警预测的基础上,对当前社会生活中的焦点热点难点问题进行了认真的调查研究。组织编写了《孝昌县民营经济的调查与思考》、《贫困县启动内需的政策思考》、《孝昌县泵站建设与运行情况的调查》、《关于孝昌县农民收入问题的探讨》、《关于孝昌县第三产业发展状况的调查》、《加强项目建设,增强发展后劲》、《孝昌县2001年农业自然资源状况的报告》、《建设小城镇,发展大战略》、《优化产业结构,促进经济协调发展》、《孝昌县乡镇企业发展思路与对策》、《孝昌县“农转非”发展趋势》、《孝昌县文化事业的发展思路之我见》、《孝昌县固定资产投资的调查》等调研文章。其中,《孝昌县民营经济的调查与思考》、《贫困县启动内需的政策思考》、《关于孝昌县农民收入问题的探讨》等3篇文章被省市评为优秀科技成果奖,多数文章还分别在省计委《宏观经济信息》、《计划与市场》及《孝感通讯》上全文刊载。

【开展经济责任审计　完善干部监督约束机制】　1999～2001年,受孝昌县委、县政府委托,县审计局先后对10个乡镇14个县直部门的30位领导干部进行了任期经济责任审计,查出违纪违规金额7169万元,处理上交财政7万元,追还被侵占挪用资金1400万元,促进增收节支43万元,提出合理化建议12条,为组织部门考核任免干部提供参考依据。据审计结果,10人被提升,19人被平调,1人被撤职。另外,还对县直部门单位的16位领导干部实行经济责任届中审计,查出违纪违规金额2404万元,追还被侵占挪用资金641万元,增强了该部门领导干部廉政、勤政服务意识,不断完善了领导干部监督考核管理机制。

【“12315”开通两年来成效显著】　县工商局12315消费者投诉举报中心自2000年2月18日开通运行以来,认真履行自身职能,始终坚持“有诉必接、有报必查、有假必打、有难必帮,公正执法,热情服务”的工作原则,积极发扬“便民、快速、高效、务实”的工作作风,强化服务意识,拓展监管领域,加大打假维权力度,取得了明显的社会效益。两年来,该中心共受理消费者申诉793件,举报48件,争议金额70多万元,全部调解处理,调处率达100%,其中立案查处72件,案值48万元,为消费者挽回经济损失73万元。

【土地使用制度改革稳步推进】　1999年以来,孝昌县国土资源局在建设用地需求相对集中、用地量大的情况下,解放思想,大胆改革,积极探索土地使用权流转的新路子。共对5家国有改制企业的土地资产进行了处置,面积0.31公顷。对107国道以西大安线以南、县液化气站以北的8宗地块进行了公开拍卖,于2001年12月31日顺利敲响了孝昌县通过拍卖方式出让国有土地使用权第一槌。首次拍卖国有土地使用权面积达544平方米,拍卖金额38万元。

【“数字孝昌”工程顺利启动】　2000年,国土资源部确定孝昌县为全国100个土地利用数据库建设示范县之一,孝昌县土地利用数据库项目于2000年4月正式启动,2001年3月全面完成了建库工作。数据库建设成果在通过湖北省国土资源厅和国土资源部预检的基础上,于2001年4月送交国土资源部县(市)及土地利用数据库验收组进行验收。标志着“数字孝昌”工程的顺利启动。1:1万土地利用数据库建立以后,迅速在土地管理各项业务工作中广泛应用,能提供最新的图件和数据,使地籍管理由年度变更逐渐向日常变更转化,提高了土地管理的科技含量和现代化水平。

【特种养殖与特色基地】　孝昌特种养殖品种多、规模大、特色明显。如小河镇养鸵鸟,花西乡养梅花鹿;花园镇养种鹧鸪、养王鸽;县科委养种蝎;小悟养银狐。另有鹌鹑、乌鸡、獭兔、肉狗养殖等。生猪三优工程分三年完成。2001年生猪出栏率提高到137.5%。孝昌生猪三优项目被省畜牧局验收评为优秀等级。1999～2001年是孝昌县果、药、茶、苗木、花卉等特色基地突飞猛进的三年。一是京珠路、107国道沿线以早蜜桃为主的林果基地面积三年来成倍增加。二是周巷、花园镇苗木、花卉基地已具规模,效益明显,尤其是周巷镇的苗木花卉生产基地,已在省内外享有一定的知名度。三是优质稻基地生产初具产业规模。四是小悟乡药材基地逐年扩大,各种俏销药材面积已达5000亩。五是富民畈“百蔬园”现代农业,初显成效。三年来,孝昌县生产的优质稻达到国标的品种有四个,其中:“太子玉竹”、“太子玉晶”在1999年的湖北省首届优质稻米评审中分别达到二级、三级优质稻米标准,“鄂香一号”在2001年省二届优质稻米评审中是唯一的国标一级优质稻米,“晚粳96－6”达二级优质稻米标准。小悟乡生产的“九龙露毫”茶,周巷镇生产的“凤凰龙井”茶获1999年“鄂茶杯金奖”,“凤凰龙井”2001年又被评为“中国农业博览会湖北省名牌产品”。

【孝昌森林资源二类调查圆满完成】　1998年12月～2000年5月,组织开展了全县森林资源二类调查工作。通过外业调查和内业计算、整理,撰写出了资源调查报告和编制出了森林经营方案。全县森林面积13734公顷,占46.0%;疏林地面积397公顷,占1.4%;灌木林地2680公顷,占9.1%;无立木林地12350公顷,占42.1%;苗圃地188公顷,占0.6%。活立木蓄积658360立方米。

【水利工作取得实效】 1999～2001年,是孝昌县水利事业改革和发展的重要时期。三年来,全县人民战胜了连续三年的特大旱灾,取得了丰硕的成绩。在水库除险加固、库区改造和管理达标等方面都取得了突破性进展。三年来,累计投入水库整险加固资金600万元,整险加固中小型水库24座。其中金盆水库于1999年投入资金78万元(省投资30万元,自筹48万元),进行了全面脱险加固,并于1999年12月通过水利厅专家组验收,达到了省级管理标准,被水利厅授予"湖北省中型水库管理二级单位"的称号。2001年3月省计委按基建投资下达计划160万元(省基建80万元,地方配套80万元),完成了滑石冲水库主坝迎水面16000平方米护坡翻修。三年共整险加固小型水库22座,全面扭转了水库管理在全市的落后状况。全县累计完成各类水利工程4500处,土石方2000万方,标工2000万个,总投资4800万元,其中国家投资800万元,地方自筹4000万元。完成金盆等24座病险水库除险加固工程,整治五大灌区渠道350公里,更新改造渠道输水闸、涵200余处,兴建、整修塘堰3500口,新增蓄水能力1500万方,治理水土流失面积60平方公里,发展节水灌溉面积1万亩,完成防洪调度中心工程建设,全县农田水利基础设施得到了完善,灌溉供水条件得到了明显改善,生态环境得到了有效恢复和保护。2001年,孝昌县被省人民政府评为全省水利建设先进单位。

【连续三年战胜百年未遇特大旱灾】 孝昌县1999～2001年连续三年遭受百年未遇特大旱灾,为本地两百年一遇。2001年,全年降雨量仅相当于正常年景的40%,特别是农事频繁的5—9月份,降雨量仅相当于正常年景的四分之一,且蒸发量大大超过常年。全县绝大多数河港断流、水井干涸、塘堰龟裂,46万亩农作物全部受旱,25万亩农作物绝收;受灾人口达57万人,有196个行政村、26万人,5.1万头牲畜不同程度地发生饮水困难。仅2001年一年直接经济损失就达2.98亿元,其中农业经济损失2.66亿元;财政收入直接减少350万元,工商税减收500万元;农民人均纯收入减收33元。面对严重的灾情,孝昌县委、县政府克服畏难情绪,不等不靠,大打了一场抗旱救灾的人民战争。全县共投入干部5000余名,劳力20万人,抗旱抽水设备7717台套,累计投入抗旱资金3680万元,共提放水9000万方,抗旱面积达到43万亩;打饮水井、抗旱井5000余口,缓解了2万多人的饮水困难及3万多亩农田的旱情,救济灾民2.1万户11.2万人。

【以工代赈扶贫硕果累累】 1999～2001年,国家共投入以工代赈项目资金1855万元,其中用于基本农田建设150万元,水利建设167万元,县乡村道路建设412万元,人畜饮水工程93万元,林果业71万元,片区(小流域)治理693万元,其它269万元。共新、改建公路409.8公里,新建修复大小桥梁7座410米。开发富民畈6000亩,建成了高标准的田、林、路、渠示范畈。全县扩挖当家塘堰86口,新筑防洪大堤10公里,修建涵闸43座,水渠52公里,打抗旱机井430眼,改造中低产农田1.2万亩,坡改梯0.7万亩。实施了对芳畈水库、金盆水库、观音岩水库、滑石冲水库除险加固。进行了细河、陈庙河、青山河小流域治理,实施了退耕还林工程。建成了26500亩的药材、茶叶、苗木、早蜜桃、油茶基地。建设了一批人畜饮水工程,解决了1.85万人、1.15万头牲畜的饮水问题。全县贫困人口从8.5万人减少到1万人,农民人均纯收入从1995年的920元提高到2000年的1480元。

【以组织收入为中心 实现税收突破性进展】 三年来,孝昌县地方税收面临税收增幅大,灾害带来的负面影响大,政策因素影响多,各种制约因素多的诸多困难,全县地税系统克难奋进,狠抓收入不放松,大力强化组织收入措施,千方百计挖潜增收。自机构分设以来,连年超计划,超同期,超历史,税收任务从1994年的235万元增长到2001年的2834万元,年均增幅达35.6%。

【城市建设日新月异】 按照先急后缓、适当超前的原则,千方百计多渠道筹集建设资金7000万元投入城市基础设施建设,完成了城区道路、桥涵、供排水、园林绿化、环卫设施建设等一系列任务。

【交通基础设施建设发展加快】 1999～2001年,全面加快了交通基础设施建设,基本形成了以国、省道为主骨架,一大四小五个循环,连通周边六个县市区的外连内通的公路网络,使全县公路总里程达1415.86公里,公路覆盖率达1.2公里/平方公里。一是出台了一系列加快公路建设的文件,为公路建设提供了强有力的政策支持;二是实施交通扶贫战略,交通部门累计投资632万元,修建了青石至界岭19.8公里的扶贫公路,青石至观音湖大坝5.5公里的旅游公路,打通了观音湖库区的循环公路;三是完成了投资756万元的花园公铁立交桥工程和投资40万元平安路配套工程;四是积极为京珠路建设搞好协调服务;五是完成了省路网建设重点项目——大安线小花段一期路基土石方工程;六是启动了孝感市"十五"规划"四线八路十二桥"的重点建设项目——孝昌澴水河大桥,主桥总投资1780万元;七是完成了孝昌县路网规划项目——小观线旅游公路一期路基土石方工程建设。另外,全县还继续实施村村通公路工程,实现了27个未通公路村通公路目标。

【双拥优抚工作得到落实】 1999～2001年全县共落实群众优待统筹439.65万元。全县共有3800多名重点优抚对象按标准享受抚恤补助待遇,共落实优抚资金910多万元。所有在乡二等乙级以上革命伤残军人的医药费纳入了医保范围,实报实销。1999年4月,制订了《孝昌县"爱心献功臣行动"实施方案》。2000年10月制定了《孝昌县"爱心献功臣光荣安居工程"对口帮扶实施方案》,促成县直58个单位与56户革命功臣结成帮扶对子,帮助他们解决了"住房难"问题。优抚事业单位县光荣院解放思想,深化改革,加强管理,服务质量和供养水平不断提高。1999年,投资130万元,建成建筑面积1300平方米的老年公寓。以创建省级双拥模范县为主要内容的双拥工作蓬勃开展,1999年7月31日,孝昌县再次被省委、省政府、省军区命名为"双拥模范县"。

【妇女维权工作上新台阶】 2000年11月在县法院挂牌成立"孝昌县妇女儿童维权合议庭"。对处理涉及妇女、儿童合法权益方面的案件,起监督、公正、公平的作用。2001年12月,县妇联挂牌成立了家庭暴力受害者保护机构。县妇联权益部积极协调有关部门帮助解决婚姻家庭、工作待遇等方面的问题,有效维护了妇女的合法权益。三年来,共接待来信来访180余起,处理率为100%。

【残疾人事业得到逐步发展】 1999年9月,由残联组队,吴玉桥副理事长带队的残疾人运动员在孝感市残疾人运动会上夺得了15枚金牌、17枚银牌、13枚铜牌,取得全市第三名的好成绩。1999年10月,县残疾人运动员在省残疾人运动会上取得了1金2银的成绩。2000年11月,由国际"狮子会"资助,国家特派的医疗队来县为近300名白内障患者实施了复明手术,使他们重见光明。

【开发区工作取得明显成绩】 三年来,孝昌县开发区经济建设和各项社会事业得到长足的发展。区内高楼林立,道路宽畅,水电配套,通讯快捷,服务齐全,环境优雅。2001年,全区实现国内生产总值24831万元,工业产值13678万元,财政收入1120万元,引进资金3800万元人民币,其中:利用外资208万美元,出口创汇152万美元。三年来,基础设施建设总投入累计达22386万元,累计引进资金14200万元。针对新城区建设过程中反映的"脏、乱、差"问题,进行了强有力的整治,改善了城区的生产和生活环境。出台了鼓励客商来开发区投资的优惠政策,制定了"税费明白卡"的管理办法,遏制了"三乱"行为,真正营造诚实守信的经营氛围,使投资者能够安心经营。狠抓招商引进,增强发展后劲。建立健全了招商引资的激励机制,细化和量化了工作任务,落实了招商引资的目标责任制,完善了招商引资的各种办法。截止2001年底,全区引进资金累计达3.8亿元,引进外资累计达650万美元,一批企业如孝昌县光邦石膏有限责任公司,光华玻璃制品有限责任公司、华昌鞋业公司等企业相继来开发区安家落户。强化封闭管理,提高服务水平。对城区"八街一场"实行开放式经营、封闭式管理。加快专业街道建设,实施"大市场"战略。对辖区内的个体工商户进行了摸底、统计和分类,在规范税费征管工作的同时,用税费征管的经济杠杆对个体工商户进行引导,使辖区内形成独具特色"一条街"。

【旅游业蓬勃发展】 孝昌县委、县政府为寻求新的经济增长点,立足孝昌实际,经多方论证,决定大力发展旅游业。孝昌县旅游业依靠政策启动,依托丰富的资源及良好的区位、交通优势,抢抓孝感市旅游业开发重点转移的机遇,提出"旅游活县"战略,制订完善了全县旅游发展的总体规划,编制重点景区的详规。以观音湖旅游开发为龙头,着力培植观音湖、大悟山、人文古迹、革命旧址四大景点,努力建成孝昌具有山乡特色的旅游风景区。2001年,孝感市电力局投资2000万元兴建的观音湖电力培训中心已于7月份开始营业,截止2001年10月,日均接待60人,日均营业额2.5万元,仅三个月已创产值240万元;投资1000万元的湖北省纪委干部培训中心已征地30亩,一期已动工建设;小河观山禅寺引资500万元,一期工程大雄宝殿已于2001年底破土动工,省工商局、武烟集团、台湾光邦石膏公司等均有意落户观音湖。

【积极参加经贸洽谈活动 扩大招商引资规模】 1999年4月7—15日,县长戴永红、县委常委张振东率团赴北京、抚顺进行招商考察活动,签约项目1个,合同引资1000万元,意向项目3个,协议资金4000万元。1999年5月19—24日,县长戴永红,县委常委、副县长程贞义率团参加福州招商月活动,签约项目15个,合同引资1.1亿元。2000年2月,县委书记曾昭荣、县长戴永红赴北京组织孝昌(北京)招商联谊活动,就农业节水灌溉等11个项目与北京有关方面达成协议,协议引资4000万元。2000年7月12日,县长戴永红率团赴上海组织招商联谊活动,与上海青浦工业园区缔结为友好县区。缔结友好县区后,两地不断开展经济、文化、教育等领域交流合作活动。2000年、2001年孝昌县先后选派两批年轻干部赴青浦工业园区挂职锻炼,上海青浦工业园区党政代表团也于2000年10月、2001年5月两次来县考察。2001年10月,组织参加孝感市第二届"天仙杯"暨招商引资经贸洽谈活动,签约项目4个,合同利用外资260万美元,内资3200万元人民币。

(汪丽娜)

乡、镇简介

【花园镇】 位于孝昌县城关,北距河南信阳市100公里,南距武汉市100公里。全镇总面积121.4平方公里,耕地4.4万亩,山场4.5万亩,河滩1.3万亩,水面3.8万亩。现辖48个村,3个街道居委会,是孝昌县政治、经济、文化中心。花园镇交通便利,京广铁路、

107国道纵贯南北,横穿东西的大安公路将107国道和316国道沟通,距京珠高速公路仅10公里,距天河机场70公里。境内河砂、石英石、石灰石、水泥石等资源丰富;粮食、蔬菜、油料等作物品质优良。

1999年、2000年和2001年,花园镇财政收入分别为2240万元、2903万元、2322.2万元;工业总产值分别为74491万元、69900万元、60014万元;农业总产值分别为10249万元、10578万元、9825万元;农民人均纯收入分别为2657元、2686元、2582元。1999～2001年全镇总人口数分别为101820人、102114人、104568人;人口自然增长率分别为5.02‰、5.46‰、5.41‰。2001年末全镇总户数为36075户。

花园镇基础设施建设完备。城区电力充足,现有22万伏变电站1座,11万伏变电站1座,3.5万伏变电站2座;程控电话、移动通信、无线寻呼、传真等业务全面开通。建县以来,花园镇充分发挥本镇优势,诚招天下客商,广纳八方资金,形成了以化工建材、纺织、饮服、轻工、农副产品加工六大支柱工业。近两年,制定了更加优惠的政策,力求创造更宽松环境,加大产业化进程,加大农业基础建设。三年来,按照"三为主"的基本思路,通过抓典型、抓"婚育新风进万家"活动,有效转变了人们的生育观念;制定了干部包保责任,形成了计划生育齐抓共管的良好局面;计划生育各项指标均达到或超过县下达的责任目标,被县委、县政府评为"计划生育先进单位"。在全镇广泛开展了创安全文明村、安全文明单位和"一区二户"活动,加大了法制宣传力度,建立了村级民调组织,并借"严打"声势,开展追逃、打击偷盗、抢劫等专项斗争,人民群众安居乐业,创造了安定团结的大好局面。三年来,多次被省、市评为"楚天明星乡镇"、"红旗乡镇"、"十强乡镇"等称号。

党委书记 黄 毅
人大主席 黄 毅(兼)
政府镇长 程 涛
政协组长 (无正职)

【邹岗镇】 西连京广线、107国道,京珠高速公路自北向南穿境而过。国土面积133平方公里,辖50个行政村,耕地面积为66126亩。境内交通发达,通讯便捷,水电充足,资源丰富。年平均气温15℃,适宜种植水稻、棉花、油菜、小麦、荸荠和各种林果、茶叶、药材等。境内锌矿、铁矿、绢云母石英粉矿储量丰富,所产太子米是名特产品,达到国家特级标准。

1999年、2000年和2001年,邹岗镇财政收入分别为598万元、608万元、515.8万元;工业总产值分别为34472万元、35000万元、41961万元;农业总产值分别为9814万元、10105万元、7995万元;农民人均纯收入分别为2565元、2590元、2580元。1999～2001年全镇总人口数分别为65692人、65740人、65797人;人口出生率分别为7.68‰、7.51‰、7.27‰;人口自然增长率分别为2.83‰、2.36‰、2.15‰。2001年末全镇总户数为9544户。

三年来,坚持"特色立镇、科教兴镇、依法治镇、开放强镇"的方针,以解放思想为先导,以加快发展为主体,以农业战略性调整为主线,以招商引进为重点,加大固定资产投资力度,完善各项基础设施建设,优化农村经济结构。先后对全镇主要街道和道路进行了绿化。对中心街、振兴街以及1999年新建的农贸街和2000年建成的商贸街等都完善了路灯建设。对全镇50个村实施了电网改造,42个村安装了电话,修建了移动和联通两座通信差转站。近三年先后引进企业16个,引进资金5100万元,成立了孝昌县教育园林公司,总面积215亩,所产花卉苗木品种多,档次高,资产总值达144万元。同时,坚持两手抓,确保社会稳定,经济快速发展,社会事业全面进步,实现农业大镇向农业强镇的转化。

邹岗镇实施以太子米为龙头,林果茶、养殖为支柱产业,农工贸协调发展的"名牌效应,多元驱动型"经济发展模式,达到结构调优、模式调佳、效益调高、农民调富的目的。邹岗特产太子米品位高,色泽晶莹剔透、无腹白,香软可口、回味长,符合国家安全、卫生标准。1999年经农业部食品检验测试中心检测,18项指标全部符合部颁标准,米质达到"国标特级",被评为"99中国国际农业博览会湖北省名牌产品",2000年经国家农业部绿色食品办公室批准为绿色食品,在市场上十分抢手。2001年分别被湖北省消费者委员会、湖北省优质稻米评审委员会评为湖北省1999～2000年度消费者满意商品。

党委书记 黄华林
人大主席 张福林
政府镇长 付柏桥
政协组长 贺耀舟

【丰山镇】 地处一县三区交界处,东邻黄陂区、南接孝南区、北靠双峰山。全镇辖三个工作队,23个行政村,160个村民小组。国土面积57.4平方公里,2001年耕地面积为20289亩。境内五岳山奇峰峻岭,滑石水库波光潋滟。交通发达,京珠公路擦镇而过,王杨公路纵贯东西,丰泡公路直通南北。1999年、2000年和2001年,全镇财政收入分别为279万元、270万元、270.5万元;工业总产值分别为13630万元、15700万元、19020万元;农业总产值分别为3299万元、3377万元、3071万元;农民人均纯收入分别为1860元、1885元、1878元;多种经营总产值分别为2014万元、2235万元、2237万元;粮食总产量分别为16143吨、15233吨、11317吨;油料总产量分别为972吨、1224吨、767吨。1999年至2001年全镇总人口数分别为28914人、28923人、28924人;人口自然增长率分别为3.61‰、4.62‰、3.84‰。2001年末全镇总户数为7065户。

全镇以农业种植为主,三年来,镇委、镇政府在确保沿河大畈种粮面积的基础上,大力调整农业种植结构,以早蜜桃为主导产业,带动柑桔、茶叶、杏、李、养鱼生产。至2001年底,镇内开发基地面积11000亩,全镇早蜜桃种植面积达9000亩,茶叶700亩,精养鱼池600亩,其它面积700亩,形成了“山间茶叶、河边蔬菜、岗上桃果、池中鱼鳖、畈上稻麦”的农业生产格局。农田水利建设上,三年来,共投资400万元,用于改造中小型水库,开挖塘堰,维修改造渠道,配套泵站,开挖水井,改造低产田等,特别是2000年的大旱中,开通了全长4000米、24年未启用过滑石水库西干渠,保证了3000亩农田旱年夺丰收。

三年来,社会事业取得了全面发展。全镇社会稳定,人民安居乐业。社会各项事业不断发展。1999~2000年连续两年被孝昌县委、县政府授予“综合考核先进乡镇”称号。在安全文明创建中,共发放“三五”、“四五”普法教材4万余册。创建安全文明村、单位37个,被市委、市政府评为“社会治安综合治理先进乡镇”,市综合治理委员会评为“安全文明乡镇”;计生优质服务水平不断提高。教育事业不断发展,共投资1000多万元,兴建和改造教学楼、住宿楼17栋,扩建校园面积700亩,配套了操场、跑道,添置了体育设施,教学条件得到改善。集镇功能齐全,有日产800吨自来水水厂、千人电影院、电视差转台各一座,自办幼儿园二个,镇卫生院被评为卫生部“一级甲等医院”,开通程控电话2000门。镇内共有5条商业街道,路面硬化、路灯通明。旅游业以滑石水库渡假区、五岳山人和寨古城堡远近闻名。

党委书记 郑林平
人大主席 郑林平(兼)
政府镇长 杨安洲
政协组长 (无正职)

【周巷镇】 位于孝昌县东部,双峰山脚下,辖41个行政村,国土面积138.3平方公里。1999年、2000年和2001年,财政收入分别为574万元、533万元、539万元;工业总产值分别为24239万元、28000万元、31553万元;农业总产值分别为8080万元、8430万元、7384万元;农民人均纯收入分别为2501元、2548元、2574元;耕地面积分别为35870亩、35626亩、35344亩。1999~2001年全镇总人口数分别为60965人、60985人、60990人;人口自然增长率为2.79‰、1.20‰、1.91‰。2001年末全镇总户数为14755户。

三年来,周巷人民抵御了百年罕见的大旱,在极度恶劣的农业生产条件下,全面开展了农业结构调整。先后集中连片开发荒山荒坡9300亩,培植了茶叶、苗木两大支柱产业,形成了23个独具特色的茶叶专业村、苗木专业村。2001年全镇茶叶面积达到1.5万亩,比1998年增加7000亩,实现利税550万元。苗木面积也由1998年的1800亩发展到2001年的8000亩,并已形成经济类、观赏类、绿化类共三大类26个科580多个品种,成为远近闻名的“苗木之乡”。另外,以京珠路和王杨线为轴心,开发形成了8000亩早蜜桃、冬枣、油桃基地和5000亩优质柑桔长廊。同时加大了粮食种植结构调整力度,全面推广优质稻,优质稻从1998年的零种植发展到2001年的2万亩。农业结构不断优化,形成了茶叶、苗木、柑桔、枣桃、太子稻五大产业齐头并进的良好格局,基本实现了农业结构由传统的粗放型向规模集约型的转变。山场广阔,矿藏丰富,蕴藏着花岗石、大理石、白云石、重晶石、石灰石、水泥石等十多种优质矿石。

镇委、镇政府在基础设施建设上狠抓了四个方面的工作。全镇先后投资1600万元,投劳10万个,拓宽了周青公路,整建了周阳、周安、周双公路,兴建了国家二级公路王杨线,镇内主要干道全面硬化,实现了村村通路和全镇交通大循环。同时抓住京珠路建设机遇,成功争取在周巷境内李集村设京珠路互通立交桥。三年来投资840万元兴建了14座畜水量在20万方以上的水库,村平扩建一口万方左右的当家塘;观音岩主渠和周阳、全华两大支渠得到经常性整治和护理;高标准完成了桐柏山细河流域“山顶戴帽,山腰穿裙,山脚穿鞋”的综合治理工程;自来水二厂二期工程也在积极筹建之中。三年来投资近千万元全面完成了农村电网改造,程控电话装机达到2500门,拨号上网电话52台,并争取到中国移动和中国联通在周巷建基站5处。在老镇区的基础上,先后建起了南大贸易市场、北大建材市场等专业市场街;通过实施“形象工程”,建起了第二客运停车场,改善了交通秩序;各街道安装了路灯,亮化了集镇,建成了镇小学运动场,2001年全县中小学运动会在周巷成功举办;集中整顿了集镇的环境卫生。由于措施得力,1999年被列为全省小城镇试点乡镇。

党委书记 徐革清
人大主席 徐革清(兼)
政府镇长 刘国元
政协组长 程宝胜

【陡山乡】 地处孝昌南部,北靠孝昌城区,南连孝南区,107国道、京珠高速公路及连接线和京广铁路穿境而过,境内公路纵横交错,以城南开发小区为依托的107国道路域经济建设已成为全乡的一条黄金走廊和经济增长点。全乡辖37个行政村,325个村民小组,国土面积103平方公里,2001年耕地面积为39453亩。

境内矿产资源丰富,有绢云母石英片岩、高磷土、陶土、瓷土等,盛产优质河砂、绢云母石英岩,已探明石英片岩储量在300万吨以上。穿境而过的澴河河砂储量大,滩床2000余亩。农副产品主要有优质稻、大小麦、油菜、花生、芝麻、黄豆,兼产蔬菜、早蜜桃、茶叶、苗木、李等;工农业企业以河砂、加工、建材、苗木培育、养殖业为主,现已形成了保成水泥制品厂,陆山、陆光河砂厂,中南米厂,水口茶厂,林河养猪场规模等一批骨干企业。其中中南米厂被评为孝昌县“十强乡镇企业”,陆光村被评为孝昌县“十强村”,林河养猪场位居全县前列,已打开了武汉等南方市场,水口茶厂出产的水口龙井畅销各地。

1999~2001年,全乡总人口分别为52434人、52438人和52480人。农村劳动力22736人,非农业人口1800人。1999年、2000年和2001年,财政收入分别为362万元、394.4万元、361万元;工业总产值分别为25686万元、25600万元、28106万元;农业总产值分别为8921万元、9050万元、5966万元;农民人均纯收入分别为2500元、2451元、2353元;乡镇企业总产值分别为52008万元、39230万元和46008万元。创建安全文明村26个,创“县级文明单位6个,市级文明单位1个,“十星级文明农户”占全乡总农户的25%以上;三年累计筹资1000余万元,建教学楼5栋,教师公寓1栋,自办电视差转台一座,有线电视台二座。科教、卫生福利、保险等事业稳步发展。

党委书记 孙淑萍
人大主席 沈宏明
政府乡长 吴巧生
政协组长 鲁柏铭

【小悟乡】 位于孝昌县东北,东与武汉市黄陂区交界,北与大悟县夏店镇、芳畈镇接壤,西与小河镇、花园镇相邻,南与周巷镇相连。距武汉市天河机场70公里,距107国道15公里,离京珠高速公路2公里,青界路贯穿全乡与大悟县相连,青姚公路与黄陂区相连,青坝公路横穿观音湖腹地各大景点,村村通公路,交通十分便利。全乡辖4个工作队和大悟山奇峰中药材有限责任公司。有34个行政村,199个村民小组。国土面积126.3平方公里,其中山场15万亩,水面1.2万亩,耕地1.5万亩。2001年末全乡总户数6287户,人口30628人,农村劳力11026人。境内孝感市第二主峰——大悟山,海拔873米;有两大水库:观音湖和金鲤潭,素有“八山一水一分田”之称。全乡有青石集、向阳街、会亭街三个集镇。是湖北省重点扶贫乡之一,也是孝感市重点扶贫乡之一。

1999年、2000年和2001年,乡财政收入分别为178万元、169万元、186.8万元;工业总产值分别为5508万元、6100万元、10013万元;农业总产值分别为3100万元、3257万元、2952万元;农民人均纯收分别为1660元、1722元、1700元。全乡盛产板栗、桃李、柿等果树及绿茶、油桐、银杏、黑木耳、药材等,形成了板栗、药材、银杏、茶叶四大支柱产业。到2001年底,全乡开发药材2万亩,主要产品有苍术、杜仲、红栀子等。境内有金、铜、锰、锶和铀六种金属矿和磷、石英石、金晶石、花岗岩、石灰石、大理石六种非金属矿产,总储量达430万吨。乡镇企业以种植业、松脂加工、矿产开采为主。2001年底,兴建开通了观音湖、青石集两座移动通信基站。有线电视台覆盖全乡34个村,可同时转播16套电视节目。程控电话已安装1200门,辐射全乡34个村。1999年、2000年和2001年计划生育率96.15%、100%和99.07%,人口出生率分别为8.94‰、9.31‰和9.43‰,连续二年被孝感市评为“计划生育红旗乡镇”。连续三年社会治安刑事案率均控制在5‰以内,人口犯罪率控制在0.06‰以内。2000～2001年被湖北省评为全省社会治安综合治理先进单位;2000年被孝感市委、市政府评为社会治安综合治理先进单位;2001年被孝昌县委、县政府评为社会治安综合治理先进乡镇。1999～2001年,小悟连续三年被孝昌县委、县政府评为“思相政治工作先进单位”、“党风廉政建设单位”,乡党委连续三年被评为先进党组织。2001年被孝昌县委、县政府评为“招商引资先进单位”。2001年12月被省旅游局评为省级“旅游明星乡镇”。

小悟乡依托大悟山、观音湖独特的自然资源、人文景观和良好的区位,交通优势,把旅游开发作为加快脱贫致富和经济发展的重头戏,成立了观音湖旅游开发管理处。进一步加大开发力度,不断改善路、电、通讯环境,取得了良好的效果。2001年7月8日继市供电局投资2500万元兴建观音湖电力培训中心首期工程竣工开业,又与省纪委签订了1500万元旅游开发合同。2001年10月按照统一规划、政府引导、业主开发、部门服务的总体思路,兴建一批融“吃、住、乐、游”为一体农家旅馆,休闲庭院,先后有5个业主投资1000万元兴修8处“农家乐”破土动工。2001年,旅游开发产值达5000万元,利税1000万元,安排农村闲散剩余劳动力1000人。

党委书记 刘新初
人大主席 刘新初(兼)
政府乡长 陈　兴
政协组长 (无正职)

【小河镇】 地处大别山向江汉平原过渡带,南接孝昌县城,北与大悟县毗邻,历来经济活跃,俗有“小汉口”之称。境内主要矿产资源有镁矿、磷矿、重晶石、石灰石、河砂石及丰富的碳酸钙富锶低钠天然饮用矿泉水资源。全镇辖41个行政村(居委会),264个村民小组,国土面积83.7平方公里。2001年耕地面积为27319亩,山场3300亩,可养殖水面6100亩。境内京珠高速公路过境17.3公里,设互通口一个,省道大(悟)安(陆)线纵贯南北、松姚线连接东西,乡村公路交织如网。1999～2001年全镇总人口数分别为48766人、48897人、48998人;人口自然增长率分别为4.97‰、8.11‰、5.24‰。2001年末全镇总户数为10162户。

三年来,镇党委、镇政府认真贯彻党在农村各项方针政策、引导农民大搞农业结构调整,发展生态旅游农业,共开发各类基地4000余亩,种养业已具规模。乡镇企业主要以建材、加工、运输及养殖为主,按照企业改革与创新的精神,对重点企业进行了改革与创新,实行了股份制改造、租赁经营,实现了政企分开。1999年、2000年和2001年,财政收入分别为439.5万元、495.5万元和502.1万元;工业总产值分别为31374万元、28000万元、31618万元;农业总产值分别为4830万元、5048万元、4610万元;农民人平纯收入分别为2157元、2199元和2255元。

三年来,镇委、镇政府筹资1000多万元,开发建设了观山禅寺、明清古建筑一条街、观湖路农家游A区等旅游项目,大力发展旅游经济、民营经济,建成小河镇中心集贸市场、鑫城商贸区和石桥东街集贸市场,使镇区基础设施日趋完善。镇有线电视覆盖率达到90%,安装程控电话2000门,已辐射38个村。连续三年社会治安刑事案率均控制在0.5‰以内。1999～2001年共发放“四五”普法教材1万余册,创建“治安模范村”36个,创“县级文明单位”18个,“十星级文明农户”达1230户。1999～2001年,小河镇先后被中宣部、国家计生委授予“婚育新风进万家”活动先进乡镇,被省政府确定为“综合改革试点乡镇”,连续三年被县委、县政府评为“综合考核先进乡镇”。

党委书记 刘青峰
人大主席 刘青峰(兼)
政府镇长 蔡传杰
政协组长 (无正职)

【王店镇】 位于孝昌县的北大门,辖35个行政村,1个居委会,国土面积77.4平方公里,2001年耕地面积31000亩。京珠高速公路穿境而过,107国道、京广铁路腹贯南北,交通便利。区位位置优越,历来是商贾云集之地。镇内有丰富的砂、石等自然资源。1999～2001年全镇总人口数分别为44116人、44073人、44226人;人口自然增长率分别为4.75‰、4.26‰、5.75‰。2001年末全镇总户数为9544户。1999年、2000年和2001年,全镇财政收入分别为342万元、346.2万元、298.5万元;工业总产值分别为13187万元、13000万元、12201万元;农业总产值分别为3620万元、3685万元、1657万元;农民人均纯收入分别为1790元、1841元、1745元。

镇委、镇政府围绕“211”调整规划(2万亩优质稻,1万亩优质果茶,1万亩优质菜豆),重点抓了“两岗、两路、两水”的调整。“两岗”即东西跑马岗,开发早蜜桃等果茶基地1000亩。“两路”即京珠路和107国道,京珠路沿线种植早蜜桃1100余亩,在107国道边重点抓了油、豆、菜、瓜“四个一”工程。“两水”即西澴河和栀子港,西澴河沿线种植以大蒜为主的蔬菜1000亩,栀子港沿线种植优质稻6000亩。西山生态农业园区位于王店镇西部,是西跑马岗所在地,集果茶种植,猪、鱼、鸡、鸭养殖为一体,现已开发面积1100亩,实施“小农场”式的管理模式,得到了各级领导的充分肯定。水利建设方面,累计投资100多万元,投劳20万个,扩建整治塘堰100余口,清淤整治渠道20余公里,新建泵站2座。道路建设方面。王厉路、王林路、王小路三条主干道及村级道路都得到了较好的修缮,王齐公路黑色化达标升级。有一座11万伏变电站,80%以上村实施了低压整改,修建了数字移动通信基站和联通通信基站。

实施企业改革,河砂厂、机砖厂租赁经营,不仅扭转了亏损,而且实现税收5万多元。实行生猪定点屠宰,堵住了税源的流失。尽管遭遇连续三年特大旱灾,镇政府统筹兼顾,想尽办法保证了干部教师的基本工资兑现和其他刚性支出,不仅没有新添债务,而且还化减了镇村债务60余万元。

党委书记 徐金华
人大主席 徐金华(兼)
政府镇长 柳占芳
政协组长 (无正职)

【卫店镇】 位于孝昌县北部,辖24个行政村,国土面积78平方公里,耕地面积25142亩。镇区距县城仅6.5公里,107国道和京广铁路穿境而过,交通区位优势十分明显。1999年、2000年和2001年,镇财政收入分别为259万元、269.4万元、253.2万元;工业总产值分别为12570万元、12700万元、14687万元;农业总产值分别为3540万元、3625万元、2286万元;农民人均纯收入分别为1756元、1770元、1680元。1999～2001年全镇总人口数分别为34016人、34069人、34092人;人口自然增长率分别为3.34‰、-15.43‰、5.75‰。2001年末全镇总户数为7980户。

1999～2001年,卫店镇连续三年遭遇旱灾,镇党委痛定思痛,标本兼治,大力开展农田水利建设。三年共投入资金600多万元,新挖塘堰128口,新增蓄水能力90万方,修复电泵站11座,使农业基础进一步得到巩固。围绕“结构调优,质量调高,农民调富,市场调活”的思路,全镇还狠抓了农业结构调整,先后调种了1000亩菜豌豆,2000亩蔬菜,2000亩地膜花生,2000亩冬枣,3500亩早蜜桃,6000亩人子稻,6000亩油菜。沿河、南新、彭店、久隆等优质果基地已初见成效。2001年,全镇农业总产值3646万元,比1999年2680万元年增36%,其中:油料产值109万元,比1999年27万元增长4倍,畜牧业1140万元。多种经营占农业产值的比重由58%提高到72%,初步形成了“山岗抓林果,山下优质稻,河畈种蔬菜,河港抓养殖”的整体格局。

三年间全镇累计完成固定资产投资12106万元,基础设施建设明显加快,开通1000门程控电话,新增镇村公路32公里,实现了村村通电话。消灭断头路5处,兴建涵洞3个,修桥3座,加固整修桥梁4座。推动交通运输发展,低压线路整改基本完成,降低了电费。按照“亮化、净化、绿化、美化”标准,新建了镇区小商品市场和农贸街,实现了街道硬化和供排水配套。镇区人口达800多户个体工商户净增300多户。久隆、清泉两个小集市也扩大了规模,沿107国道开发形成了路域经济带,推动了民营经济的发展。先后建成了河砂厂、种猪厂、华阳犬场、镇奶牛场、南张水库立体养殖场等一批龙头产业,辐射带动周边2000多农户从事种养业的生产、加工、销售活动,形成了“企业+基地+农户”的产业化模式。

全镇计划生育工作位次不断前移,实现了人口环境的良性循环;教育事业稳步发展,普及了九年义务教育,共投资3800万元,新建了镇中学教学楼;扩建了久隆中学和南联中心小学、镇中心小学,24个村全部建起了标准高的新教学楼,教学条件大大改善;文化宣传设施从无到有,建起了镇文化中心和镇区有线电视网,还建起南新、武河、三三八处、久隆四个基层有线电视村级网站,覆盖八个村,文化娱乐活动内容不断丰富,卫生、医疗条件进一步改善。

党委书记 刘刚强
人大主席 杨双明
政府镇长 李志平

政协组长 祝　林

【季店乡】 位于孝昌西北部，东、南、北分别与卫店镇、花园镇、安陆市陈店乡和赵棚镇毗邻。全乡辖34个行政村，国土面积104平方公里，2001年耕地面积40470亩，山场资源32000亩，素有“七坝三库”之称的水面共18000亩，遍布全乡；交通便利、安花线、五厉线横贯东西南北，乡级公路四通八达。

1999年、2000年和2001年，季店乡财政收入分别为287万元、316.7万元、265.1万元；工业总产值分别为9772万元、9500万元、11305万元；农业总产值分别为5594万元、5611万元、4116万元；农民人均纯收入分别为1857元、1877元、1717元。1999～2001年全镇总人口数分别为49261人、49353人、49430人；人口自然增长率分别为5.71‰、3.58‰、4.64‰。2001年末全镇总户数为11460户。

素有“旱包子”之称的季店，十年九旱，特别近几年的连续旱灾，给季店农业造成很大损失。为改变这一落后现状，乡党委政府不断加大对农业基础设施建设的投入。三年来，共兴挖塘堰200余口，“七坝三库”除险加固13处；清渠48里，新改扩建泵站25处。增加蓄水供水保水能力500万方，为季店农业的丰收打下了坚实的基础。实现了单一农业向多种经济作物的转变。已形成了“水中鱼、冲田藕、畈上菜、岗上林果茶”的种植格局。多种经营产值在农业总产值的比重，1999年为65%、2000年为71%、2001年为78%。

季店乡发挥地理优势，依靠优惠政策，分别从麻城和陡山乡引进技术、人才、资金，依靠土地入股，盘活土地资源，取得了较好的招商效果。以农业综合开发为契机，培植种养庄园大户21户；以优质稻种植为依托，培植粮食加工贩运大户；加大劳务输出，发展“打工经济”。此外，生猪定点屠宰全面推行，既让人民群众吃上了放心肉，又增加了税收来源。

三年来，投资1200万元对厉店街、黄埠街、草刘街、新店街进行了老街改造，投资3000多万元兴建了一条商贸街——季兴街。全乡农村电网改造一期工程基本完成，程控电话装机1000多门，实现了电话村村通；中国移动、中国联通相继在季店建站联网，35KV变电站、自来水厂、福利院已全部竣工投入使用；村级公路形成了网络化，投资120万元对“五季”路进行了彻底整修，新老街市容市貌明显改观，集镇建设稳步推进。

党委书记 龙华乔
人大主席 龙华乔(兼)
政府乡长 刘　杰
政协组长 徐楚芳

【花西乡】 地处孝昌县西部，东与花园镇、陡山乡相邻，西与安陆市李店镇、云梦县曾店镇交界，南与白沙镇接壤，北与季店乡相连。乡政府驻地汪家岗。全乡辖33个行政村，299个村民小组，国土面积83.4平方公里，2001年耕地面积52735亩。境内张白公路纵贯南北，安卫铁路、安花公路连接东西，汪栗公路形成主流，乡村公路交织成网，四通八达。以汪岗街为中心集镇，1999～2001年筹资800万元改建成民营经济一条街，辅之以吴店、大庙、栗林三个集镇，并按“绿化、亮化、净化、美化、硬化”要求完善配套。乡域处丘陵地带，地势较高，河流有澴河，自北向南流经湾湖、界河两村；矿产资源有滑石、河砂。

1999年～2001年全乡总人口数分别为45723人、45751人、45770人；人口自然增长率分别为4.24‰、0.83‰、5.67‰。2001年末全镇总户数为10515户。1999～2001年，按照乡党委制定的结构调整目标，重点落实了以汪栗线百亩花卉苗木基地、安花线千亩优质果基地、张白线万亩优质稻(“两优培九”)基地为主的“三线”战略；乡镇企业以养殖、建材、加工和服务业为主。以楚天鹿园梅花鹿养殖为龙头，带动了全乡王鸽、三元杂交猪特色养殖上水平，民营经济产值占企业总产值的80%以上。1999年、2000年和2001年，花西乡财政收入分别为330万元、348.2万元、286.8万元；工业总产值分别为7845万元、10300万元、11850万元，农业总产值分别为6094万元、6386万元、5699万元；农民人均纯收分别为1766元、1782元、1780元。

三年来共筹资3680万元，建教学楼28栋，教师公寓6栋，总建筑面积3万平方米，2000年顺利通过省级“普九”验收和“国检”。乡有线电视台开通，用户达500户。2001年4月，黄土砦村顺利通过了省委组织部第二批科技扶贫攻坚示范村检查验收。

1998年秋，孝感海安集团公司总经理吴继成投资500万元，对600亩荒岗进行综合开发，建成“楚天鹿园”。主要以饲养东北梅花鹿、开发鹿血酒和鹿茸饮料为主，兼营各类花卉苗木及水产养殖。第二期规划建设已全面启动，梅花鹿养殖已达210头；休闲娱乐园别墅群基本建立，主体骨架成形；“鹿园春”鹿血酒厂引进三条灌装生产线，“鹿园春”鹿血酒产品畅销省内外。

党委书记 陈福安
人大主席 陈福安(兼)
政府乡长 杨　伟
政协组长 刘双成

【白沙镇】 面积74.4平方公里，辖43个行政村，总人口4.8万人，2001年耕地面积4.8万亩，其中水田3.9万亩，旱地0.9万亩，澴河穿境而过，滑石、河沙资源储量丰富。1999～2001年全镇总人口数分别为51007人、51105人、51202人；人口自然增长率分别为3.07‰、1.37‰、3.83‰。2001年末全镇总户数为12491户。1999年、2000年和2001年，白沙镇财政收入分别为402万元、428.3万元、389.1万元；工业总产值分别为18198万元、18200万元、21045万元；农业总产值分别为6264万元、6415万元、5012万元；农民人均纯收入分别为2005元、1975元、1886元。

白沙是一个传统的农业大镇，粮食为主导产业。在“沿河抓蔬菜、沿岗抓果茶、沿渠抓优质稻、千家万户抓生猪”的调整思路的指引下，遵循自然和市场两大规律,结合农民的传统习惯,将蔬菜、优质稻、早蜜桃、生猪四大产业作为调整的主攻方向,不断地壮大规模,形成特色,打响"拳头品牌"。三年来,投资与投劳结合,人力和机械并举,共开发澴河万亩蔬菜基地、王山千亩果茶基地、群联水库综合种养基地,光明、黄院早蜜桃基地等一批龙头基地。蔬菜技术协会、顺达农特产有限责任公司、河沙联运公司、林源养殖等龙头企业不断壮大。鼓励农户调整产业结构,并不断出台优惠政策。对外地到白沙来从事农产品购销的客商,工商、财政、税务、交通部门重点保护,禁止"三乱"现象和强买强卖、欺行霸市行为的出现。充分利用亲情、乡情等关系打开外部市场,同时鼓励一些善经营、头脑敏捷的能人出外闯市场,把农户的小生产与大市场连接起来,提高市场竞争力。

三年来,白沙镇为了壮大镇域经济实力,在乡镇企业改革上狠下功夫,通过改制、转产、拍卖等方式,盘活资金2000余万元。砖厂、粮油加工厂、农机修造厂等一批老企业得以起死回生,年增加税收近百万元。在挖掘本地潜力的同时,积极利用"三情"关系,对外招商引资,攀商结强,三年共引进资金5000多万元,兴办了佳音液化气站,成立了河沙联运公司、森源养殖场、钢犁配件厂等10余个企业,为白沙发展注入了新鲜血液。

投资1200万元新建了镇中、柳山等23栋教学楼,扩充了镇中、镇小等18所学校,创办了2所民营幼儿园,添置了一大批仪器设备,体育器材和桌椅板凳,教学条件有了大改善。通过了省、市、县"普九"验收,卫生事业围绕着农村医疗制度的改革,强化群众医疗保健意识,健全基础服务体系,合理配置卫生资源,不断提高人民的医疗卫生条件。在财政极度困难的情况下,投资100万元兴建了占地25亩的福利院综合楼,全镇孤寡老人收养率达95%以上。三年来,累计投入资金100余万元,建起和完善了文化站、电视差转台,在五四、东河等村安装了地面卫星接收设备2台套,全镇安装电视信号放大器15台,较好地解决了群众看电视难的问题。同时,定期组织送电影下乡,送图书下乡活动。

党委书记 宋友华
人大主席 宋友华(兼)
政府镇长 庞福明
政协组长 徐敬东

(汪丽娜)

人　物

1999～2001年孝感市获得全国和省、市劳动模范、先进个人、"五一劳动奖章"、"五一劳动奖状"称号的先进个人、先进单位

1999年

孝感市劳动模范(49名)：

李庆安　沈光俊　陈晓华　严国志　李智平
付自元　文新国　刘建国　邓兴旺　李腊云
刘国洪　吴崇恕　李福初　夏　伟　李运田
苏铭华　周泽波　刘应恩　宋秀成　王来元
黄松柏　王炳生　肖碧波　周建刚　李世超
李本涛　左孝俊　徐德强　刑文柱　姚国祥
何泽形　乐耀芬　黄成钢　余桂肖　刘敦芳
涂湘华　吴大山　罗永华　陈灯哇　程达华
徐发奎　饶建辉　徐承先　丁以忠　周俊英
胡发顺　孙志刚　丁立波　何世珩

2000年

全国劳动模范(5名)：

方华志　汉川市供电局新堰变电站站长
李金生　湖北神风机械工业股份有限公司产品开发部主任
王伟珍　湖北孝棉集团有限公司细纱落纱组长
张宗华　湖北金厦建材实业股份有限公司总经理、董事长
魏福桥　湖北省孝昌县丰山镇井边村农民

湖北省劳动模范(12人)：

徐发奎　应城市东马坊装卸运输劳务总公司队长
黄金洲　湖北大悟卷烟厂经济师
王来元　湖北龙云蛋白食品(集团)股份有限公司班长
刑文柱　湖北广彩印刷股份有限公司车间主任
祁双喜　湖北福星科技股份有限公司工程师
黄国新　孝感市鸿昌金属材料公司业务员
仇仁义　国营四四〇四厂党委书记、厂长、高级经济师
严发真　湖北省黄麦岭磷化工集团公司高级工程师
李世超　安陆市巡店镇牌坊小学高级教师
郭剑敏　孝感市委政策研究室编辑
舒长清　孝昌县粮油总公司经销员
徐德强　广水市公路段政工师

孝感市劳动模范(50名)：

邱保国　朱福兴　武春三　赵建华　严万平
李彬林　赵文祥　邹鸣霞　尹金松　刘图广
刘小生　张思雄　代远东　程忠诚　王楚明
于小克　蔡　晖　杨道和　黄江明　周世培
江幸生　王国顺　邓明海　刘大渠　陈方庆
王广新　邓继芝　邓生存　罗润香　蒋志刚
郑环宝　张仕勇　吴毅翔　任乔林　蔡诗明
崔可舜　王鉴非　胡志强　张中华　唐　荣
范锦文　朱佐菊　易清明　杨伯城　周书文
陈　实　何　健　熊幼芳　黄继权　杨成平

2001年

全国"五一劳动奖章"获得者：

章治安　中包云梦塑料薄膜厂企管会主任
梁志斌　孝感供电局局长、党委书记

湖北省"五一劳动奖章"获得者：

刘国仁　安陆市农业技术推广中心高级农艺师
刘显成　湖北省黄麦岭磷化工集团公司经销处处长、经济师
何　健　孝感市公安局交通警察支队副支队长兼直属一大队大队长

获得湖北省"五一劳动奖状"的先进单位：

国营四四〇四厂真空开关管事业部

1999年～2001年孝感市享受国务院和省政府津贴人员

享受国务院政府特殊津贴人员：

汉光电子股份有限公司
陈龙星　高级工程师　1999年批准
中包云梦塑料薄膜厂
鞠兆瑞　高级工程师　1999年批准
孝感市中心医院
樊　立　主任医师　1999年批准
汉光电子股份有限公司

付永芳　高级工程师　2001年批准
汉川市卫校
欧阳松珊　高级讲师　2001年批准
孝感职业技术学院亚光研究所
孟广寿　高级工程师　2002年批准
湖北省有突出贡献的中青年科学技术管理专家：
应城市人民医院
胡建华　副主任医师　1999年批准
汉光电子股份有限公司
林文钊　高级工程师　1999年批准
云梦县畜牧总公司
龚少宇　高级兽医师　2001年批准
应城市人民医院
郭应林　副主任医师　2001年批准
孝感市教委教研室
万新才　中学高级教师　2001年批准
孝感职业技术学院
吴先娥(女)　副主任医师　2001年批准
享受湖北省政府专项津贴人员：
大悟县楚剧团
楚智勇　二级编剧　1999年批准
大悟县农业局农技推广中心
刘继芝　高级农艺师　2000年批准
安陆市农业局植保站
周明华　高级农艺师　2000年批准
应城市蒲阳中学
张仁义　中学高级教师　2000年批准
福星股份有限公司
夏木阳　工程师　2000年批准
孝南区农技推广中心
汤俭民　高级农艺师　2001年批准
大悟县农技推广中心
陈开涛　高级工程师　2001年批准
孝感市中心医院
夏　伟　主任医师　2001年批准

第三届孝感市“十大杰出青年”简　介

（按姓氏笔划为序）

万　霞，女，26岁，中共党员，大学，1991年10月参加工作，应城市人民检察院检察员、起诉科副科长。工作以来，她凭着自己勤奋刻苦和对起诉工作的无比热爱，一步一个脚印，一年一个台阶，从一个门外汉成长为业务骨干。她总结的掌握庭审主动权的6条应对策略等经验受到上级业务部门的肯定，并在全院推广运用。经她提起公诉的案件件件适用法律准确，无一错诉、漏诉和无罪判决的现象。公务员考核中，她年年被评为“优秀”。1999年和2000年，连续两年被评为应城市“十佳检察官”，两次被应城市政法委授予“人民满意政法干警”称号，两次荣立三等功。

吴　涛，男，31岁，中共党员，大学，1992年7月参加工作，四四0四厂四分厂党支部书记兼第一副厂长。他参加工作以来，共参与和组织分厂技术攻关和技术改造13项，有的项目达到国内同行业先进水平，每年降低生产成本50至60万元；完成工厂的陶瓷生产工艺和设备改造多项，使一个年产值不足百万元的手工作坊式的陶瓷生产分厂，一跃成为年产值超千万元陶瓷生产大户。他多次代表工厂参加行业技术交流和技术标准审订，多次获得工厂科技进步奖，95年在ZKTD2500/10－40项目中获二等奖；灭弧室焊圈工艺改进获三等奖；屏蔽筒瓷封件一次焊接获二等奖等。

李　睿，男，30岁，大学，1994年8月参加工作，孝感市中心医院一内科主治医师。他勤钻业务，将所学的理论与实践紧密结合，医术提高迅速。他成功置入我市首例永久人工心脏起搏器及首例临时心脏起搏器，填补该技术空白。他开展的冠脉造影、经皮冠状动脉成形术及支架术，取得新的进展和突破。他撰写的多篇论文在《中国急救医学》、《中国医学导刊》及亚太心脏起搏与电生理大会、国际长城心脏病学大会等国家级杂志或国际大会上交流，获得与会专家好评。目前。他正在积极投入中华心血管学会组织的CCS－2临床科研工作。他情系病人，深得病人及家属称赞。由于他的努力，他多次年终考核为优秀。

张文斌，男，39岁，中共党员，大专，1977年8月参加工作，安陆市文体局办公室副主任。他先后在国内外各类报刊发表、展览漫画作品近千件，60余件作品获得不同级别的奖项，12件作品在伊朗、韩国、日本等国家和地区展览、获奖、收藏。其中，作品《为有源头活水来》获’94韩国大田国际漫画大赛第五名，《书与自由》获’95伊朗德黑兰第二届国际漫画大赛特别奖(大奖)，《交通》获’96韩国汉城第6届国际漫画节命题组银奖，《葬礼》获台湾第一届国际漫画大赛优胜奖，为安陆获“全国漫画艺术之乡”作出了自己的贡献。他曾被评为湖北省文化系统模范工作者。新华社、湖北电视台等国内外众多媒体报道过他的事迹。

汤望荣，女，37岁，1991年11月参加工作，孝感市广场环卫站工人。十年来，她恪尽职守，始终以一名优秀城市美容师的标准要求自己，不怕脏、不怕累，成为全站工人学习楷模。特别是在去年委局处提出路段拍卖后，汤望荣主动请战，于去年4月17日文化路的拍卖中招标。在她的努力下，文化路的环境卫生有了很大改观，受到了各级领导和临街居民的好评。她先后被市政府、市建委、市园卫局授予“先进工作者”、“城市美容师”等光荣称号。

陈战鸣，男，38岁，中共党员，大学，1983年8月参加工作，孝南区农业委员会技术干部、高级农艺师。他曾作为主要成员参与莲藕"武植二号"品种选育等10多项课题研究，并进行了大面积的推广。由于成果显著，先后获得过湖北省科技进步三等奖、国家科研成果完成者证书、湖北省农业丰收计划二等奖、三等奖。作为孝南区"农村党员科技培训讲师团"成员，他每年都要到乡镇举办20多场次技术培训，共计撰写各类技术资料近10万余字。他多次被评为优秀党员、先进工作者，获得过"科技致富标兵"、"湖北省科技星火带头人"等称号，曾作为援外专家选派到扎伊尔共和国工作两年。

周竹青，男，36岁，博士，1987年6月参加工作，孝感学院农学系副教授。他一直在高校从事教学和科研工作。他热爱教育事业，教书育人，为人师表。在国家级、省级学术刊物上发表论文25篇，在华中农业大学攻读硕士和博士期间，曾主持华中农业大学作物遗传改良国家重点实验室开放项目1项，参加湖北省攻关项目、湖北省"九五"重点科技项目、全国农牧渔业丰收计划项目各1项，同时培育的小麦新品种得到大面积推广。毕业后，他毅然放弃了到国内重点大学从事博士后研究的机会，谢绝了多家国家级院所的高薪聘请和母校恩师的挽留，义无反顾地回到了孝感学院。他研究的课题"特级优质稻孝感太子米品质形成机理及开发研究"，已经作为教育部科学技术研究重点项目向上级主管部门申报。

罗宝瑞，男，37岁，中共党员，大学，1984年7月参加工作，黄麦岭磷化工集团公司副总工程师、技术发展部部长，高级工程师，湖北省第八届人大代表。他爱岗敬业，勤奋工作，具有较高的专业理论水平和丰富的实践经验。近几年来，他主持组织和参与完成了20余项工程勘察、试验、研究工作，10余项基建、技改工程，主持组织解决了100余项黄麦岭矿肥结合生产装置问题的整顿整改，为项目达产达标，为公司的建设和发展作出了突出贡献。他先后在国内外刊物和学术交流会上发表和交流论文4篇，取得市级以上科研成果4项，获得省部级科技进步奖1项，市级科技进步奖2项。他主持研究开发的磷铵包裹生产工艺技术为国内首创，生产的包裹磷铵填补了国内空白。

胡拥民，男，30岁，中共党员，大专，1991年12月参加工作，大悟县三里城镇财政所所长。他多次主动放弃留城机会，自愿扎根山区，十年如一日，积极探索乡镇财政发展新路。面对近年来严峻的经济形势，他毫不畏惧，迎难而上，服务兴建新企业、改造老企业，调整产业结构，做好升值文章，财源建设有了新的突破。他年年被县财政局评为"先进工作者"，连续6年被评为"优秀公务员"；2000年被县委、县政府授予"先进个人"称号，被县财政局评为"农税创优先进个人"，同时三里城镇财政所连续3年被市委、市政府授予"文明单位"称号。

魏福桥，男，30岁，中共党员，孝昌县丰山镇井边村农民，农艺师。1995年以来，他弃商从林，先后承包山场岗地700余亩，从事果树种植，引进美国等国内外优质果苗，建立了全县第一个优良果树示范园、优质苗木繁育基地，为全县10万亩京珠沿线果树绿色开发提供苗木保证，至1999年底，共创产值350万元，实现利税120万元。他还长年安置农村富余劳动力35人，1996年以来，他结对帮扶贫困户8户，无偿提供苗木等价值1.5万元。他热心公益，为镇、村中小学建校捐款1万元，为镇福利院捐赠食品、物资等2000余元，为困难户子女代交学杂费3000多元。2000年4月，魏福桥同志被评为"全国劳动模范"。

逝世人物选介

高　林(1918—1999)　湖北省大悟县人，1931年加入中国工农红军，同年加入共产主义青年团，1936年加入中国共产党。历任司号员、班长、股长、宣传队长、营教导员、团政委、师政治部主任、南京军事学院高级系政治处主任，校务部政治处主任，军事学院第二政治处主任、物资保障部政委、高等军事学院院务部副部长、部长，兰州军区后勤部政委，国家科委军管会主任，高级后勤学校政委等职。土地革命战争时期，参加长征；抗日战争时期，参加沙河运动战、板山伏击战，"四·一二"、"七·二九"反扫荡等战役战斗；解放战争时期，参加黄土梁子阻击战、张家口保卫战、太西分区游击战、济南攻坚战、淮海战役等。1964年由大校军衔晋升为少将军衔。1999年7月7日因病在北京逝世，终年81岁。

伍坤山(1914—1999)　湖北省大悟县人，1930年参加中国工农红军，1933年参加中国共产党。土地革命战争时期，历任班长、排长、队长、政治指导员、营长等职，参加鄂豫皖革命根据地第一至第四次反"围剿"斗争。抗日战争时期，历任新四军营长等职，率部参加无为、庐江、淮阴、宝应和莱安等战斗。解放战争时期，先后担任副旅长、旅长、军分区司令员、团长、副师长等职，参加四战四平、三下江南等战斗和辽沈、平津、邵阳等战役。新中国成立后，先后任中南交通局副局长、交通部公路总局副局长、公路工程管理局代局长、公路局局长、基建工程兵交通部办公室主任、党委书记、基建工程兵交通指挥部主任等职。1983年当选为第六届全国人大代表。1999年10月5日因病在北京逝世，终年85岁。

吴大成(1909—2001)　河南省新县人，1927年3月投身革命，积极参加惩办土豪劣绅的农民运动，1930年4月参加中国工农红军，1931年7月加入中国共产主义青年团，1933年4月加入中国共产党。1935年参加了举世闻名的二万五千里长征。曾三过雪山草地，历尽千难万险。抗日战争时期，历任八路军一二九师三八五旅七七0团三营管理员，抗大一分校军需员，供给股长等职。解放战争时期，历任供给处长、供给部长等职。建国后，历任南昌军分区供给处长，林业第一师供给部长。1952年5月被批准为准师级，1953年4月，转业到华南垦殖局驻广州办事处任副处长，1954年4月任国家轻工业部驻广州制糖设计院副院长，1957年8月任轻工业部广州玻璃厂党委书记，1961年8月任广东省驻武汉办事处主任。1962年1月，被组织上批准安置到孝感市大悟县休干所休息，1979年6月离休。2001年7月经中组部批准，享受副省级医疗待遇。2001年10月8日下午3时31分，在大悟逝世，终年93岁。

（大悟史志办）

冷裕光（1915—2000）　湖北大悟人。1932年4月参加革命，次年9月加入中国共产党。1932年至1939年在红四方面军任班长、团政治处主任；1940年至1949年先后任八路军129师太行军区一军分区政治部副主任、豫西9纵队25旅政委、豫西地委书记、江汉独立二旅政治部主任；1950年至1963年先后任51军211师政委、湖北黄冈军分区副政委、公安11师政委、建7师政委、中南建工局副局长、西北工程管理局副局长、西安国防工业部副部长、844厂党委书记、湖北省监察厅厅长；1964年至1983年先后任湖北省委党校副校长、校长、党委书记、第一副校长；1984年11月经中组部批准享受副省级医疗、住房待遇。2000年1月13日在武汉病逝，终年85岁。

（陈章华）

黄德馨（1907—1999）　别名惟吾，应城市城中人。1927年1月入黄埔军校六期学习，1929年8月起先后在日本明治大学、日本陆军炮工学院学习。1933年11月归国，历任国民党陆军工兵学校中校教官、第三战区工事指导处上校处长、工兵六团上校团长、第六战区工兵指挥部少将指挥官、军训部工兵副兵监、联勤总司令部工程署工兵司司长、工程署代理署长、国防部工程署中将衔署长等职。参加过“八·一三”上海抗战。1949年12月在昆明参加云南起义。解放后任解放军工程兵司令部编审、哈尔滨军事工程学院主任教员等职。后任第六届全国人大代表，第六届民革中央委员，第七、八届中央监委常委，黑龙江省政协副主席，省民革名誉副主委，省黄埔军校同学会名誉会长。1999年3月30日在哈尔滨病逝。生前著有《永久筑城史》、《永久筑城学》、《坑道战研究》、《军事海运学》等书。

（应城志办）

地师级逝世人物名单选录

序号	标识	姓名	单　位　名　称	现享受待遇	逝世时间
1	1	廖盛敬	孝感市直一休干所	副地(局)级待遇	2000.03
2	2	王岫山	孝感市直一休干所	副地(局)级待遇	2000.10
3	52	史　明	孝感市统战部	副地(局)级待遇	2000.02
4	64	张　晓	孝感市人民政府办公室	副地(局)级待遇	2000.10
5	65	闫作模	孝感市人民政府办公室	副地(局)级待遇	1999.11
6	165	赵泽锦	孝感市人民检察院	副地(局)级待遇	2000.10
7	204	吴伯川	孝感市农村工作领导小组办公室	副地(局)级待遇	1998.06
8	219	杜治平	孝感市水利局	副地(局)级待遇	2000.02
9	276	张秀儒	孝感市职业技术学院	副地(局)级待遇	2000.08
10	350	刘义滨	孝感市经贸委老干部管理中心	副地(局)级待遇	2001.09
11	377	李隆兴	孝感市对外经济合作局	副地(局)级待遇	2001.05
12	381	李谋山	孝感市工业学校	副地(局)级待遇	2001.07
13	454	郝启明	孝感市粮食局	副地(局)级待遇	2000.12
14	544	裴大忠	孝感市国营四四〇四厂	正地(局)级待遇	1999.02
15	609	王振声	孝南区政府办公室	副地(局)级待遇	2002.01
16	682	程贞和	孝南区休干所	副地(局)级待遇	2001.02
17	2024	吴大成	大悟县休干所	副地(局)级待遇	2001.10

统计资料

2001年行政建制

单位:个

	乡镇场街合计	乡 镇	街道办事处	农林牧渔场	村民委员会	村民小组
全 市	**113**	**95**	**12**	**6**	**2991**	**23838**
孝南区	17	11	4	2	439	3662
孝昌县	12	12		—	451	3530
大悟县	17	17	—	—	359	3704
安陆市	15	13	2	—	431	3230
云梦县	12	12	—	—	286	2411
应城市	16	10	5	1	413	3259
汉川市	24	20	1	3	601	3956
市 直	—	—	—	—	11	86

2001年总人口、国土面积和人口密度

	年末常住人口(万人)	年末户籍人口(万人)	国土面积(平方公里)	人口密度(人/平方公里)
全 市	**501.81**	**505.32**	**8910**	**563**
市辖区	89.27	88.02	1020	875
孝昌县	61.55	63.21	1217	506
大悟县	60.96	60.58	1979	308
安陆市	61.51	62.12	1355	454
云梦县	57.20	57.88	604	947
应城市	65.10	66.94	1103	590
汉川市	106.22	106.57	1632	651

注:常住人口为市统计局提供,户籍人口由市公安局提供。

2000～2001 年国民经济主要指标

指标	单位	2001 年	2000 年	± %
国内生产总值	**亿元**	**287.80**	**262.51**	**9.5**
第一产业	亿元	72.82	72.21	2.1
第二产业	亿元	118.37	104.58	13.3
第三产业	亿元	96.61	85.72	11.0
全社会固定资产投资	亿元	88.04	74.67	17.9
社会消费品零售总额	亿元	113.08	102.14	10.7
规模以上工业增加值	亿元	61.32	54.87	13.5
外贸出口创汇	万美元	2490	2968	－16.1
财政收入	亿元	15.13	13.78	9.8
财政支出	亿元	17.82	13.88	28.3
城乡居民储蓄存款	亿元	129.94	123.57	5.2
居民消费价格指数	%	100.2	98.7	0.2
农业生产资料价格指数	%	100.3	97.2	0.3
全部在岗职工工资总额	亿元	21.22	20.43	3.9
全部在岗职工年人平工资	元	6727	6113	10.0
国有在岗职工年人平工资	元	7112	6448	10.3
城镇居民人均可支配收入	元	5443	5216	6.2
农民人平纯收入	元	2356	2316	1.7
主要农产品产量				
粮　　食	万吨	169.46	197.66	－14.3
棉　　花	万吨	2.76	2.52	9.4
油　　料	万吨	14.02	16.24	－13.6
水 产 品	万吨	24.83	24.19	2.7
生猪出栏	万头	197.48	189.39	4.3

2001年国民经济和社会发展基本情况(一)

指　　标	单位	2001年
行政区域土地面积	平方公里	8910
年底总人口	万人	501.81
男性	万人	261.45
女性	万人	240.36
年末总户数	户	1363965
#乡村户数	户	927500
出生人口	人	37398
死亡人口	人	19840
人口密度	人/平方公里	563
经济活动人口	万人	271.70
从业人员	万人	270.07
(城镇从业人员按经济类型分)		
国有经济	万人	24.56
城镇集体经济	万人	5.36
其他单位合计	万人	1.18
内　资	万人	0.89
港澳台投资经济	万人	0.13
外商投资经济	万人	0.16
城镇私营经济	万人	3.39
城镇个体	万人	41.08
(从业人员按产业分)		
第一产业	万人	123.49
第二产业	万人	54.69
第三产业	万人	91.89
城镇登记失业人员数	万人	1.63
职工人数	万人	31.53
(按登记注册类型分)		
国有经济单位	万人	24.56
城镇集体经济单位	万人	5.36
其他单位合计	万人	1.61
乡村劳动力	万人	190.96
#农林牧渔业	万人	115.07
耕地面积	千公顷	246.70
农林牧渔业总产值	亿元	112.18
农林牧渔业总产值指数	上年=100	100.9
农业机械总动力	万千瓦	116.24
化肥使用量(折纯量)	万吨	16.30
农村用电量	万千瓦小时	43600
有效灌溉面积	千公顷	215.69

2001年国民经济和社会发展基本情况(二)

指　　　标	单　位	2001年
总播种面积	千公顷	540.85
#粮食作物播种面积	千公顷	282.96
粮食产量	万吨	169.46
棉花产量	万吨	2.76
油料产量	万吨	14.02
猪肉产量	万吨	16.20
牛肉产量	万吨	1.13
羊肉产量	万吨	0.05
水产品产量	万吨	24.83
工业企业单位数	个	567
大型企业	个	14
中型企业	个	18
小型企业	个	535
工业增加总产值(当年价)	亿元	61.08
内资企业	亿元	54.48
国有工业	亿元	11.86
集体工业	亿元	15.74
股份合作企业	亿元	0.63
联营企业	亿元	—
有限责任企业	亿元	8.14
股份有限企业	亿元	7.59
私营企业	亿元	10.18
其他企业	亿元	0.34
港澳台商投资企业	亿元	5.28
外商投资企业	亿元	1.32
工业企业资产合计	亿元	217.07
工业企业负债合计	亿元	130.20
工业企业产品销售收入	亿元	177.32
工业企业利润总额	亿元	12.28
批发贸易业法人企业个数	个	34
零售贸易业法人企业个数	个	25
社会消费品零售总额	亿元	113.08
贸易业	亿元	68.05
餐饮业	亿元	18.81
制造业	亿元	7.06
其　他	亿元	18.71
批发零售贸易业批发总额	亿元	16.48
批发零售贸易业零售总额	亿元	7.60
批发零售贸易业购进总额	亿元	21.71

2001年国民经济和社会发展基本情况(三)

指　　标	单　位	2001年
批发零售贸易业销售总额	亿元	24.08
#零售额	亿元	7.60
批发零售贸易业库存总额	亿元	4.84
集市贸易成交额	亿元	60.5
外商直接投资	万美元	5050
国内生产总值	亿元	287.80
第一产业	亿元	72.82
第二产业	亿元	118.37
#工　业	亿元	104.91
第三产业	亿元	96.61
人均国内生产总值	元	5748
国内生产总值指数	上年=100	109.5
第一产业	上年=100	102.1
第二产业	上年=100	113.3
#工　业	上年=100	113.3
第三产业	上年=100	111.0
人均国内生产总值指数	上年=100	110.1
地方财政收入	亿元	11.46
#增值税	亿元	1.15
营业税	亿元	1.62
企业所得税	亿元	2.08
地方财政支出	亿元	17.49
#基建支出	亿元	—
科技三项费	亿元	0.17
文教科卫事业费	亿元	5.35
金融机构存款	亿元	175.73
#企业存款	亿元	32.77
居民储蓄存款余额	亿元	129.94
定　期	亿元	93.90
活　期	亿元	36.04
金融机构贷款	亿元	184.52
#工业贷款	亿元	34.71
商业贷款	亿元	69.18
农业贷款	亿元	16.86
职工工资总额	亿元	21.22
国有经济单位	亿元	17.53
城镇集体经济单位	亿元	2.73
其他单位合计	亿元	0.96
职工平均工资	元	6727

2001年国民经济和社会发展基本情况(四)

指　　标	单　位	2001年
全社会固定资产投资	亿元	88.04
#国有单位	亿元	62.37
按性质分固定资产投资		
基本建设	亿元	40.32
更新改造	亿元	14.18
房地产开发	亿元	3.90
其　　他	亿元	29.64
国有投资新增固定资产	亿元	40.20
商品房屋销售额	亿元	3.85
商品房屋销售面积	万平方米	42.84
建筑企业单位数	个	103
建筑企业从业人员	万人	7.46
建筑业总产值	亿元	35.21
房屋建筑施工面积	万平方米	486.27
房屋建筑竣工面积	万平方米	322.64
房屋建筑竣工住宅面积	万平方米	205.08
公路里程	公里	4452
等级路里程	公里	4430
邮电业务总量	亿元	5.50
本地电话用户	万户	40.35
幼儿园数	所	102
入园儿童数	万人	2.92
学龄儿童入学率	%	98.8
小学专任教师数	万人	2.09
小学学校数	所	1734
小学在校学生数	万人	62.36
小学招生数	万人	7.90
小学毕业生数	万人	10.93
普通中学专任教师数	万人	1.49
普通中学学校数	所	264
初中在校学生数	万人	24.57
初中招生数	万人	10.10
初中毕业生数	万人	5.68
高中在校学生数	万人	5.82
高中招生数	万人	2.24
高中毕业生数	万人	1.32
中等专业学校数	所	7
中等专业学校在校学生数	万人	1.02
中等专业学校招生数	万人	0.22

2001年国民经济和社会发展基本情况(五)

指标	单位	2001年
中等专业学校毕业生数	万人	0.44
普通高等学校数	所	2
普通高等学校在校学生数	万人	1.44
普通高等学校招生数	万人	0.55
普通高等学校毕业生数	万人	0.11
广播覆盖率	%	97.4
电视覆盖率	%	91.9
公共图书馆	个	8
公共图书馆藏书量	万册	54.1
旅游人数	万人次	—
#外国人	万人次	—
涉外饭店数	个	—
旅游外汇收入	万美元	—
卫生机构数	个	427
#医院、卫生院	个	151
卫生防疫站	个	8
妇幼保健站	个	8
卫生机构床位数	张	7945
#医院、卫生院	张	6898
卫生机构人员数	人	18331
医院、卫生院技术人员	人	14591
#医　　生	人	6068
护师、护士	人	4208
火灾事故	件	241
火灾伤亡人数	人	6
火灾损失金额	万元	40.39
交通事故	件	1052
交通受伤人数	人	1047
交通死亡人数	人	163
交通事故损失金额	万元	319
环境污染与破坏事故件数	次	10
污染直接经济损失	万元	5.75
污染事故赔罚款总额	万元	3.73
城镇居民人均可支配收入	元	5443
城镇居民人均消费性支出	元	4339
#食品支出	元	1889
农村居民人均纯收入	元	2356
农村居民人均生活费总支出	元	1545
#食品支出	元	774

2001年按县(市、区)分列的国内生产总值

单位:万元

	按当年价格计算				按2000年可比价格计算				
	国内生产总值	第一产业	第二产业	第三产业	国内生产总值	第一产业	第二产业	第三产业	比上年同期±%
孝感市	**2878000**	**728200**	**1183700**	**966100**	**2874000**	**737300**	**1185200**	**951500**	**9.5**
孝南区	268233	82415	89655	96163	268000	81121	91000	95879	9.9
孝昌县	232842	76048	79915	76879	232540	75785	79835	76920	2.7
大悟县	291757	73470	121775	96512	289873	75095	120070	94708	7.0
安陆市	288014	94712	107946	85356	287147	95862	106411	84874	8.2
云梦县	351581	98107	149696	103778	349809	99298	147479	103032	9.8
应城市	680749	137814	322681	220254	677574	137951	319383	220240	11.4
汉川市	806973	165660	354614	286699	799465	167672	349306	282487	9.0
市　直	179000	1858	83413	93729	179014	1870	83800	93344	13.3

2001年农民收支情况

单位:元/人

	全　市	孝南区	孝昌县	大悟县	安陆市	云梦县	应城市	汉川市
一、可支配收入	2284	2583	1421	1484	2128	2774	2843	2605
(一)工资性收入	675	826	470	550	349	901	852	631
(二)家庭经营净收入	1551	1682	911	914	1715	1823	1959	1968
1.农业净收入	1102	1120	782	744	1634	1133	1617	1268
2.非农业净收入	449	561	129	170	81	690	342	700
(三)财产性净收入	4	3	—	1	—	12	9	—
(四)转移性净收入	54	72	40	19	64	38	23	5
二、人均纯收入	2356	2641	1451	1519	2154	2829	2863	2626
三、全年现金收入	2290	2417	1563	1523	1788	2435	2414	2357
四、全年生活消费支出	1545	1802	1443	1393	1408	1950	1637	1633
五、全年家庭经营费用支出	461	475	408	289	519	498	581	673

2001年农林牧渔业总产值

（按当年价计算）

单位：万元

	总产值	农业产值	林业产值	牧业产值	渔业产值
孝感市	**1121765**	**576743**	**26456**	**362504**	**156062**
孝南区	123696	71832	542	25826	25496
孝昌县	114542	63677	2258	39654	8953
大悟县	108224	50972	10594	37927	8731
安陆市	157397	64212	7388	70248	15549
云梦县	149785	76103	1249	57685	14748
应城市	219541	114616	2696	68995	33234
汉川市	248580	135331	1729	62169	49351

2001年农林牧渔业增加值

（按现价计算）

单位：万元

	农林牧渔业增加值	农业增加值	林业增加值	牧业增加值	渔业增加值
孝感市	**728226**	**411976**	**14804**	**208796**	**92650**
孝南区	82415	47975	396	13447	20597
孝昌县	76048	42641	1445	27418	4544
大悟县	73470	34854	7012	24775	6829
安陆市	94712	49952	1895	36780	6085
云梦县	98107	52324	894	36836	8053
应城市	137814	83747	1856	37183	15028
汉川市	165660	100483	1306	32357	31514

2001 年全部工业总产值

（当年价）

单位：万元

	孝感市	孝南区	孝昌县	大悟县	安陆市	云梦县	应城市	汉川市	城区直报企业	开发区
合　计	4749045.9	398521.2	327533.0	307438.2	373625.7	959854.2	1126739.6	1085139.6	61908.1	108286.3
一、规模以上工业总产值	1839488.3	44642.8	21050.0	90147.2	126225.7	360837.2	458984.7	585180.6	59503.8	92916.3
1. 中省工业	411363.8	2043.7	—	—	31966.7	21845.5	114935.9	152432.2	21349.2	66790.6
2. 地方工业	1428124.5	42599.1	21050.0	90147.2	94259.0	338991.7	344048.8	432748.4	38154.6	26125.7
#市属工业	107261.2	—	—	33673.6	5307.5	—	3999.8	—	38154.6	26125.7
二、规模以下工业总产值	2909557.6	353878.4	306483.0	217291.0	247400.0	599017.0	667754.9	499959.0	2404.3	15370.0
1. 集体工业	969661.1	82361.3	131117.0	93058.0	88555.0	181428.8	287209.4	105931.6	—	—
2. 个体工业	897976.9	140989.0	108782.0	77356.0	54482.0	155195.0	191846.0	166443.9	—	2883.0
3. 私营工业	904534.6	128929.3	66584.0	46877.0	42970.0	208486.0	171777.5	224019.5	2404.3	12487.0
4. 股份合作工业	59698.5	916.3	—	—	42058.0	7988.2	5876.0	2860.0	—	—
5. 其他工业	77686.4	682.5	—	—	19335.0	45919.0	11046.0	704.0	—	—

2001 年全部工业总产值

（90 年不变价）

单位：万元

	孝感市	孝南区	孝昌县	大悟县	安陆市	云梦县	应城市	汉川市	城区直报企业	开发区
合　计	3598647.3	285828.1	225466.7	237151.0	276840.7	714624.4	908907.4	774365.6	36742.8	138720.5
一、规模以上工业总产值	1620148.1	45190.8	17058.3	89393.1	108608.7	307292.8	454834.1	434393.5	35107.9	128268.9
1. 中省工业	306870.0	1047.2	—	—	24252.8	19585.3	108577.9	59384.5	8170.5	85851.8
2. 地方工业	1313278.1	44143.6	17058.3	89393.1	84355.9	287707.5	346256.2	375009.0	26937.4	42417.1
#市属工业	109661.9	—	—	33342.2	3626.1	—	3339.1	—	26937.4	42417.1
二、规模以下工业总产值	1978499.2	240637.3	208408.4	147757.9	168232.0	407331.6	454073.3	339972.1	1634.9	10451.6
1. 集体工业	659369.5	56005.7	89159.6	63279.4	60217.4	123371.6	195302.4	72033.5	—	—
2. 个体工业	610624.3	95872.5	73971.8	52602.1	37047.8	105532.6	130455.3	113181.9	—	1960.4
3. 私营工业	615083.5	87671.9	45277.1	31876.4	29219.6	141770.5	116808.7	152333.3	1634.9	8491.2
4. 股份合作工业	40595.0	623.1	—	—	28599.4	5432.0	3995.7	1944.8	—	—
5. 其他工业	52826.8	464.1	—	—	13147.8	31224.9	7511.3	478.7	—	—

2001年主要工业产品产量

指标名称	计量单位	产品产量	其中：规模以上
金矿含金量(包括精矿、块矿、砂金)	千克	68	68
磷矿石(折含P205　30%)	吨	278634	278634
原盐	吨	2445158	2445158
木材	立方米	41300	—
大米	吨	314800	314800
小麦粉	万吨	8.18	8.18
配混合饲料	吨	229186	229186
食用植物油	吨	184707	32415
鲜、冻畜肉	吨	8922	8922
机制糖	吨	1590	—
糖果	吨	5720	5720
方便主食品	吨	21069	21609
罐头	吨	1609	—
酱油	吨	19822	19822
饮料酒	吨	56740	56740
白酒	吨	90374	8890
啤酒	吨	45672	45672
软饮料	吨	7602	7602
瓶(罐)装饮用水	吨	2612	2612
精制茶	吨	48	48
卷烟	箱	21800	21800
一类卷烟	箱	1467	1467
二类卷烟	箱	3834	3834
三类卷烟	箱	5274	5274
四类及以下卷烟	箱	11225	11225
皮棉	吨	3400	3400
纱	吨	71356	60656
布	万米	13870	12081
棉布	万米	9826	8069
混纺交织布	万米	3967	3967
纯化纤布	万米	45	45
帘子布	吨	6001	6001

2001 年全社会固定资产投资完成情况(一)

单位:万元

	总计	比上年±%	中省			
			小计	基建	技改	其他
合计	**880353**	**17.9**	**289509**	**231006**	**56490**	**2013**
不含京珠长荆	734939	9.3	144095	85592	56490	2013
孝南	67933	11.9	20292	16550	3742	—
孝昌	70020	16.9	6323	4797	1176	350
大悟	69722	17.1	11205	11205	—	—
安陆	103559	14.1	13429	8284	5145	—
云梦	78360	11.7	17258	9294	7964	—
应城	136465	12.2	25425	13129	11793	503
不含长荆	126051	13.4	15011	2715	11793	503
汉川	124387	11.5	13497	4687	7650	1160
市直	229907	63.7	182080	163060	19020	—
不含京珠	94907	24.5	47080	28060	19020	—
其中:开发区	26218	13.8	19777	15791	3986	—
2001 年实际	746673	14.5	179438	135330	43017	1091
比 2000 年±%	17.9	14.5	61.3	70.7	31.3	84.5

2001 年全社会固定资产投资完成情况(二)

单位:万元

	地方部分												
	小计	国有及混合经济					集体		个体私人				
									工矿区			农村	
		基建	技改	其他	房地产	零星	城镇	农村	私营个体	建房	购置	建房	购置
合计	**590844**	**172157**	**85359**	**5077**	**38973**	**32644**	**16268**	**76522**	**22331**	**39329**	**13302**	**63654**	**25228**
不含京珠长荆	590844	172157	85359	5077	38973	32644	16268	76522	22331	39329	13302	63654	25228
孝南	47641	16244	3384	1747	3043	2428	2678	3158	4964	3210	1130	4835	820
孝昌	63697	18925	2152	1180	1080	5930	50	8980	90	7870	290	9950	7200
大悟	58517	17469	8193	—	150	4500	—	12235	—	7620	2810	4580	960
安陆	90130	37565	9150	500	4280	5050	865	11962	1000	6500	1810	8361	3087
云梦	61102	13879	9131	169	2027	1694	1895	7949	5290	3920	1731	8341	5076
应城	111040	22779	24239	—	5546	8292	3170	18022	2182	5217	2510	13778	5305
不含长荆	111040	22779	24239	—	5546	8292	3170	18022	2182	5217	2510	13778	5305
汉川	110890	21503	25920	1150	4851	4750	7610	14216	8295	4992	3021	11802	2780
市直	47827	23793	3190	331	17996	—	—	—	510	—	—	2007	—
不含京珠	47827	23793	3190	331	17996	—	—	—	510	—	—	2007	—
其中:开发区	6441	840	170	—	3424	—	—	—	—	—	—	2007	—
2001 年实际	567235	185010	81096	4812	38310	26577	13529	66988	17100	33497	12580	64570	23166
比 2000 年±%	4.2	-6.9	5.3	5.5	1.7	22.8	20.3	14.2	30.6	17.4	5.7	-1.4	8.9

2001年建筑业生产完成情况

单位:人、台、个、千瓦、万元、万 m^2

	合计	孝南	孝昌	大悟	安陆	云梦	应城	汉川	市直
企业个数	103	24	7	5	15	10	8	14	20
建筑业总产值	352080	69328	17610	19641	23078	32775	16754	51693	121201
其中:在省外产值	60724	14244	4223	3211	7014	8479	—	5863	17690
竣工产值	265780	46524	15324	15424	18057	24207	13905	38991	93348
施工工程个数	1397	258	106	79	163	175	146	238	232
其中:本年新开工个数	971	183	84	51	130	103	100	154	166
竣工项目个数	941	181	77	57	130	102	79	171	144
其中:优良工程个数	295	70	16	20	9	33	17	43	87
房屋建筑面积	486.27	109.87	27.19	31.15	54.68	61.53	37.45	97.36	67.04
其中:本年新开工面积	298.07	65.18	22.61	21.28	27.54	33.82	20.42	57.94	49.28
房屋竣工面积	322.64	69.23	20.23	23.19	36.53	40.42	22.35	63.70	47.99
其中:优良工程面积	126.60	30.22	5.55	8.50	2.65	15.36	6.75	22.58	34.99
自有设备年末总台数	33194	9202	2992	1105	2035	3438	3054	7035	4333
自有设备年末总功率	252782	60245	23106	19989	17076	27018	24013	39191	42144
计算劳动生产率平均人数	77245	18568	3506	4072	8564	9480	5000	14261	13794
期末从业人数	74632	16603	3266	4537	8407	10458	4934	15290	11137
其中:工程技术人员	9010	1967	1001	386	1006	889	516	1573	1672
企业总产值	375122	74289	17610	19848	23819	32944	16754	54397	135461
年末拖欠工程款	16794	5655	1378	1350	605	713	41	4224	2828

1999～2001年社会消费品零售总额

单位:万元

	2001	2000	1999
零售总额	**1130843**	**1021373**	**921884**
(一)按所在地			
1.市的零售额	450435	396429	363658
2.县的零售额	151567	135885	125496
3.县以下的零售额	528841	489059	432730
(二)按行业分			
1.批发零售贸易业	684965	629932	556484
2.餐饮业	188060	158884	134779
3.制造业	70628	62815	58364
4.农业生产者	174741	159556	156509
5.其他	12449	10186	15748

1999～2001 年外贸出口创汇

单位:万美元

	2001	2000	1999
全　　市	**2490**	**3135**	**5467**
孝 南 区	761	211	46
孝 昌 县	184	122	3
大 悟 县	32	219	102
安 陆 市	311	463	1235
云 梦 县	192	267	779
应 城 市	192	374	400
汉 川 市	306	454	304
市　　直	512	1025	2598

2000～2001 年外贸出口市场分布情况

(海关数)

单位:万美元

国别(地区)	2001 年	2000 年	± %	国别(地区)	2001 年	2000 年	± %
合　　计	**2490**	**2968**	**-16.1**	欧　　洲	603	463	30.2
亚　　洲	1538	2056	-25.2	#欧　　盟	589	437	34.8
#香　　港	372	675	-44.9	拉丁美洲	39	94	-58.5
台　　湾	108	160	-32.5	北 美 洲	216	168	28.6
日　　本	302	160	88.8	#美　　国	199	160	24.4
韩　　国	9	14	-35.7	大 洋 洲	6	64	-90.6
东　　盟	571	665	-14.1	#澳大利亚	6	52	-88.5
非　　洲	88	123	-28.5	新 西 兰	—	11	—

1999～2001 年外商投资情况

单位:万美元

		2001	2000	1999
企业个数(家)	本年	14	16	11
	累计	277	263	268
投资总额	本年	8149	2931	864
	累计	97098	88949	87532
注册资本	本年	4994	2702	742
	累计	55814	50820	49436
合同外资	本年	4482	1782	561
	累计	30116	25234	24158
实际到资	本年	5050	3727	5263
	累计	29598	24548	21727

2000～2001年邮电业务情况

单位：个、万件、万份、万元

	邮政局所		储蓄网点		已通邮的行政村		函件总数		报纸发行总量		邮政业务总量		邮政业务收入	
	2001年	2000年	2001年	2000年	2001年	2000年	2001年	2000年	2001年	2000年	2001年	2000年	2001年	2000年
全　市	**136**	**135**	**88**	**88**	**2939**	**2939**	**1576.1**	**1634.1**	**6319.4**	**9127.3**	**10009.4**	**11246.6**	**8580**	**7607**
现　业	18	18	12	12	447	447	825.9	676.1	1038	1192.8	2637.1	2711.9	2254	1972
汉川市	26	26	15	15	587	587	164	155.1	1459	4201.1	1722.8	2692.2	1575	1382
安陆市	18	16	13	13	432	432	147	259.3	705.6	674.5	1281.5	1376	1053	980
云梦县	16	12	13	13	286	286	121.4	95.2	1015.2	1185.6	1063.8	1138.8	892	751
大悟县	20	20	12	12	321	321	172.6	155.3	542.7	582.2	1078.6	1057.8	900	810
应城市	24	27	10	10	417	417	57.2	125.3	968.6	661	1308.4	1385.3	1156	1050
孝昌县	14	16	13	13	449	449	88	167.7	590.3	673.4	917.2	884.8	750	662

2000～2001年电信业务主要指标

	电信业务总量(万元)		电信局数(个)		本地电话用户(户)		互联网用户数(户)		城市电话用户合计(户)		乡村电话用户合计(户)		公用电话部数(部)	局用交换机已装容量(门)	
	2000年	2001年	2000年	2001年	2000年	2001年	2000年	2001年		住宅电话合计(户)		住宅电话合计(户)			实占容量(门)
孝感市	**27628.3**	**27135.9**	**7**	**7**	**342480**	**403516**	**16083**	**34937**	**228641**	**190664**	**174875**	**163305**	**2754**	**430044**	**366705**
应　城	4020.8	3936.3	1	1	59680	67176	2498	5049	33909	29350	33267	32367	89	76120	62690
汉　川	5640.6	4752.7	1	1	72346	82866	2553	5263	33090	30831	49776	48417	537	85624	78339
安　陆	2756.6	3170.6	1	1	45475	53786	2112	4501	35890	25718	17896	15489	140	54760	48920
大　悟	2276.6	2403.8	1	1	32596	38904	1152	3172	22398	18598	16506	15185	162	43264	36466
云　梦	2639.9	2564.7	1	1	40174	46324	1720	3966	25404	21399	20920	20279	92	52000	44224
孝　昌	1597.8	1798.2	1	1	21511	26292	1101	2846	12037	9230	14255	13589	67	30756	24802
孝感现业	8696	8509.6	1	1	70698	88168	4947	10140	65913	55538	22255	17979	1667	87520	71264

供电范围及受益情况

	供电情况		供电范围			受益面积(万亩)			均用电量(KWH/人年)	
	供电量(万KW·H)	最大负荷(万KW)	户数(万户)			合计	其中:		全社会人均用电量	农业人口人均用电量
			现有数	供电数	%		水田	旱田		
合计	**172838.51**	**42.94**	**64.55**	**64.55**	**100**	—	—	—	**1745.52**	**434.17**
孝南区	36933.86	9.57	10.28	10.28	100	—	—	—	—	—
汉川市	38168.30	11.00	5.30	5.30	100	94.80	53.10	41.70	359.50	130.50
应城市	17488.49	5.60	17.49	17.49	100	57.15	44.71	12.44	410.20	198.60
云梦县	26913.10	4.20	9.82	9.82	100	37.15	23.26	13.88	431.02	40.46
安陆市	19307.03	4.50	1.86	1.86	100	—	—	—	—	—
大悟县	24881.09	5.07	4.30	4.30	100	37.52	27.14	10.38	401.00	51.20
孝昌县	9146.64	3.00	15.50	15.50	100	45.50	11.30	11.30	143.80	13.41

2000～2001年财政收支情况

单位:万元

	财政收入			财政支出		
	2001年	2000年	±%	2001年	2000年	±%
全市	**151305**	**137766**	**9.8**	**178169**	**138830**	**28.3**
孝南区	15202	13511	12.5	19226	14181	35.6
孝昌县	8933	8016	11.4	14013	10399	34.8
大悟县	15568	13819	12.7	21109	17199	22.7
安陆市	16319	14806	10.2	23946	17168	39.5
云梦县	18206	16370	11.2	20539	15648	31.3
应城市	30170	26908	12.1	23546	19941	18.1
汉川市	28708	28166	1.9	32148	25343	26.9
市直	18199	16170	12.5	23642	18951	24.8

2000～2001 年财政收入分项完成情况

单位:万元

	2001 年	2000 年	±%
合　计	**151305**	**137766**	**9.8**
一、工商税收入	84276	81216	3.8
消费税	2203	2834	-22.3
增值税	46152	44560	3.6
其它工商税	35921	33822	6.2
二、企业所得税	20762	12689	63.6
三、企业亏补	-1924	-1955	-1.6
四、农业税收入	5969	9477	-37.0
五、农业特产税	5215	5148	1.3
六、耕地占用税	1399	1472	-5.0
七、契税收入	1276	1377	-7.3
八、排污费收入	860	773	11.3
九、教育费附加	938	791	18.6
十、其他收入	32534	26778	21.5
附:1.上划收入	36817	36254	1.6
2.地方收入	114488	101512	12.8
3.税收收入	118897	111379	6.7
4."非转经"	135	144	-6.3

2001 年金融机构各项存、贷款情况

单位:万元

机构名称	各项存款					各项贷款				
	年末余额	比上月		比年初		年末余额	比上月		比年初	
		今年	去年	今年	去年		今年	去年	今年	去年
全金融机构	**1757342**	**8977**	**4387**	**223927**	**145287**	**1845200**	**5784**	**14137**	**78592**	**129385**
1.国家银行	1276740	-1480	3494	193490	139414	1520859	7702	15564	57691	131910
人行	23982	6619	2468	771	9028	—	—	—	—	—
工行	325161	-4673	-1116	42610	22044	398119	5533	-12781	21147	16393
农行	394981	4652	11413	57386	33780	375204	2122	4316	14409	24450
中行	122744	-6518	-4568	19558	13294	86841	6441	5553	10269	9911
建行	269596	-4610	-8417	33318	15084	171951	-7124	13092	-10980	52091
农发行	6390	-581	-1209	-1689	1187	488744	730	5384	22846	29065
邮储局	133886	3631	4923	41536	44997	—	—	—	—	—
2.商业银行	55827	3113	2071	10583	8599	36237	-2438	-1225	7042	4515
3.其它机构	424775	7344	-1178	19854	-2726	288104	520	-202	13859	-7040
农信社	407940	5382	5823	23208	6735	276326	1005	3337	13766	3159
城信(县)	256	—	-7986	-1588	-8584	5147	—	-4569	35	-7458
华中财务	16579	1962	985	-1766	-877	6631	-485	1030	58	-2741

说明:1.此表各项存款口径不含委托存款;2.含代理财政性存款。

2000～2001年科研机构人员基本情况

单位：人

	科研机构职工人数		从事科技活动人数		科学家和工程师	
	2001年	2000年	2001年	2000年	2001年	2000年
全　市	**553**	**504**	**325**	**279**	**171**	**135**
孝南区	45	45	34	23	24	12
孝昌县	11	16	5	8	4	2
大悟县	61	60	28	27	11	9
安陆市	100	55	44	32	23	11
云梦县	10	12	8	6	4	1
应城市	62	62	36	31	24	19
汉川市	98	98	62	57	15	20
市　直	166	156	108	95	66	61

2000～2001年科技活动经费和技术市场交易合同额

单位：万元

	科技活动经费总支出		技术市场交易合同额	
	2001年	2000年	2001年	2000年
全　市	**593**	**1316**	**2000**	**3000**
孝南区	68	78	5	15
孝昌县	13	45	10	300
大悟县	27	33	1	10
安陆市	87	59	2	18
云梦县	9	1	2	12
应城市	59	55	10	20
汉川市	67	59	20	25
市　直	263	986	1950	2600

2000～2001 年各类学校基本情况

	单位	2001 年		2000 年	
		全市	市区	全市	市区
幼儿园数	所	102	32	450	49
入园儿童数	万人	2.92	0.72	3.17	0.63
在园儿童数	万人	3.6	0.94	4.26	1
学龄儿童数	万人	58.22	10.09	65.1	10.75
学龄儿童入学率	%	98.8	99	98.3	100
文盲率	%	4	2	4.03	2.01
中小学校舍危房率	%	4.15	2.48	0.17	0.39
人均受教育年数	年	—	—	7.8	8.7
教育经费总支出	万元	91112	23647	75774	19664
小学学校数	个	1734	231	1794	232
小学招生数	万人	7.9	1.51	9.69	1.73
小学在校生数	万人	62.36	10.79	66.95	11.25
小学毕业生数	万人	10.93	1.7	10.38	1.73
小学生辍学人数	人	—	—	—	—
小学专任教师数	人	20889	3562	25404	4234
小学教师学历合格率	%	96.6	97.7	94.52	96.74
初中招生数	万人	10.1	1.7	9.28	1.53
初中在校学生数	万人	24.57	4.25	21.6	3.63
初中学生辍学人数	人	—	—	—	—
初中毕业生数	万人	5.68	0.9	5.43	0.88
普通初中、小学学生数	万人	86.25	15.04	88.16	14.83
普通初中、小学女学生数	万人	39.11	6.94	40.19	6.79
高中招生数	万人	2.24	0.54	2.21	0.6
高中在校学生数	万人	5.82	1.3	4.99	1.13
高中毕业生数	万人	1.32	0.26	1.19	0.22
高中阶段中等职业技术教育学生数	万人	1.22	1	1.76	1.61
高中阶段中等学校学生数	万人	6.82	2.3	6.58	2.71
普通中学学校数	个	264	43	246	42
普通中学在校学生数	万人	29.49	5.55	26.04	4.7
普通中学专任教师数	万人	1.49	0.26	1.36	0.28
中等专业学校数	个	7	6	6	5
中等专业学校招生数	万人	0.22	0.2	0.3	0.29
中等专业学校在校学生数	万人	1.02	0.95	1.59	1.46
中等专业学校毕业生数	万人	0.44	0.38	0.99	0.94
中等专业学校专任教师数	人	560	430	440	354
普通高等学校数	个	2	2	2	2
普通高等学校招生数	人	5501	5501	6165	6165
普通高等学校在校学生数	人	14353	14353	9985	9985
普通高等学校毕业生数	人	1065	1065	1048	1048
普通高等学校专任教师数	人	985	985	999	999
成人教育高等学校数	个	1	1	1	1
成人教育学校在校学生数	人	2422	2422	3800	3800
成人高等教育学校在校学生数	人	527	527	868	868
各级各类学校在校学生数	万人	99.12	19.68	100.63	19.66

2001年卫生机构、床位和人员数

单位:个、张、人

	机构数	床位数	人员数
合计	**452**	**7945**	**18331**
医院	34	4385	7326
卫生院	117	2513	6439
门诊部	254	65	888
专科防治所、站	6	657	853
卫生防疫机构	8	—	774
妇幼保险保健机构	8	315	987
药品检验机构	8	—	148
中等医药院校	8	10	629
其他卫生事业机构	9	—	287

2001年卫生技术人员

单位:人

	人数		人数
总计	**14591**	助产士	186
中医师	679	中药剂士	73
西医师	3963	西药剂士	145
中西结合医师	17	检验士	204
护师	3254	其他技士	164
中药师	384	其他中医	15
西药师	488	护理员	379
检验师	647	中药剂员	36
其他技师	449	西药剂员	97
中医士	69	检验员	60
西医士	1325	其他初级卫技人员	1003
护士	954		

服务信息

交通服务信息

天河机场(027)：
总　　机　85818658
总服务台　85818466
秘书科　85818282
问询处　85818305
主任办　85810567
贵宾室　85818474
武汉航空公司(027)：
83624601　83624602
省国际航空公司(027)：
85793764　85793177　85792607
武昌火车站：
党办　88073680
站办　88312266
问询处　88071161
汉口火车站(027)：
办公室　85871789
问询处　85877894
孝感车务段：
办公室　2310144　2327745
孝感火车站：
货运室　2823764
联运办　2823648
武汉港客运总站(027)：
问询处　82840280－3921
武汉港值班室(027)：
82840282－3691　82836958
武昌汽车站(027)：
办公室　87813115
问询处　87813517
汉口汽车站(027)：
站长室　85806275
问询处　85792444
孝感汽车站:2823819

宾馆饭店选介

名称：	地址：	电话：	名称：	地址：	电话：
孝感宾馆	孝感市区城站路	2823445	汉川宾馆	汉川市城区	8291006
后湖宾馆	孝感市后湖	2825843	白云大酒店	汉川市城区	8893888
物资大厦	孝感市城站路	2326096	应城宾馆	应城市区	3222203
乾坤大酒店	孝感市交通路与城站路交汇处	2888888	云梦宾馆	云梦县城区	4323037
鹤展大酒店	孝感市体育西路	2854015	安陆宾馆	安陆市城区	5223478
徐家河疗养院	徐家河库区	6711018	大悟三招	大悟县城区	7222045
双峰山隆泉谷	双峰山旅游度假区	4921999	泉水山庄	大悟县城区	7223513
双峰山秀峰山庄	双峰山旅游度假区	4921429	阳光大酒店	孝昌县城区	4762818
双峰山滴翠园	双峰山旅游度假区	4922688			

孝感旅行社选介

孝感市金帅旅行社：　孝感市文化路　电话:2837887
孝感市天仙旅行社：　孝感市槐荫大道　电话:2848366
孝感市联春旅行社：　孝感市城站路 26 号　电话:2824119
应城中房假日旅行社：　应城市粮贸街 31 号　电话:3233616
孝感先锋旅行社：　孝感市火车站　电话:2041885

孝感主要旅游线路

(1)"一线穿珠":杨店桃花园—双峰山—观音湖—龙潭湖

(2)安陆白兆山—钱冲古银杏群落—赵棚新四军五师纪念馆

(3)大悟烈士陵园—宣化店—白果树湾

(4)孝昌军旅游(观看国防教育片—参观军营—观看军事表演—乘坐坦克——射击打靶—体验军营生活)

(5)应城门板湾遗址—短港水库——应城汤池(洗温泉)—陶铸纪念馆

(6)汉川汈汊湖—仙女山公园

(唐德矛)

多伦美成功的秘诀——

质优！价廉！快捷！守信！

香港多伦美术印刷公司所属分公司——深圳市多伦美印刷有限公司，实力雄厚，服务周到，信誉卓著。公司拥有现代化的管理手段、高素质的员工队伍、全套西德海德堡电脑控制印刷设备和高新科学技术，设计精美，制版精致，印刷精良，深受全国各地客户好评。

本公司全力承接高档画册、年鉴、志书、杂志、电话簿、海报、挂历、商品目录、彩盒以及防伪商标、不干胶等一切印刷业务，尤其对各类年鉴、志书的出版印刷具有丰富的实践经验，与全国各著名出版社如中华书局等有着多年密切的合作关系。公司近年来印刷的部分书刊有：《湖北省志》、《宜昌市志》、《湖北年鉴》、《湖南年鉴》、《宜昌年鉴》、《长沙年鉴》、《株洲年鉴》、《郴州市志》、《鄂州市志》、《远安县志》、《兴山县志》、《黄石市志》、《宜昌县财政志》、《黄冈年鉴》、《荆门年鉴》、《荆州年鉴》、《黄石年鉴》、《孝感年鉴》、《鄂州年鉴》、《麻城年鉴》、《宜昌地税年鉴》、《葛洲坝集团年鉴》、《三湘经济大潮》、《湖北的水利工程建设》、《株洲办事指南》、《株洲电话簿》、《株洲驾驶员指南》、《孝感精华》、《今日麻城》、《中共孝感简史》、《龙海年鉴》……

为适应我国加入WTO之需要，拓展年鉴事业之发展，公司总经理杨琦先生精心运筹，特别推出年鉴集团化运作新模式，承包彩页、文图广告的征集制作，义务承担文图、封面、版式策划，实行免费印刷、装帧和送书一体化服务。公司按照这一模式与湖北年鉴社建立的五年合作关系，现正处于良好运行之中。

多伦美公司总经理杨琦先生及全体员工向国内外客户致以诚挚的敬意，我们热情欢迎您的光临或惠赐电函，并将竭尽赤诚，使您享受到最满意的服务。

香港多伦美术印刷公司

附属机构：深圳市多伦美印刷有限公司

地　址：香港轩尼诗道302－308号集成中心1901室
电　话：00852－28380789　25722980（传真）
联系人：廖小姐

地　址：深圳市深南中路嘉汇新城汇商中心2727室
电　话：0755－83289568　83289598（传真）
联系人：杨琦先生　邮编：518033

地　址：湖南株洲市芦淞区金元大厦1002－1003室
电　话：0733－2213398　2214018（传真）
联系人：罗任蒲女士　邮编：412000

地　址：武汉市武昌区水果湖洪山路89－5号103、106室
电　话：027－87312849　87231768（传真）
联系人：傅珊先生　邮编：430071

图书在版编目(CIP)数据

孝感年鉴：1999－2001//《孝感年鉴》编纂委员会编纂.
—北京：中华书局,2003
ISBN 7—101—03816—6

Ⅰ.孝...　Ⅱ.孝...　Ⅲ.孝感市－1999～2001－
年鉴　Ⅳ.Z526.33

中国版本图书馆 CIP 数据核字(2003)第 002439 号

责任编辑：华晓林

孝感年鉴(1999～2001)
孝感年鉴编纂委员会编纂
*
中华书局出版发行
(北京市丰台区太平桥西里 38 号　100073)
深圳市多伦美印刷有限公司印制
*
889*1194　1/16　28.5 印张　5.25 插页　97.6 万字
2003 年 1 月第 1 版　2003 年 1 月第 1 次印刷
印数：1—3500 册　定价：150 元

ISBN 7－101－03816－6/K·1592